ERNST CURTIUS
GRIECHISCHE GESCHICHTE

Herme des Homer. Rom, Vatikan

ERNST CURTIUS

GRIECHISCHE GESCHICHTE

VON DEN URANFÄNGEN BIS ZUM

TODE DES PERIKLES

GEKÜRZTE AUSGABE
MIT 87 ABBILDUNGEN

EMIL VOLLMER VERLAG

Herausgegeben von Alexander Heine

© by Phaidon Verlag GmbH, Essen
mit Genehmigung der Rechteinhaber.
Vollmer ist ein Imprint des Phaidon Verlags.
Die Verwertung der Texte und Bilder, auch auszugsweise,
ist ohne Zustimmung des Verlags urheberrechtswidrig
und strafbar. Dies gilt auch für Vervielfältigungen,
Übersetzungen, Verfilmung und die Verarbeitung mit
elektronischen Systemen sowie das Scannen und
Digitalisieren und die Verwendung in digitalen
Datenbanken jeder Art.

Gesamtherstellung : Millium Media Management
Printed in Germany

ISBN 3-88851-229-8

INHALTSVERZEICHNIS

Seite

ERSTES BUCH: BIS ZUR DORISCHEN WANDERUNG

Erstes Kapitel
　Land und Volk 7

Zweites Kapitel
　Die Vorzeit der Hellenen 35

Drittes Kapitel
　Die ältesten Staaten 58

Viertes Kapitel
　Die Wanderungen und Umsiedlungen der griechischen Stämme　81

ZWEITES BUCH: BIS ZU DEN PERSERKRIEGEN

Erstes Kapitel
　Peloponnesische Geschichte 120

Zweites Kapitel
　Attische Geschichte 219

Drittes Kapitel
　Die Hellenen außerhalb des Archipelagus 303

Viertes Kapitel
　Die griechische Einheit 338

Fünftes Kapitel
　Die Kämpfe mit den Barbaren 400

DRITTES BUCH: BIS ZUM PELOPONNESISCHEN KRIEG

Erstes Kapitel
　Die Freiheitskriege 472

Zweites Kapitel
    Die wachsende Macht Athens 549

Drittes Kapitel
    Die Friedensjahre 616

VIERTES BUCH: DER PELOPONNESISCHE KRIEG

Erstes Kapitel
    Der Krieg bis zum Tode des Perikles 690

ERSTES BUCH / BIS ZUR DORISCHEN WANDERUNG

Erstes Kapitel

LAND UND VOLK

Die maritime Lage Griechenlands. — Klimatische Verhältnisse. — Hellas und Kleinasien. — Das europäische Griechenland. — Meer und Luft der Griechen. — Bodenbeschaffenheit. — Der Stammbaum der Griechen. — Die griechische Sprache. — Das griechische Volk.

Europa und Asien sagt man und denkt dabei unwillkürlich an zwei verschiedene, durch Naturgrenzen gesonderte Erdteile. Aber wo sind diese Grenzen? Mag im Norden, wo der Ural die breiten Landmassen scheidet, eine Grenzlinie möglich sein; südlich vom Pontus hat die Natur nirgends eine Scheidung gemacht zwischen Ost und Westen, sondern vielmehr alles getan, sie eng und unzertrennlich miteinander zu verbinden. Dieselben Gebirge ziehen in dichten Inselreihen über die Propontis wie durch den Archipelagus; die beiderseitigen Uferländer gehören zueinander wie zwei Hälften eines Landes und Hafenplätze, wie Thessalonich und Athen, sind von jeher den ionischen Küstenstädten ungleich näher gewesen als dem eigenen Binnenlande oder gar den westlichen Gestaden ihres Kontinents, von denen sie durch breite Länder und umständliche Seefahrt getrennt sind.

Meer und Luft verbinden die Küsten des Archipelagus zu einem Ganzen; dieselben Jahreswinde wehen vom Hellespont bis Kreta und geben der Schiffahrt gleiche Bestimmungen, dem Klima gleichen Wechsel. Zwischen Asien und Europa ist kaum ein Punkt zu finden, wo bei klarem Wetter ein Schiffer sich einsam fühle zwischen Himmel und Wasser; das Auge reicht von Insel zu Insel, bequeme Tagfahrten führen von Bucht zu Bucht. Darum haben auch zu allen Zeiten dieselben Völker an beiden Meerufern gesessen und seit den Tagen des Priamus haben diesseits und jenseits dieselben Sprachen und Sitten geherrscht. Der Inselgrieche ist ebenso heimisch in Smyrna wie in Nauplia; Saloniki ist in Europa gelegen und doch eine levantinische Handelsstadt; trotz aller Wechsel staatlicher Verhältnisse gilt Byzanz noch heute auf beiden Seiten als Metropole, und wie sich ein Wellenschlag vom Strande Ioniens bis Salamis fortbewegt, so hat auch niemals eine Völkerbewegung das eine Gestade ergriffen, ohne sich auf das andere fortzupflanzen. Willkür der Politik hat in alten wie neuen Zeiten die beiden Gegengestade getrennt und breitere Meerstraßen zwischen den Inseln als Grenzscheiden benutzt, aber jede Scheidung dieser Art ist eine äußerliche geblieben und hat nimmer zu trennen vermocht, was die Natur so deutlich zum Schauplatze einer gemeinsamen Geschichte bestimmt hat.

So gleichartig die Küstenländer sind, welche sich von Westen nach Osten einander gegenüberliegen, ebenso groß ist die Verschiedenheit der Landschaften in der Richtung von Norden nach Süden. Am Nordrande des Ägäischen Meeres schmückt kein Myrtenblatt das Ufer; das Klima ist einem mitteldeutschen ähnlich, ganz Rumelien ist ohne Südfrüchte.

Der vierzigste Grad macht einen Abschnitt. Hier beginnt man an den Küsten, in den geschützten Tälern die Nähe einer wärmeren Welt zu spüren; die immergrünen Waldungen heben an. Aber auch hier genügt eine geringe Erhebung, das ganze Verhältnis zu ändern; daher kommt es, daß ein Berg wie der Athos fast sämtliche Baumgattungen Europas auf seinen Höhen vereinigt. Im Innern vollends ist es ganz anders. Das Becken von Ioannina, das beinahe einen Grad südlicher als Neapel liegt, hat das Klima der Lombardei; im inneren Thessalien gedeiht kein Ölbaum, dem ganzen Pindus ist die Flora Südeuropas fremd.

Erst mit dem neununddreißigsten Grade dringt die Milde der See- und Küstenluft in das Innere und nun entfaltet sich ein rascher Fortschritt. Schon in Phthiotis sieht man Reis und Baumwolle, der Ölbaum wird heimisch. In Euboia und Attika tritt einzeln schon die Palme auf, die in größeren Gruppen die südlicheren Zykladen schmückt und in messenischen Ebenen unter günstigen Verhältnissen wohl auch eßbare Datteln liefert. Die edleren Südfrüchte gedeihen bei Athen nicht ohne besondere Pflege; an der Ostküste von Argolis stehen Zitronen und Orangen in dichtester Waldung und in den Gärten der Naxioten reift schon die zarte Zitrusstaude, deren duftige Frucht, im Januar gebrochen, innerhalb weniger Stunden an Küsten verbracht wird, wo weder Wein noch Öl gedeihen will.

So reicht innerhalb eines Raumes von zwei Breitegraden das griechische Land von den Buchenständen des Pindus bis in das Palmenklima hinein, und es gibt auf der bekannten Erdfläche keine Gegend, wo die verschiedenen Zonen des Klimas und der Pflanzenwelt sich in so rascher Folge begegnen. Dadurch erzeugt sich eine Mannigfaltigkeit in den Lebensformen der Natur und ihren Produkten, welche das Gemüt der Menschen anregen, ihre Betriebsamkeit erwecken und den austauschenden Verkehr unter ihnen ins Leben rufen mußte.

Diese klimatischen Unterschiede sind im ganzen beiden Gestaden gemeinsam. Aber auch zwischen den östlichen und westlichen Küstenländern herrscht bei aller Gleichartigkeit dennoch eine durchgreifende Verschiedenheit; denn so ähnlich einander die Küsten sind, so verschieden ist die Gestaltung der Länder selbst.

Es ist, als ob das Ägäische Meer die besondere Kraft besäße, durch seinen Wellenschlag alles feste Land in eigentümlicher Weise umzugestalten, das heißt überall eindringend es aufzulockern, durch diese Auflockerung Inseln, Halbinseln, Landzungen und Vorgebirge zu bilden und so einen Küstenumriß von unverhältnismäßig großer Ausdehnung mit zahllosen Hafenbuchten herzustellen. Ein solches Gestade können wir ein griechisches nennen, weil es vor allen Ländern der Erde den Gegenden eigentümlich ist, in welchen Hellenen sich angesiedelt haben.

Nun ist der Unterschied dieser. Das östliche Festland ist nur äußerlich von dieser Gestaltung ergriffen. Im ganzen heißt es trotz seiner Halbinselform mit Recht Kleinasien; denn es teilt mit den Landschaften Vorderasiens die mächtige Gesamterhebung. Wie ein kleines Iran baut es sich aus der Mitte dreier Meere auf; im Innern ein massenhaftes, unzugängliches Hochland von kühler Temperatur und trockner Luft, mit steinigen, wasserarmen Flächen, aber auch voll fruchtbarer Landschaften, die zur Ernährung großer und kräftiger Völker geeignet sind.

Nirgends reicht dies große Plateau mit seinem Rande an das Meer, sondern es ist von Gebirgen umgürtet. Das mächtigste derselben ist der Taurus, eine Felsmauer, welche mit hohem Rande und schroffen Wänden die südlichen Landschaften vom Kerne des Landes absondert. Gegen Norden zum Pontus hin sind die Terrassen breiter gelagert, mit wellenförmigen Bergländern und allmählich fortschreitender Senkung. Nach Westen ist die Gestaltung am mannigfaltigsten. Gegen Propontis und Hellespont erhebt sich der Rand des inneren Hochlandes zu ansehnlichen, wasser- und triftenreichen Gebirgen, dem mysischen Olympos und dem troischen Ida; nach der Seite des Archipelagus ist ein schroffer Übergang vom Binnen- zum Küstenlande. Eine Linie von Konstantinopel quer durch Kleinasien bis zum Lykischen Meere gezogen, bezeichnet ungefähr den Längengrad, auf welchem die Plateaumasse plötzlich abbricht, wo das Land sich überall lockert und in weiten, fruchtbaren Flußtälern zum Meere öffnet, das ihnen in zahlreichen Buchten entgegenkommt. Hier beginnt gleichsam eine neue

Welt, ein anderes Land; es ist wie ein aus anderem Stoffe angewebter Saum und wenn man nach der Terrainbildung die Weltteile unterscheiden wollte, so müßte man auf jener Scheidelinie des Ufer- und Binnenlandes die Grenzsäulen aufrichten zwischen Asien und Europa.

Wie sich Kleinasien überhaupt wegen seiner eigentümlichen Landbildung, welche ohne verbindende Einheit die größten Gegensätze umschließt, zu einer gemeinsamen Landesgeschichte niemals geeignet gezeigt hat, so sind um so mehr die Stufenländer Kleinasiens zu allen Zeiten der Schauplatz einer besonderen Geschichte, der Wohnplatz besonderer Völker gewesen, welche sich von der Herrschaft des Binnenlandes frei zu halten gewußt haben.

Der westliche Saum Kleinasiens besteht zunächst aus dem Mündungslande der vier großen Flüsse, die in parallelliegenden Tälern zum Meere strömen, des Maiandros, Kaystros, Hermos und Kaïkos, wie ihre Folge von Süden nach Norden ist. In keiner Gegend der alten Welt war Üppigkeit des Acker- und Weidelandes so unmittelbar mit allen Vorteilen einer ausgezeichneten Küstenform verbunden. Die Entwicklung der Küstenlinie Ioniens in allen Buchten und Vorsprüngen beträgt über das Vierfache ihrer geraden Erstreckung von Norden nach Süden. An der Nord- und Südseite ist diese Küstengestaltung nicht so durchgängig, sondern hier tritt sie nur in einzelnen Landstrichen auf, denen aber schon durch diesen Anteil an hellenischer Landbildung auch zur Teilnahme an hellenischer Geschichte ein besonderer Beruf mitgegeben worden ist. Dahin gehören die Küsten der Propontis und das karisch-lykische Gestadeland.

Im Osten also hat das Meer nur den Rand des Festlandes zu hellenisieren vermocht; anders ist es auf der gegenüberliegenden Seite. Auch hier lagert sich ein massenhaftes Festland, von den Donauländern her zwischen Adria und Pontus südwärts in das Meer geschoben, aber diese Kernmasse wird nicht bloß äußerlich, wie Kleinasien, durch das Meer verarbeitet und am Rande aufgelockert, sondern der Kern selbst löst sich mehr und mehr in Halbinseln und Inseln und geht endlich ganz in diese Gliederung auf.

Die ganze westgriechische Ländermasse ist durch eine Kette von Hochgebirgen, die sich in großem Bogen vom Adriatischen zum Schwarzen Meere hinzieht, von allen zum Donaugebiete gehörigen Landschaften gesondert, um sich als eine Welt für sich nach eigenen Gesetzen südwärts zu entwickeln. Der thrakische Hämus macht mit seinem unwegsamen Rücken gegen die Donaulandschaften eine schwierige und allen Völkerverkehr absperrende Naturgrenze, während von Asien her der Zugang leicht und offen ist. Ebenso läßt sich in der Entfaltung der ganzen südlichen Landmasse zwischen dem Adriatischen und Ägäischen Meere das Gesetz erkennen, daß immer die östliche, die asiatische Landseite die bevorzugte ist, das heißt, daß alle Landschaften dieser Seite für ein geordnetes Staatsleben besonders günstig organisiert sind und durch hafenreiche Küsten einen besonderen Beruf zum Seeverkehr empfangen haben. So sind zunächst Albanien und Illyrien nichts als ein Gedränge nahe gereihter Felskämme und enger Talschluchten, die kaum für Wegebahnung Raum lassen; die Gestade sind wild und unwirtlich. Wenn daher auch alte Karawanenzüge das Gebirge überstiegen, um in der Mitte zwischen beiden Meeren die Erzeugnisse der ionischen Inseln und des Archipelagus auszutauschen und dann auch die Römer von Dyrrhachium aus eine Hauptstraße quer durch das Land legten, so ist dennoch Illyrien durch alle Zeit hindurch ein Barbarenland geblieben.

Wie ist alles anders, wenn man über den Skarduspaß nach der Ostseite, aus Illyrien nach Makedonien, hinübersteigt! Hier bilden sich aus zahlreichen Quellen am Fuße der Zentralkette mächtige Flüsse, die in breite Niederungen strömen, und um diese Niederungen legen sich in großen Ringen die Gebirgsarme, welche die Ebenen umgürten und den Flüssen des Landes nur schmalen Ausweg in das Meer gestatten.

Das innere Makedonien besteht aus einer Folge von drei solchen Ringebenen, deren Gewässer vereinigt in der Ecke des tief eingeschnittenen Golfs von Thessalonich sich zusammendrängen. Denn nicht nur die großen Saatebenen des Binnenlandes hat Makedonien vor Illyrien voraus, sondern auch ein zugängliches, gastliches Gestade. Anstatt einförmig wilder Küstenlinien springt hier zwischen den Mündungen des Axios und Strymon eine breite Bergmasse vor und streckt sich weit in das Meer mit drei buchtenreichen Felszungen, deren östlichste in den Athos ausläuft.

Über 6400 Fuß hoch steigt er mit steilen Marmorwänden aus der See empor; vom Eingang des Hellesponts und dem des Pagasäischen Meerbusens gleich weit entfernt, warf er seinen Schatten bis auf den Markt von Lemnos, ein weit sichtbarer Richtpunkt der Seefahrt, den ganzen Norden des Archipelagus beherrschend.

Durch diese griechisch geformten Küsten stehen Makedonien und Thrakien mit der griechischen Welt in Verbindung, während sie im Innern eine von dem eigentlichen Hellas durchaus verschiedene Beschaffenheit haben. Es sind Hochge=

birgsländer, wo die Völker vom Meere abgesperrt, in abgeschlossenen Talringen gleichsam gefesselt gehalten werden.

Der vierzigste Breitengrad schneidet den Gebirgsknoten, mit dem gegen Süden eine neue Gliederung eintritt. Die Landschaften verlieren den Charakter der Alpenländer; die Berge werden nicht nur niedriger, zahmer, kulturfähiger, sondern sie ordnen sich mehr und mehr in übersichtliche Bergzüge, welche die Kulturebenen umgeben, das Land gliedern und schützen, ohne es unzugänglich, wild und unfruchtbar zu machen. Dieser Fortschritt im Organismus des Landes macht sich aber wieder nur an der Ostseite geltend, wo das fruchtbare Talbecken des Peneios von Bergen umgürtet sich ausbreitet; auch an der Meerseite ist es abgesperrt durch das Ossagebirge, das sich als Pelion, dem Athos parallel, einem Felsdamme gleich in die See streckt. Aber zweimal sind die Berge durchbrochen und dadurch Thessalien zugleich entwässert und gegen Osten dem Verkehre geöffnet, an der Wasserpforte des Tempetals und dann südlich, wo zwischen Pelion und Othrys sich tief und breit der Pagasäische Golf in das Land hineinzieht.

Nun wird gegen Süden die Gliederung immer reicher; der Verzweigung der Gebirge entsprechen die Meeresbuchten, welche von Osten und Westen eindringen. Dadurch wird die Landmasse so aufgelockert, daß sie zu einer Reihe von Halbinseln wird, die durch Landengen miteinander zusammenhängen.

Damit beginnt unter dem neununddreißigsten Breitengrade das mittlere Griechenland, Hellas im engeren Sinne, wo zwischen dem Ambrakischen und Malischen Golfe sich über siebentausend Fuß der Bergkegel des Tymphrestos erhebt und die Ost- und Westhälfte von Hellas noch einmal in der Mitte bindet. Gegen Westen überragt er das Wassergebiet des Acheloos, welches mit seinen Landschaften von der feineren Gliederung des Ostens gänzlich ausgeschlossen bleibt. Gegen Osten zieht das Oetagebirge und bildet am Südrande des Malischen Meerbusens den Paß der Thermopylen, wo zwischen Sumpf und jähem Fels nur eines Weges Breite übrig bleibt, um nach den südlichen Landschaften zu gelangen. Von Thermopylai quer hinüber zum Korinthischen Meere beträgt der Abstand keine sechs Meilen. Dies ist der Isthmus, von dem aus sich die Halbinsel des östlichen Mittelgriechenlands bis zum Vorgebirge Sunium hinstreckt.

Das Stammgebirge dieser Halbinsel ist der Parnaß, dessen siebentausendfünfhundert Fuß hohe Kuppe die umwohnenden Menschengeschlechter als die einzige, von der Flut nicht erreichte Höhe, als den Ausgangspunkt eines neuen Menschen-

geschlechts heilig hielten. Von seinem nördlichen Fuße strömt der Kephisos in den großen Talkessel Böotiens, den der Helikon mit seinen Verzweigungen begrenzt. An den Helikon schließt sich der Kithäron, von neuem ein Quergebirge von Meer zu Meer, Attika von Böotien trennend.
Nicht leicht gibt es ungleichere Nachbarländer. Böotien ist ein in sich abgeschlossenes Binnenland, wo des Wassers Überfülle in tiefen Talgründen stockt, ein Land feuchter Nebel und üppiger Vegetation auf fettem Boden; Attika, ganz in das Meer vorgeschoben, eine buchtenreiche Halbinsel, ein Land von trockenem Felsboden, den eine dünne Erdschicht bedeckt, umgeben von der durchsichtig hellen Atmosphäre der Inselwelt, der es durch Lage und Klima angehört. Seine Gebirge setzen sich im Meere fort, sie bilden die innere Reihe der Cykladen, ebenso wie die äußere Reihe die Fortsetzungen von Euböa sind. Vollendet wurde der ganze Organismus des griechischen Landes, als aus den Fluten die schmale, niedrige Landbrücke auftauchte, welche die Pelopsinsel als die vollkommenste Halbinsel, als Schlußglied der ganzen nach dieser Form hinstrebenden Reihe von Landschaften, dem Stamme des Festlandes anreihen sollte. So geschieht es, daß, ohne den stetigen Zusammenhang des Landes zu zerreißen, inmitten desselben zwei breite, hafenreiche Binnenmeere sich begegnen, das eine nach Italien geöffnet, das andere nach Asien.
Der Peloponnes ist ein Ganzes für sich; er hat sein Stammgebirge in der eigenen Mitte, das mit mächtigen Brüstungen das hohe Binnenland Arkadien umgürtet und durch seine Verzweigungen die herumliegenden Landschaften gliedert. Diese sind entweder nur Abdachungen des inneren Hochlandes, wie Achaja und Elis, oder es gehen neue Bergzüge aus, die nach Süden und Osten laufend den Stamm neuer Halbinseln bilden; so entstehen die Messenischen, Lakonischen, Argivischen Halbinseln und zwischen ihnen die tiefeingeschnittenen Meerbusen mit ihrem breiten Fahrwasser.
Die innere Beschaffenheit des Peloponnes zeigt nicht geringere Mannigfaltigkeit als der äußere Umriß. Auf den einförmigen Hochebenen Arkadiens glaubt man sich in der Mitte eines ausgedehnten Binnenlandes; seine Talkessel haben die Organisation und die schwere Nebelluft Böotiens, während die dichten Bergzüge Westarkadiens der rauhen Alpennatur von Epirus gleichen. Die peloponnesische Westküste entspricht den flachen Gestaden der Acheloosländer, die reichen Ebenen des Pamisos und Eurotas sind Geschenke des Flusses, der durch Bergspalten herausströmt gleich dem thessalischen Peneios; Argolis endlich mit seiner gegen Süden offenen Inachosebene

und seiner an Felshäfen und vorliegenden Inseln so reichen Halbinsel ist nach Lage und Beschaffenheit ein zweites Attika. So wiederholt die schöpferische Natur von Hellas im südlichsten Gliede des Landes noch einmal alle ihre Lieblingsbildungen, auf engem Raume die größten Gegensätze zusammendrängend.

Bei dieser verwirrenden Mannigfaltigkeit der Bodenverhältnisse gehen dennoch mit voller Strenge gewisse einfache und klare Gesetze durch, welche dem ganzen europäischen Griechenlande das Gepräge eines eigentümlichen Organismus geben. Dahin gehört das stete Zusammenwirken von Meer und Gebirge, um die Glieder des Landes zu bezeichnen, ferner die Reihe der von dem Zentralgebirge auslaufenden Querriegel, welche zusammen mit den illyrisch-makedonischen Hochlanden darauf hinwirken, die Wohnsitze der Griechen von Norden unzugänglich zu machen, sie vom Kontinente zu isolieren und ganz auf das Meer und die jenseitigen Küsten hinzuweisen. Die nördlichen Hochlande sind dazu geschaffen, daß die Völker daselbst in engen wasserreichen Tälern als Bauern, Hirten und Jäger wohnen, daß ihre Kraft in Alpenluft gestählt, in einfachen Naturzuständen gesund erhalten werde, bis ihre Zeit gekommen ist, daß sie in die südlicheren Landschaften hinabsteigen sollen, welche durch ihre feinere und mannigfaltigere Gliederung berufen sind, ein Schauplatz der Staatenbildung zu werden und ihre Einwohner nach Osten hin in den See- und Küstenverkehr einer neuen, größeren Welt hereinzuziehen. Denn dies ist endlich von allen Gesetzen der europäisch-griechischen Landbildung das unverkennbarste und wichtigste, daß vom thrakischen Gestade an die Ostseite so unverkennbar als die Vorderseite der ganzen Ländermasse bezeichnet ist. Das westliche Meer bespült, mit Ausnahme zweier Buchten und des Korinthischen Golfs, von Dyrrhachium bis Methone nur schroffe Klippenküsten oder ein angeschwemmtes, durch Lagunen entstelltes, flaches Uferland; wer aber vermag die tiefen Buchten und Ankerplätze zählen, welche von der Strymonmündung bis Kap Malea sich öffnen, um die Bewohner der nahen Inseln zur Anfahrt einzuladen und zu eigener Ausfahrt zu reizen! Die Form der Felsküsten, welche an der Ostseite vorherrscht und fast auf allen Punkten einer langen Uferlinie den Seeverkehr möglich macht, ist zugleich für die Gesundheit des Klimas die günstigere, für Stadtgründungen die geeignetere. So hat sich alle Geschichte von Hellas auf die Ostküste geworfen und die nach der Rückseite des Landes hingeschobenen Stämme, wie z. B. die westlichen Lokrer, sind dadurch zugleich aus dem lebendigen Zusammenhange fortschreitender Entwicklung hinausgedrängt worden.

Die Geschichte eines Volkes ist nicht als ein Produkt der natürlichen Beschaffenheit seiner Wohnsitze zu betrachten. Aber das erkennt man leicht, daß so eigentümlich ausgeprägte Bodenformen, wie sie das Becken des Archipelagus einschließen, der Entwicklung der Menschengeschichte eine besondere Richtung zu geben imstande sind.

In Asien haben große Ländermassen zusammen eine Geschichte. Ein Volk erhebt sich über eine Masse anderer, und immer handelt es sich um Schickungen, denen unterschiedslos die weitesten Erdstriche mit Millionen ihrer Bewohner erliegen. Gegen eine solche Geschichte sträubt sich jeder Fußbreit griechischer Erde. Hier hat die Verästelung der Gebirge eine Reihe von Kantonen gebildet, deren jeder zu einem besonderen Dasein Beruf und Anrecht empfangen hat. In weiten Ebenen denken die Bewohner der einzelnen Gemeinden nicht daran, gegen übermächtige Heeresmassen ihr Recht und Gut zu vertreten; sie lassen über sich ergehen, was des Himmels Wille ist, und wer übrig bleibt, baut sich still eine neue Hütte neben den Trümmern der alten. Wo aber die Ackerfluren, die mühsam bestellten, von Bergen umgürtet sind mit hohen Jochen und engen Zugängen, die von wenigen gegen viele verteidigt werden können, da wird mit solchen Schutzwaffen auch der Mut verliehen, die Waffen zu gebrauchen. Ohne Pässe wie Thermopylai ist eine griechische Geschichte gar nicht denkbar. In griechischen Landschaften hat jede Gaugenossenschaft das Gefühl einer natürlichen und unauflösbaren Zusammengehörigkeit; es erwächst wie von selbst aus den Weilern des Tals der gemeinsame Staat und in jedem solcher Staaten das Bewußtsein einer vor Gott und Menschen vollberechtigten Selbständigkeit. Wer ein solches Land unterwerfen will, muß es in jedem seiner Gebirgstäler von neuem angreifen und besiegen. Im schlimmsten Falle sind Berggipfel und unnahbare Höhlen da, um die Überreste der freien Landesbewohner schützend aufzunehmen, bis die Gefahr vorüber ist oder die Kampflust der Feinde ermattet.

Aber nicht bloß die politische Selbständigkeit, auch die ganze Mannigfaltigkeit der Bildung, Sitte und Sprache, welche das alte Griechenland auszeichnet, ist ohne die vielfältige Gliederung des Landes undenkbar; denn ohne die trennenden Gebirge würden die verschiedenen Bestandteile der Bevölkerung sich frühzeitig aneinander abgeschliffen haben.

Hellas ist aber nicht nur ein abgeschlossenes und wohlverwahrtes Land, sondern auch wieder dem Verkehre offener als irgend ein Land der Alten Welt. Dringt doch von drei Weltgegenden her die See in alle Teile des Landes ein, das Auge schärfend, den Mut weckend, die Phantasie rastlos anregend; die See, welche dort, wo sie das ganze Jahr hindurch offen ist, ungleich näher die Länder verbindet, als die unwirtlichen Binnenmeere des Nordens. Leicht aufgeregt, ist sie auch leicht wieder besänftigt; ihre Gefahren sind verringert durch die Menge sicherer Ankerbuchten, die der Schiffer erreichen kann, wenn das Wetter aufzieht, sowie durch die Klarheit der Luft, welche ihn bei Tage bis auf zwanzig Meilen hin die Zielpunkte erkennen läßt und ihm bei Nacht den wolkenlosen Himmel zeigt, dessen auf= und niedergehende Sterne des Landmanns wie des Schiffers Geschäfte in milder Ruhe regeln. Die Winde sind die Gesetzgeber der Witterung; aber auch sie haben in diesen Breiten etwas Geregeltes und steigern sich nur selten zur Heftigkeit verwüstender Orkane. Es ist ja nur die kurze Winterfrist, in welcher Wetter und Wind regellos schwanken; mit dem Eintritte der guten Jahreszeit — der sicheren Monate, wie die Alten sie nannten — folgt auch der Luftzug im ganzen Archipelagus einer festen Regel, und jeden Morgen erhebt sich der Nordwind von den thrakischen Küsten und weht das ganze Inselmeer hinab, so daß man das, was außerhalb dieser Küstenkreise lag, als „jenseits des Nordwinds" bezeichnete. Das ist der Wind, der einst Miltiades nach Lemnos führte und der zu allen Zeiten dem die Nordgestade Beherrschenden so große Vorteile sicherte. Oft haben diese Winde (die Etesien) wochenlang den Charakter eines Sturmes, und bei wolkenlosem Himmel sieht man Schaumwellen so weit das Auge umschaut; sie sind aber ihrer Gleichmäßigkeit wegen nicht gefährlich und sowie die Sonne sinkt, lassen sie nach; die See glättet sich, Luft und Wasser werden still, bis sich fast unmerklich ein leiser Gegenwind erhebt, ein Luftzug aus Süden. Dann löst der Schiffer in Ägina seine Barke und wird in wenigen Nachtstunden nach dem Peiraieus getragen. Das ist der von den Dichtern Athens gepriesene Seehauch, der jetzt sogenannte Embates, der immer milde, weiche und heilbringende. Die Strömungen, die an den Küsten entlanggehen, erleichtern die Fahrt in den Golfen und Meersunden; der Flug der Wandervögel, die zu bestimmten Jahreszeiten sich wiederholenden Züge der Thunfische geben dem Schiffer willkommene Wahrzeichen. Die Regelmäßigkeit im ganzen Leben der Natur, in Bewegung von Luft und Wasser, der milde und menschenfreundliche Charakter der Ägäischen See trug wesentlich dazu bei, daß ihre Bewohner sich mit vollem Vertrauen ihr hingaben, daß sie auf ihr und mit ihr lebten.

Die Flußschiffahrt ist bald zu Ende gelernt, die Seefahrt niemals; an Flußufern schleifen sich die Unterschiede der Bewoh=

Herme des Homer. Rom, Vatikan

Apotheose des Homer. London, Britisches Museum

ner ab, das Meer bringt das Verschiedenartigste plötzlich zusammen; es kommen Fremde, die unter anderem Himmel, nach anderen Gesetzen leben; es findet ein unendliches Vergleichen, Lernen, Mitteilen statt und je lohnender der Austausch der verschiedenartigen Landesprodukte ist, um so rastloser arbeitet der menschliche Geist, den Gefahren des Meeres durch immer neue Erfindungen siegreich entgegenzutreten.

Euphrat und Nil bieten Jahr um Jahr ihren Anwohnern dieselben Vorteile und regeln ihre Beschäftigungen, deren stetiges Einerlei es möglich macht, daß Jahrhunderte über das Land hingehen, ohne daß sich in den hergebrachten Lebensverhältnissen etwas Wesentliches ändert. Es erfolgen Umwälzungen, aber keine Entwicklungen und mumienartig eingesargt stockt im Tale des Nils die Kultur der Ägypter; sie zählen die einförmigen Pendelschläge der Zeit, aber die Zeit hat keinen Inhalt; sie haben Chronologie, aber keine Geschichte im vollen Sinne des Wortes. Solche Zustände der Erstarrung duldet der Wellenschlag des Ägäischen Meeres nicht, der, wenn einmal Verkehr und geistiges Leben erwacht sind, dasselbe ohne Stillstand immer weiter führt und entwickelt.

Was endlich die natürliche Begabung des Bodens betrifft, so war in diesem Punkte eine große Verschiedenheit zwischen der östlichen und westlichen Hälfte des griechischen Landes. Die Athener brauchten von den Mündungen der kleinasiatischen Flüsse nur wenig Stunden aufwärts zu gehen, um sich zu überzeugen, wieviel reicher dort der Ackerboden lohne, und mit Neid die tiefen Schichten der fruchtbarsten Erde in Äolis und Ionien zu bewundern. Der Wuchs der Pflanzen und Tiere war üppiger, der Verkehr in den breiten Ebenen so ungleich leichter. Sind doch im europäischen Lande die Ebenen nur wie Furchen und schmale Becken zwischen den Gebirgen eingesenkt oder dem äußeren Rande derselben angeschwemmt; über hohe Joche, die erst für Menschentritte geöffnet und dann mit unsäglicher Mühe für Saumtiere und Wagen gebahnt werden mußten, stieg man von einem Tale zum anderen hinüber. Auch die Gewässer der Ebenen blieben meist den Segen schuldig, den man von ihnen erwartete. Bei weitem die meisten waren im Sommer versiegende Flüsse, früh hinsterbende Nereidensöhne, wie die Sage sie darstellte, und wenn auch des Landes Trockenheit jetzt eine ungleich größere ist als im Altertume, so waren doch seit Menschengedenken des Ilissos wie des Inachos Wasseradern unter dürrem Kieslager verschwunden. Neben größter Dürre ist dann wieder ein Übermaß von Wasser, das hier im Talbecken, dort zwischen Berg und Meer stockend, die Luft verpestet und jedem Anbaue widerstrebt. Überall gab es Arbeit und Kampf. Und dennoch — wie frühe würde die griechische Geschichte zu Ende gegangen sein, wenn sie nur unter dem Himmel Ioniens ihre Stätte gefunden hätte! Die volle Energie, welcher das Volk fähig war, ist doch erst im europäischen Hellas zutage getreten, auf dem so ungleich kargen begabten Boden; hier ist doch der Leib stärker, der Geist freier entwickelt worden; hier ist das Land, das er sich durch Entsumpfung und Eindämmung, durch künstliche Bewässerung und mühsame Wegebahnung unter Not und Arbeit zu eigen gemacht hat, dem Menschen im volleren Sinne zum Vaterlande geworden als im jenseitigen Lande, wo er die Gaben Gottes mühelos entgegennahm.

So besteht denn des griechischen Landes besonderer Vorzug in dem Maße seiner Begabung. Sein Bewohner genießt den vollen Segen des Südens; ihn erfreut und belebt der Glanz des südlichen Himmels, die heitere Luft des Tages, die warme, erquickende Nacht. Den nötigen Unterhalt gewinnt er leicht von Land und Meer; Natur und Klima erziehen ihn zur Mäßigkeit. Er bewohnt ein Bergland, aber seine Berge sind keine rauhen Hochlande, sondern urbar und triftenreich und Hüter der Freiheit: er bewohnt ein mit allen Vorzügen südlicher Gestade gesegnetes Inselland, das doch zugleich die Vorteile eines großen, ununterbrochenen Länderzusammenhanges genießt. Starres und Flüssiges, Berg und Niederung, Dürre und Feuchtigkeit, thrakische Schneestürme und tropische Sonnenglut — alle Gegensätze, alle Formen des Naturlebens kommen zusammen, um auf die verschiedenste Art den Menschengeist zu wecken und anzuregen. Wie aber diese Gegensätze sich alle in eine höhere Harmonie auflösen, welche das ganze Küsten- und Inselland des Archipelagus umfaßt, so wurde auch der Mensch darauf hingewiesen, zwischen den Gegensätzen, die das bewußte Leben bewegen, zwischen Genuß und Arbeit, zwischen Sinnlichkeit und Geistigkeit, zwischen Denken und Fühlen das Maß der Harmonie herzustellen.

Was ein Ackerboden zu leisten vermag, zeigt sich erst dann, wenn die für denselben geschaffenen Pflanzen ihre Wurzelfasern eintreiben und auf dem glücklich gefundenen Standorte in voller Gunst von Licht und Luft die ganze Fülle ihrer Lebenskräfte zur Entfaltung bringen. Bei dem Pflanzenleben weiß der Naturforscher nachzuweisen, wie dem bestimmten Organismus die besonderen Erdteile des Bodens ersprießlich sind; bei dem Völkerleben ruht ein tieferes Geheimnis auf dem Zusammenhange zwischen Landschaft und Geschichte.

*

Die Geschichte kennt keines Volkes Anfänge. In ihren Gesichtskreis treten die Völker der Erde nicht früher ein, als nachdem sie schon eine eigentümliche Bildung gewonnen und sich im Gegensatze gegen ihre Nachbarvölker fühlen gelernt haben; bis es aber dahin gekommen, sind Jahrhunderte verflossen, deren Reihen niemand zählen kann. Auch die Sprachwissenschaft vermag es nicht, aber sie eröffnet uns eine Quelle, welche über die Anfänge der Geschichte hinausreicht. Die Sprache ist in ihrem formalen Bestande vollendet, wenn die Geschichte des Volkes beginnt. In ihr hat sich der Charakter derselben zuerst ausgeprägt, sie ist das erste Zeugnis seiner eigentümlichen Beschaffenheit, seine älteste Urkunde und die einzige über die vorhistorische Lebensperiode.

Sie geht aber auch über die Existenz des einzelnen Volkes hinaus, denn sie zeigt uns die Sprache desselben in einer so nahen Verwandtschaft mit anderen Sprachen, daß wir daraus auf die Verwandtschaft der Völker schließen können, welche diese Sprachen redeten. So vermag die Sprachwissenschaft die Anfänge der Geschichte zu ergänzen und einen Stammbaum der Völker herzustellen, von dem keine andere Überlieferung uns erhalten ist.

Auf diesem Wege ist denn auch die griechische Sprache als eine der „indogermanischen" oder „arischen" Schwestersprachen erkannt worden, und das Griechenvolk als ein Zweig jenes arischen Urvolks, welches einst, in Hochasien angesessen, die Ahnen der Inder, Perser, Kelten, Griechen, Italiker, Germanen, Letten und Slawen umschloß.

Das Urvolk trennte sich; seine Mundarten wurden zu besonderen Sprachen, seine Stämme zu Völkern. Einzelne dieser Völker haben längere Zeit ein Ganzes gebildet, und deshalb lassen sich größere und kleinere Völkergruppen unterscheiden, je nachdem sie in Bewahrung des ursprünglichen Bestandes der Muttersprache oder in Abänderung derselben unter sich übereinstimmen. So unterscheiden wir zuerst eine Völkergruppe, welche in Asien seßhaft geblieben ist und sich im ganzen von der Ursprache am wenigsten entfernt hat (das ist die indische und die eranische Nation, mit welcher auch die Skythen am Pontus im Zusammenhange geblieben sind), und eine zweite, welche, sich weiter nach Westen ausbreitend, den Stamm der europäischen Völkergeschlechter gebildet hat.

Diese Gruppe teilt sich wiederum in eine nordeuropäische, (Slawogermanen) und eine südeuropäische, welche die Gestade des Mittelmeeres bevölkerte, Kelten, Griechen und Italiker. Das verwandtschaftliche Verhältnis zwischen diesen Völkern ist noch nicht mit Sicherheit festgestellt; doch scheint es, daß die Kelten sich am frühesten abgelöst und daß nach ihrer Ausscheidung die Griechen und Italiker als e i n Volk fortbestanden haben.

Sie haben außer dem Gesamtgute aller indogermanischen Völker einen gemeinsamen neuen Besitz an Wörtern und Begriffen gesammelt und ausgebildet, wie sich dies z. B. in den gemeinsamen Benennungen der Ackergeräte, des Weins und des Öls, in der übereinstimmenden Bezeichnung der Göttin des Herdfeuers usw. zeigt. Wichtiger noch ist ihre Übereinstimmung in den Lautgesetzen. Sie haben die bei der ganzen europäischen Völkerfamilie eintretende feinere Unterscheidung der Vokale am vollkommensten durchgeführt. Der ursprüngliche A-Laut ist entweder festgehalten oder durch Verdünnung und Verdumpfung verändert. So hat sich eine ungleich mannigfaltigere Vokalreiche gebildet: a, e (i), o (u), und durch diese Vokalspaltung ist nicht nur größere Anmut des Klanges erzielt worden, sondern auch eine ungleich feinere Organisation des Sprachbaues. Denn auf ihr beruht die Gliederung der Deklinationen; auf ihr die klarere Unterscheidung des männlichen und weiblichen Geschlechts auf der einen, des sächlichen auf der anderen Seite, ein Hauptvorzug der beiden Sprachen vor allen anderen. Endlich haben die Griechen und Italiker auch ein gemeinsames Akzentgesetz. Denn wenn auch im Altitalischen noch Spuren einer älteren Betonungsweise zu erkennen sind, so ist doch gewiß schon zu der Zeit, da Griechen und Italiker noch e i n Volk waren, von ihnen die Ordnung eingeführt, daß kein Hauptakzent über die drittletzte Silbe zurücktreten dürfe. Dadurch ist die Einheit der Wörter gewahrt; es sind die Endsilben geschützt, die bei weiter zurücktretendem Akzente leicht zu Schaden kommen, und endlich ist bei aller Strenge des Gesetzes doch hinreichende Freiheit gestattet, um durch leichte Änderungen des Tonfalls die Verschiedenheit der Geschlechter und Kasus in den Nomina, sowie der Zeiten und Modi bei den Verba erkennen zu lassen.

Diese Übereinstimmungen der Sprache sind die ältesten Urkunden einer gemeinsamen griechisch-italischen Volksgeschichte, die Urkunden einer Zeit, da auf einer der Stationen des ostwestlichen Völkerzugs in Asien die beiden Völker als ein Volk, als Gräkoitaliker, wie man sie nennen darf, zusammenwohnten, und wollen wir es wagen, nach dem, was beiden Zweigen in der Ausbildung ihrer Sprache gemeinsam ist, den Charakter des Urvolks zu bezeichnen, so ist es eine unverkennbare Abneigung gegen alles Willkürliche und Chaotische, ein gesunder Sinn für Regel und Ordnung, welcher auch das Flüchtigste in der Sprache, den Tonfall der Wörter einer festen

Norm unterworfen hat, ein Streben nach klarer Gliederung und zweckvoller Gesetzmäßigkeit im Ausdrucke der Begriffe.

Von jenen wichtigen und durchgreifenden Übereinstimmungen abgesehen, herrscht zwischen beiden Sprachen eine große Verschiedenheit. Zunächst in den Lauten. Die griechische Sprache besitzt einen Reichtum an konsonantischen Lauten; sie hat namentlich die vollzählige Reihe der stummen Konsonanten (mutae), von denen die Aspiraten den Italikern ganz verlorengegangen sind. Dafür hat sie zwei Hauchlaute in früher Zeit eingebüßt, das j und das im Lateinischen treu bewahrte v, das sogenannte Digamma, das mundartlich erhalten worden, aber sonst entweder spurlos untergegangen oder in den Hauchlaut (spiritus asper) umgewandelt oder in einen Diphthong verflossen ist. Auch den Zischlaut haben sich die Griechen nicht in der Schärfe zu bewahren gewußt, wie er im Indischen und Italischen besteht (vgl. sama, simul, ὁμοῦ).

Diese Einbuße und Abschwächung wichtiger Laute ist im Griechischen sehr fühlbar. Die Wortstämme haben vielfach ihre charakteristischen Kennzeichen verloren und die verschiedensten Wurzeln sind wegen Zerstörung ihrer Anlaute in fast unkenntlichem Zustande durcheinander geraten. Merkwürdig aber bleibt bei diesen Übelständen das durchgreifende Verfahren der Sprache, ihre Konsequenz und Gesetzmäßigkeit, die Sicherheit der Schreibung, das Zeugnis einer großen Feinheit der Organe, durch welche sich die Hellenen vor den Barbaren auszeichneten, einer scharfen, klaren Aussprache, wie sie den italischen Stämmen nicht in gleichem Grade eigen gewesen zu sein scheint.

Im Griechischen ist auch der Auslaut der Wörter einer festen Regel unterworfen. Denn während im Sanskrit sich alle Wörter im Auslaute dem Anlaute des nächsten vollkommen anbequemen, im Lateinischen aber die Wörter sämtlich selbständig nebeneinander stehen, haben die Griechen hier das feine Gesetz aufgestellt, die Wörter ihrer Sprache nur auf Vokale oder auf solche Konsonanten ausgehen zu lassen, welche keinen Zusammenstoß veranlassen, n, r und s. Dadurch ist den Wörtern mehr Selbständigkeit gegeben als im Sanskrit, der Rede mehr Einheit und Fluß als im Lateinischen; die Auslaute aber sind vor stetem Wechsel wie vor Abstumpfung und Verstümmelung gesichert.

Im Reichtum der Formen hält die griechische Sprache keinen Vergleich aus mit der indischen, so wenig wie die Vegetation des Eurotas mit dem Gangesufer. Es sind ja in der Deklination von acht Kasusformen drei den Griechen verlorengegangen, und es haben deshalb die übrig gebliebenen mit vielfachen Bedeutungen überbürdet werden müssen; ein Übelstand, dem die Sprache nur durch feine Ausbildung der Präpositionen hat entgegentreten können. Die Italiker haben sich bei ihrer Neigung für Schärfe und Kürze des Ausdrucks den Ablativ und zum Teil auch den Lokativ erhalten; den Dualis dagegen, den die Griechen nicht missen wollten, in ihrer aufs Praktische gerichteten Denkweise aufgegeben. Den Griechen kommt auch in der Deklination die Mannigfaltigkeit ihrer Diphthonge sehr zu statten. Bei möglichster Ähnlichkeit der Formen werden die Geschlechtsunterschiede leicht und klar bezeichnet und auch in den Kasus haben die Griechen (wie πόδες und πόδας für pedes lehrt) trotz ihrer Armut den Vorzug deutlicher Unterscheidung.

Ihre Stärke aber liegt im Zeitworte. Auf die Verbalformen hat sich die ganze erhaltende Kraft der griechischen Sprache geworfen; hier ist sie der italischen in allen Hauptpunkten überlegen. Sie hat sich doppelte Reihen von Personalformen erhalten, welche leicht und gefällig die Zeiten in Haupt- und Nebenzeiten unterscheiden (λέγοντι-ἔλεγον); Augment und Reduplikation sind der Sprache erhalten und mit bewundernswürdiger Feinheit bei den mannigfaltigsten Anlauten der Verba kenntlich durchgeführt. Mit Hilfe der verschiedenen Verbalformen, der Stammform und der angeschwellten Präsensformen, gelingt es der Sprache, die größte Mannigfaltigkeit des Zeitbegriffs — Zeitpunkt, Zeitdauer, Abgeschlossenheit der Handlung — auf das leichteste auszudrücken. Man bedenke, wie durch bloße Dehnung des Vokals in ἔλιπον und ἔλειπον eine zweifache so klar und sicher unterschiedene Bedeutung gewonnen wird; eine Beweglichkeit, welcher das Latein mit seinem linquebam und liqui nur unbeholfen und ungenügend nachzukommen sucht. Durch die Doppelbildung des Aoristes wird diese Unterscheidung bei allen Verbalstämmen möglich und kann in jedem durch Aktiv, Medium und Passiv mit den einfachsten Lautmitteln durchgeführt werden. Dann die Modalformen, durch die das Verbum dem menschlichen Gedanken in den feinsten Unterschieden des Bedingten und Unbedingten, des Möglichen und Wirklichen sich anzuschmiegen weiß. Das Material zu diesen Bildungen war schon in dem viel älteren Sprachzustande vorhanden; aber die älteren Völker wußten das Material nicht zu benutzen. Die Dehnung des Bindevokals in Verbindung mit den Endungen der Haupttempora genügte den Griechen, im Konjunktiv einen festen Typus für die bedingte Aussage zu schaffen; die Einschiebung eines I-Lautes in Verbindung mit den Endungen der Nebenzeiten, — das war die Schöpfung des Optativs, der wie der Konjunktiv seiner leichten Bildung wegen durch alle Zeiten durchgeführt werden konnte. Und dennoch sind diese einfachen Lautmittel nicht rein fomal und willkürlich. Die Dehnung des Lautes zwischen Wurzel und Personalendung unterscheidet so natürlich und sinnig von der unbedingten Aussage die zögernde, bedingte und jener Vokal, welcher der Charakter des Optativs ist, bezeichnet, weil er als Wurzel ‚gehen' bedeutet, die über die Gegenwart hinausgehende Bewegung der wünschenden Seele. Der Wunsch steht dem Gegenwärtigen, das Mögliche dem Wirklichen entgegen; daher nimmt der Optativ die Endungen der Nebenzeiten an, die das nicht Gegenwärtige bezeichnen, während der Modus des Bedingten, weil er sich auf die Gegenwart des Sprechenden bezieht, die Endungen der Hauptzeiten hat. — In der Wortbildung endlich zeigt die Sprache eine große Beweglichkeit. Aus den einfachen Wurzeln läßt sie einen unendlichen Reichtum von Wörtern hervorgehen; durch leichte Suffixe weiß sie in geschicktester Weise die substantivischen und adjektivischen Ableitungen nach ihren verschiedenen Bedeutungen klar zu charakterisieren (πρᾶξις, πρᾶγμα). Aus verschiedenen Wörtern bildet sie durch Vereinigung mit Leichtigkeit neue Wörter, eine Leichtigkeit, welche dem Lateinischen gänzlich versagt ist; aber sie mißbraucht diese Leichtigkeit nicht, um sich wie das spätere Sanskrit in Worthäufungen zu gefallen, die das Verschiedenartigste, das sich nimmer zu einem Bilde oder Begriffe verschmelzen läßt, gleichsam zu einem Knäuel von Wortstämmen zusammenflechten. Maß und Klarheit ist auch hier das Kennzeichen des Griechischen.

Das Volk, welches den gemeinsamen indogermanischen Sprachschatz in so eigentümlicher Weise auszubilden gewußt hat, bezeichnete sich selbst, seit es sich als ein Ganzes fühlte, mit dem Namen der Hellenen. Ihre erste geschichtliche Tat ist der Ausbau dieser Sprache, und diese erste Tat ist eine künstlerische. Denn als ein Kunstwerk muß vor allen Schwestersprachen die griechische betrachtet werden wegen des in ihr waltenden Sinnes für Ebenmaß und Vollkommenheit der Laute, für Klarheit der Form und angemessene Darstellung des Gedankens. Wenn wir von den Hellenen nichts besäßen als die Grammatik ihrer Sprache, so wäre diese ein vollgültiges Zeugnis für die außerordentliche Begabung dieses Volkes, das sich mit schöpferischer Kraft das sprachliche Material angeeignet und dasselbe mit Geist durchdrungen, eines Volkes, das bei entschiedener Abneigung gegen alles Umständliche und Unklare mit den einfachsten Mitteln unendlich viel zu leisten gewußt hat. Die ganze Sprache gleicht dem Leibe eines kunstmäßig durchgeübten Ringers, an dem jeder Muskel zu vollem Dienste ausgebildet ist; nirgends Schwulst und träge Masse, alles Kraft und Leben.

Die Hellenen müssen den Sprachstoff empfangen haben, ehe er zu spröder Masse erstarrt war; sonst wäre es ihnen unmöglich gewesen, in demselben wie in dem bildsamsten Ton die ganze Mannigfaltigkeit ihrer geistigen Anlagen so klar auszudrücken, ihren künstlerischen Formensinn sowohl wie jene Schärfe des abstrakten Denkens, wie sie sich nicht erst in den Büchern ihrer Philosophen geoffenbart hat, sondern schon in der Grammatik der Sprache, namentlich in dem Gebäude der Verbalformen, einem für alle Zeiten gültigen Systeme der angewandten Logik, deren Verständnis noch heute die volle Kraft eines geübten Denkers in Anspruch nimmt.

Wie in der Bildung der Sprache sich die edlen Kräfte des Volkes in unbewußter Triebkraft bezeugt haben, so hat wiederum die ausgebildete Sprache rückwirkend auf das Volk im ganzen und alle Glieder desselben den wichtigsten Einfluß geübt; denn je vollkommener der Organismus einer Sprache ist, um so mehr wird der, welcher sich ihrer bedient, zu gesetzmäßigem Denken und klarer Durchbildung seiner Vorstellungen aufgefordert und gewissermaßen genötigt. Die allmähliche Aneignung ihres reichen Wortschatzes erweitert den Kreis der Anschauungen und Vorstellungen; sie leitet, wie sie gelernt wird, von Stufe zu Stufe zu immer allseitigerer Ausbildung; der Reiz, sie immer vollkommener zu beherrschen, stirbt niemals ab, und während sie so den einzelnen zu immer höherer Seelentätigkeit erzieht und entwickelt, erhält sie ihn zugleich, ohne daß er sich dessen bewußt ist, in dem gemeinsamen Zusammenhange der ganzen Nation, dessen Ausdruck die Sprache ist; jede Störung dieses Zusammenhanges, jede Entfremdung verrät sich am ersten in der Sprache.

Die Sprache war darum von Anfang an das Erkennungszeichen der Hellenen. In ihrer Sprache lernten sie sich allen andern Völkern des Erdbodens gegenüber als eine besondere Gemeinschaft fühlen; sie blieb für alle Zeiten das Band, welches die weitzerstreuten Stämme zusammenhielt. Es ist eine Sprache in allen Mundarten, und so ist auch das Volk der Hellenen ein einiges und ungemischtes. Wo diese Sprache geredet wurde, mochte es in Asien, Europa oder Afrika sein, da war Hellas, da war griechisches Leben und griechische Geschichte. Wie sie lange vor aller Geschichte schon in voller Entwicklung stand, so hat sie auch den engen Zeitraum der klassischen Geschichte lange überdauert und lebt noch heute im Munde eines Volkes, das seinen Zusammenhang mit den Hellenen durch die Sprache bezeugt. Sie ist es also, welche durch Raum und Zeit hindurch alles, was im weitesten Sinne zur Geschichte des hellenischen Volkes gehört, unter sich verbindet.

Diese hellenische Sprache erscheint uns aber von Anfang an nicht als eine unterschiedslose Einheit, sondern als eine in verschiedene Mundarten gespaltene, deren jede gleichen Anspruch hatte hellenisch zu sein. So wie bei den Sprachteilungen räumliche Trennung und Aussonderung der Völker das Entscheidende war, so auch bei den Mundarten. In getrennten Wohnsitzen entfremden sich einander die Stämme eines Volkes; es bilden sich hier und dort gewisse Lieblingsneigungen für besondere Laute und Lautverbindungen. Die Wörter bleiben wohl dieselben mit ihren Bedeutungen, aber sie erhalten verschiedene Betonung, verschiedene Aussprache. Dabei wirken Boden und Klima auf den Sprachstoff ein. Andere Laute pflegen in den Bergen, andere in den Flachländern vorzuherrschen, und solche Einwirkungen der Örtlichkeit mußten sich dort natürlich am meisten geltend machen, wo mit scharfen Grenzen die Teile des Landes unterschieden sind; denn in Bergtälern, auf Halbinseln und Inseln bilden und erhalten sich am leichtesten sprachliche Eigentümlichkeiten, welche sich in weitgestreckten Ebenen abschleifen und verwischen. Anderseits bedürfen die Dialekte auch einer gewissen Weite gleichartiger Räumlichkeiten, um sich ohne zu große Zersplitterung gehörig befestigen und ausbilden zu können.

Beide Bedingungen erfüllen sich in Griechenland. Bei aller Mannigfaltigkeit mundartiger Sprachformen sind es doch nur zwei Hauptarten, welche vorherrschen, einerseits nicht so ungleich, um das Gefühl der Sprachgemeinschaft aufzuheben, wie es z. B. bei den Hauptformen der italischen Sprachen der Fall war, anderseits aber doch so verschieden voneinander, daß sie mit selbständiger Berechtigung nebeneinander bestehen und aufeinander einwirken konnten.

Die dorische Mundart ist durch die Erhaltung der ursprünglichen Vokale und namentlich durch die Bewahrung des A-Lautes kenntlich; sie ist im ganzen die rauhere Mundart und von Hause aus, wie es scheint, den Hochländern eigen, die gewohnt sind, alles, was sie tun, mit einer gewissen Kraftanstrengung zu tun. In ihren vollen und breiten Lauten vernimmt man die durch Bergluft gestählte Brust; Kürze in Form und Ausdruck ist ihr Charakter, wie es zu einem Stamme paßt, welcher in einem arbeitsvollen, knappgewöhnten Leben wenig Lust hat, Worte zu machen und am Hergebrachten zähe festhält. Deutlicher bestimmt sich der Charakter des Dorismus aus dem Gegensatze der ionischen Sprachform, welche sich vorzugsweise in langgestreckten Gestadeländern einheimisch findet. Hier lebte sich's behaglicher, bei leichterem Erwerbe und bei größerer Mannigfaltigkeit äußerer Anregung. Die bequemere Natur zeigt sich in der Beschränkung der Hauchlaute, die namentlich beim Zusammenstoße vermieden werden; t wird in s verdünnt, die Laute werden weniger in der Tiefe des Mundes und in der Kehle gebildet. Die Aussprache ist leichter und wohlklingender; die Sprache selbst flüssiger, gedehnter durch Vokale, die man nebeneinander tönen oder in Diphthonge zusammenfließen läßt. Die Vokale sind weicher, aber dünner; mehr e und u als a und o. Die Formen der Mundart wie des Ausdrucks neigen sich zu einer gewissen behaglichen Breite. Dem knappen und sehnigen Dorismus gegenüber ist hier eine größere Fülle, eine üppige Entfaltung des Vokalismus, ein gewisser Überfluß der Formen, in welchem sich die Sprache wohlgefällig ergeht. Es ist überall mehr Freiheit gestattet, es herrscht eine größere Beweglichkeit und Abwechslung der Laute.

Das Ionische und Dorische sind anerkannt die beiden Hauptformen der griechischen Sprache und die entschiedensten Gegensätze ihrer mundartlichen Entwicklung; sie erschöpfen aber nicht den Reichtum derselben. Es gab auch Griechen, welche weder ionisch noch dorisch sprachen; von ihnen sagte man, sie sprächen äolisch. Das Äolische ist aber nicht eine Mundart, wie das Dorische und Ionische; es hat kein so bestimmtes Sprachgebiet und keinen so ausgeprägten Charakter. Äolisch redende Griechen finden wir in Thessalien und Böotien, in Arkadien und Elis, auf Lesbos und dem gegenüberliegenden Festlande wie in Kypros. Ihre Mundart hat aber in den verschiedenen Gegenden, je nachdem sie ionischen oder dorischen Nachbareinflüssen ausgesetzt war, eine so verschiedene Färbung angenommen, daß es unmöglich scheint, einen allgemein gültigen Typus aufzustellen und daß außer einer gewissen Vorliebe für dumpfe Laute kaum eine durchgehende Eigentümlichkeit bemerklich ist. Darum ist es auch nicht möglich, eine der griechischen Mundarten als die unbedingt altertümlichste zu bezeichnen, denn es gibt nur wenig Besonderheiten, welche auf e i n e Mundart beschränkt wären, und dann ist unsere Kenntnis der Mundarten eine sehr ungleiche. Die Denkmäler der ionischen Sprache reichen viel weiter hinauf als die der beiden anderen; deshalb erscheint sie uns in vielen Punkten als besonders altertümlich, während doch sonst die Ionier nicht der Stamm sind, welcher zu treuer Erhaltung alter Laute und Formen besonders geeignet war.

Soviel aber können wir mit Sicherheit sagen, daß das Äolische und Dorische unter sich eine engere Gemeinschaft haben als mit dem Ionischen, und daß, wie das Dorische in den Lauten, so das Äolische in den grammatischen Formen vielfach dasjenige erhalten hat, was wir nach Vergleichung der verwandten Sprachen als das Ursprüngliche betrachten müssen; dazu kommt, daß das Äolische namentlich in seinen Vokalen eine unverkennbare Ähnlichkeit mit den italischen Sprachen hat, und dieser Umstand ist Veranlassung, daß man die äolischen Mundarten als Überreste des ältesten Sprachzustandes, der dem Gräkoitalischen noch am nächsten stand, angesehen hat. So betrachteten auch die Alten das Äolische nicht als einen neben den anderen selbständig entwickelten Dialekt, sondern mehr als die gemeinsame Grundlage aller mundartlichen Verschiedenheiten, wenn sie sagten, daß alles, was nicht dorisch und nicht ionisch war, so verschieden es sonst lauten mochte, äolisch sei.

Diese Tatsachen der Sprachentwicklung sind die Grundlagen aller griechischen Geschichte.

Wie bei aller Mannigfaltigkeit die hellenische Sprache eine in sich einige und nach außen abgegrenzte ist, so auch die Nationalität der Hellenen. Sie waren ein von Natur unverkennbar gezeichnetes, durch gleiche Anlagen des Geistes und Körpers zur Einheit verbundenes Menschengeschlecht. Ihre angeborenen Geistesgaben haben sie in ihrer Sprache am frühesten und deutlichsten bezeugt, und dann so umfassend und vollkommen wie kein anderes Volk in ihrer ganzen Kultur. Denn was sie in Religion und Kultus, im Staatsleben, in Kunst und Wissenschaft geschaffen haben, ist ihr eigen, und wieviel sie auch von andern übernommen, haben sie es doch so umgestaltet und wiedergeboren, daß es ihr Eigentum geworden ist und der Abdruck ihres geistigen Wesens; unendlich mannigfaltig und doch alles griechisch. Ihre körperliche Beschaffenheit bezeugt sich in der bildenden Kunst, welche, im Volke einheimisch, nicht anders als aus dem Volke selbst ihre eigentümliche Anschauung von der Menschengestalt gewinnen konnte. Apollon und Hermes, Achill und Theseus, wie sie in Stein und Erz oder in Farbenzeichnung vor unseren Augen stehen, sind doch nur verklärte Griechen, und die edle Harmonie ihrer Glieder, die milden und einfachen Linien des Gesichtes, das große Auge, die kurze Stirn, die gerade Nase, der feine Mund gehörten dem Volke an und waren die natürlichen Kennzeichen desselben. Das Maßvolle ist ein Hauptcharakter auch ihrer körperlichen Natur. Die Größe überschritt selten das richtige Mittel. Ebenso selten waren zu fleischige und zu fette Körper. Sie waren freier als andere Geschlechter der Sterblichen von dem, was die geistige Bewegung hemmt und belastet.

Sie teilten mit den glücklich wohnenden Völkern des Südens, ohne den Gefahren desselben zu erliegen, die mannigfaltige Gunst des Klimas, die frühe und gefahrlosere Entwicklung des Körpers, den leichteren Übergang von der Kindheit zur Mannesreife. Die Nähe der Natur, der sie sich ungestörter und vertraulicher hingeben konnten, als die Kinder des Nordens, das freiere Leben in Luft und Sonnenlicht machte ihre Lungen gesunder und kräftiger, die Glieder elastischer, das Auge schärfer; der ganze Organismus gelangte zu einem freieren Gedeihen.

Von erquickender Seeluft allerorten umfangen, genossen die Griechen vor allen Völkern, welche mit ihnen unter gleichen Breiten gewohnt haben, den Vorzug leiblicher Gesundheit und Wohlgestalt. Wer unter ihnen von Natur einen siechen oder krüppelhaften Körper hatte, schien von Rechts wegen an Ehre und Ansprüchen zurückstehen zu müssen. Edle Körperbildung galt für den natürlichen Ausdruck eines gesunden und wohlgebildeten Geistes, und nichts schien den Griechen wunderlicher, als daß in so unedlen Formen, wie sie der Schädel des Sokrates zeigte, ein zum Göttlichen aufstrebender Geist wohnen sollte. Wie bei anderen Völkern Schönheit, so war bei den Griechen Unschönheit das Auffallende, die Ausnahme von der Regel. Darum hat sich auch nie ein Volk der Erde bestimmter und entschiedener von allen anderen Völkern abgesondert und sich ihnen so stolz gegenübergestellt wie die Hellenen.

So haben denn auch die Hellenen, ihrer eigentümlichen körperlichen und geistigen Begabung bewußt, nachdem sich die Italiker von ihnen abgetrennt hatten, als ein einiges Volk jahrhundertelang zusammengelebt. Dies ungeteilte Zusammenleben liegt aber jenseits aller geschichtlichen Erinnerung. Wir kennen das Volk wie die Sprache nur in sich gespalten; wir kennen keine Hellenen als solche, sondern nur Ionier, Dorier, Äolier. In den Stämmen wohnt die ganze Energie des Volkslebens; alle großen Leistungen gehen von den Stämmen aus und teilen sich nach diesen in dorische und ionische Kunst, dorische und ionische Lebensordnung, Verfassung und Philosophie. Sie verleugnen in ihrer Besonderheit niemals den allgemein hellenischen Charakter, aber gehen doch erst allmählich in den Gesamtbesitz des ganzen Volkes über; das Sonderleben der einzelnen Stämme mußte sich erst erschöpfen, ehe sich ein allgemein hellenischer Typus in Sprache, Literatur und Kunst geltend machen konnte.

Die Entstehung dieser durchgreifenden Unterschiede im griechischen Volk setzt große Umwälzungen ursprünglicher Zustände, viele Wanderungen und Umsiedlungen voraus. Es müssen sehr verschiedenartige Wohnsitze gewesen sein, in denen die einen Hellenen Dorier, die anderen Ionier geworden sind. Wie weit wird es möglich sein, von diesen Völkerbewegungen, welche aller griechischen Geschichte zugrunde liegen, sich einen Begriff zu verschaffen?

*

Die Hellenen selbst hatten keine Überlieferung einer massenhaften Einwanderung ihres Volkes; es findet sich in ihren Sagenkreisen keine Erinnerung einer fernen Urheimat; sie wußten auch von keinem fremdartigen Volke, das sie in ihrem Lande vorgefunden und dann ausgetrieben oder unterworfen hätten. Auch die wanderlustigsten Stämme der Hellenen konnten sich nicht außerhalb Hellas denken; sie fühlten sich durch alle Geschlechter mit ihrem Boden verwachsen und die Vorstellung der Autochthonie findet sich bei ihnen in den mannigfachsten Überlieferungen ausgebildet.

Dennoch betrachteten sie sich nirgends als die ersten; überall wußten sie, daß andere vor ihnen da gewesen wären, die ihnen die Wälder gelichtet, die Sümpfe getrocknet, die Felsen geebnet hätten. Diesen ihren Vorgängern fühlten sie sich durch ununterbrochene Tradition von Glauben und Sitte verbunden, aber auch wieder so fremd, daß sie dieselben nicht zu ihrem engeren Geschlechte zählten, sondern sogar mit fremden Völkernamen bezeichneten, die in der Gegenwart verschollen waren, vor allem mit dem der Pelasger.

Was die Hellenen von den Vorhellenen oder Pelasgern zu sagen wußten, war im Grunde sehr dürftig und widersprechend. Denn sie werden bald als der Grundstock der ganzen Landesbevölkerung angesehen, bald als unstete Zuwanderer. Sie waren kein Märchenvolk, keine ungeschlachten Riesen, so wie etwa in den Volkssagen der Neugriechen ihre Vorfahren im Lande als pappelhohe Hünen dargestellt werden. Es ist auch keine Kluft da, welche die ältere und jüngere Bevölkerung wie zwei Menschenrassen voneinander trennte. Denn es gibt keine pelasgische Sage, keine pelasgischen Götter, die man den hellenischen gegenüberstellen könnte. Betet doch der erste, echte Hellene, welchen wir kennen, der homerische Achilleus, zum pelasgischen Zeus, und Dodona, zu allen Zeiten als pelasgischer Ursitz angesehen, war auch das älteste Hellas in Europa. Die Pelasger, als ein ackerbauendes und seßhaftes Volk, haben dem Lande seine erste Weihe gegeben und die heiligen Berghöhen ausgewählt, auf denen alle Zeiten hindurch der Gott des Himmels namen- und bildlos angerufen wurde.

Auch Thukydides, in dem sich das historische Bewußtsein der Hellenen am klarsten ausspricht, betrachtet die Bewohner von Hellas seit ältesten Zeiten, Pelasger wie Hellenen, offenbar als e i n e Nation und eben deshalb hebt er es als etwas Bemerkenswertes hervor, daß sich erst so spät ein entsprechendes Gesamtgefühl und ein Gesamtname festgesetzt habe. Denn was wäre daran auffallend, wenn Hellas von ganz verschiedenartigen Völkern nacheinander bewohnt gewesen wäre? Wenigstens hätte dann doch diese Verschiedenheit der in das Land eingezogenen Völker als der Hauptgrund jener späten Einigung unter einem Namen von Thukydides angeführt werden müssen, während er keinen anderen Grund kennt, als die spät gelungene Vereinigung der zerstreuten Landesgemeinden zu gemeinsamen Unternehmungen.

Ferner wohnten ja auch nach seiner Ansicht in verschiedenen Gegenden und namentlich in Attika alle Zeit hindurch echte Söhne jener alten Pelasger, und doch waren die Athener nach Übereinstimmung aller den übrigen Hellenen vollkommen gleichartig und ebenbürtig, ja zu einer vorbildlichen Stellung unter den Hellenen berufen. Wie wäre dies denkbar, wenn mit den Stämmen der Hellenen eine ganz neue Nationalität in Griechenland zur Herrschaft gekommen wäre! Auch Herodot sieht den Stamm der Hellenen als einen Zweig an, welcher sich erst allmählich von der pelasgischen Volksmasse gelöst habe.

Aber darum sind Pelasger und Hellenen auch nicht ein und dasselbe, nicht bloß verschiedene Namen für eine Sache. Das ist unmöglich, denn es gehen ja ersichtlich ganz neue Lebensströme von den Hellenen aus. Die pelasgische Zeit liegt im Hintergrunde wie ein großes Einerlei; „Hellen und seine Söhne" geben Anstoß und Bewegung; mit ihrem Kommen beginnt die Geschichte. Es sind darunter also Stämme zu verstehen, die mit besonderen Anlagen ausgestattet, von besonderer Tatkraft beseelt, aus der Masse eines großen Volkes hervortreten und in derselben sich kriegerisch ausbreiten. Die einen wachsen, die anderen verschwinden, und so wird der neue Name der Hellenen allmählich der herrschende. Soll dieser wichtige Vorgang sich klarer erkennen lassen, so kommt alles darauf an, ob es möglich sein wird, sich die Ausgangspunkte und die Verbreitungsarten dieser Hellenenstämme deutlich zu machen.

Von den Doriern wußte man, woher sie kamen. Sie sind aus den thessalischen Gebirgen gegen Süden vorgedrungen, von Land zu Land sich bahnbrechend. Über die Ionier war keine Überlieferung vorhanden. Ihre Ausbreitungen und Niederlassungen fallen also in eine frühere Zeit. Die Wohnsitze, in denen sie zuerst angetroffen werden, sind Inseln und Küstenstriche; ihre Wanderzüge, soweit sie bekannt sind, Seezüge, ihr Leben das Leben eines Seevolks, das auf dem Schiffe zu Hause ist; es ist nur die See, welche ihre weithin zerstreuten Niederlassungen miteinander verbindet. Aber ehe sie diese sporadische Verbreitung gewonnen, müssen sie doch in einer gemeinsamen Heimat beieinander gewohnt, hier in Sprache und Sitte ihre ganze Weise ausgebildet und die Mittel zu einer so weiten Ausbreitung sich angeeignet haben. Ein zusammenhängendes ionisches Land findet sich aber nur in Kleinasien. Dies asiatische Ionien wird nun freilich nach gewöhnlicher Tradition als ein attisches Kolonialland betrachtet, das erst nach dem Troischen Kriege allmählich ionisiert worden sei. Aber die Inseln zwischen Asien und Europa sind ja nachweislich schon in der vorhomerischen Zeit ein Sitz ionischer Gottesdienste und eines vollkommen entwickelten ionischen Volkslebens, und Attika, von wo die Ionisierung Kleinasiens ausgegangen sein soll, ist ja selbst erst durch Zuwanderung von Osten und von seiner Ostküste aus ionisch geworden. Die Geschichte der griechischen Kultur bleibt vollkommen unbegreiflich, wenn wir die Ausbreitung der hellenischen Stämme auf die europäische Seite beschränken, wenn wir leugnen wollen, daß der Wechselverkehr zwischen beiden Gestaden den wesentlichen Inhalt der älteren Volksgeschichte bildet, und wenn wir nicht einsehen, daß dieser Verkehr kein Verkehr zwischen Hellenen und Barbaren gewesen ist, sondern daß seit Menschengedenken auf beiden Meerseiten verwandte Volksstämme gewohnt haben. Ionische Kultur ist von Anfang an im Osten zu Hause; die Ionier sind die östlichen Vorposten der Hellenen, sie sind im Gegensatze zu den spröden Doriern von Anfang an die Vermittler zwischen Hellas und Asien — und so gelangen wir schon hier zu der Ansicht, welche im Fortgange der Geschichte von sehr verschiedenen Gesichtspunkten aus beleuchtet werden wird, daß die kleinasiatische Westküste mit den vorliegenden Inseln der ursprüngliche Wohnsitz derjenigen Stämme sei, zu welchen die Ionier gehören.

Hier genügt es daher dem Einwurfe zu begegnen, daß diese Annahme der Überlieferung widerspreche. Der Einwurf ist unbegründet, weil es gar keine entgegenstehende Überlieferung gibt, weil überhaupt über die älteste Ausbreitung der Ionier nichts von den Alten gemeldet wird, und dies Stillschweigen erklärt sich aus der Art, wie Seevölker wandern. Sie landen in kleinen Mannschaften, nisten sich nach und nach bei den Eingeborenen ein, verbinden sich mit ihnen und gehen in das einheimische Volk auf. Daraus entstehen Verbindungen der folgenreichsten Art, die wir in den einzelnen Landschaften sehr genau nachweisen können; aber es erfolgen keine plötzlichen Umwälzungen der Verhältnisse, wie bei kontinentalen Völkerzügen, und deshalb konnte die Erinnerung an solche von der Seeseite erfolgte Zuwanderungen im Gedächtnisse der Menschen verschwinden. Deshalb wurden die Ionier auch an den europäischen Küsten als die Eingeborenen und von Anfang an Seßhaften dem dorischen Wanderstamme gegenübergestellt, weil von seinen Umsiedlungen eine Überlieferung erhalten war, von denen der ionischen Völkergeschlechter aber nicht; deshalb konnten die Ionier wegen ihrer allmählichen Verschmelzung mit den Pelasgern selbst als Pelasger angesehen und den Doriern als den echten Hellenen gegenübergestellt werden, während doch die hellenische Geistesentwicklung so wesentlich auf dem ionischen Stamme beruht.

Zweitens waren die Griechen ein so stolzes Volk, daß sie ihr Land als das Land der Mitte, als den Ausgangspunkt der wichtigsten Völkerverbindungen betrachteten. Seitdem nun die Barbaren bis an den Rand des Archipelagus vorgedrungen waren, gewöhnte man sich unter Einfluß von Athen, das damals freie Griechenland als das eigentliche Hellenenland zu betrachten. Athen selbst sollte die Metropolis aller Ionier sein. Unter diesem Einflusse sind alle entgegenstehenden Überlieferungen immer mehr zurückgedrängt und mit keckem Selbstgefühle beseitigt worden. Auch von den Kariern wurde behauptet, sie seien von Europa nach Asien gedrängt, während sie nach eigener, wohl begründeter Ansicht in Asien zu Hause waren. Ebenso sollten die Lykier aus Attika nach Lykien gekommen sein. Wurde doch der ganze Zusammenhang der Griechen mit den Völkern Kleinasiens geradezu umgekehrt und das Bewußtsein, welches sich von der ursprünglichen Verwandtschaft der Hellenen mit den Phrygern und Armeniern erhalten hatte, so ausgedrückt, daß die Phryger aus Europa nach Asien gezogen wären und die Armenier wiederum von den Phrygern abstammen sollten. Durch diese einseitig hellenische Auffassung der Völkerverhältnisse bricht dann doch wieder die richtige Ansicht hindurch und die Phryger werden als das größte und älteste aller dem Abendlande bekannten Völker, als das in seinen asiatischen Stammsitzen ureingeborene Volk betrachtet.

Indem wir uns aus diesen widerstreitenden Ansichten den Kern der Wahrheit aneignen, versuchen wir in folgender Weise das Volk der Hellenen dem Stammbaum der arischen Völker anzureihen und seine ältesten Wanderungen zu begreifen.

Alte Überlieferungen und neue Forschung führen übereinstimmend dahin, bei den Phrygern den wichtigsten Anknüp-

Penelope. Rom, Vatikan

Verwundete Amazone. Wien, Kunsthistorisches Museum

fungspunkt zu finden. Sie sind gewissermaßen das Gelenk, durch welche die okzidentalischen Arier mit den eigentlichen Asiaten zusammenhängen. Nach Asien zu sind sie den Armeniern verwandt, deren hohes Gebirgsland sich nach dem Pontus und dem Halys absenkt; anderseits bilden sie einen neuen Anfang und gelten als die Erstgeborenen aller nach Westen gewendeten Völker. Die phrygische Sprache zeigt sich der hellenischen nahe verwandt, näher vielleicht als das Gotische dem Mittelhochdeutschen. Phrygische Gottesdienste, phrygische Künste sind seit alters so in Hellas eingebürgert, wie es nur bei verwandten Stämmen möglich ist. Jenes weite Hochland also, im Norden vom Sangarios, im Süden vom Maiandros bewässert, im ganzen Altertume berühmt wegen seiner reichen Ackerfluren und seiner vorzüglichen Weiden, warm genug für den Weinbau, gesund und zur Ernährung kräftiger Völker wohl geeignet, kann als das Stammland des großen phrygisch-hellenischen Völkergeschlechts angesehen werden. In diesen Gegenden müssen die wichtigsten Völkerteilungen stattgefunden, hier mögen nach Abtrennung der Italiker die Griechen erst als ein Zweig der phrygischen Nation, dann aber als ein besonderes Volk gewohnt haben.

Übervölkerung des Landes führte zu weiterer Ausdehnung, und in verschiedenen Strömungen wurden die Völker westwärts an das Meer und über das Meer fortgeschoben. Wir können aus der Sprache erkennen, daß kein Zweig der arischen Völkerfamilie so frühe wie der griechische mit dem Meere bekannt und vertraut geworden ist. Aber die erste Ausbreitung nach dem jenseitigen Festlande erfolgte ohne Zweifel, wo die Natur den Übergang von einem Kontinent zum anderen möglichst erleichtert hat, das heißt an den nahe zusammentretenden Ufern des Hellespont und der Propontis. Hier konnten auch ohne Kunde der Seefahrt ganze Völker hinüber und blieben dabei unter denselben Breiten, in demselben Klima. Hier finden wir auch seit ältester Zeit zu beiden Seiten gleiche Länder- und Völkernamen, so daß es unmöglich ist, zwischen den Thrakern, Bithynern, Mysern und Phrygern diesseits und jenseits bestimmte Grenzen der Nationalität und der Wohnsitze aufzustellen. Auch haben sich von solchen hellespontischen Völkerbewegungen bestimmte Erinnerungen im Gedächtnisse der Griechen erhalten.

In diesen Völkerzügen von Asien nach Europa werden wir zwei Epochen unterscheiden müssen; eine ältere Strömung, welche diejenigen Völker hinüberführte, die als die den Hellenen vorangehenden oder pelasgischen angesehen wurden; eine Bevölkerung, welche die Gestade Kleinasiens, die Küsten der

Propontis und jenseits alles Land von Thrakien bis Tänaron überzog, ohne nachweisbare Unterschiede oder Gliederungen. Das war der älteste Stamm der Eingeborenen, von dem die Alten wußten, der Grundstock des griechischen Volkes; das sind die „Kinder der schwarzen Erde", wie die Dichter den arkadischen Urkönig und sein Geschlecht nannten, welche unter allem Wechsel staatlicher Verhältnisse bei Ackerbau und Viehzucht in gleichförmigen Zuständen unbemerkt dahinlebten.

Diesem Völkerzuge folgten einzelne Stämme, welche sich später aus den gemeinsamen Ursitzen der griechischen Nation ablösten und den Beruf hatten innerhalb der Völkermasse, die ihnen bahnbrechend vorangegangen war, das geschichtliche Leben zu erwecken; an Zahl geringer, aber durch höhere Begabung zur Beherrschung der Massen und zu Staatengründungen befähigt. Diese nachfolgenden Stämme gingen verschiedene Wege. Die einen zogen durch das Völkertor des Hellespont in das nordgriechische Alpenland und bildeten dort in Bergkantonen als Ackerbauer, als Jagd- und Hirtenvölker ihr eigentümliches Gemeindeleben aus; unter ihnen die Ahnen jenes Stammes, welcher einst unter dem Namen der Dorier aus dem Dunkel seines Berglebens hervortreten sollte.

Die anderen zogen von den phrygischen Hochebenen die Täler hinab an die Küste Kleinasiens, die Stammväter derjenigen Hellenen, zu welchen der ionische Stamm gehörte.

Nun wohnten Hellenen zwischen pelasgischer Urbevölkerung auf beiden Seiten des Meeres; die griechische Nation war in zwei Hälften auseinandergegangen, der Dualismus, der durch die ganze Volks- und Sprachgeschichte hindurchgeht, begründet. Es wäre überhaupt zu keiner gemeinsamen Volksgeschichte gekommen, wenn nicht trotz der getrennten Wohnsitze das Gefühl der Zusammengehörigkeit in den dies- und jenseitigen Stämmen lebendig geblieben wäre und ein innerer Zug der Verwandtschaft sie zueinander gezogen hätte. Indem die asiatischen und die europäischen Griechen sich einander suchen und finden, beginnt die griechische Geschichte. Aus eigener Kraft konnten sie aber nicht zueinander kommen. Dazu bedurfte es der Dazwischenkunft anderer Völker.

Zweites Kapitel

DIE VORZEIT DER HELLENEN

Hauptsitze der antiken Kulturvölker. — Die Einwirkung der Phönizier auf Griechenland. — Die Ägypter. — Der Einfluß Asiens. — Die Götter- und Heroensage. — Der Kultus. — Aphrodite. — Herakles. — Phönizische Gottesdienste. — Der Apollokultus. — Der geschichtliche Inhalt der Heroensage.

Die griechische Geschichte ist eine der jüngsten des Altertums, und so sehr sich auch die Hellenen in ihrem ganzen Wesen von allen übrigen Völkern unterscheiden, so kräftig sie sich ihnen im Bewußtsein dieses Unterschiedes auch gegenüberstellen, so haben sie doch nichts weniger als von vorne angefangen, sondern das Erbe älterer Menschenkultur sich in vollem Maße zunutze gemacht.

Freilich waren die Hauptsitze der alten Kulturvölker entlegen und unzugänglich. Indien sowohl wie Baktrien, Ägypten wie die nach anderen Meeren führenden Stromtäler von Assur und Babel. Aber aus dem übervölkerten Tieflande Mesopotamiens waren frühzeitig Semitenstämme ausgezogen und hatten sich westlich gewandt nach den Küstenländern des Mittelmeeres; unter ihnen das Volk der Offenbarung, welches still für sich dahin ging und vor der Welt verschleiert die Geheimnisse Gottes trug. Als aber dies Volk in die Nähe der Westsee gelangte, fand es daselbst schon andere Völker angesiedelt, welche auch zum Geschlechte Sem gehörten und ihrer Sage zufolge auch aus den Niederungen des Euphratlandes stammten. Es waren die von dem Lande Kenaan (Niederland d. i. Tiefland von Syrien) sogenannten Kenaniter oder, wie wir noch heute das Volk mit griechischem Namen zu nennen pflegen, die Phönizier.

Von den nachrückenden Völkern gedrängt, bauten sie ihre Städte Byblos, Sidon, Tyros, an der Meerseite des Libanon, auf schmalem Streifen zwischen Gebirge und Wasser, so daß sie bei anwachsender Bevölkerung nicht anders als zur See sich ausbreiten konnten. Im Norden hatten sie Syrien und Kilikien, dessen fruchtbare Landstriche leichter zu Wasser als zu Lande zugänglich waren, im Westen die Berge Cyperns, die vom Libanon sichtbar sind; auch einen offenen Kahn führt in guter Jahreszeit die Strömung sicher hinüber.

Cypern war der erste Zielpunkt in dem großen Weltmeere, das noch von keinem Seeschiffe befahren, mit seinen unbekannten Küsten vor ihnen ausgebreitet lag. Cypern war die

Schwelle des Abendlandes, der Ausgangspunkt für die Entdeckung des westlichen Kontinents, für welche es keines Kolumbus bedurfte, da von Station zu Station der Weg vorgezeichnet war, von Cypern an der Küste entlang nach Rhodos, der Pforte des Archipelagus; von Rhodos einerseits über Kreta, anderseits durch die Inselstraßen hindurch nach den vorgestreckten Halbinseln von Hellas.

Landgebiete taten sich ihnen auf, welche mehr als alle ihnen bekannten am Meere und im Meere lagen; deshalb nannten sie dieselben das Seeland Elischá. Sie fanden daselbst ein Menschengeschlecht, mit welchem sich ohne Schwierigkeit die mannigfaltigsten Beziehungen anknüpfen ließen. Der Verkehr wird eröffnet. Die Schiffer, welche zugleich Händler sind, haben ihr Fahrzeug mit bunter Ware angefüllt. Die Waren werden an den Strand gebracht, unter Zelten ausgestellt, umringt und angestaunt von den Eingeborenen, welche für den lockenden Besitz bereitwillig hingeben, was sie haben.

Von diesem Verkehre wußte man an einzelnen Uferplätzen aus uralter Überlieferung zu erzählen; Herodot eröffnet ja seine ganze Geschichte mit einer lebendigen Schilderung aus der Vorzeit von Argos, wo die fremden Schiffer einen Bazar von phönizischen, assyrischen, ägyptischen Manufakturen ausgestellt haben, unter Zulauf des Ufervolks. Fünf bis sechs Tage, sagt Herodot, standen die Waren aus; es war ein Wochenmarkt, der nach Weise der semitischen Völker am sechsten geschlossen wurde. Was nicht verkauft war, brachte man wieder in den Schiffsraum und der beste Gewinn war es, wenn es gelang, neugierige Töchter des Landes auf das Verdeck zu locken, wie von Io erzählt wird; denn das Schiff war heimlich zur Abfahrt bereit gemacht, um sie nach fernen Sklavenmärkten zu entführen.

Die punischen Schiffer zogen aus, um Gewinn aller Art heimzubringen, namentlich um für die in ihren volkreichen Städten blühende Industrie das Material herbeizuschaffen. Die wichtigsten Fabriken waren Webereien und Färbereien. Im ganzen Morgenlande kleideten sich die Großen der Erde in purpurfarbene Gewänder; den Farbstoff lieferte die Purpurschnecke, welche nur in gewissen Teilen des Mittelmeeres und nirgends in großer Menge vorkommt. Der einträgliche Erwerbszweig verlangte ansehnliche Zufuhr; die eigenen Meere reichten nicht aus. Man durchsuchte emsig alle Küsten des Archipelagus, und nichts hat wohl die alte und die neue Welt des Altertums so unmittelbar miteinander in Berührung gebracht, wie jene unscheinbare Muschel, auf welche jetzt niemand acht gibt; denn es fand sich, daß nächst dem Meere von Tyrus kein

Gestade purpurreicher sei als die Küsten von Morea, die tiefen Buchten von Lakonien und Argolis und dann die böotischen Ufer mit dem Kanale von Euboia.

Die Schiffe waren klein und da es nur ein Tröpfchen Saft ist, welches die einzelnen Tiere sterbend von sich geben, so war es untunlich, die Muscheln selbst nach den einheimischen Fabrikorten hinzuschaffen. Man richtete sich also bei den Fischereien so ein, daß es möglich wurde, an Ort und Stelle den kostbaren Saft zu gewinnen. Man blieb länger aus; die Schiffe lösten sich ab. Aus wechselnden Landungsplätzen und vorübergehenden Ufermärkten wurden feste Stationen, wozu sich die umsichtigen Seeleute vorliegende Inseln, welche mit der nahen Küste eine bequeme Schiffsstation darboten, wie Tenedos bei Troia, Kranae im Meerbusen von Gytheion und Kythera, oder auch vorspringende Halbinseln, wie Nauplion in Argolis und Magnesia in Thessalien, aussuchten. Die Phönizier kannten die Wichtigkeit kaufmännischer Assoziation. Was einzelne in glücklichen Fahrten entdeckt hatten, wurde von Handelsvereinen ausgebeutet, welche ausreichende Mittel hatten, Ansiedlungen einzurichten und dem angeknüpften Geschäft eine nachhaltige Bedeutung zu sichern. Während in zivilisierten Ländern das Ansiedlungsrecht teuer und unter drückenden Bedingungen erworben werden mußte, waren die griechischen Uferklippen, die bis dahin nur den Wachtelschwärmen als Rastort gedient hatten, um nichts zu haben und gewährten dennoch mancherlei Vorteile.

Denn ein weltkundiges Volk wie die Phönizier verfehlte nicht, an einen Industriezweig andere anzuknüpfen und mit einer Niederlassung verschiedene Zwecke zu verbinden. Nachdem die Meerabhänge des Libanon und Taurus schon ausgenutzt waren, fand man Hellas „laubschüttelnde" Berge in unberührtem Zustande, und sie lieferten mit ihren Eichen, Buchen, Platanen, Tannen und Zypressen ein ungleich mannigfaltigeres Material für den Schiffsbau als die Gebirge Syriens und der Umgegend, welche außerdem vom Strande entfernter waren. Die Eichenarten, an denen Hellas so reich ist, gewährten vielerlei Nutzen; namentlich die Kermeseiche mit ihrer Wurzelrinde, in welcher man das vorzüglichste Gerbemittel, mit ihren Beeren, in denen man einen dunkelroten Farbstoff entdeckte, dessen sich die Industrie mit Eifer bemächtigte. War die dichte Waldung gelichtet, so drang man tiefer ein. Man fand Metallgänge auf Inseln und Vorgebirgen, Kupferminen, die den Seefahrern so wichtig waren, Silbererze und Eisen. Die Ausbeutung dieser Schätze erforderte ein festeres Verweilen im Lande, Anlage von Faktoreien an wohlgelegenen Punkten, Einrichtung von Transportmitteln, Herstellung von Fahrwegen, welche es möglich machten, Holz und Metall nach den Hafenplätzen zu schaffen; die ersten Felsblöcke wurden ins Meer gewälzt, um Dämme wider die Flut zu bilden, während durch Signale und Leuchtfeuer die Wasserstraßen gesichert wurden, welche Tyrus und Sidon mit den Küsten Griechenlands verbanden. Meer und Gestade waren in den Händen der Fremden, welche einerseits mit List und Gewalt die Eingeborenen in Furcht erhielten, anderseits sie immer von neuem in wechselseitigen Verkehr hereinzogen. Die Helenasage enthält die Erinnerung eines Zustandes, da das Eiland Kranae mit seinem Aphroditeheiligtum wie ein fremdes Territorium dicht vor der lakonischen Küste lag, ein phönizischer Stapelplatz, wo die entführten Frauen nebst anderem Gewinn und Raube geborgen wurden.

Eine so nahe und in stetiger Ausdehnung begriffene Berührung mit den fremden Kaufleuten konnte für die Eingeborenen nicht wirkungslos bleiben. Auf den Ufermärkten mußte man sich doch über die Gegenstände des Handels, über Zahl, Maß und Gewicht verständigen, das heißt, da die Fremden alles, was zum kaufmännischen Verkehre gehörte, in ausgebildeter Weise besaßen, so nahmen die Eingeborenen, die nichts der Art kannten, alles von den Fremdlingen an. So kam eine Reihe der wichtigsten Erfindungen, welche im Morgenlande allmählich gereift waren, durch die praktischen Phönizier umgestaltet, zur Kenntnis der Eingeborenen; sie staunten, beobachteten, lernten; die schlummernden Kräfte wurden geweckt, der Bann gelöst, der die Menschen in einförmigen Zuständen gefesselt gehalten hatte. Die geistige Bewegung beginnt und damit der erste Atemzug griechischer Geschichte.

Die Einwirkung der Phönizier war nach Zeit und Art verschieden auf beiden Seiten des griechischen Meeres. Sie begann, wie natürlich ist, von der Ostseite. Hier in Kleinasien hat die folgenreiche Berührung semitischer und arisch-pelasgischer Völker begonnen. Von Syrien her sind in verschiedenen Strömungen Semiten in das Halbinselland vorgedrungen, die Lyder nach dem Hermostale, die Phönizier nach der Südküste. Denn nach dem Gestade des kyprischen Meeres, nach den Ländern am Südfuße des Taurus wendete sich die erste Auswanderung der Phönizier aus ihrem engen Heimatlande. Zu Lande und zu Wasser zogen sie ein; Kilikien, ihr nächstes Grenzland, wurde ein Stück von Phönizien und in den Gebirgen von Lykien setzte sich ein ihnen verwandter Stamm, das Volk der Solymer, fest.

Die weitere Entwicklung bestimmte sich nach der Stellung, welche die nicht-semitischen Stämme den Einwanderern gegenüber einnahmen. Im allgemeinen hatten die Stämme, welche näher oder ferner mit den Griechen zusammenhingen, ein sehr lebhaftes Gefühl der Rassenverschiedenheit und eine tiefgewurzelte Abneigung gegen die Phönizier. Verwandtschaft mit ihnen wurde als ein Makel angesehen und man konnte es Herodot zum bitteren Vorwurfe machen, daß er griechische Geschlechter von Phöniziern abzuleiten wage. Den Stamm der Lykier finden wir in einem ununterbrochenen Kampfe gegen die semitischen Eindringlinge. Andere Stämme setzten ihnen keinen so energischen Widerstand entgegen, ja, es bildeten sich in den Gegenden, welche am dichtesten von den Phöniziern besetzt waren, solche Mischungen, daß die wahre Nationalität zweifelhaft erscheinen konnte. Solche Mischvölker kannten auch die Alten in Kleinasien und zu ihnen gehörten vor allem die Karer. Eine Phönizierstadt war Astyra an der karischen Küste Rhodos gegenüber. Phönizier und Karer sind in der ältesten Völkergeschichte des Archipelagus eng miteinander verbunden.

Reiner erhielten sich die nördlich hinauf wohnenden Küstenstämme, unter denen die Pelasger, Tyrrhener, Thraker, Dardaner namhaft gemacht werden. Wir nennen die kleinasiatischen Küstenvölker, soweit sie dem phrygisch-pelasgischen Geschlechte angehören, mit allgemeinem Namen die Ostgriechen, und so verschieden auch ihr Verhalten den Phöniziern gegenüber gewesen ist, so hatten sie doch alle das Gemeinsame, daß sie sich die Kultur des vorangeschrittenen Volkes aneigneten und ihm mit klugem Sinne seine Künste ablernten. Mit Fischerei seit alten Zeiten vertraut, fingen sie nun an, ihre Kähne mit dem Kielbalken zu versehen, der sie zu kühnerer Fahrt befähigte; sie bildeten die rundförmigen, bauchigen Kauffahrer nach, die „Seerosse", wie sie sie nannten; sie lernten Segel und Ruder verbinden und vom Steuerplatze aus nicht mehr nach den wechselnden Gegenständen des Ufers, sondern nach den Gestirnen den wachsamen Blick richten. Die Phönizier sind es gewesen, die am Pole den unscheinbaren Stern ausfindig gemacht haben, den sie als den sichersten Führer ihrer nächtlichen Fahrten erkannten; die Griechen haben das glänzendere Sternbild des großen Bären zu ihrem Schiffahrtsgestirne gewählt, und wenn sie dadurch auch an Genauigkeit astronomischer Bestimmung ihren Lehrmeistern nachstanden, so sind sie doch in allen anderen Stücken ihre glücklichen Nacheiferer und Rivalen geworden. Als solche haben sie aus ihren Gewässern die Phönizier allmählich zurückgedrängt und daher kommt es auch, daß sich gerade am Meere von Ionien der uralten Verbindungen ungeachtet so geringe Überlieferung von phönizischer Seeherrschaft erhalten hat.

Die Entwicklung der asiatischen Griechen zu einem Seefahrervolke liegt jenseits aller geschichtlichen Kunde; wir kennen sie überhaupt nicht in ihren heimatlichen Verhältnissen, sondern erst nachdem sie kühne Seefahrer geworden und, nicht zufrieden, des eigenen Meeres Herr zu sein, den Phöniziern auf ihren Bahnen nachgefahren und in die Kreise anderer Völker sich eingedrängt haben, treten sie in die Geschichte ein, und aus dieser Epoche stammen auch die ersten historischen Überlieferungen, welche überhaupt von griechischen Völkern vorhanden sind.

Die Berührungen mit anderen Völkern waren zweifacher Art; entweder waren es ältere Staaten des Morgenlandes, mit denen die Seegriechen in Beziehung traten, oder es waren stammverwandte Nationen des westlichen Kontinents, zu denen sie hinüberfuhren. Von den Berührungen der ersteren Art haben wir die sicherste Kunde in den Jahrbüchern der ägyptischen Geschichte.

Im unteren Nillande waren die Phönizier seit ältesten Zeiten heimisch und besaßen daselbst die einträglichsten Handelsstationen. Die Seegriechen folgten ihnen. Die herrschenden Winde des Archipelagus führten sie nach Süden; sie liebten es, sich vorzugsweise an Strommündungen festzusetzen, wo diese eine sichere Einfahrt und eine Strecke weit auch Auffahrt in das Innere des Landes gestatteten. In der Beziehung war kein Fluß bequemer als der siebenmündige Nil; hier machten sie Landungen, welche immer häufiger, massenhafter und kühner wurden. Schon in den Urkunden des alten Reiches kommt eine Völkergruppe vor, deren Heimat im Ägäischen Meere zu suchen ist und deren Bezeichnung später auf das griechische Volk angewendet worden ist. Sichere Spuren zeigen sich aber erst im neuen Reiche, welches zur Zeit seines höchsten Glanzes, unter Ramses I. (seit 1443) und seinen Nachfolgern, von fremden Seevölkern beunruhigt wurde. Sie bilden nicht mehr eine dunkle Masse, sondern einzelne Stämme treten namhaft hervor und diese Namen sind zum Teil derart, daß sie den aus griechischer Überlieferung bekannten zweifellos entsprechen. Wir finden die Dardaner genannt, die Leka oder Lykier, die Tursa oder Tyrrhener, die Achäer. Diese überseeischen Stämme verbinden sich mit festländischen Völkern, mit Syrern und namentlich mit den Libyern im Kampfe gegen Ägypten. Sie verfolgen keine Eroberungspolitik, aber sie suchen Küstenplätze zur Ansiedlung oder sie treiben abenteuernd das Waffenhandwerk und treten bald hier, bald dort in fremden Dienst ein. So finden wir schon bei Ramses II. einen besiegten Teil dieser Völker als Throngarde. Unter seinem Nachfolger Merenptah (seit 1322) melden die Reichsannalen von neuen gefährlichen Bewegungen im unteren Lande. Selbst die Heiligtümer von Memphis werden nur mit Mühe gegen die übermütigen Eindringlinge geschützt; sie setzen sich im Lande fest und ängstigen das Reich durch ihre Verbindung mit den Libyern. Unter Ramses III. erfolgen neue Invasionen.

Aus diesen Nachrichten, welche bei fortschreitender Veröffentlichung der Urkunden des neuen Reiches an Vollständigkeit und Deutlichkeit bald gewinnen werden, geht soviel hervor, daß Küsten- und Inselvölker des Archipelagus im fünfzehnten Jahrhunderte v. Chr. Landungen im Delta machten; wir müssen also die Anfänge ihrer seemännischen Ausbildung wenigstens um ein Jahrhundert höher hinaufsetzen und das ist bis jetzt der erste Stützpunkt für eine chronologische Feststellung der Anfänge griechischer Geschichte.

Die ägyptischen Urkunden haben keinen Gesamtnamen für das ausländische Seevolk, aber die bis jetzt gefundenen Stammnamen stehen mit der griechischen Überlieferung in vollem Einklange. Die frühzeitige Kultur der Lykier, welche die Vorgänger der Griechen waren und den mannigfaltigsten Einfluß auf dieselben ausgeübt haben, ist eine der festesten Tatsachen, und die anderen, mit der griechischen Nation noch näher verbundenen Stämme sind nachweislich solche, welche am frühesten von den Phöniziern die Seefahrt erlernt haben. Die Dardaner am Hellespont wurden auf phönizische Schiffe gebracht und von ihnen zur Bevölkerung ihrer auswärtigen Kolonien benutzt; die vielen Küstenplätze namens Ilion oder Troia bezeugen die teils freiwillige, teils unfreiwillige Ausbreitung dieses Stammes. In den Tyrrhenern aber erkennen wir die im Kaystrostale ansässige pelasgische Bevölkerung, welche durch jüngere (ionische) Zuwanderung zu einem Seefahrervolke geworden ist.

Seit sich einzelne Zweige der griechischen Nation als Handels- und Kriegsvölker so kräftig hervortaten, muß sie auch den andern Nationen des Morgenlandes bekannt geworden sein. So finden wir sie denn auch, spätestens im elften Jahrhundert v. Chr., als ein zahlreiches, in viele Stämme und Zungen geteiltes, über die Küsten des Archipelagus verbreitetes Menschenvolk in der mosaischen Völkertafel unter dem Namen der „Kinder Javan" verzeichnet. Als Handelskunden der Phönizier wurden sie den Hebräern bekannt und deshalb flucht der Prophet Joel (um 870) den Städten Tyros und Sidon, daß sie gefangene Israeliten in die ferne Heidenwelt schleppten und sie an die Javanim verhandelten. Der Ursprung dieses Namens ist freilich noch dunkel, aber es bleibt doch in hohem Grade wahrscheinlich, daß derselbe kein anderer ist als derjenige, mit welchem der später hervorragendste Stamm unter den griechischen Seevölkern sich selbst bezeichnete, der Name der Iaones oder Ionier, welcher durch die Phönizier in verschiedenen, mundartlichen Formen als Javan bei den Hebräern, als Iuna oder Iauna bei den Persern, als Uinin bei den Ägyptern sich eingebürgert hat, ein Sammelname, welcher alles gleichartige Seevolk umfaßte, das man am Westrande Kleinasiens und auf den vorliegenden Inseln antraf, und der immer weiter nach Westen ausgedehnt wurde, je mehr man von Griechenland und griechischen Stämmen kennenlernte.

Soviel über die bis jetzt nachweisbaren ältesten Verbindungen der Ostgriechen mit Ägypten und dem Orient sowie über ihr ältestes Vorkommen in morgenländischer Überlieferung. Ihre wichtigere und folgenreichere Ausbreitung war aber gegen Westen gerichtet.

Hier haben die Phönizier ihnen nirgends einen nachhaltigen Widerstand entgegenzusetzen vermocht; am wenigsten in dem Wassergebiete des Ägäischen Meeres, wo sie eine Zeitlang zwischen den beiden von Natur zusammengehörigen Hälften griechischen Landes und griechischer Bevölkerung sich festgesetzt hatten. Sie mußten nach und nach dieses Gebiet räumen; die Bahnen des Inselmeeres wurden frei, und nun kamen in immer häufigeren Landungen die Ostgriechen zu den Westgriechen; aus ihren Heimatsitzen sowohl wie aus allen anderen Gegenden, wo sie sich angesiedelt hatten, kamen sie, von einem Zuge innerer Verwandtschaft geleitet, nach dem europäischen Hellas herüber. Hier mußte ihnen Land und Luft am meisten zusagen; sie beeiferten sich hier heimisch zu werden, alle Künste und Erfindungen, welche sie sich im lebendigen Völkerverkehr nach und nach angeeignet hatten, hier einzuführen und die Eingeborenen zu einem höheren Leben zu erwecken.

Dies Herüberkommen der Asiaten ist die wichtigste Epoche in der Vorzeit des griechischen Volkes und, während von den Anfängen griechischer Volksgeschichte in Asien sich gar keine einheimische Überlieferung erhalten hat, so ist bei den diesseitigen Stämmen eine solche unverkennbar da. Eine reiche Erinnerung lebt in der Sage, deren Wesen ja darin liegt, daß sie des Volkes Bewußtsein über seine frühesten Entwicklungen ausspricht, und zwar, wie es der Grieche liebt, nicht in nebelhaften Umrissen, sondern in vollen und runden Gestalten, in lebendigster Götter- und Heroengeschichte, welche die Vorzeit der Menschengeschichte anfüllt. Der Boden, auf dem diese

Sagen einheimisch sind, ist das europäische Griechenland, aber immer die Küste, weil hier die das Volk erweckenden Berührungen stattfanden, und meistens die Ostküste, Argos, das Gestade des Saronischen und Euböischen Meeres, die Ufer Thessaliens. Der gemeinsame Inhalt, der durch alle Sagen hindurch geht, ist das Empfangen von außen.

Was hat ein Volk eigeneres als seine Götter? Vor allem die Völker des Altertums, welche in ihren Göttern ihre Nationalität vertreten sahen; sie waren denselben gegenüber nicht einfache Menschen, sondern Perser, Griechen, Römer. Und dennoch außer Zeus, dem im Äther wohnenden, gibt es kaum eine einzige griechische Gottheit, welche nicht als eine zuwandernde aufgefaßt worden wäre und deren Dienst nicht mit alten Sagen und Gebräuchen zusammenhinge, die jenseits des Meeres ihre Wurzeln haben. An den Gestaden sind ihre ältesten Altäre, wo sie als unbekannte Götter zuerst erschienen sind. Ferner, so stolz die Griechen auf ihre Autochthonie waren, so knüpften sie dennoch aller Orten die Gründung ihrer Staaten an die Ankunft von Fremdlingen, welche mit übernatürlicher Kraft und Klugheit das Leben der Menschen in eine neue Ordnung gebracht haben sollten. Kurz, alle Sagen reichen über die engen Grenzen des europäischen Halbinsellandes hinaus; sie weisen alle auf ein jenseitiges Land, von wo die Götter und Heroen herübergekommen sind.

Soweit ist der Sagen Inhalt klar und deutlich; es ist das Bewußtsein von einer aus Osten durch Kolonisation übertragenen Kultur. Wer aber diese Kolonisten waren, darüber ist die Vorstellung viel unklarer. Natürlich; denn als jene Sagen im Lande Gestalt gewannen, da waren ja die Fremden längst bei ihnen eingebürgert und ihre Herkunft vergessen. Auch geht ja die Sage nicht, wie die Forschung, auf die letzten Gründe zurück; sie liebt gerade das Außerordentliche, das Unvermittelte und Wunderbare. Urplötzlich steigt Aphrodite aus dem Schaume des Meeres und mit poseidonischen Rossen kommt Pelops über das Meer an die Küste.

Zweierlei Anschauungen gehen aber unverkennbar durch alle diese Sagen hindurch. Erstens die Vorstellung des Ausländischen, welche durch verschiedene Ortsnamen, wie Kreta, Lykien, Phrygien, Lydien, Troas, Phönizien, Cypern, Ägypten, Libyen, bestimmteren Ausdruck gewinnt, ohne daß denselben in der Sage selbst besondere Bedeutung beigelegt oder eine tiefere Begründung gegeben wird; andererseits aber die Vorstellung des Verwandtschaftlichen. Denn wenn auch Aphrodite von Syrien her in das Land kommt, so kommt sie doch nicht als Mylitta oder Astarte, sondern sie kommt als griechische Göttin, sie steigt als Aphrodite aus dem Meere. Und Kadmos und Pelops — was ist an ihnen fremd als die Herkunft! Sind sie nicht die Gründer alles dessen, was echt griechisch ist, die Ahnherrn erlauchter, staatsschirmender Königsgeschlechter, deren Ruhm und Taten zu verkünden die nationale Poesie nicht müde wurde?

Wie sind nun diese beiden unverkennbaren Anschauungen anders zu erklären und zu vereinigen, als durch die Annahme, daß jene Kolonisten auch Griechen waren, daß sie aus dem Morgenlande kamen, aber aus einem griechischen Morgenlande, wo sie mit jener Empfänglichkeit des Geistes, die der Charakterzug des ionischen Geschlechtes ist, die Kultur der orientalischen Völker bei sich aufgenommen und hellenisch umgebildet hatten, um sie so ihren Stammbrüdern zu überliefern? Da nun aber diese ionischen Griechen, wie wir sie als Volksmasse kurz bezeichnen dürfen, außer ihrer eigenen Heimat auch unter den Phöniziern in phönizischen Koloniländern, in Lykien und Karien, und im Nildelta sich angesiedelt hatten, so konnten die Ansiedler von jenseits, jene stadtgründenden Heroen, auch selbst Phönizier und Ägypter genannt werden.

Damit soll natürlich nicht geleugnet werden, daß auch wirkliche Kenaniter als Kolonisten nach Hellas gekommen sind; von ihren Stationen ist schon oben gesprochen worden, und es werden bei Betrachtung der einzelnen Landschaften noch mehrere derselben nachgewiesen werden. Indessen ist es bei dem nationalen Widerwillen der Griechen gegen die Semiten nicht wahrscheinlich, daß Fürstentümer, welche unter dem hellenischen Volke mit Ruhme bestanden haben, von eigentlichen Phöniziern gestiftet worden seien, und darüber, daß die Ägypter, welche nach Argos gekommen sind, keine wirklichen Ägypter, kein nach Sitte und Sprache grundverschiedenes Menschengeschlecht waren, darüber kann sich die Sage in ihrer einfachen Sprache nicht deutlicher ausdrücken, als wenn sie jene Fremdlinge leibliche Vettern des Danaos nennt, Stammgenossen der Argiver, die einst durch Io nach Libyen verpflanzt und nun zu neuer Stammeseinigung vom Nil nach der Inachosebene zurückgekommen wären.

Die jenseitigen Griechen wurden aber nicht nur nach den Ländern, aus denen sie herkamen, gruppenweise bezeichnet, sondern es gab für sie auch gewisse Gesamtnamen, wie im Morgenlande der Name Javan, und wie dieser von umfassender Bedeutung und unsicherer Begrenzung. Der verbreitetste unter diesen Namen war der der Leleger, welchen die Alten als den eines Mischvolkes deuteten. Leleger waren in Lykien, in Milet wie in Troas zu Hause. Aus dem Idagebirge holt sich Priamos eine lelegische Frau und in Karien zeigte man uralte Burgen und Gräber, die Lelegia hießen. Im europäischen Hellas aber findet man die Spuren desselben Volksnamens überall, wo die asiatischen Griechen Eingang gefunden und Kultur verbreitet haben, an den Küsten von Messenien, Lakonien und Elis wie in Megara, wo man einen Lelex als Heroen an die Spitze der Landesgeschichte stellte und diesen aus Ägypten einwandern ließ. Die Epeer, Lokrer, Ätoler, Kaukonen, Kureten, welche die Westküste von Hellas bewohnten und sich unter dem Namen der Taphier auf den Westinseln ausbreiteten, werden als Stammverwandte der Leleger betrachtet.

Ihre Doppelgänger sind die Karer. Sie werden als die „welsch redenden" bezeichnet, aber es heißt doch auch von Apollon, daß er in karischer Zunge gesprochen habe. Angesehene Griechenfamilien leiteten sich von Karern her und es läßt sich nicht beweisen, daß sie von Hause aus ein kenanitischer Stamm gewesen seien. Aber sie gehören vorzugsweise zu den oben erwähnten Mischvölkern; sie waren dieser Mischung wegen die geborenen Dolmetscher und Vermittler der stammverschiedenen Völker. Dadurch haben sie eine Zeitlang eine unermeßliche Bedeutung für das Kulturleben am Mittelmeere gehabt, sind aber dann allmählich verschwunden und haben keine dauernde Geschichte gehabt, wie es mit solchen Bastardvölkern der Fall zu sein pflegt. Ihre Sprache war eine gemischte und ihre Heimat wurde der starken semitischen Einwanderungen wegen geradezu Phoinike genannt; kein Wunder also, wenn sie den europäischen Griechen besonders fremdartig vorkamen. Sie erschienen als ein erzgerüstetes Piratenvolk; so hausten sie im Archipelagus und verwüsteten, gleich den Normannen des Mittelalters, die Küstenstriche. Ihre Ursitze aber waren in Kleinasien, wo sie zwischen Phrygern und Pisiden seßhaft waren, einen Teil der Leleger unterworfen haben und durch gemeinsamen Kult mit Lydern und Mysern verbunden gewesen sein sollen. Was die Europäer von ihnen annahmen, waren vorzugsweise Erfindungen des Waffenhandwerks, die Handhabe des Schildes, die Schildzeichen, der Erzhelm mit dem wehenden Helmbusche. Den Karern wird keine so umfassende und nachhaltige Einwirkung zugeschrieben wie den Lelegern. Sie sind die Unsteteren und früher Verschwindenden. An verschiedenen Orten, wie namentlich in Megara, sollen erst die Karer, und dann eine Reihe von Generationen später die Leleger in das Land gekommen sein; eine Überlieferung, welche darauf hinweist, daß man sich unter jenen eine ältere, fremdartige Volksmasse dachte, unter diesen ein verwandteres und entwickelteres Menschengeschlecht.

Denn es waren ja die Ostgriechen keine gleichförmige Masse und sie blieben auch nicht immer dieselben. Vielmehr waren sie während der Jahrhunderte, in denen sie den Uferrand des westlichen Festlandes besetzten, im lebendigsten Fortschritte eigener Entwicklung begriffen. Sie schieden allmählich das Fremdartige aus; ihre Bildung klärte sich ab und die verschiedenen Stufen dieser Entwicklung wird man in ihrer Einwirkung auf die Einwohner von Hellas und namentlich in der Religionsgeschichte nachweisen können.

Die Pelasger verehrten, wie die ihnen ebenbürtigen Zweige des arischen Völkergeschlechtes, die Inder, Perser und Germanen, ohne Bild und Tempel den höchsten Gott; die hochragenden Berggipfel waren ihnen auch zu geistiger Erhebung die von der Natur geschaffenen Hochaltäre. Auch ohne persönlichen Namen beteten sie jenen Höchsten an; denn Zeus (Deus) bezeichnet nur den Himmel, den Äther, die Lichtwohnung des Unsichtbaren, und wenn sie eine nähere Beziehung zwischen ihm und den Menschen andeuten wollten, nannten sie ihn als den Urheber alles Lebendigen Vater-Zeus, Dipatyros (Juppiter). Diese lautere und keusche Andacht der „göttlichen" Pelasger ist nicht bloß der Inhalt einer frommen Tradition des Altertums, sondern mitten in dem von Bildern und Tempeln überfüllten Griechenland glühten nach wie vor die Bergaltäre dessen, der nicht in Häusern wohnt, die von Menschenhand bereitet sind; denn das Ursprüngliche und Einfache hat in den alten Religionen sich immer am längsten und treuesten erhalten. So lebte durch alle Jahrhunderte griechischer Geschichte der arkadische Zeus, gestaltlos, unnahbar, über dem Eichengipfel des Lykaion in heiliger Lichtfülle; die Grenzen seines Bezirkes erkannte man daran, daß innerhalb derselben jeder Schatten erblaßte. Auch erhielt sich lange im Volke die fromme Scheu, das göttliche Wesen unter bestimmten Namen und Kennzeichen zu versinnlichen. Denn außer dem Altare des „Unbekannten" gab es hin und wieder in den Städten Altäre der „reinen", der „großen", der „barmherzigen" Götter und bei weitem die meisten griechischen Götternamen sind ursprünglich nur Eigenschaftsnamen der unbekannten Gottheit.

Dieser pelasgische Gottesdienst konnte sich in seiner Lauterkeit nicht erhalten. Denn zunächst ist unleugbar, daß gewisse Keime polytheistischer Ideen den Griechen mit den anderen Völkern arischen Stammes gemeinsam waren, und daß sie dieselben aus den gemeinsamen Ursitzen mitgebracht haben. Eine in der Naturanschauung wurzelnde Gottesverehrung konnte die Urkraft, welche sich in dem Leben der Natur bezeugt, nicht in ihrer Reinheit und Einheit festhalten. Die einzelnen Naturkräfte erlangten neben ihr eine besondere Berechtigung und namentlich ist der Nymphendienst ein uralter Bestandteil volkstümlicher Religion. Eine weitere Veränderung des religiösen Bewußtseins hängt mit der Trennung des Volkes in Stämme und Gaue zusammen. In den neugewonnenen Wohnsitzen wollte man sichtbare Zeichen und Unterpfänder göttlicher Gnade haben; in den verschiedenen Gauen faßte man verschiedene Seiten der Gottheit ins Auge. Das Gottesbewußtsein spaltete sich zugleich mit der Nationalität. Der Gottesdienst wurde mannigfaltiger, er wurde mehr und mehr an Sichtbares angeknüpft, an Quellen und Ströme, an Berghöhlen, Bäume, Steine und somit die Bahn fortschreitender Versinnlichung betreten.

Endlich trat die Berührung mit den fremden Völkern ein und damit beginnt diejenige Entwicklung des religiösen Bewußtseins, welche sich in gewissen Hauptpunkten geschichtlich nachweisen läßt; es ist der Übergang aus der vorhellinischen oder pelasgischen Periode in die hellenische; es ist die Zeit der allmählichen Entstehung der griechischen Götterwelt. Denn so wie die pelasgischen Stämme in den Weltverkehr hereingezogen wurden, so wie ihre Lebensbeziehungen sich vervielfältigten, glaubten sie auch neuer Götter zu bedürfen, da sie den einheimischen über den Kreis ihrer bisherigen Lebenssphäre hinaus kein Vertrauen schenkten.

Die Phönizier selbst benutzten den Gottesdienst, um einen friedlichen Verkehr mit den pelasgischen Küstenvölkern anzubahnen. Sie knüpften an die religiösen Vorstellungen derselben an, namentlich an den pelasgischen Zeus, den sie ihrem Baal gleichsetzten. Unter seinem Schutze eröffneten sie die Handelsmärkte; deshalb hieß er Zeus Epikoinios, das heißt der gemeinsam verehrte, Baal-Salam entsprechend, dem „Friedensgotte", dem die durch Verträge gesicherten Friedensorte, Salama oder Salamis genannt, geweiht waren. Sie führten den Dienst der Planeten ein, der im semitischen Orient sich ausgebildet hat, und lehrten die pelasgischen Stämme, in den Sternen weltregierende Gottheiten zu sehen und im Hinblick auf sie ihre Geschäfte zu regeln, ihr Gemeinwesen zu ordnen. Sie brachten endlich aus dem Orient auch den Bilderdienst mit, dessen ansteckendem Reize die pelasgischen Autochthonen nicht widerstehen konnten. Es fehlte ihnen die Kraft der Abwehr; sie huldigten den Göttern der Fremdlinge, die ihnen in allen Stücken überlegen waren; sie schrieben die großen Erfolge derselben den Götterbildern zu, welche zu Land und Wasser mit ihnen waren. Die Götterbilder (Xoana) sind aus der Fremde in das Land gekommen, und namentlich sind die kleinen, fußhohen Bilder, wie sie an Küstenplätzen seit ältester Zeit verehrt wurden, als phönizische Schifferidole aufzufassen.

Das erste Götterbild, dessen die Pelasger ansichtig wurden, war das Bild der Astarte, deren Dienst sich die kenanitischen Kaufleute in dem Grade zu eigen gemacht hatten, daß sie nie in See gingen, ohne ein Bild derselben bei sich zu führen, und wo sie eine Faktorei gründeten, stellten sie es als heiligen Mittelpunkt derselben auf. So sah Herodot in Memphis das Tyrierviertel, von der übrigen Stadt abgesondert, um den Hain und die Kapelle der „fremden Aphrodite" herumgebaut. Ebenso waren die phönizischen Niederlassungen in Cypern, in Kythera, in Kranae; nur daß, was in Ägypten unverändert blieb, von den Griechen in die eigenen Lebenskreise hereingezogen und hellenisiert wurde. Sie blieb die Göttin der die Natur durchdringenden, schöpferischen Lebenskraft, sie wurde aber zugleich, weil sie als Göttin der Seefahrer bekanntgeworden war, den Griechen eine See- und Schiffahrts- und Hafengöttin, die ursprünglich nur an den Ankerplätzen der Küste verehrt, dann aber mehr und mehr auch in das Binnenland eingeführt wurde.

Ein Hauptpunkt für die Seefahrt in den griechischen Gewässern mußte seit ältesten Zeiten der korinthische Isthmus sein; denn in demselben Maße, wie die jetzige Schiffahrt das freie Meer sucht, gingen die alten Meerschiffe an den Küsten entlang, in die Tiefe der Buchten, in die Sunde des Archipelagus; deshalb haben auch die Phönizier schon quer durch Griechenland von Golf zu Golf den Verkehr geleitet. Auf dem Isthmischen Landrücken war Melikertes einheimisch, der trotz seiner Erniedrigung zu einem poseidonischen Dämon immer des religiösen Dienstes Mittelpunkt blieb, Melikertes aber ist, hellenischer Zunge anbequemt, nichts anderes als der Name Melkart. Wo Tyrier sich niederließen, errichteten sie ihrem Stadtgotte Melkar Heiligtümer; durch sie wurde seine Verehrung an den Küsten von Hellas eingeführt, wo er unter ähnlich lautenden Namen (z. B. als Makar, Makareus) auf Kreta, Rhodos, Lesbos, Euboia der einheimischen Sagenreihe eingeflochten wurde. Von ihm stammen sogar ganz hellenisch lautende Ortsnamen, wie Makaria in Messenien und Attika. Ähnlich aber sind die wesentlichen Züge des tyrischen Stadttheros auf Herakles übergegangen, der als Makar auf der Insel Thasos, einer Hauptstätte phönizischen Bergbaues, verehrt wurde und an vielen Orten das unverkennbare Symbol für die bahnbrechende Tätigkeit der fremden Kolonisten geworden ist; denn er, der ruhelos Wandernde, ist selbst das persönliche Bild des

Helios auf dem Viergespann. Metope aus Selinunt
Palermo, Museo Nazionale

Herakles mit den Kekropen. Metope aus Selinunt
Palermo, Museo Nazionale

unermüdlichen Handelsvolkes. Von seinem Hunde begleitet, findet er am Ufer die Purpurschnecken; sein Becher, in welchem er nach Erytheia schifft, ist das Bild des phönizischen Warenschiffes, dessen Kiel er mit Kupfer beschlagen lehrt. Die Phönizier sind es, welche unter seinem Namen den Bergströmen das verwüstende Horn abgebrochen, die Dämme gebaut, die ersten Straßen gebahnt haben. Es war aber die Art, wie ihn die Griechen aufgefaßt und aufgenommen haben, eine zweifache. Sie schlossen sich entweder dem tyrischen Kulte an und nahmen ihn wie die Astarte als eine Gottheit auf, oder sie ehrten denselben als Wohltäter des Landes und Begründer der Kultur, wie einen ihrer Heroen, dessen Name und Tatenruhm von einem Ende des Mittelmeeres bis zum anderen reicht. In Sikyon begegnen sich beide Arten des Heraklesdienstes, der Heroenkult und der ältere Gottesdienst.

Diese Dienste sind, wie man mit gutem Grunde voraussetzen kann, ebenso wie die Molochdienste, deren Spuren sich in Kreta und anderen Orten finden, und der Dienst der Kabiren in Samothrake, welche wie Melikertes aus semitischen Göttern zu hellenischen Dämonen geworden sind, von den Phöniziern nach dem europäischen Griechenland eingeführt worden, und mit ihnen mancherlei Zweige künstlicher Gewerbe; so die Buntwirkereien, wie sie von den Tempeldienerinnen der Aphrodite geübt wurden, in Kos, Thera, Amorgos; der Bergbau, die Erzbereitung u. a. Aphrodite und Herakles bezeichnen zugleich die Hauptepochen des phönizischen Einflusses, die sich nach der vorherrschenden Stadt bestimmten. Denn so lange Sidon die Kolonien ausführte, verbreitete sich mit denselben die Göttin von Askalon, Aphrodite-Urania; ihr ist die Taube heilig, die voranflatternd dem Seefahrer die nahe Küste anmeldet. Später, etwa um 1100, beginnt die von Tyrus ausgehende Kolonisation, welche sich im Herakles-Melkar bezeugt. Zu dieser Zeit aber, da die tyrische Macht sich hob, hatten die ionischen Griechen schon eigene Seemacht, und deshalb ist in ihrer Tradition, wie sie in Homer vorliegt, nur Sidon der Mittelpunkt phönizischer Seeherrschaft.

Als nun die asiatischen Griechen neben den Phöniziern sich kolonisierend ausdehnten, schlossen sie sich freilich, wie sie es schon in ihrer Heimat getan hatten, denselben Diensten an und verbreiteten auch ihrerseits die phönizischen Religionen in hellenisierter Form. Auch Pelops und Aigeus stiften Heiligtümer der Aphrodite; bei dem gleichzeitigen und gleichartigen Auftreten der neuen Kolonisten gehen auch auf ihre Tätigkeit die phönizischen Symbole über; auch sie verbreiten Planetendienst und alle Zweige morgenländischer Kultur. Sie brachten aber auch andere Dienste, deren Urbilder in Syrien nicht unmittelbar nachgewiesen werden können; Götterdienste, welche in ihrer eigenen Mitte sich entwickelt haben, die der Spiegel ihres volkstümlichen Treibens sind und zugleich der Maßstab ihrer verschiedenen Entwicklungsstufen. Zunächst den Poseidondienst, der im Innern von Hellas ursprünglich unbekannt war; daher konnte der Seekönig Odysseus den Auftrag erhalten, ihn landeinwärts zu verbreiten zu den Menschen, welche das Salz nicht kennen und das Ruder für eine Schaufel ansehen würden. Sein Dienst ist unzertrennlich von der Meereswelle und deshalb glaubte man, auch wo er landeinwärts verehrt wurde, doch unter seinem Tempel die Salzwelle rauschen zu hören. Wie seine Namensform Poseidaon eine ionische ist, so ist auch sein Dienst bei dem asiatischen Griechenvolke zu Hause und verbindet die weitverstreuten Zweige desselben, mögen sie Karer, Leleger oder Ionier heißen, in ihrer Heimat und ihren späteren Niederlassungen.

Poseidon, der Meergott, hat wie sein Element einen unholden Charakter; auch sein Opferdienst ist reich an Zügen barbarischer Gebräuche, wie Menschenopfer, Pferdeversenkungen u. dgl. Zu seinem Gefolge gehören wilde Titanen und tückische Dämonen, aber auch solche Gestalten, welche die vorgeschrittene Weltkunde seefahrender Völker bezeichnen, wie Proteus, der Meerhüter, der ägyptische Zauberer, welcher die Seewege und ihre Maße kennt, und Atlas, der Vater der Schiffahrtssterne, der Genosse des tyrischen Herakles, der Hüter der Schätze des Westens.

Poseidon ist einmal der von allen griechischen Seevölkern vorwiegend verehrte Gott gewesen und erst später hat er an den meisten Orten anderen Gottesdiensten, welche höheren Kulturstufen entsprechen, weichen müssen; er ist auf dem Rückzuge vor den eigentlich hellenischen Gottheiten. Ein einmal gegründeter Gottesdienst ist aber bei den Hellenen niemals beseitigt worden, sondern, wenn auch untergeordnet, doch als heilige Grundlage beibehalten und mit den späteren Diensten vereinigt worden; so ist in Athen, in Olympia, in Delphi eine ursprünglich poseidonische Periode mit ihren niemals erloschenen Opferbräuchen deutlich zu erkennen. Auf diese Weise haben sich gleichsam verschiedene Schichten gebildet, welche an allen wichtigeren Stätten der hellenischen Religion in regelmäßiger Folge wiederkehren, und die verschiedenen Entwicklungsstufen des nationalen Bewußtseins in ähnlicher Weise erkennen lassen, wie in der Folge der Erdschichten die allmählich zustande gekommene Bildung der Erdoberfläche bezeugt ist. Gewisse Epochen lassen sich besonders in den Fällen erkennen, wo die Einführung des neuen Dienstes Kämpfe veranlaßte, von denen sich eine Erinnerung erhalten hat. Denn auch in der Heidenwelt zeigt sich neben der leichtsinnigen Annahme alles neuen ein ernsterer Sinn, ein Gefühl der Treue gegen die alten Götter und ihre reineren, einfacheren Dienste, wie Herodot vom Bergvolke der Kaunier erzählt, daß sie in voller Rüstung, lanzenschwingend, die eingedrungenen Fremdgötter über die Grenzen ausgetrieben hätten.

Von solchen Kämpfen wußte die griechische Sage bei der Einführung des in Vorderasien weit verbreiteten Dionysoskultus zu erzählen, denn hier tritt die ferne östliche Herkunft und das Widerstreben der einheimischen Bevölkerung gegen die Neuheit des Dienstes besonders deutlich hervor. Die Argiver erzählten, wie sie unter Führung des Perseus gegen die wilden Meerfrauen, die von den Inseln mit Dionysos herübergekommen wären, gekämpft hätten.

Ähnliche Erinnerungen knüpfen sich auch an die Artemis, deren vorderasiatischer Ursprung deutlich nachzuweisen ist. Auch hier war es die Wildheit des Dienstes, der heftigem Widerstande der Hellenen begegnete; auch hier stritten die einheimischen Heroen gegen die fremden Weiberhorden, die als Amazonenscharen erscheinen. Unter unzähligen Namen wird die Artemis mit ihrem Menschenblut fordernden Kultus verehrt, eine der hervorragendsten Gestalten in dem Religionskreise, welcher die beiderseitigen Gestade verbunden und von Asien her sich über Hellas ausgebreitet hat.

Andere Dienste wurden so frühzeitig aufgenommen und so vollständig eingebürgert, daß die ursprüngliche Fremdartigkeit gänzlich verwischt und vergessen wurde. Wer kann sich Attika ohne Demeter und Athena denken, und doch lassen selbst die Tempelhymnen Demeter über das Meer hin aus Kreta zuwandern, und so gewiß keine Athena ohne Ölbaum denkbar ist, so gewiß ist auch dieser Dienst bei den ionischen Stämmen der östlichen Meerseite zuerst ausgebildet.

In dem ganzen religiösen Leben der Griechen ist aber keine größere Epoche zu erkennen als die Erscheinung des Apollon; sie ist wie ein neuer Schöpfungstag in der Geschichte ihrer geistigen Entwicklung. In allen griechischen Städten, aus denen ein reicherer Sagenschatz uns überliefert ist, wird an seine segensreiche Ankunft ein Umschwung der geselligen Ordnung, eine höhere Entfaltung des Lebens angeknüpft. Die Wege werden gebahnt, die Stadtviertel geordnet, die Burgen ummauert; das Heilige und Profane wird getrennt. Man hört Gesang und Saitenspiel; die Menschen treten den Göttern näher, Zeus redet zu ihnen durch seine Propheten, und die Schuld, selbst die

Blutschuld, liegt nicht mehr unsühnbar wie eine bleierne Last auf den unseligen Menschen; sie schleppt sich nicht mehr als ein Fluch von Geschlecht zu Geschlecht, sondern wie der Lorbeer die schwüle Luft reinigt, so sühnt der lorbeerführende Gott den blutbefleckten Orestes und gibt ihm die Heiterkeit der Seele zurück; die Grauenmacht der Erinnyen ist gebrochen; es ist eine Welt der höheren Harmonie, ein Reich der Gnade begründet. Seine Kultusplätze umgeben wie ein Saum das griechische Festland, und wenn sein Dienst auch ebenso wie der der Artemis an einheimische Vorstellungen angeknüpft worden ist, die schon im pelasgischen Bewußtsein wurzeln, so ist doch der geschichtliche Apollon ein wesentlich neuer Gott; ihn kannte man in Griechenland nur als einen von außen Gekommenen, seine wichtigsten Heiligtümer nur als Endpunkte der Bahnen, von denen er eingewandert war, und zwar werden diese Bahnen unmittelbar als Meerpfade bezeichnet, auf denen er von Delphinen begleitet gekommen ist, oder, wenn er zu Lande naht, so kommt er von der Küste, wo seine ältesten Altäre hart am Gestade, an Felsbuchten oder Flußmündungen liegen, von kretischen, lykischen, altionischen Seefahrern gegründet, welche damit des Landes neue Weihe begonnen haben. Mit Apollons Geburt entsproß auf Delos der „erstgeschaffene" Lorbeer; auf dem Festlande galt der Lorbeer der Peneiosmündung für den ältesten.

Auch die Apollonreligion hat ihre verschiedenen Stufen; eine wildere Sitte zeigt sich in dem Berg- und Walddienste des Hylatas in Kypros und bei den Magneten; als Delphinios ist er noch ganz dem Poseidon verwandt, ein Seefahrtsgott, wie die Kabiren und Dioskuren, der im Frühjahre die Wellen beruhigt und die Schiffahrt eröffnet; als pythischer Gott endlich nimmt er seinen Stuhl in Delphi ein, der staatenlenkende Gott des Lichts und Rechts, der geistige Mittelpunkt der ganzen Hellenenwelt. In diesem Apollon hat der hellenische Polytheismus seinen Abschluß und die höchste Verklärung, deren er fähig war, empfangen. Blickt man also von dieser Höhe zurück auf das Gottesbewußtsein, das die Griechen als gemeinsames Erbteil aus der Heimat der arischen Völker nach Griechenland mitgebracht und als Pelasger festgehalten haben, so bekommt man eine Ahnung von dem Inhalt der Jahrhunderte, welche von den ersten Berührungen mit den Phöniziern und der ungleich folgenreicheren Eröffnung des Verkehrs mit den asiatischen Griechen bis zur Vollendung des ganzen Götterkreises verflossen sind.

Die Geschichte der Götter ist die Vorgeschichte des Volkes und zugleich des Landes. Denn auch das Land ist inzwischen ein anderes geworden; die Wälder sind gelichtet und der Boden ist für eine höhere Kultur gewonnen. Denn in unmittelbarem Zusammenhange mit den Göttern des Ostens sind die durch den Kultus geheiligten und für ihn unentbehrlichen Gewächse des Weines und des Ölbaumes, sind Lorbeer und Myrte, Granate und Zypresse, Platane und Palme in Hellas angepflanzt worden. Glaubte man doch in Athen noch den Erstling der segensreichen Pflanzung, den von der Göttin selbst gepflanzten Ölbaum zu besitzen, und derselbe Baum war auch im Tempelbezirke des Herakles zu Tyros ein heiliges Symbol. Diese Bäume waren, ehe an Tempelwände gedacht wurde, der Gottheiten lebendige Abbilder und Wohnstätten; an ihren Zweigen wurden die ersten Gaben aufgehängt, aus ihrem Holze die formlosen Bilder der unsichtbaren Wesen geschnitten. Hieher gehört auch die Byssosstaude (wahrscheinlich die strauchartige Baumwolle), welche zu den Geweben der Tempeldienerinnen Aphrodites benutzt wurde, und der Styraxstrauch, dessen wohlriechendes Harz die Phönizier aus Arabien nach Hellas gebracht hatten, ehe er durch kretische Kolonisten in Böotien angepflanzt worden war.

Im Götterwesen und Götterdienste war durch die umbildende Kraft des griechischen Geistes alles zu einem großen Ganzen verschmolzen, das als nationaler Besitz fertig und abgeschlossen uns entgegentritt, so daß es nur hie und da gelingt, das allmähliche Werden zu erkennen. Deutlicher spricht sich über die Epochen der ältesten Landesgeschichte die Heroensage aus, in welcher das Volk sich jene Zeit lebendig vergegenwärtigt, da die gleichförmigen Zustände der pelasgischen Autochthonen unterbrochen und neue Gottesdienste, neue Bahnen der Tätigkeit, neue Lebensordnungen, die seitdem segensreich fortbestehen, gegründet worden sind. Diese Gründer sind Gestalten, wie die der lebenden Menschen, aber größer, herrlicher und den Unsterblichen näher. Es sind keine eitlen Phantasiebilder, sondern es sind in ihnen die wirklich geschehenen Taten der Vorzeit verkörpert und lebendig geworden. Die Heroengeschichte hat ihren urkundlichen Inhalt und nichts ist willkürlich daran als das, was die Sagensammler dazu getan haben, um systematischen und chronologischen Zusammenhang hineinzubringen. Daher einerseits die Übereinstimmung im Wesen der Heroen, andererseits die Mannigfaltigkeit derselben und die Verschiedenheit der Gruppen, welche die nach Zeit und Ort verschiedenartigen Entwicklungsepochen darstellen.

Am gefeiertsten durch alle Landschaften von Kreta bis Makedonien war die Gestalt des Herakles, hie und da noch als Gott erkennbar, meistens aber als ein Heros, welcher durch

Bewältigung der regellosen Naturkräfte den Erdboden für eine vernünftige Lebensordnung vorbereitet hat; er ist das von den Phöniziern zu den Ostgriechen, von den Ostgriechen zu den Westgriechen gekommene, volkstümliche Symbol für die bahnbrechende Tätigkeit der ältesten Ansiedlungen. Wo sich tyrrhenische und ionische Stämme den Tyriern angeschlossen haben, um ihre Kolonien zu bevölkern, erscheint Iolaos als Waffengenosse des Herakles; wo die Griechen am vollständigsten den phönizischen Einfluß zurückgedrängt haben, tritt der tyrische Heros in verklärter Gestalt als Theseus auf.

In denselben Gegenden, wo Herakles vorzugsweise heimisch ist, in Argos und Theben, stürmt auch die Heroensage am reichlichsten, um die großen Begebenheiten der Vorzeit im Gedächtnis zu bewahren. Der gastliche Meerbusen von Argos war ja von Natur geschaffen zum ersten Verkehrsorte zwischen See- und Binnenvölkern, und nirgends in Hellas ist vor aller geschichtlichen Überlieferung soviel Geschichte durchlebt worden wie hier. Davon zeugt der ganze Bilderkreis einheimischer Sage. Argos, der aus Libyen Saatkorn bringt, dann die an allen Meeren umherirrende Io, deren wanderlustiges Geschlecht nach dem Nillande verpflanzt, von dort heimkehrt, in Danaos, welcher ein einheimischer Patriarch, der Ahnherr eines echtgriechischen Völkergeschlechtes, zugleich der Gründer des lykischen Apollondienstes ist, wie auch der Sohn des phönizischen Belos, der Begründer der Seefahrt, der auf seinem Fünfziguderer von der Nilmündung zum Inachos gelangt. Wie im Volke selbst das Einheimische und Fremde sich verschmolzen hat, so erscheint es auch in der Person seines Ahnherrn. Demselben Danaerlande gehört Agenor an, der die Roßzucht in Argolis begründet, König Proitos, der mit Kyklopen aus Lykien Mauern baut, der im Holzkasten schwimmende Perseus, Palamedes, der Heros der auf inselartigem Vorgebirge gebauten Stadt Nauplia, der Erfinder der Nautik, der Leuchttürme, der Waage, des Maßes, der Schrift, der Rechenkunst. Alle diese bunten Gestalten haben den gemeinsamen, von keines Menschen Witz ersonnenen Inhalt, daß diese Küste vor allen anderen Zuwanderung von Seevolk empfangen hat, das aus Phönizien, Ägypten, Kleinasien herübergekommen ist und den Eingeborenen nach und nach soviel Neues mitgeteilt hat, daß diese durch die Aufnahme desselben wie zu einem anderen Volke umgeschaffen worden sind. Dem argivischen Palamedes entspricht in dem von Phöniziern und nachfolgenden Seegriechen frühe heimgesuchten Isthmuslande der kluge König Sisyphos, ein Spiegelbild des gewitzigten Küstenvolkes im Gegensatze zur Einfalt der Binnenländer. Er erscheint deshalb auch als Stifter des Melikertesdienstes, ähnlich wie Ägeus und König Porphyrion, der „Purpurmann", in Attika den Dienst der Aphrodite einführen.

Am klarsten hat sich die Erinnerung dessen, was das westliche Griechenland dem Osten verdankt, in der Kadmossage erhalten. Vom jenseitigen Gestade, wo seine Brüder Phoinix und Kilix wohnen, kommt Kadmos, den Spuren der wandernden Europa folgend, nach Westen, und wo er immer auf seinem Zuge landet, auf Rhodos, auf Thera, an der Küste Böotiens, in Thasos und Samothrake, ist er der Genius einer höheren Lebensordnung und pflanzt unter dem Schutze der Aphrodite Städte von dauerndem Ruhme, die er mit allen Künsten des Krieges und Friedens ausstattet, der Stammvater hellenischer Königs- und Priestergeschlechter, welche sich tief in die historische Zeit hinein unter den Griechen in hohem Ansehen erhalten haben.

In Thessalien endlich sammelt sich die Heroensage um den Pagasäischen Meerbusen, um die Reede von Iolkos, aus deren geschütztem Fahrwasser Iason zuerst die furchtsame Barke herausführt und eine Reihe von Heldensöhnen zu abenteuervollen Seezügen vereinigt.

Das ganze Leben und Treiben der griechischen Seestämme, welche nach und nach alle Küsten miteinander verbunden und Hellenen der verschiedensten Wohnsitze in den Kreis ihrer Tätigkeit hereingezogen haben, ist in dem reichen Sagenkreise vom Führer der Argo und seinen Gesellen uns erhalten. Alle diese Heroensagen haben vorzugsweise ihren Schauplatz an der östlichen Küste, zum deutlichen Zeugnisse, daß nirgends die Binnenländer aus selbsteigener Kraft des Landes Geschichte begonnen haben, sondern daß alle die großen Ereignisse, bis zu denen die Erinnerung der Hellenen zurückging, durch die Berührung der Eingeborenen mit den zur See Angekommenen veranlaßt worden sind.

Diese volkstümliche Überlieferung ist wesentlich verschieden von einer späteren Ansicht, die das Ergebnis der Reflexion ist, die einer Zeit angehört, da die Griechen sich die Anfänge ihrer Geschichte zurecht zu machen suchten. Als sie nämlich aus eigener Anschauung mit den Reichen des Morgenlandes näher bekannt wurden, als sie an den Pyramiden das Alter ihrer Stadtmauern abschätzten und die priesterliche Chronologie kennenlernten, da wurden sie von dem überwältigenden Eindrucke des dortigen Altertums und der durch Jahrtausende hinaufreichenden Schrifttradition, die ihnen von ruhmredigen Priestern gedeutet wurde, so erfaßt, daß nun nichts Griechisches mehr übrig bleiben sollte, das nicht von dort herzuleiten wäre. Der griechischen Vermittler zwischen Abend- und Morgenland wurde nicht gedacht, dagegen sollten Kekrops sowohl, der schlangenfüßige Urkönig von Athen, wie die Priesterinnen von Dodona, landflüchtige Ansiedler aus Ägyptenland und die Götter nebst ihren Festen von den dortigen Barbaren entlehnt sein. Unter dem Einflusse dieser Eindrücke und Stimmungen, die seit dem siebenten Jahrhundert vor Christus die Gebildeteren der Nation beherrschten, haben die meisten Historiker der Alten, hat auch Herodot seine Denkwürdigkeiten aufgezeichnet.

Wir glauben, den Spuren einer echteren Überlieferung folgend, die Phönizier sowie die von ihnen erweckten halbgriechischen und griechischen Stämme der Ostseite wieder in ihr geschichtliches Recht einsetzen und dadurch den Entwicklungsprozeß der griechischen Nationalität, den Übergang aus der pelasgischen Vorzeit in die Anfänge griechischer Geschichte richtiger verstehen zu können.

Wir sahen von den beiden Hälften griechischer Nation die eine, aus der sich später der dorische Stamm hervorbildet, im Gebirge des nordgriechischen Festlandes ansässig, die andere auf der Küste Kleinasiens und den Inseln. Von dieser beginnt die geschichtliche Bewegung um das fünfzehnte Jahrhundert vor unserer Zeitrechnung. Diese Küsten- und Inselgriechen breiten sich aus, werden in Unterägypten, in phönizischen Koloniallländern wie Sardinien und Sizilien, im ganzen Archipelagus von Kreta bis Thrakien heimisch; sie schicken aus ihrer Heimat wie aus ihren anderen Wohnsitzen zahlreiche Ansiedlungen an die Küste des europäischen Griechenlands, erst an der Ostseite, dann um Kap Malea herum auch von Westen her das Land umspannend, erst räuberisch in feindlichen Landungen, dann fortschreitend zu bleibenden Niederlassungen in Golfen, Meerengen und Flußmündungen, wo sie sich mit der pelasgischen Bevölkerung verbinden. Sie kommen unter dem Namen der Karer und Leleger als Diener des Poseidon. Eine große Reihe verwandter Ortsnamen, wie Aigai, Aigion, Aigina, Aigila, welche sämtlich Küstenpunkte und zugleich altberühmte Stätten des Poseidondienstes bezeichnen, ist zur Erinnerung jener ersten Kolonisationsperiode geblieben. Denn natürlich waren es die fremden Seefahrer, welche die bis dahin namenlosen Inseln und Küstenpunkte benannten. Ebenso erkennt man leicht die Namen Samos, Samikon, Same, Samothrake als eine zusammengehörige Gruppe von Namen, die immer mit poseidonischem Dienste verbunden sich an beiden Meerseiten wiederholen.

Eine Folge jüngerer Gottesdienste bekundet die fortschreitende Gesittung der seefahrenden Griechenstämme, wie den immer tiefer eindringenden und segensreicheren Einfluß ihrer Kolonisation. Die Ostgriechen treten mit bestimmterer Benennung als Kreter, Dardaner, Lykier auf; die Sage wird klarer und sicherer; sie weiß die Wohltaten dieser Ansiedler genauer zu bezeichnen. Nun tauchen in diesen Erinnerungen auch die Ionier auf; denn wenn ihr Name auch nicht als Gesamtname der asiatischen Griechen in Aufnahme gekommen ist wie im Osten der Name Javanim: so finden wir doch unzweifelhaft die Ionier als Zuwanderer an den Ostküsten des europäischen Griechenlands. Von der Bucht von Marathon sehen wir die Ionier, die Träger des Apollondienstes, in Attika eindringen, und die älteste Seestadt im Peloponnes, das sagenreiche Argos, heißt das „ionische Argos". Wir finden die Ionier an den seeoffenen Stellen Thessaliens wie an beiden Seiten des Meersundes von Euboia, das von einem Sohne des Ion Hellopia hieß; sie sind im südlichen Böotien ansässig, namentlich im Asopostale sowie an den seewärts gerichteten Abhängen des Helikon; mit Lykiern verbunden an der Ostküste von Attika, dann an den Rändern des Saronischen und Korinthischen Meeres, in Argolis bis Malea hinab. An der Westküste endlich bezeugt der Name des „Ionischen" Meeres, wer hier in Gemeinschaft mit den lelegischen Stämmen die „nassen Pfade" gebahnt, wer hier die Kultur begründet, die uns im König Odysseus entgegentritt wie im Schiffervolke der Taphier, und bis Istrien hinauf die segensreiche Pflanzung der Olive verbreitet hat.

So finden wir zu Anfang der Geschichte den Gebirgskern des europäischen Hellas von einer Bevölkerung umgeben, welche aus einer Mischung von Pelasgern und Ioniern gebildet war; die zu Schiffe, also meistens ohne Frauen, herübergekommenen Zuwanderer hatten sich, als die nördlichen Bergstämme gegen die Küste vordrangen, mit der pelasgischen Bevölkerung schon so verschmolzen, daß sie den jüngeren Stämmen gegenüber als eins erschienen. Diese pelasgischen Ionier haben nicht nur die Schiffahrt eingeführt, sondern auch eine mannigfache, höhere Landeskultur. Dahin gehört die Bewirtschaftung tiefliegender Marschländer an Flüssen und Seen, welche in Böotien ausdrücklich fremden, über See gekommenen Ansiedlern zugeschrieben wurde; dahin auch die Anlage und Befestigung von Städten. Die verbreitetsten Namen für Burg und Stadt waren auf beiden Meerseiten Larisa und Argos; wo diese vorkamen, gab es, wie schon Strabo bemerkt, in der Regel angeschwemmten Boden, und es ist sehr natürlich, daß die in den Mündungstälern der kleinasiatischen Flüsse ursprünglich einheimischen Stämme am meisten berufen waren, solche Gegenden urbar zu machen.

Durch die Einwirkung der ostgriechischen Seestämme ist eine

im ganzen gleichmäßige Kultur über den ganzen Küstensaum des Archipelagus ausgebreitet. Er ist der Schauplatz der ältesten Volksgeschichte, und wenn wir die vorgeschichtliche Bedeutung jener Stämme erkannt haben, so werden uns auch die ersten Tatsachen griechischer Staatenbildung nicht mehr unbegreiflich und unvermittelt erscheinen.

Drittes Kapitel

DIE ÄLTESTEN STAATEN

Bedeutung von Kreta. — Herrschaft des Minos. — Phryger, Lyder und Dardaner. — Pergamos und Troia. — Die Lykier. — Delos. — Die Argonautensage. — Urgeschichte Thebens. — Die Achäer. — Pelopiden und Archäer. — Herrschaft der Atriden. — Bund der sieben Seeorte.

Auf dem Meere beginnt die Geschichte der Hellenen; der eröffnete Verkehr zwischen Inseln und Küsten ist ihr Anfang, aber ein Anfang voll wüster Verwirrung. Denn sowie die erste Scheu überwunden war, so wurde dasselbe Meer, an dessen Ufern bis dahin nur Fischer ihr friedliches Gewerbe getrieben hatten, ein Schauplatz wildester Fehden, wozu die kaum erlernte Kunst der Seefahrt und die neue Macht, welche sie dem Menschen gab, verlockte. Es ist aber diese Verlockung hier eine ganz andere, als etwa am Rande eines unwirtlichen Ozeans. Denn in einem Meere, wo es keiner Sternkunde bedarf, um mit leichter Barke sein Ziel zu erreichen, wo Schutzhäfen, Lauerplätze und Schlupfwinkel in versteckten Felsbuchten aller Orten sich darbieten, wo plötzliche Überfälle leicht gelingen und kurze Beutezüge reichlichen Gewinn gewähren, da gewöhnten sich die anwohnenden Stämme den Seeraub als einen natürlichen Lebensberuf anzusehen, welchen man trieb wie jeden andern, wie Wildjagd und Fischfang; wenn also unbekannte Leute irgendwo ans Ufer stiegen, so fragte man arglos, wie Homer bezeugt, ob sie Händler wären oder als Seeräuber umzögen. Auch hier hatten die Phönizier das Beispiel gegeben; von ihnen hatte man gelernt, wie Knaben und Mädchen, auf dem Felde aufgegriffen, mehr als alle anderen Marktwaren, Gewinn einbrächten. Die friedlicher gesinnten Küstenbewohner zogen sich angstvoll vom Meere zurück; immer weiter verbreitete sich das Piratenhandwerk und frecher Menschenraub über alle Gestade; es entbrannte ein Krieg aller gegen alle. Sollten also die kaum geweckten Volkskräfte sich nicht in verzehrenden Kämpfen wieder aufreiben, so mußten sich in diesem Chaos entfesselter Willkür Mittelpunkte bilden, von denen eine neue Ordnung der Dinge ausgehen konnte. Die Phönizier konnten das Amt der Zuchtmeister und Gesetzgeber nicht übernehmen. Tyros und Sidon waren zu entlegen und haben es auch nie verstanden, wirkliche Hauptstädte für ihre Handelsgebiete zu werden. Es bedurfte eines näheren, eines schon der griechischen Welt angehörigen Mittelpunktes, und dies war Kreta.

Wie ein breiter Querriegel liegt diese Insel vor dem südlichen Zugange des Archipelagus, eine hohe Meerburg mit seinen bis Karien einerseits und anderseits bis Tainaron sichtbaren Schneegipfeln, mit langgestreckten Linien — so erscheint sie von den südlichen Zykladen aus gesehen — das bunte, unruhige Inselmeer ernst und ruhig begrenzend. Es ist ein kleines Festland für sich, wohl ausgestattet und selbstgenügsam; es hat die wilden Schönheiten eines Alpenlandes, heimlich abgeschlossene Bergtäler zwischen staunenerregenden Felszacken, und dann wieder jene weitgestreckten Küsten, welche nach Asien, nach Libyen und Hellas hingekehrt sind. Aber hafenreich sind Kretas Küsten nur an der Nordseite; hier reiht sich Bucht an Bucht, hieher wurden die Schiffe, wie das des Odysseus, von den Nordstürmen des Archipelagus getrieben, um daselbst ihre letzte Zuflucht zu finden, und wenn auch nach den Südländern hinüber frühzeitig die Verbindungen angeknüpft waren, wie namentlich nach den libyschen Küsten durch die Purpurfischer von Itanos, so war doch Kreta durch seine Lage und die Beschaffenheit seiner Nordküste zu deutlich auf den Zusammenhang mit dem Archipelagus hingewiesen, als daß seine Geschichte sich nach einer anderen Richtung hin hätte entwickeln können.

Auch die Bevölkerung Kretas war dem Stammvolke der griechischen Länder verwandt und gleichartig; der pelasgische Zeus waltete auf den Inselbergen; aber es haben sich kananitische Stämme von Syrien her und dem näheren Unterägypten hier früher und massenhafter festgesetzt, als in anderen Landstrichen desselben Völkergebietes. Wie diese Ansiedlungen zu festen Plätzen geworden sind, bezeugen die punischen Namen angesehener Städte, wie Itanos und Karat oder Kairatos, das spätere Knosos. Das ganze Inselland huldigte der syrischen Göttin; als Himmelskönigin vom Sonnenstiere getragen, ward sie zur Europa, die zuerst von den sidonischen Wiesen her den Weg nach der Insel gezeigt hatte. Der Molochsgötze wurde erhitzt, um mit glühenden Armen seine Opfer hinzunehmen.

Inzwischen ist es auch in Kreta den Phöniziern niemals gelungen, die alte Bevölkerung zu verdrängen oder zu überwältigen. Es blieben Stämme der Eingeborenen namentlich um das Idagebirge herum, welche sich als Eteokreter oder Altkreter bezeichneten. Zu dem Stamme dieser eingeborenen Pelasger kamen jüngere Hellenenstämme Kleinasiens, welche aus ihrer phrygischen Heimat neue Anregung mitbrachten. Eine Menge von Völkern und Sprachen hat sich am frühesten in Kreta zusammengedrängt; aus diesem Gedränge aber ist infolge eines vielseitigen Austausches und glücklicher Mischung unter der besonderen Gunst der Örtlichkeit, welche weiten Spielraum und eine Fülle von Hilfsmitteln, zugleich aber auch eine wohltätige Abgeschlossenheit gewährte, jene dichte Reihe von Städten hervorgegangen, welche aus dunkler Vorzeit in die älteste Erinnerung europäischer Geschichte hineinreicht. Denn die erste Kunde, die von Kreta auf uns gekommen ist, meldet von einem hundertstädtigen Lande und von der Hauptstadt Knosos, deren Lage durch die vorliegende Insel Dia ausgezeichnet ist, dem Herrschersitze des Minos.

Die erste Reichsmacht des hellenischen Altertums war ein Insel- und Küstenstaat, sein erster König ein Seekönig. Die Inselgruppen des Archipelagus, welche die Alten mit richtigem Blicke als ein großes Trümmerfeld ansahen, gleichsam als die übriggebliebenen Pfeiler einer von den Fluten zerrissenen Brücke zwischen Asien und Europa, liegen zu zerstreut im Meere, als daß sie aus sich selbst und unter sich eine staatliche Ordnung hätten begründen können. Es hat hier zu allen Zeiten einer auswärtigen Macht bedurft, um die schwächeren Insulaner zu schützen, die übermächtigen zu züchtigen, um Recht und Gesetz zu begründen. Diese erste große Tat hellenischer Geschichte ist an den Namen des Minos geknüpft. Ihm haben es die folgenden Geschlechter gedankt, daß er zuerst eine Seemacht gegründet hat, welche einen anderen Zweck hatte als Plünderung der Küsten; er hat die mit Phöniziern gemengten Griechen der asiatischen Küste, welche unter dem Namen der Karer das Inselmeer als einen ihnen überlassenen Tummelplatz ansahen, zu geordneten Niederlassungen und friedlichem Erwerbe gezwungen; die sich aber dieser Ordnung nicht fügen wollten, mit ihren Piratennachen aus dem Archipelagus vertrieben. Darnach konnte man die minoische Meerherrschaft auf der einen Seite als eine durch Austreibung der Karer begründete, auf der anderen Seite aber dieselben Karer, soweit sie für die neue Ordnung gewonnen und gesittigt wurden, als das Volk des Minos, als die Bemannung seiner Flotte, als die Bürger seines Reiches betrachten. Naxos und die Zykladen erscheinen auf das engste mit Kreta verbunden; hier werden feste Ortschaften und Flottenstationen eingerichtet; hier Verwandte des königlichen Geschlechtes als Unterkönige eingesetzt, durch welche die Abgaben der Untertanen eingefordert werden. Bis zum Hesponte, der nördlichen Pforte des Meeres, reichen die Niederlassungen derselben Insulaner, welche im Süden die Torwächter waren und gegen phönizische Kaperschiffe den Eingang hüteten. Unter weitreichendem Schutze des Königs zieht der kretische Schiffer seine Straße; er eröffnet neue Bahnen jenseits Malea in dem pfadloseren Meere des Westens, er landet in Krisa, am Fuße des Parnasses, von Apollon Delphinios wunderbar geleitet. Die westlichen Uferländer werden entdeckt, dem Golfe von Tarent gibt ein Enkel des Minos seinen Namen; in Sizilien wird das phönizische Makara zur Griechenstadt Minoa, — so erscheint schon alles Land, das an griechischem Küstenklima und griechischer Vegetation teilhat und nun auch an griechischer Bildung teilzunehmen vorzugsweise berufen war, zu einem großen Ganzen vereinigt.

Man erkennt leicht, daß sich an das minoische Kreta die Vorstellung einer durchgreifenden Kulturepoche anschließt, und was nach dem Bewußtsein der Griechen damit zusammenhing, haben sie um die Gestalt des Minos vereinigt, so daß es unmöglich ist, durch den Nebelduft der Sage die festen Umrisse einer geschichtlichen Persönlichkeit zu erkennen. Aber er ist nicht, wie ein Gott, Gemeingut vieler Länder und Stämme; er ist kein Heros wie Herakles, der an den verschiedensten Orten die Menschengeschichte beginnt, sondern er hat seine feste Heimat, er vertritt eine bestimmte Epoche, deren Züge einen großen Zusammenhang unzweifelhafter Tatsachen bilden, und darum steht sein ehrwürdiges Bild seit Thukydides mit vollem Rechte an der Schwelle der griechischen Geschichte. Wie alle heroischen Gestalten, reicht auch die des Minos durch verschiedene Perioden hindurch; denn wenn er auch fußt auf einem Boden, welchen pelasgisches Wesen, mit phönizischen Einrichtungen vermengt, wild überwuchert, so ragt er doch vollständig darüber hinaus; denn alles, was die Griechen ihrem Minos zuschreiben, der Kern aller Überlieferung, an welchem der besonnene Thukydides festhält, hat ja keinen anderen Inhalt, als daß Ordnung und Recht, Staatengründung und mannigfaltige Gottesdienste von seiner Insel ausgegangen sind. Sie ist der mütterliche Schoß jener Gesittung, durch welche sich auf das bestimmteste die Hellenen von allen Nicht-Hellenen unterscheiden.

Zeus ist in allen pelasgischen Ländern ursprünglich zu Hause, aber in Kreta ist sein Dienst in der Weise geordnet und so mit Legenden und Nebenpersonen ausgestattet worden, wie er in ganz Hellas Verehrung gewann; Dionysos und Ariadne führen uns auf sicheren Spuren von Knosos über Naxos in die Mitte der griechischen Welt; in Kreta vermählte sich Demeter mit „Iasios" auf dreimal geackertem Brachfeld; am Diktegebirge ward Artemis geboren; das sizilische Minosgrab war mit einem Heiligtum Aphrodites verbunden, und wie Minos der erste König war, der den Chariten opferte, so bahnt sein Sohn Androgeos dem pythischen Gotte die heilige Straße durch Attika; Delphi empfing seinen Gott aus kretischen Händen und im Archipelagus wurde, wie Naxos für den Dionysos und Paros für die Demeter, so Delos der heilige Mittelpunkt für den Dienst des Apollon. Nach Kreta endlich als dem Ursitze höherer Kultur weisen die Sagen vom Daidalos, dem Altmeister aller kunstsinnigen Hellenen, welcher auf dem Markte von Knosos den heiligen Tanzplatz gründete. So hat sich denn nach allgemeiner Überlieferung auf Kreta zuerst aus trüben Mischungen verschiedenartiger Volksschichten durch Ausscheidung und Abklärung eine Kultur gebildet, welche das reine Gepräge des Hellenischen trägt. Hier hat der griechische Geist zuerst offenbart, wie er stark genug sei, sich die mannigfaltigen Anregungen der schlauen, erfinderischen Semiten anzueignen, aber alles Empfangene selbsttätig umzugestalten und solche Formen des religiösen und staatlichen Lebens zu schaffen, die der klare Abdruck seiner eigenen Natur sind.

Die erweckenden Berührungen des Morgenlandes erfolgten nicht alle zur See. Es hängen ja die Wohnsitze der Hellenen auch durch breite Landstrecken mit Asien zusammen, und hier vollzogen sich die Völkerverbindungen nicht in einzelnen Niederlassungen, deren Andenken sich in der Sage leichter erhält, sondern in massenhafter Einwirkung benachbarter Völker und im Vordringen asiatischer Herrschermacht.

Die Despotenreiche des Orients, auf Eroberung gegründet, bedürfen, je ärmer sie an innerer Entwicklung sind, um so mehr einer fortschreitenden Erweiterung nach außen. Überdies mußte jedem vorderasiatischen Reiche die große, ins Mittelmeer vorgeschobene Halbinsel, das völkerreiche Kleinasien, als die notwendige Ergänzung seiner binnenländischen Macht erscheinen. Als nun die Assyrer im dreizehnten Jahrhundert über die Euphratquellen in die westliche Halbinsel vordrangen, fanden sie auf den mittleren Hochebenen einen mächtigen Kern eingeborener Völker; das waren die Phryger. Die Überreste ihrer Sprache sind der Art, daß sie zwischen den Griechen und den älteren Ariern das Mittelglied bilden. Sie nannten ihren Zeus Bagaios (baga altpersisch: Gott; bhaga im Sanskrit: Glück) oder Sabazios von einem dem Indischen wie dem Griechischen gemeinsamen Zeitworte, das „verehren" bedeutet. Sie hatten die Vokale der Griechen und änderten am Wortende m in n. Vom Meere abgedrängt, blieben sie freilich hinter der Entwicklung der jüngeren Küstenvölker zurück und wurden von diesen als Menschen angesehen, die schwer von Begriffen wären und nur zu untergeordneten Dienstleistungen in der menschlichen Gesellschaft sich eigneten. Indessen haben auch sie ihre große und selbständige Vergangenheit gehabt, wie sie sich in den einheimischen Königssagen abspiegelt. Diese Sagen sind vorzugsweise in den nördlichen Gegenden Phrygiens zu Hause, an den Quellflüssen des Sangarios, der in großen Windungen durch Bithynien in den Pontus strömt. Hier lebten die Überlieferungen von den alten Landeskönigen, von Gordios und von Midas, dem goldreichen Sohne des Gordios und der Kybele, der als stadtgründender Heros in Prymnesos und Midiaion verehrt wurde. In der Nähe dieser Orte liegt zwischen ausgedehnten Wäldern ein verstecktes Felsental, ein Tal voll Gräber und Katakomben. Darunter ragt ein hundert Fuß hoher, rötlicher Sandsteinfelsen empor, welcher ganz zu einem Denkmale umgestaltet ist. Seine Vorderfläche, sechzig Quadratfuß groß, ist mit Verzierungen bedeckt, welche sich wie ein Tapetenmuster wiederholen und das Ansehen eines vorgehängten Teppichs haben; an der giebelartigen Bekrönung des ganzen ziehen sich zwei Inschriftzeilen hin, welche in einer dem Griechischen nahe verwandten Schrift und Sprache den „König Midas" nennen. Diese Grabstätte ist das wichtigste Denkmal der altphrygischen Landeskönige, welche wegen ihrer Schätze, ihrer Roßzucht, ihrer fanatisch wilden Verehrung der auf den Bergen wohnenden Göttermutter und des mit Flötenschall gefeierten Dionysos allen Griechen bekannt waren. Des Midas Königswagen blieb ein Symbol der Herrschaft über Kleinasien und Alexander verschmähte es nicht, dieser Tradition zu huldigen.

Neben diesen ältesten Bewohnern hatten sich vom Euphrat her semitische Völker eingeschoben, das Halystal entlang gegen Westen vordringend, namentlich in die fruchtbaren Niederungen des Hermosflusses, wo sie mit älteren Stämmen pelasgischer Abkunft verwuchsen. So bildete sich auf dem Boden einer den Phrygern und Armeniern verwandten Bevölkerung das Volk der Lyder, welches durch seinen Stammvater Lud, wie es scheint, auch in der orientalischen Tradition dem Völkerstamme Sem zugeeignet wird. So lange Sprache und Schrift der Lyder uns unbekannt sind, bleibt es unmöglich, die Völkermischung, die hier stattgefunden hat, genauer zu bestimmen. Im allgemeinen aber ist die zweifache Verwandtschaft jenes

Volkes und seine darauf beruhende wichtige Kulturstellung innerhalb der Völkergruppen Kleinasiens deutlich. Die Lyder sind auf dem Landwege, wie die Phönizier zur See, die Vermittler zwischen Hellas und Vorderasien geworden. Ein durch Weltverkehr frühe gewitzigtes, unternehmendes, kaufmännisches und gewerbfleißiges Volk, haben sie die Schätze des Hermostales zuerst auszubeuten verstanden; am Fuße des Tmolos haben sie im Sande der herabströmenden Bäche den unscheinbaren Goldstaub entdeckt und so in der Nähe der Griechen die für die Geschichte derselben so unendlich wichtige, so verhängnisvolle Macht des Goldes ans Licht gebracht. Die Lyder sind das älteste Volk Kleinasiens, welches wir als ein staatbildendes näher kennen, das Volk, dessen Reichsepochen den ersten festen Anhalt kleinasiatischer Geschichte geben. Es zählten aber die Lyder drei Epochen nach drei Herrschergeschlechtern, deren erstes sich vom Atys herleitete, einem Gotte aus dem Kreise der Bergmutter, deren Dienst mit seiner tobenden Musik das ganze Hochland Lydiens und Phrygiens erfüllte. Ihre zweite Dynastie führten die Lyder auf einen Herakles zurück, welchen sie als Sohn des Ninos bezeichneten. Unabhängig von dieser Sage erzählte Ktesias den Griechen, daß König Ninos Phrygien, Troas und Lydien erobert habe; auch Plato kannte die Macht der Niniviten als eine um die Zeit des Troischen Krieges in Kleinasien gebietende, und je mehr sich nun aus einheimischen Urkunden die assyrische Reichsgeschichte aufhellt, um so deutlicher tritt die für griechische Kulturentwicklung wichtige Tatsache hervor, daß ungefähr fünf Jahrhunderte hindurch, so lange wie Herodot die Dauer der Heraklidendynastie angibt, das lydische Reich ein von Ninive am Tigris abhängiger Vasallenstaat gewesen ist.

Die Küstenstriche, von Natur so deutlich vom Binnenlande abgelöst, hatten ihre besondere Entwicklung, ihre eigene Geschichte; aber sie konnten sich unmöglich der nachbarlichen Einflüsse erwehren, welche von der einen Seite durch die Phryger, Lyder und Assyrer, auf der andern durch die Phönizier ausgeübt wurden. Vielmehr bildeten sich unter diesen doppelseitigen Anregungen an günstig gelegenen Punkten die ersten kleinasiatischen Küstenstaaten, von denen sich eine Erinnerung erhalten hat.

Es gibt aber an der langgestreckten Westküste keine wohlgelegenere Landschaft als den nördlichen Vorsprung, die zwischen Archipelagus, Hellespont und Propontis vorgestreckte Halbinsel, deren Kern das quellenreiche Idagebirge bildet. Auf seinen Waldhöhen war die phrygische Göttermutter zu Hause; in seinem Schoße barg es einen Reichtum von Erz, dessen

Tempel des Castor und Pollux. Girgenti

Zeus und Hera. Metope aus Selinunt. Palermo, Museo Nazionale

Gewinnung und Verarbeitung hier zuerst die Dämonen des Bergbaues, die idäischen Daktylen, von der Kybele gelernt haben sollten. Ein kräftiges Menschengeschlecht bewohnte das eisenhaltige Gebirge, in mehrfache Stämme geteilt, als Kebrener, Gergithier und vor allem das schöne Geschlecht der Dardaner, das von seinem Stammheroen Dardanos erzählte, wie er unter dem Schutze des pelasgischen Zeus die Stadt Dardania gegründet habe. Ein Teil dieser Dardaner stieg aus dem Hochlande herunter in die Uferlandschaft, die zwar keine Häfen hat, aber eine vorliegende Insel, Tenedos genannt. Hier hatten Phönizier sich niedergelassen, welche im Meere von Sigeion Purpurfischereien eingerichtet hatten; später kamen aus Kreta hellenische Stämme, welche den Apollodienst einführten. In dem geschützten Fahrwasser zwischen Tenedos und dem Festlande haben jene Berührungen stattgefunden, welche die idäische Halbinsel in den Küstenverkehr des Archipelagus hereingezogen haben. Tenedos gegenüber lag Hamaxitos, so genannt zur Erinnerung an die erste Fahrstraße, die vom Strande ins Binnenland gebahnt war. Inmitten dieses Küstenverkehrs erwuchs aus dem Dardanerstamme, der das Gebirge verlassen hatte, der Zweig der Troer. Das Haus ihres Anherrn Tros verzweigt sich von neuem durch die Brüder Ilos und Assarakos. Des letzteren Namen hat man auf Denkmälern Ninives gefunden. Assarakos' Sohn ist Kapys; das ist ein phrygischer Name, und ebenso Dymas, wie ein Schwiegersohn des Priamos heißt, Askanios, Kasandra und andere. Des Assarakos Enkel ist Anchises, der Liebling der aus Assyrien stammenden Aphrodite. Das jüngere Ilion steht mit seinen Helden unter dem besonderen Schutze des Apollon; er hütet die ganze Stadtgemeinde, er ist mit persönlicher Liebe einzelnen Familien, wie den Panthoiden, zugetan, er rächt seinen Hektor an Achill und trägt den wunden Äneas in seinen Tempel. Die Helden selbst aber tragen Doppelnamen, wie Alexandros und Paris, Hektor und Dareios, von denen der eine den Zusammenhang mit Hellas, der andere den mit dem asiatischen Hinterlande andeutet. So wurzelt, nach beiden Seiten hin verwandt, mitten im vollen Völkerleben Kleinasiens, auf dem Boden einer Halbinsel, wo Phryger und Pelasger, Assyrer, Phönizier und hellenische Seefahrer zusammengetroffen sind, das Reich der Dardaniden, das sich einst bis zum Kaikos erstreckt haben soll und dessen Bewohner trotz aller Mischung nicht als Barbaren, sondern als ein den Achäern durchaus gleichartiges und ebenbürtiges Volk dargestellt werden.

Die Quellen des Idagebirges sammeln sich zu Flüssen, von denen zwei zur Propontis strömen und einer, der Skamandros, in das Ägäische Meer. Er hat sein Hochtal im Gebirge; er durchbricht es in enger Felsschlucht und tritt aus derselben in die flache Mündungsebene, welche, an drei Seiten von sanften Höhen umschlossen, gegen Westen hin dem Meere offen ist. Diese Ebene vereinigte alles, was einem Lande Gedeihen verbürgen konnte; denn von den Schätzen der See und der Nähe der wichtigsten Meeresstraße abgesehen, hatte sie einen wasserreichen Ackerboden und breite Wiesengründe, wo Erichthonios, der Dämon des Erdsegens, seine dreitausend Stuten weidete; auf den umgrenzenden Hügeln Öl- und Weinbau. Im innersten Winkel dieser Ebene springt mit steilen Abhängen eine Felshöhe vor, als wollte sie dem aus der Schlucht vorbrechenden Flusse den Weg sperren. An der Ostseite in langer Windung vom Skamandros umflossen, senkt sie sich gegen Westen mit sanften Abhängen, wo zahlreiche Wasseradern dem Boden entspringen; sie sammeln sich zu zwei Quellbächen, welche durch ihre in allen Jahreszeiten gleiche Fülle und gleiche Temperatur sich auszeichnen. Dies Quellenpaar ist das unveränderte Naturmal, an welchem die überragende Höhe als die Stadtburg von Ilion erkannt wird. Es sind dieselben, zu denen einst vom skäischen Tore aus die Troerinnen zum Wasserschöpfen und zum Waschen hinabgingen, und noch heute sind es die alten Mauern, welche das hinströmende Wasser zu bequemerer Benutzung zusammenfassen.

Wo der Ursprung der Quellen, da war der Sitz der Macht. Auf dem sanfteren Abhange der Höhe lag Troia; darüber ragte die steile Felsburg Pergamos, von deren Zinnen der Blick die ganze, zur See hin allmählich sich erweiternde Ebene mit ihren Doppelflüssen Skamandros und Simois beherrschte, und über die Ebene hinweg das breite Meer, von dem Punkte an, wo der Hellespont mit mächtigen Wellen in das Ägäische Meer hineinbraust, bis nach Tenedos südwärts. Großartiger war kein Herrschersitz der Alten Welt gelegen als diese troische Burg; tief versteckt und sicher, aber zugleich frei umblickend und weitgebietend. Hinter sich hatte sie die triftenreichen Waldungen des Gebirges, unter sich die fruchtbare Ebene, vor sich das weite Inselmeer, aus dessen Mitte das Berghaupt von Samothrake emporsteigt, die Warte des Poseidon, dem Zeussitze auf dem Ida gegenüber.

Der Lage der Burg entspricht der Ruhm ihrer Fürsten, wie er sich in den Königssagen Ilions abspiegelt. Denn das Geschlecht der Dardaniden war ein von den Göttern hochbegnadigtes; sie zogen seine Jünglinge zu sich empor in den Himmel und verließen den Olymp, wie Aphrodite tat, um mit den Helden dieses Stammes der Liebe zu pflegen.

Aber die Nähe des Meeres hat eine unwiderstehliche Macht. Seit die Dardaner aus dem Hochgebirge niedergestiegen waren, genügte ihnen das patriarchalische Glück eines friedlichen Wohllebens im Genusse des reichen Herdenbesitzes und alles Segens der Götter nicht mehr. Es ergriff auch sie der unruhige Tatendrang der Küstenbewohner. Vom Ida wurde das Bauholz zum Strande geschleppt; die Königssöhne verlassen die väterliche Burg, und die Strömung des Hellesponts führt Paris mit seinen Gesellen in das südliche Meer, wo sie Beute und Abenteuer suchen. Was die dichterische Sage vom Frauenraube dardanischer Fürsten meldet, bestätigt sich als ein Zug echter Geschichte aus den ägyptischen Urkunden, welche die Dardaner als einen der am frühesten seemächtig gewordenen Griechenstämme nachweisen, aus der frühen Verbindung der Dardaner mit den Phöniziern, welche sie zur Bevölkerung ihrer Kolonien benutzen, und aus den vielen Küstenplätzen, wo wir die Namen Ilion und Troia, Simois und Skamandros wiederfinden.

Der idäischen Halbinsel durch alte Überlieferung nahe verbunden ist die Südküste Kleinasiens, wo sich auch das Festland mit breiter Bergmasse halbinselartig in das Meer vorschiebt. Das Innere bildet der Taurus; in seinen Hochtälern sammelt er die Quellen, welche in prächtigen Wasserfällen vom Gebirge stürzen, um dann als Flüsse die Niederungen zu durchziehen. Die Großartigkeit der Berglandschaft wird dadurch erhöht, daß ein Teil derselben, namentlich die Solymerberge, vulkanischer Natur ist und durch Feuererscheinungen seltsamer Art die Phantasie der Einwohner anregen mußte. Die Gebirge reichen bis an das Meer ohne Vorsaum ebener Erde, so daß kein Strandweg die Küstenorte verbindet; aber unzählige Hafenbuchten unterbrechen die Steilküste und vorliegende Inseln gewähren geräumige Reeden und Ankerplätze.

Wo Gebirge und Meer sich so durchdringen, da haben alle Völker, welche dem Kreise griechischer Geschichte angehören, einen vorzüglichen Schauplatz ihrer Entwicklung gefunden, und diesem Kreise auch die Lykier einzureihen sind wir vollständig berechtigt.

Eine ungemischte Bevölkerung kannten die Alten in dieser Landschaft nicht. Die Phönizier haben den lykischen Taurus so gut wie den kilikischen ausgebeutet; aus Syrien und Kilikien sind Semiten eingewandert, welche namentlich den Stamm der Solymer bildeten. Einen anderen Völkerstrom leitete die rhodische Inselkette auf diese Küste; kretische Männer kamen herüber, die sich Termilen oder Trameler nannten und als ihren Heros den Sarpedon ehrten. In heißem Streite erkämpften sie das von Meer und Fels umspannte Land und gründeten auf den die Täler beherrschenden Höhen ihre Stadtburgen, welche in unverwüstlicher Stärke allen Erdbeben getrotzt haben. Von der Xanthosmündung sind die Kreter in das Land gedrungen. Dort hatte Leto zuerst gastliche Aufnahme gefunden; im nahen Patara erhob sich der erste Tempel des Apollon, des Lichtgottes oder Lykios, mit dessen Dienste die Landesbewohner allmählich so verwuchsen, daß sie selbst von den Griechen, an deren Küsten sie landeten, wie der Gott, Lykier genannt wurden.

So vollzogen sich hier, wie in Troas, wichtige Verbindungen verschiedenartiger Völker, die von der Land- und Seeseite her die eingeborene Bevölkerung erweckt und eine sehr frühzeitige Kultur hervorgerufen haben. Sie ist uns in alten Überlieferungen sowie in Kunst- und Schriftdenkmälern reichlich bezeugt. Das Lykische gehört demselben Sprachstamme an, wie das Griechische, dem Stamme der arischen Sprachen, welche sich von Armenien herunter nach Kleinasien verzweigt haben. Aber es steht dem Griechischen so fern, daß man geneigt ist, die Lykier als einen der ältesten Zweige dieses arischen Völkerstammes in der Halbinsel anzusehen. Wie aber auch diese Verhältnisse aufgefaßt werden mögen, soviel steht fest, daß die Lykier schon im vierzehnten Jahrhundert ein mächtiges Seevolk waren; sie treten in den ägyptischen Urkunden neben den Dardanern auf und die Griechen haben sie wie die Dardaner immer als ein ihnen verwandtes und ebenbürtiges Volk angesehen, wie dies am deutlichsten aus der Tatsache erhellt, daß die Ionier, als sie ihre zwölf Städte gründeten, Männer aus lykischem Stamme zu ihren Königen wählten.

Die Lykier treten uns in allem, was wir von ihnen wissen, als einer der begabtesten und edelsten Stämme in dem Kreise der den Griechen verwandten Seevölker entgegen. Obwohl mutig und seekundig wie das beste Schiffervolk des Archipelagus, haben sie dem öffentlichen Gewerbe des Seeraubes, welches ihre Nachbarn in Pisidien und Kilikien niemals aufgegeben haben, frühzeitig entsagt. Ihre Vaterlandsliebe haben sie in den heldenmütigsten Kämpfen bewährt, und in der Stille des Hauses haben sie eine feinere Sitte ausgebildet, wie sie namentlich in der Achtung, welche sie dem weiblichen Geschlechte widmeten, sich bezeugt haben soll. Es gehört dies mit zu den Segnungen der apollinischen Religion, welche die Frauen als bevorzugte Organe des göttlichen Willens anerkannte; durch Jungfrauen, welche im Tempel mit der Gottheit verkehrten, wurde in Patara Orakel erteilt. Auch in der liebenden Sorge, welche die Lykier ihren Toten widmeten, spricht sich die Zartheit ihres sittlichen Gefühles aus. Diese Liebe zu den Verstorbenen ist uns in den großartigsten Denkmälern bezeugt. Denn durch nichts sind die Lykier in gleichem Maße ausgezeichnet, wie durch ihren Trieb zu künstlerischem Schaffen. Ihre kühn und schön gelegenen Stadtburgen sind dicht umgeben von den Ruheplätzen der Toten, zu deren würdigem Andenken ganze Felsmassen in Gräberstraßen und Friedhöfe umgestaltet worden sind. Überall bezeugt sich ein idealer Sinn, der mit bewundernswürdiger Energie alle Schwierigkeiten überwunden und der ganzen Landschaft das unverwüstliche Gepräge eines höheren Lebens zu geben gewußt hat. So wenig es nun auch möglich ist, die Zeit der Denkmäler Lykiens zu bestimmen, und ebensowenig, wann sie ihre städtischen Gemeinden eingerichtet und ihr eidgenössisches Recht ausgebildet haben — das ist gewiß, die Anlagen zu dieser freien und allseitigen Geistesentwicklung sind seit den ältesten Zeiten dem Volke der Lykier eingepflanzt, welche in so wichtigen Zweigen der Kultur die Vorgänger und Vorbilder der Hellenen gewesen sind. Die peloponnesischen Landesfürsten haben zur Ummauerung ihrer Burgen Werkleute aus demselben Lykien kommen lassen, wo auch die Heldengestalten des Bellerophon und Perseus einheimisch sind; der erste Schriftverkehr, dessen bei Homer gedacht wird, weist von Argos nach Lykien. Bei den Lykiern ist vorzugsweise die Anschauung des in sich einigen, aber in dreifacher Gestalt die Welt beherrschenden Zeus, des Zeus Triopas, zu Hause. Dieser Anschauung schloß sich die Verehrung des Apollon an, in welchem sich der verborgene Zeus ihnen am klarsten zu offenbaren schien. Sie ehrten ihn als den Propheten des höchsten Gottes und bildeten in diesem Glauben vor allen anderen Stämmen die apollinische Weissagekunst aus, um durch Vogelschau und Opfer und Traumdeutung wie aus dem Munde begeisterter Sibyllen den göttlichen Willen zu erkennen.

Troas und Lykien sind ein Paar durchaus verwandte Landschaften; sie verehren gleiche Götter, wie Zeus Triopas und Apollon, gleiche Heroen, wie Pandaros; sie haben dieselben Fluß- und Bergnamen. Ein Teil der Troas hieß von seinen Bewohnern Lykien, ebenso wie Lykier im eigenen Lande sich Troer nannten. Jedes der beiden unter sich stammverwandten und engverschwisterten Küstenländer steht wiederum mit Kreta in unaufhörlicher Verbindung, Troas durch sein Idagebirge und die idäischen Dämonen, Lykien durch Sarpedon und den Apollodienst. Lykier, Kreter und Karer begegnen sich auch an der Westküste, die zwischen den beiden Halbinseln Kleinasiens in der Mitte ausgebreitet liegt; vor allem am Ausgange des Meandertales, in der uralten Seestadt Miletos, und Chios gegenüber, das den Kretern seinen Weinbau verdankt, in Erythrai.

Wer vermag diese sich kreuzenden Einflüsse chronologisch zu ordnen, wer bei den hin- und herströmenden Bewegungen die Ausgangspunkte zu bestimmen, ob sie im Süden oder Norden, in Kleinasien oder Kreta zu suchen sind! Denn wenn auch die wichtigeren Gottesdienste, namentlich die phrygischen, ohne Zweifel vom Festlande auf die Insel gewandert sind, so kann doch auch die Insel, was sie empfangen hat, veredelt und mit neuer Anregungskraft ausgestattet, dem Festlande zurückgegeben haben. Hier hat jahrhundertelang der lebendigste Küstenverkehr, ein fortwährendes Geben und Nehmen stattgefunden, bis zuletzt eine gleichartige Kulturwelt sich gebildet hatte, in deren Lichtkreis wir Kreta und die Küste Kleinasiens von Lykien bis Troas vereinigt finden.

Das Gemeinsame ist, daß sich an allen diesen Orten aus trüben Mischungen verschiedener Volkselemente ein griechisches Volksleben abgeklärt und entwickelt hat. Diese Entwicklung zeigt sich in der Verwirklichung einer höheren Lebensordnung, in der Gründung von Städten, in der Ausbildung einer feineren Sitte; sie gewinnt ihre Vollendung in der gemeinsamen Religion des Apollon, welche nirgends eingeführt worden ist, ohne das ganze Volksleben umbildend zu ergreifen. Durch sie sind die Menschen von finsteren Naturdiensten befreit; in ihr ist der Gottesdienst zu einer Pflicht sittlicher Erhebung geworden; sie hat für die Schuldbeladenen Sühnungen gestiftet, für die ratlosen Sterblichen heilige Orakel. Der reiche Segen, welchen diese Religion mitteilte, enthielt die Verpflichtung und erweckte den Trieb, sie unermüdlich weiter auszubreiten, sie hinüberzutragen in die westlichen Länder, die noch im Dunkel älterer Gottesdienste befangen waren. Die Priester von Delos wußten, daß aus Lykien die ersten Satzungen ihres Apollodienstes stammten; Delos war wegen seiner ausgezeichneten Reede inmitten des Inselmeeres von Anfang an für Warenhandel wie für Kultusausbreitung eine der wichtigsten Stationen. Auf Delos sproßte neben Ölbaum und Palme der erste heilige Lorbeer auf; von Delos steuerten die priesterlichen Barken durch die Inseln hindurch nach dem jenseitigen Festlande, und wo sie landeten, da wurde es hell vom Lichte einer höheren Erkenntnis und Bildung, welches dem griechischen Morgenlande schon lange aufgegangen war.

Der Kanal des Euripos mußte für die Seevölker des Ostens eine ganz besondere Anziehungskraft haben. Ein tiefes, stilles

Fahrwasser führte hier von Süden nach Norden gleichsam mitten durch Hellas hindurch. Rechts hatte man die langhingestreckte Berginsel Euboia mit ihren für den Schiffsbau unerschöpflichen Wäldern, mit ihren Kupfer- und Eisenminen, deren Betrieb für das westliche Griechenland hier begonnen und mit aller dazugehörigen Kunstfertigkeit von hier aus durch die südlichen Landschaften verbreitet worden ist. Hier lag an der engsten Stelle des Meersundes Chalkis mit der Arethusaquelle, ein Sitz des Apollon Delphinios, einer der frühesten Zielpunkte und Sammelplätze phönizischer und griechischer Seefahrer. Zur Linken erstreckt sich das Gestade von Böotien, dessen Strand treffliche Ankerbuchten darbot, wie Hyria und Aulis; für Fischerei, für Muschelfang und Tauchen nach Meerschwämmen war die beste Gelegenheit, und die Glaukossage, die am Euripos zu Hause ist, zeugt von dem lebendigen Treiben eines erwerbslustigen Fischervolkes, das seit ältesten Zeiten am Strande von Anthedon sein Wesen hatte. Indessen war hier zu größeren Niederlassungen kein Raum, es fehlte an Ackerboden und Weideland.

Beides bot sich den Ansiedlern wenige Stunden landeinwärts, wenn sie über die dürren Strandhöhen nach dem hylischen Seetale hinblickten. Dieser See ist durch unterirdische Leitungen mit dem kopäischen verbunden, aber kein Sumpfsee wie dieser, sondern klares Bergwasser, mit gesunder Atmosphäre und fruchtbarem Umlande. Mit tiefem Erdreiche erstreckt sich namentlich gegen Süden hin eine breite Ebene bis zu den Vorhöhen des Teumessos. Auch diese Höhen sind nicht rauh und steinig, sondern mit Erde bekleidet und von Talgründen durchzogen, in welchen es von Quellen und Bächen rieselt; Ismenos und Dirke strömen nebeneinander durch üppiges Gartenland zur See hinunter. Hier tötet Kadmos den Drachen, den mißgünstigen Erddämon und Landeshüter, und gründet auf den umflossenen Höhen die Burg Kadmeia.

Die Burg des böotischen Thebens ist derjenige Platz, wo die ganze Fülle der nach dem Morgenlande hinüberweisenden Sage sich am vollständigsten entfaltet hat. Alle morgenländischen Erfindungen schließen sich an die Person des Kadmos an. Von ihm nannte man die Erdart, deren man sich zur Läuterung des Kupfererzes bediente, „kadmische Erde"; die Benutzung des Metalls zu kriegerischer Rüstung war seine Erfindung; sein Name bedeutete geradezu soviel wie Waffenrüstung, und seine Nachfolger, die Kadmeonen, dachte man sich als ein in glänzendes Erz gekleidetes, mit Purpur und Gold geschmücktes Herrschergeschlecht. Neben ihm weisen auch die böotischen Telchinen, die orientalischen Zauberdämonen, auf die über

Chalkis nach Theben verpflanzte Kunst der Erzbereitung hin. Ferner ist Kadmos der Erfinder der Schrift, wie Palamedes in Argos; dem Danaos in Argos entspricht er als Begründer einer künstlichen Bewässerung, den lykischen Heroen als Baumeister und Burggründer; denn die niedrige und nur ihrer fruchtbaren Lage wegen gewählte Burghöhe von Theben bedurfte mehr als jede andere einer künstlichen Befestigung; mit Kadmos sollen endlich auch die damm- und deichbauenden Gephyräer in das Land gekommen sein.

Hier muß, wie aus allen Überlieferungen hervorgeht, eine besonders zahlreiche Einwanderung stattgefunden haben, und zwar in verschiedenen Zeiten und aus verschiedenen Gegenden. Wir sind berechtigt, einen Grundstock echt semitischer Kolonisation anzunehmen, aus Sidon sowohl wie aus Tyros. Nach Sidon weist der Dienst der Mondgöttin Europe, nach Tyros der Dienst des Herakles, den man als Melkar oder Makar verehrte; denn von diesem Namen stammt die Benennung „Insel der Makares", welche man der von Bächen umgebenen Burg Thebens beilegte.

Den Phöniziern folgten andere Zuwanderungen aus dem griechischen Morgenlande, und zwar scheint besonders Kreta der Ausgangspunkt derselben gewesen zu sein. Von dort soll Rhadamanthys nach Böotien gekommen sein; man zeigte sein Grab bei Haliartos, umgeben von den duftigen Zweigen des Styraxbaumes, dessen Same aus derselben Heimat stammte. Dem Geschlechte der Kadmeonen, welches sich den Besitz der Kadmeia erstritten hatte, machen jüngere Geschlechter die Herrschaft streitig. Wir finden an der Spitze eines neuen Herrengeschlechts die Brüder Amphion und Zethos, die böotischen Dioskuren. Sie bezeichnen eine neue Stufe der Entwicklung, eine jüngere Zeit. Sie stehen in Verwandtschaft mit den Pelopiden und in Verbindung mit Niobe. Mit dem Klange der lydischen Leier weiß Amphion zuerst die Menschenherzen zu entzücken; durch ihren Zauber bewirkt er, daß sich die Felssteine zu einem künstlichen Gefüge vereinen. Er vertritt eine Kultur, welche im kleinasiatischen Uferlande ihren Ursprung hat.

Durch Amphion und Zethos erweitert sich die Stadt. Rings um die Kadmeia wird ein größerer Mauerkreis gezogen, welcher unterhalb des Fürstensitzes eine betriebsame Bürgerschaft schützend umgibt und durch sieben Stadttore die nach allen Seiten hin gebahnten Landstraßen mit dem Mittelpunkte der Landschaft verbindet.

Die Siebenzahl ist hier wie bei den Saiten Amphions eine heilige Zahl. Sie entspricht den Wandelsternen, welche die Babylonier kannten und zusammen mit Sonne und Mond als die das Menschenleben regierenden Himmelsmächte verehrten. Dieser babylonische Sternkultus ist von den Phöniziern nach Hellas gebracht und hier in Theben am deutlichsten bezeugt. Er ist aber von den Phöniziern auch auf die griechischen Seevölker übergegangen, wie wir es hier am besten nachweisen können; denn gerade die untere Stadt, welche sich durch ihre Tore als eine den Planetengöttern geheiligte zu erkennen gibt, wird auf das Bestimmteste einer jüngeren Epoche zugeschrieben und diese kann man unmöglich als eine rein phönikische ansehen. Die orientalischen Einflüsse sind aber von der alten sidonischen Faktorei, welche wir als den Kern von Theben ansehen dürfen, durch die Zeiten der kretischen und der kleinasiatischen Zuwanderung hindurch wirksam geblieben.

Nach dem Geschlechte der Zwillinge kommen von neuem die Kadmeonen auf den Thron, es folgen Labdakos und Laïos. Schuldbeladene Fürsten bringen Verderben über das Land, wie dies durch das ebenfalls dem Oriente entlehnte Sinnbild der Sphinx dargestellt wird. Das kadmeische Theben geht durch Greuel und Krieg zugrunde, aber seine hochbegabten Geschlechter bringen durch ihre Zerstreuung die Keime höherer Bildung auch nach den südlichen Landschaften, wie die spätere Geschichte zeigen wird.

Die thebanische Sage hat den Inhalt geschichtlicher Entwicklungen, welche Jahrhunderte gedauert haben, in scharfgezeichneten Zügen kurz zusammengefaßt. Es ist das inhaltsreichste Bild aus der Übergangszeit von pelasgischen Zuständen in die hellenische Geschichte, die anschaulichste Darstellung phönikischer Ansiedlung und ihrer Folgen. Mit solchen Epochen, wie sie des Kadmos Ankunft darstellt, hört die Unschuld und Ruhe patriarchalischer Zustände auf; neben dem Segen einer höheren Lebensordnung kommen List und Gewalt, Unsitte und Frevel unerhörter Art, Krieg und Not in das Land. Götterzorn und Menschenschuld, Sünde und Fluch drängen sich in schrecklicher Folge. Das ist das vielbesungene Unheil der Kadmoskinder.

*

Theben ist der Ort, wo phönizische und ostgriechische Bildung am kräftigsten Wurzel gefaßt und sich den Eingeborenen gegenüber am schärfsten ausgeprägt hat. Darum trägt Kadmos mehr als die gleichartigen Heroen einen fremdländischen Charakter; sein Geschlecht wird von den Nachbarn mit Mißgunst und Feindschaft verfolgt. Darum ist er auch nicht in die Genealogien einheimischer Fürstenfamilien eingereiht und mit den anderen Heroen der Geschichte des europäischen Landes zugeeignet worden. Wie man nämlich unter den Äoliern die eingeborenen Pelasgerstämme verstand, welche durch Zuwanderung von Seestämmen und Vermischung mit ihnen zu einer höheren Kulturstufe im Landbau, Seefahrt und Staatenordnung gelangt waren, so begriff man unter dem Sammelnamen der Äolossöhne oder Äoliden diejenigen Heroen, welche als die Träger jener Bildung angesehen wurden, Iason sowohl wie Athamas, den Ahnherrn der Minyer, das Sehergeschlecht der Amythaoniden, des Salmoneus Nachkommenschaft, ferner die messenischen Neleïden und den korinthischen Sisyphos, welchem als eine verwandte Heroengestalt Odysseus angereiht wird. Wir finden Äolier in Thessalien sowie im kephallenischen Inselreiche, an den Küsten von Elis, Messenien, Lokris und Ätolien; wir finden sie meist als Diener des Poseidon und mit legischer oder ionischer Bevölkerung verschmolzen. Alle diese Äolier und Äoliden haben unter sich keine weitere Verwandtschaft und volkstümliche Übereinstimmung, als daß sie den Übergang aus der pelasgischen in die hellenische Zeit, die Anfänge europäischer Küstenstaaten und den Zuwachs an Macht und Klugheit, welchen man der Verschmelzung mit ostgriechischen Stämmen dankte, in mannigfaltigen Bildern darstellen.

Ein solches Volk des Überganges sind auch die Achäer, welche uns aber geschichtlicher und in schärferen Umrissen entgegentreten; sie werden als ein Zweig der Äolier angesehen, mit denen sie später wiederum zu einer Volksmasse zusammengeflossen sind, also nicht als eine ursprüngliche Gattung, als ein selbständiger Zweig der griechischen Nation; daher ist auch weder von achäischer Sprache noch von achäischer Kunst die Rede. Mit den Äoliern ist ihnen gemeinsam, daß, wo sie vorkommen, überall eine entschiedene Einwirkung von der Seeseite zu erkennen ist. Die Achäer sind selbst einer der ältesten Seestämme griechischer Nation; wir finden sie nur an der Küste ansässig, und zwar weit umher auf beiden Seiten; sie werden den Ioniern als besonders nahe verwandt an die Seite gestellt. Ion und Achaios werden darum als Brüder und als Söhne des Apollon miteinander verbunden, und aus Ionien leiteten die Achäer ihr größtes Fürstengeschlecht her. Mit Lykien und Troas sind die Achäer durch den Stamm der Teukrer verbunden und achäische Heroen, wie Aiakos, helfen selbst an der Mauer von Ilion bauen.

Unter den vielfachen Wohnsitzen der Achäer ist es die fruchtbare Niederung zwischen Oeta und Othrys, wo sie die wichtigsten Spuren ihres Daseins zurückgelassen haben. Es ist die Landschaft Phthiotis, wo der Spercheios zum Meere hinabströmt und dem Seefahrer sein reiches Talland aufschließt.

Hier finden wir feste Burgen der Achäer, darunter Larissa, die „hangende" genannt, weil es wie ein Nest am Felsen hing; hier sind ihre Lieblingssagen am meisten einheimisch, die Lieder von Peleus, der an den Waldquellen des Spercheios seine Widderhekatomben den Göttern gelobt, welche in Freundschaft mit ihm verkehren, vom Peliden Achilleus, dem Sohne der silberfüßigen Meergöttin, der, auf den Berghöhen großgezogen, als jugendlicher Held in das Tal herabkommt, um nach kurzer Blüte zu sterben. Dieser hochgesinnte, liebenswürdige Held, welcher nicht ansteht, ein kurzes und tatenvolles Leben einem behaglichen, aber ruhmlosen Langleben vorzuziehen, ist ein unvergängliches Denkmal von dem ritterlichen Heldensinne, von dem idealen Streben und der poetischen Begabung der Achäer.

Eine zweite Sage desselben Stammes ist die Pelopssage, welche dadurch so merkwürdig ist, daß sie deutlicher und bestimmter als irgend eine andere Heroensage an Ionien und Lydien anknüpft. Wir kennen das am Sipylos ansässige Fürstenhaus des Tantalos, das gold- und landreiche, das mit dem Dienste der phrygischen Göttermutter so eng verflochtene. Mitglieder dieses fürstlichen Geschlechtes wandern aus und kommen von den Häfen Ioniens nach Hellas herüber; sie kommen mit unternehmenden Gefährten, mit einem Schatze reicher Weltbildung, mit Waffen und Schmuck und prachtvollen Geräten; sie gewinnen Anhang bei den ohne politischen Zusammenhang lebenden Eingeborenen, sie sammeln sie um sich und gründen erbliche Fürstentümer im neuentdeckten Lande, dessen Einwohner dadurch selbst zu Einheit und Kraftbewußtsein und zu geschichtlicher Entwicklung gelangen. So dachten sich Männer, wie Thukydides, die Epoche, welche das Auftreten der Pelopiden in der Vorzeit ihres Volkes veranlaßt hatte — und was ist in diesen Vorstellungen unwahrscheinlich oder unhaltbar? Weist nicht alles, was von den achäischen Fürsten aus Pelops' Stamme überliefert worden ist, übereinstimmend nach Lydien hinüber? Die nach lydischer Weise hochaufgeschütteten Grabhügel finden wir bei den Achäern wieder; den Dienst der phrygischen Göttermutter haben die Tantaliden nach Thessalien und dem Peloponnes gebracht; lydische Pfeiferinnungen sind ihnen bis nach Sparta gefolgt. Pelops lag in Pisa neben dem Heiligtume der lydischen Artemis bestattet; dieselbe Artemis wird als Iphigeneia mit dem Agamemnon verbunden, welcher überall als Priester der Göttin auftritt. Die Macht des Hauses beruhte auf seinem Reichtum; die den Griechen nächste und reichste Goldquelle war aber der Flußsand des Paktolos und der Schoß des Tmolos. Mit diesen Schätzen traten die

Pelopiden den Eingeborenen gegenüber, welche im Schweiße des Angesichts ihre Äcker bestellten; Gold und Fürstenmacht sind seitdem für die Griechen untrennbare Begriffe. Die andern Sterblichen, wie Herodot von den Skythen sagt, verbrennen sich am Golde, dem geborenen Fürsten gibt es Macht und Gewalt: es ist das Symbol und das Siegel seiner übermenschlichen Stellung.

Wo hat nun diese Verbindung des auswärtigen Fürstenstammes mit den Achäern stattgefunden? Darüber gibt die Sage keine Auskunft. Im Peloponnes finden wir beide durchaus miteinander verschmolzen und an den Küsten der Halbinsel gibt es keine alte Landungssage. Es ist daher wahrscheinlich, daß jene folgenreiche Verbindung in Thessalien geschehen ist, daß dadurch ein Teil des Volkes veranlaßt wurde, unter seinen neuen Herzögen die übervölkerten Gaue von Phthia zu verlassen und nach Süden zu wandern, wo Städte und Staaten gegründet wurden, deren Ruhm den der thessalischen Achäer bald weit überragte.

Auf welchem Wege aber auch Pelopiden und Achäer nach dem Peloponnes gekommen sein mögen, es waren keineswegs rohe Länder und Völker, welche sie dort antrafen. Argos dachten sich ja die Griechen als die älteste aller Landschaften, an deren Strande die Stämme des Morgen- und Abendlandes miteinander verkehrt hatten. Wir haben schon gesehen, infolge welcher Einflüsse die Pelasger des Landes zu Danaern geworden waren; denn ein solches Umnennen der Völker bezeichnet nach dem Ausdrucke der griechischen Sage immer die wichtigsten der erlebten Epochen. Die quellenlose Ebene von Argos war mit Brunnen versehen, welche mit ihren Felsschachten auf die in der Tiefe verborgenen Wasseradern hinabgingen oder das Regenwasser für die dürren Monate sammelten; am Ufer waren Plätze für Schiffsbau und Schiffslager eingerichtet und der städtische Marktplatz für alle Zeiten dem lykischen Gotte geweiht worden. Danaos selbst sollte zunächst aus Rhodos gekommen sein, der natürlichen Mittelstation zwischen der Südküste Asiens und dem Archipelagus.

Keine griechische Gegend hat auf engem Raume so viele und gewaltige Stadtburgen nebeneinander wie Argolis. Die hohe Larissa, die von Natur zum Mittelpunkte der Landschaft ausersehen scheint, dann tief in der Ecke Mykenai, am östlichen Gebirge Mideia, am Rande der Seeküste Tiryns auf einem isolierten Felsen, und endlich eine halbe Stunde davon Nauplia mit seinem Hafen. Diese Reihe alter Festungen, deren unzerstörbares Steingefüge wir noch heute bewundern, legt ein deutliches Zeugnis ab von gewaltigen Kämpfen, welche die Vorzeit von Argos erschüttert haben; sie beweist, daß in der einen Inachosebene sich mehrere Herrschaften nebeneinander ausgebildet haben müssen, deren jede auf ihren Burgmauern trotzte; die eine auf den Seeverkehr gerichtet, die andere mehr auf Zusammenhang mit dem Binnenlande.

Im Einklang mit diesen in Monumenten erhaltenen Zeugnissen stehen die Sagen, nach welchen unter des Danaos Nachfolgern Teilherrschaften eintreten. Der vertriebene Proitos wird von lykischen Scharen nach Argos heimgeführt und baut mit ihrer Hilfe die Strandfestung Tiryns, wo er nun der Erste und Mächtigste des Landes ist. In dem Übermute seiner lykischen Frau, in dem Hochmute seiner Töchter, die des Landes ältere Götterdienste verspotten, liegen geschichtliche Züge, welche in ihrem inneren Zusammenhange eine Gewähr alten Ursprungs tragen. Auch die andere Linie der Danaïden ist eng mit Lykien verflochten; denn des Akrisios lang ersehnter, aber dann gefürchteter und auf das Meer verstoßener Enkel Perseus, der unter dem Bilde eines Flügellöwen als der unwiderstehliche Sieger über Land und Leute angekündigt war und dann von Osten heimkehrend Mykenai gründet, als des Gesamtreiches Argos neuen Herrschaftssitz, dieser Perseus selbst ist seinem Wesen nach ein aus Lykien stammender, der apollinischen Religion verwandter Heros des Lichts, der seine siegreichen Züge über Land und Meer ausdehnt; er ist nur eine andere Form des Bellerophon, dessen Name und Dienst ebenfalls die beiden Meerseiten verbindet. Endlich ist auch Herakles in die Familie der Perseïden verflochten, als ein auf der tiryntischen Burg geborener Fürstensohn, der nach den Satzungen eines strengen Erstgeburtsrechtes viel zu dulden hat unter den Befehlen des Eurystheus.

Während der Spaltungen im Danaïdenstamme und der Unglücksfälle, welche das Haus des Proitos heimsuchen, erlangen auswärtige Geschlechter Einfluß und Herrschaft in Argos; es sind Geschlechter aus Äolos' Stamme, die in der Hafengegend der peloponnesischen Westküste zu Hause sind, die Amythaoniden, unter ihnen Melampus und Bias. Die Macht der Perseïden erscheint gebrochen; die Söhne und Enkel der Eingewanderten sind die Gewaltigen im Lande, vom Stamme des Bias Adrastos in Sikyon und Hippomedon, unter den Melampodiden Amphiaraos, der priesterliche Held. Durch die Wirren in Theben veranlaßt, scharen sie sich zum Waffenbündnisse, um die verhaßte Stadt der Kadmeonen zu vernichten. Durch zwei Generationen hindurch werden blutige Fehden ausgekämpft. Was der wilden Heldenkraft der Sieben nicht gelingt, wissen ihre Söhne mit dem geringeren Maße ihrer Kraft durchzusetzen. Die Thebaner werden bei Glisas geschlagen, ihre Stadt zerstört.

Bei der Zersplitterung des argivischen Landbesitzes, bei der in blutigen Nachbarfehden erfolgenden Entkräftung des einheimischen Kriegsadels gelang es nun einem neuen Fürstenstamme die Herrschaft an sich zu bringen und der vereinigten Landschaft eine ganz neue Bedeutung zu geben. Das waren die mit achäischer Volkskraft verbundenen Tantaliden.

In verschiedener Weise suchte man die achäischen Fürsten, durch Heirat, durch Vormundschaft und übertragene Reichsverweserschaft dem Perseïdenhause anzureihen, wie denn die Sage gern das Andenken gewaltsamer Umwälzungen auszulöschen und durch die verschiedenen Epochen eine friedliche Folge gesetzlicher Herrschaften hindurchzuführen sucht. Die Tatsache ist, daß die alte mit Lykien verwandte Dynastie von jenem Geschlechte gestürzt wurde, welches aus Lydien seinen Ursprung herleitete. Volk und Name der Danaer bleibt, aber in die verlassenen Burgen und Perseïden ziehen die Achäerfürsten ein, erst, wie es heißt, in Mideia, dann in Mykenai. Also am Ausgange der Pässe, welche vom Isthmus her in das Land führen, fassen die neuen Herrscher festen Fuß und breiten, von der Landseite gegen das Gestade vorschreitend, ihre Reichsgewalt aus.

Die poetische Sage, welche keine langen Namenreihen liebt, nennt drei Fürsten, welche nacheinander hier regiert und des Pelops Zepter unter sich vererbt haben, Atreus, Thyestes und Agamemnon. Der Hauptsitz ihrer Macht ist Mykenai, aber sie bleibt nicht auf die Inachosebene beschränkt. Des Atreus zweiter Sohn Menelaos vereinigt das Eurotastal mit dem Hausbesitze der Pelopiden, nachdem er von dort den lelegischen Fürstenstamm der Tyndariden verdrängt hat. In dem brüderlichen Walten der beiden Atriden entfaltet sich nun zum ersten Male in deutlicheren Zügen das Bild einer wohlgeordneten Herrschermacht, welche in zweifacher Weise nach und nach den ganzen Peloponnes umfaßt. Entweder sind es Gebiete, in denen sie frei über Land und Leute verfügen, und zwar sind dies die besten Stücke der Halbinsel, die Ebenen des Inachos, des Eurotas und Pamisos (Agamemnon selbst ist in Sparta ebenso zu Hause wie in Mykenai); oder es sind besondere Fürstentümer, welche die Oberhoheit der Atriden anerkennen und Heeresfolge leisten. So stellt die homerische Sage den Höhenstand der Macht dar, welchen die phthiotischen Achäer in der Halbinsel gewonnen haben, und demgemäß bezeichnet der Name Argos, welcher ursprünglich ein allgemeiner Name für Küstenebenen gewesen ist, nun vorzugsweise den Herrschersitz der Achäer am Inachos; es ist das achäische Argos im Gegensatze zu dem pelasgischen in Thessalien und umfaßt nicht nur die Inachosebene, sondern das ganze Herrschaftsgebiet Agamemnons, das heißt die ganze Halbinsel, welche von dem Ahnen der achäischen Fürsten für alle Zeiten den Namen des Pelops erhalten hat.

Die peloponnesische Achäermacht war vom nördlichen Festlande her gegründet, und von Hause aus eine binnenländische; indessen war es unmöglich, eine griechische Halbinsel zu beherrschen, ohne des Meeres Herr zu sein. Auch Agamemnons Herrschaft blieb nicht auf das Festland beschränkt; sie erstreckte sich auf die Inseln, und zwar nicht nur auf die kleinen Küsteninseln, die Schlupfwinkel und Lauerplätze der Seeräuber, sondern auch auf die ferneren und größeren. Argos wurde eine Seemacht, wie Troia es geworden war, und die Eroberung der Inseln war der Anfang einer von Westen nach Osten vorschreitenden Machtentfaltung, die erste Gründung einer von den europäischen Küsten ausgehenden Seeherrschaft, welche sich nicht bilden konnte, ohne zu mancherlei feindlichen Berührungen Anlaß zu geben.

Zum Mittelpunkt dieser Seeamphiktyonie konnte kein geeigneterer Punkt gefunden werden, als das vor der Ostspitze von Argolis an der Grenze des Saronischen Golfs gelegene hohe Eiland Kalauria, das mit dem nahen Festlande ein weites und wohlgeschütztes Binnenmeer bildete, eine Reede, welche zu einem Sammelorte von Schiffen und zur Beherrschung des Meeres wie geschaffen ist. In diese Bucht springt als Halbinsel der rote Trachytfelsen vor, auf welchem sich die heutige Stadt Poros aufbaut. Hoch darüber, auf dem breiten Kalkrücken Kalaurias, liegen die Grundfesten des Poseidontempels, welcher eines der ältesten und wichtigsten Heiligtümer in Griechenland ist. Unter dem Schutze dieses Gottes bestand der Bund der sieben Städte, ein aus dem Nebel sagenhafter Überlieferung hervorragendes, merkwürdiges Stück nackter Geschichte, die erste Tatsache einer größeren Staatengemeinschaft.

Wenn die Hauptstadt der böotischen Minyer wirklich an diesem Bunde teilgenommen hat, so müssen wir ihn der vordorischen Periode zuschreiben, und dann ist es allerdings wahrscheinlich, daß er die Absicht hatte, der achäischen Machterweiterung entgegenzutreten. Doch weiß die achäische Sage nichts von einer Beschränkung derselben durch widerstrebende Küstenstädte; sie schildert Agamemnon als Herrn des Meeres, als den mächtigsten Fürsten seiner Zeit, als einen Heerkönig, welchem von Thessalien bis Malea hinunter alle Griechenstämme sich unterordnen, als den Führer des ersten Seezuges, der von den europäischen Küsten aus gegen Asien unternommen worden ist, um das frech verletzte Gastrecht an Paris und den Troern zu rächen; sie läßt ihn im zehnten Jahre siegreich nach Argos heimkehren. Sie hat auch den Untergang der glorreichen Fürstenmacht mit in den Kreis der troischen Begebenheiten hereingezogen, indem die lange Abwesenheit des Königs eine Zerrüttung der heimischen Familienverhältnisse, eine Verwahrlosung von Haus und Land und endlich die Auflösung des Pelopidenreiches zur Folge gehabt haben soll.

Es ist das poetische Recht der Sage, ihre Helden am eigenen Ruhme untergehen zu lassen. Die wahren Ursachen dieser Katastrophe liegen aber außerhalb des Pelopidenhauses, sie liegen in dem Umschwunge der gesamten Völkerverhältnisse, in Bewegungen und Wanderungen, welche fern in thessalischen Landen ihren Ausgangspunkt haben. Außer dem Zusammenhange mit diesen Ereignissen ist weder das Ende der achäischen Fürstentümer zu verstehen, noch auch die Entstehung der homerischen Sagendichtung, in welcher der Ruhm jener Fürstentümer unter uns fortlebt.

*

So wenig es bisher möglich war, eine in sich zusammenhängende Geschichte des griechischen Volkes herzustellen, so ist doch ein Kreis von Tatsachen vorhanden, welcher unerschütterlich feststeht; sie ruhen entweder auf dem Grunde übereinstimmender Überlieferung, wie die minoische Seeherrschaft, oder auf unzweideutigen Denkmälern. Denn so gewiß die Burgen von Ilion, von Theben und Orchomenos, von Tiryns und Mykenai uns noch heute vor Augen stehen, so gewiß hat es auch dardanische, minysche, kadmeïsche und argivische Fürsten gegeben, und insofern sind Agamemnon und Priamos, in deren Namen sich das Gedächtnis der alten Fürstentümer erhalten hat, geschichtliche Personen.

Diese Fürstentümer gehören sämtlich einem Kreise verwandter Bildung an; sie verdanken alle ihren Ursprung dem Übergewichte der asiatischen Griechenstämme und der Verbindung des europäischen Küstenlandes mit Asien, sie gehören alle in die Übergangszeit aus der pelasgischen Welt in die hellenische, welche kontinentalen Völkerbewegungen ihre Entstehung verdankt.

Löwentor in Mykenai

Kopf von einem phönizischen Sarg, griechisch-archaische Arbeit
Berlin, Staatliche Museen

Viertes Kapitel

DIE WANDERUNGEN UND UMSIEDLUNGEN
DER GRIECHISCHEN STÄMME

*Wanderungen auf dem Land. — Auswanderungen zur See. — Ionische
und dorische Kolonien. — Die Sage vom Troianischen Kriege. — Das
homerische Zeitalter. — Menschen und Götter. — Die troianische Ära.*

Die ältesten Tatsachen der griechischen Geschichte gehören einer Welt an, welche die Küsten des Archipelagus zu einem großen Ganzen vereinigt. Was nun beginnt, hat seinen Anfang mitten im nordgriechischen Festlande; es ist ein Rückschlag von innen gegen außen, vom Berglande gegen die Küste, vom Westen gegen den Osten. Unbekannte Volksstämme regen sich in ihren abgelegenen Hochlanden; einer schiebt den andern vorwärts, ganze Reihen von Völkerschaften werden nacheinander in Bewegung gesetzt; die alten Staaten gehen zugrunde, ihre Königssitze veröden, neue Landteilungen erfolgen und aus einer langen Zeit wilder Gärung tritt Griechenland endlich mit neuen Stämmen, Staaten und Städten hervor.

Von den Griechenstämmen, welche auf dem Landwege nach der europäischen Halbinsel eingewandert sind, hat ein ansehnlicher Teil, den Spuren der Italiker folgend, seinen Weg gegen Westen durch Päonien und Makedonien genommen und ist so durch Illyrien in die Westhälfte des nordgriechischen Alpenlandes eingedrungen, welche durch die Bildung ihrer Höhenzüge und Täler von Norden her leichter zugänglich ist, als das beckenförmig abgeschlossene Thessalien. Die Menge wasserreicher Flüsse, welche nahe beieinander in langen Schluchten zum Ionischen Meere fließen, erleichterte hier das Vordringen gegen Süden; die Fülle des Weidelandes lockte zur Einwanderung und so wurde Epirus ein Wohnsitz dichtgedrängter Völkerschaften, welche in den gesegneten Niederungen der Landschaft ihr Kulturleben begonnen haben.

Man zählte in Epirus drei Hauptstämme, von denen die Chaoner für den ältesten angesehen wurden; sie wohnten vom Akrokeraunischen Vorgebirge südwärts bis zu dem Gestade hinab, welches der Insel Kerkyra (Korfu) gegenüberliegt. Weiter südlich saßen die Thesproter und landeinwärts nach dem Pindos zu die Molosser. Älter als diese Dreiteilung ist der Name der Gräker (Graikoi), welchen die Hellenen als die älteste Benennung ihrer Vorfahren kannten, und mit demselben Namen haben die Italiker das ganze Völkergeschlecht, mit welchem sie einst in diesen Landstrichen zusammenwohnten. Graeci

(Griechen) genannt. Es ist der erste Gesamtname der europäischen Hellenenstämme. In den späteren Zeiten betrachtete man diese epirotischen Völkerschaften als Barbaren, nachdem sie hinter der Entwicklung der südlichen Staaten weit zurückgeblieben waren und mancherlei fremdartige Beimischung erfahren hatten; aber ihrem Ursprunge nach waren sie ein durchaus ebenbürtiger Zweig des griechischen Volkes; ja sie sind es, welche die ältesten Heiligtümer desselben gepflegt und ihnen eine nationale Bedeutung verliehen haben.

Fern von der Küste, im abgeschlossenen Berglande, wo die Quellen des Thyamis, des Aoos, des Arachthos und Acheloos nahe zusammenliegen, erstreckt sich am Fuße des Tomaros der See von Ioannina, an dessen walddichtem Ufer zwischen Saatfeldern und feuchten Wiesen Dodona lag, eine auserwählte Stätte des pelasgischen Zeus, des unsichtbaren Gottes, der im Rauschen der Eichen seine Gegenwart ankündigte, dessen Altar ein weiter Kreis von Dreifüßen umringte, zum Zeichen, daß er zuerst die Feuerstätten der Häuser und Gemeinden zu einer Genossenschaft um sich vereinigt habe. Dieses Dodona war der Hauptsitz der Gräker; es war ein heiliger Mittelpunkt der ganzen Landschaft, ehe die Italiker gegen Westen aufbrachen, und zugleich der Ort, wo der spätere Nationalname der Griechen sich zuerst nachweisen läßt; denn die Auserwählten des Volkes, welche den Dienst des Zeus verwalteten, nannte man Selloi oder Helloi und nach ihnen das umliegende Land Hellopia oder Hellas.

So sehr nun auch das stille Bergtal von Dodona dem Treiben der Seevölker fern zu liegen scheint, so haben doch auch diese ihren Weg nach Epiros frühzeitig gefunden. Für alle Einwirkungen nach dieser Seite mußte der kerkyräische Sund die Hauptstation sein. Oberhalb desselben lag der alte Ort Phoinike im Lande der Chaoner; zwischen diesen und den Thesprotern an der Mündung des Thyamis eine Stadt Ilion, von deren Gründern die benachbarten Bäche ihre Namen Simoeis und Xanthos erhielten. Von den Küstenplätzen sind die fremden Kolonisten in das Binnenland vorgedrungen. Der pelasgische Zeus blieb auch in Dodona nicht allein, sondern mit ihm wurde die aus dem fernen Morgenlande herüber verpflanzte Göttin der schaffenden Naturkraft unter dem Namen Dione verbunden. Ihr Symbol war auch hier die Taube, von der ihre Priesterinnen Peleiaden genannt wurden.

Aus dem volkreichen Epirus sind nun zu verschiedenen Zeiten einzelne Stämme von hervorragender Kraft über den Rücken des Pindos in die östlichen Landschaften hinübergestiegen; sie haben die Erinnerungen der Heimat, in welcher sie ihr geschichtliches Leben begonnen hatten, mit treuem Sinne festgehalten und dadurch das Ansehen der epirotischen Heiligtümer weit über die Grenzen der Landschaft ausgebreitet. So hat der Acheloos eine nationale Bedeutung gewonnen; er wurde für die Griechen der Fluß der Flüsse, der heilige Urquell alles süßen Wassers, bei dem die feierlichsten Eide geschworen wurden. Seine Verehrung war nahe verflochten mit der des dodonäischen Zeus, der, wohin sein Dienst reichte, auch für den Acheloos Opfer forderte.

Von den ältesten Wanderzügen, welche die Eichenwälder von Epirus mit den östlichen Landschaften in Verbindung gesetzt und den Dienst von Dodona nach dem Spercheios verpflanzt haben, wo Achilleus den epirotischen Gott als den Stammgott seines Geschlechtes anruft, hat sich keine Überlieferung erhalten. Aber eine spätere Zuwanderung aus Epirus nach Thessalien war im Gedächtnis geblieben, die Wanderung eines Volkes, welches in den oberen Tälern des Arachthos und Acheloos seine Rosse geweidet hatte und dann, aus seiner Ruhe aufgestört, gegen Osten vordrang, wo der Pindos das hohe Rückgrat des Landes bildet und die westlichen Landschaften von den östlichen scheidet. Von der Höhe der Pässe öffnet sich der Blick auf die weiten Saatebenen des Peneios, wo wohlhabende Völker in behaglichen Wohnsitzen ausgebreitet waren und die Eroberungslust des fremden Stammes reizten. Der leichteste Zugang führt durch den Paß von Gomphoi. Mit dem Übergange des Gebirges trat der epirotische Stamm in den Kreis der griechischen Geschichte ein und gab den ersten Anstoß zu einer Reihe von Umsiedlungen, welche allmählich ganz Hellas erschütterten; es war der Stamm der Thessalier.

Ihrem Ursprunge nach waren sie kein fremdartiges Volk; sie waren durch Sprache und Gottesdienst den älteren Bewohnern des Peneiostales verbunden; doch traten sie roh und feindselig ihnen gegenüber. Es war ein Volk von wildkräftiger Natur, leidenschaftlich und gewaltsam; an Jagd- und Kriegszüge gewöhnt, verachtete es die einförmigen Geschäfte des Ackerbaus und deshalb hat es immer in seinem Wesen etwas Ungeregeltes und Zuchtloses behalten. Den wilden Stier mit starkem Arme zu fassen war die Festfreude der Männer und die Fehdelust trieb sie, in Freund- und Feindesland Abenteuer und Beute zu suchen. Sie fanden im Lande seßhaft ein äolisches Volk, welches von der Küste her längst die Keime höherer Kultur aufgenommen und in ruhiger Entwicklung bei sich ausgebildet hatte. Der Hauptort dieser Griechen war Arne in gesegneter Niederung am Fuße der südthessalischen Gebirge gelegen, von welchen die Bäche zahlreich zum Peneios niederströmen. Bei dem Dorfe Mataranga hat man die Spuren dieses alten Vorortes wieder aufgefunden. Poseidon und die itonische Athena wurden daselbst verehrt und der Zweig des äolischen Volkes, der diesen Dienst pflegte, nannte seinen Stammherrn Boiotos, den Sohn der Arne, sich selbst Arnäer oder Böoter.

Der Einbruch des thessalischen Reitervolkes hatte für die Böoter eine zweifache Folge. Die große Masse derselben, an seßhaftes Leben gewöhnt, an ihre schöne Heimat durch alte Gewohnheit gefesselt, beugte sich der Gewalt und fügte sich den neuen Herren, die sich als Häuptlinge der siegreichen Scharen das Land teilten. Die Einwohner wurden gemeindeweise einzelnen Häusern des thessalischen Kriegsadels zugewiesen; sie wurden die Stützen dieser Adelsmacht, die im eroberten Lande mächtig anwuchs; sie schafften als Zinsbauern die Einkünfte von den Äckern und Triften herbei und hielten den ererbten Reichtum der Adelshäuser aufrecht. Im Kriege wurden sie aufgeboten, um als Dienstleute ihre ritterlichen Herren zu begleiten; im öffentlichen Leben blieben sie ohne Berechtigung und durften in den Städten den „freien" Markt nicht betreten, auf welchem die thessalischen Edeln sich versammelten. So wurden damals nach Zerstörung älterer Lebensordnungen ein für allemal die Verhältnisse in Thessalien bestimmt. Die Keime eines freien Bürgertums waren vernichtet; es gab neben dem ritterlichen Adel nur eine unterworfene Volksmenge, welche im Gefühle ihrer unwürdigen Lage häufige Erhebungsversuche machte, ohne daß es ihr jemals gelungen wäre, die gewaltsam unterbrochene Entwicklung wieder herzustellen. Die eigentliche Volksgeschichte war zu Ende, seit Äolis Thessalien wurde.

Aber während die Masse des Volkes der fremden Herrschaft erlag, verließ ein Teil desselben, von Königen und Priestern geführt, die Heimat. Aus dem schönen Arne, welches nun „einem Witwensitze gleich seine böotischen Männer vermißte", wanderten sie mit ihren Herden und tragbaren Schätzen über die südlichen Gebirge, bis sie im Kopaïschen Tale, eine feuchte Niederung, wie die ihrer Heimat, mit reichen Städten und ergiebigen Ackerfluren kennenlernten. Noch hatte das Land einen doppelten Mittelpunkt, Orchomenos und die Stadt der Kadmeer. Zwischen beiden faßten die Arnäer an der Südseite des Sees festen Fuß; hier entstand ein neues Arne, das später infolge von Überschwemmungen wieder verschwand, während das Heiligtum der itonischen Athena sich an Ort und Stelle erhielt. Es war der erste Sammelplatz der äolischen Einwanderer an einem kleinen Bache, welchen sie gleichfalls zum

Andenken an ihre Heimat Koralios nannten. So richteten sie sich hier ein neues Böotien ein, das sich langsam ausbreitete. Chaironeia in der westlichsten Seitenbucht des kopaïschen Talkessels wird als die erste Stadt genannt, wo die Böoter bleibend herrschten. Hier hat sich bis in späte Zeit das Andenken ihres siegreichen Königs Opheltas erhalten, sowie des Propheten Peripoltas, welcher sein Volk durch weise Deutungen des Götterwillens in die neuen Wohnsitze hinübergeleitet hatte.

Die älteren Städte des Landes hatten nicht mehr Kraft genug, dem Andrange Trotz zu bieten. Die hohe Burg von Orchomenos wurde bezwungen, das Landvolk unterworfen. Auch die Kadmeonen, deren Macht im Epigonenkriege gebrochen war, mußten weichen wie die Minyer. Der letzte Sprosse des Labdakidenhauses flieht zu nördlichen Stämmen; die Ägiden mit dem Dienste des Apollon Karneios wandern nach dem Peloponnes, die Gephyräer nach Attika. Die Arnäer vollenden allmählich des Landes Unterwerfung, das nun erst innerhalb seiner natürlichen Grenzen ein Ganzes wurde. Denn Südböotien hatte durch gleichartige Bewohnung ganz mit Attika zusammengehangen. Es gab ein Athen und ein Eleusis hier wie dort und die Urkönige Kekrops wie Ogyges waren beiden Ländern gemeinsam. Jetzt erst wurden die Gebirgskämme des Kithäron und Parnes die Grenzscheiden zweier Länder. Freilich gelang den Äoliern hier die Unterwerfung am spätesten und am unvollkommensten; sie begegneten hier einem zähen Widerstande, und obgleich Plataiai und Thespiai durch keine Naturgrenzen geschützt sind, so sind sie doch niemals in die neue Landeseinheit aufgegangen. So wenig aber auch den Böotern eine vollständige Einigung der Landschaft gelang, so war doch die alte Doppelherrschaft für alle Zeit aufgehoben und eine Gesamtverfassung begründet, welche von Theben aus mit wechselndem Erfolge die umliegenden Ortschaften vereinigte; die itonische Athena war der Mittelpunkt der Landesfeste; es gibt jetzt ein Land Böotien und eine böotische Geschichte.

Mit der Auswanderung der äolischen Böoter kam die durch den Einbruch der Thessalier veranlaßte Völkerbewegung keineswegs zum Abschluß. Derselbe Stoß hatte noch andere Stämme aufgestört, welche in dem dichtbewohnten Thessalien saßen, kriegerische Stämme, welche hin und her zogen, um sich der Knechtschaft zu entziehen, und namentlich im Gebirge ihre Selbständigkeit hartnäckig verteidigten; so die Magneten im Pelion und die Perrhäber. Zu diesen thessalischen Stämmen, welche wir bald hier, bald dort ansässig, bald selbständig hervortreten, bald in einer größeren Volksmasse verschwinden sehen, gehören auch die Dorier. Sie sollen erst in Phthiotis gesessen haben, dann auf den Vorbergen des Olympos in der Landschaft Hestiaiotis und endlich am Pindos.

In dem zweiten dieser Wohnsitze haben sie ihr geschichtliches Leben begonnen. Hier haben sie durch das benachbarte Tempetal Anregungen von der Seeseite bekommen, hier haben sie den Apollodienst empfangen und ausgebildet, hier unter ihrem Urkönige Aigimios die ersten staatlichen Ordnungen bei sich begründet. Hier sollen sie in ihrer Bedrängnis den Herakles zu Hilfe gerufen und demselben für sich und seine Nachkommen ein Drittel ihrer Feldmark abgegeben haben. Also ein Geschlecht, das sich von Herakles ableitete, hat sich in jener Gegend mit den Doriern verbunden und Fürstenmacht bei ihnen gewonnen. Herakliden und Dorier sind seitdem für alle Zeiten miteinander verbunden geblieben, ohne daß die ursprüngliche Verschiedenheit jemals vergessen worden wäre. Am Olympos finden wir auch schon die den Doriern eigene Dreigliederung ausgebildet; denn an der Westseite des Gebirges, wo der Paß von Petra an den Quellen des Titaresios nach Makedonien hinüberführt, lag eine Gruppe von drei Stadtgebieten, eine Tripolis, welche später in die Hände der Perrhäber gelangte, aber als eine dorische Stiftung angesehen werden darf. Eine dieser Städte war das Pythion, am Eingange des Passes gelegen, ein Heiligtum des Apollon, welches zugleich die Landesgrenzen hütete und zu ihrem Schutze die Umwohner verpflichtete. Diese Wohnsitze sind die eigentliche Heimat des dorischen Stammes; hier ist seine Eigentümlichkeit in staatlicher Ordnung und Sitte begründet, und solange ihre Geschichte währte, war es ihr Stolz, den Satzungen des Aigimios treu zu sein.

Dann wurden die Dorier vom Olympos und der Seeküste fort an den Pindos gedrängt. Sie verloren ihr Land, sie verloren sich selbst unter den Gebirgsvölkern, welche hier zu beiden Seiten des Pindos und Lakmon zu Hause waren; sie wurden selbst zu Makedoniern, wie Herodot sagt. Aber von neuem sammeln sie sich, und den Flüssen des Landes gleich, die im Boden verschwinden, um dann kräftiger wiedergeboren den alten Lauf fortzusetzen, tritt der dorische Stamm von neuem aus der dunkeln Masse der Alpenvölker hervor; er bricht sich Bahn gegen Süden, er wirft sich auf die im ötäischen Gebirge sitzenden Dryoper und drängt sich endlich in den fruchtbaren Bergwinkel ein, welcher zwischen Parnaß und Öta liegt. Diese Landschaft, in welcher sich der Pindos und andere Bäche zu einem Flusse vereinigen, welcher als Kephisos nach Böotien hinabfließt, haben die Dorier nicht wieder aufgegeben. Dies ist die älteste Doris, die wir unter diesem Namen kennen, und hier hat sich in den vier Orten Boion, Erineos, Pindos und Kytinion eine dorische Stammgemeinschaft bis in die letzten Zeiten griechischer Geschichte erhalten.

So waren die Dorier von dem makedonischen Hochlande in die Mitte von Mittelgriechenland verpflanzt; am Fuße des Parnasses saßen sie zwischen den beiden Meerbusen, dem krisäischen und malischen, welche das mittlere Hellas zu einer Halbinsel machen, von den verschiedensten Völkerschaften dicht umgeben. Unmöglich konnten diese auf engem Raume zusammengedrängt leben, ohne das Bedürfnis einer gegenseitigen Rechtsordnung zu empfinden, und die Dorier, welche in den thessalischen Küstengegenden höhere Lebensordnungen kennengelernt und bei sich selbst ausgebildet hatten, waren durch die mehrfache Änderung ihrer Wohnsitze vor allem dazu berufen, die verschiedenen Völkerschaften des Festlandes miteinander in Verbindung zu bringen. Für solche Völkerverbindungen gab es aber im alten Griechenland nur e i n e Form, nämlich die eines gemeinsamen Gottesdienstes, welcher zu bestimmten Zeiten eine Anzahl von Nachbarstämmen bei einem allseitig anerkannten Heiligtum versammelte und sämtliche Teilnehmer auf gewisse Grundsätze verpflichtete.

Solche Festvereine oder Amphiktyonien sind so alt wie die griechische Geschichte, ja sie sind die ersten Formen gemeinsamer Volksgeschichte. Denn bis zur Gründung der ersten Amphiktyonien gab es nichts als Einzelstämme, deren jeder für sich sein Wesen hatte, seine besonderen Sitten, seine eigenen Götteraltäre, auf denen keiner von fremdem Stamme opfern durfte. Der pelasgische Zeus vereinigte nur die Genossen der einzelnen Stämme in patriarchalischer Weise untereinander. Zu weiteren Verbindungen mußten d i e Gottesdienste am geeignetsten sein, welche, einer vorgeschrittenen Kulturwelt angehörig, von gebildeteren Stämmen zu ungebildeteren übertragen worden waren. Darum finden wir in dem Küstenlande die amphiktyonischen Heiligtümer ältester Gattung. Die asiatische Artemis ist Bundesgöttin der ältesten Städte in Euboia, Chalkis und Eretria; der karisch-ionische Poseidon ist Bundeshort in Tenos, im messenischen Samikon, in Kalauria; Demeter bei den achäischen Stämmen am Malischen Meerbusen. In vorzüglichem Grade war aber die apollinische Religion vermöge der Hoheit ihrer sittlichen Ideen und der geistigen Überlegenheit ihrer Bekenner dazu berufen, die verschiedenen Gaue des Landes um sich zu sammeln und unter sich zu einigen. Der Apollodienst hatte auch in Thessalien lange vor der thessalischen Einwanderung von der Seeseite her Eingang gefunden. Die Magneten opferten ihm auf den Höhen des Pelion, der pagasäische Apollon wurde Stammgott der Achäer; die Dorier hatten denselben Dienst an der Peneiosmündung empfangen und hoch am Olympos ein Pythion errichtet; auch die rohen Thessalier konnten dem Gotte in Tempe, den sie Aplun nannten, ihre Huldigung nicht versagen. In dem von so verschiedenen Stämmen vollgedrängten Peneiostale hat Apollon nun auch zuerst seine stammeinigende und staatsordnende Kraft bewährt, wie die uralten Feste von Tempe bezeugen. Hier haben die edelsten Stämme der Hellenen, je kräftiger und begabter sie von Natur waren, um so eifriger jenen Gottesdienst sich angeeignet, vor allem andern die Dorier, die sich ihm mit der ganzen Wärme ihres religiösen Gefühles hingaben, so daß sie selbst ihren Stammherrn Doros einen Sohn Apollons nannten und in der Ausbreitung seines Dienstes ihren geschichtlichen Beruf erkannten. Bis dahin nämlich war sie vorzugsweise den seefahrenden Stämmen überlassen geblieben. Jetzt kam es darauf an, landeinwärts die Bahnen zu eröffnen und dadurch die entlegenen Küstenstationen des gleichen Dienstes untereinander zu verbinden.

Am Südrande des mittleren Griechenlands gab es aber keine wichtigere Stätte des Apollodienstes als Krisa, wo es nach einheimischer Tempelsage Männer aus Kreta gewesen waren, welche am Strand den ersten Altar geweiht und dann hart unter den Felshöhen des Parnassos den Tempelsitz und Orakelort Pytho gegründet hatten. Diese Heiligtümer wurden der Mittelpunkt eines priesterlichen Staates, der im fremden Lande nach eigenen Gesetzen lebte, von Geschlechtern regiert, welche sich von jenen kretischen Ansiedlern herleiteten; vielfach angefeindet und ohne Zusammenhang mit dem nördlichen Lande, bis zu der Zeit, da die Dorier an der Rückseite des Parnassos Wohnung machten.

Jedes Vordringen dieses Stammes war ein Fortschritt des Apollodienstes. Sie hatten die wilden Dryoper an der Nordseite des Gebirges besiegt, und zwar in der Form, daß sie dieselben dem Apollon knechteten, das heißt zu Abgaben an seinen Tempel verpflichteten. Sie haben die Idee eines gemeinsamen Tempelschutzes und einer Verbrüderung der apollinischen Stämme aus Thessalien herübergebracht, sie haben Delphi und Tempe in Verbindung gesetzt. Vor allen andern Griechenstämmen hatten die Dorier eine angeborene Richtung auf Gründung, Erhaltung und Ausbreitung fester Ordnungen.

Als die Dorier nach Unterwerfung der Dryoper zum erstenmal in den Kreis von Völkerschaften eintraten, welche um das Ötagebirge wohnten, suchten diese, freiwillig oder gezwungen, die Freundschaft des streitbaren Volkes. So vor allem die Malier, welche vom Spercheios bis an das Meer wohnten, dreifach geteilt: die „Trachinier", so genannt von ihrer alten Hauptstadt am Eingange der ötäischen Pässe, welche von Thessalien nach Doris hinüberführen, die „Heiligen" um Thermopylai, wo ihr Bundesheiligtum war, und die „Küstenleute". Malier und Dorier traten in die engste Verbindung, so daß Trachis später wohl als Mutterstadt der Dorier betrachtet werden konnte. Der Anschluß an die pythische Amphiktyonie erfolgte aber in der Weise, daß der besondere Festverein, welcher die Anwohner des Malischen Meerbusens um das Heiligtum der Demeter versammelte, in voller Anerkennung bestehen blieb und ein zweiter heiliger Mittelpunkt des größeren Völkerbundes wurde. So bildete sich die zweite oder ötäische Amphiktyonengruppe; es waren die oberhalb Thermopylai ansässigen Völkerschaften des Ötagebirges, die Änianen, Malier, Doloper und Lokrer.

Die dritte Gruppe endlich bildeten die mittelgriechischen Stämme, welche in Delphi ihren nächsten Mittelpunkt hatten. Es ist durchaus wahrscheinlich, daß auch hier eine ältere Eidgenossenschaft bestand, welche nur aufgenommen wurde in den größeren und weiteren Völkerbund. Der delphische Staat selbst scheint einst selbständiges Glied einer solchen Verbindung gewesen zu sein, denn Strophios von Krisa wird als Gründer der pythischen Amphiktyonie genannt. Aber dies Verhältnis änderte sich. Krisa verlor seine Selbständigkeit, der Tempelsitz des pythischen Apollon wurde unter die Aufsicht einer Bundesbehörde gestellt, und in diese dritte, die parnassische Völkergruppe, traten nun neben den Phokeern, den Böotern und den südwärts wohnenden Ioniern die Dorier ein. Sie sind es gewesen, welche durch ihre Wanderung wesentlich den Anstoß dazu gegeben haben, die drei Stammgruppen des griechischen Festlandes miteinander in Verbindung zu setzen und einen großen Zusammenhang hellenischer Völker zustande zu bringen.

Die Ordnungen der Amphiktyonie, welche nun in Delphi ihren bleibenden Sitz genommen hatte, gehören einer Zeit an, da die Stämme in offenen Gauen lebten und noch keine Städte hatten, welche als Mittelpunkte der Landschaft gelten konnten. Auch bestehen unter den Mitgliedern der Amphiktyonie, wie wir sie aus alter Überlieferung kennen, keine Unterschiede nach Maßgabe ihrer Macht, sondern zu gleichen Rechten sind große und kleine Stämme in den Bund aufgenommen. Endlich tragen die Bestimmungen des Bundesvertrages selbst unverkennbar den Charakter einer sehr altertümlichen Einfachheit. Denn es waren vornehmlich zwei völkerrechtliche Punkte, welche von den Eidgenossen beschworen wurden: kein hellenischer Stamm soll eines andern Wohnort von Grund aus zerstören und keiner Hellenenstadt soll bei einer Belagerung das Wasser abgeschnitten werden. Es sind erste Versuche, in einem von Nachbarfehden erfüllten Lande den Grundsätzen milderer Sitte Eingang zu verschaffen. Es wird noch keine Abstellung des Kriegszustandes, noch weniger eine Vereinigung zu gemeinsamem Handeln erstrebt, sondern nur darauf hingewirkt, daß eine Gruppe von Stämmen sich als zusammengehörig betrachte, auf Grund dieses Bewußtseins gegenseitige Verpflichtungen anerkenne und im Falle unvermeidlicher Fehde sich untereinander wenigstens der äußersten Gewaltmaßregeln enthalte.

Die Bedeutung der gottesdienstlichen Einigung griff aber tief in das ganze Volksleben ein. Denn die Feste der Götter wurden eidgenössische Feste. Die Festordnung führte zu gemeinsamer Jahresrechnung. Man bedurfte einer gemeinsamen Kasse zur Erhaltung der gottesdienstlichen Gebäude, zur Bestreitung der Opfer; dadurch wurde gemeinsame Münze erforderlich. Kasse und Tempelschatz bedurften einer verwaltenden Behörde, zu deren Wahl man sich vereinigen, deren Amtsführung man durch eine Vertretung der teilnehmenden Stämme beaufsichtigen mußte. Bei Uneinigkeit der Amphiktyonen mußte eine richterliche Behörde da sein, deren Ausspruch alle anzuerkennen verpflichtet waren, um den Landfrieden zu erhalten oder die Verletzung desselben im Namen des Gottes zu strafen. So wurde von dem unscheinbaren Anfange gemeinsamer Jahresfeste an allmählich das ganze öffentliche Leben umgestaltet; das immerwährende Waffentragen wurde aufgegeben, der Verkehr gesichert, die Heiligkeit der Tempel und Altäre anerkannt. Das wichtigste von allem aber war, daß die Angehörigen der Amphiktyonie sich gegen die Außenstehenden als ein Ganzes fühlen lernten. So erwuchs aus einer Reihe von Stämmen ein Volk, und für dasselbe bedurfte es eines gemeinsamen Namens, um es mit seinen staatlichen und religiösen Ordnungen von allen andern Völkerschaften zu unterscheiden. Dieser durch Übereinstimmung festgestellte Bundesname war der der Hellenen, welcher anstatt des älteren Gesamtnamens der Gräker auf der Ostseite des griechischen Landes mit jedem Fortschritte des Bundes immer weitere Bedeutung gewann. Der Zusammenhang dieses neuen Nationalnamens mit der Amphiktyonie erhellt schon daraus, daß die Griechen sich Hellen und Amphiktyon, die mythischen Vertreter ihrer Nationalität und ihrer Stammverbrüderung, miteinander verwandt und verbunden dachten. Darum hatte auch der Hellenenname von Anfang an im Gegensatze zu den Stammnamen den Charakter des Allgemeinen und Volkstümlichen, zugleich aber den Charakter des Ausschließenden, weil er den Gegensatz der amphiktyonischen und nichtamphiktyonischen Völker bezeichnete. Ursprünglich ein priesterlicher Ehrenname, kam er keinem der Einzelstämme ausschließlich zu, konnte aber in vorzüglichem Sinne denen beigelegt werden, welche, wie die Dorier, als Vertreter der Amphiktyonie sich eine besondere Geltung erworben hatten.

Mit dem Abschlusse der Nationalität war auch ein räumlicher Abschluß gegeben; denn wie aus den Stämmen ein Volk, so erwuchs aus den Kantonen ein Bundesgebiet, aus den Heimatsgauen ein Vaterland. Hier zeigt sich der wesentlichste Unterschied zwischen der Geschichte von See- und Landvölkern. Denn während die handeltreibenden Seegriechen nicht daran dachten, einen scharfen Unterschied zwischen Hellenen und Barbaren zu machen, und, zu Schiffe umherschweifend, an allen Küsten zu Hause waren, lernten die amphiktyonischen Binnenvölker zuerst ein bestimmt umgrenztes Land als ihr gemeinsames Land ansehen; sie lernten es als ihr Vaterland lieben, ehren und verteidigen. Die Peneiosmündung mit dem Homolion wurde die Nordmark dieses Landes und der Olympos der Grenzwächter von Hellas.

Diese wichtigen Tatsachen sind sämtlich in Thessalien vollzogen worden. Thessalien war lange das eigentliche Hellenenland und mit einer nimmer erlöschenden Pietät haben die Hellenen den Olympos als die Heimat ihrer Götter und das Peneiostal als die Wiege ihrer staatlichen Bildung geehrt. Das Verdienst des dorischen Stammes bestand aber darin, daß er die edlen Keime nationaler Bildung aus Thessalien, wo ihr ferneres Gedeihen durch den Einbruch roherer Völker gestört und gehemmt war, hinaustrug in das südlichere Land, wo diese Keime eine unerwartet neue und großartige Entwicklung erhielten. Die Hellenen fuhren fort, ihr Vaterland bis zum Olymp auszudehnen und den Tempepaß als das Tor von Hellas zu betrachten. Aber Thessalien selbst wurde im Laufe der Zeit ihnen mehr und mehr entfremdet; die Verbindung lockerte sich, und es kam dahin, daß die Thessalier selbst wie halbe Barbaren angesehen wurden, gegen welche das mittlere Hellas abgesperrt und verteidigt wurde. Daher die alte Feindschaft zwischen den Phokeern und Thessaliern. Mittelgriechenland sonderte sich vom Norden; das eigentliche Hellas verlor an Flächenraum mehr als die Hälfte; Thermopylai wurde das Tempe des engeren Vaterlandes und der Parnaß der neue Mittelpunkt, von welchem aus sich die ferneren Schicksale des europäischen Festlandes entwickelten.

*

Es war ein kleiner Länderkreis, der zu diesem engeren Hellas gehörte. Denn alles, was vom Pindos und Parnaß gegen Abend liegt, war von der apollinischen Eidgenossenschaft ausgeschlossen und zugleich von der geistigen Entwicklung, welche sie begleitete. Da dauerten die alten Zustände fort, die Zustände allgemeiner Rechtlosigkeit und Unordnung, in denen jeder für sich selbst einsteht und keiner die Waffen aus den Händen legt.

Dieser Gegensatz mußte den Versuch einer weiteren Ausbreitung hervorrufen; denn eine Eidgenossenschaft, welche eine Fülle frischer Volkskraft in ihrem Schoße vereinigte, mußte neuen Boden zu gewinnen suchen, und darum setzten sich aus dem Berglande des Parnassos, wohin durch den Schub von Norden so viele Stämme zusammengedrängt waren, neue Züge in Bewegung, um nach Westen und nach Süden vorzudringen. Die Dorier galten als die Vorkämpfer und Ordner dieser Bewegung, und deshalb hat man seit alten Zeiten die von ihnen geleiteten Völkerbewegungen die dorische Wanderung genannt.

Indessen haben die Dorier selbst die Teilnahme anderer Stämme nicht geleugnet; nannten sie doch die dritte Abteilung des eigenen Volkes „Pamphyler", das heißt Leute von allerlei Herkunft, und was den ersten ihrer Stämme, die Hylleer, betrifft, so war im Altertum die allgemeine Ansicht, daß dieselben achäischen Ursprunges wären. Diese Hylleer ehrten Hyllos, den Sohn des tirynthischen Herakles, als ihren Stammheros und erhoben für ihn Ansprüche auf Herrschaft im Peloponnes, weil Herakles widerrechtlich durch Eurystheus aus seinen Rechten verdrängt worden wäre. Nach diesen von Dichtern ersonnenen und ausgeschmückten Sagen wurde der von den Hylleern geleitete Dorierzug als die Erneuerung eines alten, widerrechtlich unterbrochenen Fürstenrechtes betrachtet und so für die dorische Wanderung in die südliche Halbinsel der mythische Ausdruck „Rückkehr der Herakliden" üblich.

Zwei Wege gab es zum Ziele zu gelangen, einen Land- und einen Seeweg, beide wurden versucht; auf dem einen war Attika, auf dem anderen Ätolien die Brücke.

In Attika war der nördliche Landstrich zwischen dem Pentelischen Gebirge und dem Euböischen Meere, die ionische Vierstadt, der ursprüngliche Sitz des Apollodienstes, der sich dann von hier aus über die ganze Landschaft ausgebreitet hat. Dieser Landstrich ist auch mit Delphi seit ältester Zeit in enger Verbindung, und eine heilige Straße, welche Delos und Delphi verknüpfte, ging von der attischen Ostküste über Tanagra durch Böotien und Phokis. Darum stehen auch mit diesem Teile von Attika die dorischen Herakliden in uraltem Zusammenhange.

Die flüchtigen Heraklessöhne sollten hier Aufnahme und Schutz gefunden haben und noch im Peloponnesischen Kriege hatten die dorischen Truppen Befehl, die Mark von Marathon zu schonen. Die diesen Sagen zugrunde liegende Tatsache ist, daß das ionische Attika in Bundesgenossenschaft mit den Doriern am Parnasse stand, und daher war es das natürlichste, daß von hier aus die Dorier, von den Ioniern der Vierstadt unterstützt, gegen den Isthmus aufbrachen. Es wird erzählt, daß Hyllos ungestüm bis an die Pforten der Halbinsel vorgedrungen und hier im Zweikampfe gegen Echemos, den König der Tegeaten, gefallen sei. Der Peloponnes blieb ihnen eine verschlossene Burg, bis sie erkannten, daß sie nach des Gottes Ratschluß erst unter den Enkeln des Hyllos und auf einem andern Wege in das verheißene Land einziehen sollten.

Im Westen des Parnassos saßen die Dorier unmittelbar mit fremden, roheren Volksstämmen zusammen, welche durch das Acheloostal mit Epirus in ununterbrochenem Zusammenhange standen und nur Dodona als nationales Heiligtum anerkennen wollten. Am unteren Acheloos saßen die Ätoler, welche zu dem großen Völkergeschlechte der Epeer und Lokrer gehörten. Durch Zuwanderung asiatischer Griechen waren diese Stämme zu Seefahrern geworden; sie hatten sich über die Inseln verbreitet, wie über die Westküsten von Morea. Hier war ein so alter Völkerverkehr, daß man nicht zu sagen wußte, ob Aitolos, des Epeios Sohn, aus Elis nach Ätolien oder umgekehrt eingewandert sei. Deshalb finden sich auch seit ältesten Zeiten auf beiden Seiten des Korinthischen Golfs die gleichen Gottesdienste, wie namentlich der Dienst der Artemis Laphria, die gleichen Fluß- und Stadtnamen, wie Acheloos und Olenos. Auch die Natur hat diesen Verkehr erleichtert. Denn während am Isthmus verschiedene Parallelketten den Eingang verriegeln, gehören die Berge von Ätolien und Achaja zu einem Gebirgssysteme und treten mit ihrem Fuße so nahe zusammen, daß sie den innern Teil des Korinthischen Golfs fast zu einem Binnensee machen. Ja der Golfstrom ist unablässig tätig, die Meerenge zwischen dem inneren und äußeren Meere zu schließen und so durch einen zweiten Isthmus die Halbinsel an den Kontinent zu binden. Das angeschwemmte Land wird aber durch die Flut oder durch Erderschütterungen von Zeit zu Zeit wieder fortgerissen und so bleibt die Breite des Sundes zwischen fünf und zwölf Stadien schwankend. Hier konnte auch ein der See fremdes Volk den Seeweg wagen und die Ätoler, die seit alten Zeiten diese Völkerstraße hin und her wanderten, waren die geborenen Wegführer. Daß ihre Vermittlung nicht ohne Kampf erreicht wurde, deutet die Sage von der Tötung des Doros durch Aitolos an. Oxylos führte endlich von Naupaktos aus die Mannschaft auf Flößen hinüber. Wieviel von echter Überlieferung in dieser Sage enthalten ist, läßt sich nicht ermitteln; daß aber die Dorier in der Tat auf diesem Wege eingedrungen sind, ist durchaus wahrscheinlich.

Die Eroberung der Halbinsel ist sehr langsam vollendet worden. Die Gebirgsverzweigung erschwerte das Vordringen; die Mittel der Verteidigung waren ganz andere, als die, welche den Doriern auf früheren Zügen entgegengetreten waren. Sie waren weder selbst in festen Städten angesiedelt gewesen noch im Angriffe solcher Orte erfahren, und nun kamen sie in Landgebiete, wo alte Dynastien in mehrfach ummauerten Herrenburgen saßen. Hier brachten einzelne Schlachten keine Entscheidung; die im Felde siegreichen Dorier standen ratlos vor den kyklopischen Mauern. In einzelnen Heerhaufen setzten sie sich an wohlgelegenen Punkten fest und suchten allmählich die Hilfsmittel der Gegner zu erschöpfen. Wieviel Zeit darauf hinging, erhellt schon daraus, daß die Lagerplätze der Dorier zu festen Ansiedlungen wurden, welche auch nach Eroberung der feindlichen Hauptstädte bestehen blieben. Am Ende aber siegte doch die Ausdauer des Bergvolkes; denn auf die Länge vermochten die achäischen Anakten auf ihren Kriegswagen und mit ihrem an Kriegszucht weit nachstehenden Gefolge dem Angriffe der festgeschlossenen Reihen und der Wucht der dorischen Lanze nicht zu widerstehen. Die mächtigen Mauern und Tore konnten Myken so wenig schützen wie das Gold in den unterirdischen Gewölben, und in langen Zügen mußten die Enkel Agamemnons ihre Stammburgen verlassen.

Von allen Uferlandschaften der Halbinsel war nur eine, welche von Umwälzung verschont blieb, das war die Nordküste längs des Korinthischen Golfs. Hier waren die Dorier gelandet, aber gegen Süden weiter gezogen, so daß die Ionier daselbst, in ihren zwölf Orten um den Poseidontempel von Helike geschart, ruhig wohnen geblieben waren, während in den südlichen und östlichen Landschaften die langen Fehden ausgefochten wurden, welche über das Schicksal der Halbinsel entschieden.

In dies Küstenland drangen die aus Süden zurückweichenden Achäer ein, eroberten erst die offenen Küstenebenen und dann die ummauerten Vororte, deren einer nach dem andern fiel, zuletzt Helike, wo sich die edelsten Geschlechter der Ionier zum Widerstande vereinigt hatten. Man erzählte, Tisamenos selbst, der Orestide, sei nur als Leiche in die Stadt hineingetragen worden; sein Geschlecht aber wurde herrschend und der Name des Achäerstammes ging auf das Land der ionischen Ägialeer über. Die Ionier aber, so viele ihrer es nicht ertragen konnten, sich den Achäern unterzuordnen, zogen nach dem stammverwandten Attika hinüber.

Die Dorier folgten, indem sie die isthmischen Gegenden besetzten, den Achäern, ließen sie aber ruhig in ihren neu gewonnenen Wohnsitzen und drängten über den Isthmus gegen Norden, wo sie die Grenzen des attischen Landes berührten. Denn Megaris war ein Stück von Attika, durch seine Gebirge und alle natürlichen Verhältnisse mit demselben verbunden. Drohend befestigte sich dorische Kriegsmacht am Isthmus, dem heiligen Mittelpunkte der an beiden Golfen ausgebreiteten Ionier. Megaris wurde besetzt. Wäre nun auch das übrige Attika in die Obmacht der Dorier gekommen, so würden diese, mit ihren nördlichen Stammsitzen vereinigt, den ionischen Stamm gänzlich unterdrückt oder verdrängt haben; das ganze europäische Hellas wäre eine dorische Landschaft geworden. Aber an dem Zweige des Kithäron, welcher die Ebenen von Megara und Eleusis trennt, und an dem Heldenmut Athens, der die Landespässe hütete, haben die Dorier eine feste Schranke gefunden und das ionische Attika war gerettet.

•

So waren nun die Wohnsitze der griechischen Stämme in der Hauptsache für alle Zeit geordnet. Aber die mächtige, vom illyrischen Alpenlande bis zur Südspitze Moreas geleitete und von dort wieder rückflutende Völkerbewegung bedurfte zu ihrer endlichen Beruhigung eines weiteren Raumes, als ihn die Grenzen des westlichen Kontinents darbieten konnten. Durch die herbe Gewalt, mit welcher die Thessalier, die Böoter, die Dorier und Achäer den älteren Landesbewohnern ihren Boden genommen und sich eigenmächtig darauf angesiedelt hatten, waren zu viele Familien und Stämme aus ihren Wohnsitzen aufgestört worden. Die Unruhe des Wanderns, welche die Völker ergriffen hatte, wirkte in ihnen fort; besonders in den fürstlichen Geschlechtern, welche durch die Umwälzung der heimatlichen Verhältnisse ihre Stellung eingebüßt hatten und sich der neuen Ordnung der Dinge nicht fügen wollten. So wandte sich, da das Völkerziehen von Norden nach Süden sein Ziel erreicht hatte, die Bewegung seitwärts und die Häfen der ganzen Ostküste füllten sich mit Schiffen, welche unternehmendes Volk von allerlei Stämmen nach den jenseitigen Gestaden führten.

Es war kein Auswandern nach einem unbekannten Weltteile, kein blindes Abenteuern auf unbekannten Fährten, sondern es trat nun in dem Völkerverkehre zwischen den Küsten des Archipelagus, der von Asien her begonnen hatte, eine große

Rückströmung ein, die natürliche Folge jener Überfüllung der südgriechischen Landschaften. Da es aber die nordischen Bergvölker, die kontinentalen Stämme der hellenischen Nation waren, welche durch ihr Vordringen die ungeheure Umwälzung hervorgebracht hatten, so waren es vorzugsweise die in ihrem Küstenbesitze gestörten Seegriechen, welche das Land räumten; die Enkel zogen zurück in die Heimat ihrer Vorfahren.

In gewissem Sinne dürfte man also die ganze Auswanderung eine ionische nennen; denn die Ausgangsplätze derselben waren lauter Stationen altionischer Seefahrt, ihr Ziel war die alte Heimat des großen ionischen Völkerstammes und nur durch Griechen ionischer Herkunft kam sie zustande. Die rückkehrenden Ionier waren indessen in mehr oder minder ungemischtem Zustande. Am reinsten hatten sie sich in Attika erhalten. Hier war die pelasgische Bevölkerung durch langdauernde Zuwanderungen am vollständigsten ionisch geworden; Attika war mitten in den Völkerbewegungen, welche vom Olympos an bis Kap Malea alle Staaten umgewälzt hatten, allein ruhig und fest geblieben, einem Meerfelsen gleich, an welchem sich die Wellen der aufgeregten Flut brechen, ohne ihn zu überfluten. Gegen die Äolier im Norden, gegen die Dorier im Süden hatte es seine Selbständigkeit bewahrt; mit diesem Widerstande hat die Geschichte des Landes begonnen. Denn dies unerschütterte Ionierland wurde nun die Zuflucht der aus den übrigen Gegenden aufgescheuchten Massen verwandten Volkes. Aus Thessalien, Böotien, aus dem ganzen Peloponnes, namentlich aber von der Nordküste, strömte es hier zusammen; das schmale, dürftige Ländchen wurde überfüllt mit Menschen und eine Entlastung notwendig. Die Ostseite aber war die allein offene und da diese Küste seit undenklicher Zeit mit Kleinasien in Verkehr gestanden hatte, so wurde Attika der wichtigste Ausgangspunkt der ionischen Rückwanderung nach den jenseitigen Gestaden und dadurch das alte Band zwischen den gegenüberliegenden Meerufern in Attika am wirksamsten erneuert.

Zu Attika zugehörig waren die Südstriche Böotiens, namentlich das Asopostal, dessen Einwohner keine Böotier sein wollten. Auch die Südseite des Parnassos, die in das Meer vorspringt, die Küstengegend von Ambrysos und Stiris, bewohnte ionisches Volk, das sich durch das Vordringen der nördlichen Völker bedrängt und gedrückt fühlte. Jenseits des Meerbusens hatte der bei Sikyon mündende Asopos bis zu seinen Quellen hinauf eine dem böotischen Flußtale verwandte Bevölkerung, deren asiatische Herkunft sich in Sagen, Gottesdiensten und Geschichte deutlich bezeugt; nannte man doch den Asopos selbst einen Einwanderer aus Phrygien, der die Flöte des

Marsyas mitgebracht habe. Auf der andern Seite des Isthmus war Epidauros eine Stadt, welche asiatischen Seegriechen ihren Ursprung zuschrieb und mit Athen in uraltem Zusammenhange stand. Ferner das unternehmende Seevolk der Minyer, welches in Iolkos, in Orchomenos, in Attika, im messenischen Pylos Sitze gewonnen und nun überall heimatlos geworden war, endlich das Legervolk am westlichen Meere, zu dem die Epeer, die Taphier und Kephallenen gehörten — alle diese Massen griechischer Küstenbewohner, welche mehr oder weniger asiatische Einwanderungen bei sich aufgenommen hatten, kamen, von gleicher Bedrängnis betroffen, gleichzeitig in Aufregung und folgten dem gleichen Zuge, welcher sie durch das Inselmeer des Archipelagus wieder nach Kleinasien hinüberleitete. Sie fanden sich alle, von so verschiedenen Punkten sie ausgehen mochten, in dem mittleren Küstenstriche Kleinasiens zusammen und dieses Land um die Mündungen der vier Ströme wurde nun das neue Ionien.

Es blieb indessen nicht bei einer Ausscheidung der Stämme; das Hellenenvolk sollte nicht wieder in seine beiden Hälften auseinander fallen. Eine Mischung von ionischem und nichtionischem Wandervolke trat besonders im Peloponnesien ein, und zwar in den Küstenstädten, wo die Dorier schon die Herren geworden waren. Hier schlossen sich dorische Geschlechter der Wanderung an, so daß sie unter dorischer Leitung erfolgte und die Formen dorischer Stammsitte zum erstenmal über das Meer trug. Endlich bildeten sich Wanderzüge aus Äoliern, die in Böotien nicht zur Ruhe gekommen waren, aus peloponnesischen Achäern, aus Abanten von Euboia und Kadmeern.

So wenig es nun auch möglich ist, die massenhafte Seewanderung ionischer und gemischter Stämme in bestimmte Kolonialzüge zu sondern, so darf man doch von drei Hauptmassen, von ionischem, dorischem und äolischem Wandervolke sprechen, und dieser Gliederung entspricht auch die dreifache Richtung. Denn die dorische Bewegung blieb als die siegreiche bei ihrer ursprünglichen Richtung von Norden nach Süden und verpflanzte sich von Kap Malea fort nach Kythera und Kreta. Umgekehrt zogen die Achäer, aus Süden flüchtig, nach Norden hinauf, wo sie mit böotischen und thessalischen Äoliern, ihren alten Nachbarn, zusammentrafen. Mit jedem Zuwachse thessalischer Macht im Norden und dorischer Macht im Süden wurde dieser Bewegung ein neuer Anstoß gegeben, lösten sich neue Haufen ab, um derselben Bahn zu folgen, welche von Euboia aus nach dem Thrakischen Meere führte. Den Ioniern endlich war durch die Doppelreihe der Zykladen die Heerstraße vorgezeichnet.

Soweit es möglich ist, diese Völkerzüge der Zeit nach zu ordnen, waren die der Äolier die ältesten. In Böotien trafen die von Nord und Süd gedrängten Stämme zusammen; Böotien war das Land des Auszuges und wurde deshalb auch in späterer Zeit als das Mutterland der äolischen Kolonien betrachtet, so daß diese aus Pietätsrücksichten noch im Peloponnesischen Kriege Scheu zeigten, gegen Theben Partei zu ergreifen. Die einzige ihnen offene Straße war der Kanal von Euboia, dessen stilles Fahrwasser seit ältester Zeit wandernde Stämme ein- und ausgeleitet hatte. Seine Buchten, namentlich die von Aulis, wurden die Sammelorte der Schiffe; die Leitung der Volksscharen hatten die Achäer, deren fürstliche Geschlechter in der Welt, deren Ordnungen nun zusammenstürzten, zu herrschen gewohnt waren. Darum nennt die Sage Nachkommen Agamemnons, Orestes selbst oder Söhne und Enkel desselben, als Führer der Wanderzüge, welche eine Reihe von Generationen hindurch dauerten.

Euboia war die Schwelle, über welche die böotischen Züge ihre Heimat verließen, nachdem es selbst der Boden ihrer ersten Niederlassungen geworden war. Der Euripos führt nach Süden wie nach Norden; im südlichen Fahrwasser herrschten die Ionier; außerdem war das nördliche den thessalischen Auswanderern das bekanntere und heimischere. So wandten sich die Züge nach Norden. Jenseits der Küste Thessaliens nahm sie das Thrakische Meer auf, an dessen Inseln und Gestaden hin sie sich langsam fortbewegten. Die voran Ziehenden wählten sich die nächsten Plätze zur Ansiedlung; die folgenden waren genötigt, darüber hinaus zu gehen; so schob man sich am Gestade hin gegen Osten. Es war kein unbefahrenes Meer, kein wüstes Ufer, wo sie sich bewegten. Die Waldberge Thrakiens mit ihren reichen Silberschätzen waren schon von Phöniziern ausgebeutet, die Küstenplätze waren von Kretern und anderen Seestämmen besetzt. Es war indessen noch Raum für Zuwanderer und Ainos an der Hebrosmündung, Sestos und Aioleion am Hellespont können als Stationen des Völkerzuges betrachtet werden. Kühnere Scharen überschritten die Meersunde und gelangten über die Marmorinseln nach der Halbinsel Kyzikos.

Die Äolierzüge haben noch am meisten den Charakter einer Völkerwanderung, welche ohne bestimmten Anfang und festen Zielpunkt sich Generationen hindurch langsam nach dem jenseitigen Festlande hinüber bewegte, von dem sie endlich einen ansehnlichen Teil in dichten Ansiedlungen durchdrang. Die ionischen Züge sind im ganzen von kleineren Volkshaufen unternommen, von kriegerischen Geschlechtern, welche ohne

Weib und Kind auszogen, um neue Staaten zu gründen. Durch die Anhäufung ionischer Geschlechter in Attika erhielt die ganze Strömung einen bestimmteren Ausgangspunkt, sie gewann dadurch an Einheit und Nachdruck. Indessen nahmen bei weitem nicht alle Züge den Weg über Athen. Die Kolophonier zum Beispiel leiteten die Gründer ihrer Stadt unmittelbar aus dem messenischen Pylos ab, Klazomenai von Kleonai und Phlius. Für die wichtigsten Gründungen aber, namentlich für Ephesos und Milet und für die Zykladen, ist Athen in der Tat der Ausgangspunkt gewesen und attische Staatseinrichtungen, Priestertümer und Festordnungen sind nach Ionien verpflanzt worden.

Auch im Peloponnes waren die Auswanderungshäfen keine anderen als die, in welchen einst die Geschichte der ganzen Halbinsel begonnen hatte; es waren vorzugsweise die Seeplätze von Argolis. Merkwürdig kreuzten sich hier die verschiedenen Völkerzüge. Aus Epidauros folgte ein Zug der ionischen Wanderung und ließ sich auf Samos nieder; dasselbe Epidauros entsandte aber auch Kolonisten, welche schon unter dorischer Autorität auszogen und die Inseln Nisyros, Kalydna und Kos bevölkerten; das altionische Troizen wurde die Mutterstadt von Halikarnassos. Die drei Städte von Rhodos leiteten sich von Argos, Knidos von Lakonien her; das größte Feld von Kampf und Arbeit fanden die Dorier in Kreta, das langsam erobert, aber um so gründlicher von dorischer Völkerschaft durchdrungen wurde.

Je dürftiger die alte Überlieferung über den Hergang der großen, dreifachen Auswanderung ist, um so ungeteilter wendet sich das Interesse dem Erfolge zu, welchen dieselbe für die Entwicklung des griechischen Volkes gehabt hat.

Das langgestreckte Gestade, an welchem die Griechen landeten, war kein menschenleeres, der Boden kein herrenloses Land. Seit lange bestand das Reich der Lyder und die Fürsten, welche dasselbe beherrschten, nahmen gewiß über die ganze Westküste Kleinasiens ein Hoheitsrecht in Anspruch. Lag doch in Karien, dem unteren Mäandertale so nahe, die Stadt Ninoe oder Ninive, eine Gründung der Lyder aus der Zeit ihres Zusammenhanges mit Assyrien; eine Stadt, deren Lage schon darauf hinweist, daß man hier gleichsam einen Vorposten orientalischer Macht und Kultur errichten wollte. Indessen so lange das Lyderreich unter den Sandoniden stand und mit der fernen Tigrisstadt verbunden war, überließ man fremden Völkern das Küstenland; es war nach orientalischer Anschauung ein sehr bestimmter Unterschied zwischen Binnenvolk und Ufervolk und dem letzteren blieben Fischerei, Seefahrt, Seehandel überlassen. Als solches Ufervolk hatten griechische Stämme seit Anfang dort gesessen und als nun vom jenseitigen Ufer verwandtes Volk in großen Massen zuwanderte, so ließ man dies geschehen, ohne darin einen Eingriff in lydisches Reichsgebiet zu sehen. Die Ankömmlinge hatten also nur mit dem Ufervolke selbst zu tun.

Hier fanden sie freilich mannigfachen Widerstand; denn die Herüberkommenden kamen ja nicht, um friedlich ihr Gewerbe neben den älteren Bewohnern zu treiben, sie kamen, um zu herrschen. Es waren ritterliche Geschlechter, die mit ihrem Gefolge Stadtgemeinden gründen wollten, um für sich Ehre, Macht und Güter zu erwerben. Sie verlangten also Hoheitsrechte, sie forderten die besten Stadtplätze für sich und trieben die alten Bewohner aus ihren Sitzen und Lebensgewohnheiten heraus; dadurch mußte eine Reihe von Fehden auf allen Inseln und Küsten hervorgerufen werden. Das sind die Kämpfe mit den Karern und Lelegern, von denen die Gründungslegenden der verschiedenen Insel- und Küstenstädte melden. Es war aber kein Kampf mit Barbaren, die man Schritt für Schritt zurückdrängen mußte, um für ein ganz neues Menschengeschlecht, für eine durchaus neue Kultur reinen Boden zu schaffen, wie es die Hellenen im Skythenlande und die Engländer in Amerika gemacht haben. Nach griechischer Überlieferung hat ein solcher Gegensatz zwischen den beiden Gestaden niemals stattgefunden und die Gedichte Homers, in welchen sie zu einem Schauplatze gemeinsamer Geschichte vereinigt werden, kennen ja gar keinen Unterschied zwischen Hellenen und Barbaren. Die ankommenden Kolonisten schlossen sich in ihren Ansiedlungen an altgriechische Heiligtümer an, die unverrückt bestanden hatten und jetzt die Mittelpunkte der älteren und jüngeren Bevölkerung wurden; sie kamen zu Dienern des Apollon, dessen Dienst von hier aus einst nach Europa hinüber verpflanzt worden war. Auch die Städte, die nun gegründet wurden, waren keine solchen, die neu aus dem Boden wuchsen. Erythrai, Chios, Samos waren altionische Namen und Städte, die nur erneuert wurden. Ebenso sind Miletos und Ephesos uralte Städte. Nirgends werden die alten Einwohner ausgerottet, sondern in die neuen Gemeinden hereingezogen und mit ihnen verschmolzen. Die erobernden Kriegsherren nehmen sich Eingeborene zu Frauen und aus diesen Ehen entspringt keine ungriechische, halbbarbarische Nachkommenschaft, sondern ein vollkommen ebenbürtiges Griechenvolk, ja, ein Volk, welches in echt hellenischer Bildung bald allen Hellenen voraneilte. Auch finden wir nicht, daß die Städte etwa unter einer fremdartigen Landbevölkerung isoliert dastanden, sondern eine gleichartige Kultur breitete sich im ganzen Küstenlande aus, eine der vielfachen Mischungen ungeachtet gleichartige Nationalität. Da kann also nicht von Kolonien auf barbarischem Volksgrunde die Rede sein, da muß eine den Einwanderern verwandte Bevölkerung im Lande ansässig gewesen sein.

Auf der anderen Seite bestand aber auch ein wesentlicher Unterschied zwischen den Massen älterer und jüngerer Bevölkerung, welche sich hier zusammenfanden. Denn die europäischen Stämme hatten schon eine reiche Geschichte durchlebt und namentlich in der Gründung eidgenössischer Verbindungen wesentliche Fortschritte gemacht. In Attika hatte sich das ionische Wesen eigentümlich und glücklich entfaltet. Wenn also aus diesem Lande eine Reihe der edelsten Geschlechter einwanderte, so brachten sie das stockende Leben in eine neue Bewegung und begannen durch die politischen Ideen, welche sie mitbrachten, die erste Gesamtgeschichte Ioniens. So läßt sich der Unterschied erklären, welcher nach dem Gefühle der Alten zwischen den Einwanderern einerseits, den Karern und Lelegern anderseits bestand. Es kamen Griechen zu Griechen, es kamen Ionier in ihre alte Heimat, aber sie kamen so umgewandelt, so ausgestattet mit edlen Bildungsstoffen, sie brachten so reichen Schatz vielseitiger Lebenserfahrung mit, daß mit ihrer Ankunft eine Epoche der fruchtbarsten Entwicklung begann und daß aus der neuen Vereinigung des ursprünglich Verwandten eine durchaus nationale, aber zugleich ungemein gesteigerte, reiche und in ihrem Ergebnisse vollständig neue Entwicklung in dem alten Ionierland anhob.

Unter diesen Umständen begreift sich, daß niemals eine glücklichere Kolonisation hat stattfinden können, als die Gründung von Neu-Ionien.

Die äolischen Gründungen aber hatten dadurch einen sehr eigentümlichen Charakter, daß sie nicht bloß einen Küstensaum mit seinen vorliegenden Inseln besetzten, sondern ein ganzes Stück Festland. Hier fand eine Landeroberung statt, ein langes, mühseliges Kämpfen mit einheimischen Staaten; hier trotzten die Mauern dardanischer Fürsten den Söhnen der Achäer, welche sich von Pelops und Agamemnon und von dem Sohne der Thetis herleiteten. Um aber in dem langsam fortschreitenden Kampfe nicht zu ermatten, stärkten sich die gesangliebenden Achäer durch Lieder von den Taten ihrer alten Heerkönige, der Atriden, und feuerten sich an durch das Andenken an die göttergleiche Heldenkraft des Achilleus. Man pries sie nicht bloß als Vorbilder, sondern als Vorkämpfer; man sah sie im Geiste auf gleichen Bahnen voranschreiten,

101

man glaubte ihren Spuren zu folgen und das von ihnen erworbene Besitzrecht nur wieder herzustellen.

Es ist nämlich eine Eigentümlichkeit der Hellenen, welche bei allen erobernden Wanderzügen wiederkehrt, daß sie bei den Erwerbungen neuer Wohnsitze nicht bloß das Recht der Stärkeren, sondern auch eine Art von Erbrecht geltend zu machen suchten. So kamen die Herakliden nach dem Peloponnes und forderten das Besitztum ihres Stammvaters zurück; so wurde auch der Zug der Arnäer nach Böotien als eine Rückkehr der thebanischen Kadmeonen dargestellt. So beriefen sich die Athener später im Kampfe um Sigeion auf die Taten ihres Königs Menestheus, und bei der Kolonisation von Thrakien auf uralte Erwerbungen des Theseus; ebenso der Spartaner Dorieus in Sizilien auf den Besitzstand des Herakles, in welchen er als Heraklide einzutreten berufen sei. Überall erheben die Ankömmlinge Rechtsansprüche, welche in mythologische Formen eingekleidet werden; überall wissen sie von vorangegangenen Generationen zu melden, welche in dem neuerworbenen Lande schon siegreich gewesen seien. Mit den erdichteten Taten der Ahnherrn werden die erlebten Begebenheiten der Gegenwart verschmolzen und so gestaltet sich ein Bild, welches die Phantasie eines poetischen Volkes als wirkliche Geschichte darzustellen weiß.

Solche Sagen und Dichtungen mußten also auch bei der äolischen Kolonisation des troischen Landes entstehen; wir würden sie, wenn keine Spur davon erhalten wäre, nach der Natur der griechischen Heldensage mit voller Sicherheit voraussetzen dürfen. Nun sind aber die Lieder von jenen mythischen Vorgängern und Vorkämpfern, die Lieder von Agamemnon und Achilleus, nicht verklungen, sondern fortgepflanzt bis auf unsere Tage, als die urkundliche Erinnerung von den Kriegstaten der Achäer im Lande der Dardaner; es kommt nur darauf an, diese poetische Urkunde richtig zu verstehen und sich darüber klar zu werden, ob wir in der Tat genötigt sind, eine zweimalige Eroberung von Ilion durch dieselben Stämme anzunehmen oder ob das homerische Bild von den troischen Kämpfen nur als ein Spiegelbild der äolischen Kolonisation aufzufassen ist.

Achäer und Dardaner sind verwandte Stämme. Darum hat auch der ganze Troerkrieg bei Homer keinen anderen Charakter, als den einer Nachbarfehde, wie sie um entführte Frauen oder geraubte Herden zwischen griechischen Stämmen geführt wurden. Deshalb sind von allen Zügen der troischen Sage bei weitem die meisten der Art, daß sie sich bei jeder ähnlichen Veranlassung wiederholen mußten. Solche Züge geben also keine Gewähr für die Geschichtlichkeit des erzählten Krieges. Anderes aber ist der troischen Kriegssage eigentümlich, und hier finden sich Züge alter Überlieferung, welche nur in die Zeit und in den Zusammenhang der äolisch-achäischen Kolonisation hineinpassen. So läßt sich die Abfahrt aus Aulis kaum erklären; wenn ein in Mykenai ruhig herrschender Fürst der Führer des Zuges gewesen wäre; ein solcher würde im Argolischen Meerbusen die Flotte gesammelt haben, während für die von Norden und Süden her auswandernden Volksscharen der Strand von Aulis der natürliche Sammelplatz war. In der Burg von Mykenai haben gewiß mächtige Häuptlinge gesessen. Wenn wir aber sehen, wie allmählich sich erst in der dorischen Zeit von einer Landschaft zur andern die eidgenössischen Verbindungen bilden, so erscheint es undenkbar, daß schon ein Pelopide die Macht besessen haben sollte, um von Argolis aus bis nach Thessalien sein Aufgebot ergehen zu lassen und im Meere von Euboia eine hellenische Flottenmacht zu sammeln. Alle nationalen Einigungen sind ja erst durch die dorischen Wanderungen zustande gekommen, und wir finden bei Homer auch nichts, was auf eine Heeresfolge in so weitem Umfange und eine solche nationale Bedeutung des Burgherrn von Mykenai hinweise. Es ist ein Haufe von Stämmen und Stammfürsten, unter denen der mächtigste einen Vorrang in Anspruch nimmt, ohne daß er ihn rechtlich zu begründen oder tatsächlich durchzuführen weiß. Die Eifersucht unter den Heerkönigen, die Absonderung der einzelnen Heerhaufen voneinander, die Beutestreitigkeiten ihrer Führer, dies alles weist darauf hin, daß die weitgetrennten Zweige des Achäervolkes, die thessalischen Myrmidonen und die Peloponnesier, nicht durch das Aufgebot eines Fürsten als Heerbann zusammengeführt sind, sondern daß sie sich als Auswandererscharen gelegentlich zusammengefunden haben.

Dazu kommen die vielen Erinnerungen anderer Kämpfe, welche sich durch die troische Sage hindurchziehen, ohne mit der Stadt des Priamos und dem Raube der Helena in Verbindung zu stehen, die weiten Land- und Wasserzüge des Achilleus, die Eroberungen von Tenedos, Lesbos, Lyrnesos, Thebai, das Kommen, Verschwinden und Wiederkommen der Belagerer — das sind lauter Züge, welche eine langdauernde Kriegszeit, eine von Ort zu Ort fortschreitende Landeroberung, ein Sich-Festsetzen im Lande erkennen lassen. Auch hat die ältere Heldensage keinen anderen Inhalt, als das Kämpfen im troischen Lande, denn was von der Heimkehr der Helden gemeldet wird, gehört späteren Erweiterungen der Sage an. Die Achäersöhne, welche das Reich des Priamos zu Falle gebracht haben, sind im eroberten Lande geblieben und haben unterhalb Pergamos, der schicksalsvollen Stadt, deren Boden neu anzubauen sie sich scheuten, ein neues „äolisches Ilion" gebaut. Dabei bleibt der Troische Krieg auch uns, wie ihn Thukydides anschaute, die erste Gesamttat eines großen Teiles der edelsten Hellenenstämme; nur haben wir ein Recht, diesen Krieg aus seiner Vereinzelung, in welcher er unbegreiflich bleibt, in einen größeren Zusammenhang von Tatsachen zu bringen und aus der poetischen Zeit, in welche ihn das Lied getragen hat, in die wirkliche Zeit des Kampfes zurückzuversetzen.

*

Im homerischen Epos tritt uns die griechische Welt zum ersten Male entgegen. Aber es ist keine Welt der Anfänge, keine in unsicherer Entwicklung begriffene, sondern eine durchaus fertige, eine reife und in sich abgeschlossene Welt mit festgeregelten Lebensordnungen. Man fühlt deutlich, daß seit undenklicher Zeit sich die Menschen darin eingelebt haben, und mit vollem Bewußtsein stellen dieselben ihr Zusammenleben dem auf unterer Stufe zurückgebliebenen Dasein anderer Völkerschaften gegenüber, welche ohne ein gemeinsames Oberhaupt und ohne Gemeindeverfassung, ohne Ackerbau und festbegrenzte Felder, ohne künstlich eingerichtete Wohnung in den ursprünglichen Formen der Familie dahinleben.

Von Anfang an aber zeigt sich das griechische Leben als ein solches, das nicht einseitig auf Ackerbau und Landwirtschaft begründet ist, sondern daneben auf Seefahrt und Handel. Dies ist die von den asiatischen Griechen zuerst ausgebildete Lebensweise, und auch in den Zügen des Epos läßt sich hie und da wohl noch ein Gegensatz zwischen See- und Landgriechen erkennen. Jene z. B. lebten vorzugsweise von Fischnahrung, welche diesen widerstrebte; darum wird der ionische Sänger nicht müde, die mächtigen Fleischmahlzeiten der Achäer und den unverzagten Mut, mit dem sie Hand anlegten, hervorzuheben. Im Wesentlichen aber sind diese Stammesunterschiede ausgeglichen und alle Zweige griechischer Nation, welche sich an den Wanderzügen beteiligten, sind durch gegenseitigen Austausch einander gleichartig und ebenbürtig geworden. Das Stammgut der einzelnen Volkszweige ist nationales Gemeingut geworden. Die Fülle altionischer Ausdrücke, welche dem Seeleben angehören, hat die ganze Sprache durchdrungen und, wie die große Zahl ionischer Seefahrtsgötter und Seedämonen sich allmählich im ganzen Griechenlande eingebürgert hat, so ist auch ionische Hantierung an allen Küsten einheimisch.

Der Trieb zu erwerben, welcher den Griechen von Natur tief eingepflanzt ist, hat sie früh zu vielseitiger Tätigkeit angereizt. Dieselben Pleiaden sind es, welche durch ihren Auf- und Niedergang die Geschäfte des Landbaues sowie die Zeiten der Seefahrt bestimmen, und selbst bei den schwerfälligen Böotiern gilt die Regel, im Mai nach Beendigung der Feldarbeit noch zu Schiffe Verdienst zu suchen. Das böotische Orchomenos ist zugleich Binnen- und Seestadt, ein Sammelort von allerlei Fremden und vielfacher Kunde, so daß Agamemnons Schatten den Odysseus fragt, ob er nicht etwa in Orchomenos von seinem Sohne Orestes gehört habe.

Die Küstenländer sind durch weitreichenden Verkehr miteinander verbunden. Bewunderte Kunsterzeugnisse aus Sidon kommen durch phönizische Händler nach Griechenland, sie werden in den Hafenorten ausgestellt und gehen von Hand zu Hand. So der sidonische Silberkrug, der vom König Thoas an den Minyer Euneos gelangt und von diesem als Kaufpreis für ein gefangenen Fürstensohn an Patroklos.

Das Volk ist seit langen Zeiten keine ungegliederte Masse mehr, sondern in Stände geordnet, welche einander mit sehr bestimmten und festen Unterschieden gegenüberstehen. Voran stehen die Edeln des Volkes, die „Anaktes" oder Herren, welche allein in Betracht kommen. Wie Riesen ragen sie hervor aus der Mitte des Volkes, unter dem nur einzelne durch Amt oder besondere Begabung als Priester oder Wahrsager oder Künstler sich auszeichnen; alle anderen bleiben ungenannt; sie sind, wenn auch persönlich frei, doch ohne Berechtigung im öffentlichen Leben. Willenlos, wie Herden, folgen sie dem Fürsten und fliehen scheu auseinander, wenn ihnen der Großen einer gegenübertritt; sie bilden in ihrer Masse nur den dunkeln Hintergrund, von welchem sich die Gestalten der Edlen um so glänzender abheben. Durch Raub und Kauf kommen auch Menschen fremder Herkunft unter das griechische Volk, Syrer, Lyder, Phryger und andere. Phönizische Frauen weben Teppiche im Hause des Priamos; auch Eumaios' Vater hatte eine Sklavin aus Sidon „geschickt in herrlicher Arbeit", die Wärterin seines Kindes, die sich mit demselben auf phönizischem Schiffe entführen läßt. So wird das Königskind nach Ithaka verhandelt. Diese versprengten Angehörigen fremder Stämme bilden einen wichtigen Bestandteil der homerischen Welt. Osten und Westen werden durch sie verbunden und da die National- und Stammgegensätze sich noch nicht ausgebildet haben, so werden die Fremdlinge, die durch unverschuldetes Unglück Heimat und Freiheit verloren haben, in die Hausgenossenschaften aufgenommen; sie leben sich leicht ein und wirken in unscheinbarer, aber sehr eingreifender Weise zur Ausbreitung von Künsten und Gottesdiensten, sowie zur Ausgleichung der Kultur zwischen den Inseln und Küsten. Das ist die Bedeutung der Unfreien in der homerischen Welt, welche einen eigentlichen Sklavenstand noch nicht kennt.

Die Stände der Gesellschaft, in sich ohne Einheit, schließen sich nur dadurch zu einer Gemeinschaft zusammen, daß ein gemeinsames Haupt an der Spitze steht. Das ist der Herzog (Basileus) oder König. Seine Macht, durch die das Volk zum Staate wird, ist ihm nicht vom Volke übertragen, sondern Zeus hat ihm mit dem erblichen Zepter den Königsberuf erteilt. So finden sich bei allen Stämmen der homerischen Welt alte Fürstengeschlechter im hergebrachten Besitze ihrer Macht und ohne Widerrede empfangen sie die Ehrengaben und Huldigungen ihres Volkes. Mit dem Königsamte hat der Fürst zugleich den Beruf des Feldherrn und Oberrichters; gegen innere Zerrüttung wie gegen äußere Feinde hat er durch Gerechtigkeit und starken Arm den Staat zu schützen. Er ist auch den Göttern gegenüber seines Volkes Vertreter; er betet und opfert für die Seinen zu der staathütenden Gottheit; er kann nach seinem Verhalten reiche Göttergnade sowohl wie Fluch und Elend über sein Volk bringen.

Ihm, dem Könige, dient auch die bauende und bildende Kunst und richtet ihm zu, wessen er zur Sicherheit und Würde seines Lebens bedarf. Die besten Werkmeister schmieden ihm die Waffen und schmücken sie mit sinnvollen Feldzeichen; das Elfenbein, welches karische Frauen mit Purpur gefärbt haben, wird zum Schmuck königlicher Wagenrosse zurückgelegt. Von fern her kommen die Bauleute, um dem Herrn des Landes die Burgmauer aufzuführen sowie die stattlichen Wohnräume für Familie und Gesinde. Feste Gewölbe endlich nehmen die ererbten Schätze auf, welche der Fürst ruhen lassen kann, weil er von dem lebt, was das Volk ihm anweist, von dem abgeteilten Krongute und von den Gaben der Gemeinde.

Von dieser Baukunst stehen noch heute die großartigsten Denkmäler, welche ihrer unverwüstlichen Tüchtigkeit wegen die besterhaltenen auf dem ganzen Boden griechischer Geschichte sind. Sie sind älter als diese; denn als die Griechen anfingen sich auf ihre Vergangenheit zu besinnen, waren jene Burgen schon längst verödete Stätten, Altertümer des Landes, welche aus dunkler Vorzeit in die Gegenwart hereinragten, und wenn Agamemnons Name spurlos verschwunden wäre, so würden uns die Mauern der argivischen Städte bezeugen, daß ein mächtiges Fürstengeschlecht hier durch Waffengewalt das Land besessen, daß es zur Errichtung seiner Zwingburgen zahlreiche Fronknechte gehabt, und daß es Generationen hindurch hier mit sicherer Obmacht gewohnt und geherrscht habe. Es müssen achäische Fürsten gewesen sein; denn als die Dorier ins Land kamen, fanden sie diese Städte vor und bis in die Zeit der Perserkriege wohnten um jene Denkmäler achäische Gemeinden.

Die ältesten unter diesen Denkmälern achäischer Vorzeit sind die Burgen. Ihr enger Umfang zeigt, daß sie nur darauf berechnet sind, das Geschlecht des Fürsten und sein nächstes Gefolge aufzunehmen. Solche Gefolgschaften bestanden aus den Söhnen edler Geschlechter, welche sich freiwillig den mächtigeren Fürsten angeschlossen hatten und bei diesen als Wagenlenker oder Herolde, im Kriege als Zelt- und Streitgenossen eine ehrenvolle Dienstleistung versahen. Das Volk aber wohnte auf den Feldern zerstreut oder in offenen Weilern vereinigt.

Die Mauern, welche die Burg einschließen, darf man nicht roh nennen, und die späteren Hellenen dachten am wenigsten daran, sie als solche zu bezeichnen, wenn sie dieselben den Kyklopen zuschrieben. Denn der Name dieser dämonischen Werkmeister ist ein Ausdruck für das Wunderbare und Unbegreifliche jener Denkmäler, welche mit der Gegenwart in gar keinem Zusammenhange standen. Das Gemeinsame jener kyklopischen Burgmauern ist die Mächtigkeit der Werkstücke, welche mit einem ungemeinen und rücksichtslosen Aufwande von Menschenkraft aus dem Felsgesteine gebrochen, fortgeschafft und aufeinandergeschichtet worden sind, so daß sie vermöge ihrer Masse in angewiesener Lage verharren und ohne Bindemittel ein festes Gefüge bilden mußten. Innerhalb dieses Mauerstils läßt sich aber eine große Mannigfaltigkeit, eine ganze Reihe von Stufen erkennen. Ursprünglich waren es nur Verschanzungen aus Felsstücken, die man an besonders zugänglichen Punkten der Burghöhe aufwarf, während man steile Felswände ihrer natürlichen Festigkeit überließ; in dieser Weise sieht man alte Herrenburgen in Kreta befestigt, deren Einschluß niemals vervollständigt worden ist. In der Regel aber sind die Felshäupter ganz ummauert, indem ringsum die Mauerzüge dem Rande folgen, wo er am jähesten abfällt.

Das Mauerwerk selbst ist in seiner ältesten Form auf dem Felsen von Tiryns zu erkennen. Hier sind die riesenhaften Blöcke roh aufeinander getürmt; hier ist es nur das Gesetz der Schwere, das sie zusammenhält. Die Lücken, welche überall zwischen den Werkstücken bleiben, sind mit kleineren zwischengeschobenen Steinen ausgefüllt. In Mykenai kommen ähnliche Mauerstücke vor; allein bei weitem der größte

Teil der Ringmauer ist so gebaut, daß jeder Stein für seine bestimmte Lage zugehauen und mit einer Gruppe angrenzender Bausteine so verbunden ist, daß sie sich gegenseitig halten, spannen und tragen. Durch die Vielseitigkeit der einzelnen Steine und die Mannigfaltigkeit ihrer Funktionen wird ein netzartiges Gefüge unzerstörbarer Festigkeit gebildet, wie sie sich durch den Bestand von Jahrtausenden bewährt hat. Die hier entwickelte Kunst des Mauerbaus ist niemals überboten worden; ja sie fordert offenbar eine höhere Technik und trägt einen mehr künstlerischen Charakter, als der gewöhnliche Quaderbau, für welchen die Werkstücke fabrikmäßig, eines wie das andere, zurechtgehauen werden.

Burgmauern waren den Kriegsfürsten unentbehrlich; außerhalb der Burg findet sich aber eine Gruppe von Gebäuden, welche noch klarer beweist, wie die Bauanlagen der heroischen Zeit weit über das Notdürftige hinausgehen. Eines derselben ist so vollständig erhalten, daß man nach demselben die ganze Bauweise klar übersieht. Es ist ein unterirdisches Gebäude, in einen flachen Hügel der unteren Stadt Mykenai hineingebaut. Man hatte zu dem Zwecke den Hügel ausgegraben und auf der Sohle des aufgegrabenen Raumes einen Ring von wohlbehauenen und genau zusammenpassenden Werkstücken ausgelegt, darüber einen zweiten, dritten usw.; jeder obere Steinring ragte über dem unteren nach innen vor, so daß sich allmählich aus den ansteigenden Ringen ein hohes, bienenkorbähnliches Rundgewölbe bildete. Zu diesem Gewölbe führt von außen ein Tor, dessen Öffnung ein Stein von 27 Fuß Länge spannt; an den Pfosten dieses Tores standen halbrunde Säulen aus farbigem Marmor, deren Schaft und Basis mit Streifen im Zickzack und in Spirallinien verziert war. Durch dies Tor trat man in den großen Kuppelbau hinein, dessen Steine noch heute in wohlgefügter Ordnung zusammenschließen. Die inneren Wände waren von unten bis oben mit angehefteten Metallplatten bekleidet, welche, glattpoliert, namentlich bei Fackelscheine dem großen Raume einen außerordentlichen Glanz verleihen mußten, und diese Tatsache stimmt auf das genaueste mit jenen homerischen Schilderungen, wo der Erzglanz der Wände in den Königspalästen gerühmt wird. Nach der einheimischen Überlieferung waren diese Rundbauten Thesauren oder Schatzgewölbe. Indessen läßt die Großartigkeit ihrer Anlage und die Lage derselben außerhalb der Burg wohl kaum daran zweifeln, daß das Ganze ein Grabbau war; denn die Kunst sollte nicht bloß den lebenden Fürsten schirmen und schmücken, sondern auch dem verstorbenen Landesherrn ein unvergängliches Denkmal stiften. Eine tiefe Felsenkammer, welche an das Kuppelgewölbe anstößt und den innersten Teil des ganzen Gebäudes bildet, enthielt, wie wir annehmen dürfen, die geheiligten Überreste des Fürsten, während der Rundbau dazu benutzt wurde, die Waffen, Wagen, Schätze und Kleinodien desselben aufzubewahren. Darum wurde auch der ganze Bau mit Erde bedeckt, so daß bei äußerem Überblicke der Gegend niemand unter den Gräsern des Hügels den in der Tiefe ruhenden Königsbau ahnte.

Die geschichtliche Bedeutung dieser Denkmäler ist nicht zu verkennen. Sie können nur unter Völkern entstanden sein, welche auf diesem Boden lange seßhaft gewesen sind und sich im vollen Besitze einer ihrer Mittel und Zwecke wohl bewußten Kultur fühlten. Hier ist vollkommene Herrschaft über Stein und Erz; hier sind feste Kunstweisen ausgebildet, die mit stolzer Pracht und einer auf unvergängliche Dauer berechneten Tüchtigkeit ausgeführt sind. Fürstenhäuser, die sich in solchen Werken verewigten, müssen bei angestammtem Reichtume weitreichende Verbindungen gehabt haben, um ausländisches Erz und fremde Steinarten herbeizuschaffen. Wo ist da von Anfängen die Rede! Wer kann solchen Denkmälern des Burg- und Grabbaues gegenüber in Abrede stellen, daß das, was uns, was ebenso den alten Forschern, wie Thukydides, als ältester Anknüpfungspunkt griechischer Überlieferung, als erster Anfang einer urkundlichen Geschichte dient, in Wahrheit Vollendung und Abschluß einer Kultur sei, welche außerhalb des engen Bodens von Hellas entstanden und gereift sein muß!

Die einheimischen Anfänge städtischer Befestigung suchten die Griechen im Binnenlande; am Abhange des Lykaion zeigte man Lykosura, die älteste Stadt, welche die hellenische Sonne beschienen haben sollte. Von der Stadtmauer sind noch die Überreste zu sehen, unordentliches Gemäuer von verhältnismäßig kleinen, regellosen Bruchsteinen. Die großartigen Denkmäler von Argos wagte griechischer Patriotismus niemals einer einheimischen Kunst zuzuschreiben; die Überlieferung nannte lykische Männer als die Bauleute der argivischen Könige. Wenn nun die frühe Kultur des lykischen Volkes eine Tatsache ist, wenn die Verbindung zwischen Argos und Lykien in Sage und Gottesdienst verbürgt wird, wenn endlich die Lykier seit Entdeckung ihres Landes uns als ein Volk bekannt sind, das zum Bauen und Bilden einen ganz besonderen Beruf hatte, so gewinnen dadurch jene Überlieferungen eine wichtige Beglaubigung. Die Lykier standen aber mit Phönizien in uralter Verbindung, und gewisse Kunstweisen, welche wir auch in Argolis eingeführt finden, namentlich die Anwendung des Metalls zur

Ausstattung der Gebäude und die Verkleidung großer Wandflächen mit polierten Erzplatten, sind mit der zu solcher Arbeit erforderlichen Technik gewiß aus Syrien nach Griechenland eingeführt worden. Die Hellenen haben später von ganz anderen Grundlagen aus eine neue und eigene Kunst entwickelt, welche mit dem Putzstile der alten Königsmonumente, mit dem ungegliederten Tholosbaue, dem flachen Wappenrelief über dem Tore nichts gemein hat.

Wer vor dem Löwentore von Mykenai steht, der muß, auch ohne ein Wort von Homer zu wissen, sich hier einen König denken, wie den homerischen Agamemnon, einen Kriegsherrn mit Heer und Flotte, einen Fürsten, der mit dem gold- und kunstreichen Asien in Verbindung stand, der, mit hervorragender Hausmacht und ungewöhnlichen Mitteln ausgerüstet, imstande war, nicht nur dem eigenen Lande eine feste Einheit zu geben, sondern auch kleinere Fürsten seiner Oberhoheit unterzuordnen. Einzelne Sagen und Legenden bilden sich wohl in Veranlassung rätselhafter Bauwerke; sie wachsen gleichsam wie Moos und Schlinggewächse um die Ruinen der Vorzeit; aber so können keine, mit so verschiedenartigen und charaktervollen Gestalten erfüllten, epischen Gedichte entstehen, wie die homerischen sind. Auch kann es kein Zufall sein, daß gerade in den Städten und den Landschaften, auf welchen der Glanz der homerischen Dichtung ruht, sich solche Denkmäler finden, die nur in der heroischen Zeit entstanden sein können. Das reiche Orchomenos erkennen wir noch heute an den Überresten eines Gebäudes, das die späteren Griechen als „Schatzhaus des Minyas" zu den Wundern der Welt rechneten. So finden sich im Reichsgebiete der Atriden, am Eurotas sowohl wie am Inachos, Königsgräber von ganz übereinstimmender Bauart. Daß aber solche Denkmäler nicht an allen Orten, wo homerische Fürsten wohnen, zu finden und so glänzende Verhältnisse nicht über ganz Hellas verbreitet waren, das erhellt aus dem Staunen des Telemachos, wie er die seinem Auge ungewohnte Pracht und Herrlichkeit im Palaste des Menelaos erblickt.

Dieselben Denkmäler, welche der homerischen Dichtung als treue Zeugen zur Seite stehen, weisen aber auch darauf hin, daß wir nicht, durch den Dichter getäuscht, die Zeiten, von denen sie zeugen, als eine kurze Glanzperiode betrachten, welche durch einzelne Namen, wie Agamemnon und Menelaos, erschöpft werden. Die unverkennbare Verschiedenheit der kyklopischen Mauerstile, des roheren in Tiryns, des vollendeten in Mykenai, läßt darüber keinen Zweifel, daß zwischen beiden Bauten ganze Perioden in der Mitte liegen, daß lange Zeiträume angenommen werden müssen, welche nur in der Fernsicht dicht zusammengeschoben erscheinen. Merkwürdig ist es, daß mit den Gründungssagen von Argos, Tiryns, Mykenai, Midea, die Pelopiden in keiner Verbindung stehen; es sind nur Perseïden, welche im Zusammenhange mit Lykien als Erbauer jener Bergfesten genannt werden. Dagegen werden die Königsgräber und die dazugehörigen Schatzräume durchweg mit dem Andenken der Pelopiden verknüpft, und diese Verknüpfung bestätigt sich durch die Herkunft dieses Geschlechts. Denn Lydien ist das Land, wo die Anlage umfangreicher Hügelgräber mit eingemauerten Kammern zu Hause ist; am Sipylos, dem Wohnsitze des Tantalos, gibt es unterirdische Rundbauten derselben Art, wie die von Mykenai, und dieselbe Gegend ist es, von wo zuerst das Gold mit seinem Glanze und seiner Macht den Griechen bekanntgeworden. Pluto (Goldsegen) nannte man die Ahnmutter der Pelopiden, und Mykenai „das goldreiche" verdankte, was es hatte, seine Größe und Herrlichkeit, sowie den Fluch des Elends dem Golde, welches durch die Pelopiden in das Land gekommen war.

Schon Aristoteles beschäftigte die Frage, wie die Fürstenmacht der homerischen Zeit entstanden, wie vor allem Volke ein Geschlecht eine solche Sonderstellung erlangt habe. Die ersten Könige, meint er, waren Wohltäter ihrer Zeitgenossen, Begründer der Künste des Friedens und des Krieges, die Vereiniger des Volkes in gemeinsamen Ansiedlungen. Wie aber waren denn die einzelnen imstande, solche Wohltaten zu erweisen, durch welche sie die ganze Volksentwicklung auf eine andere Stufe emporhoben? Schwerlich anders, als wenn sie selbst die Hilfsmittel einer Kultur besaßen, welche dem Lande fremd war, das heißt wenn sie Stämmen angehörten, die den europäischen Griechen verwandt waren, aber in ihren Wohnsitzen sich früher entwickelt hatten. Solche Männer waren imstande, die in umliegenden Gauen lose zusammenlebenden Stämme zu Staaten zu vereinigen und eine homerische Basileia zu gründen, welche zugleich Spitze und Grundlage des Staatslebens ist. Solche Fremdlinge, deren Heimat und Ursprung in unbekannter Ferne lag, konnten als Göttersöhne gelten; eine Ehre, welche einheimischen Männern von ihren Landsleuten schwerlich zugestanden sein möchte; auch hat ein ehrgeiziges Volk, wie es die Griechen waren, nicht anders als auf Grund einer festen Überlieferung das glänzendste Königsgeschlecht seiner Vorzeit aus Lydien hergeleitet.

Aber es waren nicht alle Könige Pelopiden; nicht alle standen ihrer Herkunft, ihren Hilfsmitteln und ihrer Machtfülle nach als ein so hervorragendes Geschlecht ihren Völkern gegenüber. Im Reiche der Kephallenen ist von einem solchen Unterschiede keine Spur und die Edeln auf Ithaka dürfen den Odysseus als einen Mann ihresgleichen betrachten. Auch ist es nicht zu verkennen, daß selbst die mächtigsten Heerkönige der homerischen Welt keine nach Willkür herrschenden Despoten sind. Das griechische Volk zeigt von Anfang an einen entschiedenen Widerwillen gegen alles Maßlose und Unbedingte und wie es sich selbst den Götterfürsten nicht anders als einer höheren Ordnung untertan denken konnte, so ist auch des Königs Macht eine durch rechtliche Satzung und anerkanntes Herkommen gebundene.

Freilich ist der König vermöge seiner Hoheitsrechte auch Oberrichter des Volkes, wie der Hausvater unter den Seinen; aber er getraut sich nicht, dies verantwortliche Amt allein zu verwalten. Aus den edlen Geschlechtern des Volkes wählt er seine Beisitzer, ihrer Würde wegen die Alten oder Geronten genannt, und in dem durch Altäre und Opfer geheiligten, abgegrenzten Kreise sitzen die Richter umher, um öffentlich vor allem Volke das Recht zu weisen und zu ordnen, wo es in Verwirrung gekommen ist. Nur wo es sich um Leib und Leben handelt, hat die Familie sich ihrer Rechte nicht begeben; Blut verlangt Blut nach der alten Satzung des Rhadamanthys, und dem durch Verwandtschaft berufenen Rächer allein steht es zu, Blut zu vergießen. Aber auch hier, wo der staatliche Organismus noch unfertig geblieben, ist alles fest geregelt und so übermütig sich sonst gebärdet, wer die Macht dazu hat, so findet sich doch kaum ein Beispiel von trotziger Auflehnung gegen die Forderungen des heiligen Rechtes. Auch der Mächtigste flieht aus dem Lande, wenn er der Geringen einen getötet hat, und deshalb bilden die Fluchtwanderungen und Verbannungen den Mittelpunkt so vieler Geschichten und Verwickelungen der Vorzeit. Wer aus seinem Stamme herausgetreten ist, befindet sich in einer ganz anderen Welt und keine rechtlichen Satzungen reichen aus einem Staate in den anderen hinüber.

Im ganzen aber ist, was Kultur und Sitte betrifft, die homerische Welt eine merkwürdig gleichmäßige. Wir finden wenig Unterscheidendes im Charakter der Stämme, welche sich an den beiden Seiten des Ägäischen Meeres gegenüber wohnen und die eigentlich griechische Welt bilden. An beiden Seiten herrscht gleiche Religion, Sprache und Sitte; Troianer und Achäer verkehren durchaus wie Landsleute miteinander, und wenn sich ein Unterschied zwischen diesseits und jenseits erkennen läßt, so besteht er darin, daß den Völkern der östlichen Seite, wenn auch nicht ausdrücklich, doch in sprechenden Zügen, der Vorzug einer höheren Kultur und einer voran-

Artemis. Neapel, Nationalmuseum

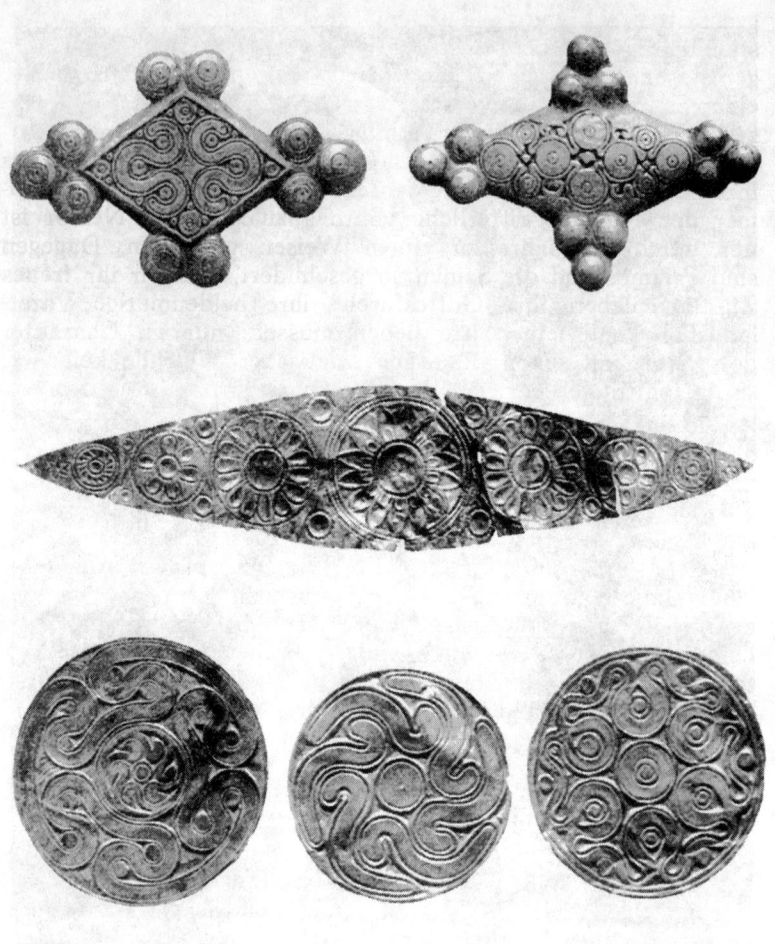

Goldschmuck aus Mykenai. Athen, Nationalmuseum

geschrittenen Bildung eingeräumt wird. Bei den achäischen Fürsten läßt wilde und selbstsüchtige Leidenschaft nicht ab, den gemeinsamen Zwecken entgegenzuarbeiten; um den Besitz einer Sklavin setzt der erste Heerführer das Gelingen des ganzen Werkes aufs Spiel. Achills Charakter hat bei aller sittlichen Hoheit etwas Wildes; ungebändigte Naturkraft tritt uns in beiden Aias entgegen; Odysseus' Taten gestatten nicht immer den Maßstab ritterlicher Ehre anzulegen und Nestor ist nur durch die Jahre zu einem Weisen geworden. Dagegen sind Priamos und die Seinen so geschildert, daß wir ihr treues Zusammenleben, ihre Gottesfurcht, ihre heldenmütige Vaterlandsliebe und feine Sitte lieben müssen; nur im Charakter des Paris sind schon die Züge asiatischer Weichlichkeit, wie sie in Ionien sich entwickelte, zu erkennen.

Wie die Menschen, so die Götter. Es gibt keine Götter, von denen sich nachweisen ließe, daß sie ausschließlich in einem der beiden Heerlager Geltung gehabt hätten. Aber sie gehören vorwiegend der einen oder der anderen Seite an. Die Sache der Achäer vertritt Hera. Sie war in Argos zu Hause, wo unweit Mykenai noch heute die Trümmer ihres burgartigen Heiligtums kenntlich sind. In Ilion dagegen fühlt sie sich vernachlässigt und ist deshalb der Priamiden unversöhnlichste Feindin. Sie ist es vor allen anderen, welche den Kampf zwischen beiden Gestaden angefacht und allen Schwierigkeiten zum Trotze das Flottenheer endlich zusammengebracht hat. Ihres hohen Ranges ungeachtet ist sie ein launisches und ränkevolles Weib, das von unlauteren Leidenschaften beherrscht wird. Dagegen gibt es kein edleres Götterbild, als das des Schutzgottes von Ilion. Obgleich mit den höchsten Ehren ausgestattet, zeigt Apollon niemals eine Spur von Widersetzlichkeit gegen den Willen des Zeus; er ist mit ihn geistig eins, das Vorbild eines freien Gehorsams und erhabener Gesinnung; er strahlt in seiner Reinheit unter den Göttern hervor, wie Hektor unter den Menschen, und beide zusammen geben ein Zeugnis für die höhere Stufe geistiger Entwicklung, welche die Staaten und Völker der Ostseite erreicht hatten, als der Kampf mit dem Westen entbrannte.

Zu der Zeit, als die Züge der heroischen Götter- und Menschenwelt im Liede gesammelt und zu einem großen Gemälde vereinigt wurden, war diese Welt eine längst vergangene, und andere Lebensordnungen waren an ihre Stelle getreten, in der Heimat sowohl, in welcher die Enkel der homerischen Helden den nordischen Bergvölkern den Platz hatten räumen müssen, wie in den neugewonnenen Sitzen, wo infolge der allgemeinen Umwälzungen und Wanderungen die Erben achäischer Fürstenmacht solche Stellungen, wie ihre Ahnen in der Heimat besessen hatten, nicht wieder gewinnen konnten. Wenn nun dennoch das homerische Weltgemälde eine solche innere Harmonie besitzt, daß jener Gegensatz nicht störend einwirkt, so liegt der Grund in der hohen Begabung jener Stämme, welche die Erinnerungen der Vergangenheit festzuhalten und zu gestalten wußten. Sie hatten in ausgezeichnetem Grade das Vorrecht poetischer Naturen, die Unheimlichkeit der Gegenwart in der idealisierenden Anschauung der Vergangenheit zu vergessen und den Genuß derselben durch keinen Mißton zu verleiden.

Dennoch geht auch durch die homerische Dichtung ein Zug der Wehmut hindurch, ein schmerzliches Bewußtsein davon, daß es schlechter in der Welt geworden sei und daß die „Menschen, wie sie jetzt sind", hinter den vorangegangenen Geschlechtern an Kraft und Tüchtigkeit zurückstehen. Es ist aber bei dieser allgemeinen Stimmung nicht geblieben, sondern unwillkürlich sind auch Züge der Gegenwart in das Bild der Vergangenheit eingedrungen und bezeugen, daß jene Verhältnisse, welche das Wesen des heroischen Zeitalters ausmachen, zur Zeit des Sängers nicht mehr in Kraft bestanden.

Das Königtum ist der Mittelpunkt der Welt und im Felde mußte seine Macht eine gesteigerte und unbedingte sein. Aber wie wenig entspricht doch der homerische Agamemnon dem Bilde heroischer Fürstengröße, wie es angesichts der Denkmäler von Mykenai uns entgegentritt und wie es durch die Überlieferung vom gottentsprossenen Wesen und gottähnlichen Walten der alten Herrscher sich uns einprägt! Im troischen Lager finden wir einen in zahllosen Verlegenheiten befangenen, in seinen Mitteln beschränkten, unschlüssigen und unselbständigen Fürsten, dessen Wollen und Können weit auseinanderliegt; er macht mehr Ansprüche auf Macht, als er Macht besitzt, und muß allerlei Mittel und Wege ersinnen, um sich Zustimmung zu verschaffen. Von diesem Agamemnon, welcher allerorten auf Widerstand und Ungehorsam stößt, ist schwer zu begreifen, wie er imstande gewesen sei, das bunte Heergefolge unter seinem Banner zu vereinigen. Die Zentralmacht der heroischen Welt ist erschüttert; es hat sich neben der königlichen Gewalt eine andere Macht erhoben, die Macht des Adels, dessen schon der König beim Regieren und Richten nicht mehr entbehren kann, und gerade jener Ausspruch, welchen man seit alten Zeiten für die anerkannte Geltung des heroischen Königtums anführt:

„Niemals frommt Vielherrschaft dem Volk; ein einziger herrsche.
Er sei König allein; ihm gab dies Amt der Kronide."

zeugt deutlich genug vom Standpunkte politischer Reflexion und gibt zu erkennen, daß man schon die Übelstände einer vielköpfigen Adelsherrschaft gekostet habe, wie sie auf Ithaka im vollsten Maße zum Vorschein kommen.

Auch die Priester, namentlich die weissagenden, treten dem Königtume gegenüber; eine zweite Macht von Gottes Gnaden, und deshalb um so trotziger und gefährlicher. Endlich regt es sich auch in des Volkes dunkler Masse. Der Markt, welcher bei ungeschwächter Königsmacht noch keine Bedeutung haben konnte, wird, allmählich der Mittelpunkt des öffentlichen Lebens. In den Marktversammlungen werden die gemeinsamen Angelegenheiten entschieden, die Versammlungen erhalten immer mehr Selbständigkeit; bei allen wichtigeren Beschlüssen kommt es darauf an, durch Rede das Volk zu gewinnen. Freilich soll die Menge nur hören und gehorchen; aber schon sitzt das Volk bei der Beratung, schon ist die öffentliche Stimme eine Macht, welche der König nicht ungestraft verachten darf, und schon finden sich auch im Lager vor Troia Leute wie Thersites. Er wird mit Hohn in seine Schranken zurückgewiesen, aber gerade sein Zerrbild gibt den Beweis, daß die Parteien sich mit Bewußtsein gegenüberstanden und daß der aristokratische Witz sich schon geübt hatte, die Sprecher des Haufens mit Spott zu geißeln; man ahnt, daß solche Vorgänge bald glücklichere Nachahmung finden werden.

So finden wir trotz der epischen Ruhe, welche ionische Poesie über das ganze Weltbild auszugießen gewußt hat, eine Welt voll innerer Widersprüche; es ist alles in Gärung, das Alte in Auflösung, und neue Kräfte, welche in den alten Lebensordnungen keinen Platz haben, in voller Entwicklung. Wir erkennen darin die Zeitverhältnisse, unter denen die Gesänge fertig wurden. Bei den Achäern erhob sich in ihren neuen Wohnsitzen der erobernde Kriegsadel gegen die königliche Gewalt und in den ionischen Seestädten entwickelte sich jenes Marktleben, wo der Demos sich fühlen lernte und von welchem aus sich die geselligen Zustände so wesentlich umgestalteten. Daß aber die Kunde der heroischen Zeit unter ionischem Volke ihre letzte Form empfangen hat, erkennt man vorzugsweise an jenen Zügen, welche die Bedeutung der öffentlichen Meinung, sowie die Macht des überredenden Wortes erkennen lassen. Ebenso gehört den Ioniern vorzugsweise, was sich auf Handel und Seeleben bezieht, und jener Verkehr, welchen ihre neugegründeten Städte mit allen Küsten eröffneten und über das innere Meer des Archipelagus hinaus nach Cypern, Ägypten und Italien ausdehnten, wurde arglos auf die Zustände der heroischen Welt übertragen. Diesen neuionischen Charakter trägt die Odyssee in noch höherem Grade als die Ilias; denn während dieser vielerlei Stoff historischer Überlieferung zugrunde liegt, wie er sich namentlich in achäischen Fürstenfamilien erhalten hatte, so hat in den Gesängen vom Odysseus die ionische Phantasie ungleich freier geschaltet und die verschiedenartigsten Schiffermärchen und Seeabenteuer hineingewoben.

Der Handelsverkehr ist im Wesentlichen noch ein Tauschhandel, wie er im Ägäischen Meer wegen der ungemeinen Mannigfaltigkeit der Produkte sehr lange diesen Charakter behalten hat. Indessen zeigte sich frühe das Bedürfnis, solche Gegenstände, welche einen stetigen, leicht zu bestimmenden und allgemein anerkannten Wert haben, als Wertmesser zu benutzen. Ursprünglich sind es die Herden, die den Reichtum der Häuser bilden; Rinder und Schafe werden daher vorzugsweise, wie zu Geschenken und Ausstattungen, so auch als Lösegeld für Gefangene, als Kaufpreis für Sklaven benutzt; eine Waffenrüstung wird auf neun, die andere auf hundert Stiere geschätzt. Einen bequemeren Wertmesser mußte gerade der Seeverkehr notwendig machen und man fand ihn in den Metallen. Kupfer und Eisen waren selbst wesentlich Handelsartikel, und je wichtiger das erstere für die Gewerbetätigkeit war, um so früher gingen die Schiffe von Hellas, das nur spärliche Kupferadern hatte, nach den westlichen Küsten, um blinkendes Eisen hinzuführen und Kupfer einzutauschen. Die edlen Metalle aber haben bei Homer schon eine allgemeine Gültigkeit. Gold ist das wertvollste, was man hat. Um Goldschmuck verraten sich Freunde und Gatten, und der Könige Goldreichtum wird ja nur deshalb so hervorgehoben, weil das Gold eine Macht war, weil man für Gold alles haben konnte. Die Ionier sind es, welche das Gold in den griechischen Verkehr gebracht haben, und die Bewunderung seines Glanzes und Zaubers, wovon die homerischen Gedichte voll sind, ist vorzugsweise der ionischen Auffassung zuzuschreiben. Auf der Waage wurden die Goldstücke zugewogen, „Talanton" bezeichnet die Waage sowie das Gewogene; auch muß das homerische Talent schon eine bestimmte Gewichtseinheit bedeuten und aus jener Schätzung der Rüstungen erhellt, daß das Gold zum Kupfer in festem Verhältnisse stand, nämlich wie hundert zu neun.

Der ionischen Behandlung des heroischen Sagenkreises ist endlich auch die kecke Behandlung der Götter und der Religion zuzuschreiben. Apollon, den alt-ionischen Stammgott, ausgenommen, werden alle Götter mit einer gewissen Ironie behandelt; der Olymp wird zum Abbilde der Welt mit allen ihren Schwächen. Die ernsteren Richtungen des menschlichen Bewußtseins treten zurück; was das Behagen der Zuhörer stören möchte, ist ferngehalten; die homerischen Götter verleiden keinem den vollen Genuß des Sinnenlebens. Ionisches Leben mit aller seiner Liebenswürdigkeit und allen seinen Schäden und Gebrechen erkannte schon Plato in dem Epos Homers und man würde dem Griechenvolke, welches vor Homer gelebt hat, sehr Unrecht tun, wenn man seine sittliche und religiöse Beschaffenheit nach den Götterfabeln des ionischen Sängers beurteilen, wenn man dem Volke absprechen wollte, was bei Homer nicht erwähnt wird, wie z. B. die Vorstellung von der Befleckung, welche vergossenes Bürgerblut herbeiführt, und von der Sühne, welche es verlangt.

So gibt also Homer weder ein lauteres noch ein vollständiges Bild jener Zeit, welcher seine Helden angehören. Dafür reicht aber sein Zeugnis über diese Zeit hinaus. Er zeigt den Umsturz der alten, den Übergang in die neuen Verhältnisse; er bezeugt mittelbar auch die Wanderungen der nördlichen Stämme und die ganze Reihe von Tatsachen, welche von ihnen ausging. Denn die Volksbewegung im fernen Epirus, die Eroberungszüge der Thessalier, Böotier und Dorier sind es doch, welche in ununterbrochener Folge jene Auswanderung der Küstenvölker und jene Übersiedlungen nach Kleinasien hervorriefen, die zum homerischen Epos den Stoff geliefert und seine Ausbildung in Ionien veranlaßt haben.

*

Als der troische Sagenkreis in dem homerischen Epos abgeschlossen vorlag, begnügte man sich nicht, aus demselben eine allgemeine Anschauung jener Welt zu gewinnen, welche man als eine mit höheren Kräften ausgestattete und von Göttersöhnen regierte mit dem Namen des heroischen Zeitalters bezeichnete, sondern man suchte das Epos in seinen einzelnen Zügen als Urkunde der Vorzeit zu benutzen. Man nahm die Heroen des Heldenliedes für geschichtliche Könige, man betrachtete die Taten, welche die achäischen Eroberer ihren Ahnen andichteten, als wirklich geschehene; das poetische Spiegelbild befestigte sich als Geschichte und so entstand die Überlieferung von einer zweifachen Ausfahrt von Aulis, von einer zweifachen Eroberung des troischen Landes, von zwei Kriegen desselben Inhalts, durch dieselben Volksstämme und Geschlechter ausgeführt. Da nun der erste, als ein losgerissenes Stück Heroensage, in der Luft schwebte, so mußte natürlich, um ihm Anfang und Ende zu geben, der Sagenstoff weiter ausgesponnen werden. Die Helden des ersten Krieges mußte man nach Argos heimkehren lassen, weil man aus guter Quelle wußte, daß die Nachkommen Agamemnons bis zur dorischen Wanderung in Mykenai geherrscht hätten. So wurde aus dem Kampfe der ausgetriebenen Achäer um eine neue Heimat ein in höchster Machtfülle freiwillig unternommener Fürstenkrieg, ein zehnjähriger Feldzug. Jene Wanderung aber, durch welche die ganze Völkerbewegung veranlaßt worden war, mußte zwischen dem ersten und zweiten Kriege ihren Platz finden. Es ist ein merkwürdiges Zeugnis für die Macht des Gesanges im Volke der Hellenen, daß der gesungene Troierkrieg den wirklich gekämpften völlig in den Hintergrund treten ließ und daß jener Kampf, der keinen andern Grund und Boden hat als den der homerischen Dichtung, der feste Punkt geworden ist, an welchen die Griechen in treuem Glauben ihre ganze Zeitrechnung angeknüpft haben. Sie setzten also

den Fall von Ilion	als Jahr 1
die thessalische Einwanderung	in das Jahr 50
die Einwanderung der Arnäer in Böotien	„ „ „ 60
den Heerzug der Herakliden und Dorier	„ „ „ 80
die äolisch-achäische Besetzung von Troas	„ „ „ 130
die Gründung von Neu-Ionien	„ „ „ 140
	nach Troias Fall.

In Lesbos, wo achäische Familien von homerischem Ruhme sich am dauerhaftesten erhielten, und in den ionischen Seestädten, wo die Bekanntschaft mit dem Altertume anderer Völker den Trieb zu wissenschaftlicher Behandlung der eigenen Vorzeit erweckte, hat man am frühesten solche Versuche gemacht, die Traditionen der homerischen Zeit chronologisch zu ordnen. Es gehört dies zu der weitverzweigten Tätigkeit der Logographen, der Anfänger wissenschaftlicher Geschichtskunde. Nach dem Vorbilde orientalischer Reichsgeschichten wollten sie auch in den Überlieferungen ihres Volkes einen Zusammenhang herstellen, sie berechneten die Stammbäume der namhafteren Geschlechter und strebten dahin, die zwischen den beiden großen Zeitperioden, der vordorischen und nachdorischen, in der Mitte liegende Kluft auszufüllen.

Nachdem man zuerst einzelne Tatsachen nach Menschenaltern zu gruppieren versucht hatte, ging man weiter, je mehr die Wissenschaft zu systematischer Gelehrsamkeit hindrängte. Dies geschah vornehmlich in Alexandreia. Durch Eratosthenes hat diejenige Berechnung, welche den Fall Troias 407 Jahre vor Olympias 1 ansetzte, eine weitreichende Anerkennung gewonnen. Dem troischen Feldzuge (1194—1184) wurden dann diejenigen nationalen Erinnerungen vorgeschoben, welche in älteren Liedern nachklangen, der doppelte Zug gegen Theben und der Argonautenzug. So kam man mit den ältesten Daten europäisch-griechischer Geschichte bis in die Mitte des dreizehnten Jahrhunderts vor unserer Zeitrechnung. Endlich stellte man als Urheber aller griechischen Volksgeschichte die Einwanderer aus dem Morgenlande, Kadmos, Kekrops, Danaos und Pelops, an die Spitze des ganzen Systems, von dem richtigen Gefühle geleitet, daß die wahren Anfänge der hellenischen Zivilisation an der Ostseite des Archipelagus zu suchen seien, wo wir schon im fünfzehnten Jahrhunderte griechische Stämme am See- und Weltverkehre teilnehmend uns denken dürfen.

ZWEITES BUCH / BIS ZU DEN PERSERKRIEGEN

Erstes Kapitel

PELOPONNESISCHE GESCHICHTE

Die Dorier. — Gründung von Sparta. — Lykurgische Staatsordnung. — Spartanisches Leben. — Sparta und Messenien. — Der erste Messenische Krieg. — Sparta und Olympia. — Die olympischen Spiele. — Entwicklung von Ionien. — Korinth. — Megara.

Mit dem Zuge der Dorier ist die Kraft der Gebirgsvölker aus dem Norden hervorgetreten, um ihren Anteil an der Volksgeschichte geltend zu machen. Sie waren vor den Küsten- und Seestämmen um Jahrhunderte zurückgeblieben, traten aber jetzt mit um so größerem Nachdrucke derber Naturkraft ein, und was infolge ihrer Eroberungszüge umgestaltet und neugestaltet worden ist, das hat für alle Zeiten griechischer Geschichte Bestand gehabt. Dies ist der Grund, weshalb schon die alten Historiker im Gegensatze zu dem „heroischen Zeitalter" die geschichtliche Zeit mit den ersten Taten der Dorier begonnen haben.

Darum ist aber die Kunde von diesen Taten durchaus nicht ergiebiger. Im Gegenteil: die alten Quellen versiegen, wie diese Epoche eintritt, ohne daß neue sich öffnen. Homer weiß nichts vom Herakliidenzuge. Die ausgewanderten Achäer lebten ganz in der Erinnerung der vergangenen Tage und pflegten sie jenseits des Meeres in treuem Andenken des Liedes. Für die zurückbleibenden, welche sich in fremde, gewaltsame Ordnungen fügen mußten, war keine Zeit des Gesanges. Die Dorier selbst sind immer karg in der Überlieferung gewesen; es war nicht ihre Art, von dem, was sie getan, viel Worte zu machen; sie hatten auch nicht die schwunghafte Begeisterung des achäischen Stammes, noch weniger konnten sie nach Ionierweise das Erlebte in behaglicher Breite ausspinnen. Ihr Sinnen und Können war dem praktischen Leben, der Erledigung bestimmter Aufgaben, einem ernsten, zweckvollen Handeln zugewendet. So blieben denn die großen Begebenheiten der dorischen Wanderung zufälliger Überlieferung überlassen, welche sich bis auf geringe Spuren verloren hat, und darum ist die ganze Kunde von der Eroberung der Halbinsel so arm an Namen wie an

Tatsachen. Denn erst in später Zeit, als das volkstümliche Epos sich längst ausgelebt hatte, suchte man auch die Anfänge der peloponnesischen Geschichte herzustellen. Aber diese späten Dichter fanden keinen frischen und lebendigen Strom der Überlieferung mehr; auch war es bei ihnen nicht jene reine und unbefangene Freude an den Bildern der Vorzeit, welche der Lebenshauch homerischer Dichtung ist, sondern sie hatten das bewußte Streben, eine Lücke der Überlieferung auszufüllen und die zerrissenen Fäden zwischen der achäischen und der dorischen Zeit anzuknüpfen. Sie suchten die verschiedenen Ortssagen zu vereinigen, die fehlenden Glieder zu ergänzen, die Widersprüche zu vermitteln und so entstand eine Geschichte des Heraklidenzuges, in welcher das, was in Jahrhunderten allmählich zustande gekommen war, in pragmatischer Kürze zusammengedrängt wurde.

Die Dorier kamen in wiederholten Zügen mit Weib und Kind vom Festlande herüber; sie breiteten sich langsam aus. Aber wo sie festen Fuß faßten, erfolgte durch sie eine durchgreifende Umgestaltung der Lebensverhältnisse. Sie brachten ihre Haus- und Gemeindeordnung mit, sie hielten ihr Eigentümliches in Sprache und Sitte mit zäher Kraft fest; stolz und spröde schlossen sie sich gegen die anderen Griechen ab und statt wie die Ionier in den Stamm der älteren Bevölkerungen aufzugehen, prägten sie der neuen Heimat den Charakter ihres Stammes auf. Die Halbinsel wurde dorisch.

Die Dorisierung erfolgte aber in sehr verschiedener Weise; sie erfolgte auch nicht von einem Mittelpunkte aus, sondern von drei Hauptpunkten. Die peloponnesische Sage hat dies so ausgedrückt, daß vom Stamme des Herakles, des alten rechtmäßigen Erbherrn von Argos, drei Brüder vorhanden waren, welche des Ahnherrn Ansprüche vertraten, Temenos, Aristodemos und Kresphontes. Sie opfern gemeinsam an drei Altären des Zeus Patroos und werfen unter sich das Los um die verschiedenen Herrschaften im Lande. Argos war das Ehrenlos, welches Temenos zufiel; Lakedämon, das zweite, kam an die unmündigen Kinder des Aristodemos, während das schöne Messenien durch List in den Besitz des dritten Bruders gelangte.

Diese Geschichte von der Heraklidenlosung ist im Peloponnes entstanden, nachdem jene Staaten sich längst in ihrer Eigentümlichkeit ausgebildet hatten; sie enthält den in die heroische Vorzeit zurückverlegten Grund für die Entstehung der drei Urorte, die mythische Legitimation des peloponnesischen Heraklidenrechtes und der neuen Staatenordnung. Der geschichtliche Kern der Sage ist, daß die Dorier von Anfang an nicht eigenes Stamminteresse vertraten, sondern die Interessen ihrer Herzoge, welche nicht Dorier waren, sondern Achäer; darum ist auch der Gott, unter dessen Autorität die Landteilung erfolgt, kein anderer, als der alte Stammgott der Äakiden. Ferner liegt jener Sage die Tatsache zugrunde, daß die Dorier, auf die drei Hauptebenen der Halbinsel gerichtet, bald nach der Einwanderung sich in drei Heerhaufen trennten. Jeder hatte seine Herakliden als Volksführer, jeder in sich seine drei Stämme, die Hylleer, Dymanen und Pamphyler. Jeder Heerhaufen war ein Abbild des ganzen Volksstammes. Wie nun die verschiedenen Heerhaufen in den neuen Sitzen sich einrichteten, wie weit sie trotz der fremden Leitung, welcher sie ihre Kräfte dienstbar machten, und in der Mitte des älteren Landvolkes sich selbst und ihrer heimischen Stammsitte treu blieben, und wie sich nach beiden Seiten hin die Verhältnisse gestalteten, darauf mußte bei der Entwicklung der peloponnesischen Geschichte alles ankommen.

Die neuen Staaten waren zum Teil auch neue Territorien; so namentlich Messenien. Denn im homerischen Peloponnes gibt es keine Landschaft dieses Namens; da gehört der östliche Teil, wo die Wasser des Pamisos eine obere und untere Ebene miteinander verbinden, zur Herrschaft des Menelaos; die Westhälfte aber zum Reiche der Neleïden, welches an der Küste seinen Mittelpunkt hatte. Die Dorier kamen von Norden in die obere jener Ebenen und faßten hier in Stenyklaros festen Fuß. Von hier breiteten sie sich aus und drängten die thessalischen Neleïden gegen das Meer. Die hohe, inselartige Meerburg von Altnavarin scheint der letzte Küstenpunkt gewesen zu sein, wo diese sich hielten, bis sie endlich, immer näher umdrängt, das Land zur See verließen. Die stenyklarische Binnenebene wurde nun der Kern der neugebildeten Landschaft, welche deshalb Messene, das heißt Mittel- oder Binnenland, genannt werden konnte.

So dürftig auch die erhaltenen Trümmer der messenischen Landesgeschichte sind, einige sehr wichtige Tatsachen liegen ihr unzweifelhaft zugrunde. Es herrschte in dieser Doriergründung von Anfang an eine merkwürdige Unsicherheit, eine tiefe Spaltung zwischen Heerführer und Volk, die aus dem Anschlusse des Königs an die ältere, vorachäische Bevölkerung herrührte. Es gelang ihm nicht, eine Dynastie zu gründen; denn Aipytos ist nur durch spätere Sage, welche hier wie in allen griechischen Stammbäumen die gewaltsamen Unterbrechungen zu verkleiden suchte, zum Sohne des Kresphontes gemacht worden. Das dorische Kriegsvolk aber muß in inneren Kämpfen sich so geschwächt haben, daß es nicht imstande war, mit seiner Eigentümlichkeit durchzudringen; eine Dorisierung Messeniens kommt nicht zustande und dadurch ist die Landesgeschichte in ihren Grundzügen bestimmt worden. Denn so reich mit natürlichen Hilfsmitteln die Landschaft ausgestattet war, welche zwei der schönsten Flußebenen mit einem hafenreichen, an zwei Meeren ausgebreiteten Uferlande vereinigte, so unvorteilhaft war von Anfang an die Entwicklung des Staates. Es erfolgte hier keine durchgreifende Erneuerung, keine kräftige, hellenische Wiedergeburt der Landschaft.

Mit ganz anderem Erfolge drang ein zweiter Heerhaufe dorischen Kriegsvolkes in das lange Tal des Eurotas ein, welches aus enger Schlucht sich allmählich zu der gesegneten Saatebene am Fuße des Taygetos, dem „hohlen Lakedämon", erweitert. Es gibt kaum eine griechische Landschaft, in welcher so entschieden wie hier eine Ebene das Kernstück des Ganzen ist. Tief eingesenkt zwischen rauhen Gebirgen und durch hohe Pässe von den Umlanden gesondert, vereinigt sie in ihrem Schoße alle Hilfsmittel eines behaglichen Wohlstandes. Hier schlugen auch die Dorier auf den Erdhügeln am Eurotas oberhalb Amyklai ihr Lager auf, aus welchem die Stadt Sparta erwuchs, die jüngste Stadt der Ebene.

Wenn Sparta und Amyklai Jahrhunderte lang nebeneinander als dorische und achäische Stadt bestanden, so liegt am Tage, daß während dieser Zeit kein ununterbrochener Kriegszustand gedauert hat. Es muß also hier ebensowenig, wie in Messenien, eine durchgreifende Besetzung der ganzen Landschaft stattgefunden haben, sondern Verträge haben auch hier die Verhältnisse zwischen den alten und neuen Landesbewohnern geordnet. Auch hier haben sich die Dorier in verschiedene Orte zerstreut und mit fremdem Volke daselbst vermischt.

Des dritten Staates Kern war die Inachosebene, welche als das Los des Erstgeborenen der Herakliden angesehen wurde. Denn der Ruhm der Atridenmacht, welcher doch vorzugsweise an Mykenai haftete, ging auf den Staat über, welcher auf den Trümmern des mykenischen Reiches gegründet wurde. Der Keim des dorischen Argos lag an der Küste, wo zwischen der versandeten Mündung des Inachos und der des wasserreicheren Erasinos aus dem sumpfigen Boden sich eine festere Terrasse erhebt. Hier hatten die Dorier ihr Lager und ihre Heiligtümer; hier war ihr Heerführer Temenos gestorben und bestattet worden, ehe er noch sein Volk im sicheren Besitze der oberen Ebene gesehen hatte, und nach ihm behielt dieser Küstenort den Namen Temenion. Seine Lage beweist, daß die Burgen und Pässe des innern Landes von den Achäern lange mit ausdauernder Kraft behauptet worden sind, so daß die Dorier gezwungen waren, mit einem durchaus unvorteilhaften Platze sich solange zu begnügen. Denn der ganze Uferstrich ist erst allmählich bewohnbar geworden, und seine sumpfige Natur war nach Aristoteles ein Hauptgrund dafür, daß die Herrscherstadt der Pelopiden so tief im Hintergrunde der oberen Ebene gelegen war. Jetzt wurde beim Vordringen der dorischen Macht die hohe Felsburg Larisa auch das politische Zentrum der Landschaft und das pelasgische Argos am Fuße derselben, welches der älteste Sammelplatz der Bevölkerung gewesen war, von neuem die Hauptstadt. Es wurde der Sitz der regierenden Geschlechter aus des Temenos Stamm und der Ausgangspunkt für ihre weitere Machtausbreitung.

Diese Ausbreitung erfolgte auch hier nicht als eine gleichmäßige Eroberung der Landschaft und Vernichtung der früheren Ansiedlungen, sondern durch Aussendung dorischer Gemeinden, welche zwischen der ionischen und achäischen Bevölkerung an wichtigen Punkten sich festsetzten. Auch dies geschah in verschiedener Weise, bald mehr, bald minder gewaltsam, und zwar in zweifacher, strahlenförmiger Richtung, einerseits nach dem Korinthischen, anderseits nach dem Saronischen Meere hin. Niedrige Pässe führen von Argos in das Asopostal hinüber. In das obere Tal, wo unter dem Segen des Dionysos das altionische Phlius blühte, führte Rhegnidas, der Temenide, dorische Scharen hinüber, Phalkes aber in das untere Tal, an dessem Ausgange auf stattlicher Hochfläche Sikyon sich ausbreitete, die uralte Hauptstadt des Küstenlandes Aigialeia. An beiden Orten soll eine friedliche Landteilung stattgefunden haben; ebenso in der Nachbarstadt der Phliasier, Kleonai. Freilich wird niemand glauben, daß in den engen und dichtbevölkerten Landschaften herrenlose Äcker zu haben gewesen wären, um die landbegehrenden Fremdlinge zu befriedigen, und ebensowenig, daß die alten Grundbesitzer gutwillig ihren angestammten Besitz räumten; sondern der Sinn der Überlieferung ist der, daß hier infolge der dorischen Einwanderung nur einzelne reichbegüterte Geschlechter zum Abzuge gezwungen wurden, während die übrige Bevölkerung in ihren Verhältnissen verharrte und von einer Staatsumwälzung verschont blieb. Der Auswanderungstrieb, welcher sich der ionischen Geschlechter im ganzen Norden der Halbinsel bemächtigt hatte, erleichterte die Umgestaltung der Verhältnisse. Es trieb sie ein dunkles Gefühl in die Ferne, daß es ihnen bestimmt sei, jenseits des Meeres schönere Wohnsitze und eine reichere Zukunft zu finden. So verließ Hippasos, des Pythagoras Ahnherr, das Engtal von Phlius, um in Samos mit den Seinen eine neue Heimat zu finden.

Auf diese Weise wurde in allen Küstenländern gutes Ackerland frei und konnte von den Regierungen der kleinen Staaten, die entweder in ihren Würden blieben oder an Stelle der Auswanderer eintraten, in Hufen geteilt, an die Mitglieder des dorischen Kriegerstammes übertragen werden. Denn diese gingen nicht darauf aus, die alten Ordnungen umzustürzen und neue Staatsprinzipien geltend zu machen, sondern sie wollten nur auskömmlichen Landbesitz für sich und die Ihrigen und im Zusammenhange damit bürgerliche Rechte. Deshalb wurden verwandte Götter- und Heroenkulte zu friedlicher Anknüpfung benutzt. So wird ausdrücklich von Sikyon berichtet, daß daselbst schon seit alten Zeiten Herakliden geherrscht hätten; deshalb habe Phalkes, als er mit seinen Doriern eingedrungen sei, das regierende Geschlecht daselbst in Amt und Würden gelassen und sich auf dem Wege eines friedlichen Vertrages mit ihm verständigt.

Nach der Küste des Saronischen Meerbusens zogen von Argos zwei Heerhaufen unter Deïphontes und Agaios, welche die altionischen Städte Epidauros und Trözen dorisch machten; von Epidauros aber ging der Zug nach dem Isthmus, wo in dem festen und wichtigen Korinth, der Schlüsselburg der ganzen Halbinsel, die Reihe der temenidischen Niederlassungen ihren Abschluß fand.

Diese Niederlassungen bilden ohne Frage den glänzendsten Teil der dorischen Kriegszüge im Peloponnes. Durch die Energie der Dorier und ihrer Führer aus Herakles' Stamme, welche sich zu diesen Unternehmungen in besonders großer Anzahl vereinigt haben müssen, waren alle Teile der vielgegliederten Landschaft glücklich besetzt worden und das neue Argos, von der Insel Kythera bis zur attischen Grenze ausgedehnt, den bescheideneren Niederlassungen am Pamisos und Eurotas weit überlegen. Hatten auch die Heerführer nicht überall neue Staaten gegründet, so waren doch alle durch Aufnahme eines dorischen Volkshaufens, welcher nun den wehrhaften und vorwiegenden Bestandteil der Bevölkerung bildete, gleichartig geworden. Diese Umwandlung war von Argos ausgegangen und darum standen alle diese Niederlassungen mit der Mutterstadt als Filiale in Verbindung, und so können wir Argos, Phlius, Sikyon, Trözen, Epidauros und Korinth als eine dorische Sechsstadt betrachten, welche ebenso wie in Karien einen Bundesstaat bildete. Auch dies war keine durchaus neue Einrichtung. In der Achäerzeit war Mykenai mit dem Heraion des Landes Mittelpunkt gewesen; im Heraion hatte Agamemnon seinen Vasallen den Lehenseid abgenommen. Darum sollte auch die Göttin Hera es gewesen sein, welche den Temeniden nach Sikyon voranwandelte, als sie die auseinandergefallenen Städte zu neuer Einigung verbinden wollte. So schloß sich auch hier die Neugestaltung an alte Überlieferung an. Jetzt aber wurde zum Mittelpunkte des Bundesstaates der Dienst des Apollon, welchen die Dorier in Argos vorfanden und nur neu begründeten, und zwar als des delphischen oder pythischen Gottes, unter dessen Einflusse sie zu einem tatenreichen Volke geworden, unter dessen Obhut sie bis dahin geführt waren. Die Städte sendeten ihre jährlichen Opfergaben an den Tempel des Apollon Pythaeus, der in Argos am Fuße der Larisa stand, die Mutterstadt aber hatte mit der Verwaltung des Heiligtums zugleich die Rechte eines Vorortes.

Indessen war die Größe von Argos und der Glanz seiner neuen Gründungen ein gefährlicher Vorzug. Denn die Ausbreitung der Macht war zugleich eine Zersplitterung derselben, und diese wurde durch die natürliche Beschaffenheit der argolischen Landschaft, welche von allen peloponnesischen Landschaften die am mannigfaltigsten gegliedert ist, in hohem Grade gefördert.

Auch in Beziehung auf die inneren Verhältnisse der einzelnen Staaten herrschte eine große Mannigfaltigkeit, je nachdem die ältere und die jüngere Bevölkerung sich zueinander gestellt hatten. Denn wo Waffengewalt den Sieg der Dorier entschied, da wurden die alten Insassen aus Recht und Besitz hinausgedrängt; da bildete sich ein achäisch-dorischer Staat und es gab keine Staatsbürger als die den drei Stämmen Angehörenden. Meistens aber war es anders. Namentlich wo alter Wohlstand war, auf Landbau, Gewerbefleiß und Handel gegründet, wie in Phlius und Sikyon, da ließ sich die Bevölkerung nicht ganz, wenigstens nicht auf die Dauer, unterdrücken und beiseite schieben. Sie blieb keine namenlose und bedeutungslose Masse, sondern wurde neben den drei dorischen Stämmen, wenn auch mit ungleichen Rechten, als Stamm anerkannt oder in mehrere Stämme verteilt. Wo also mehr als drei Phylen oder Stämme vorhanden sind, wo neben den Hylleern, Dymanen und Pamphylern noch „Hyrnethier" genannt werden, wie in Argos, oder Aigialeer (Strandvolk), wie in Sikyon, oder eine Chthonophyle, wie vielleicht in Phlius die Eingeborenen als Stamm genannt wurden, da kann angenommen werden, daß die dorischen Einwanderer das ältere Volk von dem neugegründeten Gemeinwesen nicht durchaus ferngehalten, sondern ihm früher oder später eine gewisse Berechtigung eingeräumt haben. Mochte dieselbe noch gering sein, sie wurde doch der Keim wichtiger Entwicklungen, und das Vorhandensein solcher Nebenstämme genügt, um den Staaten wo sie vorkommen, eine eigentümliche Geschichte vorzuzeichnen.

Die verschiedenen Stämme wohnten ursprünglich auch örtlich getrennt. Wie im Lager die verschiedenen Heeresteile, so hatten die Pamphyler, die Dymanen und die Hylleer ihre besonderen Quartiere in Argos, die sehr lange als solche bestanden; als die Hyrnethier zur Stadtgemeinschaft zugelassen wurden, bildeten sie neben jenen ein viertes Stadtquartier. Wie lange es überhaupt dauerte, bis die verschiedenen Bestandteile der Bevölkerung miteinander verschmolzen, erkennt man am deutlichsten daran, daß Orte wie Mykenai als achäische Gemeinden ruhig fortbestanden. Hier lebten an Ort und Stelle ungestört die alten Überlieferungen der Pelopidenzeit; hier wurde Jahr für Jahr der Todestag Agamemnons an seiner Grabstätte begangen und noch in den Perserkriegen sehen wir die Männer von Mykenai und Tiryns, ihrer alten Heldenkönige eingedenk, an den Nationalkämpfen gegen Asien teilnehmen.

So wurden im Süden und Osten der Halbinsel unter dorischem Einflusse drei neue Staaten gegründet, Messenien, Lakonien, Argos, in ihren ersten Grundlagen schon sehr verschieden und in ihren Richtungen weit auseinander gehend.

Auf der abgelegenen Westküste traten gleichzeitig große und durchgreifende Veränderungen ein. Die Staaten, welche Homer nördlich und südlich vom Alpheios kennt, wurden umgestürzt; ätolische Geschlechter, welche Oxylos als ihren Ahnherrn ehrten, gründeten auf dem Gebiete der Epeer und Pylier neue Herrschaften. Diese Gründungen stehen mit den dorischen Heerzügen in keinem nachweisbaren Zusammenhange, und es ist nur eine Sagendichtung späterer Zeit, nach welcher Oxylos zum Lohne seiner Dienste von den Doriern sich im voraus das westliche Land als seinen Anteil ausbedungen haben soll.

Das beste Kornland liegt am Fuße des Erymanthosgebirges, eine breite Ebene, vom Peneios durchflossen, von weinreichen Hügeln umgeben, naheliegenden Inselgruppen zugewendet. Wo der Peneios aus dem arkadischen Gebirgslande in diese Küstenebene hinaustritt, erhebt sich an seinem linken Ufer eine stattliche Höhe, welche frei über Land und Inselmeer hinschaut und deshalb im Mittelalter Kalaskope oder Belvedere genannt wurde. Diese Höhe wurde von den ätolischen Einwanderern zur Herrenburg ausersehen; sie wurde die Königsburg der Oxyliden und ihres Gefolges, denen die besten Ländereien zufielen. Von hier aus dehnte sich der ätolische Staat unter dem Landesnamen Elis südwärts über die ganze Niederung aus, wo um den

Alpheios einst die Epeer und Pylier ihre Nachbarfehden ausgefochten hatten, von denen Nestor so gern erzählte.

Arkadien galt den Alten für ein vorzugsweise pelasgisches Land; hier, dachte man, seien die autochthonischen Zustände der Urbewohner am längsten erhalten, am ungestörtesten sich selbst überlassen geblieben. Indessen weisen die einheimischen Sagen selbst deutlich darauf hin, daß auch hier mehrfache Zuwanderungen stattgefunden haben, welche die einförmigen Zustände des pelasgischen Lebens unterbrochen und eine Vermischung von Stämmen verschiedener Art und Herkunft veranlaßt haben. Auch hier ist eine solche Epoche nicht zu verkennen, mit welcher, wie in allen andern griechischen Landschaften, die geschichtliche Bewegung begonnen hat. Nach Pelasgos und seinen Söhnen bildet Arkas, als Stammvater der Arkader, einen neuen Anfang in der Vorgeschichte des Landes. Arkader finden sich aber in Phrygien und Bithynien, wie auf Kreta und Cypern, und daß von den Inseln und Küsten des östlichen Meeres Kolonisten in das Hochland des Peloponnes hinaufgestiegen sind, um dort in fruchtbaren Tälern sich niederzulassen, das wird durch vielfache Beziehungen erwiesen. Die kretischen Zeuslegenden wiederholen sich auf das genaueste am arkadischen Lykaion; Tegea und Gortys sind kretische wie arkadische Städte mit übereinstimmenden Gottesdiensten; Tegea ist mit Paphos durch alte Sagen verbunden und selbst die kyprische Mundart zeigt große Ähnlichkeit mit der arkadischen. Arkader kannte man als Seefahrer im westlichen wie im östlichen Meere, und Nauplios, der Heros der ältesten peloponnesischen Hafenstadt, erscheint als Diener tegeatischer Könige, zu deren Hause auch Argonauten wie Ankaios gehören.

Das sind Spuren alter Überlieferungen, welche beweisen, daß auch das peloponnesische Binnenland nicht so abgelegen und abgeschlossen gewesen ist, wie man gewöhnlich annimmt, daß auch hier Zuwanderungen erfolgt sind und daß infolge derselben aus ländlichen Gauen eine Reihe von Städten erwachsen ist, namentlich in den fruchtbaren Kesseltälern der östlichen Seite, welche ihrer natürlichen Begrenzung wegen sich am frühesten zu Stadtgebieten abschlossen, so Pheneos, Stymphalos, Orchomenos, Kleitor und dann die mit Tegea verknüpften Städte Mantineia, Alea, Kaphyai und Gortys. Im südwestlichen Teile von Arkadien, im Waldgebirge des Lykaion und im Alpheiostale, gab es auch uralte Stadtburgen, wie Lykosura; aber diese Burgen sind niemals zu staatlichen Mittelpunkten der Landschaften geworden. Die Gemeinden blieben zerstreut wohnen und standen nur im lockeren Verbande der Gaugenossenschaft.

Überblicken wir also die Halbinsel im ganzen, wie sie infolge der Einwanderung für alle Zeiten ihre staatliche Verfassung gewonnen hat, so finden wir erstens das in seinen alten Zuständen unerschüttert verharrende Binnenland, zweitens drei Landschaften, welche durch die eingewanderten Stämme unmittelbar eine wesentliche Umwandlung erfahren haben, Lakedaimon, Messenien und Argos, endlich die beiden Küstenstriche im Norden und Westen, welche von den Doriern unberührt geblieben sind, aber teils mittelbar durch die von den Doriern aufgeregten älteren Stämme neue Ansiedlung erhalten haben, wie Triphylien und Achaja, teils durch anderweitige Zuwanderungen gleichzeitig umgestaltet worden sind, wie Elis.

So mannigfaltig waren die Ergebnisse, welche der dorischen Wanderung folgten. Sie beweisen zur Genüge, wie wenig hier an eine Umgestaltung zu denken ist, die mit einem Schlage erfolgt wäre, wie das Resultat eines glücklichen Feldzuges. Nach langem Hin- und Herwandern der Stämme, in einer bunten Reihe landschaftlicher Fehden und wechselseitiger Verträge ist allmählich das Schicksal der Halbinsel entschieden worden, und erst als die langwierige Zeit der Unruhen und Gärungen, welche sich durch keine Tatsachen dem Andenken einprägen konnte, vergessen war, konnte die Neugestaltung der Halbinsel als ein plötzlicher Umschlag angesehen werden, durch den der Peloponnes dorisch geworden sei.

Selbst in den drei Landschaften, welche vorzugsweise von den Doriern erstrebt und besetzt waren, wurde eine Dorisierung der Bevölkerung nur sehr allmählich und in sehr unvollkommener Weise erreicht. Wie hätte es auch anders sein sollen? Waren doch die erobernden Heerhaufen selbst nicht lauter Dorier von reinem Blute, sondern mit Volk aus allerlei Stämmen gemischt. Die Heerführer aber nahmen nicht als Dorier, sondern als Verwandte der achäischen Landesfürsten Macht und Herrschaft in Anspruch. So sah auch Platon im Heraklidenzuge eine in den Zeiten der griechischen Völkerbewegung entstandene Verbindung zwischen Doriern und Achäern, und wie wenig Heerführer und Heervolk eine ursprüngliche und natürliche Einheit bildeten, das zeigt sich in einer Reihe unzweifelhafter Tatsachen. Denn sowie durch die Kraft des Kriegsvolkes fester Boden in den Landschaften gewonnen war, gingen die Interessen der Herakliden und der Dorier sofort auseinander und es brachen Uneinigkeiten aus, welche den ganzen Erfolg der Niederlassungen entweder gefährdeten oder vereitelten. Die Herzoge suchten Vermischung der älteren und jüngeren Bevölkerung zu erreichen, um dadurch eine breitere Grundlage ihrer Herrschaft zu gewinnen und sich von dem Einflusse des dorischen Kriegsvolkes unabhängiger zu stellen. Überall finden wir dieselben Erscheinungen, am deutlichsten in Messenien. Aber auch in Lakonien machen sich die Herakliden bei ihrem Kriegsvolke verhaßt, indem sie das nichtdorische Volk den Doriern gleichordnen wollen, und in Argolis sehen wir den Herakliden Deïphontes, dessen Name ein durchaus ionischer ist, mit Hyrnetho verbunden, welche die Vertreterin der ursprünglichen Bevölkerung des Küstenlandes ist. Derselbe Deïphontes ist es, der zum Ärgernis der andern Herakliden sowie der Dorier den Thron der Temeniden in Argos aufrichten hilft; auch hier beruht unverkennbar das neue Königtum auf Unterstützung der vordorischen Bevölkerung. So löste sich in allen drei Landschaften der Halbinsel gleich nach ihrer Besetzung der Zusammenhang zwischen Herakliden und Doriern. Die staatlichen Einrichtungen erfolgten im Gegensatze zu den Doriern, und wenn die neu zugeführte Volkskraft befruchtend und segensreich auf den Boden des Landes wirken sollte, so bedurfte es der Kunst weiser Gesetzgebung, um die Gegensätze zu vermitteln und die Kräfte zu ordnen, welche sich zu verzehren drohten. Das erste Beispiel wurde außerhalb der Halbinsel gegeben, in Kreta.

Nach Kreta sind Dorier in ansehnlicher Zahl aus Argos und Lakonien hinübergezogen, und wenn auch Inseln und Seeküsten sonst nicht der rechte Boden für die Dorier waren, denen die unmittelbare Meeresnähe von Hause aus ebenso unheimlich war, wie sie für die Ionier die unentbehrliche Lebensluft war, so war es hier doch anders. Kreta ist mehr Festland als Insel. Bei der reichen Ausstattung mit Hilfsmitteln aller Art, die das Land auszeichnet, konnten die kretischen Städte sich der Unruhe des seestädtischen Lebens erwehren und in größerer Stille die neuen Lebenskeime entfalten, welche die Dorier auf die Insel brachten. Sie kamen auch hier als Eroberer; in Heerhaufen geschart, bewältigten sie das Inselvolk, welches kein Band der Einheit zusammenhielt. Wir finden dorische Stämme in Kydonia, welches den von Kythera Übersetzenden der nächste Platz war, wo sie sich festsetzten. Dann wurden Knosos und besonders Lyktos, dessen dorisches Volk sich aus Lakonien herleitete, die Hauptplätze der neuen Ansiedlung.

Die Dorier kamen hier in ein Land alter Kultur, deren fruchttragende Keime nicht erstorben waren. Uralte Städte fanden sie mit bewährten Verfassungen und mit Geschlechtern, welche erfahren waren in der Kunst der Regierung. Staatsverwaltung und Gottesdienst hatten sich unter stilleren Verhältnissen hier in ursprünglicher Verbindung erhalten, und namentlich die Religion des Apollon, in alten Priestergeschlechtern gepflegt, ihren

ordnenden, sittigenden und geistbildenden Einfluß in vollem
Maße entfaltet. Die Dorier brachten nichts mit als ihren ungestümen Mut und die Kraft ihrer Lanzen; in allem, was Regierungskunst und Gesetzgebung betrifft, waren sie den kretischen
Adelsgeschlechtern gegenüber durchaus unmündig. Sie forderten Land und überließen es anderen, die Art und Weise ausfindig zu machen, ihrer Forderung zu genügen; denn am Umsturze alter Verfassungen lag ihnen nichts. Daß aber die Dorier
hier in der Tat nicht als rücksichtslose Sieger geschaltet, daß
sie nicht das Alte umgeworfen und neue Staaten gegründet
haben, das geht schon daraus hervor, daß die Ordnungen des
dorischen Kreta nirgends auf einen dorischen Urheber zurückgeführt werden. Im Gegenteil bezeugt Aristoteles, daß die Einwohner der kretischen Stadt Lyktos, wo die dorischen Einrichtungen am vollständigsten ausgebildet waren, die vorhandenen
Landeseinrichtungen beibehalten haben; es war nach einstimmiger Überlieferung zwischen der dorischen und der vordorischen Zeit kein Riß, keine Lücke; darum konnte das Alte wie
das Neue an den Namen des Minos, des Vertreters kretischer
Kultur, angeknüpft werden.

Patrizische Geschlechter, welche aus der königlichen Vorzeit ihre Rechte herleiteten, sind im Besitze der Verwaltung
geblieben. Aus ihnen wurden in den verschiedenen Städten
nach wie vor die zehn obersten Staatslenker, die Kosmoi, genommen, aus ihnen der Senat gewählt, dessen Mitglieder eine
lebenslängliche und unverantwortliche Würde hatten. Diese
Geschlechter leiteten die Städte, als die Dorier eindrangen. Sie
haben mit ihnen Verträge geschlossen, welche den beiderseitigen
Interessen entsprachen; sie haben sich die fremden Mächte
dienstbar gemacht, indem sie von dem Lande, über das der
Staat zu verfügen hatte, den Einwanderern einen genügenden
Teil zum Besitze anwiesen, und zwar mit der Verpflichtung
zum Kriegsdienste, und mit dem Rechte, als die waffentragende
Gemeinde zu allen wichtigeren Beschlüssen, namentlich wo es
sich um Krieg und Frieden handelte, ihre Zustimmung zu geben.

Als Kriegerstand wurden die Dorier dem Staate eingeordnet.
Deshalb wurden die Knaben, wenn sie herangereift waren, in
die Zucht des Staates genommen, in Scharen vereinigt, auf
öffentlichen Turnplätzen vorschriftsmäßig ausgebildet und zum
Waffendienste geschult, durch strenge Lebensweise abgehärtet
und durch Kriegsspiele zum ernsten Kampfe vorbereitet. So
sollte, von allen verweichlichenden Einflüssen ferngehalten, die
dem dorischen Stamme eigene kriegerische Tüchtigkeit erhalten
werden; doch mischten sich auch kretische Sitten ein, so
namentlich die Übung des Bogenschusses, welche den Doriern

ursprünglich fremd war. Die erwachsenen Jünglinge und Männer sollten sich, auch wenn sie eigene Hausstände hatten, doch vor allem als Waffengenossen zusammenfühlen, wie in einem Heerlager, jeden Augenblick zum Auszuge bereit. Deshalb saßen sie scharenweise, wie sie im Heere zusammen dienten, so auch beim täglichen Männermahle beisammen; und ebenso schliefen sie in gemeinsamen Schlafstellen. Die Kosten wurden von Staats wegen aus einer gemeinschaftlichen Kasse bestritten, diese Kasse aber auf die Weise gefüllt, daß jeder von seinem Besitze den zehnten Teil des Fruchtertrages an die Genossenschaft, welcher er angehörte, ablieferte und diese wiederum an die Staatskasse. Dafür übernahm der Staat die Beköstigung der Krieger sowohl wie auch der mit den Kindern und dem Gesinde das Haus hütenden Frauen, im Kriege wie im Frieden. Man sieht deutlich, hier liegt ein auf dem Wege des Vertrages geordnetes Verhältnis älterer und jüngerer Teilnehmer des Staates vor.

Damit nun aber der dorische Kriegerstand ganz seinem Berufe leben könne, mußten seine Mitglieder der eigenhändigen Bestellung des Ackerloses überhoben sein; sonst wären sie im Kriege durch Vernachlässigung desselben verarmt, im Frieden aber von den kriegerischen Übungen und den diesen gleichgeachteten Jagdzügen im wildreichen Idegebirge abgehalten worden. Deshalb wurde der Feldbau von einer besonderen Klasse von Menschen besorgt, welche durch Kriegsrecht in ein untertäniges und bürgerlich rechtloses Verhältnis geraten waren. Wann und wie dieser Stand von Unfreien sich gebildet hat, läßt sich nicht nachweisen; es bestand aber eine zweifache Klasse derselben. Die einen bebauten die Äcker, welche der Staat als Staatsgut zurückbehalten hatte, die sogenannten Mnoïten; die anderen, die Klaroten, saßen auf den Ländereien, welche durch Dotation in den Erbbesitz der Einwanderer übergegangen waren. Die dorischen Landbesitzer waren ihre Herren; sie waren berechtigt, den Ertrag der Felder zur bestimmten Zeit von ihnen einzufordern; ja es war ihre Pflicht, den Anbau derselben zu überwachen, damit dem Staate keine Einkünfte entgingen. Sonst lebten sie sorgenlos, unbekümmert um des Lebens Unterhalt, und konnten sagen, wie es im Spruchverse des Kreters Hybrias heißt: „Hier ist mein Schwert, Speer und Schild, mein ganzer Schatz; damit pflüge und ernte ich; damit keltere ich meinen Wein."

Was sie lernten, war Waffenkunst und Selbstbeherrschung; ihre Kunst Zucht und Gehorsam; Gehorsam der Jüngeren gegen den Älteren, des Kriegers gegen seinen Vorgesetzten, aller gegen den Staat. Höhere und freiere Bildung schien unnötig, ja gefährlich, und wir können voraussetzen, daß die regierenden Geschlechter von Kreta eine einseitige und beschränkte Ausbildung für die dorischen Gemeinden absichtlich angeordnet haben, auf daß sie sich nicht versucht fühlten, über ihren soldatischen Beruf hinauszugehen und den einheimischen Geschlechtern die Staatsleitung streitig zu machen.

Auch das jüngere Kreta kennen wir mehr aus den Einwirkungen, welche von dort ausgingen, als in seinen einheimischen Zuständen, einem Himmelskörper gleich, dessen Lichtfülle man aus dem Widerschein an andern Körpern mißt. Von Kreta ist eine Reihe von Männern entsprossen, welche teils die Bildkunst in eigentümlich hellenischer Weise begründet und ihre Keime in alle griechischen Länder ausgebreitet haben (denn die ersten Meister in Marmorbildnerei, Dipoinos und Skyllis, stammten aus Kreta, der Heimat des Daidalos), teils als Meister der Scherkunst hervorragten, als Sänger und Musiker, die, im apollinischen Dienste erzogen, solche Gewalt über die menschliche Seele gewannen, daß sie von anderen Staaten berufen wurden, um bei zerrütteten Gemeindezuständen helfend einzuschreiten und heilsame Ordnungen zu begründen. Diese kretischen Meister wie Thaletas und Epimenides sind aber ebensowenig wie jene Bildkünstler dem dorischen Stamme entsprossen; aus der alten Wurzel einheimischer Kultur sind die neuen Triebe erwachsen, wenn auch die Mischung der verschiedenen Griechenstämme zur Anregung neuer Lebenstätigkeit wesentlich beigetragen hat.

Trotzdem daß Kreta soviel frische Volkskraft in sich aufgenommen hatte und dieselbe zur Kräftigung seiner Staaten so wohl zu verwenden wußte, hat es doch seit den Tagen des Minos niemals wieder einen über seine Gestade hinausgehenden, politischen Einfluß gewonnen. Der Hauptgrund liegt in der Beschaffenheit der Insel, welche die Bildung eines großen Staates unmöglich machte. Die verschiedenen Stadtgebiete, in welche sich die Dorier verteilten, Kydonia im Westen, Knosos und Lyktos im Norden, Gortys im Süden der Insel, waren gegeneinander argwöhnisch abgeschlossen oder standen in offener Fehde miteinander; so wurde auch die dorische Kraft in kleinstaatlichen Interessen verbraucht. Dazu kommt, daß die Dorier, wenn sie über See wanderten, natürlich nur in kleinen Scharen kamen, und meistens ohne Frauen, so daß sie schon deshalb ihren Stammcharakter nicht in gleicher Weise festhalten konnten, wie auf dem Festlande. Endlich finden wir auch gerade in den überseeischen Wohnsitzen der Dorier, daß hie und da nicht alle drei Stämme, sondern nur einer derselben in einer Stadt sich niedergelassen hat; so waren in Halikarnaß nur Dymanen, in Kydonia, wie es scheint, nur Hylleer. Dadurch mußte eine neue Zersplitterung und Schwächung der dorischen Volkskraft eintreten, und es begreift sich, warum die festländischen Niederlassungen der Dorier, namentlich die peloponnesischen, doch die wichtigsten und für die Volksgeschichte folgereichsten geblieben sind. Im Peloponnes aber war es wiederum ein einziger Punkt, an welchem sich eine dorische Geschichte von selbständiger und weitgreifender Bedeutung entwickelt hat, und dieser Punkt war Sparta.

*

Lakonien wird in der Sage von der Landteilung unter den Herakliden als das schlechteste der drei Lose bezeichnet, und in der Tat ist unter den Küstenlandschaften keine, in welcher der Boden in so überwiegendem Maße Gebirgsland ist und dem gleichmäßigen Anbaue widerstrebt. Dazu kommt ein zweiter Umstand, welcher auf die Entwicklung der Landesverhältnisse ungünstig einwirkte. Es liegt nämlich der einzig fruchtbare Teil ganz in der Mitte des Landes, von der See wie von den angrenzenden Ländern durch hohe Gebirge abgeschlossen; darum drängten sich mehr als anderswo die verschiedenen Bestandteile der Bevölkerung eng zusammen. Die Ausscheidung des Fremdartigen, die Verteilung des Ungleichartigen ging hier viel schwerer vonstatten, als in einer nach allen Seiten offenen Küstenlandschaft wie Argolis. Darum ist nirgends anhaltender und hartnäckiger zwischen der älteren und jüngeren Bevölkerung gestritten worden, als in dem Kesseltale des Eurotas.

Und wie vielerlei Volk war hier im Laufe der Zeiten zusammengekommen! Erst die älteste Grundschicht der eingeborenen Bevölkerung, dann das Seevolk, das von drüben landete, und zwar zuerst die Phönizier, welche Kythera zu einem Zentralpunkte ihrer Seefahrt und den Meerbusen von Gytheion zu einem Hauptplatze der Purpurfischerei gemacht hatten; eine Industrie, welche sich von der Küste aufwärts verbreitet hatte, so daß die amykläischen Purpurgewänder frühen Ruhm gewannen. Dann das Seevolk griechischer Nation, das unter dem Namen der Leleger sich so mit den Eingeborenen verbunden hatte, daß sie den späteren Zuwanderern gegenüber selbst als Eingeborene betrachtet wurden und daß von ihnen das älteste Lakonien ein Lelegerland genannt werden konnte.

Das ist die erste Periode der Geschichte Lakoniens, welche als solche in der einheimischen Königssage deutlich genug bezeichnet ist. Denn nach dem Urkönige, der den Namen des Landesflusses trägt, weil er den Eurotas zum „schönströmenden" gemacht hat, folgt ein äolisches Herrschergeschlecht, der

Stamm der Tyndariden, welcher ganz mit Leda und den Dioskuren, den Licht- und Sterngöttern Lykiens, verwachsen ist; den Perseiden in Argos, den Aphareiden in Messenien verwandt und gleichzeitig. In diese Vorzeit tritt der Stamm der Achäer, um in derselben Eurotasebene seine Burgen zu gründen. Die Sage knüpft ihn hier wie in Argos friedlich der älteren Dynastie an; die Atriden werden des Tyndareos Schwiegersöhne, und Menelaos ruht neben den Dioskuren in dem Hügel von Therapne. Nachdem sich die Pelopiden mit ihrem Kriegsgefolge im hohlen Lakedämon festgesetzt hatten, zogen infolge neuer Erschütterungen des Nordens Kadmeer und Minyer zu. Böotische Minyer haben lange im Taygetos gesessen, und dies Gebirge, das mit seinen hohen Felszinnen die Eurotasebene überragt und dann südwärts in die Halbinsel Tainaros ausläuft, ist vorzugsweise geeignet, versprengte Völkerreste in Unabhängigkeit und alter Sitte zu erhalten. Mit dem tänarischen Poseidonkulte sind die Minyer so verwachsen, daß sie auf ihrer Insel Thera einen dem tänarischen genau entsprechenden Dienst einrichteten. Am Rande desselben Gebirges war die mit den Minyern verbundene Ino zu Hause und hatte daselbst ein berühmtes Traumorakel.

So war die enge Tallandschaft durch mannigfaltigen Zuzug zu Lande und zu Wasser mit vielerlei Stämmen angefüllt, als die Kriegsscharen der Dorier von den Eurotasquellen herunter kamen, um für sich und ihre Familien Land zu gewinnen. Auch sie drängten in dieselbe Ebene hinein, deren üppige Saatfluren jedesmal der lockende Preis des Siegers waren. Sie bemächtigten sich der Höhen am rechten Ufer des Eurotas, wo derselbe, durch eine Insel geteilt, leichter als an anderen Punkten einen Übergang gestattet. Hier beherrschten sie die nördlichen Zugänge des Landes, die von Arkadien sowohl wie die von Argos. Hier lagen sie gleichsam vor den Toren von Amyklai, dem festen Mittelpunkte der achäischen Landesherrschaft; hier waren auf den Höhen des linken Ufers, in Therapne, die Grabmäler der alten Landesheroen und der ihnen verwandten Landeskönige, während auf dem Boden, den sie sich zu ihrem Wohnplatze einrichteten, eine Gruppe von Landgemeinden beisammen lag; es waren Limnai und Pitane in der sumpfigen Niederung des Flusses, daneben Mesoa und Kynosura. Ein Heiligtum der Artemis, welche mit blutigen Opfern verehrt wurde, bildete den Mittelpunkt dieser Gaue; auf der Höhe stand ein altes Heiligtum der Athena. Hügel und Niederung machten die Dorier zu ihrem Lagerplatze, aus welchem allmählich eine feste Niederlassung erwuchs. Ihr Name „Sparte" bezeichnet den erdreichen und kulturfähigen Boden, auf welchem man sich anbaute, im Gegensatze zu den meisten Griechenstädten, die auf Felsboden standen. Der Athenahügel wurde der burgartige Mittelpunkt der Ansiedlung.

Diese erste Festsetzung kann nicht anders als auf dem Wege gewaltsamer Okkupation gelungen sein. Aber so ging es nicht weiter. Zu einer Unterjochung der ganzen Landbevölkerung, zu einem Umsturze alles früheren, zum Aufbaue von etwas ganz neuem ist es hier so wenig wie auf Kreta gekommen. Auch fanden sich im dorischen Heerlager selbst so mannigfache verwandtschaftliche Beziehungen zu den äolischen und achäischen Stämmen, welche noch im Eurotastale zurückgeblieben waren, daß ein schroffer Gegensatz sich gar nicht ausbilden konnte, und daß zur Ordnung der Landesverhältnisse sehr bald ein ganz anderer Weg eingeschlagen wurde, als der einer kriegerischen Überwältigung und gewaltsamen Dorisierung. Ja, wenn wir die Tatsachen, die aus unbefangener Erinnerung überliefert worden sind, schärfer in das Auge fassen, so zeigt sich deutlich, daß schon die Leitung der ersten Ansiedlung gar nicht in dorischen Händen war. Auch hier finden wir einen einheimischen Fürsten, welcher wie Deiphontes neben Temenos, die neue Ordnung der Dinge herstellen hilft, und zwar tritt hier das Verhältnis noch deutlicher als in Argos zutage. Denn derjenige, welcher als Vormund der Kinder des Aristodemos das herakliidische Königtum von Sparta zuerst verwaltet haben soll, ist Theras aus dem Stamme der Kadmeer, welche aus den Trümmern des alten siebentorigen Thebens teils vor den Doriern, teils mit ihnen nach Sparta gekommen waren. So hatte Theben einen wesentlichen Anteil an dem Ruhme der Herakliidengründung, und Pindar ruft seiner Vaterstadt ins Herz, sie solle sich freuen im Andenken daran, daß sie es gewesen sei, welche der dorischen Siedlung festen Grund und Boden geschaffen habe. „Aber freilich", so klagt schon der Dichter über die Verkennung der geschichtlichen Verhältnisse, „freilich schlummere die Dankpflicht und nirgends gedenke ein Sterblicher des Geschehenen". Auch daß dieselben Ägiden in Sparta Lehrer der Kriegskunst gewesen waren, und daß der erzgewappnete Landesgott Apollon Karneios von Hause aus ein Gott der Ägiden war, ist früh verschollen. Man ließ, ohne sich nähere Rechenschaft zu geben, aus den Erbansprüchen der Herakliden das Thronrecht der spartanischen Könige erwachsen und erklärte das Doppelkönigtum aus dem Umstande, daß die Gattin des Herakliden Aristodemos, welchem Lakonien zugelost worden, zufällig mit Zwillingen (Eurysthenes und Prokles) niedergekommen sei.

Nun sind es aber keine Eurystheniden und Prokliden, welche

die Fürstenwürde in Sparta bekleiden, sondern Agiaden und Eurypontiden. Dieser Umstand allein ist schon ein Beweis dafür, daß die Führer der einwandernden Dorier nicht die Stifter der beiden Regentenhäuser waren, welche in der geschichtlichen Zeit bestanden, sondern daß hier eine Unterbrechung stattgefunden hat, welche man später zu verbergen suchte, um eine friedliche und legitime Regentenfolge von der Zeit der Einwanderung an herzustellen. Eine so seltsame und bei keiner dorischen Niederlassung wiederkehrende Staatsform kann überhaupt keine ursprünglich beabsichtigte oder auf Stammsitte beruhende, sie kann keine von den Doriern in das Land mitgebrachte sein, sondern sie muß ihren Ursprung in der eigentümlichen Entwicklung der lakonischen Landesgeschichte haben.

Sehen wir nun weiter, wie spröde und fremd sich jene „Zwillingskönige" von Anfang an gegenüberstehen, wie dieser schroffe Gegensatz sich durch alle Generationen ununterbrochen fortgepflanzt hat, wie jedes der beiden Häuser durchaus für sich geblieben ist, ohne Ehe- und Erbgemeinschaft, wie jedes seine besondere Geschichte, seine besonderen Annalen, seine besondere Wohnung und Grabstätte gehabt hat, so muß man wohl annehmen, daß es zwei ganz verschiedene Geschlechter gewesen sind, welche zu gegenseitiger Anerkennung sich verstanden und eine gemeinsame Ausübung fürstlicher Hoheitsrechte vertragsmäßig festgestellt haben.

Wie nun die spartanische Staatsform zustande gekommen ist, davon kann man sich vielleicht annäherungsweise eine Vorstellung verschaffen, wenn man die Überlieferungen berücksichtigt, welche über die Zeit vor dem Bestehen des Doppelkönigtums erhalten sind. Wir wissen nämlich, daß nach Einwanderung der Dorier die ganze Landschaft in sechs Stadtgebiete zerfiel, deren Hauptstädte Sparta, Amyklai, Pharis, die drei Binnenorte am Eurotas, ferner Aigys an der arkadischen Grenze, Las am Meere von Gytheion, und eine sechste (wahrscheinlich der Seehafen Boiai) gewesen sind. Wie in Messenien verteilen sich die Dorier in die verschiedenen Orte, die von Königen regiert werden; sie verbinden sich mit den früheren Einwohnern; neue Ansiedler, wie die Minyer, ziehen vom Land in die Städte. Daß hier ein Anschluß an ältere Landeseinrichtungen stattfand, ist deutlich; die lakonischen Sechsfürsten haben nicht erst damals angefangen zu regieren. Es bestand ja schon unter der Oberhoheit der Pelopiden eine Reihe von Lehnfürstentümern, deren Inhaber im Lande umherwohnten und im Besitze eigener Hoheitsrechte sich nur widerstrebend dem Oberkönige fügten. Die heroische Sage enthält mancherlei Überlieferung von ungefügen Vasallen; sie erzählt z. B. vom arkadischen Könige Ornytos, der Agamemnon in Aulis die Heeresfolge verweigert, und das bekannteste Beispiel von Vasallentücke ist Aigisthos, der Mörder seines Lehnsherrn; an den verschiedensten Orten ist das Königtum der heroischen Zeit durch Auflehnung von Unterkönigen zugrunde gegangen. Wie Ägisth in der Gegend von Kap Malea wohnend gedacht wurde, so waren andere Lehnsfürsten in Lakonien verteilt. Als daher die Atriden gestürzt waren und alles, was mit ihnen unmittelbar zusammenhing, das Feld räumte, erhoben die Vasallen ihr Haupt als selbständige Fürsten. Sie waren es, die mit dem eingewanderten Kriegsvolke Verträge schlossen; sie gaben ihnen bestimmte Landanteile und erhielten dafür Anerkennung ihrer Fürstenrechte sowie Unterstützung ihrer Macht. So waren hier, wie in Kreta, die Dorier in die einzelnen Städte verteilt, und die staatsrechtliche Verbindung der Städte war es, worin sich der Zusammenhang des Landes erhielt. So ist Lakonien als Sechsstadt zu denken, ein aus altem und neuem wunderlich gemischter Bundesstaat.

Dieser Staat hielt nicht zusammen; es waren der gärenden Elemente zu viele nebeneinander, die Fürsten befehdeten sich in gegenseitiger Eifersucht, und die schwächeren Fürstentümer wurden von den stärkeren überwältigt. Dadurch wurde eine Landeseinheit hergestellt, wie sie in Kreta niemals zustande gekommen ist, aber sie wurde auch hier nicht durch den unbedingten Sieg eines Fürstenhauses erzielt, sondern es blieben mehrere Familien übrig, welche einander so sehr gewachsen waren, daß sie am Ende eine friedliche Verständigung der Waffenentscheidung vorzogen; eine Verständigung, wie sie auch an anderen Orten vorkommt, wie wir zum Beispiel in den ionischen Städten lykische und pylische Fürstengeschlechter nebeneinander im Besitze der Kronrechte finden. In Sparta ist noch die deutliche Spur eines Zustandes vorhanden, wo drei Familien gleiche Königsrechte in Anspruch nahmen, die Agiaden, eine Eurypontiden und die Ägiden. Die letzteren wurden allmählich zurückgedrängt und mußten den beiden anderen den Platz räumen. Von ihnen galt das Haus der Agiaden für das ältere und angesehenere; es war ohne Zweifel ein im Lande altangesessenes Achäergeschlecht; über die Herkunft der Eurypontiden läßt sich nichts Sicheres feststellen. Beide haben aber ihren Sieg dadurch erreicht, daß es ihnen gelungen ist, den Kern des dorischen Volkes für sich zu gewinnen, ihn aus der Vermischung mit der übrigen Landesbevölkerung wieder auszuscheiden und aus der Zerstreuung zu sammeln. Auf die dorische Kriegsmannschaft gestützt, haben sie den ursprünglichen

Lagerplatz derselben, Sparta, zum Mittelpunkte der Landschaft und zum Sitze ihrer Regierung gemacht.

Dies ist die zweite Epoche der Landesgeschichte seit Einwanderung der Dorier; die Herrschaft der beiden Familien, deren Königreiche fortan nicht unterbrochen wird, der Agiaden und Eurypontiden. Die Überlieferung beginnt mit ihnen eine neue Reihe, zum deutlichen Zeugnisse, daß hier ein neuer Anfang gemacht wurde. Später wurden die Namen der Zwillingssöhne des Aristodemos, Prokles und Eurysthenes, vor Agis und Eurypon eingeschoben, um das Doppelkönigtum mythisch zu erklären, um die der neuen Ordnung der Dinge vorangegangenen Unruhen vergessen zu lassen und beide Häuser friedlich an einen Ahnherrn, an Herakles, anzuknüpfen. Dennoch hat man dem künstlichen Zusammenhange zuliebe niemals gewagt, im Widerspruch mit der echten Überlieferung die Könige Spartas Eurystheniden und Prokliden zu nennen.

Natürlich standen die Fürsten, welche den Umsturz des achäischen Königtums überdauerten, nicht allein und einsam da unter dem fremden Volke: wie hätten sie sonst ihre Macht erhalten können! Sie waren von Geschlechtern gleicher Herkunft umgeben, deren Würde und Bedeutung ebenfalls in der heroischen Vorzeit wurzelte.

Die neue Epoche der Landesgeschichte, welche mit dem Auftreten der Agiaden und Eurypontiden begonnen hatte, konnte nicht ohne Mühe und Kampf durchgeführt werden; denn sie beruhte auf Unterwerfung unabhängiger Fürsten, auf Vernichtung städtischer Selbständigkeit, auf der Aufhebung jener Gleichberechtigung, welche den älteren Landesbewohnern neben den Doriern zugestanden war. Es beginnt also eine neue Eroberung des Landes. Dieselben Städte, die als Bundesorte angesehen waren, Aigys, Pharis, Geronthrai, fallen eine nach der anderen, sie werden zu unterworfenen Landstädten; die Macht der spartanischen Doppelkönige breitet sich vom eingeschlossenen Eurotaslande nach allen Seiten hin aus, und so erwächst, unter blutigen Kämpfen gegen die Küste vordringend, allmählich ein einheitliches Reich.

Aber während dieser Ausbreitung fehlte es nicht an innerem Hader und an Zerwürfnissen zwischen den erobernden Königen und den Doriern. Denn jeder neue Erfolg war eine Versuchung für die Könige, auf ihre alten Landesuntertanen gestützt die dem eingewanderten Kriegsvolke zugestandenen Rechte zu schmälern. Ja es fehlte wenig, daß diese Wirren den sich neu gestaltenden Staat mitten in seiner Entwicklung völlig lähmten und auflösten, wenn nicht zur rechten Zeit und von einer fest durchgreifenden Hand die öffentlichen Verhältnisse geordnet worden wären. Diese rettende Tat dankte Sparta seinem Lykurgos, und die Ehren, mit denen es sein Andenken feierte, bezeugen, wie klar man erkannte, daß ohne ihn das verworrene Gemeinwesen dem Untergange verfallen gewesen wäre. Er galt für den eigentlichen Gründer des Staates Sparta, das heißt für den Urheber derjenigen Odnungen, welchen Sparta seine Größe zu danken hatte.

So übereinstimmend aber die Anerkennung seiner Verdienste war, ebenso unsicher und schwankend ist jede weitere Überlieferung von ihm. Seine Tätigkeit fiel in die Zeit der größten Verwirrung; darum fehlen alle urkundlichen Nachrichten und sichere Anknüpfungen an gleichzeitige Personen und Tatsachen. Den alten selbst waren schon sehr frühe die festen Umrisse seiner Persönlichkeit und ihre historischen Beziehungen entschwunden; daher umgaben sie ihn mit symbolischen Gestalten; sie nannten seinen Vater Eunomos (Wohlgesetz) und seinen Sohn, dessen Bildsäule neben dem Lykurgostempel in Limnai stand, Eukosmos (Wohlordnung). Und doch ist darum nicht in Abrede zu stellen, daß wirklich in der ersten Hälfte des neunten Jahrhunderts ein Gesetzgeber jenes Namens gelebt und gewirkt hat, ein Mann, welcher als geborener Heraklide den Beruf zu öffentlicher Tätigkeit hatte. Ähnlich wie einst Theras der Ägide, hat auch Lykurg nicht als König, sondern als Vormund eines minderjährigen Thronerben den wankenden Doppelthron befestigt und dem Staate neuen Halt gegeben. Er wurde von den meisten als ein Mitglied des Hauses Eurypon angesehen. Daß er selbst so wenig wie die kretischen Gesetzgeber dem dorischen Stamme angehörte, wird schon aus der Weite seines Gesichtskreises, aus seinen Reisen zur See und seinen vielverzweigten Verbindungen, die namentlich auch Ionien umfaßten, wahrscheinlich. In keinem Teile seiner Gesetzgebung tritt dorisches Stamminteresse als das maßgebende hervor, und ein Dorier würde schwerlich daran gedacht haben, die Rhapsodien Homers nach Sparta zu verpflanzen. Eine unverkennbare Weltkenntnis, eine durch Beobachtung geübte Staatsklugheit liegt den Gesetzen Lykurgs zugrunde, und es gibt von ihm keine glaubwürdigere Nachricht, als daß er die Einrichtungen Kretas erforscht habe. Hier fand er die Aufgabe, die ihm vorlag, mit glücklicher Weisheit gelöst, und nichts ist für Sparta wohltätiger gewesen, als der Anschluß an die politische und religiöse Kultur von Kreta, den Lykurg begründet hat.

Seine Tätigkeit war eine dreifache. Denn das erste Bedürfnis war Aufhören der blutigen Fehde, welcher das Land verfallen war; darum hat er als Stifter des Landfriedens sein großes Werk begonnen. Das zweite war eine Ausgleichung zwischen den verschiedenen Ständen und Stämmen, die auf fester Bestimmung ihrer gegenseitigen Rechte und Pflichten beruhte; das dritte die dorische Gemeindeordnung. Für das Ganze aber wußte er durch das delphische Orakel eine dauernde Sanktion zu gewinnen; von ihm hatte er seine Vollmachten, von ihm ließ er die ganze Gesetzgebung als mit dem göttlichen Willen übereinstimmend beglaubigen; ja wir können sagen, daß er im wesentlichen nichts war als das Organ delphischer Weisheit und daß das Gelingen seines Werkes nur aus dem großen Einflusse sich erklären läßt, welchen während der politischen Wirren die mit Delphi eng verbundene Priesterschaft in Sparta erlangt haben muß.

Dennoch wurde nicht auf einmal, wie Plutarch es darstellt, und nicht ohne mancherlei Kämpfe das Ziel einer allgemeinen Beruhigung erreicht. Die ersten dieser Kämpfe fielen noch in die Zeit des Gesetzgebers. Denn schon derselbe Charilaos, als dessen Vormund Lykurgos genannt wird, der Mitkönig des Agiaden Archelaos, mit dem er Aigys gemeinschaftlich zerstört haben soll, ein unternehmender und kriegerischer Fürst, suchte den Doriern gegenüber seine Königsmacht in dem Grade zu steigern, daß er deshalb als ein Gewaltherr oder Tyrann bezeichnet wurde. Es erfolgte darauf eine Erhebung des dorischen Volkes, und erst infolge neuer Satzungen, welche die königlichen Befugnisse wesentlich beschränkten, um den Gelüsten der Fürsten nach Wiederherstellung eines pelopidischen Königtums für alle Zeiten entgegenzutreten, kam es endlich zu einer bleibenden Ordnung der Dinge, welche sich als spartanisches Staatsgebäude in der Hauptsache unverändert erhalten hat. Nach der Anschauungsweise der Griechen, welche für jedes große Werk der Geschichte einen Urheber sich zu denken das Bedürfnis hatten, ohne darauf bedacht zu sein, das früher Vorhandene oder später Gewordene zu unterscheiden, wurde die ganze Staatsordnung als die Gesetzgebung Lykurgs betrachtet.

Es hat aber niemals ein Gesetzgeber eine schwierigere Aufgabe vorfinden können. Zwei königliche Familien, mit ihren in der Vorgeschichte des Landes begründeten Rechten, unter sich mißgünstig, mit den früher ebenbürtigen Geschlechtern im Streite, lüstern nach unbedingter Machtfülle und deshalb immer geneigt, sich bei der achäischen Bevölkerung beliebt zu machen, um mit Hilfe derselben von ihren Verbindlichkeiten gegen die Dorier frei zu werden; daneben noch viele andere Überreste von Sitten, Einrichtungen und Gottesdiensten der heroischen Zeit, die hier seit Jahrhunderten bestanden und viel zu tiefe Wurzeln geschlagen hatten, um sich beseitigen zu lassen; auf der anderen Seite das dieser ganzen Zeit fremde Volk der Dorier, spröde und ungefüge, im stolzen Bewußtsein überlegener Kriegsmacht und eifersüchtig über den zugestandenen Rechten wachend: diese Gegensätze standen sich noch immer unvermittelt gegenüber, und die verschiedenartigen Bestandteile der älteren und jüngeren Landesbevölkerung, welche schon zu sehr miteinander verflochten waren, um sich wieder voneinander scheiden zu lassen, veranlaßten eine ununterbrochene Gärung, in welcher sich die Volkskräfte nutzlos aufrieben. Es hat in Griechenland keinen verworreneren und unglücklicheren Staat gegeben als Sparta vor Lykurg. Man sieht, hier kam alles auf Vermittlung an, auf versöhnende Ausgleichung der Gegensätze, auf Begründung eines nach beiden Seiten vorteilhaften Vertragsverhältnisses. Daß dies auf eine dauerhafte Weise gelungen ist, bleibt für alle Zeiten eines der glänzendsten Ergebnisse staatsordnender Klugheit.

Die ganze Gesetzgebung war wesentlich ein Vertrag, wie sie auch ausdrücklich von den Alten bezeichnet wird, ihr Inhalt also nichts weniger als ein rein dorischer. Blieben doch unverrückt an der Spitze des Staates die Königsfamilien mit allen Attributen fürstlicher Macht, welche wir aus der achäischen Zeit kennen. Dieses Königtum konnte in dem neu zu ordnenden Staate nicht entbehrt werden; denn es war das Band zwischen den älteren und jüngeren Bestandteilen der Bevölkerung, es war die Bürgschaft der Reichseinheit. Die Könige waren die Vertreter des Ganzen den Landesgöttern gegenüber; durch sie allein wurde es möglich, die neue Ordnung der Dinge ohne Bruch geheiligter Überlieferung an die Vergangenheit anzuknüpfen; in der Mitte des dorischen Volkes wohnend, das ihnen zu Kriegsdiensten verpflichtet war, waren sie zugleich das Unterpfand für den Gehorsam und die Anhänglichkeit der älteren Bevölkerung, welche in ihnen ihre Oberhäupter verehrte. Daß es aber zwei Dynastien waren, die nebeneinander bestanden, gewährte den wichtigen Vorteil, daß dadurch zwei mächtige Parteien mit ihren Interessen an den Staat gebunden waren, und daß sich die vordorische Landesbevölkerung durch zwei ihrer angesehensten Geschlechter in der obersten Leitung des Staates vertreten sah, und zwar zu gleichen Rechten.

Wie dem Könige der homerischen Zeit, so stand auch denen in Sparta ein „Rat der Alten" zur Seite, aus den Angesehensten des Volkes gewählt, zur Teilnahme an der Staatsleitung sowie an der Ausübung der Gerichtsbarkeit berufen. Was aber früher fürstlichem Belieben anheimgestellt war, wurde nun nach allen Seiten fest geregelt und das Königtum an die Mitwirkung des Staatsrates gebunden. Vor allem, wo es sich um Leib und Leben eines Bürgers handelte, sollten die Könige nicht mehr als solche den Urteilsspruch fällen, sondern nur als Mitglieder des Rates, in welchem außer ihnen achtundzwanzig Männer saßen. Es waren lebenslängliche Senatoren, durch Volkszuruf als die besten Männer der Gemeinde bezeichnet, und zwar nur solche, welche sich in einem sechzigjährigen Leben bewährt hatten, die Männer des öffentlichen Vertrauens.

Wenn wir also hier, wie in allen alten Gemeinden, den Rat als eine Vertretung der Gemeinde ansehen müssen, so wird auch die Zahl seiner Mitglieder keine zufällige sein, sondern der Gliederung der Bürgerschaft entsprechen. Nun wird diese Gliederung allerdings nicht sicher bezeugt, aber es ist durchaus wahrscheinlich, daß es dreißig Unterabteilungen der Stämme oder Oben in Sparta gab, zehn hylleische, zehn dymanische, zehn pamphylische, und daß aus jeder Obe ein Vertreter in den Rat abgeordnet wurde. Die Könige hatten also nur den Vorzug, daß sie die geborenen Vertreter der beiden Oben waren, welchen ihre Geschlechter angehörten, und daß sie den Vorsitz führten. Es hatte jeder von ihnen nur eine Stimme unter den dreißig, und wenn sie fehlten (sie mußten aber, wie es scheint, entweder beide anwesend oder beide abwesend sein), übernahm einer von den Senatoren die beiden Stimmen und gab dann als dritte seine eigene.

Auch was die Gemeindeverfassung betrifft, so wurde gewiß vieles alte und ursprüngliche nur wieder hergestellt. Wie hätte sonst von Kennern des Altertums, wie Hellanikos, die ganze Gesetzgebung auf die Zeiten der dorischen Einwanderung, auf Eurysthenes und Prokles zurückgeführt werden können! Zu diesem Ursprünglichen gehörte ohne Zweifel die Gliederung der dorischen Gemeinde nach Phylen und Oben nebst der Anordnung ihrer Wohnplätze sowie ihres Verhältnisses zu Grund und Boden.

Die Dorier hatten, als sie nach Lakedämon kamen, hier wie überall Landbesitz verlangt und erhalten. Die Landanweisungen, mochten sie erzwungen oder freiwillig gegeben sein, waren von seiten der damaligen Landesregierungen erfolgt und wir werden uns das Verfahren dabei im wesentlichen ebenso zu denken haben, wie es bei Ansiedlungen von Kolonien stattfand; das heißt die zur Verteilung bestimmten Ländereien, entweder altes Domanialland der vertriebenen Pelopiden oder Grundstücke, welche in inneren Fehden den früheren Besitzern genommen waren, wurden vermessen und die Kolonisten erhielten gleiche Landlose nach einem auf den Unterhalt einer Familie berechneten Ackermaße.

Die ersten Einrichtungen waren auf die Verhältnisse be=

rechnet, wie sie nach dem Sturze der Pelopiden in Lakonien stattfanden; denn die Dorier hatten ja hier wie bei den Kretern in den einzelnen, unabhängig gewordenen Stadtgebieten Aufnahme gefunden und sich in verschiedener Weise mit den Achäern einzuleben begonnen. Nun kamen die Landesfürsten miteinander in Streit, einer nach dem andern verlor seine Selbständigkeit und dadurch mußten auch die Verhältnisse der eingewanderten Dorier in die größte Zerrüttung geraten. Als daher Sparta ein neuer Mittelpunkt wurde und sich von hier aus ein lakedämonisches Reich gestaltete, mußten die Dorier, deren Kraft allein einen dauernden Erfolg verbürgte, aus der Zerstreuung gesammelt und, neu geordnet, um den Doppelthron der Herakliden wie in einem Lager vereinigt werden. Es erfolgte also eine Reorganisation der Militärkolonie, wie wir die dorische Gemeinde nennen können, eine neue Gliederung, neue Zählung und neue Landanweisung.

Bei solchen kolonieartigen Ansiedlungen müssen wir sehr bestimmte Zahlen voraussetzen; auch fehlt es darüber nicht an guten Überlieferungen. Wenn aber die Summe der durch Lykurg zur Verteilung gekommenen Ackerlose verschieden angegeben wird, auf 4500, 6000 und 9000, so gehören diese Zahlen gewiß verschiedenen Zeiten an, und wir können mit gutem Grunde annehmen, daß die niedrigeren Zahlen die älteren sind, welche dadurch erhöht worden sind, daß später infolge neuer Landerwerbung eine Vermehrung der Ackerlose eingetreten ist. Daß aber die erste Zahl die lykurgische ist, wird auch dadurch bestätigt, daß sie sechs Jahrhunderte später von König Agis durch Aufnahme von Periöken und Fremden künstlich wieder hergestellt wurde; sie muß also eine durch alte Tradition geheiligte Zahl gewesen sein.

Die dorischen Ackerlose bildeten in der Mitte der Landschaft ein zusammenhängendes Gebiet, dessen Grenzen wir ebenfalls aus den Reformen des Agis mit Sicherheit nachweisen können. Es erstreckte sich im Norden bis zu der Enge des oberen Eurostales bei Pellana und bis zum Passe des Oinustales bei Selasia; im Süden gehörten die fruchtbaren Niederungen, welche sich zum Lakonischen Meerbusen öffnen und bis Kap Malea erstrecken, noch zum Doriergebiete; im Osten und Westen machten die beiden Hochgebirge, Taygetos und Parnon, die Grenze. Das ganze Kernland von Lakedämon war also im Besitze der Dorier; hier wohnten sie nach Phylen und Oben eingeteilt, so daß auf jede Phyle 1500, auf jede Obe 150 Hausstände kamen. Die Phylen und Oben bildeten auch besondere Landgebiete; so war die Obe „Agiadai", der Sitz des älteren Königshauses, ein Distrikt am Eurotas.

Kentaur raubt eine Frau. Vom Zeustempel in Olympia

Weiblicher Kopf vom Zeustempel in Olympia

Übrigens wurden die Dorier auch jetzt keineswegs freie Eigentümer des Landes. Sie durften nichts verkaufen, nichts zukaufen, nichts verschenken oder vermachen. Die Ackerlose gingen unverändert als Majorate von Vater auf Sohn über; sie fielen, wenn keine männlichen Erben da waren, an den Staat zurück, das heißt die Könige, als die ursprünglichen Inhaber des Landes, verfügten darüber.

Die dienstpflichtige Doriergemeinde war die „Phrura" oder Schutzwache der Könige. In ihrer Mitte hatten sie während des Krieges ihr Zelt, von ihr umgeben wohnten sie auf den Hügeln von Sparta. Dieser Mittelpunkt des Landes sollte aber keine geschlossene Festung sein, wie eine alte Achäerburg; vielmehr sollten sich die Könige auch ohne Ringmauern vollkommen sicher nach innen und außen fühlen und die Dorier nie daran denken, sich auf schützende Befestigungen zu verlassen. Darum blieb des Landes Hauptstadt ein offener Ort, wo die Könige in einfacher bürgerlicher Wohnung unter der dorischen Gemeinde lebten. Sparta bildete durchaus keinen geschlossenen Kreis von Häusern wie die anderen Griechenstädte, sondern ländlich und frei am Flusse gelegen, ging es allmählich in die offene Landschaft über und die Dorier wohnten weit über Sparta hinaus das ganze weite Teil entlang, ohne daß die ferner wohnenden darum weniger Bürger Spartas gewesen wären, als die an der Eurotasfurt. Sie waren alle „Spartiaten", wie sie nach strengerem Sprachgebrauche zum Unterschiede von den Lakedämoniern genannt wurden.

Von dieser geschlossenen Spartiatengemeinde streng gesondert blieb die ältere Landbevölkerung, welche auf den Bergen rund um das Spartiatenland herum wohnte (daher die Umwohner oder Periöken genannt), in ihren ursprünglichen Verhältnissen unberührt. An Zahl den Spartiaten um mehr als das dreifache überlegen, bestellten sie den ungleich weniger dankbaren Ackerboden des Gebirges, dessen schroffe Abhänge sie durch Terrassenmauern für Kornbau und Weinpflanzungen einrichteten. Sie beuteten die Steinbrüche und Bergwerke des Taygetos aus, trieben Viehzucht und Seefahrt und versorgten den Markt von Sparta mit Eisengerät, Baumaterial, Wollzeug, Lederwaren u. dgl. Freie Eigentümer auf ihrem Grund und Boden, brachten sie nach uraltem Herkommen den Königen ihre Abgaben dar. Dagegen hatte das Landvolk, welches auf den Äckern der Spartiaten saß, ein härteres Los. Ein Teil desselben bestand wahrscheinlich aus früheren Domänenbauern, alten Lelegern, die schon den Achäern zinsbar gewesen waren; andere waren später in inneren Fehden unterworfen worden. Sie wurden auf ihren früheren Äckern unter der Bedingung gelassen, daß sie den bei ihnen einquartierten Spartiaten einen wesentlichen Teil des Ertrages abgeben mußten. Dieser Zwang rief mehrfache Erhebungen hervor und wahrscheinlich ist die alte Seestadt Helos eine Zeitlang der Mittelpunkt einer solchen Erhebung gewesen. Denn nur so ist die allgemeine Ansicht der Alten zu erklären, daß von jener Stadt der Name der Heloten stamme, welcher nun die gemeinsame Bezeichnung für den Stand der mit Kriegsgewalt unterworfenen und ihrer Freiheit beraubten Landbewohner wurde. Hier bestand im wesentlichen dasselbe Verhältnis, welches die Dorier schon im thessalischen Lande an den Penesten kennengelernt hatten. Die Helotenfamilien lebten auf den Ackerlosen der Spartiaten verteilt; diese übergaben ihnen das Land und verlangten von ihnen die regelmäßige Abgabe des Ertrages, auf welchen dasselbe geschätzt war. Dieser Ertrag betrug für jedes Ackergut zweiundachtzig Scheffel Gerste und ein entsprechendes Maß an Wein und Öl; was die Heloten mehr gewannen, gehörte ihnen und jedem war damit Gelegenheit geboten, einen gewissen Wohlstand zu erwerben. Die Heloten waren Knechte und ohne Anteil an bürgerlichen Rechten; doch waren auch sie nicht schrankenloser Willkür überlassen. Sie waren Knechte des Gemeinwesens; darum durfte sich kein einzelner zum Nachteile desselben an ihnen vergreifen. Als Mitglied des Staates konnte der Spartiat von jedem Heloten Ehren und Dienste in Anspruch nehmen, aber keiner durfte einen derselben als sein Eigentum behandeln. Sie durften nicht verkauft noch verschenkt werden; sie gehörten zum Inventar des Gutes, und der Inhaber desselben durfte bei schwerer Strafe selbst im besten Erntejahre keinen Scheffel Gerste mehr von ihnen verlangen als gesetzlich bestimmt war.

Der Gesetzgeber hatte nach dem Vorbilde von Kreta dies Verhältnis so geordnet, damit die Spartiaten aller Nahrungssorgen ledig und unbekümmert um die Herbeischaffung des Unterhaltes sich mit voller Muße den Pflichten widmen könnten, welche sie für das Gemeinwesen übernommen hatten. Sie waren aber nicht bloß die Hüter desselben und die ihm zu Gebote stehende bewaffnete Macht, sondern sie hatten ihren bestimmten Anteil an den Hoheitsrechten des Staates, an der Regierung und Gesetzgebung, sie bildeten die eigentliche Bürgergemeinde des lykurgischen Staates. Es war der Könige Pflicht, wenigstens einmal jeden Monat, am Tage des Vollmondes, die Bürgerschaft zu berufen, und dazu durften sie keinen anderen Platz wählen, als einen Teil der Eurotasniederung „zwischen Babyka und Knakion", das heißt wahrscheinlich zwischen der Eurotasbrücke und der Einmündung des

Oinusflusses, also recht in der Mitte der eigentlichen Doriersitze, im Stadtgebiete von Sparta, aus dessen Nähe der Schwerpunkt des Staates niemals gerückt werden sollte. Dieser Gemeindetag war zugleich eine Heerschau der waffenfähigen Bürgerschaft vor den Augen ihrer Kriegsherrn; hier wurden die Wahlen der Geronten und anderer Beamten vollzogen, die Mitteilungen der Regierungsbehörden entgegengenommen und wichtige Staatsangelegenheiten, wie Kriegs- und Friedensschlüsse, Verträge und neue Gesetze zur verfassungsmäßigen Bestätigung vorgelegt. Debatten waren nicht gestattet, keine Änderungsvorschläge oder neue Anträge gingen von der Bürgerschaft aus; nur Ja oder Nein. Auch dies Abstimmen war in der Regel eine leere Form, wie sich schon aus der Weise der Abstimmung entnehmen läßt; denn es wurde weder durch Stimmsteine, noch durch Handaufhebung, sondern nach Soldatenart nur durch Zuruf der Volkswille zu erkennen gegeben. Die Versammlungen waren möglichst kurz, sie wurden stehend abgemacht; es wurde alles vermieden, was zu einem längeren und behaglichen Zusammenbleiben hätte einladen können; jeder Schmuck; jede bauliche Einrichtung wurde ferngehalten. Darum war auch der Versammlungsraum von Anfang an ganz verschieden von dem das Marktverkehres. Man sieht, die Teilnahme der Dorier an den Staatsgeschäften war so angeordnet, daß sie in dem Bewußtsein, an den Hoheitsrechten des Staates ihren Anteil zu haben und in wichtigen Fällen die Maßregeln desselben in letzter Instanz entscheiden zu können, Befriedigung fanden; sie sollten sich nicht wie einem fremden Staate eingeordnet, sondern als die Bürger desselben fühlen; sie waren nicht bloß Gegenstand der Gesetzgebung, sondern selbsttätige Teilnehmer derselben, denn sie gehorchten nur solchen Ordnungen, denen sie ihre Zustimmung gegeben hatten. Und dennoch war es in der Regel so, daß sie regiert wurden und nicht regierten. Auch war ihre ganze Bildung darauf angelegt, daß sie weder Beruf noch Neigung hatten, sich mit politischen Dingen zu befassen, und ihr Gesichtskreis viel zu eng, um über allgemeine und namentlich über auswärtige Angelegenheiten ein Urteil zu haben. Außerdem hatte in Sparta alles so sehr seine bestimmte Ordnung, daß nicht leicht etwas im Staatswesen geändert wurde.

Im ganzen nahm also die Ausübung seiner politischen Rechte den Spartiaten nur selten und wenig in Anspruch. Desto mehr wurde die volle Muße und Kraft den Kriegsübungen gespendet. Denn darauf war vor allem anderen das Augenmerk der Gesetzgebung gerichtet, daß die Wehrkraft des Volkes, deren Besitz der Staat mit seinem besten Lande erkauft hatte, demselben ungeschwächt erhalten werde. Darum wurden alle Sitten des dorischen Volkes, mit denen es einst so machtvoll und unwiderstehlich in die erschlaffte Achäerwelt hineingetreten war, die ernste Zucht und herbe Einfachheit des Lebens in voller Strenge hergestellt und mit der ganzen Schärfe des Gesetzes gehütet. Solche Strenge war um so nötiger, je mehr die natürliche Üppigkeit der Tallandschaft zu einem behaglichen Leben aufforderte. Kriegerische Tüchtigkeit war die Bedingung für den Genuß der eingeräumten Rechte und Vorteile; denn die Geburt allein gewährte keinen Anspruch. Der Staat behielt sich ausdrücklich das Recht vor, die Spartiatenkinder gleich nach der Geburt einer Prüfung ihrer körperlichen Beschaffenheit zu unterziehen, ehe sie als Hauskinder anerkannt wurden. Die schwächlichen und krüppelhaften wurden im Taygetos ausgesetzt, das heißt sie durften nur unter den Periökenkindern aufwachsen; denn das Interesse des Staates war gefährdet, wenn ein zur Wehrpflicht Untauglicher in die Erbschaft eines Ackerloses aufwuchs. Auch der als echter Spartiatensohn aufgewachsene konnte degradiert werden; er verlor seine Rechte, wenn er seiner Kriegspflicht nicht in vollem Maße genügte. Auf der anderen Seite hatte der Gesetzgeber Spartas mit großer Weisheit dafür gesorgt, daß eine Ergänzung der Spartiatengemeinde aus anderem Blute und mit frischen Kräften möglich war; denn es konnten auch solche, die nicht aus rein dorischer Ehe stammten, Kinder von Periöken und Heloten, wenn sie die ganze Schule der militärischen Erziehung gewissenhaft durchgemacht hatten, in die Doriergemeinde aufgenommen werden und in erledigte Ackerlose eintreten. Das geschah aber nur mit Bewilligung der Könige; vor ihnen erfolgte die feierliche Adoption des Unebenbürtigen durch einen erbgesessenen Dorier. So gewann der Staat Neubürger und dieser Einrichtung verdankte Sparta eine Reihe seiner größten Staatsmänner und Feldherren. Also die Zucht, die Disziplin machte den Spartiaten, nicht das Blut der Ahnen.

Es ist gewiß, daß die spartanische Zucht viel der ursprünglichen Doriersitte entsprechendes hatte, und daß sie durch tägliche Übung, die sich von Geschlecht zu Geschlecht fortpflanzte, den Mitgliedern der Gemeinde zur anderen Natur wurde. Lykurg hatte auch in dieser Beziehung die kretischen Einrichtungen noch geschärft. Kreta ließ die jungen Dorier bis zur Jugendreife im Hause der Mutter, Sparta nahm schon den siebenjährigen Knaben in öffentliche Zucht und stellte ihn in seine Abteilung ein, wo er alle Vorübungen zum Kriegsdienste durchmachen und seinen Körper genau in der Weise abhärten und ausüben mußte, wie es der Staat durch seine Beamten vorschrieb. So fand sich der Knabe, schon ehe er anfing nachzudenken, in festen und strengen Ordnungen, inmitten deren er sich aller eigenen Neigungen und Richtungen entwöhnte. So erwuchs der Knabe zum Jüngling, und in demselben Gefühle lebten die Jünglinge und Männer weiter, den Bienen gleich wie durch einen Naturtrieb sich eng zusammen scharend. Dies Gefühl zu beleben, dienten die Chorgesänge, weil das Gelingen ihrer Ausführung durchaus von der Unterordnung unter das Ganze, von der selbstverleugnenden Mitwirkung aller einzelnen zu einer gemeinsamen Aufgabe abhängt; dazu dienten die gemeinsamen Waffenübungen und Festtänze sowie die gemeinsamen Männermahle (Syssitia, Phiditia), denen sich auch die, welche schon einen eigenen Hausstand gegründet hatten, ja auch die Könige nicht entziehen durften. Das Haus sollte immer das zweite bleiben, und der Familienvater auch in der Heimat nie das Gefühl und die Gewohnheit eines ununterbrochenen Felddienstes und Lagerlebens verlieren. Daher hieß auch das Zusammenspeisen „zusammenlagern", die Tischgenossen waren keine anderen als die Zeltgenossen; die Kost so einfach, daß sie auch im Felde in gleicher Güte leicht zu gewinnen war. Man saß zu fünfzehn an einem Tische, und zwar nicht nach Vorschrift gruppiert oder nach den zufälligen Bestimmungen des Wohnortes, sondern nach freier Wahl. Es fand nämlich vor der Aufnahme jedes neuen Mitgliedes eine Kugelung statt und eine verneinende Stimme genügte, um die Anmeldung zurückzuweisen. Es war eine echt militärische Maßregel, um einen kameradschaftlichen Zusammenhang herzustellen: denn nun waren alle Mitglieder gebunden, zu Hause wie im Felde füreinander einzustehen. Dies war aber um so wichtiger, weil die Tischgenossenschaft die dem Heerwesen zugrundeliegende Einheit war. Denn die ganze Doriergemeinde bestand aus 300 solcher Kameradschaften. Hier wurden die einförmigen Beziehungen der Örtlichkeit und Verwandtschaft in wohltätiger Weise gekreuzt, hier war innerhalb des strengen Schematismus ein Gebiet der Freiheit, der Wahlverbindung, der Neigung. Anderseits erhielt sich in diesen Kreisen das Herkommen von einem Geschlecht zum anderen und es ging von hier der Korpsgeist aus, welcher alle Ausschreitungen individueller Neigungen zurückhielt.

Wenn man von den Höhen des Taygetos in das hohle Land hinabblickte, so mußte es wie ein großer Exerzierplatz erscheinen und wie der Standort eines schlagfertigen Heeres, das in einer unterworfenen Landschaft lagerte. Um die bestimmten Stunden rückte die Jugend auf die Turnplätze am Eurotas, sammelte sich die Mannschaft in ihren festgeordneten Gruppen, nie ohne Waffen oder den Stab, das Zeichen der Macht, durch den kurzen Tuchmantel, das wallende Haar und den Bart von den anderen Menschenklassen streng unterschieden und Ehrerbietung von ihnen verlangend. Alles, auch die Feste, hatte einen militärischen Charakter. Kommandieren und gehorchen — das war die Wissenschaft des Spartaners; nach diesem Zuschnitte war auch seine Rede kurz und knapp. Scherz und Witz war nicht ausgeschlossen. Im Gegenteil; das kameradschaftliche Zusammenleben der Männer gab dazu Gelegenheit genug und war eine fortwährende Übungsschule in treffenden Worten und guten Einfällen. Lykurgos selbst soll dem Gotte des Lachens einen Dienst gestiftet haben; denn es war die kluge Absicht der Gesetzgebung, den trockenen Ernst des Lebens, in welchem nur das strenge Pflichtgebot herrschte, so viel als möglich zu beleben und zu mildern. Die eigentliche Heimat spartanischer Redekunst, die Ausgangspunkte so vieler Spartanerwitze, die in ganz Griechenland Umlauf hatten, war die Lesche, der Sammelort der müßigen Männer, in der Nähe der öffentlichen Übungsplätze, wo sie in kleinen Abteilungen zusammenkamen und muntere Reden wechselten, wie es im Lager beim Wachtfeuer geschieht. Hier lernte man die Manier spartanischer Wechselrede und übte sich in Geistesgegenwart.

Trotzdem hätte die Eintönigkeit des Lebens, das sich mit allen seinen Interessen um die Übungsplätze und den Waffendienst bewegte, drückend werden müssen, wenn nicht das Jagdleben auch in den Friedenszeiten Abwechslung und Abenteuer dargeboten hätte. Die Wälder, welche die mittlere Höhe des Taygetos bedecken, waren unerschöpflich an wilden Ziegen, Sauen, Hirschen, Bären, namentlich der Höhenzug oberhalb Sparta zwischen den Gipfelbergen Taleton und Euroras, welcher den Namen Therai (Jagdbezirk) führte. Hier stiegen in den steilen Schluchten, aus denen die Waldbäche in das Tiefland stürzen, die munteren Jagdzüge dorischer Männer empor, von lakonischen Spürhunden, den besten ihrer Gattung, ungeduldig umbellt. Die wilden Felsklippen, auf denen drei Viertel des Jahres der Schnee liegen bleibt, boten Gelegenheit genug, männliche Gewandtheit, Mut und Abhärtung zu bewähren. Das Wild wurde wie Kriegsbeute betrachtet und durfte zu Sparta auf den Tisch gebracht werden, um die einförmige Tafelordnung der Phiditien festlich zu unterbrechen, während die Jagdabenteuer lange vorhielten, um die Unterhaltungen in den Leschen zu würzen.

Sollte die lykurgische Zucht, wie beabsichtigt war, das ganze gesellige Leben umfassen, so durfte auch das Haus und die häusliche Ordnung nicht ausgeschlossen bleiben. Auch fehlte es nicht an Vorschriften und gesetzkräftigen Regeln, welche die Ehe, die körperliche Ausbildung der Jungfrauen, die Lebensweise und Zucht der Frauen, die Nahrung und Auferziehung der Kinder betrafen; die Ammen Lakoniens wurden als die besten in ganz Griechenland gesucht. Indessen ist es dem Gesetzgeber doch nicht gelungen, über die Schwelle des Hauses mit der strengen Norm seiner Satzungen vorzudringen und bis in das Innere der Familie die staatliche Disziplin auszudehnen. Hier blieb die Hausfrau in ihren Rechten, und je mehr das Haus am Ende die einzige Stätte war, wo der Spartaner sich noch als Mensch fühlen und bewegen konnte, um so mehr gewann dadurch an Würde und Einfluß die im Innern des Hauses waltende Frau, die „Mesodoma", die zugleich während der Abwesenheit des Mannes dem ganzen Hauswesen vorzustehen und das Helotenvolk zu regieren verstehen mußte. Ganz besonders schwierig, aber auch besonders einflußreich mußte ihre Stellung da sein, wo verschiedene Familien sich mit einem Ackerlose zu behelfen hatten; da kam es nicht selten vor, daß mehrere Brüder zusammen eine Frau hatten.

Beamte brauchte ein solcher Staat nicht viele. Die Spartiatengemeinde wurde durch Unterordnung der Jüngern unter die Älteren, der Krieger unter ihre Vorgesetzten, die Unterordnung aller unter das Gesetz zusammengehalten; die achäische Bevölkerung wurde durch Vögte regiert, welche in die verschiedenen Bezirke der Periöken geschickt wurden; die Heloten bändigte die Furcht vor der stets bewaffneten Macht; das ganze Staatswesen aber stand unter der Hut der Könige aus Heraklidenstamme, welche den Staat mit seinen Göttern und Heroen in altheiligem und segenverbürgendem Zusammenhange erhielten, die Gesetzgebung wahrten und namentlich die Verhältnisse am Grund und Boden, die Grundlage des Ganzen, in wachem Auge hielten. Sie hatten an ihrer Seite die vier Pythier, die Vertreter des delphischen Gottes, welche dafür zu sorgen hatten, daß der unter seiner Autorität gegründete Staat mit seinem Willen fortdauernd in Einklang bleibe, sie erwählten die Truppenführer und die Aufseher der Jugenderziehung, sie nahmen sich endlich auch für die Oberaufsicht des Landes Gehilfen und Stellvertreter. Solche Aushilfe war in Lakonien, wo so viele und nach Ursprung und Stand so verschiedene Menschenarten dicht zusammenwohnten, besonders nötig, damit keine Reibungen zwischen ihnen stattfänden, welche Ruhestörungen veranlaßten. Namentlich auf dem Markte von Sparta, wo alles Volk sich zusammendrängte, bedurfte es strenger Polizeiaufsicht. Jeder Tumult, jeder Auflauf war in einem Staate wie Sparta doppelt gefährlich, weil er auf unerschüttertes Beharren berechnet war. Es war sein Stolz, keine Hauptstadt mit gedrängten Gassen und unruhigem Pöbel zu haben, sondern schon im Äußeren der Wohnsitze, in der Ruhe des täglichen Verkehrs ein wohlgefälliges Bild der Ordnung darzustellen, so wie Terpandros die Stadt preist, auf deren „breiten Straßen die Gerechtigkeit wohne".

Es ist wahrscheinlich, daß in der Beaufsichtigung der öffentlichen Ordnung, in der Schlichtung der Streitigkeiten, die namentlich beim Kaufen und Verkaufen entstanden, der Ursprung der Ephorie zu suchen ist, eines Amtes, das wahrscheinlich viel älter ist als die lykurgische Gesetzgebung und nicht im dorischen Staatsleben seine Wurzeln hat. Es blieb aber wie so vieles andere in dem Staate Lykurgs bestehen; ja es erlangte in demselben eine ganz neue Bedeutung, als an den tyrannischen Gelüsten der Könige das Gelingen des großen lykurgischen Versöhnungswerkes scheiterte und das Mißtrauen, aus alten Keimen immer von neuem aufschießend, eine Amtsgewalt verlangte, welche die Interessen der dorischen Gemeinde allen Angriffen gegenüber zu vertreten hatte.

Mit dem Ephorenamte, welches erst in der folgenden Zeit, nachdem Sparta ein erobernder Staat geworden war, seine volle Macht entfaltete, stieg zugleich der Einfluß des dorischen Elementes. Äußerlich behielt Sparta sein altertümliches Aussehen, und wer durch die Straßen der Stadt wanderte, fand lauter Monumente, welche den Göttern und Heroen der archäisch-äolischen Vorzeit galten. Innerlich aber ging eine durchgreifende Umwandlung vor; dorische Volkskraft, durch Lykurgs Gesetze gestählt und geordnet, drang mehr und mehr durch, und so wurde aus dem Staate, welcher seinen wesentlichen Institutionen nach ein achäischer gewesen war, immer mehr ein dorischer.

Dieser Dorismus teilte sich auch den Umwohnern mit, den alten Lelegern und Achäern; der dorische Dialekt wurde der offiziell im Lande herrschende. Von dem Markte Spartas verbreitete er sich in die Gebiete, wo Dorier mit Nichtdoriern nahe zusammenwohnten; die ganze, einst argivische Ostküste wurde zugleich lakedämonisch und dorisch; die Verwaltung der Landschaft wurde von dorischen Männern besorgt.

*

Ursprünglich war der spartanische Staat auf nichts weniger angelegt, als auf Erweiterung; sein Beruf war vielmehr Beschränkung innerhalb der natürlichen Landesgrenzen, und Absonderung gegen außen; jede fremdartige Berührung galt für gefährlich. Das Heer war die Schutzwache des Thrones, es sollte nur das Gegründete erhalten. Indessen ist es unmöglich, die ganze Bürgerschaft eines Staates auf Krieg zu erziehen, mit absichtlicher Verabsäumung aller anderen Geistesrichtungen nur nach dieser Seite hin den Ehrgeiz in aller Stärke beim Jünglinge aufzuregen und beim Manne wach zu halten, ohne daß zugleich das Verlangen nach kriegerischer Tätigkeit sich einstellen sollte. Die Periöken Lakoniens kehrten wie die Bürger aller anderen Staaten nach beendetem Feldzuge zu ihren Beschäftigungen zurück; aber die Spartiaten blieben stets in Waffen; sie hatten nur zu wählen zwischen der Einförmigkeit des Soldatenlebens im Frieden, das nicht einmal den Reiz der Bequemlichkeit hatte, und dem freieren Leben des Feldlagers. Waren sie doch gelehrt, im Schmucke der Kleider und Waffen zur Schlacht wie zur Lustfeier auszuziehen, von Musik geleitet, in munterem Festschritte! Kein Zweifelmut hielt sie zurück. Denn wen hatten sie zu fürchten, sie, die Krieger waren wie sonst keine in Hellas, die mit Verachtung auf die von den Feldern und aus den Werkstuben zusammengerufenen Milizen der anderen Staaten blickten! Dazu kam die Beengung der Spartiatengemeinde auf ihrem Grund und Boden. Hier und dort mußten mehrere Brüder von einem Ackerlose leben; die Gefahr war da, daß manche derselben ihres vollen Bürgerrechtes verlustig gingen, wenn sie nämlich die Beiträge, die jeder Dorier von seinem Grundstücke für die gemeinsamen Mahle zu leisten hatte, nicht liefern konnten. Da war kein Ausweg als Eroberung, als neue Landteilung. Der wohlberechtigte Siegesmut steigerte den Wunsch nach Krieg, und so wurde der Staat der Spartiaten unwillkürlich in die Bahn eines erobernden Staates hinein gedrängt, auf welcher sie immer mehr verlernten Frieden zu halten.

Dies machte sich ganz allmählich. Denn zuerst mußte ja die Landschaft selbst bis an ihre natürliche Grenze von der Spartiatengemeinde erobert werden, und die Feststellung dieser Grenzen veranlaßte zugleich die ersten Reibungen mit den Nachbarstaaten, Messenien wie Argos.

Freilich konnte die natürliche Begrenzung nirgends fester bezeichnet sein, als dort, wo der hohe, scharfe Kamm des Taygetos mit seinen unwegsamen Jochen die beiden südlichen Landschaften scheidet. Auf der Höhe desselben stand zur Hut der Landesgrenze das Heiligtum der Artemis Limnatis, deren Fest ein gemeinsames der beiden friedlich verbundenen Nachbarstaaten war. Indessen waren auch beschworene Verträge nicht stark genug, um den Reiz der Kriegslust zu überwinden. Messenien war ja in der achäischen Zeit, deren Erinnerungen man nicht preisgeben wollte, ein Stück von Lakedämon gewesen. Die Lockung, von neuem die Reichsgrenzen über das Gebirge vorzuschieben, war um so größer, weil gerade die westlichen Abhänge ungleich milder, erdreicher und fruchtbarer sind als die östlichen, und während das Eurotastal noch immer die Spuren der langen Bürgerkriege trug, welche es seiner ganzen Ausdehnung nach verheert hatten, war Messenien, nachdem die ersten Erschütterungen der dorischen Invasion überwunden waren, unter einer Reihe friedlicher Regierungen im stillen zu einem ungemeinen Wohlstande gediehen. Die verschiedenen Stämme der Bevölkerung hatten sich miteinander verschmolzen; das dicht bewohnte Pamisostal war ein Bild des blühendsten Landbaues, der Golf voll von Schiffen, Methone der belebte Hafenplatz des Landes. Es konnte also nicht anders sein, als daß die Spartaner von ihren kahlen Felsjochen mit Neid hinunterblickten in das gesegnete Nachbarland und auf die nahen Terrassen, welche sich mit wohlgepflegten Öl- und Weinpflanzungen zum Flusse niedersenkten.

Nun kam dazu, daß das drüben eingewanderte Doriervolk unter den Einflüssen der älteren Bevölkerung und des behaglichen Wohllebens seinen ursprünglichen Charakter gänzlich eingebüßt hatte. Zwar fehlte es nicht an tapferen Männern und eine stattliche Reihe messenischer Sieger in Olympia zeugt für die Blüte der Gymnastik in Messenien während des achten Jahrhunderts, aber die Landschaft hatte sich ganz den älteren Stämmen der Halbinsel angeschlossen; sie war wie ein Stück von Arkadien, mit dem sie durch die Dynastie der Äpytiden, durch ihre Mysterien und Heiligtümer sowie durch verwandtschaftliche Beziehungen aller Art auf das engste verbrüdert war.

Die Spartaner begannen den Krieg in derselben Weise, wie ihre Ahnen vor Zeiten die Eroberung der einzelnen Halbinselländer begonnen hatten. Sie besetzten Ampheia, einen Punkt auf dem äußersten Vorsprunge eines Rückens, der vom Taygetos her gegen Westen streicht. Mit senkrechten Wänden fällt die Höhe nach zwei Bächen ab, welche sie von der Stenyklarischen Ebene unersteiglich machen, während die Fluren derselben jedem Angriffe von oben bloßliegen. Von hier begannen sie die Angriffe, die Verwüstung der Felder. Hier beherrschten sie die Pässe und fingen die Sendboten auf, welche bei den Nachbarn umher, bei Delphi und Argos Rat und Hilfe suchten. Der Widerstand der Messenier war über Erwarten. Als sie das offene Feld nicht mehr zu halten vermochten, hatten sie an dem hohen Burgfelsen von Ithome, dem gemeinsamen Heiligtum ihres Landes, einen festen Punkt, wo sie sich zusammensiedelten; auf den Waldterrassen vorteilhaft aufgestellt, sollen sie noch im elften

Kriegsjahre die Spartaner besiegt haben. Aber ihre Kraft wurde ermüdet, als sie Jahr für Jahr den Ertrag ihrer Felder in die Hände der Feinde fallen sahen, und umsonst waren die blutigen Opfer, die dem Zeus auf Ithome dargebracht wurden. Mit steigender Kraft setzten die beiden Herakliden, Theopompos der Eurypontide und der Heldenkönig Polydoros, gemeinsam den Kampf fort; nach zwanzigjährigem Kriege fiel die Burg des Aristodemos und mit ihr das ganze Land in die Gewalt der Feinde. Die Königssitze verödeten; die Burgen wurden zerstört, die Überreste des äolischen Landesfürsten Aphareus auf den Markt von Sparta verpflanzt, um dies als die neue Hauptstadt zu bezeichnen. Ein Teil der Äcker wurde als erobertes Land eingezogen und der Boden nach dem Maße dorischer Landlose vermessen; wahrscheinlich gehört dieser Zeit die Vermehrung der Lose auf 9000 an. Dadurch wurde es möglich, die lakonischen Güter, auf denen große Familien zusammen lebten, zu entlasten und jüngeren Spartiatensöhnen volle Selbständigkeit zu gewähren. Auch wurden wohl messenische Dorier in die Bürgerschaft aufgenommen. Außerdem wurden die Androkliden zurückgeführt und mit Familiengütern in Hyamia beschenkt. Endlich verpflanzte man nach Messenien dryopisches Volk, das die Argiver aus ihrem Küstenlande vertrieben hatten. Man gab den Landflüchtigen am Messenischen Meerbusen einen ausgezeichneten Wohnplatz, wo sie ein neues Asine aufbauten. Von den früheren Besitzern wanderten die edlen Geschlechter aus, um in Arkadien, in Argolis, in Sikyon eine Heimat zu suchen. Sonst blieb die Bewohnung des Landes unverändert. Die Messenier wurden in Haus und Hof gelassen; aber sie erhielten, was ihnen gelassen wurde, vom spartanischen Staate und mußten diesem die Hälfte des jährlichen Ertrages abliefern. Sparta war ihre Hauptstadt. Dort mußten sie sich beim Ableben eines Herakliden zur Landestrauer einstellen und überhaupt in Krieg und Frieden zu denselben Dienstleistungen bereit sein, wie die Periöken.

Das obere Messenien ward von den Eingriffen Spartas am wenigsten berührt. Hier erhielt sich die Volkskraft ungebrochen; hier sammelte sich, was dem herben Zwange des fremden Joches sich nicht beugen wollte. Die alte Königsstadt Andania am Ausgange der arkadischen Gebirgspässe wurde der Herd der nationalen Erhebung und, nachdem die Mauern von Ithome über zwei Menschenalter hindurch in Schutt gelegen hatten, wurde die dumpfe Ruhe des Landes durch einen entschlossenen Aufstand unterbrochen. Das Bergvolk stand in Waffen; seine Führer waren die Enkel der Helden von Ithome, tapfer wie diese und aufgezogen im Durst nach Rache; vor allem hervorragend der jugendliche Aristomenes, aus dem königlichen Geschlechte der Äpytiden. Er war die Seele des Aufstandes, und nach ihm nannten die Alten den ganzen Krieg, der sich nun entzündete, den aristomenischen.

Anfangs standen die Messenier allein, das Gebirgsvolk und die Aufständischen des unteren Landes, denen sich auch die Androkliden anschlossen; ein Beweis, wie wenig die Spartaner ihre eigene Partei im Lande treu zu erhalten verstanden. Mit eigener Kraft wagten es die Messenier dem Heere Spartas entgegenzutreten und wußten das Feld zu behaupten. Dieser Erfolg hatte eine außerordentliche Wirkung. Den Spartanern sank der Mut, die Messenier aber benutzten die Frist, in alle Umlande ihre Boten zu senden; jetzt sei die Zeit, mit vereinter Kraft den eroberungssüchtigen Staat in seine Schranken zu weisen; es handle sich hier um die Freiheit aller Peloponnesier.

Der Hilferuf blieb nicht vergeblich. Hatte doch der König Polydoros bei seinem ersten Auszuge auf die Frage, wohin es gehe, deutlich genug Antwort erteilt: „in das noch nicht vermessene Land". Das bezeichnete den Übermut des damaligen Sparta; alles peloponnesische Land war entweder Spartiatenland oder sollte es werden. Argos wie Arkadien hatten schon zur Genüge erfahren, wie ernstlich Sparta es auch gegen sie mit der Verwirklichung jener Drohung meine. Beide Staaten waren von Charilaos mit Krieg überzogen worden; der Sohn des Charilaos hatte eine großen Teil von Argolis verwüstet und argivische Städte, welche sich gegen die Herrschaft ihrer Landesfürsten auflehnten, wie namentlich Asine, unterstützt; die flüchtigen Asinäer waren dann als Freunde von Sparta aufgenommen worden. Es war eine Zeit, in welcher das Königtum der Temeniden im eigenen Lande mit neuen Ansprüchen auftrat und sich in der Unterwerfung der Küstenstädte auf die ärgerlichste Weise durch die spartanische Politik gehemmt sah. Die Nachbarfehden wurden zum blutigen Kriege unter dem argivischen König Pheidon, und wenn wir den Aufstand von Andania richtig ansetzen, so war damals der Kampf um die Hegemonie noch in vollem Gange. Wie hätte Argos also den Hilferuf des Aristomenes zurückweisen können?

In gleicher Lage war Arkadien, wo Orchomenos damals mit seinem Könige Aristokrates eine vorörtliche Machtstellung einnahm. Hier kam den Messeniern nicht bloß dynastisches Interesse, sondern die lebhafte Sympathie des ganzen Landes entgegen. In allen Kantonen regte es sich; kriegslustig scharte sich das Volk um Aristokrates, die Städter in eherner Rüstung, die Männer des Gebirges mit Wolf- und Bärenfellen. Von der

Küste des nördlichen Meeres kamen Sikyonier, bei denen sich früh eine antispartanische Richtung entwickelt hatte; Athener aus Eleusis, wo die Nachkommen pylischer Geschlechter Messenien als ihr altes Vaterland betrachteten. Unter den Staaten der Westküste trat bei dieser Gelegenheit ein schroffer Gegensatz der Parteistellung hervor. Elis, der Staat am Peneios, hatte schon seit längerer Zeit im Anschlusse an Sparta eine Stütze seiner Politik gesucht, da es aus eigener Kraft seine herrschsüchtigen Pläne nicht erreichen zu können glaubte. Die Pisaten dagegen standen damals unter Pantaleon, Omphalions Sohn, mächtig aufstrebend den Eleern gegenüber; seine dynastischen Interessen konnten nur gedeihen, wenn Spartas Macht gebrochen wurde. Mit vollem Eifer schloß er sich daher der messenischen Sache an und trat selbst voll ehrgeiziger Hoffnungen als Feldherr in den gegen Sparta sich vereinigenden Bund ein. So hatte das Feuer des andanischen Aufstandes in weitem Umkreise gezündet, ein Peloponnesischer Krieg war daraus geworden; Sparta sah sich rings von mächtigen Feinden umgeben und hatte außer den Eleern nur noch die Lepreaten und die von Feindschaft gegen Sikyon beseelten Korinthier, auf die es zählen konnte.

Der schlimmste Feind aber war im eigenen Lager der Spartaner. Denn während ihre Siegeskraft darauf beruhte, daß sie unter allen Umständen sich selbst treu blieben und in fester Ordnung wie ein Mann dem Auslande gegenüberstanden, so war jetzt diese Haltung verloren und ihre Festigkeit im tiefsten Kerne erschüttert. Die schwer erkauften Siege hatten auf den Zustand des Landes verderblich zurückgewirkt und das Verhältnis der Staatsgewalten zueinander sowie die Beziehungen zwischen den verschiedenen Bevölkerungsklassen auf die bedenklichste Weise zerrüttet, wie sich dies bald nach dem Ende des ersten Krieges zeigte. Der Grund lag zunächst darin, daß während der Feldzüge einerseits das Selbstgefühl des dorischen Kriegsvolkes merklich gestiegen war, anderseits auch das Ansehen der Könige; das letztere um so mehr, als Polydoros und Theopompos den alten Hader der beiden Häuser, welchen die Spartaner nicht ohne Grund als einen Schutz ihrer Freiheiten ansahen, aufgegeben hatten und eine gemeinsame Politik verfolgten. Es war eine Spannung zwischen Königtum und Bürgerschaft eingetreten. Die dorische Gemeinde hatte in die Leitung der öffentlichen Angelegenheiten einzugreifen versucht; es kam zu einer Verfassungskrise, deren Ergebnis aus dem Gesetze erhellt, welches unter der Regierung der beiden Könige als Zusatz zu der lykurgischen Verfassung veröffentlicht wurde, ein Gesetz des Inhaltes, daß, wenn die Bürgerschaft einen irrigen oder verkehrten Beschluß fasse, die Könige nebst den Geronten das Recht haben sollten, denselben zum Besten des Staates ungültig zu machen und die Versammlung aufzulösen. Das Königtum ging also aus diesem Kampfe siegreich hervor; es siegte in Verbindung mit dem Senate; das verfassungsmäßige Recht der Gemeinde war aufgehoben; das Befragen der Gemeinde war nur noch eine leere Form; sie hatte ihren Kriegsherrn nur zu gehorchen.

Dieser Triumph war aber von kurzer Dauer. Der Parteikampf dauerte fort, der Kampf zwischen den achäischen und den dorischen Staatselementen, zwischen der mit den Geschlechtern verbundenen Monarchie und der Gemeinde. Er wurde mit allen Waffen der Leidenschaft gekämpft und führte schon unter Polydoros und Theopompos einen vollständigen Umschwung der Verhältnisse herbei. Polydoros, das Spiegelbild eines Herakliden, der Liebling des Volkes, wurde ermordet und doch wurde der Mörder Polemarchos, ein edler Spartaner, nicht als Verbrecher angesehen, sondern eines Denkmals in Sparta würdig erachtet; ein Widerspruch, der sich nur dadurch erklärt, daß der Mörder als ein Tyrannenmörder, als ein Vertreter der Rechte der Gemeinde und ein Retter ihrer Freiheiten angesehen werden konnte. Theopompos aber rettete sich und das Königtum nur dadurch, daß er sich Neuerungen gefallen ließ, welche die königlichen Vollmachten wesentlich einschränkten. Dies geschah dadurch, daß man dem Amte der Ephoren eine ganz neue Bedeutung gab. Früher Beamte der Könige, wurden sie jetzt den Königen gegenüber die Wächter des gesetzlichen Herkommens; sie erhielten die Befugnis, jede Verletzung desselben zu rügen und aus der Rüge erwuchs das Recht, die Überschreitenden in ihrer Machtausübung zu hemmen. Die Ephorie trat damit in den Mittelpunkt des ganzen Staatswesens; es war so gut wie ein neues Amt, als der Ephore Elatos mit seinen Amtsgenossen zuerst öffentlich aufgezeichnet und vielleicht schon damals die Jahre nach ihm zu benennen begonnen wurde. Dies geschah der gewöhnlichen Rechnung zufolge 130 Jahre nach der lykurgischen Gesetzgebung, unter der Regierung desselben Theopompos, welcher mit Polydoros zusammen die Rechte der dorischen Gemeinde vernichtet zu haben glaubte. Jetzt mußte er erleben, daß ihm seine Gattin die bittersten Vorwürfe über sein unkönigliches Benehmen machte. Er müsse sich schämen, daß er das Königsamt nicht so, wie er es empfangen habe, seinen Nachfolgern hinterlasse. Theopompos aber konnte sich nur damit entschuldigen, daß es an Dauerhaftigkeit gewonnen habe, was ihm an Macht entzogen worden sei. Freilich war es nun so unschädlich gemacht, daß es nicht zum Mißbrauche verleitete, und so beschränkt, daß es aufhörte, ein Gegenstand der Eifersucht und Anfeindung zu sein.

Das war das Ende der großen Verfassungskrise unter Polydoros und Theopompos, aber nicht das Ende der Wirren, welche dem ersten Messenischen Kriege folgten. Auch in der Bevölkerung des Landes hatte er große Unruhen hervorgerufen. Man hatte für den Krieg auch die nichtdorische Bevölkerung stark in Anspruch nehmen müssen; ein Teil derselben hatte den Dienst verweigert und war infolgedessen zu Heloten gemacht. Andere hatten tapfer mitgekämpft; sie hatten die Lücken der durch den Krieg gelichteten Spartiaten ausgefüllt; man hatte ihnen die Verbindung mit spartiatischen Frauen gestattet und ohne Zweifel auch Anteil an der neuen Landverlosung in Aussicht gestellt. Das war durchaus im Sinne der beiden Könige und wohl ein Grund ihrer Popularität. Die Dorier aber wollten von solcher Vermischung mit achäischem Blute nichts wissen, und es hing wahrscheinlich mit der Demütigung des Königtums zusammen, daß man die von den Herakliden gemachten Versprechungen nicht gelten lassen, die zwischen Achäern und Dorierinnen geschlossenen Verbindungen nicht als rechtmäßige Ehen anerkennen und die daraus entsprossenen Söhne nicht in die dorische Gemeinde aufnehmen wollte.

Durch schlimme Anzeichen waren die Schäden des öffentlichen Lebens offenbar geworden, der Mangel an innerer Einheit, der unversöhnliche Standesgeist der Dorier, die Einseitigkeit der dorischen Richtung, die Verabsäumung feinerer Bildung, welche vor Roheit schützt. Man suchte das Versäumte nachzuholen; man knüpfte Verbindungen mit auswärtigen Städten, wo unter freieren Verhältnissen die hellenische Kunst sich zum Segen des Gemeinwesens entfaltet hatte; man zog fremde Meister herbei, deren Lieder imstande wären, die schroffen Gegensätze auszugleichen und die Gemüter kräftiger zu ergreifen, als es die homerischen Rhapsodien vermochten. Vielleicht steht noch mit dem Parthenier-Aufstande die Ankunft Terpanders in Zusammenhang, des Sangmeisters von Lesbos.

Auf Lesbos hatten die ausgewanderten Böotier unter der Gunst der herrlichen Insellage und der vielfachen Anregung von der asiatischen Küste her Gesang und Saitenspiel zu reichem Gedeihen entfaltet. Aus Böotien stammten ja auch die Ägiden, deren hochbegabtem Geschlechte Euryleon angehörte, welcher zwischen Polydoros und Theopompos das Mitteltreffen des lakedämonischen Heeres im Messenischen Kriege befehligt hatte. In Krieg und Frieden waren sie einflußreich bei den Lakedämoniern und vermöge ihrer weitreichenden Stammverbindungen vorzugsweise geeignet, dem spröden Dorismus entgegenzuwirken und die befruchtenden Keime allgemein hellenischer Bildung in Sparta einzuführen. Ihrem Einflusse dürfen wir es also auch zuschreiben, daß Terpandros gerufen wurde, die lyrische Kunst, die er mit schöpferischem Geiste geordnet hatte, in Sparta einzubürgern, durch heilkräftige Musik die bösen Dämonen des Unfriedens zu bewältigen und den engen Kreis einheimischer Bildung zu erweitern. Seine Kunst wurde von Staats wegen eingeführt und erhielt ihre festgeordnete Stellung im Gemeinwesen; seine siebensaitige Zither empfing gesetzliche Sanktion. Der öffentliche Gottesdienst wurde durch seine erhabenen Weisen neubelebt, und vor allem wurde das große Landesfest des Apollon Karneios, des Stammgottes der Ägiden, welches, mit allen Erinnerungen an die dorische Heerwanderung ausgestattet, ein vorwiegend militärisches Fest geworden war, in der Weise umgestaltet, daß damit ein Wettkampf in äolischer Musik verbunden wurde. In dem erhöhten Festglanze sollte eine Versöhnung der Parteien, ein Vergessen des Alten, ein neuer glücklicher Anfang gewonnen werden.

Der Krieg selbst hatte inzwischen eine andere Wendung genommen, als die Messenier gehofft und die Spartaner gefürchtet hatten. Alles, was vom Tyrtaios berichtet wird, beweist schon, daß die Übermacht der Feinde den Spartanern Zeit ließ, sich im Innern zu stärken und zu sammeln. Zu einem Angriffe auf das von Natur so mächtig verschanzte Lakonien wurde kein Versuch gewagt. Die Verbündeten selbst waren räumlich zu getrennt, um einmütig zu handeln. Noch wichtiger war, daß die einzelnen Bundesgenossen lauter besondere Zwecke verfolgten; in Argos wie in Pisa wollten die Fürsten, die an der Spitze der Heere standen, im Grunde nur ihre eigene Hausmacht stärken; ihre Hilfstruppen blieben aus. Am treuesten und nächsten mit Messenien war Arkadien verbunden; ihre Heere waren vereinigt und schützten das neugewonnene Land mit solcher Übermacht gegen die Spartaner, daß diese, wie erzählt wird, zu den Mitteln der Bestechung greifen mußten, um die Verbündeten zu trennen. Es gelang ihnen durch die Schlechtigkeit des Aristokrates. Als die Heere am „großen Graben", einem Kanale der messenischen Ebene, sich zur entscheidenden Schlacht gegenüberstanden, zog der treulose König, dessen Truppen zwei Dritteile des Heeres bildeten, unter dem Vorwand ungünstiger Opferzeichen sein Volk aus der schon begonnenen Schlacht zurück. Dadurch wurden die Messenier auf dem rechten Flügel in Verwirrung und Unordnung gebracht, sie wurden mit leichter Mühe von den Spartanern umringt und erlitten eine vollständige Niederlage. Die Arkader fluchten ihrem Könige, als sein Verbrechen an den Tag kam; er wurde als Hochverräter gesteinigt, und auf dem heiligsten Platze des arkadischen Landes, hoch auf dem Lykaion, neben dem Aschenaltare des Zeus, stand noch jahrhundertelang die Säule mit warnender Inschrift: „daß Messenien durch Gunst des Zeus den Verräter entdeckt und dieser des Meineides Strafe erlitten habe. Kein Frevel bleibe verborgen". Indessen kam keine neue Hilfe und Messenien war verloren.

Freilich wurde der Kampf fortgesetzt. Aber er erhielt eine ganz andere Wendung. Die Ebenen konnten nicht mehr gehalten werden; es wurde ein Guerillakrieg, der seinen Mittelpunkt in den unzugänglichen Gebirgen der arkadischen Grenze hatte. Von hier aus gelang es Aristomenes durch kühne Streifzüge bis in das Herz von Lakonien einzudringen und selbst aus dem sicher gelegenen Pharis, wo der spartanische Staat seine Vorräte und Schätze aufbewahrte, mit Beute beladen zurückzukehren. Während er selbst kein Heer mehr aufzubieten vermochte, zitterten doch vor ihm die Lakedämonier am Eurotas und sahen mit tiefem Unmute jahraus, jahrein ihre Äcker von seinen Streifscharen verwüstet. Ihre auf Feldschlacht berechnete Taktik war zur Beendigung eines solchen Krieges gänzlich untüchtig. Deshalb konnte Aristomenes eine Reihe von Jahren diesen Krieg fortsetzen. Sein Hauptquartier war Eira, eine steile umfangreiche Höhe, in dem wildesten Berglande, zwischen zwei Bächen, welche zur Neda hinunterfließen. Das ganze Hochland, das mehr zu Arkadien als zu Messene gehörte, ist wie eine Festung; durch seine Schluchten konnte kein Heer in Marschordnung vordringen, und die aufgelösten Scharen kamen in weglosen Felsklüften zu Schaden. Hier saß mit seinen Herden und seiner beweglichen Habe der Überrest freier Messenier und harrte mit Aristomenes, welcher immer nach seinen alten Bundesgenossen ausschaute, auf bessere Zeiten. Von den Spartanern mehr und mehr umringt, hatten sie zuletzt nur noch das enge Nedatal, durch welches sie sich Zufuhr verschafften und mit befreundeten Orten in Verbindung erhielten. Es waren nämlich noch zwei wichtige Küstenplätze, Methone und Pylos, im Besitze der Messenier geblieben, die zu Schiffe den Lakedämoniern Abbruch zu tun suchten wie Aristomenes zu Lande. Auf die Länge waren die drei entlegenen Punkte nicht zu halten und was in der jahrelangen Kriegsnot von dem Kerne messenischer Geschlechter noch übriggeblieben war, mußte sich endlich entschließen, den väterlichen Boden aufzugeben, auf dessen Wiedereroberung sie, von aller Hilfe verlassen, keine Aussicht hatten. Sie zogen sich auf arkadisches Gebiet zurück, wo sie gastliche Aufnahme fanden. Die Unruhigeren, Tatenlustigeren zogen weiter; die einen nach Kyllene, dem Elischen Hafen, durch den seit ältesten Zeiten Arkadien mit dem westlichen Meere in Verbindung gestanden hat, und von hier aus über das Meer in derselben Richtung, welche schon nach dem ersten Kriege messenische Scharen eingeschlagen hatten, nach dem Sizilischen Sunde. Die eine Schar führte Gorgos, des Aristomenes Sohn, die andere Mantikles, der Sohn des Theokles, jenes Sehers, welcher an den erfüllten Götterzeichen den bevorstehenden Fall von Eira erkannt hatte. Aus den Messeniern, welche sich von diesen Ahnen herleiteten, erwuchs ein glückliches und mächtiges Geschlecht, welches in Rhegion und dann auch in Zankle zur Herrschaft kam. Andere wendeten sich nach den östlichen Meeren; so Aristomenes selbst, der inmitten neuer Rachepläne, zu deren Verwirklichung er selbst die Mitwirkung asiatischer Despoten gesucht haben soll, in Rhodos gestorben ist. Die Diagoriden in Rhodos rühmten sich, daß durch des Aristomenes Tochter sein Heldenblut in ihren Stamm übergegangen sei.

Messenien selbst, seiner Geschlechter beraubt, versank in einen traurigen Zustand; das schöne Land, einst als das glücklichste Heraklidenlos gepriesen, war ausgelöscht aus der Geschichte des griechischen Volkes.

Das Ende der Messenischen Kriege (um 628) macht den Schluß einer für Sparta entscheidenden Entwicklungsperiode. Äußerlich und innerlich umgestaltet, ging es aus derselben hervor. Aus dem lykurgischen Staate war etwas wesentlich anderes geworden; die patriarchalischen Ordnungen, welche sich aus der Vorzeit erhalten hatten, bestanden nicht mehr; das beabsichtigte Gleichgewicht zwischen Fürstenrecht und Gemeinderecht war zu künstlich, um dauerhaft zu sein; die Versöhnung zwischen Achäern und Doriern war gescheitert. An Stelle eines gegenseitigen Vertrauens, das auf Vertragstreue beruhte und durch gemeinsame Gottesdienste gestärkt wurde, hatte der Argwohn sich eingeschlichen und Mißtrauen war der Grundton der ganzen Staatsgesellschaft geworden; Mißtrauen von seiten der Dorier gegen die Könige, gegen die Periöken, gegen die Heloten. Wurde doch bei dem Antritte jedes Ephorenkollegiums gewissermaßen ein neuer Feldzug angesagt, welcher gegen die anwachsende Helotenmasse gerichtet war, weil man in derselben einen immer lauernden Feind sah, welcher bereit sei, jedes öffentliche Unglück als eine Gelegenheit zum Abfalle auszubeuten! Deshalb war Lakedämon auch während der Friedenszeiten in immerwährendem Kriegszustande und es wurden von Zeit zu Zeit mit kaltem Blute an der wehrlosen Landbevölkerung die größten Grausamkeiten verübt. Was aber die freie Landbevölkerung betrifft, so war der Argwohn gegen dieselbe seit der verfassungsfeindlichen Verbindung, wie sie unter Polydoros und Theopompos zwischen dem Königtum und den im Senate vertretenen, achäischen Geschlechtern zustande gekommen war, merklich gesteigert worden. Dazu kamen die politischen Bewegungen um die Zeit des zweiten Messenischen Krieges und das Aufkommen der Tyrannis in den Nachbarländern; dadurch wurde die Spannung zwischen den Doriern und ihren Heerfürsten immer größer, die Stimmung immer gereizter. Seitdem aber das Mißtrauen in der Ephorie sein verfassungsmäßiges Organ erhalten, war der Zwiespalt als Verfassungsprinzip eingeführt, der innere Kampf als eine gesetzliche Ordnung sanktioniert. Deshalb konnte es auch bei den ursprünglichen Einrichtungen nicht bleiben und die Ephorenmacht war eine auf Kosten der älteren Staatsgewalten stetig fortschreitende, indem sie teils die königlichen Rechte in betreff der auswärtigen Angelegenheiten und des Oberfeldherrnamtes, teils die Vollmachten des Senats in betreff der Gesetzgebung an sich zog.

Die erste Bedingung der Ephorenmacht war aber die, daß sie eine vom Königtum vollkommen unabhängige war; es ist also wahrscheinlich, daß schon zu Theopompos' Zeit die Ephorenwahl von der dorischen Gemeinde ausging. Die Wahlart kennen wir nicht, aber die darüber gegebenen Andeutungen lassen schließen, daß sie in einer verhältnismäßig frühen Zeit festgestellt worden ist, und die entscheidende Veränderung in dem Verhältnisse der Staatsgewalten, welche schon unter jenem Fürsten eingetreten sein soll, läßt sich nur daraus erklären, daß der königliche Einfluß auf die Ernennung der Ephoren gänzlich beseitigt wurde. Eine neue Steigerung der Ephorenmacht ging von Asteropos aus, welcher selbst dies Amt bekleidete; eine Steigerung, welche wahrscheinlich darauf beruhte, daß das nur zur Kontrolle der Regierung berufene Amt einen bedeutenden Teil der Regierungsgeschäfte an sich zog und in der Gesetzgebung selbständig vorging. Endlich fand um Ol. 55 (560), als der weise Chilon unter den Ephoren war, eine dritte Erhöhung ihrer Amtsvollmachten statt, welche den Sieg über das Königtum zur Entscheidung brachte.

Durch Einsetzung der Ephorie ist allerdings, wie Theopompos sagte, der Thron der Herakliden befestigt worden; sie hat das Königtum gerettet zu einer Zeit, da es in den meisten Staaten aufgehoben wurde. Dem Wesen nach aber hat sie das Königtum vernichtet. Sparta hörte auf eine Monarchie zu sein, ohne daß sein Zusammenhang mit der heroischen Zeit auf eine gewaltsame Weise zerrissen worden wäre; es behielt den Doppelthron wie einen heiligen Schmuck, der darum kein wertloser Zierat war; denn er hielt nach wie vor die achäische Bevölkerung mit der Doriergemeinde zusammen, er verschaffte auch nach außen dem Staate ein großes Ansehen, indem diese Reliquie aus der Heroenzeit demselben eine Weihe gab, deren alle anderen Staaten entbehrten; er diente auch bis in die spätesten Zeiten dazu, dem einseitigen Dorismus Schranken zu setzen und gestattete den wirklich hervorragenden Mitgliedern der beiden Fürstenhäuser immer noch Gelegenheit, maßgebenden Einfluß zu gewinnen. Für gewöhnliche Zeiten aber waren die Könige nichts im Staate, und die Ephoren alles. Seit der Zeit des Chilon nahmen sie die Könige allmonatlich in Eid und Pflicht auf die Verfassung. Sie waren es, welche den Staat nach außen vertraten und die Staatsverträge im Namen der Gemeinde unterzeichneten. Selbst in dem eigensten Kreise des königlichen Amtes, im Aufgebote und in der Heerführung, verdrängten sie die Herakliden. Durch sie wurden die Hippagreten oder Reiterführer gewählt, welche mit Angabe eines bestimmten Grundes (damit keine Parteilichkeit maßgebend sei) aus dem ganzen Heerbanne dreihundert Männer zum Dienste um die Person der Könige ausheben. Diese hatten auf die Bildung ihrer Ehrengarde selbst nicht den geringsten Einfluß und mußten sich in ihrer Mitte mehr beobachtet als behütet und bedient fühlen. Alles, was sie taten, unterlag der Rüge der Ephoren. Zum Zeichen ihrer durchaus unabhängigen Stellung waren die Ephoren die einzigen Beamten von Sparta, welche sich vor den Königen nicht von ihren Sitzen erhoben; die Könige aber mußten, wenigstens auf die dritte Ladung, vor dem Richterstuhle der Ephoren erscheinen. Die Ephoren stellten alle neun Jahre die Himmelsbeobachtungen an, von welchen die ununterbrochene Fortdauer des königlichen Amtes abhängig war; sie hatten die Befugnis, bei Eintritt ungünstiger Erscheinungen die königlichen Rechte für erloschen zu erklären, bis von Delphi die Wiederaufnahme derselben gestattet wurde. Sie standen also auch in unmittelbarem Verkehre mit den Göttern; sie hatten sogar ihr eigenes Orakel im Heiligtum der Pasiphae zu Thalamai; Delphi war also nicht mehr allein die geistliche Oberbehörde des Staates und die Könige waren nicht mehr imstande, durch ihre Beamten, die Pythier, das festzustellen, was unbedingt als göttlicher Wille für die Leitung des Staates maßgebend sein müsse. In gleicher Weise wie das Königtum wurde auch der Rat der Alten durch die Ephoren beiseitegeschoben. Sie zogen das Recht an sich, mit der Gemeinde zu verhandeln, sie wurden die Fortbildner der Gesetzgebung, soweit davon in Sparta die Rede sein konnte, sie erlangten die Entscheidung in allen öffentlichen Angelegenheiten. Kurz, die alten Würden und Ämter, die aus der heroischen Zeit stammten, erblaßten immer mehr, während das Amt der Ephoren zu unbegrenzter Machtfülle fortschritt. Ihr Vorstand gibt dem Jahre den Namen, sie halten den Staat zusammen, ihr Amtshaus ist der Mittelpunkt desselben, der Herd von Sparta, und neben demselben steht das Heiligtum der Furcht (Phobos) zum Zeichen, wie strenge Zucht von hier ausgehe.

Was die äußerlichen Einrichtungen betrifft, so wurde nach der Einverleibung Messeniens eine neue Distriktseinteilung vorgenommen, und wie das alte Kreta, so zählte auch Lakonien jetzt nach einer den Göttern wohlgefälligen Zahl hundert Ortschaften, von denen einige an der Grenze von Argolis, andere in der Nähe des Nedaflusses lagen, und für das so vergrößerte Land brachten die Könige jährlich das große Staatsopfer der hundert Stiere dar, um die Götter zu bitten, unter der Obhut der Herakliden den mächtigen Staat in ungeschwächter Größe zu erhalten.

*

Die Erhaltung des Errungenen konnte aber Sparta nicht mehr genügen, seit es einmal die Bahn der Eroberung betreten und nun über ein Drittel der Halbinsel zu einer starken Hausmacht vereinigt hatte. Während der Messenischen Kriege waren die ihm feindlichen Richtungen zu deutlich an den Tag getreten, als daß es nicht nach dem Siege vor allem daran hätte denken sollen, die Gegenpartei für immer zu Boden zu werfen und seine Macht in der Halbinsel noch weiter und fester zu begründen. So dachte die dorische Gemeinde, und auch die Könige hofften von glücklichen Kriegen eine Verbesserung ihrer Stellung; denn jede Erwerbung neuer, nichtdorischer Untertanen konnte nur dazu dienen, ihnen eine freiere Bewegung im Innern wiederzugeben.

Die Richtung der Kriegspolitik konnte nicht zweifelhaft sein. Das große Binnenland der Halbinsel war ja der Rückhalt der ganzen messenischen Volksbewegung gewesen. Die arkadischen Städte hatten den Landesflüchtigen gastliche Aufnahme und Bürgerrecht gegeben; des Aristomenes Töchter waren in Phigaleia und Heraia verheiratet und zogen ihre Kinder auf im Hasse gegen das ländergierge Sparta. Der Messenische Krieg war zugleich ein arkadischer gewesen, und Phigaleia, die feste Burg im Nedatale, die Nachbarstadt von Eira, war von den Spartanern Ol. 30, 2; 659 schon einmal erobert worden. Doch war es ihnen in diesem wildesten Teile des Berglandes nicht gelungen festen Fuß zu fassen.

Um so energischer erneuerten sie von der zugänglicheren

Ostseite her die Angriffe. Hier führt über niedrigere Joche der Weg aus dem oberen Eurotastale in das Land des Alpheios hinüber; seine Quellen sammeln sich in jener breiten Hochebene, deren zerstreute Gaue in der Stadt der Tegeaten einen frühen und festen Mittelpunkt erhalten hatten. Ein Teil der arkadischen Bevölkerung, soweit sie an der Eurotasabdachung wohnte, war seit lange schon zu spartanischen Periöken gemacht worden; diese Eroberung zu sichern und zu vervollständigen, alte Unbill, welche man von Tegea erlitten hatte, zu rächen, die Erinnerung an die Gefangennahme ihrer Könige Charilaos und Theopompos durch neue Siege auszulöschen, dazu schien jetzt der Zeitpunkt gekommen zu sein, um so mehr, da Arkadien nach dem Sturze des Aristokrates wieder in lauter Kantonalregierungen sich aufgelöst hatte. Nachdem also die Ausweisung der Messenier verweigert worden war, rückten die Heere der Spartiaten in Tegeatis ein, und die Könige suchten ihnen aus delphischen Sprüchen zu beweisen, daß das weite Blachfeld bald mit der Meßschnur werde gemessen werden, um Spartiaten als Besitztum zuzufallen.

Es zeigte sich aber bald, wie schwer es sei, ein hohes und rauhes, an starken und genügsamen Männern reiches Gebirgsland zu erobern. Die Spartaner erlitten arge Kriegsnot, und statt nach ihrem Gefallen das genommene Land zu teilen, mußten ihrer viele als Gefangene an den Kanälen des Alpheios graben lernen und das Schicksal Kriegsgefangener selbst erproben. Gewalt fruchtete nichts an Tegea, dem unerschütterlichen Bollwerke des freien Berglandes; man mußte inne werden, daß die Eroberungspolitik Spartas ihre Grenzen habe, und das Orakel von Delphi, wie immer für den Ruhm der Herakliden und die Hebung ihres Ansehens tätig, zeigte dem Agiaden Anaxandridas, dem fünften Nachfolger des Polydoros, um 560 einen anderen Weg. Man solle siegen durch die Gebeine des Orestes, die, auf tegeatischem Boden beigesetzt, heimlich nach Sparta hinübergeschafft werden müßten. Die Übertragung dieser Reliquien war aber ohne Zweifel schon die Folge einer Wendung des Kriegsglücks, welche allmählich die Ausdauer und die taktische Überlegenheit der spartanischen Kriegsmacht errungen hatte. Man war auf beiden Seiten des zerstörenden Krieges satt geworden; Sparta hatte den Gedanken einer Unterwerfung Arkadiens aufgeben müssen und durch den Heldenmut der tegeatischen Bürger, der Arkadien vor dem Schicksale Messeniens bewahrt hat, ist Spartas auswärtige Politik in eine andere Bahn, in die der Verträge gewiesen worden. Um sich miteinander zu vergleichen, wurden die gemeinsamen Heroendienste benutzt und die Erinnerungen an die auch über Arkadien einst ausgedehnte, glorreiche Hegemonie Agamemnons erneuert. Spartas Herakliden wurden als seine Nachfolger anerkannt, und zum Ausdruck dieser Anerkennung die Überreste des Orestes nach Lakonien feierlich hinübergetragen. An der Wasserscheide aber, wo die Alpheios- und die Eurotasquellen nahe beieinander liegen, wurde die Säule aufgestellt, auf welcher die Verträge zwischen Tegea und Sparta niedergeschrieben waren. Mit unbefleckter Waffenehre traten die Tegeaten in das neue Verhältnis ein, indem sie sich nun der spartanischen Politik anschlossen und den Herakliden Heeresfolge gelobten. Der Ehrenplatz, welcher ihnen auf dem linken Flügel des Bundesheeres eingeräumt wurde, bezeugt, daß die Spartaner froh waren, die hartnäckigen Feinde in Kampfgenossen umgewandelt zu haben, und die Treue, mit welcher Tegea in dieser Genossenschaft verharrte, legt für die Tüchtigkeit seiner Bürger ein ebenso ehrenvolles Zeugnis ab, wie die erfolgreiche Ausdauer ihres Freiheitskampfes.

Die Säule am Alpheios bezeichnet einen Wendepunkt der peloponnesischen Geschichte; staatsrechtliche Einrichtungen, welche schon in früheren Jahrhunderten von den Gesetzgebern Spartas gegründet waren, gelangten jetzt erst zu ihrer vollen Bedeutung.

Nämlich schon Lykurgos soll seinen Blick über die inneren Angelegenheiten des Landes hinaus auf die der ganzen Halbinsel gelenkt und die Notwendigkeit erkannt haben, für eine staatsrechtliche Vereinigung aller ihrer Stämme und Staaten Sorge zu tragen. Unter den eingewanderten Stämmen war es aber außer dem dorischen Stamme der ätolische, welcher am meisten selbständige Kraft besaß; er hatte sich an der Westseite ausgebreitet, wie die Dorier im Osten. Dadurch hatte die Halbinsel einen doppelten Schwerpunkt. Sollte sie daher einer kräftigen und einheitlichen Entwicklung entgegengehen, so kam es darauf an, die westlichen mit den östlichen Staaten in ein friedlich und dauerhaft gegründetes Verhältnis zueinander zu setzen. Dazu bedurfte es eines religiösen Mittelpunktes, eines Heiligtums von allgemeiner Bedeutung für die eingewanderten sowohl wie für die von Anfang an ansässigen Stämme.

Es hatte aber der pelasgische Zeus ein uraltes Heiligtum im Alpheiostale, dort wo der größte Fluß der Halbinsel aus der Enge des Arkadischen Gebirges in die Niederung der Westküste hinaustritt. Die überragende Höhe trug wie das arkadische Lykaion den Namen der Göttersitze, Olympos; zu seinen Füßen hatte der im Blitze niederfahrende Zeus heilige Erdmale bezeichnet, an welche sich das Gefühl einer besonderen Nähe des unsichtbaren Gottes anschloß; aus Opferasche erwuchs sein Altar, und priesterliche Geschlechter verkündeten daselbst seinen verborgenen Willen. Diese Orakelstätte bestand seit lange, als die Staaten Elis und Pisa gegründet wurden, und die Achäer, welche unter Agorios dem Pelopiden zur Teilnahme an der Gründung von Pisa aus Helike herbeikamen, schlossen sich diesem Zeusdienste an; sie verknüpften mit ihm den Heroenkultus ihres Ahnherrn Pelops und setzten zu seiner Ehre die Festspiele ein. Neben Zeus wurde Hera verehrt; ihr Heiligtum war das Bundesheiligtum der beiden Nachbarstaaten, und der Chor von sechzehn Frauen, welche gemeinschaftlich das Gewand der Hera woben, vertrat die sechzehn Landstädte, welche gleich verteilt in Elis und in Pisatis lagen.

Im Tempel der Hera zu Olympia wurde noch zur Zeit der Antonine eine eherne Scheibe aufbewahrt, welche in kreisförmiger Schrift die gesetzlichen Bestimmungen über die Festfeier zu Olympia enthielt. Aristoteles hat diese Inschrift als die wichtigste Urkunde peloponnesischer Geschichte erkannt und untersucht; nach seinem Zeugnisse stand darauf neben dem elischen Könige Iphitos der Name des Lykurgos. Daß aber die Urkunde selbst gleichzeitig, und von den Genannten im Namen ihrer Staaten ausgefertigt worden sei, wird nirgends bezeugt. Sie konnten auch auf einem viel späteren Schriftdenkmale als die Urheber der gegenseitigen Verständigung genannt werden. König Iphitos galt jedenfalls in der einheimischen Überlieferung für den eigentlichen Gründer des Bundesfestes, für den Urheber seiner über die nächsten Umlande hinausgehenden Bedeutung. Deshalb stand im Vorhofe des Zeustempels, aus Erz gegossen, das Bild einer hohen Frau, welche die olympische Waffenruhe (Ekecheiria) darstellte; neben ihr Iphitos, den sie dankbar bekränzte. Wenn auch noch der Pisäer Kleosthenes neben ihm genannt wird, so war doch schon damals das Übergewicht der Macht, der Vorrang der Ehre bei Elis.

Iphitos' Name bezeichnet den wichtigsten Abschnitt in der Entwicklung dieser Verhältnisse. Man wußte ihn mit seinen Vorgängern aus dem Stamme des Oxylos nicht sicher zu verbinden. Er wird selbst Heraklide genannt; wenigstens den Dienst des Herakles, welchem die Eleer bis dahin abhold waren, soll er eingeführt und mit dem Gotte von Delphi sich und seinen Staat in Verbindung gesetzt haben. Dadurch wurden Elis und Sparta einander gleichsam verwandt und zu engerer Verbrüderung befähigt. Es war dieselbe Epoche, in welcher der alte Zusammenhang mit Achaja, von welchem des Agorios Berufung zeugt, aufgelöst wurde und statt dessen eine entschiedene Hinneigung zu Sparta an die Stelle trat; um dieselbe Zeit werden sich auch die Sagen von jener uralten Waffenverbrüderung zwischen Oxylos und den Herakliden gebildet haben. Elis und Sparta begegneten sich in den Interessen ihrer Politik und schlossen, um sich gegenseitig darin zu unterstützen, um das Heiligtum des pisäischen Zeus einen Bund, welcher in allen Hauptsachen fertig und wohlbegründet war, als mit dem Siege des Koroibos 776 vor Chr. die regelmäßige Aufzeichnung der olympischen Sieger und damit die urkundliche Geschichte des Bundesheiligtums begann.

Die Grundlage des Bundes war die gemeinsame Anerkennung des olympischen Zeus und die gemeinsame Beteiligung an seiner Feier, welche ordnungsmäßig in jedem fünften Jahre nach der Sommersonnenwende mit Eintritt des Vollmondes als Bundesfest begangen werden sollte. Damit stand vielerlei in Verbindung, was die bis dahin getrennten Seiten der Halbinsel in eine nahe und folgenreiche Berührung brachte. Wege wurden gebahnt, die Festzeiten geordnet, gegenseitige Verpflichtungen übernommen. Elis wurde in seinem den Pisäern abgewonnenen Rechte der Vorstandschaft bestätigt; die Eleer hatten das Amt, das herannahende Fest durch heilige Sendboten zu verkünden. Mit dieser Ankündigung begann die Waffenruhe; die Straßen nach Pisa mußten offen und ungefährdet sein, alles Umland des Tempels in voller Sicherheit. Wer diese Ruhe durch Gewalt störte, wurde vor das Tempelgericht der Eleer geladen; der Verurteilte fiel dem gekränkten Gott als Knecht anheim und konnte nur durch eine bestimmte Summe gelöst werden. Es bildete sich ein Tempelschatz, es befestigte sich eine Reihe von Satzungen, die als heiliges Recht von Olympia Geltung gewannen.

Zunächst war es Elis, dessen staatskluge Regenten die Vorteile dieser Genossenschaft ausbeuteten. Von Natur das offenste und wehrloseste Land der Halbinsel, den Einfällen der arkadischen Bergvölker unaufhörlich ausgesetzt, errang es durch die Verbindung mit Sparta, daß der mächtigste Staat nicht nur für die Integrität seines Gebietes eintrat, sondern überhaupt jeden feindlichen Angriff auf dasselbe als einen Bruch des olympischen Gottesfriedens anzusehen erklärte. Dadurch erhielt es freie Hand und konnte ungestört vom Peneios aus südlich vordringen, seine Macht ausbreiten und befestigen.

Sparta aber trat durch diesen Bund aus seiner Kantonalstellung heraus und nahm einen vorortlichen Einfluß auf die allgemeinen Landesangelegenheiten in Anspruch. Als Vertreter der dorischen Bevölkerung ordnete es mit Elis die olympischen Satzungen im dorischen Sinne. Unbekleidet liefen die

Wettkämpfenden am Alpheios wie am Eurotas schon seit der fünfzehnten Feier und von Anfang an war der Kranz des Oleasterbaumes der Preis des Siegers. Sparta bestimmte mit Elis die Zulassung der zur Teilnahme an den gemeinsamen Opfern und Spielen sich Meldenden.

Den Pisaten selbst aber war es dabei ähnlich ergangen wie am Parnasse den Bürgern von Krisa. Das Heiligtum, das vor den Toren ihrer Stadt lag, von ihren Voreltern gegründet, mußten sie mit allen daranhaftenden Ehren und Rechten in die Hände anderer übergehen sehen. Ein tiefer Groll setzte sich bei ihnen fest, der nur auf Gelegenheit wartete, sich Luft zu machen. Dies gelang, als unter ihnen ein kräftiges Geschlecht hervortrat und mit Hilfe des Volkes eine gesteigerte Fürstenmacht sich zueignete, das Geschlecht des Omphalion, welches wahrscheinlich einem nach Pisa gezogenen Zweige des ätolischen Adels angehörte. Omphalions Sohn war Pantaleon. Er übernahm die Herrschaft, als die Spartaner durch die inneren Wirren nach dem ersten Messenischen Kriege so in Anspruch genommen waren, daß es ihnen unmöglich wurde, nach außen ihren Einfluß geltend zu machen. Gestärkt durch den Anschluß an Arkadien wußte Pantaleon diese Zeit so gut zu benutzen, daß er die den Pisäern entrissenen Rechte und Ehren wieder gewann; die siebenundzwanzigste Olympiade (672) feierte er im Namen seines Staates zu gleichen Rechten neben den Eleern. Die Verhältnisse wurden noch günstiger, als der Temenide Pheidon sich im Osten der Halbinsel mit großem Erfolge erhob, die Spartaner aus den eroberten Grenzstrichen von Argolis zurückdrängte, sie bei Hysiai in offener Feldschlacht besiegte (27, 4; 669) und mit seinem Heere quer durch Arkadien zog, um auch an der Westküste den Einfluß Spartas zu zerstören. Elis war nicht nur von seinen Bundesgenossen verlassen, sondern auch im Kampfe mit den Achäern, die wegen des Ausschlusses ihrer Geschlechter von Olympia alten und gerechten Groll gegen ihre Nachbarn hegten. So gelang es dem argivischen Dynasten das Ziel seiner ehrgeizigen Wünsche zu erreichen. Als Erbe des Herakles hielt er in dem von seinem Ahnherrn abgemessenen heiligen Felde der Altis das große Opfer, welches schon eine über die Halbinsel hinausgehende Bedeutung erlangt hatte. Er hielt die Feier (es war die achtundzwanzigste seit Koroibos, 668) mit den Pisaten; die Eleer waren ausgeschlossen sowie die Spartaner; die Hegemonie der Halbinsel, welche die Spartaner schon in Händen zu halten glaubten, war wiederum an das Fürstenhaus zurückgekehrt, welches den Sitz Agamemnons inne hatte.

Indessen hatten diese glänzenden Erfolge nicht lange Bestand. Es muß den Spartanern noch vor dem Ausbruch des messenischen Aufstandes gelungen sein, den Eleern zu Hilfe zu kommen, welche auch ihrerseits alles daran setzten, den Besitz ihrer Rechte wieder zu erobern. Die achtundzwanzigste wurde als eine revolutionäre Feier aus der Reihe der Olympiaden ausgelöscht, und die folgenden wieder unter Vorsitz der vertriebenen Beamten gehalten. Die Gärungsstoffe wurden aber nichts weniger als beseitigt. Pisa blieb unter seiner Dynastie und hielt seine Ansprüche auf Olympia aufrecht. Es benutzte von neuem die Bedrängnis Spartas (es war im Jahre nach dem von uns angenommenen Anfange des zweiten Messenischen Krieges), um ein Heer von Pisaten, Arkadern und Triphyliern zu sammeln und unter gewaltsamem Ausschlusse der Eleer die vierunddreißigste Olympiade (644) in eigenem Namen zu feiern. Dies war der letzte Triumph des kühnen Geschlechtes der Omphalioniden. Denn nach dem Falle von Eira, dessen Zulassung der große Fehler der antispartanischen Partei war, trat ein vollständiger Umschlag ein, und die Spartaner säumten keinen Augenblick, um die elischen Verhältnisse in ihrem Interesse zu ordnen. Mit Pisa selbst wurde auch jetzt in sehr schonender Weise verfahren, ohne Zweifel weil man sich scheute, das heilige Tempelland mit dem Blute derer zu netzen, die daselbst zu Hause waren. Sie blieben unabhängig und behielten Anteil an der Leitung des Festes.

Rücksichtsloser verfuhr man gegen die Teilnehmer der letzten Erhebung. Die Städte Triphyliens, welche in dem Poseidontempel von Samikon ihren Mittelpunkt hatten, und obwohl von Minyern gegründet, doch mit Arkadien nahe verbunden waren, wurden in jener Zeit zerstört; es lag den Spartanern daran, hier an der Grenze des früheren Messeniens reines Haus zu machen und allen Erhebungsversuchen von dieser Seite gründlich vorzubauen. In Lepreon hatten zwei Parteien, wie Welfen und Gibellinen, einander gegenübergestanden; die messenische Partei führte Damothoidas, des Aristomenes Schwiegersohn; die andere aber war kräftig genug gewesen, um den Spartanern in Messenien Zuzug zu leisten. Zum Danke dafür blieb Lepreon nicht nur bestehen, sondern wurde auch durch Aufhebung kleinerer Orte vergrößert und verstärkt. Es sollte auf der Grenze von Arkadien, Elis und Messenien ein fester Platz, ein wichtiger Stützpunkt der lakonischen Interessen sein.

So schienen die elischen Landesverhältnisse nach dem Ende des Messenischen Krieges durch Sparta dauernd geordnet zu sein; aber die alte Feindschaft zwischen Elis und Pisa ruhte nicht. Pantaleon hatte zwei Söhne hinterlassen, Damophon und Pyrrhos. Schon Damophon, der ältere Bruder, ward argwöhnisch von den elischen Fürsten beobachtet, man glaubte die Vorbereitungen eines neuen Abfalles wahrzunehmen. Die Eleer hatten schon die Grenzen überschritten; sie gingen wieder zurück, nachdem die Verträge neu beschworen waren. Kaum aber war Pyrrhos zur Regierung gelangt, als er, das drückende Bundesverhältnis zu brechen entschlossen, das ganze Alpheiostal gegen Elis in Waffen rief. Triphylien schloß sich wiederum an, sowie die Nachbargaue Arkadiens, die, wenn sie auch nicht von Staats wegen Anteil nahmen, doch immer bereit waren, durch Freischaren den Pisaten zu helfen. Dieser Krieg entschied über das Schicksal der ganzen Westküste. Die Pisaten waren außerstande, den vereinigten Heeren von Elis und Sparta Widerstand zu leisten; ihre Heerkraft war gering, ihr Ländchen nicht einmal in sich einig, und da sie diesmal ihrerseits mit keckem Mute den Landfrieden gebrochen hatten, so schwand nun jede Rücksicht auf die alte Heiligkeit ihrer Stadt. Sie wurde zerstört, und zwar so planmäßig und vollständig, daß man später auf den Weinbergen bei Olympia vergebens nach ihren Spuren suchte. Die Einwohner wurden, so viele ihrer im Lande blieben, dem Zeustempel zinsbar. Eine große Zahl wanderte aus von der nahen Küste, um sich dem verhaßten Joche der Eleer zu entziehen, so namentlich die Dyspontier, während die benachbarten Letrinäer, die sich zu Elis gehalten hatten, ruhig auf ihren Äckern blieben. Dies muß gleich nach Ol. 52, 1 (572) geschehen sein; denn mit dieser Olympiade hörte nach guter Überlieferung die Beteiligung der Pisaten an der Leitung des Festes auf.

Pisatis war nach Messenien die zweite Landschaft, welche gewaltsam aus der Geschichte der Halbinsel ausgetilgt wurde. Ihr Name lebte mit seinem altertümlichen Klange noch im Munde des Volkes und in der Sprache der Dichter fort; auch wurden mit Ausnahme des Vorortes Pisa, dessen Stelle ersetzt wurde, die alten Acht-Orte der Landschaft nicht vernichtet. Sie blieben als Dorfgemeinden unter der Landeshoheit von Elis bestehen, und wie die Gewächse der Erde über Schlachtfeldern und Gräbern ruhig weiterblühen, so blieb nach allen Kämpfen die heilige Genossenschaft der sechzehn Frauen, das Festgewand der Hera stickten, das anmutige Bild der ursprünglichen Verschwisterung beider Landschaften.

Die regierenden Geschlechter, welche den alten Königssitz des Oxylos inne hatten, waren endlich am Ziele ihrer Wünsche. Das verhaßte Nachbarland war untertäniges Gebiet, ihr eigenes verdoppelt und zugleich durch die neu gekräftigten Verträge gegen äußere Anfeindung gesichert. Sie verlegten nun die Verwaltung des olympischen Heiligtumes nach ihrer Hauptstadt Elis, und die gründliche Vernichtung Pisas bürgte ihnen dafür, daß hier kein Ort sich wieder erheben würde, welcher imstande wäre, ihnen die Leitung der Spiele streitig zu machen.

Da sie den letzten Krieg im Namen des olympischen Gottes geführt hatten, so war ihm die Beute desselben zugeeignet, und die Eleer als Verwalter des Tempelschatzes übernahmen die Verpflichtung, zu seiner Ehre die Gelder zu verwenden. Die Ehre des Zeus war für sie eine bequeme Form, die eigene Herrschsucht zu befriedigen; denn unter dem Vorwande, den Schatz zu mehren, wußten sie durch Gewalt wie durch List und durch Landkauf ihr Gebiet schrittweise immer weiter nach Süden auszudehnen. Auch das durch Sparta entwaffnete Triphylien wurde in dieser Weise Periökenland von Elis, das sich nun mit zwölf Distrikten, von denen vier dem Herrenlande am Peneios, acht dem untertänigen oder Periökengebiete angehörten, als ein festgeordnetes Land vom Achäischen Larisos bis zur Neda hinab erstreckte. Dieser glänzende Erfolg bezeugt die politische Tüchtigkeit der regierenden Geschlechter, die in strenger Abgeschlossenheit am Peneios zusammenwohnten.

Mit großer Klugheit hatten sie zur Erhaltung ihrer Privilegien die Verhältnisse des Landes benutzt. Denn wenn auch ein ausgedehntes Uferland, so war Elis doch wegen Mangels an Häfen nicht zu dem Gewerbe der Seefahrt berufen, sondern zum Landbau, für den es durch die gleichmäßige Güte des Bodens mehr als irgend eine peloponnesische Landschaft wohl ausgestattet war. Diesen zu fördern war die Regierung vor allem beflissen. Eine sorgfältige Ackergesetzgebung, welche auf Oxylos zurückgeführt wurde, verbot das Aufnehmen von Geld auf den vom Staate angewiesenen Grund und Boden; es sollte dadurch das eingewanderte Kriegsgefolge in seinem Lehensbesitze erhalten, dem Verarmen der Familien, der Umwälzung der Bodenverhältnisse vorgebeugt werden. Die kleinen Grundbesitzer sollten ungestört bei ihren Geschäften bleiben und auch der zu erledigenden Rechtssachen wegen nicht genötigt sein, in die Stadt zu kommen. Zu dem Zwecke wurden Ortsrichter eingesetzt, welche unter dem Landvolke wohnten und in gewissen Terminen umherreisten. Des Landfriedens wegen gab es keine ummauerten Städte; die dichte Bevölkerung lebte in lauter offenen Weilern oder einzelnen

Höfen. Da das Land an Korn, Wein und Baumfrüchten die Fülle hatte, bedurfte es keiner Zufuhr; die Lagunen der Küste lieferten vorzügliche Fische, das Gebirge Wild. In gleichmäßigen Zuständen eines behaglichen Wohlstandes lebte das Volk dahin. Weder durch Handel noch durch aufblühendes Städteleben gefährdet, erhielten sich Jahrhunderte lang die Privilegien der Geschlechter, welche nach festen Grundsätzen die Geschicke des Landes lenkten. Daher die kluge Konsequenz und der verhältnismäßig große Erfolg der elischen Politik.

Das Glück der Eleer war die entfernte Lage von Sparta, das ihrer bedurfte, ohne ihnen durch seine Übermacht gefährlich zu sein; ihr Kleinod, das Patronat von Olympia, eine unerschöpfliche Quelle von Mitteln und Ansprüchen, welche sie nach Möglichkeit auszubeuten verstanden. Sie waren daher unermüdlich tätig, das olympische Fest nicht nur in Glanz zu erhalten, sondern durch zeitgemäße Fortbildung immer mehr auszubilden und gegen die Konkurrenz anderer Festspiele zu sichern. Man hatte den engen Kreis spartanischer Übungen längst verlassen; zum einfachen Laufe war der Doppellauf und der Dauerlauf hinzugefügt; dann der Ringkampf, der Sprung, der Diskos- und Speerwurf und der Faustkampf, welche seit Ol. 18, 1; 708 als Fünfkampf oder Pentathlon eine geschlossene Gruppe bildeten. Diese Wettkämpfe wurden sämtlich im Stadion gehalten, welches sich in die Waldhöhen des olympischen Gebirges hineinzog. Eine neue Epoche begann mit der Einführung der ritterlichen Spiele. Der Hippodrom wurde geebnet, eine Rennbahn von etwa doppelter Länge des Stadions, mit diesem im rechten Winkel zusammenstoßend. Es war die fünfundzwanzigste Olympiade (680), als zum erstenmal die vierspännigen Wagen am Alpheios zur Wettfahrt sich sammelten. Wie aber die Griechen alles neue an alte Überlieferung anknüpften, so bildete sich jetzt die Sage, daß schon Pelops durch Wagenrennen dem älteren Landeskönige das Land abgewonnen habe, obgleich Hippodameias Bild mit der Siegesbinde im Stadion stand. Dem Wettfahren folgte die Einführung des Wettreitens nebst dem Ring- und Faustkampf vereinigenden Pankration (Ol. 38, 1; 648).

Sparta hatte den Eleern die religiöse Seite der Verbindung mit Olympia, nebst allem, was daran sich anknüpfen ließ, überlassen. Die politischen Rechte nahm es in eigene Hand. Nachdem es an dem Widerstande Arkadiens erkannt hatte, daß ein Fortschreiten auf der Bahn der Messenischen Kriege untunlich sei, strebte es nicht mehr darnach, der einzige Staat der Halbinsel zu sein, sondern nur der erste; statt der Beherrschung der schwächeren Staaten wurde die Führung derselben sein Ziel. Wie es aber überall die Erinnerungen der Achäerzeit wieder zu erwecken oder festzuhalten suchte, so sollte auch die Hegemonie Agamemnons durch die spartanischen Heraklidenkönige hergestellt werden, und dazu hat es die religiöse Weihe des nationalen Heiligtums mit glücklichstem Erfolge benutzt. Es stand neben den Eleern als die Schutzmacht von Olympia, als Wächter der beschworenen Verträge. Es hütete mit seinen Waffen den Landfrieden zur Zeit der Feste und zu gleichem Zwecke mußten auch die Truppen des Bundesgenossen bereit sein. Das delphische Orakel hatte seine Weihe auf das Heiligtum von Olympia übertragen und ihm eine ähnliche amphiktyonische Bedeutung gegeben, wie Delphi längst für die Dorier gehabt hatte. Das olympische Festjahr war nach dem pythischen Jahre von neunundneunzig Mondmonaten geregelt. Apollon trat, wie er in Sparta der staatsordnende Gott war, auch an die Seite des Zeus als Hort der olympischen Einrichtungen. Wie die Spartaner so verpflichteten sich auch ihre Bundesgenossen, die von Olympia ausgegangenen Gesetze anzuerkennen und diesen gehorsam die Waffen sowohl niederzulegen als auch zu ergreifen. Mit dem Einflusse Spartas breitet sich die Anerkennung von Olympia aus und diese Anerkennung ist wiederum die Stütze seiner Macht. Nicht am Eurotas, sondern am Alpheios hat Sparta seine vorortliche Stellung erlangt; hier ist es das Haupt der Halbinsel geworden, das vorschauende und tatkräftig leitende. Mit einer Hausmacht ausgerüstet, welche allen Einzelstaaten der Halbinsel überlegen war, hatte es ein Recht auf entscheidende Stimme. Seine Bürger waren ihrer militärischen Durchbildung wegen die geborenen Heermeister und Heerführer. Gegen den Mißbrauch seiner Macht schützten beschworene Verträge, über denen der olympische Zeus wachte, und man hatte Grund anzunehmen, daß Sparta nach den in Arkadien gemachten Erfahrungen seine Eroberungsgelüste für immer überwunden und die Grenzen seiner Territorialherrschaft in weiser Mäßigung erkannt habe. Streitigkeiten zwischen den Bundesmitgliedern wurden durch peloponnesische Beamte geschlichtet, welche wie die Kampfrichter in Elis Hellanodiken hießen. Größere Uneinigkeiten kamen vor das olympische Tempelgericht.

So hatte sich aus unscheinbaren Anfängen eine neue griechische Amphiktyonie gebildet, welche einerseits eine nationale Bedeutung in Anspruch nahm, wie der mit allen amphiktyonischen Bestrebungen immer hervortretende Hellenenname bezeugt, anderseits aber einen bestimmten, natürlich begrenzten Kreis von Landschaften umfaßte, für welchen mit Beziehung auf die gemeinsame Pelopsfeier am Alpheios der Gesamtname Pelopsinsel oder Peloponnesos zu allgemeiner Geltung gekommen ist.

Aber, so sehr auch die Halbinsel von Natur bestimmt zu sein scheint, ein Ganzes zu bilden, so schwierig ist doch zu allen Zeiten ihre Einigung gewesen, und so stieß auch innerhalb der Halbinsel die Amphiktyonie und die Durchführung der mit ihr verknüpften Einrichtungen auf hartnäckigen Widerstand, indem sich ansehnliche Städte und Staaten in einer Richtung entwickelten, welche dem dorischen Sparta und allem, was von dort ausging, feindselig gegenübertraten.

Der Organismus der spartanischen Verfassung ist ein so künstlicher, er ist unter so eigentümlichen Verhältnissen nach langen Kämpfen allmählich zustande gekommen und beruht so sehr auf der besonderen Örtlichkeit Spartas, daß es nicht befremden kann, wenn in den andern Landschaften der Halbinsel nichts entsprechendes zustande gekommen ist, obwohl hier ebenso wie in Lakonien Dorier eingewandert sind und unter ähnlichen Verhältnissen Landbesitz gewonnen haben. Am wenigsten konnte dies am Nord- und Ostrande der Halbinsel gelingen, wo die neuen Staaten auf dem Boden einer ionischen Küstenbevölkerung gegründet worden waren. Hier konnte ein solcher Abschluß gegen außen, welcher die Grundbedingung einer spartanischen Verfassung war, niemals erreicht werden. Hier mußten die neuen Staaten in die allgemeine Bewegung der griechischen Welt hereingezogen, hier die Beziehungen zwischen den beiden Gestaden des Ägäischen Meeres am frühesten wieder angeknüpft werden, und deshalb traten hier auch die Gegensätze spartanischer Staatsverfassung am vollständigsten zutage.

*

Die Verwirrung und Gärung, welche der Umsiedlung der Stämme folgten, waren auf der Ostseite des Meeres nicht geringer als in den diesseitigen Landschaften gewesen. Freilich war den Ansiedlungen in Kleinasien, obwohl sie von vereinzelten Scharen unternommen worden waren, ein allgemeiner und glänzender Erfolg zuteil geworden; ein Erfolg, welcher sich nur dadurch erklären läßt, daß jenen Scharen nirgends ein zusammenhängender und geordneter Widerstand entgegentrat. Es war kein Staat da, welcher die Landungen mit gesammelter Kraft abwehrte und den Boden der asiatischen Küste als sein Land mit Nachdruck verteidigte. Nur an einzelnen Plätzen haben sich von den Kämpfen, welche die ersten Ansiedler zu bestehen hatten, Erinnerungen erhalten. Smyrna, ein alter

Überreste des Heraion. Olympia

Athena. Detail einer Metope vom Zeustempel in Olympia

Hafenplatz der Tantaliden, wurde von den Mäoniern oder Lydern mit Hartnäckigkeit verteidigt; ebenso das Mündungsland des Kaystros, dessen Tal dem Mittelpunkte lydischer Macht am nächsten war. Hier haben hellenische Männer zuerst mit morgenländischen Heeren um die Herrschaft in Asien gestritten, und was von der Gründung von Ephesos überliefert wird, beweist, daß die Ankömmlinge kein leichtes Spiel hatten. Erleichtert wurde ihnen der Kampf durch ihre Verwandtschaft mit den Küstenbewohnern, welche, von den barbarischen Völkern des Hinterlandes bewältigt oder bedrängt, sich an manchen Orten bereitwillig anschließen mochten. Aber auch mit ihnen wurde gestritten, namentlich mit den Karern, welche sich der neuen Ordnung der Dinge am wenigsten fügen wollten. Am leichtesten ging die Ansiedlung auf den Inseln vonstatten oder bei den festländischen Kolonien, welche späteren Ursprungs waren und durch Vertrag von den älteren Kolonisten Ansiedlungsplätze erhielten, wie Phokaia von Kyme. Die Phokäer waren die einzigen der Ionier, welche ohne Kampf in Kleinasien festen Fuß faßten. Diese Kämpfe beschränkten sich aber nicht auf die erste Landung, auf die Besitznahme und Ummauerung der erkorenen Stadtplätze. Auch die gegründeten Städte mußten sich heftiger Angriffe erwehren, denen sie mit vereinzelten Kräften nicht Trotz bieten konnten. So mußten die Ephesier den Prieneern gegen die Karer zu Hilfe kommen. In solchen Fehden befestigten und erweiterten sich allmählich die schmalen Stadtgebiete; karische und lydische Dörfer wurden ihnen einverleibt.

Die Unruhe der Küste erstreckte sich auf das Meer. Denn je weniger sich die Ansiedler in das Binnenland ausbreiten konnten, um so mehr überfüllte sich das Gestade, welches die Massen der älteren und der jüngeren, in stetem Anwachsen begriffenen Bevölkerung unmöglich fassen konnte. Es begann eine Auswanderung von Volksscharen, welche den Äoliern und Ioniern ihren Boden überließen und sich zu Schiffe neue Wohnsitze suchten. Da aber die beiden Gegengestade des Archipelagus besetzt waren, so konnten die flüchtigen Seefahrer hier nur raubend und plündernd entlang ziehen, ohne für eigene Niederlassungen Platz zu finden. Sie mußten weiter und weiter ziehen, auf unbekannteren Fahrten, nach entlegeneren Küsten.

Von diesen Fluchtwanderungen kleinasiatischer Küstenvölker, welche die notwendige Nachwirkung der äolischen und ionischen Stadtgründungen waren, hat sich die Überlieferung in weit verzweigten Sagen erhalten, welche von den Irrzügen troischer Helden, von der Auswanderung der Tyrrhener aus

Lydien, von den Niederlassungen flüchtiger Dardaner in Lykien, Pamphylien, Kilikien, in Sizilien, in Unter- und Mittelitalien melden; Sagen, deren Inhalt man später unter dem Namen der Völkerzüge „nach dem Falle Troias" zusammenzufassen pflegte. Es war eine lang andauernde Ausscheidung älterer und jüngerer Volksbestandteile, durch welche allein ein ruhiges Gedeihen der neuen Staaten möglich wurde; es war eine Völkerzerstreuung, welche die Keime griechischer Kultur in den entlegensten Gegenden des Mittelmeeres ausbreitete, eine der wichtigsten Epochen in der Entwicklung der Alten Welt. Aber zunächst war es eine Zeit der wüstesten Verwirrung; es ging auf dem Ägäischen Meer wieder so wild her wie in den Tagen vor Minos; jeder friedliche Verkehr zwischen den beiden Gegengestaden war gehemmt. Es liegt in der Natur solcher Zeiten, daß sich von ihnen nur eine sehr unbestimmte Erinnerung erhalten konnte.

Aus dieser dunkeln Zeit der Gärung treten die kleinasiatischen Ansiedlungen in Doris, Ionien und Äolis als festgegründete Städte hervor, eine dichte Reihe blühender Städte vom Rhodischen Meere bis zum Hellespont ausgebreitet, begünstigt von allen Vorteilen des Meeres, des Bodens und des Klimas, wie denn namentlich von Ionien der vielgewanderte Herodot bezeugt, daß dies in Beziehung auf den Himmel und die Jahreszeiten der schönste Erdstrich von allen sei, auf welchen Menschen ihre Städte gegründet hätten. Aber auch die zwölf Ionierstädte, welche auf einem Uferstriche von etwa 14 Meilen nebeneinander lagen, waren nicht alle von einerlei Art. Jede suchte die besonderen Vorteile ihrer Lage auszubeuten, die eine mehr binnenländischen Verkehr suchend, wie z. B. Ephesos, die andere von Anfang an ganz dem Meere zugewendet. Auch bildeten sie nach dem Boden, nach Sitte und Sprache gewisse Gruppen, erst die der karischen Städte: Miletos, Myus und Priene, dann die lydischen: Ephesos, Kolophon, Lebedos, Teos (die Minyerstadt in der Mitte der ganzen Reihe), Klazomenai und Phokaia. Eine dritte Nachbargruppe bildeten Chios und das gegenüber gelegene Erythrai. Samos endlich hatte seine Mundart für sich.

Von Milet und Ephesos gingen die Bundesordnungen aus, welche den Poseidontempel auf Mykale zum Mittelpunkte hatten und hier, wie in Attika und Achaja, allmählich zwölf Städte zu einem Ganzen vereinigten. Unterhalb Mykale lag der gemeinsame Festort, das Panionion, wo sich wie am Herde des Staates die Abgeordneten der Städte versammelten. Es war ein Grundgesetz der Amphiktyonie, daß in jeder Bundesstadt Nachkommen des Kodros das Regiment führten; sie ist also in einer Zeit zustande gekommen, da die Androkliden in Ephesos und die Neleiden in Milet noch die volle Herrschaft in Händen hatten.

So wurden die neuen Staaten durch die königlichen Geschlechter, welche aus dem Mutterlande herübergekommen waren und durch den Anschluß an die dort erprobten Staatsordnungen unter den schwierigsten Verhältnissen glücklich befestigt und geordnet; sie waren Abbilder ihrer Mutterstädte. So wie aber auf gesichertem Boden ihr Wohlstand aufblühte, nahmen sie eine Richtung, welche durchaus neu und von allen früheren Entwicklungen griechischer Staaten verschieden war.

Im Mutterlande hatte der bei weitem überwiegende Teil der Bevölkerung auf seinen Äckern gewohnt und nur offene Weiler umgaben die engen Fürstenburgen; wo sich aber Städte gebildet hatten, waren diese, wie in Attika, nachdem die Landschaft schon jahrhundertelang ein Ganzes gewesen war, aus der Zusammensiedlung des Landvolkes allmählich erwachsen. Wie anders war es hier! Hier waren von den Schiffen aus die Städte gebaut; mit dem Bau der Städte hatte die Geschichte Ioniens begonnen; innerhalb der Ringmauern hatten sich die Ansiedler als Ganzes fühlen gelernt; auf dem Stadtmarkte war der Ursprung ihres Gemeinwesens. Die Ansiedler selbst aber waren erst nach langem Umhertreiben an das Ziel gelangt; scharenweise, in buntgemischter Menge waren sie gekommen, die meisten heimischer Sitte längst entwöhnt. Auf engem Raume, unter Gefahr und Kampf, drängte sich nun die Bevölkerung zusammen; zu den ersten Gründern kamen neue Zuzüge von Abenteurern, Hellenen aller Stämme; Hellenen und Barbaren wohnten durcheinander. Daraus mußte eine vielseitige Bewegung des Lebens, ein Wetteifer aller Kräfte, eine unbedingte Freiheit menschlicher Entwicklung hervorgehen, wie sie im Mutterlande unmöglich gewesen war.

Dies mußte auf die Verfassungszustände notwendig zurückwirken. Bei den Kämpfen gegen die Feinde zu Lande und zur See, bei den ersten Ordnungen der neu gegründeten Städte war das Bedürfnis einheitlicher Leitung vorhanden und die alten Fürstengeschlechter wußten sich auch in der neuen Welt durch Tapferkeit und Weisheit in segensreichem Wirken zu behaupten. Aber die Verhältnisse änderten sich. Die alten Traditionen verloren an Kraft, je mehr die Erinnerungen der Heimat in der lebendigen Strömung einer neuen Entwicklung, unter den Eindrücken und Ansprüchen einer überreichen Gegenwart sich verwischten. Je mehr das Aufblühen der neuen Staaten auf der Entfesselung und der Konkurrenz aller Kräfte beruhte, um so mehr drängte sich im Gemeindeleben das Gefühl freier und gleicher Berechtigung hervor. Dazu kam die Kleinheit der Staaten. Wenn in größeren Ländern der Fürst als der unentbehrliche Mittelpunkt erscheint, so bedurfte es hier, wo Stadt und Staat zusammenfielen, eines solchen nicht. Hier standen sich alle Mitglieder des Staates so nahe, daß es dem Fürsten schwer wurde, die für die Erhaltung einer Dynastie notwendige Unterscheidung seiner Person von der übrigen Gemeinde aufrechtzuerhalten. Auch mußte alles, worauf die bevorzugte Stellung des einen und seines Geschlechtes beruhte, überwiegende Bildung, praktische Tüchtigkeit und Reichtum, sich mehr und mehr ausgleichen, und damit schwand zugleich der Wille, dem bestehenden Fürstenhause nach altem Herkommen zu huldigen. Es erfolgte Auflehnung und Kampf; ein Kampf, in welchem die Kräfte der neuen Zeit durchgängig die überlegenen waren. So wurde an allen Orten, wo das Städteleben sich entfaltet hatte, das Fürstentum, die Hinterlassenschaft der heroischen Zeit, beseitigt.

Die ersten Angriffe waren nicht von der ganzen Gemeinde ausgegangen, sondern von den Geschlechtern, welche sich ebenbürtig fühlten; ihnen fiel auch zunächst das Erbe der gestürzten Würde zu. Als Nachkommen der Staatengründer nahmen sie die Ehre der Staatsleitung für sich in Anspruch und ließen unter sich die mit Machtvollkommenheit bekleideten Staatsämter nach bestimmter Reihenfolge umgehen. Diese Verhältnisse riefen neuen Kampf hervor. Denn statt der bürgerlichen Gleichheit, welcher das Fürstenamt zum Opfer gefallen war, trat jetzt vielmehr eine unerträgliche Ungleichheit zutage. Eine kleine Zahl von Familien wollte sich als die allein vollberechtigte Bürgerschaft geltend machen, und während die alten Könige ein natürliches und unabweisbares Interesse daran gehabt hatten, den verschiedenen Klassen der Bevölkerung gerecht zu werden, fehlte jetzt jede Ausgleichung, jede Vermittlung; schroff standen sich die beiden Parteien gegenüber. Der Kampf der Stände war da, und so wie der Adel an Stärke zusammenschmolz und die Bürgerschaft an Zahl und Selbstbewußtsein anwuchs, ging der Staat notwendig neuen Umwälzungen entgegen.

Wenn der Friede des Gemeinwesens erschüttert ist und das Wohl des Ganzen auf dem Spiele steht, erwacht das Bedürfnis nach einer rettenden Kraft, welche den in Auflösung begriffenen Staat zusammenhalte. Die mildeste Form zu helfen ist die, daß einem Manne der Gemeinde durch gemeinsamen Beschluß außerordentliche Vollmachten übertragen werden, um das zerrüttete Staatswesen wieder einzurichten. Solche Ordner nannte man Äsymneten. War eine solche Ausgleichung unmöglich, so nahm die Entwicklung der Verhältnisse einen gewaltsameren Verlauf. Entweder benutzten die Würdenträger des Staates ihre Stellung, um sich mit unbedingter Machtfülle über die Gemeinde zu erheben und eine verfassungswidrige Alleinherrschaft zu gewinnen (das war die aus der Magistratur hervorgehende Tyrannis), oder das gegen den Adel empörte Volk suchte sich einen Führer und fand ihn, bald in der eigenen Menge, bald unter den Männern des Adels, welche sich wegen Ehrenkränkung oder aus unbefriedigtem Ehrgeize von ihrer Partei losgesagt hatten. Es waren Männer, welche sich durch Macht der Rede, durch Klugheit und Tapferkeit auszeichneten und ein persönliches Ansehen genossen. Unter ihnen sammelte sich das Volk, sie gaben der Opposition Einheit und Nachdruck, sie wurden deshalb von seiten der Gegenpartei das Hauptziel der Anfeindungen und Nachstellungen. Diese Gefahren, denen ihre Person im Interesse der Gemeinde ausgesetzt war, benutzten sie mit Schlauheit, um Bewaffnete zum Schutze um sich zu sammeln. Auf eine Leibwache gestützt, im Besitze festgelegener Punkte gewannen sie endlich eine unbedingte Herrschaft über den ganzen Staat und seine Parteien, aus deren Streite ihre Macht erwachsen war. Statt der Sache des Volkes vertraten sie bald ihre eigene, umgaben sich mit Glanz und Luxus und suchten sich und ihren Nachkommen eine feste Hausmacht zu gründen. Je weniger sie aber zu Hause einen gesetzlichen Boden unter ihren Füßen hatten, um so mehr strebten sie auswärts Halt zu gewinnen, und dazu bot sich den Ioniern die beste Gelegenheit im Anschlusse an die im Innern des Landes herrschenden Dynastien.

Diese Nachbarschaft der asiatischen Reiche war für das ganze Volksleben von eingreifender Bedeutung. Die Schätze des Binnenlandes an die Küste und in den Seeverkehr zu bringen, mußte ja ein vorzügliches Augenmerk der Ionier sein, und sie waren von Natur zu gute Kaufleute, um sich ihr Geschäft durch spröden Hellenismus zu verderben. Sie dachten nicht daran, nach Art der Dorier den Barbaren einen barschen Nationalstolz entgegenzusetzen, sondern in weltkluger Geschmeidigkeit suchten sie jede Gelegenheit zu vorteilhafter Verbindung und vertraulicher Annäherung zu benutzen. Die uralten Völkerverbindungen erneuerten sich; in lebhaftem Austausche verschwanden die Grenzen zwischen dem, was ionisch, was lydisch und phrygisch war. Wurde doch selbst Homer ein Phryger genannt und zu dem Phrygerkönige Midas, dessen Dynastie im achten Jahrhunderte herrschte, in Beziehung gesetzt.

Wie das Volk im ganzen sich dem Binnenlande anschloß,

so auch die Fürsten. Schon unter den Neleiden, welche doch noch die attischen Überlieferungen festhielten und nach altem guten Fürstenrechte in Milet herrschten, finden wir einen Phrygios, dessen Name auf freundschaftliche Verhältnisse zu den phrygischen Fürsten hinweist. In Phrygien und Lydien fanden nun aber noch vielmehr die Gewaltherren ionischer Städte ihr Vorbild; sie suchten es den dortigen Dynasten in üppiger Hofhaltung, im Glanz der Leibwachen, in rücksichtsloser Autokratie gleich zu machen, wie es bis dahin in griechischen Gemeinden nicht vorgekommen war, und darum gewöhnte man sich erst in Ionien, dann aber auch in allen anderen griechischen Gegenden, solche Gewaltherren mit dem phrygischen oder lydischen Worte Tyrannos zu bezeichnen.

In den langwierigen Ständekämpfen, welche nach dem Sturze der Neleiden in Milet stattfanden, werden die ersten Äsymneten und auch die ersten Tyrannen — Thoas und Damasenor (vor 700 v. Chr.) — namhaft gemacht.

Die Berührungen mit dem Binnenlande hatten aber noch viel weitgreifendere Folgen, welche das ganze gesellige und wirtschaftliche Leben der griechischen Küstenvölker umgestalteten.

In Vorderasien waren seit ältester Zeit Gold und Silber die hergebrachten Wertmesser; in runden oder viereckigen Stücken gingen die Edelmetalle von Hand zu Hand, und zwar waren sie nach einem Gewichtssysteme normiert, welches in Babylon zu Hause ist.

Mit den Waren, welche aus dem reichen Binnenlande nach der Küste gelangten, wurden auch die Maße und Wertbestimmungen derselben, zum Teil mit ihren orientalischen Namen (wie Mana, Mna) eingeführt. Die Griechen aber haben hier wie in allem, was sie von den älteren Kulturvölkern angenommen haben, das Empfangene eigentümlich und selbständig fortgebildet. Sie haben die Einteilung geändert, indem sie für die Gewichtseinheit (das Talent) das Sexagesimalsystem beibehalten, die Mine aber nicht in 60, sondern in 100 Teile geteilt haben. Zweitens haben sie dem abgewogenen Metallstücke durch Aufprägung des städtischen Wappens eine öffentliche Sanktion gegeben; dadurch ist die Waage überflüssig und aus dem Gewichtsstücke eine Münze geworden.

So wurde der Bann gelöst, welcher auf dem Handel lastete, so lange bei jedem Kaufgeschäfte Metallbarren und -stücke zugewogen werden mußten. Das war ein Fortschritt, durch welchen der Hellene die geriebensten Handelsvölker des Ostens überflügelte, ein Resultat seines politischen Verstandes und seines republikanischen Gemeinsinnes, denn die Münze ist der Ausdruck des öffentlichen Vertrauens, das den Bürger mit dem Bürger verbindet. Dieser Fortschritt wurde wohl nicht früher als um die Mitte des achten Jahrhunderts gemacht.

•

Argolis war von jeher das Glied der Halbinsel gewesen, welches seiner Lage und Gliederung nach zum Verkehre mit den jenseitigen Ländern am meisten geeignet und berufen war. Hier war von Anfang der Geschichte an ein ionischer Stamm der Bevölkerung, welcher auch zur Zeit der Wanderung nicht ausgegangen war. Vielmehr kamen mit den einwandernden Doriern neue Zuzüge desselben Stammes in das Land, wie dies namentlich von der Stadt Epidauros bezeugt ist, wo mit den Herakliden Ionier aus Attika sich niederließen. Auf solchem Boden war eine Dorisierung der Landschaft, wie sie die Spartaner an den Küsten Lakoniens durchgeführt hatten, nicht möglich, und deshalb zeigt sich auch, daß die Temeniden von Anfang an nicht auf die dorischen Kriegsleute ihre Herrschaft zu stützen suchten, sondern auf die ionische Bevölkerung. Sie waren selbst so wenig Dorier, wie die anderen peloponnesischen Herakliden; sie haben von dem Seestrande aus die Ebene des Inachos erobert und der ionische Deiphontes, welcher eben jenen Geschlechtern angehört, durch die Epidauros seine ausgewanderten Einwohner ersetzte, ist nach dem treuen Berichte der Landessage der wichtigste Beistand der Temeniden in der Einrichtung und Befestigung ihrer Herrschaft geworden. Je weniger nun eine feste Einheit dieser Herrschaft zustande kam, je mehr sich die Dorier in kleinen Haufen durch das Land zerstreuten, um so mehr wurde der Einfluß derselben entkräftet, und die ältere Bevölkerung blieb ihrer Stammsitte, ihren angeborenen Neigungen und Lebensgewohnheiten treu.

Darnach bestimmte sich die ganze Landesgeschichte von Argolis. Denn hier liegt der Grund der Verfeindung mit Sparta, welche in demselben Grade zunahm, wie die Spartaner dorisch wurden und demgemäß die altionische Bevölkerung aller Orten niederzudrücken strebten. Daraus erklären sich die Kämpfe zwischen den beiden Nachbarstaaten, damit stehen auch die inneren Fehden, welche Argos heimsuchten, in Zusammenhang.

Bei den ersteren handelte es sich um die Landschaft Kynuria, das heißt das Bergland des Parnon, welches sich östlich vom Eurotastale gegen das Meer ausbreitet, ein unwegsames Land, dessen Bewohner lange Zeit den von Argos wie von Sparta aus vordringenden Doriern widerstanden. Ursprünglich unterstützten sich die beiden Nachbarstaaten in dem gemeinsamen Kampfe, dann aber kamen sie selbst über das Grenzland in einen blutigen Streit, welcher schon vor Lykurgos, dann unter Charilaos, dem Zeitgenossen Lykurgs, unter dem Sohne des Charilaos und unter Theopompos geführt wurde. Im ganzen waren die Spartaner die siegreich vorschreitenden und sie wurden dabei durch die inneren Zerrüttungen von Argos unterstützt.

Hier war nämlich zwischen Herakliden und Doriern ein arger Zwist ausgebrochen. Einer der Könige hatte in Arkadien Krieg geführt, wahrscheinlich zu derselben Zeit, da unter Charilaos Sparta und die Tegeaten miteinander in Fehde lagen, und wir dürfen wohl voraussetzen, daß der argivische König die Tegeaten unterstützte. Er besetzte einen Teil des arkadischen Landes und wurde nun von seinem dorischen Kriegsvolke gedrängt, dasselbe unter seine Truppen zu verteilen; er weigerte sich, wurde infolgedessen von ihnen vertrieben und starb als Verbannter in Tegea. Es war eine Revolution der Dorier gegen ihre Heerfürsten, welche um dieselbe Zeit stattfand, als in Sparta dies schwierige Verhältnis durch neue Verträge geordnet wurde. Auch die Auswanderung des Temeniden Karanos, der mit den heimatlichen Verhältnissen unzufrieden nach Makedonien ging, scheint mit derselben Revolution zusammenzuhängen.

Damit war aber die Herrschaft der Temeniden nicht zu Ende. Die folgenden Könige scheinen — denn nur vermutungsweise läßt sich aus zerstreuten Überlieferungen die Geschichte des argivischen Königtums wieder herstellen — einer Seitenlinie anzugehören, welche durch Vermittlung des delphischen Orakels mit Aigon auf den Thron kam.

Jetzt tritt ein merkwürdiger Umschwung der inneren und äußeren Verhältnisse ein. Die Könige nach Aigon entwickeln eine energische und stetige Politik. Eratos beginnt den Kampf gegen die Küstenorte, welche mit Sparta in Verbindung stehen; er erobert Asine um 760, Damokratidas Nauplia. Nachdem im Innern Ordnung geschafft, die Einheit des Staates wiederhergestellt und die Seeküste gewonnen ist, wird auch der Kampf gegen Sparta mit neuer Energie aufgenommen. Es handelt sich nicht mehr um einige Quadratmeilen Landes im kynurischen Grenzgebiete, sondern um die erste Stelle in der Halbinsel, um die Hegemonie der Peloponnesier, um die Leitung des Nationalfestes in Olympia; es handelt sich um die Frage, ob der lakonische Dorismus unbedingt herrschen soll oder ob eine freiere Richtung, in welcher auch die ionischen

Volkselemente zu ihrem Rechte kommen, sich Bahn brechen soll. In offenem Felde messen nun die eifersüchtigen Nachbarstaaten ihre Kräfte. Die Spartaner werden Ol. 27, 4; 669, bei Hysiai besiegt und jetzt ist nicht nur Kynuria, sondern alles Küstenland bis Kap Malea hinunter in den Händen der Argiver.

Der Name des siegreichen Königs ist uns nicht überliefert, aber wir dürfen nach Erwägung einer Reihe von zusammentreffenden Umständen kaum im Zweifel sein, daß es König Pheidon war, der zehnte in der Reihe nach Temenos, einer der außerordentlichsten Männer der peloponnesischen Geschichte. Ihm gelingt es, was bisher allen Herakliden mißlungen war, die Beschränkungen des Königtums, welche in den Verbindlichkeiten gegen die eingewanderten Dorier lagen, vollständig zu beseitigen, und deshalb wurde er, wie Charilaos, der ein Gleiches in Sparta erstrebt hatte, seiner fürstlichen Herkunft ungeachtet als ein illegitimer König, als Tyrannos angesehen. Zugleich wird nun, soweit sein Einfluß reicht, von allem, was die Spartaner bei sich angeordnet hatten und den übrigen Staaten als Richtschnur aufnötigen wollten, das Gegenteil durchgeführt. Statt der Konzentration im Binnenlande die Richtung auf das Meer, statt der Trennung der Stände Vermischung und Ausgleichung, statt des Abschlusses gegen außen freier Verkehr, und dieser Verkehr wird nun in demselben Grad erleichtert, wie Lykurg ihn erschwert hatte.

Die Zeit des homerischen Tauschhandels war längst vorüber. Die Benutzung der nach babylonischem Gewichte normierten Edelmetalle war in das griechische Küstenland von Kleinasien eingedrungen; hier hatten einzelne Handelsplätze ihr städtisches Geld zu prägen begonnen, und diese Erfindung hatte sich rasch von einem Orte zum anderen verbreitet, namentlich nach Miletos, Chios, Klazomenai, Ephesos, Samos. Es bestanden also zwei Gruppen von Seestädten; die einen hatten die Münze eingeführt, die anderen noch nicht, und so war es denn im siebenten Jahrhunderte für die am Ägäischen Meere liegenden Staaten die wichtigste aller wirtschaftlichen Fragen, ob sie sich der Neuerung anschließen sollten oder nicht.

Dagegen war das von seinen Ephoren regierte Sparta, dessen auf Lykurg zurückgeführte Geldverbote dieser Zeit angehören; dafür die nach freier Entwicklung drängenden Küstenstaaten, deren gewerbetreibende Klassen bei dieser Frage vorzugsweise beteiligt waren, sowie diejenigen Fürsten, welche die Hebung dieser Klassen zu ihrer Aufgabe machten und damit zugleich die Hebung ihrer eigenen Macht. Solche Bestrebungen finden wir allerorten, im siebenten Jahrhundert, dem Jahrhundert der Tyrannen, deren gleichzeitiges Auftreten schon von Thukydides als das Zeichen einer großen und weitverbreiteten sozialen Bewegung erkannt worden ist, einer Bewegung des natürlichen Fortschrittes im Gegensatze zu den künstlichen und gezwungenen Ordnungen, welche aus der Verbindung achäischer Fürsten und dorischem Kriegsvolke hervorgegangen waren, einer gleichmäßigen Erhebung der durch die eingewanderten Leute zurückgedrängten Eingeborenen.

Der Bahnbrecher war König Pheidon, und das sicherste von allem, was wir über den großen Mann wissen, ist die Ausbildung eines Systems von Maß, Gewicht und Münze, des ersten dieser Art auf der europäischen Seite des Archipelagus, welches aber natürlich an die jenseitigen Erfindungen anknüpfte.

Wollte man also auf europäischer Seite Anschluß haben, so mußte man sich für eines der beiden Systeme entscheiden, oder man mußte einen Weg versuchen, welcher zwischen ihnen vermittelte. Dies geschah im Peloponnes. Man schlug einen Stater von 12,40, der dem Silberstücke des Zehnstaterfußes äußerlich sehr nahekam, wobei die Erhöhung des Gewichtes keinen anderen Zweck hatte, als Begünstigung des Warenverkehrs. Man wollte gutes Geld haben, um auf den Märkten der jenseitigen Handelsplätze leicht kaufen und jede Konkurrenz bestehen zu können. Anderseits erlangte man aber auch zu der kleinasiatisch-phönizischen Währung ein bequemes Verhältnis, und schloß sich dieser auch in der Einteilung des Geldes an. Der Stater wurde halbiert und diese Hälfte war die Drachme, die echt nationale Verkehrsmünze der Hellenen, ein Silberling von 5—6 g (also dem Franken oder Schilling entsprechend). Die Drachme aber wurde wiederum in sechs Teile geteilt, welche man mit Beziehung auf das Stabgeld Obeloi (Stangen) nannte. Stücke des alten Stabgeldes wurden zur Erinnerung an die nun überwundene Kulturstufe als Reliquien der Vorzeit im Heratempel aufgehängt, die neue Münze aber in Aigina geprägt. Auf dieser Insel, welche trotz der dorischen Einwanderung in ungehemmtem Seeverkehre geblieben war, wurde unter König Pheidon die erste öffentliche Münze des europäischen Kontinents eingerichtet, zunächst für Silber, sehr früh aber auch für Gold. Zum Stempel nahm man die Schildkröte, das Symbol der phönizisch-assyrischen Handelsgöttin Aphrodite. Gleichzeitig wurden auch Längen- und Hohlmaße nach asiatischem Vorbilde genau geregelt.

Der großartige Maßstab, in welchem Pheidon diese Reformen durchführte, läßt erkennen, daß sie nicht für ein enges Stadtgebiet bestimmt waren. Das sind Unternehmungen eines

Mannes, der ein Reich gründen wollte und dazu ohne Zweifel von Asien her die Anregung empfangen hat, wo im Rücken der hellenischen Küstenstädte große Reichsgebiete mit wohlgeordneten Verkehrsverhältnissen bestanden.

Pheidon wußte nach dem Beispiele seiner beiden Vorgänger einen Hafenplatz nach dem anderen dem Gebiete der Hauptstadt einzuverleiben. Mit List und Gewalt gelang es ihm die abgefallenen Städte bis zum Isthmus hin zu bezwingen und das zersplitterte Erbteil der Temeniden in kräftiger Hand zu vereinigen. Es gelang ihm, durch Aufgebot der ganzen Bevölkerung eine Heeresmacht zu bilden, welche den Spartiaten gewachsen war; er entriß den Spartanern wieder bis Kythera hinunter das ganze mühsam eroberte und dorisierte Periökenland, dessen Bewohner sich gerne dem Druck Spartas entzogen und sich der Wiederherstellung ihrer Nationalität und der Verkehrsfreiheit freuten. Als sich so der ganze Norden und Osten der Halbinsel unter der Herrschaft Pheidons vereinigte, mußten die Spartaner alles aufbieten, um die von Jahr zu Jahr anwachsende Macht niederzuwerfen; sie rückten mit ihren Bundesgenossen von Tegea gegen Argos vor; trafen mit ihrem Gegner im Engtale von Hysiai zusammen und wurden geschlagen. Der Sieger aber ging unverzüglich nach der Westküste, um sich mit den dortigen Feinden Spartas zu vereinigen, Sparta auch am Alpheios zu verdrängen, den Bund mit Elis zu sprengen und damit die verhaßte Hegemonie des dorischen Vorortes gründlich zu vernichten. Als er im Jahre nach der Schlacht von Hysiai mit den Pisäern die achtundzwanzigste Olympiade feierte (Sommer 668), da konnte der kühne Mann in der Tat glauben, daß er am Ziele sei, daß Argos von neuem die peloponnesische Hauptstadt geworden und daß er berufen sei, der Halbinsel eine Gesamtverfassung nach seinen Ideen zu geben.

Er triumphierte zu früh. Der Geist der neuen Zeit, mit welchem er siegen wollte, war ein unzuverlässigerer Bundesgenosse, als die starre Konsequenz Spartas und die zähe Macht der Gewohnheit. Einerseits wollte er alle Kräfte des Volkes entfesseln, anderseits rücksichtslos herrschen. An diesem inneren Widerspruch, welcher jeder Tyrannis schon im Keime eingepflanzt ist, scheiterte auch das Werk Pheidons. Schon in der nächsten Olympiade hatten die Spartaner ihr und der Eleer Ansehen bei der Leitung der Spiele wiederhergestellt. Zum Teil hat also Pheidon selbst schon das Mißlingen seines Lebensplanes erlebt. Auch im Norden der Halbinsel kam er nicht zur Ruhe und als er gegen Korinth zog, soll er daselbst (etwa um die dreißigste Olympiade) im Handgemenge mit seiner Gegenpartei gefallen sein. In der schwachen Hand seines Sohnes verlor die Fürstenmacht der Temeniden alle Bedeutung, unter seinem Enkel Meltas wurde sie — wenigstens als politische Macht — aufgehoben.

So gleicht Pheidon einer glänzenden Erscheinung, welche spurlos vorübergeht. Dennoch hat er sein bleibendes Verdienst. Er war nicht ein kecker Abenteurer, wie ihn die Spartaner ansahen, sondern ein Fürst, welcher große und wohlberechtigte Volksinteressen mit bewunderungswürdiger Tatkraft vertrat. Er hat dem einseitigen Dorismus gegenüber die ionischen Volkselemente zur Geltung gebracht, er hat die naturwidrige Absperrung gegen Asien aufgehoben, er hat den Peloponnes in den Küstenverkehr des Archipelagus eingeführt, er hat den Bann gelöst, welchen spartanischer Druck auf die ganze Halbinsel zu legen drohte, und im Norden und Osten derselben ein neues Leben angeregt, das niemals wieder erloschen ist. Die alte Einförmigkeit war unterbrochen. Dem Handel und Gewerbefleiße, dem Unternehmungsgeiste und Talente standen neue Bahnen offen und hochbegabte Männer, wie sie in dorischen Staaten weder gebildet noch ertragen werden konnten, traten an die Spitze der Gemeinden.

*

Die neue Bewegung, welche durch Pheidon zuerst Macht und Einfluß erlangt hatte, konnte außerhalb Argos keinen günstigeren Boden finden, als an dem Isthmus, welcher die Insel des Pelops mit dem Festlande verbindet. Hier saß seit ältesten Zeiten phönikisches und ionisches Volk; hier, wo die beiden Golfe wie breite Heerstraßen nach Osten und nach Westen leiten, mußte die Neigung zu Seefahrt und Handel am frühesten erwachen und gegen den einengenden Druck dorischer Staatsordnung sich auflehnen. Hier waren es besonders die am westlichen oder krisäischen Golfe gelegenen Städte, in denen die antidorische Richtung sich geltend machte. Sie haben nach Westen hinüber den Verkehr eröffnet, wie Pheidon es nach dem Morgenlande hin getan hatte. Ganz Achaja war dem Grundbestandteile seiner Bewohner nach ein ionisches Land geblieben, und bei dem frühen Aufblühen von Handel und Seefahrt haben dorische Satzungen hier am wenigsten Wurzel fassen können.

Wie sich die Ionier überall an ausmündenden Flüssen niederzulassen pflegten, wo sie einerseits alle Vorteile der Seenähe genossen, anderseits die Produkte des Binnenlandes bequem ausbeuten konnten, so haben sie auch Sikyon gegründet im unteren Tale des Asopos, dessen Quellen den argivischen Bergen entspringen und in dem weinreichen Hochtale von Phlius zu einem Bache zusammenfließen; durch eine lange Engschlucht windet er sich hindurch, um endlich am Fuße der breiten Höhe von Sikyon in die Küstenfläche hinauszutreten.

Sikyon war der Ausgangspunkt der ionischen Kultur, welche das ganze Asopostal durchdrungen hat; die lange Namenreihe sikyonischer Könige zeugt von dem Alter, welches man der Stadt beilegte. Sie war einmal die Hauptstadt der ganzen Asopia sowie des vorliegenden Gestades; die dorische Einwanderung löste dann den politischen Zusammenhang der Asoposstädte: Sikyon selbst mußte dorische Geschlechter aufnehmen. Es geschah ohne Gewaltmaßregeln; ein älteres Regentengeschlecht aus Heraklidenstamme blieb neben den eingewanderten Herakliden bestehen; aber die Dorier gewannen dennoch ein Übergewicht; ihre drei Stämme kamen in den Besitz des besten Landes, sie bildeten den Wehrstand, den Kern der Bürgerschaft, dem Würden und Ämter vorbehalten blieben. Sie wohnten auf der Höhe, welche den Strand überragt, dem wildreichen Gebirge benachbart; die alten Ionier, mit der pelasgischen Grundschicht der Bevölkerung verschmolzen, lebten unten, mit ihrer ganzen Existenz auf Fischfang und Golfschiffahrt angewiesen. Sie hießen also im Gegensatze zu den Geschlechtern die „Strandleute" oder Ägialeer.

Es scheint, daß Nachbarfehden zuerst den Altbürgern Anlaß gaben, die Ägialeer zu Leistungen für den Staat heranzuziehen; sie mußten als Keulenträger die schwerbewaffnete Phalanx unterstützen. Daran knüpften sich die ersten Ansprüche der Gemeinde; sie wollten von dem Staate, welchen sie verteidigen halfen, nicht als Fremde ausgeschlossen bleiben. Die Ägialeer wurden als vierter Stamm den drei Dorierstämmen beigeordnet; wir müssen also auch hier annehmen, daß auf dem Wege der Gesetzgebung eine Vereinigung der Stämme versucht worden sei. Sikyon hat schon vor dem Eintritte der Tyrannis eine Staatsverfassung gehabt, denn Aristoteles bezeugt, daß die dortigen Tyrannen nach den Landesgesetzen regiert hätten, wie die Pisistratiden nach den solonischen Gesetzen regiert haben, soweit es mit ihrer Gewaltherrschaft verträglich war.

In Sikyon aber vermochten solche Gesetze ebensowenig wie in Athen den Staat in ruhiger Entwicklung fortzuleiten. Mit dem erwachenden Verkehre, welcher seit dem achten Jahrhunderte die Gestade des Archipelagus von neuem in Verbindung setzte, erwachte auch im Volke der Ägialeer ein neues Leben; sie gewannen Bildung, Wohlstand, Selbstgefühl und forderten demgemäß vollen Anteil am Gemeinwesen. Aus ihrer Mitte erhob sich ein Geschlecht, welches an der Spitze der Volkspartei den dorischen Staat umstürzte, ein Geschlecht, welches länger als irgend ein anderes Tyrannenhaus, nämlich ein volles Jahrhundert, die Gewalt in Händen behalten und die Aristokratie tiefer gedemütigt hat, als an irgend einem anderen Orte geschehen ist.

Die Herkunft der Familie ist dunkel. Wenn der Begründer ihres Ansehens ein Koch genannt wird, so ist dies nichts als ein Spottname der Gegenpartei. Der erste Machthaber hieß Andreas, und derselbe scheint den Dynastennamen Orthagoras „Rechtredner" angenommen zu haben, um den Intrigen der Gegner gegenüber sich als den zu bezeichnen, der es aufrichtig mit dem Volke meine. Darnach nannte man die ganze Herrscherreihe Sikyons die Orthagoriden.

Im Gegensatze zu den dorischen Grundbesitzern und Kriegsherren hatten sie aus weitreichenden Handelsverbindungen Reichtum, Bildung und kühnen Unternehmungsgeist gewonnen. Durch ihren Reichtum wußten sie Macht zu erlangen. Sie trugen ihn stolz zur Schau und benutzten ihn vor allem zu glänzender Roßzucht, um dadurch Gelegenheit zu haben, sich in weiten Kreisen einen Namen zu erwerben und in den Nationalspielen Siegerkränze zu gewinnen. Es war dies ein Luxus, zu dem die Dorier weder Neigung noch Mittel hatten, denn nur die allerreichsten konnten die Ausgaben machen, welche nötig waren, um viele Jahre lang Gespanne von Rossen und Maultieren zu unterhalten und für die Tage der Festspiele einzuüben. Es war daher schon ein Sieg der antidorischen Richtung im Peloponnese, daß auch in Olympia seit Ol. 25 (680) mit Wagenrossen gekämpft wurde. Seit dieser Zeit bildete sich auch in der Halbinsel aus den Roßzüchtern und Wagensiegern ein neuer ritterlicher Adel, der gewissermaßen den Glanz der achäischen Anakten erneuerte; ein Adel ionischen Ursprungs, freigebig, beweglich, und beim Volke, welchem er durch seinen Luxus viel zu verdienen gab, den er durch seine Siegesfeste prächtige Schauspiele und Schmausereien verschaffte, ebenso beliebt, wie der karge dorische Kriegerstand unbeliebt war.

Dieser Richtung schlossen sich die Tyrannen mit ganzem Eifer an; sie war eine Quelle ihrer Macht, denn sie gab ihnen zugleich Gelegenheit, sich mit den Nationalheiligtümern von Hellas in Verbindung zu setzen. Zwanzig Jahre nach der Olympiade des Pheidon gewann der Orthagoride Myron seinen Wagensieg in Olympia, welcher Epoche machte für den Glanz des aufstrebenden Hauses. Unter der Autorität des peloponnesischen Bundesgottes fühlte er sich über das gewöhnliche Maß bürgerlicher Stellung erhöht, und wie sehr ihm die Annäherung an das Heiligtum am Herzen lag, erhellt aus den reichen Geschenken, mit denen Myron es bedachte, sowie aus dem Baue des Schatzhauses, welches bestimmt war, alle von seinem Geschlechte dem Gotte zugehenden Weihegaben aufzubewahren.

Es sollte aber dies Haus nicht nur ein bleibendes Denkmal der Siege und der Pietät der Orthagoriden sein, sondern zugleich der neuen Hilfsquellen, des Kunstfleißes und der technischen Erfindungen, welche einem sikyonischen Fürsten zu Gebote standen. Er ließ durch seine Baumeister ein Doppelgemach ausführen, dessen Wände, wie die der heroischen Paläste, mit Erzplatten bedeckt waren. Das Erz war aus Tartessos, wahrscheinlich durch Vermittlung der unteritalischen Städte, von denen Siris und Sybaris in häufigem Verkehre mit Sikyon standen. Aber nicht bloß alte Kunstweisen sollten in glänzender Art erneuert werden, sondern auch der Säulen- und Architravbau, welcher sich vornehmlich in den neugegründeten Städten Italiens und Ioniens entwickelt hatte, und zwar gleichzeitig in einer zweifachen Form, in der knappen und strengen Regel, welche man die dorische nannte, und in der freieren Weise, die den Ioniern eigen war: beide Kunstweisen dieser nationalhellenischen Architektur wurden hier, soviel bekannt, zum ersten Male nebeneinander angewendet, ein glänzendes Zeugnis des neuen Aufschwunges und der vielseitigen Bildung, welche Sikyon durch seinen Verkehr mit Abend- und Morgenland gewonnen hatte.

Auch nach Libyen ging dieser Verkehr, der für die Verbesserung der sikyonischen Roßzucht gewiß nicht ohne Bedeutung war. Von dort soll Kleisthenes in die Heimat zurückgekehrt sein und nach Aristonymos, dem Sohne Myrons, den Thron gewonnen haben. Wir wissen aber über diese Vorgänge nichts näheres, als daß es erst durch wiederholte Verfassungskämpfe, also nach einer Reaktion von dorischer Seite, dem Kleisthenes gelungen ist, die Dynastie der Orthagoriden wiederherzustellen.

In allem, was der neue Tyrann tat, zeigt sich eine gesteigerte Parteirichtung, eine rücksichtslos durchgreifende Energie. Es sollte mit der alten Zeit entschieden gebrochen, die Rückkehr zu ihr unmöglich gemacht werden. Deshalb wurden die Bande gelöst, welche Sikyon noch mit seiner dorischen Mutterstadt Argos vereinigten. Der mythische Vertreter dieser Vereinigung war Adrastos, dessen Feier an beiden Orten in glänzenden Bürgerfesten begangen wurde zum Andenken an die alte Waffenverbrüderung im Kampfe gegen Theben. Adrastos wurde durch einen Heros des feindlichen Heerlagers, durch Melanippos aus Theben, verdrängt; thebanische Geschlechter wurden mit ihm in Sikyon eingebürgert, die alten Geschlechter, welche des Adrastosdienstes Träger bis dahin gewesen waren, wanderten aus. Der Name des Heldenkönigs verklang; seine jährlichen Heroenopfer wurden auf Melanipos übertragen, und jene Chöre, welche sonst auf dem Markte von Sikyon den Altar des Adrastos umstanden hatten, um seine Taten und Leiden zu singen, wurden nun dem Gotte des Landvolkes, Dionysos, geweiht.

Aus demselben Gegensatze gegen Argos, wo zu jener Zeit nach dem Sturze Pheidons wahrscheinlich eine dorische Reaktion eingetreten war, entsprang die Maßregel, welche den öffentlichen Vortrag der homerischen Gedichte aufhob; denn da das Pietätsgefühl gegen die dorische Metropolis erlöschen sollte, so sollte auch der Dichter entfernt werden, welcher das Lob von Argos auf den Lippen hatte und der den lykurgischen Herakliden staat stützen half. Das wichtigste Band aber, welches Argos wie Sparta mit Sikyon verknüpfte, lag in der Verwandtschaft der Stämme und in der übereinstimmenden Gliederung derselben, welche durch uraltes Herkommen geheiligt war. Kleisthenes war kühn genug, diese Ordnungen umzustürzen. Die Ägialeer machte er unter dem Namen der Archelaoi, der „Ersten des Volkes", zum bevorzugten Stande der Gemeinde; die drei anderen, welche einst allein die vollberechtigte Bürgerschaft ausgemacht hatten, aber inzwischen durch Auswanderung, Aussterben und Verarmung heruntergekommen waren, wurden in eine untergeordnete Stellung gebracht. Ihre alten Ehrennamen wurden beseitigt und drei andere ihnen beigelegt, welche nicht von Heroen, sondern von Tieren herstammen: Hyaten, Oneaten, Choireaten. Der Spott, welcher diesen Namen zugrunde liegt, erklärt sich vielleicht aus dem Gegensätze, der in der Nahrungsweise zwischen den beiden Bestandteilen der Bevölkerung lag. Nach den Tieren, welche den fischessenden Ioniern die unangenehmsten waren, bezeichnete der Volkswitz die aristokratischen Stämme mit jenen Schimpfnamen, die man etwa „Schweinichen, Eselinger und Ferkelheimer" übersetzen kann.

Wie schon Myron es sich hatte angelegen sein lassen, dem olympischen Zeus durch freigebige Huldigung Ehre zu erweisen und dadurch bei den heiligen Anstalten, welche Mittelpunkte des hellenischen Lebens waren, Ansehen zu gewinnen, so versuchte auch Kleisthenes in ähnlicher Weise seine Dynastie zu stützen, hier wie überall mit kühner Tatkraft vorgehend und die Zeitverhältnisse auch außerhalb der Halbinsel klug benutzend.

Von allen Teilen Mittelgriechenlands war aber keiner den Sikyoniern näher als das Gestade von Phokis, wo sich ihnen gerade gegenüber das Parnassosgebirge aufbaut, der großartige Hintergrund der Landschaft, an welchem sie täglich ihr Auge weideten, und vor demselben die tiefe, gastliche Bucht, von welcher sich eine fruchtbare Niederung eineinhalb Stunden aufwärts bis an den felsigen Fuß des Parnassos ausdehnt.

In dieser Bucht waren vor Zeiten kretische Seefahrer gelandet; sie hatten am Strande den ersten Apolloaltar gestiftet und landeinwärts auf einer die Ebene beherrschenden Höhe an dem Ausgange der Schlucht, durch welche der Pleistos in die Ebene eintritt, hart am Vorsprunge des Hochgebirges die Stadt Krisa gegründet, welche der Mittelpunkt eines kleinen Staates wurde und eine so ansehnliche Handelsstadt, daß der ganze Golf nach ihr benannt wurde. Von ihr wurde am Strande der Hafenplatz Kirrha, oben im Gebirge bei der Kassotisquelle der Tempelort Python oder Delphi angelegt; der ganze Strand aber mit seinen apollinischen Heiligtümern stand in Abhängigkeit von Kreta. Kretische Hymnen wurden gesungen, kretische Sühngebräuche angewendet; selbst die Bergquelle Kastalia hatte von einem Kreter ihren Namen.

Die Verhältnisse der kretischen Kolonie änderten sich, nachdem der dorische Stamm am Parnassos festen Fuß gefaßt hatte. Mit ihm trat die delphische Priesterschaft in Verbindung; durch ihn breitete sie ihren Einfluß nach allen Seiten aus; mit seiner Hilfe entzog sie sich auch der Abhängigkeit von Krisa; die krisäischen Metropolitanrechte wurden beschränkt, Delphi wurde ein selbständiges Gemeinwesen und die Stiftung seiner Heiligtümer unmittelbar aus Kreta hergeleitet. Aus dieser Zeit stammt der homerische Hymnos auf den pythischen Apollon, welcher von Krisa schweigt und den kretischen Gott vom Strande unmittelbar nach Delphi zur Stiftung seines dortigen Kultus sich hinaufschwingen läßt.

Seit dieser Zeit war eine Spannung zwischen Delphi und Krisa. Delphis steigender Wohlstand beruhte wesentlich auf der Sicherheit der Straßen, auf denen zu Lande wie zu Wasser die Pilger herankamen, und eines seiner wichtigsten Privilegien bestand darin, daß die Wege von allen Abgaben an die Regierungen, deren Territorien sie berührten, frei sein sollten. Für die Aufrechterhaltung dieser Privilegien sorgten die Eidgenossen oder Amphiktyonen, deren Bundesrat der Hüter der Tempelrechte war.

Je mehr nun Delphi aufblühte, je zahlreicher die mit Schätzen beladenen Pilgerzüge hinaufzogen, um so mehr wuchs der Neid der umwohnenden Gemeinden, denen das üppige und verzogene Delphi ein Dorn im Auge war, um so größer wurde die Versuchung, den durchziehenden Pilgerscharen allerlei Schwierigkeiten zu machen und Abgaben aufzulegen. So geschah es namentlich von Krisa, welches seiner Lage nach die Schwelle des Parnassos war und den Aufgang zum Gebirge ebensowohl beherrschte, wie die Anfahrt der überseeischen Pilger bei Kirrha. Die Krisäer begannen also unter allerlei Vorwänden Hafen und Landstraßen mit Zöllen zu belegen und die Pilgerzüge zu brandschatzen, um von der Blüte ihres alten Filials auch ihrerseits Vorteil zu haben.

Kein Wunder also, wenn man in Delphi die Abneigung gegen die Tyrannis überwand, und zwar geschah dies um so leichter, da die Verbindungen mit den geldreichen und freigebigen Fürsten eine sehr lockende war und für den Glanz des Tempelortes viel Gewinn versprach. Einem Manne wie Kleisthenes aber konnte nichts willkommener sein, als eine passende Gelegenheit, an Stelle der saumseligen Dorier in das Patronatsverhältnis zu Delphi einzutreten. Gerne vergaß er also die unfreundliche Abweisung, welche seine Gesandten erfahren hatten, als er einst die Anerkennung seiner gottesdienstlichen Neuerungen begehrt hatte, und rüstete ein stattliches Heer, um dem Sitze des Apollon den Schutz zu gewähren, dessen er jetzt bedurfte. Er war ein „heiliger Krieg", weil er nach Amphiktyonenrecht geführt wurde, um den verletzten Gottesfrieden zu rächen; es war eine nationalhellenische Unternehmung und zugleich eine solche, welche mit den nächsten Interessen von Sikyon zusammenhing. Denn sein Wohlstand beruhte auf der Sicherheit des Golfs; es mußte ihm viel darauf ankommen, daß seine Handelsfreunde aus Italien, Sizilien und Libyen hier gefahrlos verkehren konnten; es mußte ihm daran liegen, auch auf dem gegenüberliegenden Gestade mächtig zu sein und die Ansprüche von Krisa, das einmal allein den Golf beherrscht hatte, für immer zu beseitigen.

Kleisthenes stand nicht allein. Athen, welches damals von Solon geleitet wurde, schloß sich bereitwillig an. Beide fühlten, daß kein günstigerer Zeitpunkt kommen könne, um ihre Staaten auf rühmliche Weise in die hellenischen Angelegenheiten einzuführen. Durch Verbindung mit den Skopaden gelang es, auch die Wehrkraft Thessaliens heranzuziehen, und so bildete sich eine neue Amphiktyonenmacht, welche an Stelle des veralteten Bundes eine wirksame und ausdauernde Tätigkeit entwickelte. Denn der Kampf war nicht leicht und es läßt sich voraussetzen, daß außer den Krisäern noch andere der umwohnenden Stämme und Städte gegen Delphi in Waffen waren. Krisa wurde zerstört, dann nach längerem Widerstande auch die Seestadt Kirrha. Auch nach ihrem Falle hielten sich versprengte Streifscharen im wilden Kirphisgebirge, mit denen noch sechs Jahre gekämpft sein soll, bis alles ruhig war und sich der neuen Ordnung der Dinge fügte. Die Stätte von Krisa blieb wüste; sein Name erlosch in der Reihe der hellenischen Städte, seine Fluren wurden dem delphischen Gotte geweiht, dessen Gebiet sich nun bis an das Meer von Kirrha erstreckte, so daß die überseeischen Pilger kein fremdes Gebiet zu durchmessen hatten. Es lag im Interesse des delphischen Priesterstaates, daß zwischen ihm und dem Meere kein fester Ort bestehen blieb. Dafür sorgten die Amphiktyonen hier mit gleicher Strenge, wie Elis und Sparta in Beziehung auf Olympia.

Der Sieg wurde in verschiedener Weise gefeiert. Am Markte von Sikyon erhob sich als Denkmal desselben eine Marmorhalle, welche den Festraum der apollinischen Gottesdienste umgab, auf dem Kriegsschauplatze selbst aber wurde nach gemeinsamem Beschlusse der Bundesgenossen zum Andenken des Sieges die alte Feier des delphischen Gottes glänzend erneuert und erweitert. An diesen Einrichtungen hat sich auch allein eine feste Erinnerung des Heiligen Krieges bei den Hellenen erhalten, und zwar wird eine dreifache Festfeier mit demselben in Verbindung gesetzt. Die erste 47, 3; 590 zur Feier des Sieges über Kirrha, wobei die Kriegsbeute zu Wertpreisen benutzt wurde. Diese Pythienfeier gehörte noch dem alten Zyklus an, demzufolge alle acht Jahre der pythische Gott in musikalischen und poetischen Wettkämpfen verherrlicht wurde. Darnach wurde beschlossen, das Fest alle vier Jahre zu feiern und den musischen Wettkampf durch gymnastische und ritterliche Kämpfe zu erweitern. Dies war also der Anfang einer neuen Reihe von Pythiaden, welche nun in gleichen Fristen wie die Olympiaden als ein Nationalfest gefeiert wurden. Endlich wurde bei der zweiten dieser neuen Pythiaden, nachdem auch der Gebirgskrieg zu Ende geführt war, eine andere wichtige Reform eingeführt; es wurden nämlich die Wertpreise, welche bis dahin durch den Krieg herbeigeschafft waren, abgeschafft und statt dessen nur Preise von idealem Werte, d. h. Kränze vom heiligen Lorbeer, unter dem Vorsitze der Amphiktyonen an die Sieger ausgeteilt. Dies sind wohlbeglaubigte Tatsachen. Aber nicht so sicher ist die Beziehung dieser Festepochen zum Kriege. Wird das erste der genannten Feste richtig auf den Fall von Kirrha bezogen, so müssen wir den Krisäischen Krieg, der in seinem zehnten Jahre mit der Eroberung von Kirrha geendet haben soll, von 600 bis 590 ansetzen.

Bei der zweiten Pythienfeier siegte Kleisthenes selbst mit seinem Rennwagen; um dieselbe Zeit war er auch Sieger in Olympia. Er stand auf der Höhe seines Ruhmes; seine auswärtigen Verbindungen waren ehrenvoll und weit verzweigt, sein Ansehen reichte über die Grenzen des Staates hinaus, dessen Gebiet er auch landeinwärts erweitert hatte; die Handelsstraßen waren neu gesichert, alle Hilfsquellen des Wohlstandes geöffnet. Im Innern herrschte Zufriedenheit; denn nachdem er mit Gewalt die Herrschaft ergriffen hatte, war er seinen Untertanen ein milder Fürst; sein gastfreier Hof ein Sammelplatz hervorragender Talente, der Schauplatz herrlicher Götterfeste. Nur eines fehlte ihm; er hatte keinen Erben seiner Fürstengröße. Um so wichtiger war ihm die Verheiratung seiner heranblühenden Tochter Agariste; und deshalb ließ er als olympischer Sieger in Olympia ausrufen, daß, wer von den Hellenen sich würdig erachte, des Kleisthenes Eidam zu werden, auf den sechzigsten Tag nach Sikyon kommen solle; dort werde nach Verlauf eines Jahres die Hochzeit ausgerichtet werden; Lauf- und Ringspiele wurden für die Festzeit angeordnet. Da zogen, sagt Herodot, alle Hellenen, die von sich und ihrem Namen groß dachten, als Freier hinauf in die gastliche Fürstenburg. Wir glauben bei solchen Schilderungen den Ton eines Gedichtes zu vernehmen, in welchem der Glanz des Fürstenhofes verherrlicht wird, und gewiß fehlte es in Sikyon nicht an höfischen Dichtern, welche den Anlaß des Festes und die stattliche Reihe der Festgäste besungen haben.

In Unteritalien war Sybaris damals die blühendste Griechenstadt. Bei ihrer Gründung waren Achäer und Ionier tätig gewesen; denn wie hätten die aus dem Süden hieher gedrängten achäischen Geschlechter eine solche überseeische Tätigkeit entwickeln können, wenn nicht die altionische Bevölkerung daselbst den eigentlichen Anstoß, die Schiffe und die Mannschaft dazu gegeben hätte? So hatten auch jene sogenannten Achäerstädte einen wesentlich ionischen Charakter und waren zur Anknüpfung naher Handels- und Freundschaftsbeziehungen mit der sikyonischen Dynastie sehr geneigt. Den Sybariten kam keine griechische Stadt des siebenten Jahrhunderts an Fülle des Wohlstandes gleich, und wenn Pracht der Gewänder und Aufwand an Geld den Ausschlag gegeben hätten, so mußten alle Freier zurückstehen, als Smindyrides, des Hippokrates Sohn, mit seinem Gefolge zu den Toren von Sikyon einzog. Dem Sybariten folgte Damasos, der Sohn des Amyris aus Siris, wo sein Vater sich den Namen des Weisen erworben hatte. Das waren die beiden Vertreter des hellenischen Italiens. Vom Gestade des Ionischen Meeres kam der Epidamnier Amphimnestos; aus dem ätolischen Lande Males, der Bruder des Titormos, welcher alle Hellenen an Körperkraft übertraf, aber, von finsterem Unmut ergriffen, die Städte als die Sitze eines üppigen Genußlebens vermied und an den Grenzen des Ätolerlandes in selbsterwählter Barbarei lebte.

Von peloponnesischen Fürsten kam Leokedes, des Tyrannen Pheidon Sohn, aus Arkadien Amiantos von Trapezunt und Laphanes, des Euphorion Sohn, von der Stadt Paios. Eine schöne Sage erzählte, Kastor und Pollux wären einst des Weges gekommen als irrende Wanderer und hätten unerkannt daselbst Aufnahme gefunden. Seitdem blühte das Haus des Euphorion in reichem Segen; die Dioskuren wurden die Hausgötter und in ihrem Namen öffnete sich jedem Fremden die gastliche Tür. Onomastos, des Agaios Sohn, aus Elis schloß die Gruppe der Peloponnesier, welche den Ehrgeiz und die Mittel hatten, als Freier der Fürstentochter aufzutreten. Das Haus der Skopaden zu Krannon war durch Diaktoridas vertreten, das molossische Fürstenhaus in Epirus durch Alkon. Aber noch fehlten die beiden Hauptplätze ionischer Bildung, Euböa und Attika. Am Euripos war damals Eretria der blühendste Handelsplatz und von hier kam Lysanias; aus Athen aber zwei Männer, welche durch Reichtum und persönliche Vorzüge vor allen andern berechtigt schienen, ein großes Glück in Anspruch zu nehmen, des Tisandros Sohn, Hippokleides, ein Verwandter der Kypseliden, und Megakles, der Sohn des Alkmaion, des reichsten Mannes, welchen das europäische Griechenland kannte.

Es kann nicht zufällig sein, daß es gerade zwölf Städte sind, welche, durch auserlesene Männer vertreten, um den Thron des Kleisthenes sich versammelten. Die Zahl kann um so weniger befremden, da es deutlich ist, daß fast alle jene Städte mit den Interessen des ionischen Stammes verwachsen waren, der sich seit den Tagen des Pheidon in einem unaufhörlichen Ringen mit den Doriern befand, und daß Kleisthenes, als er die Vertreter jener zwölf Städte bei sich vereinigte, gewiß noch etwas anderes im Sinne hatte als einen Hochzeitsschmaus, wie es die anmutige, fast romanhafte Erzählung Herodots auffaßt, welcher wohl einer Dichtung folgt. Dem Dichter aber war es erlaubt, die schöne Fürstentochter in den Mittelpunkt zu stellen und die ganze Tafelrunde wie eine Freierversammlung darzustellen, wenn auch Leute darunter waren, wie der grämliche Males, und schon betagte Männer, wie Leokedes. In der poetischen Überlieferung traten die politischen Absichten zurück.

Bedenken wir aber, wie damals der ganze Peloponnes in Gärung stand, wie es gegen Sparta einer Vereinigung von Kräften bedurfte und wie die alte Amphiktyonie durch den Heiligen Krieg gesprengt war, so mußte es einem Manne von so großen Gedanken, wie Kleisthenes war, als die würdigste Lebensaufgabe erscheinen, neue Hellenenverbindungen herzustellen. Er hatte seine Macht nicht bloß zur Befriedigung eigener Gelüste aufgerichtet; um so mehr lag ihm daran, daß seine Pläne sein Leben überdauerten. Der Gemahl oder der Sohn der Agariste sollte sein Werk fortsetzen. Deshalb wollte er nach längerer Lebensgemeinschaft aus einem auserwählten Kreise den besten Mann aussuchen; er wollte zugleich die Festgäste untereinander zu Freunden und Eidgenossen vereinigen und gewiß hat er nach dem Vorbilde heroischer Brautwerbungen die Freier eidlich verpflichtet, sich seinem Ausspruche zu fügen und den vom Vater Erkorenen in seinem Besitze von Gütern und Rechten zu unterstützen. Es war eine antidorische Eidgenossenschaft, durch welche zugleich für die Fortdauer des sikyonischen Staates gesorgt war.

Während des Jahres, welches die Freier in täglicher Gemeinschaft vor den Augen des Kleisthenes verlebten, wurde ihm bald die Überlegenheit der Athener klar. Er spürte in ihnen den höheren Schwung des Geistes, welcher allen irdischen Schätzen erst die wahre Bedeutung zu entlocken weiß; er fühlte ihrer Vaterstadt die Zukunft an, der sie im Stillen entgegenreifte. Von den beiden Athenern war es aber Hippokleides, welcher durch seinen Reichtum, seine Schönheit und die ritterliche Gewandtheit, die sich in den Wettkämpfen der Freier glänzend hervortat, des Vaters Gunst gewann. Auch war es die Verwandtschaft mit dem Hause der Kypseliden in Korinth, welche dem Hippokleides in den Augen des Kleisthenes eine besondere Bedeutung gab.

Inzwischen rückte der Entscheidungstag heran. Zur großen Festhekatombe wurden die Rinder zur Stadt getrieben; alle Sikyonier waren zu Gaste geladen und lagerten um die Fürstenhalle; es war der glänzendste Tag, den Sikyon gesehen hatte. Hippokleides, seines Glückes gewiß, trug in seiner Ausgelassenheit allerlei Kunststücke zur Schau und als er sich endlich in trunkenem Mute so weit vergaß, daß er mit unanständigen Sprüngen und Tänzen die Gesellschaft unterhielt, rief Kleisthenes entrüstet: „Hippokleides, du hast dein Glück vertanzt" und gab dem ernsteren Megakles die Hand der schönen Agariste. Der enttäuschte Nebenbuhler faßte sich schnell und sagte: „Was macht sich Hippokleides daraus?" Ein Ausspruch, der seitdem ein Sprichwort wurde und treffend den kecken Mut des Ioniers bezeichnet, welcher, wenn etwas mißlingt, ein Schnippchen schlägt und ohne weiteres Grämen sein Glück auf eine andere Nummer setzt.

Kleisthenes war es gelungen, seine Tochter mit dem bedeutendsten Hause derjenigen Stadt zu verbinden, in welcher sein Blick die künftige Metropole des ionischen Stammes erkannte. Seine Erwartung wurde ihrer Erfüllung genähert, als Agariste einen Knaben gebar, welcher den Namen des Großvaters empfing. Aber weder Eidam noch Enkel sollten ihm auf dem Throne folgen; das Glück der Orthagoriden ging zu Ende und mit ihm alle die großen Gedanken ionischer Politik. Kleisthenes selbst scheint den Umschwung der Verhältnisse nicht mehr erlebt zu haben, weil noch eine Reihe von Jahren nach seinem Tode die von ihm eingeführten Namen der Stämme in Gebrauch blieben.

*

Sikyon verdankte, was es war, der Betriebsamkeit seiner Einwohner und den Talenten hervorragender Geschlechter; ohne sie wäre es ein unbekanntes Winkelstädtchen geblieben. Anders verhielt es sich mit der Nachbarstadt Korinth; es verdankte alles seiner Lage. Das Doppelmeer am Isthmus, die zusammentreffenden Land- und Wasserstraßen von ganz Hellas, die hochragende Meer und Land überschauende Felsenburg, von reichen Quellen durchrauscht und umflossen: diese Vorteile waren so außerordentlich, daß sie bei ungestörten Verkehrsverhältnissen die Entstehung einer wichtigen Stadt hervorrufen mußten.

Wie in Argolis, so waren es auch am Isthmus nicht allein dorische Geschlechter, welche in den Zeiten der Wanderung den neuen Staat gestiftet hatten. Von der Seeseite ist die alte Stadt des Sisyphos neu gegründet worden; die Sagen von der Neugründung sind Schiffahrtssagen. Zu Schiffe kommt Aletes der Heraklide; am Strande empfängt er eine Sandscholle als Unterpfand der künftigen Herrschaft; sein Name sowohl wie seine Person sind nichts weniger als dorisch. Vielmehr ist Aletes eine Figur der phönikischen Mythologie, welche dem Kreise der Himmelsgötter angehört. Auch bleiben die alten Sisyphiden in der Stadt ansässig, während von allen Seiten neues Volk zugezogen kommt; darunter Melas aus Thessalien, der sein Geschlecht von den Lapithen herleitete. Später ist dorisches Kriegsvolk von der Landseite dazu gekommen und hat sich mit Gewalt Landbesitz und Einbürgerung erzwungen. Neben den dorischen bestanden in Korinth fünf nichtdorische Stämme, ein Beweis für die Masse verschiedenartiger Bevölkerung, welche das Königtum der Herakliden, auf die dorische Kriegsmacht gestützt, zu einem Staate zusammenhielt. Im neunten Jahrhundert kam das Königtum an einen Zweig der Herakliden, welcher sich von Bakchis herleitete; durch die außerordentliche Begabung dieses Regentenhauses ist die Größe der Stadt begründet worden.

Die Bakchiaden öffneten die Stadt dem Zuzuge betriebsamer Ansiedler, welche hier an dem Kreuzpunkte aller griechischen Handelswege schneller als anderswo ihr Glück zu machen hofften. Sie hegten und förderten jede wichtige Erfindung; sie erkannten, je mehr die Bevölkerung anwuchs, daß Korinth nicht auf der Landseite, sondern auf dem Meere seine Gebietserweiterung zu suchen habe, daß es nicht, wie hundert andere Küstenplätze, zu einem lebhaften Fährorte bestimmt und zu einem gewinnreichen Transitgeschäfte berufen sei, sondern zur Seeherrschaft. Von größter Bedeutung war in dieser Beziehung die Verbindung mit Chalkis und Euboia, von wo der Erzbetrieb und Erzhandel ausgegangen ist; von dort sind diese Gewerbe am Isthmus begründet und die Wasserstraßen jenseits desselben nach den metallreichen Küsten Italiens geöffnet worden. Die Stadt Chalkis am ätolischen Ufer bezeugt diesen Handelsweg, auf welchem Korinth ursprünglich nur die Mittelstation war. Unter den Bakchiaden traten die Korinther als selbständiges Handelsvolk auf. Sie nahmen den Verkehr in eigene Hand und richteten die Fahrbahn (Diolkos) auf dem Isthmus ein, wo die Schiffe auf Rollgestellen von einem Golfe zum andern geschafft wurden. Diese Einrichtungen führten zu technischen Erfindungen von mancherlei Art; die Korinther fingen an, für fremde Rechnung solche Schiffe zu bauen, welche für die Isthmusfahrt eingerichtet waren, und der Transport selbst sicherte dem Staatsschatze bedeutende Einnahmen, wodurch die Ausbildung einer städtischen Marine möglich wurde. Sie machten den Golf, welcher bis dahin von Krisa seinen Namen geführt hatte, allmählich zum „korinthischen" und sicherten den engen Eingang desselben durch den festen Platz Molykria, welchen sie zwischen Naupaktos und Chalkis auf Antirrhion anlegten. Sie zogen weiter das Gestade entlang, besetzten die wichtigsten Punkte am Acheloos, dessen weite, korn- und holzreiche Landschaft ihnen alles gewährte, was die dürre und enge Heimat ihnen versagte. Am Acheloos wurden sie so heimisch, daß sie den Flußgott als den Vater der Peirene in den Kreis ihrer heimatlichen Sage hereinzogen.

Ein neuer Beruf eröffnete sich ihnen, als die Schiffe aus der äußeren Bucht des Golfes nordwärts in die Ionische See ihre Fahrten begannen. Hier kamen sie mit Staaten in Verbindung, welche außerhalb des Kreises griechischer Kultur standen und kein Gesetz anerkannten, als das der Gewalt. Hier bedurfte es einer bewaffneten Macht, um die Handelswege frei zu halten. Infolgedessen haben die Korinther die höhere Technik des Seewesens zum großen Teile bei sich ausgebildet; sie haben im angeschwemmten Strande von Lechaion den ersten Kunsthafen eingerichtet und mit Werften umgeben, auf welchen eine wichtige Erfindung nach der andern gemacht wurde, bis endlich aus der gebrechlichen Barke die griechische Triere hervorging, das hohe Schiff mit dreifacher Ruderreihe auf jeder Seite, fest gezimmert, um die hohe See zu bestehen, und zugleich durch seine Schnellkraft zum Angriffe wohlgeeignet, wie zum Schutze für die schwerfälligeren Warenschiffe.

Korinth stand im Mittelpunkte weitreichender Beziehungen und war durch seine wehrhafte Flotte berufen, in den Handelskriegen, welche in jener vielbewegten Zeit zum Ausbruch kamen, entscheidend einzugreifen. Namentlich kann es dem großen Seekriege, welcher sich an der Fehde von Chalkis und Eretria entzündete, nicht fremd geblieben sein. Auch seine Parteistellung kann nicht zweifelhaft sein. Wenn daher um Ol. 19; 704 die Korinther, die aus ihrem Trierenbaue ein strenges Geheimnis machten, ihren Schiffsbaumeister Ameinokles nach Samos gehen ließen, wo er den Samiern, den Verbündeten von Chalkis, vier Kriegsschiffe baute, so hängt dies wahrscheinlich mit dem Lelantischen Kriege zusammen und bezeugt den Anteil Korinths an den großen Angelegenheiten der griechischen Handelswelt.

Im Innern suchten die Bakchiaden ihrer doppelten Aufgabe zu entsprechen, einerseits die einer Handelsstadt notwendige freie Entwicklung der Volkskräfte zu fördern, anderseits Zucht und Ordnung aufrecht zu erhalten und der maßlosen Neuerungssucht eines ionischen Markt- und Hafenvolkes entgegenzutreten. Zu diesem Zwecke diente ihnen der Anschluß an Sparta, dessen Partei sie in den Messenischen Kriegen vertraten, sowie das dorische Kriegsvolk, welches hier wie in den kretischen Städten einer Geschlechterherrschaft als Stütze diente. Die Schwierigkeit der Aufgaben, welche den Leitern Korinths vorlagen, erweckte und übte das Nachdenken über die Fragen innerer Politik. Namentlich war es der Korinther

Pheidon, welcher zu den Gründern politischer Wissenschaft unter den Griechen gehört. Er sah, wie der große Grundbesitz durch Zerstückelung immer mehr an Bedeutung verlor, während die Masse des von Handarbeit lebenden Volkes unverhältnismäßig anwuchs, so daß die Leitung der Masse immer schwieriger wurde. Die Macht der Verhältnisse hatte es schon dahin gebracht, daß in keinem dorischen Staate die Gewerbetreibenden so günstig gestellt waren wie in Korinth; sie durften städtisches Grundeigentum erwerben und es war zu befürchten, daß sie sich mehr und mehr in den Besitz des besten Landes setzen würden, indem sie die verarmten Mitglieder der alten Geschlechter auskauften. Darum suchten die Gesetze des Pheidon auf Erhaltung des großen Grundbesitzes und auf Beschränkung der zuströmenden Einwohnerzahl hinzuwirken und dadurch den Einfluß der Altbürger auf das Gemeinwesen zu stärken.

In Behandlung dieser schwierigen Frage traten schroffere und mildere Grundsätze einander gegenüber und Parteiungen bildeten sich im Schoße der Regierung. Infolge solcher Parteizwiste war es, daß der Bakchiade Philolaos nach Theben auswanderte, wo man sich seine Erfahrung zur Ausbildung des dortigen Rechtes zunutze machte. Man führte auf ihn ein Gesetz über Adoption zurück, welches wohl keine andere Bedeutung hatte, als durch eine zweckmäßige Aufsicht des Staates die Erhaltung der Häuser und eines möglichst gleichmäßigen Besitzstandes zu erzielen. Es sind Gesichtspunkte, welche an lykurgische Gesetze erinnern.

So galten auch außerhalb Korinth die Bakchiaden als Autoritäten in der Gesetzgebung, während sie in der Heimat nicht imstande waren, gewaltsamen Verfassungsänderungen vorzubeugen. Die Zahl der Bakchiaden schmolz immer mehr zusammen, und je weniger ihrer waren, desto eifersüchtiger wachten sie über ihre Privilegien, desto mehr betrachteten sie den ganzen Staat als ihre Domäne, desto ungerechter und unerträglicher erschien ihre Macht dem Volke. Ihr Hochmut wurde immer verletzender, ihr weichliches Wohlleben machte sie verächtlich und endlich trug auswärtiges Mißgeschick, namentlich ein unglücklicher Krieg mit Kerkyra, dazu bei, den gärenden Unwillen gegen die Oligarchen zum Ausbruche zu bringen.

Die Revolution hing mit der Spaltung unter den korinthischen Adelsgeschlechtern zusammen. Die Bakchiaden nämlich heirateten nur unter sich, um keinen Fremden in den engen Kreis regierungsfähiger Häuser sich eindrängen zu lassen. Dadurch waren andere Familien, deren Stammbaum auch auf die Gründer der Stadt zurückging, von allen Rechten und jeder Gemeinschaft mit dem regierenden Adel ausgeschlossen. Zu diesen Familien, die sich grollend zurückgezogen hatten, gehörten auch die Nachkommen des Melas. Sie hatten außerhalb der Stadt im Gaue Petra ihren Wohnsitz und schienen allen ehrgeizigen Plänen fern zu sein. So geschah es, daß man kein Bedenken trug, einen Mann dieser Familie, namens Eetion, wieder einer Familienverbindung mit den Bakchiaden zu würdigen. Diese Verbindung war aber in der Tat mehr eine Verhöhnung. Denn da der Bakchiade Amphion eine Tochter hatte, welche ihrer Mißgestalt wegen auf ebenbürtige Vermählung keinen Anspruch machen konnte, so gab er sie dem Eetion zur Frau, welcher sie nach Petra heimführte. Aus dieser Ehe entsproß ein Sohn, dem das Orakel eine große Zukunft verhieß. Die erschreckten Oligarchen suchen ihn umzubringen, aber Labda, die Bakchiadentochter, versteckt ihr Kind vor der Nachstellung ihrer Verwandten und in stiller Zurückgezogenheit wächst Kypselos — so soll der Knabe von der Lade, in welcher die Mutterliebe ihn geborgen hatte, genannt worden sein — zum Manne heran. In Wahrheit freilich ist aus dem Namen die Legende entstanden.

Neunzigmal hatten die jährlichen Prytanen aus dem Hause der Bakchiaden gewechselt, als Kypselos diese Ordnung der Dinge umstürzte. Auf die Gunst des Volkes gestützt, machte er sich zum unumschränkten Herrn von Stadt und Land, von Heer und Flotte und verstand es gegen 30 Jahre lang sich inmitten der vielbewegten Seestadt auf dieser Machthöhe zu erhalten. Als Verwandter der Bakchiaden war er mit der früheren Politik des Staates vertraut und wußte sich daraus auzueignen, was ihm frommte. Deshalb stellte sich auch seine Tyrannis nicht in so schroffen Gegensatz gegen alles frühere, wie die sikyonische, und wenn er, wie berichtet wird, keiner Leibwache bedurfte, um bis an sein Ende Herr von Korinth zu sein, so ist es wahrscheinlich, daß er auch die dorische Kriegergemeinde für sein Interesse zu gewinnen wußte. Die Härte, welche dem Kypselos seine Gegner vorwarfen, kann keine zwecklose gewesen sein. Seine Verbannungen trafen die Parteihäupter der Oligarchie, und wenn von seinen Gelderpressungen die Rede ist, so ist dies der dunkle Schatten, welcher überall dem Andenken der Tyrannen folgte, soviel Glanz sonst auch darauf ruhen mochte. Denn das war ja gerade der Hauptunterschied eines freien Gemeinwesens und eines von Tyrannen regierten, daß in jenem nur bei vorkommenden Fällen die Bürger nach gemeinsamem Beschlusse freiwillige Opfer dem Vaterlande brachten, während der Tyrann, um seine Truppen zu unterhalten, den Hof zu bestreiten und die großen zur Verherrlichung seiner Regierung bestimmten Arbeiten ausführen zu können, die Besitzenden rücksichtslos besteuerte. Der Kypseliden Weihgeschenke wurden sprichwörtlich neben den Pyramiden Ägyptens genannt. Zwei derselben, der Zeuskoloß aus getriebenem Golde und der Kasten des Kypselos, gehörten zu den kostbaren Stücken des reichen Inventars von Olympia. Es war ein sinniger Gedanke, dem rettenden Zeus jene Lade, in welcher Kypselos als Kind geborgen war, in Zedernholz künstlich nachgebildet, zu weihen. Dies Weihgeschenk wurde gleichsam eingetaucht in den vollen Strom griechischer Sagenpoesie; denn auf zartem Elfenbeingetäfel waren in fünf verschiedenen Reihen übereinander die wichtigsten Züge der nationalen Legenden dargestellt. Hexameter, mit Goldschrift aufgetragen, erläuterten die Darstellungen, welche zusammen ein wohlgerundetes Ganze bildeten und erwünschte Gelegenheit gaben, das junge Fürstenhaus an die Vorzeit der Hellenen anzuknüpfen, welcher es durch seine thessalischen Ahnen, die Minyer und Lapithen, angehörte. Indessen ließ man die persönlichen Beziehungen der Stifter ganz zurücktreten; eine fromme Zurückhaltung, welche uns nicht berechtigt, darum den Zusammenhang des Weihgeschenkes mit der Geschichte der Kypseliden in Abrede zu stellen.

Dem peloponnesischen Nationalgotte wurde durch Übersendung eines solchen Prachtwerkes eine dankbare Huldigung dargebracht; die Priesterschaft aber war für solche Beiträge zum Glanze des Heiligtumes nicht unempfänglich und ließ sich bereitwilliger finden, die Interessen des Hauses zu fördern. Ebenso war die delphische Priesterschaft gewonnen und hatte mit ihrer Autorität die Verfassungsänderung in Korinth wesentlich erleichtert. Ein eherner Palmbaum, aus dem mit Fröschen und Schlangen bedeckten Grunde stolz emporschießend, verkündete in Delphi den Sieg des Kypselos, welcher ebendaselbst im Namen der Gemeinde ein korinthisches Schatzhaus geweiht hatte.

An dem kunstsinnigen Hofe des Machthabers von Korinth, in der Mitte weitreichender Handelsverbindungen, welche einen Überblick über die Städte der Hellenen in Asien und Afrika, Italien und Sizilien eröffneten, in dem durch Vorbild und Lehre erziehenden Umgange mit Weisen und Künstlern wuchs des Kypselos Sohn Periandros auf. Mit feuriger Seele nahm er alle Eindrücke in sich auf; er benutzte die Gunst seiner Stellung, um sich eine Bildung von ungewöhnlichem Umfange anzueignen, und wußte derselben so sehr das Gepräge seiner Persönlichkeit zu geben, daß er selbst unter den Weisen seiner

Zeit als Weiser galt. Anderseits vermochte er nicht die Gefahren einer fürstlichen Jugend zu vermeiden. Er hatte zu wenig gelernt fremde Rechte zu achten; deshalb konnte durch alle Feinheit seiner Sitte und die milde Weisheit seiner Lebensanschauung die ungezähmte Wildheit eines nie gebeugten Eigenwillens durchbrechen.

Als Periander die durch eine ruhige Regierung des Vaters befestigte Herrschaft wie ein rechtmäßiges Erbe antrat, hatte er schon längst in seinem zu theoretischen Betrachtungen aufgelegten Geiste seine Herrscheraufgabe reiflich durchdacht. In allem zeigte er ein überlegtes Handeln, eine bewußte Politik. Er war der Systematiker der Tyrannis, und die meisten Klugheitslehren, welche Herrschern in ähnlichen Verhältnissen gegeben zu werden pflegten, wurden auf Periandros zurückgeführt. Des Vaters Regierung erschien ihm als ein Übergang; er glaubte sich berufen, den Thron der Kypseliden auf dem schlüpfrigen Boden einer neuerungssüchtigen Seestadt mit allen Mitteln äußerer Gewalt und feiner Klugheit dauerhaft zu befestigen. Er trennte sich vom Volke, damit der Ursprung seiner Macht vergessen werde; auf seiner hohen Burg, wo er ungesehen den ganzen Verkehr der Golfe und des Isthmus überwachen konnte, saß er von einer starken Leibwache umringt, in einem Kreise von Hellenen, welche er nach seinem Geschmacke ausgewählt hatte. Sie bildeten einen kostspieligen Hof und verwöhnten ihn durch schmeichlerische Nachgiebigkeit. Das steigende Geldbedürfnis machte ihn zu einem Finanzpolitiker. Namentlich suchte er durch indirekte Besteuerung immer neue Finanzquellen zu öffnen. Er erhob hohe Marktsteuern und vermehrte die Einkünfte von den Häfen. Gewiß hat er vor allem dazu beigetragen, durch zweckmäßige Einrichtung des Diolkos den isthmischen Verkehr zu beleben; ja er soll selbst ernstlich daran gedacht haben, einen Kanal durch die Landenge zu graben, so daß der ganze Seeverkehr vom Ägäischen nach dem Ionischen Meere durch sein Gebiet gegangen wäre und ihm die reichen Einkünfte eines Sundzolles verschafft hätte. Aber weder Markt noch Hafen und Transitzölle genügten; auch unmittelbar wurde das Vermögen der Bürger in Anspruch genommen und kostbarer Frauenschmuck, wie erzählt wird, mit herrischer Willkür eingefordert. Das Gehässige solcher Maßregeln sollte aber dadurch gemildert werden, daß Periander das Geld nicht für sich behielt, sondern es zu außerordentlichen Geschenken für die Götter verwendete. Auf fremde Kosten freigebig, machte er sich so bei den Göttern und ihren einflußreichen Priesterschaften beliebt, mehrte den Ruhm der Stadt, beschäftigte eine Menge von

Künstlern und Handwerkern und gewann an Popularität, indem er das Geld der Kapitalisten unter die kleinen Leute brachte. Wie in Sikyon, so wurden auch hier die nichtdorischen Gottesdienste gepflegt. Es wurden die Kulte des Landvolkes in die Stadt gezogen und alle Pracht des Dienstes, dessen sich die Adelsgötter erfreuten, auf sie übertragen. So erwuchs in Korinth aus dem Dionysosdienste der Dithyrambos und wurde als öffentlicher Chorgesang unter Leitung Arions von Staats wegen ausgebildet.

Auch das dorische Bürgertum, welches noch in Korinth bestand, hat Periander als einen Herd republikanischer Gesinnung aufgehoben. Die Männer sollten nicht mehr bei den Gemeindewahlen in freiem Gespräche sich ergehen, die Jünglinge nicht mehr fröhlich in anfeuernder Gemeinschaft Leib und Seele üben. Unter allerlei Vorwänden wurden diese Satzungen abgeschafft; die Gemeinde sollte wiederum in lauter Einzelhäuser aufgelöst werden, jeder Bürger sich nur um seinen Herd bekümmern und sich überall von dem Auge der Staatsgewalt beobachtet fühlen. Ein eigener Polizeirat überwachte die Sitten. Denn auch das Privatleben war nicht freigegeben. Periander wollte alles nach seinen Ideen gestalten und griff rücksichtslos in die gesellschaftlichen Verhältnisse ein. Er trieb eine Menge von Familien aus der Stadt, um die Ruhe derselben vor den Gefahren der Übervölkerung zu bewahren. Er beaufsichtigte die Hantierungen; er bestrafte die Müßiggänger, er beschränkte die Zahl der Sklaven, züchtigte die Verschwender, forderte Rechenschaft vom Haushalte der einzelnen.

Vierundvierzig Jahre hat Periander in Korinth geboten, bei aller Härte als ein Muster fürstlicher Klugheit weithin anerkannt, mit seiner Flotte mächtig vom Ionischen Meere bis nach Thrakien. Bei der einsichtsvollen Gunst, welche er allen edleren Bestrebungen der Wissenschaft und Kunst zuwandte, ist nicht zu zweifeln, daß er auch als Staatsmann ursprünglich ein edles Ziel verfolgte. Er war anfangs nachsichtiger, leutseliger als sein Vater; er gefiel sich darin, eine freiere Bewegung zu gestatten. Damals hörte man von ihm das schöne Wort, daß ein Fürst, welcher sicher thronen wolle, sich mit Wohlwollen und Liebe, aber nicht mit Waffen und Leibwächtern umgeben müsse. Er hatte eine zu reiche hellenische Bildung, als daß er nicht Tugend und Freundschaft und alle höchsten Güter des Menschen in ihrem Werte hätte erkennen sollen. Er wollte die Menschen beglücken, aber er wollte es auf seine Weise, nach seiner Theorie. Wenn ihm dies mißlang, so hatte er nicht die Kraft der Selbstüberwindung, um in Geduld andere Wege zu versuchen, sondern durch jeden Widerstand gereizt, über jedes Mißlingen erbittert, wollte er erzwingen, was auf dem Wege der Güte nicht zustande kam. Eine Gewaltmaßregel rief die andere hervor; jedes tyrannische Mittel, das er in Anwendung brachte, trennte ihn weiter von seinem Volke und weiter von seinem eigenen besseren Selbst.

Der alte Periander war ein ganz anderer Mann als der, welcher unter so großen Hoffnungen den Thron der Kypseliden bestiegen hatte. Man schrieb die Veränderung dem Einflusse zu, welchen der Verkehr mit anderen Tyrannen, wie Thrasybulos von Milet, und ihr ansteckendes Beispiel auf ihn gehabt hatte. Auch mögen Empörungsversuche und auswärtige Drohungen dazu beigetragen haben, ihn immer mehr zu einem argwöhnischen Despoten zu machen. Endlich war es häusliches Unheil, welches mit den schwärzesten Wolken das Haupt des alternden Periander umzog und seinen Sinn verfinsterte. Er hatte nämlich die Tochter des Tyrannen Prokles zur Frau, Lyside aus Epidauros, die er liebgewonnen hatte, als er sie im Palaste ihres Vaters erblickte, wie sie anmutig im leichten dorischen Gewande umherwandelnd, bei einem Festschmause den Dienstleuten Wein einschenkte. Er nannte sie als seine Gemahlin Melissa.

Nachdem Melissa ihm zwei Söhne und eine Tochter geboren hatte, starb sie plötzlich und, wer es wissen wollte, wußte, durch wessen Schuld. Auf Periander lastete der Fluch eines bösen Gewissens, das er durch abergläubische Mittel beschwichtigen wollte. Er verkehrte mit dem Totenorakel am Acheron in Epirus, wo ihm der Geist der Melissa erschien, und feierte ihr ein glänzendes Leichenbegängnis, wobei er die Prachtgewänder der korinthischen Frauen im Heiligtume der Hera verbrannt haben soll.

Indessen waren in argloser Unschuld die Kinder der Melissa aufgewachsen. Die beiden Söhne, Kypselos und Lykophron, wanderten gern zum Großvater an den Hof zu Epidauros; Prokles zog sie an sich heran, und da er sie zum Ernste des Lebens gereift fand, legte er ihnen eines Tages, als er sie aus seinem Palaste geleitete, die Frage vor, ob sie den Mörder ihrer Mutter kennten. Der ältere, stumpfsinnige, achtete der Frage nicht, Lykophron aber, dem jüngeren, drückte sie einen Stachel in die Brust. Er ruhte nicht, bis er Gewißheit hatte, und dann warf er sich mit ganzer Leidenschaft in diesen ersten Schmerz seines Lebens, so daß er kein anderes Gefühl mehr kannte, als den Jammer um seine Mutter und den Abscheu gegen seinen Vater. Periander fand den Sohn gänzlich verändert: er konnte ihm keinen Gruß, keinen Blick abgewinnen;

zornig stieß er ihn aus seinem Haus und verbot bei schwerer Strafe dem ungeratenen Sohn die Tür eines Bürgerhauses zu öffnen. Bald sah man ihn, wie er entstellt durch Hunger und Vernachlässigung des Leibes in den Hallen der reichen Stadt sich umhertrieb, einem irrsinnigen Bettler ähnlicher als dem in Purpur geborenen Sohne des großen Periander. Da jammerte den Vater seines Sohnes; er trat zu ihm, da er ihn durch die Not gebrochen glaubte; er lud ihn in sein Haus, er bot ihm alles an, was dem reichsten Thronerben in Hellas zukam; er solle erkennen, wieviel besser es sei, beneidet als bejammert zu werden; er erhielt aber keine andere Antwort als die höhnende Warnung: „Er werde in Strafe genommen werden, weil er mit Lykophron geredet habe!"

Es blieb nichts übrig als ihn fortzuschicken. Er ließ ihn nach der Insel Kerkyra bringen, welche durch die Kypseliden wieder unter die Botmäßigkeit Korinths zurückgeführt worden war, und hoffte, daß er dort, den Eindrücken des Elternhauses entrückt, zur Vernunft kommen würde. Dort blieb er jahrelang wie vergessen und verschollen. Periander aber wurde es in seinem verödeten Palaste immer banger und unheimlicher, je älter er wurde, je mehr die Spannkraft des Geistes nachließ, mit welchem er die weitläufigen Regierungsgeschäfte leitete. Der jüngere Sohn war seine einzige Hoffnung; auf ihn hatte er für die Zeit seines Alters gerechnet; in seiner mächtigen Willenskraft hatte er die Dauer seiner Dynastie verbürgt gesehen. Nun war durch unseliges Geschick diese Willenskraft in trotziger Empörung; von dem einzigen Menschenherzen, um dessen Liebe es ihm zu tun war, sah er sich verabscheut, und seine Lebenspläne scheiterten an dem, auf den sie gebaut wurden.

Was half es dem unglücklichen Greise, daß er Prokles, den Urheber des Unheils, mit Krieg überzog und das Land seines Schwiegervaters nebst Aigina mit dem korinthischen Gebiete vereinigte! Der Fluch der Melissa blieb über ihm und der stolze Mann mußte von neuem bittend an seinen Sohn sich wenden. Er schickte seine Tochter nach Kerkyra. Sie mußte dem Bruder das einsame Alter des Vaters, die drohende Gefahr der Dynastie vorhalten. Umsonst; er erklärte, niemals nach Korinth zu kommen, so lange er dort den Mörder seiner Mutter erblicke. Perianders Kraft war gebrochen, er entschloß sich, alles zu opfern, um nur nicht seines Hauses lauernde Feinde triumphieren zu sehen. Von neuem landet eine Triere in Kerkyra. Ein Herold verkündet, Periander wolle seinem Sohne die Herrschaft abtreten, der Vater wolle den Rest seiner Tage in Kerkyra verleben.

Athena des Antiochos. Rom, Thermenmuseum

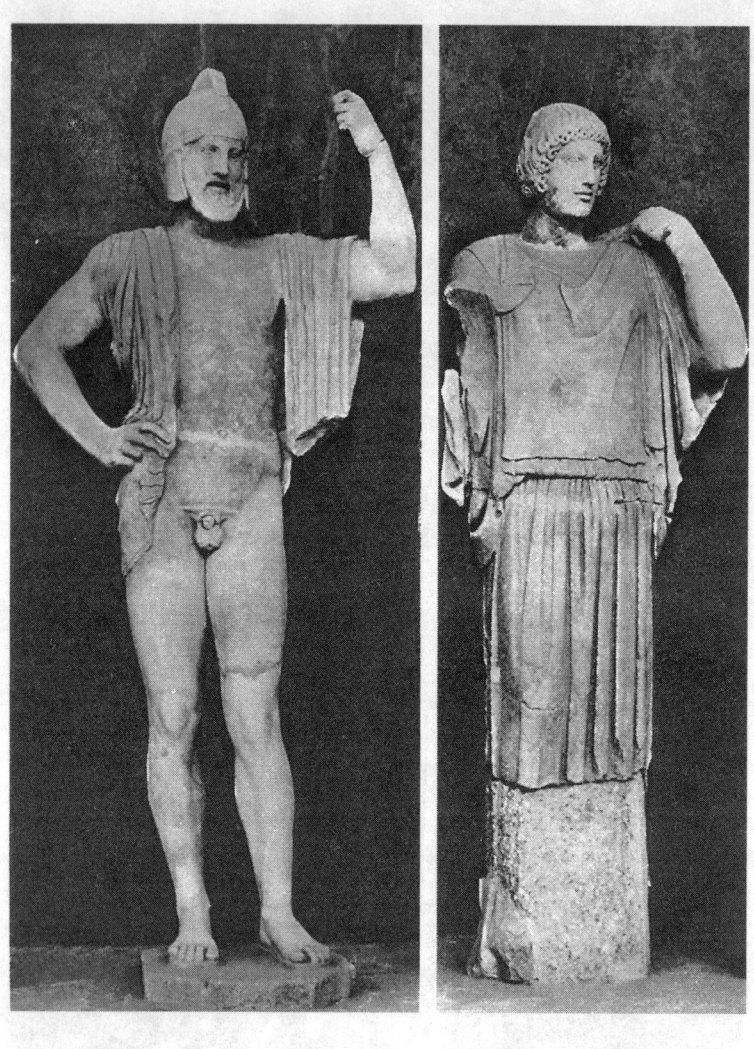

Oinomaos und Sterope. Figuren vom Zeustempel in Olympia

Lykophron war in seinem Herzen immer ein Fürst geblieben. Sein Wille hatte gesiegt; er hoffte jetzt mit allen Mitteln eines Herrschers von Korinth das Andenken der Mutter ehren zu können. Er ließ antworten, er werde kommen. Aber noch ruhte der Fluch des Hauses nicht. Die Aussicht, daß Periander, der von Jahr zu Jahr menschenfeindlicher geworden war, bei ihnen Wohnung machen wolle, erfüllte die Kerkyräer mit peinlicher Angst; es kam ihnen alles darauf an, seine Pläne zu vereiteln; sie ermordeten Lykophron und somit waren alle Schritte tiefster Demütigung, zu denen sich der Tyrann entschlossen hatte, erfolglos. Die Kerkyräer bekamen nun doch sein zorniges Gesicht zu sehen, indem er sie als Rächer des Sohnes mit seiner Kriegsflotte heimsuchte, ihre Insel brandschatzte und ihre edelsten Jünglinge zu schändlicher Verstümmelung an den lydischen Hof schickte; aber die Macht der Kypseliden war für alle Zeit gebrochen. Von der Last des Grames gebeugt, legte sich der Fürst, welchen seine Dichter als den Reichsten, Weisesten und Glücklichsten aller Hellenen gepriesen hatte, auf sein einsames Sterbelager.

•

Östlich von Korinth hatte sich infolge der Wanderungen der Staat Megara gebildet. Auch hier waren Dorier eingedrungen, und zwar unter der Leitung derselben Geschlechter, welche Korinth gestiftet hatten. Die korinthischen Bakchiaden hatten das Nachbarländchen in Abhängigkeit zu erhalten gewußt und die Megareer wurden, wie die lakonischen Periöken, angehalten, beim Ableben eines heraklischen Königs zur pflichtmäßigen Trauer sich einzustellen. Nach dem Ende des Königtums gelang es den in Megara ansässigen Geschlechtern, Selbständigkeit zu gewinnen. Als die Grenzhüter der dorischen Halbinsel, von übermächtigen Nachbarn umgeben, haben sie ihre Freiheit zu wahren gewußt und mit welchem Erfolge sie nach dorischer Sitte der Abhärtung des Leibes und der kriegerischen Gymnastik oblagen, beweist Orsippos, welcher den Namen seiner Vaterstadt verherrlichte, als er Olympias 15 (720 v. Chr.) im olympischen Stadium zuerst unter allen Hellenen ganz unbekleidet lief und siegte; unter demselben Orsippos gelang es den Megareern, ihre alten Landesgrenzen wieder herzustellen.

Ein kräftiger Adel, dem eingeborenen Volke angehörig, von dorischen Kriegsleuten umgeben, hielt das Regiment in Händen; er hatte die Stadt inne und die reichen Ackerfluren umher, während die Leute der Gemeinde auf dem schlechteren Boden des Gebirges und Strandes zerstreut wohnten und nur an den Markttagen ihre Produkte zur angewiesenen Stelle brachten. Der Überfüllung des Ländchens wußten die Oligarchen durch Aussendung von Kolonien vorzubeugen, indem sie des Landes günstige Lage an zwei Meeren benutzten, und zwar schlossen sie sich zuerst den Korinthern an, wie das sizilische Megara beweist; dann aber wendeten sie sich mehr nach der Ostseite, machten sich im Meere von Salamis und Aigina einheimisch und folgten den weiteren Bahnen, welche die Chalkidier nach den nördlichsten Gestaden des Archipelagus eröffnet hatten. In engem Fahrwasser zu Hause, suchten sie mit Vorliebe ähnliche Seegegenden auf und waren besonders eifrig sich an den Küsten der Propontis anzusiedeln. Schon um Ol. 26 (674) faßten sie an dem Eingange zum Pontus festen Fuß, erst am asiatischen Ufer, und dann gründeten sie schräg gegenüber Byzantion (658). Das kleine Megara war ein zweites Korinth, eine Weltstadt, deren Bürger von skythischen Sklaven bedient wurden; ihr Hafen Nisaia der belebteste Hafenort, der Ausgangspunkt für die Auswanderung Mittelgriechenlands nach den nordischen Gewässern, welche von den Oligarchen mit großer Klugheit geleitet wurde, indem sie durch den Abzug der unruhigen Bevölkerung ihre Herrschaft sicherten, zugleich aber auch die Reederei und alle damit zusammenhängenden Geschäfte in Megara zu ungemeiner Blüte brachten.

Hierin lag auch der Keim ihres Sturzes. Denn sie konnten nicht alle Vorteile für sich und ihre Standesgenossen allein ausbeuten; sie konnten nicht verhindern, daß mit dem steigenden Wohlstande das Volk Selbstgefühl gewann und an der damals allgemeinen Erhebung der unteren Stände gegen oligarchische Bevormundung auch seinerseits den lebhaftesten Anteil nahm. Die Parteien waren längst vorhanden und standen sich schon lange lauernd einander gegenüber, als Theagenes die Leute der Gemeinde zu einer kecken Gewalttat führte, mit welcher die Revolution in Megara zum Ausbruche kam. Die nächste Veranlassung war eine unscheinbare. Es handelte sich um einen Weidestrich am Flüßchen von Megara, welchen die Altbürger benutzten, ohne, wie die anderen sagten, das Recht zu haben. Theagenes überfiel die Herden, ließ den größten Teil derselben schlachten, und als der Adel ihn zur Rechenschaft forderte, ließ er sich von dem Volke eine Leibwache geben, welche ihn in Stand setzte, dem Adelsregimente ein Ende zu machen und im Namen des Volkes, wahrscheinlich von benachbarten Tyrannenhäusern unterstützt, alle Macht an sich nehmen.

Nun kehrten sich alle Verhältnisse plötzlich um. Die Männer

des Demos, welche sich bis dahin „wie scheue Hirsche" ferngehalten hatten, zogen in die Stadt, die Gewerbetreibenden waren nun die Herren und triumphierten über die gefallene Größe der Geschlechter. Theagenes ließ es sich angelegen sein, diesen Wendepunkt des öffentlichen Lebens als den Anfang einer neuen Zeit glänzend zu bezeichnen. In langem Kanale zog er die Wasseradern des Gebirges in das Herz der Stadt, wo das Wasser in einer Fontäne aufsprudelnd den Marktplatz schmückte. Die Stadt war jetzt in neuem Sinne des Landes Mittelpunkt geworden; die gehässigen Schranken waren gefallen, welche die verschiedenen Gebiete und Stände des Landes getrennt gehalten hatten, und entfesselt regten sich alle Kräfte, welche seit langer Zeit in Gärung waren.

Theagenes selbst, obwohl klug und entschlossen und nach Art der Tyrannen auf auswärtige Verbindungen gestützt, vermochte nicht des aufgeregten Volkes Meister zu bleiben. Nach seinem Falle gelang es kurze Zeit einer gemäßigten Partei, den Staat zu lenken; dann aber kam das Ruder von neuem in die Hände von Volksführern, welche der wildesten Parteiwut das Wort redeten. In Megara war die ganze Erhebung von Anfang an ein Aufstand gegen die Reichen gewesen; denn die Oligarchen hatten lange Zeit Grundbesitz, Herdenbesitz und Kapital in ihren Händen vereinigt; sie hatten mit ihrem Gelde Handel, Reederei und Bankgeschäft betrieben. Darum hatte gerade hier die Bewegung einen mehr sozialen als politischen Charakter. Daher war die Leidenschaftlichkeit so groß, die Verwirrung so tiefgreifend, die Ausgleichung so schwer. Man schritt zu der Maßregel vor, die den Kapitalisten gezahlten Zinsen zurückzufordern. Verbannung der Begüterten, Einziehung der Ländereien wurde, nachdem das Volk einmal solche Gewaltmittel kennengelernt hatte, ohne alle Mäßigung geübt; am Ende war die Zahl der von Haus und Hof Vertriebenen so groß, daß diese außerhalb des Staates eine Macht bildeten, welche groß genug war, sich ihr Vaterland wieder zu erobern und eine bewaffnete Reaktion durchzuführen. So schwankte der unglückliche Staat zwischen den Leidenschaften unversöhnlicher Parteien hin und her und rieb sich auf in heillosem Bürgerkampfe.

Unter diesen Kämpfen ist Theognis aufgewachsen. Wenn ein solcher Dichter in Megara sich bilden, wenn er bei seinen Mitbürgern mitten in der fieberhaften Aufregung für seine Elegien ein empfängliches Ohr finden, wenn er überhaupt auf den Gedanken kommen konnte, die innere Geschichte seiner Stadt, die Wehmut über den Umschwung der Dinge, den Haß gegen die Störer des Friedens in so vollendeten Gedichten auszusprechen, so müssen wir in der Tat eine außerordentliche Höhe geistiger und geselliger Bildung voraussetzen, namentlich in den Lebenskreisen, welchen der aristokratische Dichter angehörte. Diese betrachtet er deshalb auch als eine besondere Menschenklasse; es sind ihm die „Gebildeten", die „anständigen Leute", die „Besten". Sie waren bis dahin auch die ersten, die einzigen im Staate gewesen; nun ist das alles anders geworden. Die Leute von draußen prassen in den Gütern der alten Bürger, die ihres Erbgutes beraubt sind, sie wissen von Recht und Gesetz zu schwatzen; das alte Megara ist nicht wieder zu erkennen.

*

Eine Geschichte der peloponnesischen Tyrannis zu geben ist unmöglich. Wir kennen eine Reihe einzelner Tatsachen; wir sehen einzelne hell beleuchtete Kulturbilder, welche uns von der unendlich reichen Bewegung des siebenten Jahrhunderts v. Chr. eine Anschauung geben, wir sehen eine Fülle von Lebenskeimen, die auf so engem Gebiete, wie Argos, Korinth, Sikyon, Megara soviel verschiedene Formen geschichtlicher Gestaltung hervorgerufen hat, wir sehen die hohe Blüte des ganzen geselligen Lebens der Griechen in überraschender Weise vor unseren Augen. Tritt uns doch in solchen Figuren, wie der des Males, schon eine gewisse Übersättigung und ein Überdruß entgegen. Aber jener hellen Beleuchtung einzelner Gruppen von Personen und Verhältnissen liegen poetische Quellen zugrunde, welche nicht als geschichtliche Überlieferung anzusehen sind, und der Zusammenhang zwischen den verschiedenen gleichartigen Erscheinungen, welcher ohne Zweifel vorhanden war, läßt sich mehr ahnen als mit Sicherheit nachweisen.

In Argolis hatte die große Volksbewegung sich zuerst Bahn gebrochen; Pheidon hatte sie mit glänzendem Erfolge benutzt, um sich eine Fürstenmacht zu bilden, welche der Geschichte der ganzen Halbinsel eine neue Wendung zu geben schien. Aber es war ihm nicht möglich gewesen, die gärenden Volkskräfte, welche er zu seinem Werke aufgeboten hatte, zusammenzuhalten. Seine Herrschaft war ebenso schnell, wie sie entstanden war, wieder auseinander gefallen, während die begonnene Bewegung unaufhaltsam ihren Fortgang nahm. Auf dem aufgewühlten Boden seines Reiches, in den Nachbarstädten von Argos, welche sich wahrscheinlich bei dieser Gelegenheit der aufgedrängten Oberhoheit der Argiver wieder entzogen, in Sikyon und Korinth entwickelte sich die Tyrannis zu dauerhafter Macht, nachdem Pheidon die Schwäche Spartas deutlich gemacht hatte. Die Kypseliden hatten in Ambrakia eine Seitenlinie auf den Thron gebracht, welche nach Perianders Tode in Korinth folgte; sie waren verschwägert mit dem Hause des Prokles in Epidauros, Prokles wiederum mit Aristokrates, dem Dynasten von Orchomenos, dem treulosen Bundesgenossen der Messenier. Theagenes versuchte seinem Schwiegersohne Kylon eine Tyrannis in Athen zu gründen. Pheidon selbst hatte schon mit den pisäischen Tyrannen gemeinsame Sache gemacht. Wie Handel und Wandel in Griechenland zunahm, breitete sich unverkennbar auch die Tyrannis immer weiter aus, und zwar war es nicht bloß eine unwillkürliche Ansteckung, welche epidemisch von Stadt zu Stadt fortschritt, sondern eine planmäßige Verbindung, welche zur Befestigung und Ausbreitung tyrannischer Macht zwischen den einzelnen Machthabern zustande kam. Nun hatten die Spartaner allerdings keine vorörtliche Stellung der Art, daß sie durch dieselbe berechtigt oder verpflichtet gewesen wären, die Verfassung der Halbinselstädte zu kontrollieren. Diese hatten im Innern ihre volle Autonomie. Indessen war doch mit der Hegemonie eine gewisse Verpflichtung verbunden, allen Gefahren vorzubeugen, welche der Ruhe und Sicherheit der Halbinsel sowie dem Bestande ihrer gemeinschaftlichen Einrichtungen drohten. Dies konservative Interesse verband sie mit den Adelsgeschlechtern, welche den demokratischen Bewegungen entgegentraten, aus denen die Tyrannis hervorging. Die Spartaner mußten darin eine revolutionäre Propaganda erkennen, welche der politischen Ordnung, die sie vertraten, in immer weiteren Kreisen Umsturz drohte.

Die Gesamtverfassung der Halbinsel, welche unter Spartas Leitung zustande gekommen war, konnte dabei nicht bestehen. Denn wenn auch das peloponnesische Nationalheiligtum von jenen Tyrannen die glänzendsten Huldigungen empfing, so war doch auf Leistungen, welche das Bundeshaupt von den Staaten der Halbinsel in Anspruch nahm, ihrerseits nicht zu rechnen. Die gewaltsamen Verfassungsänderungen, die Vertreibung heraklidischer Geschlechter, die Demütigung der dorischen Stämme war eine tatsächliche Aufkündigung des Gehorsams, eine offene Feindseligkeit gegen den dorischen Vorort. Es war aber nicht bloß die fortschreitende Auflösung der peloponnesischen Eidgenossenschaft, welche Sparta beunruhigen mußte, sondern auch die Gefahr im eigenen Hause, welche mit der Befestigung der Tyrannenherrschaften in bedenklicher Weise zunahm. Denn im ganzen Umkreise der peloponnesischen Gestade fehlte es nicht an Volkselementen, welche zur Auflehnung gegen die dorische Staatsordnung geneigt waren;

ja unter seinen eigenen Herakliden hatte Sparta Fürsten gehabt, welche dieselbe Richtung verfolgten wie Pheidon. Endlich hatten auch die Tyrannen, namentlich die sikyonischen, sehr ernsthafte Versuche gemacht, Staatenverbindungen gegen Sparta ins Leben zu rufen. Spartas Einfluß auf Mittelgriechenland war durch den Krisäischen Krieg beseitigt; Delphi war auf die Seite der Tyrannen herübergezogen worden; wie leicht konnte auch das peloponnesische Nationalheiligtum wieder in Tyrannengewalt verfallen!

Der erste der peloponnesischen Tyrannen war ohne Zweifel auch der gefährlichste, weil er ein Reich bildete und in offenem Kampfe mit Sparta um die Hegemonie rang. Seine Niederwerfung war also der größte Erfolg, den Sparta überhaupt auf diesem Felde gewonnen hat, die gesetzmäßige Feier der 29. Olympiade (664) nach der vorangegangenen Unterbrechung der erste und wichtigste aller Triumphe Spartas. Denn keiner von Pheidons Nachfolgern hat eine so kühne Politik verfolgt und gleiche Kraftanstrengungen von seiten Spartas in Anspruch genommen. Bei den meisten brach die Herrschaft in der zweiten Generation zusammen; ihre Inhaber stürzten sich selbst durch Mißbrauch der ererbten Macht und Mangel an persönlicher Würde, so daß es in der Regel keiner bewaffneten Intervention bedurfte, um einen mit den dorischen Gesetzen übereinstimmenden Rechtszustand herzustellen, sondern daß ein einfacher Bürger ohne Gefolge, von Sparta mit amtlicher Vollmacht ausgerüstet, durch sein Auftreten genügte, um den Tyrannen zur Niederlegung seiner Macht, und die Stadtgemeinde zu neuem Anschlusse an die von Sparta geleitete Eidgenossenschaft zu veranlassen.

Der Kampf mit den Tyrannen ist die ruhmvollste Zeit spartanischer Geschichte. Denn in der ruhigen Durchführung ihrer Politik haben die Spartaner nicht nur den dorischen Charakter der Halbinsel gerettet und ihre eigene davon untrennliche Machtstellung, sondern sie haben auch die hellenische Nation vor einer gefährlichen Ausartung bewahrt. Denn so glänzend auch die Tyrannis auftrat, so sehr sie auch dazu beitrug, die gebundenen Volkskräfte zu lösen, Völker und Länder in freierem Austausche zu verbinden, Wohlstand und Bildung auszubreiten, Kunst, Wissenschaft und Gewerbefleiß zu fördern, so dürfen diese schimmernden Glanzseiten doch das Auge nicht blenden. Man darf nicht verkennen, daß die Tyrannen an allen Orten zu dem Volkstum, in welchem ihre Macht wurzelte, in feindseligen Gegensatz traten, daß sie, um ihren revolutionären Thron zu halten, eine engherzige Hauspolitik verfolgten, der jedes Mittel gerecht war, und, von dem weltbürgerlichen Triebe des ionischen Wesens geleitet, dem Reize alles ausländischen sich unbedingt hingaben.

In Handelsplätzen und Seestädten pflegt überall mit der fremden Ware auch fremde Lebensweise Eingang zu gewinnen; es verschwindet das Einseitige, Beschränkte, Spießbürgerliche, zugleich aber auch das Charaktervolle und das eigentümliche Gepräge angeborener Stammsitte. Dieser Richtung wurde unter den Tyrannen ohne Rückhalt gehuldigt. Der Unterschied zwischen Hellenen und Barbaren verwischte sich. Das Naturtreue, das Einfache und Maßvolle wurde aufgegeben gegen den verführerischen Pomp, die sinnliche Üppigkeit und die Hoffart orientalischer Dynastien. Die edelsten Geschlechter wurden ausgetrieben, die hervorragenden Männer aus dem Wege geräumt, die Verdächtigen nach persischer Hofsitte am Hofe festgehalten und beobachtet. Eine heimliche Polizei wirkte dahin, alle Bande des Vertrauens aufzulösen, jedes Selbstgefühl zu ertöten und die Leute der Gemeinde, welche zur Vertretung ihrer Ansprüche den Tyrannen die Macht gegeben hatten, waren durch sie in schlimmere Unfreiheit gekommen, als je zuvor.

In Korinth waren alle Übel der Tyrannis am vollständigsten zutage getreten. Hier haben sich die Tyrannen am wenigsten gescheut, die Völker, aus welchen die Hellenen sonst nur ihre Sklaven zu nehmen gewohnt waren, zu ihrem Vorbilde zu wählen und um ihrer Fürsten Gunst zu buhlen. Perianders Bruder, der nach Ambrakia übersiedelte, hieß nach phrygischen Fürsten Gordias; der Sohn desselben erhielt den Namen des ägyptischen Königs Psamtik, welcher das Nilland zuerst dem griechischen Handel aufschloß, wahrscheinlich infolge einer Verschwägerung zwischen den Kypseliden und den Pharaonen zu Sais. Periander endlich schämte sich ja nicht, hellenische Jünglinge zum Eunuchendienste an den lydischen Hof zu verhandeln.

Wahrlich, wenn diese Richtung obgesiegt hätte, so würden die Perser bei ihren Ansprüchen auf die Oberherrschaft von Griechenland keinen nationalen Widerstand gefunden haben, sondern ein erschlafftes und entsittlichtes Volk mit Fürsten an der Spitze, welche um die Anerkennung ihrer Souveränität gleich bereit gewesen wären dem Großkönige als ihrem Oberherrn und Protektor in aller Form zu huldigen. Dies muß man sich klar machen, um zu erkennen, was Griechenland den Spartanern verdankt.

Für sich selbst aber gewann Sparta, wie es die Frucht jeder folgerechten und kräftigen Politik ist, eine immer würdigere Stellung unter den Staaten der Halbinsel. Mit den beiden

Herakliidengeschlechtern an seiner Spitze war es das ehrwürdige Muster unerschütterter Legitimität und bei der verfassungsmäßigen Einschränkung der Herrschermacht zugleich ein Vorbild gesetzlicher Ordnung, dessen Eindruck um so größer war, je schlimmere Dinge man in den Tyrannenstädten an Grausamkeit, Willkür und despotischer Laune erlebt hatte.

Weil die Übergänge zur alten Ordnung allmählich und meistens friedlich zustande kamen, dachte man nicht daran, im Innern der Staaten gewaltsame Reaktionen durchzuführen. Denn darin bestand der bleibende Erfolg jener ionischen Volkserhebung, welcher die Tyrannenherrschaften ihren Ursprung verdankten, daß Sparta für alle Zeit den Gedanken aufgeben mußte, die ganze Halbinsel und ihre großen Seestädte in die starren Fesseln einer dorischen Ordnung einzuzwängen, wie sie wohl im Binnenlande des Eurotas möglich war, aber nicht am Doppelmeere von Korinth. Vor einer solchen Einförmigkeit war die Halbinsel ein für allemal gerettet. Es lag auch nicht im Charakter der Dorier, sich um mehr zu bekümmern als nötig war; sie begnügten sich, wenn die Staaten ihren eidgenössischen Pflichten nachkamen. Sie leiteten die gemeinsamen Angelegenheiten, bestimmten, wieviel jeder Staat von seinem Kontingente bereithalten, zu welchem Tage und wo er die Mannschaft unter die Leitung ihrer Könige stellen sollte. Bei wichtigen Angelegenheiten beriefen sie die Abgeordneten der Halbinselstaaten zu gemeinsamer Beratung, und hier konnte ein Staat wie Korinth, als Handels- und Fabrikstadt, seine besonderen Interessen, hier konnte er seinen weiteren Umblick, seine freiere Beurteilung der Zeitverhältnisse geltend machen. Um Olympia war am heftigsten gekämpft worden und keine Tyrannenfehde ist blutiger gewesen, als die in Pisa. Nun war das Fest sicher in den Händen Spartas, und neben Olympia bestanden noch zwei peloponnesische Nationalfeste, das isthmische und nemeische. Beide waren Denkmäler des Triumphes über die Tyrannen, bleibende Erinnerungen an den Sturz der Kypseliden und der Orthagoriden, und zugleich eine glänzende Entschädigung der Dorier für die Pythien, welche unter ionischen Einfluß gekommen waren.

So wurde Sparta nach Überwältigung der Revolution die wahre Hauptstadt der Halbinsel, der Mittelpunkt einer Eidgenossenschaft, in welcher feste Gesamtordnung mit freier Bewegung der Bundesglieder möglichst vereint war. Äußerlich unscheinbar, ohne Burg und Paläste, wohnte die stolze Bürgerschaft im Tale des Eurotas, welches nicht bloß aus den umliegenden Kantonen die Wanderer aufsuchten, um die Königin der Griechenstädte in ihrem einfachen Schmuck zu sehen.

Freilich hatte Sparta im Gegensatze zu der mit dem Fremdlande buhlenden Tyrannis einen Widerwillen gegen das Ausländische, eine Angst vor Ansteckung durch das Gift fremder Laster. Indessen war diese Richtung noch nicht zu einem blinden Fremdenhasse und einer rücksichtslosen Abwehr alles ausländischen Einflusses erstarrt. Sparta hatte sich ja aus Kreta, aus Lesbos, aus Ionien, aus Attika die Keime fruchtbarer Kunstentwicklung angeeignet; wo immer ein Kunstbrauch sich ausgebildet hatte, welcher in dem geistigen Leben Spartas seine Stelle fand, wurde er mit Auszeichnung aufgenommen, und die Künstler, welchen um eine nationale Anerkennung zu tun war, ließen sich in Sparta sehen und hören. Alkman aus Sardes, der Zeitgenosse des Tyrtaios und Terpandros, rühmt sich mit stolzer Brust, Sparta anzugehören, der an heiligen Dreifüßen reichen Stadt, wo er die helikonischen Musen kennengelernt habe. Aber nicht jedes Neue wurde gut geheißen; denn nichts stand dorischem Wesen mehr entgegen, als dem Wechsel der Mode zu frönen. Den willkürlichen Launen gegenüber, nach welchen an den Tyrannenhöfen die Künste der Musen gepflegt wurden, war es der Spartaner Augenmerk, auch hier für alle Bestrebungen ein festes Maß und ein mit dem Ganzen des Staates übereinstimmendes Gesetz zu haben.

Nachdem Sparta vor den Augen der griechischen Nation so Großes gelungen, nachdem Messenien einverleibt, Arkadien in ein enges Schutz- und Trutzbündnis eingetreten, die feindliche Macht der Tyrannis gebrochen war, nachdem auch Argos, vollständig gelähmt, jeden Anspruch auf Hegemonie aufgegeben hatte, da mußte sich der siegreichen Stadt Ansehen weit über die Grenzen der Halbinsel ausdehnen. Denn soweit Hellenen an den weitgestreckten Küsten des Ägäischen und Ionischen Meeres wohnten, waren es lauter Einzelstädte, hie und da mit lockeren Banden zu größeren Gemeinschaften vereinigt, welche keine staatliche Bedeutung gewinnen konnten. Freilich war auch die peloponnesische Staatengemeinschaft eine lockere und unvollständige, denn Achaja und Argos hatten sich der Oberleitung Spartas nicht angeschlossen. Aber auch so war seit Auflösung der alten Amphiktyonie keine vereinigte Hellenenmacht von dieser Bedeutung dagewesen. Der natürliche Abschluß der Halbinsel trug dazu bei, ihren Bewohnern ein Gefühl der Zusammengehörigkeit zu geben, während die außerhalb wohnenden Griechen den Peloponnes als den innersten, sichersten und wichtigsten Teil, als die Burg von Hellas zu betrachten gewohnt waren. Dies trug dazu bei, der peloponnesischen Staatenverbindung und dem leitenden Mitgliede derselben ein nationales Ansehen zu geben. Die Spartaner aber hatten durch ihre vorörtliche Stellung von allen anderen Staaten Übung in politischen Anordnungen sowie in der Behandlung auswärtiger Angelegenheiten gewonnen. Sie wurden zu schiedsrichterlichen Entscheidungen aufgefordert und von ferngelegenen Staaten um Rat und Beistand angesprochen.

So ging schon im achten Jahrhundert v. Chr. unter König Alkamenes der weise Spartaner Charmidas nach Kreta, um denselben Städten, welche das Vorbild spartanischer Verfassung gewesen waren, aus innerer Unordnung herauszuhelfen. So wurde in dem vieljährigen Streite der Athener und Megareer um den Besitz von Salamis die Entscheidung einer Kommission von fünf Spartanern anheimgegeben; ein Beweis, daß man auch in einem solchen Rechtshandel, welcher zwischen einem ionischen und einem dorischen Staate schwebte, von beiden Seiten zu der Gerechtigkeit und Unparteilichkeit des dorischen Vorortes Vertrauen hatte. Ja, als die Platäer von den Ansprüchen der Thebaner bedrängt wurden, deren Herrschaft sie sich um keinen Preis unterordnen wollten, glaubten sie sich trotz ihrer natürlichen Hinneigung zu dem stammverwandten Athen doch zuerst an die Spartaner wenden und sich zum Anschlusse an ihre Eidgenossenschaft bereit erklären zu müssen. So wurden die Spartaner immer mehr daran gewöhnt, in nationalen Angelegenheiten eine entscheidende Stimme abzugeben. Ihr fester und wohlgefügter Staat, in welchem allein durch alle Zeiten der Umwälzung hindurch das Königtum der Heroenzeit sich ununterbrochen erhalten hatte, von einer freien, wehrhaften Bürgerschaft getragen, von einer zahlreichen Untertanenmenge umgeben, hatte sich als ein Musterstaat bewährt, dessen Bürger stillschweigend als die ersten der Nation anerkannt wurden. Man fand es billig, wenn sie ihren starken Arm auch über den Isthmus hinüber und im Ägäischen Meere geltend machten, um Zwingherrschaften zu stürzen, und so erwuchs allmählich aus der peloponnesischen Hegemonie eine vorörtliche Oberleitung aller hellenischen Nationalangelegenheiten.

In dieser Stellung mußte Sparta sich erhalten, so lange kein Staat vorhanden war, welcher sich ebenbürtig fühlte und der soviel selbständiges Leben in sich hatte, daß es ihm unmöglich war, sich den Ansprüchen Spartas unterzuordnen. Ein solcher Gegensatz konnte nur vom ionischen Stamme ausgehen, wie schon die Tyrannis darin ihren Ursprung hatte, daß der ionische Stamm seinen Anspruch auf freie Lebensentfaltung und auf gleichberechtigten Anteil an der Volksgeschichte geltend machte. Aber hier war der Gegensatz zu vereinzelt, zu gewaltsam, zu sehr in der Form der Revolution zum Durchbruch gekommen, als daß eine auf die Dauer gefährliche Macht den Spartanern daraus hätte erwachsen können. Ganz anders mußte der Erfolg sein, wenn fern von Sparta, außerhalb der Halbinsel, in gesunder und friedlicher Entwicklung ein Staat heranreifte, welcher die reichen Gaben des ionischen Volksstammes in der Zucht des Gesetzes zu veredeln und der Fülle seiner Kräfte einen festen Mittelpunkt zu geben wußte, und dieser Staat war Athen.

Zweites Kapitel

ATTISCHE GESCHICHTE

Die Vorzeit von Attika. — Das attische Königtum. — Die attische Aristokratie. — Drakons Gesetze. — Solon. — Eroberung von Salamis. — Verwaltung. — Peisistratos. — Hippias. — Kleisthenes. — Ostrazismus. — Die Entwicklung Athens.

Attika ist kein Land, welches die wandernden Kriegsvölker zur Eroberung reizen konnte. Es hat kein Flußtal wie Thessalien oder Lakonien, keine wasserreichen Niederungen wie Böotien, keine breiten Uferebenen wie Elis. Es ist eine felsige Halbinsel, welche vom Festlande durch unwegsame Gebirge getrennt ist und so weit in das östliche Meer abspringt, daß sie den von Norden nach Süden ziehenden Völkern außer dem Wege lag. Darum sind jene Völkerzüge, welche ganz Hellas erschütterten, an Attika vorübergegangen, und aus diesem Grunde hat die attische Geschichte keine so durchgreifenden Abschnitte, wie die peloponnesische; sie ist mehr aus e i n e m Gusse, eine aus einheimischen Zuständen ununterbrochen fortgeleitete Entwicklung.

Soweit war Attika in derselben Lage, wie Arkadien, ein Wohnsitz pelasgischer Bevölkerung, die niemals von fremder Gewalt ausgetrieben und niemals gezwungen worden ist, eine fremde Volkmasse bei sich aufzunehmen und ihr sich unterzuordnen. Darum blieb der pelasgische Zeus ungeschmälert in seinen Ehren, und die ältesten Landesfeste, welche ihm in den offenen Ortschaften der Landschaft gefeiert wurden, sind für alle Zeit die heiligsten Feste geblieben. Auf der anderen Seite war Attika um so mehr geschaffen, Zuwanderung von der See her zu empfangen. Denn das ganze Land ist Halbinsel und seinem Gebirgssysteme wie seinem Klima nach zum Inselmeere gehörig; es ist wesentlich Küstenland; seine Küste hafenreich und bei tiefem Fahrwasser überall zugänglich; die besten Ebenen sind gegen die See geöffnet und zu Landungen anlockend.

Die ersten Landungen, durch welche die einförmigen Zustände der Pelasgerzeit unterbrochen worden sind, waren die der Phönizier, welche den Dienst der Aphrodite sowie den des tyrischen Melkar an den Küsten eingebürgert haben. Ihre Spuren finden wir an der Bucht von Marathon, vorzugsweise aber am Golf von Salamis. Diese Insel, drei fruchtbare Ebenen — der megarischen, eleusinischen und athenischen — nahe gegenüber gelegen, war eine Station, wie sie die Phönizier nicht besser wünschen konnten. Hier eröffneten sie einen Markt zu friedlichem Verkehre mit den Eingeborenen und nannten sie Salam, die „Friedensinsel". Auf dem nächsten Vorsprung des Festlandes gründeten sie ein Heraklesheiligtum.

Dann kamen andere Seefahrerstämme und siedelten sich neben den Phöniziern an, so die Dardaner, von denen das bei dem Herakleion gelegene Troia seinen Namen hatte; denn hier in dem Winkel des Salaminischen Meeres finden wir die Anfänge seemännischer und politischer Kultur. Hier war nachweislich die älteste Schiffahrtsstation und hier die älteste Verbindung umliegender Gaue. Es kamen Minyer, Thraker, Karer und Leleger; sie brachten die Dienste der Artemis, des Poseidon und der Demeter mit. An der offeneren Ostküste (der Paralia) siedeln sich kretische, ionische und lykische Seeleute an. Eine Reihe von Apollostationen bezeugt ihre Wirksamkeit. Von den verschiedensten Küstenpunkten drangen dann die fremden Elemente in das Innere des Landes ein; die Bevölkerung mischte sich, und es ist ein Merkmal der verschiedenartigen Bestandteile, welche sich hier zusammenfanden, daß es nahegelegene Gaue gab, welche keine Ehegemeinschaft untereinander hatten. Die Gaue lagen offen nebeneinander, durch gemeinsame Opferdienste nachbarlich vereinigt, bis hervorragende Geschlechter Macht unter den Eingeborenen gewannen und wohlgelegene Plätze verschanzten, welche zu Fürstenburgen wurden und die Mittelpunkte einzelner Landesteile bildeten.

Diese Epoche der Landesgeschichte knüpften die Alten an den Namen des Kekrops. Sie macht den Übergang aus dem Gau- und Dorfleben in das Staatsleben. Attika ist nun ein Land mit zwölf Burgen; in jeder wohnt ein Häuptling oder König, der seine Domänen, sein Gefolge und seine Untertanen hat. Jedes Zwölfteil ist ein Staat für sich mit seinem besonderen Amtshause und Gemeindeherde. Sollte unter diesen Verhältnissen eine gemeinsame Landesgeschichte zustande kommen, so mußte eine der zwölf Städte, durch besondere Gunst der Lage ausgezeichnet, der Mittelpunkt werden. Zu einer solchen Stellung war aber durch unverkennbare Vorzüge d i e Stadt berufen, welche in der Kephisosebene ihren Sitz hatte.

Es ist die Ebene südlich vom Parnes, dem Zweige des Kithäron, welcher gegen Böotien die Landesgrenze bildet und die Sumpfluft des kopaischen Seetals abwehrt. Im Nordosten der Ebene erhebt sich das Pentelische Gebirge, an dessen Abhängen die Wege nach dem Euböischen Meere hinüber= führen; im Osten der kräuterreiche Hymettos und im Westen der niedrigere Höhenzug des Aigaleos, die Grenze gegen Eleu= sis. Die nördlichen Berge sind die mächtigsten und an ihnen sammeln sich die Quellen des Kephisos, welcher in eine breite und erdreiche Ebene niederströmt.

In dem Rücken und an den Seiten durch Berge geschlossen und nur durch Pässe zugänglich, welche leicht zu verteidigen sind, senkt sich die ganze Ebene allmählich gegen Süden, dem Seewinde geöffnet, der den Bewohnern im Winter Wärme, im Sommer aber erwünschte Kühlung bringt. Der flache Strand würde hafenlos sein, wenn sich nicht eine vor= liegende Felsmasse durch Anschwemmung als Halbinsel an= geschlossen hätte. Das ist das Kleinod des Landes, der Pei= raieus, eine in das Meer auslaufende Halbinsel, welche mehrere wohlgeschützte Reeden und Hafenbuchten bildet.

In die Mitte der ganzen Ebene tritt vom Hymettos her eine Gruppe von Felshöhen, unter ihnen eine einzeln gelegene, ein mächtiger Felsblock, welcher bis auf einen schmalen Zu= gang von Westen nach allen Seiten mit senkrechten Wänden abfällt, oben mit breiter Hochfläche, welche geräumig genug ist, die Heiligtümer der Landesgötter und die Wohnungen der Landesherren aufzunehmen, wie durch Absicht der Natur zur herrschenden Burg und zum Mittelpunkte der Landes= geschichte hingestellt. Das ist die Akropolis von Athen und unter den zwölf Landesburgen diejenige, welche vorzugsweise nach dem Landeskönige Kekrops benannt wurde.

Diese Felshöhe erhielt ihre besondere Weihe durch die Heiligtümer, welche sich daselbst im Laufe der Zeiten anein= ander schlossen. Zeus, welcher mit dem Baue der Städte über= all von den Berghöhen herniedersteigt, um in der Mitte der Menschen seinen Platz einzunehmen, war auch hier der erste, der älteste Stadthüter. Neben ihm gründet Poseidon seine Herrschaft auf der Burg, in deren Felsgrunde er die Quelle öffnet. Als dritte Gottheit zieht Athena ein, die wehrhafte

Göttin, von kriegerischen Geschlechtern verehrt und begleitet, aber zugleich die Pflegerin des Ackerbaues, der Baumzucht und aller Künste des Friedens. Neben dem Dreizack des Poseidon pflanzt sie ihren Speer ein, der als segenspendender Ölbaum aufsprießt. Nicht ohne Kampf behauptêt sie ihren Platz; Halirrhothios, des Meergottes Sohn, legt die Axt an ihren Baum und die Diener Poseidons, die Eumolpiden in Eleusis, überziehen Athen mit blutiger Fehde, bis endlich der Kampf durch eine Ausgleichung der Gottesdienste geschlichtet wird. Denn im Stamme des Erechtheus vereinigen sich die Priestertümer der feindlichen Gottheiten, welche fortan nebeneinander verehrt werden. Zeus behält nach Art eines älteren Herrschergeschlechtes Titel und Ehrenamt des Polieus oder Stadthüters, Athena aber wird durch den Ölbaum die eigentliche Polias, die wahre Burg- und Landesgottheit. Im Ölbaume wurde sie verehrt, lange bevor eine Tempelzelle ihr Bild einschloß, und wie seine Schößlinge in der Ebene sich ausbreiten, so wird nun anstatt Wein, Feigen und Honig die Ölzucht die Grundlage des Wohlstandes von Attika. Erichthonios, der schlangenförmige Dämon, der Pflegling der Göttin, ist das Symbol des unvergänglichen Erdsegens, welchen sie dem Lande geschenkt hat. Dies ist die zweite Epoche der attischen Vorzeit; aus Kekropia ist Athenai, aus den Kekropiden sind Erechthiden oder Athenäer geworden.

In Athen hatten sich die ionischen Geschlechter vorzugsweise am Ilissos angesiedelt und daselbst ihre Apolloheiligtümer gegründet, während die Burg den älteren Geschlechtern und ihren Gottheiten vorbehalten blieb. So bestanden eine Zeitlang zwei Niederlassungen nebeneinander, bis endlich der spröde Widerstand überwunden ward. Der Fremdling Ion wird als ein Sohn der Erechtheustochter Krëusa anerkannt und Apollon erhält am Rande der Burg, in derselben Grotte, wo er die Fürstentochter umarmt hat, sein Heiligtum. Damit ist die Verbindung der Ionier und der Erechtiden in Athen vollzogen; die beiden Nachbargemeinden vereinigen sich zu einer gemeinsamen Stadt, welche nun immer volkreicher den Fuß der Akropolis umgibt. Die ionischen Geschlechter sind in Athen herrschend geworden und suchen nun der ganzen Landschaft eine festere Einheit zu geben.

Sollte aber der Verein von zwölf Städten zum Staate werden, so mußten elf Orte ihre Selbständigkeit aufgeben und sich beugen vor der Stadt der Hauptebene. Dagegen sträubten sich die Landesteile, welche ihr eigenes Gemeinwesen am selbständigsten ausgebildet hatten und von kräftigen Priester- und Kriegergeschlechtern vertreten waren. Vor allem Eleusis, die zweite Hauptebene des Landes, der uralte Sitz des Poseidon- und Demeterdienstes; dann die Bewohner des rauhen Berglandes von Pallene am Fuße des Brilessos, wo Pallas Athene einen sehr alten Dienst hatte. Aber die Athener besiegen die felsschleudernden Pallantiden, sie zwingen Eleusis zur Anerkennung ihrer Oberhoheit, sie brechen den Widerstand, welcher in den einzelnen Kantonen ihnen entgegentritt. Die besonderen Regierungen werden aufgehoben, die hervorragenden Geschlechter mit ihren Gottesdiensten nach Athen gezogen, das ganze Land wird in e i n e r Stadt vereinigt. Diese Vereinigung der zwölf Städte betrachteten die Athener mit vollem Recht als die wichtigste Tatsache ihrer Vorzeit, als den Anfang ihres eigentlichen Staatslebens. Sie wurde vollzogen im Namen der Gottheit, welche als Landesgöttin längst anerkannt war. Das hauptstädtische Athenafest wurde zum politischen Gesamtfeste, zum panathenäischen Feste, die blutige Fehdezeit wurde vergessen und mit dem neuen Stadt- und Landesfeste für alle Zeiten das Opfer der Friedensgöttin verbunden.

Als den Urheber dieser Vereinigung des Landes verehrten die Athener Theseus; mit ihm ist die dritte oder i o n i s c h e Periode vollständig ins Leben getreten.

Attika hatte damit den Schritt getan, welcher keinem Zweige des ionischen Volks in irgend einem anderen Lande so vollständig gelungen ist, und jetzt erst, als in dem befriedeten Lande um eine Hauptstadt herum, in der alle Lebenskräfte zusammenströmten, die Menschengeschlechter verschiedener Herkunft zu einem Ganzen sich verschmolzen, begann eine attische Geschichte, erwuchs ein attisches Volk, welchem der besondere Segen, welcher auf seinem Lande ruhte, in vollem Maße zugute kam.

Es war freilich kein üppiger Boden, auf welchem auch der Müßiggänger behaglichen Unterhalt findet, sondern steinig, wasserarm, großenteils nur zum Gerstenbau geeignet; überall, an den Stufen der Kalkfelsen wie in der sumpfigen Niederung, Arbeit fordernd und geregelten Fleiß. Aber der Arbeit fehlte nicht der Dank. Was an Baum- und Gartenfrüchten Gedeihen fand, war besonders fein und schmackhaft; die Bergkräuter waren nirgends duftiger, als am Hymettos; das Meer reich an Fischen. Die Berge geben nicht nur durch ihre schöne Form der ganzen Landschaft einen gewissen Adel, sondern in ihrem Schoße fand man den trefflichsten Baustein in Fülle und Silbererze; in den Niederungen grub man den besten Ton. Für alle Künste und Gewerbe war Material vorhanden, und endlich kam dazu, was die Alten als eine wichtige Gunst des

Himmels anzuerkennen wußten, die trockene und helle Atmosphäre Attikas, welche durch ihre besondere Klarheit geeignet war, den Leib frisch und gesund, die Glieder elastisch zu machen, die Sinne zu schärfen, die Seele heiter zu stimmen, die Kräfte des Geistes zu wecken und zu beleben.

So war das Land geordnet und entwickelte die Keime seiner eigentümlichen Geschichte, als die Völkerwanderungen das ganze Festland erschütterten. Wurde es selbst auch nicht von feindlichen Massen überzogen, so nahm es doch um dieselbe Zeit in kleineren Gruppen vielfachen Zuzug ausländischer Bevölkerung auf. Dadurch hatte es allen Vorteil der Anregung und Erfrischung ohne die Nachteile gewaltsamer Umwälzung. Es konnte sich das Neue nach und nach aneignen, so daß es unmerklich dem eingeborenen Stamme einwuchs, welcher sich durch alle Zeiten hindurch mit seinem heimatlichen Boden unzertrennlich verwachsen fühlte. Die Einwandernden, welche in Attika sich einbürgerten, gehörten zu den durch Bürgerzwist Vertriebenen; es waren also meistens Geschlechter von hervorragender Bedeutung, durch welche die neue Heimat nicht nur an Volkszahl gewann, sondern auch an Bildungsstoffen aller Art. So kamen Minyer aus Böotien; eben daher Tyrrhener und jene Gephyräer, welche den Dienst der achäischen Demeter und die Buchstabenschrift mit sich brachten. Aus dem Peloponnes kam viel ionisches Volk; ganze Gaue, wie Sphettos und Anaphlystos, wurden von Trözen aus bevölkert. Aus Aigina flüchteten die Äakiden herüber, aus denen das Geschlecht des Miltiades erwuchs. Aus dem bedrängten Messenien kam eine Reihe erlauchter Geschlechter, durch welche die Weihen der großen Göttinnen in Attika eingebürgert sind; es kamen Stammhäupter wie Melanthos, Peisistratos, Alkmaion und die Söhne des Paion, lauter Nachkommen der pylischen Könige, des Neleus und Nestor. Es waren Geschlechter, die zu herrschen gewohnt waren und auch in der neuen Heimat ihren Ahnen Ehre machen wollten.

Hier liegt der Keim des für Attika so wichtigen Gegensatzes des autochthonen Landadels und des eingewanderten Adels, und wie kräftig der letztere in die Geschichte des Landes eingriff, das erhellt daraus, daß, nachdem ionische Fürsten den Stamm der Erechtiden abgelöst hatten, aus den messenischen Einwanderern der Nelide Melanthos zur Herrschaft kam, der sein neues Vaterland gegen Böotien verteidigte.

Durch die gastfreundliche und friedliche Aufnahme so vieler ausgezeichneter Geschlechter ist zu der Größe Athens der Grund gelegt worden. Denn mit ihnen hat sich die Stadt eine Fülle edler Kräfte und mannigfaltiger Religionsformen ange=

eignet, die in den verschiedenen Geschlechtern erblich waren. Aus dieser Zeit stammt die Vielseitigkeit attischer Bildung, die Anknüpfung weitreichender Verbindungen, die Aufmerksamkeit auf fremde Sitten und Erfindungen, der Trieb zu lernen, zu erfahren und jeden Fortschritt hellenischer Bildung der Heimat anzueignen. So vereinigte Attika die Vorteile eines Koloniallandes mit denen eines Landes von altansässiger Bevölkerung. Das ionische Wesen hat sich, einem Sauerteige gleich, allmählich in alle Schichten der Bevölkerung verbreitet, es hat eine Entwicklung veranlaßt, in welcher das Volk aus den pelasgischen Zuständen in die hellenischen hinübergeleitet worden ist, und diese Entwicklung ist durch die späteren Zuwanderungen naturgemäß fortgesetzt und gefördert worden.

Weil aber den Athenern die gewaltsamen Umwälzungen erspart blieben, durch welche sich die andern Staaten haben durcharbeiten müssen, haben sie sich alle Wohltaten eines friedlichen Austausches um so mehr zunutze machen können, und die Folge davon war, daß Attika früher als alle anderen Landschaften zu fester Ordnung und zur Verwirklichung eines hellenischen Staates gelangt ist, dessen Behörden die Bürgschaft des inneren Friedens übernahmen und den Angehörigen des Gemeinwesens die Möglichkeit gaben, die Waffen aus der Hand zu legen und ihren bürgerlichen Beschäftigungen ungestört nachzugehen. In diesen Beschäftigungen aber herrschte von Anfang an eine große Vielseitigkeit, wie sie einem Lande frommte, das halb Festland, halb Insel, in der Mitte von ganz Hellas gelegen war. Denn die Athener wußten seit ältester Zeit bäuerliches Leben und Seeverkehr, die Beharrlichkeit, die der Landbau fordert, mit dem kühnen Unternehmungsgeiste des Kaufmannes, Anhänglichkeit an das Einheimische mit umsichtiger Weltkunde glücklich zu verbinden.

In der Epoche, welche die Alten mit dem Namen des Theseus bezeichneten, hat Attika alle Grundordnungen seines politischen und gesellschaftlichen Lebens empfangen. Es ist nach außen selbständig, nachdem es sich den Ansprüchen des meerbeherrschenden Kreta entzogen hat. Im Innern hat es die lockere Gliederung der Kantonalverfassung glücklich überwunden. Es ist e i n Staat, e i n Volk da. Die Bevölkerung ist in drei Stände gegliedert, die Eupatriden oder „Wohlgeborenen", die Geomoren oder „Landbauer", die Demiurgen oder „Gewerbeleute". Nur die ersteren bildeten den Staat im engeren Sinne. Aber auch sie sind keine gleichartige Masse; es sind die in verschiedenen Zeiten eingewanderten Geschlechter, ältere und jüngere, deren Gegensatz sich niemals ganz verwischt hat.

Schon der Wechsel der Dynastien zeugt von den Kämpfen unter ihnen. Es war also eine Grundbedingung des inneren Friedens, daß diese Geschlechter sich untereinander vertrugen, daß die Gottesdienste, welche den einzelnen Häusern eigentümlich waren, gemeinsame und öffentliche wurden; denn dadurch wurde den Geschlechtern die Ehre des erblichen Priestertums, fester Besitz und ein dauerndes Ansehen im Staate verbürgt. So verschmolzen durch Einbürgerung der Götter die Stämme und Familien miteinander, die stolzen Butaden schlossen sich dem ionischen Apollon und seiner Staatsordnung an, so wie früher die Eumolpiden dem Dienste der Athena gehuldigt hatten.

Jedes Geschlecht umfaßte eine Gruppe von Familien, welche sich von einem gemeinsamen Stammvater herleiteten und sich in alter Zeit zu einer Sippschaft vereinigt hatten. Was sie vereinigte war der gemeinsame Dienst der Gottheit, des Geschlechts und seines heroischen Stifters; alle Mitglieder waren durch die Pflicht der Blutrache, durch eine gemeinsame Grabstätte, durch gegenseitiges Erbrecht verbunden; jedes Geschlecht hatte einen gemeinsamen Versammlungsort, einen gemeinsamen Opferherd; es war ein großes Haus, aus dessen Besitze durch Willkür des einzelnen nichts veräußert werden konnte, eine enggeschlossene, heilige Lebensgemeinschaft.

Die benachbarten Geschlechter hatten sich wiederum zu einer weiteren Gemeinschaft geeinigt; das war die Phratria oder Vetterschaft. Die Phatrien waren Vereine von je 30 Geschlechtern; sie hatten ebenfalls ihren gemeinsamen Kultus, und die Mitglieder derselben traten in die Rechte und die Pflichten der Geschlechtsgenossen ein, wenn von diesen keiner vorhanden war.

Ein großer Teil des so in Stämme, Phratien und Geschlechter geteilten Adels zog nach der neuen Hauptstadt und wohnte auf der Burg oder um die Burg herum, ein priesterlicher und ritterlicher Adel, welcher allein im Besitze dessen war, was zum gottgefälligen Opferdienste, zur Erhaltung des Kultus, zur Handhabung des Rechts und zur besonnenen Lenkung wie zur Verteidigung des Gemeinwesens erforderlich war.

Dieser Adel stand um den Thron des Königs, dessen Herrschaft von Anfang an nicht als eine maßlos gebietende auftrat, sondern in Verwaltung und Gericht sich selbst beschränkte. Auf der Burg waltete er am Staatsherde als Hausvater der Gemeinde, vor seinem Palaste versammelte er die Häupter der Gemeinde zu gemeinsamer Beratung. Seit aber Athen des Landes Hauptstadt geworden war, strömte hier soviel Volk zusammen, daß der enge Burgraum nicht genügte.

Es bildete sich eine Unterstadt am südlichen Fuße der Burg, hier wohnten die Eupatriden um den Markt herum, hier wurde das Amtshaus oder Prytaneion der Stadt errichtet; hier sah man nun auch den König mit den erwählten Beisitzern auf dem Markte zu Gericht sitzen.

Es durften aber nicht alle Gerichte auf dem Markte statt= finden; denn wer im Verdachte stand blutige Hände zu haben, mußte den gemeinsamen Altären des Landes fernbleiben. Für die Blutgerichte war deshalb die dürre Felshöhe erkoren, welche dem Aufgange der Burg gegenüber liegt; sie war dem Ares geheiligt, welcher hier zuerst wegen Blutschuld gerichtet sein sollte, und den Erinnyen, den finstern Mächten des schuld= beladenen Gewissens. Hier richtete kein Einzelrichter, son= dern ein Kollegium von zwölf (?) Männern der bewährtesten Gesinnung und Erfahrung. Hatte der Angeklagte gleiche Stim= menzahl für und wider sich, so war er freigesprochen. Das Gericht auf dem Areshügel ist eine der ältesten Stiftungen Athens und keine hat der Stadt eine frühere und weitere An= erkennung unter den Hellenen erworben. Das areopagitische Strafrecht ist von allen späteren Gesetzgebern zur Richtschnur genommen worden.

Welch eine Fülle geschichtlicher Entwicklung die attische Königszeit in sich schließt, davon gibt schon die Reihe der Geschlechter, welche sich auf dem Throne gefolgt sind, der Kekropiden, Erechthiden, Ägiden und Neliden, eine Vor= stellung, denn jeder dieser Namen bezeichnet eine eigene Ent= wicklungsperiode. Das Königtum bewährte sich, als die Dorier vom Peloponnese vordringend, ihre südlichen Wohn= sitze mit den nördlichen verbinden und ganz Hellas zu einer Doris machen wollten. Da war der messenische Königsstamm an seinem Platze, welcher schon durch sein erstes Auftreten dem Staate eine antidorische Richtung gegeben hatte, und noch in späten Jahrhunderten zeigte man am Ilissos die Stelle, wo der Nelide Kodros, des Melanthos Sohn, für die Unab= hängigkeit des Landes sein Leben hingegeben habe. Dennoch folgte das Ende des Königtums, und zwar wird es von der patriotischen Sage, die von keinem Verfassungsbruche wissen wollte, so dargestellt, daß nach dem Heldentode des Kodros sich keiner würdig gefühlt habe der Nachfolger zu sein. In der Tat war es aber auch hier die Eifersucht der jüngeren Zweige des königlichen Geschlechts und der anderen Adels= familien, welche den Übergang vom Königtume zur Aristo= kratie bewirkte. Nirgends aber ist dieser Übergang so all= mählich und so stufenweise verwirklicht worden wie in Athen.

Es folgten zunächst lebenslängliche Oberhäupter aus dem

Stamme der Könige; sie folgten nach dem Rechte der Erst=
geburt, und es war scheinbar kein anderer Unterschied, als
daß sie nicht mehr Könige, sondern Archonten oder Prytanen
genannt wurden. Indessen muß auch hier ein schrofferer
Übergang stattgefunden haben, als die Athener selbst Wort
haben wollten; es muß auch eine Unterbrechung der Erbfolge
eingetreten sein, denn während ein Zweig des Königstamms,
und zwar der eigentliche Träger des Nelidennamens, nach
Kleinasien auswandert, folgten in Athen keine Neliden noch
Melanthiden, sondern Medontiden. Auf jeden Fall deutet das
Aufhören des Königsnamens darauf hin, daß von den geist=
lichen Funktionen, welche die Athener immer als den Kern
der Basileia betrachteten, ein wesentlicher Teil abgetrennt
wurde. Damit wurden dem Amte die heiligen Attribute ge=
nommen, welche seine Unveränderlichkeit verbürgten und jede
fremde Einmischung fernhielten. Die Regenten waren lebens=
längliche Präsidenten einer aristokratischen Republik, und zu=
gleich traten die Eupatriden, welche schon den Königen zur
Seite eine verfassungsmäßige Geltung gehabt hatten, jetzt mit
ausgedehnteren Vollmachten vor und beaufsichtigten die Ver=
waltung des königlichen Richter= und Regierungsamtes.

Dreizehn Regenten waren aufeinander gefolgt, als ein
neuer Angriff der Aristokratie auf die Erben des Königtums
gelang. Die Lebenslänglichkeit wurde aufgehoben und ein
zehnjähriger Zyklus eingeführt, welcher mit Charon, dem
Sohne des Aischylos, Ol. 7, 1; 753 beginnt. Wahrscheinlich
hatte schon früher eine Periode von neun Jahren bestanden,
nach deren Ablauf eine neue Bestätigung durch Götterzeichen
und Volkszuruf erfolgte. Aus der Erneuerung der Regierungs=
macht wurde nun ein Wechsel derselben, und die Verant=
wortung, welcher sich im zehnten Jahre der Archon unter=
ziehen mußte, war ein wesentlicher Fortschritt in der Um=
wandlung des Staatswesens; ebenso die Aufhebung der Erb=
folge und die Einführung der Wahl. Dennoch blieb das Vor=
recht des königlichen Stamms durch vier Herrschaften bis
zum Sturze des Hippomenes Ol. 16, 3; 714. Solange hielt sich
monarchisches Recht, das von einem starken Geschlechte ge=
tragen und im Bewußtsein des Volkes tief begründet gewesen
sein muß, wenn es sich allen Angriffen zum Trotze und trotz
der feindlichen Zeitrichtung viereinhalb Jahrhunderte nach
Kodros' Tode erhalten konnte, bis endlich der vom höchsten
Amte ausgeschlossene Adel die Schranke durchbrach und
freien Zutritt erkämpfte.

Bald darauf, nämlich 683 (Ol. 24, 2), wurde auch das Amt
selbst ein wesentlich anderes. Seine Dauer wurde einjährig,

seine Macht unter neun Amtsgenossen verteilt, welche nach Ablauf ihres Jahres rechenschaftspflichtig waren. Das war das eigentliche Ende der attischen Monarchie; es war die durchgreifendste Veränderung, indem jetzt die Staatshoheit von dem durch Geburt berufenen Geschlechte überging in den Kreis derer, welche nach ihrer Wahl die Staatsämter besetzten.

Der erste Archon hatte eine Art Oberaufsichtsrecht über das Gemeinwesen; er sorgte für die, welche des wirksamen und persönlichen Schutzes am meisten bedurften, die Unmündigen und Waisen; er hütete die Erhaltung der bürgerlichen Hausstände, er hatte das Ehrenrecht, daß nach ihm in allen öffentlichen Urkunden das Jahr benannt wurde. Der zweite trug den Titel und Schmuck des Königs; er hatte als sein Nachfolger über die öffentlichen Heiligtümer und Opfer zu wachen, damit alles zur Befriedigung der Götter in hergebrachter Ordnung erfolge. Von der altköniglichen Würde blieb ihm auch die Auszeichnung, daß seine Frau an der Amtswürde einen Anteil hatte und als „Basilissa" geehrt wurde. Auf den dritten ging das Heerführeramt, die Herzogswürde, über, wie sein Amtsname Polemarchos „Kriegsoberster" beweist.

Wie es unter den Königen gewesen war, sorgten sie dafür, die Wehrkraft des Volkes in Kampfbereitschaft zu erhalten, um Attika zu Lande und zur See zu verteidigen. Die Deckung der Küste war aber von Anfang an die Hauptsache. Deshalb war die ganze Landschaft in achtundvierzig Reederkreise oder Naukrarien eingeteilt; jeder dieser Bezirke hatte ein bemanntes Schiff zu stellen und nach denselben Bezirken war auch die Landwehr und die gesamte Besteuerung eingerichtet. Die Steuersammler behielten den Namen der Kolakreten; so nämlich hatte man die königlichen Beamten genannt, welche die den Landesfürsten gebührenden Ehrengaben einzusammeln hatten. An der Spitze jeder Naukrarie stand ein Prytane und sorgte zugleich für Ordnung und Ruhe in seinem Bezirke. Die Prytanen waren Eupatriden, von denen man ohne Zweifel solche wählte, welche in den einzelnen Bezirken, deren Vorstandschaft sie übernahmen, angesessen waren. Das sind die ältesten, nicht ionischen, sondern echt attischen Verwaltungseinrichtungen, welche wir auf attischem Boden nachweisen können; es sind örtliche Verwaltungskreise, welche innerhalb der glücklich gewonnenen Landeseinheit wieder die Mannigfaltigkeit des kommunalen Lebens schützten. Auch fand hier im Gegensatze zu dem Stadtadel, welcher der Regierung nahestand, der mehr bäuerliche Teil des Adels das Gebiet seiner Tätigkeit und die Sphäre seines Ansehens. Übrigens ist es sehr wahrscheinlich, daß auch diese Distriktseinteilung und -verwaltung ihren Grundzügen nach schon der königlichen Zeit angehört.

Wenn aber in den äußeren Einrichtungen der Landesverwaltung auch alles möglichst beim alten gelassen wurde, so änderte sich desto mehr im inneren Gange derselben. Alle Vorteile der Staatsveränderung kamen den Eupatriden zugute; der Demos verlor hier, wie überall, beim Aufhören des Königtums. Die jährigen Regenten konnten nichts anderes sein als Organe ihrer Partei; sie konnten und durften nicht anders handeln, als im Sinne ihrer Wähler und Standesgenossen. Bei dem jährlichen Wechsel der Personen war eine feste Politik gar nicht anders zu erreichen, als indem das Standesinteresse immer schärfer ausgeprägt wurde. Die Kluft der Stände wurde immer größer; die Eupatriden hatten kein anderes Augenmerk als ihre Vorrechte zu sichern und die Leute der Gemeinde niederzuhalten. Sie hatten alle Staatsgeschäfte, Regierung und Gericht, in Händen, und je mehr sie selbst zur Partei im Staate wurden, um so weniger konnten sie geeignet sein, unparteiische Rechtspflege zu gewähren. Dies war der erste Übelstand, welcher sich fühlbar machte. Denn das attische Volk hatte von Anfang an einen besonders feinen Sinn für die Idee des Rechts, welche sich im Staate verwirklichen soll, und war in keinem Punkte empfindlicher. Dazu kamen andere Übelstände, welche das materielle Leben betrafen und den Wohlstand der Bevölkerung auf das gefährlichste bedrohten.

Die Nahrungszweige derselben waren nach der Natur des attischen Bodens dreifacher Art. Die Leute des Gebirges, die sogenannten Diakrier, hatten einen kümmerlichen Unterhalt, da die felsigen Abhänge wenig an Feld- und Baumfrüchten lieferten und Weide nur für kleines Vieh gewährten. Mehr Nahrungsquellen bot die Küste dar, wo die „Paralier" sich von Kahnbau, Fährschiffahrt, Salzbereitung und Fischerei nährten. Alle Vorteile des Bodens fielen aber denen zu, welche in den Ebenen, namentlich in der des Kephisos ihre Ackergüter hatten. Hier wohnten die „Pedieer", und vornehmlich waren es die Eupatriden, welche hier ihre Güter hatten. Unmittelbar bei der Hauptebene waren auch die besten Häfen, die nächsten Küsteninseln; also auch der Seeverkehr kam mit allen seinen Vorteilen den Pedieern zugute. Der Adel säumte nicht, sich diese Vorteile anzueignen. Namentlich waren es die jüngeren, d. h. die eingewanderten Familien, deren Mitglieder sich Schiffe in Phaleros bauten und selbst auf Handelsreisen ausgingen. Die Mittel des Wohlstandes wuchsen unter ihren

Händen, während die kleinen Besitzer immer ärmer wurden, je mehr das Leben sich verteuerte. Jede Leistung für das Gemein= wesen lastete doppelt schwer auf ihnen; jede Störung des Friedens, jede zu erlegende Geldbuße, jede Mißernte trug dazu bei, ihr Hauswesen zu zerrütten. Sie wurden die Schuldner der Eupatriden.

Nach altem Schuldrechte ging des Gläubigers Forderung vom Eigentume auf die Person des Schuldners über; die Schuld aber war um so schwerer, je weniger Geld im Lande war und je schneller bei der Höhe des Zinsfußes die unbe= zahlte Schuld anwuchs. Am Ende blieb den Verschuldeten nichts übrig, als durch Abtretung ihres Landes die Gläubiger zu befriedigen, und sie mußten es noch als ein günstiges Schicksal anerkennen, wenn sie nicht ausgetrieben wurden, sondern ihr altes Eigentum aus der Hand der Gläubiger zur Nutznießung zurückerhielten und auf den Höfen der großen Grundbesitzer ein kümmerliches Unterkommen fanden. So bildete sich ein Stand halbfreier Ackerleute, welche den Namen „Hektemorioi" oder Sechsteilner führten, vermutlich weil sie nur den sechsten Teil des Einkommens für sich be= hielten. Die Eupatriden aber benutzten jede Gelegenheit, immer mehr zusammenhängenden Grundbesitz an sich zu bringen. Die Zahl der freien Eigentümer, der Mittelstand der Geomoren, schmolz mehr und mehr ein; sie wurden zum Hof= gesinde der Reichen und versanken in eine vollständige Ab= hängigkeit.

Unter diesen Umständen wurde es den Eupatriden leicht, ihre eiserne Herrschaft zu behaupten. Es würde ihnen noch länger gelungen sein, wenn nicht in ihrer eigenen Mitte Spal= tungen eingetreten wären, welche aus den alten Gegensätzen der Geschlechter erwuchsen, und wenn sich nicht unter dem attischen Volke ein gesunder Kern freier Männer erhalten hätte, teils auf den Bergen der Diakria, teils an der Küste, wo der Verkehr aufblühte und bürgerliche Selbständigkeit einen günstigeren Boden fand.

Daß aber jene Freiheitsbestrebungen, welche von den Bürgerstädten Ioniens herüber mit frischem Lebenshauche alles griechische Küstenland durchströmten, an Attika nicht spurlos vorübergingen, erkennt man an den Mitteln, welche im Laufe des siebenden Jahrhunderts angewendet wur= den, um die bestehende Ordnung der Dinge aufrecht zu erhal= ten. Denn wenn damals ein Mann aus der Mitte der Eupatriden den Auftrag erhielt, die Normen aufzuschreiben, nach denen in Athen geurteilt werden sollte, so ist dies in der Tat ein deutliches Anzeichen innerer Kämpfe, in denen sich der Adel zur Nachgiebigkeit gezwungen gesehen hat. Sein wichtigstes Vorrecht war ja die ausschließliche Kenntnis des Rechts, die Ausübung der heiligen Gebräuche, welche durch mündliche Überlieferung in den Geschlechtern vererbt wurden; seine Macht beruhte also auf dem ungeschriebenen Rechte. Wie sollte er darauf verzichtet haben, wenn nicht die Leute der Gemeinde seit längerer Zeit Veröffentlichung des Rechts verlangt hätten und einmütig genug gewesen wären, ihren Forderungen Nachdruck zu geben? Es ist aber ein denkwürdiges Zeugnis für die eigentümliche Richtung des attischen Volksgeistes, daß bei dem allgemeinen Mißbehagen und den vielfachen Mißverhältnissen keine Forderung sich früher und klarer geltend machte als die, welche Rechtsschutz verlangte.

Darum war es ein großer Fortschritt in der Entwicklung des bürgerlichen Lebens, als eine öffentliche Aufzeichnung des geltenden Kriminalrechts beschlossen und im Jahre 621 durch den Archonten Drakon ausgeführt wurde. Nun waren die Archonten an einen festen Rechtsgang, an bestimmtes Strafmaß gebunden. Wenn aber von seinen Gesetzen gesagt wurde, sie seien mit Blut geschrieben, sie hätten für alle Vergehen als einzige Strafe den Tod usw., so ist das keineswegs einer persönlichen Härte des Gesetzgebers zuzuschreiben, der gewiß weit entfernt war, ein neues System des Strafrechts aufstellen zu wollen, sondern es erschienen die drakonischen Bestimmungen im Vergleiche mit späteren Gesetzgebungen ungemein streng und einfach, weil sie aus einfachen und streng geordneten Lebensverhältnissen erwachsen waren. Man wollte aber dem neuerungssüchtigen Zeitgeiste gegenüber möglichst am alten festhalten und das Schwert, so lange man es noch in Händen trug, eher schärfen als abstumpfen, damit der Schauer vor der Strafe zugleich das Amt und den Stand der Richter in altem Ansehen erhalte. Endlich würde ja jede Abschwächung der hergebrachten Strafsätze nur ein um so gehässigeres Licht auf die frühere Verwaltung des Strafamts geworfen haben. Wie sehr aber das Vordrängen des Volkes gerade darauf gerichtet war, gegen richterliche Willkür Bürgschaften zu erlangen, geht auch daraus hervor, daß gleichzeitig eine Reform der Rechtspflege eintrat und ein geordnetes Kollegium von 51 Blutrichtern oder Epheten eingesetzt wurde, welche an verschiedenen Malstätten zu Gericht saßen.

Durch solche Zugeständnisse suchten sich die Eupatriden zu stützen, denn sie konnten die Gefahren der Zeit nicht verkennen. An der Land- und Seeseite war Attika von Staaten umgeben, in welchen die Volksbewegungen mit siegreicher Kraft die alten Ordnungen des Lebens durchbrochen hatten.

In Megara, das ursprünglich nur ein Stück von Attika war, jetzt aber seemächtiger und glänzender als Athen, in Korinth, in Sikyon, in Epidauros bestanden Fürstenherrschaften, welche von Führern der Volkspartei errichtet worden waren, und es wurden Versuche gemacht, in Athen gleiche Bewegungen hervorzurufen. Freilich waren hier die Verhältnisse ganz anderer Art; hier war kein fremdländisches Kriegsvolk eingedrungen, hier war dem einheimischen Volke keine fremdartige Herrschaft aufgezwungen worden, also zu einem gewaltsamen Durchbruche keine gleiche Veranlassung vorhanden. Indessen an Gärungsstoffen fehlte es nicht; peinliche Gegensätze von Stadt und Land, von regierenden Familien und Untertanen, von Reichen und Verschuldeten waren auch hier; es waren mehr soziale Übelstände als eigentlich politische; aber auch in Megara war die Revolution eine vorwiegend soziale und der attische Adel war in seinen Interessen ebenso sehr auf die konservative Seite hingewiesen, wie der attische Demos der Entfesselung und Hebung des Bürgerstandes in den benachbarten Seestädten eine natürliche Sympathie zuwendete. Auch stand es schlecht um die Verwaltung des Landes. Die Geschlechter des Adels waren in Unfrieden miteinander; mit ungeduldigem Ehrgeize drängte sich jetzt alles nach den Ämtern; die Regierung war geschwächt, die Wehrkraft des Landes in Verfall. Die Vorsteher der Steuerkreise hatten eine Macht erlangt, welche den Archonten der Hauptstadt gegenüberstand; einzelne Teile des Landes und der Bevölkerung lösten sich aus dem Ganzen, und hervorragende Adelsfamilien benutzten die Lage der Dinge, um sich im Umkreise ihrer Besitzungen einen Anhang zu bilden und eine Macht zu verschaffen, welche mit der Verfassung des Landes in offenem Widerspruche stand.

Einem dieser Häuser gehörte Kylon an, der Ol. 35; 640 im Stadion von Olympia gesiegt hatte und sich dadurch zu höheren Ansprüchen berufen fühlte, als ihm die gesetzliche Ordnung der Dinge gestattete. Er wollte kein gewöhnlicher Bürger mehr sein. Er hatte eine Tochter des Theagenes zur Frau, er hatte in Megara die Reize der Tyrannis kennengelernt und vielerlei Verbindungen angeknüpft; so kam er auf den Gedanken, die schon mehrfach erschütterte Regierung seiner Vaterstadt zu stürzen und sich zum Herrn von Stadt und Land zu machen. Indem er Erleichterungen der Schuldverhältnisse und Ackerverteilung in Aussicht stellte, gelang es ihm, eine entschlossene Schar Parteigänger um sich zu sammeln. Theagenes stellte ihm Mannschaft zur Verfügung, und so glaubte er nach Vorgang der peloponnesischen Tyrannen nur den entscheidenden Schritt wagen zu müssen, um am Ziele zu sein.

Es war griechische Sitte, die wiederkehrenden Jahrestage der Wettsiege zu feiern; dann zog der Sieger, begleitet von seinen Genossen und Angehörigen, geschmückt mit dem Kranze, der seinem Hause wie seiner Vaterstadt unvergängliche Ehre machte, in der Stadt umher zu den Tempeln der Götter, und allem Volk trat dabei die außerordentliche Stellung ihres Mitbürgers entgegen. Deshalb erkor Kylon diesen Tag, an welchem er ohne Argwohn zu erregen eine ansehnliche Schar seiner Freunde um sich haben konnte, zur Ausführung seiner Tat, und darin soll ihn Pythia bestärkt haben, welche ihm das größte Zeusfest als den glückbringenden Tag bezeichnet hatte. Wie konnte Kylon dabei an ein anderes Fest denken als an das des Zeus in Olympia, welches ihm, dem Olympioniken, im Mittelpunkte des ganzen hellenischen Festlebens zu stehen schien! Er vergaß, daß in Attika selbst unter dem Namen des größten Festes oder der Diasien ein uraltes einheimisches Zeusfest gefeiert wurde, das kein patriotischer Athener dem peloponnesischen hätte nachstellen dürfen. An den Diasien war das Volk in den Gauen zerstreut, am olympischen Zeusfeste strömte alles nach Athen zusammen.

Die Burg war leicht überrumpelt und das Tor besetzt, aber weiter wurde nichts erreicht. Kylon erkannte bald, daß er sich verrechnet hatte. Trotz aller Verstimmung und Unzufriedenheit, welche in der Bevölkerung gärte, war dennoch eine zu große Eintracht vorhanden, als daß nicht das Gefühl der Entrüstung über den gewalttätigen Bruch der gottesdienstlichen Feier das bei weitem vorwiegende gewesen wäre. Dies Gefühl wandte sich mit voller Entschiedenheit gegen den Bürger, welcher das Fest zu verräterischen Plänen benutzen wollte, und einmütig strömte das Volk herbei, um die Burg wieder zu gewinnen. Es war ja die Akropolis nicht bloß eine Zitadelle, sondern auch der Mittelpunkt der Religion; es war also auch der tägliche Verkehr mit den Schutzgöttern der Stadt und der heiligste Opferdienst unterbrochen. Bei der verzweifelten Gegenwehr der Verschworenen sah man sich genötigt, eine zum Einschlusse der Burg genügende Mannschaft zurückzulassen, und die Beamten der Stadt wurden mit Vollmacht ausgerüstet, den Kampf nach eigenem Ermessen zu Ende zu führen.

Als Kylon seine Hoffnung vereitelt sah, entfloh er mit seinem Bruder auf heimlichem Pfade; die übrigen hielten sich noch kurze Zeit und wurden dann durch Hunger zur Übergabe gezwungen. Das Ereignis schien gänzlich erfolglos, die alte Ordnung der Dinge neu begründet zu sein, und dennoch knüpfte sich an die kylonische Tat eine Kette der wichtigsten Ereignisse.

Seit der regierende Adel die Angelegenheiten ganz in seine Hände gelegt sah, trat bei ihm der Frevel gegen die Götter in den Hintergrund; er sah im Beginnen des Kylon nur einen Angriff auf seine Stellung und seine Vorrechte, der Kampf wurde Parteikampf. Erbittert, daß ihnen der Anstifter entgangen sei, rückten die Archonten in das offene Burgtor ein und fanden die hungerbleichen Männer an den Stufen der Altäre sitzend. Unter dem Versprechen der Lebenserhaltung führte man sie fort; aber kaum waren die zitternden Hände vom Altare los, so stürzten Bewaffnete über sie her und machten sie nieder. Andere hatten sich durch lange Seile mit dem Bilde der Athena verbunden, um so geschützt von Altar zu Altar zu gelangen. Sie wurden am Fuße der Burg bei den Altären der Erinnyen schonungslos getötet. Die Seile, sagte man, wären von selbst zerrissen, weil die Götter keinen Zusammenhang mit den Frevlern hätten haben wollen.

In kurzen Augenblicken blinder Leidenschaft war Unheilbares geschehen. Der Ruhm der gottesfürchtigen Athener war auf immer befleckt, die heiligsten Räume waren entweiht, die Götter mußten von ihren Lieblingsplätzen sich mit Abscheu abwenden. Die Bürgergemeinde, durch gemeinsame Not soeben treuer vereint als lange zuvor, war aufs neue zerrissen. So, sagte man, lohnten die Eupatriden das Vertrauen des Volkes; sie hätten überall nur sich im Auge, und um ihre Rachlust zu befriedigen, häuften sie, die weisen Rechtslehrer, Frevel und Unsegen auf das Haupt der unschuldigen Stadtgemeinde.

Am meisten wandte sich der allgemeine Zorn gegen das Geschlecht der Alkmäoniden, das hier zum ersten Male in die Geschichte von Athen eintritt. Denn der Alkmäonide Megakles stand als Archon an der Spitze der Regierungspartei; sein Geschlecht und seine Klienten hatten sich bei dem Burgfrevel am meisten beteiligt, darum verlangte das Volk, von dem kylonischen Anhange unterstützt, ihre Bestrafung, auf daß ihre Schuld nicht auf der Stadtgemeinde laste. Trotzig scharten sich dagegen die Alkmäoniden zusammen und wiesen das Geschrei der Menge vornehm zurück, indem sie sich auf ihre Vollmachten beriefen.

Die Geschlechter waren in der übelsten Lage; die Blutschuld des einen Hauses hatte der ganzen Aristokratie einen Stoß gegeben; denn die sicherste Grundlage ihres Ansehens war keine andere, als daß sie in allem, was göttliches und mensch=

liches Recht betrifft, des Volkes Führer waren und daß sie mit reinen Händen die öffentlichen Heiligtümer pflegten. Sie schwankten hin und her zwischen der Erkenntnis der Schuld und dem Gefühle der Standesgenossenschaft, welches um so lebhafter war, je stürmischer aller Orten die Angriffe der Gegenpartei waren, je heftiger der revolutionäre Zeitgeist die Privilegien des Adels bekämpfte. Um hier auszuhelfen bedurfte es eines Mannes, welcher Rang und Ansehen eines Edelmanns hatte, aber zugleich einen politischen Blick, der über die Standesinteressen hinausging, und eine den ganzen Staat umfassende Liebe hatte. Ein solcher war Athen zum Heile inmitten der Parteikämpfe unbemerkt herangewachsen, dem edelsten Blute entsprossen, das in Attika zu finden war, vom Geschlechte des Neleus und vom Stamme des Kodros.

Solon, der Sohn des Exekestides, war um die Zeit geboren, da Psammetich in Ägypten zur Regierung gekommen war und dem griechischen Seehandel neue Bahnen aufschloß. Auf den Ringplätzen geübt wie in den Künsten der Musen, gewann der junge Eupatride eine reiche und harmonische Ausbildung, wie sie damals schon an keinem Orte besser als in Athen erreicht werden konnte. Eine unermüdliche Lernbegierde erfüllte ihn von früher Jugend bis an sein Lebensende; denn noch sterbend soll er das matte Haupt aufgerichtet haben, um an den Unterhaltungen seiner Freunde Anteil zu nehmen. Diese Lernbegierde sowohl wie seine häuslichen Verhältnisse veranlaßten ihn frühe aus dem engen Kreise der Heimat herauszutreten und die Welt zu erkunden. Er trieb selbst Handelsgeschäfte; auf eigenem Schiffe suchte er in fremden Häfen Absatz für attische Ware und Rückfracht nach Athen. Seinem wachsamen und hellen Blicke konnten die Bewegungen der Zeit nicht entgehen, welche ihm mächtig an allen Gestaden entgegentraten. Die alten, von der Väter Zeit herstammenden Einrichtungen, der familienhafte Zusammenhang der Geschlechter und Geschlechtsvereine, die Gebundenheit des Besitzes, die patriarchalischen Kantonalverfassungen sowohl wie die ererbten Rechte höherer Stände, welche auf der Bevormundung willenloser Gemeinden beruhten, konnten nicht mehr bestehen. Soweit ein hafenreiches Meer den Strand bespülte, bildete sich eine neue Menschenklasse, ein kräftiger Mittelstand der Gewerbetreibenden, welcher freie Bewegung wollte, und diesem Mittelstande gehörte die Zukunft. Er mußte in demselben Grade steigen, wie der Verkehr sich über alle Küsten ausbreitete und der aus den Kolonien in Ost und West, aus dem Innern von Asien und namentlich aus den neuerschlossenen Nillande in reichem Segen hervorquellende Handelsgewinn ausgebeutet wurde. Damit mußte ein allgemeiner Umschwung des Lebens eintreten, und auch in Attika konnten trotzdem, daß der einheimische Adel die neuen Hilfsquellen auch seinerseits auszubeuten suchte, die alten Zustände nimmermehr erhalten werden.

Daß dies unmöglich sei, das war das erste, was Solon erkannte, und daran schlossen sich seine weiteren Gedanken; denn er blieb mitten in der Unruhe des Wanderlebens mit seinem ganzen Sinnen und Trachten der Heimat zugewandt. Alles, was er beobachtete, faßte er im attischen Interesse auf, und wenn er in so vielen Städten der Hellenen die inneren Verhältnisse zerrüttet und den Frieden gestört sah, so saß er wohl oft auf dem Verdeck seines Schiffes und erwog die Möglichkeit, wie seine Vaterstadt durch die Stürme dieser Zeit glücklich hindurchgeführt werden könnte, der großen Zukunft entgegen, zu welcher er sie berufen wußte. So bildete er sich als Kaufmann zum Staatsmann und Gesetzgeber aus. Alles Unheils Wurzel sah er im Kampfe der Stände; das war der Boden der Demagogie, auf welchem die Saat rechtswidriger Tyrannis aufschießen mußte. Kampf oder Verständigung, Verfassung oder Gewaltherrschaft, das war allerorten die brennende Frage. Also kam alles darauf an, dem Bruche vorzubeugen, die Parteien zu versöhnen und den Streit zu vermitteln, ehe er in Feindschaft auflohderte, aber nicht etwa auf dem Wege eines gegenseitigen Abmarktens und einer unehrlichen Nachgiebigkeit von beiden Seiten, sondern durch die Herstellung einer höheren Staatseinheit, welcher sich die verschiedenen Stände unterordnen konnten, ohne sich selbst untreu zu werden.

Dieser Gesinnung entsprach die erste Tat Solons, als er zwischen die Parteien Athens in die Mitte trat. Mit eindringender Beredtsamkeit überzeugte er seine Standesgenossen von der Gefahr des Augenblicks; er erklärte offen, daß die Gemeinde alles Recht habe, einem Adel, der seine Hände von Blutschuld zu reinigen weigere, Vertrauen und Ehrerbietung zu versagen, und daß es von seiten der Geschlechter eine Torheit wäre, wenn sie um der Verschuldung einzelner ihrer Mitglieder willen ihre ganze Stellung und die Ruhe des Staates preisgeben wollten. Es gelang ihm die Seinigen zu überzeugen. Die Alkmäoniden waren bereit, sich einem Gerichte zu unterwerfen, welches aus dreihundert Männern ihres Standes zusammengesetzt war; sie wurden hier des Frevels gegen die Götter schuldig befunden und in den Bann getan. Scheu, von allen gemieden, zogen sie in langem Zuge zur Unglückspforte der Stadt hinaus und selbst die Gebeine der inzwischen verstorbenen Familienglieder ließ man nicht in attischem Boden ruhen.

Gewiß ist dieser Ausgang auch durch unedlere Gründe befördert worden. Denn die Alkmäoniden haben, solange wir sie kennen, viel Mißgunst in Athen zu erfahren gehabt. Ihr Glanz, ihr hochstrebender Sinn, ihre geistigen Gaben weckten Neid und Scheelsucht. Als Seitenverwandte der Medontiden haben sie auch bei dem Aufheben der dynastischen Privilegien zu leiden gehabt, in dem die Familien des alten Landadels sich nun auf Kosten der früher bevorzugten Häuser geltend zu machen suchten. Deshalb war die Niederlage der Alkmäoniden gewiß für viele ein Triumph, für sie selbst aber war es ein entscheidendes Ereignis, indem sie sich nun mehr, als es sonst geschehen sein würde, von der Masse des Adels abgelöst und auf eine eigene Hauspolitik angewiesen sahen. Solon erwies sich, da er selbst zum messenischen Adel gehörte, vollkommen unparteiisch, und sah in der Entfernung der Fluchbeladenen nur das Mittel, den Staat zu retten. Es kam alles darauf an, den inneren Frieden herzustellen, denn zu der inneren Not kam äußeres Mißgeschick.

Die Unterdrückung des Aufstandes hatte Athen mit Megara in neue Feindschaft gebracht. Vielleicht war Kylon selbst beim Theagenes und reizte gegen Athen. Gewiß ist, daß Megara den Saronischen Golf beherrschte und Salamis besetzt hielt. Durch feindliche Wachtschiffe waren die besten Reeden von Attika, die phalerische wie die eleusinische, in Blockade. Nach einer Reihe mißlungener Unternehmungen ergaben sich die Athener in ihr Schicksal und verboten endlich jede neue Anregung zum Kampfe.

In diesem Zustande feiger Entmutigung lagen wie unter schwerem Banne die edlen Kräfte Athens gefangen. Es kam alles darauf an, diesen Bann zu lösen, denn nur in frischer Tat konnte die innere Gärung überwunden, konnten Eintracht und bürgerlicher Sinn hergestellt werden. Auch dazu war Solon der rechte Mann. Denn er war nicht nur ein scharfer Beobachter menschlicher Zustände, ein Kenner der Zeitverhältnisse, ein einsichtsvoller und patriotischer Staatsmann, sondern auch d i e Geisteskraft, welche das Wort mit höherem Leben beseelt und durch dasselbe die Gemüter beherrscht, die Kraft des Dichters war dem Manne gegeben, welchen Gott zum Retter des Staates ausersehen und mit so reichen Gaben ausgerüstet hatte. Waren politische Reden, die das Volk aufregten, in jener schwülen Zeit verboten, die Muse fand sich freie Bahn. In heiliger Begeisterung, die niemand zu stören wagte, drängte er sich unter das Volk; eine Elegie von hundert

Versen, welche unter dem Namen „Salamis" lange im Munde der attischen Jugend gelebt hat, stellte der horchenden Menge die schmachvolle Erniedrigung dar. Die Athener zeigten sich ihres Solon würdig und kaum hatten sie die letzten Reihen vernommen:

> Auf! Nach Salamis hin! Laßt uns um das liebliche Eiland
> Kämpfen! Das Joch der Schmach werfen wir zornig hinab!

so stürzten sie, von Beschämung und Begeisterung ergriffen, vom Markte in die Schiffe und eroberten Salamis.

Das war der erste salamische Sieg der Athener, ein entscheidender Wendepunkt in ihrem Leben. Sie waren wieder Herren in den eigenen Gewässern, sie konnten wieder ohne Scham ihre Augen aufheben. Es war der erste frische Luftzug, der die dumpfe Atmosphäre durchteilte, und, was die Hauptsache war, das Volk erkannte in Solon seinen guten Genius, dem es sich mit vollem Vertrauen hingab, so daß er auch ohne amtliche Vollmachten die Geschicke seiner Vaterstadt weiter leiten konnte.

Wie tief aber Solon seine Aufgabe faßte, beweisen seine nächsten Schritte. Denn es kam ihm nicht auf einige äußerliche Erfolge an, sondern auf die sittliche Hebung der ganzen Volksgemeinde. Eine Staatsgemeinschaft wird aber so gut, wie jedes Haus, durch Zwist entweiht; die Götter wenden ihr Antlitz ab, sie nehmen nichts von unreinen Händen. Deshalb war Solon weit entfernt, die gedrückte Stimmung, welche seit dem Ausbruche der inneren Fehden zurückgeblieben war, die durch Krankheit und schreckende Wahrzeichen genährte Angst der Bürger, das Gefühl der Gottentfremdung zu beschwichtigen oder in Leichtsinn zu zerstreuen, sondern er bestärkte sie in der Unruhe ihres Gemütes; er erklärte eine allgemeine Demütigung vor den Göttern und eine Sühnung der ganzen Stadt für notwendig. Um dieser ernsten Feier eine durchgreifende Bedeutung zu geben, veranlaßte er die Berufung des Epimenides aus Kreta, eines Mannes, welcher ein hohes priesterliches Ansehen bei allen Hellenen genoß und von Hausund Staatsgenossenschaften gerufen zu werden pflegte, um durch Zuspruch, Unterweisung und Sühngebräuche das gestörte Verhältnis zu den unsichtbaren Mächten wiederherzustellen. Wenn Männer wie Platon an den heilenden Einfluß solcher Maßregeln glaubten, so darf man in der Tat nicht geringschätzig von der Wirksamkeit eines Epimenides denken.

Er war ein Prophet, aber nicht in dem Sinne, daß er durch

Wahrsagerkünste den Aberglauben nährte, sondern so, daß er den sittlichen und politischen Übelständen auf den Grund ging und Mittel der Abhilfe nachwies. Er war ein tiefer Kenner menschlicher Zustände, ein Arzt nach dem Vorbilde Apollons, dessen Dienst er verbreitete; ein geistiger Berater, ein Mann von erschütternder Kraft des Wortes und der ganzen Persönlichkeit, und mit diesen Gaben war er bereit, auf Wunsch des befreundeten Solon auch den Athenern zu dienen.

Durch Verbindung verschiedener Gottesdienste war Athen zur Hauptstadt, war Attika zu einem Ganzen geworden. Diese religiöse Vereinigung war aber noch nicht vollendet. Apollon war noch immer ein Gott des Adels, seine Religion eine Scheidewand zwischen den Ständen der attischen Bevölkerung. Dies durfte nach Solons Plan nicht so bleiben. Epimenides weihte, nachdem durch umwandelnde Opferzüge die alte Schuld gesühnt war, die ganze Stadt und den ganzen Staat dem Gotte der ionischen Geschlechter. Jeder freie Athener wurde ihm zu opfern berechtigt und berufen. Mit heiligem Lorbeerreis wurden alle Häuser und Höfe, alle Altäre und Herde geweiht. In allen Straßen wurden Bilder des Apollon Agyieus aufgerichtet und alle Athener schwuren nun den heiligsten Eid bei Zeus, Athena und Apollon, wie dies seit Solon ausdrückliche Satzung war. Die Gottesdienste wurden neu geregelt, Gebete und Gesänge, die zur Erhebung der Gemüter dienten, mitgeteilt; heilsame Dienste wurden eingesetzt. Auf allen Altären der Stadt erglühten neue Feuer, das alte war vorüber, die schweren Wolken zerstreut, und es wandelten wieder mit bekränzten Häuptern die Athener heiter ihren Göttern entgegen.

Mit den religiösen Anordnungen hing vielerlei zusammen, was in das gesamte bürgerliche Leben der Athener eingriff; denn die ganze Ordnung und Gliederung der Bürgerschaft war ja vom Dienste des Apollon ausgegangen. Es ist also sehr wahrscheinlich, daß mit der Reform desselben und mit der Sühnung des Volkes auch eine neue Zählung, Ordnung und Gliederung, also gleichsam eine neue Konstituierung der attischen Bürgerschaft stattgefunden habe. Wenn uns nun überliefert wird, daß von den 360 attischen Geschlechtern jedes 30 Mitglieder enthalten habe, so wird diese Angabe schwerlich auf den vorsolonischen Geschlechterstaat bezogen werden können, denn es ist nicht anzunehmen, daß der attische Adel allein damals 10,800 Hausstände gebildet habe. Wenn aber diese Zahl wirklich die Summe derer bezeichnet, welche zu einer bestimmten Zeit an den durch die Geschlechter vertretenen Heiligtümern der Stadt persönlichen

Segesta. Tempel

Solunt. Gymnasium

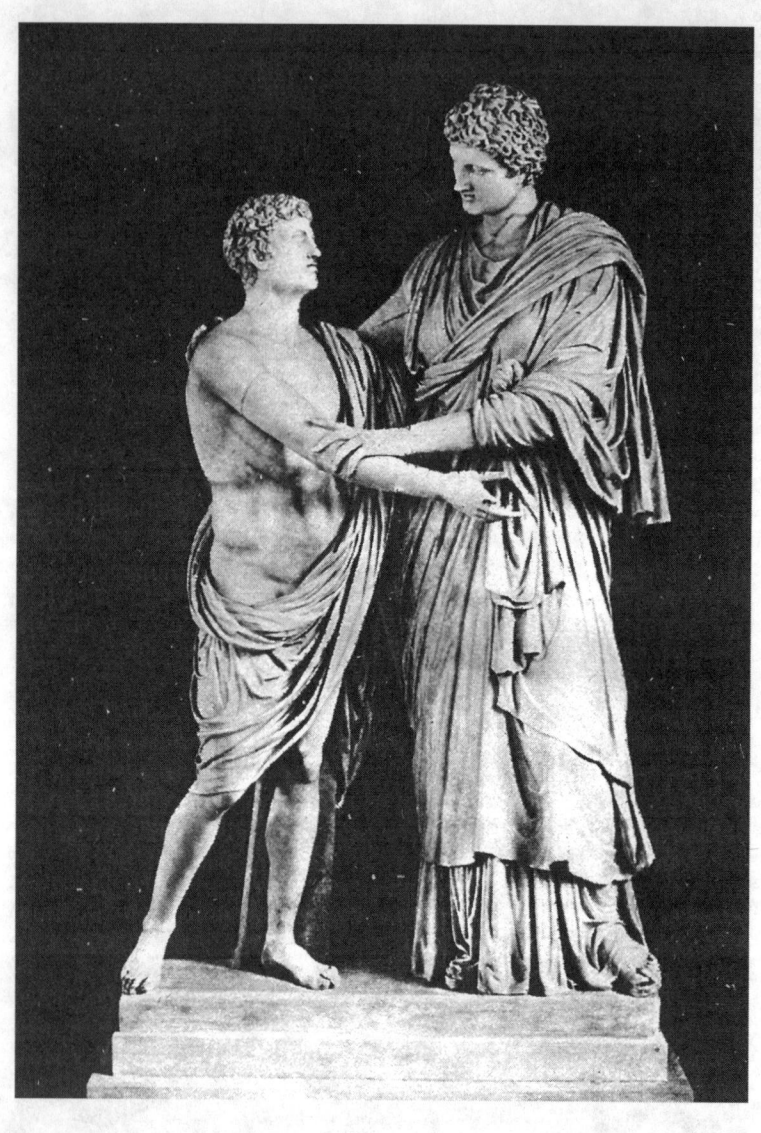

Gruppe des Menelaos. Rom, Thermenmuseum

Anteil hatten (woran durchaus kein Grund zu zweifeln ist), so wird diese Zählung sich am besten in die solonische Zeit einfügen. Damals wurden alle Staatsgenossen durch Beteiligung am Dienste des ionischen Geschlechtergottes zu einer Gemeinde verbunden und diese Ausgleichung der religiösen Unterschiede sollte zugleich dazu dienen, die sozialen Gegensätze zu beseitigen und die Herstellung eines wahren Bürgertums möglich zu machen.

Damit wurden aber die alten Geschlechter nicht aufgehoben oder ihrer Ehren beraubt, sondern es wurde ihre Organisation nur benutzt, um die bisher ungeordnete Masse unterzubringen. Der Geschlechtsverband wurde erweitert. Es gab nun also „Genneten" oder Geschlechtsgenossen in zweifachem Sinne. Nach der weiteren, statistischen Bedeutung des Wortes konnten nämlich alle Bürger darunter verstanden werden, insofern sie am Dienste des Apollon Patroos Anteil hatten; Geschlechtsgenossen in engerem Sinne waren aber diejenigen, welche einer der 360 alten Familien angehörten. Die Gentilität im weiteren Sinne war Bedingung des Bürgerrechts, die Gentilität im engeren Sinne blieb ein Vorzug derjenigen, welche durch Abstammung mit den Ahnen des Geschlechts zusammenzuhängen behaupteten und zur Verwaltung der den Geschlechtsgöttern gebührenden Opferdienste allein berechtigt waren. So unterschieden sich z. B. die Eteobutaden, als angebliche Nachkommen des Heros Butes, von den ihrem Geschlechte zugeordneten Familien, welche zu ihren Altären Zutritt hatten: so können wir uns also in jedem der dreißig Geschlechter, welche zu einer Phratria gehörten, eine der alten Familien als die priesterliche, als den Stamm des ganzen Geschlechts denken, an welchen sich die zugeordneten Hausstände anschlossen, und durch verschiedene Bezeichnungen (wie z. B. Homogalakten oder Milchbrüder) unterschieden sich die Mitglieder der adeligen Stammfamilien von den später zugetretenen Geschlechtsgenossen.

Durch die Erweiterung des alten Geschlechtsverbandes zu einer religiös-statistischen Gliederung des ganzen Staates wurde ein Auseinanderfallen der Bürgerschaft für alle Zeit vermieden und in mildem Übergange eine der wichtigsten Neuerungen vollzogen. Die ganze Anzahl freier Bürger war nunmehr e i n e Gemeinde, aber es erhielt sich dennoch lange Zeit hindurch ein gewisses Ansehen und ein Einfluß der Eupatriden, welche ihre nichtebenbürtigen Geschlechtsgenossen in religiösen und auch in politischen Angelegenheiten zu vertreten gewohnt waren. Indem dies gewohnheitsmäßige Abhängigkeitsverhältnis sich allmählich umgestaltete, konnte ohne Ständekampf die volle Gleichberechtigung aller Bürger erreicht werden. So wurde es denn auch möglich, daß Neubürger in die Staatsgemeinschaft aufgenommen werden konnten, ohne daß dazu die feierliche Adoption in eines der alten Geschlechter nötig gewesen wäre.

Dies alles hängt mit der Reform des Apollodienstes zusammen, welche durch Solon und Epimenides zustande gekommen ist. Es war der Abschluß der ganzen ionischen Periode, die vollständige Verschmelzung des Ionischen und Attischen. Indessen sind noch andere Einrichtungen von dem kretischen Sühnpriester ausgegeangen, um die Stadt von Hader, Schuld und Krankheit zu befreien. Er hat auch die Mysterien reformiert, wie sein Bildnis vor dem Mysterientempel in Agrai am Ilissos bezeugt. Auch den „ehrwürdigen Frauen", d. h. den Erinnyen, deren Altäre durch den kylonischen Frevel am unmittelbarsten verletzt waren, stiftete er einen neuen Dienst, um die Vergangenheit zu sühnen und für die Zukunft das sittliche Gefühl zu schärfen. Das öffentliche Gewissen anzuregen, alle ethischen Triebfedern im Kultus anzuspannen, die Gemüter mild, folgsam und innerlich gesetzlich zu machen — das war ein Hauptgesichtspunkt der ganzen Reform und deshalb mögen auch einige der Marktaltäre, welche den Athenern soviel Ruhm einbrachten, wie der des Mitleids, der Scheu, des guten Rufes aus dieser Zeit herrühren.

Solon verbrachte die zehn Kriegsjahre nicht im Heerlager der Verbündeten. Er überlies die Ausführung des Unternehmens und was damit an Waffenehre und Gewinn verbunden war, seinen ehrgeizigeren Bundesgenossen, weil er selbst höhere Gedanken in seinem Haupte trug und noch während der Kriegsjahre sich berufen fühlte, ein Werk zu beginnen, von welchem die ganze Zukunft seiner Vaterstadt abhängen mußte.

Athen war nach der Eroberung von Salamis aus einer kleinlichen Nachbarfehde plötzlich auf den Schauplatz der nationalen Geschichte getreten. Es hatte, ohne auf Sparta zu warten, die delphische Sache in seine Hand genommen und eine Eidgenossenschaft gebildet, welche sich vom Peloponnes bis Thessalien erstreckte und Staaten einschloß, welche zu den Spartanern in offener Feindschaft standen. Sparta mußte erkennen, daß ihm zum ersten Male eine ebenbürtige Macht gegenübergetreten sei; es konnte das Geschehene nimmer übersehen noch vergessen, und Athen mußte, wenn es nicht demütig wieder einlenken wollte, darauf gefaßt sein, seine neue Stellung im Kampfe vertreten zu müssen.

Wie wenig war es aber dazu gerüstet! Das Wichtigste

fehlte, nämlich eine feste Einheit im Innern. Die alten Parteien, welche nur in Momenten patriotischer Aufregung verschwanden, tauchten immer wieder auf, und zwar in solcher Erbitterung gegeneinander, daß es einer feindlichen Macht nicht schwer fallen konnte, im eigenen Heerlager der Athener ihre Bundesgenossen zu finden. Sollte Athen also auf der betretenen Bahn mit sicherem Schritte vorwärtsgehen, so mußte es in sich erstarken und seiner selbst gewiß werden. Dies zu erzielen erkannte Solon als die Aufgabe seines Lebens, welche er durch ethische und religiöse Maßregeln weise vorbereitet hatte.

Er hätte sie am schnellsten erreichen können durch Vereinigung der Regierungsgewalt in seiner Hand; er hatte die Macht dazu. Viele erwarteten nichts anderes, als daß auch in Athen die Stürme der Parteikämpfe in der Alleinherrschaft ihren Abschluß finden würden, oder in einer längeren Äsymnetie. Unter den Tyrannen waren Männer, welche mit Solon eine unverkennbare Geistesverwandtschaft hatten. Man hat ihn einfältig, blind, unentschlossen gescholten, weil er das von den Göttern Angebotene nicht angenommen, weil er den köstlichen Fang, der schon in das Netz gegangen, nicht heraufgezogen habe. Auch bedurfte es ja ohne Frage einer gesteigerten und in e i n e Hand gelegten Machtvollkommenheit, um den Staat in eine neue Verfassung hinüberzuleiten, und darum haben ihn auch wohlgesinnte Zeitgenossen getadelt, daß er diesen Weg verschmäht und dadurch anderen Gewaltherrschaften die Bahn geöffnet habe.

Solon verwarf jeden Gedanken der Art mit der vollen Entschiedenheit eines Mannes, dem es nicht um Befriedigung selbstischer Gelüste und um trügerische Größe zu tun war. Er wollte nicht durch schlechte Mittel Gutes erreichen. Ihm kam alles darauf an, daß auf gesetzlichem Wege das große Werk gelänge; sein Athen sollte den Ruhm haben, in dem Zeitalter der Umwälzungen allein ohne Gewalt und Verbrechen sich neu zu ordnen und durch freien Bürgerentschluß, durch friedliche Annahme einer als heilsam anerkannten Gesetzgebung zu einer zeitgemäßen Umgestaltung zu gelangen. Dazu genügte freilich kein Gesetzbuch, wie das des Drakon, sondern mit schöpferischer Kraft mußte ein ganzer, in sich zusammenhängender Organismus gebildet werden, welcher, dem attischen Gemeinwesen angemessen, ihm eine sichere Neugestaltung vorzeichnete, ohne dem bewegten Leben Gewalt anzutun. Wie in der Werkstätte des Erzgießers das fließende Metall so geleitet wird, daß es, indem es verglüht, die vom Künstler vorgebildete Form annimmt, so sollten die in voller Gärung begriffenen Volkskräfte, welche die Formen der alten Staats= gesellschaft gesprengt hatten, neu geordnet und geformt wer= den, so daß aus der aufgelösten Masse gleichsam ein neuer und kräftiger Leib des Staates erwachse.

Solon verfiel aber nicht in den Fehler idealistischer Staats= künstler, welche ungeduldig und vorschnell auf ihre letzten Ziele hindrängen, sondern er begann damit, dem ganzen Bau feste und breite Grundlagen zu sichern. Sein nächstes Augen= merk war daher die Lage des Volkes. Zu einer neuen und hoffnungsreichen Zukunft bedurfte es vor allem eines freudi= gen Mutes; wie sollte aber das unfreie, seufzende Volk auf den mit Schulden belasteten Ackergütern zu solchem Gefühle sich erheben? Blieben diese Mißverhältnisse, so war es wie ein Hohn, wenn man statt Linderung der leiblichen Notstände politische Gerechtsame anbieten wollte. Verleihungen dieser Art mußten ja auch ganz bedeutungslos sein, so lange die kleinen Ackerleute in vollständiger Abhängigkeit von ihren Grund= und Schuldherren standen.

Darum mußte mit dem Schwersten begonnen werden. Denn wo findet der Gesetzgeber eine schwierigere Aufgabe, als wenn es gilt, der wachsenden Not zu steuern und den schweren Bann zu heben, welcher verarmte Volksklassen tiefer und tiefer niederdrückt? Solon wurde bei diesem Bestreben durch zweierlei wesentlich unterstützt. Das eine war die günstige Stimmung seiner Mitbürger, von denen er die verständigeren überzeugt hatte, daß sie nur durch rechtzeitige Opfer ihre Stellung im Staate zu retten vermöchten; das andere war die Gunst eines attischen Klimas und eines griechischen Bodens. Bei der Leichtigkeit des Lebens, welche der Süden gewährt, bei der großen Genügsamkeit, welche das Volk von Athen auszeichnete, konnte der Notstand niemals eine solche Höhe erreichen wie in Nordländern, wo der Mensch einer Menge von Mitteln bedarf, um der rauhen Natur gegenüber sein Dasein auch nur zu erhalten. Eine Volksnot in Attika ent= sprang aus Ursachen, welche eher auf dem Wege der Gesetz= gebung gehoben werden konnten. Es war vor allem der Druck der Geldverhältnisse.

Die ersten Gold= und Silbermünzen sind als Ware aus Asien nach Hellas gebracht worden. Allmählich kamen sie als Geld in Gebrauch; zuerst bei den Kaufleuten im Betriebe ihrer überseeischen Geschäfte, dann wurde es auch im einheimi= schen Verkehre zur Regelung gegenseitiger Verbindlichkeiten gebräuchlich. Dadurch, daß alle Gegenstände des Lebens= bedarfes nach und nach auf bestimmte Wertpreise gesetzt wurden, verteuerte sich notwendig das ganze Leben; jeder=

mann gebrauchte Geld und doch gab es, auch nachdem der Staat nach Vorgang des Pheidon eigenes Geld zu prägen angefangen hatte, noch lange Zeit hindurch nur wenig bares Geld im Lande. Der geringe Vorrat war meist in den Händen der Kauf- und Geschäftsleute; sie hatten es in ihrer Gewalt, den Wert des Geldes zu bestimmen, und steigerten den Zinsfuß so hoch wie möglich. So wie nun das Geld aufgehört hatte eine Ware wie andere Marktwaren zu sein, seit auch der gemeine Mann es nicht mehr entbehren konnte, erwuchs daraus eine große Bedrückung, welche auf den kleinen Leuten um so schwerer lastete, da das im Interesse der Besitzenden geltende Schuldrecht von unerbittlicher Strenge war. So kam es, daß der Wucher wie ein giftiges Unkraut die Kraft des Landes aufsog und verzehrte. Ein freier Hausstand nach dem andern war eingegangen, ein Hof nach dem andern verpfändet, und am Rande der Äcker sah man zahlreich die Steinpfeiler aufgerichtet, welche die Schuldsummen, für welche sie verpfändet waren, und die Gläubiger nannten. Die unheilvolle Spaltung der Bevölkerung in Arme und Reiche nahm in drohendster Weise zu. Während es den Reichen leicht wurde ihre Kapitalien zu vervielfachen, gelang es von den Bauern nur einzelnen sich emporzuarbeiten. In den Hauptebenen des Landes war der kleine Grundbesitz und damit der freie Mittelstand, in welchem Solon die Zukunft seiner Vaterstadt erkennen mußte, sehr zusammengeschmolzen, während sich in den Bergdistrikten und an der Küste eine neuerungssüchtige Bevölkerung immer kräftiger regte.

Hier mußte geholfen werden; hier durfte ein entschlossener Staatsmann auch vor solchen Maßregeln nicht Scheu tragen, welche um des gemeinen Besten willen in das Privatrecht eingriffen und sich ohne wesentliche Beeinträchtigung der Gläubiger nicht durchsetzen ließen. Das Pfändungsrecht wurde eingeschränkt; es durfte fortan nicht mehr auf die Person des Schuldners und seine Familie ausgedehnt werden. Der Staat ehrte sich selbst, indem er die Möglichkeit aufhob, daß ein Bürger den anderen zum Leibeigenen hatte oder in die Sklaverei verkaufte. Aber auch aus der Schuldenlast mußte das Volk erlöst werden, wenn es besser werden sollte. Die schwebenden Schulden mußten verringert werden, soweit es ohne revolutionäre Maßregeln tunlich war. Wie schwer war es aber hier den richtigen Weg zu finden, um auf der einen Seite die Menge nicht bloß aufzuregen, sondern wirklich zu erleichtern, auf der andern Seite aber auch solche Schritte zu vermeiden, wie sie z. B. in Megara vorgekommen und die Quelle heilloser Wirren geworden waren!

Solon schlug einen Weg ein, welcher seiner staatsmännischen Klugheit die größte Ehre machte, indem er seinen Zweck durch solche Mittel erreichte, welche sich ihm zugleich aus anderen volkswirtschaftlichen Gründen empfahlen. Man hatte nämlich schon eine Zeitlang in Athen geprägt und zwar nach dem äginäischen Fuße, die Drachme zu ungefähr 6 Gramm. Es war aber auch eine zweite Währung von Asien in Hellas eingedrungen, das war die Goldwährung; sie ist den Griechen über Euboia bekanntgeworden und deshalb hieß das Goldtalent das „euböische". Nun mußte den klugen Griechen bald fühlbar werden, daß es zweckmäßiger sei, beide Münzsorten auf einerlei Gewicht zu schlagen, wobei das Verhältnis der beiden Metalle zueinander um so deutlicher zutage trat.

Das war eine Reihe segensreicher Bestimmungen; sie gaben dem Volke Vorteile, welche an anderen Orten nur unter den blutigsten Unruhen erreicht worden sind, und zwar auf eine viel weniger sichere Weise. Denn jene Eingriffe in die Geldverhältnisse waren so wenig von üblem Einflusse auf den öffentlichen Kredit, daß gerade in Athen trotz aller Schwankungen der Politik der Geldverkehr immer eine große Sicherheit und Stetigkeit gehabt hat. Der Münzfuß ist nach Solon nicht wieder herabgesetzt worden. Die angedeuteten Maßregeln aber bildeten zusammen die sogenannte Seisachtheia, d. h. die Erleichterung der Lasten, welche das Volk drückten. Es konnte nun freier und mutiger einer politischen Entwicklung entgegengehen.

Auch hier faßte Solon die gegebenen Verhältnisse klar ins Auge.

Die freien Leute von Attika zerfielen bis dahin in zwei ganz verschiedene Klassen; es waren vollberechtigte Bürger, so viele ihrer jener geschlossenen Zahl von Familien angehörten, oder unberechtigte Einwohner, welche nichts als Freiheit und Rechtsschutz hatten. Dieser schroffe Standesunterschied war nicht mehr zu halten; in der Volksmenge war der Widerspruch zu mächtig, in der engeren Bürgerschaft zu wenig Einigkeit, um ihm mit Erfolg entgegentreten zu können. Es mußte das Wesen der Staatsgemeinschaft in einem neuen Sinne aufgefaßt werden, in welchem dieser Gegensatz eine Ausgleichung fand.

Der Staat der Athener, lehrte Solon, ist nicht eine Anstalt, an welcher nur so und so viel Familien wie durch Erbrecht einen vollen Anteil haben, sondern, wie die Religion des Apollon eine allen gemeinsame geworden ist, so soll auch der Staat, welchen die ionischen Geschlechter begründet haben, alle freien, von attischen Eltern geborenen Einwohner umfas=

sen. Alle haben gleichen Anteil an den Vorteilen, die er bietet. Alle aber auch die entsprechenden Verpflichtungen zu erfüllen. Darum dürfen aber nicht alle gleichberechtigt sein; denn es wäre unbillig, wenn der Athener, dessen Familie seit Jahrhunderten in der Ebene des Kephisos begütet ist, nicht mehr Anteil am Staate hätte als ein Handarbeiter, welcher zu Hause ist, wo er Verdienst findet. Solon machte die Bereitwilligkeit und die Fähigkeit, dem Staate zu dienen, zum Maßstabe, nach welchem einem jeden sein Anteil an den bürgerlichen Rechten zugemessen wurde.

„Geld macht den Mann", das war schon längst ein Sprichwort von unbestrittener Wahrheit geworden, so sehr auch darüber die Bewunderer der alten Zeit sich ereiferten und klagten. Solon machte das Einkommen zum Maßstabe politischer Berechtigung, aber nicht den Vorrat an barem Gelde (denn sonst wären die Kaufleute, Reeder, Fabrikanten und Geldwechsler obenan gekommen und die Wucherer hätten am Ende die Ehren des Staates davongetragen), sondern den Ertrag vom eigenen Acker. Grundbesitz wurde also die Bedingung jedes politischen Einflusses. Dadurch stieg der Wert des Landes; dadurch wurde der übermäßigen Neigung des ionischen Stammes zum beweglichen Besitze, dadurch dem schnellen Wechsel des Wohlstandes eine Schranke gesetzt. Die alten erbgesessenen Familien blieben in Ansehen, eine gleichmäßige Verteilung des Landes wurde begünstigt, weil alle, die persönlichen Anteil an der Staatsverwaltung zu haben wünschten, ein gewisses Maß von schuldfreiem Grundbesitze sich zu erhalten oder zu erwerben suchen mußten. Den jungen Eupatriden war ein heilsamer Antrieb gegeben, ihr väterliches Gut ordentlich zu bewirtschaften, den anderen aber, die emporkommen wollten, sich anzukaufen und mit dem Boden des Landes gleichsam zu verwachsen. Tatsächlich war die Änderung nicht so bedeutend, denn die Eupatriden waren die Reichen, sie bildeten die überwiegende Mehrzahl der Grundbesitzer. Es wurden ihnen also ihre Rechte gewissermaßen nur unter anderem Titel neu verbürgt. Darin aber lag der große Unterschied, daß diese Rechte nicht mehr ein unveräußerlicher Besitz waren; sie konnten jetzt von den einen verloren, von den andern aber durch Fleiß, Talent und Glück erworben werden.

Um den richtigen Maßstab für die neue Gliederung der Bürgerschaft zu gewinnen, mußte das Gesamtvermögen des Volkes an liegenden Gründen genau bestimmt werden; es wurden statistische Verzeichnisse angelegt, wie dergleichen in den Reichen des Morgenlandes und namentlich bei den Ägyptern seit alten Zeiten in Gebrauch waren und dem weltkundigen Solon zum Vorbilde gedient haben mögen. In Attika mußte jeder Besitzer das jährliche Einkommen von seinem Acker selbst angeben, wie dies den Bürgern eines freien Gemeinwesens geziemte. Eine trügerische Unterschätzung war nicht zu befürchten; sie konnte, wenn sie versucht wurde, bei den durchsichtigen Verhältnissen des kleinen Ländchens kaum verborgen bleiben. Von Zeit zu Zeit wurde die Schatzung wiederholt, damit sie zu dem wechselnden Stande des Güterwertes in richtigem Verhältnisse bleibe. Man legte aber nicht das Grundvermögen selbst, sondern den Reinertrag der Besitzung zugrunde. Wie dieser Ertrag bestimmt wurde, ist nicht vollkommen deutlich. Doch scheint er sich zum Werte des Eigentums wie 1 zu 12 verhalten zu haben, so daß ein Einkommen von 500, 300, 150 Maß Getreide einen Wert von 6000, 3600, 1800 darstellte. Die wichtigste Getreideart war aber für Attika die Gerste, die den eigentlichen Unterhalt der Bevölkerung bildete; darnach bestimmte also Solon die verschiedenen Vermögensklassen.

Wer zur ersten Vermögensklasse gehören wollte, mußte einen Grundbesitz nachweisen, welcher nach durchschnittlicher Berechnung ein reines Einkommen von 500 Scheffeln Gerste abwarf, oder ein entsprechendes Maß von Wein und Öl. Das waren die Pentakosiomedimnen oder Fünfhundertscheffler. Da nun zu Solons Zeit der Marktpreis des Scheffels eine Drachme (6 gGr.) betrug, so hatten die Bürger der ersten Klasse als Minimum ein Steuerkapital von 6000 Drachmen oder 1 Talente. Zur zweiten oder Ritterklasse war ein Grundbesitz von 3600, zur dritten oder Zeupitenklasse ein Grundbesitz von 1800 Scheffeln oder Drachmen Wert erforderlich.

Diese Vermögensklassen sind freilich nicht so zu betrachten, als wenn der Staat die Absicht hätte, nach dem gegebenen Maßstabe eine regelmäßige Besteuerung zu erheben, um dadurch die Mittel für die Verwaltung herbeizuschaffen. Aber es war jetzt die Möglichkeit gegeben, in vorkommenden Fällen nach gerechtem Verhältnisse die Kräfte der Bürger heranzuziehen, und bei außerordentlichen Bedürfnissen des Staates mußte jeder nach seiner Schatzung bereit sein ihm auszuhelfen. Die wesentlichen und regelmäßigen Leistungen bezogen sich aber auf die Verteidigung des Landes, indem die drei ersten Klassen die Pflicht und das Ehrenrecht hatten, die vollgerüstete Heeresmacht des Staates zu bilden und die Kriegsmittel herbeizuschaffen. Dafür hatten auch nur sie Zutritt zu den Ämtern, mit welchen Macht und Ehre verbunden waren; nur sie konnten in den Rat der Vierhundert gewählt werden, welcher die Regierungsgeschäfte verwaltete. Die ersten Regierungsstellen aber, die der neun Archonten, waren der ersten Klasse vorbehalten.

Freilich muß die Scheffelzahl als ein ungenügender Maßstab erscheinen, um danach die Würdigkeit zu bürgerlichen Ämtern zu bestimmen. Aber man bedenke, daß der Ackerbau nach der Ansicht der Alten die einzige Beschäftigung war, welche den Menschen an Leib und Seele gesund, kräftig und tapfer erhielt. Der eigene Acker war es, der mehr als alles andere den Bürger mit dem Staate unauflöslich verknüpfte, welcher Bürgschaft gab, daß der Besitzer mit Gut und Blut einstehen würde für den gemeinsamen Herd des Vaterlandes. Wer nur auf Geldumsatz seinen Wohlstand gründete, gehörte, wenn er noch so reich war, in die Klasse der Theten.

Was aber die Abstufung unter den Grundbesitzern betrifft, so ging Solon von der Überzeugung aus, daß nur ein größerer Landbesitz geeignet sei, diejenige Muße und Sorgenfreiheit zu gewähren, welche dazu gehört, wenn einer sich mit den öffentlichen Angelegenheiten beschäftigen will. Auch die freiere Ausbildung des Geistes, die erforderlich ist, um mit Einsicht und Kraft an der Staatsregierung teilnehmen zu können, schien in der Regel nur unter der Gunst eines gewissen Familienwohlstandes gedeihen zu können. Endlich mußte Solon auch darauf bedacht sein, alle schroffen und plötzlichen Veränderungen in der Staatsgesellschaft zu vermeiden.

Im Anfange waren die Bürgerversammlungen selten; die laufenden Regierungsgeschäfte blieben in den Händen der Beamten und nur ausnahmsweise traten in Folge einer Berufung die Geschworenengerichte zusammen. Aber der Grundsatz bürgerlicher Freiheit und Gleichheit vor dem Gesetze war ausgesprochen; dem ganzen Volke war das Heil des Staates, die oberste Pflege des Rechtes anvertraut; kein Stand desselben war in einer Lage, welche ihn gezwungen hätte, ein Sklave oder ein Feind der bestehenden Ordnung zu sein. Vielmehr waren alle beim Wohle des Ganzen beteiligt. Alle hatten ein gemeinsames Interesse, den Staat zu erhalten. So gelang es Solon, die Stände der Gesellschaft, welche sich in den Nachbarländern, wie namentlich in Megara, gleich zwei feindlichen Heeren gegenüberstanden, durch billige Vereinbarung zu versöhnen; er gewährte dem Volke, was demselben ohne verletzende Ungerechtigkeit nicht vorenthalten werden konnte, und erhielt dem Adel den Besitz dessen, was ihm nur durch Bürgerkrieg hätte entrissen werden können.

Wie sehr Solon darauf ausging, das richtige Gleichgewicht der erhaltenden und der vorwärtstreibenden Kräfte im Staate herzustellen, so daß sich beide in heilsamer Weise ergänzten, das zeigt sich am deutlichsten in der Organisation der zwei Verwaltungsbehörden; sie waren beide nicht etwas durchaus Neues, ihre Verbindung aber Athen ganz eigentümlich.

Einmal wurde aufrecht erhalten der alte Staatsrat, in welchem schon zur Seite der Könige die Geschlechter der Stadt vertreten gewesen waren, die älteste Oberbehörde für Verwaltung und Gericht, welche, wenn sie über Blutfrevel richtete, auf dem Areshügel ihre Sitzungen hielt. In diesem Rate erhielt sich die familienrechtliche oder hausväterliche Seite des alten Königtums und die darauf beruhende unbedingte Machtvollkommenheit, gegen alle Verletzung des Herkommens und der guten Sitte einzuschreiten. Als hoher Rat der Stadt behielt der Areopag das Oberaufsichtsrecht über die Gemeinde, das Recht der Rüge in betreff aller Bürger und Beamten, ein unbedingtes Veto gegen alle staatsgefährlichen Beschlüsse. Er war mit den Behörden in der Weise in Verbindung gesetzt, daß alle, welche die obersten Verwaltungsämter tadellos bekleidet hatten, dadurch einen Anspruch auf den Eintritt in den Areopag erwarben. Es war ein Kollegium von lebenslänglichen Mitgliedern; es vereinigte alles, was von hervorragender Einsicht, von reicher Amts- und Lebenserfahrung in Athen vorhanden war; hier hatten die Männer des Adels und des großen Grundbesitzes reichliche Gelegenheit, von den Schwankungen der Tagesstimmung unabhängig, das Gute der alten Zeit kräftig zu vertreten, vorschnellen Neuerungen mit hoher Amtswürde entgegenzutreten und auch in solchen Fällen, wo zu richterlichem Verfahren kein Anlaß war, jeder schädlichen Unsitte, jedem öffentlichen Anstoße, jeder Gefährdung der Ruhe und Würde des Gemeinwesens mit strenger und verantwortungsfreier Polizeigewalt zu steuern. Im Areopag war das Gewissen der Stadt verkörpert; er war der Vertreter aller konservativen Interessen.

Das Staatsleben wäre ein sehr einseitiges gewesen und vor heftigen Erschütterungen wenig gesichert worden, wenn einer Behörde, wie der Areopag war, die Leitung der eigentlichen Regierungsgeschäfte übertragen worden wäre. Dafür wurde der Rat der Vierhundert organisiert, eine auf breiterer Grundlage ruhende Behörde, eine Vertretung der Bürgerschaft, soweit sie den drei oberen Klassen angehörte, aus den vier Stämmen gleichmäßig erwählt und jährlich wechselnd, so daß möglichst viele nacheinander eintreten konnten. Eine Landesvertretung den städtischen Geschlechtern gegenüber, war ja schon in den Naukrarien vorhanden gewesen, und es ist sehr wahrscheinlich, daß Solon an diese Einrichtung anknüpfte und die beiden

Kollegien, welche zur kylonischen Zeit miteinander im Konflikte waren, nun so nebeneinander ordnete, daß sie ein heilsames Gleichgewicht bildeten. Der Rat der Vierhundert war ein Ausschuß der Bürgerversammlung, der Vertreter der herrschenden Volksstimmung; er bereitete die Verhandlungen für die Bürgerschaft vor und handelte im Namen derselben, besonders in der älteren Zeit, so lange der Geschäftskreis der Plenarversammlungen ein beschränkter und die Berufung eine seltene war. Je mehr aber Solon die allgemeine Strömung der Zeit erkannte und den beweglichen Charakter des ionischen Volkes, um so unerläßlicher erschien es ihm, dem Staatsschiffe, ehe es auf die hohe See hinausging, noch einen zweiten Anker mitzugeben, mit dem es gegen Wellen und Strömung auf dem festen Grunde des Herkommens sich halten könne. Als solcher diente der Areopag.

Damit hängt nun auch sehr nahe die Anordnung der richterlichen Behörden zusammen. Verwaltung und Justiz blieben noch in denselben Händen, aber es war hier der große Unterschied eingetreten, daß von allen richterlichen Entscheidungen die Berufung an die Bürgerschaft gestattet war. Damit war der Anfang zu einer Trennung zwischen Justiz und Verwaltung gegeben. Denn je mehr Gebrauch von der Berufung gemacht wurde, und je mehr sich die Tätigkeit der Geschworenen steigerte, um so mehr kam es im Laufe der Zeit dahin, daß die Archonten nur die Prozesse einleiteten, um sie dann den Geschworenen zu überweisen. Viel eingreifender waren Solons Einrichtungen in betreff der Blutgerichte. Die Blutgerichtsbarkeit war mit den altertümlichsten Einrichtungen der Stadt verwachsen; sie hing mit den Sühngebräuchen zusammen, deren ausschließliche Kenntnis ein Vorrecht der Geschlechter war. Dies konnte er ihnen nicht nehmen. Aber ebensowenig durfte er dulden, daß die Gerichte über Leib und Gut attischer Bürger ein Adelsprivilegium blieben; das würde mit dem Geiste solonischer Verfassung in vollem Widerspruche stehen. Solon unterschied also zwischen den wirklichen Kriminalfällen des absichtlichen Totschlages und der unfreiwilligen oder durch besondere Umstände gerechtfertigten Tötung. Bei den ersteren war unparteiische Rechtspflege ein unmittelbares Staatsinteresse; er übertrug sie also dem Areopag, der, wenn auch zunächst mit Mitgliedern der Geschlechter besetzt, doch denselben nicht ausschließlich vorbehalten war. Wo es sich aber nur um ein Zeremoniell handelte, welches zur Reinigung von Blutschuld nach altem Herkommen erfüllt werden mußte, überließ er dies nach wie vor den Ephetenhöfen; in ihnen lebte der Adel als geschlossene Korporation fort und fand eine harmlose Befriedigung seines Standesgeistes.

Solon ordnete aber nicht nur die Gewalten, welche das Gemeinwesen leiten, welche das Recht bilden und wahren sollten, sondern er benutzte auch die große Reform des Staates, um selbst eine wichtige Reihe von Rechtsbestimmungen entweder zu erneuern oder neu zu schaffen, auf daß sie im lebendigen Zusammenhange mit der gesamten Staatsverfassung zur Geltung kämen. Er benutzte die gehobene Stimmung des Volkes, um sittlichen Grundsätzen, über deren Wahrheit alle gebildeten Hellenen nur einstimmig denken konnten, neue Anerkennung zu geben und sie als Grundgesetze des attischen Gemeindelebens in eindringlicher Spruchform hinzustellen. Das war der dritte, der auf Recht und Sitte bezügliche Teil seines großen Werkes.

Auch hier verband er Altes und Neues. Im Kriminalrechte schloß er sich ganz an das Alte an und nahm die Gesetze Drakons unverändert in seinen Kodex auf. Mit den alten Formeln wurden die Blutsverwandten aufgefordert, dem Grade ihrer Verwandtschaft gemäß die Pflicht der gerichtlichen Verfolgung zu übernehmen, und bei unfreiwilliger Tötung war alles nach wie vor von der Versöhnung mit den Hinterbliebenen, oder, wenn diese fehlten, mit den Genossen des Geschlechtes oder der Phratria abhängig. Hier blieb also das Genossenschaftliche und Familienhafte in voller Geltung. Sonst trat es überall zurück vor der Idee des Staates, durch welche Solon seine Mitbürger vom Zwange engerer Verbindungen frei machte. So wurden sie auch erst durch ihn zu freien Eigentümern ihres Landes und Vermögens, denn bis dahin hatte der Athener auch über das selbsterworbene Gut keine letztwillige Verfügung erlassen können. Geld und Gut mußten in der Familie bleiben, auch wenn keine Kinder da waren. Solon war es, der für diesen Fall eine freie testamentarische Verfügung gesetzlich machte, so daß jeder Bürger, von äußeren Rücksichten ungebunden, seinen Erben wählen und an Kindes Statt annehmen konnte. Dadurch wurde die Erhaltung der einzelnen Häuser begünstigt, die Lust zum Erwerben gefördert und der persönlichen Zuneigung eine vollere Berechtigung gegeben.

Ebenso wurde die Hausmacht des Vaters beschränkt, um auch hier an Stelle eines starren Prinzips die höheren Gesichtspunkte der Sittlichkeit und des Staates zur Geltung zu bringen. Die Ehre des Alters, die Pflichten kindlicher Dankbarkeit suchte Solon auf alle Weise zu fördern. Aber auch im eigenen Sohne sollte der Vater den künftigen Bürger eines freien Gemeinwesens ehren; darum wurde ihm das Recht genommen, sein Kind zu verpfänden oder zu verkaufen. Das Gesetz schützte auch den unmündigen Sohn gegen willkürliche Enterbung und Verstoßung; es sorgte auch für seine Erziehung, indem es dem Vater, der dieselbe vernachlässigt hatte, jeden Anspruch auf Altersversorgung von seiten seiner Kinder absprach. Denn ohne Liebe und Liebespflege gebe es keine wahre Vaterschaft und kein Vaterrecht.

In der Freiheit und Vielseitigkeit der Bildung erkannte er die aufsteigende Macht seiner Vaterstadt; darum betrachtete er die Erziehung als eines der wesentlichsten Staatsinteressen, ohne sie darum einer ängstlichen und drückenden Überwachung zu unterziehen. Die Gesetzgebung sollte nur leiten und ordnen; in der Mitte eines harmonisch geordneten Gemeinwesens sollte sich die Jugend von selbst gewöhnen das Schlechte zu hassen und sich des Edlen und Schönen mit voller Seele zu freuen. In den baumreichen Ringplätzen, welche sich vor der Stadt ausbreiteten, sollte sie sich zu leiblicher und geistiger Gesundheit entfalten und in den Staat hineinwachsen, welcher keine nach spartanischer Weise dressierten, sondern voll und frei entwickelte Männer verlangte. Solon glaubte an die Macht des Guten im Menschen und wollte, daß auf freier Sittlichkeit die Bürgertugend beruhe. Darum lockerte er aber nicht das Band des Staates, sondern suchte die Bürger mit allen ihren Interessen an denselben zu fesseln. Jeder einzelne war deshalb berechtigt und verpflichtet, als Kläger aufzutreten, wo er das Wohl des Staates und die öffentliche Sitte gefährdet sah; jeder Bürger konnte, wenn er die zur Bewachung der öffentlichen Gesetzlichkeit berufenen Beamten lässig sah, gegen alle gemeingefährlichen Personen die gerichtliche Verfolgung beginnen, und bei ausgebrochenem Parteikampfe stellte Solon den Grundsatz auf, daß unter Androhung schwerer Vermögens- und Ehrenstrafe jeder Bürger gehalten sein sollte, unverzüglich und entschlossen seine Stellung einzunehmen, damit keiner in feiger Bequemlichkeit neutral bleibe und den Gang der Dinge abwarte, um sich dann der siegenden Partei anzuschließen.

Auch scheute Solon sich nicht vor gesetzlichen Bestimmungen, welche zum Heile des Ganzen die Freiheit des einzelnen beschränkten; denn er kannte die Notwendigkeit einer gesetzlichen Zucht, welche durch Gewöhnung einen wohltätigen und sittigenden Einfluß übe. Hier kam es besonders darauf an, den Einwirkungen entgegenzutreten, welche, durch Stammesgemeinschaft und Handelsverkehr begünstigt, von den asiatischen Ioniern her sich geltend machten. Darum wurde den attischen Bürgern der Betrieb von Gewerben untersagt, welche freier Männer unwürdig schien, wie Salbenbereitung und Salbenverkauf. Es wurde dem Luxus in Prachtgewändern gesteuert, es wurden für Hochzeitsfeste und Sterbefälle Satzungen festgestellt, welche, ohne peinlichen Zwang zu üben, die Bürger überall an das richtige Maß erinnerten. Verboten wurde namentlich das Gepränge mit kostspieligen Grabdenkmälern, verboten die leidenschaftliche Totenklage, wie sie in Kleinasien zu Hause war und sich von da durch das heroische Griechenland verbreitet hatte. So prägte sich unter der heilsamen Zucht des Gesetzes dem asiatischen Ionien gegenüber der Charakter des Attischen aus, und es wurde die Grenze zwischen dem Barbarischen und dem Hellenischen, welche in dem sich selbst überlassenen Leben der Ionier so leicht verwischt wurde, mit schärferen Linien festgestellt.

Auch das gewerbliche Leben und Treiben umfaßte die großartige Gesetzgebung. Von allen Gewerben wurde besonders der Landbau begünstigt und von neuem als die einzige Grundlage eines gesunden Bürgertums befestigt. Der Bauernstand, der bei den Ioniern leicht in Gefahr war seine Ehre zu verlieren, wurde durch Solon gerettet und mit großem Erfolge wiederhergestellt; denn die durch weise Gesetze geförderte Gleichmäßigkeit des Grundbesitzes hat sich in Attika lange erhalten. Dadurch hat Solon dem Handelsgeiste, der die Zeit bewegte, seinen schädlichen Einfluß auf das Staatsleben zu nehmen und einer einseitigen Richtung nach dieser Seite vorzubeugen gesucht. Sonst aber unterließ er nichts, um auch hier die volle Entwicklung des Wohlstandes zu fördern und den Verkehr auf alle Weise zu erleichtern. Zu diesem Zwecke wurden die Maß-, Gewichts- und Münzverhältnisse gründlich geordnet. Das Talent zu 60 Minen blieb die große Einheit, die kleine war die Drachme. Als Talergeld kam das Vierdrachmenstück in Geltung. Die öffentliche Münze wurde im Heiligtume des Heros Stephanephoros (wahrscheinlich des Theseus) eingerichtet; von hier gingen die einseitig geprägten Silberstücke aus mit dem Wappenstempel des Rades, der Eule, des Pferdes, des Medusenhauptes, die ältesten, welche man von neuattischem Fuße nachweisen kann; auch Gold wurde schon in dieser Zeit geprägt. Nachdem das Münzgewicht verändert worden war, blieb das alte Talent als Handelsgewicht in Geltung, so daß die Handelsmine nicht 100, sondern 138 der neuen Münzdrachmen wog. Gute Landesmünze galt für eine besondere Ehre jedes Staates, denn sie zeugte weit und breit von einem soliden und redlichen Gemeinwesen. Darum machte Solon den Athenern zum Gesetze, auf Reinheit des Metalls und Genauigkeit der Währung ein vorzügliches Augenmerk zu richten. Auf Falschmünzerei setzte er den Tod. Die Folge seiner Anordnungen war, daß das attische Drachmengeld aller Orten mit Vertrauen angenommen wurde und den Aufschwung des attischen Handels wesentlich förderte.

Endlich wurde, damit nach allen Seiten eine neue und feste Ordnung im Leben der Athener begründet werde, auch das attische Jahr geregelt. Man blieb der alten Weise der Hellenen treu, mit dem Sichtbarwerden der neuen Mondsichel die einzelnen Monate zu beginnen, suchte aber zugleich die Ergebnisse astronomischer Wissenschaft zu benutzen, um die Mondjahre mit den Sonnenjahren auszugleichen, damit die Monate sich nicht aus der Jahreszeit entfernten, welcher sie nach den Festen der Götter und den menschlichen Beschäftigungen angehörten. Zu diesem Zwecke hatte man längst den Wechsel der sogenannten vollen und hohlen Monate eingeführt, auch schon lange in größeren Jahreskreisen die immer wieder eintretenden Widersprüche auszugleichen gesucht. Der wichtigste Zyklus dieser Art war der achtjährige; er lag namentlich den Festordnungen zugrunde, welche mit dem Dienste des Apollon in Verbindung standen. Nachdem nun der attische Staat mit Delphi in so mannigfaltige und nahe Beziehung getreten, nachdem die apollinische Religion die allgemeine attische und das neue Gesamtband der ganzen Bevölkerung geworden war, wurde auch die delphische oder pythische Zeitrechnung dem attischen Kalender zugrunde gelegt, welcher mit der Veröffentlichung der Solonischen Gesetzgebung eingeführt wurde und zugleich die durchgreifende Epoche der attischen Geschichte, den Anfang einer neuen Ordnung der Dinge, treffend bezeichnete. Athen, durch seine klare Luft und die den Horizont abteilenden Berglinien zu Himmelsbeobachtungen vorzugsweise geeignet, wurde der Sitz astronomischer Studien, welche das Problem einer richtigen Jahreseinteilung mit unermüdlichem Eifer weiter verfolgten. Die Kalenderkunde wurde zugleich von priesterlichen Einflüssen befreit, die Ordnung der Jahre in öffentlichen Denkmälern verzeichnet und zu jedermanns Kenntnis ausgestellt.

*

Das Werk des Solon ist das vollendetste Erzeugnis der zur Kunst ausgebildeten Gesetzgebung. Es muß daher wie jedes mit reifem Bedacht geschaffene Kunstwerk zunächst nach den inwohnenden Ideen betrachtet werden. Aber es war kein zur Anschauung bestimmtes, wie eine Marmorgruppe, die in der Stille eines Tempelhofes aufgestellt wird; es war auch kein auf sich beruhendes System menschlicher Weisheit, sondern ein Werk für das Leben, ein Werk, das die Bestimmung hatte, unter den Stürmen einer gärenden Zeit, in einer von Parteiung zerrissenen Gesellschaft verwirklicht zu werden und durch die Verwirklichung die Glieder dieser Gesellschaft zu erziehen, zu veredeln und zu beglücken. Ein solches Werk kann also nur aus der Geschichte des Staates gewürdigt werden, dem Schiffe gleich, das auf hoher See seine Probe besteht.

Indessen wäre es unbillig, nach den nächstfolgenden Zeiten das Urteil über die Lebenskraft und Zweckmäßigkeit der Solonischen Gesetzgebung zu bestimmen. Denn wäre es dem großen Staatsmanne darauf angekommen, durch schnellwirkende Mittel die Parteigärungen niederzuschlagen, dann hätte er den Rat derer befolgen müssen, welche von ihm erwarteten, daß er mit den Gewaltmitteln eines Tyrannen, mit fremden Soldscharen, mit Verbannungen und kriegsrechtlichen Maßregeln den Staat ordnen sollte. Solon erkannte aber besser als seine Freunde, daß alle durch solche Mittel erreichten Ergebnisse wenig Bürgschaft der Dauer in sich trügen. Die Zeitgeschichte zeigte deutlich genug, wie das durch Gewalt Begründete auch durch Gewalt wieder zusammenstürzte.

Wer, wie Solon, die menschlichen Kräfte nicht binden, sondern lösen, wer den Staatsbürger so erziehen wollte, daß er nicht, wie der lykurgische Bürger, nur für eine bestimmte Stelle innerhalb des eigenen Staates tüchtig gemacht werde, sondern jede menschliche Tugend in sich ausbilde und der Gerechtigkeit, welche den Staat zusammenhält, in freiem Gehorsam huldige, der mußte sich sagen, daß er kein schnelles Ergebnis erwarten dürfe, welches seinen Bemühungen entspreche. Solon konnte aber hoffen, daß in seinem Werke, je mehr die Athener es sich aneigneten, das ganze Volk den Ausdruck seines besseren Selbst, seines edleren Bewußtseins anerkennen und in ruhigen Zeiten immer wieder dazu zurückkehren würde. In dieser Hoffnung hat er sich nicht getäuscht; sie ist vielmehr über alles Erwarten in Erfüllung gegangen. Denn unter allen Schwankungen ist sein Werk der feste Rechtsboden geblieben, auf dem der Staat fußte; es war das gute Gewissen der Athener, welches das wankelmütige Volk immer wieder mit leiser Gewalt zum Guten zurückfürte.

Solon verkannte nicht, daß die gegenwärtigen Zeitläufte einem ruhigen Einleben in die Gesetze wenig günstig waren. Er tat, was er konnte. Nachdem seine Gesetze auf verfassungsmäßigem Wege angenommen waren, wurde die im attischen Staatsrechte seit alter Zeit wichtige zehnjährige Frist angewendet, um den Gesetzen eine für das Erste begrenzte,

aber deshalb, wie Solon hoffte, um so gesichertere Anerken≠
nung zu verschaffen. Bis dahin sollte nichts verändert wer≠
den, bis dahin sollte jeder sein Urteil zurückhalten und keine
Abänderungsvorschläge an Senat und Volk bringen dürfen.
Diese zehnjährige Frist mußte für Solon, wenn er in Athen
blieb, eine peinliche Zeit sein. Es ist daher durchaus glaub≠
lich, wenn erzählt wird, daß er in das Ausland gegangen sei,
um nur aus der Ferne der Entwicklung der vaterstädtischen
Zustände zu folgen. Er konnte nach Ablauf seines Amts≠
jahres, während dessen er der Regent von Athen gewesen
war, seine uneigennützigen Absichten nicht besser bezeugen.

Während Solons Ruhm sich über alle Küsten des griechi≠
schen Meeres ausbreitete, erwarteten ihn in der eigenen Hei≠
mat die schwersten Erfahrungen. Er mußte sich überzeugen,
daß sein Friedenswerk nur ein Waffenstillstand gewesen sei,
daß seine Arbeit nicht anders gewirkt habe, als das Öl, wel≠
ches der Fischer ausgießt, um das Wasser zu beruhigen; für
Augenblicke ist es spiegelglatt und durchsichtig, aber bald be≠
ginnt die Unruhe von neuem, es gärt aus der Tiefe und die
Wellen schlagen heftiger als je übereinander.

In Attika waren nicht so einfache Gegensätze wie in den
dorischen Staaten, wo sich das Fremde und das Einheimische
deutlich gegenüberstanden. Deshalb dauerte hier das unstete
Hin≠ und Herschwanken umso länger: es waren mehr Parteien
da als anderswo und die Parteien in sich weniger geschlossen
Sie wechselten an Stärke, Einfluß und Richtung; der Führer
Talent und Persönlichkeit waren das Entscheidende.

Merkwürdig ist, daß alle namhaften Parteiführer den Ge≠
schlechtern angehörten. So sehr war also das Volk noch daran
gewöhnt, sich von Männern des Adels vertreten und ge≠
leitet zu sehen; so sehr aber auch auf der anderen Seite der
Adel in sich zerfallen, daß an ein gemeinsames Handeln
desselben und an eine Wiederherstellung des alten Eupatriden≠
staates gar nicht zu denken war. Unter den Geschlechtern
aber waren es natürlich die reichsten, welche die Mittel und
den ehrgeizigen Trieb hatten, Parteien zu bilden. Es waren
dieselben Häuser, welche sich durch Roßzucht und siegbrin≠
gende Viergespanne eine hervorragende Stellung erworben
hatten und damit auch die Herrschaftsgelüste teilten, welche
damals wie durch eine atmosphärische Ansteckung überall
aufschossen, wo Parteigeist den Boden aufgewühlt hatte. Die
Mitglieder dieser Häuser waren die Großen des Landes; es
waren Männer, deren Selbstgefühl zu stark war, als daß sie
sich dem Geiste einer ausgleichenden, bürgerlichen Gerechtig≠
keit unterordnen mochten, und dieser Trieb der Auflehnung

wurde durch Verbindungen mit auswärtigen Fürstenhäusern bestärkt. So hatte sich Kylon mit seiner Partei erhoben; so standen die Alkmäoniden, so die attischen Kypseliden, denen Hippokleides angehörte, unter dem Volke da; so das Haus des Lykurgos und das des Peisistratos. Wohnsitz und Herkunft trugen dazu bei, die Gegensätze zu schärfen.

Lykurgos gehörte einem Hause des eingeborenen Landadels an, der seit frühesten Zeiten in der Hauptebene angesessen und vermöge seines Güterbesitzes und alter Gewohnheit berufen war, die Interessen der großen Grundbesitzer zu vertreten. Durch Einrichtung der Naukrarien war der Zusammenhang zwischen den begüterten Geschlechtern und der umwohnenden Bevölkerung verstärkt worden. Die später zugewanderten Geschlechter hatten mehr an den äußeren Marken des attischen Landes Wohnsitze erhalten, wo der Ackerbesitz nicht in gleicher Weise die Grundlage des Wohlstandes bildete, so die Pisistratiden in den Gebirgen der Diakria; sie waren schon dadurch auf einen näheren Anschluß an die beweglicheren Klassen der Bevölkerung hingewiesen.

Nun suchten die vornehmen Häuser auf alle Weise sich einen Anhang zu verschaffen; nun lernten sie immer mehr die geringen Leute an sich zu ziehen, indem sie ihnen Rechtsschutz gewährten, ihnen mit Rat und Tat zur Seite standen, ihre Angelegenheiten in der Stadt besorgten, durch Vorschüsse, durch Geschenke und offenes Haus sich als Freunde des Volkes zu erweisen strebten. In solchen Bestrebungen wetteiferten die verschiedenen Häuser miteinander, sie drängten sich gegenseitig immer mehr in schroffe Stellungen hinein; jedes der Häuser steckte seine Parteifahne auf, jede Richtung, die im Volke lebendig war, fand ihren Vertreter; nur das Werk der Eintracht hatte keinen, und Solon, der auf die Übereinstimmung der Bürger seinen Einfluß gegründet hatte, stand machtlos zwischen den kämpfenden Parteien und sah das Werk seines Lebens vor seinen Augen in Trümmer fallen; an die Entscheidung eines Kampfes sah er von neuem das Schicksal des Vaterlandes gebunden und den Staat einem Schiffe gleich von der Einfahrt des Hafens in das wilde Meer zurückgeschleudert.

Es war unter diesen Umständen das größte Glück, daß die Landschaft durch frühe Zusammensiedlung um Athen und in Athen so fest geeinigt war, daß sie dadurch vor dem Zerfallen geschützt wurde. Ein Attika ohne Athen war undenkbar. Sonst würden sich unter den verschiedenen Häusern, welche die Mittel zur Aufrichtung einer Tyrannis besaßen, verschiedene Herrschaftsgebiete gebildet haben, so wie Argolis sich in sich zersplittert hatte. Jetzt handelt es sich nur darum, welcher der Parteiführer am geschicktesten und rücksichtslosesten seine Stellung zu benutzen wußte; er mußte Herr von Athen und Attika werden.

Unter streitenden Parteien hat aber diejenige immer einen großen Vorteil, welche am weitesten gehen will und sich auf den Teil der Bevölkerung stützt, in welchem sich am meisten Unzufriedenheit angesammelt hat. Das waren die armen Leute, die Hirten, Kohlenbrenner und Winzer im Gebirge. Sie glaubten sich durch Solon in ihren Erwartungen getäuscht; sie hatten auf reellere Vorteile, auf Güterverteilung, auf eine Ausgleichung des Grundbesitzes gerechnet. Hier waren alle Leidenschaften am leichtesten in Bewegung zu setzen; hier waren lauter Leute, die wenig zu verlieren und alles zu gewinnen hatten, hier fand die aufregende Rede den günstigen Boden. Die Rede aber war nirgends mehr eine Macht, als unter dem hörlustigen und erregbaren Volke der Athener. Deshalb hatte sich die Bildung der attischen Eupatriden seit lange vorzugsweise der Redekunst zugewendet und dieselbe Macht, welche Solon zum Heile des Vaterlandes angewendet hatte, mußte nun auch den selbstsüchtigen Zwecken der Parteiführer dienen.

Homer preist den gerenischen Nestor und stellt die Honigreden der Weisheit, welche von seinen Lippen fließen, neben die Heldentaten eines Achill und Agamemnon. Aus dem Stamme des Nestor leitete sich das Haus der Pisistratiden ab und sie konnten, um diesen Ahnenruhm zu bestätigen, die Gabe der Rede als Erbgut ihres Geschlechtes aufweisen. Es war ein vornehmes Haus von weitreichenden Verbindungen, in Philaidai bei Brauron ansässig; es besaß ansehnlichen Grundbesitz und ließ an den Gebirgen bei Marathon seine Rosse weiden, um durch sie am Alpheios Kränze zu gewinnen.

Hippokrates war das Haupt der Familie, von dem erzählt wird, daß er am Altare der Iamiden in Olympia den Gott wegen seiner Nachkommenschaft befragt und die Verheißung eines großen Sohnes empfangen habe. Der Sohn wurde um 600 v. Chr. geboren; er empfing den im Neleidenhause herkömmlichen Namen Peisistratos und rechtfertigte durch glänzende Eigenschaften schon frühzeitig die Erwartungen seines Vaters. In den Kämpfen mit Megara fand er Gelegenheit, sich durch Eroberung von Nisaia auszuzeichnen. Er war mit Solon, seinem mütterlichen Verwandten, einverstanden, soweit es galt, die Ehre der Vaterstadt durch kühne Taten zu verherrlichen. Wie es aber darauf ankam, daß von seiten der Großen des Landes durch selbstverleugnende Vaterlandsliebe das

Friedenswerk gefördert werden solle, da schlug Peisistratos seine eigenen Wege ein; er war zu sehr vom Glück verzogen, zu sehr in Plänen des Ehrgeizes groß geworden, als daß er sich hätte entschließen können, ein Bürger unter Bürgern zu sein.

Er verdoppelte seinen Eifer, um sich unter dem Volke des Parnes und Brilessos einen treuen Anhang zu bilden. Er spendete Geld, er öffnete seine Häuser, er ließ seine Gärten ohne Wächter; er wurde nicht müde, der Menge ihre kümmerliche Lage, ihre getäuschten Hoffnungen vorzuhalten und ihr eine glänzende Zukunft vorzuspiegeln. Er wußte allen Adelsstolz in Liebenswürdigkeit und Leutseligkeit umzuwandeln und als der uneigennützigste Freund der Bedrückten zu erscheinen; der Zauber seiner Person und seiner Rede war für die Menge unwiderstehlich; in ihm stellt sich zum ersten Male das Bild eines attischen Demagogen dar.

Er hatte seinen Widersachern gegenüber alles für sich. Denn die Partei der Pedieer, welche Lykurgos, der Sohn des Aristolaïdes führte, war zwar auch eine geschlossene und wußte, was sie wollte. Aber sie wollte mehr rückwärts gehen als vorwärts; ihr gehörten diejenigen an, denen Solon schon zu weit gegangen war; sie hatten kein Ziel, welches zu gemeinsamem Streben begeistern konnte. Die Geschlechter, welche den großen Grundbesitz vertraten, hingen nur durch Standesinteresse zusammen, sie waren einer festen Führung abgeneigt, und die kleinen Hofbesitzer konnten keine Lust haben für eine Sache, die ihnen eine fremde war, Gut und Blut zu wagen.

Die merkwürdigste Stellung nahmen die Alkmäoniden ein, die Seitenverwandten des alten Königshauses, die leidenschaftlichsten von allen im Streben nach dem ersten Platze im Staate. Sie waren, seit sie heimgekehrt waren, ohne feste Stellung. Denn mit dem alten Landesadel konnten sie nicht zusammengehen; der hatte sie preisgegeben und seitdem war eine Kluft vorhanden, welche niemals ausgefüllt worden ist. Dadurch waren sie auf die Bewegungspartei hingewiesen; aber diese wollte nichts von den Männern wissen, an deren Händen Blut der Kylonier haftete, denn sie hatte viele Elemente dieser Partei in sich aufgenommen. Untergeordnet zu bleiben war aber für den Ehrgeiz der Alkmäoniden etwas Unmögliches und deshalb mußten auswärtige Verbindungen und ungewöhnliche Geldmittel aushelfen. In beiden Beziehungen hatte die Familie außerordentliches Glück. Sie benutzte schon ihre erste Verbannung, um in Delphi festen Fuß zu fassen und Ansehen zu erlangen. Alkmaion war Feldherr im Heiligen Kriege, er verband sich mit Sikyon, verschwägerte sich mit Kleistenes und wurde dadurch notwendig in eine Politik hereingezogen, die eine dem Adel feindliche und neuerungssüchtige war. Seit etwa 574 hatten Kleistenes und Alkmaion einen gemeinsamen Erben, für den gesorgt werden mußte. Die Pläne des Ehrgeizes gingen also immer weiter; Alkmaion wußte dem lydischen Gesandten in Delphi Dienste zu erweisen, er wurde nach Sardes eingeladen und kehrte aus der königlichen Schatzkammer als der reichste aller Hellenen zurück. Wenn Herodot ihn schildert, wie er Kleider und Stiefel mit Gold vollgestopft, das Haar mit Gold gepudert, die Backen mit Gold ausgepolstert hat, so ist das ein Bild des Volkswitzes, das der damaligen Welt geläufig war.

Nun steigt der Glanz des Hauses. Nun sind die Mittel vorhanden, um es in üppiger Pracht des Lebens und namentlich in Roßzucht den Tyrannenhäusern gleich zu tun. Nun tritt auch Megakles, des Alkmaion Sohn, der Schwiegersohn des Kleisthenes, als Parteihaupt in Attika auf und bildet sich, da die demokratische Partei in den Händen des Peisistratos ist, eine Mittelpartei aus den Paraliern, in deren Bezirke er auch wohl vorzugsweise begütert war. Durch ihre Geldmittel waren die Alkmäoniden beiden Nebenbuhlern überlegen, aber es fehlte ihnen an Vertrauen; sie hatten etwas Steifes und Hoffärtiges in ihrem Wesen, was sie verhinderte, rechte Leute des Volkes zu werden. Außerdem waren die Paralier schon ihrer weitzerstreuten Wohnsitze wegen nicht geeignet, zu einer geschlossenen Parteibildung zu gelangen; auch lebten sie bei ihren Geschäften im ganzen zu harmlos und zufrieden dahin, als daß sie an eine Veränderung der öffentlichen Zustände viel hätten wagen sollen. Unter diesen Umständen war Peisistratos seinen mächtigen Rivalen überlegen; er war unter den Parteiführern der persönlich begabteste, rücksichtslos zum Äußersten entschlossen, sein Anhang der am besten organisierte, ein derbes, handfestes Bergvolk.

So wurde Peisistratos das mächtigste Parteihaupt, der bewundertste und der gehaßteste Mann in Athen. Wie er alles vorbereitet sah, begann er das Spiel, das schon vor ihm so manchem Herrschsüchtigen zum Ziele verholfen hatte. Verwundet, mit blutigem Gespann, jagte er eines Tages auf den gefüllten Markt und berichtete der ihn umdrängenden Menge, wie er mit genauer Not den mörderischen Nachstellungen seiner Feinde entkommen sei, die nicht ruhten, bis sie ihn zugrunde gerichtet und damit alle seine Anschläge zum Heile des Volkes zerstört hätten. Wie die Menge durch das Gesehene und Gehörte entzündet ist, tritt unter seinen Anhängern Ariston auf, um den günstigen Augenblick zu benutzen, und beantragt bei dem versammelten Volke, Peisistratos, dem

Märtyrer der Volkssache, eine Sicherheitswache zu geben, um seine Person gegen die Tücke der Gegenpartei zu schützen.

Ein mächtiger Herr in Attika und trotziger Widersacher der Pisistratiden war des Kypselos Sohn, Miltiades. Erbittert über den Gang der Dinge, welcher ihn von der Bahn des Ruhms abdrängte, saß er eines Tages vor seinem Hause und schaute durch die Pforte des Hofes auf die Straße hinaus. Da zieht eine Schar von Männern in fremder, thrakischer Tracht vorüber, scheu und neugierig nach den Häusern umschauend; man sieht, ein freundlicher Gruß, eine offene Tür ist es, wonach sie ausschauen. Miltiades läßt sie hereinrufen und nach seines Hauses Sitte Obdach und gastliche Pflege den Fremden anbieten. Niemals ist Gastfreiheit schneller belohnt worden. Denn kaum sind sie über die Schwelle getreten, so begrüßen sie Miltiades als Herrn und huldigen ihm nach Thrakiersitte als ihrem Könige.

Es waren Abgeordnete der Dolonker, die auf der thrakischen Landzunge am Hellespont wohnten. Von nördlichen Stämmen bedrängt, fühlten sie sich eines Oberhauptes bedürftig, um das sie sich sammeln könnten. Es mußte ein Mann sein, welcher, wie die Könige der Heroenzeit, durch den Besitz höherer Bildung sein Ansehen zu begründen wußte, und darum baten sie sich von der Pythia einen griechischen Mann aus, dem sie ihr Geschick anvertrauen könnten. Sie wurden dahin beschieden, daß sie die Heilige Straße gegen Athen ziehen und dem, der sie zuerst einlüde, in ihres Stammes Namen die Fürstenwürde antragen sollten.

So erging durch Vermittlung der delphischen Priesterschaft, welche sich für die großen Dienste Athens dankbar zeigte, jener außerordentliche Ruf an den Athener aus Kypselos' Stamm, einen Mann, dem es schon lange zu eng war in der solonischen Republik, dem es nun vollends unerträglich wurde, da er sich einem verhaßten Standesgenossen beugen sollte. Peisistratos aber konnte die Entfernung eines seiner gefährlichsten Widersacher nur erwünscht sein, und auch Solon soll die Unternehmung des Miltiades begünstigt haben, ohne Zweifel im Hinblick auf die Entwicklung der attischen Seemacht, für die es von unberechenbarer Wichtigkeit war, an den Dardanellen festen Fuß zu fassen, damit nicht Megara dort herrschend bleibe. Es war gewissermaßen die alte Nachbarfehde in den Kolonien fortgesetzt. Gewiß zogen andere Athener mit, welche zum Anhange der Kypseliden gehörten oder sich jetzt anschlossen. Wahrscheinlich wurde die ganze Angelegenheit unter delphischem Einflusse als vom Staate ausgehend betrachtet und geordnet, wenn auch Miltiades von

Anfang an wenig gesonnen war, sich durch eine fremde Autorität binden zu lassen, sondern nur für sich und sein Geschlecht einen neuen und weiteren Schauplatz suchte.

Solons Beteiligung an dieser Angelegenheit ist die letzte Spur seiner öffentlichen Tätigkeit. Während Peisistratos sich seiner übrigen Widersacher durch Gewalt und List zu entledigen suchte, ließ er Solon ruhig gewähren; er ehrte ihn soviel er nur konnte und war zufrieden, daß er seinem Ehrgeize nicht im Wege stand; denn je mehr die Erbitterung wuchs und die Gewalt regierte, verhallte von selbst die Stimme der Mäßigung. Wie Solon immer dieselben Warnungen wiederholte und immer erfolglos, wurde der Edle mit den Waffen des Spottes bekämpft. Man zuckte die Achseln über den Unglückspropheten, den gutmütigen und altersschwachen Idealisten. Endlich zog er sich zurück in die Stille seines Hauses und eines engeren Kreises älterer und jüngerer Freunde, welche seinen Schmerz verstanden und für das Vermächtnis seiner Weisheit empfänglichen Sinn hatten. Der Same, welcher in ihre Herzen fiel, ist nicht unfruchtbar geblieben. Es gab Athener, welche trotz der überhandnehmenden Wirren an dem Glauben festhielten, daß Solons Gesetze der feste Anker Athens bleiben und Solons vorschauende Gedanken sich verwirklichen müßten. Zu diesem Kreise gehörte Mnesiphilos, der wiederum seinen Schüler Themistokles in den Gedanken solonischer Politik aufgezogen hat.

Während Solon, ohne seiner Würde und Unabhängigkeit etwas zu vergeben, bis zu seinem Ende (ungefähr 55, 2; 559) in Athen blieb, mußten die Parteiführer und offenen Widersacher des Peisistratos das Feld räumen, um an gelegenem Orte einen günstigeren Zeitpunkt abzuwarten. So wanderten die Alkmäoniden zum zweiten Male in die Verbannung; auch Lykurgos zog sich zurück. Ihre Parteien waren niedergeworfen und für den Augenblick regte sich kein Widerstand, wenn die Söldner des Gewaltherrn die Straßen der eingeschüchterten Stadt durchzogen.

Dennoch war es dem neuen Gewaltherrn unmöglich, durch den ersten Sieg einen dauerhaften Zustand der Dinge herbeizuführen; es war nur der Anfang neuer Bürgerkämpfe. Denn die Lage der Dinge in Attika war der Art, daß die herrschende Partei zwei andere gegen sich hatte und durch ihre vereinte Macht bedroht wurde. Namentlich war es die Mittelpartei der Paralier, welche sich je nach Umständen bald der einen, bald der anderen Seite anschloß, wie dies der schwankenden Stellung der Alkmäoniden durchaus entsprach. Megakles suchte Verständigung mit Lykurgos; durch vereinte Anstrengung gelang es ihnen, Peisistratos zu verdrängen, ehe er sich in seiner Macht befestigen konnte. Er mußte Athen räumen, doch verließ er das Land nicht, sondern hielt sich in den Bergen der Diakria als unabhängiger Häuptling. Die nächsten Jahre war also offene Fehde in Attika; die Straßen waren unsicher, das öffentliche Vertrauen zerstört; niemand wußte, wer Herr im Lande sei.

Peisistratos hatte sich nicht verrechnet, wenn er eine dauernde Eintracht zwischen seinen Gegnern für unmöglich hielt. Er bemerkte bald, wie durch das engere Zusammenhalten der Pedieer die Alkmäoniden mit ihrem Anhange beiseite geschoben wurden; er konnte überzeugt sein, daß sie dies nicht ertragen würden, er durchschaute ihre im Grunde demokratische Richtung und konnte von ihrer Seite ein Entgegenkommen erwarten. Megakles schickte in der Tat einen Herold in die Diakria und ließ, indem er für seine Person auf den Preis der Tyrannis verzichtete, Peisistratos die Hand seiner Tochter Koisyra anbieten. Zur Rückführung des verbannten Häuptlings wurde eine List verabredet, welche wohl in dem Kopfe des erfindungsreichen Peisistratos ihren Ursprung hatte.

Es stand nämlich ein Athenafest bevor, an welchem vom Lande eine feierliche Prozession in die Stadt geleitet wurde und die Göttin selbst hoch zu Wagen durch eine an Wuchs und Würde ausgezeichnete Jungfrau dem Volke leibhaftig vor Augen gestellt zu werden pflegte. In diesem Zuge, den niemand zu stören wagte, gleichsam von der Göttin geleitet, die ihm zur Seite stand, kehrte Peisistratos in die Stadt zurück und herrschte dort auf seinen und der Alkmäoniden Anhang gestützt.

Auch diese Verbindung war eine unnatürliche. Megakles' Tochter fühlte sich gekränkt im Hause des Gatten, welcher keine Nachkommenschaft aus dieser Ehe haben wollte; der Vater sah sich von neuem nur als Mittel benutzt für die listigen Pläne seines Gegners; er mußte zu seiner Beschimpfung die Erinnerung des alten Familienfluches erneuert und alle Pläne, die er für sein Haus entworfen hatte, vereitelt sehen. Sein ganzer Zorn flammte auf und ehe Peisistratos stark genug war, das Geld und den Anhang der Alkmäoniden entbehren zu können, riß er sich von ihm los, schlug sich von neuem auf die Seite der Pedieer und vermochte in kurzem einen solchen Umschwung der Verhältnisse hervorzubringen, daß der Tyrann mit den Seinigen nicht nur Burg und Stadt, sondern auch das Land der Athener meiden mußte. Er wurde geächtet, und sein Grundbesitz von Staats wegen versteigert. Der Unsicherheit der Verhältnisse wegen wagte auch jetzt niemand darauf zu bieten, mit Ausnahme des Kallias, des Sohnes der Phainippos, welcher zum zweiten Male den kecken Mut hatte, des flüchtigen Tyrannen Güter an sich zu bringen; er wollte ihm nicht den Ruhm gönnen, daß er auch abwesend die Athener in Angst und Furcht halte.

Diesmal war man vorsichtiger. Alles, was den Tyrannen haßte, vereinigte sich fester; es bildete sich eine starke Partei verfassungstreuer Republikaner, zu denen jener Kallias gehörte, der Erstberühmte eines durch Ansehen und Reichtum bedeutenden Geschlechtes. Die Alkmäoniden schlossen sich an, sowie die größere Zahl der durch die Erhebung des Tyrannen am meisten gekränkten Geschlechter, und so gelang es eine dauerhaftere Ordnung der Dinge in Athen herzustellen, so daß selbst Peisistratos keine Gelegenheit finden konnte, neue Intriguen anzuspinnen; ja er soll, von der festen Haltung der Bürgerschaft überrascht, nahe daran gewesen sein, alle Gedanken der Rückkehr aufzugeben.

Indessen war es für ein Haus, das den Reiz unbedingter Herrschaft gekostet hatte, eine schwere Aufgabe, sich in die Weise des bürgerlichen Lebens zurückzugewöhnen. Am wenigsten waren die im Vollgefühle ihrer Kraft stehenden Söhne bereit, den Hoffnungen, in denen sie groß geworden waren, zu entsagen. Darum machte sich im Familienrate vor allem die Stimme des Hippias geltend, der von keinem Verzicht wissen wollte. Das letzte Mißlingen sei einer Unbesonnenheit zuzuschreiben. Die göttlichen Sprüche, welche ihres Hauses Größe verbürgten, könnten nicht täuschen. Sie dürften keine andere Politik befolgen, als das zweimal gewonnene Kleinod der Herrschaft nun zum dritten Male, und zwar mit umfassenderen Mitteln ausgerüstet, zu erwerben.

Des Hippias Beredsamkeit begegnete keinem ernsten Widerstand. Schon die Wahl des Aufenthaltes zeigt, daß die Pisistratiden nur gingen, um wieder zu kommen. Freilich mochten es zunächst Familienverbindungen sein, welche sie nach Eretria zogen; auch stand diese Stadt mit dem Heimatsgaue der Pisistratiden, Philaïdai, und mit Brauron, dem Hauptorte dieser Gegend, in uralter Verbindung schon durch den Artemisdienst. Entscheidend aber waren die politischen Rücksichten, für welche sie außerhalb Attika keinen günstigeren Platz wählen konnten als Eretria. Denn hier waren sie ihren Diakriern nahe; von hier aus konnten sie alle Bewegungen in dem unruhigsten Teile des attischen Gebietes beobachten und, wenn der Augenblick gekommen schien, zu Lande wie zu Wasser rasch bei der Hand sein. Andererseits waren sie hier in einem Mittelpunkte weitreichender Handelsbeziehungen und hatten Gelegenheit, sich mit verwandten Bestrebungen auf den Inseln und jenseits des Meeres in Verbindung zu setzen und neue Hilfsquellen der Macht sich zu eröffnen.

Denn sie lebten hier nicht wie Privatleute, sondern wie Fürsten, welche, auch von Land und Thron ausgeschlossen, ihres Hauses Politik eifrig verfolgten. Geldmittel flossen ihnen von den Silberbergwerken am Strymon zu, deren Besitz sie wohl ihren Familienverbindungen in Eretria verdankten, denn von hier war eine Reihe von Pflanzstädten am thrakischen Ufer gegründet. Diese Geldmittel sowie ihr persönliches Ansehen setzten sie in den Stand, auch in der Verbannung eine Macht zu bilden, mit welcher Fürsten und Staaten es nicht verschmähten zu unterhandeln. Man glaubte an ihre Zukunft und unterstützte sie mit Geld, weil man darauf rechnete, es mit reichen Zinsen zurückzuerhalten. So zeigten sich besonders die Thebaner bereit, mannigfachen Vorschub zu leisten. Ihnen war die bürgerlich freie Entwicklung des Nachbarlandes bedenklich; sie unterstützten den Prätendenten, in welchem sie einen Zuchtmeister des Demos sahen und von dem sie jetzt für ihre Geldvorschüsse wichtige Zugeständnisse erlangen konnten. Ebenso wurden mit Thessalien und Makedonien, ja auch mit den unteritalischen Städten Verbindungen angeknüpft, und je mehr sich die Hilfsmittel vergrößerten, um so zahlreicher stellten sich freiwillige Abenteurer ein, unternehmende Männer, die in Veranlassung ähnlicher Parteibewegungen die Heimat verloren hatten und sie am ehesten wieder zu gewinnen hofften, wenn sie ihr Glück mit dem des Peisistratos verbanden. Unter diesen Parteigängern war Lygdamis aus Naxos der wichtigste und willkommenste. Es versteht sich, daß Peisistratos die Truppen nicht sammelte, um auf seinem Waffenplatze eitle Heerschau zu halten und nutzlos sein Geld zu vergeuden; er tat alles, um schlagfertige und sieggewohnte Kriegsscharen zu haben. Er hielt die Küsten, an denen die Gegenpartei ihren Wohnsitz hatte, sowie das Fahrwasser des Euripos in Blockade. Er benutzte Seevolk und Schiffe, um seine Besitzungen am Strymon auszubeuten; er machte kühne Unternehmungen, um durch dieselben seine Mittel zu vermehren, seinen Anhang fester an sich zu ketten und die Augen der Athener auf sich zu ziehen. Es ist sehr wahrscheinlich, daß in diese Zeit auch seine hellespotischen Unternehmungen fallen, durch welche Lesbos und Athen zum zweiten Male miteinander in Berührung traten.

Athen stand mit dem Hellespont schon seit längerer Zeit in Beziehung; man hatte die Bedeutung der nördlichen Seestraßen für die Kornzufuhr erkannt und beobachtete mit Aufmerksamkeit, was in jenen Gegenden vorging, vor allem die Unternehmungen der Mytilenäer. Diese Insulaner standen damals in voller Blüte geistiger Entwicklung, wie sie kein anderer Zweig des äolischen Stammes erreicht hat. Mächtige Adelsgeschlechter leiteten den Staat, pflegten die Kunst und erwarben Reichtümer durch ausgebreiteten Seehandel. Gegen Ende des siebenten Jahrhunderts suchten sie ihre Macht auf das Festland auszudehnen, sie begannen das Gebiet von Troas zu kolonisieren, um auf beiden Seiten des Sundes ein Reich zu stiften. Namen wie Skamandronymos in dem edlen Geschlechte, welchem Sappho angehörte, zeigen, wie man den Zusammenhang mit Ilion pflegte; es galt eine Seeherrschaft aufzurichten, und welchen geeigneteren Schritt konnte man dazu tun, als daß man am Hellesponte Sigeion befestigte. Dies erregte die Aufmerksamkeit der Athener. In ihren inneren Unruhen erschien ihnen eine Ablenkung nach außen vorteilhaft; ein attischer Feldherr, Phrynon mit Namen, welcher Ol. 36; 636 einen olympischen Sieg gewonnen hatte, kämpfte mit den Mytilenäern. Er fiel in einem Zweikampfe gegen Pittakos, und nach längeren Streitigkeiten, in welchen Periandros als Schiedsrichter angerufen wurde, behielten beide Teile ihre dortigen Besitzungen; Sigeion aber blieb den Mytilenäern.

Nach diesem Troischen Kriege (um 608—606) traten auf Lesbos bürgerliche Unruhen ein. Die konservative Partei und die neuerungslustige Menge lagen miteinander im Streit. Eine Tyrannis erhob sich und die Mitglieder der Geschlechter suchten in weiter Ferne Ruhm und Reichtum zu gewinnen. Antimenides, des Alkaios Bruder, kämpfte Ol. 44, 1; 604 unter Nebukadnezar gegen Necho von Ägypten. Die einheimischen Tyrannen (Melanchros und Myrsilos) wurden durch Verbindung der Geschlechter und der Gemeinde gestürzt. Aber nachher gehen hier, wie in Athen, die Ultras und die Gemäßigten auseinander; es lodert der heftigste Parteihaß auf, wie er aus den Gedichten des Alkaios hervorleuchtet. Ein Teil der Geschlechter wird verbannt, und als diese mit Gewalt ihre Heimkehr erzwingen wollen, wird das Haupt der Gemäßigten, Pittakos, ein Mann von solonischem Geiste, Ol. 47, 3; 590, mit ausgedehnten Vollmachten als Äsymnet an die Spitze der Gemeinde gestellt und leitet sie zehn Jahre lang mit Gerechtigkeit und Weisheit. Nach dem Ende seiner Regierung lebte er noch zehn Jahre als Privatmann.

Bald nach seinem Tode begannen die Fehden von neuem und die wichtigste Tatsache derselben ist die, daß Peisistratos Sigeion erobert. Dies Ereignis muß der ersten Zeit seiner Tyrannis angehören und deshalb ist es nicht unwahrscheinlich, daß es in jene Jahre fällt, wo Peisistratos von Euboia aus mit seinen Schiffen und Freischaren die nördlichen Meere durch= fuhr und sein Augenmerk darauf gerichtet haben mußte, glückliche Waffentaten auszuführen, um den Athenern zu zeigen, wie er auch im Exile für ihren Ruhm und ihre Inter= essen zu sorgen wisse.

So gingen Jahre hin, ohne daß die Pisistratiden mit der Rückkehr Ernst machten. Endlich im elften Jahre entschlos= sen sie sich, im Vertrauen auf die Aussprüche ihrer Wahr= sager, unter denen Amphilytos aus Acharnae ihr besonderes Vertrauen besaß, der Ungeduld des feurigen Lygdamis nach= zugeben. Eine Söldnerschar aus Argos war eingetroffen, die Stimmung in Athen schien günstig, und so setzten sie Ol. 59, 4; 541 mit Fußvolk und Reiterei über den Euböischen Sund, um in Marathon ein festes Lager aufzuschlagen, und von hier rückten sie mit anwachsender Heeresmacht um den südlichen Fuß des Brilessos herum durch die ihnen am meisten bekann= ten und zugetanen Gaue langsam gegen Athen vor.

Bei Pallene kam es zur entscheidenden Begegnung, an der Höhe des Athenatempels, welcher an den Pässen zwischen Brilessos und Hymettos lag. Peisistratos überraschte die Athe= ner, wie sie beim Frühmahle sorglos gelagert waren; an Wider= stand war nicht zu denken, der Sieg war sein und es stand ihm frei, an seinen Gegnern Rache zu nehmen. Indessen kam ihm alles darauf an, daß der Sieg unblutig sei, und daß an den Tag seiner neuen Machterhebung keine trüben Erinnerun= gen sich anknüpften. Auf raschen Pferden eilten seine Söhne den fliehenden Gruppen nach, redeten ihnen freundlich zu, und forderten sie auf, furchtlos zu den Geschäften ihres bür= gerlichen Lebens zurückzukehren.

So zog Peisistratos zum dritten Male in Athen ein mit zahl= reichem Gefolge und viel fremdem Kriegsvolke, das er in Stadt und Burg verteilte. Die Eupatridenfamilien, welche den Kern der Gegenpartei bildeten, entflohen aus Attika; von den Zurückbleibenden ließ er sich, wie ein erobernder Kriegsfürst, die heranwachsenden Söhne als Geiseln ausliefern und diese brachte er nach Naxos in die Hut des Lygdamis, sobald er diesen auf seine Insel zurückgeführt hatte.

Diese Rückführung war eine seiner ersten Unternehmungen. Er mußte sich vor allem als einen zuverlässigen Bundesgenos= sen derer erweisen, welche ihm ihre tätige Hilfe geschenkt hatten, und keine Gelegenheit konnte ihm erwünschter sein, um den Antritt seiner Herrschaft als eine neue Epoche für den Ruhm des attischen Staates zu bezeichnen, welcher durch die lange Zeit innerer Spaltungen in seinem durch Solon begrün=

deten Ansehen unter den griechischen Staaten weit zurückgekommen war.

Peisistratos erkannte mit hellem Blicke, daß Athens eigentliche Macht und Zukunft nicht auf dem Festlande zu suchen sei, sondern im Ägäischen Meere und namentlich auf den Cykladen, welche weder einzeln noch in ihren verschiedenen Gruppen zu einer selbständigen Machtbildung berufen schienen. Nachdem er also den Zug nach Naxos glücklich ausgeführt hatte, benutzte er dieselbe Gelegenheit, um der attischen Macht im Archipelagus eine neue Befestigung zu geben, indem er sich von Delphi aus den Auftrag geben ließ, den Gottesdienst auf Delos in voller Würde wiederherzustellen.

Es war das alte Nationalheiligtum des zu beiden Seiten wohnenden Ionierstammes; die asiatischen Städte hatten sich aber von der Teilnahme zurückgezogen, die alten Gebräuche waren während der Seekriege in Verfall geraten, namentlich war die Umgebung des Tempels durch Begräbnisse entweiht. Nun trat Peisistratos, als Gesandter des Gottes, als Vertreter der gottesfürchtigen Stadt Athen, auf und ließ, indem seine Schiffe die Reede füllten, unter seinen Augen die Umgebung des Tempels soweit reinigen, daß die Priester und Festgäste des Gottes im Opferdienste nicht mehr durch den Anblick von Gräbern gestört und entweiht wurden. Damit stand die glänzende Erneuerung der alten Beziehungen zwischen Athen und Delos in Verbindung. Athen nahm als Schutzmacht des amphiktyonischen Heiligtums eine vorörtliche Stellung im Inselmeere ein. Der Vergrößerung seiner Flotte kamen die Einkünfte der strymonischen Bergwerke zugute, der Ausbreitung des Handels die Freundschaftsbeziehungen zu den Fürsten Thessaliens und Makedoniens, welche den attischen Schiffen am pagasäischen und thermäischen Golfe Begünstigungen aller Art gewährten. Mit Argos und Theben wurden die alten Beziehungen erneuert, mit Sparta ein gastfreundliches Verhältnis begründet. Aber auch mit bewaffneter Hand wußte Peisistratos Erfolge zu erringen, Sigeion hatte er den Athenern gleichsam als Morgengabe mitgebracht, und wenn auch die Mytilenäer das Feld nicht räumten, sondern Achilleion als Gegenfestung erbauten und ihr Besitzrecht auf das zäheste festhielten, so blieb Sigeion und damit die Herrschaft am Hellesponte doch in attischen Händen, und unter den mancherlei Siegeszeichen, welche aus glücklichen Kämpfen im Athenatempel von Sigeion aufgehängt wurden, war auch der Schild des Dichters Alkaios. So hatten die Athener eine attische Feste an der wichtigsten Meerstraße des Nordens, und welchen Wert der Tyrann darauf legte, geht daraus hervor, daß er sie seinem Sohne Hegesistratos als Herrschaftssitz übergab, ähnlich wie Periandros in Ambrakia eine Nebenlinie seines Hauses ansiedelte. Man staunt, welch eine tatkräftige und umsichtige Politik Peisistratos nach allen Seiten hin entfaltete, und wie schnell Athen nach den trüben Jahren der Parteikämpfe mit der dritten Erhebung des Tyrannen wieder eine glänzende Stellung unter den griechischen Staaten einnahm. Man fühlte, daß ein geborener Fürst und Feldherr an der Spitze stehe.

Ungleich wichtiger war des Tyrannen Verhalten im Innern des Staates. Die Verfassung Athens umzustürzen war er weit entfernt; vielmehr blieben Solons Anordnungen unter ihm in Kraft. Er ehrte das Andenken seines Verwandten, mit dessen Gedanken er durch frühen Umgang wohlvertraut war, indem er seine Einrichtungen pflegte und förderte, soweit sie irgend mit seiner Herrschaft vereinbar waren. Er stellte sich selbst unter die Gesetze und soll persönlich vor dem Areopag erschienen sein, um sich wegen einer Anklage richten zu lassen, so daß seine Regierung im ganzen viel dazu beigetragen hat, die Athener in die Gesetze hinein zu gewöhnen. Die Geldmittel, deren er zur Unterhaltung seiner Truppen sowie für die Bauten und die öffentlichen Feste bedurfte, erhob er freilich nach Tyrannenrecht, in dem er die Grundstücke der Bürger zehntpflichtig machte.

Was er an neuen Gesetzen in Vorschlag brachte, hat einen milden und weisen Sinn. So forderte er es als eine Pflicht des Gemeinwesens, für die im Kriege Verwundeten Sorge zu tragen, sowie für die Familien der im Felde Gebliebenen. Besonders ließ er sich die öffentliche Zucht angelegen sein, die Pflege der guten Sitte, welche in der Ehrerbietung der Jugend gegen das Alter und in der Scheu vor den Heiligtümern besteht. Er erließ ein Gesetz gegen das müßige Herumtreiben auf den Straßen, und obgleich er selbst auf dem Markte und durch das aus den Gauen hereingezogene Volk groß geworden war, so schien ihm doch die anwachsende Masse des Stadtvolkes bedenklich. Nach Perianders Vorgang beschränkte er daher den Zuzug; er veranlaßte eine Anzahl Familien hinauszuziehen; er ermunterte dazu durch Ausstattung kleiner Bauernhöfe mit Zugvieh, durch Geschenke von Sämereien und Pflanzen, durch Erlaß der Abgaben in den ersten undankbaren Jahren der Wirtschaft; er förderte die Einrichtung der Friedensrichter, die in den Gauen umherziehend Recht sprachen, und erreichte durch eine Reihe weiser Maßregeln einen außerordentlichen Flor des Landbaues, namentlich der Ölzucht, im attischen Lande, während zugleich den Gefahren städtischer Gärung, den übeln Folgen des Müßiggangs und der Brotlosigkeit, vorgebeugt wurde.

Mit der Stadt selbst war inzwischen eine wesentliche Veränderung vorgegangen. Ursprünglich waren nämlich Stadt und Burg eins gewesen und alles, was den Staat zusammenhielt, oben auf dem Felsen der Akropolis vereinigt. Als nun seit den Tagen des Theseus sich die Geschlechter des Landes um die Burg des Kekrops zusammensiedelten, bauten sie sich südlich von derselben an. Hier hatten sie die frische Seeluft, hier den Überblick über den Golf und seine Schiffe; hier waren sie der phalerischen Bucht am nächsten. An der Südseite lagen daher auch die ältesten Heiligtümer der Unterstadt, die des olympischen Zeus, des pythischen Apollon, der Erdmutter und des Dionysos. Unterhalb des Olympieion floß die alte Stadtquelle Kallirrhoe, welche unmittelbar in den Ilissos einmündet. Hier holten einst die Töchter und Mägde der Eupatriden das Trinkwasser, hier waren in dem breiten, meist trockenen Flußbette die wohlgelegenen Waschplätze, hier waren deshalb auch die alten Sagen vom Raube attischer Mädchen zu Hause.

Der Markt dieser Altstadt oder City von Athen konnte keinen anderen Platz haben, als dort, wo man von der Südseite her zur Burg hinaufging. Hier treffen sich in geräumiger Senkung die Wege von der See und vom Lande. Hier brachten an den Markttagen die Landleute ihre Waren zum Kauf; hier kamen die Altbürger zusammen und hielten auf einer nahe gelegenen Terrasse oberhalb der Niederung, auf der sogenannten Pnyx, ihre Beratungen. Je mehr nun aber Athen das Herz der Landschaft wurde, je mehr sich hier die Erwerbsquellen vermehrten, um so zahlreicher zog das Volk aus den Landgauen heran. Die Landgaue wurden zu Vorstädten, und diese Vorstädte bildeten einen Gegensatz zu dem alten Athen, von dem ein Teil der hier ansässigen Adelsgeschlechter wegen Kydathenaion oder Ehrenathen genannt wurde. Der bedeutendste der vorstädtischen Gaue war der Kerameikos, der von den Töpfern seinen Namen hatte. Er zog sich vom Ölwalde herauf an die nordwestliche Seite der Burg. In dieser Gegend hatten sich vorzugsweise jene Richtungen des Volkslebens ausgebildet, welche den Eupatriden das Recht streitig machten, sich in ausschließlichem Sinne als die Bürgerschaft von Athen zu betrachten; hier wohnten die Leute, die dem Gewerbefleiß ihren Wohlstand verdankten, hier war der Anfang der Volksbewegungen, also auch der Ursprung der Tyrannis gewesen.

Dieser Teil blieb nun trotz der Beschränkungen, welche der Tyrann eintreten ließ, der belebteste und in fortwährender

Zunahme begriffene Stadtteil, während die Südseite mehr und mehr die Rückseite wurde, weil durch Auswanderung, durch Verbannungen, wie durch den ganzen Umschlag der geselligen Verhältnisse dies Stadtquartier allmählich verödete und sich der Verkehr auf die nördliche Seite hinzog. Es ist wahrscheinlich, daß um die Zeit des Peisistratos der Markt jener alten Vorstadt, des Kerameikos (denn jeder attische Gau hatte seinen Markt), zum Stadtmarkte gemacht wurde; eine Veränderung, welche deutlich zu erkennen gab, auf welchem Teile der Bevölkerung die Zukunft der Stadt beruhe.

Damit hängt eine Reihe von Einrichtungen zusammen, welche sich sämtlich auf eine Neugestaltung Athens bezogen.

Die Pisistratiden fanden die rasch angewachsene Stadt in einem durchaus unordentlichen Zustande vor; es waren verschiedene Stadtquartiere nebeneinander ohne innere Verbindung. Die Aristokratien suchten überall zwischen Stadt und Land eine Trennung aufrechtzuerhalten, der Tyrannen Interesse war es, jede Scheidewand der Art zu beseitigen, um auch in dieser Beziehung die alten Traditionen zu verwischen, die höheren und niederen Stände, die Alt- und Neubürger, Städter und Bauern zu einem neuen Ganzen zu verschmelzen. Darum verbanden sie Athen nach allen Seiten hin durch Straßen mit den Gauen; die Straßen wurden genau vermessen und trafen alle auf dem Kerameikos zusammen, in dessen Mitte ein Altar der zwölf Götter errichtet wurde. Von hier, dem neuen Mittelpunkte von Stadt und Land, wurden die Entfernungen nach den verschiedenen Landgauen, nach den Häfen, nach den wichtigsten Heiligtümern des gemeinsamen Vaterlandes berechnet. Längs der Landwege wurden Steine errichtet; es waren aber keine einförmig wiederholten Meilensteine, sondern Denkmäler der Kunst, Marmorhermen, an passenden Wegeplätzen aufgerichtet, wo man auf schattigem Sitze gern ausruhte. An der rechten Schulter des Hermesbildes nannte ein Hexameter die Orte, welche der Weg verband; an der linken Seite aber stand ein Pentameter, der einen kurzen Sinnspruch, einen Gruß der Weisheit enthielt, welchen der Wanderer auf seinen Weg mitnahm. So erhielt das ganze Land, das unter langen Fehden gelitten hatte, nicht nur Ruhe und Sicherheit, sondern auch ein geordnetes, menschenfreundliches, gastliches Aussehen, und jeder Wanderer mußte an den Grenzen von Attika erkennen, daß er einen Boden betreten habe, auf welchem das gesamte bürgerliche Leben von einer höheren Kultur durchdrungen sei.

Mit diesen großartigen Einrichtungen, deren Seele vorzugsweise der um die ganze Landeskultur hochverdiente Hippar-

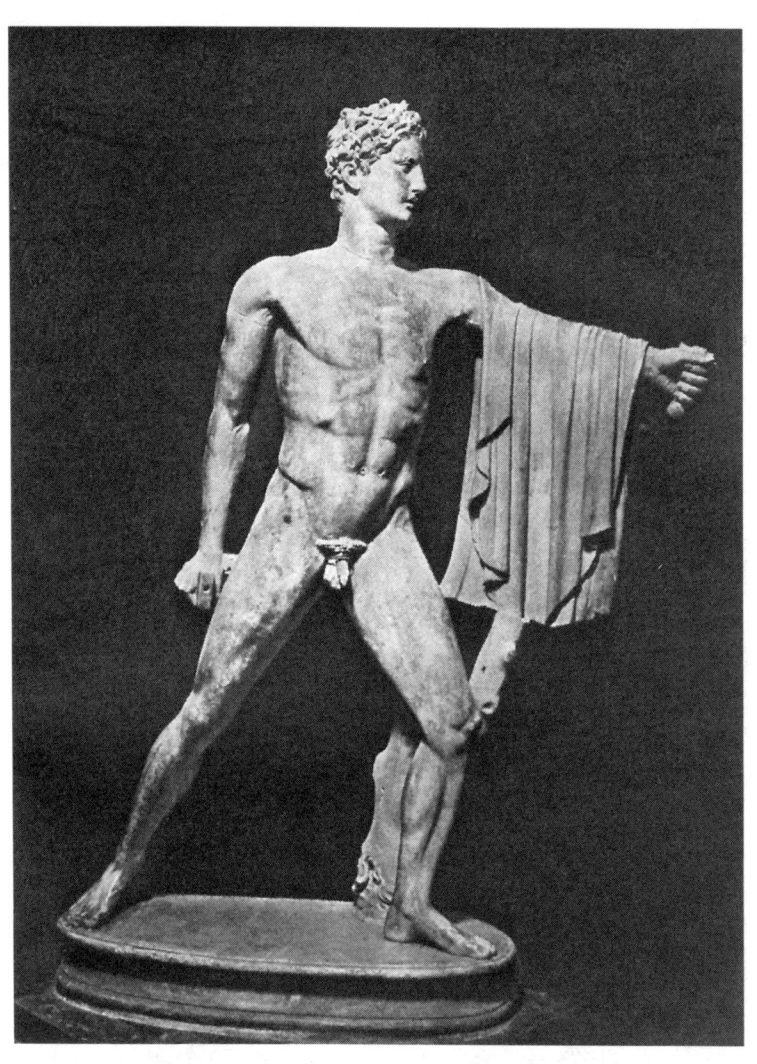

Tyrannenmörder Aristogeiton. Neapel, Nationalmuseum

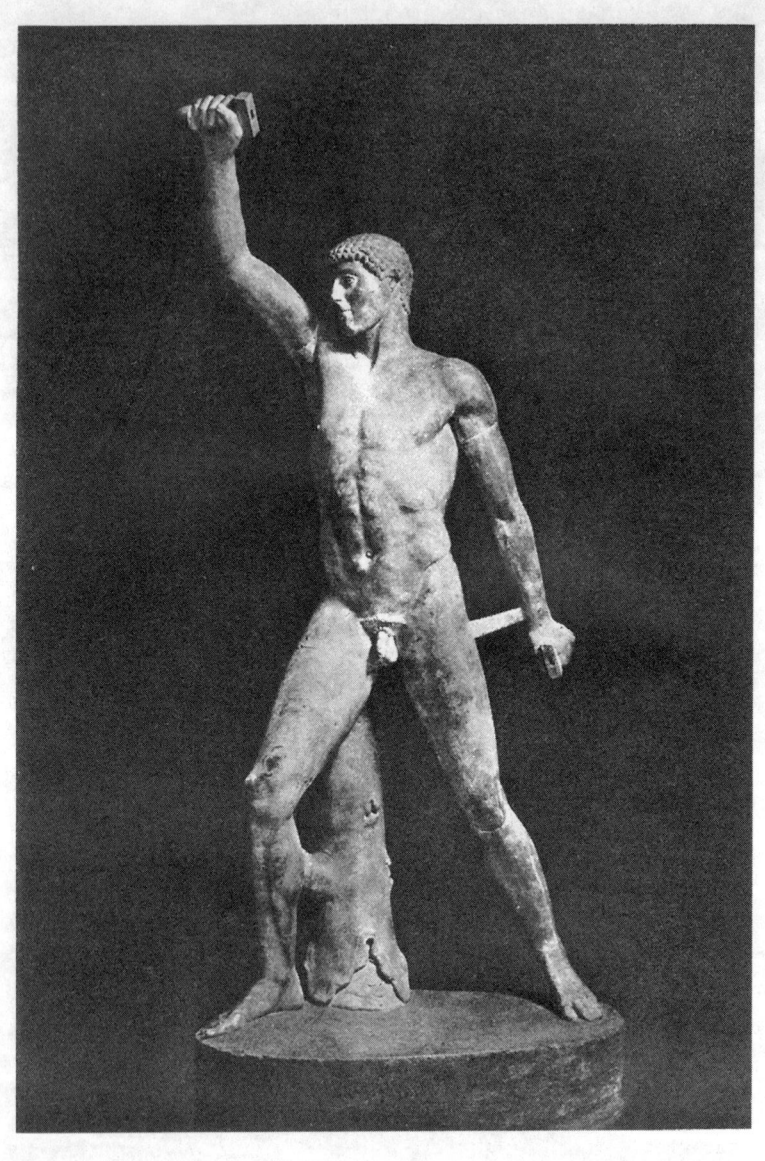

Tyrannenmörder Harmodios. Neapel, Nationalmuseum

chos war, hängen auch die großen Wasserleitungen zusammen, welche von den Bergen her das Trinkwasser in unterirdischen Felsgängen nach der Hauptstadt führten. Um diese Kanäle überall beaufsichtigen und reinigen zu können, wurden in bestimmten Zwischenräumen Schachte durch den Fels gegraben, welche Licht und Luft in die dunklen Gänge brachten. Am Rande der Stadt vereinigte sich das zuströmende Bergwasser in größeren Felsräumen, wo es sich abklärte, bevor es in der Stadt sich verteilte und die öffentlichen Brunnen speiste. Daß diese bewunderungswürdigen Werke, welche bis auf den heutigen Tag in ununterbrochener Wirksamkeit geblieben sind, zum großen Teil der Tyrannenzeit angehören, bestätigt sich auch dadurch, daß Peisistratos es war, welcher die Kallirrhoe mit Säulenhalle und neunfacher Mündung schmückte. Es war gewissermaßen der Dank, den er im Namen des Volkes der alten Stadtquelle für ihre treuen Dienste spendete. Zugleich aber wurde sie, weil sie für das tägliche Bedürfnis überflüssig geworden war, als eine heilige Quelle bezeichnet und ihr Wasser nun ausschließlich für Kultusbräuche bestimmt.

Peisistratos regierte Athen, aber er trug keinen Herrschertitel, kraft dessen er unbedingte Hoheitsrechte in Anspruch nahm. Er hatte freilich seine Herrschaft auf Gewalt gegründet und behielt in seinem Dienste ein geworbenes Heer, das, nur von ihm abhängig und unabhängig von den Stimmungen der Bürgerschaft jedem Erhebungsversuche um so nachdrücklicher entgegentreten konnte, da der größte Teil der Bürgerschaft entwaffnet, das Stadtvolk an Masse verringert und das öffentliche Interesse von den politischen Angelegenheiten teils auf die Landwirtschaft, teils auf die neuen städtischen Einrichtungen hingelenkt war. Die Ordnung der Staatsämter blieb unverändert, nur war eines derselben immer in den Händen eines Mitgliedes seiner Familie, in welcher er mit großer Klugheit jede Uneinigkeit zu unterdrücken wußte, so daß dem Volke das regierende Haus in sich einig und von e i n e m Geiste beseelt erschien. In diesem Sinne sprach man von der Regierung der Pisistratiden und konnte den mannigfaltigen Gaben, welche dem Hause eigen waren, die Anerkennung nicht versagen.

Es war ein weiser Rat, den alte Staatslehrer den Tyrannen gaben, sie sollten ihrer Herrschaft soviel als möglich den Charakter der altköniglichen geben, damit die Usurpation als Quelle der Macht vergessen werde. Darum wollte auch Peisistratos nicht, wie die Kypseliden und Orthagoriden, mit der Vergangenheit des Staates brechen, sondern vielmehr an die älteste, glorreiche Geschichte des Landes anknüpfen, um nach allem Unheile, das die Parteiherrschaft des Adels über Attika gebracht hatte, demselben den Segen einer einheitlichen und über den Parteien stehenden Herrschaft zurückzugeben. Dazu glaubte er sich als Verwandter des alten Königshauses besonders berufen. Darum wohnte er auf der alten Burg, wo Kodros zuletzt milde und landesväterlich gewaltet hatte, neben dem Altare des Zeus Herkeios, dem Familienherde der alten Landesfürsten, von der Felshöhe aus, welche vor dem Baue der Propyläen ungleich schwerer zugänglich war, die unruhige Bürgerschaft überwachend. Schon durch diesen Wohnsitz mußte er in ein nahes Verhältnis zur Burggöttin und ihrer Priesterschaft treten.

Seit dem kylonischen Frevel hatte Athena selbst gleichsam Partei genommen im Bürgerkampfe, und die altattischen Geschlechter, welche mit den Heiligtümern der Götter in erblichen Priestertümern verbunden waren, konnten nicht anders als auf seiten derer stehen, welche die Gegner der Alkmäoniden waren. Darum waren es auch zweimal Athenafeste, bei denen die Pisistratiden heimkehrten. Darum wandte auch der Tyrann, als er endlich fest und ruhig auf der Burg saß, seine besondere Aufmerksamkeit dem Athenakulte zu. Das alte Sommerfest der Panathenäen erneuerte er, wie ein zweiter Theseus, in dessen Fußstapfen er auch durch Herstellung der delischen Feier getreten war.

Ein anderer Gottesdienst, welchen die Tyrannen zu neuer Bedeutung erhoben, war der des Dionysos. Dieser Gott des Landvolkes steht überall im Gegensatze zu den Göttern der ritterlichen Geschlechter; darum begünstigten ihn alle Herrscher, welche die Macht der Aristokratie zu brechen suchten, und Peisistratos stand noch in einem besonderen Verhältnisse zu ihm. Denn die eigentlichen Weingaue der Athener lagen an den Höhen der Diakria, namentlich Ikaria unweit Marathon und das benachbarte Semachidai; auch Brauron selbst war ein alter Sitz berühmter Weinfeste.

Apollon, dem väterlichen Gotte der altionischen Geschlechter, hatten die Pisistratiden schon durch die Lustration von Delos eine großartige Huldigung dargebracht. In Athen selbst, im südöstlichen Stadtteile, schmückten und erweiterten sie den Bezirk des pythischen Gottes, der seit Solon ein allgemein bürgerlicher Gott geworden war; dort weihte Peisistratos der Enkel zum Andenken an sein Archontenamt den Altar, dessen verwitterte Schriftzüge Thukydides abgeschrieben und uns darin eine der ältesten Urkunden attischer Geschichte aufbewahrt hat.

Im nordöstlichen Teile der Stadt wurde zu Ehren des Apollon das Lykeion eingerichtet, mit großen Räumen für die

Übungen der Jugend. An der Westseite wurde der zweifache Kerameikos nebst den angrenzenden Vorstädten neu geordnet und geschmückt; vor allem die Akademie, deren baumreiche Niederung, durch den Erosdienst geheiligt, für die Athener immer mehr der beliebteste Erholungsort wurde.

Dem Regenten selbst gelang es freilich so wenig wie den anderen Tyrannen in Ruhe seiner Erfolge froh zu werden; er fühlte sich immer auf vulkanischem Boden. Ihn ängstigte jede Volksbewegung, jedes aufstrebende Geschlecht, jedes ungewöhnliche Glück eines Atheners. Davon zeugen die kleinlichen und abergläubischen Mittel, welche der gewaltige Mann anwendete, um sein Gemüt zu beruhigen. Er ließ es sich gefallen, wenn Athener, die in Olympia gesiegt hatten, statt ihres Namens den des Peisistratos ausrufen ließen, wie es Kimon, genannt Koalemos, der Halbbruder des Miltiades, bei seinem zweiten Wagensiege (Ol. 63; 528) tat, der zur Anerkennung dieser Loyalität aus der Verbannung zurückgerufen wurde. Mit angstvoller Sorge wurde unaufhörlich nach Göttersprüchen gesucht, welche für die Dauer der Dynastie eine Bürgschaft geben, und da der Tyrann, wie er selbst neidisch und eifersüchtig war, sich auch von fremder Mißgunst umgeben fühlte, ließ er an den Mauern seiner Fürstenburg das Bild einer Heuschrecke befestigen, welches als ein Mittel galt, den bösen Blick des Neides unschädlich zu machen. Dennoch konnte der alternde Peisistratos mit guter Zuversicht erwarten, daß seine mit Herrschertalent begabten und unter ihm in die Regierung eingeführten Söhne und Enkel, seiner Politik treu, die Dynastie erhalten würden, welcher Athen nach innen und außen soviel zu verdanken hatte. In dieser Hoffnung starb er hochbetagt im Kreise der Seinigen, Ol. 63, 2; 527. Hippias folgte nach des Vaters Willen in der Macht der Tyrannis und die Brüder hielten, wie sie dem Vater versprochen hatten, treu zusammen. Dem milderen und feineren Hipparchos wurde es nicht schwer der zweite zu sein; er benutzte seine Stellung für die friedlichen Seiten der Verwaltung.

Und dennoch war ein Wechsel im öffentlichen Zustande nicht zu verkennen. Denn während der Vater, welcher sich durch eigene Klugheit aus der Bürgerschaft hervorgearbeitet hatte, sein geschmeidiges Wesen sich bis zu Ende bewahrt hatte, war den Söhnen jede Erinnerung eines bürgerlichen Lebens fremd. Sie hatten sich immer als Fürstensöhne gefühlt und der Wechsel ihres Schicksals hatte bei Hippias nur ein Gefühl der Bitterkeit zurückgelassen. Bald traten Zeichen von Willkür, Ungesetzlichkeit und Hoffart ein. Ihre Söldner mußten ihnen zu jedem Dienste bereit sein, wenn ihr tyrannischer

Argwohn ein Opfer erheischte; als Kimon Koalemos Ol. 64; 524 zum dritten Male als Olympionike nach Athen kam, ließen die Pisistratiden ihn aus Angst vor dem Glücke der Kypseliden beim Prytaneion durch Meuchelmörder aus dem Wege räumen. Und wenn an solchen Taten der ältere Bruder die Hauptschuld trug, so war doch auch Hipparch nicht frei von üppiger Schwelgerei und Lüsternheit. Darum wies er als Festordner der Panathenäen ein attisches Mädchen von der Ehre des Korbtragens zurück, und zwar, wie man sagte, aus keinem anderen Grunde, als weil ihr Bruder Harmodios seine unreinen Gunstbezeugungen verschmäht hatte. Dieser konnte den Schimpf seines Hauses um so weniger vergessen, da im Geschlechte der Gephyräer, welchem er angehörte, Familienehre über alles ging. Mit Aristogeiton und anderen Genossen machte er eine Verschwörung zum Sturze der Tyrannen, welche bei dem Aufzuge der großen Panathenäen zur Ausführung kommen sollte; war die Tat geschehen, so konnte man, wie die Stimmung war, der öffentlichen Billigung gewiß sein. Anfangs ging alles nach Wunsch. Das Volk drängte sich harmlos der Hauptstraße zu und beide Brüder waren mitten darunter, Hippias draußen im Kerameikos den Zug ordnend, Hipparch am Markte. Mit Myrtenzweigen geschmückt, dem Sinnbilde der volkvereinenden Aphrodite, stellten die Bürger sich in Reih und Glied, als die Verschworenen, die ihren Plan verraten glaubten, in übereilter Wut über Hipparchos herstürzten; ein blutiges Handgemenge unterbrach das Fest, ohne daß der Zweck erreicht wurde. Denn der überlebende Bruder handelte fest und entschlossen. Ehe der nachrückende Zug wußte, was geschehen sei, ließ er alle mit Schwertern heimlich Bewaffneten ergreifen. Schuldige und Unschuldige wurden gefoltert und getötet; die bedrohte Herrschaft war von neuem gesichert (Ol. 66, 3; 514).

Das vergossene Bürgerblut brachte nur Unsegen; denn Hippias glaubte sich nun zu einer anderen Regierungsweise berechtigt und benötigt. Er benutzte die Gelegenheit, sich verhaßter Bürger zu entledigen und die Güter der Verbannten einzuziehen. Mürrisch und argwöhnisch zog er sich auf die Burg zurück, suchte sich durch auswärtige Beziehungen zu sichern, knüpfte mit Sparta, mit den Fürsten von Thessalien und Makedonien engere Verbindungen, gab seine Tochter Archedike dem Tyrannen von Lampsakos wegen des Ansehens desselben am Perserhofe und suchte auf alle Weise Geld zu erpressen. Er übte die Straßenpolizei so gewaltsam, daß er die Vorsprünge der Häuser gerichtlich einziehen und ausbieten ließ, so daß die Eigentümer gezwungen waren, Teile ihres Hauses um hohen Preis anzukaufen; er entwertete die gangbare Münze und gab dann das eingeforderte Silber zu höherem Werte wieder aus; er gestattete einzelnen Bürgern, sich von den öffentlichen Lasten, namentlich von den Ausgaben für die Festchöre loszukaufen, so daß die anderen um so mehr gedrückt wurden.

So wurde aus der volksfreundlichen Regierung der Pisistratiden eine unerträgliche Zwingherrschaft. Die innere Unwahrheit einer Staatsverfassung, welche die Formen der solonischen Republik mit schrankenlosem Despotismus verbinden wollte, trat immer greller zu Tage; die ganze Regierungsweise wurde immer verächtlicher, da sich nur unwürdige Personen zum Staatsdienste hergaben, und in demselben Maße stiegen die Hoffnungen, mit welchen die Feinde des Tyrannenhauses auf Athen blickten.

Die Tyrannenfeinde hatten ihr Hauptquartier in Delphi; an ihrer Spitze standen die mit dem pythischen Heiligtume seit alter Zeit naheverbundenen Alkmäoniden, geführt von Kleisthenes, dem Enkel des sikyonischen Tyrannen, dem von väterlicher und mütterlicher Seite her ein hochstrebender Geist angeboren war. Zu ihm hielten die Männer der edelsten Geschlechter, wie der ältere Alkibiades, Leogoras, Charias und andere. Diese Parteigenossen führten ihre Sache in doppelter Weise: zuerst durch kriegerische Unternehmungen. Es gelang ihnen durch kühnen Handstreich einen festen Punkt im Parnes, Leipsydrion, zu besetzen, wo sie die Unzufriedenen an sich zogen. Der blutigen und unglücklichen Kämpfe, welche die Besatzung gegen die Truppen der Tyrannen führte, gedachten lange Zeit die Athener im Liede, wenn sie beim Mahle sangen: „Wehe, wehe Leipsydrion, du Verräter der Freunde! Was für Männer hast du zugrunde gerichtet, tapfer im Kampfe, edel von Stamm, welche damals bezeugten, aus welchem Blute sie entsprossen wären."

Bald öffnete sich den umsichtigen Alkmäoniden ein anderer Weg zum Ziele zu gelangen. Der delphische Tempel war nämlich Ol. 58, 1; 548 abgebrannt. Die Priesterschaft tat alles, um eine staatliche Erneuerung zu veranlassen, und ließ, wie für eine allgemeine Nationalsache, aller Orten sammeln, wo Griechen wohnten. Als nun ein Kapital von 300 Talenten vorhanden war und ein Unternehmer gesucht wurde, um nach dem bestimmten Plane den Neubau auszuführen, so meldeten sich die Alkmäoniden und leisteten, nachdem ihnen von den Amphiktyonen der Bau übertragen war, in jeder Beziehung ungleich mehr als ihnen vertragsmäßig oblag. Namentlich ließen sie statt des gewöhnlichen Kalksteins parischen Marmor für die Ostseite des Tempels anwenden. Dadurch verpflichteten sie sich die delphischen Behörden in hohem Grade und bestimmten sie, indem sie es in keiner Beziehung an freigebigen Spenden fehlen ließen, von nun an in ihrem Familieninteresse unablässig tätig zu sein und gegen die Pisistratiden offen Partei zu nehmen. Seit der Zeit wurden die griechischen Staaten, vor allem aber Sparta, das seit mehr als 50 Jahren einen glorreichen Krieg gegen die Tyrannen Griechenlands führte, in diesem Sinne durch den Mund der Pythia bearbeitet. Sooft einzelne Bürger oder der Staat der Spartaner nach Delphi schickten, wurde jedem Bescheide die Aufforderung hinzugefügt, Athen von seiner Gewaltherrschaft zu befreien, und wenn die Spartaner unter allerlei Ausflüchten auch ihre Gastfreundschaft mit den Pisistratiden geltend machten, so hieß es, die göttlichen Rücksichten gingen allen menschlichen vor.

Endlich, da ihnen keine Ruhe gelassen wurde, rafften die Spartaner sich auf. Sie hatten vor kurzem im Ägäischen Meere gegen Polykrates gekämpft, sie hatten Lygdamis gestürzt und die attischen Geiseln von Naxos befreit; so schickten sie nun auch trotz ihrer angeborenen Unlust, sich in die Angelegenheiten des Festlandes einzumischen, zu Wasser unter Anchimolios ein Heer nach dem Phaleros. Sie glaubten, ihr Verhältnis zu Delphi, welches gerade durch Athen unterbrochen und gestört worden war, bei dieser Gelegenheit wiederherstellen zu können. Diese Unternehmung hatte wenig Glück. Denn die Pisistratiden entboten ihre thessalische Bundesreiterei, überfielen das spartanische Heer, das in der weiten Ebene sich ungünstig gelagert hatte, und töteten den Feldherrn samt einem großen Teile der Truppen.

Nun mußte Sparta vollen Ernst machen, um seine Ehre zu retten. Hatte es zuerst mit Rücksicht auf die gastfreundlichen Beziehungen zu den Pisistratiden Bedenken getragen, ein königliches Heer zu schicken, so stellte es jetzt seinen König Kleomenes an die Spitze des Aufgebots und ließ zu Lande in Attika einrücken.

Es war ein außerordentlicher Mann, der damals im Stamme der Agiaden die Königswürde bekleidete; ein Mann, in welchem die alte Fürstenkraft der Herakliden wieder mächtig aufloderte. Von einem ungebändigten Selbstgefühle beseelt, hatte er keine Lust, unter der verhaßten Aufsicht der Ephoren zu Hause König zu spielen. Ein tyrannisches Gelüste lag unverkennbar seinen Handlungen zugrunde und jede kühne Unternehmung außerhalb der Grenzen des beengenden Sparta war ihm willkommen. Darum hatte er gleich nach seinem Regierungsantritt (um 520) einen Einfall in Argolis gemacht. Zu der alten Zwietracht kamen neue Anlässe. Die Argiver hatten sich mit den attischen Tyrannen eingelassen; sie hatten dem Peisistratos eine Tochter ihres Landes, Timonassa, zur Frau gegeben und dem Tyrannen bewaffnete Hilfe geschickt. Eine so selbständige und antispartanische Politik wollte man nicht dulden, und nachdem man die peloponnesischen Bundesgenossen des Tyrannen gezüchtigt und Spartas Macht fester als je zuvor gegründet hatte, ging Kleomenes als bewährter Kriegsfürst voll hochfahrender Pläne gegen Athen. Er hatte sich mit Reiterei hinlänglich versehen; die Alkmäoniden, alle Emigranten und Tyrannenfeinde schlossen sich ihm an; die Tyrannen wurden bei demselben Platze, wo sie einst ihre Macht gegründet gegründet hatten, beim Heiligtume von Pallene, besiegt und in ihrer Burg eingeschlossen. Eine langwierige Belagerung stand in Aussicht. Da fügte es sich, daß die Kinder des Tyrannen, welche außer Landes gebracht werden sollten, feindlichen Streifscharen in die Hände fielen. Um sie zu retten, zog Hippias mit seinen Schätzen ab, nachdem er mit seinem Bruder 14, für sich allein 3½ Jahre regiert hatte. Die auf eine längere Dauer der Dynastie berechneten Bauten, namentlich der Hekatompedos und das Olympieion, blieben unvollendet stehen.

Der Sturz der Tyrannen hatte zunächst keine andere Folge, als die Erneuerung der alten Parteifehden. Nachdem von den drei Parteien eine das Feld geräumt hatte, standen sich die beiden andern sofort in offenem Streite gegenüber; nur die Bekämpfung des gemeinsamen Gegners hatte sie für einen Augenblick in e i n e m Heerlager geeinigt. Auf der einen Seite die Adelspartei mit Isagoras an der Spitze, dem Sohne des Tisandros, in dessen altem Hause der karische Zeus verehrt wurde, auf der andern Seite die Alkmäoniden. Den letzteren war Sparta nur das Mittel gewesen, um das Tyrannenhaus zu stürzen, und sie waren nicht gesonnen, der fremden Macht den geringsten Einfluß auf die Neugestaltung ihrer Stadt einzuräumen. Dagegen glaubten die anderen die Gelegenheit benutzen zu müssen, um die verhaßten Neuerungen, welche seit Solon bestanden, die Gleichheit der Stände, die Berechtigung des Besitzes ohne Rücksicht auf Geburt, den Zutritt aller Vermögenderen zu den Ehrenämtern des Staates zu beseitigen. Anfangs war diese Partei im Vorteile; denn sie hatte unter den Tyrannen im stillen fortbestanden; sie trat fertig auf und hatte in der Verbindung mit Sparta einen Rückhalt und eine feste Stütze. Die Alkmäoniden dagegen fanden keine feste und geschlossene Partei vor; sie waren zu lange in der Fremde gewesen und ihr alter Anhang im Lande hatte sich aufgelöst; es gab keine Partei der Paralier mehr.

Kleisthenes war aber nicht so leicht zu verdrängen. Ein feuriger Mann, durch ein unstetes Leben und die Erinnerungen seines Geschlechtes aufgeregt, im Parteileben erwachsen, von Kindheit auf mit politischen Plänen erfüllt, weltkundig, gewandt und fest entschlossen, um jeden Preis Einfluß zu gewinnen, ergriff er rasch entscheidende Maßregeln gegen die Übermacht des Isagoras. Er vereinigte den Überrest seines alten Anhanges mit der verwaisten Partei der Diakrier; er trat in die Politik ein, mit der Peisistratos begonnen hatte, er benutzte alle Mittel, die ihm zu Gebote standen, die Masse des Volkes um sich zu sammeln; er regte sie auf, indem er auf die verfassungsfeindlichen Schritte der Gegner hinwies, und binnen kurzer Zeit war er das Haupt der ganzen Volkspartei, mächtiger als je ein Alkmäonide gewesen war.

Ehrgeiz war die eigentliche Triebfeder seiner Handlungen. Aber er vertrat doch eine höhere Sache als persönliche Interessen und Familienruhm. Der Gegenpartei gegenüber, welche, an Sparta gelehnt, die verfassungsmäßigen Rechte des Volkes aufzuheben trachtete, vertrat er die nationale Ehre und Selbständigkeit Athens; er vertrat das gefährdete Recht, die unter schweren Kämpfen errungene bürgerliche Freiheit, die beschworene Verfassung, die selbst den Tyrannen heilig gewesen war, endlich die Zukunft Athens, welche von der freien und selbständigen Entwicklung auf solonischer Grundlage abhängig war. Dadurch gewann er eine ganz andere Stellung als die eines selbstsüchtigen Parteiführers; dadurch erhielt er Kraft und Ansehen bei den Besten des Volkes; die Reaktion der Aristokraten ist es gewesen, welche Kleisthenes groß gemacht und seiner Politik einen bestimmten Weg vorgezeichnet hat.

Wollte er die solonische Verfassung retten, so durfte er es nicht dabei bewenden lassen, das Alte zu stützen, sondern es mußte der ganze Rechtsboden neu befestigt und die Verfassungspartei dadurch zusammengehalten werden, daß ein bestimmtes Ziel erstrebt und ein neuer Fortschritt gemacht wurde. Solon hatte alles, was zu einem freien Bürgertume unentbehrlich war, die Teilnahme an Regierung, Gesetzgebung und Gericht, allen Mitgliedern des Staates eröffnet; die adelige Herkunft hatte aufgehört die Bedingung des vollen Bürgertums zu sein. Im übrigen hatte er die inneren Einrichtungen des Adels geschont und, zufrieden, das Wesentliche erreicht zu haben, die Überreste der alten Zeit, auf welche die Anhänger derselben großen Wert legten, namentlich die Gliederung der Eupatriden in die Stämme der Geleonten, Hopleten, Ergadeer und Aigikoreer als etwas Unwesentliches und Unschädliches fortbestehen lassen.

Dadurch war ein Widerspruch im Leben der Gemeinde zurückgeblieben. Nach dem geschriebenen Rechte, wie es auf der Burg aufgestellt war, bestand ein freies und gleiches Bürgertum; aber in Wirklichkeit standen sich Adel und Demos doch noch immer wie zwei Nationen gegenüber, und wenn es auch keine politischen Rechte mehr gab, welche von der Mitgliedschaft der Geschlechter abhängig waren, so gaben diese Familienverbindungen doch unaufhörlich Anlaß zu gemeinsamen Beratungen und zu heimlicher Parteibildung. Das Volk aber konnte sich nicht entwöhnen, die Mitglieder der Geschlechter als eine besondere Menschenklasse zu betrachten, entweder mit dem Gefühle demütiger Unterordnung, welche im Widerspruche war mit der solonischen Bürgergleichheit, oder mit dem Gefühle des Hasses und der Feindschaft, welches den Frieden des Gemeinwesens zerstörte.

Diese Übelstände und inneren Widersprüche wollte Kleisthenes nicht, wie es Solons Gedanke gewesen war, dem milden Einflusse einer allmählich ausgleichenden Entwicklung überlassen; er glaubte dies um so weniger zu dürfen, weil die Adelsgeschlechter gerade jetzt mit neuen Ansprüchen hervortraten und sich geneigt zeigten, auch ausländische Verbindungen nicht zu verschmähen, um ihre Parteiabsichten durchzusetzen. Deshalb erschien es notwendig, entschiedener mit der alten Zeit zu brechen, die Geschlechtsverbände aufzulösen, in denen die verfassungsfeindliche Partei ihren Sitz hatte, dem familienhaften Zusammenhange seine Macht zu nehmen, im Volke das instinktartige Gefühl der Abhängigkeit zu entwurzeln und es dadurch erst in vollem Maße frei zu machen.

Zu diesem Zwecke bedurfte es gewaltsamer Neuerungen, vor denen jeder andere Staatsmann scheu zurückgeschreckt wäre. Daß Kleisthenes sie unternahm, erklärt sich aus seiner Persönlichkeit und Abstammung, daß sie ihm gelangen, aus der Verkehrtheit seiner Gegner und der Unterstützung des delphischen Orakels.

Das Haus der Alkmäoniden hatte schon durch seine Verwandtschaft mit dem attischen Königsgeschlechte einen angeborenen Trieb zum Herrschen, den es nie verleugnet hat.

Unter den Einflüssen des achten und siebenten Jahrhunderts erhielt dieser Trieb unwillkürlich die Richtung auf Tyrannis, weil dies die einzige Form war, in welcher er befriedigt werden konnte. Die wilde Leidenschaftlichkeit des Megakles im Kampfe gegen Kylon erklärt sich aus der Erbitterung seines Geschlechtes, welches, selbst nach Herrschaft strebend, das erstrebte Kleinod von fremder Hand ergriffen sah. Der Sohn des Megakles, Alkmaion, trat durch seine nahen Beziehungen zum lydischen Hofe noch mehr aus der bürgerlichen Sphäre heraus. Er hatte sein großes Vermögen rasch vervielfacht. Als der reichste aller Athener spannte er seine Ansprüche immer höher, und sein Sohn hat gewiß nicht um die Tochter des Tyrannen von Sikyon gefreit, um mit ihr in stillen Verhältnissen als ein Bürger unter Bürgern zu leben. Als Parteiführer der Paralier strebte er im Grunde nach demselben Ziele, wie Peisistratos, nur unter ungünstigen Verhältnissen. Durch jedes Mißlingen und durch den unseligen Fluch der Blutschuld, der wie ein böser Dämon immer wieder erwachte, wurde die Leidenschaft nur gesteigert und zuletzt knüpften sich alle Hoffnungen des viel getäuschten Ehrgeizes der Alkmäoniden an den Sohn der Agariste, der von Geburt zu großen Dingen berufen war.

Kleisthenes führte den Namen des mütterlichen Großvaters in das Geschlecht des Alkmaion ein; mit den Namen hatte er auch die kühne Entschlossenheit desselben, den hellen Blick, die rücksichtslose Energie in Verfolgung seiner politischen Ziele. Auch die Ziele waren sich ähnlich, denn wie der Großvater, so wollte auch der Enkel seinen Staat aus der Gebundenheit veralteter Einrichtungen lösen, um ihn einer neuen Entwicklung zuzuführen; auch er bekämpfte einen Adel, welcher durch unverbesserlichen Kastengeist die unteren Stände drückte. Beide wendeten zu gleichen Zwecken dieselben Mittel an, beide im Anschlusse an die Autorität des pythischen Orakels. So genau schloß sich der Enkel dem großväterlichen Vorbilde an; nur waren des jüngeren Kleisthenes Reformen noch ungleich durchgebildeter, durchgreifender und folgenreicher.

In den Jahren des Exils hatte er seine Pläne längst vorbereitet; darum traten sie fertig und reif an das Licht. Sein Streben war ein doppeltes. Einmal wollte er die solonische Verfassung befestigen und zur Wahrheit machen, anderseits den Staat von Grund aus erneuern. Denn er stand nicht mit parteiloser Milde den Ständen der Bürgerschaft gegenüber; er war nicht wie Solon besorgt, keinem sein Teil zu verkürzen, sondern er war ein Feind des Adels und ergriff mit Leidenschaft die Führung der verwaisten Bewegungspartei. Daher stammen die entgegengesetzten Richtungen einer konservativen und einer radikalen Politik, wie sie bei wenig Staatsmännern sich so vereinigt finden, wie bei Kleisthenes.

Der Segen der solonischen Verfassung hatte nicht Wurzel schlagen können, weil die Geschlechter den Staat als einen Tummelplatz ihres Ehrgeizes betrachteten und eine friedliche Entwicklung unmöglich machten. Solon hatte die Bürger im wesentlichen gleichgemacht; da er aber die Institutionen des

Geschlechtsadels nicht anzutasten gewagt hatte, so hatte sich in demselben eine Abgeschlossenheit erhalten, welche die beabsichtigte Verschmelzung der Bürger verhinderte; darum war der Staat Solons nicht begriffen und nicht verwirklicht worden. Nun dachte freilich auch Kleisthenes nicht daran, die alten Geschlechter mit ihren Heiligtümern und Opferdiensten aufzulösen; alles Familienrechtliche und Religiöse blieb ruhig bestehen nebst den herkömmlichen Gebräuchen und altbürgerlichen Sitten, die sich daran anschlossen. Aber die Gemeindeverbände, denen die Phratrien und Geschlechter untergeordnet waren, die vier ionischen Stämme sollten nicht mehr die politische Gliederung des Volkes bilden; denn so lange dies der Fall war, schienen auch die untergeordneten Gliederungen an einer politischen Bedeutung Anteil zu haben. Es erschien als der Hauptfehler der solonischen Verfassung, daß in diese alten Stämme die neu geschaffene Bürgerschaft hatte untergebracht werden sollen, gleichsam ein neuer Wein in alte Schläuche. Darum wurden die Adelsstämme nicht nur, wie in Sikyon, ihrem Namen und ihrer Rangordnung nach verändert, sondern die ganze Gliederung wurde aufgehoben, zugleich mit der Vierzahl, welche allen ionischen Staatsordnungen zugrunde lag.

Statt ihrer wurde ein Dezimalsystem eingeführt, welches an keine hergebrachte Ordnung sich anschloß. Die neuen Zehnteile der Bürgerschaft nannte er zwar wie die alten Vierteile: Phylen, das heißt Stämme; aber sie hatten mit Abstammung und Herkunft nichts zu tun. Sie waren nichts als die Einheiten, welchen gewisse Gruppen ländlicher Bezirke (Demen) untergeordnet wurden. Diese Bezirke oder Ortsgemeinden hatten längst bestanden; es waren zum Teil alte Zwölfstädte Attikas, wie Eleusis, Kephisia, Thorikos, zum Teil kleinere Flecken und Ortschaften, welche Bestandteile der einzelnen Zwölfstädte gewesen waren, wie Marathon und Oenoe, die zur Tetrapolis gehört hatten; sie behielten ihre alten Namen, auch diejenigen, welche von den Geschlechtern, die vorzugsweise in denselben angesessen waren, herrührten, wie Butadai, Aithalidai, Paionidai. Sie waren schon früher, vielleicht als Unterabteilungen der Naukrarien, zum Behufe der Polizeiordnung und der Besteuerung vom Staate als übersichtliche Abteilungen der Bevölkerung benutzt worden. Jetzt aber wurden sie die eigentlichen Verwaltungskreise des Landes. In jedem Demos wurden die Einsässigen aufgeschrieben und die Aufzeichnung in diese Gemeindelisten diente von nun an als Nachweis der Landesangehörigkeit und der bürgerlichen Rechte. Mochte einer seinen Wohnsitz ändern, so oft er wollte, er blieb dem Demos angehörig, dem er einmal zugeordnet war.

Hundert solcher Ortsgemeinden wurden eingerichtet, je zehn derselben einem der neuen Stämme untergeordnet und so eine von allem früheren vollständig abweichende Organisation von Land und Volk geschaffen, eine vom Verbande der Geschlechter gänzlich unabhängige und nur auf dem Wohnsitze beruhende. Aber auch dies Prinzip wurde nicht in der Weise durchgeführt, daß, wie es am natürlichsten scheint, zehn zusammenliegende Ortschaften zu einem Ganzen vereinigt wurden. Denn dann wären in der einen Phyle die Diakrier, in der andern die Paralier, in der dritten die Pedieer vorherrschend gewesen, und eine solche Landesordnung würde der alten Parteiung eine neue Grundlage gegeben haben. Es scheint vielmehr, daß aus diesem Grunde von Anfang an Bezirke von ganz verschiedener Lage, wie Phaleros und Marathon, Peiraieus und Dekeleia, in einem Stamme vereinigt wurden, um die alten Parteibezirke zu zerschlagen.

Die neuen Stämme hatten also auch keinen örtlichen Mittelpunkt, wie die Demen, deren jeder seinen eigenen Marktplatz hatte. Sollten also die Angehörigen eines Stammes zur Beratung zusammentreten, so vereinigten sie sich in Athen, und auf diese Weise wurde die Hauptstadt noch mehr der Mittelpunkt und das Herz der ganzen Landschaft. Ja, es war absichtlich so eingerichtet, daß Athen mit seinen Vorstädten selbst einer Reihe verschiedener Stämme angehörte. Jeder der zehn Stämme hatte seine Vorsteher sowie seine gemeinschaftlichen Heiligtümer und Feste, welche zu einer freundschaftlichen Annäherung unter den Bürgern dienten. Ihre korporative Tätigkeit beschränkte sich aber auf die Wahl der Vorstände, auf die Verteilung der bürgerlichen Lasten und die Ernennung von Vertrauensmännern, welche bei öffentlichen Arbeiten als Geschäftsführer dienen sollten; sie waren die Organe der Bürgerschaft, um das, was der Staat an Leistungen in Krieg und Frieden in Anspruch nahm, zur Ausführung zu bringen. Sie umfaßten also die Tätigkeit der Naukrarien, und diese blieben auch, von 48 auf 50 vermehrt, bestehen, so daß jeder Stamm fünf solcher Reederkreise oder Steuerbezirke umfaßte und demgemäß fünf Schiffe und zehn Reiter zum Landesschutze zu stellen hatte. Indem nun diese Kreise sowohl dem Einflusse der Adelsgeschlechter als auch dem der Lokalparteien entzogen waren, dienten sie dazu, ohne Einmischung der Staatsbehörden die Kräfte des Volkes für das Gemeinwesen heranzuziehen und in der Entfaltung derselben einen möglichst allgemeinen, von Nebenrücksichten ungehemmten und patriotischen Wetteifer hervorzurufen.

Während die Stämme oder Phylen nur gelegentlich zu einer

Beteiligung an der Verwaltung berufen waren, blieben die laufenden Geschäfte der Landesgemeinden den einzelnen Demen überlassen. Jeder Gau oder Demos hatte seinen er= wählten Ortsvorsteher (Demarchos), seine Kultusbeamten und seine Rechnungsbehörden; denn jeder Gau hatte Grundstücke zu verwalten und eine Gemeindekasse zu führen; auch ein Besteuerungsrecht stand der Ortsgemeinde zu, welche zur Be= ratung ihrer inneren Angelegenheiten Versammlungen hielt, und diese Versammlungen gaben den Angehörigen Gelegen= heit, sich in Behandlung öffentlicher Geschäfte zu üben, sie waren eine Vorschule für die Staatsangelegenheiten. Mit der Gesamtgemeinde hatten dieselben nur insofern eine unmittel= bare Berührung, als in denselben die heranwachsenden Bür= gersöhne als Gemeindegenossen aufgenommen und die Ge= meindebücher in ihnen kontrolliert wurden. Denn diese Ge= meindebücher dienten zugleich als Urkunden des attischen Staatsbürgertums.

Auch in Beziehung auf die Staatsregierung waren die Stämme des Kleisthenes nur die Mitglieder, um die Gaue des Landes, in denen sich das Gemeindeleben mit seinen örtlichen Inter= essen frei bewegte, mit der Gesamtheit des Staates in organi= schem Zusammenhang zu setzen. Wenn also schon Solon den Senat als einen aus der Bürgerschaft erwählten Verwaltungs= ausschuß eingerichtet hatte, so bildete Kleisthenes diese Ein= richtung in der Weise weiter aus, daß jährlich 50 Mitglieder jedes Stammes, doch unter Beibehaltung der solonischen Be= schränkungen, gewählt wurden. So wurde der Rat nicht nur um 100 Mitglieder stärker, sondern er wurde noch mehr als früher eine Vertretung des Volkes, indem nach Maßgabe der neuen Ordnungszahl das Verwaltungsjahr des Rates in zehn Teile geteilt wurde, und in jedem derselben hatte ein Stamm des Volkes nach einer durch das Los bestimmten Folge den Vorsitz oder die „Prytanie". So wurde die Prytanie zu einer Verwaltungsfrist von 35 oder 36 Tagen. Endlich dienten die Stämme auch zur Bildung der Geschworenengerichte.

Rat und Gerichte hüteten, wie schon Solon angeordnet hatte, die Rechte des Volkes und schützten sie gegen die Willkür amtlicher Gewalt. Am schwierigsten aber war es, die Staats= ämter selbst auf eine dem Geiste der Zeit und dem Wohle des Gemeinwesens entsprechende Weise zu besetzen. Um sie drängte sich der Ehrgeiz der Mächtigen; bei den Wahlversam= lungen tauchten immer von neuem die alten Spaltungen auf; da boten die alten Parteiführer ihren ganzen Anhang auf, um die Ämter zu erreichen, welche mit den Attributen der Staats= hoheit, dem Erbe der alten Königswürde, bekleidet waren, und um die kurze Zeit der Amtsdauer für ihre ehrgeizigen Zwecke nach Kräften auszubeuten. Hier wurde nun eine der wesentlichsten und erfolgreichsten Neuerungen gemacht, indem bei Besetzung der Regierungsstellen die Wahl aufgehoben und statt dessen das Los eingeführt wurde.

Freilich erscheint diese Neuerung vom theoretischen Standpunkte aus auffälliger und bedenklicher, als sie in Wirklichkeit war. Denn erstens ist das Los bei den Griechen durchaus keine Errungenschaft demokratischer Bewegungen, sondern es kommt schon in alten Zeiten vor, namentlich bei Besetzung heiliger Ämter, wo man der Gottheit die Entscheidung überlassen wollte. Und dann war ja die Einrichtung die, daß nur unter den Bewerbern das Los entschied; man konnte aber mit Grund voraussetzen, daß aus der beschränkten Zahl derer, welche durch ihren Grundbesitz dazu berechtigt waren, nur solche Männer als Bewerber um die obersten Regierungsstellen aufzutreten wagen würden, welche einen gewissen Anspruch auf das Vertrauen ihrer Mitbürger besaßen. Die Öffentlichkeit des Gemeindelebens und die Gefahr der Lächerlichkeit mußte schon die ganz Unberufenen von der Bewerbung fernhalten. Und wenn denn nun auch unter den Bewerbern nach dem Zufalle des Loses nicht immer der Tüchtigste in das Amt kam, so war doch ein solcher Erfolg bei freier Volkswahl um nichts sicherer verbürgt. Ein weit überwiegender Vorteil aber war dadurch erreicht, daß die obersten Beamten aufhörten die Organe der augenblicklich herrschenden Partei zu sein. Nun mußten Männer verschiedener Parteien als Amtsgenossen regieren und in höheren Gesichtspunkten die Ausgleichung ihrer Ansichten suchen. Die Wahlkämpfe und Wahlumtriebe wurden beseitigt, die Bürger entwöhnten sich der Parteiintrigen, welche das Leben vergifteten. In besonderen Fällen, wo alle in e i n e m den rechten Mann erkannten, kam es vor, daß alle Bewerber neben ihm zurücktraten, und dann war im besten Sinne eine Volkswahl vollzogen. Für die bewegte Zeit des Kleisthenes gab es keine segensreichere Einrichtung als die Losurne. Sie hatte eine beruhigende und versöhnende Macht; ihre Einführung zeugt von der größten Staatsweisheit, und wir dürfen sie mit gutem Grunde der Zeit des Kleisthenes zueignen.

Viel revolutionärer war eine andere Maßregel, die auf das bestimmteste dem Kleisthenes zugeschrieben wird, nämlich die Aufnahme einer Menge von Leuten, die außerhalb der bürgerlichen Gemeinschaft gestanden hatten, die Einbürgerung von Gewerbleuten und Handwerkern, die als Schutzverwandte oder als Freigelassene schon längere Zeit in Attika gewohnt hatten.

Sie sollten nun als eigentliche Mitglieder dem Staate einverleibt werden und mit ihm verwachsen; ihre Tüchtigkeit sollte Eigentum des Staates werden; sie durften nun als ebenbürtige Athener an den panathenäischen Festzügen teilnehmen und leisteten mit den Bürgern dem neu geschenkten Vaterlande den Waffeneid. Hierin lag entschieden die größte Veränderung, die dem Staatswesen widerfuhr; es war eine Zersetzung der Bürgerschaft mit fremden Bestandteilen, mit Menschen, die in keiner Beziehung zum alten Athen standen, die auch nicht durch Grundbesitz mit dem Staate verknüpft waren. Es wurde dadurch viel frisches Blut zugeführt, viel neue Anregung gegeben, die Wehrkraft des Landes gestärkt; altväterliche Gewohnheiten wurden beseitigt und die freie Entwicklung des Lebens nach allen Seiten gefördert; anderseits aber mußte die Ehre des attischen Bürgertums darunter leiden und die ursprünglichen Züge des attischen Charakters wurden verwischt.

Das waren die großen und kühnen Neuerungen des Alkmäoniden Kleisthenes; sie durchdrangen das ganze Staatsleben, sie ergriffen alle Organe desselben; denn auch das, was an sich unverändert blieb, wie der Areopag, empfing neues Leben, weil in den Regierungsbeamten, die in denselben eintraten, seit Einführung des Loses ein neuer Geist lebendig war.

Die Kühnheit des Kleisthenes erfüllte seine Gegner mit Schrecken. Sie verdoppelten ihre Anstrengungen, um das große Verfassungswerk nicht zustande kommen zu lassen. Aber bald sahen sie, daß es ihnen mit ihrem Anhange unmöglich sei, der mächtig vorwärtsschreitenden, enthusiastischen Bewegungspartei die Spitze zu bieten. Isagoras trug kein Bedenken, auswärts Hilfe zu suchen. Er stand mit Kleomenes in den nächsten persönlichen Beziehungen; man sprach sogar von einem sündlichen Verhältnisse zwischen seiner Frau und dem fremden Könige. Kleomenes, von Herrschsucht getrieben, war nicht damit zufrieden, zur Vertreibung der Pisistratiden geholfen zu haben; er wollte Athen nicht wieder aus spartanischem Einflusse freilassen. Kurz, die beiden Männer vereinigten sich zu einer heimlichen Verbindung, durch welche sie sich unter dem Vorwande öffentlicher Interessen die Absichten ihres persönlichen Ehrgeizes gegenseitig verbürgten. Es wurde ihnen nicht schwer, den Spartanern deutlich zu machen, wie gefährlich die umwälzenden Bestrebungen des Kleisthenes wären. Das sei nichts als Demagogie der Tyrannis, nichts als eine neue Auflage der Revolution von Sikyon; Spartas Einfluß jenseits des Isthmus stehe für alle Zeit auf dem Spiele.

Die Spartaner beschlossen einzuschreiten. Sie schickten, wie sie gegen Tyrannenstädte zu verfahren pflegten, ihren Staatsherold nach Athen und kleideten den Inhalt der Botschaft in der Weise ein, daß sie die Ausweisung der Alkmäoniden als der seit den Tagen des Kylon mit Blutschuld Beladenen verlangten. Kleisthenes räumte das Land. Er wollte nicht, daß seinetwegen Kriegsnot über Athen käme, welche den Staat in innerem Hader und in Schwäche antreffe; er wollte, daß die verräterische Verschwörung des Isagoras und Kleomenes zur Reife käme, um dann als Retter der Freiheit heimzukehren.

Er hatte sich in seinen Gegnern nicht verrechnet. Obgleich Kleisthenes fort war, kam Kleomenes mit bewaffneter Mannschaft; er wollte nichts anderes, als Athens Selbständigkeit brechen, er wollte Isagoras als seinen Schützling daselbst zum Herrn machen und dann sich selbst eine Herrschermacht gründen, welche alles griechische Land umfassen sollte. Unter dem Terrorismus fremder Waffen wurde Isagoras im zweiten Jahre der Freiheit (Ol. 68, 1; 508) zum Archonten gewählt und nun begann in offener Weise die gewaltsamste Reaktion. Kleomenes verfuhr wie in einer eroberten Stadt. Siebenhundert Familien wurden ausgetrieben, welche Isagoras ihm als demokratisch gesinnt angegeben hatte. Der Rat, welcher schon nach der neuen Gliederung zusammengesetzt war, wurde mit Gewalt gesprengt, und zum deutlichen Zeichen, daß man nicht bloß auf Solon zurückgehen wollte, wurde nach Maßgabe der dorischen Dreizahl und nach spartanischem Vorbilde ein Rat von Dreihundert eingesetzt, in dem nur solche Aufnahme erhielten, welche die volksfeindlichen Bestrebungen rücksichtslos begünstigten.

Das Volk von Athen war aber schon zu sehr mit der von Solon gegründeten Freiheit verwachsen, um sich solchen Gewaltschritten zu beugen, und Kleomenes hatte in seiner Unbesonnenheit viel zu geringe Truppenmacht mitgebracht, um solche Dinge durchzuführen. Der alte Rat, zum Schutze der Gesetze berufen, widersetzte sich dem Verfassungsbruche; das Volk scharte sich um ihn; Stadt und Land erhoben sich und den Verschworenen blieb nichts übrig, als sich mit ihren Parteigenossen in die Burg zu werfen. Kleomenes suchte vergeblich die Priesterin der Staatsgöttin zu gewinnen; sie wies ihn, wenn er auch als „Achäer" seine königlichen Machtansprüche zu bewähren suchte, mit Abscheu von ihrer Schwelle zurück. Zwei Tage lang wurden die neuen Tyrannen auf der Burg belagert, am dritten erhielten die Lakedämonier freien Abzug. Isagoras entkam; die übrigen Parteigenossen wurden in Haft genommen und von dem Gerichte des Volkes als Landesverräter zum Tode verurteilt.

Der nächste Schritt des Rates, der durch seine Verfassungs=

treue den Staat Solons gerettet hatte, war die Rückberufung der Alkmäoniden und der andern Verbannten. Die Verbrechen und die Schande, mit denen sich die Rückschrittspartei bedeckt hatte, kamen dem Kleisthenes zugute, welcher nun um so leichter die Vollendung seiner Reformen durchsetzen konnte. Vielleicht wurde jetzt erst das Los eingeführt, um solchen Parteiwahlen, wie zuletzt noch die des Isagoras gewesen war, vorzubeugen; vielleicht wurde auch jetzt erst die Aufnahme der Neubürger durchgeführt.

Der Energie des Kleisthenes und seines Anhanges kam das delphische Orakel in sehr wirksamer Weise zu Hilfe. Nachdem es sich schon lange von Sparta entfernt und der Bewegungspartei zugewendet hatte, leistete es jetzt seinen Freunden, den Alkmäoniden, den unschätzbaren Dienst, daß es als geistliche Oberbehörde die Neuerungen bestätigte und seine Hand bot, um den ganz modernen und aus politischen Rücksichten getroffenen Einrichtungen durch Anknüpfung an die Heroen der attischen Vorzeit eine religiöse Sanktion zu geben. In Delphi selbst sollen die zehn Heroen ausgewählt sein, die Namengeber und Schutzpatrone der neuen Phylen. Sie waren nun die Vertreter der Bürgerschaft und oberhalb des Marktes wurden auf einer Terrasse des Areopags ihre Standbilder aufgerichtet. Auch von den Demen hatte ein jeder einen Heros als Schutzpatron, welchem seine Opferdienste eingerichtet wurden; Attika war nun, wie Kreta und Lakonien, nach einer den Göttern wohlgefälligen Zahl, eine Gemeinschaft von hundert Orten. So wurde das profane Dezimalsystem geheiligt und den bürgerlichen Satzungen die Weihe des göttlichen Segens verliehen.

Athen war zum zweiten Male aus einer Gewaltherrschaft befreit, welche viel schmählicher zu werden drohte, als die der Pisistratiden, weil sie zugleich die von Solon begründete Selbständigkeit der Stadt preisgeben wollte. Aber die Gefahren waren nicht vorüber. Denn Kleomenes, dessen heißes Blut nach jedem Mißlingen immer heftiger aufwallte, sammelte ein peloponnesisches Heer. Es war offener Krieg zwischen Athen und Sparta. Dazu kam, daß auch die Pisistratiden nicht ruhten, sondern aus jeder Erschütterung der Ruhe Athens neue Hoffnungen schöpften. Rings umher regten sich die Grenznachbarn, welche der aufsteigenden Macht der Athener mißgünstig zusahen. Die Ägineten und die Chalkidier, von Handelseifersucht aufgeregt, glaubten die Zeit der Verwirrung benutzen zu müssen, um die Bedeutung der attischen Marine zu vernichten. Vor allem aber waren es die Thebaner, die sich feindlich erhoben. Sie waren ihrer böotischen Landesherrschaft wegen schon mit den Pisistratiden, ihren alten Freunden, in Streit geraten.

Es herrschte nämlich im südlichen Böotien ein entschiedener Widerwillen gegen die Oberherrschaft von Theben, ein Widerwillen, welcher in der ionischen Bevölkerung des Asopostals seinen natürlichen Grund hatte und durch die Anmaßung der Thebaner immer neue Nahrung erhielt. Plataiai war der Mittelpunkt dieser Auflehnung gegen Theben. Allein zu schwach, um auf die Dauer den Ansprüchen der böotischen Hauptstadt Widerstand zu leisten, hatte sich die Bürgerschaft der Stadt an König Kleomenes gewendet, als er zufällig in ihrer Nachbarschaft verweilte, und sich bereit erklärt, dem peloponnesischen Staatenbunde beizutreten. Dies geschah, wenn Thukydides recht berichtet war, schon Ol. 65, 2; 519.

Es war damals ein entscheidender Zeitpunkt für die Entwicklung der griechischen Staatenverhältnisse, denn wenn die Lakedämonier eine mittelgriechische Stadt ebenso aufnahmen, wie sie es mit den Halbinselstädten nach und nach getan hatten, so erklärten sie dadurch, daß ihr Bund bestimmt sei, ganz Griechenland in sich zu vereinigen, und daß sie entschlossen seien, für diesen Zweck keine kriegerischen Verwicklungen zu scheuen. Die Lakedämonier gingen aber auf den Antrag der böotischen Stadt nicht ein; sie erklärten, daß sie zu ferne wohnten, um ihr rechtzeitigen und wirksamen Schutz angedeihen zu lassen; sie gaben ihr zugleich den Rat, sich lieber an ihre Nachbarstadt Athen anzuschließen, wenn sie nichts mit Theben zu tun haben wollten.

Den Plataern war dies gerade recht. Sie hatten nur auf eine Ermächtigung von seiten des angesehensten Hellenenstaates gewartet, um ihrer politischen Sympathie folgen zu können. Als daher die Athener eines Tages an dem neu gegründeten Altare der Zwölfgötter auf dem Markte ihr Festopfer darbrachten, setzten sich die Männer von Plataiai als Schutzflehende auf die Stufen des Altars und streckten die mit Binden umwundenen Ölzweige zum versammelten Volke empor. Die Pisistratiden besannen sich nicht, ob sie annehmen oder ablehnen sollten, und wenn dem lakedämonischen Bescheide in der Tat nur die Absicht zugrunde lag, welche Herodot annimmt, daß nämlich die Athener dadurch in Nachbarfehden verwickelt werden sollten, so wurde dieselbe vollkommen erreicht. In kürzester Zeit stand ein attisches Heer im Gebiete von Plataiai den Thebanern gegenüber. Vor Anfang der Schlacht entschloß man sich, den Korinthern die Entscheidung des Streites anheimzugeben; sie fiel dahin aus, daß den Plataern das Recht zustehe, sich nach eigener Bestimmung einer Bundesgenossenschaft anzuschließen. Die heimkehrenden Athener wurden von den erbitterten Thebanern überfallen, aber sie blieben siegreich und rückten nun die Grenzen der Platäer, um welche ein Streit stattgefunden hatte, an den Asopos vor; so weit ging also seitdem das attische Bundesgebiet.

Jetzt schien den Thebanern die Gelegenheit gekommen, um ihre Niederlage gut zu machen und das alte Gebiet wieder zu gewinnen. Der Abfall von Plataiai war ein gefährliches Beispiel und für den Bestand ihres oligarchischen Regiments gab es nichts Bedenklicheres, als wenn unmittelbar an ihren Grenzen ein Herd demokratischer Politik aufgerichtet wurde, welcher für die ionischen Volkselemente Böotiens die größte Anziehungskraft haben mußte. Darum rüsteten sie mit Macht, und da nun gleichzeitig der Peloponnes in Waffen gerufen wurde, da auch Aigina und Euboia sich erhoben, war Athen plötzlich auf allen Seiten zu Wasser und zu Lande von drohenden Feinden umgeben und schien gänzlich außerstande, seine Selbständigkeit sich zu erhalten.

Man mußte sich nach auswärtigen Verbindungen umsehen; man schickte im Drange der Not selbst nach Sardes, damals dem Statthaltersitze des Artaphernes, des Bruders des Königs Dareios. Die Gesandten erhielten ausgedehnte Vollmachten; zu langen Verhandlungen war keine Zeit, als daher Artaphernes Bundeshilfe versprach, aber unter der Bedingung, wie sie nach persischem Staatsrechte unerläßlich war, daß die Athener dem Großkönige Erde und Wasser geben, da erklärten die Gesandten sich auf ihre eigene Gefahr hin bereit, auf diese Bedingung einzugehen, und kamen so nach Athen zurück, wo sie glaubten, daß man ihnen alles eher verzeihen würde, als wenn sie mit leeren Händen heimkehrten.

Sie hatten sich in ihren Mitbürgern verrechnet. Ein Sturm des Unwillens erhob sich; eine Reihe von Staatsprozessen knüpfte sich an die Gesandtschaft; der Vertrag wurde vernichtet und um dieselbe Zeit wurde Kleisthenes ein Opfer des Ostrakismos.

Bei so lückenhafter Überlieferung, wie sie uns bezüglich der kleisthenischen Reformen vorliegt, wäre es eine Vermessenheit, über ihren Urheber und seine Absichten ein festes Urteil aussprechen zu wollen. Indessen wissen wir doch, daß zur Zeit, da die Gesandtschaft nach Sardes abgeschickt wurde, Kleisthenes den maßgebenden Einfluß in Athen hatte. Die Alkmäoniden standen mit der kleinasiatischen Hauptstadt in alten Beziehungen, aus Sardes stammte ihr Reichtum und Glanz; sie waren an Weltkenntnis allen Athenern überlegen und verstanden es am besten, auch die fernsten Hilfsquellen zu benutzen, um einer drängenden Not zu entgehen; sie sahen wohl schon damals voraus, daß die Pisistratiden alles aufbieten würden, zu ihren Gunsten eine persische Intervention zu veranlassen. Diesen Plänen zuvorzukommen erschien also als eine Pflicht der Selbsterhaltung, und wenn wir endlich erfahren, daß noch um die Zeit der Schlacht von Marathon die Alkmäoniden eines Einverständnisses mit den Persern beschuldigt wurden, so wird die Vermutung wohl begründet sein, daß Kleisthenes bei jener Gesandtschaft an Artaphernes vorzugsweise beteiligt war und daß sein plötzliches Verschwinden unmittelbar nach derselben mit den politischen Stürmen zusammenhängt, welche der Gesandtschaft folgten. Sein Sturz beweist, daß man ihn als einen der Freiheit gefährlichen Bürger ansah und sich berechtigt fand, gegen den Vorkämpfer der Volksfreiheit dieselbe Waffe in Anwendung zu bringen, welche er selbst zum Schutze der Freiheit gegen die Angehörigen der Pisistratiden seinen Mitbürgern in die Hände gegeben hatte.

War dies eine Ungerechtigkeit der Athener gegen ihren großen Staatsmann? War es ein unbegründeter Verdacht, welcher dem Enkel des sikyonischen Tyrannen folgte? War er ein Mann, der mit der selbstlosen Gerechtigkeitsliebe eines Solon nichts anderes wollte, als die Größe seiner Vaterstadt?

Nach dem, was wir von der Geschichte der Alkmäoniden wissen, die bald dieser, bald jener Partei sich anschlossen, können wir eine solche, rein auf die Sache gerichtete Politik nicht annehmen. Sie sind durch eine Reihe zufälliger Ereignisse an die Spitze der Volkspartei geführt worden, und so wenig wir auch berechtigt sind, einem Manne wie Kleisthenes wahren Patriotismus abzusprechen, so ist doch noch weniger vorauszusetzen, daß er den Ehrgeiz seines Hauses abgelegt haben sollte. Seine Verbindungen mit Delphi und mit Sardes zeigen das Gegenteil. Von seinen Maßregeln im Innern des Staates ist es aber besonders die Aufnahme der Fremden und Freigelassenen, welche die Uneigennützigkeit seiner Politik verdächtigt. Es war die Maßregel eines Demagogen, welcher sich mit Hilfe einer Masse von Neubürgern über die Gemeinde erheben wollte; sie hatte schwerlich einen anderen Zielpunkt, als den eines persönlichen Regiments. So wird also die Ausweisung des Kleisthenes wohl keine ungerechtfertigte gewesen sein. Sie war die Folge des ruhelosen Ehrgeizes, welcher in der Familie der Alkmäoniden zu Hause war. Kleisthenes war der letzte Nachzügler der Tyrannen des siebten und sechsten Jahrhunderts. Er hatte die freie Entwicklung des solonischen Bürgerstaates mit der Befriedigung seines Familienstolzes und seines persönlichen Ehrgeizes verbinden wollen; aber nur das erstere war ihm gelungen. Das attische Volk war in den langen Verfassungskämpfen zu sehr gewitzigt, um sich täuschen zu lassen; es war zu fest und klar in seinem politischen Streben. Die Männer, welche, mit den Alkmäoniden verbunden, die Volksfreiheit hergestellt hatten, trennten sich von ihnen, als die dynastischen Pläne sich kundgaben, und nach dem Mißlingen derselben war für Kleisthenes kein Platz mehr in dem Staate der Athener.

Inzwischen zogen sich die Kriegsgefahren immer drohender um Athen zusammen. Die ganze Kriegsmacht des Peloponneses wurde aufgeboten durch die Sendboten des Kleomenes, der über den Zweck der großen Rüstung nichts verlauten ließ, aber nichts anderes im Sinne führte, als den Schimpf, den er in Athen erlitten hatte, zu rächen und Isagoras als Gewaltherrn einzusetzen. Er brachte das große Heer bis in das Gefilde von Eleusis, während nach gemeinsamem Kriegsplane die Böotier die nördlichen Grenzorte besetzten und die Chalkidier von Osten drohten.

Es war das Glück der Athener, daß Kleomenes nicht die Macht besaß, welche er sich zutraute. Die Ungerechtigkeit und Unlauterkeit seiner Absichten, das hochfahrende Wesen, die heimlichen Tyrannengelüste, welche ihn bewegten, hatten Feindschaft und Argwohn bei den Spartanern erweckt, und an der Spitze seiner Gegner stand König Demaratos, der sich im Heerlager selbst offen seinen Plänen gegenüberstellte. Unter den Bundesgenossen fielen die Korinther ab und verweigerten die Heeresfolge, weil sie nicht verpflichtet wären, Kleomenes zu Gefallen die Verfassung Athens umzustoßen. Ihre Unlust zum Kriege wurde dadurch gesteigert, daß ihre gefährlichsten Nebenbuhler in der Seemacht, die Ägineten, in Feindschaft mit Athen waren; ihnen wollten sie durch den Krieg keinen Vorschub leisten.

So ging das Heer des großsprecherischen Königs ruhmlos auseinander und Sparta erlitt dadurch eine schwerere Niederlage, als wenn es in offener Schlacht besiegt wäre. Denn sein Ansehen bei den Hellenen hatte durch die willkürliche Politik seines Königs einen Stoß erlitten, und seine Bundesgenossenschaft war in ihrem Bestande gefährdet. Das Volk der Athener aber zog vom eleusinischen Schlachtfelde, wo die drohende Macht vor ihren Augen zerronnen war, unmittelbar und mit gehobenem Mute gegen die andern Feinde. Sie rückten in Böotien ein und es gelang ihnen, die Thebaner zu schlagen, ehe sie sich mit den Chalkidiern am Euripos vereinigt hatten. Siebenhundert Thebaner folgten ihnen in Fesseln, als sie an demselben Tage noch den Sund von Euboia überschritten und das Heer der Chalkidier besiegten; die ganze Stadt derselben fiel in ihre Hände.

Der Tag dieses Doppelsieges war der Anfang einer neuen Entwicklung der attischen Macht. Denn die Athener begnügten sich nicht mit der Demütigung der Feinde, sondern sie trieben den in Chalkis angesessenen Stadtadel, die „Hippoboten", aus seinen Besitzungen, ließen das Land neu vermessen und teilten es in gleichen Losen an viertausend Athener aus, welche sich in Chalkis niederließen; es wurde gleichsam ein neues Athen gegründet, welches den wichtigsten Seepaß am Euripos hütete. Mit reicher Beute kehrte der Siegeszug nach Athen heim und vom Zehnten des Lösegeldes, das sie für die Gefangenen eingenommen hatten, errichteten sie das eherne Viergespann am Eingange der Akropolis, welche den Athenern solange eine drohende Zwingburg gewesen war. Nun aber lag sie in der Mitte der freien Bürgerstadt; sie war dem Volke zurückgegeben als der offene Sitz seiner gemeinsamen Heiligtümer, als der Mittelpunkt der bürgerlichen Feste, wo von den Siegen des in Eintracht verbundenen Volkes ruhmvolle Denkmäler aufgerichtet wurden. Harmodios und Aristogeiton, deren Tat man als den Anfang der Befreiung betrachtete, wurden als Heroen der Stadt gefeiert und in Ehrenbildsäulen am Aufgange der Burg aufgestellt; auf der Burg selbst vertilgte man alles, was an die gestürzte Dynastie erinnerte, und stellte auf dem Platze ihrer Herrenwohnung eine Säule auf, welche die schweren Bedrückungen der Tyrannen aufzählte, sie mit allen Angehörigen auf ewige Zeiten mit Bann und Fluch belegte und dem Mörder des Hippias Straflosigkeit nebst öffentlichen Ehren verhieß.

Es war eine Wohltat für Athen, daß es gleich nach dem Sturze der Tyrannen und nach Beseitigung der Gefahren, welche von dem Landesverrate des Isagoras sowie von den herrschsüchtigen Bestrebungen der Alkmäoniden ausgingen, durch auswärtige Angriffe ununterbrochen in Spannung gehalten wurde. Dies war das wirksamste Mittel, um die Bürger aus den inneren Wirren herauszureißen. Indem ihre bürgerliche Freiheit mit der Selbständigkeit ihres Staates zugleich angegriffen wurde, lernten sie beide Güter als unzertrennlich verbundene anerkennen und verteidigen. Darum hat niemand die aufsteigende Größe der Athener wirksamer fördern können, als es die Spartaner taten, da sie in heftigem Unmute über den Gang der Dinge einen neuen Heerzug in Bewegung setzten.

Ihr Unmut war sehr natürlich. Denn zuerst war ihnen klar geworden, daß sie von der Pythia betrogen worden seien und daß es das Geld der Alkmäoniden gewesen sei, welches sie in die ganze Reihe verdrießlicher Händel hineingezogen habe. Dann konnten sie die Demütigungen nicht verschmerzen, welche sie in den letzten Feldzügen erlitten hatten; hatten doch alle ihre Unternehmungen zu einem Ziele geführt, das ihren Absichten geradezu entgegengesetzt war. Vor allem aber war es der überraschende Aufschwung der Stadt Athen, welcher ihnen keine Ruhe ließ. Anstatt des Dankes, welchen sie für die Befreiung von den Pisistratiden erwartet hatten, war ihr König mit Schimpf und Schande fortgejagt worden. Ihre Bundesgenossen, die Böotier und Chalkidier, waren ohne Unterstützung geblieben und besiegt worden, die Macht des attischen Staates nicht nur im Innern befestigt und erstarkt, sondern auch über die Grenzen der Landschaft hinaus vorgeschritten. Auch dazu hatten die Spartaner selbst wider Willen die Veranlassung gegeben. Denn der den Platäern gegebene Rat, welcher die Athener in verderbliche Fehden verwickeln sollte, hatte ihnen nur Vorteil, nur Zuwachs an Ruhm und Macht verschafft. Athen hatte eine vorörtliche Stellung im Asopostale; es hatte den Grundstein einer attischen Hegemonie gelegt, es hatte in Euboia festen Fuß gefaßt und nach spartanischem Vorbilde eingezogenes Land außerhalb seiner Grenzen den Bürgern der Stadt als Eigentum zugewiesen. Mit Staunen sah man in ganz Hellas auf das Glück der Athener, welche nicht gesonnen schienen, auf der Bahn des Ruhmes stehen zu bleiben, und die Orakelsprüche, welche durch Kleomenes nach Sparta gebracht waren, erfüllten mit ihren Weissagungen attischer Machtvergrößerung nun um so mehr die abergläubischen Gemüter der Spartaner.

Da es ihnen mit ihren bisherigen Unternehmungen so schlecht gelungen war, so schlugen sie jetzt den entgegengesetzten Weg ein. Sie gedachten ihrer alten Verbindungen mit dem Hause des Peisistratos, deren Bruch sie bitter bereuten. Sie eilten, ihren Herold nach dem Hellesponte zu schicken, wo der vertriebene Hippias mit seinem Anhange Hof hielt, und bald darauf sah man den Tyrannen in Sparta, das ihn als seinen Schützling aufnahm und kein Hehl daraus machte, daß es die Rückführung der Pisistratiden als das einzige Mittel, den gefährlichen Aufschwung des attischen Volkes niederzuhalten, mit allem Nachdrucke durchsetzen wolle. Ein großer peloponnesischer Krieg war im Anzuge.

Indessen hatte Sparta, von dem leidenschaftlichen Kleomenes geleitet, vergessen, daß es an der Spitze einer freien Bundesgenossenschaft stehe und daß seine Macht auf dem moralischen Ansehen beruhe, welches der lykurgische Staat sich errungen hatte. Wie konnte aber dies Ansehen bei dem will-

kürlich und leidenschaftlich wechselnden Verfahren der Spar=
taner bestehen! Wie konnte man einem Staate vertrauen,
welcher als erklärter Tyrannenfeind groß geworden war und
nun einen mit Bürgerblut befleckten Tyrannen, den er selbst
verjagt hatte, wieder einsetzen wollte!

Es war eine stürmische Tagsatzung, welche um Ol. 68, 4; 505
in Sparta zusammenkam, um die Restauration der Pisistratiden
zu beschließen. Die Spartaner gaben sich alle Mühe, ihre
Politik zu rechtfertigen. Sie bekannten offen ihr Versehen, des=
sen Schuld sie auf Rechnung der trügerischen Pythia schoben;
sie wiesen auf die Schmach hin, welche sie zur Strafe der ver=
letzten Gastfreundschaft erlitten hätten. Diese Schmach ruhe
zugleich auf dem ganzen Waffenbunde. Auch drohe allen Ge=
fahr, wenn Athen fortfahre in seinem Übermute ungehemmt
zu wachsen. Hippias verbürge die Demütigung der Stadt und
ihre Unterordnung unter den peloponnesischen Vorort.

Schweigend hörten die Abgeordneten die Rede der Spartaner
an; keinem leuchtete ihr Inhalt ein, aber nur der Korinther
Sosikles wagte offenen Widerspruch. Zur Beschämung der
Spartaner wies er den Widerspruch ihrer jetzigen Pläne mit
ihrer ganzen Geschichte nach; er erneuerte die Erinnerungen
aller Übeltaten, die von dem Gewaltherrn in seiner eigenen
Vaterstadt ausgegangen seien, und wenn auch Hippias selbst
in der Versammlung auftrat, um alle Gefahren der attischen
Demokratie für das übrige Griechenland anschaulich zu
machen, es war alles umsonst. Die Wahrheit dessen, was
Sosikles ausgesprochen hatte, war zu handgreiflich; die pelo=
ponnesischen Staaten hatten keine Lust, für des Kleomenes
verletzte Ehre sich aufzuopfern. Der Bundestag löste sich auf
unter entschiedenem Widerspruche gegen jede kriegerische
Unternehmung; der getäuschte Hippias ging wieder nach
Sigeion und Sparta zog sich nach dieser neuen Niederlage in
tiefem Grolle von den allgemeinen Angelegenheiten zurück.

Die Gefahr des Peloponnesischen Krieges war abgewendet,
aber dem Gefühle einer ruhigen Sicherheit durfte sich Athen
auch jetzt nicht hingeben. Nicht nur lauerten an der Land=
und an der Seeseite die alten Feinde, Theben und Aigina, son=
dern vom jenseitigen Ufer drohten neue Angriffe. Hippias war
noch immer eine Macht. Er hatte nur darum die gastliche Auf=
nahme, welche in Makedonien und in Thessalien ihm angebo=
ten wurde, abgelehnt, weil er in Kleinasien bessere Aussicht
hatte, einen neuen Angriff auf Athen zu veranlassen. Arta=
phernes, des Hystaspes Sohn, fühlte sich schon durch die
Athener beleidigt, weil ihm diese den geschlossenen Vertrag
wieder aufgekündigt hatten. Hippias schürte diese Mißstim=

mung, und als die Athener, von seinen Umtrieben unterrichtet, durch eine neue Gesandtschaft entgegenzuwirken suchten, brachte diese nichts als den Befehl des Satrapen zurück, sie sollten Hippias wieder aufnehmen. Die Bürgerschaft blieb allen Drohungen zum Trotze standhaft und scheute sich nicht, nun auch dem Perserreiche gegenüber in feindlichen Gegensatz zu treten.

Das war der Inhalt der fünf schicksalsvollen Jahre, welche dem Sturze der Tyrannis folgten und für die ganze Geschichte Athens entscheidend waren. Während es unter dem Einflusse fremder Waffengewalt befreit und dann von einer Revolution in die andere geworfen wurde, ist es zu einem selbständigen Bürgerstaate reif geworden; von allen verlassen, umdrängt von Kriegsnot, die sein Bestehen gefährdete, ist es zu einem klaren Bewußtsein seines geschichtlichen Berufes vorgedrungen und hat mit sicherem Schritte seine neue Stellung eingenommen, in der es den Mächten der Heimat wie des Auslandes fest gegenübertrat.

Diese bewundernswürdige Haltung der Athener erklärt sich nur aus den Gesetzen Solons, welche während aller Stürme der Zeit mit unsichtbarer Gewalt die Bürger der Stadt zu einem freien und auf sittlichen Grundlagen beruhenden Bürgertume erzogen hatten. Unter dem Regimente des Peisistratos waren sie der Schutz des Staates gewesen; die Achtung, die der Tyrann ihnen zeigte, hatte ihr Ansehen erhöht, und wenn die Pisistratidenherrschaft in der Tat von allen gleichartigen Regierungen, die Griechenland erlebt hat, die beste gewesen ist, so hat dies seinen Grund darin, daß die Tyrannen von Athen eine Gesetzgebung vorfanden, deren maßgebendem Einflusse sie sich nicht entziehen konnten. Das Schlechte und Verkehrte, was die Tyrannis mit sich brachte, ist spurlos verschwunden; aber das Gute hat Bestand gehabt, weil es mit dem Geiste Solons übereinstimmte, namentlich die gedeihliche Ordnung von Stadt und Land, die Blüte von Kunst und Wissenschaft, die zentrale Stellung, welche Athen im geistigen Leben der Hellenen einnahm, das Ansehen, welches es sich zu Land und zu Wasser erwarb, und die auswärtigen Beziehungen, welche mit den Cykladen, mit dem Hellesponte, mit Argos, mit Thessalien damals eingeleitet und für alle Zeit wichtig geblieben sind. Während 27 glücklicher Friedensjahre hatte das Volk sich in die Gesetze Solons einleben können, wenn auch alle gebildeten Athener sich klar bewußt waren, daß sie nicht zur vollen Wahrheit werden könnten, solange ein Machthaber, mit fremden Truppen umgeben, auf der Burg wohne und im Interesse einer, wenn auch weisen und gemäßigten, doch immer eigennützigen Hauspolitik den Staat regiere.

Seit der Ermordung Hipparchs hatte dagegen die Tyrannis mit ihrer ganzen Schwere auf den Athenern gelastet. Das freie Wort war ihnen genommen, die öffentliche Rechtspflege abgeschafft; der Frauen Ehre, der Männer Besitz und Leben war einer despotischen Willkür preisgegeben, welche auf die schlechtesten Menschen ihre Herrschaft stützte und das Leben der Gemeinde argwöhnisch überwachte. Da entstand eine tiefe Sehnsucht nach der Verfassung Solons, deren vollen Segen die Bürger erst in dieser Schule des Leidens erkennen lernten. Als daher der Bann der Gewaltherrschaft gelöst war, strebten sie einmütig dem einen Ziele zu, jenen Segen sich nun ganz und dauernd anzueignen. Des Isagoras Verrat steigerte die Erbitterung gegen jeden Angriff auf die Selbstbestimmung der Volksgemeinde, und, wie damals in allen Staaten ein tiefer Widerwille gegen Erneuerung der Tyrannis sich kundgab, so vor allem bei den Athenern, welche den Fluch der Parteiherrschaften zur Genüge durchgekostet hatten. Darin aber bestand nun das Glück der Athener, daß sie nicht einer unbestimmten und formlosen Freiheitsidee nachstrebten, sondern daß die begehrte Freiheit für sie in ihrer alten, zu Recht bestehenden Verfassung enthalten war. Darum konnte auch Kleisthenes für die Zukunft des Staates nichts Wirksameres tun, als daß er diese Verfassung zur vollen Wahrheit machte, wodurch er freilich seinem persönlichen Ehrgeize selbst jede Aussicht auf Erfolg benahm.

Mit dem Geiste und Inhalt dieser Verfassung waren die Athener längst vertraut, daher ging alles in ruhiger Entwicklung vor sich; anderseits war aber die volle Verwirklichung der Verfassung etwas so Neues, daß mit ihr eine neue Epoche eintrat, ein neuer Aufschwung, eine Wiedergeburt des ganzen Staates.

Jetzt hatten sie endlich, was Solon gewollt hatte. Der Staat war eine Gemeinschaft von Bürgern, unter denen kein Geschlecht und kein Stand sich mit besonderen Rechten und Befugnissen erheben durfte. Alle Bürger waren vor dem Gesetze gleich: Jeder hatte mit seinem Bürgerrechte zugleich das Recht des freien Grundbesitzes, während der Nichtbürger, mochte er mit seinem Geschlechte noch solange in Attika wohnen, immer ein Mietsmann blieb; jeder hatte das Recht, vor Gericht wie in der beratenden Versammlung des Volkes das Wort zu nehmen. Durch öffentliches Gericht war jeder Bürger vor der Willkür des Beamten geschützt; seine persönliche Freiheit war dadurch gewährleistet, daß er durch Bürgschaft sich auch der Untersuchungshaft entziehen konnte. Alle hatten Anteil an dem Eigentume und den Hoheitsrechten des Staates; die Ein=

künfte der Domänen, wie z. B. der Bergwerke, wurden unter die Bürger verteilt; willkürliche Besteuerung war unmöglich. Eine Grundfeste der Verfassung war die Regel, daß kein Gesetz erlassen werden dürfe, welches eine einzelne Person betreffe und nicht für alle Bürger die gleiche Geltung habe; durch solche Personengesetze nämlich waren einzelnen Häusern Vorrechte erteilt worden, auf welche die Tyrannis sich hatte stützen können. Darum wurde auch nur zum Schutze gegen Tyrannis von jenem Grundgesetze eine Ausnahme gemacht. Denn der Staat bedurfte eines Mittels, um auf gesetzlichem Wege einzelne Personen zu entfernen, welche durch übermäßigen Einfluß die zu Recht bestehende Bürgergleichheit gefährdeten und den Staat mit neuer Parteiherrschaft bedrohten. Durch den Ostrakismos überwachte das Volk seine Freiheit, und um bei Handhabung desselben allen Parteiintriguen vorzubeugen, wurde bestimmt, daß nach öffentlicher Vorverhandlung 6000 Bürger einstimmig sein mußten, wenn einer derselben aus ihrer Mitte entfernt werden sollte.

So sehr aber auch die Gleichheit der Bürger des Staates Grundgesetz war, so war es doch nichts weniger als eine unterschiedslose Gleichheit. Ein jeder Bürger hatte soviel Recht, daß er mit seinen nächsten und höchsten Interessen dem Staate verbunden war, aber die unmittelbare Beteiligung an der Regierung blieb denen vorbehalten, welche durch ihren Grundbesitz instand gesetzt waren, sich eine höhere Bildung zu erwerben, mit freierer Muße dem Gemeinwesen zu dienen und dem Vaterlande, wenn es darauf ankam, die größten Opfer darzubringen.

Adelige Herkunft gab keine bürgerlichen Rechte, und seit Kleisthenes standen die Korporationen und Geschlechter des Adels außer jedem Zusammenhange mit der politischen Gliederung. Aber in ihrem religiösen und familienrechtlichen Bestande blieben sie ungestört. Nach wie vor kamen die Mitglieder derselben zu ihren Familienopfern zusammen; sie konnten durch Adoption ihre Zahl ergänzen und die besondere Achtung, welche die Angehörigen alter Familien genossen, wenn sie durch persönliche Tugend ihren Ahnen Ehre machten, blieb lange in Athen bestehen. Man wählte gerne aus ihnen die Archonten, die Feldherrn und Gesandten; von einem Hasse der Gemeinde gegen den Adel finden sich wenig Spuren.

Überhaupt behielt das Volk trotz aller Neuerungen eine treue Anhänglichkeit an das Alte. Sie fand ihre Nahrung in der Religion, welche das Ansehen der priesterlichen Geschlechter stützte, deren Händen die Ausübung der heiligsten Gebräuche überlassen blieb. Nach wie vor war es eine Frau aus

dem Stamme der Butaden, welche das Priestertum der Stadt=
göttin verwaltete; dem alten Geschlechte der Praxiergiden
blieb die Reinigung des heiligen Bildes an den Plynterien als
Ehrenrecht überlassen, und monatlich wurde der Burgschlange
der Honigkuchen gereicht, um sich der persönlichen Gegen=
wart der Burggöttin und ihres Pfleglings Erichthonios zu ver=
gewissern. So verknüpfte die Religion die jungen Generationen
mit den vorangegangenen, die Neubürger mit dem alten
Stamme; sie erhielt die Erinnerungen der Vorzeit lebendig, sie
schützte die Grundlagen des attischen Wohlstandes, den Land=
bau und die Baumzucht. Darum wurde als ein Palladium der
Stadt der heilige Pflug der Athena unter Obhut der Buzygen
aufbewahrt und an keinem Panathenäenfeste fehlten die Thallo=
phoren, alte würdige Landwirte von Attika, welche der Lan=
desgöttin zu Ehren Ölzweige im Festzuge einhertrugen.

Geburt, Stand und Reichtum wußten die Athener zu ehren,
aber die Geltung im Staate war allein von persönlicher Tüch=
tigkeit abhängig, und seit das Volk durch gemeinsamen
Patriotismus die Gefahren der Freiheit beseitigt hatte, wurde
der solonische Gedanke, daß am Staate alle Bürger persönlich
beteiligt seien, erst zur vollen Wahrheit. Was Peisistratos mit
aller Klugheit erstrebt hatte, war die Zufriedenheit des
Volkes, die Verbreitung eines behaglichen Wohlstandes, die
Vermehrung des Erwerbes. Eine zu angelegentliche Beschäfti=
gung mit den öffentlichen Dingen konnte ihm nicht erwünscht
sein. Darum hatte er, wie es in Oligarchien zu geschehen
pflegte, die städtische Bevölkerung vermindert. Um so mehr
strömte nach der Befreiung das Volk in die Stadt zurück, der
Markt belebte sich von neuem; jeder fühlte sich berufen, in
den Gefahren der Zeit dem Vaterlande persönlich nahe zu
sein, jeder hatte das Gefühl, daß es auch auf ihn ankomme,
das Heil des Ganzen zu fördern und daß er durch sein Ver=
halten dem Staate Ehre oder Schande mache. Die gute Hal=
tung aber war um so mehr eine Ehrensache, je mehr die
Feinde mißgünstig lauerten und nichts sehnlicher wünschten,
als den Ausbruch wilder Unordnungen in Athen zu erleben. So
wuchs das ganze Volk mit dem Staate und seiner Verfassung
zusammen, und je mehr diese Verfasung von einem sittlichen
Ernste durchdrungen war, der den ganzen Menschen in An=
spruch nahm und Treue, Gerechtigkeit, Wahrheitsliebe und
Aufopferungsfähigkeit von ihm forderte, um so mehr wurde
das Volk durch die Hingabe an den Staat gehoben und veredelt.

Darin lag die elektrische Kraft, welche in dem Jahr der Be=
freiung das attische Volk durchdrang und eine solche Steige=
rung seiner Lebenstätigkeit, eine solche Energie des Handelns

hervorrief, daß ganz Griechenland über das aufstrebende Bür≠
gervolk erstaunte. Die großen Siege waren aber nicht das Er≠
gebnis einer unklaren Aufregung, sondern das Resultat einer
gesunden Entwicklung, welche nach langer Hemmung ihre
natürliche Bahn gefunden hatte; das bezeugt die nachhaltige
Dauer des nationalen Aufschwunges. Gewiß würde auch in
Athen eine Zeit der Abspannung und Ermattung, vielleicht
auch neuer Parteifehden gefolgt sein, wenn eine scheinbare
Gunst des Schicksales ihnen vergönnt hätte, ruhig und sorgen≠
los die gewonnenen Vorteile zu genießen. Statt dessen mußten
sie immer mit wachsamem Auge umschauen, mußten immer
mit Schwert und Lanze auf dem Plane stehen, um die errun≠
genen Güter zu verteidigen. Daß es aber eine so gerechte
Sache war, welche sie den schnöden Zumutungen der Bar≠
baren, der treulosen Politik Spartas und der hämischen Miß≠
gunst ihrer Nachbarn gegenüber vertraten, das gab ihnen den
festen Mut und die sittliche Kraft, das erhöhte ihr freudiges
Wohlbehagen an den wohlerworbenen Rechten.

Sie hatten glänzend bewiesen, daß in der Volksfreiheit ihres
Staates Macht lag, und wenn auch die entgegengesetzte Partei
nicht aus dem Staate verschwunden war, wenn sie auch fort≠
fuhr, die Demokratie der Athener für ein Übel zu halten, wenn
sie auch durch die gewaltsamen Neuerungen des Kleisthenes
in ihrer Erbitterung noch mehr bestärkt war: so war doch von
jetzt an die Sache der Volksfreiheit so mit der Größe des
Staates verwachsen, daß ihre Gegner auch diese anfeinden
und der eigenen Partei zuliebe Athen in Schwäche und Ab≠
hängigkeit zurückweisen mußten.

So stand Athen zu Ende des sechsten Jahrhunderts da. Aus
dem ionischen Stammcharakter hatte sich etwas durchaus
Neues und Eigentümliches hervorgebildet. Freilich waren die
Grundzüge dieselben geblieben; vor allem die lebendige
Empfänglichkeit des Geistes für alles Schöne und Nützliche,
die Freude an anregender Mitteilung, die Vielseitigkeit des
Lebens und der Bildung, die Gewandtheit und Geistesgegen≠
wart in den verschiedensten Verhältnissen. Auch äußerlich
glichen die Athener ihren Stammbrüdern in Kleinasien. Sie
trugen seit den Tagen des Theseus die langen faltenreichen
linnenen Gewänder; sie gefielen sich in Purpurkleidern und
künstlicher Tracht des Haares, das sie auf dem Scheitel zu≠
sammenflochten und mit goldener Nadel befestigten. Aber von
dem Übermaße einer leichtsinnigen und üppigen Genußsucht
wußte die attische Landessitte sich frei zu halten; es erhielt
sich in Attika ein derberes und gesunderes Volksleben, auf
Landwirtschaft und ehrbare Häuslichkeit gegründet. Gleich

wie die Sprache der Athener kräftiger, kürzer und markiger war als der weichliche Dialekt der Neuionier, so ging durch ihr ganzes geistiges Wesen eine straffere Spannung hindurch, welche sie dem Staate verdankten, der die auseinandergehenden vielseitigen Neigungen des ionischen Stammes um einen Mittelpunkt zusammenfaßte und den reichen Naturgaben erst die höhere Bedeutung verlieh. In der Zucht des Staates sind aus Ioniern Athener geworden, und weil in keinem Lande ionischer Bevölkerung ein gleiches Staatswesen zustande gekommen war, so war Athen auch der einzige Staat, welcher dem dorischen Sparta gewachsen war, und dem es seiner ganzen Natur nach unmöglich war, sich ihm unterzuordnen.

Sparta selbst aber hatte in denselben Jahren, in welchen Athen so rasch und glücklich seine bürgerliche Freiheit, seine Selbständigkeit und Machtstellung begründet hatte, entschiedene Rückschritte getan. Es hatte mit Unglück und Unehren gegen Athen gekämpft, es war sich selbst untreu geworden, es hatte durch unheilvolles Schwanken das Ansehen eingebüßt, welches es unter seinen eigenen Bundesgenossen nur solange behaupten konnte, als es eine feste und folgerechte Politik verfolgte. Es hatte jetzt keine andere Triebfeder, als seine Mißgunst und Erbitterung gegen Athen, keinen anderen Gesichtspunkt als die Demütigung der trotzigen Nebenbuhlerin; es wollte keinen selbständigen Staat neben sich dulden; aber es war augenblicklich gelähmt und wartete grollend auf einen günstigen Augenblick, während die Athener in dem Bewußtsein, nichts anderes zu wollen, als ihr wohlerworbenes Eigentum zu wahren, mit heiterem Mute ihrer Zukunft entgegengingen.

Neben den beiden Staaten traten in zweiter Reihe Korinth und Theben hervor. Theben hatte nur die Befestigung seiner Landeshoheit im Auge und blieb ohne Einfluß auf die allgemeinen Angelegenheiten. Korinth dagegen, mit reicher Weltklugheit ausgestattet, wußte seiner örtlichen Lage gemäß sich zwischen den nördlichen und südlichen Staaten eine wichtige Stellung zu schaffen. Es wurde seiner Bildung wegen zu schiedsrichterlichen Entscheidungen aufgefordert. Es übte auf Sparta einen bald anregenden, bald mäßigenden und zurechtweisenden Einfluß. So ist die kühnste Tat Spartas, der Zug gegen Samos, durch die Korinther zustande gekommen, und anderseits ist durch sie die gewaltsame Rückführung des Hippias vereitelt. Aus Handelseifersucht gegen Aigina wurde Korinth auf die Seite Athens hingedrängt und hat wesentlich dazu beigetragen, Spartas feindliche Absichten zu hemmen und die Größe der Athener zu begründen. Es vertrat Sparta wie Theben gegenüber mit klarem Bewußtsein die Politik der Mittelstaaten, welche neben den beiden mit weiter reichenden Machtansprüchen hervortretenden Hauptstädten Griechenlands für sich und ihresgleichen eine volle Freiheit der Bewegung in Anspruch nahmen.

Drittes Kapitel

DIE HELLENEN AUSSERHALB DES ARCHIPELAGUS

Die kleinasiatischen Küstenstädte. — Entwicklung der ionischen Kolonisation. — Die Hellenen in Ägypten. — Die westliche Kolonisation. — Die Griechen in Italien. — Die Grenzen der Kolonisation. — Die Phokäer in Gallien und Spanien. — Rückblick auf die griechische Kolonisation.

Infolge der großen Wanderungen war der Archipelagus ein griechisches Binnenmeer geworden und das diesseitige Hellas mit dem jenseitigen von neuem zu einer gemeinsamen Geschichte verbunden, deren Entwicklung sich nur aus einem Überblicke beider Gestade verstehen läßt.

Der Archipelagus ist ein von Natur begrenztes Wassergebiet, durch Klima und Vegetation zu einem Ganzen vereinigt und durch die thrakischen Landmassen im Norden ebenso bestimmt abgeschlossen wie im Süden durch die kretische Inselgruppe. Auch sind die Ausgänge aus diesem Wassergebiete auf beiden Seiten von der Natur erschwert worden, einerseits durch die heftige Strömung, welche der Einfahrt in den Hellespont wehrt, andererseits durch die Stürme, welche die südlichen Vorgebirge von Morea umwehen und vor der insellosen Westsee den ägäischen Schiffer zurückschrecken. „Bist du um Kap Malea herumgefahren, so vergiß, was daheim ist", das war ein alter Schifferspruch, in welchem sich kundgibt, wie unheimlich dem Hellenen außerhalb seines Inselmeeres zu Mute war.

Dennoch blieb die Geschichte der Hellenen nicht innerhalb dieser natürlichen Schranken. Ihr Unternehmungsgeist war durch die Umsiedelungen und Stadtgründungen mehr angeregt als befriedigt, und der Trieb, auch die entlegeneren Küsten mit ihren unbekannten Völkern in den Kreis des hellenischen Verkehrs hereinzuziehen, ließ sich durch keine Gefahren abschrecken, die Bahnen zu betreten, welche aus dem heimatlichen Meere nach Norden wie nach Süden geöffnet sind.

Es war vorzüglich Kleinasien, wo dieser Trieb sich mächtig

entfaltete. Hier hatte sich ja zuerst griechische Seefahrt entwickelt; hier hatten sich dann seefahrende Stämme von allen Küsten zusammengefunden und einer dem anderen mitgeteilt, was er an See- und Völkerkunde, an nautischen Erfahrungen und Einrichtungen eigenes hatte. Durch Seemannschaften waren die Städte gegründet und der außerordentliche Erfolg dieser Gründungen mußte zu weiteren Unternehmungen locken. Pflanzstädte sind überhaupt am meisten geneigt, wieder neue Pflanzorte zu gründen. Hier sind die Bürger weniger fest gewurzelt als in der alten Heimat; hier pflanzt sich die Wanderlust von Vater auf Sohn fort. An der ionischen Küste war endlich auch die Bevölkerung am schnellsten angewachsen, und da weder am Meere noch im Binnenlande Raum zur Ausbreitung war, so wurden die Bewohner schon durch diese Verhältnisse, wie einst die Phönizier, angetrieben, sich zu Schiffe neuen Grund und Boden zu suchen.

Diese Verhältnisse waren aber nicht bei allen Städten der kleinasiatischen Küste dieselben. Denn die Äolier, die mit den Achäern zusammen die troische Halbinsel kolonisiert und um den Adramytischen Meerbusen auf Küsten und Inseln sich angebaut hatten, blieben vorzugsweise Ackerbauer; auch die Insulaner gründeten auf dem Festlande ihre Städte. Das Augenmerk der Äolier war vorzugsweise landeinwärts gerichtet, wo im Idagebirge dardanische Geschlechter seßhaft geblieben waren. Hier dauerten die Nachspiele des Troianischen Krieges Jahrhunderte lang fort, und nicht nur, um ihre unten gelegenen Städte zu schützen, sondern auch um Land zu erwerben, schoben sie ihre Niederlassungen immer weiter in das wald- und triftenreiche Gebirge vor. Außerdem war es die ungemeine Fruchtbarkeit der mysischen Ackerfluren, welche auch die Küstenbewohner von der Seefahrt abzogen, ähnlich wie es in Elis der Fall war. So kam es, daß man von den Äoliern in Kyme sagen konnte, sie hätten jahrhundertelang in ihrer Stadt gewohnt, ohne zu bemerken, daß sie an der See läge.

So wurden die Äolier hier, wie in Böotien, von ihren ionischen Nachbarn ihrer Bäuerlichkeit und Einfalt wegen verspottet. Doch auch die ionischen Zwölfstädte waren nicht alle gleichmäßig den Seegeschäften zugewendet. Ephesos z. B., eine der ältesten der ganzen Stadtreihe, war in ähnlicher Weise wie die Äolier mit seiner Aufmerksamkeit nach dem Binnenlande gerichtet. Eine Veranlassung dazu lag schon in der Gründung, indem hier viel arkadisches Volk eingewandert war, das eine Vorliebe zur Landwirtschaft mitbrachte, und dann lockte die Städter das herrliche Kaystrostal, von welchem sie sich einen großen Teil auf Kosten der Lyder anzueignen wußten.

Tempel der Juno Lacinia. Girgenti

Tempel der Concordia. Girgenti

Kriegerköpfe. Berlin, Staatliche Museen

Sie erwarben ein weites und reiches Hinterland, und wenn sie daher auch der See nicht entfremdeten, so begnügten sie sich doch mit dem Gewinne des Warenhandels und Fremdenverkehres, wozu ihre Stadt so vorzüglich gelegen war. Zur Auswanderung aus ihrem schönen Lande war keine Veranlassung da.

Auch Kolophon, wo die Nachkommen des reisigen Nestor den Staat gegründet hatten, wurde keine einseitige Seestadt, sondern Roßzucht und eine auf Landbesitz gegründete Aristokratie behauptete sich in Ansehen und bildete ein Gegengewicht gegen das Seevolk. Dagegen waren es die übrigen Städte, die dichtgedrängten Orte der Minashalbinsel, und vor allem anderen die beiden Grenzstädte Neuioniens, die südlichste und die nördlichste, Miletos und Phokaia, in welchen Handel und Seefahrt zu einer großartigen Kolonisation führten.

Milet mit seinen vier Häfen war ja die älteste Reede der ganzen Küste, von Phöniziern, Kretern, Karern zu einem Weltplatze eingeweiht und dann von attischen Geschlechtern neugegründet, welche mit hervorragender Tatkraft ausgerüstet waren. Freilich war auch hier ein reiches Hinterland, das breite Tal des Maiandros, und hier blühte unter den ländlichen Gewerben vor allem die Schafzucht. Milet wurde der Hauptmarkt für feine Wolle und die Verarbeitung derselben zu bunten Teppichen und farbigen Kleiderstoffen beschäftigte eine große Menschenmenge. Aber auch diese Industrie verlangte in immer steigendem Maße Zufuhr von außen, Zufuhr an allerlei Kunstmaterial, an Lebensmitteln und an Sklaven. In keiner Stadt ist der Landbau so zurückgetreten hinter Industrie und Handel. Hier bildete sich sogar aus dem Seehandel eine eigene städtische Partei, die sogenannten Äinauten, die „Immerschiffer" oder Wasserleute, eine Korporation der Reeder, welche so auf ihren Schiffen zu Hause waren, daß sie selbst ihre Versammlungen und Parteiberatungen zu Schiffe vor der Stadt hielten. Im siebenten Jahrhunderte v. Chr. spürten sie die Nachteile, welche aus der Einseitigkeit ihrer Richtung entsprangen; ihr Gemeindeleben kam in so arge Verwirrung, daß sie sich an die Parier wendeten, die eifrigen Pfleger des Demeterdienstes, welche ihrer Gesetzlichkeit wegen in hohem Ansehen standen und nun den Milesiern aus ihrer Not heraushelfen sollten. Die parischen Abgeordneten ließen sich durch das Gebiet von Milet führen, und wo sie zwischen den verwahrlosten Äckern einen wohlgepflegten fanden, schrieben sie den Namen des Besitzers auf. Dann beriefen sie die Bürgerschaft und gaben ihr keinen andern Rat, als den, daß sie diejenigen Männer, deren Namen auf der Liste standen, an die

Spitze des Gemeinwesens berufen sollten. So soll eine heilsame Gegenwirkung und damit eine Beruhigung in der Stadt eingetreten sein.

Mit dem inneren Leben der ionischen Küstenstädte hängt nun auch ihre auswärtige Tätigkeit, die Kolonisation, auf das engste zusammen.

Ursprünglich war das asiatische Küstenvolk bald willig, bald zwangsweise von den Phöniziern auf ihren Seezügen mitgenommen und in ferne Gegenden geführt. Dann hatten die Karer selbständig ihre schwärmenden Umzüge gehalten und zuchtlose Freibeuterei getrieben, bis sie den Kretern untertänig wurden und ihren Wanderzügen sich anschlossen. Jetzt wurden griechische Städte die Mittelpunkte der Seefahrt; die Kolonisation wurde als eine städtische Angelegenheit planmäßig betrieben, und so kam es erst zu festen und bleibenden Erfolgen. Die verschiedenen Städte wählten sich ihrer Lage gemäß ihre besonderen Handelswege und bildeten sich dafür aus; denn die verschiedenen Meergebiete sowie die mannigfaltigen Völkerschaften, mit denen man handeln wollte, verlangten eine besondere Schule der Erfahrung und Übung. Dabei suchten die einzelnen Handelsstädte, wie sie es von den Phöniziern gelernt hatten, sich ihre besonderen Fährten von fremder Einmischung freizuhalten. So kam es denn, daß sich gewissermaßen Fahrgeleise im Meere bildeten, welche von einem Handelsplatze zum anderen hinüberführten. Es war, als ob man nur von Milet nach Sinope und nur von Phokaia aus nach Massilia fahren könnte.

Erst wurden vorübergehende Ufermärkte gehalten; dann wurden jenseitige Uferplätze durch Vertrag von den Eingeborenen erworben; es wurden stehende Marktplätze mit Magazinen gegründet und daselbst Agenten der Handelshäuser angestellt, welche die Ausschiffung und den Verkauf besorgten, die Warenlager beaufsichtigten und auch während der Pausen der Seefahrt draußen blieben. Manche solcher Stationen wurden wieder aufgegeben. Andere, deren Lage sich durch merkantile Vorteile, durch Luft und Wasser günstig erwies, wurden festgehalten, vergrößert, und am Ende erwuchs aus der Warenniederlage ein eigener Handelsplatz, ein hellenisches Gemeinwesen, ein Abbild der Mutterstadt.

Diese Interessen wurden immer mehr die Hauptinteressen der Städte. Es kann nicht anders sein, als daß dieselben auch auf den gemeinsamen Tagefahrten der Ionier zur Sprache kamen, daß man hier störende Uneinigkeiten zu beseitigen suchte und gemeinsame Unternehmungen verabredete. Die kleineren Städte schlossen sich den größeren an; es traten auch wohl die Pflanzstädte einer Seestadt in den Schutz einer anderen über, und Städte, wie Milet, wurden nicht bloß für die eigenen Mitbürger, sondern auch für die Nachbarorte die Ausgangspunkte großer Unternehmungen.

Was die Richtung der Kolonisation betrifft, so suchen alle Handelsvölker neue Bahnen auf; sie suchen den Verkehr mit Ländern zu eröffnen, welche noch im natürlichen Zustande und im unberührten Besitze ihrer einheimischen Produkte sind, mit Ländern, deren Bewohner in autochthonischer Einfalt von dem Handelswerte ihrer Landesschätze gar keinen Begriff haben. Denn hier lassen sich die wichtigsten Gegenstände am wohlfeilsten eintauschen und die Handelsstädte können ihre Erzeugnisse daselbst am vorteilhaftesten verwerten. Darum verließen auch die Ionier das enge Küstengebiet des Archipelagus und steuerten hinaus in die Barbarenwelt, welche sich nordwärts in unermeßlicher Ausdehnung vor ihnen ausbreitete.

Freilich sind auch hier die Hellenen nirgends die Bahnbrecher gewesen; sie sind auch hier den älteren Seevölkern nur nachgefahren. Denn der südöstliche Küstenrand des Schwarzen Meeres ist dasjenige Gestade, wo die morgenländischen Reiche am frühesten an den Rand europäischer Gewässer vorgerückt sind, wo assyrische und indische Waren von Armenien herunter in Karawanenzügen an den Strand gebracht wurden und wo zugleich im nahen Ufergebirge die Metallschätze verborgen waren, welche, vom Phasis herabgespült, die in das Flußwasser gelegten Vließe mit schimmerndem Golde überzogen. Diese Schätze haben von allen Seefahrern die Phönizier zuerst ausgebeutet; der phönizische Phineus ist der Wegweiser in das Goldland des Nordens. Astyra, die Stadt der Astor oder Astarte, Lampsakos (Lapsak), die Stadt „an der Furt", sind die phönizischen Stationen an der Straße der Dardanellen; in Pronektos am Marmarameere und an der ganzen Südküste des Schwarzen Meeres finden sich die Spuren phönizisch-assyrischer Gottesdienste, welche die nahe Verbindung zwischen den See- und Binnenvölkern Asiens bezeugen. Sinope war eine assyrische Gründung.

Von den Phöniziern hatten ihre unzertrennlichen Seegenossen, die Karer, diese Fahrten gelernt und die Alten kannten karische Niederlassungen, welche bis zum Asowschen Meere vorgedrungen waren. Mitten unter karischem Volke hatten aber die Milesier ihre Stadt gebaut und sich die Seekunde und Betriebsamkeit der älteren Bevölkerung angeeignet. Nachdem nun die Phönizier aus dem Archipelagus verdrängt waren, waren sie zugleich von den nördlichen Gewässern, welche mit ihm in Verbindung stehen, abgeschnitten. So stand hier den Griechen ein weites und großes Gebiet offen, das ihnen mit dem Archipelagus gleichsam als Erbe zugefallen war. Sowie also die neuen Städte festen Boden gewonnen und die jüngeren Ansiedler mit dem älteren Ufervolke sich verschmolzen hatten, wurden die alten Nordfahrten wieder eröffnet, nun aber nicht mehr in der unsteten Weise der Karer, sondern von hellenischer Intelligenz und Tatkraft geleitet. Mit den kaufmännischen Familien phönikischer und karischer Herkunft, welche in den nordischen Handelsplätzen zurückgeblieben waren, wurde, sowie das Meer beruhigt war, ein neuer Verkehr eröffnet, infolgedessen während des achten Jahrhunderts die ersten Versuche der Milesier gemacht wurden, durch feste Ansiedlungen das Küstenland des Pontos in den Kreis griechischer Zivilisation hereinzuziehen.

Es waren die Bürger derselben Stadt, welche auch nach Ägypten den Weg gebahnt haben. Hier waren ganz andere Verhältnisse; hier waren es die Griechen, welche als Barbaren angesehen wurden, und hier konnte ein dauernder Einfluß und freier Handelsverkehr erst erreicht werden, nachdem die einheimische Reichsverfassung erschüttert war.

Auch hier bestanden uralte Seeverbindungen, die von den ionischen Städten nur erneuert wurden; darum ist auch die Kenntnis von den Reichtümern des Nillandes so alt, wie die Erinnerungen griechischer Seefahrt, und das Bild der ägyptischen Reichshauptstadt Theben tritt uns schon aus den homerischen Gedichten lebendig entgegen. Im Nillande bilden die Flußmündungen die natürlichen Häfen. Von diesen Mündungen war im früheren Altertume der pelusische der Hauptarm. Später änderten sich die Verhältnisse in betreff des Wassergehaltes und der Schiffbarkeit, und um die Zeit, da die Griechen aufkamen, waren die westlichen Mündungen die zugänglicheren, der kanobische Arm und der bolbitinische, derselbe, welcher jetzt nach der Stadt Rosette genannt wird und das beste Fahrwasser darbietet. Deshalb suchten auch die Griechen die westlichen Arme auf, und zwar um so mehr, weil hier die Libyer wohnten, mit denen sie seit alter Zeit in mancherlei Verbindungen standen.

Der Strom Ägyptens bietet die Schätze des Landes in neun Mündungen dem Auslande an, aber die Landeskönige verharrten, während die übrigen Mittelmeerländer schon im lebhaftesten Handesverkehre standen, bei einem strengen Systeme des Landesverschlusses; jede Mündung wurde sorgfältig bewacht und die Ionier blieben trotz aller Bemühungen auf Schleichhandel und verstohlenen Küstenverkehr angewiesen, bei welchem die kühnen Seeleute oft Freiheit und Leben auf das Spiel setzten.

Die Milesier gingen auch hier voran und es ist durchaus nicht unwahrscheinlich, daß, wie überliefert wird, schon im achten Jahrhunderte, um dieselbe Zeit, da Sinope und Kyzikos zuerst gegründet wurden, eine milesische Faktorei am kanobischen Arme errichtet sei. Es war aber keine Kolonie, sondern nichts als ein von den Pharaonen angewiesener Stapelplatz. Die härtesten Strafen verpönten jeden anderweitigen Landungsversuch, und die anderswo angetroffenen Schiffsleute mußten eidlich versichern, daß sie nur durch Sturm verschlagen dahin geraten seien. Dann mußten die Schiffe an der Küste entlang nach der kanobischen Mündung fahren; bei widrigem Winde aber wurden die Ladungen zu Kahn auf den Nilarmen nach dem Stapelplatze geschafft. Das war ein Küstenverkehr unter dem drückenden Zwange einer argwöhnischen Landespolizei, ähnlich wie er in neueren Zeiten an Orten wie Kanton und Nagasaki stattgefunden hat; ein Verkehr, welcher der eigentlichen Kolonisation vorangegangen sein muß.

Unverhofft änderten sich die Verhältnisse zugunsten des griechischen Handels, und zwar durch die assyrischen Könige, welche im siebenten Jahrhundert ihre Herrschaft über Ägypten ausdehnten. Die äthiopische Dynastie, welche hier herrschte, wurde um 671 v. Chr. niedergeworfen, und eine Reihe von Teilfürsten regierte das Land unter Oberhoheit der Könige von Ninive. Alle Versuche der Äthiopen, ihre Herrschaft wieder aufzurichten, wurden durch wiederholte Feldzüge der Assyrer vereitelt, aber auch diese vermochten das Land nicht zu halten und es blieb eine Zeit lang in voller Auflösung unter der Herrschaft der verschiedenen Unterkönige, von denen Neko, der Fürst von Memphis und Saïs, der ansehnlichste war. Die Milesier versäumten nicht, diese Zeit der Anarchie zu benutzen. Mit dreißig Kriegsschiffen liefen sie in die bolbitinische Mündung ein und errichteten dort ein verschanztes Lager; sie besiegten auf dem Nil den ägyptischen Feldherrn Inaros und traten dann mit Psemetek, einem der Teilfürsten, dem Sohne Nekos, in Verbindung.

Psemetek oder Psammetichos, wie ihn die Griechen nannten, stammte nicht aus ägyptischem, sondern aus libyschem Geschlechte. Die libyschen Völker standen aber seit alter Zeit mit Karern und Ioniern in Verbindung, wie dies am besten die in Libyen eingebürgerten Gottesdienste des Poseidon und der Athena beweisen. In den westlichen Grenzbezirken von Unterägypten war die Bevölkerung mit libyschen Ansiedlern stark gemischt, und darum war es Saïs am westlichsten der

Nilarme, der damals auch größeren Seeschiffen zugänglich war, die Stadt der bogenführenden Neith-Athena, wo der ehrgeizige Psammetichos sein Hauptquartier aufschlug, um sich zum Herrn des zerfallenen Pharaonenreiches emporzuarbeiten. Dabei war ihm die Unterstützung der fremden Seevölker zu seinen Zwecken ebenso erwünscht, wie diese im Interesse ihrer Handespolitik bereit sein mußten, den griechenfreundlichen Prätendenten mit aller Energie zu unterstützen. Unweit Saïs wurde ein Griechenlager aufgeschlagen, das zum Andenken an den Flottensieg Naukratis genannt wurde, und mit dem glücklichen Erfolg der Psammetichiden trat nun ein vollständiger Umschlag in den Verhältnissen der Griechen ein. Statt verachteter und verfolgter Fremdlinge waren sie jetzt die Stützen des Thrones, eine der jungen Dynastie unentbehrliche Macht geworden. Darum begnügte Psammetichos sich nicht, den westlichen Nilarm dem griechischen Handel zu eröffnen, sondern veranlaßte auch am pelusischen Nile zur Sicherung der östlichen Reichsgrenze gegen die Assyrer eine Reihe griechischer Ansiedlungen, indem er den Karern auf der einen, den Ioniern auf der anderen Flußseite Ländereien anwies, wie sie sonst die Mitglieder der Kriegerkaste innegehabt hatten. Es war dieselbe Art von Belehnung wie sie den Doriern im Peloponnes zuteil wurde. Der pelusische Arm ward nun eine Griechenstraße, durch welche der Verkehr mit dem Binnenlande besorgt und zugleich der arabische und indische Handel in den Bereich griechischer Spekulation hereingezogen wurde. So saßen an beiden Hauptmündungen Griechen, deren Zahl zusehends anwuchs, und während der Regierung des Psammetichos, die über ein halbes Jahrhundert dauerte (663—609), bildete sich aus der Vermischung der Griechen und Eingeborenen eine ganz neue Menschenklasse, der wichtige Stand der Dolmetscher oder Dragomans, welche ganz dem Berufe lebten, die nun so wichtige Vermittlung zwischen Hellas und Ägypten zu besorgen.

*

Die gefährlichsten Nebenbuhler Ioniens waren die Städte von Euboia, unter denen zuerst Kyme, an einer trefflichen Bucht der Ostseite in weinreicher Gegend gelegen, und dann die beiden Schwesterstädte am Euripos, Chalkis und Eretria, sich durch eine großartige Kolonisationstätigkeit ausgezeichnet haben. Während Eretria vorzugsweise durch Purpurfischerei und eine mehr und mehr ins große gehende Fährschiffahrt aufblühte, wußte Chalkis, die „Erzstadt", am Doppelmeere des böotischen Sundes, unter den vielen Schätzen der

Insel den wichtigsten für sich zu heben und auszubeuten; das war das Kupfer. Wie einst die Phönizier durch die Erschöpfung des Libanon angetrieben wurden, über See neue Minen aufzusuchen und so das kyprische Kupfer entdeckten, so haben es nach ihnen die Chalkidier gemacht. Chalkis wurde der griechische Mittelpunkt dieses Erwerbszweiges, es wurde das griechische Sidon. Nächst Cypern gab es in der griechischen Welt keine reicheren Kupfervorräte, als in Euboia, und in Chalkis waren die ersten Kupferhütten und Schmiedewerkstätten, welche das europäische Griechenland kannte. Am Euripos waren die Kadmeer zu Hause, die Erfinder des Galmei; von hier wurde das zu Waffen, zu architektonischem Schmucke und besonders zur Anfertigung gottesdienstlicher Gerätschaften unentbehrliche Metall, roh und verarbeitet, auf Land- und Wasserwegen ausgeführt; in Korinth, Sparta und anderen Orten sind von hier aus Metallfabriken gestiftet worden.

So war die Stadt, am Quell der Arethusa auf schmalem Ufer gebaut, ein volkreicher und gewerbetreibender Seeplatz geworden, der bei der Enge von Land und Wasser frühzeitig darauf Bedacht nehmen mußte, sich zu Schiffe freie Bewegung zu schaffen und aus der Ferne zu holen, was die Heimat nicht in genügender Masse darbot, namentlich Holz und Erz. Es beteiligten sich an den Fahrten die Nachbarstädte der Insel sowie die Bevölkerung des gegenüberliegenden Böotiens, und so wurde Chalkis der Ausgangspunkt weitreichender Entdeckungsfahrten und zahlreicher Ansiedlungen. Zunächst im Norden, im Thrakischen Meere.

In Thrakien hatte die den Phrygern verwandte Bevölkerung des Landes durch Zuwanderung von der kleinasiatischen Küste her schon frühe eine bedeutende Kultur gewonnen, wie der alte Ruhm thrakischer Musenkunst beweist, sowie der Einfluß, welchen sie namentlich in der Nähe des thessalischen Olympos, in Pierien, auf die Nationalbildung der Hellenen ausgeübt hat. Indessen waren rohere Stämme aus den nördlichen Gebirgen gegen die Küste vorgedrungen, welche den Ackerbau und alle friedlichen Gewerbe verachteten, in Vielweiberei lebend und dem Weingenusse unmäßig ergeben. Diese barbarischen Thraker beherrschten das Nordgestade des Archipelagus; ihre große Masse und kriegerische Wildheit war Ursache, daß die in der Zeit der großen Stammwanderung gegründeten Plätze der Äolier nicht hatten gedeihen können und daß dies Gestade von allen Küsten des Ägäischen Meeres am längsten im Zustande der Barbarei zurückgeblieben war, obgleich es sich den Griechen in hafenreichen Halbinseln ent=

gegenstreckte. Hier war das nächste und größte Arbeitsfeld für hellenische Kolonisation.

Zu diesem Werke waren die Chalkidier um so mehr berufen, als es gerade der Reichtum an Metallen war, welcher die thrakischen Küsten auszeichnete. Man versicherte sich erst des thermäischen Meerbusens, wo man der Küste von Thrakien gegenüber die Stadt Methone erbaute. Dann wagte man sich unmittelbar an die Halbinsel, welche wie ein großer Felsblock vor Thrakien liegt, ein breites Hochland zwischen dem thermäischen und strymonischen Meerbusen, das sich gegen Süden in drei mächtige Bergzungen spaltet. Es ist ein Gebirgsland, das seine eigentümliche Naturbeschaffenheit hat und dadurch auch zu einer besonderen Geschichte berufen ist. Die westliche Abdachung hat mehr Ackerland, die östliche Seite mehr Metalladern. An der mittleren oder sithonischen Halbinsel hat wohl die Ansiedlung der Chalkidier begonnen; hier lag ihnen Torone am bequemsten. Von hier haben sie ihre Ansiedlungen ausgedehnt, von hier nach und nach zweiunddreißig Städte gebaut, welche sämtlich Chalkis als Mutterstadt anerkannten und deshalb unter dem Gesamtnamen Chalkidike zusammengefaßt wurden.

Das Hochland ist reich an alten Bergschachten, vor denen noch heute die Schlackenhalden aufgetürmt liegen zum anschaulichen Zeugnisse, mit welchem Eifer die griechischen Ansiedler hier auf Silber und Erz gebaut haben. Daraus erklärt sich auch die Menge der kleinen Uferstädte, welche im stürmischen Thrakermeere als Schutzhäfen dienten und die Ausfuhr der bergmännischen Produkte sowie der anderen Handelsartikel, namentlich Bauholz und Pech, besorgten. Im Laufe des achten Jahrhunderts haben die Chalkidier dies „thrakische Vorland", wie die Alten es nannten, den Barbaren abgenommen und mit ihren Niederlassungen besetzt.

*

Hesperien, das Westland, war eine Welt für sich, fern und abgelegen von den durch den Archipelagus verbundenen Wohnsitzen der griechischen Stämme. Das Meer, welches die westlichen Küsten bespült, war kein griechisches, es wurde als zum jenseitigen Lande gehörig, das Sizilische genannt; ein breites, insetlloses, ozeanartiges im Vergleiche mit dem Ägäischen Meere. Die Strömung ging den griechischen Schiffen entgegen von Westen nach Osten, vom Tyrrhenischen Meere nach dem Sizilischen herüber; Wechselströmungen gefährdeten die Seefahrt und die Winde, welche hier herrschten, waren ganz andere als die, an welche die Hellenen gewöhnt waren. Der Himmel erschien ihnen trübe und unsicher; es war die ihnen unheimliche, die nächtliche Seite, wo die Phäaken, die Totenschiffer, „dicht in Gewölk und Nebel gehüllt" ihre dunkeln Pfade zogen. Darum stockte die Seefahrt so lange an den Südspitzen von Morea und hielt sich dann, nachdem die Umfahrt gewagt war, ängstlich an den hellenischen Küsten, um so nach dem Korinthischen Meere zu gelangen. Das war die alte Fahrstraße der Kreter, auf der sie einst den Apollodienst nach Delphi gebracht hatten. Zur Überfahrt nach Westen war aber das Sizilische Meer nicht geeignet.

Der Verkehr mit dem westlichen Kontinente ist vielmehr von den Inseln ausgegangen, welche vor dem äußeren Golfe von Korinth liegen; von den Küsteninseln, welche die Acheloosmündung umlagern, wie die Echinaden, und von den größeren und ferneren Meerinseln, Zakynthos, Same, Ithake, Leukas, welche in bogenförmiger Linie von Süden nach Norden vor dem Golfe sich hinziehen und zusammen ungefähr die gleiche Länge wie Euboia haben. Das sind die nach alter Überlieferung noch heute so genannten „Ionischen Inseln", zu denen auch die von der Hauptgruppe abgelegene, nördliche Küsteninsel Kerkyra oder Korkyra gehört.

Diese Inseln sind aber nur die Mittelstationen einer von der östlichen Seite ausgehenden Seeverbindung. Kerkyra selbst steht durch alte Sagen und gleiche Ortsnamen mit Euboia in unverkennbarer Verbindung; mit Euboia finden wir auch schon die Phäaken der Odyssee im Verkehre, und wenn wir den Spuren der Handelswege sorgfältiger nachgehen, so werden wir erkennen, daß die Männer vom Euripos die rüstigsten aller Hellenen in Aufnahme und Verbreitung phönikischer Kultur, es gewesen sind, welche die Ost- und die Westsee der Hellenen miteinander in Verbindung gesetzt haben, um Erz und Purpur zu gewinnen. Die Chalkidier sind über den Isthmus, welchen schon die Phönizier zu einer Warenstraße gemacht hatten, in den krisäischen Golf vorgedrungen. An seiner Nordküste mündet der vom tyrischen Herakles benannte Herakleios; hier, in der felsigen Bucht von Bulis, war ein ausgezeichneter Fundort von Purpurschnecken, welcher die euböischen Seefahrer anlockte. An der ätolischen Küste lag Chalkis am Fuße des gleichnamigen Erzgebirges. Jenseits des Golfes wiederholen sich die euböischen Namen; wir finden ein Chalkis an der Mündung des Alpheios, wir treffen die chalkidische Arethusa in Ithaka, wie in Elis und Sizilien, und die Sage von der durch das Meer wandernden Quellnymphe ist nichts als ein anmutiger Ausdruck für die Verbindung entlegener Plätze, welche durch die Chalkidier hergestellt worden ist; denn sie nannten die Uferquellen, wo sie opferten und frischen Wasservorrat einnahmen, mit dem Namen ihrer heimatlichen Quelle.

Mit den Chalkidiern wetteiferten die Eretrier. Sie waren namentlich auf Kerkyra ansässig; sie sind hier von den Korinthern verdrängt worden, und so ist die Insel der Kerkyräer durch Euboia und Korinth in den Kreis hellenischer Seefahrt hereingezogen worden.

Eine Zeitlang war die Insel der äußerste Vorposten gegen Norden, und darauf beruht die ausgezeichnete Bedeutung, welche sie für die Ausbildung des hellenischen Seewesens hat. Denn sie mußte sich ihrer Lage wegen wehrhaft machen; sie ist deshalb früher, als alle anderen Kolonien selbständig geworden. Sie mußte mit eigener Kraft ihre Küsten schützen und gewöhnte sich, das Meer nördlich von der Mündung des Ambrakischen Golfes als ihr eigenes Gewässer anzusehen. Sie bildete, mit Korinth wetteifernd, ihre Marine aus, lehnte sich mit trotzigem Selbstgefühle gegen ihre Mutterstadt auf, und während der Lelantische Krieg noch in Landkämpfen entschieden wurde, entschied hier zuerst eine Seeschlacht (Ol. 28, 4; 665) über den Ausgang einer griechischen Stadtfehde, die erste Seeschlacht, deren man sich überhaupt in Griechenland erinnerte. Kerkyra war siegreich. Sein Abfall war eine der Ursachen, welche den Sturz der Bakchiaden herbeiführten, und wenn Periandros auch die Insel von neuem unterwarf, so gelang es den Korinthern doch nie, eine dauernde Oberherrschaft wiederherzustellen.

Kerkyra hat aber auch für die Geschichte der hellenischen Kolonisation eine außerordentliche Bedeutung. Sie liegt an der Grenze des Adriatischen und des Silizischen Meeres, Italien so gut wie Illyrien benachbart; daher ist sie der Ausgangspunkt eines zweifachen Zuges der Kolonisation geworden.

Der eine ging an der Westküste des griechischen Festlandes hinauf, welches den Fortschritten hellenischer Kultur gänzlich fremd geblieben war und deshalb wie ein Barbarenland kolonisiert wurde. Es war etwa um 650, als die große Kolonisationstätigkeit am Adriatischen Meere begann; hier wirkten Korinth und Kerkyra gemeinschaftlich, namentlich in der Zeit Perianders, als Epidamnos, das spätere Dyrrhachion, unter korinthischer Oberleitung gegründet wurde (Ol. 38, 4; 625). Den Hauptbestandteil der Kolonie bildeten aber die Kerkyräer, hier wie in Apollonia, das auf fruchtbarem vulkanischen Erdreiche am Aoosflusse gelegen war. Die illyrischen Völkerschaften zeigten sich nicht unzugänglich. Sie wurden mit Wein und Öl und allerlei Kunsterzeugnissen versehen, wofür Holz, Metall, Erdpech eingetauscht wurde. Illyrische Bergkräuter wurden in den Salbenfabriken von Korinth verarbeitet; Schlachtvieh wurde in Massen nach den griechischen Häfen ausgeführt, Sklaven wurden eingehandelt, so daß die dortigen Handelsplätze bald zu den belebtesten Märkten der alten Welt gehörten. Je mehr aber das Adriatische Meer von der Mehrzahl griechischer Seefahrer gefürchtet wurde, um so mehr eigneten die Kerkyräer sich die Vorteile des Handels an und wurden dadurch in Stand gesetzt, nach vorübergehender Abhängigkeit ihrer Mutterstadt mit so selbständiger Macht gegenüberzutreten.

Anderseits war Kerkyra die Schwelle von Italien. Denn nördlich von der Insel ist es nur ein Sund, welcher die Kontinente trennt, schmäler als die Wasserbreite zwischen Phönizien und Cypern oder zwischen Kythera und Kreta; vom epirotischen Ufer sind die Apenninen sichtbar. Hier hat ein Völkerverkehr stattgefunden, welcher der Zeit chalkidischer Kolonisation lange vorausgegangen ist.

Der Teil des jenseitigen Festlandes, welcher dem akrokeraunischen Gebirge am nächsten gegenüberliegt, ist eine schmale Landzunge, welche zwischen dem Tarentischen und dem Ionischen Meere soweit gegen Osten vorspringt, als wollte Italien hier dem griechischen Festlande die Hand reichen; es ist das Land der Iapygen oder Messapia. Dieses Halbinselland mußte seiner Lage nach von den sich ausbreitenden Seevölkern aus Kreta, Lykien und Ionien, sowie von den Küstenstämmen des westlichen Griechenland zuerst besetzt werden.

Der von den asiatischen Seestämmen eröffnete Verkehr wurde von den Insulanern des westlichen Griechenlands auf das lebhafteste fortgesetzt. Es waren die lelegischen Völker der Kephallenen, Taphier und Teleboer. Aus den Bergwerken am Terinäischen Meerbusen wurde das Kupfer, das in der heroischen Zeit vielgesuchte Metall, erst von den Eingeborenen an den östlichen Strand gebracht; dann fuhren die Schiffer um die südlichste Spitze der Halbinsel, die nach griechischem Sprachgebrauche das eigentliche Italien war, herum und holten selbst aus Temesa das Kupfer, um dafür Eisen- und Stahlwaren auszutauschen. So treibt der Taphierkönig Mentes den griechisch-italischen Handel; die Schiffe gehen in sicheren Fahrten durch die Meerenge hin und zurück und griechische Kriegsgefangene werden um hohen Preis an die Sikeler verhandelt. So zeigt uns die früheste Kunde, welche über das Treiben auf diesem Meere in den Liedern von Odysseus und

Telemachos erhalten ist, die beiderseitigen Gestade in nahem Zusammenhange.

Das sind die ältesten Berührungen zwischen den Küsten Griechenlands und Italiens, durch unzweifelhafte Tatsachen und eine weitverzweigte Überlieferung bezeugt; es war nur eine Fortsetzung uralter Verbindungen, als sich griechische Stämme an dem von den Phöniziern eröffneten Kupferhandel beteiligten. Eine neue Epoche mußte aber auch in diesem Länder- und Völkerverkehre eintreten, als derselbe nicht mehr schwärmenden Volksstämmen überlassen blieb, sondern von städtischen Mittelpunkten aus und nach bestimmten Gesichtspunkten geleitet wurde. Den Anfang machten auch hier die rüstigen Männer von Euboia, welche des Kupferbedarfes wegen die alten Westfahrten mit voller Energie erneuerten.

Als die Chalkidier den Erzhandel der Taphier in ihre Hand genommen hatten und die italische Halbinsel umfuhren, fanden sie überall die Spuren griechischer Niederlassungen älterer Zeit vor, welche ihnen ihre Handelsverbindungen und Ansiedlungen wesentlich erleichterten. Nirgends aber fanden sie eine Gegend, welche mehr für ihre Handelszwecke geschaffen war, als die kampanische Küste, wo die üppigste Produktionskraft des Bodens mit der glücklichsten Uferbildung zusammentrifft. Hier hatten am südlichen Zugange des Golfes Teleboer die Insel Kapri besetzt; auf den westlich gegenüberliegenden Inseln, den metallreichen Pithekusen, haben die euböischen Seefahrer eine Stadt gegründet, welche sie nach dem ältesten Hauptorte ihrer Heimatinsel Kyme nannten.

Die Pithekusen, Ainaria (Ischia) und Prochyte (Procida), sind Schöpfungen derselben vulkanischen Kraft, welche an der Nordseite des Golfes zwei Gebirge aus dem Meeresgrunde emporgehoben hat, deren Gipfel teils zu offenen Buchten, teils zu fischreichen Binnenseen eingesunken sind. Wo die Ränder des nördlichen Kraters den Pithekusen gegenüber hoch über dem Meere zusammenstoßen, haben die euböischen Ansiedler den zweiten Platz ihrer Stadtgründung auserkoren, der, vom Land aus schwer zugänglich, die schönen Golfe von Misenum und Puteoli samt den umliegenden Inseln beherrschte und zum Mittelpunkte des Kupferhandels an der tyrrhenischen Küste auf das glücklichste gelegen war. Hier sammelte sich vielerlei zerstreutes Seevolk, welches auf Sardinien und anderen Plätzen zu städtischer Entwicklung nicht hatte gelangen können, und so erwuchs das festländische Kyme, nach einstimmiger Überlieferung die älteste Griechenstadt auf italischem Boden, von welcher sich eine Erinnerung bei den Hellenen erhalten hatte.

Von den phlegräischen Feldern, deren üppige Fruchtbarkeit

den Chalkidiern in Kampanien ihr lelantisches Feld ersetzte, streckt sich, wie die griechische Sage es darstellte, unter der Erde hin ein gefesselter Riese, welcher im Ätnaschlunde seinen Grimm aushaucht. Die Seeleute von Euboia hatten für vulkanische Gegenden eine unverkennbare Vorliebe; sie waren mit ihren Gefahren vertraut, sie wußten ihre Vorteile zu schätzen und zu nutzen. Darum war auch das Haupt des Ätna ein unwiderstehlicher Anziehungspunkt für ihre Seefahrten. Zuerst aber bedurften sie für die Durchfahrt nach dem Tyrrhenischen Meere einer festen Ansiedlung und eines Schutzhafens am sizilischen Sunde; die Mittelstationen waren auch hier, wie in der Entwicklung der milesischen Kolonisation, jünger als die jenseitigen Zielpunkte. Sie bauten also an dem Euripos von Sizilien, wo sie dasselbe Hin- und Herfluten wie in ihrem heimatlichen Sunde wieder fanden, eine feste Stadt und nannten dieselbe des Meerdurchbruches wegen, welcher Insel und Halbinsel zerrissen zu haben schien, Rhegion (Bruchsal).

Wie genau diese Gründung mit dem kymäischen Handel zusammenhängt, geht daraus hervor, daß schon vor derselben sich griechische Scharen aus Kyme an dem sizilischen Hafen, welcher von seiner sichelförmigen Landzunge den Namen Zankle (Messina) führte, festgesetzt hatten und dann ihre Mutterstadt Chalkis veranlaßten, diese Niederlassung zu einer festen Kolonie zu machen, welche ihre Verbindung mit dem Mutterlande sichern sollte. So entstanden hier zur Beherrschung des Sundes zwei Bosporusstädte, ähnlich wie hoch im Norden Pantikapaion und Phanagoria. Diese Gründungen fallen in die Zeit des ersten Messenischen Krieges und die Chalkidier benutzten die Wirren im Peloponnes, um flüchtige Geschlechter Messeniens nach ihren Kolonien zu führen. Rhegion gehörte seiner ganzen Geschichte nach mehr zu Sizilien als zu Italien und es blieb auch in späterer Zeit Gewohnheit, auf der Fahrt nach Sizilien in Rhegion anzulegen.

Hier war kein Punkt zum Stehenbleiben. Fast gleichzeitig schritt die griechische Kolonisation nach Norden wie nach Süden mit festem Schritte weiter vor. Zunächst nach Süden.

In Sizilien hatten die Griechen nicht so freie Hand wie im pontischen Norden; sie waren in der Auswahl der Plätze beschränkt. Ein Teil des besten Landes war in den Händen der Phönizier und Elymer oder Troer; die Phönizier, welche aus dem Ägäischen Meere und den mit demselben zusammenhängenden Seegebieten verdrängt waren, saßen hier um so dichter und fester. Sie mußten schon in der Gründung von Rhegion einen Angriff auf Sizilien erkennen, und wie sie die

Griechen an beiden Seiten des Sundes sich festsetzen sahen, rüsteten sie sich, um so entschlossener ihren Besitz zu verteidigen. Außer ihnen waren es auch die eingeborenen Sikuler, welche unter streitbaren Häuptlingen den neuen Ansiedlern widerstanden, wenn sie auch im ganzen für die Griechen mehr Sympathie als für die Phönizier hatten.

Es waren aber die griechischen Ansiedlungen zweifacher Art. Zuerst suchte man sich nur in Besitz solcher Punkte zu setzen, welche für den Handelsverkehr unentbehrlich waren; hier sah man weniger auf die Güte der Feldmark, als auf die Lage an den wichtigsten Seestraßen. Ein solcher Punkt war Zankle; diesen Hafen konnte man nicht in fremden Händen lassen; hier mußte man Herr sein, wenn Mutterland und Kolonien in sicherem Zusammenhange bleiben sollten.

Dann suchte man solche Plätze auf, welche für das Gedeihen eines griechischen Gemeinwesens die günstigsten Eigenschaften vereinigten, und dazu bot sich eine Reihe von Uferebenen dar, welche sich mit wohlbewässerter Niederung in das Land hineinziehen, im Rücken von schützenden Bergen umgeben, am Strande offen und mit günstigen Ankerplätzen ausgestattet. Solche Uferebenen von einer alles griechische Land überbietenden Fruchtbarkeit liegen in dichter Reihe an dem Ostgestade der Insel, das sich vom sizilischen Sunde gegen Süden streckt. Hieher mußten zuerst die Blicke der Griechen gerichtet sein; diese Gegenden waren die ihnen nächsten und zugleich die von den Hauptsitzen der Phönizier abgelegensten. Das Haupt des Ätna war schon lange ein Richtpunkt chalkidischer Seefahrt gewesen; an seinen nördlichen Abhängen strömt der Akesines herunter und an seiner Mündung war es, wo die erste der eigentlichen sizilischen Kolonien, die Stadt Naxos, Ol. 11, 1; 736 gegründet wurde.

Es war eine chalkidische Kolonie; aber ein Athener Theokles hatte an ihrer Gründung einen hervorragenden Anteil. Er hat die glückliche Lage des Ortes entdeckt; er hat im Mutterlande die Auswanderung betrieben, dorische und ionische Männer dazu geworben, und wenn er von Chalkis aus die Überfahrt ausführte, so sehen wir daraus, wie sich die unternehmendsten Männer damals nach den Hauptplätzen der Kolonisation wandten und nur hier die Mittel zur Ausführung ihrer Pläne fanden. Der Name der neuen Stadt bezeugt, daß sich viel Volk von den Cykladen an ihrer Gründung beteiligte, Delphi gab seinen Segen dazu und der Apolloaltar am Strande von Naxos bezeichnete für alle Zeiten den Punkt, wo die Griechen zuerst festen Fuß auf den sizilischen Boden gesetzt haben.

Es war ein Ereignis von weitgreifenden Folgen für die ganze griechische Geschichte. Denn nun entbrannte mit einem Male ein wetteiferndes Verlangen der griechischen Stämme und Städte nach dem sizilischen Ufer, von dessen Herrlichkeit die lockendsten Berichte nach dem Mutterlande gelangten. Der Wetteifer wurde aber auch hier ein Anlaß von Hader und Trennung. Die stammverschiedene Bevölkerung, welche Theokles vereinigt hatte, hielt nicht zusammen. Die Megareer trennten sich und zogen weiter gegen Süden. Die Bakchiaden von Korinth aber benutzten diesen Zeitpunkt mit großer Klugheit; sie stellten sich an die Spitze der dorischen Auswanderung, zogen die Megareer an sich und gründeten schon im nächsten Jahre (11, 2; 735) eine eigene Stadt auf der Insel Ortygia, den besten Hafen der Ostküste den Chalkidiern vorwegnehmend.

Die phönikischen Kaufleute, welche auf Ortygia ansässig waren, blieben daselbst wohnen und trieben ihre Gewerbe ruhig weiter; der Zusammenfluß verschiedener Nationalitäten trug nur dazu bei, das rasche Aufblühen von Syrakus zu fördern.

Damit war der Bruch der in nationaler Eintracht begonnenen Kolonisation vollzogen; mit griechischer Sprache und Bildung war auch der Hader der Stämme auf den Boden des neuen Griechenlands verpflanzt und dadurch der Keim der Fehden gelegt, welche später das griechische Sizilien in zwei Heerlager spalteten.

Wie selten gönnt uns aber die Geschichte einen Einblick in das ruhige Gedeihen glücklich geordneter Verhältnisse! Ihre Überlieferungen beginnen erst, wenn diese Verhältnisse zerrissen werden und die Zerwürfnisse anheben. So kennen wir auch den gesegneten Boden Großgriechenlands nur als einen Schauplatz der blutigsten Kämpfe, welche eintraten, als die achäischen Städte mit den ionischen und dann die achäischen untereinander in Zwietracht gerieten.

Auch Tarent hat einmal unter achäischem Einflusse gestanden wie seine Münzen bezeugen. Aber es hat sich früh losgemacht und in selbständiger Entwicklung alle Nachbarstädte überflügelt.

Nach Süden hin eingeengt, hatte es nordwärts desto freiere Bahn für eine großartige Wirksamkeit. Kolonien hat es in älterer Zeit nicht ausgeschickt mit Ausnahme der festen Orte, welche es zum Schutze seines Gebietes im samnitischen Oberlande anlegte; einer derselben trug den Namen des spartanischen Urgaus, Pitane an der Furt des Eurotas. Vorzugsweise erstreckte sich aber der Einfluß von Tarent an der Ostküste hinauf, denn es war der Stapelplatz an den Grenzen des Adriatischen und Sizilischen Meeres; in seinen Häfen luden die Schiffe um, welche von Epidamnos nach Süden zogen und umgekehrt. Ehe Brentesion (Brundisium) eine selbständige Bedeutung gewann, besorgte Tarent den Zwischenverkehr zwischen Griechenland und Italien. Sein Handel ging über Illyrien nach Istrien hinauf und gewiß stand es auch mit den Seeplätzen am Ende des Adriatischen Meeres, namentlich mit dem uralten pelasgischen Hatria im Delta des Po in Verbindung, von wo wiederum in den transalpinischen Norden die Straßen ausgingen, auf welchen der Bernstein den Völkern des Mittelmeeres zugeführt wurde. Wie unheimlich den Hellenen im ganzen der Adrias war, zeigt die geringe Zahl der eigentlichen Kolonien an seinen beiden Ufern, wenn es auch viele kleinere Faktoreien daselbst gab, wie z. B. eine der Ägineten im Lande der Umbrer. Denn der Verkehr mit jenen Gestaden war alt und sein Betrieb mannigfaltig. Es ging selbst eine große Kontinentalstraße quer durch das griechische Alpenland vom Adrias nach dem Pontos hinüber, mit einem Marktplatze in der Mitte, wohin von der einen Seite Waren aus Lesbos, Chios und Thasos, vom adriatischen Ufer kerkyräische Tonwaren gebracht wurden.

Inzwischen hatte auch in Sizilien die Hellenisierung der Küste Fortschritte gemacht. Die Syrakusaner freilich wagten es nicht, um das gefürchtete Kap Pachynos herum in das südliche Meer vorzudringen, das während des ganzen achten Jahrhunderts ein den Barbaren überlassenes Fahrwasser blieb. Dagegen kamen von Rhodos kühne Seeleute herüber, Männer, welche von ihrer Heimat her den Pfaden phönizischer Seefahrt nachzugehen gewohnt waren und sich an ihrem Handel immer selbständiger zu beteiligen gelernt hatten. Die Rhodier haben nach Gründung ihrer drei Städte, Lindos, Ialysos und Kameiros, frühzeitig eine Seemacht gebildet und das umliegende Meer beherrscht. Sie haben an den Küsten von Lykien, Pamphylien und Kilikien Städte gebaut, sich dann aber mit Vorliebe nach Westen gewendet, seitdem die Chalkidier von den Inseln des Archipelagus Naxos, Andros usw. die Auswanderung dorthin gelenkt hatten. Ein halbes Jahrhundert war seit den ersten chalkidisch-korinthischen Gründungen an der Ostküste Siziliens verflossen, als Antiphemos aus Rhodos und Entimos aus Kreta am Flusse Gela eine Niederlassung gründeten und diese nach dem wichtigsten Stammorte der Kolonie und nach dem Kern ihrer Bürgerschaft Lindioi nannten. Später kamen andere Ansiedler dazu, namentlich aus Telos und den übrigen karischen Inseln; infolgedessen wurde Gela, der karische Name des Flusses, auch für die Stadt die übliche Benennung.

Die kühne und glückliche Tat der Rhodier war eine Epoche der griechischen Geschichte; die ängstliche Scheu vor dem Südmeere war überwunden und für neue Unternehmungen Bahn gebrochen. Die Scheu war nicht ohne Grund. Denn erstens ist die Südseite viel unwirtlicher als die Ostseite. Die langen Gebirgsrücken ziehen sich hier mit ihren Ausläufern bis hart an das Meer und bilden steile Felsküsten mit gefährlichen Strömungen und Riffen, wo die Schiffahrt einer sehr genauen Ortskunde bedarf. Die Häfen sind schlecht; daher haben sich hier auch nie bedeutende Seestaaten entwickelt. Die Ufergebirge werden von Gießbächen durchbrochen, die ein sehr starkes Gefälle haben und im Winter verwüstende Überschwemmungen anrichten. Wie die Natur, so zeigte sich auch das Volk hier wilder und widerstrebender; denn die Alten unterschieden sehr bestimmt die Sikaner als einen ihnen fremderen Stamm von den Sikulern, und man glaubte sie sogar als ein eingewandertes Volk aus keltischer Heimat ansehen zu müssen. Außerdem begegneten die griechischen Ansiedler hier kräftigem Widerstande von den Phöniziern, welche zähe am Erworbenen festhielten und die wichtigen Landungsplätze auf der Fahrt nach ihren westlichen Besitzungen nicht aufgeben wollten.

Aber auch Gela hatte kaum drei Menschenalter bestanden, als es, durch neuen Zuzug tatkräftiger Geschlechter aus der Heimat verstärkt, in der Mitte der Südküste auf steiler Felsstirne die Stadt Akragas gründete, deren Glanz und Macht die Mutterstadt bald überbot. Der Ölhandel nach Karthago wurde die Hauptquelle des Wohlstandes; auf den triftenreichen Ufern der Küstenbäche blühte die Roßzucht und die Steinbrüche lieferten reichliches Material für den Kunstfleiß und den Luxus der Städter. Endlich beteiligte sich auch Syrakus durch Anlage von Kamarina an der Kolonisation der Südküste, so daß um die Zeit der Solonischen Gesetzgebung von Pachygos bis Lilybaion eine ununterbrochene Reihe hellenischer Stadtgebiete bestand.

Damit waren aber die Hellenen an die Grenzen ihrer Machtausbreitung gelangt. Vergeblich suchten die unerschrockenen Rhodier und Knidier weiter vorzudringen; die Nordwestecke der Insel, wo die Gebirge von Lilybaion bis Eryx in das Meer vortreten und in abgerissenen Felsriffen und Inselklippen das Ufer umgeben, ließen die Phönizier nicht los; es war das Gegenufer, die Peraia, von Karthago, welches alle Macht aufbot, sich hier zu behaupten, um von Motye aus den Verkehr mit Libyen, von Soloeis und Panormos aus die Verbindung mit Sardinien und seine Seeherrschaft im Tyrrhenischen Meere zu behaupten. Die Karthager übernahmen die Rolle ihrer Mutterstädte, und zwar in einer ganz anderen Weise; denn sie begnügten sich nicht mit Handelsfaktoreien, sondern sie unterwarfen Land und Volk, sie bildeten Provinzen und sicherten sie durch Festungen. Als Karthager haben die Phönizier an den Hellenen Rache genommen für alle ihnen angetanen Demütigungen; in Westsizilien haben sie allen Fortschritten hellenischer Macht mit unbezwinglicher Zähigkeit Widerstand geleistet; hier sind die Barbaren die Herren und Meister geblieben.

Unberührt ist aber auch dies Land nicht von griechischem Einflusse geblieben. Es wohnte ja um den Eryx das Volk der Elymer, das nach einstimmiger Überlieferung mit den kleinasiatischen Seevölkern und namentlich mit den Dardanern verwandt war. Sie stammten von Kolonisten, welche von den Phöniziern einst aus ihrer Heimat fortgeführt waren oder sich ihnen angeschlossen hatten. Der tyrische Herakles galt daher als der mythische Landesherr der Elymer und die alte Abhängigkeit, in der sie zu Tyrus standen, wurde als Lehenspflicht, die sie Herakles schuldeten, dargestellt. Ihr Hauptort war Egesta; ihr Landesheiligtum die Aphroditenkapelle auf dem Meerfelsen des Eryx. Hier hatte sich also eine aus Eingeborenen, aus Phöniziern und Griechen gemischte Bevölkerung gebildet, welche infolge eines altbegründeten Verhältnisses die phönikische Macht stützte. Den hellenischen Ansiedlern erschienen daher die Elymer als ein barbarisches Volk, weil hier das griechische Wesen nicht durchgedrungen und keine Erneuerung desselben durch hellenische Nachsiedlung zustande gekommen war. So war nirgends in der alten Welt soviel Stoff des Haders angehäuft wie in diesem schicksalsvollen Westende Siziliens, wo Tyrier, Karthager, Halbgriechen und Hellenen auf schmalem Boden nebeneinander wohnten.

Wie an der Südseite, so waren auch an der Nordseite die Hellenen vom sizilischen Sunde aus gegen die Westecke vorgedrungen. Die Zankläer hatten auf der gegen die Liparischen Inseln vorspringenden Landspitze schon um Ol. 16, 1; 716 Mylai als ihren Hafen am Tyrrhenischen Meere angelegt und siebzehn Olympiaden später Himera an der Mündung des gleichnamigen Flusses, wobei sich auch chalkidische Bevölkerung in bedeutender Anzahl beteiligte. Weiter drangen aber auch auf dieser Seite die Griechen nicht vor. Denn die beste Reede der ganzen Insel, die von zwei Vorgebirgen eingeschlossene Bucht von Palermo, ist den Puniern niemals entrissen worden.

Hier machten es die Hellenen wie vielfach die Phönizier in griechischen Seeplätzen; sie wohnten unter ihnen und nahmen freien Anteil an Handel und Gewerbefleiß, der in Panormos blühte. Wie sich auf den Münzen der Stadt hellenische Bilder, z. B. der Kopf der Demeter, das Sinnbild der gesegneten Getreideinsel, neben der phönizischen Legende finden, welche Panormos als das „Lager der Buntwirker" bezeichnet: so bestand in Sprache, Sitte und Recht das phönizische und griechische Wesen in einer Stadtgemeinde nebeneinander.

Der nahe Zusammenhang zwischen griechischer und phönizischer Industrie läßt sich auch aus der griechischen Niederlassung auf den Liparischen Inseln mit großer Wahrscheinlichkeit nachweisen. Hier, wo die vulkanische Kraft ununterbrochen tätig war, wurde eine Masse Alaun erzeugt, welcher als Beizmittel von den Alten benutzt wurde und bei ihren Färbereien unentbehrlich war. Indem nun die griechischen Ansiedler (es werden unter ihnen namentlich Knidier genannt, welche dem von der karischen Küste nach Sizilien eröffneten Handelszuge sich um Ol. 50; 580 angeschlossen hatten) dieses wichtige Produkt ausbeuteten, die Färbereien von Panormos damit versorgten und den Preis der seltenen Ware nach ihrem Belieben bestimmten, war es möglich, daß sie auf ihren kümmerlichen Felsklippen eine solche Höhe des Wohlstandes erreichten, um mit eigener Flotte das Meer behaupten und glänzende Kunstwerke zum Andenken ihrer Siege über die Tyrrhener nach Delphi schicken zu können.

*

Mit der Gründung von Selinus und Akragas waren die Hellenen bis in die Nähe des Seepasses, welcher das westliche Mittelmeer vom östlichen trennt, bis vor das Angesicht Karthagos vorgedrungen, wo die phönizische Macht, aus der vereinigten Kraft von Tyros und Sidon erwachsen, Wache hielt, fest entschlossen, das westliche Seegebiet den Puniern zu erhalten. Eine ruhige und ungeteilte Herrschaft gönnten ihnen aber auch hier die Hellenen nicht, indem sie nicht nur, wie es die Rhodier und Knidier taten, wiederholte Angriffe auf das Westende Siziliens machten, das, von seinen Felsenriffen umgeben, wie eine große Punierfeste dastand, sondern auch in den tyrrhenischen, sardinischen und iberischen Gewässern die Fahrten der Punier kreuzten.

Hier waren ganz andere Verhältnisse als im Osten. Hier war ein fortwährender Krieg im Gegensatze zu dem ruhigen Genusse und friedlichen Wohlleben in den östlichen Kolonien;

hier war ein Kampfplatz, auf den sich nur die unternehmendsten der Seevölker wagten.

Korsika und Sardinien bilden die Grenze zwischen der iberischen und der italischen Hälfte der Westsee, in der Mitte der sich kreuzenden Handelsstraßen gelegen und allen Völkern, die in Etrurien und Kampanien, in Gallien, Iberien und Afrika Besitzungen hatten, von großer Wichtigkeit. Sardinien war, wie das westliche Sizilien, auch mit Griechen bevölkert worden, und zwar in jener Zeit der Abhängigkeit griechischer Kolonisation von den Phöniziern; einer Zeit, welche die Sage in dem Verhältnisse des tyrischen Herakles zu seinem Begleiter, dem Iolaos, darstellte. Das altionische Volk, welches den „Vater Iolaos" als Stammherrn ehrte, hatte in blühenden Wohnsitzen auf der reichen Insel der Sarden gewohnt, war aber dann von den Karthagern geknechtet worden; seine staatliche Entwicklung war gewaltsam zerstört, und da keine Erneuerung derselben durch spätere Kolonisation zustande kam, verwilderte das Volk der Iolaeer und, was sich der Knechtschaft entzogen hatte, trieb sich in den Bergen und auf dem Meere als Räubervolk umher.

Die Phönizier und Karthager hüteten ängstlich die Küsten von Sardinien und Korsika, um auch dort, wo sie nicht die Landesherren waren, fremde Ansiedlung abzuwehren. Hiebei hatten sie besonders mit den Rhodiern zu tun, welche in kühnen Scharen das westliche Meer durchstreiften, der phönizischen Macht, wo sie konnten, Abbruch zu tun suchten und über die Mittelstation der Balearen bis an die iberische Küste vordrangen, wo sie am pyrenäischen Vorgebirge eine Rhodierstadt anlegten.

Glücklicher aber und erfolgreicher als alle anderen Städte war auf diesem Felde Phokaia.

Die Bürger von Phokaia waren auf dem Küstenstriche Ioniens am spätesten zur Ruhe gekommen. Sie besaßen nichts als eine felsige Halbinsel, wo sie schon durch den Mangel an Raum zu einem eigentlichen Schiffervolk gemacht wurden. Ihrer Lage gemäß hatten sie sich nach den pontischen Gewässern gewandt, an den Dardanellen und am Schwarzen Meere Niederlassungen gegründet, sowie am ägyptischen Handel sich beteiligt. Indessen konnten sie hier neben den Milesiern nicht aufkommen. Lampsakos und Amisos gingen an Milet über, die Hauptstadt des Nordens, und die Phokäer sahen sich daher veranlaßt, nach Westen zu schauen und sich der chalkidischen Schiffahrtsrichtung anzuschließen.

Dazu fehlte es nicht an besonderer Anregung. Sie hatten ja ihre Wohnsitze von den Kymäern erhalten, die sich nach

Abtretung ihres Küstensaumes mehr und mehr auf das Binnenland und den Ackerbau zurückzogen. Diejenigen aber unter ihnen, welche am früheren Seeleben festhielten, wie sie es in ihrer euböischen Heimat getrieben hatten, schlossen sich den Phokäern an, teilten diesen die in Euboia erworbene Kunde von den hesperischen Ländern mit und richteten ihre Aufmerksamkeit dorthin, wo auch schon Phokeer des Mutterlandes, wie Thukydides wußte, mit den Elymern zusammen Wohnsitze gefunden hatten.

So kamen die ionischen Phokäer in die Westsee. Indem sie von Anfang an gezwungen waren, sich im Gegensatze zu den bequemen Sommerreisen der andern Seestädte an weite und lange Fahrten zu gewöhnen, wurden sie zu besonders kühnen und heroischen Seeleuten. Sie fingen an, wo die anderen aufhörten; sie machten Entdeckungsreisen in die von den übrigen gemiedenen Gegenden; sie blieben in See, auch wenn der Himmel winterlich wurde und die Beobachtung der Sterne erschwerte; sie bauten ihre Schiffe lang und schlank, um die Beweglichkeit zu erhöhen; ihre Kauffahrer waren zugleich Kriegsschiffe mit 25 wohlgeschulten Ruderern auf jeder Seite, ihre Matrosen kampfgerüstete Soldaten. So durchkreuzten sie die Gewässer, jeden Gewinn ergreifend, der sich darbot, und ihrer kleinen Bürgerzahl wegen mehr nach Art von Freibeutern unstet umherziehend, als daß sie feste Kolonialverbindungen gegründet hätten. Sie gingen in die klippenreichsten Teile des Adriatischen Meeres hinein und umfuhren die Inseln des Tyrrhenermeeres den karthagischen Wachtschiffen zum Trotze; sie suchten die kampanischen Buchten auf wie die Mündungen des Tiber und Arnus; sie gingen weiter an der Alpenküste entlang bis zur Rhodanusmündung und erreichten endlich Iberien, dessen Metallschätze ihnen zuerst an der italischen Küste bekanntgeworden waren. Schon die Samier hatten um Ol. 30; 655 die außerordentlichen Vorteile des iberischen Handels kennengelernt; in der Ausbeutung derselben wurden sie aber, ebenso wie die Rhodier, von den Phokäern zurückgedrängt.

In Gallien und Iberien kam es nun auch während der Zeit, da die Bedrängnis Ioniens durch die Lyder anfing, zu städtischen Gründungen der Phokäer, die sich bis dahin mit kleinen Handelsniederlagen begnügt hatten. Die Rhodanusmündung war ihnen für Land- und Seehandel besonders wichtig und mit ionischer Geschmeidigkeit wußten sie sich hier einzunisten, um in Frieden dauernde Verbindungen anzuknüpfen. Die Sage vom Euxenos, der, von dem gallischen Häuptlinge zur Hochzeitsfeier eingeladen, statt des einheimischen Freiers von der Braut erwählt wird, schildert die Zuneigung, welche sich die Fremden bei den Landeskindern zu erwerben wußten. Massalia war seit Ol. 45; 600 im Keltenlande ein fester Sitz hellenischer Kultur, trotz der Anfeindung der seeräuberischen Stämme Liguriens und der punischen Flotte. Am Ufer wurden große Fischereien angelegt; der steinige Boden um die Stadt selbst verwandelte sich in Wein- und Ölpflanzungen. Landeinwärts bahnte man die Straßen, welche die Produkte des Landes an die Rhonemündung brachten; man legte in den keltischen Städten Handelskontore an, welche die Ladungen von britischem Zinn, das für Kupferarbeit den größten Wert hatte, nach Massalia förderten, von wo wiederum Wein und Öl sowie Kunstarbeiten, namentlich Erzgeschirre, in das Binnenland geschafft wurden. Ein ganz neuer Horizont öffnete sich hellenischer Wißbegierde; kühne Entdeckungsreisen führten nach dem westlichen und nördlichen Ozean, wo die Erscheinung von Ebbe und Flut zuerst den Scharfsinn der Griechen beschäftigte. Man erforschte die Heimat von Bernstein und Zinn und suchte das gewaltige Material neuer Weltanschauung wissenschaftlich zu bearbeiten.

An der Seeseite aber sicherte Massalia seinen Handel durch Anlage zahlreicher Uferplätze.

Im Osten hatten sie die Ligyer zu Nachbarn, einen kriegerischen, den italischen Sikulern verwandten Volksstamm, der, wie es scheint, von phönizisch-griechischen Einwirkungen nicht unberührt geblieben ist; wenigstens war er frühzeitig wie im Gebirge, so auf dem Meere zu Hause und hatte Erzwaffen im Gebrauche. Hier schoben die Massalioten am Fuße der Seealpen bis zum Golfe von Genua eine Reihe fester Stationen vor; die vorliegenden Inseln, namentlich die Stöchaden (Hyerische Inseln), bebauten sie mit Korn und schützten sie durch stehende Besatzungen; sie gewannen im Kampfe mit den Ligyern einen Teil der Alpenküste und gründeten daselbst Olbia, Antipolis (Antibes), Nikaia (Nizza) und Monoikos (Monaco). Das herrliche Bauholz, welches auf den Ligurischen Alpen gefällt wurde, Vieh, auf den Alpenweiden genährt, Felle, Honig, Fische bildeten die wichtigsten Ausfuhrgegenstände ihrer Häfen auf dieser Küste.

Auf der andern Seite, wo die Ligyer mit den Iberern gemischt wohnten, gingen sie vom Rhonefluß gegen die Pyrenäen vor und gründeten hier Agathe (Agde). Wo die Pyrenäen gegen das Meer vorspringen, war ihr Hauptplatz Emporiai, erst auf einer kleinen Küsteninsel gelegen, dann auf das Festland verpflanzt, wo der Markt mit den Eingeborenen abgehalten wurde. Die einander gegenüber gelegenen Quartiere der Handeltreibenden wurden zu festen Ansiedlungen, auf der Meerseite das Griechenquartier, auf der Landseite die Iberer. Das gemeinsame Handelsgebiet wurde mit einer schützenden Mauer umgeben und so erwuchs eine Doppelstadt von zwei Bürgerschaften, die durch eine Zwischenmauer getrennt waren und das gemeinsame Tor nach der Landseite hin gegen die wilderen Stämme gemeinschaftlich hüteten. So blieben die Phokäer auch in ihren fernen Kolonien immer unter Waffen und die Barbaren, welche um Massalia wohnten, nannten deshalb die fremden Kaufleute Sigynen, ein Wort, welches bei den erzhandelnden Völkern, namentlich bei den Kypriern, Lanze bedeutete. Die altrhodische Gründung Rhode (Rhodez) zwischen Emporiai und den Pyrenäen ging in die Hände der Phokäer über, sowie einst ihre eigenen Städte am Pontos zu Milet übergegangen waren.

*

Die Südküste des Mittelmeeres hatte am wenigsten Anziehungskraft, da sie mit Ausnahme Ägyptens keine Strommündungen darbot, wie sie zur Anfahrt der griechische Seefahrer liebte. Freilich sind mit der großen und ausgedehnten Kolonisation der afrikanischen Nordküste durch die Phönizier unzweifelhaft auch karische und ionische Volksteile hinübergekommen. Die Spuren davon finden sich im Kultus des Iolaos, welcher als der Stammheros einer Abteilung der libyphönizischen Bevölkerung vorkommt und hier eine ähnliche Volksmischung voraussetzen läßt wie in Sardinien. Nicht minder deutlich ist die Spur, welche sich in der Religion findet, in dem Dienste des Poseidon und der Athena, welcher seit vorgeschichtlicher Zeit in Libyen eingebürgert war, namentlich an der kleinen Syrte, der wasserreichsten Bucht des ganzen Gestades, bei der Mündung des Triton. Darum hat auch schon die Argonautensage das tritonische Ufer in ihren Kreis hereingezogen. Auch werden altionische Wohnsitze genannt, wie Kybos, Maschala zwischen Utica und Hippo, Ikosion in Mauritanien. Kurz, die Beziehungen zwischen Griechenland und Libyen sind so alt und so mannigfach, daß sie unmöglich aus einer einzelnen städtischen Ansiedlung hergeleitet oder erklärt werden können. Ja selbst Karthagos Macht und Kultur erklärten sich nur, wenn man die griechischen Elemente, welche sie in sich aufgenommen hat, in Anschlag bringt.

Diese alten Beziehungen zwischen Griechenland und Libyen fortzusetzen war durch seine Lage vorzugsweise Kreta berufen. Kretische Purpurfischer aus Itanos unterhielten die Kunde von den gesegneten Uferlandschaften Libyens im Archipelagus.

Mit Itanos stand Thera (Santorin) in Verbindung, das wunderbare Eiland, wo an den steilen Abhängen eines dem Meere entstiegenen Vulkans ein kunstfleißiges Volk wohnte, welches Purpurfärberei und Buntwirkerei seit uralten Zeiten getrieben hatte, zugleich aber auch Seefahrt, wie es bei der Natur des Landes nicht anders sein kann. Denn der eingestürzte Krater bildet mit seinen abschüssigen Wänden einen unvergleichlichen Hafen. Die Geschichte dieser Insel erhielt eine neue, großartige Entwicklung durch die Geschlechter, welche aus dem Taygetos zugewandert kamen. Die Zuwanderer waren Ägiden; es waren kadmeische Geschlechter, welche nach Osten zurückwanderten, von wo sie gekommen waren; sie zogen umher als Priester des karneischen Apollon, dessen Dienst sie ausbreiteten, wo sie immer landeten. Man pflegte diese lakonisch-minysche Ansiedlung auf Thera ein Menschenalter vor der Gründung der ionischen Städte anzusetzen. Mit dieser Zuwanderung erhielt die Buntwirkerinsel eine kriegerisch unternehmende Bevölkerung; der schmale Boden, von Bimssteingerölle überdeckt, von emsigen Ansiedlern übervölkert, genügte nicht lange; daher ging man freudig der Kunde nach, welche von den glücklichen Gestaden Libyens zu ihnen herübergekommen war.

Die Minyer begannen von Thera neue Argofahrten und dem Nachkommen eines ihrer edelsten Geschlechter, dem Euphemiden Battos, war es vergönnt, an der libyschen Küste eine Herrschaft zu gründen, welche die Mutterinsel weit überstrahlen sollte. Erst wurde auch hier nach Weise der Phönizier nur eine Insel besetzt, welche sich der Mündung des Paliuros gegenüber aus der Wasserfläche eines wohlgeschützten Golfes (Golf von Bomba) erhebt. Auf dieser Insel, Plateia genannt, und dem Ufer war der erste Schauplatz hellenischer Tätigkeit in Libyen. Aber hier fand sie nur ein kümmerliches Gedeihen. Das Fahrwasser war gut, aber die Insel klein und das Ufer sumpfig. Man mußte lieber den Golf aufgeben und zu Lande weiter westlich gehen, wo man nicht eine einzelne Oase, sondern einen großen, zur Herrschaft geeigneten Stadtsitz entdeckte. Freilich war die Lage ungewöhnlich, namentlich für Insulaner; mehrere Meilen von der See, deren Ufer ohne natürliche Hafenbuchten war. Aber sonst fanden sie alles; statt des engen Steinbodens der Heimat die fruchtbarsten Kornfluren, breite Hochflächen mit gesunder Luft, von frischen Quellen durchbrochen; ein waldreiches Küstenland, für alle den Hellenen wesentlichen Naturprodukte ungemein geeignet; im Hintergrund aber dehnte sich geheimnisvoll die Wüste aus, eine den Griechen unbegreifliche Welt, aus welcher mit

Rossen und Kamelen, mit schwarzen Sklaven, mit Affen, Papageien und anderen Wundertieren, mit Datteln und seltenen Baumfrüchten die libyschen Stämme zum Strande kamen, Stämme von friedfertigem und leutseligem Naturell, zu Handelsverbindungen geneigt.

Eine reiche Quelle oberhalb des Strandes war der natürliche Sammelplatz für die braunen Männer der Wüste und die Seeleute. Hier gewöhnte man sich an regelmäßige Zusammenkünfte. Aus dem Basar wurde ein bleibender Marktplatz, aus dem Marktplatz eine Stadt, welche sich in großen Verhältnissen breit und vornehm, auf zwei Felskuppen aufbaute, die aus dem Wüstenplateau gegen das Meer vorspringen, nach der Quelle, die zu der Ansiedlung Veranlassung gab, Kyrene genannt. Zwischen beiden Felskuppen senkte sich bequem die große Handelsstraße hinab, welche an der Quelle vorüber die Karawanen an das Meer führte. Viehzucht war die vorwiegende Rücksicht bei der ersten Gründung gewesen; aber wieviel andere Schätze lernte man bei näherer Erforschung kennen! Das wichtigste aber von allen Landeserzeugnissen war das Silphion, eine Staude, deren Saft als Gewürz und als Arzneimittel in der ganzen griechischen Welt gesucht wurde und welche hier wild wucherte. Getrocknet und geknetet wurde der kostbare Saft in Säcken verpackt und wir sehen auf Vasenbildern die kyrenäischen Könige beim Abwiegen, Verkaufen und Verpacken dieses wichtigen Regals in eigener Person die Aufsicht führen.

Lange war es ein kleines Häuflein von Theräern, welche unter den Libyern den Kern der hellenischen Niederlassung bildeten und durch Heranziehung der Eingeborenen sich zu stärken suchten. Wieviel Libysches in die Kolonie eindrang, geht schon daraus hervor, daß der Königsname Battos selbst ein libyscher Königstitel war. Als der dritte aus dem Geschlechte der Euphemiden um Ol. 51 (576) zur Regierung kam, setzte sich die Kolonie in neue Beziehung zum delphischen Orakel, weil sie sich in Gefahr sah, ihren hellenischen Charakter allmählich ganz einzubüßen. Die Pythia erließ einen dringenden Aufruf zur Beteiligung an der kyrenäischen Ansiedlung, und es zog aus Kreta, aus den Inseln und dem Peloponnes viel Volk herbei. Eine Masse neues Land wurde parzelliert; die Libyer wurden zurückgedrängt; der Landungsplatz wurde zur Hafenstadt Apollonia, das Stadtgebiet selbst mächtig erweitert und mit den Umlanden verbunden. Eine Stadt wie Kyrene konnte nur gedeihen, wenn sie der Mittelpunkt eines bequemen Straßennetzes war. Die Schluchten zwischen den Bergterrassen waren die natürlichen Wegebahnen. Wo der

Fels hemmte, wurde er geschnitten, wo er nicht ausreichte, halfen Terrassenmauern aus. Wasserkanäle sammelten die Quellen der Schluchten und folgten dem Wege, teils offen, teils geschlossen. An breiteren Plätzen wurden Felshöhlungen angebracht, die immer mit Wasser gefüllt waren; das waren Vorkehrungen zum Tränken der Tiere, denn die Kyrenäer waren besondere Liebhaber der Pferdezucht. Weiter abwärts berieselte dasselbe Wasser die Gärten, welche sich unter den Terrassen der Stadt ausbreiteten.

Kyrene wurde, wie Massalia, der Ausgangspunkt einer Gruppe von Niederlassungen, der Mittelpunkt eines kleinen Griechenlands; Barke und Hesperides waren die Tochterstädte. Es wuchs eine Nation heran, welche sich ackerbauend ausbreitete und ein ganzes Stück afrikanischen Landes mit hellenischer Kultur zu erfüllen wußte.

Das war die neue Ära, welche für Kyrene mit der Regierung des dritten Königs begann, Battos des zweiten, welchen man wegen des wunderbaren Aufblühens seines Reiches unter dem Namen des „Glücklichen" in ganz Hellas pries. Die Libyer, in die Wüste zurückgedrängt, riefen König Apries aus Ägypten zu Hilfe. Ein ungeheures Heer rückte gegen Kyrene vor (52, 3; 570) und wurde von Battos, der ihm bis Irasa an die Quelle Theste entgegengezogen war, vollständig vernichtet. Die Battiaden waren jetzt eine hellenische Großmacht; des Aprics Nachfolger Amasis beeilte sich mit ihr Frieden und Freundschaft zu schließen und nahm eine Kyrenäerin zur Frau.

*

Die Geschichtsschreibung muß der Überlieferung folgen, welche aus dem Leben der Völker einzelne hervorragende Tatsachen aufbewahrt, aber für das allmählich Werdende kein Gedächtnis hat. Darum werden einzelne Schlachttage in das hellste Licht des Ruhmes gestellt, während die stille und unscheinbare Arbeit eines Volkes, an welche es viele Menschenalter hindurch seine beste Kraft setzt, im Verborgenen bleibt. So entzieht sich auch die Kolonialtätigkeit der Hellenen dem Blicke des Forschers, der mit besonderer Wißbegierde von Stufe zu Stufe ihr folgen möchte. Denn was die Überlieferung hie und da mitteilt, ist nichts als vereinzelte und spärliche Erinnerung, welche sich an die Gründung großer Städte anschließt. Die Gründungen selbst aber sind ja nirgends die Anfänge, sondern die Schlußergebnisse von Bestrebungen, in denen die großartigste und ruhmwürdigste Tätigkeit des griechischen Volkes enthalten ist.

Erst sind die Griechen auf den Schiffen der Phönizier mitgenommen worden, ehe sie sich selbständig neben ihnen angesiedelt und ausgebreitet haben. Dann haben die hellenischen Handelsstädte, den phönizischen Fährten nachgehend, Jahrhunderte gebraucht, um in immer weiteren Kreisen Meer und Küste auszukundschaften, die verschiedenen Produkte von Land und Wasser zu erforschen, die besten Handelsplätze herauszufinden, die Barbarenstämme durch Klugheit zu gewinnen oder durch Gewalt zu zähmen, gute Lagerplätze auszuwählen und zu sichern; nach solchen Vorbereitungen konnte erst die Gründung einer Pflanzstadt erfolgen. Die Zahl der Pflanzstädte aber ist nach und nach zu einer fast unübersehbaren Reihe angewachsen; alle Völker des Mittelmeeres sind durch sie mehr oder minder von griechischer Bildung ergriffen worden und der heimatliche Umkreis der hellenischen Wohnsitze, der Archipelagus mit seinen Inseln und Küsten, ein so kleiner Teil der weiten Mittelmeergewässer, ist durch die Energie seiner Anwohner in geistiger Beziehung das herrschende Meer im ganzen Umfange der mittelländischen Gewässer vom Asowschen Meere bis zum Rhoneufer geworden.

Die Griechen vereinigten in sich, wie kein anderes Volk, einen unersättlichen Trieb in die Ferne zu dringen mit der treuesten Heimatliebe. Wohin sie kamen, brachten sie ihre Heimat mit. Feuer am Stadtherde entzündet, Bilder der angestammten Gottheiten, Priester und Seher aus den alten Geschlechtern begleiteten die ausziehenden Bürger. Die Schutzgötter der Vaterstadt wurden zur Teilnahme an der neuen Ansiedlung eingeladen, welche man mit Burg und Tempel, Plätzen und Straßen nach dem heimatlichen Vorbilde einzurichten liebte. Nicht der Boden und das Gemäuer darauf machten nach griechischer Vorstellung die Stadt aus, sondern die Bürger. Wo also Milesier wohnten, da war ein Milet. Darum übertrug man auch wohl den Namen der Mutterstadt oder den eines Gaues des mutterstädtischen Gebietes, aus welchem sich eine größere Zahl von Ansiedlern beteiligt hatte, auf die neue Ansiedlung.

Die griechische Nation hat sich in allen ihren Stämmen an dem großen Werke der Kolonisation beteiligt; am meisten aber die Ionier, die eigentlichen Zug- oder Wandergriechen, die von ihren beiden Mittelpunkten, von Chalkis und Milet, aus, die Kolonisation im größten Maßstabe betrieben haben. Sie haben ihr angeborenes Talent, sich überall zurecht zu finden und überall zu Hause zu sein, zu glänzender Meisterschaft entwickelt und durch außerordentliche Erfolge bewährt. Sie haben auch bei den von achäischen und dorischen Geschlechtern geleiteten Kolonien in der Regel den Kern der Bevölkerung gebildet, und daraus erklärt sich die unverkennbare Übereinstimmung in Verfassung und Lebenssitte zwischen achäischen, dorischen und ionischen Kolonien. Denn diese Namen bezeichnen nur die Herkunft der die Ansiedlung leitenden Geschlechter, nicht aber die der Masse der Ansiedler. Die Vereinigung verschiedener Stämme zu einer Gründung trug aber wesentlich zum Gedeihen derselben bei und die Geschichte von Sybaris und Kroton, von Syrakus und Akragas beweist, welch einen Erfolg es hatte, wenn achäischer Heldensinn und dorische Energie sich mit dem beweglichen Charakter einer ionischen Menge vereinigte. Freilich war der Boden der Kolonien für die Entwicklung des ionischen Griechentums besonders günstig, und es ist daher kein Wunder, wenn dies meistenteils den Charakter der Stadt bestimmte.

Die Kolonien haben das übervölkerte Griechenland gerettet. Denn bei der außerordentlichen Produktivität, welche das griechische Volk vom achten bis sechsten Jahrhunderte zeigt, würden die Staaten an Menschenfülle gleichsam erstickt oder in inneren Unruhen und gegenseitigen Fehden zugrunde gegangen sein, wenn nicht die Kolonisation die überschüssige Kraft ausgeführt und in wohltätiger Weise verwendet hätte, indem sie zugleich der Mutterstadt Zuwachs an Macht und Handelsverbindungen verschaffte. Nicht selten sind daher die Kolonien absichtlich als politische Heilmittel angewendet und vom delphischen Orakel verordnet worden, um bei fieberhafter Aufregung als Aderlaß zu dienen.

Die Ausbreitung der Hellenen an den Küsten des Mittelmeeres war ein Kampf gegen die Barbaren, und zwar zunächst gegen die Phönizier. Denn im großen wie im kleinen, das heißt bei ganzen Nationen wie bei einzelnen Staaten (Chalkis und Korinth, Korinth und Kerkyra) pflegt dies der Gang der Dinge zu sein, daß einer vom anderen die Seekunde erlernt und dann im Besitze derselben sich losreißt, um die selbständig gewordene Kraft sofort an dem zu erproben, von dem er sie erworben hat. So hat die Kolonisation der Griechen die Phönizier immer weiter nach Westen geschoben; im Westmeere ist der Kampf ununterbrochen fortgeführt worden und endlich von den Griechen auf die Römer übergegangen. Außerdem ist auch in den von den Phöniziern früh verlassenen Meergebieten, wie im Pontus, namentlich bei den taurischen und kaukasischen Völkerschaften, die feste Ansiedlung nicht ohne Kampf durchgesetzt worden.

Die segensreiche Epoche, die mit den ionischen Landungen unter den Barbaren erfolgte, wird in jenen Heroensöhnen dargestellt, welche, wo sie erscheinen, barbarische Opfergebräuche abstellen, mildere Gottesdienste, freundlichere Sitten und eine heiterere Lebensweise begründen. So kommt Euthymos nach Temesa, Orestes nach Taurien, Euxenos nach Massalia, die Antenoriden nach Kyrene. Der Umschwung des ganzen Lebens stellte sich am anschaulichsten in der Beschaffenheit des Bodens dar. Die Sumpfstrecken wurden entwässert, die Ländereien vermessen und zu regelmäßigem Anbaue verteilt, die Flußmündungen zu Häfen eingerichtet, Wege gebahnt, die Höhen für die Tempel der Götter und die städtischen Wohnungen geebnet. So war Sardinien eine Wildnis bis zur Ankunft des Iolaos, der mit seinen Gefährten das Land zum fruchtbarsten Boden umschuf. Diese Kulturstriche nannte man Iolaia, und ihr gesegneter Zustand war es, der die Karthager zur Eroberung anreizte.

So wurde unter den Händen der Griechen alles anders, alles neu. Man legte die Städte nie in zu großem Maßstabe an; man ging, was den Umkreis der Mauern betrifft, nicht gerne über 40—50 Stadien hinaus. Genügte der Mauerkreis nicht mehr für die anwachsende Bevölkerung, so sonderte sich ein Teil ab, wie ein ausziehender Bienenschwarm, und gründete eine neue Stadt. So füllte sich der Golf von Neapel, so die Krim gruppenweise mit hellenischen Republiken und bei einer solchen Verteilung der Bevölkerung drang der geistige Einfluß um so gründlicher in das Land ein.

Anders als in den eigentlichen Barbarenländern war es in den Gegenden, die vor der städtischen Kolonisation griechisches Volk aufgenommen hatten.

Wie vielfach dasselbe in einzelnen Haufen schon in den Zeiten phönizischer Seeherrschaft weithin sich verbreitet hat, ist nicht zu verkennen. Die Phönizier haben diese Völkermischung, welche die Ethnographie der Mittelmeerküste so schwierig macht, begründet; sie haben unterworfene Stämme durch gewaltsame Verpflanzung von einem Gestade zum anderen gebracht, sie haben Karier und Altionier in ihrem Gefolge gehabt, wie es vom tyrischen Herakles heißt, daß er Menschen allerlei Volkes in die Westländer geführt habe; es fanden also die griechischen Handelsstädte auch in den Barbarenländern verwandte Volksbestandteile, denen sie sich anschließen konnten.

Aber ganz anders war es doch in den Ländern, die von Anfang an einen den Griechen verwandten Grundstamm der Bevölkerung gehabt und massenhaften Zuzug aus Griechenland empfangen hatten, ehe die neueren Städte gegründet wurden, wie

Unteritalien und Sizilien. Hier waren die den Pelasgern verwandten Sikuler durch die kretischen und kleinasiatischen Zuwanderungen zur Aufnahme hellenischer Bildung vorbereitet, so daß durch die Gründungen der Ionier, Achäer und Dorier eine griechische Nationalität sich bilden konnte, welche, wenn auch neu und eigentümlich, doch der des Mutterlandes durchaus ebenbürtig war. Die Sikelioten, wie man zum Unterschiede von den Sikulern die hellenisierten Einwohner nannte, galten auch unter den Griechen für besonders feine Köpfe, und die großgriechischen Städte waren nicht bloß imstande, Schritt zu halten mit dem Mutterlande, sondern gingen ihm in der Entwicklung griechischer Bildung selbständig voran. In diesen Gegenden ist also durch die Kolonisation der Übergang aus der pelasgischen in die hellenische Zeit nachgeholt und dadurch eine gleichartige Griechenwelt hergestellt worden, welche alle Küsten des Ägäischen und des Ionischen Meeres umfaßte, so daß das europäische Hellas jetzt in der Mitte von Griechenland lag.

Dies mittlere Hellas hatte den Ruhm, daß von seinen Küsten die ganze städtische Kolonisation ausgegangen war, daß es mittelbar oder unmittelbar alle Pflanzstädte der jenseitigen Gestade seine Tochterstädte nennen konnte. Und dies war kein leerer Ruhm, sondern es bestand nach griechischer Auffassung ein sehr nahes und wichtiges Verhältnis zwischen Mutter- und Tochterstadt. Die Pflanzstädte hatten das Bedürfnis, den Lebensgewohnheiten und Gottesdiensten der Heimat unverändert treu zu bleiben; sie suchten zu Priestern und Leitern des Gemeinwesens Männer derselben Familien zu gewinnen, welche zu Hause die gleichen Ämter verwaltet hatten, und fuhren fort, ihrerseits durch Gesandtschaften und Opfergaben an den heimatlichen Stadtfesten teilzunehmen. Alle Bürger der Mutterstadt hatten Anspruch auf ehrerbietige Aufnahme. Die Pflanzstädte fühlten sich unselbständig und unmündig, so daß sie Rat und Beistand der mütterlichen Stadt in Anspruch nahmen, um zu festen Ordnungen zu gelangen. Ja die Bande der Pietät waren so stark, daß die jeder Bevormundung längst entwachsenen Städte, oft nach langen Zeiten der Entfremdung, zu den Mutterstädten zurückkehrten, um durch ihre Hilfe sich aus eingetretener Verwirrung ihrer öffentlichen Zustände wieder herauszuarbeiten. So wandten sich die italischen Städte nach dem Sturze der Pythagoreer an das Mutterland Achaja.

Wollten aber die Pflanzstädte zu einer neuen Gründung schreiten, so betrachteten sie dies als eine Fortsetzung des von der Mutterstadt begonnenen Werkes und baten sich von dieser den Führer der neuen Ansiedlung aus. Dies galt für eine so unerläßliche Bedingung ordnungsmäßiger Stadtgründung, daß auch die trotzigen Kerkyräer sich ihr nicht entzogen, wie die Kolonisation von Epidamnos beweist. Es läßt sich auch in der Tat kein nach beiden Seiten heilsameres Verhältnis denken, als das Zusammenhalten von Mutterstadt und Kolonie, indem jene sich frischen Lebensstoff aus der jüngeren Stadt aneignet, diese wiederum den Mangel an örtlicher Überlieferung und Geschichte durch treuen Anschluß an die Mutterstadt ersetzt. In allem, was heiliges Recht und religiöse Satzungen betrifft, haben die Kolonien mit großer Treue am alten festgehalten. Hie und da hat sich gerade in ihnen das Altertümliche vorzugsweise gut erhalten, so z. B. in Kyzikos die ursprüngliche Form des ionischen Festkalenders und die Namen der ionischen Stämme, welche Kleisthenes in Athen abschaffte. Denn auch die politische Verfassung ging von der Mutterstadt auf die Kolonie über. Indessen konnte in bürgerlichen Angelegenheiten das frühere Abhängigkeitsverhältnis nicht lange bestehen.

Die Entfernungen waren zu groß, die Interessen zu verschieden; auch war man zu sehr gewöhnt, jedes hellenische Gemeinwesen als ein auf sich beruhendes zu betrachten. In der Regel waren also auch die Mutterstädte zufrieden, die Handelsvorteile für sich auszubeuten, ohne Herrschaft zu beanspruchen. Die Pflanzstädte aber nahmen, je rascher sie aufblühten, um so mehr volle Unabhängigkeit in Anspruch. Unter diesen Umständen kamen keine Kolonialherrschaften zustande, und wo Herrschaftsansprüche erhoben wurden, wie namentlich von Korinth, das zuerst eine hellenische Kriegsflotte besaß und beaufsichtigende Beamte (Epidemiurgen) in seine Pflanzstädte schickte, führte dies zu Kolonialkriegen, welche, wie der zwischen Korinth und Kerkyra, nur dazu beitrugen, die alten Bande der Pietät völlig zu zerreißen.

Vieles andere kam dazu, den Zusammenhang der Städte aufzulockern. Es blieben ja die Bürger der Mutterstadt, die den Kern der neuen Bürgerschaft bildeten, nirgends allein. Schon vor der Aussendung kamen Leute der verschiedensten Herkunft zusammen; denn Chalkis und Milet waren ja nur die Häfen, welche nach gewissen Richtungen hin die Auswanderung leiteten. Wie hätten sie aus eigener Bürgerschaft eine jede 70 bis 80 Städte innerhalb weniger Generationen gründen können? Ebenso verhielt es sich mit Korinth, Megara, Phokaia. Die Kolonien selbst aber, welche an Land Überfluß, an Bürgern Mangel hatten, waren natürlich mit ihrem

Bürgerrechte nicht so sparsam, wie die Städte der Heimat, und je rascher sie aufblühten, um so mehr verwischte sich der ursprüngliche Charakter der Bürgerschaft.

In den Kolonien begann die Geschichte wieder von vorne; die im Mutterlande schon durchlebten Perioden wurden hier nicht selten von neuem wieder aufgenommen. So erhob sich um die Zeit der Perserkriege in Pantikapaion ein heroisches Geschlecht, das sich nach seinem Ahnherrn die Archäanaktiden nannte, die Gründer eines erblichen Fürstentums, welches den hellenischen Pflanzbürgern gegenüber die mildere Form eines republikanischen Amtes, den Barbaren gegenüber die ganze Machtvollkommenheit des alten Königtums hatte. Sie hatten, wie einst die Pelopiden, aus der Ferne kommend, durch Bildung und Reichtum Macht gewonnen, und hier wurden zu Ehren dieser Dynastie und der ihr folgenden, der Spartokiden, noch im vierten Jahrhunderte v. Chr. Grabmäler gebaut, welche den heroischen Grabdenkmälern in Mykenai genau entsprechen.

In der Regel aber haben die Kolonien die Mutterstädte rasch eingeholt und eine ungleich schnellere Entwicklung durchlebt als diese. In den Kolonien ist der hellenische Geist früher geweckt, die Beobachtungsgabe vielseitiger angeregt, die gesamte Bildung mannigfacher entwickelt worden; die Gedanken sind früher hinausgegangen über das, was zur täglichen Notdurft gehört. Darum sind in den Kolonien die Keime der Forschung früher an das Licht getreten, hier die verschiedenen Gattungen griechischer Kunst zuerst ausgebildet worden, wenn es auch dem Mutterlande vorbehalten blieb, durch nachhaltige Energie die von den Kolonien überkommenen Bildungskeime zu ihrer höchsten Vollendung zu entwickeln.

Am meisten aber sind die Kolonien in allem, was die bürgerlichen und gesellschaftlichen Verhältnisse betrifft, den Städten des Mutterlandes vorangegangen. Hatte nicht Milet schon alle Verfassungszustände durchgemacht, als Athen noch langsam ringend sich emporarbeitete? Je mehr Fremdes in die städtische Bevölkerung eindrang, um so lebhafter war die Reibung der verschiedenen Bestandteile untereinander. Viel Gärungsstoff traf zusammen, und die Mitglieder alter Geschlechter, welche in der Mutterstadt zu regieren gewohnt waren, konnten in den Pflanzstädten mit geringerem Erfolge ihre Ansprüche geltend machen. Hier wuchs die buntgemischte Bürgerschaft zu schnell an Menge, Wohlstand und Selbstbewußtsein; die Standesunterschiede glichen sich aus, das Leben war rascher, bewegter; was aus den Mutterstädten mit herübergekommen war an alten Traditionen, wurde rücksichts-

Wagenlenker. Delphi, Museum

Viergespann und Kampf von zwei Kriegern
Wien, Kunsthistorisches Museum

loser beseitigt, wenn es in den neuen Verhältnissen keine Begründung hatte, und alles Neue und Zeitgemäße kräftiger gefördert. Die Kühnheit der Unternehmung, die Freude am Gelingen, die anregende Neuheit der Orts- und Lebensverhältnisse, der Austausch zwischen Menschen der verschiedensten Herkunft — dies alles trug dazu bei, den ausgewanderten Bürgern einen besonderen Schwung, eine gesteigerte Tatkraft zu verleihen und ihren Niederlassungen einen Glanz zu geben, welcher die Städte des Mutterlandes überstrahlte. Die Kolonien waren ja auf lauter ausgewählten Plätzen angelegt; daher waren ihre Produkte vorzüglich. So kam es allmählich, daß alles Beste außerhalb des eigentlichen Hellas zu finden war, das beste Korn und Vieh, die besten Fische, der beste Käse usw. Ferner gab der reichliche Raum, welcher den Ansiedlern zu Gebote stand, Gelegenheit, von Anfang die Städte in größerem Maßstabe und planmäßig anzulegen; hier wurde zur Kunst ausgebildet, was in den Mutterstädten dem Geratewohl überlassen geblieben war. In den schönen Neustädten entfaltete sich ein glänzenderes Leben, als es das Mutterland kannte. Man wollte sich des rasch erworbenen Reichtums freuen, man spottete der altväterlichen Satzungen, mit denen sich die Altstädter des Mutterlandes das Leben verkümmerten, und der Gast aus Sybaris, welcher einmal an der Bürgertafel Spartas teilgenommen, meinte, er könne seitdem den Spartanern ihren Todesmut nicht mehr so hoch anrechnen.
Im Kalender der Tarentiner waren mehr Fest- und Schmaustage als Werktage zu finden, und von den Agrigentinern sagte man, daß sie bauten, als wenn sie ewig zu leben, und schmausten, als wenn sie den letzten Lebenstag zu benutzen gedächten. Das Gefühl einer Unterordnung unter das Mutterland schlug in das Gegenteil um. Die Sybariten suchten durch ihre Festspiele Olympia zu verdunkeln, die stolze Selbstgenügsamkeit der einzelnen Städte verdrängte den gemeinsamen Patriotismus und während der Bedrängnis des Mutterlandes durch die Perser blieben alle Kolonien teilnahmslos.
Bei diesem Auseinandergehen von Mutterland und Kolonien und der unendlichen Zerstreuung der Hellenen auf allen Gestaden des Mittelmeeres kann man zweifelhaft sein, ob hier überhaupt noch von einer hellenischen Geschichte die Rede sein kann, wenn man nicht das Gemeinsame in das Auge faßt, welches noch immer alle Hellenen unter sich verband.

Viertes Kapitel

DIE GRIECHISCHE EINHEIT

Religion und Priestertum. — Delphi. — Das Orakel. — Volksspiele der Hellenen. — Wissenschaft und nationale Bildung. — Der Tempelbau. — Die Plastik. — Die Dichtkunst. — Der Verfall von Delphi.

In demselben Maße, wie sich an allen Küsten die griechischen Wohnsitze ausgebreitet hatten, war das Festland der Griechen immer enger und kleiner geworden. Denn das griechische Volkstum beruhte so wesentlich auf der griechischen Kultur, daß alle Stammgenossen, welche an dem Fortschritte derselben sich nicht beteiligten, mochten sie noch so nahe wohnen, von dem Volkstum ausgeschlossen waren, während die entlegensten Gegenden, in welchen durch eine glückliche Ansiedlung griechische Kultur Wurzel gefaßt hatte, im vollen Sinne zum Griechenlande gehörten.

Auf diese Weise hatte Hellas sich von der Masse des nordischen Gebirgslandes, das Halbinselland vom Festlande abgesondert.

In Epeiros hatte eine Anzahl verwandter Stämme zuerst ein gemeinsames Heiligtum und im Anschlusse daran einen gemeinsamen Namen erhalten. Die heilige Eiche von Dodona grünte noch in der Zeit der Antonine; ja, das Orakel des Zeus hat um Jahrhunderte die Geschichte des griechischen Volkes überlebt und ist als das Urheiligtum der griechischen Nation immer ein Gegenstand ihrer Ehrfurcht geblieben. Aber die begabteren Stämme derselben wendeten sich nach Süden und Osten, wo sie der befruchtenden Berührung der kleinasiatischen Stämme näher waren; die Geschichte des Volkes folgte ihnen. Am thessalischen Olympos bildet sich dann ein zweiter Mittelpunkt, wo die Götter- und Menschenwelt sich bestimmter ordnet. Aus den Gräken werden Hellenen, und je näher unter sich die amphiktyonischen Stämme zusammentreten, um so bestimmter schließen sie sich gegen außen ab. Makedonien und Epeiros werden Barbarenland. Von neuem dringen epirotische Stämme über den Pindos. Thessalien, das älteste Hellas, wird den Hellenen entfremdet, wenn auch äußere Formen der Verbindung fortbestehen. Die edleren Stämme ziehen sich um den Parnaß zusammen und bilden ein noch engeres Hellas, von welchem auch die ganze Westhälfte des mittleren Griechenlands, die ganze Achelooslandschaft, die in ihren alten Beziehungen zu Dodona verharrt, ausgeschlossen bleibt. Zwei Halbinseln, die mittelgriechische, vom

Parnasse östlich gelegene, und der Peloponnes, bilden nun das ganze eigentliche Hellas, das „zusammenhängende" Griechenland, wie man es im Gegensatze zu den griechischen Wohnsitzen nannte, welche einem schmalen Saume gleich die Länder der Barbaren einfaßten.

Durch religiös-politische Ordnungen also hat sich das griechische Volk aus einer großen Masse verwandter Stämme ausgesondert; alle griechischen Sammelnamen schließen sich an bestimmte Heiligtümer an; dies sind die Mittelpunkte der Vereinigung, die Anfangspunkte der Geschichte. Von ihnen aus ist das Pelasgerland zu einem hellenischen Lande geworden, indem Hellen und seine Söhne, wie Thukydides sagt, das heißt die amphiktyonisch geordneten Griechen, von Ort zu Ort vorgedrungen sind und eine gleichmäßige Kultur verbreitet haben. In dieser Beziehung kann man sagen, daß Apollon, als der Gott der thessalischen Amphiktyonie, der Gründer des gemeinsamen Volkstums der Hellenen, der Urheber der hellenischen Geschichte sei.

Im Namen des Gottes handelten aber die Geschlechter, welche den Dienst desselben gestiftet hatten und mit priesterlichen Händen pflegten, die mit dem heiligen auch das bürgerliche Recht begründet hatten. Sie haben die Idee einer nationalen Einheit ausgebildet und getragen, so daß die Entwicklung derselben nicht zu begreifen ist, ohne die Stellung und Bedeutung des Priestertums im griechischen Volksleben zu kennen.

Die Religion war bei den Griechen wie bei den Italikern Gewissenssache des einzelnen und die vollständige Ausübung des Gottesdienstes ein persönliches Recht jedes freien Mannes. Es stand keine bevorzugte Kaste zwischen Göttern und Menschen. Jeder Hellene kann ohne fremde Vermittlung opfern und beten. Die Religion ist bestimmt, jede öffentliche wie jede häusliche Handlung zu begleiten, jeden Tag zu heiligen, jeder Arbeit wie jeder Freude die Weihe zu geben, und dies geschieht, indem sich der Mensch durch das Opfer mit den Göttern in Verbindung setzt. Denn das Opfer ist nichts als der Ausdruck der stets zu erneuernden Lebensgemeinschaft zwischen Göttern und Menschen; der opfernde Mensch geht bei den Göttern zu Gaste, er wird der göttlichen Tischgemeinschaft gewürdigt, wie Tantalos, der Götterfreund, und wie die „frommen Äthiopen" Homers, zu denen Zeus wandelt, um sich mit ihnen zu Tische zu setzen. Weil nun diese Götterfreundschaft die Grundbedingung alles Heiles für die Menschen ist, so ist sie auch jedem Volksgenossen zugänglich, und jeder, der reine Hände hat, kann am Altare sich jener Gemeinschaft von neuem gewiß machen.

Aber der Opferdienst muß unabhängig sein von dem Bedürfnisse und religiösen Gefühle des einzelnen. Darum bedarf es, wenn auch jeder Hausvater ein Priester ist, doch eines besonderen Priestertums, damit der Gottesdienst ein stetiger und regelmäßiger sei und nach festem Herkommen verwaltet werde. Darum kann auch nicht jeder jedes Gottes Priester sein, sondern die Priestertümer sind an gewisse Geschlechter gebunden, welche den Gottesdienst als einen ihnen eigentümlichen hatten, da sie in den Verband des Staates eintraten. So wurde z. B. Telines in Gela, welcher den Dienst der Demeter und Kora aus seiner Heimat Telos nach Sizilien mitgebracht hatte, als er sich von seinen Mitbürgern eine Gunst ausbitten sollte, auf seinen Wunsch als Priester jener Gottheiten öffentlich anerkannt; sein Hausdienst wurde ein Staatskultus, an dessen Bestehen fortan das Heil des Staates geknüpft war. Darum wurden zu einem regelmäßigen Opferdienste feste Einkünfte angewiesen, welche in Acker und Weideland, in Fischteichen, Wäldern usw. bestanden und immer von Mitgliedern der priesterlichen Geschlechter verwaltet wurden.

So bildete sich ein mit unantastbaren Rechten ausgestatteter Erbadel aus den Geschlechtern, welche sich unter gegenseitiger Anerkennung ihrer Götter in einer Stadtgemeinde vereinigten. Sie formten den festen Kern der Bürgerschaft, an welchen sich die loseren Mitglieder derselben anschlossen; es blieb für alle Zeit ein Adelsrecht, an dem Hausaltare eines Priestergeschlechtes, wie z. B. die attischen Butaden waren, Opferrecht zu haben. Wenn also die Priester als solche auch keinen besonderen Stand bildeten und nirgends von den übrigen, friedlichen wie kriegerischen Geschäften des Lebens sich zurückzogen, so waren sie und ihre Angehörigen dennoch wegen ihres nahen und persönlichen Verhältnisses zu den nationalen Göttern und wegen ihrer Kenntnis des den Göttern Zukommenden in den Augen des Volkes mit besonderer Würde bekleidet. Denn das ehrwürdigste von allen waren für den Staat die ungeschriebenen Rechtsbestimmungen und die heiligen Gebräuche, welche auf das genaueste beobachtet werden mußten, um den Zorn der Götter abzuwenden. Die Kenntnis derselben pflanzte sich aber nur durch mündliche Überlieferung innerhalb der Geschlechter fort. Es war das im raschen Wechsel der menschlichen Dinge sich ewig Gleichbleibende und Unerschütterte. Darum waren auch die Vertreter desselben vorzugsweise berufen, innerhalb der Gemeinden das alte Herkommen aufrecht zu erhalten und den lebendigen Zusammenhang der Gegenwart mit der Vergangenheit nicht untergehen zu lassen; wie sich also in der Opfersprache vorzugsweise alte Formen und Wörter zu erhalten pflegten, so in den Familien der Opferer alte Gesinnung und altväterliche Sitte.

Je mehr also in den griechischen Staaten die Neuerungssucht um sich griff, um so wichtiger war das heilsame Gegengewicht, welches in den priesterlichen Geschlechtern lag; sie waren durch die Ehrerbietung, welche ihnen ununterbrochen zuteil wurde, eine Macht im Staate. Sie hatten die Reinheit des Dienstes zu überwachen und jeden Unberufenen, jeden unwürdig oder in frevelhafter Absicht den Staatsgöttern Nahenden zurückzuweisen, wie es dem wilden Kleomenes in Argos und in Athen widerfuhr. Hier vertraten sie also mit entscheidender Energie die politische Unabhängigkeit ihrer Staaten, da das beabsichtigte Opfer des fremden Königs nur seinen Herrschaftsansprüchen dienen sollte.

Sie vertraten aber vor allem das Gottesrecht den Ansprüchen der Staatshoheit gegenüber; sie hatten besonders darauf zu achten, daß das Heilige und das Weltliche nicht vermischt werden; denn in der gewissenhaften Aufrechterhaltung dieses Unterschiedes ruhte der Kern aller hellenischen Religion. Es durfte also kein Gerät, das beim Opfer gedient hatte, zu weltlichen Zwecken benutzt, kein Stück Landes, das den Göttern gehörte, dem Heiligtum entzogen und kein Recht, welches daran haftete, gekränkt, es durfte keine bürgerliche Wohnung in solcher Nähe gebaut werden, daß dadurch die den Göttern schuldige Ehrerbietung verletzt wurde. Es hüteten also die Priester vorzugsweise das Recht der Unverletzlichkeit des geweihten Bodens und nahmen dem Arme des Staates gegenüber jeden in ihren Schutz, welcher bei den Göttern ein Asyl gefunden oder sich in irgendeine unmittelbare Berührung mit heiligem Boden gesetzt hatte. Sie hatten endlich, da sich der weltliche Staat in allen Dingen unselbständig und unzulänglich fühlte, denselben vielfach zu unterstützen, seine Gesetze durch ihre Sanktion zu kräftigen, von Übertretung derselben durch Androhung göttlicher Strafen abzuschrecken, die offenen Feinde des Staates im Namen der Götter öffentlich zu verfluchen und die gottesdienstlichen Handlungen der Staatsgemeinde, wie namentlich die Absendung von heiligen Gesandtschaften nach Delphi oder Delos, also anzuordnen und zu leiten, daß sie den Göttern willkommen waren.

Je weniger daher der Staat der priesterlichen Geschlechter entbehren konnte, um so leichter konnten diese der Staatsregierung gegenüber eine gefährliche Macht bilden, wenn ein Widerspruch hervortrat. So geschah es z. B. in Chios, als die Priester die Auslieferung eines Schutzflehenden, welche die weltlichen Behörden beschlossen hatten, mißbilligten und ihren Widerspruch dadurch aussprachen, daß sie im Namen der Götter erklärten, aus dem durch jenen Frevel erworbenen Landgebiete keine Opfergaben entgegennehmen zu wollen. Es war ein Bann, welchen sie auf das Gebiet von Atarneus legten. In den Zeiten der Parteikämpfe bildeten sie eine konservative Macht von großer Bedeutung. Wenn daher ein stürmischer Neuerer, wie Kleisthenes in Sikyon, einen Dienst mit dem anderen vertauschte, so war die Hauptsache dabei, daß er eine Reihe von Geschlechtern, welche ihm einen zähen Widerstand entgegensetzten, aus dem Staate entfernte, um dafür andere, willfährigere Geschlechter hereinzuziehen. Die Priestergeschlechter spalteten sich aber auch selbst in Parteien für und wider, wie dies namentlich in der Pisistratidenzeit nicht zu verkennen ist. Daher kam es überhaupt, daß trotz der großen Bedeutung, welche die priesterlichen Geschlechter im öffentlichen Leben hatten, dieselben doch auf die Dauer keine hierarchischen Ansprüche geltend machen konnten. Sie hielten nicht wie eine Korporation zusammen; es waren der Staatsgötter zu viele und die Zahl der priesterlichen Familien zu groß, und wie die Götter selbst älter und jünger, vornehmer und geringer, steifer und beweglicher waren, so auch ihre Priester.

Etwas vom Priestertum ganz Verschiedenes ist die Mantik. Ihr liegt der Glaube zugrunde, daß die Götter dem Menschen unablässig nahe sind, daß sie sich bei ihrer Weltregierung um alles einzelne bekümmern und es nicht verschmähen, den kurzsichtigen und ratbedürftigen Menschenkindern ihre Absichten kundzutun. Gottheit, Natur und Menschenwelt stehen nach diesem frommen Glauben in unauflöslichem Zusammenhange. Wird also die sittliche Ordnung, die den menschlichen Dingen zugrundeliegt, gestört, so muß sich dies auch in der natürlichen Welt offenbaren. Ungewöhnliche Naturerscheinungen am Himmel oder auf der Erde, Finsternisse an Sonne oder Mond, Erdbeben, Seuche, Mißwachs sind Anzeichen des durch Unrecht erregten göttlichen Zornes, und es kommt nur darauf an, daß die Sterblichen diese Götterwinke verstehen und sich zunutze zu machen wissen.

Hiezu bedarf es aber einer besonderen Fähigkeit, und zwar nicht einer solchen, welche wie eine menschliche Kunst und Wissenschaft erlernt werden kann, sondern es ist ein Gnadenstand einzelner Personen und einzelner Geschlechter, denen Auge und Ohr für die göttlichen Offenbarungen geöffnet sind und welche mehr als die anderen Menschen an göttlichem Geiste Anteil haben. Sie haben deshalb Amt und Beruf, als

Organe des göttlichen Willens aufzutreten, und sind berechtigt ihre Autorität jeder weltlichen Macht gegenüberzustellen. Hier waren Konflikte unvermeidlich, und die Erinnerungen, welche von der Wirksamkeit eines Tiresias und Kalchas im griechischen Volke lebten, bezeugen, wie das heroische Königtum nicht bloß Anhalt und Stütze, sondern auch Widerstand und heftigen Einspruch von den Männern der Weissagung erfahren hat.

Nach der sinnlichen Anschauung der alten Welt war es besonders der Luftraum, in welchem man die göttlichen Wahrzeichen suchte. Darum wurden Blitz und Sturm und alle Ereignisse, welche den friedlichen Zusammenhang zwischen Erde und Himmel unterbrachen, als Mahnungen der Götter betrachtet; besonders aber schienen die Vögel, namentlich die hochfliegenden, bestimmt zu sein, den Verkehr zwischen der irdischen und der überirdischen Welt zu unterhalten. Ferner, da es das Opfer war, welches den Menschen mit den Göttern in unmittelbare Lebensgemeinschaft versetzen sollte, so lag es nahe, hier vor allem göttlicher Offenbarung gewärtig zu sein. Denn wenn man dieser Gemeinschaft vor jedem größeren Werke, das man unternahm, gewiß zu werden wünschte, so mußte natürlich in jeder Störung der Opferhandlung eine Verweigerung jener Gemeinschaft von seiten der Götter und eine Abmahnung von dem beabsichtigten Werke erkannt werden. Daher die ängstliche Untersuchung des Opfertieres, welches, wenn auch äußerlich schön und fehllos, doch im Innern Mängel und Unregelmäßigkeiten zeigen konnte, wodurch es der Götter unwürdig erschien; daher die genaue Beobachtung der Opferflamme sowie aller einzelnen Bestandteile des Opfers und des ganzen Herganges, währenddessen alles in heiliger Stille der göttlichen Offenbarung lauschte. Selbst die Furchen und Risse im Felle der Opfertiere galten in Olympia als bedeutsam.

Für die geschichtliche Betrachtung ist es von besonderem Interesse, die hellenische Mantik in ihrem Verhältnisse zu den entsprechenden Gebräuchen der anderen Völker des Altertums in das Auge zu fassen.

Bei allen finden wir ausgebildete Formen für die Erforschung der zukünftigen Dinge, und ein Hauptsitz auch für diesen Zweig menschlicher Erfindung war die alte Weltstadt Babel. Hier finden wir zuerst die Anwendung des Loses sowie die Beschauer der Leber des Opfertieres; hier hat die Schicksalskunde durch Verbindung mit chaldäischer Wissenschaft und namentlich mit der Astronomie zuerst einen bestimmt ausgeprägten Charakter erhalten. In Mesopotamien hat man die Gesetze der Himmelskörper verstehen lernen, und deshalb hat man hier zuerst angefangen, nach dem Gange der Gestirne nicht nur die Zeiten des Jahres und die denselben entsprechenden Geschäfte des Menschen zu Lande und zu Wasser zu regeln, sondern auch das ganze Menschenleben unter den Einfluß der Gestirne zu stellen. Man sah sie über den verworrenen Zuständen der Menschenwelt in lichter Klarheit und heiliger Ordnung ihre Bahnen wandeln und dehnte ihren für das natürliche Leben maßgebenden Einfluß auch auf das sittliche Leben aus. Wo war hier eine Grenze der Wirksamkeit zu finden, wo löste sich die Kette des geheimnisvollen Zusammenhanges? Die Völker des Morgenlandes waren am wenigsten geneigt, hier Grenzen zu ziehen; sie gaben sich mit Vorliebe der Anschauung eines kosmischen Ganzen hin, aus welchem kein Glied sich absondere, und bildeten danach ihr System der Weltbetrachtung aus. Nach dem Auf- und Niedergange der Himmelskörper berechneten sie die Perioden, in welchen sich die Geschicke der Völker vollendeten, in künstliche Zahlensysteme schlossen sie die geschichtlichen Entwicklungen ein und bestimmten nach himmlischer Konstellation das Erdenleben jedes einzelnen Menschen.

Die Griechen lernten diese Lehre in Ägypten kennen. Sie fanden hier jeden Monat, jeden Tag und jede Tagesstunde einer bestimmten Gottheit zugeteilt und nach der zufälligen Geburtsstunde glaubte man Charakter und Schicksal des Menschen im voraus bestimmt. Mit peinlicher Sorgfalt wurde jedes Zeichen aufgeschrieben und der Erfolg desselben vermerkt, um auf diese Weise ein vollständiges Lehrsystem auszubilden.

Für die Vermittlung dieser Lehren waren von besonderer Wichtigkeit die Grenzgebiete zwischen den beiden Hälften der alten Welt, die Küstenländer Kleinasiens, das halb dem einen, halb dem anderen Kontinente angehört, namentlich die südlichen Küstenländer, welche den Wohnsitzen der semitischen Völker am nächsten waren und selbst semitische Bevölkerung aufgenommen haben, die Länder am Südabhange des Taurus, Cicilien, Pamphylien, Lykien, Karien, die Inselländer Cypern und Kreta. Das sind die Gegenden, wo das schwärmerische Naturgefühl und das religiöse Gemütsleben des semitischen Völkergeschlechtes sich mit dem klaren, nach Maß und Ordnung ringenden Geiste der Arier am frühesten durchdrungen hat. Hier ist auch die Schicksalskunde der Hellenen vorzugsweise zu Hause.

In Cilicien waren uralte Stätten der Weissagung; der Stammvater des karischen Geschlechts galt für den Erfinder der Vogelschau; an den Grenzen Kariens und Lykiens wohnten die Telmessier, auf deren Söhnen und Töchtern die Gabe der Weissagung ruhte; aus Lykien stammte Olen, der erste Prophet der Griechen, und von den Pamphyliern hatte man wunderbare Kunde ihrer magischen Künste. Hier ist keine Grenzlinie zu ziehen, welche die Ideenkreise des Orients und Okzidents voneinander trennte. Alle im Oriente ersonnenen und ausgebildeten Mittel der Schicksalskunde, Würfel und Los, Traumbild und Konstellation, Opferrauch und Lichterscheinungen, tierische Stimmen und Bewegungen finden wir auch bei den Griechen in deutlichen Spuren wieder; ist doch selbst das siebentorige Theben nach Maßgabe des babylonischen Planetenkultes angelegt worden!

Aber das Erbe des Morgenlandes wurde doch nicht einfach herübergenommen, sondern umgestaltet und so zu einem nationalen Besitze gemacht; diese Umbildung ist aber der Hauptsache nach schon in jenen Küstenländern erfolgt, namentlich in Lykien, wo ein geistiges Leben aufleuchtet, welches von dem orientalischen grundverschieden ist und das wir als die Morgenröte hellenischer Kultur betrachten können.

Die höhere Prophetie gehörte zum Dienste des Apollon, in welchem wie das gesamte Religionsbewußtsein der Hellenen, so auch ihre Mantik die höchste Entwicklung findet. Er ist selbst der Prophet des höchsten Zeus und sein Vermittler den Menschen gegenüber; er hat von ihm das Amt erhalten, sich den Menschen in ihrer Ratlosigkeit hilfreich zu erweisen; und in denselben Gegenden, wo der Apollodienst am frühesten ausgebildet erscheint, in Karien und Lykien, sind alle Formen der Mantik zu Hause. Vorzugsweise apollinisch aber ist jede Weissagung, welche aus einem Zustande der Erleuchtung und Erhebung der Menschenseele hervorgeht, aus einem Zustande, in welchem dem irdischen Geiste der Einblick in eine höhere Ordnung der Dinge vergönnt ist. Hier handelt es sich also nicht um Befriedigung einer vorwitzigen Neugier, sondern um die Herstellung einer Harmonie zwischen der sichtbaren und unsichtbaren Welt. Vom Propheten Epimenides sagte man, daß er nur über geschehene Dinge weissage. Es handelte sich also im allgemeinen um die richtige Beurteilung menschlicher Angelegenheiten, wobei man sich mit der Gottheit im Einklange fühlen wollte. Nicht um die Wechselfälle des Irdischen handelte es sich, sondern um die unwandelbaren Ordnungen des göttlichen Rechtes, welche dem Menschen lebendig vor die Seele treten sollten, weil man überzeugt war, daß dann auch in betreff des einzelnen die grübelnden Zweifel sich beseitigen würden.

Der Gott wählt sich die Organe seiner Mitteilung, und

zum Zeichen, daß es nicht menschliche Weisheit und Kunst sei, welche den Götterwillen enthüllt, sind es schwache Mädchen und Frauen, durch deren Mund Apollon spricht; der Zustand der Begeisterung ist nicht etwa ein Zustand besonderer Krafterhöhung, sondern die eigene Kraft, ja das eigene Bewußtsein ist wie erloschen, auf daß die göttliche Stimme um so lauterer vernommen werde; das mitgeteilte Geheimnis des Gottes ist wie eine Last, welche das empfangende Gemüt niederdrückt; es ist ein Hellsehen ohne eigene Befriedigung des Gemüts. Die Seherin oder Sibylle ist daher selbst auch nicht der Offenbarung mächtig; es sind ihr selbst wie den Hörenden unverständliche Dinge, welche sie vorbringt; es bedarf also einer Deutung, damit den Menschen die Weissagung nutzbar werde. Zu diesem Geschäfte waren nun die Personen, welche durch Verwaltung des Gottesdienstes dem Gotte am nächsten standen, am meisten berufen, und dies ist der Punkt, wo Mantik und Priestertum, die ursprünglich nichts miteinander gemein haben, in eine folgenreiche Verbindung eintreten. Die Dolmetscher der Göttersprüche ziehen dieselben mehr und mehr in den Kreis ihres Einflusses herein. Sie nennen sich selbst Propheten oder Weissager; sie wählen, wenn sie nicht selbst, wie in Klaros, das Weissageamt sich angeeignet hatten, im Namen des Gottes die weissagenden Frauen. So wird die Mantik dem Priestertume dienstbar und ihre theokratische Macht geht auf die priesterlichen Geschlechter über.

Da die Mantik durchaus von dem Willen der Gottheit sich zu offenbaren abhängig ist, so ist sie ihrem Wesen nach etwas Außerordentliches und Unregelmäßiges; sie ist eine Erkenntnisquelle, welche nur unter besonderer Einwirkung der Gottheit strömt. In dieser Ursprünglichkeit hat sich in der Heimat des griechischen Apollon, namentlich in Lykien, die Weissagung erhalten; dort schloß sich die Prophetin, wenn sie das Nahen des Gottes zu spüren glaubte, im Tempel ein, um dort der Ankunft des Gottes zu warten. Dieses Kommen desselben konnte besonders an den Tagen erwartet werden, an welchen man die erste Erscheinung des Gottes, seinen Geburtstag feierte. Dies war namentlich der siebente des Frühlingsmonates Thargelion, wo Licht und Wärme wieder Macht gewinnen und die erneuerte Welt verklären.

Je mehr aber die Priester aus der Verbindung mit der Mantik Macht und Gewinn zogen, veranlaßten sie dieselbe, ihrem ursprünglichen Wesen zuwider, zu einer regelmäßigen Tätigkeit, die an bestimmten Orten und Tagen dem gottesfürchtigen Publikum zu Diensten war. Denn es ist ein Kennzeichen hellenischer Frömmigkeit, die in der Weissagung dargebotenen Gnadenmittel gläubig zu benutzen, mit Opfern und Geschenken die Weissagestätten aufzusuchen und mit der Gottheit, wie man es nannte, Rat zu pflegen. So entstanden die Weissagungsanstalten oder Orakel.

Auch dieser echtgriechischen Ausbildung der Mantik liegt ursprünglich das Streben zugrunde, der Willkür zu steuern, welcher bei Ausübung der Kunst ein so großer Spielraum gegeben ist. Sie sollte nicht einzelnen Personen überlassen bleiben; darum wurden Anstalten gegründet an geweihten, durch Götterzeichen beglaubigten Stätten, wo ehrwürdige Genossenschaften den Verkehr mit der Gottheit leiteten. Es sind priesterliche Institute, bei denen die Mantik als persönliche Begabung mehr und mehr zurücktritt und am Ende zu einer bloßen Form wird. Die Gottbegeisterte selbst, die von den Priestern Erwählte, wird auch nur von ihnen befragt und, was sie aussprechen, gilt für göttlichen Bescheid. Indessen wird diese Reform der Mantik nicht als eine Usurpation betrachtet, welche der religiösen Weihe Eintrag tue, sondern man glaubt an die fortdauernde unmittelbare Beteiligung der Gottheit an den segensreichen Anstalten, wo in ihrem Namen das göttliche Recht verkündet wird. Als Verwalter dieser Orakelstätten erlangen nun die Priester einen ganz neuen Beruf und eine neue Macht, welche für die Geschichte des ganzen Volkes von weitgreifender Bedeutung ist.

Wo der Dienst des Apollon Wurzel gefaßt hatte, gab es Sybillen und Propheten; denn Apollon ist nirgends denkbar, ohne daß von seiner Stätte das Licht der Weissagung ausstrahle. Die glückliche Lage und die geistige Bedeutung der leitenden Priesterkollegien ist es gewesen, welche einzelnen Orakelstätten eine besondere Geltung verschafft hat. Zu diesen gehört das lykische Patara, das thymbräische Orakel bei Troia, welchem Kassandra angehört, die gefeierteste unter den apollinischen Seherinnen, das Gryneion auf Lesbos, das klarische Orakel bei Kolophon und endlich das wichtigste aller kleinasiatischen Orakel, das Didymaion bei Milet, wo das Geschlecht der Branchiden die Prophetie als erbliches Ehrenrecht besaß.

Delos verknüpft die apollinischen Stationen diesseits und jenseits des Wassers; auch hier war ein uraltes Orakel, wo Anios, des Apollon Sohn, als Stammvater eines weissagenden Priestergeschlechtes gefeiert wurde. Durch den Kanal des Euripos, dessen Fahrwasser soviel östliche Kultur an den Strand von Hellas geleitet hat, ist Euboia, das Vaterland der kymäischen Sybille, sowie das gegenüberliegende Festland mit den

Weissagestätten des griechischen Morgenlandes in Verbindung getreten; es wurden die Heiligtümer des ismenischen Apollon in Theben, das Ptoïon auf dem Berge, welcher die hylische Seeebene von der kopaïschen trennt, in Phokis das Orakel von Abai gegründet. Wenn aber alle diese berühmten Stätten des Apollon durch Delphi verdunkelt wurden, so liegt der Grund in einer Reihe eigentümlicher und außerordentlicher Verhältnisse, durch welche dieser Ort berufen war, ein Mittelpunkt nicht nur der nächsten Umlande, wie die übrigen Orakel, sondern der ganzen Nation zu werden.

Unscheinbarer und versteckter kann kaum ein altes Heiligtum gelegen haben als das delphische. Hier war keine Tempelhöhe, welche mit freiem Gesichtskreise die Gegend beherrschte und im Mittelpunkte bequemer Verkehrsstraßen lag, sondern eine enge Schlucht zwischen unwegsamen Gebirgsmassen. Denn das phokische Gebirge ist vor Zeiten durch die Gewalt heftiger Erderschütterungen in zwei große Hälften zerklüftet worden, welche durch die tiefe Pleistosschlucht voneinander getrennt werden; nördlich die Hauptmasse des Gebirges, der Parnaß, südlich in das Meer vorgeschoben der Berg Kirphis. Auf beiden Seiten senken sich die voneinander gerissenen Abhänge jäh zum Bache hinunter.

Am Parnasse steigen über der Schlucht die Felsen senkrecht an, namentlich zwei nackte Kalkwände von etwa 900 Fuß Höhe, die Phädriaden oder „Schimmelfelsen", wie sie wohl wegen des widerstrahlenden Sonnenlichtes genannt wurden, denn sie bilden einen gegen Süden geöffneten, stumpfen Winkel miteinander. Am Fuße dieser Felsen hängt das abschüssige Erdreich, von Steingerölle dicht bedeckt und bei jeder Erschütterung geneigt, in die Tiefe der Schlucht hinabzurutschen, so daß nur durch Untermauerung ebene Terrassen und sichere Flächen für den Anbau gewonnen werden konnten. Gewaltige Steinblöcke, die sich von den überragenden Felsen losgerissen haben, liegen zerstreut umher und zeigen, welche Gefahr von dort unablässig drohe. Die Luft ist beklommen; Wärme und Kälte wechseln plötzlich. Im ganzen scheint die großartig wilde Gegend mehr zu einer Gebirgseinsamkeit bestimmt zu sein, und man würde nicht begreifen, warum dieser Bergwinkel gerade zu einer apollinischen Ansiedlung ausgesucht worden sei, wenn er nicht durch einen seltenen Wasserreichtum ausgezeichnet wäre. Nicht weniger als drei Quellen sprudeln in geringer Entfernung voneinander mit einer von den Jahreszeiten unabhängigen Fülle aus dem Fuße der Phädriaden hervor, die Kastalia gerade aus der Bergspalte, welche die beiden Felswände teilt; weiter gegen

Westen die Kassotis und höher hinauf die Delphusa. Solche Bergquellen waren aber den Griechen mehr als alles andere Zeichen eines besonderen Segens, und sie erschienen ihnen als unabweisliche Aufforderungen zum Opfer- und Gottesdienste. An diese Naturmale hat sich auch die religiöse Weihe, ja die ganze Bedeutung von Delphi angeschlossen. Die Griechen wußten, daß diese Opferstätte nicht erst dem Apollon ihre Weihe verdankte. Denn es waren schon die Dienste des Zeus, der Erdmutter, des Poseidon, des Dionysos, der Athena nacheinander hier eingebürgert worden, bis endlich Apollon in die Mitte der hier versammelten Gottheiten eintrat und seine Lorbeerhütte an dem kühlen Wasser der Kassotis aufschlug. Denn überall sind es Quellen und Felsschluchten, an denen der prophetische Gott Wohnung machte und durch den Mund seiner Sibyllen weissagte. Aus verschiedenen Gegenden, aus Kreta wie aus Delos, kamen priesterliche Geschlechter, deren hervorragende Begabung es war, welche dem delphischen Dreifuße Ruhm und Ansehen verschaffte.

Delphi selbst war ursprünglich keine selbständige Stadt, sondern nur ein Heiligtum im Stadtgebiete von Krisa, welches auf einer schönen Anhöhe am unteren Ende der Pleistosschlucht von Kretern gegründet war, von einer üppigen Ebene umgeben, welche sich sanft zum Meerbusen hin abdacht. Krisa war der erste Hafen- und Handelsplatz an diesem Meere; von ihm erhielt der ganze Golf seinen Namen und durch die krisäische Priesterschaft war Delphi schon ein Mittelpunkt höherer Bildung geworden, als die Dorier sich am Parnasse ansiedelten. Damit begann eine neue Epoche. Delphi wurde mit Tempe in Verbindung gesetzt, die Priesterschaft durch neuen Zuzug gestärkt, der Thessalische Völkerbund hieher verlegt, und je mehr die nördlichen und westlichen Landschaften in hellenischer Bildung zurückblieben, um so mehr wurde Delphi der Mittelpunkt des engeren Hellas, die Metropole des Peloponneses, dessen junge Staaten von hier aus gegründet und geordnet wurden. Aus einem krisäischen Heiligtume wurde es ein hellenisches; es wurde der Oberhoheit seiner Mutterstadt entzogen; es wurde ein selbständiges Gemeinwesen, von seinen priesterlichen Geschlechtern regiert unter dem Schutze der amphiktyonischen Staaten, deren Pflicht es war, jedem Versuche der Krisäer, ihre alten Hoheitsrechte wieder geltend zu machen, sowie jede anderweitige Anfeindung zurückzuweisen.

Da nun in allen hellenischen Stämmen ein zweifacher Trieb lebendig war, einmal der Trieb vorwärts zu dringen, Städte zu bauen, Staaten zu gründen und sich in zahlreichen Ansiedlungen immer neu zu gliedern und zu gestalten, anderseits aber der Trieb, das Gemeinsame ihrer Nationalität festzuhalten und allen Ausländern gegenüber sich als ein Volk zu fühlen: so hatte dieser Trieb bei der zunehmenden Zersplitterung der Nation keinen anderen Anknüpfungspunkt als das gemeinsame Heiligtum des pythischen Apollon. In seinen Satzungen fand das Nationalbewußtsein, das mit dem Fortschritte der Bildung immer schärfer sich ausbilden mußte, seinen einzigen Ausdruck. In Delphi fühlten sich Dorier und Ionier, Spartaner und Athener, Korinther und Thebaner als Hellenen, und wie von den amphiktyonischen Heiligtümern die ganze Hellenensage, in welcher das Gefühl der Volkseinheit seinen mythischen Ausdruck erhalten hatte, ausgegangen ist: so ist auch die Idee der Nation, welche allen Einzelstämmen und Einzelstaaten vorschwebte, der Begriff einer hellenischen Sitte und eines gemeinsamen Vaterlandes, in Delphi festgestellt worden. Der Omphalos oder Nabelstein bezeichnete das pythische Heiligtum als den geistigen Mittelpunkt der Hellenen.

Die ganze Selbständigkeit und Bedeutung von Delphi beruhte ja auf der hellenischen Gemeinsamkeit; es ging zugrunde, sowie die Bande der Einheit sich lockerten. Schon darum mußte es also das Bestreben der delphischen Priesterschaft sein, die Idee der Einheit zu wahren; es war dies ihr hoher Beruf, in dessen eifriger Pflege alle Mitglieder wetteiferten, die einen durch Vaterlandsliebe, die anderen durch Eigennutz und Gewinnsucht angetrieben. Durch seine Verbindung mit der Amphiktyonie hatte das Orakel die Pflicht, den Entzweiungen unter den Stämmen vorzubeugen oder die eingetretenen Streitigkeiten beizulegen. Es war daher ein altes Gesetz, daß kein Hellene und kein hellenischer Staat in feindlicher Absicht gegen einen anderen das Orakel benutzen dürfe; von hier ging die Satzung aus, daß das Andenken eines Bürgerkrieges nicht durch dauernde Siegeszeichen verewigt, daß Hellenen nicht von Hellenen geknechtet werden sollten und anderes. Wenn also das Orakel auch kein Recht hatte, die streitenden Parteien vor sich zu rufen, wenn es auch niemals als ein stehendes Bundesgericht von den Einzelstaaten anerkannt worden ist, so wurde es doch, weil von der apollinischen Religion die amphiktyonischen Ordnungen ausgegangen waren, als eine obere Instanz in allen Sachen des gemeinsamen Rechtes betrachtet. Die apollinische Weissagung bestand ja wesentlich darin, daß sie die göttlichen Rechtsordnungen, die Gesetze des Zeus, verkündete. Hier konnten also die

Parteien, wenn sie nicht mit dem Schwerte ihre Sache auskämpfen wollten, die gültigste Entscheidung finden.
Noch mehr als das Völkerrecht gehörte das heilige Recht zu dem Gebiete des delphischen Einflusses. Durch vergossenes Bürgerblut wird nicht bloß der Staat in seiner Ruhe und Sicherheit gefährdet, sondern es wird eine von den Göttern gegründete Weltordnung verletzt, und nur die Organe der Götter sind imstande, nachzuweisen, wie die zerstörte Ordnung wieder hergestellt werden kann. Das Blutrecht war daher ein wesentlicher Teil des heiligen Rechtes. Es war zu einer Zeit, da schon alle übrigen Rechtsgebiete durch schriftliche Aufzeichnung zur gemeinen Kenntnis gebracht worden waren, ein ungeschriebenes; es beruhte auf dem väterlichen Herkommen, dessen genaue Kunde nur in gewissen Familien zu finden war. Wo das Familienhafte sich am meisten erhalten hat, ist auch die Religion immer am einflußreichsten geblieben. Jene Geschlechter standen mit dem pythischen Orakel in naher Verbindung, und das Orakel erwählte aus den attischen Eupatriden drei Männer, Exegeten oder Rechtsweiser genannt, welche im Namen des Apollon zu bestimmen hatten, was bei der Sühnung von Totschlägern und in ähnlichen Fällen richtig sei. Denn Apollon selbst war der höchste Exeget, die letzte Rechtsquelle; nur durch ihn war eine Übereinstimmung und ein fester Rechtsboden für alle Hellenen zu gewinnen. Ihn sah man daher auch für alle Fragen, welche die Gründung neuer Heiligtümer und die Anordnung des Götter-, Heroen- und Totendienstes betrafen, als den angestammten Rechtslehrer aller Welt im Mittelpunkte der Erde sitzen.
Es war eine geistliche Macht, welche in Delphi ihren Sitz hatte; es war ein göttliches Recht, welches dort gelehrt und gewiesen wurde. Dieses Recht konnte in Widerspruch treten mit menschlichen Rücksichten und Plänen, welche in den einzelnen Staaten verfolgt wurden. An solchen Gegensätzen hat es nicht gefehlt. Sie traten ein, wenn z. B. ein Tyrann wie Kleisthenes zu politischen Zwecken eigenmächtig die alten Ordnungen der Gottesdienste umstürzen wollte, oder wenn die Herakliden Spartas ihr Privatverhältnis zu den Pisistratiden vorschützten, um sich den Anforderungen des pythischen Gottes zu entziehen. Da galt in Delphi als oberster Grundsatz, daß der Gehorsam gegen die Götter alle anderen Rücksichten überwiegen müsse; hier galt, was Aischylos sagt:
Hab' alle Welt zu Feinden, nur die Götter nicht!
Die griechischen Dichter, welche die Schicksale der alten Königshäuser zu ihrem Stoffe wählten, haben den Widerspruch zwischen göttlichem und menschlichem Rechte, zwischen

dynastischer Eigenmacht und den Satzungen heiliger Überlieferung, welche die göttlichen Seher zu vertreten hatten, dargestellt; an diesem Widerspruche ist unzweifelhaft manche Herrschermacht der heroischen Zeit zugrunde gegangen. Je mehr aber der hellenische Staat sich ausbildete, um so seltener wurden solche Konflikte. Es lag durchaus nicht in der Natur der Hellenen, solche Dinge, die in Wirklichkeit sich überall auf das innigste durchdrangen, wie Staat und Religion, im Gedanken voneinander zu sondern und als Gegensätze aufzufassen. Es leitete die Hellenen hierin ihr gesunder Sinn und ein glückliches Streben nach Harmonie. Die Priesterschaften hüteten sich, durch überspannte Ansprüche ihren Einfluß auf die allgemeinen Angelegenheiten zu gefährden, und dafür überließ man ihnen mit richtigem Takte die Anordnung dessen, was die innere Entwicklung der Einzelstaaten nicht beeinträchtigte, aber eine wohltätige Übereinstimmung zwischen den vielen Städten und Staaten begründete, eine Übereinstimmung, welche, wenn man das gemeinsame Organ des göttlichen Willens verlassen hätte, durch vielfache Verträge nur in sehr schwieriger und durchaus unvollkommener Weise hätte erreicht werden können.

Diese Übereinstimmung bezog sich auf alles, was mit dem Gottesdienste zusammenhing. Unter dem Einflusse der apollinischen Amphiktyonie war eine geschlossene Zahl nationaler Gottheiten festgestellt worden. Dieser Kanon wurde festgehalten und dadurch dem Streben nach Vielgötterei, dem leichtsinnigen Gefallen an neuen Kultusformen, der völligen Zersplitterung und Verwirrung des religiösen Bewußtseins eine heilsame Schranke gesetzt. Jeder Versuch neue Götter einzuführen galt für ebenso gottlos wie die Vernachlässigung der alten Götter und die Entweihung ihrer Feste und Altäre. Außerdem ist nicht zu verkennen, daß inmitten der Unruhe und Zerfahrenheit des hellenischen Polytheismus gerade die apollinische Religion das Bewußtsein von der geistigen Überlegenheit des Götterkönigs und damit den Kern einer wahren Religion unerschütterlich festhielt. Denn Apollon verkündet den Menschen, was Zeus für Recht hält; er will nichts als ein Prophet des Höchsten sein und im Namen des Zeus fordert er von den Menschen, daß sie an seine Macht glauben und seiner Weisheit vertrauen, wenn er auch Außerordentliches von ihnen verlangt und sie in unbekannte Fernen hinaussendet. Nirgends aber wird auch nur der Möglichkeit gedacht, daß neben dem heiligen Willen des Zeus andere Götter einen besonderen Willen haben könnten, der zur Richtschnur des sittlichen Handelns genommen werden dürfte. Darum konnten

sich an das Orakel des Apollon die Gemüter derer anschließen, die unbefriedigt von dem verworrenen Aberglauben der Menge eines einigen, in und über allem regierenden Gottes nicht entbehren konnten und mit Aischylos sagten:
> Zeus ist die Erde, Zeus die Luft, der Himmel Zeus,
> Ja Zeus ist alles und was über allem ist.

Indem das Orakel dazu diente, in der Vorstellung von den Göttern eine höhere Auffassung festzuhalten, mußte es zugleich auf das sittliche Bewußtsein der Nation einen wichtigen Einfluß gewinnen.

Hier waren die Griechen in einem ewigen Suchen begriffen. Sie hatten ja kein überliefertes Gesetz, sie hatten keinen festen Maßstab, um Recht und Unrecht zu unterscheiden; sie konnten also, ihrem Gewissen folgend, nur herausfühlen, was gut oder nicht gut sei. Auch hier ist das höchste, ja das einzige, was in gewissem Sinne als ein hellenisches Sittengesetz betrachtet werden konnte, von dem apollinischen Gottesdienste ausgegangen. Denn dieser ist es allein, welcher mit vollem Ernst jede äußerliche Religionsübung für wertlos erklärte, wenn nicht Herz und Sinn des Menschen eine gottesdienstliche Haltung habe. Apollon verkaufte seine Weisheit nicht an jeden vorwitzigen Frager. Der lautere Gott verlangte ein lauteres Herz und trat mit strengem Ernste allen Schwächen des hellenischen Charakters, dem Hange zur Intrige, der Selbstsucht und Untreue entgegen. Ein Symbol der inneren Reinigung war das Besprengen mit dem Weihwasser der Kastalia, welches sich zum Dienste der Pilger vor dem Eingange des Tempelhofes in einem großen Behälter sammelte. Aber „irret euch nicht", rief die Pythia den Pilgern zu; „dem Guten freilich genügt ein Tropfen der heiligen Quelle; aber dem Bösen wäscht kein Meer den Schmutz der Sünde hinweg!" Wer es nun doch darauf ankommen läßt, ob er durchschaut werde, der versucht nicht ungestraft den heiligen Gott. Denn nur der Schuldlose empfängt Heil; der Arglistige versteht des Gottes Spruch nicht, denn die Tücke betört seinen Sinn, und durch das Mißverständnis wird er nur um so früher in das Verderben gestürzt, wie jener Lyderkönig, welcher im Übermute seines Reiches Grenzen überschreiten wollte und darum seiner verkehrten Neigung gemäß den dunkeln Gottesspruch sich auslegte. Man darf überhaupt nur fragen, was dem Sinne des Gottes entspricht; die bloße Anfrage z. B., ob man einen Schutzflehenden aus dem Tempel heraus seinen Feinden ausliefern solle, ist eine Gottlosigkeit, welche Strafe nach sich ziehen muß. Der Spartiate Glaukos, der für einen beabsichtigten Meineid göttliche Berechtigung nachgesucht hatte, mußte mit seinem ganzen Geschlechte zugrunde gehen, obgleich er bald die Frage bereut, das Geld, welches er abschwören wollte, zurückgegeben und Apollon um Vergebung gebeten hatte.

Mit solchem Ernste trat der Gott den Hellenen entgegen und hielt ihnen einen Spiegel vor, welcher nicht täuschte. Selbstprüfung und Selbsterkenntnis sollte jedem Gottesdienste vorangehen, wie über der Schwelle des Gotteshauses mit goldenen Buchstaben geschrieben stand. Wer sich selbst erkennt, der erkennt auch die Schranken seiner Persönlichkeit, seiner Macht und Ansprüche. Darum fordert Apollon zugleich weise Mäßigung, Zügelung der Sinnlichkeit, Beherrschung der Leidenschaft und klare Besonnenheit des Geistes. Erwägt man, wie durch Apollon auch das weibliche Geschlecht zu Ehren gekommen ist, als das Organ seines Willens, wie die Schwachen und Hilfsbedürftigen Schutz, die Schuldigen Sühne, die Übeltäter Gnade bei ihm finden, so ist unverkennbar, wie sehr der delphische Gott durch den Mund seiner Priester ein Lehrer und Pfleger dessen war, was man als die Blüte des sittlichen Nationalbewußtseins der Hellenen bezeichnen darf; weiter ist das Volk in der Auffassung eines geistigen Gottesdienstes nicht gekommen.

Es lag aber auch alles, was zum öffentlichen Gottesdienste gehörte, innerhalb des Bereiches der delphischen Autorität, namentlich das Festwesen, und damit hierin ebenso wie in der Anerkennung und Verehrung der Götter eine allgemeine Übereinstimmung herrsche, mußte das griechische Kalenderwesen unter Aufsicht von Delphi stehen.

Es konnte das Jahr allerdings nach rein bürgerlichen Gesichtspunkten aufgefaßt und nach seiner natürlichen Gliederung eingeteilt werden. In dieser Beziehung gab es zwei Jahreshälften, eine sommerliche und eine winterliche, das heißt eine trockene und gleichmäßig heitere und eine unsichere, regnerische Jahreszeit. Diese Einteilung suchte man nach dem Auf- und Untergange der Gestirne, namentlich der Plejaden, nach den Zügen der Vögel und anderen Naturerscheinungen näher zu bestimmen; danach richteten sich die Geschäfte des Feldbaues, der Schiffahrt, der Fischerei, und nach diesem Jahre, welches man sich mit dem Frühjahre beginnend dachte, pflegte man in gewöhnlicher Rede alles zu bezeichnen, ohne auch nur gleiche Hälften des Jahres anzusetzen; denn unter griechischem Himmel konnte man eigentlich nur vier Monate in dem bezeichneten Sinne winterliche nennen. So sehr hielt man sich an die natürlichen Bestimmungen und dieser Ausdrucksweise sind auch die Geschichtsschreiber bis in Xenophons Zeiten treu geblieben.

Eine genauere Auffassung ging von den Priestern aus. Diese betrachteten das Jahr als ein heiliges Jahr, als einen abgeschlossenen Zeitraum, in welchem sich eine Reihe religiöser Handlungen in bestimmter Folge wiederholen soll. Denn in der Festordnung darf nichts willkürlich und regellos sein. Darum ist Apollon auch Ordner der Zeiten und des Jahres Gesetzgeber geworden; durch sein Orakel sind die griechischen Monate festgesetzt worden, deren Namen sich an die ältesten Feste anschließen. Mit Ausnahme der Phokeer, welche, vielleicht aus Widerspruch gegen delphische Autorität, ihre Monate in profaner Weise abzählten, enthält der griechische Kalender nur solche Monatsnamen, welche von Götternamen, und zwar von denen der altgriechischen Gottheiten abgeleitet sind. In Delphi selbst gehörte der heitere Teil des Jahres dem Apollon, der mit jedem Frühjahre wiederkehrt, und seiner Schwester; der Winter dem Dionysos. Dieser Wechsel des Kultus liegt auch dem Zyklus der Monate wie ihrem Namen zugrunde, und bei aller Verschiedenheit, die sich nach und nach in den Kalendern der einzelnen Städte eingeschlichen hat, liegt doch unverkennbar eine so große Übereinstimmung zugrunde, daß mit den ältesten amphiktyonischen Ordnungen auch dies hellenische Festjahr eingerichtet sein muß, durch welches alle teilnehmenden Stämme gewissermaßen zu einer religiösen Gemeinde gemacht wurden.

Dies bestätigt sich auch dadurch, daß das Orakel fortwährend das unbestrittene Recht hatte, die Regelmäßigkeit der Festopfer in den einzelnen Gemeinden zu überwachen. Jede Verwirrung des Kalenders ist eine Beeinträchtigung der Götter und muß durch ein Bußopfer gesühnt werden; die Hieromnemonen, welche die religiösen Beziehungen zwischen Delphi und den Einzelstaaten zu unterhalten hatten, waren verantwortlich für die gesetzmäßige Jahresordnung. Durch priesterlichen Einfluß erhielten nun die einzelnen Kalendertage ihre besondere Bedeutung; es wurde ein Unterschied gemacht zwischen guten und bösen Tagen, welcher auch in das tägliche Leben des Bürgers und Landmannes eingriff; es wurden gewisse Monatstage besonderen Gottheiten geheiligt, wie jeder dritte der Athena, jeder siebente und jeder Neumond dem Apollon. Es wurden aber unter demselben Einflusse auch die größeren Zeitkreise geordnet, in welchen griechische Wissenschaft die Widersprüche zwischen Mond- und Sonnenjahr auszugleichen suchte. Im Apollodienste hatte das „große Jahr" der Hellenen seinen Ursprung, eine uralte Schaltperiode, welche mit jedem neunten Jahre ihren neuen Anfang nahm. Die religiöse Beschaffenheit dieser Periode zeigt sich schon darin, daß nach apollinischer Satzung acht volle Jahre der Mörder landflüchtig sein mußte, ehe er gesühnt mit dem Lorbeerzweige heimkehren durfte; nach jedem achten Jahre wurde auch der heilige Festzug erneuert, welcher Tempe und Delphi miteinander verband. Das apollinische Festjahr umfaßte 99 Monate, welche, gleichsam zu einer Hekatombe vereinigt, den Göttern geweiht wurden. Unter den einfacheren und kürzeren Schaltperioden ist diese die verständigste und brauchbarste. Sie liegt allen Nationalfesten der Hellenen zugrunde, denn die vierjährigen sowohl wie die zweijährigen Festzyklen sind nur durch Teilung aus jener größeren Einheit entstanden.

Wenn die Zeitordnung der Feste ein besonderer Gegenstand der delphischen Aufsicht war, so war es nicht minder die Festordnung selbst, welche ebenso wie die Opfergebräuche unter priesterlichem Einflusse eingerichtet und aufrecht erhalten worden ist. Nächst dem Opfer gab es keine wesentlicheren Bestandteile hellenischer Festlichkeiten als den Wettkampf. Man ist freilich nicht berechtigt, hierin etwas ausschließlich Hellenisches zu erkennen. Thukydides sagt ausdrücklich, daß bei den Barbaren, namentlich in Asien, Ring- und Faustkämpfe seit den ältesten Zeiten üblich gewesen wären, und wenn die griechische Sage den Danaos und Pelops als die ersten Stifter von Wettspielen nennt, so erkennt sie auch hier die Einwirkung überseeischer Einwanderung an. Indessen ist hier der empfangene Keim in ganz besonderem Grade selbständig und volkstümlich ausgebildet worden, und zwar wesentlich unter dem läuternden Einflusse der apollinischen Religion und ihrer Vertreter.

Als die Perser bei Thermopylai standen und dort in Erfahrung brachten, daß die Masse der griechischen Männer bei den olympischen Festspielen versammelt wäre, wunderte sich das Gefolge des Xerxes nicht darüber, daß sie Wettkämpfe hielten, auch nicht darüber, daß sie in damaliger Zeit dazu Muße hätten, sondern allein darüber, daß sie um keinen anderen Preis, als um den wertlosen eines Blätterkranzes kämpften. Das also war die Veredlung und sittliche Verklärung, welche die Idee des Wettkampfes bei den Griechen erhalten hatte, daß die Gewinnsucht und jeder schnöde Eigennutz ferngehalten wurde. Diese höhere Auffassung verdankte man aber der Religion, welche die Nähe des Gottes und den Vorhof seines Tempels nicht durch ein Kämpfen um gemeinen Gewinn entweiht sehen wollte. Wie sehr aber die Rücksicht auf die Götter hiebei maßgebend war, geht ja schon daraus hervor, daß der Kranz von dem Baume genommen wird, welcher dem Gotte heilig ist. Die Ehre also, welche dem Bekränzten widerfährt, ist die, daß er durch den heiligen Zweig der Gottheit genähert und zugeeignet wird. Die Kränze selbst oder die Dreifüße, wo man diese als heilige Geräte zu Preisgeschenken benutzte, werden von dem Sieger im Heiligtume der Gottheit zurückgelassen. Das ganze gilt den Göttern. Vor ihren Augen stellt sich die Jugend des Volkes dar in voller Freude und Kraft. Denn so ernst auch Apollon mit seinen sittlichen Forderungen an die Sterblichen herantritt, er will ihnen die Freude des Lebens nicht verkümmern. Seine Sprüche fordern Wahrheit des Gemüts und Selbstbeherrschung, aber keine Zerknirschung, keine Naturverleugnung. Die Sinnlichkeit wird in ihrem Rechte anerkannt und es soll nur das richtige Gleichgewicht zwischen der sinnlichen und der geistigen Natur hergestellt werden, damit in voller Gesundheit sich der ganze Mensch entfalte. Die Götter der Hellenen lieben nur das Gesunde, Vollkräftige und Starke, nichts aber widerstrebt ihnen mehr als die Ansicht der Barbaren, welche durch Verkümmerung des Daseins oder gar durch Verstümmelung des Leibes den Göttern etwas Wohlgefälliges zu erweisen glaubten. Bei jeder priesterlichen Person war ein fehlerloser Körper die erste Bedingung der Wahlfähigkeit; eine Bedingung, welche nach heiligem Rechte auch für das hellenische Königtum und die aus demselben abgeleiteten Ämter, wie z. B. das attische Archontat, Geltung hatte. Sowie also die der Gottheit dienenden Personen, wie die Tiere, wie die Früchte des Bodens, welche den Göttern dargebracht wurden, in ihrer Art von tadelloser Vollkommenheit sein mußten, so sollte auch die Jugend des Landes, wenn sie sich den Göttern darstellte, alle empfangenen Gaben des Leibes und der Seele den Göttern zu Ehren fröhlich entfalten und die auserwählt Besten durch den heiligen Kranz einer besonderen Annäherung an die Götter gewürdigt werden. Von diesem Gesichtspunkte aus ist die ganze hellenische Volksbildung aufgefaßt und geordnet worden.

Wir kennen keine Griechen ohne Wettkämpfe. In allen Stämmen der Nation lebte der Trieb, durch den Reiz des Wetteifers die Entfaltung der angeborenen Kräfte zu fördern. Wie namentlich die Ionier auch ihre friedlichen Volksfeste durch Kampfübungen schmückten, bezeugt Homer in seiner Schilderung der Phäaken, dem lieblichen Spiegelbilde eines ionischen Volkslebens. Zu festen Ordnungen aber, in denen das eigentümlich Hellenische sich ausgebildet hat, ist es auch hier zuerst in dorischen Staaten gekommen, in Kreta und dann in Sparta.

Hier beruhte die Sicherheit des Staates auf der Rüstigkeit der dorischen Mannschaft; hier war es also eine dringende Angelegenheit des öffentlichen Wohles, für die Kriegstüchtigkeit derselben Sorge zu tragen und sie von Jugend auf für ihren Beruf zu erziehen. Hier sind die ersten griechischen Übungsschulen (Gymnasia) eingerichtet, in denen es aber nur auf Leibesübung abgesehen war, weil eine volle Entwicklung der geistigen Kräfte durchaus gegen die Absicht der Gesetzgeber war. Hier wurden namentlich Lauf, Sprung, Ringkampf, Diskus- und Speerwurf in der Weise ausgebildet, wie sie bei den Hellenen allgemeine Gültigkeit erlangten; hier wurde zuerst eine feste Sitte eingeführt, welche jedes regellose Ungestüm ausschloß und den strengsten Gehorsam gegen die Gesetze des Kampfes zur Pflicht machte; hier ist der Grundsatz, daß der jugendliche Ehrgeiz durch keine Rücksicht auf Gewinn entweiht werden müsse, festgestellt; hier endlich ist im Gegensatze zu den faltenreichen Gewändern der ionischen Stämme eine kurze, leichte Männerkleidung eingeführt, welche die Gesundheit und Behendigkeit des Körpers fördern sollte und die den Übergang bildete zu der völligen Entkleidung, welche bei den Übungen der Jugend eingeführt wurde.

Diese kretisch-spartanischen Grundsätze haben sich zur Zeit der spartanischen Macht im Peloponnes ausgebreitet, unter ihrem Einflusse sind die Wettkämpfe in Olympia eingerichtet worden, und wie sich im Peloponnes aus den Wirren, die den Völkerwanderungen folgten, zuerst ein geordneter Staatenbund entwickelt hat, so sind auch die olympischen Spiele als peloponnesisches Gesamtfest zuerst zu einer festen Ordnung und nationalen Geltung gekommen. Was hier eingerichtet worden ist, hat man als mustergültig angesehen und in den Kreis der anderen Volksfeste aufgenommen, so namentlich den Fünfkampf oder das Pentathlon, das Meisterwerk des auf Ausbildung der Gymnastik gerichteten Erfindungsgeistes der Peloponnesier, eine zu einem Ganzen sinnig verbundene Reihe von Wettkämpfen, welche mit dem Sprunge begannen. Dann wurde die Kraft des Armes im Speerwurfe erprobt und die vier besten Würfe berechtigten zur Teilnahme an den folgenden Kämpfen. Denn von einem Gange zum anderen verengte sich die Zahl der Kämpfenden. Die drei besten Läufer traten zum Diskuswurfe zusammen, bis endlich die zuletzt übrigbleibenden Zwei im Ringkampfe um den Kranz stritten. Ein kunstvolles System, wie es nur von Hellenen ersonnen werden konnte, mit zweckvoller Abwechslung der Kampf-

arten, wodurch verhindert wurde, daß einer einseitigen Begabung oder einseitigen Meisterschaft der höchste Preis zufalle. Alle einzelnen Fertigkeiten sollten nur als Bestandteile einer gymnastischen Gesamtbildung angesehen werden. Durch solche Erfindungen erhielt Olympia eine vorbildliche Geltung neben dem älteren Gesamtheiligtume von Delphi.
Der dorische Einfluß blieb aber auch in Olympia nicht der allein maßgebende. Die Neigungen der anderen Stämme, die neuen Richtungen der Zeit wurden berücksichtigt; einer freieren Entwicklung wurde Raum gegeben. Man durfte hinter den anderen Festspielen nicht zurückbleiben. Denn auch hier trat ein Wettkampf ein, welcher keine Einseitigkeit duldete. Es gab vielerlei Heiligtümer im griechischen Lande, von denen Anregungen auch zu geistiger Bildung und zu volksmäßiger Übung der geistigen Kräfte ausgingen. So war im arkadischen Lande die Artemis Hymnia von allen Arkadern seit uralten Zeiten hoch verehrt. Ihre Feste wurden mit Gesang gefeiert und von ihrem Tempel sind die Satzungen ausgegangen, welche allen Bewohnern des Landes die Pflege der Musik zur heiligen Pflicht machten, weil dies als das einzige Mittel erschien, um sich auf dem rauhen Hochlande, bei saurem Tagewerk und der Not des Lebens vor Abstumpfung und Verwilderung zu bewahren. So wirkten die Bundesheiligtümer für hellenische Sitte.
Besonders wichtig war aber auch in dieser Beziehung Delphi, unter dessen Sanktion das pythische Fest gegründet worden war, das im Anfange des sechsten Jahrhunderts, als der ionische Stamm sich wieder mit voller Lebenskraft geltend machte, nach dem Heiligen Kriege mit neuem Glanze hervortrat. Delphi hatte in aller Stille die edleren Keime hellenischer Bildung gehegt. Hier war das Lob des Gottes aus begeistertem Dichtermunde als das höchste Ziel eines rühmlichen Wetteifers festgehalten worden und dieser musische Wettkampf blieb in Delphi immer der Kern und die Krone des Festes.
Gleich nach der glänzenden Erneuerung des pythischen Festes wurden im Peloponnes zwei neue Hellenenfeste gegründet; die Isthmien (Ol. 49, 3; 582) und die Nemeen (Ol. 51, 4; 573). Auch hier waren es nur Erneuerungen alter Volksfeste und beide Erneuerungen treffen gerade in diejenige Zeit, da in Korinth die Kypseliden, in Sikyon die Orthagoriden gestürzt waren. Dies kann kein zufälliges Zusammentreffen sein. Da nun den Gründungen dieser Feste ein besonderer Anlaß zugrunde liegen muß und die gewöhnliche Veranlassung keine andere war, als ein glücklicher Sieg, so ist es durchaus wahrscheinlich, daß beide Feste bestimmt waren, den Sturz der

zwei gefährlichsten Tyrannenhäuser zu feiern. Es waren Siegesdenkmäler der Spartaner, in dorischem Interesse gegründet; sie sollten zu neuer Verherrlichung der dorischen Halbinsel, als des eigentlichen Hellenenlandes, dienen und dem parnassischen Feste, wo der ionische Einfluß vorwaltete, den Vorrang streitig machen.

Indessen wenn auch hier die Eifersucht der Stämme sich geltend machte, so war doch eine höhere Macht vorhanden, welche gerade an diesen Götterfesten die Unterschiede der Stämme ausglich und in eine höhere Einheit auflöste. Denn mochten sich auch aus politischen Gegensätzen und nachbarlicher Verstimmung einzelne Staaten von gewissen Festen ferne halten, wie z. B. die Achäer von Olympia, so konnten die Feste doch niemals ihren ursprünglichen, amphiktyonischen Charakter verleugnen, welcher eben darin bestand, daß niemand, welcher den hellenischen Namen zu führen berechtigt war, von der Teilnahme ausgeschlossen wurde. Nur unter dieser Bedingung hatte das delphische Orakel den peloponnesischen Stiftungen seine Bestätigung erteilt und wenn die Isthmien auch den Sieg der dorischen Partei in Korinth feiern sollten, so blieben sie doch ein Fest des Melikertes und Poseidon, an welchem die seefahrenden Stämme, und namentlich die attischen Ionier, einen besonders nahen und eifrigen Anteil nahmen. In dieser Beziehung unterschieden sich also die vier großen Feste als amphiktyonische oder Nationalfeste von allen andern Stadt- und Staatsfesten, die eine bestimmte Landesfarbe trugen und wo die Fremden nur als Gäste des Staates betrachtet wurden. Diese Landesfeste trugen aber dazu bei, die Grundsätze und Gebräuche der Nationalfeste von Stadt zu Stadt zu verbreiten, einen allgemeinen Wetteifer zu entzünden und eine gleichmäßige Agonistik einzuführen. Der Glanz der Feste wurde der Maßstab für die Macht, die Bildung und den Wohlstand der einzelnen Gemeinden, ihre Blüte im allgemeinen das sicherste Merkmal der höchsten Kraftentwicklung der ganzen Nation und darum war für den Aufschwung der Agonistik keine Zeit fruchtbarer, als die, welche der fünfzigsten Olympiade folgte.

Natürlich gewannen bei dem gegenseitigen Austausche diejenigen Hellenen am meisten, welche die empfänglichsten und strebsamsten waren. Das waren die Ionier. Während aber die asiatischen Ionier in sorglosem Lebensgenusse dahinlebten, waren die Athener durch die Lage ihres Ländchens, durch die Nachbarschaft von Korinth, Aigina und Megara, durch die frühe eintretende Spannung mit Sparta, darauf hingewiesen, von den Doriern zu lernen. An ihnen erkannten sie, was durch die Zucht des Gesetzes und streng geordnete Bürgererziehung zu erreichen sei. Sie eigneten sich daher mit solchem Eifer die in Kreta und Sparta ausgebildete Gymnastik an, daß es nicht lange dauerte, bis in ganz Griechenland die attischen Lehrmeister der Gymnastik für die tüchtigsten galten und selbst in dorischen Städten das höchste Ansehen erwarben, wie z. B. Melesias. Die Athener haben sich im vollsten Maße den nationalen Einfluß der amphiktyonischen Feste zu eigen gemacht; sie haben, indem sie den ionischen Stammcharakter festhielten, aber die Schwächen und Mängel desselben in der Nacheiferung der andern Stämme ergänzten, das hellenische Wesen am reinsten dargestellt.

So entwickelte sich also der Begriff hellenischer Volksbildung, welcher mehr als alles andere die Griechen von den Barbaren alter und neuer Zeit unterscheidet; der Begriff einer Bildung, welche Leib und Seele in gleichem Maße umfaßte. Denn man dachte nicht daran, daß der Mensch aus zwei unebenbürtigen und ungleich berechtigten Hälften bestehe, von denen nur die eine, die geistige Hälfte, einer besonderen Pflege bedürfe. Man konnte sich keinen gesunden Geist im siechen Körper, keine heitere Seele in einem vernachlässigten und schwerfälligen Leibe denken. Das Gleichgewicht des leiblichen und geistigen Wesens, die harmonische Ausbildung aller natürlichen Kräfte und Triebe war den Hellenen die Aufgabe der Erziehung, und darum galt eine rüstige Gewandtheit und Schwungkraft der Glieder, Ausdauer im Lauf und Kampf, ein fester leichter Schritt, freie und sichere Haltung, Frische der Gesundheit, ein helles, mutiges Auge und jene Geistesgegenwart, welche nur in täglicher Gewohnheit der Gefahr erlernt wird, — diese Vorzüge galten den Griechen nicht geringer als Geistesbildung, Schärfe des Urteils, Übung in den Künsten der Musen. Musik und Gymnastik gehörten unzertrennlich zusammen, um von Geschlecht zu Geschlecht eine an Leib und Seele gesunde Jugend zu erziehen.

Darauf beruhte das Gedeihen der Staaten. Deshalb blieb auch außerhalb Sparta und Kreta diese Doppelerziehung nicht der Willkür der einzelnen Häuser anheimgestellt, sondern in ganz Griechenland wurde sie vom Staate geordnet und gefördert. Es war unmöglich sich eine hellenische Stadt zu denken ohne öffentliche Gymnasien mit großen, sonnigen Übungsplätzen, von Hallen und Baumreihen eingeschlossen, meistens vor den Toren in ländlicher Umgebung an fließendem Wasser gelegen. Wer auf Ansehen und Einfluß unter seinen Mitbürgern Anspruch machen wollte, mußte bis zur Vollendung männlicher Reife den größten Teil seiner Zeit in den Gymnasien zugebracht haben. Hier nur gewann man den freien Anstand, welcher den Wohlerzogenen von dem in der Werkstätte Aufgewachsenen auf den ersten Blick unterschied und das Kennzeichen dessen war, der zur Teilnahme an den öffentlichen Angelegenheiten berufen war. Hier hatte der junge Hellene im täglichen Wetteifer Gelegenheit, seine Persönlichkeit frei und vollständig auszubilden, im Gegensatze zu den Barbaren, unter denen die Masse vorherrscht und es dem einzelnen nur unter besonderen Verhältnissen gelingt, zu einer selbständigen Individualität zu gelangen. Anderseits wurde der Trieb nach selbständiger Geltung durch die Strenge der Zucht gezügelt. Denn die Jugend übte sich unter der Aufsicht des Gesetzes, welches Anerkennung einer bestimmten Ordnung, Gehorsam gegen die Vorgesetzten, Verleugnung jeder selbstsüchtigen Willkür verlangte. Gleichmäßige Satzungen galten in allen hellenischen Ringschulen; die rohe Kraft fand nirgends Anerkennung; denn niemand wurde zur Teilnahme an den Festspielen zugelassen, welcher nicht nach hellenischem Brauche kunstmäßig seine Kraft ausgebildet hatte, und niemand wurde der höchsten Menschenehre, welche der Hellene kannte, des olympischen oder pythischen Kranzes, würdig befunden, welcher sich nicht allen beschworenen Kampfgesetzen vollkommen unterworfen hatte.

So wurde die Palästra auch eine sittliche Schule; eine Schule derjenigen Tugend, welche den Hellenen als die höchste galt, der weisen Selbstbeschränkung oder Sophrosyne. Denn da die Hellenen kein göttliches Gesetz vor Augen hatten, dessen Erfüllung sie als den Inhalt menschlicher Tugend bezeichnen konnten, so konnten sie dieselbe nur äußerlich nach den Grenzen bestimmen, welche sie von dem sonderten, was sich deutlich als Unrecht und als Sünde kundgab. Als Hauptsünde aber erschien der Übermut des Menschen, welcher den Göttern und dem Nächsten gegenüber keine Schranke seines Eigenwillens anerkennen will; die erste Tugend also war die Anerkennung dieser Schranke, die Scheu vor jeder Überhebung, das weise Einhalten des richtigen Maßes in allen Dingen. Die hellenische Tugend liegt im Maße, und wie sehr auch diese Tugendlehre in Delphi zu Hause war, beweist der Umstand, daß neben dem „Erkenne dich selbst" als zweiter Spruch über der delphischen Tempelpforte geschrieben stand: „In allem das Maß"! Daß die Hellenen dem Begriffe der Tugend keinen volleren Inhalt zu geben wußten, ist nicht ihre Schuld. Ihr Verdienst aber ist es, daß sie die festen Punkte, welche sie zu gewinnen wußten, mit klarem Bewußtsein sich angeeignet haben und mit immer suchender Seele jedem Schimmer des Lichtes nachgegangen sind.

Die Tempelfeste waren aber nicht bloß für die bestimmt, welche kämpfen und Preise gewinnen wollten, sondern sie waren von Anfang an Sammelplätze der umwohnenden Bevölkerung, die, von des Tages Arbeit frei, zu heiterer Gemeinschaft zusammenkam. Je harmloser und friedfertiger das Volk war, je mehr zur Mitteilung geneigt, je leichter die Verbindung, um so besuchter und belebter waren diese Versammlungen. Darum erscheint Delos zuerst als der Schauplatz eines glänzenden Volksfestes, wo zur apollinischen Frühlingsfeier die Ionier mit Frauen und Kindern in fröhlicher Wallfahrt auf ihren Barken zusammenkommen, sich an Tanz und Gesang zu erfreuen, ihre Schätze zur Schau zu tragen und an buntem Menschenverkehre sich zu ergötzen. Das war eine ionische „Panegyris", wo sich an die gemeinsamen Opfer die Freude eines fröhlichen Zusammenseins und zugleich, wie es bei einem klugen Handelsvolke nicht anders sein konnte, ein Austausch von Waren und Kunsterzeugnissen, ein belebter Jahrmarkt, anschloß.

In Olympia wie in Delphi war der Jahrmarkt von großer Bedeutung; kein Festort aber war dazu mehr gemacht, als der Isthmus. Denn wer nach Olympia ging, machte sich der Feste und Gottesdienste wegen auf die Reise. Der Isthmus aber lag in der Mitte des Verkehrs, im Kreuzpunkte aller Land- und Wasserstraßen, so daß der Besuch des Festes, welches in den Anfang der günstigsten Jahreszeit fiel, sich mit den kaufmännischen Reisen auf das bequemste vereinigte. Die isthmische Messe war eine Börse für ganz Hellas und es gab für betriebsame Geschäftsleute keinen besseren Platz, um neue Verbindungen anzuknüpfen und angeknüpfte Geschäftsbeziehungen zu ordnen. An diesen Festorten hat sich daher auch zuerst alles entwickelt, was zur Aufnahme und zur Unterhaltung der Fremden gehörte, wie Gasthäuser, Gesellschaftshallen, Kaufbuden u. dgl.

Je mehr die Feste Nationalfeste wurden, um so mehr mußte man darauf bedacht sein, den Zugang von allen Seiten zu erleichtern. Diese Interessen wurden von den Priestergeschlechtern angeregt und von den amphiktyonischen Beamten vertreten. Es handelte sich dabei nicht bloß um die Sicherheit der Umgegend, welche wegen der in den Tempelörtern zusammenströmenden Reichtümer räuberischen Angriffen vorzugsweise ausgesetzt war, sondern auch um die Bahnung der Wege. Denn in demselben Maße, wie die griechischen Städte an Wohlstand stiegen, nahm die Zahl der Festgäste und der Glanz der Prozessionen zu. Es waren ja nicht Pilger allein, die des Weges zogen, sondern auch die Staaten beteiligten sich durch Festgesandtschaften, welche auf bekränzten, mit Geschenken und heiligem Geräte beladenen Wagen herankamen. Diese Wagen mußten ohne Mühe, ohne Fährlichkeit und Aufenthalt zu ihrem Ziele gelangen können; jeder Unfall würde als ein böses Vorzeichen gegolten haben. Seit die Wagenkämpfe in Aufnahme kamen, forderten auch diese wohlgebahnte Fahrwege, deren Herstellung bei einem Felsorte wie Delphi keine leichte Aufgabe war.

So entstanden die heiligen Straßen, welche die Götter selbst vorangewandelt sein sollten, wie Apollon einst durch pfadloses Land nach Delphi kam. Ihm folgten dann seine Diener, namentlich die Athener, die wegebahnenden Hephaistossöhne, „des rauhen Landes Wildnis ihm entwildernd". Die Kunst des Wegebaues und die des Brückenbaues, welcher die wilden Bergflüsse unschädlich machte, ist also von den nationalen Heiligtümern, namentlich denen des Apollon, ausgegangen. Während die Fußwege quer über die Bergrücken gingen, folgten die Fahrwege den Talschluchten, welche das Wasser gebildet hatte; man ebnete den Felsboden und höhlte Rillen in demselben aus, welche, sorgfältig geglättet, als Fahrgleise dienten, in denen die Räder ohne Anstoß fortrollten. Bei dieser Art der Wegebahnung war es für einen ausgedehnteren Verkehr notwendig, eine gleiche Spurweite zu bestimmen, weil sonst den Fest- sowie den Kampfwagen der Besuch der verschiedenen Heiligtümer unmöglich geworden wäre. Da sich nun, soweit delphischer Einfluß reichte, im Peloponnes wie in Mittelgriechenland, dieselbe Breite von etwa 5'4" nachweisen läßt, so dürfen wir annehmen, daß nicht nur die Ausbreitung, sondern auch die nationale Gleichmäßigkeit des griechischen Straßennetzes von Delphi ausgegangen ist. Die amphiktyonischen Staaten mußten, jeder in seinem Gebiete, die Wege und Brücken instand erhalten; die Heiligkeit des Tempels ging auf die Straßen über; es war Tempelraub, die auf ihnen fahrenden Wagen zu überfallen, und so breitete sich mit diesen Gleisen zugleich der Segen des Tempelfriedens durch das ganze Land aus und vereinigte auch räumlich alle hellenischen Kultusstätten zu einer Gemeinschaft.

Indessen beschränkte sich die Tätigkeit des apollinischen Orakels nicht darauf, die Gemeinschaft der bestehenden Heiligtümer zu unterhalten. Es lag vielmehr in der Religion des Apollon ein unermüdliches Bestreben, ihren Kreis zu erweitern und neue Missionen auszusenden. Wenn also keine Kolonie ohne Genehmigung des Gottes ausgesendet wurde, so ist diese Tatsache nicht daraus zu erklären, daß die Hellenen überhaupt kein großes und schwieriges Werk ohne die Götter in Angriff nahmen, sondern es stand die ganze Kolonisationstätigkeit unter der besonderen Leitung des Apollon, und zwar so sehr, daß es für gottlos galt, ohne seinen Befehl eine überseeische Pflanzstadt zu gründen, und daß das Gedeihen einer so gegründeten für unmöglich gehalten wurde. Auch hier erkennt man leicht, wie sich die Griechen den Phöniziern angeschlossen haben. Die Wanderzüge derselben wurden als Wanderungen des phönikischen Kronos, der Astarte und des Melkart dargestellt, die Pflanzstädte von Sidon und Tyrus als Stiftungen der heimatlichen Schutzgötter. Herakles-Melkart war Landesherr in allen tyrischen Kolonien; er empfing von dort den Zehnten und andere Ehrengaben, für deren Versäumung noch die Karthager durch den Verlust von Sizilien zu büßen glaubten.

Der gottesdienstliche Charakter der hellenischen Kolonien zeigt sich schon darin, daß die erste Tätigkeit der Ansiedler am neuen Strande keine andere war, als einen Apolloaltar zu gründen, ebenso wie die in Krisa gelandeten Kreter mit einem solchen Altar die ganze Geschichte des delphischen Landes eröffnet hatten. Apollon ist ja als Delphinios der Meer- und Küstengott und als solcher ganz besonders in Chalkis zu Hause. Er schwebt, wie ihn die alte Kunst darstellt, leierspielend, mit geschlossenem Köcher, auf dem geflügelten Dreifuße über das Meer hin, ein Gott des Friedens und des Segens, welchen er auch den Gestaden der Barbaren hinüberzutragen beflissen ist. Er fordert von seinen Dienern die auch mit Gefahr verbundene Ausbreitung seines Dienstes. Mit einer über Volk und Land gebietenden Macht befiehlt er einen Teil der städtischen Jugend auszuheben und nach einem bestimmten Platze des Auslandes zu senden. Die Ausgesendeten stehen unter seinem besonderen Schutze, sie werden als heilige Leute betrachtet, wie z. B. die nach Rhegion ausgewanderten Chalkidier. Ebenso sind Metapont und Kroton nachweislich unter der besonderen Leitung des Gottes gegründet; auf gleichen Ursprung beziehen sich Namen, wie Apollonia, Phoibia, Pythopolis u. a. Die jenseitigen Ansiedler bleiben des Gottes Zugehörige und zum Zeichen ihrer dauernden Abhängigkeit schicken sie den Tribut in Gold, den „goldenen Sommer" ein. delphischen Schatz oder statt des wirklichen Erntezehnten schicken sie den Tribut in Gold, den „goldenen Sommer" ein. Von Delphi aus werden die Anwohner des Korinthischen Meerbusens ermuntert, sich vertrauensvoll den Männern, „welche das Wasser der Arethusa trinken", anzuschließen, und daß auch die östlichen Gründungen der Chalkidier unter der Autorität desselben Gottes zustande gekommen sind, beweist schon die apollinische Leier, welche das gemeinsame Münzzeichen aller thrakischen Chalkidier war.

Daß die delphische Priesterschaft an der griechischen Kolonisation einen so lebhaften Anteil nahm, erklärt sich nicht nur aus dem religiösen Eifer und aus einer weisen Fürsorge für die einzelnen Staaten, welche vor Übervölkerung und inneren Unruhen geschützt werden sollten, sondern vor allem aus dem Zuwachs an Ehre, Macht und Gewinn, der dem heimatlichen Sitze des Apollon aus jedem Fortschritte der Kolonisation zuströmte. Jede aufblühende Kolonie war eine dankbare Tochterstadt des Orakels, ein Denkmal seiner fürsorgenden und weitschauenden Weisheit. Daß aber die delphische Priesterschaft zur Oberleitung dieser großen Nationalangelegenheit in so hohem Grade befähigt war, hat seinen Grund in der Beschaffenheit der apollinischen Anstalten. Sie waren ja ursprünglich selbst Kolonien überseeischer Stämme, Missionsplätze, welche in fremder Umgebung vereinzelt lagen und in der Ferne ihren Halt hatten; daher von Anfang an veranlaßt, weit auszuschauen und zur Stützung ihrer eigenen Macht mit entlegenen Punkten Verbindung anzuknüpfen und zu unterhalten. Diese Richtung haben die Priesterschaften, nachdem die nächsten Umlande von gleichmäßiger Bildung durchdrungen waren, mit vollem Bewußtsein festgehalten und ausgebildet. Es war eine ihrer wichtigsten Aufgaben, alle Welt- und Völkerkunde, welche irgend erreichbar war, bei sich zu vereinigen und sich so instand zu setzen, dem Kolonisationstriebe der Hellenen die richtigen Bahnen anzuweisen und durch weise Leitung unnützer Kraftvergeudung und einer gefährlichen Zersplitterung vorzubeugen. Man braucht nur die Geschichte der Kolonien zu verfolgen, um die höhere Intelligenz, welche hier gewaltet hat, deutlich zu erkennen. Hierin liegt vielleicht das größte und dauerndste Verdienst des delphischen Orakels.

Es war aber nicht Delphi allein, welches einen solchen Einfluß übte; sondern wie die hellenische Kolonisation zwei städtische Mitelpunkte hatte, so hatte sie auch zwei religiöse. Milet war wie Chalkis eine apollinische Stadt und das Branchidenheiligtum beim Didymaion hatte ohne Zweifel eine ähnliche Bedeutung für die milesische Kolonisation wie Delphi für die euböische, nur mit dem Unterschiede, daß in Ionien sich die Kultur viel früher ausgeglichen hat und deshalb das dortige Orakel in geschichtlicher Zeit niemals einen so vorwiegenden, gesetzgeberischen Einfluß hat geltend machen können, wie Delphi im europäischen Lande. Auch das klarische Heiligtum bei Kolophon beteiligte sich an der Kolonisation und die phokäischen Auswanderer legten bei dem Artemision

in Ephesos an, nahmen Priesterinnen von dort mit sowie die
Maße des Heiligtums, um es jenseits des Meeres genau nachzubilden, und prägten in den Tochterstädten, wie in Massalia,
mit dem Bilde der Schutzgöttin.
Es waren aber die Heiligtümer, lange bevor sich die Kolonisation in großem Zusammenhange auszudehnen begonnen
hatte, Mittelpunkte eines ausgebreiteten Handelsverkehrs, welcher in den heiligen Häfen, auf den heiligen Straßen, in der
Nähe der Tempel Frieden und Sicherheit fand, während in der
übrigen Welt noch ein wildes Faustrecht schaltete. An die
Festversammlungen schlossen sich ja die Handelsmessen an;
hier lernte man zuerst die Mannigfaltigkeit der Naturprodukte
und die vorteilhaftesten Wege des Handelsaustausches kennen;
hier wurden die Verbindungen angeknüpft, welche verschiedene Handelsplätze zu festem Verkehr vereinigten und so erst
die Anlage von überseeischen Warenlagern und dann die Stadtgründungen veranlaßten. So sind außer dem milesischen und
delphischen Heiligtume namentlich der delische Tempel, das
Heraion zu Samos und das Artemision von Ephesos die Ausgangspunkte eines großartigen Seehandels und wichtiger Entdeckungen geworden. „Nicht ohne göttliche Schickung", heißt
es, sei Kolaios der Samier durch anhaltenden Ostwind weiter
und weiter von seinem Fahrziele abgetrieben, bis er endlich
jenseits der Heraklessäulen die Küste von Tartessos entdeckte
und als Dank für den reichen Gewinn ein Erzgefäß von sechs
Talenten an Wert der heimatlichen Göttin darbrachte. So
haben sich der religiöse Sinn und der Handelsgeist, die beide
so mächtig im Volke der Hellenen waren, hier merkwürdig
durchdrungen; die Götter wurden die Patrone der Handelsleute, so daß ihrer keiner an Delos vorüberfuhr ohne zu landen
und den Apolloaltar zu verehren. Es fehlte auch nicht an
abergläubischen Sitten, wie das Geißeln des Altares war,
wodurch man den Handelssegen von den Göttern gleichsam
erpressen wollte.
Mit der Bedeutung der Heiligtümer für Kolonisation und
Handel steht ein anderes in unmittelbarem Zusammenhange.
Die Götter waren die reichsten Besitzer im Lande und ihre
Priester die ersten, welche die Macht des Kapitals erkannten.
Die Tempel hatten zum Teil große Einkünfte aus dem Ertrage
ihrer Grundstücke, aus dem Zehnten von Kriegsbeute und
Handelsgewinn, aus Bußen und Geldstrafen, aus den Geschenken, welche für geleistete Dienste dargebracht wurden, für Rat
und Hilfe, für leibliche und geistige Heilung. Darum sagte
man, Wölfe hätten das Gold nach Delphi gebracht. Denn
unter diesen Tieren sind die ruhelos umherirrenden, von Blut-

schuld belasteten Menschen verstanden, welche durch die Priester ihren Seelenfrieden und die Gemeinschaft mit den anderen Menschen wieder gewonnen haben. Mit den golderzeugenden Ländern Asiens unterhält Delphi nahen Verkehr; hier waren von Midas und Gyges die ersten Goldschätze in Hellas ausgestellt, und als die Spartaner zur Ausschmückung eines Apollokolosses Gold bedurften und deshalb nach Sardes schickten, sind sie gewiß von Delphi auf die rechte Goldquelle hingewiesen worden.

Mit allen bedeutenderen Heiligtümern war eine umfangreiche Finanzverwaltung verbunden, indem es die Aufgabe der Priester war, durch kluge Verwaltung, durch Beteiligung an gewinnreichen Unternehmungen, durch vorteilhafte Verpachtungen, durch Darlehen usw. die jährlichen Einkünfte zu steigern und einen Schatz zu bilden, welcher nicht nur zur Aufrechterhaltung der Würde des Gottesdienstes ausreichte, sondern auch für die nationale Macht des Heiligtums eine wesentliche Forderung war. Der Schatz der Götter ist älter als ihre Tempelgebäude; er wurde unter der Schwelle des Gotteshauses oder in besonderen Räumen innerhalb des Tempelhofes, welche unter Aufsicht der Schatzmeister standen, aufbewahrt. Es gab keine Plätze von größerer Sicherheit und deshalb wurden sie auch von Staaten sowohl wie von Privatpersonen benutzt, um wertvolle Urkunden, wie Testamente, Verträge und Schuldbriefe oder bare Summen daselbst zu deponieren. Dadurch trat das Heiligtum in geschäftliche Beziehungen zu allen Teilen der griechischen Welt, welche ihm Gewinn und Einfluß verschafften. Sie wurden Geldinstitute, welche die Stelle von öffentlichen Banken vertraten. Die persönlichen Beziehungen wurden dadurch bekräftigt und geweiht, daß denjenigen, welche dem Heiligtume besonderes Vertrauen erwiesen und Dienste geleistet hatten, Privilegien erteilt wurden; sie erhielten Gastrecht (Proxenia) in Delphi nebst Vortritt beim delphischen Gotte, Vorsitz bei den Festspielen u. a. Dadurch wurden angesehene Männer des In- und Auslandes dem Heiligtume verpflichtet und vertraten in ihrer Heimat die Interessen desselben.

Mit der Ausbreitung der Kolonien wuchs die Weltkenntnis der Priester und damit die gebietende Hoheit des Orakelgottes. Als der kranke Alyattes nach Delphi schickte, wußte man daselbst, daß ein Heiligtum der Athena zu Assesos im milesischen Gebiete zerstört darniederlag und man verweigerte dem Könige jeden Bescheid, bis er dasselbe wieder aufgerichtet hätte. Auch fremde Sprachen, um deren Erlernung sich sonst die Hellenen nicht zu bemühen pflegten, kannte

Amphora. Kampf des Herakles mit Acheloos
London, Britisches Museum

Krieger vom Tempel in Ägina. München, Glyptothek

Überreste des Hera-Tempels in Olympia

Tempel der Aphaia. Ägina

man in den Orakelstätten. Man hörte die Priester oder Sibyllen in karischer und libyscher Zunge reden. Die Ortskenntnis der Priester aber war so genau, daß sie das Mißlingen eines Pflanzortes, wofür man sie verantwortlich machen wollte, in der Regel einer Unfolgsamkeit oder einem Mißverständnisse des göttlichen Ausspruches zuschreiben konnten. So behielt auch den Kyrenäern gegenüber der Gott vollkommen recht. Denn wenn sie sich über den geringen Erfolg ihrer ersten Ansiedlung beschwerten, so lag die Schuld daran, daß sie des göttlichen Befehles ungeachtet nicht den Mut gehabt hatten, das Festland anzubauen, und wenn sie später von Kyrene nach dem üppigen Gartenlande Irasa sich hinübersehnten, so hatten sie wieder unrecht; denn für eine große Stadt war diese Talsenkung keineswegs geeignet und das Orakel wußte sehr wohl, daß für eine libysche Ansiedlung eine hohe, freie Lage mit einem „durchlöcherten Himmel", das heißt einem zu atmosphärischem Niederschlage geneigten Klima, die erste Bedingung sei. Auf der Bergterrasse von Kyrene ist aber viel mehr Wolkenbildung und Regen als in den Niederungen und am Gestade.

Es ist nicht anders möglich, als daß man in den Orakelörtern alle Schiffernachrichten auf das genaueste verzeichnete, daß man die Ergebnisse aller neuen Reisen zusammenstellte und auch durch Länderzeichnung sich die Lage der schon besetzten Uferstriche sowie die noch freien und zum Anbau geeigneten anschaulich zu machen suchte. Solche Versuche waren in den priesterlichen Mittelpunkten der alten Erdkunde vielfach gemacht worden, ehe in Milet die Kunst der Erdzeichnung ausgebildet wurde und Anaximander die Herstellung von Erdtafeln in den Kreis wissenschaftlicher Naturkunde hereinzog. Die Orakel waren in jeder Beziehung nicht nur das vorschauende Auge und nicht nur das religiöse Gewissen des griechischen Volkes, sondern auch das Gedächtnis desselben.

Die Religion war ja überall das Bleibende und Feste im raschen Wechsel der Menschengeschlechter. Bei den Heiligtümern erhielten sich die ältesten Überlieferungen; darum waren auch die Vorsteher der heiligen Anstalten berufen, den Zusammenhang der Generationen zu unterhalten, und wenn Platon in seinen Gesetzen sagt, man müsse in den Heiligtümern die Gedenktafeln des Gemeinwesens aufstellen, so schließt er sich darin einer allgemeinen Hellenensitte an. Denn zunächst gab es für alle Urkunden keinen besseren Platz, um sie vor Entwendung oder Entstellung zu schützen. So erzählt schon von Odysseus die Sage, er habe am Fußgestelle eines Poseidon den mit seinen Roßhirten vereinbarten Vertrag aufgeschrieben. Dann waren natürlich die Bundesheiligtümer, wie Delphi, Olympia, das italische Lakinion, das Panionion usw., die auserwählten Stätten, um alle die gemeinsamen Angelegenheiten betreffenden Aufzeichnungen aufzuheben.

Ein Volk, das wie die Hellenen mit poetischem Gefühle und lebhafter Phantasie reich begabt ist, pflegt von Natur für die Schrift keine große Vorliebe zu haben. Je mehr sie das lebendige Wort liebten, seine Macht kannten und ausbildeten, um so weniger dachten sie daran, in stummen Zeichen einen Ersatz desselben finden zu können. So frühe sich daher auch die wißbegierigen Ionier die Erfindung der Schrift aneigneten, so geschah dies zu ganz anderen Zwecken als zu dem der Mitteilung von Gedanken. Man gebrauchte die Zeichen, um im Handelsverkehr Wert und Zahl einzelner Gegenstände zu bezeichnen; man gebrauchte sie, um Namen und Formeln, auf deren unveränderte Aufbewahrung Wert gelegt wurde, aufzuzeichnen. Das Wort selbst schien den Griechen, so wie es in Schriftzeichen übergegangen war, getötet und abgestorben. Wie lange sich daher ihr Sinn gegen einen ausgedehnteren Schriftgebrauch gesträubt hat, erkennt man schon daraus, daß sie für den Begriff des Schreibens in ihrer reichen Sprache niemals ein ganz bezeichnendes Wort und für den Begriff des Lesens immer nur einen umständlichen und schwerfälligen Ausdruck, welcher „wieder erkennen" bedeutet, gehabt haben. Für „schreiben" mußte dasselbe Wort ausreichen, welches malen bedeutet, und in der Tat sind auch auf den Gefäßbildern der Griechen die Buchstaben mehr als ein Schmuck aufgemalt, als sie zu erklärender Bezeichnung dienen, und ganz ebenso erscheinen die Buchstaben auf den Münzen sparsam, wie kleine Bilder, angewendet. An den größeren Schriftdenkmälern sieht man, wie Jahrhunderte lang die Schrift mit vielem Schwanken und ohne Gewandtheit geübt wurde, und die ältesten Literaturwerke bezeugen auf das deutlichste, daß zwischen der Zeit der Dichtung und der Zeit der schriftlichen Abfassung Jahrhunderte in der Mitte liegen, während welcher die Sprache sich wesentlich verändern konnte. Auch bezeugen viele Gebräuche des öffentlichen Lebens, wie das Ausrufen vor dem Volke, die ältere Wahlart usw., wie spät sich die Griechen an den Gebrauch der Schrift gewöhnten. Am deutlichsten aber zeigt sich dies darin, daß man in der Zeit des allgemeinsten Schriftgebrauches die Schriftzeichen noch immer als etwas Fremdländisches ansah und „phönizische Zeichen" nannte.

Indessen haben sich auch hier die Griechen nicht begnügt, die fremde Erfindung unverändert hinzunehmen, sondern nachdem diese edelste Frucht morgenländischer Kultur, die bei den

Ägyptern mit so bewundernswürdigem Formsinne und reicher Erfindsamkeit ausgebildet worden ist, durch die klugen Phönizier für den Verkehr nutzbar gemacht und praktisch umgestaltet worden war, haben sich ihnen zwar die Ionier auf das genaueste angeschlossen; sie haben das phönizische Alphabet angenommen, indem sie die Form, die Reihenfolge, den Lautwert, ja, mit geringer Abweichung auch die Namen der Buchstaben beibehielten, aber sie haben die Zeichen mit höherem Formsinne veredelt, sie haben die Schrift künstlerisch gestaltet und die Richtung derselben verändert.

Es war aber in den nationalen Heiligtümern nicht nur die die Geschichtskunde zu Hause und der Anfang geordneter Zeitrechnung, sondern auch die Auffassung und Darstellung der geschichtlichen Tatsachen erfolgte unter dem Einflusse der priesterlichen Anstalten. Denn je mehr man den pythischen Apollon als den obersten Ratgeber und Lenker der hellenischen Gemeinden ansah und ihr Heil von der treuen Befolgung seiner Satzungen abhängig glaubte, um so mehr suchte man dies in der Geschichte zu erkennen und nachzuweisen. Man war also von seiten der Priesterschaft bestrebt, die buchstäbliche Erfüllung apollinischer Weissagungen, das glückliche Gedeihen der dem Gotte folgsamen Gemeinden, die treue Fürsorge desselben für seine Pflegbefohlenen, den jähen Untergang der Widerstrebenden und durch sündhafte Leidenschaft Verblendeten aus den Tatsachen zu erweisen. So bildete sich eine im Sinne der apollinischen Religion erbauliche, eine von theokratischem Interesse geleitete Darstellung der griechischen Familien- und Staatengeschichte. Es ist bekannt, wie sehr noch Herodots Geschichtsbücher von diesen religiösen Gesichtspunkten beherrscht werden, und wie deutlich ganze Reihen von Begebenheiten, z. B. die Gründung von Kyrene, die Schicksale der Kypseliden, der Ausgang der Mermnaden, mit künstlerischem Geiste so bearbeitet worden sind, daß eine Verherrlichung des apollinischen Orakels daraus hervorgeht. Es hat lange gedauert, bis sich die griechische Geschichtsschreibung von dieser Tendenz frei gemacht hat. Denn einem poetischen Volke war eine solche, religiös erwärmte und das Gemüt ergreifende Darstellung, welche die göttliche Weisheit auf wunderbare Weise überall mit den menschlichen Schicksalen verflocht, viel willkommener als eine rein verständige, unparteiisch kühle und farblose Überlieferung des Geschehenen.

Endlich ist, wenn von dem Einflusse der Orakelanstalten auf hellenische Wissenschaft die Rede ist, nicht zu vergessen, daß die Orakelpriester im eigenen Interesse nicht versäumen durften, alle Bildung und Wissenschaft, deren Aneignung ihnen Macht und Einfluß versprach, sich dienstbar zu machen, sowohl vom Auslande her, als auch aus den verschiedenen Ländern griechischer Nation. In den Heiligtümern, welche die Mittelpunkte des griechischen Weltverkehres waren, lernte man die hervorragenden Seiten der morgenländischen Bildung am frühesten kennen und war klug genug, sich nicht aus einseitigem Hellenismus gegen die Anerkennung derselben und die vorteilhaften Verbindungen mit ihnen zu sträuben. Schon in Dodona war Toleranz gegen auswärtige Gebräuche Grundsatz und man kannte namentlich die Einflüsse Libyens auf die dortigen Gottesdienste. Das libysche Ammonium ist frühzeitig als eine ebenbürtige Orakelstätte, Zeus Ammon als ein olympischer Gott auch in Delphi anerkannt worden, welches durch Kyrene in nähere Beziehung zu ihm trat. Daher wurde er von den Städten, welche, wie Sparta, Athen und Theben, von den Familien, welche, wie die Ägiden, dem pythischen Gotte am nächsten anhingen, vorzugsweise gefeiert. Nachdem dann durch Vermittlung der Libyer Ägypten sich den Griechen aufgeschlossen hatte, gewann Delphi auch im Nillande Einfluß. Nirgends fanden nach dem Tempelbrande die umherziehenden Priester von Fürsten und Bürgern reichere Unterstützung als dort, und wenn sich auch im einzelnen nicht nachweisen läßt, wieviel von den Kenntnissen, in denen die Ägypter den Hellenen überlegen waren, namentlich auf dem Gebiete der Geometrie, der Arithmetik, der Mechanik, der Astronomie und Zeiteinteilung, durch Vermittlung der Heiligtümer zu den Hellenen gekommen ist, so ist doch im allgemeinen die hohe Achtung, welche die gebildetsten Hellenen dem ägyptischen Altertum zollten, eine vom Ansehen der griechischen Orakel gebilligte gewesen. Der griechische Nationalstolz fühlte sich nicht verletzt, wenn man Männer wie Solon als Schüler ägyptischer Priester darstellte. Zu den Einrichtungen des öffentlichen Lebens aber, welche auf ägyptischen Ursprung hinweisen, gehört vor allem die Einteilung des Monats in drei Dekaden, welche die siebentägige Woche der Semiten, von deren Gebrauche einzelne Spuren noch erkennbar sind, namentlich bei den Athenern frühzeitig verdrängt hat. Diese Einrichtung beruht aber gewiß auf priesterlichem Einflusse, da von den Priestern alle Ordnung der Zeiten ausgegangen ist.

Das delphische Orakel hat aber nicht nur ausländische Kenntnisse und Vorstellungen zum Nutzen des nationalen Fortschrittes in Griechenland eingeführt, sondern auch die Stämme und Städte der Heimat in heilsame Verbindung miteinander gebracht. So hat es die Lakedämonier zur Ergänzung ihrer einheimischen Bildung auf Kreta, auf Athen und Lesbos hingewiesen. Es folgte der geistigen Entwicklung aller Städte und wußte sich mit den hervorragendsten Männern des Volkes in Verbindung zu erhalten. Dies war den Orakelpriestern unentbehrlich, um sich auf der Höhe nationaler Bildung zu erhalten und die bedeutendsten Kräfte der Zeitgenossen sich dienstbar zu machen. Es war gewissermaßen eine geistige Aristokratie, welche das Orakel um sich versammelte; ja es legte sich selbst das Recht bei, die Weisesten des Volkes auszuwählen und sie als solche beim Volke zu beglaubigen. Dies merkwürdige Verhältnis tritt uns besonders bei den „sieben Weisen" entgegen.

Es waren Hellenen der verschiedensten Herkunft; keine theoretischen Forscher, sondern Männer von klarem Lebensblick und gesunden Grundsätzen in Religion, Politik und Sitte, welche ihre Erkenntnis in kurzen Kernsprüchen zusammenzufassen wußten. Sie gehören dem Zeitalter an, in welchem die gnomische oder Spruchweisheit blühte, der Zeit nach Ol. 45 (600 v. Chr.). Die Reihe der Namen ist eine unsichere, denn außer Pittakos, Solon, Thales, Chilon, Myson, Bias und Kleobulos werden auch Periandros, Epimenides, Anacharsis, selbst Peisistratos genannt. Sie bilden also kein geschlossenes in Delphi ernanntes Kollegium, aber sie stehen mit dem Orakel in unverkennbar nahem Zusammenhange. Ihre Zahl ist eine dem Apollon heilige, ihre Weisheit ist eine delphische; der Preis der Weisheit ein apollinischer Dreifuß, welcher der Sage nach von einem zum andern wandert. Denn auch hier findet ein Wettkampf statt, aber ein Wettkampf der edelsten Art. Denn keiner will den Dreifuß annehmen und alle erklären, daß nur Apollon, dem allein wahrhaft Weisen, der Dreifuß zukomme. Ihre Sprüche stehen in der Vorhalle des delphischen Tempels angeschrieben, namentlich die beiden tiefsten Sprüche, welche das ganze Geheimnis apollinischer Ethik umschließen: „Erkenne dich selbst" und „In allem das Maß". Der erstere stand als Gruß am Eingange des Heiligtums; er enthielt die ernste Mahnung, ehe man die äußeren Formen der Reinigung vollziehe und dem Gotte nahe, in sich zu gehen. Die Urheber dieser Sprüche stehen bei aller individuellen Verschiedenheit auf dem gemeinsamen Boden apollinischer Religion, daher erkennt der Gott ihre Weisheit als die seinige an und deshalb stiften sie ihm ein gemeinsames Weihgeschenk in seiner Vorhalle, einen Buchstaben aus Holz, den fünften des Alphabets (E), welcher nach der alten Orthographie bedeuten kann: „Du bist". So sprechen sie in knappster Rätselform den Glauben aus an einen lebendigen und persönlichen Gott, welchem der

Mensch an der Schwelle seines Heiligtums nicht anders als mit tiefer Andacht nahen dürfe, und erkennen ihn als den Urquell aller Menschenweisheit an.

Unter den sieben ist einer, welcher über den Kreis apollinischer Ethik weit hinausgeht, der Anfänger griechischer Spekulation, Tales von Milet. Daher läßt die Sage den wandernden Dreifuß bei ihm seinen Kreislauf vollenden. In ihm hat sich der Geist der Hellenen zuerst als einen nach den letzten Gründen suchenden, als philosophischen Geist offenbart; er suchte in der bunten Mannigfaltigkeit der werdenden und vergehenden Dinge nach einem Elemente, das er als Urstoff betrachten könne. Wenn er aber als solchen das Wasser bezeichnete, so gab ihm wohl auch die besondere Natur seiner heimatlichen Gegend eine Veranlassung. Denn nirgends bildete sich vor den Augen der Griechen in gleichem Maße Trockenes aus Feuchtem, Erdboden aus Wasser, wie unmittelbar vor Milet, an der Mündung des schlammreichen Maiandros.

Es war der erste Versuch des griechischen Geistes, sich nicht an einer religiös-sittlichen Lebensweisheit genügen zu lassen, sondern die sichtbaren Dinge zu ergründen und die Natur zu beherrschen, indem man ihre Erscheinungen zu erklären, ihre Gesetze aufzufinden, ihre Eigenschaften zu bestimmen suchte.

•

Wenn es möglich war, den Einfluß der priesterlichen Anstalten und namentlich den von Delphi ausgehenden Einfluß in Aufrechterhaltung eines gemeinsamen Volkstums, in der Regelung des hellenischen Gottesdienstes, in der Festordnung und Zeitrechnung, in der Ausbildung und Vertiefung des sittlichen Bewußtseins, in der Leitung der Kolonisation, in der Förderung einer vielseitigen Geistesbildung zu erkennen, so bleibt noch eine Seite des geistigen Lebens übrig, in der sich am frühesten und deutlichsten die Eigentümlichkeit des hellenischen Wesens ausgeprägt hat; das ist die Kunst.

Auf dem Gebiete der Kunst scheint nichts so unmittelbar mit dem Gottesdienste zusammenzuhängen, wie der Tempelbau, und doch ist gerade hier der Nachweis des Zusammenhanges und des bestimmenden Einflusses am schwierigsten. Der griechische Tempel steht fertig da wie das homerische Epos, ohne daß seine Entstehung erklärt werden könnte. Es ist ein Ganzes in sich, ein geschlossener Organismus, der nicht stückweise zusammengepaßt und zusammengesetzt worden sein kann, sondern es ist die Verwirklichung eines Gedankens, und alle in den Denkmälern nachweisbaren Verschiedenheiten sind nichts als spätere Abweichungen von der ursprünglichen Regel.

Der griechische Tempel ist kein Gemeindehaus, sondern ein Gotteshaus. Es gab also keine Tempel, so lange die Griechen Pelasger waren und ihren Zeus als den Unsichtbaren mit reinem Altardienste ehrten. Erst mit der Verehrung heiliger Symbole und Bilder trat das Bedürfnis ein, für dieselben eine Stätte zu gründen, welche ihrer würdig war, eine heilige Stätte. Am nächsten lag es, dazu den Baum zu wählen, welcher der Gottheit geweiht war; das war ihr natürliches Heiligtum. Demgemäß finden sich auch in Griechenland uralte Baumheiligtümer, Apollon im Lorbeergebüsche, Artemis im Stamme der Zeder oder der Ulme aufgestellt. Dann trat das Bedürfnis ein, den Gottheiten ein dauerhafteres und festeres Schutzdach zu gewähren, um ihre Bilder, die Unterpfänder des öffentlichen Wohles, vor Entführung und frevelhafter Berührung sicherzustellen. Wohl mag man zu einer solchen Umhegung des Bildes sich auch des heiligen Holzes bedient haben; eine feste Bauweise hat sich jedenfalls erst im Steine entwickelt, und seitdem die Hellenen angefangen haben, den unerschöpflichen Vorrat des edelsten Materials, das ihre Berge lieferten, zu gottesdienstlichen Zwecken zu benutzen, haben sie auch der Beschaffenheit ihres Materials gemäß den ganzen Bau gegliedert und gestaltet. Es war eine freie Schöpfung des hellenischen Geistes, und wenn sie auch in Beziehung auf Technik des Steinbaues älteren Bauvölkern manches abgelernt haben: als baulicher Organismus ist der Tempel etwas rein Hellenisches und auch in seiner Art Neues. Denn ein erfindungsreiches Volk, wie die Hellenen, hat nicht daran gedacht, der natürlichen Verschiedenheit des Stoffes zum Trotze, in Steinquadern ebenso wie mit Holzbalken bauen zu wollen und sich dadurch in Ausbildung seiner heiligen Architektur ein unerträgliches Joch aufzulegen.

Dem griechischen Steintempel liegt zunächst die Idee zugrunde, welche bei allen gottesdienstlichen Einrichtungen der Hellenen maßgebend war, nämlich die strenge Sonderung des Heiligen und des Profanen. Darum wird der gewachsene Felsboden geebnet und auf demselben eine breite Terrasse aus gehauenen Felssteinen aufgemauert, welche einerseits bestimmt ist, dem Tempel eine feste Gründung und einen sicheren Zusammenhang mit dem Boden des Landes zu geben, anderseits aber ihn als etwas durchaus Besonderes, als ein festlich Gegründetes, auf eigener Sohle hinzustellen und über den Boden, auf welchem die Menschen ihre Geschäfte treiben, feierlich zu erhöhen. Dem Zwecke dieser feierlichen Gründung dienen auch die breiten Stufen, welche ringsum den Bau herumgeführt werden, drei an der Zahl, auf daß der guten Vorbedeutung wegen mit dem rechten Fuße die erste und auch die letzte Stufe betreten werde.

Der Standort des Bildes muß seiner Bestimmung nach ein fest und rings umschlossener sein. Starke Wände, aus Steinblöcken aufgerichtet, umgeben daher den vierseitigen, nach Osten gestreckten Raum der Tempelzelle; wie dicke Vorhänge entziehen sie den Anblick des Bildes jedem ungeweihten Auge. Aber es soll auch ein zugängliches und sichtbares sein. Denn auf dem östlichen Vorplatze des Tempels steht der Brandopferaltar und die darauf Opfernden wollen es im Angesicht der Gottheit tun. Es bedarf also einer Vermittlung zwischen dem dunkeln Binnenraume und der äußeren Umgebung. Dies wird erreicht, indem die Ostseite offen bleibt; die Wände enden hier in Pfeilerform, und in der Mitte zwischen den beiden Wandpfeilern (Anten) erheben sich zwei Säulen, welche die Stirnseite des Gebäudes bezeichnen und mit den vorspringenden Seitenwänden zusammen die Vorzelle bilden, einen hellen Raum, welcher nur durch Gitterwerk gegen außen geschützt wird. Ein entsprechender Raum schließt sich im Westen als Nachzelle dem Kerne des Gebäudes an.

Säule und Wandpfeiler werden durch den Architrav miteinander verbunden. Auf dem Architrav erheben sich von neuem senkrechte Stützen, ursprünglich wohl nur über den Säulenachsen und den Anten; es sind die Triglyphen, viereckige Blöcke, deren Zwischenräume (Metopen) zur Erhellung des Innern offen bleiben. Hinter den Triglyphen ruhen mit knappem Auflager die Köpfe der Steinbalken, welche mit den sie kreuzenden Querbalken die Decke bilden; wie ein steinernes Netz ist sie über den ganzen inneren Raum des Heiligtums ausgespannt. Oberwärts aber werden die Triglyphen durch ein neues waagrechtes Gebälk unter sich verbunden. Wie die Säulen den Architrav, so tragen die Triglyphenblöcke den vorspringenden Saum des Tempeldaches, indem sie die Wucht desselben auf die Säulenachsen und die Pfeiler werfen. Das Wetterdach aber breitet sich der Länge nach über den ganzen Unterbau, indem es über der Vor- und Nachzelle einen dreieckigen Giebel bildet, nach den Langseiten aber auf schräger Fläche das Regenwasser ablaufen läßt, das sich in der Dachrinne sammelt und durch offene Löwenmäuler ausgespien wird, ohne die unteren Teile des Baues zu treffen.

Das ist das Gerüst des griechischen Tempels. Seine Schöpfung ist die erste große Tatsache hellenischer Kulturentwicklung nach der Wanderung der Stämme und in keiner Schöpfung ist der hellenische Volkscharakter so real zum Ausdrucke gekommen. Sofern also der Tempelbau von Delphi ausgegangen ist, hat Delphi auch in dieser Beziehung das ins Leben gerufen, was Hellenen und Barbaren am deutlichsten unterscheidet. An äußerlicher Großartigkeit konnten die heiligen Gebäude Ägyptens nicht überboten werden, aber die ägyptischen Tempel sind Agglomerate einer Menge einzelner Räume, deren einer dem anderen vorgeschoben wurde, während die Tempel der Griechen, klein oder groß, ein organisches Ganzes bilden, an welchem nichts überflüssig oder willkürlich ist und das keine beliebige Erweiterung gestattet. Jeder Teil ist ein notwendiges Glied, das an seiner Stelle dem Gesamtzwecke dient, ohne etwas für sich zu sein. Es ist der Kosmos des dorischen Staates, in Stein versinnlicht. Nach den einfachsten Zahlverhältnissen ist das ganze geordnet, und doch ist innerhalb desselben eine große Mannigfaltigkeit wirksamer Wechselbeziehungen und Dienstleistungen, ein lebendiger Gegensatz des Senkrechten und Waagrechten, des Offenen und des Verschlossenen, des Tragenden und des Getragenen; alle Gegensätze lösen sich aber in eine höhere Harmonie auf, welche mit einem beruhigenden und feierlichen Ernste dem Anschauenden entgegentritt und ihm die heilige Bedeutung von Maß und Gesetz lebendig vor Augen stellt.

Dieser sittliche Eindruck des Gebäudes soll nicht durch äußerlichen Putz abgestumpft werden, wie ihn die gedankenlose Kunst der Barbaren und auch die griechische Kunst, so lange sie von jener abhängig war, liebte. In voller Wahrheit und Wesenheit soll die innere Gliederung zutage treten, unverhüllt wie der Leib des Ringers. Wenn also an dem für seine bestimmte Stelle fertiggemachten Werksteine noch etwas hinzugefügt wird, was nicht zu seiner baulichen Dienstleistung gehört, so ist dies doch kein gleichgültiger Schmuck, welcher wie ein anmutiges Formen- oder Farbenspiel das Auge ergötzt, sondern es hat die Bestimmung, das, was das einzelne Werkstück für das Ganze leistet, anschaulich zu machen. Die Säule würde auch als glatter Steinzylinder das Gebälk tragen. Wenn aber der Säulenstamm von unten nach oben mit Hohlkehlen gefurcht wird, welche mit flachem Bogen so nahe aneinander grenzen, daß von der ursprünglichen Oberfläche des Stammes nur Rippen übrigbleiben, welche wie feine Linien nach oben steigen; so wird die Säule dadurch für das Auge eines jeden, mag er sich dessen bewußt sein oder nicht, als ein aufwärtsstrebender, zum Stützen bestimmter Teil des Baues bezeichnet. Darum wiederholen sich dieselben Hohlkehlen bei den Triglyphen, welche für das Dach sind, was die Säulen für den Architrav. Es soll aber nicht nur das einzelne Bauglied seiner Wirksamkeit gemäß gezeichnet, sondern auch die Wechselbeziehung der Bauglieder untereinander versinnlicht werden. Hier kommen besonders zwei Begriffe zur Darstellung, je nachdem die Teile des Baues nach oben frei enden oder eine Last aufnehmen. Den unbelasteten, freien Abschluß stellt am natürlichsten eine aufgerichtete Blätterkrone dar, die Belastung aber ein niedergebeugter Kranz. Endlich sind auch die nicht zusammenstoßenden Glieder, wenn sie gleiche Wirksamkeit üben, übereinstimmend zu charakterisieren; wenn also die Wand zum Pfeiler wird und wie die Säule raumöffnend und stützend dient, so gebührt ihr auch eine ähnliche äußerliche Charakteristik, wie der Säule.

So wird das nackte Gerüst des Baues mit einer durchsichtigen Hülle von Formen angetan, die mit dem Meißel oder in Farbe aufgetragen sind. Sie sprechen es aus, wie der Stein, welcher als tote Masse im Gebirge gelegen hat, als Baustein am Gotteshause ein höheres Sein, eine ideale Bestimmung erhalten habe; sie sind nichts für sich, nichts als des Wesens Spiegel. Aber auch hier darf keine Willkür schalten; es liegt der Formensprache eine durch feste Überlieferung geheiligte Symbolik zugrunde, von der sich keine Künstlerlaune eine Abweichung gestatten darf.

Der ganze Bau ist ein frei Erdachtes, eine freie Schöpfung des Geistes, die in der Natur kein Vorbild hat. Es ist auch nicht zufällig Erfundenes, sondern etwas, was mit klarem Zweckbewußtsein gestaltet worden ist, der vollkommene Ausdruck einer bestimmten Geistesrichtung. Da nun diese geistige Richtung in allem übereinstimmt mit dem Geiste, welcher in den Gesetzgebungen von Kreta und Sparta lebte, so konnte man diese Bauweise die dorische nennen. Erfunden ist sie freilich ebensowenig wie jene Staatsordnungen von dorischen Männern, aber sie war das künstlerische Vorbild des Staates, welcher von diesen Männern, als lebendigen Bausteinen, selbsttätig verwirklicht werden sollte. Wie nun die dorische Staatsidee wesentlich unter der Autorität des delphischen Orakels sich ausgebildet hat, so muß auch der dorische Tempel einen gleichen Ursprung haben. Denn daß hier priesterliche Satzung zugrunde liegt, geht wohl schon daraus hervor, daß der ganze Tempelbau auf der strengen Unterscheidung dessen, was den Göttern, und dessen, was den Menschen zukommt, beruhet. Wer aber sollte diesen Unterschied festgestellt haben, wenn nicht die verordneten Kenner des Gottesrechtes, die priesterlichen Geschlechter? Es war priesterliche Regel, daß im dorischen Staate Türen und Decken der Privathäuser mit der Säge und dem Beile gearbeitet werden sollten, das heißt: das Steinhaus ist ein Vorrecht der Götter; ihre Wohnungen sollen das allein Dauerhafte und der Zeit Trotzende sein. Aber nicht nur das Material, sondern auch die durch dasselbe bedingte Kunstform des Tempels ist ein göttliches Vorrecht, und es würde ein übermütiger Eingriff in die Rechte der Götter sein, wenn ein Sterblicher Treppenstufen um sein Haus führen oder seine Wohnung mit dem Giebel eines Adlerdachs zieren wollte.

Der unmittelbare Zusammenhang aber, in welchem die Ordnung der heiligen Architektur mit der apollinischen Religion steht, wird schon dadurch bezeugt, daß Apollon selbst in den Gründungslegenden seiner Heiligtümer als der **göttliche Baumeister** bezeichnet wird. Wie seine Leier das älteste Symbol rhythmischer Steinfügung ist, so ist er es auch, welcher, wie die delphischen Tempelhymnen es darstellen, im Lande umherwandelt, die Stätten sich aussucht, die ihm willkommen sind, und dann an denselben selbst die „breiten Stufen auslegt", um seine Wohnung zu gründen, welche unter seiner Aufsicht die den Göttern befreundeten Künstler, wie Trophonios und Agamedes, ausführen. Die Entwicklung und Ausbreitung der dorischen Bauordnung hängt also gewiß mit demselben Heiligtume zusammen, von wo die dorischen Staatsgründungen ausgegangen sind.

Also auch hier zeigt sich, wie bei der griechischen Kolonisation, ein doppelter Mittelpunkt, von welchem aus sich der Tempelbau entwickelt hat. Wann und wo sich die Keime der ionischen Bauweise entwickelt haben, und ob im bewußten Gegensatze gegen die dorische Weise, wird schwer zu erweisen sein. Es liegt im Charakter ionischer Entwicklungen, daß sich in ihnen feste Mittelpunkte und bestimmende Einflüsse nicht leicht nachweisen lassen. Das kleinasiatische Ionien ist es aber unzweifelhaft, wo die Keime dieser antidorischen Bauweise sich am freiesten und üppigsten entfaltet haben. Sowie daher im achten Jahrhundert der Einfluß Kleinasiens auf die Küsten des europäischen Landes begann, und hier die von den Doriern unterdrückte ionische Bevölkerung sich wieder erhob, gewann auch in Hellas die ionische Bauweise Boden und Anerkennung. Dies geschah also in der Zeit der Tyrannis. Es war eine Erklärung gegen den Dorismus und gegen die unbedingte Macht des delphischen Dreifußes, als Myron in Olympia neben dem dorischen Schatzhause ein ionisches baute. Die in Sikyon begonnene Erhebung des ionischen Stammes wurde glücklicher und vollständiger in Athen ausgeführt. Hier wurde nicht bloß nebeneinander dorisch und ionisch gebaut, sondern es wurden die Grundsätze beider Bauweisen innerlich verbunden. Athen wußte das dorische Maß, die Strenge der Kunstform, das Gesetz des innerlichen Zusammenhanges mit der geistigen Freiheit und Bildungsfähigkeit des ionischen Baues zu vereinigen, und so hat Athen auch hier die Gegensätze des Dorischen und Ionischen in eine höhere Einheit aufgelöst.

*

Auch die bildende Kunst dient der Religion und ist in ihrem Dienste aufgezogen worden. Die ältesten Götterbilder gehören zwar nicht in den Bereich menschlicher Kunst. Es sind auf wunderbarem Wege den Menschen überlieferte Unterpfänder der göttlichen Gnade und der Götternähe, selbst zum großen Teile keine menschlich geformten Gestalten, die auf irgend einen Grad von Ebenbildlichkeit Anspruch machen sollten, sondern formlose Steine, viereckige Klötze, Pfeiler und Kegelsteine. In Delphi war man am wenigsten gesonnen, der sinnlichen Vermenschlichung der Götter Vorschub zu leisten, und Apollons heiligstes Symbol blieb die Spitzsäule, nachdem die Griechenwelt schon mit den vollendetsten Apollostatuen angefüllt war. Zunächst also weckte und übte die Religion nur insofern den bildenden Trieb der Griechen, daß sie heiliges Geschirr aus Erz verlangte, Opfergeräte, Gefäße, Tische, Dreifüße, Lampen, Kandelaber, Weihebecken usw., welche nach bestimmten Normen gewissenhaft hergestellt werden mußten. Dadurch hat sie die Werktätigkeit der Hellenen angeregt. Sie hat sie gewöhnt, nicht bloß nach Handwerkerart das Bedürfnis in roher Weise zu befriedigen, auch nicht nach Modelaune willkürlich und gedankenlos mit den Formen zu wechseln, sondern nach demselben Geiste, welcher die Architektur beherrscht, für die Bestimmung des Gerätes den entsprechenden Formenausdruck zu suchen. War aber einmal die richtige Form gefunden, deren Schönheit in nichts anderem als in der vollkommenen Zweckmäßigkeit besteht, so wurde daran mit aller Treue festgehalten. So hat die ganze Tektonik der Hellenen eine höhere Weihe; sie hat den Stempel einer sittlichen Würde erhalten, welche in so augenscheinlicher Weise das Hellenische von allem Nichthellenischen unterscheidet.

In der Umgebung der Tempel und im nahen Zusammenhange mit dem Tempeldienste hat also die bildende Kunst eine Fülle mannigfaltiger Aufgaben erledigen gelernt. Hieher gehören die Reliefdarstellungen von Göttergeschichten, welche zum Schmuck der Tempelwände, der heiligen Brunnen, der Altäre, der Untersätze von Weihegeschenken usw. bestimmt waren, die Aufstellung von Götterbildern und Göttergruppen, welche nicht zur Anbetung dienen sollten, aber wohl zur erbaulichen Veranschaulichung göttlicher Eigenschaften und göttlicher Nähe. Daß man hiebei den menschlichen Leib nicht unmittelbar zum Vorbilde wählte, ist bei der Zaghaftigkeit einer religiösen Bildkunst sehr natürlich, und darum ist es auch durchaus wahrscheinlich, daß man sich hier, wo nichts mehr gemieden wurde als Willkür des einzelnen, an die festgeordneten Proportionen der ägyptischen Kunst anschloß, wie dies namentlich in Beziehung auf ein Schnitzbild des pythischen Apollon von samischen Künstlern berichtet wird. In diesen weiteren Kreis der Tempelskulptur gehört auch die Darstellung priesterlicher Personen, welche an den Tempelzugängen reihenweise aufgestellt wurden und so das Alter des Dienstes sowie den ununterbrochenen Zusammenhang desselben bezeugten; auch die Sessel gehören hieher und die Götterthrone, von denen der berühmteste seit etwa Ol. 60 (540) in Amyklai stand, das Werk des Bathykles, dem säulenartigen Erzkolosse des Apollon zur feierlichen Einhegung bestimmt.

Endlich hatte die Entfaltung der bildenden Kunst noch einen dritten Anknüpfungspunkt in den Heiligtümern der nationalen Götter; das waren die Festspiele. Denn nichts hat auf die Ausbildung einer volkstümlichen Plastik so mächtig eingewirkt, als die von jenen Heiligtümern ausgegangene Bestimmung, daß die Sieger in den großen Kampfspielen durch Standbilder in den Tempelhöfen geehrt werden durften. Um die Zeit der Pisistratiden wurden die ersten Bilder dieser Art, aus Holz geschnitzt, in Olympia geweiht. Es galt hiebei die Regel, daß der dreimalige Sieger in ganzer Größe und voller Treue dargestellt werden dürfe.

Die Hellenen sind ja durch die Berührung mit dem Morgenlande zur Vielgötterei und zum Bilderdienste gekommen; also haben sie auch vielerlei, was zur religiösen Technik gehört, mit herübergenommen, sowohl in betreff der symbolischen Ausdrucksweise als auch in bezug auf Gestaltung und Ausstattung der Bilder. Die Phönizier waren die Vermittler; durch sie haben die Griechen von Ägyptern und Assyrern gelernt. Von den Ägyptern die Bearbeitung des Steines und die plastische Behandlung des menschlichen Körpers; von den Assyrern die Buntwirkerei und figurenreiche Reliefkomposition; die Teppichmuster wurden in Farben nachgeahmt und wir finden auf den bemalten Tongefäßen von Rhodos, Thera und Melos dieselben Zierate, dieselben Fabelgestalten und Tierreihen, wie sie bei den Babyloniern und Assyrern gebräuchlich waren. Die Phönizier selbst waren kein schöpferisches Kunstvolk, aber sie waren in Bearbeitung und tektonischer Verwendung des Erzes wohlerfahren und hierin die Lehrer der Griechen.

Außer den fremden Völkern des Orients waren es die den Griechen verwandten, namentlich die Phryger und Lykier, deren Kunstweisen nach Hellas übertragen wurden, wie es die Denkmäler des heroischen Zeitalters bezeugen.

So entwickelte sich eine dekorative Kunst von ausgedehntem Umfange, welche eine Menge verschiedener Gewerbszweige in das Leben rief, Hand und Auge vielseitig übte — aber von einem Gegensatze zwischen Asien und Europa, zwischen dem Hellenischen und Barbarischen kann nicht die Rede sein.

Ganz allmählich und bescheiden machte sich nach der Zeit der Wanderungen der hellenische Geist geltend, indem er nicht nur empfing und nachahmte, sondern selbsttätig zu wirken anfing.

Die ägyptische sowohl wie die assyrische Kunst waren in althergebrachten Formen erstarrt; ihre Formen waren konventionell und zopfig. Sowie nun der volkstümliche Geist der Griechen lebendig wurde, konnte ihm die fremde Überlieferung nicht genügen. Neue, frische Triebe regten sich unter der dürren Hülle und diesen leisen Übergang in eine neue Kunst bezeichnete man mit dem Namen des Daidalos. Ein höheres Sein belebt den trägen Stoff: das Steinbild löst sich von der Rückwand, mit welcher es bei den Ägyptern verwachsen ist, es beginnt zu leben, es schreitet aus.

Nun begnügt man sich nicht, die altmodischen Typen handwerksmäßig zu wiederholen; man sucht, was die Phantasie des Dichters im Geiste anschaut, im Raume darzustellen, und wie hier der Dichter dem bildenden Vermögen bahnbrechend vorangeht, zeigt der Schild des Achilleus, den Homer beschreibt; ein ideales Spiegelbild des Menschenlebens, ein Muster künstlerischer Komposition, die Weissagung und Gewähr künftiger Leistungen.

Aber lange Zeit dauerte es, bis diese Keime sich entfalteten; ein langsames Werden ist allen bedeutenden Entwicklungen der griechischen Kultur eigentümlich. Die Kunst blieb im Verborgenen, von erblichen Innungen gepflegt, an verschiedenen Orten in getrennten Schulen sich entwickelnd.

Was aber dieser Entwicklung ihre eigentümliche Richtung gab, das war die Vielseitigkeit und der Zusammenhang mit dem gesamten Geistesleben und mit dem öffentlichen Leben. Dadurch erhielt sie im Gegensatze zu der Hofkunst der heroischen Zeit einen republikanischen Charakter und folgte dem Aufschwunge des Gemeindelebens.

Als Sparta sich zum Vororte der Hellenen erhob und ein Zentrum volkstümlicher Bildung wurde, finden wir daselbst einen Meister der Kunst, welcher die Erfolge seiner Vaterstadt verherrlichte, Gitiades, den ältesten namhaften Meister des europäischen Griechenlandes, einen Mann, welcher zugleich Erzbildner, Baumeister und Hymnendichter war. Er schmückte die Erzplatten, welche nach altphönikischer Weise die Wände des Athenaheiligtums auf der Burg von Sparta überzogen, mit Reliefs und bildete unter den Dreifüßen in Amyklai, den Siegesdenkmälern der Messenischen Kriege, die Statuen von Aphrodite und Artemis. Auch andere spartanische Meister werden erwähnt, wie Syadras und Chartas, welche wiederum mit Korinth in Verbindung stehen, sowie mit Rhegion, der Pflanzstadt von Chalkis. Die ganze Schule hängt mit dem chalkidischen Erzgeschäfte zusammen, und was wir von den Erfindungen Korinths in der Zeit der Bakchiaden wissen und der Blüte seines Trierenbaues um Ol. 19. 1; 704, beweist zur Genüge, daß um diese Zeit eine sehr gereifte und vielseitige Kunsttechnik im Peloponnes zu Hause war.

In dem folgenden Jahrhundert machte die Kunste raschere Fortschritte und zwar zunächst infolge technischer Erfindungen, in denen die verschiedenen Kunstschulen miteinander wetteiferten.

Man verstand schon lange, größere Standbilder aus Erz herzustellen, indem man die einzelnen, mit Hammer und Meißel bearbeiteten Metallstücke durch Stifte und Klammern zusammenfügte und so zu einem Ganzen vereinigte. Aber immer blieb die mechanische Zusammensetzung unvollkommen und das sichtbare Gefüge störend. Auf Chios, der Insel der Homeriden, wo seit Anfang der Olympiaden Handel und Industrie blühten, erfand man die Kunst, Eisen- und dann ohne Zweifel auch andere Metallstücke durch Anwendung des Feuers innerlich miteinander zu verbinden, indem leichtflüssige Metalle als Bindemittel benutzt wurden. So wurde aus dem Stückwerke ein Ganzes und das erste Gelingen dieses Verfahrens setzte am Anfange des siebenten Jahrhunderts die Griechenwelt in großes Erstaunen, so daß Glaukos, der Erfinder, ein weitberühmter Mann wurde. Wahrscheinlich kamen ihm die Produkte seiner Insel zustatten. Chios ist nämlich seit alter Zeit durch die Fülle harzreicher Stauden ausgezeichnet, und harzige Substanzen werden vorzugsweise angewendet, um von der Lötstelle die äußere Luft abzuhalten und dadurch das Gelingen des Lötens zu fördern.

Viel wichtiger aber war eine zweite Erfindung, durch welche

die beiden bedeutendsten Zweige bildender Kunst, die Tonbildnerei und die Metallkunst, zuerst miteinander in Verbindung gebracht wurden. Wenn man nämlich auch durch die Kunst des Glaukos imstande war, die Teile größerer Werke zu einem vollkommenen Ganzen zu verbinden, so war doch dieser Zusammenhang ein nachträglich hergestellter; der Metallkünstler mußte stückweise arbeiten und war bei der Arbeit, so lange man das Erz nur in festem Zustande zu behandeln wußte, darauf angewiesen, durch Hämmern und Schlagen dem Metalle die bestimmte Form zu geben. Ihm fehlte der Überblick des Ganzen, bis er die einzelnen Teile mühsam zusammengeleimt hatte. Der Tonbildner anderseits war außerstande, den Werken seiner Hand, welche allmählich aus dem Kreise eines handwerksmäßigen Betriebes immer mehr hinausgingen, Dauerhaftigkeit und monumentale Würde zu geben.

Gegossene Erzgefäße hatten schon die Phönizier, aber die Verwendung des Gusses zu plastischen Arbeiten, die Ausbildung des Gusses um einen Kern war doch wesentlich eine griechische Erfindung, und mit dieser Erfindung ist der bildende Trieb der Hellenen erst recht entfesselt worden. Die Plastik war nicht mehr an das kostbare und schwerfällige Material des Marmors gebunden und ein gelungenes Kunstwerk konnte nach Belieben vervielfältigt werden. Hiedurch, wie durch die Leichtigkeit der Gußarbeiten, worin es die Griechen zu großer Meisterschaft brachten, wurde zuerst ein umfangreicherer Kunsthandel möglich; kurz, es kam ein neues Leben in den Betrieb der Kunst; sie drang mehr in das Volk ein.

Der Ruhm dieser folgenreichen Erfindung wird von den Alten einstimmig an den Namen des Theodoros von Samos geknüpft, welcher, mit dem des Telekles abwechselnd, in einer kunstbegabten Familie der Insel sich mehrfach wiederholt, so daß es schwer ist, die verschiedenen Generationen sicher zu unterscheiden. Schon geraume Zeit, bevor in Korinth die Bakchiaden gestürzt wurden, also etwa um 680, hat ein Theodoros mit Rhoikos zusammen durch Erfindung des Erzgusses den Ruf der samischen Künstlerschule begründet, in welcher Tektonik, Plastik, Gold- und Silberarbeit als Zweige einer gemeinsamen Kunstfertigkeit betrieben wurden. Sie hat sich im Anschlusse an das Heiligtum der samischen Hera ausgebildet, wo dem erfindsamen Kunstgeiste die mannigfaltigsten Aufgaben gestellt wurden. Von dort ging ihr Ruhm aus und verbreitete sich über entlegene Landschaften. Wurde doch in Sparta nach des Theodoros Plane die Skias gebaut, ein rundes Versammlungshaus, wahrscheinlich für die musikalischen Wett-

kämpfe an den Karneen bestimmt, zu dessen zeltförmiger Bedachung gegossenes Stangenwerk benutzt worden sein mag.
Wie in Chios und Samos, so bestanden auch in Kreta alte Schulen, deren Kunst ebenso wie die politische und religiöse Weisheit der Kreter in die minoische Zeit hinaufreichte; ebenso in Naxos und den anderen wohlhabenden Seeorten. Der Kunstbetrieb wuchs mit dem einträglichen Seehandel; um Ol. 37; 630 widmete Kolaios aus dem Zehnten des Gewinnes, den die erste, unwillkürliche Tartessosfahrt ihm gebracht hatte, einen auf drei kniende Kolosse gestützten Erzkessel in das Heraion von Samos. Bald genügten aber diese Kessel, Dreifüße und andere Geräte nicht mehr; man wollte Sinnreicheres den Göttern geben, und in dieser Richtung haben besonders die Tyrannen die Kunst gefördert. Das siebende Jahrhundert war ja die Blütezeit derselben. In ihren Händen waren zuerst ansehnliche Geldmittel mit dem Vorsatze, sie zu öffentlichen Arbeiten zu verwenden; ihre Macht beruhte auf den gewerbetreibenden Klassen, ihre Politik ging darauf aus, die nationalen Heiligtümer zu ehren.

Dies alles kam der Kunst zugute. Nun beginnen die großen Weihgeschenke, in deren Erfindung und Ausführung die handwerksmäßige Kleinmeisterei zu höheren Leistungen heranwuchs. Der fortschreitenden Kunst kam die Poesie, namentlich das inzwischen zu voller Reife entfaltete Epos zustatten. Alle Mythenkreise waren durchgesungen und dem Volke bekannt, ein unerschöpflicher Stoff für den bildenden Künstler, und die Kypseloslade zeigt, wie er benutzt wurde.

Die Tyrannenzeit war eine vorübergehende, aber der Aufschwung der Gewerbe und der fruchtbare Küstenverkehr, welchen sie herbeigeführt hatte, erhielt sich und wurde noch mehr gefördert durch die Eröffnung Ägyptens und das Emporkommen philhellenischer Fürsten im Oriente. Während dadurch der griechischen Kunst große Mittel verschafft und immer bedeutendere Aufgaben gestellt wurden, entwickelte sich nun gleichzeitig im Innern des Volkes die Gymnastik, und die Palästra wurde die eigentliche Schule volkstümlicher Bildkunst. Nach dem Sturze der Tyrannen wurden neue Volksfeste eingerichtet; Athletenbilder füllten mehr und mehr den Tempelhof der Götter. Bei diesen Werken hat die hellenische Kunst das Gepräge erhalten, welches sie von der jedes anderen Volkes unterscheidet. Nachdem sie bei den Götterbildern religiösen Ernst und Achtung vor der Überlieferung, bei den Weihgeschenken sinnreiche Gedankenverknüpfung und fruchtbare Verbindung mit der Poesie gelernt hatte, hat sie in der Palästra Naturverständnis und Naturwahrheit, eine Fülle von

Motiven und zugleich jene plastische Ruhe sich angeeignet, welche nur da herrschen kann, wo der Zwiespalt zwischen dem geistigen und leiblichen Wesen überwunden ist.

Alle diese Umstände kamen zusammen, um im sechsten Jahrhundert eine wahrhaft nationale Kunst in das Leben treten zu lassen, und zwar erfolgte dies in der Weise, daß einzelne Meister über den engen Kreis ihrer Heimat hinaus Anerkennung gewannen und das Bedürfnis in den einzelnen Schulen erwachte, sich miteinander in Verbindung zu setzen. Die Kunst sucht Ruhm. Sowie also aus den Handwerkern Künstler werden, treibt es sie in die Ferne, um „Vaterland und Welt" auf sich wirken zu lassen und sich mit auswärtigen Meistern zu messen. Das Innungswesen tritt zurück, die Berührung mit dem Gemeindeleben wird mannigfaltiger, der Zwang priesterlicher Überlieferung wird allmählich beseitigt.

So treten zuerst aus ihrer Handwerkssphäre Dipoinos und Skyllis hervor um Ol. 50; 580, zwei kretische Meister, die ersten in ganz Griechenland berühmten Marmorbildner. Sie arbeiten in Argos, in Sikyon, Kleonai, Ambrakia. Sie erregen den Neid der einheimischen Künstler, aber sie hinterlassen doch eine bleibende Wirkung. Der Peloponnes wurde neu befruchtet, und wie früher Musik, Gymnastik und bürgerliche Ordnung von Kreta nach der Halbinsel gekommen sind, so wurde nun die bildende Kunst durch kretische Dädaliden dorthin verpflanzt. In Verbindung mit der einheimischen Erztechnik gewann sie einen großen Aufschwung, und wenn auch die östlichen Kunstschulen noch fortbestanden, die Schulen von Chios, Naxos und Samos, so wurden sie doch von den peloponnesischen überflügelt. Diese treten jetzt in den Mittelpunkt der griechischen Welt, namentlich die Schulen von Korinth, Sikyon, Argos und Aigina. Kanachos, der erste berühmte Meister von Sikyon, arbeitet schon für zwei der ausgezeichnetsten Stätten des hellenischen Apollodienstes, für Theben und für Milet. Noch bedeutender wurden die äginetische Schule und die argivische.

Aigina war von Natur zum Stapelplatze des Handels im Saronischen Meere bestimmt. Hier hatte sich aus der alten Achäerzeit einheimische Kunstübung fortgepflanzt, welche sich an den Namen des Smilis anknüpft; hier waren dann zu den ionischen Einwohnern dorische Geschlechter gekommen und hatten, wie in Epidauros, dorische Staatsordnung eingerichtet. Die spröde Einseitigkeit derselben war aber auf der Handelsinsel am wenigsten durchzuführen und darum war sie von allen peloponnesischen Orten am meisten geeignet, der Mittelpunkt der Reformen des Pheidon zu werden. Auch die dorische Reaktion, welche auf dem Festlande siegte, konnte die Insulaner in ihrer Entwicklung nicht hemmen; sie war gerade durch das nahe Zusammenleben der altachäischen Geschlechter, des ionischen Handelsvolkes und des dorischen Kriegsvolkes ungemein gefördert. Bei ihrem lebhaften Seeverkehre hatten sie Kunde von jedem neuen Fortschritte griechischer Kultur, sie waren mit den ersten griechischen Seeleuten in Ägypten wie in Italien. In besonders nahem Verkehr und geistiger Verwandtschaft standen sie mit den Samiern. Sie hatten gleichen Heradienst. Die neuionische Bevölkerung von Samos stammte ja unmittelbar aus Aigina und Epidauros. Aus diesem nahen Zusammenhange erklärt sich es, daß der äginetische Bildkünstler Smilis den Samiern ihr Herabild machte. Sie schlossen sich wie eine Kolonie der Mutterstadt an. Aus demselben Grunde fand nun auch die samische Erfindung des Erzgusses nirgends eine raschere Aufnahme als in Aigina. Hier war die Tonbildnerei seit alter Zeit in Übung und gleichzeitig blühte daselbst die unter dorischer Gesetzgebung eingeführte Gymnastik, so daß die Kunst des Erzgusses die beste Vorbildung und die würdigsten Aufgaben vorfand.

Am Ende des sechsten und Anfange des fünften Jahrhunderts hat die Schule der Ägineten einen nationalen Ruhm. Kallon bildete noch Dreifüße für Sparta nach älterem Muster, aber Glaukias widmet sich ganz der Darstellung von Siegern in den mannigfaltigsten Motiven, denn er stellt sie auch in der Vorübung dar, durch welche sie ihre Meisterschaft gewonnen haben. Die Künstler beherrschen schon so vollständig den menschlichen Körper, daß ihnen keine Stellung zu schwierig ist. Ebenso den tierischen Körper. Denn auch Renner und Wagengespanne mußten in Olympia aufgestellt werden und andere Denkmäler, in welchen die fernen Pflanzstädte an den Festorten des Mutterlandes ihre Tapferkeit sowohl wie ihre Kunstliebe bezeugt sehen wollten. So die Tarentiner nach den blutigen Kämpfen mit den Peuketiern. Sie fanden aber keinen tüchtigeren Meister als den Ägineten Onatas, welcher figurenreiche Gruppen, zu Fuß und zu Roß kämpfende Männer sowie am Kampfe sich beteiligende Heroen in Erz darstellte. Seine Tätigkeit reicht bis in die Mitte des fünften Jahrhunderts hinein.

Mit den Ägineten wetteiferte die Schule von Argos, das von Lykien aus zuerst die Kunst empfangen und dann durch die beiden kretischen Künstler neue Anregung empfangen hatte. Auch hier waren große Werkstätten für Siegesdenkmäler und Statuengruppen; Rennpferde wurden hier mit besonderer Naturwahrheit dargestellt. Die argivische Schule erreichte ihre

Höhe in Ageladas, wie die äginetische in Onatas. Beide arbeiteten zusammen an dem delphischen Weihgeschenk der Tarentiner um 465 v. Chr.

*

Wie sich in der Kunst der Unterschied der Stämme ausglich, läßt sich am deutlichsten in derjenigen, welche die Griechen als die Kunst der Künste Poesie (d. i. Schöpfung) nannten und zunächst im Homer erkennen.

Lieder, mehr als alle anderen im Volke erfunden, bei seinen Taten entstanden, und zwar bei den ersten gemeinsamen Unternehmungen einer gemischten Gruppe von Stammgenossen, den großen Kriegswanderungen der Äpolier und Achäer, dann von ionischer Sängerkunst zu einem Ganzen verwebt, zu einem reichen Spiegelbilde der gemeinsamen Vorzeit vereinigt, und trotz der langsamen Entstehung und Ausbildung durch eine Reihe von Entwicklungsstufen, trotz der Beteiligung der verschiedensten Stämme, Städte und Schulen, in Wort und Sprache und Weltanschauung aus einem Gusse — solche Lieder mußten ein Gesamtschatz der Nation sein, ein Heiligtum des Volkes. Die homerische Poesie war die erste große Tat des hellenischen Geistes, nachdem er sich aus den verworrenen Zuständen der Völkerwanderung glücklich herausgearbeitet hatte, das unwidersprechliche Zeugnis des inneren Zusammenhanges aller Einzelstämme und ihres Berufes zu gemeinsamer Kunstschöpfung. Im Homer wurden die Hellenen ihrer selbst bewußt; denn während auf allen anderen Gebieten geistiger Entwicklung nur unsichere Anfänge gemacht waren, war hier das gemeinsam Griechische zum erstenmal klar ausgeprägt. Darum wurde Homer der Mittelpunkt des Volksbewußtseins, ein Erkennungszeichen allen Barbaren gegenüber.

Auch hier fand, wie bei den andern Künstlern, erst in engen Kreisen eine zunftmäßige Pflege statt, in welcher der epische Gesang erstarkte; dann wurde er von der Küste Kleinasiens und den vorliegenden Inseln, namentlich von Chios und Samos, durch Wandersänger weithin verbreitet, an den Festen eingebürgert, auf den Schiffen in die Kolonien hinübergetragen und in den Städten als ein Gemeindeschatz gehütet. Daher suchten die Einzelstaaten, welche eine nationale Geltung erstrebten, vor allem Homer, als einen nationalen Heros, bei sich einzubürgern, und Athen konnte den Anfang seiner geistigen Hegemonie nicht wirksamer und würdiger bezeichnen, als indem es Sorge trug, der ganzen Nation ihren Homer so vollständig und urkundlich wie möglich zu verschaffen. Solange die homerischen Lieder nur auf den Lippen der Sänger lebten, erstarkte an ihnen das poetische Gedächtnis der Nation; seitdem er geschrieben war, wurde derselbe Homer die Grundlage aller wissenschaftlichen Bildung; man lernte Lesen und Schreiben um seinetwillen, und am Schwarzen Meere wie in Gallien und Spanien bewährten die Griechen ihre Nationalität dadurch, daß ihre Kinder in den Schulen mit Homer aufwuchsen.

Aber es blieben die späteren Jahrhunderte nicht darauf beschränkt, den gemeinsamen Schatz hellenischer Dichtung, welcher unter den glücklichen Verhältnissen Kleinasiens zustande gekommen war, zu hüten und zu verarbeiten. Als mit den Bergvölkern, welche von Agamemnon und Achilleus nichts wußten, eine Fülle neuer Volkskraft in die Geschichte eingetreten war und aus der Verbindung dieser Völker mit dem pythischen Apollodienste ein neuer Anfang gemacht wurde, welcher sich in Gemeindeordnung, in Religion und Sitte, in Bau- und Bildkunst bezeugte, da geschah ein Gleiches auch in der Poesie, und zwar hat sich der pythische Apollon auf diesem Gebiete durch seine Priesterschaft in ganz vorzüglichem Maße als Gesetzgeber offenbart.

Gott Apollon ist ja der homerischen Welt keineswegs fremd, aber er hat doch erst nach Homer seinen Einfluß auf die griechische Weltanschauung geltend gemacht und dieser Einfluß stand in vielfachem Gegensatze zu der ionischen Poesie. Einem harmlosen Dahinleben in Natur und Welt wird die Forderung prüfender Selbsterkenntnis, der unbefangenen Entfaltung aller Triebe eine strenge Zucht des einzelnen wie der im Staate vereinigten Gesellschaft gegenübergestellt; statt des arglosen Zusammenseins zwischen Göttern und Sterblichen wird eine Kluft zwischen beiden befestigt und das Sühnungsbedürfnis des Menschen stark betont; anstatt behaglicher Selbstzufriedenheit wird ein rastloses Suchen und Arbeiten des Geistes verlangt. Das waren die Ideen, welche in Delphi ausgebildet waren. Zu ihrer Verwirklichung wurde vorzugsweise die Volkskraft der Dorier benutzt, welche an sich nicht schöpferisch an Gedanken waren, aber wohl geeignet, unter der Leitung überlegener und vorschauender Geisteskraft nach delphischen Grundsätzen eine bürgerliche Genossenschaft darzustellen, welche in sich kräftiger, gediegener und dauerhafter war als irgend etwas, was sich aus der asiatisch-ionischen Richtung entwickeln konnte.

Es stand aber der pythische Apollon nicht mit trockenem und nüchternem Sittenernste der homerischen Welt gegenüber; er war ja selbst der Urquell schöpferischer Kraft, der Urheber jedes geistigen Schwunges, welcher in seinen Kreis alles hereinzog, was an geistigen Kräften verwandt und ebenbürtig war. Apollon war der Musengott. Die Musen sind Nymphen der Quellen, deren begeisternde Kraft dem Apollodienste nicht fremd war. Die Musen verbinden Apollon und Dionysos. Beide hatten an Delphi gleichen Anteil; sie teilten sich in den Besitz des Parnasses, in das delphische Festjahr, in die Giebelfelder des delphischen Tempels. Der Musensohn Orpheus, der Stifter der heiligen Poesie der Hellenen, war ein von Apollon wie von Dionysos begeisterter Sänger. Die Instrumente der beiden Götter, Zither und Flöte, sind in Delphi für alle Zeiten miteinander verbunden worden als die Grundlagen griechischer Musik. Dionysos war der Gott des ländlichen Volkes, der Spender reichster Festlust in ungezwungenem Naturleben. Während also Apollon mehr die Auserwählten des Volkes um sich sammelte, welche für seine hohe Kunst und die idealen Aufgaben des bürgerlichen und religiösen Lebens Sinn hatten, so war durch den dionysischen Dienst Delphi zugleich der heilige Mittelpunkt einer echt volkstümlichen Richtung, und durch diese wichtige Verbindung der beiden Götter des Gesanges und schwungvoller Festlust ist es allein möglich geworden, daß der delphische Gott eine gesetzgebende Macht für Poesie und Musik erlangte und auch hier das eigentlich Hellenische zur Gestaltung und Geltung bringen konnte.

Die apollinische Musenkunst hat denselben Gedanken wie alle von Delphi geleiteten Kunstbestrebungen. Der Anfang ist eine aus tieferregter Seele hervorkommende Bewegung; aber diese Bewegung hat an sich keinen Wert, sondern es kommt darauf an, ihrer Herr zu werden, ohne sie zu lähmen. Die Kunst beginnt, sobald der Mensch des überschwellenden Inhalts mächtig wird, indem er ihm die entsprechende Form zu geben weiß. Es wirkten darum immer zweierlei zusammen: das Wort, welches den Inhalt der Bewegung ausspricht, und der Ton, welcher die allgemeine Stimmung der bewegten Seele andeutet, wie etwa die Farbe einer Zeichnung Stimmung und Wärme verleiht. Die volle und freie Herrschaft des Geistes über den Inhalt offenbart sich aber darin, daß die Worte nicht regellos strömen, sondern nach einem bestimmten Takte und einer gesetzmäßigen Folge langer und kurzer Silben geordnet werden, wobei, wie in der Architektur, die allereinfachsten Zahlenverhältnisse zugrunde liegen. Es ergreift aber die Bewegung den ganzen Menschen; darum muß auch der Körper die rhythmische Bewegung des Liedes teilen. Auf diese Weise verbinden sich Tonkunst, Poesie, Versbau und rhythmischer

Tanz zu einem Ganzen, das in dieser harmonischen Verschmelzung etwas durchaus und eigentümlich Hellenisches ist.

Die Orakel des Apollon hatten ihre Sänger und Hymnendichter, welche ebenso wie die ältesten Bildkünstler priesterliche Personen waren; sie bildeten geschlossene Innungen, in deren Mitte die ersten Lieder und Weisen zu Ehren des Apollon erfunden wurden. Der Lykier Olen, der Delphier Philammon, der Kreter Chrysosthemis gehörten solchen heiligen Sängerzünften an, und die von ihnen erfundenen Hymnen wurden zugleich mit den apollinischen Missionen in alle Pflanzstädte verbreitet. Auch für die Orakel selbst waren Männer nötig, welche Wort und Vers beherrschten und eine alte Überlieferung schrieb die Erfindung des Hexameters dem delphischen Orakel, und zwar seiner ersten Priesterin, Phemonoe, zu.

Aber der Einfluß ging weit über den Tempeldienst und das Bedürfnis des Orakels hinaus. Denn auch hier waren die Priester, um die nationale Bedeutung ihres Heiligtums zu heben, unablässig tätig, alle volkstümlichen Kunstrichtungen, welche ihren Grundsätzen entsprachen, zu fördern, die genialen Meister nach Delphi zu ziehen, ihnen Ehrensitze im Heiligtume zu geben und ihr Andenken noch nach dem Tode auf alle Weise zu ehren. So bildeten sich Dichterschulen, welche wie die heilige Baukunst und die hieratische Skulptur mit dem Heiligtume nahe verknüpft waren.

Die wichtigste Schule dieser Art ist die, welche sich an den Namen des Hesiodos anschließt. Er ist der erste bekannte Lehrdichter, der, von delphischer Weisheit genährt, vor das Volk trat und den Inhalt dieser Weisheit, welche sonst nur in kurzen Sprüchen mitgeteilt wurde, in größerem Zusammenhange darzulegen suchte. In einer den delphischen Sprüchen verwandten Ausdrucksweise gaben die seit Peisistratos unter Hesiodos' Namen vereinigten Gedichte umständliche Vorschriften für die verschiedenen Stände der menschlichen Gesellschaft, für Ritter und für Bauern, Vorschriften, welche das Privatleben wie das öffentliche Leben betrafen. In anderen Gedichten wurden Götter- und Heroensagen zusammengestellt, um das allgemein Gültige von dem abzusondern, was nur eine örtliche Bedeutung haben sollte und dadurch der Vergessenheit anheimgegeben wurde. An den Namen des Aigimios wurde eine Darstellung des dorischen Normalstaates angeknüpft; die Hellenensage wurde poetisch ausgeführt und alle menschlichen Verhältnisse, welche Hesiods Gedichte berühren, werden einer göttlichen Oberaufsicht untergeordnet. Man sieht, es sind lauter Gedanken des delphischen Priestertums, sittliche wie politische Gedanken, welche mit den die homerische Welt bewegenden in entschiedenem Widerspruche stehen. Daher wurden auch Homer und Hesiod als die beiden Angelpunkte griechischer Weltanschauung betrachtet.

Die Griechen liebten es, alle entgegengesetzten Richtungen als persönlichen Antagonismus aufzufassen und so stellten sie auch Homer und Hesiod in einem Wettkampfe einander gegenüber, obwohl der Dichter der „Werke und Tage", dessen Familie aus dem äolischen Kyme nach dem Helikon gewandert war, sicherlich einer Zeit angehört, da das Epos schon im Verklingen war und nur noch in solchen Gedichten fortlebte, welche Nachahmungen des älteren Epos waren. Dennoch gab es alte Überlieferungen von einem Sängerkampfe in Chalkis, und wenn ihnen zufolge Hesiodos Sieger blieb, so hängt dies damit zusammen, daß diese Stadt mit Delphi auf das nächste verbunden war; apollinischer Hymnengesang wurde nirgends eifriger gepflegt als in Chalkis, und die Stadt wurde nicht müde, die Blüte ihrer Jugend dem delphischen Gotte zur Verfügung zu stellen.

Wohin durch die Chalkidier der delphische Einfluß sich ausbreitete, finden wir die Nachwirkungen derselben Poesie. In Korinth war Eumelos, der Bakchiade, der die Vorzeit seiner Vaterstadt um Ol. 10 (740) besang, ein Nachahmer des Hesiodos, und mit der lokrischen Kolonie, die Matauros in Unteritalien gründete, zog die Familie des Tisias hinüber, welche sich von Hesiodos herleitete und seine Kunst nach Matauros und von dort nach Himera verpflanzte.

Aber auch in Böotien blieb die Kunst lebendig; hier gab es noch in später Zeit Opfervereine zu Ehren der „hesiodischen Musen". Die Theogonie wurde ein Kanon des religiösen Glaubens und keine Poesie ist nächst der homerischen den Hellenen so in Saft und Blut übergegangen, wie die Spruchdichtung Hesiods. Sie war die geistige Nahrung der Jugend; ihre Gedanken kehren als allbekannte bei Dichtern und Philosophen wieder; als ältestes Lehrgedicht ersetzte sie den Hellenen, was andere Völker an Urkunden ihrer Religion und Ethik besaßen. Sie war die vollkommenste Ergänzung des homerischen Epos, und aus diesem Verhältnisse der beiden epischen Schulen zueinander erklärt es sich, warum beide zusammen als die Grundlage einer nationalen Weltanschauung bei den Hellenen angesehen wurden.

Auch in der lyrischen Poesie machten sich zwei Richtungen geltend; beide hatten ihren Ursprung auf der gesangreichen Insel Lesbos, wo die aus Böotien eingewanderten Äolier eine ungemein glückliche Entwicklung gefunden hatten; beide erwuchsen aus gleichem Keime, mit dem Saitenspiele der Lyra eng verbunden. Aber wenn die eine Gattung vorzugsweise im häuslichen Kreise, in den wechselnden Begebenheiten des täglichen Lebens und in persönlichen Gefühlen wurzelte und mit voller Wärme die tiefsten Erregungen des Gemütes im Gesange ausströmte (es ist die lyrische Dichtung, wie sie um 600 v. Chr. durch Alkaios und Sappho zur künstlerischen Vollendung gebracht wurde), so konnte dem delphischen Gotte nur die andere Gattung genehm sein, welche sich von den wechselvollen Stimmungen der Leidenschaft und des Parteigeistes ferne hielt und vielmehr das allgemein Gültige und Dauernde zum Gegenstande des Gesanges machte. Indem man die Keime dieses Gesanges nach dem Festlande verpflanzte, erwuchs eine „dorische Lyrik"; dorisch aber nur in dem Sinne, als sie unter dem Einflusse desselben Priestertums gepflegt wurde, unter welchem auch der dorische Staat und die dorische Architektur zustande gekommen war. Denn so wie der Gründer dieser Lyrik, Terpandros, ein Antissäer aus Lesbos war, so gehörten auch die Meister derselben solchen Gegenden an, welche von dorischen Stammgebieten weit entlegen waren. Alkman (um 670—650) war ein Lyder von Geburt und Tisias, der „Chormeister" (Stesichoros), aus der chalkidischen und vorwiegend ionischen Stadt Himera, wo er um 600 die epische Dichtung in die lyrische hinüberleitete und die nationale Poesie der Hellenen wesentlich förderte. So verschiedenartig auch die Gaben und Richtungen dieser Meister waren, so bilden sie doch insofern eine gemeinsame Schule, als die Dichtkunst derselben an einen musikalischen Satz gebunden war, der bei reicher Gliederung nach strengen Gesetzen und fester Überlieferung geordnet war. Die siebensaitige Leier Terpanders, deren Töne gerade eine Oktave umfaßten, blieb in ihren einfachen Verhältnissen das gesetzgebende Instrument. Tonart und Versbau drückten eine ruhige, männlich besonnene Seelenstimmung aus, jede unklare Leidenschaftlichkeit blieb ausgeschlossen und die schwungvollste Bewegung des Geistes war mit strengem Maße verbunden. Der Gesang hatte einen öffentlichen Charakter; denn sein Inhalt war das, was für alle gleiche Bedeutung hatte, Gottesdienst und bürgerliches Leben. Hier war, wie bei der bildenden Kunst, eine zurückhaltende und ehrerbietige Behandlung aller göttlichen Personen heiliger Grundsatz, und als Stesichoros nach priesterlichem Urteil denselben in Beziehung auf die Helena verletzt hatte, mußte er das Gesagte feierlich widerrufen. Solche Zucht wußte Delphi zu üben. Die Hauptsache aber war, daß die Gesänge Chorgesänge waren. Von wettkämpfenden Chören wurde das große „pythische Lied" in Delphi gesungen, unter

Begleitung von Zither und Flöte, und in allen dorischen Staaten diente das Chorlied und der Chortanz dazu, daß sich die Bürger von Jugend auf als Glieder eines harmonischen Ganzen fühlen und alle persönlichen Stimmungen dem Ausdrucke der gleichen religiösen und politischen Gesinnung unterordnen lernten.

Es war in demselben Jahrhundert, in welchem Sparta die Messenier zum zweitenmal unterwarf und allen Widerstand in der Halbinsel siegreich überwältigte, als auch die dorische Lyrik daselbst zur vollen Ausbildung gelangte. So wenig wie die Urheber und Meister der Kunst Dorier waren, so wenig war auch die Sprache derselben eine rein dorische. Es war überhaupt keine natürliche Mundart, sondern eine Kunstsprache, welcher sich alle Dichter der chorischen Lyrik anschlossen, wenn sie auch Äolier und Ionier waren. Dieser Mundart bediente sich auch Tyrtaios, als er ebenso wie Terpandros und Thaletas auf delphische Weisung nach Sparta gerufen wurde und hier seine Marschlieder dichtete. Es ist dieselbe, welche in Hesiods hieratischen Gedichten anklingt und in Pindars Gesängen vorherrscht; sie ist überall, wo delphischer Einfluß wahrnehmbar ist, sie trägt den Charakter des ernsten und feierlichen, ähnlich wie der hieratische Stil in der dem Tempel dienenden Bildkunst. Also wird auch in Beziehung auf die Sprache wie auf die ganze Entwicklung eines so ausgezeichneten Teiles des gemeinsamen Nationalbesitzes der Hellenen, wie die dorische Lyrik ist, der gesetzgeberische Einfluß von Delphi nicht zu verkennen sein.

So war die Entwicklung der griechischen Kunst in der Tat keine vollkommen freie; es fand eine sehr ausgedehnte Einwirkung von seiten des Priestertums statt. Aber es wurden nur volkstümliche Keime gepflegt; denn auch das, was unter Anregung ausländischer Bildung eine festere Gestalt gewonnen haben mochte, wie z. B. der Unsterblichkeitsglaube, hatte als Ahnung tief im Gemüte des Volkes geruht und war vorzugsweise ein Schatz der ernsteren und einsameren Stämme der nordgriechischen Gebirge gewesen. So wurde mit großer Weisheit das zusammengebracht, was die verschiedenen Stämme Gutes hatten, und es bildete sich kein Gegensatz zwischen Kunst- und Volksdichtung, zwischen priesterlicher und weltlicher Poesie. Es wurden keine fremdartigen Zweige dem naturwüchsigen Stamme eingepfropft. Im Gegenteile. Unter delphischem Einflusse kam erst etwas recht Nationales zustande, indem die Kunstübungen der Hellenen, zu gegenseitiger Förderung vereinigt, ihrer gemeinsamen Ziele sich bewußt wurden. Die Kunstentwicklung blieb eine volkstümliche und wurde eine einheitliche, eine in sich zusammenhängende und von innerer Harmonie getragene, von einzelnen Begebenheiten und Personen unabhängigere. Denn soviel auch der Meister der Kunst bei den Hellenen galt, so haben doch niemals in der griechischen Literatur einzelne Personen solchen eigenmächtigen Einfluß auf Schrift und Sprache und Kunstweise ausüben können, wie dies z. B. bei den Römern der Fall war.

Endlich aber wirkte Delphi als geistiger Mittelpunkt in allen Künsten, auf die sich sein Einfluß erstreckte, dahin, daß sie, wie sie von einem Geiste getragen waren, so auch zu gemeinsamem Zwecke sich vereinigten. Hierin liegt ja aber gerade etwas dem griechischen Kunstleben so eigentümliches, daß die verschiedenen Kunstzweige nicht nebeneinander hergehen, sondern lebendig ineinander greifen. Der Tempeldienst faßt alle Bestrebungen zusammen. Zum Lobe desselben Gottes steigen die Säulen empor, das Gebälk von Marmor zu trage n füllen sich mit Bildwerken die Vorhöfe sowie die Giebelfelder und Metopen des Tempels, werden die Tempelwände mit gewirkten Teppichen geschmückt, an deren Stelle die Kunst der Malerei tritt. Demselben Gottesruhme dient der Hymnus und das Siegeslied, die Musik und der Tanz. Darum dachten sich die Griechen auch die Musen als einen Chor, aus welchem sie sich die einzelnen gar nicht abgesondert vorzustellen vermochten, und Apollon als den Chorführer der Musen. Das war ihnen nicht ein poetisches Bild, sondern ein religiöser Glaube, welchen sie im vorderen Giebelfelde des Tempels zu Delphi in einer großartigen Statuengruppe zur Anschauung brachten. Und so steht der delphische Apollon wirklich inmitten aller Richtungen der Forschung und der Kunstbestrebungen, wie der höhere Genius des geistigen Lebens, welches er, von den Auserwählten der Nation umgeben, zu einem großartigen und klaren Gesamtausdrucke hingeführt und dadurch eine ideale Einheit des griechischen Volkes begründet hat.

•

Es war indessen das delphische Heiligtum nicht bloß der ideale Mittelpunkt der griechischen Welt, sondern, da es sonst nur Einzelstaaten gab und an Stelle der veralteten Amphiktyonien kein neues Staatensystem zustande gekommen war, der einzige Mittelpunkt, den die griechische Nationalität sowohl dem Auslande wie den Einzelstaaten gegenüber hatte.

Keines der anderen Heiligtümer hatte eine ähnliche Bedeutung gewinnen können, auch nicht die ansehnlichsten und einflußreichsten unter ihnen, wie das ephesische Artemision und das Didymaion bei Milet. Namentlich war das letztere, das noch am ehesten imstande gewesen wäre mit Delphi in die Schranken zu treten, dadurch im Nachteile, daß es kein amphiktyonischer Mittelpunkt der ionischen Städte war; die dortigen Heiligtümer hatten den Gegensatz gegen das ungriechische Asien nicht mit Strenge festhalten können. Das In- und Ausland erkannte daher in Delphi den Mittelpunkt des hellenischen Wesens und Delphi war es, wohin sich die Fürsten und Staaten des Auslandes wandten, welche mit der griechischen Nation Verbindungen anknüpfen wollten. Durch die delphische Priesterschaft suchten sie Einfluß auf die Hellenen zu gewinnen, in Delphi den Schatz griechischer Weisheit für ihre Zwecke auszubeuten. Schon um Ol. 10 (740) schickten phrygische Fürsten Weihgeschenke nach Delphi; ihnen folgten die Könige Lydiens, welche die Schicksale ihres Reiches an die Aussprüche der Pythia knüpften. Die westlichen Völker vernahmen, sowie sie durch die Kolonien mit griechischer Bildung bekannt wurden, den Ruhm von Delphi. An der etrurischen Küste war es die alte Tyrrhenerstadt Agylla, welche um die Zeit des Kyros in einem eigenen Schatzraume zu Delphi ihre Weihgeschenke aufstellte und durch nahen Anschluß an das apollinische Heiligtum ihre halb verwischte griechische Nationalität aufrecht zu erhalten suchte. Die aus demselben Tyrrhenerlande stammenden Tarquinier huldigten dem delphischen Orakel und die römische Republik hielt diese Verbindung aufrecht. Die fremden Staaten gewannen so an dem gemeinsamen Herde Griechenlands, wie man Delphi nannte, Gastrecht; es wurden Beziehungen angeknüpft, die für den Reichtum und den Einfluß des Orakels sowie für die Förderung des mit den delphischen Interessen so genau verbundenen Seehandels, von höchster Bedeutung waren. Hellas trat aus seiner Einzelstellung in einen weitreichenden Völkerverkehr ein, und nirgends ist mehr als in Delphi die schöne Sitte der Gastfreundschaft, welche nicht nur einzelne Häuser, sondern ganze Gemeinden, Staaten und Völker miteinander verbindet, gepflegt und empfohlen worden. Die Heiligkeit des Gastrechtes war ein Hauptpunkt des delphischen Völkerrechtes. Darum war auch auf dem Gemälde der Lesche, welches den Fall Troias darstellte, mitten unter den Trümmern der untergehenden Stadt Antenor zu sehen, der, wie Rahab in Jericho, von den Eroberern verschont blieb und mit seiner ganzen Familie frei ausging, weil er die griechischen Gesandten, Menelaos und Odysseus, als Gastfreunde aufgenommen hatte. Es wurden die ausländischen Staaten durch griechische Gemeinden bei der Pythia eingeführt; darum waren es die Korinther, welche die Weihgeschenke der Mermnaden, die Massalioten, welche die der Römer in ihrem Schatzhause aufstellten. Ungleich schwieriger war das Verhältnis von Delphi zu den griechischen Staaten. Nämlich, solange es nur Stämme waren, welche sich um den amphiktyonischen Gott vereinigt hatten, bildeten sie zusammen ein Ganzes, dessen Mittelpunkt das Heiligtum des Apollon war. Sowie sich aber unter Einfluß desselben die Stämme in Staaten ordneten, nahmen diese natürlich eine größere Selbständigkeit in Anspruch, und hier mußte es zu Widersprüchen mancherlei Art kommen.

Ein gewisses Oberaufsichtsrecht wird der Pythia unbedenklich eingeräumt. Zu diesem Zwecke sind Beamte als ständige Vertreter des Orakels in allen mit Delphi verbundenen Staaten, so die Pythier in Sparta, die Zeltgenossen der Könige, die von der Pythia ernannten Exegeten des heiligen Rechtes in Athen, die Theorenkollegien in Aigina, Mantineia, Trözen und anderen Stadtgemeinden. Sie mahnen unausgesetzt an das göttliche Recht, das nimmer verletzt werden darf; sie rügen jede Abweichung von den gemeinsamen hellenischen Satzungen, sie sorgen für die Ausführung des von Delphi Befohlenen. Denn die Pythia beaufsichtigt nicht nur und hütet, sondern befiehlt auch und fordert. Sie fordert z. B. die Ausweisung Schuldbefleckter aus den bürgerlichen Gemeinden, sie verlangt ein kriegerisches Aufgebot, um sich ihrer Feinde zu erwehren und den Umsturz einer von ihr gebilligten Verfassung zu bestrafen. Sie befiehlt Einstellung bürgerlicher Kämpfe, sie schlichtet Partei- und Nachbarfehden; sie weist einen Staat an den andern, wie Sparta an Athen im zweiten Messenierkriege oder wie die Ätolier an die Pelopiden in Helike; sie ordnet die Verhältnisse der einzelnen Staaten untereinander, indem sie z. B. den Mantineern befiehlt, die Überreste des Arkas aus Mänalien in ihre Stadt zu übertragen und sich dadurch das Ansehen einer arkadischen Hauptstadt anzueignen. Endlich ordnet sie die Verfassungen der Einzelstaaten oder behält sich das Recht der Bestätigung aller neuen Verfassungen vor. Noch Kleisthenes hat dies Recht in Beziehung auf seine neuen Bürgerstämme anerkannt.

Delphi, selbst von Geschlechtern regiert, vertrat überall die aristokratische Verfassung; sein Einfluß hing mit dem Ansehen der alten Familien zusammen; in der aristokratischen Republik ist die „gottgegründete Freiheit" enthalten, wie sie Pindar an Sparta rühmt. Im Gegensatze gegen die lockeren Bürgervereine der ionischen Gemeinden verlangte es eine strenge Ordnung, so wie sie bei den nach delphischen Grundsätzen geschulten Doriern am vollkommensten verwirklicht war. Jede Gegenbewegung, jede Verfassungsänderung ohne Erlaubnis der Pythia war Revolution. Daher der Kampf des Orakels gegen die Tyrannen, welche mit ihren Staaten von Delphi abgefallen waren und die Richtung der neuionischen Städte auf das Gebiet der dem pythischen Apollon gehorsamen Staaten verpflanzt hatten. Den sikyonischen Kleisthenes nannte das Orakel im Gegensatze zum alten Landeskönige Adrastos einen Henker.

Am freiesten schaltete Delphi in den Kolonien; denn es konnte sich während der großen Kolonisationsperiode des achten und siebenten Jahrhunderts nicht darauf beschränken, die Örtlichkeiten anzuweisen, sondern es mußte die Menge neuer Aufgaben, die sich für bürgerliche Anordnung darboten, erledigen helfen. Nirgends aber war für die antidelphische Entwicklung der öffentlichen Zustände der Boden so geeignet, nirgends die Gefahr rechtswidriger Gewaltherrschaft so naheliegend, wie in den Kolonien, wo bei der bunt gemischten Bevölkerung und der frühe eintretenden Ungleichheit des Vermögens Parteifehden mit allen ihren Folgen unvermeidlich waren. Darum nannte man die Insel Sizilien eine Mutter der Tyrannen, und Zustände, welche in Hellas nur Durchgangsperioden waren, wurden in den Pflanzstädten beinahe zu stehenden Verfassungsformen.

*

Was seit dem neunten Jahrhunderte aus dem europäischen Hellas geworden und in demselben geschehen ist, seine auf allen Gebieten des geistigen Lebens, in Religion und sittlicher Weltanschauung, in Staatsverfassung, Bau- und Bildkunst, in Musik und Poesie ausgeprägte Volkstümlichkeit sowie der bewußte Gegensatz den Barbaren gegenüber war im wesentlichen das Ergebnis des Einflusses von Delphi; deshalb kommt delphisch, dorisch und hellenisch so vielfach auf eins hinaus.

Dieser Einfluß konnte nicht für immer derselbe bleiben; er ist teils infolge allgemeiner Zeitverhältnisse zurückgedrängt, teils durch die Schuld von Delphi verwirkt worden.

Die Macht des Orakels beruhte auf den Erinnerungen der amphiktyonischen Ordnungen und auf einer gewissen Unmündigkeit der Einzelstaaten, welche sich noch als Glieder eines Volksganzen fühlten, das allein in Delphi vertreten war. Sie mußte zurücktreten, als bei steigender Aufklärung die Einflüsse der Götterzeichen und der Weissagung beseitigt wurden, als die einzelnen Gemeinden sich der priesterlichen Bevormundung entzogen, als sie, zu selbständigen Staaten erwachsen, volle Unabhängigkeit in Anspruch nahmen und jede ihre

Sonderpolitik verfolgte, für welche Delphi nicht maßgebend sein konnte.

Der Staat des Lykurgos war lange Zeit der Liebling des delphischen Gottes, der Musterstaat unter seinen Pflanzstädten, der starke Arm für seine weltlichen Pläne und von ihm zur vorortlichen Stellung unter den Hellenen ausersehen. Aber er zog sich mehr und mehr auf die peloponnesischen Angelegenheiten zurück, für welche Olympia das neue Zentrum wurde, und seit statt der Herakliden die Ephoren den Staat regierten, hörte Delphi auf, die Oberbehörde desselben zu sein.

Sowie sich aber Sparta von seinem Mutterheiligtume löste, trat der ionische Stamm in seinen beiden Staaten vor, in Sikyon und Athen, die im Anschlusse an das schutzbedürftige Heiligtum zu hellenischen Großstaaten sich zu erheben suchten. Sikyons Bedeutung war eine vorübergehende, aber Athen behauptete seinen Platz. Es blieb in nahem Verhältnis zu Delphi, ohne sich seiner Selbständigkeit zu begeben; es wußte auch hier Freiheit und Fortschritt mit Pietät und Treue zu verbinden. So stand nun Delphi, anstatt wie einst an der Spitze eines Bundes von Stämmen, welche nur im Heiligtume ihre Einheit hatten, in der Mitte zwischen zwei Staaten, neben welchen alle andern an Macht weit zurücktraten. Von einer Leitung gemeinsamer Angelegenheiten konnte also nicht mehr die Rede sein.

Es war aber auch Delphi selbst ein anderes geworden. Denn seit es nicht mehr befehlen und regieren konnte, betrat es die Bahn einer schlauen Gelegenheitspolitik; seit es keine eigene Macht mehr hatte, schloß es sich auswärtigen Mächten an, die es für seine Zwecke benutzen konnte, und ging Verbindungen ein, die seinen Grundsätzen völlig widersprachen.

Dies tritt am deutlichsten bei Kleisthenes, dem Tyrannen, zutage, welchen es erst, wie billig, verwünschte und mit seinen frevelhaften Anträgen fortwies, während es nachher mit ihm und seiner Familie in die engsten Beziehungen trat und ihm die größten Wohltaten verdankte. Delphi wurde sich untreu bei den Orthagoriden, wie Sparta bei den Pisistratiden; beide haben die Folgen ihrer Inkonsequenz nie verwunden.

Delphi verscherzte die Achtung beim Volke, als dieselbe Priesterschaft, von welcher die reinsten Grundsätze der Sittlichkeit ausgegangen waren, durch Intrige und andere unehrenhafte Mittel sich zu halten suchte. Am nachteiligsten war ihm die Macht des Goldes, welche mehr als alles andere die Gesundheit des hellenischen Lebens vergiftet hat. Das asiatische Gold hat die Priester schon frühe verlockt, auf die Gunst barbarischer Fürsten höheren Wert zu legen, als dem Nationalheiligtume der Hellenen geziemte. Als es nun erst durch die Alkmäoniden, dann durch Kleomenes, welcher sich mit Hilfe des Orakels seines Amtsgenossen Demaratos entledigen wollte, offenkundig wurde, daß die Aussprüche des delphischen Gottes zu erkaufen wären: da mußte das Ansehen desselben bei den Hellenen zugrunde gehen. Um diese Zeit hat Delphi aufgehört, eine Zentralmacht im Lande zu sein; die von ihm vertretene Einheit ist aufgelöst und statt dessen treten sich zwei Staaten gegenüber, deren jeder durch vorortliche Macht dem Volke eine neue Einheit zu geben strebt; ein Streben, welches nur durch Kampf sein Ziel erreichen konnte.

Zur Zeit der Perserkriege war Delphi nur noch ein Schatten dessen, was es gewesen war, und die Nation entbehrte jeder Einheit, als sie ihrer am meisten bedurfte. Das Orakel war feig und unentschlossen, ja es wehrte sogar den Staaten entschlossen zu handeln, wie den Knidiern, den Kretern und Argivern; alle großen Taten jener Zeiten sind von den einzelnen Gemeinden ausgegangen und diese machten sich eben dadurch von jeder Leitung des Orakels und jedem Einflusse der Mantik vollständig frei. Delphi blieb der Gemeinherd von Hellas, aber es waren nur Formen, welche fortbestanden und die ursprüngliche Bedeutung des Heiligtumes wurde soweit vergessen, daß man in schroffem Gegensatze zu den Gesetzen desselben selbst solche Siege, welche von Hellenen über Hellenen mit blutigen Waffen erfochten waren, durch Denkmäler in Delphi verewigte.

Fünftes Kapitel

DIE KÄMPFE MIT DEN BARBAREN

Beziehungen der Griechen zu Phrygien und Lydien. — König Gyges. — Der ionische Krieg. — Kroisos. — Schlacht bei Pelusium. — Polykrates. — Kambyses. — Dareios. — Aristagoras. — Seeschlacht bei Lade.

Die griechischen Stämme hatten sich sorglos an allen Gestaden des Mittelmeeres ausgebreitet, als wenn sie allein in der Welt wären und von Gottes Gnaden ein Besitzrecht hätten auf jeden schönen hafenreichen Strand. Sie blieben in diesen Besitzungen unangefochten, solange die hinter ihnen wohnenden Völkerschaften ruhig zusahen und die Griechen gewähren ließen. Das konnte aber nicht für alle Zeit so bleiben. Die Binnenvölker mußten einmal zu dem Bewußtsein kommen, daß die Vorteile ihres eigenen Landes von Fremden ausgebeutet wür=

den. Mißgunst und Eifersucht erwachten bei ihnen; sie drängten gegen das Meer vor; Reibungen zwischen Hellenen und Barbaren wurden unvermeidlich und daraus entspannen sich langwierige Kriege, in welchen die hellenischen Städte ihre leicht gewonnenen Besitzungen, ihren glücklichen Wohlstand und ihre nationale Selbständigkeit zu vertreten hatten. Mit diesen Kämpfen tritt das Volk der Hellenen zuerst in den Zusammenhang der Weltbegebenheiten ein und mit ihnen beginnt erst eine zusammenhängende griechische Geschichte; in diesen Kämpfen gelangt der in den vorangegangenen Jahrhunderten begründete Gegensatz des Hellenischen und Nichthellenischen zum vollen Bewußtsein. Sie beginnen in den Kolonien, die Kolonien ziehen das Mutterland herein; nun steht nicht mehr die Unabhängigkeit einzelner Gemeinden, sondern die der ganzen Nation auf dem Spiele und zur Bekämpfung dieser Gefahren entwickelt sich an Stelle der veralteten Amphiktyonie eine neue Volkseinheit. So knüpft sich an diese Kämpfe die ganze weitere Geschichte der Hellenen.

Die Kämpfe begannen am Ostrande der griechischen Welt, weil sich hier zuerst ein Binnenstaat entwickelte, welcher Lust und Kraft hatte, die Küstengriechen anzugreifen.

Es war keiner von den alten Staaten. Denn die alten Reiche des Morgenlandes hatten, solange keine fremden Bestandteile in sie eingedrungen waren, eine Gleichgültigkeit gegen die Seeküsten. Von Hause aus auf ausgedehnte Berglandschaften oder reiche Stromniederungen angewiesen, fühlten sie nicht das Bedürfnis weiterreichender Verbindung. Karawanen- und Flußhandel genügte, und was von ihren einheimischen Schätzen an das Ausland abgegeben wurde, ging durch die Hände fremder Völker, denen sie den Gewinn überließen. Das waren die Phönizier und dann die Griechen.

So hatte man auch an der asiatischen Küste die fremden Handelsplätze entstehen, man hatte sie fest und groß werden lassen. Man ließ sie ungestört zu ihren Landtagen und Festvereinen sich versammeln; man gönnte ihnen auch den Besitz der unteren Flußtäler, soweit sie, durch natürliche Gliederung vom Binnenlande getrennt, der Küste zugewiesen sind. Es ist nicht anders, als hätten die asiatischen Fürsten den Rand zwischen Binnenland und Gestade freiwillig als Grenze ihres Machtgebietes eingehalten.

Die Völker selbst gewannen nur dabei. Denn die fremden Ansiedelungen, die vielen neugegründeten Städte führten natürlich zu einem ungemein belebten Verkehre; alle Naturprodukte und Manufakturen des Binnenlandes erlangten einen neuen und vielfach höheren Wert. Als gute Handelsleute legten es die Griechen darauf an, mit den Asiaten gut zu stehen, und ihr Vertrauen zu gewinnen; sie besuchten ihre Märkte, kauften ihre Erzeugnisse auf, machten Bestellungen aller Art, siedelten sich selbst unter ihnen an, um den Verkehr mit den Küstenplätzen nachdrücklicher zu betreiben, und wußten sich dort durch ihre Geschicklichkeiten angenehm, nützlich und endlich unentbehrlich zu machen. Dies geschah namentlich in den Hauptstädten der kleinasiatischen Reiche.

Unter diesen war das der Phryger durch Stammverwandtschaft am meisten zu einem nahen Verkehre mit den Griechen berufen. Auch finden sich hier in der Tat die ältesten Verbindungen zwischen Küsten- und Binnenland. Die Neleiden in Milet führen phrygische Namen in ihre Familien ein, und um die Zeit des ersten Messenischen Krieges lebte ein König Midas, des Gordias Sohn, welcher mit den Bürgern von Kyme nahe Freundschaft unterhielt; er nahm selbst eine Kymäerin, Namens Hermodike, zur Frau und trat durch Kyme mit der Mutterstadt Chalkis, und durch Chalkis mit Delphi in Verbindung. Es war ein Glanzpunkt in den Annalen des Heiligtumes, als um dieselbe Zeit die erste chalkidisch-delphische Kolonie auf Sizilien gegründet und der Königsstuhl des Midas, auf dem er zu Gericht zu sitzen pflegte, das erste Weihgeschenk des Morgenlandes, vor dem pythischen Tempel aufgestellt wurde.

Das alte Volk der Phryger wurde durch semitische Einwanderungen zurückgedrängt, welche von Südosten her in Kleinasien eindrangen und sich zur Zeit der assyrischen Macht daselbst festsetzten. Phrygien selbst soll schon von Ninos unterworfen worden sein. Die Phryger hatten so wenig wie die alten Pelasger Widerstandskraft gegen das Fremde, weil ihre einheimische Kultur nicht genug fortgeschritten war; darum wurde ihre Sitte und Religion unter dem Einflusse der Semiten wesentlich verändert.

Der wichtigste Einfluß dieser Art in Kleinasien ging von den Lydern aus. Sie waren den Küstengriechen ungleich fremder als die Phryger, aber gerade deshalb war ihre Einwirkung um so stärker und anregender, wie dies überall der Fall war, wo semitisches Volk mit arischen Völkern zusammensaß. Sie verschmolzen zum Teil mit den älteren Einwohnern, so daß phrygisch und lydisch nicht genau zu unterscheiden sind; sie wirkten auch auf die Griechen ein. Nicht nur in Handel und Gewerbefleiß lernten diese von den Lydern, sondern auch in den höheren Künsten, namentlich in der Musik. Denn wie die Semiten überhaupt für lyrische Dichtkunst eine besondere Begabung haben, so auch die Lyder, welchen die Griechen ihre

Volksmelodien nachsangen. Aus dieser Anregung erwuchs die griechische Elegie, und die seelenvolle Tonart der Lyder wurde mit der lydischen Flöte selbst in Delphi eingebürgert. Aber während das europäische Hellas sich von den Lydern nur einzelne Keime ihrer Kultur aneignete, wurden die asiatischen Griechen mit ihrer ganzen Geschichte in die der Lyder verflochten.

Dies begann schon unter der Heraklidendynastie, welche seit Agron, dem Sohne des Ninos, dem Enkel des Belos, regierte. Der Regierungsantritt Agrons fällt nach alter Rechnung in das Jahr 1221 v. Chr. Es war die Zeit, als Assyrien ein eroberndes Reich wurde. Lydien war der Vorposten der assyrischen Weltmacht im Westen. Der Stammbaum der Regenten, die Übereinstimmung der ausschweifenden Religionsdienste, die Anlage von Städten, wie Ninoe in Karien, und vieles andere bezeugen den nahen Zusammenhang mit Ninive am Tigris.

Mit Assur zugleich alterte aber auch das assyrische Lydien; seine Regenten suchten außerhalb des Volkes einen Anhalt; sie zogen fremde Kriegsleute in ihren Dienst und benutzten sie zur Sicherung ihrer Person, wie zum Schmucke und zur Stütze ihres Thrones. Die Söldner wußten durch überlegene Tüchtigkeit immer mehr Boden zu gewinnen, ihre Hauptleute zur Seite eines herabgekommenen Fürstenhauses einen steigenden Einfluß zu erwerben. Dies gelang namentlich dem Befehlshaber der königlichen Lanzenträger zur Zeit des Kandaules in dem Grade, daß er die Zügel der Herrschaft ganz in seine Hände nahm, daß er von dem schwachen Könige selbst mit königlichen Ehrenzeichen angetan wurde und neben ihm als Symbol der höchsten Macht das Doppelbeil tragen durfte, bis endlich der übermächtige Prätorianer den Zeitpunkt geeignet fand, auch dem Scheinregimente der Dynastie ein Ende zu machen. Im Einverständnisse mit der Königin wurde der letzte Heraklide aus dem Wege geräumt und mit Hilfe karischer Söldlinge, welche Arselis zuführte, die neue Dynastie gegründet. Es war um dieselbe Zeit, als im Osten die Meder abfielen und im Süden Babel von neuem als eigenes Reich auftrat (747). Im Zusammenhange mit diesen, das ganze Morgenland erschütternden Bewegungen löste sich auch Lydien, nachdem es ein halbes Jahrtausend in Abhängigkeit von Assyrien gestanden hatte, und betrat gegen Ende des achten Jahrhunderts eine ganz neue Bahn der Entwicklung.

Es war kein bloßer Dynastienwechsel, es war ein Umschwung der ganzen Politik. Der kecke Söldnerhauptmann, der infolge der Palastrevolution unter dem Namen Gyges den Thron der Herakliden (16, 1; 716) bestieg, hatte keinen Zusammenhang mit dem Morgenlande; er war auch gar nicht aus lydischem Stamme, sondern der Küstenbevölkerung angehörig, dem Stamme der Mermnaden, welcher ohne Zweifel in Karien zu Hause war. In Karien war eine berühmte Warmquelle (vielleicht Karura im Mäandrostale, nördlich von Ninoe, auf der Grenze von Lydien und Phrygien); neben ihr lag der „Gau des Daskyles", und dies war der Name, den der Vater des Gyges trug. Das Doppelbeil, das dieser schon als Söldnerführer sich anmaßte, war ein karisches Symbol der Macht; durch karischen Zuzug stützte er den neuen Thron.

Die Karer hatten sich von allen griechischen Stämmen am meisten mit Semiten vermischt. Sie waren schon in der minoischen Zeit, soviel ihrer nicht in die griechischen Staaten aufgegangen waren, auf das asiatische Festland zurückgedrängt worden; sie waren dann durch die ionischen und dorischen Ansiedler teils unterworfen, wie z. B. die Gergither, welche eine unterdrückte Volksklasse in Milet bildeten, teils noch weiter vom Ufer fortgeschoben worden. Im Fortschritte der Bildung hinter den Ioniern zurückgeblieben, wurden sie von diesen mit Verachtung angesehen und mit rücksichtslosem Hochmute behandelt, so daß von den Tagen der Städtegründung an, da die neuen Ansiedler karische Weiber zu Witwen gemacht und zur Ehe gezwungen hatten, zwischen Karern und Ioniern eine Feindschaft bestand. Darum neigten sich jene mehr den Lydern und Mysern zu als den Griechen; das Didymaion bei Milet wurde nicht von ihnen, sondern nur von den Ioniern und Äoliern als gemeinsames Heiligtum anerkannt. Auch im Auslande konnten Ionier und Karer sich so wenig vertragen, daß sie in Ägypten an verschiedenen Flußseiten angesiedelt werden mußten. Je mehr aber die Karer von dem eigentlichen Städteleben Ioniens ausgeschlossen waren, um so mehr trieben sie, alter Stammsitte gemäß, das Soldatenhandwerk, und was ihnen dies in günstigem Falle eintragen konnte, beweist das Glück des Gyges.

Es läßt sich also denken, welche Folgen es haben mußte, als ein karischer Söldner König von Lydien wurde, und welchen Schrecken die Nachricht in allen ionischen Städten hervorgerufen haben muß. Denn wie konnten die Mermnaden andere Gedanken auf den Thron bringen, als die der Machtausbreitung gegen Westen, der Einverleibung der Uferstädte, der Gründung einer lydisch-karischen Seemacht, und vor allem den Gedanken der Rache an den hochmütigen Ioniern! Sie wollten zeigen, was ein Staat leisten könne, der griechischen

Unternehmungssinn mit den Goldschätzen und den Volks=
kräften des Binnenlandes vereinigte.

Wenn Sardes, die alte Stadt der Kybele, die, unter den Ab=
hängen des weinreichen Tmolos am Paktolos gelegen, von
ihrer Burghöhe das gesegnete Hermostal überblickte, auch
schon früher der Mittelpunkt des Reiches gewesen war, so ge=
wann es doch jetzt eine ganz neue Bedeutung, ein neues Leben;
es wurde ein Heerlager, in dem die Waffen nicht ruhten, wo
immer neue Pläne und neue Rüstungen im Gange waren. Das
Angesicht des Staates war auf einmal von Osten gegen Westen
umgekehrt, und der Mermnaden erstes Augenmerk war, wohl=
gelegene Küstenplätze in ihre Gewalt zu bekommen. Mit großer
Klugheit schonte man zunächst die mächtigeren Seestädte,
denen nicht so leicht beizukommen war, und suchte im Nord=
westen, auf der idäischen Halbinsel, dem alten Reichsgebiete
von Troia, das Meer zu gewinnen. Hier war karische Bevöl=
kerung, wie der in Äolis vorkommende Name der Gergither
beweist, auf deren Anschluß man zählte. Die äolischen Land=
städte trieben wenig Seegeschäfte; von den ionischen Städten
hatte aber Milet am meisten karisches Volk aufgenommen, und
da Gyges einer blühenden Seestadt bedurfte, um seine Pläne
durchzusetzen, benutzte er die schlauen Milesier, um mit ihnen
Abydos zu gründen. Er war Herr im ganzen nördlichen
Mysien bis über den Rhyndakos, in dessen Nähe er seinem
Geschlechte zu Ehren Daskylion anlegte.

So schaltete er an der Propontis und am Hellesponte, und
nichts kann für seine weit- und sicherblickende Politik ein
besseres Zeugnis ablegen, als daß er hier an der alten Völker=
brücke und dem für Seeherrschaft wichtigsten aller Meersunde
zuerst festen Fuß faßte.

Gleichzeitig verfolgte er aber auch schon jenseits des Hel=
lesponts seine ehrgeizigen Pläne. Namentlich suchte er, ganz
wie die Tyrannen von Korinth und Sikyon, Anerkennung von
seiten der großen Orakelheiligtümer. Das nächste war ihm
das der Branchiden. Aber von dem wollte der karische Fürst
nichts wissen. Er wandte sich also nach Delphi und suchte
durch die freigebigsten Huldigungen zu bezeugen, daß er von
Hause aus den Gott der Hellenen kenne und verehre, und wenn
man ihm auch in Delphi nicht gestattete, einen eigenen Schatz=
raum zu gründen, so nahm man doch ohne viel Bedenken die
fürstlichen Geschenke an. In der Annahme lag aber eine Aner=
kennung der Dynastie, welche nun insofern auf den delphischen
Gott rechnen konnte, daß er wenigstens den weitern Plänen
ihrer Politik nicht hindernd entgegentreten werde. Im Schatz=
raume der Kypseliden wurden die goldenen Mischkrüge und

die silbernen Weihgeschenke unter dem Namen Gygadas (Gygeskind) aufgestellt; eine Masse edlen Metalles, wie es noch nie die Griechen beisammen gesehen hatten. Einen beredteren Sachführer hätte Gyges nicht nach Delphi schicken können, wo außerdem eine gewisse Eifersucht und Mißgunst gegen das Heiligtum der Branchiden und die dem delphischen Gotte entfremdeten Städte Ioniens mitwirken mochte, um eine günstige Stimmung für die Dynastie der Mermnaden hervorbringen.

Bei diesen friedlichen Berührungen zwischen Griechen und Lydern konnte es nicht bleiben, denn seit diese zugleich in Äolis und im karischen Küstenlande geboten, konnten sie es um so weniger ertragen, den mittleren Küstenstrich, die besten Häfen, die Mündungen der vier großen Ströme, im Besitze unabhängiger Griechenstädte zu sehen. Wenn sie von Sardes und dem Hermostale aus an das Meer wollten, stand ihnen zunächst Smyrna entgegen, das den Hermäischen Golf beherrschte. Vor der Kaystrosmündung waren es die den Smyrnäern verwandten Kolophonier, deren Reichtum und trotziger Bürgersinn sie reizte, und auch mit dem stolzen Milet, dessen Herden im Mäandertale auf karischem Boden weideten, konnte kein dauerndes Einverständnis bestehen.

Jetzt begann die Heldenzeit Ioniens. Alle Anträge des sardischen Königs, dessen Absicht es nicht sein konnte, zertrümmerte Städte seinem Reiche einzuverleiben, wurden zurückgewiesen. Der Krieg war unvermeidlich; es entbrannten die ersten Freiheitskämpfe der Hellenen.

Die Städte waren von Anfang an sehr im Nachteile. Auswärtige Hilfe hatten sie nicht. Der Zusammenhang mit den jenseitigen Küsten war zerrissen; das delische Bundesfest, welches früher die Ionier diesseits und jenseits des Wassers vereinigt hatte, war seit lange ohne alle Bedeutung. Die Gebiete der Städte lagen weit hingestreckt am Gestade, ohne sicheren Abschluß gegen das Binnenland, durch lange Ruhe verwöhnt. Sie hatten mit den dorischen Städten, welche auf der knidischen Halbinsel ihr triopisches Heiligtum hatten, keinerlei Bundesverhältnis. Die äolischen Städte ehrten zwar mit den Ioniern den didymäischen Apollon, aber sie waren machtlos; sie waren selbst in verschiedene Gruppen zerfallen, unter denen die der idäischen Halbinsel einen besonderen Verein bildeten, und außerdem durch das Vordringen der Mermnaden zuerst in Abhängigkeit gekommen. Endlich hatten die ionischen Städte selbst unter sich nur noch einen sehr lockeren Zusammenhang sich aus früherer Zeit bewahrt. Seit dem Sturze der königlichen Geschlechter waren sie, dem Zuge des ionischen Charakters gemäß, immer mehr auseinander gegangen. Die Eifersucht der nahen Handelsstädte, der Gegensatz der beiden Hauptstädte, Ephesos und Milet, hatte keine rechte Gemeinsamkeit, keine dauernde Gesamtverfassung, noch weniger eine gemeinsame Heerverfassung zustande kommen lassen. Nicht einmal in Sitte und Sprache waren sie einig untereinander; denn die ursprünglichen Unterschiede der älteren Küstenbevölkerung ließen sich überall erkennen und in blutigen Nachbarfehden waren diese Unterschiede immer mehr befestigt worden. Endlich fehlte es auch innerhalb der einzelnen Stadtgebiete nicht an bedenklichen Mißverhältnissen, die aus inneren Parteiungen und aus der Ungleichartigkeit der Bevölkerung hervorgingen. Es waren karische und lydische Dorfgemeinden da, welche sich nur unwillig dem Regimente ionischer Bürger unterordneten.

Dies alles kam den Lydern zugute. Unvermutet brachen aus dem Binnenlande ihre Reiterscharen hervor, welche, bald hier bald dorthin gerichtet, die Seestädte in ewiger Angst erhielten. Aber es gelang nicht so leicht, die Bürger mürbe zu machen, und wenn auch ihre Heldentaten keinen Geschichtsschreiber gefunden haben, so sind doch einzelne Züge überliefert, und die Tapferkeit der Smyrnäer ist nicht vergessen worden, welche aus den Toren der eroberten Stadt die Lyder wieder hinausschlugen. Mimnermos aus Kolophon, des Tyrtaios Zeitgenosse, hat ihren Heldenmut in Elegien besungen.

Der Krieg war auf der ganzen Linie entbrannt, als der erste Mermnade starb, der während seiner 38jährigen Regierung die Politik seines Hauses mit sicherer Hand vorgezeichnet hatte. Ardys folgte. Er setzte die Angriffe auf Milet fort, er nahm durch plötzlichen Überfall die hohe Priene; es war die Stadt, in deren Gebiet das Panionion lag. Der Städtebund war in seiner Mitte zerrissen; das nahe gegenüberliegende Milet an seinem eigenen Meerbusen bedroht; der ionische Krieg schien eine rasche Wendung zu nehmen, als er durch Ereignisse, die von ganz anderer Seite kamen, plötzlich unterbrochen wurde. Denn das erobernde Reich sah sich von unerwarteten Kriegsgefahren bedroht; es mußte gegen Völker des Ostens und Nordens um seine eigene Existenz kämpfen.

Es waren nämlich schon zu Gyges' Zeiten die Massen nomadischer Reitervölker, welche die Gestade des Pontos umwohnten, in Aufregung und Bewegung geraten. Die Bewegung begann von den Massageten; diese sollten die Skythen aus ihren Wohnsitzen am Kaspischen Meere gegen das Schwarze Meer gedrängt haben, die Skythen warfen sich wieder auf die

Kimmerier. So wurden alle Gestade des Pontos in Aufruhr versetzt und die Folgen bald durch ganz Vorderasien fühlbar. Die Skythen selbst kamen vom Kaspischen Meere in das medische Reich, dessen Herrscher sie dadurch unschädlich zu machen suchten, daß sie große Scharen in ihren Heeresdienst aufnahmen. Die Kimmerier zogen in vielfachen Schwärmen, zu denen auch die Treren gehörten, die Ostküste des Pontos entlang gegen Süden und bemächtigten sich der felsigen Halb= insel, auf welcher die Milesier Sinope gegründet hatten. Diese Stadt machten sie zu ihrem Raubneste; von hier drangen sie in das Innere von Kleinasien vor, überschwemmten Lydien während Ardys' Regierung und nahmen selbst die Unterstadt von Sardes. In Kleinasien mehrte sich ihre Masse; allerlei un= zufriedenes Volk schloß sich an, namentlich Lykier, und ihnen mag auch jener Lygdamis angehört haben, welcher als Führer der kimmerischen Schwärme genannt wird.

Anfangs mochten die Kimmerier den bedrängten Städten als Retter in der Not erscheinen; die lydische Königsmacht war gelähmt. Doch litten die Seestädte schon längst durch die Unterbrechung des nordischen Handels, und es dauerte nicht lange, so wälzte sich die Kriegsnot auch gegen das Meer von Ionien. Wie die Propheten des alten Bundes, so erhob Kallinos in Ephesos seine warnende Stimme, um die Bürger aus falscher Sicherheit aufzurütteln; „es sei kein Friede, wie sie wähnten; die ganze Erde werde nun mit Krieg überzogen", und ehe noch seine Stimme verhallt war, brachen die Kimmerier in das Küstenland ein. Der reiche Tempel lockte sie; sie schlugen ihre Wagenburg in den Gefilden des Kaystros auf und um= drängten beutegierig das weit berühmte Heiligtum der Artemis. Die Göttin schützte ihren Tempel, das heißt er wurde nicht geplündert; aber Brände wurden hineingeschleudert und erst, als die Flammen aufschlugen, zogen die Horden hinüber in das Mäandertal, wo sie, wütend über ihr mißlungenes Unterneh= men, die reiche Stadt der Magneten zerstörten. Der plötzliche Untergang von Magnesia war ein furchtbares Wahrzeichen; man wurde in schrecklicher Weise an die unbändige Natur= kraft der nordischen Barbaren gemahnt, welche den Hinter= grund der hellenischen Welt anfüllten, und die ganze Kultur= welt des Mittelmeeres, soweit ihre Städte damals durch Han= delsverkehr miteinander in Verbindung standen, zitterte in Angst und Schrecken.

Es war ein Glück, daß die kimmerischen Horden zu aus= dauernden Belagerungen weder Geschick noch Geduld hatten. Sie zogen dahin wie Gewitterwolken vom Sturme gejagt; sie schwächten sich selbst durch planloses, nur auf Beute gerich=

tetes Schwärmen und wurden endlich in den Gebirgslandschaf=
ten des Tauros aufgerieben.

Sowie man aus den Wirren dieser allgemeinen Landesnot
zur Ruhe und Besinnung kam, ergriffen die Mermnaden um
39, 2; 623 wieder mit fester Hand die Zügel der Herrschaft.
Sadyattes, des Ardys Sohn, unterwarf Phrygien und nahm dann
den Krieg gegen die Küstenstädte wieder auf. Es galt jetzt vor
allem Milet. Der ionische Bund war so gut wie aufgelöst. Milet
stand ganz allein, weil es sich, so lange es glücklich war, durch
seinen Übermut viel Feinde gemacht hatte. Auch sein zwei=
deutiges Verhältnis zu Gyges hatte ihm geschadet. So kam es,
daß Chios unter den Ioniern der einzige Staat war, der durch
seine Schiffe den Milesiern half. Die befreundeten Städte jen=
seits des Meeres waren zu fern, um helfen zu können.

Milet hat sich nie größer gezeigt, als in dieser Zeit unab=
lässiger Bedrängnis. Anfangs versuchten die Bürger den Ly=
dern entgegenzuziehen. Aber in den Niederungen des Mai=
androstales konnten sie es mit den an Reiterei übermächtigen
Feinden nicht aufnehmen. In zwei Schlachten geschlagen, be=
schlossen sie, sich auf die Verteidigung der Stadt zu be=
schränken. Sie mußten von den Zinnen der Mauern zusehen,
wie Jahr um Jahr die Ernte von ihren Feldern und ihre Baum=
frucht den Feinden in die Hände fiel; ihre Herden wurden
weggetrieben, ihre Industrie lag darnieder, der Binnenverkehr
war gehemmt, das Landvolk in die Stadt zusammengedrängt,
und wenn auch seewärts die Bewegung frei war und die
Schiffsreeder ihre Anstrengung verdoppelten, so wurde es doch
von Jahr zu Jahr schwerer, die übervölkerte Stadt zu nähren.

Sechs Jahre führte Sadyattes den Krieg, fünf Jahre setzte
ihn Alyattes, sein Nachfolger, fort und zwar ganz in derselben
Weise. Nämlich jener Politik gemäß, welche die Mermnaden,
ohne Zweifel unter Einfluß von Delphi, unverändert befolgt
haben, führten sie den Krieg mit großer Schonung. Sie nah=
men nur die Ernten für sich, zerstörten aber keine mensch=
liche Wohnung und verletzten keine Stätte des Gottesdienstes;
ja als beim Brande der Felder unversehens auch der Tempel
der Athena von Assesos Feuer gefangen hatte, betrachtete es
Alyattes als seine Pflicht, das Heiligtum wieder herzustellen.
Man sollte sehen, daß die neuen Herrscher Lydiens die Satzun=
gen des Völkerrechtes gleich den Hellenen zu achten wüßten;
es sollte ein Kampf um die Hegemonie sein, wie zwischen
gleichartigen Staaten. Auf diese Weise konnten die Mermna=
den auch am ehesten hoffen, sich in den Städten selbst eine
Partei zu bilden, welche den Anschluß an die lydische Macht

für die heilsamste Politik hielte. An Parteien aber fehlte es nicht, am wenigsten in Milet. Hier hatte sich ein Mann an die Spitze gestellt, welcher unter dem Namen Thrasybulos als Tyrann regierte. Er hatte die Häupter der Gegenpartei mit schonungsloser Härte aus dem Wege geräumt und scheute sich vor keinem Mittel, welches zur Befestigung seiner Gewaltherrschaft diente.

Jetzt war ein solcher Mann, der mit eiserner Hand jeden Hader unterdrückte und ein festes Ziel im Auge hatte, von großem Nutzen. Auch hatte er persönliche Beziehungen zu Periander von Korinth, durch welchen er von den jenseitigen Verhältnissen Kunde hatte. Durch ihn erfuhr er, wie Herodot berichtet, daß von Delphi aus dem Alyattes die schleunige Wiederherstellung des Tempels anbefohlen war. Er habe also, als der König zu diesem Zwecke einen Waffenstillstand vorschlagen mußte, veranlaßt, daß vor Ankunft des lydischen Herolds alles, was von Vorräten in der Stadt war, auf dem Markte angehäuft und daselbst ein Bürgerfest in aller Behaglichkeit begangen wurde. Dieser Anblick habe seinen Eindruck nicht verfehlt, denn auf den Bericht des Herolds von dem Wohlleben der Milesier sei dem Könige alle Hoffnung geschwunden, der Stadt mit Gewalt Herr zu werden. Alyattes habe vielmehr Vertrag und Bündnis mit Milet geschlossen, und an Stelle des verbrannten Athenatempels seien zwei Heiligtümer gebaut, zum Andenken an die friedliche Beilegung des vieljährigen Krieges.

Die politischen Verhältnisse kamen den Milesiern zugute. Alyattes mußte im Küstenlande Ruhe haben, denn nachdem es ihm gelungen war, die Kimmerier gänzlich aus Kleinasien zu vertreiben, drohte vom inneren Asien her eine viel größere Gefahr; es galt die Unabhängigkeit des Reiches gegen Medien zu verteidigen.

Die Meder hatten sich nach dem Abfalle von Ninive unter Deiokes zu einem Staate geordnet, welcher unter dem Sohne desselben, Phraortes, zu einem erobernden Kriegsstaate wurde und ganz Hochasien unterwarf. Die kraftvollen Bergvölker Erans, vor allem die Perser, bildeten den Kern der Streitkräfte, mit denen die Meder nach Mesopotamien heruntergestiegen waren. Sie hatten sich dann aus der skythischen Bedrängnis, welche ihren Fortschritt eine Zeitlang gehemmt hatte, kräftig emporgerafft. Durch Aufnahme skythischer Truppen war ihre Angriffskraft vermehrt, und mit neugeordneter Heeresmacht, in der die verschiedensten Waffengattungen so zweckmäßig zusammenwirkten, wie noch nie ein Heer des Orients gegliedert gewesen war, hatte Kyaxares, mit Nabonassar von

Babylon verbündet, die Belagerung Ninives wieder aufgenommen und im Jahre 606 siegreich beendet. Die Stadt der Paläste am Tigris wurde zum Schutthaufen, nachdem sie über ein halbes Jahrtausend die Königin des ganzen Vorderasiens gewesen war. Ihr Thron war erledigt.

Die Fürsten von Ekbatana säumten nicht, das Erbe assyrischer Reichsmacht im vollen Umfange in Anspruch zu nehmen. In Mesopotamien stand ihrem Vordringen das mächtige Babel entgegen; sie wendeten sich also gegen Abend, von Armenien aus, das sie bezwungen hatten, der alten Straße arischer Völkerwanderung folgend. Das Hochland von Kappadozien gehörte schon zu der weitläufigen Masse medischer Vasallenländer. Von diesen Hochländern strebten dann die Meder weiter nach Phrygien und von den öden Wüstenflächen hinab nach den Flußtälern. Viele der kleinasiatischen Stämme hatten willig der neuen Macht gehuldigt, deren Oberhaupt im ganzen Morgenlande als ein gewaltiger und leidenschaftlicher Kriegsherr gefürchtet war. Ein Gleiches erwartete man von den Lydern.

So drohende Heeresmassen aber auch der Mederkönig mit seinen Bundesgenossen an die Westgrenze des Reiches vorschob, die Mermnaden waren nicht gesonnen, die Oberhoheit der fremden Dynastie anzuerkennen. Sie waren entschlossen die Halyslinie zu halten, und in einem sechsjährigen Kriege merkten die Meder, daß sie es mit einem Feinde zu tun hätten, wie er ihnen im Innern Asiens nicht entgegengetreten war.

Im Halystale lagen sich die Heere gegenüber, bereit zur Schlacht, welche über das Schicksal der ganzen Halbinsel entscheiden sollte. Auf der einen Seite die Kriegsvölker Erans mit den Hilfstruppen Babylons sowie des östlichen und südlichen Kleinasiens, auf der andern die lydische Macht mit ihren karischen und jetzt wohl auch mit ionischen Kriegsvölkern, an Masse geringer, an Mut und Kampfübung dem Feinde gewachsen, an Kriegskunst und leitender Intelligenz überlegen.

Ehe es daher zur blutigen Entscheidung kam, zog der medische König selbst es vor, den Halys als Reichsgrenze anzuerkennen. Von wesentlichem Einflusse dabei waren seine Bundesgenossen, der König von Babel, den die Griechen Labynetos nannten, und der kilikische Fürst Syennesis, welcher mit den Völkern der Tauroslandschaft bei den Medern stand. Es mußte im Interesse beider liegen, der Demütigung Lydiens und der übermächtigen Ausdehnung der asiatischen Großmacht vorzubeugen.

Die griechischen Erzähler verknüpften diese Begebenheit mit dem Eintritte einer Sonnenfinsternis, von welcher die Ionier durch Thales im voraus gewußt hätten, welche aber die streitenden Heere dergestalt überrascht habe, daß sie unter dem Eindruck des Naturereignisses Frieden geschlossen hätten, und allerdings war es Sitte der eranischen Völker, nicht anders als bei Sonnenlicht zu kämpfen. Unter den Finsternissen aber, welche der Zeit und der Gegend nach in Betracht kommen, wird nach den genauesten Berechnungen diejenige, welche am 28. Mai 585 v. Chr. im Halyslande den anbrechenden Tag in Nacht verwandelt hat, als die Finsternis anzusehen sein, auf welche sich die Erzählung bezieht. Wird also hiernach die Epoche der Schlacht bestimmt, so war es nicht mehr der Eroberer Kyaxares, sondern Astyages, welcher damals die Meder beherrschte, und der babylonische König war dann kein anderer als Nebukadnezar. Auch Plinius kannte Ol. 48, 4 als das Jahr der Finsternis; es war das Todesjahr Perianders von Korinth, während Thales ungefähr in seinem vierundfünfzigsten Lebensjahre stand.

Dieser Friedensschluß bildet einen denkwürdigen Abschnitt in der Geschichte Vorderasiens. Es ist ein Verzicht der erobernden Großmacht auf unbedingte Weltherrschaft; es ist ein Versuch, durch vertragsmäßige Begrenzung ein Staatensystem in Asien zu bilden, ein Versuch, welcher besonders von den Staaten zweiten Ranges begünstigt wurde, welche dabei ihrer eigenen Selbständigkeit am sichersten waren. Lydien aber war nun neben Medien als Großmacht anerkannt, der sardische Hof ebenbürtig dem zu Ekbatana, und zur Befestigung des Bundes wurde der medische Königssohn mit der Tochter des Alyattes vermählt.

Alyattes hatte wieder freie Hand und wandte sich von neuem der Meerseite zu, um hier unter der zwiespältigen Bevölkerung teils mit Waffengewalt, teils durch friedliche Mittel die lydische Macht immer fester zu machen. Er hatte nacheinander karische und ionische Weiber zur Ehe; von seinen Töchtern hatte er eine dem Melas gegeben, einem hochangesehenen Bürger von Ephesos, der dem Geschlechte der Basiliden angehörte. Seinen erstgeborenen Sohn Kroisos, welcher von einer karischen Mutter stammte, setzte er, sowie er herangewachsen war, als Statthalter nach Mysien, und ein anderer Sohn, Adramytes, war der Gründer der Stadt Adramyteion, deren Anlage deutlich bezeugt, wie die Lyder an geschickten Plätzen den Ioniern zum Trotze eigene Handelsplätze zu gründen bedacht waren. So waltete Alyattes nach jener Finsternis noch etwa fünfundzwanzig Jahre segensreich in seinem Lande; dann wurde er bei seinen Ahnen bestattet in der Niederung des Gygäischen Sees, Sardes gegenüber, und wie sehr der alte König, der eigentliche Gründer von Lydiens Macht und Weltstellung, während seiner langen Regierung in Glück und Not mit seinem Volke zusammengewachsen war, bezeugte sein Grabhügel, welcher durch die unermüdliche Tätigkeit des sardischen Volkes aus dem Flußkies des Hermos immer höher aufgeschüttet wurde, bis endlich des Heldenkönigs Grabhügel alle Fürstengräber, die wie ein kleines Gebirge den Seerand umgeben, weit überragte.

Um dieselbe Zeit, da Peisistratos zu Athen das erstemal zur Macht gelangte, stieg Kroisos im blühenden Mannesalter auf den Thron der Mermnaden. Obgleich er schon bei des Vaters Lebzeiten mit fürstlicher Macht bekleidet gewesen war, fiel ihm doch nicht mühe- und gefahrlos die Krone zu. Eine mächtige Partei stand ihm entgegen, geschart um Pantaleon, des Alyattes Sohn von einer Ionierin, welcher den Sohn der karischen Mutter verdrängen wollte. Es war der alte Hader, welcher trotz der versöhnenden Regierung des Alyattes immer von neuem wieder ausbrach. Kroisos bewältigte seine Gegner und strafte alle Teilnehmer mit der rücksichtslosen Härte eines orientalischen Despoten. Aber sowie er sein Ziel erreicht hatte, beeilte er sich den Eindruck der Ereignisse wieder zu verwischen. Um das Geschehene zu sühnen, verwendete er das eingezogene Vermögen der Aufständischen zu den großartigsten Geschenken, mit denen er die wichtigsten Stätten des hellenischen Kultus diesseits und jenseits des Meeres bedachte. In Ephesos half er den Tempel nach der von den Skythen erlittenen Beschädigung mit neuem Glanze herstellen; die meisten Säulen des Tempels sowie die goldenen Rinder daselbst waren sein Geschenk; die beiden großen Apolloheiligtümer aber bedachte er mit Goldgeschenken, welche er so genau verteilte, daß an Metallgewicht wie an Kunstarbeit die nach Delphi geschickten mit demjenigen, was er dem didymäischen Apollon gab, ganz denselben Wert hatten; diese ängstliche Genauigkeit beweist, wie er auch dem Orakel Ioniens gerecht zu werden und die Erinnerung des am Anfange seiner Regierung vergossenen Blutes in Ionien auszutilgen suchte. Aber auch die delphische Athena wurde mit einem Goldschilde beschenkt; ebenso bedachte er den Apollon in Theben und die heiligen Orakelstätten des Trophonios und des Amphiaraos. Er kannte die Macht des Goldes bei den Hellenen und durch dasselbe Gold, durch welches vor Zeiten die lydischen Tantaliden bei den Achäern Macht gewonnen hatten, suchte auch Kroisos sich in Hellas einzubürgern.

Wie sehr ihm dies gelang, bezeugen die Beschlüsse der

delphischen Behörden, welche mit Rücksicht auf die Herkunft der Mermnaden kein Bedenken trugen, den König mit allen Vorrechten auszustatten und namentlich zum delphischen Bürgerrechte zuzulassen. Lydische Männer sah man jetzt bei den heiligen Spielen vorne auf den Ehrenplätzen sitzen.

So gewann er diejenigen Hellenen, welche ihm nicht anders als durch Geschenke zugänglich waren. Anders trat er den asiatischen Städten gegenüber. Aber auch hier verfuhr er mit ebenso großer Klugheit als Tatkraft und deshalb ist er ohne lange Kriege zu seinem Zwecke gelangt. Die ionischen Städte sollten nach Kroisos Absicht die Perlen des Reiches sein; sie sollten ihn zu einem hellenischen Fürsten machen und ihm eine Seemacht bilden, mit der er weiter gegen Westen vordringen könnte. Er fing deshalb seine Reunionspolitik mit Ephesos an, welches ihm wegen seiner zentralen Bedeutung für ganz Kleinasien der wichtigste Ort war. Nirgends schien der Boden besser vorbereitet zu sein als hier. Er hatte daselbst vielerlei persönliche Beziehungen. Seine Geldangelegenheiten und seine Sendungen wurden durch die Häuser ephesischer Geschäftsleute besorgt, unter denen namentlich der reiche Bankier Pamphaes, des Theocharidas Sohn, viel Geld bei ihm verdient hatte. Für den Glanz des Artemisions hatte er das mögliche getan. Endlich war seiner Schwester Sohn Pindaros, der dem Melas in erblicher Würde gefolgt war, der einflußreichste Mann der Stadt.

Und dennoch irrte er sich, wenn er auf friedliche Unterwerfung rechnete. Er mußte eine Belagerung anfangen und die Ringmauern berennen lassen. Ein Turm war gefallen, die Bresche geöffnet und jeder Widerstand vergeblich. Da kam Pindaros auf den Gedanken, des Königs Ehrfurcht vor hellenischer Religion auf die Probe zu stellen. Durch ein langes Seil ließ er die Zinnen der Stadtmauer mit dem am Kaystros gelegenen Tempel verbinden; die ganze Stadt wurde dadurch ein Angebinde der großen Göttin, ein ihr Geweihtes. Auf diese Weise gelang es, den König zu entwaffnen und die günstigsten Bedingungen der Übergabe zu erlangen.

Die Übergabe von Ephesos war für ganz Ionien entscheidend und maßgebend. Kroisos nahm nichts als Anerkennung seiner Landeshoheit und zum Zeichen derselben die Abgabe eines mäßigen Tributs in Anspruch. Dagegen ließ er den Bürgern die Verwaltung ihrer inneren Angelegenheiten; die Städte wurden gleichsam freie Reichsstädte des lydischen Reiches und sie gewannen dadurch mancherlei neue Vorteile, so daß sie sich dafür leicht bereit finden ließen, auf die Ehre einer vollständigen Unabhängigkeit zu verzichten. Der priesterliche

Widerspruch war durch kluge Freigebigkeit beseitigt worden und in Delphi war man offenbar mit dieser Ordnung der Dinge ganz zufrieden.

So vollzog sich leicht und schnell eine der größten Veränderungen in der griechischen Welt. Eine Stadt nach der anderen fiel dem Könige zu und bald war die ganze Reihe der Städte auf friedliche Weise einem orientalischen Reiche einverleibt. Die lästigen Hemmungen zwischen Küste und Binnenland wurden beseitigt, frei strömten die Schätze des Ostens und Westens ein und aus. Alle Häfen waren dem Kroisos offen, alles Seevolk stand ihm zu Gebote; alle Industrie und Klugheit, alle Kunst und Wissenschaft, welche sich auf dieser Küste entwickelt hatte, war bereit ihm zu dienen.

*

Unter den Völkern, welche durch die Dynastie von Ekbatana zu einem weitläufigen Vasallenstaate verbunden waren, hatte sich das Perservolk erhoben, einer der edelsten Zweige des arischen Völkergeschlechtes, von allen Eraniern der bildungsfähigste.

In wasserreicher Gebirgslandschaft hatten sich die Perser, von allen Einflüssen morgenländischer Üppigkeit entfernt, unter einfachen Verhältnissen, bei Viehzucht, Jagd und Ackerbau, gesund und tatkräftig erhalten. Sie waren in Gaue und Stämme geteilt, unter sich gleichberechtigt als freie Männer, von Häuptlingen geleitet, denen jeder des Volkes ehrerbietig, aber mit Freimut sich näherte. Wahrheitsliebe und tapferer Mut waren die Tugenden der Perser; gewissenhafte Rechtspflege nach väterlichen Satzungen hielt ihre Gemeinden zusammen. Die Richter des Volkes waren lebenslänglich und unabsetzbar, eine Macht im Lande jeder Willkür gegenüber. Götzendienst war ihnen eine Torheit und ein Greuel. Sie brachten, wie die Pelasger, auf den höchsten Gipfeln ihrer Landschaft dem Himmelsgotte ihre Opfer; daneben verehrten sie die Gestirne und die Elemente. Im Gebete durfte kein Perser seiner eigenen Person gedenken; er betete nur für das Volk und den König. Ihr gemeinsames Volksbewußtsein war aber während der Herrschaft der Meder, im Gegensatze zu diesen, erstarkt, und zur Einheit waren sie gelangt, indem sich die Hirtenstämme den Ackerbauern unterordneten und unter diesen der edelste und begabteste Stamm, der Stamm der Pasargaden, ein königliches Ansehen im ganzen Volke gewann.

In demselben Grade, wie dies Volk sich fühlen lernte, versanken die Meder in Weichlichkeit und Üppigkeit. Mit Kyaxares' Tode hatte die Spannkraft des Reiches nachgelassen und man fing an, es unerträglich zu finden, daß die Starken den Schwächlingen Tribut zahlen sollten. Die Verweigerung der Abgaben führte zu feindlicher Begegnung, diese zu offenem Abfalle. Mit der eigenen Freiheit nicht zufrieden, drang das Perservolk gegen Ekbatana vor. Die den Lydern befreundete Dynastie wurde gestürzt und die Verträge waren vernichtet, welche ein System des Gleichgewichtes zwischen den Reichen Vorderasiens verbürgten.

Die lydisch-griechische Welt erzitterte, als Kyros, der Achämenide, aus dem Stamme der Pasargaden, mit bewußter Siegerkraft seine Herrschaft in Eran aufrichtete. Seine Taten ließen bald erkennen, daß er gesonnen sei, für seine Person das ganze Erbe vorderasiatischer Reichsmacht in Anspruch zu nehmen und daß er die Halysgrenze nicht anerkennen werde. Die ionischen Schiffe trugen bis in die fernsten Kolonien die Kunde von dem neuen Völkerbezwinger, der sich im Osten erhoben habe, und Kroisos mußte sich entscheiden, ob er abwarten wolle oder zuvorkommen.

In beiden Fällen brauchte er Bundesgenossen, und da ihn die Gefahr von Osten nach Westen, von den Barbaren zu den Hellenen hindrängte, so sollte jetzt das Gold in Delphi seine Zinsen tragen. Die Priesterschaft wies ihn nach Sparta, das nach seinen Siegen über Argos und Arkadien eine Machtstellung gewonnen hatte, welche es befähigte als Vorort der kleinen Griechenstaaten jenseits des Inselmeeres aufzutreten, während Athen aus der durch Solon begründeten Ordnung in Zerrüttung und Bürgerfehden zurückgesunken war. In Sparta fehlte es nicht an Männern, welche eine große und nationale Politik verfolgten; es hatte sich schon mehrmals über die See gewagt, und in gerechtem Selbstbewußtsein konnte der dorische Bürgerstaat einer noch bedeutenderen Zukunft entgegensehen; das Ansehen des Orakels wirkte mit, und man beschloß, dem lydischen Könige, gegen den man selbst manche Verpflichtungen hatte, dem Ehrenbürger von Delphi, eidgenössische Hilfe nicht zu versagen. Gleichzeitig wandte sich Kroisos aber auch an die Staaten des Morgenlandes, bei denen er ein gleiches Interesse voraussetzen konnte, der um sich greifenden Persermacht beizeiten einen Damm zu setzen, an Ägypten und an Babylon.

In Ägypten war nach hundertjähriger Herrschaft der Psammetichiden durch eine neue Revolution Amasis auf den Thron gehoben, ein Abenteurer, welcher, wie die Mermnaden, dem von griechischen Stämmen bevölkerten Uferlande angehörte. Er war, wie diese, durch griechische Truppen zur Herrschaft gelangt. Auch seine Politik war vom Binnenlande nach dem Meere gerichtet; er strebte nach dem Besitze von Kyrene, wie die Mermnaden nach dem von Ionien, und huldigte, wie sie, mit eigennütziger Freigebigkeit den griechischen Göttern, förderte, wie sie, auf alle Weise den griechischen Verkehr und machte Naukratis zu einem griechischen Freihafen. So waren Ägypten und Lydien damals zwei durchaus gleichartige Staaten und bei gleichen Gefahren, welche ihnen früher oder später drohten, auf gemeinsame Vorkehrungen hingewiesen.

Anderseits hatte sich Kroisos an die Dynastie von Babylon gewandt, mit welcher schon sein Vater in Freundschaftsverträgen gestanden hatte. Auch dieser Staat hatte sich in seiner gefährlichen Lage zwischen mächtigen und mißgünstigen Nachbarn durch griechische Söldner zu verstärken gesucht. Als Nebukadnezar unmittelbar nach dem Falle von Ninive mit Ägypten und Syrien Krieg führte, kämpfte in seinem Heere der Bruder des Dichters Alkaios, Antimenidas, welchen Parteikämpfe aus Mytilene vertrieben hatten. Nebukadnezar war 561 gestorben. Mit seinem Nachfolger, welcher von den Griechen der zweite Labynetos genannt wurde, einem Fürsten, der ebenfalls durch eine Revolution, und vermutlich auch, wie Psammetichos, wie Gyges und Amasis, durch Söldnertruppen auf den Thron gekommen war (555), schloß Kroisos einen Bundesvertrag. Es war ein Schutz= und Trutzbündnis dreier Könige wider die allen gleich gefährliche Macht des Kyros; eine große Allianz von Philhellenen und Hellenen gegen die Barbaren des Ostens. Aber ehe noch diese vielversprechenden Verbindungen, die sich vom Euphrat bis an den Nil und an den Eurotas erstreckten, dem Kroisos zugute kamen, entlud sich über ihn die drohende Wetterwolke des Krieges.

Die Ereignisse folgten sich rasch, und Kroisos zeigte sich ihnen wenig gewachsen. Unentschieden schwankte er zwischen entgegengesetzten Entschlüssen. Erst dachte er selbst vorgehen zu müssen. Im Vertrauen auf sein und seiner Ahnen Glück rückte er, ohne Bundeshilfe abzuwarten, in Kappadozien ein. Er wollte die Macht des Kyros sich dort nicht festsetzen lassen, er hoffte selbst noch auf Erweiterung seines Reiches. Vor allem war sein Augenmerk auf Pteria gerichtet, die feste Burg im Halystale, wo es sich gegen Sinope öffnet und den Zugang zum nördlichen Kappadozien bildet. Er verwüstet das Land, vertreibt die Einwohner, vermutlich in der Absicht, sein Reich durch einen breiten Strich verwüsteter Gegenden zu schützen. Kyros, der dadurch den Vorteil hatte, in den Grenzprovinzen des Mederreiches als Retter und Beschützer der hilflosen Bevölkerung auftreten zu können, suchte nicht den Kampf. Er soll sogar dem lydischen Könige mit gütlichen Vorschlägen entgegengekommen sein und nichts als Anerkennung seiner Oberhoheit gefordert haben. Die drohende Stellung der Babylonier verlangte Vorsicht. Allein es kam zur Schlacht, und die Perser mußten, wie einst die Meder, des lydischen Heeres Mut und Tüchtigkeit anerkennen. Die Schlacht blieb unentschieden.

Dennoch gab Kroisos den ganzen Feldzug auf. Er ging nach Sardes zurück und glaubte genug zu tun, wenn er zum nächsten Feldzuge alle Truppen des eigenen Landes sowie die Kontingente seiner Bundesgenossen nach Sardes entbot. Aber Kyros war nicht gesonnen, dem Gegner einen Waffenstillstand zu gönnen, aus welchem dieser mit verdoppelter Kraft hervorgehen könnte. Nach kurzer Pause brachen die Perser auf, um mit großer Heeresmacht in den Kern des Lyderreiches einzudringen. Es bedurfte der Vorsicht; denn gerade in der weiten, baumlosen Hermosebene hatte die Reiterei der Lyder volle Gelegenheit, ihre ganze Kraft zu entwickeln. Darum stellte Kyros auf Harpagos' Rat alles, was er aus dem inneren Asien an Kamelreitern in seinem Heerzuge hatte, der lydischen Reiterei gegenüber in das Vordertreffen. Die List gelang vollkommen. Von dem ungewohnten Anblicke und Geruche der fremdartigen Tiere wurden die Pferde scheu; die Angriffskraft des Heeres war gelähmt, die Schlacht völlig verloren. Kroisos wurde in seiner Burg eingeschlossen und den Boten, welche zum Frühjahre die Hilfsvölker einberufen sollten, folgten auf dem Fuße eilendere Boten, welche auf schleunigste Hilfe zum Entsatze des Königs dringen sollten. Es war alles zu spät. Kyros versäumte nichts, das Belagerungsheer zum Übersteigen der Mauern anzufeuern, und es gelang endlich an der Seite, wo die sardische Burg mit dem Tmolos zusammenhing (Ol. 48, 3; 546).

Das Reich der Mermnaden bestand nur durch seine Dynastie; es fiel, wie alle orientalischen Reiche, mit e i n e m Schlage und um so plötzlicher, da die Dynastie von Anfang an im eigenen Lande auf Waffengewalt ihre Macht gegründet hatte. Der König war gefangen, das Heer aufgelöst; es gab kein Lydien mehr. Willenlos huldigte Kroisos dem Sieger, für den die Götter entschieden hatten. Er wurde großmütig behandelt und behielt eine ehrenvolle Stellung in der Nähe des Kyros, der den entthronten Fürsten wegen seiner Kenntnis der kleinasiatischen Verhältnisse und seiner Beziehungen zu den westlichen Völkern als Ratgeber zu benutzen wußte. Wie er sich dem Gefolge des persischen Eroberers anschloß, verschwand er aus den Augen der Griechen, aber nicht aus ihrem Gedächtnisse.

Denn sie wurden nicht müde, seine Geschichte als die merkwürdigste Reihe wechselvoller Begebenheiten im Munde zu tragen und mit allem Reize ionischer Erzählungsgabe auszustatten. Indessen blieb sie nicht der volkstümlichen Überlieferung überlassen, sondern wurde unter priesterlichem Einflusse nach bestimmten Gesichtspunkten behandelt. Darnach wird einerseits die Frömmigkeit des Königs hervorgehoben, durch welche er sich die besondere Obhut des delphischen Gottes erworben hat, anderseits aber auch die persönliche Überhebung und die Überschätzung seines Reichtumes, durch die er sich die Klarheit seines Urteiles trübt und den jähen Umschwung herbeiführt. Dazu kommt, daß auf seinem Geschlechte seit den Tagen des Gyges, der durch Meuchelmord den Thron gewonnen, ein Fluch lastet, welcher nach der ewigen Gerechtigkeit, die auch Apollon nicht aufzuheben vermag, sich erfüllen muß. Indem die priesterliche Erzählung auf diesen Fluch hinweist, begegnet sie dem Vorwurfe, welcher gegen den pythischen Apollon erhoben werden konnte, daß nämlich der Gott seinen treuen Diener nicht besser geschützt und diesem alle seine Frömmigkeit nichts geholfen habe. Aber auch im Sturze des großen Königs mußte Apollon sich verherrlichen.

Kroisos flieht nach Einnahme der Stadt in den Tempel des Gottes; er wird gesucht und verraten. Die Namen seiner Verräter, wie Eurybatos, waren sprichwörtlich bei den Hellenen, um Menschen der größten Schlechtigkeit zu bezeichnen. Der König wird im Tempel gefesselt, aber die Fesseln fallen von seinen Händen; er wird auf die Burg geschleppt, aber auch hier läßt ihm sein Schutzgott kein Leid widerfahren, bis Kyros endlich, durch eine Reihe von Wundern überwältigt, seinen Gefangenen mit ehrerbietiger Achtung behandelt.

*

Der Fall von Sardes war ein ungeheures Ereignis für die gesamte Griechenwelt. Das Reich, welches die Vermittlung mit dem Morgenlande, aber auch die Schutzwehr gegen Osten gebildet hatte, war kraftlos zusammengebrochen und über die Trümmer desselben eine durchaus fremde und feindselige Macht in die Nähe der Küste vorgedrungen. Den Mermnaden gegenüber hatten die Städte ihre bürgerliche Selbständigkeit zu vertreten gehabt; ihre Sprache, Sitte und Religion waren nicht gefährdet, denn diese herrschten ja in Sardes. Jetzt stand alles auf dem Spiele; denn die Völker von Eran haßten ausländische Sitte und waren durch ihre Religion gegen jeden Bilderdienst zu einem nationalen Kampfe berufen. In demselben

Maße also, wie die Juden in Babylon mit froher Erwartung auf Kyros, als den Beschützer des Jehovadienstes, hinsahen, erzitterten die Hellenen für ihre Städte, Tempel und Altäre.

In der gemeinsamen Angst taten sie sich enger zusammen. Die äolischen Städte und die ionischen handelten gemeinschaftlich, freilich auch jetzt noch nicht einmal alle. Die Inseln blieben zurück, da sie für sich keine Gefahr sahen. Aber auch Milet fehlte bei der neuen Eidgenossenschaft. Die Milesier hatten nämlich, wie sie einst mit den Mermnaden gemeinschaftliche Sache gemacht hatten, so auch jetzt die erste Gelegenheit benutzt, mit dem neuen Machthaber einen Sondervertrag abzuschließen.

Die nationale Partei hatte in Phokaia, das beim Anschlusse der äolischen Städte wohl gelegen war, ihren Mittelpunkt. Ein Bürger von Phokaia, Pythermos, wurde nach gemeinsamem Beschlusse der neuen Eidgenossenschaft als Abgeordneter gewählt, um den jenseitigen Hellenenstaaten die Lage der Dinge vorzustellen und nachdrückliche Hilfe in Anspruch zu nehmen. Mit stattlicher Ausrüstung, welche den Wohlstand der Griechen Asiens bekunden sollte, landete Pythermos in Gytheion. In Purpurgewand trat er vor die Behörden Spartas und suchte, so beredt er konnte, die gemeinsamen Interessen diesseits und jenseits des Inselmeeres darzustellen. Aber er fand wenig Gehör. Die Spartaner, welche für Kroisos, den Bezwinger der Städte, Mannschaft und Schiffe bereitgehalten hatten, versagten den bedrohten Städten jede tätige Hilfe und begnügten sich, um doch dem Scheine nach der ehrenvollen Anerkennung ihrer Hegemonie zu entsprechen, einen Abgeordneten nach Asien zu schicken, welcher den Perserkönig in seinem Heerlager aufsuchte, um im Namen des lakedämonischen Staates gegen feindliche Angriffe auf griechisches Gebiet Verwahrung einzulegen.

Kyros mußte diese machtlose Sendung — es war die erste öffentliche Begegnung zwischen Persien und den Staaten des europäischen Griechenlands — lächerlich erscheinen. Sie steigerte nur seine Geringschätzung der griechischen Nation, deren Großsprecherei er verachtete. Er beurteilte sie nach dem Volke in den ionischen Handelsplätzen und konnte Leuten, die ihr halbes Leben auf dem Markte verschwatzten, keine männliche Kraft zutrauen. Inzwischen hatte er an anderes zu denken, als an die Verhältnisse auf der kleinasiatischen Küste. Seit dem Falle von Sardes hielt er die Unterwerfung von Kleinasien für beendigt und während er selbst mit seiner Hauptmacht nach Ekbatana hinaufzog, ließ er Tabalos als Gouverneur der neu erworbenen Provinz in Sardes mit einer persischen Garnison, Paktyes aber, einem geborenen Lyder, übertrug er die Verwaltung der Steuern und die Aufsicht über die Gelder, welche von nun an auf der königlichen Straße von Sardes nach Susa wandern sollten.

Kyros täuschte sich, wenn er durch solche Maßregeln die Verhältnisse Kleinasiens geordnet glaubte. Er ließ alles in Gärung zurück. Namentlich war die ganze Küstenbevölkerung in Aufregung, schwebend zwischen Angst und Hoffnung. Die alte Herrschaft war vernichtet, die neue noch nicht begründet. Die freiwillige Huldigung, zu welcher sich unter gewissen Bedingungen die Städte erboten hatten, war von Kyros zornig zurückgewiesen worden, weil er es ihnen nicht vergessen konnte, daß sie vor dem Falle von Sardes alle mit Ausnahme Milets seine Vorschläge zurückgewiesen hatten. Man mußte, sobald er freie Hand hatte, das Schlimmste erwarten. Noch hatte man im Küstenlande keinen Soldaten des Kyros gesehen; noch war man frei, weder lydisch noch persisch, und je voreiliger Kyros seine ganze Heeresmacht aus der Halbinsel herauszog, um an den entlegensten Grenzen seines Reichsgebietes Kriege zu führen, desto näher lag die Aufforderung, diese Frist zu benutzen und mit vereinter Kraft eine neue Unabhängigkeit zu erringen.

Diese Stimmung benutzte Paktyes, dessen Treue durch die anvertrauten Gelder auf eine zu harte Probe gestellt war. Er gebrauchte dieselben, um rasch ein ansehnliches Heer zusammenzubringen, von der Küste aus nach Sardes zu ziehen und Tabalos daselbst einzuschließen. Er war aber nicht der Mann, um eine schwierige und kühne Unternehmung mit Energie zu Ende zu führen. Kaum hörte er von dem heranrückenden Heere des Mazares, welchen Kyros zum Ersatze des Tabalos vom Hauptheere schleunig gesandt hatte, so sank ihm der Mut; er ließ das Heer auseinandergehen und flüchtete selbst nach Kyme.

Der ganze Aufstand hatte keinen andern Erfolg, als den, daß nun um so schneller das Verhängnis heranrückte und die Perser um so erbitterter waren, als sie zum erstenmal an den griechischen Ufersaum vorrückten. Ihr nächstes Augenmerk war die Strafe des Verräters und an sein Haupt knüpften sich die ersten Verhandlungen zwischen dem Perserheere und den Griechenstädten. Die Kymäer, welche den Paktyes weder auszuliefern noch zu schützen wagten, ließen ihn nach Lesbos überschiffen. Aber auch auf den Inseln war er nicht sicher; die Mytilenäer waren nicht abgeneigt, für persisches Gold den Flüchtling auszuliefern und die Kymäer brachten ihn deshalb nach Chios. Die Chier aber glaubten die Gelegenheit benutzen zu müssen, um auf der gegenüberliegenden Festlandsküste, nach deren Besitz es sie lange gelüstet hatte, sich das Gebiet von Atarneus zusichern zu lassen. Die Perser taten das mit Freuden, weil sie dadurch die wichtige Meerinsel unter ihren Einfluß brachten, und Pakytes wurde aus dem Heiligtume der Burggöttin Athena der Rache seiner Feinde ausgeliefert. So wurden die heiligsten Pflichten schnödem Eigennutze preisgegeben, nicht von einzelnen, sondern öffentlich von einem ganzen Staate, und nur die Priesterschaft, durch die Verletzung des Tempelfriedens empört, legte einen Bannfluch auf das um solchen Sündenlohn erworbene Gebiet. So lernten die Perser das ionische Seevolk kennen. Wie konnte es anders sein, als daß sie eine tiefe Verachtung gegen dasselbe faßten!

Nachdem Mazares sein erstes Ziel, die Bestrafung des Rädelsführers, erreicht hatte, wandte er sich gegen die Teilnehmer der Revolution. Ein Herd derselben war Priene gewesen, des edlen Bias Vaterstadt, die Pflegerin des panionischen Heiligtums. Die Bürger der Stadt wurden zum schreckenden Beispiele in Sklaverei geschleppt. Verheerend ging dann der Zug in das Maiandrostal hinab, das aus seinen Trümmern kaum erstandene Magnesia wurde zum zweiten Male zerstört.

Da starb plötzlich der Führer des Rachezuges und Harpagos erhielt den Oberbefehl des Küstenkrieges. Durch die Wahl eines ihm so nahestehenden Mannes gab Kyros zu erkennen, wie wichtig ihm der ionische Feldzug sei.

Und in der Tat, die Ionier zeigten dem Könige jetzt, daß sie etwas anderes wären als geschwätziges Marktvolk und daß nicht allen das Heiligste feil sie wie den Chiern. Sie, die sich so wenig geeignet gezeigt hatten, durch gemeinschaftliches Handeln ihre Sache zu retten, zeigten nun, als jede Hoffnung des Gelingens verschwunden war, einen heroischen Mut, der besserer Tage würdig war. Harpagos mußte Stadt für Stadt berennen; vor jedem Platze wartete sein ein neuer Krieg, obwohl die Ionier bald erkannt hatten, daß sie jetzt mit einem anderen Kriegsvolke, als die Lyder waren, zu tun hätten. Denn während diese vorzugsweise durch Reiterei ihre Kämpfe geführt hatten, standen dem Harpagos alle Waffengattungen in hoher Ausbildung, namentlich eine Masse furchtbarer Bogenschützen, ferner alle Mittel regelmäßiger Belagerung, Maschinen wie Schanzarbeiter zu Gebote. Er umzingelte die Städte von der Land- und Seeseite, wußte durch unterirdische Gänge die Ringmauern zu stürzen und auf diese Weise eine Stadt nach der andern zum Falle zu bringen. Endlich gab es diesen Feinden gegenüber kein hellenisches Recht, das sie achteten, kein Heiligtum, vor dem sie Scheu trugen, wie die Lyder taten. In diesem Kampfe waren es vornehmlich zwei Städte, welche in echt ionischer Weise ihren Heldenmut bewährten, indem sie nach vergeblichem Landkampf auf dem Meere die Freiheit und zu Schiffe ein neues Vaterland zu finden wußten.

Es begreift sich leicht, daß je unheimlicher die Verhältnisse Kleinasiens wurden, um so mehr Volk des Küstenlandes auswanderte. Zunächst waren es einzelne und Familien, deren Lebenserwerb ganz vom Frieden abhängig war, namentlich Künstler und Handwerker, welche unter der Herrschaft des Kroisos einen behaglichen Wohlstand gewonnen hatten. So zog Bathykles, der Magnete, mit seinen Kunstgenossen um diese Zeit aus Sardes nach Sparta. Die Auswanderung nahm zu und erstreckte sich nach Italien und Gallien, namentlich aber nach dem Schwarzen Meere, an dessen Ufer die Tochterstädte aufblühten, während das Mutterland unterging; ganz ähnlich wie etwa in neuerer Zeit durch die Zerstörung von Psara und Chios Handelsplätze wie Syra im Archipelagus neu erwachsen sind. Denn die Griechen haben es zu allen Zeiten wohl verstanden, auch in der größten Not sich zu helfen, statt der verlorenen Heimat eine andere zu gewinnen und hier mit bewundernswürdiger Lebenskraft neuen Wohlstand zu gründen. Namentlich ging im Altertume die Fluchtwanderung nach den Kolonien, wie dies schon bei den Phöniziern der Fall war. So werden die Tyrier von dem Propheten Jesaias aufgefordert, nach Tartessos auszuwandern, und Karthagos Blüte beruht wesentlich auf der Auswanderung zahlreicher Familien aus der bedrängten Mutterstadt. So wurden auch jetzt Pflanzorte, wie Pantikapaion, erst zu volkreichen Städten. Die besten Leute zogen aus, nachdem sie ihre Schuldigkeit getan hatten; die Feigen blieben an der Scholle kleben. Diejenigen Orte aber, wo die Bürgerschaft im ganzen sich am entschlossensten zeigte, um keinen Preis dem Fremdjoche sich zu beugen, das waren Teos und Phokaia. Die Teier, deren Geschlechter sich von minyschen Helden herleiteten, erkoren die thrakische Küste, die ihrer wilden Völkerschaften wegen hellenischem Anbau am längsten getrotzt hatte. War doch etwa hundert Jahre früher eine von Klazomeniern versuchte Ansiedlung von den Bergvölkern vollständig zerstört worden. Dennoch wählten sie denselben Punkt unweit der Nestosmündung, der Insel Thasos gegenüber, einen Punkt, der schon von Phöniziern angebaut gewesen zu sein scheint. Die Gründung gelang. In Abdera erblühte ein neues Teos, und die Stadt, welche den Philosophen Demokritos nicht nur erzeugte, sondern auch zu ehren wußte, beweist, daß der hohe Sinn, welcher die Teier beseelte, auch in ihrer Pflanzstadt nicht erloschen ist.

Nicht so leicht gelang es den Phokäern eine neue Heimat zu finden. Sie hatten ihre Quadermauern, welche sie mit dem Gelde ihres Gastfreundes Arganthonios erbaut hatten, mit solchem Erfolge gegen Harpagos verteidigt, daß dieser sich endlich zum Abzuge bereit erklärte, wenn sie zum Zeichen ihrer Unterwerfung eine Bastion einreißen und dem Großkönige eine geweihte Stätte innerhalb ihrer Ringmauer einräumen wollten. Die Phokäer wollten auch dieses nicht; sie benutzten aber die Frist, welche sie sich als Bedenkzeit ausgebeten hatten, die ganze Zahl ihrer Schiffe ins Meer zu ziehen, und während sich die feindlichen Truppen der Verabredung gemäß von den Mauern zurückgezogen hatten, schifften sie sich mit Weib und Kind, mit ihren Heiligtümern und ihrer fahrenden Habe ein und ließen die entvölkerte Stadt den Persern zurück.

Am liebsten wären sie in dem heimatlichen Meere geblieben; aber die Chier wollten ihnen aus Handelseifersucht die Oinussen oder Weininseln um keinen Preis überlassen; sie mußten also, so schwer es war, mit der großen belasteten Flotte zu weiterer Seefahrt sich entschließen. Sie fuhren noch einmal nach der öden Vaterstadt, überfielen die persische Besatzung, versenkten eine Eisenmasse in den Eingang ihres Hafens, verfluchten alle, die von der gemeinsamen Fahrt zurückblieben, und zogen dann aus dem Archipelagus hinaus in die ferne Westsee, wo sie auf Kyrnos (Korsika) bei Alalia den früheren Ansiedlungen ihrer Mitbürger sich anschlossen. Denn in Tartessos, wohin sie früher eingeladen waren, war inzwischen ihr Freund Arganthonios gestorben und nach seinem Tode eine ungünstige Stimmung eingetreten. Von neuem warteten ihrer schwere Schickungen. Ehe sie sich auf eigenen Ländereien eingerichtet hatten, mußten sie den Lebensbedarf auf Beutezügen gewinnen und diese verwickelten sie in Streit mit den See- und Handelsstaaten der Westsee. Die Tyrrhener und Karthager taten sich zusammen, um ihre Kauffahrer vor den neuen Piraten zu schützen. Gegen ihre vereinigte Flotte kämpften die Phokäer mit dem Mute der Verzweiflung; sie wurden nicht besiegt, aber sie verloren so viel an Schiffen und Mannschaft, daß sie sich in Kyrnos nicht halten konnten. Sie gingen nach Rhegion, und der Überrest des heimatlos irrenden Volkes gewann endlich im lukanischen Hyele eine feste Niederlassung. Hier fanden sie ein stilles Los, und in dieser Stadt am fernen Saume der griechischen Welt entwickelte sich unter ihnen die tiefsinnige Schule der eleatischen Philosophie.

Harpagos war in jeder Weise bestrebt, den mühseligen Feldzug zu Ende zu bringen. Auch folgten der Einnahme der Städte keine gewaltsamen Maßregeln, keine Zerstörung, keine Fortführung oder Knechtung der Einwohner, kein Umsturz der Gemeindeordnungen. Bei der Verachtung, welche die Perser gegen alles griechische Verfassungswesen hatten, mußten ihnen die Bürger der ionischen Städte, je mehr sie zusammenkamen und sprachen, um so unschädlicher erscheinen. So ließen sie auch den Bundestag auf Mykale bestehen.

Auf diesem Bundestage kam es sogar noch einmal zu Anträgen und Beratungen, welche bei der allgemeinen Erregung der Gemüter leicht zu wichtigen Tatsachen führen konnten. Die kühnsten und einsichtsvollsten Patrioten erhoben noch einmal ihre Stimme; unter ihnen Bias von Priene. Er ging auf die Vorschläge des Thales zurück; er wies von neuem auf das Grundübel, die Zersplitterung des ionischen Staatslebens, hin. Schon seien im zweiten Kriege alle Folgen derselben klar genug geworden. Wenn der Heldenmut, der sich in fruchtlosen Einzelkämpfen erschöpft habe, am rechten Orte vereinigt gewesen wäre, so stände es mit den ionischen Städten anders. „Jetzt", sagte er, „ist in Ionien eine Zusammensiedlung nicht mehr möglich. Die besten der Städte bestehen nicht mehr; die mächtigste hat uns vor Anfang des Kampfes verlassen; der Boden selbst, auf dem wir leben, ist nicht mehr unser, und was uns an freier Bewegung gelassen ist, müssen wir als Gnade von Barbaren entgegennehmen. Darum laßt euch nicht täuschen, wenn euch jetzt eine leidliche Existenz gewährt ist, wenn Handel und Seefahrt ungestörten Fortgang nehmen. Ihr seid nicht mehr eure eigenen Herren. Wenn es dem Großkönige beliebt, wird er eure Hilfsmittel, euer Vermögen und eure Schiffe in Anspruch nehmen und euch zur Heeresfolge zwingen gegen die ferneren Stammgenossen, gegen Verehrer eurer Götter, welche ihm verhaßt sind. Auf so unsicherem Boden ruht euer Wohlstand, mit dem ihr euch trösten wollt für den Verlust der Freiheit. Noch ist es Zeit, eine Gesamtstadt zu gründen, wenn auch nicht mehr, wie Thales wollte, auf vaterländischem Boden. Aber Ionien ist, wo freie Ionier wohnen; unsere Schiffe geben uns die Macht, neue, den Barbaren unangreifbare Wohnsitze zu gewinnen. Unsere Brüder in Phokäa haben uns den Weg gezeigt; im Sardischen Meere liegt die fruchtbare und große Insel, zu der schon Iolaos Männer unseres Stammes geführt hat. Mit vereinter Kraft werden wir den Flotten der Tyrrhener und Karthager gewachsen sein. Heute habt ihr noch die Wahl, ob ihr das Vaterland untergehen lassen oder dem ionischen Namen neue Ehre und dauernden Ruhm gewinnen wollt."

Die Worte des Bias fanden wohl manche empfängliche Seele, aber die Masse der ionischen Bürgerschaft vermochten sie nicht aus ihrer Bequemlichkeit aufzurütteln und zu so außerordentlichen Entschlüssen zu begeistern. Die kluge Politik der Perser tat das ihrige, um weitere Auswanderungspläne nicht zustande kommen zu lassen. Ihnen genügte, daß der Widerstand gebrochen war; die Abgaben an den König wurden gegeben und Heeresfolge geleistet. Der persische Name war so gefürchtet, daß auch die Inseln freiwillig huldigten, so namentlich Chios und Lesbos; beide Inseln hatten in inneren Fehden ihre Widerstandskraft aufgerieben, beide waren schon ihrer festländischen Besitzungen wegen, auf welche sie nicht verzichten wollten, zur Unterwerfung genötigt.

Inzwischen vereinigte Harpagos mit seinem Heere die Kontingente der ionischen und äolischen Städte, welche sich um so bereitwilliger seinem Zuge anschlossen, da er gegen die Karer gerichtet war. In Karien leisteten weder die in das Binnenland zurückgeschobenen älteren Landeseinwohner, noch auch die hellenischen Küstenstädte erheblichen Widerstand. Nur in Knidos regte sich ein gewisser Heroismus. Während noch Harpagos mit den ionischen Städten zu tun hatte, machten sich die Knidier ans Werk, den schmalsten Teil ihrer Landzunge zu durchgraben, um dann den Graben zu befestigen und so einen engen Einschluß ihrer Halbinselstadt unmöglich zu machen. Indessen ging es damit nicht vorwärts; allerlei Unglücksfälle hemmten die mühselige Arbeit; sie wurden als mahnende Götterzeichen betrachtet, und am Ende entschloß man sich um so eher, das Unvermeidliche über sich ergehen zu lassen, als die Perser nach Unterwerfung der ionischen Städte die Mittel gewonnen hatten, im Notfalle auch von der Seeseite anzugreifen.

Eine schwerere Aufgabe aber wartete des Harpagos, als er von der Küste in das Binnenland vorging. Hier, wo die Natur den Bewohnern natürliche Schutzwehren gegeben hat, hatte er gleich oberhalb Halikarnaß mit den Pedasiern, welche sich in ihrer Bergfeste Lida verschanzt hatten, einen harten Kampf, und als er dann in die Tauroslandschaften hinüberkam, da trat ihm der entschlossene Widerstand der Lykier und der ihnen verwandten Kaunier entgegen, welche den Persern so wenig wie den Lydern ihre Freiheit preisgeben wollten. Die Xanthier gingen allen übrigen mit Heldenmut voran; das tapfere Bürgerheer rückte der Übermacht des Harpagos furchtlos im Xanthostale entgegen. Was aus der Schlacht sich rettete zog in die Felsenburg von Xanthos, und als auch hier endlich ein längerer Widerstand unmöglich war, suchten die Bürger unter den Trümmern ihrer Tempel und Wohnungen bis auf den letzten Mann kämpfend einen ehrenvollen Tod. Achtzig Familien, welche abwesend waren, blieben allein übrig und zogen später in den Trümmerhaufen ihrer Ahnenburg wieder ein. Die Perser aber erprobten hier zuerst den Heroismus hellenischer Bergvölker, welche wohl besiegt, aber nicht überwunden werden können. Es waren die Vorspiele von Thermopylai.

*

So war durch diese Feldzüge des Harpagos (seit Ol. 59; 544) die ganze eine Hälfte der griechischen Welt umgestaltet worden; die Hellenen diesseits und jenseits des Wassers waren auseinandergerissen, die blühendste Reihe von Hellenenstädten einem übermächtigen Barbarenreiche einverleibt und der Freiheit eigener Bewegung beraubt. Alles, was die Mermnaden zustande gebracht hatten, war nur ein Vorspiel dieser Ereignisse gewesen, infolge deren der alte Gegensatz des asiatischen Binnenlandes und Uferlandes zuerst überwunden und die im Hochlande Persiens wurzelnde Königsmacht an den Archipelagus vorgerückt war, dessen Inseln schon zitterten und ihre Huldigungen nach Susa zu schicken eilten. Als Kyros 62, 4; 529 starb, zwei Jahre vor Peisistratos, war das Verhältnis der Völker und Staaten gänzlich verändert und eine neue Weltmacht begründet, gewaltiger als alle früheren, ein vom Jaxartes bis zum Rhodischen Meer reichendes, einheitlich regiertes, kriegerisch um sich greifendes Reich, welchem gegenüber die Ohnmacht griechischer Stadtrepubliken zum ersten Male in erschreckender Weise zutage trat.

Gleichzeitig hatte noch eine andere Binnenmacht des Orients die Schranke durchbrochen, welche sie vom Mittelmeere trennte, und bedrohte von Süden her die Unabhängigkeit hellenischer Staaten.

Ägypten unter den Psammetichiden war von dem alten Pharaonenreiche so verschieden, wie das neuere Lydien von dem Staate der Sandoniden; ja der Bruch mit der alten Zeit war hier um so schroffer, je fremdartiger den Griechen das echt Ägyptische war. Anfangs war das Verhältnis der neuen Dynastie zu den Griechen ein durchweg günstiges und freundschaftliches, so lange dieselben ihr nur dienstbar waren, den neuen Thron gegen den Widerstand der nationalen Partei zu stützen, und solange die auswärtigen Unternehmungen nach Syrien hin gerichtet waren, um den Küstenstrich dieses Landes mit Ägypten zu vereinigen. Als aber diese Unternehmung durch

die unerwartet schnell erwachsene Macht der Babylonier vereitelt war, da gab König Hophra oder, wie ihn die Griechen nannten, Apries den Kriegsrüstungen eine andere und, wie er glaubte, ungefährlichere Richtung; er benutzte die Bedrängnis libyscher Stämme, um gegen die Kyrenäer zu Felde zu ziehen.
Der Zug verunglückte nicht nur, sondern veranlaßte eine Söldnerempörung, durch welche die hundertjährige Herrschaft der Psammetichiden gestürzt wurde. Von einer nationalägyptischen Erhebung ist aber nicht die Rede, sondern ein Abenteurer, dem Mischvolke der Söldner angehörig, der bis dahin ein Gaunerleben geführt hatte, kam unter dem Namen Amasis auf den Thron der Pharaonen und setzte die hellenistische Richtung der Psammetichiden in noch entschiedenerer Weise fort. Er hatte eine Kyrenäerin zur Frau, Griechen zu Tafelgenossen, hellenische Fürsten zu Gastfreunden; er huldigte wie Kroisos den griechischen Göttern, besonders der Athena, und schmeichelte den mächtigen Priesterschaften durch Geschenke. Endlich wußte er auch die Eroberungspläne der Psammetichiden mit größerem Geschick und Erfolge zu erneuern.
Sowie der neue Herrscher den Krieg gegen Ägypten beschlossen hatte, beschickte er heimlich die Städte der Phönizier und Cyprier, ebenso wie Kyros einst vor dem Lydischen Kriege den Ioniern Waffenbündnis angetragen hatte. Die persischen Gesandten fanden dieses Mal ein offeneres Gehör, und es wurde eine für alle folgenden Zeiten sehr wichtige Verbindung zwischen Persien und Phönizien geschlossen, die auf gleichem Hasse gegen die Griechen beruhte; auch in den cyprischen Städten, namentlich in Salamis, bildete sich der ägyptisch-griechischen Partei gegenüber eine phönizisch-persische. Den Inselstädten war der fernere Gebieter der willkommenere und durch ihren freiwilligen Anschluß erhielten die Städte sehr günstige Bedingungen. Die Persermacht aber erfuhr dadurch eine ungemeine Vermehrung; Flotten, Häfen, Seevolk, Schiffswerften standen ihr zu Diensten, und Ägypten war schon von der Seeseite eingeschlossen und halb gelähmt, ehe noch der eigentliche Angriff erfolgte.
So schmolz die Zahl der freien Griechenstaaten vor den in das Mittelmeer vorgreifenden Staaten des Morgenlandes immer mehr zusammen. Aber die Wirksamkeit des griechischen Volksgeistes wurde dadurch nicht gehemmt oder eingeschränkt. Er erhielt vielmehr durch die Verbindung mit jenen Staaten einen ganz neuen und ungleich weiteren Spielraum. Die griechischen Stadtkönige in Cypern schickten dem Assarrhaddon Werkleute nach Ninive, um an den dortigen Palästen zu arbeiten. Nebukadnezar von Babylon führte seine Kriege mit grie-

chischen Söldnern, und ähnlich, wie das lydische Reich, so war auch das neue Ägypten alles, was es war, durch griechischen Einfluß. Griechische Söldnerheere waren die Stütze der Psammetichiden gewesen; nur durch sie hatten die Könige es möglich gemacht, den Aufstand der Kriegerkaste zu überwinden und jene glänzenden Unternehmungen auszuführen, deren sie als Emporkömmlinge schon für die Sicherung ihres Thrones bedurften; mit ihrer Hilfe vermochten sie die Pläne der großen Ramessiden zu erneuern, den Kanal zu bauen, welcher das Mittelmeer mit dem Indischen Ozean verbinden sollte, und Syrien mit Krieg zu überziehen. Als es aber nun unter Amasis zum Kampf zwischen Persien und Ägypten kam, hing die ganze Führung und Entscheidung des Krieges auf beiden Seiten von griechischen Leuten ab.

Kambyses hatte die Mittel eines erfolgreichen Angriffes vorzugsweise in den Hilfsvölkern und Schiffen der Äolier, Ionier und Cyprier. Amasis' ganze Hoffnung aber beruhte auf einem geschickten Feldhauptmann aus Halikarnaß, der Phanes hieß oder mit ägyptischem Namen Kombaphes. Des Königs Unglück bestand darin, daß er diesen Mann beleidigte, welcher, seiner Unentbehrlichkeit sich bewußt, ungemessene Ansprüche machte. Phanes verließ heimlich den königlichen Dienst. Amasis ließ ihm auf einem Schnellsegler nachsetzen; er wurde in Lykien ergriffen, entkam durch seine List aufs neue, stellte sich, um an seinem früheren Kriegsherrn Rache zu nehmen, dem Kambyses zur Verfügung und leitete nun, mit unbedingtem Vertrauen aufgenommen, alle Vorkehrungen des Krieges. Er war es namentlich, welcher die unentbehrlichen Verbindungen mit den arabischen Stämmen vermittelte, welche an bestimmten Plätzen der Wüste Wasserzufuhr leisteten; nur so war es möglich, den großen Heereszug gefahrlos an die Grenzen des Deltalandes zu bringen. Der Sieg bei Pelusium und die Eroberung Ägyptens (63, 4; 525) war im wesentlichen ein Werk des Phanes.

Unter den Griechen, welche dem König Kambyses auf dem ägyptischen Feldzuge zu Hilfe zogen, war auch ein samisches Kriegsgeschwader. Mit diesem hatte es eine besondere Bewandtnis. Samos hatte sich ja nicht unterworfen wie Lesbos und Chios; Samos war der Mittelpunkt einer unabhängigen Macht, zu welcher damals eine Menge griechischer Inselstädte gehörte. Freiwillig, wie einst Milet es getan hatte, trug diese Macht ihre Bundeshilfe dem Perserkönige an, obgleich ihr Oberhaupt mit Ägypten aufs engste befreundet war. Es lag ihm daran, bei Zeiten mit den Persern in ein vorteilhaftes

Bundesverhältnis zu treten, und außerdem wollte der samische Fürst die Gelegenheit benutzen, sich einer Anzahl von Männern zu entledigen, deren Nähe ihm für den Bestand seiner Herrschaft gefährlich erschien. Es war nämlich eine durch den Umsturz der älteren Verfassung begründete Gewaltherrschaft, vermöge welcher der ganze Staat in den Händen des Polykrates war.

Samos war damals der glänzende Mittelpunkt von ganz Ionien, soweit es noch von den Barbaren unberührt war. Es war zu einer solchen Stellung vorzugsweise berufen; denn nirgends hatte sich ionisches Volksleben so vielseitig und energisch entwickelt wie auf dieser Insel. Landbau und Bergbau, Viehzucht und Weinpflanzung, vorzugsweise aber Schiffsbau, Handel und Industrie bildeten die Grundlage des Wohlstandes von Samos. Ein unermüdlicher Trieb zu Erfindungen war diesen Insulanern eingepflanzt, zugleich ein männlich kühner Entdeckungsgeist, den die Gefahren unbekannter Meere reizten. Auf den Werften von Samos ist die Einrichtung des griechischen Seeschiffes wesentlich vervollkommnet worden; hier verstand man am besten, ansehnlichen Warenraum mit Beweglichkeit des Fahrzeuges zu verbinden, und Samos war die erste Stadt, welche nach Korinth den Trierenbau einführte. In alle Kriege der Küstenstaaten finden wir Samos verwickelt. Die samischen Seeleute gehörten zu den ersten griechischen Seefahrern, die im Ägyptischen Meere zu Hause waren, und niemand bestritt ihrem Landsmann Kolaios die Ehre, das ferne Westland des Mittelmeeres entdeckt und von den Schätzen Spaniens die erste Kunde in Ioniens Häfen gebracht zu haben.

Syloson selbst war der erste Gewaltherr. Ihm folgte Aiakes. Doch blieben die Verhältnisse schwankend, bis des Aiakes Söhne, Pantagnotos, Polykrates und Syloson durch einen neuen Gewaltstreich mit Hilfe des Lygdamis die Gemeinden entwaffneten und die Insel in ihre Gewalt brachten. Sie beherrschten sie eine Zeitlang gemeinschaftlich, indem sie drei Verwaltungsbezirke einrichteten. Doch der mittlere, an Ehrgeiz und Talent hervorragende, war mit dem Dritteile nicht zufrieden; der ältere Bruder wurde getötet, der jüngere, Syloson, entfloh und so fiel Polykrates die Alleinherrschaft zu.

Es war ein reiches Erbe, dessen sich der gewaltige Mann bemächtigt, eine schwindelnde Höhe, die er mit rücksichtsloser Gewalttat erstiegen hatte. Eine dichte, buntgemischte, gärende Bevölkerung, welche mehr überrascht als besiegt war; neidische Nachbaren auf den nahen Inseln und Küsten, von denen die mächtigsten schon mit den Barbaren gemeinschaftliche Sache gemacht hatten, wenig und ferne Bundesgenossen;

dagegen von der einen Seite die Persermacht unaufhaltsam vorrückend, auf der anderen Seite Sparta, der mächtige Rückhalt jeder tyrannenfeindlichen Opposition. Unter solchen Verhältnissen konnte Polykrates nicht anders als durch die gewaltsamsten Mittel seine Herrschaft begründen. Er konnte nicht wie Peisistratos auf einen Teil des Volkes zählen, welcher in seiner Person seine eigenen Interessen vertreten sah; auf Geld und Soldaten ruhte seine Macht.

Eine Garde von tausend Bogenschützen fremder Nation umgab seine Person und hielt seine Burg in Astypalaia besetzt. Er verschaffte sich bewaffneten Zuzug von seinen Bundesgenossen, namentlich dem naxischen Tyrannen Lygdamis. Auf allen Werften wurde gebaut, bis eine Anzahl von hundert Fünfzigruderern kriegsfertig war; um sie zu bemannen, ließ er werben in Ionien, Karien, Lykien, wo es bei dem aufgewühlten Zustande der Länder an unsteten Abenteurern nicht fehlte. In unglaublich kurzer Zeit war eine Seemacht geschaffen, welche das ganze Meer beherrschte. Wer sollte ihm widerstehen? Die Persermacht war noch nicht über die Küste vorgedrungen, der ionische Städtebund hatte keine Macht; die einzigen Städte der Nachbarschaft, welche dem übermütigen Tyrannen zu trotzen wagen konnten, Milet und Lesbos, wurden in glücklichen Seeschlachten gänzlich besiegt und entwaffnet. Nun durchzogen seine Geschwader ohne alle Scheu den Archipelagus, um ohne Unterschied von Hellenen und Barbaren, von Freund und Feind, alle Küsten zu brandschatzen. Selbst die Freunde, meinte er, würden zuverlässiger sein, wenn sie beraubt und dann entschädigt würden, als wenn sie gänzlich verschont blieben. So wurde Samos ein vollständig organisierter Raubstaat; kein Schiff konnte ruhig seine Seefahrten machen, ohne sich von den Samiern freies Geleit erkauft zu haben. Es läßt sich denken, was für Beute und Geld in Samos zusammengeströmt sein muß. Um so leichter wurde der Widerspruch gegen die Tyrannis beschwichtigt oder unterdrückt, um so fester die Herrschaft des von Freund und Feind gefürchteten Herrschers, der seinen Palast zu Astypalaia durch lesbische Kriegsgefangene mit einem tiefen Burggraben hatte umgeben lassen.

Aber Polykrates wollte mehr sein als Freibeuter. Nachdem er jeden Widerstand vernichtet und seine Flotte zur herrschenden Seemacht im Archipelagus gemacht hatte, ging er daran, etwas Neues und Bleibendes zu bilden. Die wehrlosen Küstenorte mußten sich durch regelmäßigen Tribut Sicherheit erkaufen; sie vereinigten sich unter seinem Schutze zu einer Gemeinschaft, deren Interessen und Angelegenheiten immer mehr in Samos ihren Mittelpunkt fanden; Samos wurde aus einem

Raubstaate der Vorort eines Küsten- und Inselreiches. Die Geschenke und Abgaben der abhängigen Städte, die mannigfaltigen Produkte der Cykladen und Sporaden, die Marmorsteine von Paros, die Golderze von Siphonos, alles strömte in Samos zusammen. Kleinere Tyrannen, wie Lygdamis auf Naxos, standen mit seiner Macht in engem Bunde; als einen Verbündeten der Samier wird man auch Peisistratos betrachten dürfen. Im Süden war ihnen die Macht Ägyptens nahe verbunden und gewährte vor allem unschätzbare Handelsvorteile. So war denn in der Tat durch das Glück, die Klugheit und Tatkraft des einen Mannes, nachdem das asiatische Ionien seine Unabhängigkeit verloren hatte, im Archipelagus ein griechisch-ionisches Inselreich geworden, von einer mächtigen Flotte zusammengehalten und beherrscht.

Sollte indessen die samische Seeherrschaft den gegen das Mittelmeer immer weiter vordringenden Barbaren gegenüber eine nationale Bedeutung haben, so durfte Polykrates nicht bloß als gefürchteter Kriegsherr angesehen werden; es bedurfte auch friedlicher Mittel, um zu versöhnen und zu vereinigen und der Gewaltherrschaft eine dauerhaftere Grundlage zu geben. Zu diesem Zwecke schloß er sich dem alten Nationalheiligtum auf Delos an; er brachte dem Apollon eine glänzende Huldigung dar, indem er ihm die Insel Rhenaia, Delos gegenüber, als Tempelgut weihte und sie zum sinnbildlichen Ausdrucke unauflöslicher Verbindung durch Ketten mit dem apollinischen Eilande verband. Damit war eine glänzende Erneuerung des altionischen Gesamtfestes verbunden, es war die religiöse Inauguration des neuen Inselreiches, die Herstellung einer unter dem Patronat von Samos stehenden apollinischen Amphiktyonie, und wenn Polykrates weder dem Perserreiche die Fähigkeit zutraute, eine Macht im Archipelagus zu werden, noch auch eine griechische Macht vorhanden sah, die ihm entgegenzutreten imstande war, so konnte er in der Tat hoffen, die Barbaren wieder zurückzuschieben und die Ost- und die Westküsten des Ägäischen Meeres immer mehr in sein Reich hereinzuziehen.

Wenn nun auch Delos das gemeinsame Heiligtum dieses Reiches geworden war, so sollte Samos doch der Mittel- und Glanzpunkt desselben, die Metropolis Ioniens, bleiben und als solche immer unverkennbarer ausgezeichnet werden. Wußte er doch so gut wie die Könige Lydiens und wie die Tyrannen anderer Hellenenstädte, wie sehr Glanz des Reichtums, Schaustellung kostbarer Kunstwerke und Ausführung nie gesehener Werke auf das griechische Volk einen mächtigen und unwiderstehlichen Zauber übe.

Athena vom Tempel in Ägina. München, Glyptothek

Krieger vom Tempel in Ägina. München, Glyptothek

Was daher in den verschiedensten Gegenden als vorzüglich anerkannt war, mußte in Samos vereinigt werden, um die Insel ihres neuen Ranges würdig zu machen. Nichts war ihm zu fern, kein Transport zu umständlich und kostbar. Jagdhunde aus Epirus und Lakonien, Schafe von milesischer und attischer Zucht, Ziegen aus Naxos und aus Skyros wurden herdenweise auf die Triften der Insel verpflanzt. Prachtvolle Gewächse, welche bis dahin nur unter der Sonne Lydiens sich entfaltet hatten, schmückten die Terrassen samischer Gärten. Vor allem aber sollte Samos der Mittelpunkt der geistigen Bestrebungen sein, durch welche sich die Hellenen von den anderen Völkern unterschieden. Darum wurde kein Geld gespart, um die ausgezeichnetsten Künstler heranzuziehen und den Gewerbefleiß durch freigebige Gunst zu fördern. Die samischen Werkstätten sollten in künstlerischer Technik allen Griechen voran sein und bei der großartigen Pracht, die Polykrates entfaltete, fehlte es nicht an Aufgaben, welche zu immer höheren Leistungen und neuen Erfindungen anregten, im kleinen wie im großen, in Tempelgründungen und Palastbauten sowohl wie im Schliffe des Edelsteines, dessen Bearbeitung von Babel her stammte und hier zuerst in den Kreis hellenischer Kunst eingebürgert worden ist.

Zunächst galt die Tätigkeit der samischen Werkstätten der Person des Fürsten. Die sogenannte Altenburg (Astypalaia), eine runde, nach allen Seiten steil abschüssige Höhe, welche sich mit geräumiger Hochfläche über dem Meeresstrande erhebt, richtete er zu seiner Burg ein, deren Quadermauern zum Teil noch heute in einer Stärke von zwölf Fuß mit mächtigen Rundtürmen erhalten sind. Innerhalb dieser Mauern lag der Palast, wo er, von seinen Skythen bewacht, in stolzer Sicherheit Hof hielt. Seine Gemächer waren zugleich mit des Morgenlandes üppiger Pracht und mit den sinnigen Gestalten hellenischer Kunst ausgestattet. Auf seine Tafel wurde das Köstlichste, was dem Meeresschoße abgewonnen wurde, getragen; am Finger trug er den schönsten Siegelring, der aus der Schule des Theodoros hervorgegangen war; das Wappen war eine Lyra, das Symbol des Gottes, in dessen Namen er über den Archipelagus herrschte. Der beste Wein wurde ihm von Knaben gereicht, die ihrer Schönheit wegen aus den verschiedensten Küstenländern entführt worden waren. Die Künstler wetteiferten, die Gestalten seiner Lieblinge im Erzgusse nachzubilden, die begabtesten Dichter, ihre Anmut in unsterblichen Liedern zu feiern. Denn Anakreon von Teos und Ibykos von Rhegion waren die Tafelgenossen des Polykrates. Berauscht von dem Glücke, gefesselt von der Huld des kunstsinnigen

Fürsten, schwelgten sie in dem Lebensgenusse, an dem er sie teilnehmen ließ; ihre Gesänge waren die Krone seiner Feste. Den berühmtesten Arzt, den man in Hellas kannte, Demokedes aus Kroton, den erst die Ägineten, dann die Athener als öffentlichen Arzt in Dienst genommen hatten, rief er mit einem Jahresgehalte von zwei Talenten (zirka 3145 Taler) nach Samos. Für wissenschaftliche Unterhaltung sorgte er durch Anlage einer Schriftensammlung, wo hellenische und orientalische Literatur zuerst vereinigt wurde; die Beziehungen zu Amasis eröffneten ihm die Geistesschätze Ägyptens, und chaldäische Astrologen wetteiferten an seinem Hofe mit hellenischer Weissagekunst.

Umnittelbar unter der Fürstenburg, die auf engem Raume soviel Wunderbares umschloß, hatte er seinen Kriegshafen; da lagen seine Trieren hinter mächtigen Felsdämmen, welche, zwanzig Klafter tief im Meer gegründet, dem Hafen eine fast kreisrunde Form gaben. Das ganze Treiben seiner Kriegs- wie seiner Handelsmarine überblickte er von oben; er sah den Wettfahrten der Schiffe von den Fenstern seines Palastes zu und konnte von jedem heimkehrenden Geschwader, schon von der Höhe der See aus, die erste Siegeskunde empfangen. Die besten Schnellruderer lagen, seines Befehles gewärtig, am Fuße des Burgfelsens, durch welchen ein heimlicher Gang hinabführte. Die ganze Burganlage, von der Wasserseite gesehen, kündigte den Herrn des Meeres an; sie hatte etwas so Großartiges, daß noch der Kaiser Caligula, den immer gelüstete das Außerordentlichste nachzuahmen, es zu seinen Lieblingsplänen zählte, die samische Fürstenburg in Italien zu erneuern.

Schöner und würdiger war, was für die Interessen des Volkes geschah, wenn freilich auch dabei tyrannischer Ehrgeiz die Triebfeder war. Unterhalb der Burg drängte sich, durch lockenden Verdienst herbeigezogen, eine immer dichtere Bevölkerung zusammen; es war nicht leicht, für die schnell anwachsende Stadt zu sorgen. Namentlich fehlte es in der Uferniederung an frischem Wasser, und schmerzlich sehnte man sich im Sommer nach den Bergquellen des Ampelos, welche landeinwärts jenseits des Berges sprudelten, wo sich nur wenige ihrer freuten.

Dies gab eine erwünschte Gelegenheit, etwas Außerordentliches zu leisten. Es lebte in Samos einer der größten Wasserbaumeister seiner Zeit, Eupalinos, des Naustrophos Sohn, aus Megara, der unter Theagenes seine Schule durchgemacht hatte. Nach seinem Entwurfe wurde der ganze Berg, der zwischen Stadt und Quelle lag, durchstochen. Ein Tunnel, 8 Fuß breit und 8 Fuß hoch wurde 7 Stadien, das ist 4200 Fuß weit, mit genau berechnetem Gefälle durch den Berg gehauen und in demselben ein drei Fuß breiter Rinngraben angelegt. Hier strömte das Wasser in schattiger Felsentiefe, und doch an jedem Punkte der Luft zugänglich; ja im Sommer konnten die Städter selbst an dem Bache entlang durch den kühlen Felsenschoß in das Gebirge wandern. Am unteren Ende des Tunnels aber wurde das Bergwasser von einer gemauerten Leitung aufgenommen und in die Mitte der Stadt geleitet, wo es Brunnen, Röhren und Bäder speisen, Kloaken reinigen und zuletzt das Hafenbecken ausspülen konnte.

Natürlich wurde auch der Glanzpunkt von Samos, das Heraion, nicht vernachlässigt. Unter Polykrates und durch ihn wurde es erst das reichste und größte aller hellenischen Heiligtümer, welche noch zu Herodots Zeit die Welt kannte. Nach jedem glücklichen Erfolge wurde dorthin ein Anteil der Beute gewidmet, ein Denkmal des Sieges gestiftet. Seiner auswärtigen Bundesgenossen köstliche Geschenke kamen in das Heraion, sowie die Meisterwerke einheimischer Kunst. Heraion, Wasserleitung und Hafendamm, das waren die drei Wunder von Samos, welche viele Schaulustige angelockt haben, und da Herodot die Erwähnung derselben der Geschichte des Polykrates anschließt und außerdem die „polykratischen Werke" im ganzen Altertum bekannt waren, so läßt sich schließen, daß an allen drei Werken die Tyrannis des Polykrates einen wesentlichen Anteil hatte.

Als Kambyses den persischen Thron bestieg, war Polykrates eine Reihe von Jahren im ungestörten Besitze seiner Macht und Herrlichkeit. Ist es nicht verzeihlich, wenn er an sein Glück sich gewöhnte, wie an einen unzertrennlichen Genossen seines Lebens? Und doch war es nicht so glänzend wie es schien und wie es die Gäste der Hofburg in ihrem rauschenden Wohlleben sich einbilden mochten. Unabhängigeren Männern soll trotz aller Vorteile, die für Wissen und Kunst hier dargeboten wurden, der zunehmende Druck, das allen Umgang vergiftende Mißtrauen, die ansteckende Üppigkeit der Tyrannis unerträglich geworden sein; so vor allem dem weisen Sohne des Gemmenschneiders Mnesarchos, Pythagoras, welcher 40 Jahre alt um Ol. 62 (530) auswanderte und nach Italien die Keime der Philosophie hinübertrug, welche unter dem Einflusse des Verkehres mit Babylon und Ägypten in Samos sich entwickelt hatte, aber zu ihrer Entfaltung einer freieren Luft bedurfte, als die schwüle Atmosphäre der samischen Tyrannis darbot.

Mit der lauten Festlust auf der Hofburg stand in grellem Widerspruche das Elend der Menge, der unterdrückte Zorn der alten Geschlechter, der verbissene Unwille der Vermögenden, welche beisteuern mußten, um die Werke des Tyrannen auszuführen und sein Hoflager zu unterhalten. Niemand sollte reich sein als er allein. Auch wußte er so wenig, wie die anderen griechischen Tyrannen, die er sämtlich an Glanz und Pracht überbot, der nationalen Sitte treu zu bleiben. Je mehr sich vor dem Überglücklichen alles beugte, je mehr selbst die griechische Muse zu schmeichlerischem Hofdienste sich bequemte, um so mehr überließ er sich dem ansteckenden Einflusse orientalischer Nachbarschaft, gab sich despotischen Fürstenlaunen hin und strebte, je mehr Macht und Geld er hatte, um so mehr zu besitzen. Dieser Mangel an Selbstbeherrschung war sein Untergang.

Polykrates entging die zunehmende Gärung nicht. Er glaubte recht staatsklug zu handeln, als er dem Kambyses seine Hilfe antrug, weil er dadurch zugleich mit Persien eine wichtige Verbindung zu schließen und einer Menge von Unzufriedenen sich auf immer zu entledigen hoffte. Mit stolzem Blicke sah er dem Geschwader seiner vierzig Fünfzigruderer nach, als es nach Ägypten in See ging; er fühlte sich als ebenbürtigen Bundesgenossen des Großkönigs, er glaubte nun im eigenen Lande freier aufatmen zu können. Er hatte sich in beiden Punkten verrechnet. Auf der Flotte, die er unvorsichtig genug mit zu viel feindlich Gesinnten angefüllt hatte, brach offene Meuterei aus. Sie fiel von ihm ab, kehrte aus dem Karpathischen Meere um, und Polykrates mußte mit einer Minderzahl von Galeeren seiner eigenen Flotte auf die Höhe des Meeres entgegenfahren, um den Aufruhr wenigstens von der Insel fernzuhalten. Umsonst; er wird geschlagen; die Anführer landen gleich nach ihm und nur durch die verzweifeltsten Mittel, indem er Weiber und Kinder in die Schiffshäuser einsperrt und zu verbrennen droht, wird er des Aufstandes Herr. Die Verschworenen ziehen ab, aber auf seiner Flotte, und nur um mit fremdem Beistande zurückzukehren.

Sie wenden sich nach Sparta, und hier gewann nach einigem Schwanken die kühnere Partei das Übergewicht, die Partei derer, welche diese glänzende Gelegenheit zur Erweiterung des lakedämonischen Einflusses nicht unbenutzt vorüber lassen wollten. Sie wiesen darauf hin, wie Sparta noch von der Zeit des Messenischen Krieges her den Samiern verpflichtet sei, deren Volksgemeinde in den Abgeordneten vertreten sei, um gegen einen übermütigen Tyrannen Hilfe zu erbitten. Allerlei Unbill, von samischen Freibeutern erlitten, kam dazu. Man gedachte des ehernen Mischkruges, den Sparta an Kroisos, des Panzerhemdes, welches König Amasis an Sparta geschickt hatte. Beiden Prachtstücken hatten die Piraten aufgelauert und sie weggenommen. Endlich hetzten die Korinther, welche zu Perianders Zeit von den Samiern gekränkt waren, als diese die an den lydischen Hof geschickten Kerkyräer in Sicherheit brachten. Darum half Korinth eine Flotte zusammenbringen.

Nach glücklicher Überfahrt schlossen die Peloponnesier den Tyrannen ein und begannen den Sturm auf die hohen Mauern der samischen Herrenburg. An der Meerseite, oberhalb der Vorstadt, war schon die Mauer überstiegen und es bedurfte der persönlichen Tapferkeit des Tyrannen, die Feinde wieder hinauszutreiben, während durch einen gleichzeitigen Angriff die Spartaner auch von der Landseite eingedrungen waren. Aber die beiden tapfersten Vorkämpfer, Archias und Lykopas, fielen, von den Ihrigen abgeschnitten. Der Sturm wurde aufgegeben, der Kampf zog sich in die Länge und den Tyrannen rettete die Festigkeit seiner Ringmauer, die Ungeschicklichkeit der Spartaner in der Belagerung und endlich, wie es scheint, auch ihre Geldgier (63, 4; 525/4).

Die Verschworenen, von Sparta verlassen, mußten ihre Pläne aufgeben. Sie streiften im Archipelagus umher, suchten hier der Macht des Tyrannen Abbruch zu tun, brandschatzten die reichsten der umliegenden Inseln, namentlich Siphnos, dessen Bürger gerade dabei waren, von dem Überschusse ihrer Silber- und Goldbergwerke den Stadtmarkt umzubauen und ihn mit Marmorhallen einzufassen. Sie fühlten sich stark genug, der samischen Piratenflotte die verlangten zehn Talente zu verweigern. Es kam zur Schlacht, und den besiegten Siphniern wurde nun das Zehnfache abgepreßt. Dann gingen die Samier an die peloponnesische Küste, kauften mit siphnischem Golde von den Hermioneern die Insel Hydrea, um eine gelegene Station zu haben, den argivischen und saronischen Golf zu brandschatzen, namentlich auf Kosten der Ägineten; endlich gingen sie nach Kreta, um die Zakynthier aus Kydonia zu vertreiben; wahrscheinlich auf Anstiften der Lakedämonier, welche mit den Zakynthiern in Feindschaft waren. Fünf Jahre hielten sie sich in Kydonia, und welche Macht sie waren, geht schon daraus hervor, daß Kreta und Aigina sich vereinigten, um diese Flibustier zu bekämpfen.

Polikrates hatte seinen Thron gerettet, aber seine Macht war erschüttert, die Seeherrschaft gebrochen. Aus eigenen Mitteln konnte er den ungeheuren Verlust nicht ersetzen; er brauchte Geld und Bundesgenossen. Beides schien ihm sein Glück, dem er sich immer mit neuem Vertrauen hingab, zur rechten Stunde darzubieten. Denn wie er gerade auf neue Mittel sinnt, da klopfen an seine Hofburg Gesandte aus Magnesia, welches sich als persische Satrapenstadt wieder aus seinen Ruinen erhoben hatte. Sie bringen heimliche Botschaft von Oroites, welchem Kambyses die Statthalterschaft im vordern Kleinasien anvertraut hatte. Die Boten melden, daß ihr Herr die Gnade des Großherrn eingebüßt habe; er wisse, daß ihm das Schlimmste bevorstehe, wenn Kambyses aus Ägypten heimkehre; um seinem Untergange zuvorzukommen, wünsche er Schutz und Aufnahme bei dem mächtigen Tyrannen; er wolle mit seinen Schätzen zu ihm kommen und dieselben mit ihm teilen.

Diesen Lockungen zu widerstehen war Polykrates unmöglich. Nachdem er sich durch Maiandrios, seinen vertrautesten Genossen, von den am asiatischen Ufer ausgestellten Reichtümern hatte überzeugen lassen, vermochte ihn in seiner blinden Leidenschaft nichts zurückzuhalten, keine Bitte vorsichtiger Freunde, keine Warnung seiner Tochter, die noch am Bord der Galeere ihn weinend umklammerte.

Mit raschem Ruderschlage fuhr er, seliger Hoffnungen voll, an das Festland hinüber, wo er schon die goldgefüllten Kisten schimmern sah. Da wurde er von den lauernden Wachen des Oroites ergriffen und an das Kreuz geschleppt. Seiner Tochter Traum ging in Erfüllung. Der Fürst von Samos hing am Seestrande zwischen Himmel und Erde, „von Zeus gebadet, von der Sonne gesalbt, den Vögeln des Himmels eine Speise". So endete seine Regierung nach einer wahrscheinlich nur zehnjährigen Dauer 64, 3; 522.

Oroites hatte den Auftrag empfangen, des Harpagos Tätigkeit fortzusetzen, die Persermacht an der kleinasiatischen Küste zu befestigen und allmählich zu erweitern. Dies war ihm so wenig gelungen, daß sich statt dessen, wie zum Hohne der persischen Waffen, nach Unterwerfung von Ionien in Samos eine neue Ioniermacht gebildet hatte, wie sie noch gar nicht dagewesen war; es waren sogar Küstenstriche und Inseln wieder verlorengegangen. Mit Gewalt war dem mächtigen Tyrannen nicht beizukommen; um so besser gelang die Hinterlist. Die Diener des Polykrates wurden nach dem schauerlichen Ende ihres Herren zurückbehalten, die anderen Samier schickte der Satrap frei zurück, um sich dadurch für spätere Zeit die Besitznahme der Insel zu erleichtern. Ihm selbst aber wurde der Preis seiner Schändlichkeit nicht zuteil. Samos blieb selbständig unter Maiandrios, aber die Meerherrschaft von Samos war zu Ende und damit auch die letzte ionische Macht, welche möglicherweise dem Vorschreiten der Perser einen Damm hätte entgegensetzen können.

Maiandrios war der Besitz der Tyrannis zugefallen, ohne

daß er die Fähigkeit hatte, eines Polykrates Nachfolger zu werden; er war weder kühn genug, um die Geschichte von Samos in des Tyrannen Sinne fortzuführen, noch war er edel und uneigennützig genug, um das Gewonnene preiszugeben. Daher ergriff er lauter halbe Maßregeln. Nach dem Untergange seines Gönners, dem er alles verdankte, trat er als Volksfreund auf und errichtete Zeus dem „Befreier" einen Altar. Dann zog er sich wieder als Despot in die Zwingburg zurück. Die asiatischen Ionier waren nicht imstande, wie die Athener, aus der Tyrannis in ein geordnetes und gesetzliches Leben zurückzukehren. Kein Staat hat nach dem glänzendsten Schauspiele griechischer Gewaltherrschaft den Fluch der Tyrannis, die dauernde Unordnung, die Zersetzung und Entsittlichung des Volkes, in vollerem Maße erfahren und von einer scheinbaren Größe einen tieferen Fall getan. In einer Reihe von Verbrechen und Unheil ist die schöne Insel zugrunde gegangen. Denn nachdem Maiandrios einige Jahre geherrscht hatte, ließ sich Syloson, der jüngere Bruder des Polykrates, welcher Gelegenheit gehabt hatte, sich dem Dareios gefällig zu erweisen, nach Samos zurückführen. Die Besetzung und Verheerung der Insel war eine der ersten Taten des jungen Großkönigs, nachdem er den Thron des Kyros bestiegen hatte.

*

Inzwischen hatte das große Perserreich selbst die heftigsten Erschütterungen erfahren und war zu derselben Zeit, da es nach außen die glänzendste Machterweiterung gewonnen hatte, im Innern nahe daran gewesen, einer völligen Auflösung zu erliegen.
Freilich waren die ungeheuren Unternehmungen der persischen Heere, welche zu der Erbmasse der asiatischen Reichsmacht einen ganzen Weltteil hinzutun sollten, nichts weniger als unbedingt gelungen. Das Waffenglück, welchem Kambyses blind vertraute, verließ ihn, als er im Trotze seines Übermutes keine Grenze der Herrschaft anerkennen wollte. Mit den Trümmern seines verschmachtenden Heeres mußte er aus dem oberen Nillande zurück, ehe er nur den fünften Teil des Weges bis zu den Wohnsitzen der freien Stämme Äthiopiens zurückgelegt hatte, und von den 50.000 Mann, welche er gegen das heilige Ammonium ausgeschickt hatte, gelangte kaum die Kunde zu ihm, daß sie von furchtbaren Wüstenstürmen überfallen seien und in dem Sande Libyens ein schreckliches Ende gefunden hätten. Auch die Unternehmung gegen Karthago, des Königs Lieblingsgedanke, mußte aufgegeben werden, weil zu

diesem Angriffe die Phönizier ihre Schiffe herzugeben sich weigerten.

So mußte freilich zu Lande wie zu Wasser der hochfahrende König die Schranken seiner Macht erkennen, aber ungeachtet aller Unglücksfälle war doch das väterliche Reich durch ihn an Landgebiet unermeßlich vergrößert; das Reich der Pharaonen, der alten Erbfeinde der Staaten Vorderasiens, das unnahbare, seit Jahrtausenden in starrer Selbstgenügsamkeit abgeschlossene Nilland mit allen seinen Schätzen und Wunderwerken war eine Provinz Persiens und der ägyptische Götzendienst, den Völkern Erans ein Greuel, vor Arumazda zu Schanden geworden. Die wilden Stämme Arabiens huldigten dem Großkönige; die Flotten der Phönizier und Griechen waren seines Befehles gewärtig, die durch ihren Wüstengürtel geschützten Libyer schickten Abgeordnete nach Memphis, und von der Syrte her kamen die Geschenke der Hellenen in Kyrene.

Kambyses selbst war während der Feldzüge ein anderer geworden. Durch sein Glück zu sultanischem Übermute verleitet, durch sein Mißgeschick noch mehr zu wüster Leidenschaft aufgeregt, hatte er seine Stellung zu den Persern gänzlich verdorben. Schon vor dem ägyptischen Feldzuge hatte er seinen jüngeren Bruder Bartja, bei den Griechen Smerdis genannt, in welchem des Vaters hohe Tugenden fortzuleben schienen, heimlich aus dem Wege geräumt und herrschte seitdem mit schuldbelastetem Gewissen von Jahr zu Jahr immer grausamer und willkürlicher, durch Trunkenheit und wahnsinnige Frevellust den Thron des Kyros schändend. Die Kronländer wurden verwahrlost. Zucht und Sitte verfielen im Lande Eran, man vermißte den Arm des Regenten.

Diesen Zustand benutzte die medische Partei, welche in Eran mächtig geblieben war. Ja, es scheint, daß Kambyses selbst aus Mißtrauen gegen die Großen der Perser dem Magier Patizeithes mit der Verwaltung des Palastes und seiner Schätze eine außerordentliche Macht übertragen hatte. Dieser Mann fiel ab; er erklärte den Thron des Kyros für erledigt, er ließ seinen Bruder Gumata, welcher dem gemordeten Bartja ähnlich sah, als den jungen Kyrossohn ausrufen, und bei der allgemeinen Verwirrung des Reiches gelang es der Partei der Magier, mit ihrer Lüge durchzudringen. Sie gewannen Anhang im Lande, indem sie den kriegsmüden Völkern Befreiung von Waffendienst und von Kriegssteuern verkündeten; der plötzliche Tod des Kambyses, welcher auf der Heimkehr aus Ägypten in wildem Ausbruche des Zornes gestorben war (64, 4; 521), trug dazu bei, den falschen Bartja auf dem Throne zu

befestigen, und während die Völker von einem Sohne des
großen Kyros beherrscht zu sein glaubten, hatten die Magier
seinem Stamme die Herrschaft entwendet und den Sitz der
Reichsregierung wieder nach Medien verlegt.

Die edlen Stämme des Perservolkes waren aber nicht gesonnen, so leichten Spieles ihr Kronrecht preiszugeben. Ihre Stammhäupter, die sieben edelsten Geschlechter vertretend, kamen zusammen, um die Lage der Dinge zu beraten. Sie waren unter sich ebenbürtig; aber durch alte Würde seines Geschlechtes und durch nahe Verwandtschaft mit Kyros war der unzweifelhaft erste unter ihnen Hystaspes, das Haupt der jüngeren Linie der Achämeniden, welchen Kyros als seinen Stellvertreter in Persien zurückgelassen hatte. Er war schon ein betagter Mann; er überließ also die eigene Stellung mit ihren Ehren und Pflichten seinem Sohne Dareios, welcher damals 28 Jahre alt war; dieser erschien als der geborene Herrscher, und schon Kyros soll ihn einst im Traume auf seinem Throne sitzend und mit breitem Doppelflügel Asien und Europa überschattend erblickt haben.

Ihm gelang in Verbindung mit seinen Stammgenossen die zweite Gründung der persischen Monarchie, welche um nichts weniger ruhmvoll war als die erste. Die Partei der Magier wurde in ihrer medischen Burg überfallen und getötet, ihr Reich der Lüge zerstört; aber es bedurfte einer Reihe schwerer Kämpfe, um das ganze, des Zusammenhanges und der Ordnung entwöhnte und aus den Fugen gewichene Reich wieder zusammenzubringen, Verrat und Widerstand allerorten niederzuwerfen und die abtrünnigen Satrapien von neuem zu erobern. Nach etwa fünf Jahren konnte der junge Fürst den Sieg als vollendet betrachten und ein großartiges Denkmal desselben an der Heeresstraße von Babel nach Susa errichten. Das Denkmal von Bagistana ist auch für die griechische Geschichte von eingreifender Bedeutung; es bezeichnet einen Wendepunkt der asiatischen Geschichte, die Vollendung des mit der Magiertötung begonnenen Werkes, die Wiederherstellung der persischen Reichsgewalt, des reinen Arumazdadienstes und der kühnen Politik der Achämeniden, welche die von Kyros begonnene Unterwerfung der Griechen nicht als ein halbes Werk zurücklassen konnte. Mit dem Triumphe des Dareios war auch der bevorstehende Kampf zwischen Hellenen und Barbaren oder, wie jetzt der Unterschied festgestellt war, zwischen Asien und Europa entschieden.

Der Sohn des Hystaspes war von Natur kein ehrsüchtiger Eroberer. Die Gefahr ungemessener Ländergier hatte er in

Ägypten deutlich genug erkannt, wo er den ganzen Feldzug in der nächsten Umgebung und unter den Augen des Kambyses mitgemacht hatte. Es ist gewiß, daß er während jener Kriegsjahre viel beobachtet und gelernt hat. Im Gegensatz zu dem festgegliederten Pharaonenreiche, welches bei allen Revolutionen seine Einheit bewahrt hatte, waren ihm die Schwächen der asiatischen Reichsverfassung klar geworden. Der medische Thron war widerstandslos gefallen, weil die Teile des Reiches keinen inneren Zusammenhang hatten; es war ein Aggregat von Ländern und Völkern, welche, je ferner, desto loser, mit dem Kerne des Staatswesens verbunden waren. Er sah das Perserreich demselben Schicksale entgegengehen, wenn nicht beizeiten die Ländermasse innerlich verknüpft und die Idee der Reichseinheit, wie sie ihm in Ägypten entgegengetreten war, annähernd verwirklicht werde. Daß er den Blick hatte, diese Aufgabe zu erkennen, den Mut, sie anzugreifen, die Tatkraft sie zu lösen: das ist es, was Dareios seine weltgeschichtliche Bedeutung gegeben hat.

Die Vasallenstaaten wurden Provinzen, die Provinzen Glieder eines Reiches und diese Glieder durch eine gemeinsame Verfassung zu einem Ganzen verbunden. Der bevorzugten Stellung des persischen Stammes ungeachtet sollten alle vor dem Throne in gleicher Weise Untertanen sein, Susa nicht bloß die erste Stadt, sondern der wahre Mittelpunkt des Reiches und der Sitz seiner Regierung sein. Am Hofe entstand eine neue Aristokratie des Beamtentums; die Rangklassen wurden genau gegliedert, um einen Ehrgeiz wach zu halten, dessen Befriedigung allein vom Willen des Großkönigs abhing; die hohe Pforte wurde die Bildungsschule für alle königlichen Staatsdiener in Krieg und Frieden. Der innere Verkehr wurde durch Straßen und Kanäle, der Handel mit dem Auslande durch Erforschung der Seestraßen befördert, und so die Fülle der einheimischen Hilfsmittel in überraschender Weise gehoben. Der steigende Wohlstand aber sollte nur dem Ganzen dienstbar sein. Denn Dareios hatte im Reiche der Pharaonen gelernt, wie man ein Land ausbeuten könne, wie alle Kräfte desselben der Reichsgewalt bekannt sein und zur Verfügung stehen müßten. Zu diesem Zwecke wurde ein allgemeiner Reichskataster angeordnet, der Boden vermessen, der Ertrag abgeschätzt und danach allen Provinzen ein bestimmter Grundzins aufgelegt. Der Tribut wurde von Indien in Gold, von den anderen neunzehn Satrapien in Silbertalenten bezahlt; die Gesamtsumme betrug etwa 23 Millionen Taler. Daneben blieben ansehnliche Naturallieferungen bestehen; was eines jeden Landes Stärke war, mußte dem Großkönige als Tribut dargebracht werden. Außerdem gab es eine Menge indirekter Steuern, Abgaben, wie die für die Benutzung der königlichen Wasserwerke, und andere einträgliche Regalien; endlich kamen aus den unmittelbar königlichen Besitzungen ansehnliche Einkünfte nach Susa. Daraus wurde ein Reichsschatz gebildet, und die einzelnen Statthalter waren dem Großkönige dafür verantwortlich, daß alle Steuern regelmäßig in den Schatz eingeliefert wurden. Schon dadurch wurden sie gezwungen, für Ordnung und Zucht in ihren Verwaltungskreisen und für die Sicherheit des Verkehres auf alle Weise Sorge zu tragen.

Auf diese Weise hatte sich den Hellenen gegenüber ein Reich organisiert, wie es an Umfang und Macht noch nicht dagewesen war. Die ionischen Küsten- und Inselstädte, neuerdings durch den wichtigen Besitz von Samos vervollständigt, bildeten unter dem Namen Juna eine Steuerprovinz, welche sich von Lykien bis zum Hellespont erstreckte; eine zweite umfaßte die Küsten der Propontis und des Bosporus und wurde von Daskylion aus regiert. Mysien hatte die Hauptstadt Sardes, Kilikien mit seinen griechischen Küstenorten stand unter dem Satrapen von Tarsos. Die einzelnen Städte überließ man sich selbst, doch überwachte man das politische Leben und sorgte dafür, daß in den wichtigsten Städten Männer am Ruder waren, auf die man sich verlassen konnte, Männer, welche als Parteihäupter unter ihren Mitbürgern in die Höhe gekommen waren und dann durch persischen Einfluß in ihrer Macht gehalten wurden, die also wohl erkannten, daß es mit ihrer Herrschaft schnell zu Ende gehen würde, sobald die Befehlshaber der benachbarten Reichstruppen ihnen ihre Unterstützung entzögen.

So sehr auch die Organisation des Reiches alle Gedanken des Dareios in Anspruch nahm, so konnte er es dabei doch nicht bewenden lassen. Er mußte sich durch kriegerische Taten als einen würdigen Nachfolger des Kyros bezeugen, um so mehr, da man in seiner ganzen Regierungsweise geneigt war, einen Mangel an kühnem Unternehmungsgeiste wahrzunehmen. Außerdem trieb ihn aus der Ruhe des Palastlebens der Ehrgeiz seiner Gemahlin Atossa, der Tochter des Kyros, welche sich als das Mittelglied der älteren und jüngeren Linie betrachtete und sich berufen fühlte, die durch ihren Vater begründete kriegerische Haltung der Persermacht nicht untergehen zu lassen.

Dennoch tragen die Unternehmungen des Dareios einen ganz eigentümlichen Charakter. Durch die Erfahrungen seiner Vorgänger belehrt, suchte er sowohl massenhafte Erwerbungen als auch binnenländische Unternehmungen zu vermeiden. Sein Gesichtspunkt war das Reich abzurunden und demselben durch Entdeckung neuer Seewege immer größeren Anteil am Weltverkehre zuzuwenden. Im Osten ging sein Plan dahin, das Reich an die indischen Alpen anzulehnen, das Stromgebiet des Indus bis an die Wüstengrenze hereinzuziehen, das Indusland für den Karawanenhandel und den Strom für die Schiffahrt zu eröffnen. Die südliche Landesgrenze erkannte er in der Wüste Arabiens, die nördliche in den Steppen der turanischen Völker. Im Westen dagegen war keine Naturgrenze, denn die schmalen Meerstraßen erschienen nur als Einladungen nach dem jenseitigen Festlande, dessen Unterwerfung als natürliche Vervollständigung des bisherigen Landbesitzes erscheinen mußte. Die asiatischen Thrakier waren ihm ja schon unterworfen; von den Schätzen des jenseitigen Thrakiens zeugten die thasischen Silbermünzen. Besonders aber lockten ihn die Berichte vom Golde der Skythen, von den großen schiffbaren Strömen ihres Landes, welche in ein weites Meerbecken münden sollten. Hier hoffte er neue Handelswege bahnen und auf einem Feldzuge längs der Küste, im Geleite seiner Flotte, eine Reihe wichtiger Städte mit dem Reiche vereinigen zu können. Skythenscharen, welche im Heere des Dareios dienten, versprachen die Unternehmung zu erleichtern und nachdem er durch Ariaramnes eine vorläufige Untersuchung der Küsten hatte veranstalten lassen, beschloß er in Person die große Unternehmung zu leiten, welche die Heerscharen Vorderasiens zum ersten Male auf das europäische Festland führte (um Ol. 66, 4; 513 v. Chr.).

Die königlichen Sendboten riefen die ganze Streitkraft des neuorganisierten Reiches zum ersten Male in Waffen und vor allem waren es die Häfen Ioniens, in welchen sich eine unglaubliche Tätigkeit entwickelte. Hier waren die Hilfsmittel, von denen allein Dareios sich ein Gelingen des Feldzuges versprechen konnte, von hier war die Anregung dazu vorzugsweise ausgegangen. Denn die Tyrannen der Städte hofften hier Gelegenheit zu finden, durch wichtige Dienstleistungen Auszeichnung und Lohn zu erwerben; die Städte selbst aber waren ja in dem Grade mit dem Pontus verbunden, daß sie ohne den ununterbrochenen Verkehr mit demselben gar nicht bestehen konnten. Sie hofften durch den Zug des Dareios dort noch mehr die Herren zu werden, von dem Tribute an die Skythenfürsten und von der steten Angst vor ihren Überfällen frei zu werden; sie hofften endlich über den schmalen Ufersaum hinaus mit mehr Sicherheit ihre Handelsbeziehungen ausdehnen zu können. Daher die allgemeine Teilnahme von ganz Ionien an der Unternehmung; sie erschien fast wie eine national-ionische. Die ionischen Dynasten bildeten den Kriegsrat des Großherrn und alles, was an praktischer Wissenschaft, an Kunst und Technik, an Erfahrung und seemännischer Tüchtigkeit in Ionien vorhanden war, schien nur gereift zu sein, um zu dieser großen Unternehmung dem Perserkönige den Arm zu leihen. Was im ganzen Ionien zu leisten imstande sei, war noch niemals so vollständig zutage getreten.

Daß man dem Perserkönige zugleich die Mittel gab, die jenseitigen Hellenenstädte zu unterwerfen, daß man das freie Griechenland immer mehr einschränken und einengen half, daran dachte man in den Handelsstädten nicht. Im Gegenteile; es nicht zu bezweifeln, daß die ionischen Griechen, und namentlich die Samier, welche ja schon früher mit den dorischen Kolonien in Fehde gestanden hatten, es gerne sahen, daß die beiden megarischen Pflanzstädte Chalkedon und Byzanz die ersten Zielpunkte des Heerzuges waren. So sind die ersten Griechenstädte des westlichen Festlandes durch Griechen den Barbaren preisgegeben worden, und Mandrokles, der Führer der samischen Techniker, scheute sich nicht, die unter seiner Leitung gebaute Bosporusbrücke, mit welcher der Despot Asiens die erste Fessel an den Leib von Europa legte, als eine Großtat des hellenischen Geistes zu betrachten und ein Gemälde, welches die Schiffbrücke und den Übergang des Heeres vor den Augen des thronenden Königs darstellte, in das Nationalheiligtum der Samier zu weihen. Auch Dareios ließ, als er an der Mündung des Bosporos stand und von der Stelle, wo hellenische Seefahrer dem Zeus Urios ihren Altar gebaut hatten, zum ersten Male in die Wasser- und Küstenwelt des Pontus hinausblickte, zum Andenken dieses denkwürdigen Zeitpunktes zwei Säulen errichten, auf denen in persischer Keilschrift und in griechischer Sprache (so sehr betrachtete er die ganze Unternehmung als eine persisch-griechische) die Menge der Völkerschaften seines Heerzuges aufgezeichnet waren.

Sein nächstes Augenmerk war der Istros. Die Schiffe der Ionier gingen vom Bosporos auf bekannter Fährte nach der Mündung des Istros hinüber, um oberhalb der Flußspaltung eine Brücke zu schlagen; das Landheer drang indessen durch das Gebiet der Thraker und Geten vor, indem es sich durch die Stämme derselben, deren Häuptlinge zur Heeresfolge gezwungen wurden, anschwellend vergrößerte. Unter diesen Stämmen waren auch die Dolonker, welche unter ihren Fürsten aus dem attischen Hause der Kypseliden auf der Landzunge am Hellesponte wohnten. Miltiades hatte über den schmalsten Teil derselben eine Quermauer gezogen, um sein kleines Halbinselreich gegen die nördlichen Barbaren zu verwahren. Er hatte auch auf dem jenseitigen Ufer festen Fuß zu fassen gesucht und war dadurch mit Kroisos in Verbindung gekommen, welcher die Bedeutung des attischen Fürsten wohl zu würdigen wußte. Ja, er stand mit ihm in so nahem Bundesverhältnisse, daß er, als Miltiades einst in die Hände der Lampsakener geraten war, diesen mit Vernichtung ihrer Stadt drohte, wenn sie nicht den Gefangenen sofort herausgäben. Dem kinderlosen Miltiades folgten seine Neffen, die Söhne des von den Pisistratiden getöteten Kimon; erst Stesagoras, unter welchem die Kämpfe mit Lampsakos fortgesetzt wurden, und dann Miltiades, welcher sich mit einer Leibwache umgeben hatte und voll kühner Pläne war, seine Herrschaft über die umliegenden Küsten und Inseln auszudehnen, als der Heereszug des Dareios ihn überraschte und wider Willen zum Werkzeuge fremder Eroberungspläne machte.

Am Istros kamen die beiden Abteilungen des Perserheeres wieder zusammen; die Flotte fuhr zwei Tagereisen den Strom aufwärts. Es ist durchaus wahrscheinlich, daß der besonnene Dareios nichts anderes beabsichtigte, als den Donaustrom auf dieser Seite zur Reichsgrenze zu machen, wie es im Osten der Indus war. Die Schiffsbrücke sollte nur dazu dienen, des Großkönigs Herrschaft über den mächtigen Strom zu bezeugen und den Schrecken seiner Waffenmacht im Donaulande zu verbreiten. Denn daß er jenseits des Flusses nicht maß- und ziellos vordringen wollte, geht schon daraus hervor, daß er spätestens in zwei Monaten bei der Brücke zurückerwartet sein wollte. Dareios hatte mehr Entdeckungs- als Eroberungstrieb; er wollte das Land auskundschaften und dabei den Ruhm gewinnen, als ein ebenbürtiger Nachfolger des Kyros in den Wüsten Turans den Namen des Persergottes durch persische Waffen zu Ehren gebracht zu haben.

Auf diesem Zuge verirrten sich die Truppen in pfadlosen Steppen, von den umherschwärmenden Skythen verlockt. Sie hatten große Not zu bestehen; die Frist der Rückkehr konnte nicht eingehalten werden, und unter den ionischen Fürsten, welche zur Deckung der Brücke zurückgelassen waren, wurde beim Ausbleiben des Heeres der Vorschlag gemacht, man solle die Brücke abbrechen, den König preisgeben und die Gelegenheit benutzen, ohne eigene Gefahr die Vernichtung der ganzen Heeresmacht herbeizuführen. Es war von allen Verschwörungen, welche des Dareios Macht bedroht hatten, bei weitem die gefährlichste. Sie hatte ihren Ursprung unter den Stämmen, welche zuletzt zur Heeresfolge gezwungen worden waren; sie hatten ihren Mittelpunkt in dem Athener Miltiades, welcher seine Lebenspläne durch den Einbruch der Perser vereitelt sah; sie wäre in ihrer ganzen folgenschweren Bedeutung unzweifelhaft zur Ausführung gekommen, wenn nicht auch hier Griechen wider Griechen gestanden hätten. Histiaios führte das Wort unter den Fürsten Kleinasiens, welche unter Dareios' Oberhoheit in den griechischen Städten regierten. Er überzeugte sie leicht, daß seine Herrschaft in Milet und ebenso sehr auch die der übrigen Fürsten mit der königlichen Macht so nahe zusammenhänge, daß die Vernichtung derselben einer Selbstvernichtung gleichkäme. Da nun überhaupt die Ionier bei diesem nordischen Feldzuge nichts als Ruhm und Gewinn davon trugen und sich außerdem für ihren Handel die größten Vorteile versprachen, so behielt des Histiaios Meinung die Oberhand und, durch ihn gerettet, kehrte Dareios mit dem Überreste seines Heeres glücklich auf das rechte Donauufer zurück.

Da bei einem persischen Feldzuge auf Menschenleben keine Rücksicht genommen wurde, so konnte der ungeheuren Verluste ungeachtet der Skythenzug als eine Großtat des Königs gefeiert werden. War doch das Reich der Achämeniden mächtig erweitert worden; Hellespont und Bosporos hatten aufgehört Staatenscheiden zu sein und der Istros galt für die neue Reichsgrenze.

Man hatte aber noch genug zu tun, das breite Festland innerhalb dieser Grenze als Satrapie des Reiches zu ordnen und die Autorität des Großkönigs zur Anerkennung zu bringen. Zu diesem Zwecke wurde Megabazos, welchen Dareios als einen seiner tüchtigsten Staatsmänner und Feldherren durch ein besonderes Vertrauen auszeichnete, mit einem Heere von 80.000 Mann zurückgelassen; der König selbst aber ging bei Sestos über den Hellespont und kehrte nach dem oberen Asien zurück, nachdem er alle Vorkehrungen getroffen hatte, die asiatische Seite des Meersundes zu sichern, für den Fall, daß es die Skythen gelüsten sollte, Rachezüge nach Asien zu unternehmen. Denn sie blieben nach dem persischen Einfalle noch lange in großer Aufregung und waren nicht gesonnen die Donaugrenze zu achten; ihre Streifscharen kamen in den nächsten Jahren bis an das Ägäische Meer, so daß Miltiades vor ihnen aus seinem Reiche flüchten mußte.

Die kriegerische Tätigkeit des Megabazos war eine zweifache; denn er hatte mit den eingeborenen Völkern und mit griechischen Küstenstädten zu tun. Die letzten aber waren es allein, welche ihm einen kräftigen Widerstand entgegenstellten; unter ihnen namentlich Perinthos, die Pflanzstadt der Samier, welche sich auf einer Halbinsel der Propontis in breiten Terrassen aufbaute, zur Verteidigung vorzüglich gelegen. Sie war indessen schon durch Angriffe der Päonier geschwächt und mußte sich der Übermacht des Megabazos ergeben. Nachdem dieser den Rücken frei hatte, drang er gegen Westen in das eigentliche Thrakien vor, dessen Bevölkerung so sehr in zahllose Stämme zerspalten war, daß sich an einen nachdrücklichen Widerstand nicht denken ließ. Das mächtigste Volk war das der Päonier am Strymon, welche den Phrygern und Troern verwandt waren und, wie ihre Kriege mit Perinthos bezeugen, damals selbst auf Machterweiterung und Seeherrschaft ausgingen. Sie wurden jetzt in ihrer Entwicklung gewaltsam unterbrochen, indem sie nicht nur zur Huldigung gezwungen, sondern auch zu einem großen Teile auf das Machtgebot des Dareios in das Innere Kleinasiens verpflanzt wurden.

So war das Heer des Megabazos bis an den Strymon vorgerückt, welcher durch seine mächtigen Wassermassen, durch den breiten Schilfsee, den er durchströmt, und durch den tiefen Meerbusen, in welchen er nach dem Durchbruche des Pangaion mündet, eine wichtige Grenze innerhalb des thrakischen Küstenlandes bildet. Freilich gelang es weder die Gebirgsstämme des Pangaion noch auch die in der Niederung des strymonischen Sees auf Pfählen gegründeten Ortschaften zu unterwerfen; indessen wurden auch zu den ferneren Völkern Gesandte geschickt, um jenseits des Strymonlandes dem Perserkönige Anerkennung zu verschaffen. Hier aber war das namhafteste Reich das der Makedonier, welches König Amyntas beherrschte.

Amyntas gehörte einem Seitenzweige der Temeniden von Argolis an. Während der Unruhen, welche die gesetzmäßige Folge der argivischen Könige unterbrachen, war Karanos um die Mitte des neunten Jahrhunderts v. Chr. nach Makedonien gekommen und hatte unter den dortigen Bergvölkern königliche Macht gewonnen, die sich in seinem Geschlechte vererbte. Es war keine despotische Fürstenmacht, sondern eine von Anfang an durch Gesetze und Übereinkommen geordnete. Die ganze Geschichte des Reiches knüpft sich an den Stamm der Temeniden und beginnt mit Perdikkas, welcher aus der Bergfestung Aigai in das untere Makedonien vordrang, das alte Emathien, mit dessen Eroberung die Temeniden ihre Reichsmacht begründet haben. Indessen dauerte es ein ganzes Jahrhundert seit Perdikkas' Tode, daß die Fürsten durch unaufhörliche Kriege mit den Illyriern in weiteren Fortschritten gehemmt waren; denn die Illyrier umdrängten nicht nur die

Grenzen des Reiches, sondern bildeten auch innerhalb desselben einen großen Teil der Bevölkerung, welcher hellenischer Gesittung hartnäckig widerstrebte.

Amyntas, der fünfte König nach Perdikkas, hatte zuerst freiere Hand und konnte sich mit den Angelegenheiten des Auslandes beschäftigen. Er war es, der mit den Pisistratiden Verbindungen anknüpfte und dem vertriebenen Hippias das Gebiet von Anthemus am Meerbusen von Thessalonich anbot, um durch ihn, wie Gyges durch die Hilfe der Milesier, am Seeufer Fuß zu fassen. In Amyntas' Hause herrschte griechische Bildung und sein Sohn Alexandros hatte sich dieselbe mit ganzer Seele angeeignet; für ihn ruhte die Zukunft Makedoniens in der Verbindung mit den hellenischen Staaten. Während daher der alternde König bei der Annäherung der persischen Macht sich in das Unvermeidliche fügen zu müssen glaubte, war der feurige Jüngling über die Ansprüche der Achämeniden, welche sein Vaterland an die Geschicke asiatischer Reiche binden wollten, und durch den orientalischen Übermut ihrer Gesandten in dem Grade empört, daß er die Ermordung derselben im Weibergemache des Vaters veranlaßte; ihre ganze Dienerschaft und pomphafte Ausrüstung fiel in die Hände der Makedonier. Trotzdem kam es zu einer friedlichen Verständigung mit den Persern, welche jetzt keine Macht hatten mit Gewalt einzuschreiten. Amyntas huldigte dem Dareios, und dem Namen nach erstreckte sich das Reich desselben bis an die Grenzen von Thessalien. Das ganze nordgriechische Alpenland war Vasallenland der Achämeniden, und so wie einst die Dorier aus Makedonien nach dem Süden vorgedrungen waren, so wollten jetzt die Barbaren zu gelegener Zeit in das untere Land vordringen, um das Ägäische Meer auch von der Westseite mit ihrer Macht zu umspannen.

Die ehrgeizigen Tyrannen unter den Griechen förderten diese Pläne, namentlich Histiaios von Milet, welcher sich als Belohnung für die Rettung des Königs und seines Heeres das Gebiet von Myrkinos am Strymon ausgebeten hatte; eine Herrschaft, welche dem klugen Fürsten eine Fülle des reichsten Gewinnes in Aussicht stellte. Denn hier hatte er Silber- und Goldbergwerke, hier einen unerschöpflichen Vorrat an Bauholz und ein hafenreiches Ufer. Hier glaubte er entfernt genug von Susa zu sein, um nach eigenen Plänen ungestört handeln zu können. Er ging rasch an das Werk und war in voller Tätigkeit, feste Ringmauern aufzuführen und eine große Stadt am Strymon anzulegen, die ein neues Milet werden sollte, ein Sammelort der umwohnenden Stämme, eine Hauptstadt des Thrakischen Meeres, von wo er mit Hilfe der nördlichen Passatwinde, deren Bedeutung für die Beherrschung des Archipelagus ihm nicht verborgen sein konnte, die südlichen Städte gewinnen wollte. Da kehrte Megabazos von seinem päonischen Feldzuge nach dem Hellesponte zurück; er sah die großartigen Vorkehrungen des Histiaios und durchschaute die Pläne des ehrgeizigen Mannes, der ihm als Hellene verhaßt war. Es wurde ihm nicht schwer, den Argwohn des Königs Dareios rege zu machen. Die Folge war, daß Histiaios nach Susa berufen und unter dem Vorwande, daß der Großkönig seiner unmittelbaren Nähe nicht entbehren könne, am Hofe zurückgehalten wurde.

Des Megabazos Nachfolger im Oberbefehle der königlichen Truppen, welche zur weiteren Ausdehnung und Befestigung der Persermacht am griechischen Meere bestimmt waren, war Otanes. Er eroberte die beiden Bosporosstädte Byzanz und Chalkedon; er zwang die noch unabhängigen Gemeinden in Äolis zur Unterwerfung und verband sich dann mit Koës, welchen Dareios aus Dankbarkeit für die an der Donaubrücke bewährte Treue mit der Insel Lesbos belehnt hatte, um durch gemeinschaftlichen Heereszug Lemnos und Imbros zu nehmen. Die Lemnier wurden nach tapferer Gegenwehr Lykaretos, dem Bruder des Samiers Maiandrios, übergeben. So waren die Propontis sowohl wie die nördlichen Meersunde, die ansehnlichsten der nördlichsten Inseln, und damit die wichtigsten Angriffspunkte gegen Griechenland in den Händen der Perser. Der Ehrgeiz der Statthalter sowie die Politik des Großkönigs, welcher den Westen unverwandt im Auge behielt, bürgten dafür, daß man an diesen Punkten nicht stehen bleiben würde. Dazu wirkten große und kleine Verhältnisse in merkwürdiger Verkettung zusammen.

Unter dem Gefolge des Polykrates, welches den Tyrannen auf seinem letzten Lebensgange begleitet hatte, war auch sein Leibarzt Demokedes. Er war als Sklave von Oroites zurückgehalten worden, und nachdem dieser Satrap, der sich mit ungezähmtem Frevelmute gegen Freund und Feind benahm und endlich gegen den eigenen Oberherrn auflehnte, auf Befehl des Dareios getötet worden war, blieb der Mann aus Kroton, um dessen Besitz die ersten Staaten Griechenlands gestritten hatten, zu Sardes unbeachtet in Schmutz und Ketten liegen, in tiefer Schwermut seiner Heimat gedenkend.

Da geschah es, daß wegen einer Fußverrenkung, welche Dareios sich auf der Jagd zugezogen hatte, im ganzen Reiche Nachfrage geschah nach arzneikundigen Männern; denn die ägyptischen Ärzte, welche in Susa für die besten galten, hatten durch gewaltsame Mittel die Sache nur verschlimmert, und der König wälzte sich schlummerlos auf seinem Lager. Da gedachte einer des Krotoniaten. Er wurde aus dem Kerker von Sardes geholt. Anfangs wollte er seine Kunst verheimlichen, denn keine Aussicht auf Ehre und Gewinn konnte ihn über die Entbehrung seiner Heimat trösten. Allein die Verstellung half ihm nichts. Er wurde des Königs Leibarzt, ein reicher, vornehmer und vielbeneideter Mann, besonders seitdem es ihm gelungen war, auch die Tochter des Kyros von einem Brustgeschwüre zu heilen. Aber auch diesen Erfolg seiner Kunst benutzte er nur, um eine Möglichkeit der Heimkehr zu erlangen. Er ließ nicht ab, die Aufmerksamkeit der Atossa auf Griechenland zu lenken, und je mehr sie von der Kunstfertigkeit der Hellenen vernahm, um so mehr schwärmte sie für den Gedanken, von lakonischen, attischen und korinthischen Frauen sich bedienen zu lassen. Sie war von den griechischen Zuständen unterrichtet genug, um Dareios glauben zu machen, daß bei einem Feldzuge gegen die jenseitigen Kleinstaaten am wenigsten zu wagen und am meisten zu gewinnen sei, und Dareios ließ sich willig finden, unter Führung des Demokedes Kundschafter nach dem jenseitigen Hellas auszusenden, und so wurde der Plan ausgeführt, welchen der schlaue Arzt sich ausgedacht hatte.

Es war ungefähr um dieselbe Zeit, da Hipparch im attischen Kerameikos ermordet wurde, und Mandrokles den Bosporos überbrückte, als aus dem Hafen von Sidon zwei königliche Galeeren ausliefen, stattlich ausgerüstet, um die persische Flagge mit Ehren in die griechischen Gewässer einzuführen. Sie hatten fünfzehn der edelsten Perser an Bord, und waren von einem Transportschiffe begleitet, das unter anderem auch eine Masse von Geschenken für die Familie des Leibarztes enthielt. Dieser, der zugleich der Gefangene und der Führer war, wußte das Geschwader auf kürzestem Wege nach dem Ziele seiner Wünsche, nach den Küsten Großgriechenlands, hinzusteuern. Sie wurden in Tarent angehalten, und hier entkam Demokedes nach Kroton. Auf dem Markte seiner Heimatstadt erhoben die persischen Männer noch einmal ihre Ansprüche auf den Diener des Großkönigs und drohten mit seiner Rache; Demokedes wurde aber nicht ausgeliefert. Er verheiratete sich in Kroton mit der Tochter des Milon, dessen Name durch ihn schon in Susa bekannt geworden war, und die Perser irrten führerlos im ionischen Meere herum, bis sie endlich nach vielen Fährlichkeiten durch einen Tarentiner heimgeleitet wurden.

So war Dareios schon vor dem skythischen Zuge auch mit

den italischen Griechenstädten in feindliche Berührung gekommen. Für das eigentliche Hellas aber blieb Sardes der Ort, wo die Beziehungen der Perser zu den Griechen ihren Mittelpunkt hatten. In Sardes hatte Dareios seinen eigenen Bruder Artaphernes oder Artaphrenes zum Statthalter gemacht, während des Megabazos Sohn Oibares in Daskylion sein Hauptquartier hatte. Artaphernes war es, an den der flüchtige Hippias sich wendete, weil er wußte, wie der Statthalter Auftrag habe, auf alle griechischen Angelegenheiten ein wachsames Auge zu haben. Mit Artaphernes waren deshalb auch die Athener zuerst in Gesandtschaftsverkehr getreten, und zwar hatte dieser Verkehr sofort ein sehr gespanntes und feindliches Verhältnis zur Folge gehabt. Sparta war durch Abgesandte der Skythen, welche den König Kleomenes beim Becher ungemischten Weines zu bearbeiten wußten, gegen Persien aufgereizt worden; es kam zu großen Kriegsplänen, nach denen die Skythen vom Schwarzen Meere aus in Medien einfallen, die Peloponnesier von Ephesos aus in das Binnenland vorgehen sollten. Alle Staaten und Völker waren in Aufregung; man fühlte überall, daß große Ereignisse bevorständen und daß seit der Thronbesteigung des Dareios die beiden Gestade des Archipelagus zu einer gemeinsamen Geschichte verflochten wären, welche nur in blutigen Völkerkriegen ihre Entwicklung finden könnte.

Indessen folgte zunächst auf die Heimkehr des Großkönigs nach Susa eine allgemeine Ruhe, welche erst nach mehreren Jahren durch eine ganz neue und unerwartete Verwicklung unterbrochen wurde.

*

Unter den kleineren Inseln des Ägäischen Meeres, welche von den Alten die Zykladen oder Kreisinseln genannt wurden, weil sie das heilige Eiland Delos gleichsam in feierlichem Kreise zu umringen schienen, sind Paros und Naxos die ansehnlichsten; ein Paar von Inseln, welche nur durch eine Meerstraße getrennt sind und immer nahe zusammengehört haben. Daher werden sie auch wohl heute mit einem Namen „Paronaxia" zusammen genannt. Paros zeichnet sich schon aus der Ferne durch seine Gebirge aus, welche in so edlen Formen emporsteigen, als wollten sie ihren köstlichen Inhalt, den unerschöpflichen Vorrat des schönsten Marmorsteines, verkünden. Paros ist außerdem durch seine Uferquellen und die tiefen Hafenbuchten für die Schiffahrt von großer Wichtigkeit. In dieser Beziehung ist sie die natürliche Ergänzung der größeren Nachbarinsel. Denn Naxos steigt, nach allen Seiten abgerundet, ohne tiefere Einschnitte, aus dem Meere; durch Umfang und Festigkeit zum Haupte der Nachbarinseln bestimmt und zugleich mit mannigfaltigem Segen der Natur ausgestattet, so daß sie von den Alten wohl das kleine Sizilien genannt wurde. Auf dem breiten Gipfelberge von Naxos sieht man über zwanzig Inseln zu seinen Füßen liegen und nach Osten reicht der Blick bis zu den Bergmassen Asiens hinüber.

Nachdem die delische Amphiktyonie sich frühzeitig gelockert hatte, lebten die Inseln in einzelnen Gruppen zusammen, und unter ihnen erfreuten sich Paros und Naxos eines besonderen Gedeihens. Die Parier wußten auf ihrer Insel, welche die gesetzgebende Demeter vorzugsweise ehrte, bürgerliche Ordnung mit weisem Sinne zu hüten, und die Naxier erlangten durch die Größe und die Hilfsquellen ihres Landes eine gewisse vorortliche Stellung. Sie nahmen lebhaften Anteil an dem Aufschwunge der hellenischen Kunstindustrie, welche im siebenten und sechsten Jahrhundert auf den Inseln blühte. Sie hatten außer der Fülle von Marmor an den Schmirgelbrüchen ihrer Insel ein auserwähltes Material zum Schärfen der eisernen Instrumente. Darum wurde hier um die Zeit des Alyattes in der Werkstätte des Byzes die Erfindung gemacht, Marmor zu sägen und die Dachziegel der Tempel, die sonst aus gebranntem Ton gemacht wurden, aus Marmor zu schneiden. So beteiligte sich Naxos an den Erfindungen der Hellenen, doch blieb es trotz des stilleren Lebens, welches diesen Inseln vergönnt war, von Parteifehden und Umwälzungen nicht verschont.

Der Staat der Naxier wurde anfangs von den Geschlechtern geleitet, deren Vorfahren zur Zeit der ionischen Wanderung die Gründer desselben gewesen waren. Sie wohnten in der Stadt zusammen und besaßen umher die besten Äcker und Weinberge. Die Leute der Gemeinde ließen sich die bevorrechtete Stellung des Stadtadels gefallen, solange sie in dürftigen Verhältnissen dahinlebten. So wie aber der Handel mit Wein und Südfrüchten sowie Kunst und Gewerbefleiß einen größeren Wohlstand verbreiteten, entwickelte sich ein Selbstgefühl, welchem die Anmaßung der Geschlechter unerträglich wurde. Unter dem Landvolke aber hatte sich ein gewisser Telesagoras ein besonderes Ansehen erworben; er war der Liebling des Volkes; er war wohlhabend, freigebig und hatte für alle ein offenes Haus. Sein Einfluß verdroß die Edelleute. Die Gegensätze schärften sich, es kam zu Reibungen auf dem Markte, namentlich auf dem Fischmarkte, dem lebendigen Mittelpunkte jeder ionischen Bevölkerung. Wenn die jungen Herren für einen seltenen Fisch, der ihre Lust reizte, den geforderten Preis herunterdrücken wollten, gaben ihnen die Händler wohl zur Antwort, sie würden ihn dem Telesagoras lieber umsonst geben, statt mit ihnen zu markten. Die gereizten Edelleute vergaßen sich so weit, daß sie in trunkenem Übermute das gastliche Haus des Telesagoras entehrten und seine Töchter mißhandelten. Diese Gewalttat war der Anfang von Bürgerfehden, durch welche die schöne Insel des Dionysos in ihrem inneren Frieden auf immer gestört wurde. Sie wurde in den weiteren Kreis auswärtiger Verwicklungen hereingezogen und ihre Verfassungswirren wurden der Zündstoff, an welchem der lange drohende Krieg zwischen Asien und Europa zu hellen Flammen aufschlug.

Als Peisistratos zum drittenmal in Athen einzog, ritt ihm zur Seite der Naxier Lygdamis, welcher im Kampfe gegen den Geschlechtsadel zu einem mächtigen Parteihaupte sich erhoben hatte, dann vertrieben und endlich von Athen aus als Tyrann von Naxos wieder eingesetzt worden war. Er hielt mit Peisistratos wie mit Polykrates zusammen, wurde aber von den Spartanern um jene Zeit, da sie gegen Polykrates Krieg führten, aufs neue vertrieben. Solche gewaltsame Reaktionen konnten keinen dauernden Erfolg haben; die Erbitterung der Stände war zu groß, die mit Waffengewalt zurückgeführten Geschlechter, deren Mitglieder das Volk die „Fetten" zu nennen pflegte, wurden doppelt gehaßt, und es dauerte nicht lange, so irrten sie von neuem heimatlos umher, von Haus und Hof vertrieben. Diesmal suchten sie einen näheren und wirksameren Schutz; sie gingen nach Milet, woselbst einige der vornehmsten naxischen Familien mit dem Hause des Histiaios in Gastfreundschaft standen. Auch stand ja der milesische Staat seit älterer Zeit mit Paros in Verbindung.

Milet war unter des Histiaios Vetter und Schwiegersohne Aristagoras in neuem Aufblühen und der ehrgeizige Tyrann brannte vor Begierde, etwas Großes auszuführen. Er ging daher mit frohen Hoffnungen auf die Bitten der flüchtigen Naxier ein; er sah in Gedanken Milet schon als die neue Hauptstadt der Cykladen und sich selbst mit Ehren und Ruhm gekrönt. Für sich allein aber konnte er nicht handeln und ein Aufgebot der Streitkräfte Ioniens war nur im Einverständnisse mit dem Satrapen von Sardes möglich. Er eilt deshalb zum Artaphernes; er schildert ihm die außerordentliche Gunst der dargebotenen Gelegenheit, die Fruchtbarkeit und Größe der Insel, die Wichtigkeit ihrer Lage, ihren Reichtum an Sklaven und Herden, an Ruderschiffen und glänzenden Kunstwerken; er betont die Sicherheit des Erfolges und weist endlich auf die glänzende Erweiterung des Perserreiches hin; denn mit der Insel Naxos würden auch die umliegenden Inseln, namentlich Paros und Andros, den Persern ohne weiteres zufallen. Von dort sei es ein leichtes, nach Euboia zu gelangen, einer Insel so groß und reich wie Cypern und trefflich gelegen, um Athen zu bekriegen.

Artaphernes, der Feind der Athener, ging bereitwillig auf die Vorschläge ein; er empfahl das Vorhaben in Susa und statt der geforderten hundert Schiffe wurde die doppelte Zahl dem Aristagoras versprochen. Indessen dachte Artaphernes nicht daran, dem ehrgeizigen Hellenen, welchen er im Herzen haßte und geringschätzte, den Ruhm der Unternehmung zu überlassen. Er veranlaßte, daß der König seinen Vetter Megabates zum Befehlshaber der Flotte ernannte, mit dem Auftrage, die Pläne des Aristagoras auszuführen. Es wurde alles sehr energisch und mit größter Heimlichkeit betrieben. Die Flotte ging im Frühjahr nach Chios, als wenn es eine der Übungsfahrten wäre, auf denen sich die Perser allmählich im Ägäischen Meere einzubürgern suchten; von Chios sollte dann mit Hilfe der Nordwinde das Ziel des Feldzuges rasch erreicht werden. Die Flotte war im besten Kriegszustande und Megabates ließ es sich angelegen sein, strenge Ordnung zu halten, damit die erste Unternehmung im griechischen Meere den Persern Ehre mache. Dies gab Veranlassung zu einem Streite zwischen den beiden Führern der Flotte, deren unklares Verhältnis zueinander der Hauptfehler bei dem Unternehmen war. Aristagoras geriet in heftigen Zorn, weil einer seiner Freunde, ein Schiffshauptmann aus Myndos, wegen Vernachlässigung des Dienstes in ehrenrühriger Weise bestraft worden war. Der stolze Achämenide wollte sich von dem Ionier nicht meistern lassen und, um sich an ihm zu rächen, ließ er die Naxier heimlich in Kenntnis setzen, was ihnen bevorstehe. Die Warnung kam zur rechten Zeit; die drohende Gefahr, von der man keine Ahnung gehabt hatte, erweckte in Naxos einen allgemeinen Eifer. Herden und Vorräte wurden in die Hauptstadt gebracht, die Festungswerke ausgebessert, der Hafen gesperrt, der Kriegsdienst geordnet, und die persisch-ionische Flotte mußte sich zu einer mühevollen Belagerung bequemen. Vier Monate lag sie vor den steilen Felsufern der Insel; ihre Vorräte gingen zu Ende, die griechischen Kreuzer taten ihnen unaufhörlichen Abbruch und endlich mußte man sich begnügen, den naxischen Flüchtlingen, welche man an Bord hatte, auf einem abgelegenen Teile der Insel eine Feste zu bauen. Dann zog die stolze Flotte von der Insel ab und die ganze vielversprechende Unternehmung war vollständig gescheitert.

Die ganze Schmach fiel, wie Megabates beabsichtigt hatte, auf das Haupt des Aristagoras. Er sollte dem Großkönige Rechenschaft geben, er sollte die Kriegskosten ersetzen; sein Amt, seine Ehre, sein Leben stand auf dem Spiele und er sah in seiner Bedrängnis nur einen Ausweg. An Gärung und Unzufriedenheit fehlte es in Ionien nicht; das Verhältnis zwischen Griechen und Persern war ein sehr gespanntes und die Entzweiung zwischen Megabates und Aristagoras durchaus keine einzelne und rein persönliche Angelegenheit. Seit dem Skythenzuge zeigte sich eine heftige Abneigung gegen den griechischen Einfluß. Vielerlei Reibungen fanden statt, nicht nur auf der Flotte, wo die Perser eine Strenge des Dienstes, die den Ioniern unerträglich war, durchführen wollten, sondern auch in den Städten, welche ein doppeltes Joch trugen, das Joch der Tyrannis und das der persischen Oberhoheit. Der gemeinsame Gegensatz gegen die Perser hatte die verschiedenen Bestandteile des Ufervolkes, namentlich die Karer und die Ionier, welche unter den Mermnaden noch so verfeindet waren, einander genähert, so daß eine Erhebung Ioniens auf karische Unterstützung rechnen konnte. Die steigende Unzufriedenheit wurde von ehrsüchtigen Parteihäuptern genährt, von keinem mehr, als von Histiaios, welchem die goldenen Fesseln, die er in Susa trug, seit langem verhaßt waren. Er sehnte sich nach Seeluft und nach der Freiheit Ioniens. Er hatte die griechische Welt erobern wollen und mußte nun, von neidischen Augen umlauert, in dem Zeremoniell des langweiligsten Hofdienstes zu Susa seine Tage ruhmlos und untätig verbringen. Er reizte seinen Schwiegersohn, die ionischen Städte unverzüglich aufzuwiegeln; anders könne er sich den Demütigungen, die ihm bevorständen, nicht entziehen. Für sich selbst aber hoffte Histiaios, daß ein ionischer Aufstand den Großkönig zwingen werde, ihn nach seiner Heimat zu entlassen. Er wollte um jeden Preis auf den Schauplatz ionischer Geschichte zurückkehren.

Aristagoras sammelte seine Partei und bearbeitete die immer neuerungssüchtige Volksmenge Milets für seine Pläne. Es fehlte nicht an besonnenen Männern, welche das Tollkühne des Aufstandes vollkommen erkannten und der Volksbewegung Einhalt zu tun suchten. Ihr Führer und Sprecher war Hekataios, der Sohn des Hegesandros, ein Milesier aus altem Geschlechte. Er hatte die ganze Welt, soweit sie damals mit den Mittelmeerstaaten in Verbindung stand, sorgfältig erkundet und sich als Frucht ausgebreiteter Wissenschaft einen hellen Blick und ein besonnenes Urteil über politische Verhältnisse angeeignet. Furchtlos trat er auf den lärmenden Markt und entwickelte in kraftvoller Rede die Lage der Dinge, alle Hilfsmittel, welche dem Perserkönige zu Gebote ständen, und die unausbleiblichen Folgen einer verfehlten Volkserhebung. Das Reich sei mächtiger, einiger und geordneter als je zuvor. Tüchtige Feldherrn seien im Dienste des Königs und die tüchtigsten derselben in Kleinasien. Sie seien voll Erbitterung gegen die Griechen und lauerten nur auf eine Gelegenheit, sie zu demütigen; sie seien ihrem Kriegsherrn unbedingt ergeben, durch Blutsverwandtschaft wie Artaphernes und Megabates, oder durch Heirat, wie Daurises, Otanes und Mardonios, mit ihm verbunden; alle voll Ehrgeiz und Begierde, sich dem Dareios als Stützen des Thrones zu bewähren. Auf tätige Bundeshilfe könnten die Städte weder im Innern des Reiches noch bei den Nachbarn, weder bei den Griechen noch bei den Skythen rechnen; die feindliche Übermacht dagegen bedrohe sie aus nächster Nähe und nicht bloß zu Lande, sondern auch zur See. Denn die Phönizier würden jede Gelegenheit des Kampfes gegen die Ionier begierig ergreifen. Der Haß der Phönizier gegen die Griechen sei die Stärke der Perser.

Als Hekataios erkannte, daß die Stimme der Besonnenheit dem aufgeregten Volke gegenüber machtlos sei, gab er den Widerspruch auf, aber nicht um sich verletzt zurückzuziehen oder die Bestätigung seiner Warnungen schadenfroh abzuwarten, sondern nun gab er sich alle Mühe, daß seine Landsleute den gefaßten Beschluß mit demjenigen Eifer durchführen möchten, welcher allein einen Erfolg möglich machen könnte.

„Wollt Ihr Krieg", sprach er, „wohlan, so sei es! Aber dann handelt wie Männer und tut, was Ihr tut, mit voller Energie. Was Ihr braucht, ist Geld; Geld für Schiffe und für Söldner; denn nur auf dem Meere könnt Ihr Euch halten. Opfer der Bürger reichen nicht aus, es bedarf großer Summen; um sie zu erlangen, gibt es nur ein Mittel. Massen von Gold liegen müßig im Schatze des Apollon; vor allem die Weihegabe des Kroisos. Ihr scheuet Euch Hand daran zu legen? Ist es etwa minder frevelhaft, sie als Beute den Persern preiszugeben, den Feinden des Gottes, als sie zu Ehren Eures Nationalgottes zu verwerten? Ihr habt nur die Wahl, ob Ihr durch sie siegen oder durch sie besiegt werden wollt!"

Die Ionier wußten ihren Hekataios anzuhören und zu bewundern, aber es blieb doch bei halben Maßregeln. In der kecksten Weise wurde mit dem Großkönige gebrochen, aber immer wurde nur für den Augenblick gehandelt und für einen festen Rückhalt der Bewegung sorgte niemand. Die Ereignisse folgten sich rasch, denn ehe noch die persisch-ionische Flotte auseinander gegangen war, wurde Iatragoras von Milet abgeordnet, um die Revolution auf die Flotte zu verpflanzen. Hier gelang es, die Sache der Stadt Milet auf einmal zu einer ionischen Nationalsache zu machen; es gelang auch, sich der Tyrannen, ehe sie in ihre Städte heimgekehrt waren, durch einen verwegenen Handstreich zu bemächtigen und dann wurde gleichzeitig in Milet selbst und in den Nachbarstädten die Herstellung der Volksfreiheit ausgerufen. Das Feuer der Erhebung pflanzte sich rasch von einem Stadtmarkte zum andern fort; bald waren alle ionischen und äolischen Städte in offenem und siegreichem Aufstande, weil die persische Partei durch die Gefangennahme ihrer Häupter aller Orten gelähmt war. Südwärts aber erstreckte sich die Bewegung nach Karien, nach Lykien und selbst nach Cypern. Dies geschah noch im Spätsommer desselben Jahres, in welchem Naxos belagert worden 70, 1/2; 499. Im nächsten Frühjahre mußte sich entscheiden, ob die im kecken Anlaufe leicht gewonnene Freiheit behauptet werden könnte.

Aristagoras war klug genug, während dieser Frist sich nach Bundeshilfe umzusehen. Im Binnenlande wußte er nichts mehr zu erreichen, als daß er die nach Phrygien verpflanzten Päonier, mit denen er durch seinen Schwiegervater in Beziehung stand, zum Aufruhr und Aufbruche veranlaßte. Er selbst fuhr dann nach Gytheion hinüber und ging den Eurotas hinauf nach Sparta, wo er an König Kleomenes einen Mann fand, welcher vor weitausschauenden Plänen keine Scheu trug. Allein so beredt er auch alle Vorteile des Kampfes und die Forderungen nationaler Ehre auseinander setzte, so wenig er sich scheute, der Wahrheit entgegen die persische Tapferkeit und die Macht des Reiches herabzusetzen, so sehr er auch mit Hilfe seiner Erztafel, auf welcher die Spartaner zum erstenmal die bekannten Länder und Meere dargestellt sahen, ihnen den Schauplatz des Krieges anschaulich zu machen suchte; es gelang ihm nicht, Eingang zu finden. Die erfolglose Unternehmung gegen Samos war noch in frischem Gedächtnisse; die Gefahr ionischer Ansteckung war dabei zu deutlich geworden; gewiß waren es die Ephoren, von denen der Widerstand ausging. Auch war Aristagoras kein Mann, der Vertrauen erwecken konnte, am wenigsten in Sparta; sein pomphaftes Auftreten, das prahlende Vorzeigen seiner Schätze schadete seiner Sache am meisten und, zuletzt soll er sie dadurch verdorben haben, daß er, nachdem er den Spartanern soviel vorgelogen hatte, ihnen auf die Frage, wie weit es vom Meere bis Susa sei, unbedachterweise einmal die Wahrheit sagte. Denn als sie von einem dreimonatigen Marsche hörten, da schien es auch dem beherztesten Spartaner eine Tollkühnheit zu sein, mit einem so ungeheuren Binnenreiche einen Kampf hervorzurufen.

Glücklicher war Aristagoras in Athen und in Eretria. Die Athener standen ja mit Persien schon auf feindlichem Fuße; in Athen war man schon durch Verbindung mit der thrakischen Halbinsel von allen Verhältnissen genauer unterrichtet, man erkannte das Unvermeidliche des Krieges, und bei dem mutigen Selbstgefühle, welches die Bürgerschaft belebte, war man mehr für Angreifen als Abwarten. Damals wurden die alten Überlieferungen von der ionischen Wanderung aus der Vergessenheit hervorgezogen und Aristagoras unterließ nicht, dem Stolze der Bürger zu schmeicheln, indem er Athen als die Mutter der reichen Städte Ioniens, als den Herd bürgerlicher Freiheit darstellte, auf dessen Hilfe die von Barbaren unterdrückten Tochterstädte mit Hoffnung und Vertrauen hinüberblickten. In Euboia aber war seit der Niederlage von Chalkis Eretria die erste Stadt und sie fühlte sich von der Zeit des Lelantischen Krieges her den Milesiern zur Bundeshilfe verpflichtet. Darum wurden in Athen unverzüglich zwanzig, in Eretria fünf Galeeren seefertig gemacht, um dem Aristagoras zu folgen.

Die Perser waren inzwischen nicht untätig geblieben. Es kam schon bei der Überfahrt zwischen den Schiffen der Eretrier und der phönizischen Flotte, welche gegen das abtrünnige Ionien aufgeboten war, zum Kampfe, und von der Landseite waren die Perser gegen Milet vorgerückt, um den Herd des Aufstandes rasch zu zerstören. Die Aufständischen aber glaubten zum Entsatze der Stadt und zur Aufwiegelung der Asiaten nichts Besseres tun zu können, als gleich gegen Sardes vorzugehen, um allen noch schwankenden Freunden ihrer Sache zu zeigen, wie ernst es ihnen sei. Dazu scheinen die Athener besonders den Antrieb gegeben zu haben, welche im Spätsommer bei Ephesos landeten. Die Ephesier hielten sich im ganzen neutral, aber es fanden sich ephesische Männer bereit als Führer zu dienen, und so kam der Kriegszug unvermutet vom Tmolos herunter, ehe man in Sardes an Verteidigung gedacht hatte. Die Unterstadt wurde leicht genommen und Artaphernes in der Burg eingeschlossen (70, 2; 498).

Die Einnahme von Sardes war ein Wendepunkt in der Geschichte des Krieges, aber nicht zum Heile der Griechen. Denn wenn sich auch einzelne Stämme auf die Nachricht des scheinbar glänzenden Erfolges dem Aufstande anschlossen, so war der nutzlose Brand von Sardes und die Zerstörung des Kybeletempels ein Feuerzeichen, welches die ganze Umgegend alarmierte; es war eine Tat, welche bei den Lydern die größte Erbitterung hervorrief und eine schnellere Vereinigung feindlicher

Truppen veranlaßte. Schon auf dem Markte der brennenden Stadt, am Paktolos, kämpften die Lyder wie Verzweifelte mit den Persern gegen die Ionier, und diese wurden so schnell zurückgedrängt, daß sie ohne Ruhm und selbst ohne Beute den Rückzug nach dem Meere antreten mußten. In Susa aber machte natürlich die Zerstörung von Sardes einen solchen Eindruck, daß nun um so rascher und nachdrücklicher gehandelt wurde, während man sonst den Aufstand geringer geachtet und länger verabsäumt haben würde.

Inzwischen wurden die Aufständischen noch auf dem Rückzuge von den aus der Umgegend zusammeneilenden Truppen bei Ephesos eingeholt und erlitten eine Niederlage, infolge deren die Athener über Milet nach Hause zurückfuhren. Ihre ganze Beteiligung am Kriege hatte keinen anderen Erfolg, als daß sie den persischen König auf das Empfindlichste gereizt und seinen gerechten Zorn hervorgerufen hatten. Die Ionier aber beschränkten sich auf ihre Flotte und es gelang ihnen unter dem Eindrucke des Sardischen Feldzuges, dessen kläglicher Ausgang an den ferneren Punkten nicht beurteilt werden konnte, vom Bosporus bis zum Cyprischen Meere alles griechische Küsten- und Seevolk für die gemeinsame Sache zu gewinnen; die Zahl der aufständischen Städte wurde ansehnlich vergrößert. Auch die Kaunier schlossen sich jetzt an, welche früher ihre Teilnahme verweigert hatten.

Nach dem mißlungenen Versuche, angreifend vorzugehen und ihrerseits den Kriegsschauplatz zu bestimmen, waren die Griechen jetzt darauf angewiesen, den Angriffen der Perser, welche gegen die Küsten und Inseln vorrückten, zu begegnen. Dies war um so schwieriger, weil die Perser gleichzeitig in verschiedenen Heerhaufen und in verschiedener Richtung vorrückten.

Der nächste Schauplatz des Kampfes war Cypern, wo ganz ähnliche Verhältnisse waren wie in Ionien; denn die Insel bestand aus einer Gruppe von Stadtgebieten, in welchen unter persischer Hoheit Tyrannen herrschten. Auch hatte der cyprische Aufstand, ebenso wie der milesische, einen persönlichen Anlaß. Auch hier ging die Erhebung nicht von dem Volke aus, sondern von einem ehrgeizigen Manne, Onesilos, dem Bruder des Gorgos, welcher in Salamis, der ansehnlichsten aller Inselstädte, regierte. Er machte sich zum Herren derselben und regte nun das Inselvolk auf, welches ihm, bis auf die Bevölkerung von Amathus, freiwillig zufiel. Er belagerte die Stadt, welche das einzige Hindernis einer die ganze Insel umfassenden Herrschaft war, und rief die Ionier zu Hilfe, welche noch in Karien waren. Aber ehe diese ankamen, war schon von Kilikien ein Perserheer übergesetzt und eine phönizische Flotte lag auf der Reede von Salamis. Als nun die Ionier kamen, machte Onesilos ihnen den Vorschlag, den Kampfplatz zu tauschen; die Ionier sollten sich dem Landheere entgegenstellen, die Kyprier dagegen die Schiffe besteigen; ein Vorschlag, welcher wohl dadurch veranlaßt war, daß Onesilos seinen Landsleuten nicht traute, die zu Lande leichtere Gelegenheit zum Verrate hatten. Indessen wollten die Ionier ihre Schiffe nicht hergeben; sie zogen den Phöniziern entgegen, als diese das nordöstliche Vorgebirge umschifften und besiegten sie; aber es war ein erfolgloser Sieg. Denn zu Lande geschah, was Onesilos gefürchtet hatte. Stesenor, der Tyrann von Kurion, ging während des Kampfes zu den Feinden über und ihm folgten die Wagenkämpfer von Salamis, ohne Zweifel die Vornehmen der Bürgerschaft, denn diese waren einer Volkserhebung entgegen, welche nach Vertreibung der Perser auch den Privilegien der Geschlechter ein Ende gemacht haben würde. Onesilos fiel in der Schlacht; Salamis ergab sich und nahm den Gorgos wieder auf; von allen Städten war es allein Soloi an der Nordküste, wo eine national gesinnte Bürgerschaft monatelang den Persern widerstand, obgleich ihr Fürst Aristokypros, der Sohn des Philokypros, an der Seite des Onesilos gefallen war. Es waren Pflanzbürger von Athen, welche sich hier niedergelassen hatten; daraus erklärt sich der Freiheitsmut der einen Stadt.

Sie war ein verlorener Posten im fernen Osten. Nach einjährigem Kampfe (70, 2; 498) war der Plan eines hellenischen Inselreiches zerronnen, die ganze Insel unter persische Hoheit zurückgeführt, das Cyprische Meer beruhigt und der sichere Zusammenhang mit Phönizien wiederhergestellt, so daß die Perser nunmehr alle Streitkräfte gegen Ionien verwenden konnten.

In Kleinasien wurde Sardes der Waffenplatz unter des Artaphernes entschlossener Leitung. Es wurden drei Heerhaufen gebildet. Den einen behielt Artaphernes in seiner Nähe, um Sardes zu schützen und zur rechten Zeit damit die letzten und entscheidenden Unternehmungen gegen die Hauptplätze auszuführen. Zwei kleinere Heerhaufen aber unter Daurises und Hymeas wurden bestimmt, den bedrohtesten Küstenplätzen des Reiches rasche Hilfe zu bringen. Der verwundbarste Teil Kleinasiens war aber der Nordwesten, weil hier die Gefahr drohte, daß die Skythen mit den Ioniern gemeinschaftliche Sache machen könnten. Mit überraschender Schnelligkeit war daher Daurises am Hellespont und in wenig Tagen waren

Dardanos, Abydos, Lampsakos erobert; auf des Königs Befehl wurden die Städte zerstört, die Bürger weggeführt, ihre Schiffe vernichtet; die ganze asiatische Seite des Sundes war mit rauchenden Stadtruinen bedeckt.

Während Hymeas von der Propontis nach Äolis einrückte, um die troische Halbinsel zu unterwerfen, eilte Daurises nach Süden, wo die karischen Bergvölker in Aufruhr waren. Die Karer wurden am Einflusse des Marsyas in den Maiandros geschlagen; sie zogen sich aber aus dem Marsyastale nach dem Latmosberge hinauf, scharten sich am Südabhange desselben um ihr Nationalheiligtum dem Zeus Stratios zu Labranda und es gelang ihnen, den Daurises mit seinem ganzen Heere im Gebirgslande zu überfallen und aufzureiben. Es waren die ernstesten Kämpfe, die im ganzen Aufstande vorkamen. Indessen blieben diese und ähnliche Erfolge einzeln und ohne Zusammenhang, während die Perser immer neue Streitkräfte aus dem Innern des Landes vorschoben. Denn nachdem im Norden und Süden der Widerstand gebrochen war, rückte von Sardes das Mittel- und Hauptheer unter Artaphernes und Otanes vor. Klazomenai und Kyme wurden eingeschlossen, denn man wollte auf diese Weise den Herd der Empörung immer näher umstellen und vom Binnenlande abschließen; aber die Belagerungen zogen sich trotz der Gewandtheit, welche die Perser im Belagerungskriege hatten, viele Monate hin, und Artaphernes war unmutig über den langsamen Fortschritt nach Sardes zurückgekehrt, als Histiaios sich bei ihm mit den neuesten Befehlen des Großkönigs einstellte.

Histiaios hatte im dritten Kriegsjahre endlich erreicht, was er wollte. Es war ihm gelungen, den Dareios zu überzeugen, daß er allein der geeignete Mann sei, den Aufstand rasch zu Ende zu führen. Es komme darauf an, den entscheidenden Schlag auf Milet zu führen, ehe neue Hilfe von jenseits einträfe; er hatte des Dareios Zorn vorzugsweise auf die überseeischen Griechen gelenkt. Für Artaphernes aber gab es keinen verhaßteren Anblick, als den des Histiaios, und so harmlos sich dieser anstellte, als er im sardischen Hauptquartiere mit dem Statthalter des Königs über die Lage der Dinge und den Ursprung der Revolution sich aussprach, Artaphernes durchschaute ihn vollkommen und sagte ihm auf den Kopf: „Du hast den Schuh genäht und Aristagoras hat ihn angezogen!" Histiaios konnte sich in seiner zweideutigen Rolle nicht länger halten; er war entschlossen, wieder ganz Ionier zu sein und das aufständische Volk um seine Person zu sammeln. Er entwich nach Chios, wo am meisten Hilfsmittel vorhanden waren und der größte Eifer für die nationale Sache herrschte. Er suchte durch allerlei Lügen von dem Plane des Großkönigs, die Ionier sämtlich aus ihren Wohnsitzen nach dem Binnenlande fortzuschleppen, die Erbitterung zu steigern und ging dann von Chios nach Milet, um sich an die Spitze der Bewegung zu stellen. Ein neuer Akt sollte beginnen.

Hier hatte sich inzwischen alles verändert. Aristagoras hatte längst die Leitung aus der Hand verloren; er hatte einsehen müssen, wieviel leichter es sei, ein bewegliches Stadtvolk aufzuwiegeln, als einer gewaltigen Reichsmacht gegenüber in ausdauerndem Kampfe Land und Freiheit zu verteidigen. Wiederum stand er vor der Versammlung des Volkes, aber wie anders jetzt als vor drei Jahren, da man den Sohn des Hegesandros als einen schwarzsichtigen Alten verspottet hatte! Jetzt stand auf der Tagesordnung keine andere Frage als die: Wohin sollen wir uns wenden, wenn das vereinigte Heer gegen Miletos zieht? Nach Sardinien, welches Bias schon in Vorschlag gebracht hatte, oder nach dem von Histiaios befestigten Myrkinos? Hekataios hatte seine Landsleute nicht verlassen. Er war noch immer der besonnenste im Volke und trat jetzt der Verzweiflung entgegen, wie damals dem voreiligen Freiheitsjubel. Er wollte nicht, daß man die Stadt der Väter preisgeben sollte; sein Rat war, das nahe Eiland Leros ins Auge zu fassen und zur Ansiedlung einzurichten. Dorthin sollte man im schlimmsten Falle auswandern, um von da in günstiger Zeit mit Hilfe der jenseitigen Griechen nach Milet heimkehren zu können. Aristagoras aber gab seine Sache auf; er dachte am Ende des Aufstandes wie am Anfange desselben nur an sich, und wie er in allem, was er tat, der Nachahmer seines Schwiegervaters war, so wollte er auch jetzt die alten Pläne des Histiaios in Thrakien für seine Person wieder aufnehmen. Er ließ Ionien, das er in alle Not gebracht hatte, im Stiche und fuhr nach der Strymonmündung, um sich in Myrkinos als Dynast festzusetzen. Dort kam er im Kampf mit den Thrakiern ruhmlos ums Leben.

Nach Aristagoras' Entfernung war Pythagoras an der Spitze der Stadt, welche einem wildbewegten Heerlager glich und unter dem Gesetze der Waffen stand. Da kam Histiaios, stürmisch Einlaß begehrend, als wenn er noch ein Anrecht hätte, in Milet Gehorsam zu verlangen. Der verbitterte, gewalttätige Mann kam keinem recht; wie ihn die Perser als Verräter haßten, so war er den Griechen als Vertrauter des Königs verdächtig. Er wurde abgewiesen, ja mit Gewalt und verwundet fortgetrieben vom Tore der Stadt, in welcher er endlich die Rolle zu spielen hoffte, welche seinen Ehrgeiz befriedigte. In voller Wut eilte er nach Chios zurück; auch hier wurde er abgewiesen. In Lesbos gelang es ihm noch, durch falsche Vorspiegelungen Schiffe zu erhalten, mit denen er nach Byzanz ging. Endlich wurde er, da er keine Partei und keine Heimat mehr hatte, ein Seeräuber und brandschatzte die Handelsschiffe am Eingang des Pontus, während die Ionier ihre letzten Anstrengungen machten, ihre Freiheit zu retten. Denn schon zogen sich die Streitkräfte Vorderasiens langsam um Milet zusammen; die Truppen aus Cypern stiegen von Süden in das Mäandertal herunter, die anderen Heerhaufen kamen von Sardes und Äolis her, und gleichzeitig drängte sich, was in Ägypten, Kilikien und Phönizien an Seemacht vorhanden war, immer dichter um die Mündung des Maiandros zusammen, beute- und rachgierig lauernd auf den Fall der großen Seestadt, in welcher seit Jahrhunderten die Schätze aller Himmelsgegenden aufgehäuft worden waren.

In dem breiten Meerbusen von Milet erhob sich der Stadt gegenüber eine kleine Insel, Lade genannt; um sie sammelte sich das Seevolk, welches zum Entscheidungskampfe der Bundesrat im Panionion aufgeboten hatte. Noch einmal rafften alle Städte, welche treu geblieben waren, ihre Kräfte auf, um Milet von der Seeseite frei zu halten und das gemeinsame Apolloheiligtum zu verteidigen. Milet selbst stellte achtzig Schiffe, welche den rechten Flügel einnahmen, Chios bildete mit hundert Schiffen das Mitteltreffen; zur Linken hielten die Samier mit sechzig; Lesbos stellte siebzig, Teos siebzehn, Priene zwölf, Erythrai acht, Phokaia und Myus je drei. Es war ein buntgemischtes Seevolk; alle auf dem Meere zu Hause, zu einzelnen kecken Unternehmungen trefflich geeignet, aber ohne rechten Zusammenhang, ohne Zucht und Schule; denn die Verkündigung der Freiheit Ioniens war für die Seeleute nur ein Signal gewesen, die persischen Zuchtmeister los zu werden. Am empfindlichsten war der Mangel eines energischen Oberbefehls. Freilich fand sich in letzter Stunde der rechte Mann, Dionysios von Phokaia. Er hatte in vollem Maße jenen Heldenmut, welcher seine Mutterstadt vor allen Nachbarstädten auszeichnete; er wußte, worauf es ankam. Als daher das leichtsinnige Seevolk beim Heranrücken der feindlichen Massen doch anfing bedenklich zu werden, versprach er ihre Sache zu retten, wenn sie ihm folgen wollten. Er fand sie willig und stellte nun tägliche Übungen an in taktmäßigem Ruderschlage, in rascher Wendung des Schiffes und jähem Angriffe. Acht Tage lang war Lade der Mittelpunkt eines kriegerischen Seelagers, dann aber war es mit der Ausdauer zu Ende. „Was haben wir", jammerten die Seeleute, „den Göttern zuleide getan, daß wir dergestalt

Krieger vom Tempel in Ägina. Paris, Louvre

Liegende Amazone. – Liegender Perser. Neapel, Nationalmuseum.
Verwundeter vom Tempel in Ägina. München, Glyptothek

büßen müssen, unter dem herrischen Eigensinne des phokäischen Schiffshauptmannes, der mit drei Fahrzeugen zu uns gestoßen ist und der uns nun in dieser Weise mißhandelt, daß wir elend und krank werden! Schlimmeres als dies kann uns gar nicht begegnen." Alles Zureden war umsonst. Die Matrosen streckten sich wieder untätig am Strande hin und der Tag des Verderbens rückte heran.

Nun kamen Boten aus dem feindlichen Heerlager, wo die ehemaligen Tyrannen beschäftigt waren, mit den Kontingenten ihrer Städte in Verhandlung zu treten und ihnen für den Fall der Heimkehr günstige Versprechungen zu machen. Dadurch wurde die letzte Widerstandskraft der Ionier aufgelöst. Am ehesten gingen die Samier auf die Versprechungen des Aiakes ein. Sie verließen bis auf elf Schiffe ihre Stellung. Ihrem Beispiele folgten die Lesbier und die meisten anderen Staaten; zwei Drittel der Flotte hatten sich zerstreut, als endlich die Schlacht begann. Um so heldenmütiger war der Kampf derer, die bei Lade standgehalten hatten; am herrlichsten kämpften die Bürger von Chios, welche viele feindliche Schiffe in den Milesischen Golf versenkten und erst, als die eigenen Galeeren zu sinken drohten, nach Mykale fuhren, um von dort an der Küste entlang in ihre Heimat zu gelangen. Ein neues Unglück wartete ihrer; im Gebiete von Ephesos, dessen Einwohner sich um den ganzen Freiheitskampf nicht kümmerten, wurden sie als Piraten überfallen und in nächtlichem Kampfe erschlagen. Dionysios aber, der kühne Seeheld, hatte sich zu seinen drei Schiffen noch drei hinzuerobert und zog mit seinem Geschwader in das westliche Meer, um hier gegen Karthager und Tyrrhener zu kämpfen. Denselben Weg nahmen die elf samischen Schiffe auf die Einladung des Skythes, welcher sich am Sizilischen Sunde in Zankle zum Herrn der Stadt gemacht hatte und seekundige Hellenen suchte, um mit ihrer Hilfe an der Nordküste Siziliens neue Ansiedlungen zu gründen. Die Samier legten in Lokroi an, wo Anaxilas herrschte, der arglistige Widersacher des Skythes. Er überredete sie, statt sich als Werkzeug des Tyrannen der mühsamen Arbeit einer neuen Niederlassung zu unterziehen, Zankle selbst zu besetzen, da Skythes mit seinen Truppen gerade bei einer Unternehmung gegen die Sikuler abwesend sei. Skythes, von allen Bundesgenossen verraten, war plötzlich heimatlos geworden und ging als Landflüchtiger zum König Dareios, welcher den Wert des Mannes zu würdigen wußte und ihn mit der Insel Kos belehnte.

So hatte sich vor und nach der Schlacht die letzte Flotte, die Ionien aufzubringen vermochte, nach allen Winden zerstreut. Milet war schutzlos, aber es ergab sich nicht, denn es wußte, daß keine Gnade für die Stadt vorhanden sei. Es wurde mit zahlloser Übermacht von der Land- und Seeseite eingeschlossen; die Ringmauer mußte durch Belagerungsmaschinen gestürzt, die Stadt im Sturm genommen werden. Nun hatten endlich die Perser Gelegenheit, volle Rache an den Ioniern zu nehmen. Die Stadt wurde zur Vergeltung des Brandes von Sardes eingeäschert, die waffentragende Bürgerschaft getötet, der Überrest fortgeschleppt und in Ampe an der Mündung des Tigris angesiedelt. Das Stadtgebiet blieb Krongut, die Burg eine persische Festung; das Bergland wurde den Karern gegeben, welchen die Ahnen der Milesier einst den Boden abgestritten hatten.

Das Heiligtum des Apollon in Didymoi ging in Flammen auf, nachdem sich die Perser aus den Schätzen desselben, wie Hekataios vorausgesagt, bezahlt gemacht hatten. Es gab kein Milet mehr. Die ganze Gegend veränderte sich. Die Maiandros verschlämmte allmählich den verödeten Hafen und anstatt des Meeres, wo sich einst die Schiffe mit den Waren des Nils, des Schwarzen Meeres und Italiens zusammendrängten, breitet sich nun ein einförmiges Weideland aus, aus dessen Mitte sich ein niedriger Hügel erhebt; es ist der Grabhügel ionischer Selbständigkeit, die Insel Lade. Zwischen dem Hügel und der Stätte, wo Miletos stand, zieht der Maiandros mit träger Flut in das Meer.

Gleich nach dem Untergange von Milet vollendete das Landheer die Unterwerfung Kariens; die Phönizier besserten ihre beschädigten Schiffe aus und zogen dann triumphierend durch das flottenlose Meer von Ionien, aus welchem sie Jahrhunderte lang verdrängt gewesen waren. Im Norden hauste noch Histiaios; er überfiel die Chier, um sich an ihnen zu rächen; dann belagerte er Thasos, indem er seine alten thrakischen Herrschaftspläne erneuerte. Endlich wurde er auf einem Streifzuge gefangen und vor den Richterstuhl seines erbittertsten Feindes gestellt. Artaphernes ließ ihn unverzüglich an das Kreuz schlagen, während Dareios mit rührender Treue noch dem Haupte des Histiaios, das ihm zugeschickt wurde, Dankbarkeit und Ehre zu erweisen beflissen war.

Das Strafgericht blieb nicht auf Milet beschränkt. Die vielgeprüfte Insel Chios, deren Heldenmut bei Lade die früheren Flecken ihrer Geschichte ausgelöscht hatte, die herrliche Insel Lesbos sowie Tenedos wurden nicht nur unterworfen, sondern durch eine förmliche Menschenjagd auf das Grausamste mißhandelt und entvölkert. Die wohlgebildetsten Knaben wurden zum Eunuchendienste herdenweise nach Susa geschickt, die schönsten Mädchen für den Harem des Königs und seiner

Großen fortgeschleppt. So sank Ionien zum drittenmal in Knechtschaft. Die Ländereien wurden neu vermessen und die Abgaben von neuem bestimmt. Man setzte die Tyrannen ab, deren Ehrgeiz und Verrat so unsägliches Unheil gestiftet hatte; die einzelnen Städte wurden, was ihr Gemeinwesen betraf, sich selbst überlassen. Der milde Himmel Ioniens tat das Seine, die Wunden zu heilen; die verödeten Plätze wurden nach und nach wieder angebaut, Städte, wie Ephesos, blühten in ungestörtem Wohlstande weiter, aber mit einer Geschichte Ioniens war es für alle Zeit vorbei.

Artaphernes hatte seinem Herrn große Dienste geleistet in Krieg und Frieden. Jeder Widerstand in Kleinasien war gebrochen und die finanziellen Einrichtungen, welche er getroffen hatte, waren so zweckmäßig, daß sie für alle späteren Zeiten maßgebend blieben.

Dennoch erntete er keinen Dank. Ihm wurde durch eine gegnerische Partei das Vertrauen seines königlichen Bruders entzogen; er sollte zu langsam gehandelt, zu wenig erreicht haben. Die ganze Führung des Krieges wurde getadelt. Die Folge war, daß alle oberen Befehlshaber in den Seeprovinzen abgesetzt wurden und daß zur Demütigung des viel erprobten Kriegs- und Staatsmannes ein ganz junger Mann den Oberbefehl erhielt, der Sohn des Gobryas, Mardonios, welchem der König soeben seine Tochter Artazostra vermählt hatte. Ihn stellte er nun mit ausgedehnten Vollmachten an die Spitze seiner Land- und Seemacht, indem er sich von seiner jugendlichen Tatkraft die größten Erfolge versprach.

Mardonios wich in allen Punkten von den Ansichten seines Vorgängers ab. Er wollte die Kriegführung nicht auf Asien beschränkt wissen, auch nicht die Erweiterung des Reichsgebietes von günstigen Gelegenheiten abhängig machen. Im Gegensatze zu dem Griechenhasse des Artaphernes wollte er durch Anschluß an die Sitten und Einrichtungen der Griechen das Volk gewinnen und demselben eine seiner Eigentümlichkeit entsprechende Stellung innerhalb des Perserreiches verschaffen. Als er daher im Frühjahre 493, Ol. 71, 3, die große Flotte in Kilikien bestiegen hatte und an der Küste Ioniens entlang fuhr, ließ er sich trotz seiner kriegerischen Ungeduld soviel Zeit, die wohlerwogenen Anordnungen des Artaphernes umzustürzen. Die Steuerbezirke ließ er bestehen, aber die Vögte, welchen Artaphernes die einzelnen Städte anvertraut hatte, wurden ohne weiteres entfernt und den Volksversammlungen die Gemeindeangelegenheiten zurückgegeben. Er wollte sich als einen Freund und Beschützer griechischer Volksfreiheit zeigen und Popularität in den Seeprovinzen erwerben. Er gehörte einer Partei an, welche man die philhellenische nennen kann; er führte auf seinen Feldzügen griechische Zeichendeuter bei sich und suchte seine Ehre darin, sich als einen Staatsmann von freieren Ansichten und weiterem Blicke zu bewähren. Es hatte überhaupt seit dem Regierungsantritte der Achämeniden mancherlei politische Anschauungen im Perserreiche Eingang gefunden, welche bis dahin unerhört gewesen waren. Das hatte sich schon nach dem Sturze der Magier bei der Beratung der persischen Großen gezeigt und Herodot setzt die liberalen Staatsideen des Otanes mit den demokratischen Maßregeln des Mardonios ausdrücklich in Zusammenhang.

Nach diesem Vorspiele in Ionien ging Mardonios mit Landheer und Flotte nach dem Hellespont hinauf, um auf dem schon einmal betretenen Wege durch Thrakien und Makedonien gegen Westen vorzudringen. Die friedlich gestimmten Griechenstaaten sollten mit ihren heimischen Einrichtungen in den großen Reichsorganismus aufgenommen, die trotzigen bezwungen werden, vor allem die frevelhaften Teilnehmer am Brande von Sardes, Athen und Eretria. Mit ihrer Züchtigung schien der Ionische Krieg erst wirklich als beendet angesehen werden zu können.

Diesmal schützte der Athos die westlichen Hellenen. Herbststürme und Winterkälte, welche Ol. 71, 4 ungewöhnlich früh und heftig eintraten, setzten dem Zuge des Mardonios in Thrakien ein Ziel. Denn als er dort, wo Megabazos vor achtzehn Jahren aufgehört hatte, die Landeroberung fortsetzen wollte und zu dem Zwecke seine Flotte um das Athosgebirge herumschickte, erlitt er einen furchtbaren Schiffbruch, bei welchem dreihundert Fahrzeuge untergingen und die Gestade des Strymonischen Meerbusens mit unzähligen Perserleichen bedeckt wurden. Als nun auch das Landheer gleichzeitig von den Feindseligkeiten der Thrakier und der rauhen Wildnis des Landes viel zu leiden hatte, wagte Mardonios nicht weiter zu gehen und die Athener blieben diesmal verschont.

Aber der Brand von Milet war auch für Athen ein drohendes Wahrzeichen und nicht ohne Grund haben die Bürger ihren Dichter Phrynichos bestraft, als er im Jahre nach der Schlacht bei Lade ihnen den Fall von Milet am Dionysosfeste vor Augen führte. Es war gegen das Herkommen griechischer Kunst, die Not der Gegenwart auf die Bühne zu bringen. Mehr aber als das künstlerische Versehen peinigte sie der Vorwurf des eigenen Gewissens, daß sie nicht schuldlos seien an dem Untergange ihrer Tochterstadt, der Königin des Meeres. Das Schicksal Milets drohte jetzt ihnen, sie waren zu unmittelbaren Nachbarn der Perser geworden; die Perser aber waren das einzige Volk des Morgenlandes, welches die Seeküste gewonnen und die Griechen sich dienstbar gemacht hatte, ohne seine nationale Selbständigkeit und volkstümliche Wehrkraft zu verlieren, wie es bei den Ägyptern und Lydern der Fall gewesen war. Die ganze weitere Entwicklung der Völkerverhältnisse am Mittelmeer war jetzt von den Beziehungen zwischen Persien und Griechenland abhängig.

Anfangs hatte man das Griechenvolk nur als eine der vielen Völkerschaften angesehen, welche vom Schicksal bestimmt seien, dem neuen Weltreiche einverleibt zu werden. Man mußte aber bald erkennen, daß hier eine ganz besondere und eigentümliche Aufgabe vorliege, deren Schwierigkeiten sofort auf das Perserreich zurückwirkten und dazu beitrugen, die Grundsätze seiner Politik zu erschüttern, indem man sich über die Behandlung der Griechen nicht einigen konnte. Sie waren das erste Volk, von dem man erkannte, daß es sich nur durch sich selbst besiegen lasse; darum wollten die einen, daß man die unterworfenen Griechen in ihrer Eigentümlichkeit anerkenne und schone, während die anderen nur dem Hasse folgten, welchen die Perser seit den Tagen des Kyros gegen die Griechen empfanden und dieselben, wie alle anderen Völkerstämme, nur als Material für den Ausbau des Reiches verwendet wissen wollten. Der Nationalhaß war durch den ionischen Aufstand nur gesteigert worden, wie das jammervolle Schicksal von Milet, Chios u. a. Orten beweist. Dazu kam, daß der völlige Mangel an einheitlicher Kraft und Ausdauer, den die asiatischen Ionier gezeigt hatten, die Ansicht bestärkte, daß sie zu selbständiger Politik in Krieg und Frieden untauglich seien. Nach demselben Maßstabe glaubte man natürlich auch die jenseits des Wassers wohnenden Stammesgenossen beurteilen zu müssen. Darin also kamen beide Parteien vollkommen überein, daß man nicht säumen dürfe, das ganze Griechenvolk den Achämeniden zinsbar zu machen.

So wurde denn auch Dareios trotz seines friedfertigen Charakters und der unverkennbaren Auffassung, welche er persönlich für hellenische Bildung hatte, in den Kampf gegen die Hellenen hineingezogen, welcher einmal die Politik der Achämeniden geworden war. Er wurde in die verschiedensten Gegenden geführt. Von Ägypten aus wurden die Griechen in Libyen befehdet und bald nach dem Skythenzuge die Einwohner von Barke nach Baktrien verpflanzt. Es wurden auch schon mit Karthago Unterhandlungen angeknüpft, um durch seine Flotte die Hellenen in Sizilien und Unteritalien, wo die persische Flagge entehrt worden war, anzugreifen. Zunächst und vor allem aber waren es die Teilnehmer in dem ionischen

Aufstande, gegen welche der gerechte Zorn des Großkönigs gerichtet war, und nicht vergeblich rief ihm bei jeder Mahlzeit dreimal sein Diener zu: Herr, gedenke der Athener!

Der Krieg gegen Athen war nur eine Fortsetzung des in Ionien begonnenen; er nahm aber jenseits des Wassers einen so verschiedenartigen Charakter an, daß der auf europäischen Boden verpflanzte Ionierkrieg der Anfang durchaus neuer Entwicklungen, daß er für Persien wie für Griechenland, ja für die Geschichte aller Mittelmeerstaaten eine der entscheidendsten Epochen wurde.

Das Achämenidenreich wurde dadurch zu der größten Kraftentwicklung veranlaßt, aber es mußte die ersten unüberwindlichen Schranken seiner Macht anerkennen; es mußte in einer geringen Gruppe von Kleinstaaten sittliche Kräfte kennenlernen, welchen es mit all seinem Gelde und seinen Truppenmassen nicht gewachsen war; es verlor dabei sein Selbstvertrauen und seine innere Festigkeit; es erlitt Niederlagen, von denen es sich niemals erholt hat.

In Griechenland trat das Entgegengesetzte ein. Hier wurde durch den Angriff der Achämeniden die angeborene Volkskraft zuerst vollständig entwickelt, die wahre Vaterlandsliebe entzündet, der Unterschied zwischen Hellenen und Barbaren, die Fülle eigener Hilfsquellen, der Wert bürgerlicher Verfassungen, der ganze Inhalt ihres nationalen Besitzes erst zum Bewußtsein gebracht, aber zugleich der Blick nach allen Seiten erweitert, die Kraft gestählt, die vielseitigste Bildung geweckt und das Selbstvertrauen zu einem Heldenmut gesteigert, aus welchem die edelsten Blüten auf allen Gebieten des geistigen Lebens erwuchsen. Es wurde aber nicht nur das Verhältnis zwischen Hellenen und Barbaren durch diese Kämpfe entschieden und der, wie wir gesehen haben, allmählich erwachsene Gegensatz asiatischer und europäischer Kultur auf einmal zu voller Reife und Klarheit gebracht, sondern auch das Verhältnis der hellenischen Staaten zueinander wurde bei dieser Gelegenheit endgültig bestimmt. Denn erstens stellte sich jetzt der Gegensatz zwischen Mutterland und Kolonien deutlich heraus, indem das durch seine Pflanzstädte in vielen Stücken überflügelte Hellas im Kampfe gegen die Barbaren wieder das Zentrum der griechischen Geschichte wurde. Und dann kamen im Mutterlande durch den Kampf diejenigen Staaten an die Spitze, welche die Tugenden des hellenischen Volkes am vollkommensten bei sich ausgebildet hatten. Der in der Stille gereifte Geist der Athener wurde die treibende Macht der ganzen Volksgeschichte; durch sie wurde zuerst eine wirkliche national-griechische Politik ins Leben gerufen, eine Politik, welche zugleich eine von allen priesterlichen Einflüssen vollkommen unabhängige, klare und selbstbewußte war, weil Delphi den Rest von nationalem Ansehen durch seine Haltung in den Perserkriegen einbüßte.

So knüpft sich der ganze Rückgang des orientalischen Reiches, der ganze Fortschritt der hellenischen Volksgeschichte an den Angriffskrieg des Großkönigs, dessen Darstellung den Inhalt des nächsten Buches ausmacht.

DRITTES BUCH / BIS ZUM PELOPONNESISCHEN KRIEG

Erstes Kapitel

DIE FREIHEITSKRIEGE

Aigina und Athen. — Kleomenes. — Aristeides und Themistokles. — Miltiades. — Schlacht von Marathon. — Athen unter Themistokles. — Xerxes. — Zustand Griechenlands. — Sparta. — Die isthnische Eidgenossenschaft. — Leonidas in Thermopylai. — Schlacht bei Salamis. — Plataiai.

Der Schiffbruch am Athos konnte nur einen kurzen Stillstand in dem großen Völkerkampfe zur Folge haben. Der schlechten Jahreszeit war die Flotte erlegen, und soweit menschliche Schuld an dem Unglücke Teil hatte, fiel sie auf das Haupt des Mardonios. Mit unbegrenztem Vertrauen hatte der Großkönig den jungen, tatenlosen Mann an die Spitze seiner Seemacht gestellt und gleichzeitig alle früheren Oberbefehlshaber in den Küstenländern abgesetzt. Mit kecken Neuerungen hatte Mardonios seine Tätigkeit begonnen; er hatte die Anordnungen des Artaphernes umgestoßen, die Gewaltherrn, welche unter persischer Oberhoheit in den Städten das Regiment führten, entfernt und den Volksversammlungen die Beratung der öffentlichen Angelegenheiten zurückgegeben. Man erkennt in ihm einen Mann, welcher sich mit kühnem Selbstgefühle über die herkömmlichen Vorurteile persischer Politik hinwegsetzte und sich als einen Staatsmann von freierem Urteile und weiterem Blicke zeigen wollte. Auch wollte er, was die weitere Kriegsführung betrifft, nichts von Züchtigung einzelner Städte, von Rückführung einzelner Emigrantenfamilien wissen; er hatte nur das ganze Westland, ganz Europa mit seinen blühenden Städten im Auge; mit dem Feuer eines jugendlichen Ehrgeizes verfolgte er den Gedanken, als Statthalter der Achämeniden jenseits des Meeres ein griechisches Reich zu beherrschen, und deshalb war er so ungeduldig vorgegangen, um noch in demselben Jahre, in welchem er aus dem Innern Asiens aufgebrochen war, seine Winterquartiere in Nordgriechenland zu nehmen und seinem Schwiegervater die Eroberung neuer Landgebiete jenseits des Meeres melden zu können.

Alle diese Pläne waren am Athos gescheitert. Des Königs

Gunst wendete sich wieder den Männern zu, welche eine so stürmische und weit aussehende Art der Kriegsführung vergeblich widerraten hatten. Unter Einfluß der Pisistratiden, welche, von ihren alten Hofleuten begleitet, in Sardes wie in Susa unablässig tätig waren, bildete sich ein neuer Kriegsplan, welcher zunächst nur Mittelgriechenland im Auge hatte. Die Bestrafung von Eretria und Athen, sagte man, sei die nächste unabweisbare Aufgabe; die Ausführung derselben werde durch vielerlei Umstände erleichtert. Mittelgriechenland sei in lauter Kleinstaaten zersplittert, wo von einem erfolgreichen Widerstande nicht die Rede sein könne. Alles sei in Gärung, die bedeutendsten Städte miteinander verfeindet, Athen mit Sparta, Aigina und Theben mit Athen; in jeder Stadtgemeinde könne man auf Parteigänger rechnen. Zu einem Zuge gegen Athen habe man an Hippias den besten Wegweiser, durch ihn den wichtigen Vorteil, die alte Partei desselben für sich zu gewinnen; auch den Spartanern werde es nicht unerwünscht sein, wenn Hippias, dessen Rückführung ihnen einst mißlungen sei, durch persische Truppen wieder eingesetzt werde, um die widerspenstige Stadt, die an trotzigem Selbstgefühle von Jahr zu Jahr zunehme, als Gewaltherr zu bändigen. Durch die wehrlosen Inselgruppen hindurch könne man auf kurzem und gefahrlosem Wege in das Herz von Griechenland vordringen und Athen selbst mit seinen fünfzig Kriegsfahrzeugen sei außerstande, die Landung der Perser abzuwehren.

Nach dem Unglück des Mardonios war es nicht schwer, diesem neuen Kriegsplane die Genehmigung des Großkönigs zu verschaffen. Es war ein Plan, der sich von allem Maßlosen ferne hielt und nur das Unerläßliche ins Auge faßte. Es war wesentlich ein attischer Kriegszug, wie ihn die Ehre der Achämeniden und die persönlichen Gelübde des Großherrn verlangten. So wurden ungesäumt neue Werbungen angeordnet und im ganzen Küstenlande die Schiffswerften in Tätigkeit gesetzt. Dabei wurde namentlich der Bau von Transportschiffen angeordnet, um Reiterei überführen zu können. Denn man kannte durch Hippias die schwache Seite der attischen Kriegsmacht und die Pisistratiden selbst hatten ja mit Hilfe fremder Reiterei ihre Gewaltherrschaft gestützt.

Gleichzeitig hatte man auf die Grenzgebiete des Reiches ein wachsames Auge und benutzte die nachbarliche Eifersucht der griechischen Staaten, um sich von allen gefährlichen Bewegungen in Kenntnis zu setzen, deren man nach dem erlittenen Unglück gewärtig sein mußte.

Diese Vorsicht war nicht unnütz. Denn noch in demselben Jahre oder zu Anfang des folgenden wurden die Bürger von

Thasos angegeben, welche von den umliegenden Städten schon längst mit neidischem Auge angesehen worden waren. Auf diese Insel waren um die Zeit des Königs Gyges (Ol. 15, 720 v. Chr.) Ansiedler aus Paros eingewandert und hatten hier nach vielem Ungemach und harten Kämpfen einen Staat gegründet, welcher sich auch auf das Festland ausdehnte, die wilden Thrakerstämme bewältigte oder zurückdrängte, und in den Silber= und Goldgruben, welche vor Zeiten die Phönizier eröffnet hatten, eine Quelle unerschöpflichen Reichtums fand. Die Bergwerke Thrakiens und die der eigenen Insel warfen soviel Gewinn ab, daß der kleine Staat, ohne die bürgerlichen Grundstücke zu besteuern, mit Einrechnung der Zölle und anderer Gefälle ein Einkommen hatte, welches sich in guten Jahren bis auf 300 Talente (450.000 Taler) belief. Noch heute gibt die Menge altertümlicher Silbermünzen, welche der Insel und ihren Pflanzorten angehören, ein anschauliches Zeugnis von dem damaligen Reichtume der Thasier und von der Ausbreitung ihres Handelsgebietes auf dem thrakischen Festlande. Dabei fehlte es ihnen nicht an unternehmendem Bürgersinne, um ihre außerordentlichen Hilfsmittel zu würdigen Zwecken zu verwenden. Schon als Histiaios die Insel belagerte, hatten sie sich Kriegsschiffe gebaut und, nachdem sie sich dann dem Mardonios unterworfen hatten, faßten sie jetzt, da sie aus unmittelbarer Nähe das Unglück der großen Armada angesehen hatten, den kühnen Entschluß, sich vom persischen Reiche wieder loszusagen und ein freies Gemeinwesen herzustellen. Die Mißgunst der Nachbarn vereitelte ihr Bestreben; wahrscheinlich waren es die thrakischen Küstenstädte, welche aus Eifersucht und aus Besorgnis für ihre Unabhängigkeit die Absichten der Thasier verrieten; sie riefen die Perser herbei, deren Seemacht noch stark genug war, um die überraschten Insulaner ohne Mühe zu entwaffnen. Sie mußten ihre Mauern niederreißen und ihre Schiffe ausliefern, welche nach Abdera gebracht wurden. Abdera wurde der feste Punkt der Persermacht im Norden des Ägäischen Meeres, trefflich gelegen, um in Verbindung mit den festen Plätzen am Hellesponte die thrakisch=makedonischen Landschaften, welche Mardonios von neuem unterworfen hatte, in Botmäßigkeit zu erhalten, das metallreiche Land am Nestosflusse auszubeuten und die umliegenden Küstenstriche zu beobachten, während am anderen Ende des Meeres, am Fuße des Tauros, der neue Angriff gegen Hellas vorbereitet wurde.

Dem kriegerischen Angriffe gingen friedliche Maßregeln voraus. Gewandte Männer, die des Königs Vertrauen besaßen, wurden, von Dolmetschern begleitet, zu den griechischen

Städten gesendet; sie hatten den Auftrag, mit Hinweisung auf die nachfolgende Flotte Erde und Wasser, die Zeichen der Unterwerfung, zu fordern. Sie fanden bei dem Inselvolke fast überall Gehör; denn die kleinen Staaten des Archipelagus hatten ja keine Wahl, da sie der feindlichen Macht schutzlos preisgegeben waren. Ein besonderes Augenmerk aber war Aigina, dessen Bedeutung man durch die Pisistratiden kannte. Den Häfen Athens nahe gegenüber gelegen, konnte dieser Inselstaat den Absichten der Perser in vorzüglichem Grade förderlich sein. Hier knüpften sich darum auch an die Sendung der königlichen Boten sehr folgenreiche Ereignisse an.

Die Ägineten waren auf der Höhe ihrer Macht und ihres Wohlstandes, als sie Ol. 65, 2 (519) die samischen Piraten besiegt, Kydonia besetzt hatten und mit reicher Siegesbeute aus dem Kretischen Meere heimkehrten. Sie waren nun die erste Seemacht im Archipelagus. Sie hatten Handelsplätze in Umbrien wie am Schwarzen Meere; in Ägypten hatten sie sich schon vor der Zeit des Amasis festgesetzt, und ihre Schiffsreeder, wie namentlich Sostratos, galten für die reichsten Großhändler der griechischen Welt. Keine Art des Verdienstes wurde verschmäht. Aller Orten waren Ägineten zu finden, hausierend mit Erzgeräten, Tongeschirr, Salben und andern Dingen, welche in großen Fabriken bei ihnen gemacht wurden. In Kriegszeiten zogen sie den Herren nach, um auch hier Geschäfte zu machen und kostbare Beutestücke den unkundigen Kriegern abzuhandeln. Freier Verkehr war die Grundbedingung ihres Wohlstandes, und darum war ihre Insel auch durch Gastlichkeit berühmt und allen Fremden offen. — Dabei waren die höheren Richtungen des hellenischen Geistes keineswegs zurückgedrängt. Auf der Insel der Äakiden blühte achäische Sangesliebe; die Gymnastik erhielt in den edlen Geschlechtern angestammte Tüchtigkeit und hochherzige Gesinnung, wie Pindar, der begeisterte Freund Aiginas, sie in seinen Liedern gefeiert hat. Nirgends waren die Erzgießer geschickter, die Sieger in lebensvoller Wahrheit darzustellen, und als ein denkwürdiges Zeugnis äginetischer Baukunst stehen noch heute auf dem gegen Attika vorspringenden Höhenzuge der Insel die Reste des Athenatempels; es ist ohne Zweifel derselbe Tempel, an welchem die Ägineten die Schiffsschnäbel aufhingen, als sie nach Besiegung der Samier aus dem Kretischen Meere heimkehrten.

Jetzt traten sie immer kecker im Saronischen Golfe auf und immer gespannter wurde ihr Verhältnis zu Athen. Die ersten Feindseligkeiten gegen diesen Staat, von denen wir Kunde haben, gehören in die Zeit des Peisistratos; eine Tochter des

Tyrannen wurde von äginetischen Kapern aufgefangen. Es war aber keine Fehde gegen die Tyrannenfamilie, sondern gegen die Stadt der Athener, weil man den zunehmenden Schiffsbau im Phaleros und die überseeischen Verbindungen mit Delos, Naxos und Sigeion argwöhnisch ansah. Als daher infolge des Tyrannensturzes die griechischen Staaten sich in zwei Parteien trennten, schloß Aigina mit Theben ein enges Bündnis, welches von Delphi aus begünstigt wurde. Die regierenden Geschlechter in Aigina hatten aber um so mehr Grund, der attischen Volksherrschaft feind zu sein, weil auf der Insel selbst eine demokratische Partei bestand unter der Führung des Nikodromos, welche heimlich mit den Athenern hielt und die Privilegien der Geschlechter bekämpfte. Gegen Theben konnte Athen seine Gebirgspässe hüten; aber wieviel schwerer war es, die langgestreckte Küste gegen die Überfälle der Insulaner zu verwahren! Zu einer gründlichen Entscheidung fehlten auf beiden Seiten die Mittel.

So lagen sich die mittelgriechischen Staaten in lauernder Erbitterung gegenüber, als die Boten des Königs Dareios nach Hellas kamen. Ist es ein Wunder, wenn die nationalen Gesichtspunkte vor dem Parteistandpunkte der verfeindeten Staaten zurücktraten? Aigina wie Theben schauten aus nach Hilfe gegen Athen, das mit Plataiai und Korinth zusammenhielt, und nun bot sich der erbittertste und mächtigste Feind der Athener ungesucht als Bundesgenosse dar, derselbe König, dessen Hilfe die Athener selbst vor nicht langer Zeit gegen ihre Feinde in Anspruch genommen hatten; ein Bundesgenosse, welcher die größten Vorteile bot, ohne Opfer zu verlangen. Die phönizisch-persische Flotte beherrschte das Meer. Wurden die Ägineten als Feinde betrachtet, so waren ihre Schiffe von Kleinasien, vom Pontus, von Syrien und Ägypten abgesperrt und die übervölkerte Insel mit dem Verfalle ihres Wohlstandes bedroht, noch ehe die eigentliche Kriegsnot eintrat. Diese Erwägungen entschieden, und trotz ihres Dienstes des panhellenischen Zeus, trotz der glorreichen Erinnerungen aus der Vorzeit, wo die Heroen aus dem Stamme des Aiakos, Telamon und Achilleus, die Vorkämpfer der Hellenen gegen die Barbaren gewesen waren, wie es in den Giebelfeldern des Athenatempels die äginetischen Künstler dargestellt hatten, huldigten die Ägineten dem Perserkönige.

Kaum hatten die Athener sichere Kunde von diesem Beschlusse, so schickten sie eilig nach Sparta, um das Geschehene zu melden und infolgedessen zu gemeinsamen Maßregeln aufzufordern. Es war dies ein Schritt von großer Wichtigkeit. Denn nachdem Athen alle Einmischung Spartas in seine Verhältnisse siegreich zurückgewiesen, seit es in der ionischen Sache eine durchaus eigene und freie Politik befolgt hatte, gab es zwei Großstaaten in Griechenland, deren Verhältnis zueinander durch keine Übereinkunft oder rechtliche Bestimmung geordnet war. Jetzt erkannte Athen die Notwendigkeit, sich Sparta zu nähern und eine Verbindung zustande zu bringen, welche fähig war, eine nationale Bedeutung zu gewinnen. Athen machte Zugeständnisse, um seinen Zweck zu erreichen. Es erkannte ohne Rückhalt die vorörtliche Stellung Spartas an, und um nicht bloß die eigene Gefahr als Veranlassung zur Bundeshilfe geltend zu machen, erneuerte es die Erinnerungen der uralten Verbrüderung, welche unter allen Hellenen bestehe, und der daraus erwachsenden Verpflichtungen. Athen verklagte also die Ägineten als Verräter des Vaterlandes und forderte die Spartaner auf, im Namen der hellenischen Gesamtheit die Abtrünnigen sofort zu bestrafen, um einem weiteren Abfalle vorzubeugen. Es war also diese Gesandtschaft der Anfang einer nationalen Vereinigung gegen die Perser und alle persisch gesinnten Volksgemeinden in Hellas.

Noch war Kleomenes König in Sparta, und zwar ein König, welcher trotz aller Mißgriffe und Mißgeschicke noch immer mehr persönlichen Einfluß hatte, als man sonst den Herakliden einzuräumen pflegte. Für seinen Ehrgeiz mußte ein Krieg gegen die Perser unter der Heerführung eines spartanischen Königs die glänzendste Aussicht sein. Gedanken dieser Art waren ihm nicht neu. Denn als die skythischen Gesandten in Sparta Hilfe gegen Dareios suchten, hatte er bei gemeinschaftlichen Trinkgelagen die kühnsten Feldzugspläne mit ihnen verabredet. Spartas Herrschaft über Mittelgriechenland auszudehnen, war ja seit lange das leidenschaftliche Streben des Mannes gewesen. Nun kamen die Athener selbst den Spartanern entgegen. Es ist daher nicht zu bezweifeln, daß Kleomenes die Gesandten auf alle Weise unterstützte. Seine Persönlichkeit erleichterte es ihnen, das zu erreichen, worauf ihnen zunächst alles ankam, nämlich Sparta in eine entschiedene Parteistellung hineinzudrängen, aus welcher es nicht wieder zurücktreten konnte. In Sparta wie in Athen wurden die Abgeordneten des Großkönigs getötet; ein Verfahren, das kaum anders erklärt werden kann, als wenn man annimmt, daß sie auf Versuchen, die Bürger zu bestechen, betroffen wurden. So entschieden sich auch die Gemäßigten den verwegenen Schritten des Kleomenes widersetzten, an ihrer Spitze Demaratos, Ariston Sohn, sein königlicher Amtsgenosse aus dem Stamme der Prokliden, welcher mit ihm in offenem Hader lebte, so wußte er dennoch, auf eine mächtige Partei gestützt, durchzudringen. Er hatte in

Argos neuen Kriegsruhm gewonnen; er hatte alle Anfeindungen, welche diesem Feldzuge folgten, glücklich überwunden, und die Demütigung der Ägineten, welche nur gezwungen gegen Argos Heeresfolge geleistet hatten, mußte ihm als die Vollendung seiner letzten Kriegstaten erscheinen.

Er ging selbst nach Aigina, dem Eindruck seiner Persönlichkeit und seiner Würde vertrauend. Die Ägineten aber waren schlau genug, sich auf die Sache gar nicht einzulassen. Sie stellten seine Vollmacht in Frage und, mit dem Zwiespalte, der in Sparta herrschte, wohl bekannt, verlangten sie bei einer so wichtigen Sendung die Anwesenheit beider Könige. Kleomenes hatte für den Augenblick keine Macht, um durchzugreifen. Er kehrte heim, aber mit dem festen Entschlusse, seinen Willen um jeden Preis durchzusetzen, und dazu war der Sturz seines Amtsgenossen die notwendige Bedingung. Er verband sich daher mit Leotychides, dem Anverwandten und erbittertsten Feinde Demaratos', und es gelang ihnen, das Thronrecht desselben als zweifelhaft darzustellen. Die delphische Priesterschaft wurde durch das Gold des Kleomenes gewonnen, Pythia erklärte Demaratos für einen unechten Sohn Aristons; er wurde entsetzt und, nachdem er von dem Volke, das ihm anhänglich blieb, noch zu einem öffentlichen Amte berufen war, verließ zuletzt der schwer gekränkte Fürst heimlich seine Vaterstadt und ging als Flüchtling, von den Behörden verfolgt, über Elis nach Zakynthos, von Zakynthos nach Asien in das feindliche Heerlager (Ol. 72, 1 oder 2; 492/1). In Sparta aber trat Leotychides, das Haupt der jüngeren Linie der Prokliden, an seine Stelle.

Kleomenes glaubte sich am Ziele seiner Wünsche; denn der neue Mitkönig war ihm natürlich in allem zu Willen. Triumphierend kehrte er daher mit ihm zu den Ägineten zurück, um sie im Namen des peloponnesischen Bundeshauptes für ihren Abfall zu strafen. Zehn Männer der reichsten und edelsten Häuser wurden als Geiseln genommen und nicht nach Sparta gebracht, sondern den Athenern in Verwahrsam gegeben. Das war ein neuer Gewaltstreich des Königs; es war die empfindlichste Rache, welche er für seine Person an den Ägineten nehmen konnte. Indessen genoß er selbst nur kurze Zeit die Freude der ihm gewordenen Genugtuung, denn es wurde bekannt, welche Mittel er zu seinen selbstsüchtigen Zwecken angewendet habe. Kleomenes wurde flüchtig. Er ging nach Thessalien, um dort Unruhen zu erregen, in denen er für seinen Ehrgeiz Befriedigung suchte. Dann finden wir ihn mitten in Arkadien. In den aroanischen Gebirgen, wo von jäher Felswand das Styxwasser heruntertrieft, bei Nonakris, einem heiligen Platze eidgenössischer Zusammenkünfte, beruft er die Vorstände der umwohnenden Gemeinden, stellt ihnen ihre unwürdige Lage den Spartanern gegenüber vor Augen und sucht sich hier eine Macht zu bilden, um sich an der eigenen Vaterstadt zu rächen. In Sparta erweckten diese Umtriebe die höchste Besorgnis; denn nach dem offenen Bruche mit Persien konnte nichts Gefährlicheres erfolgen als der Abfall der arkadischen Kantone. Kleomenes wird also zurückgerufen, er wird in alle Ehren eingesetzt — aber wie kehrt er heim? Verwildert durch sein unstetes Leben, zerrissen von wüster Leidenschaft und den Qualen einer ungesättigten Ehrsucht, schuldbeladen, durch sinnliche Ausschweifung geistig und körperlich zerrüttet. Dieser Zustand ging in Tobsucht über. Der König Spartas mußte gebunden und von seinen Heloten bewacht werden, endlich starb er von eigener Hand den schauerlichsten Tod.

So erzählt Herodot den Untergang dieses merkwürdigen Mannes, dessen großartig angelegte Natur in frevelhafte Selbstsucht und ungezähmte Wildheit ausgeartet war. Die Umstände seines Todes wurden nicht bezweifelt und alle erkannten darin ein göttliches Gericht. Den Grund desselben aber fanden die Athener in der Verheerung des eleusinischen Tempelgebietes, welche er sich bei seinem attischen Kriegszuge habe zuschulden kommen lassen, die Argiver in der Niedermetzelung ihrer Landsleute, die sich in den Schutz der Hera geflüchtet hatten; den meisten Hellenen aber erschien die Bestechung der Pythia als sein größter Frevel und als die eigentliche Ursache des göttlichen Gerichtes, welches die ganze griechische Welt mit Entsetzen erfüllte.

Nach dem Ende des Kleomenes suchte Sparta einzulenken und das gewalttätige Verfahren durch versöhnliche Maßregeln wieder gutzumachen. Man erkannte das Unrecht, das den Ägineten geschehen war, offen an. Der eigene König, Leotychides, wurde ihnen als Mitschuldiger des Kleomenes ausgeliefert. Die Ägineten schickten ihn nach Athen, um durch ihn die Rückgabe der Geiseln zu erwirken; aber die Athener hüteten sich wohl, auf dies Ansinnen einzugehen und den Vorteil, welcher ihnen durch einen seltsamen Glücksfall in die Hände gespielt war, gutmütig wieder preiszugeben. So lange sie die Männer von Aigina, welche zugleich die Führer der medischen Partei daselbst waren, in Gewahrsam hatten, waren die Ägineten in ihren politischen Maßnahmen gehemmt und außerstande, die Feinde Athens offen und nachdrücklich so zu unterstützen, wie diese es ohne Zweifel erwartet hatten.

Inzwischen waren die Rüstungen der Perser, die mit großer Energie während des Jahres Ol. 72, 2 (491) betrieben worden waren, vollendet. Sechshundert Triern sammelten sich an der kilikischen Küste und die großen Transportschiffe waren bereit, Roß und Reiter aufzunehmen. Artaphernes, der Sohn des sardischen Statthalters, welcher in Kleinasien, und Datis der Meder, welcher in den oberen Provinzen ein stattliches Heervolk zusammengebracht hatte, erhielten gemeinschaftlich den Oberbefehl. Datis war der ältere und vornehmere. Nachdem sie in Susa die letzten Aufträge des Großkönigs empfangen hatten, welcher ihnen vor allem die Züchtigung von Eretria und Athen, die Unterwerfung der widerspenstigen Inselstaaten und die Einsetzung der Pisistratiden zur Aufgabe stellte, gingen sie im Frühjahre Ol. 72, 2 (490) in See. Was die Gesamtzahl der eingeschifften Truppen betrifft, so gibt die niedrigste Zählung 100,000 Mann Fußvolk und 10,000 Reiter an. Ruderer und Matrosen konnten als Leichtbewaffnete verwendet werden.

Die Flotte fuhr vom Jassischen Meerbusen aus gegen Abend und dann an der Küste von Karien und Ionien hinauf, als wolle sie wieder nach dem Hellesponte ihre Richtung nehmen. Auf der Höhe von Samos aber wendete sie sich und steuerte auf Naxos zu, das erste Ziel der Rache. Denn die kühnen Insulaner hatten es verschmäht, durch Unterwerfung der Kriegsnot zu entgehen. Die Stadt wurde mit allen ihren Heiligtümern niedergebrannt, und was sich nicht auf das Gebirge gerettet hatte, wurde verknechtet. Nachdem von hier die erste Siegesbotschaft nach Susa abgegangen war, zog die Flotte weiter und ankerte auf der Reede von Delos. Hier aber erschien sie nicht als feindliche Kriegsmacht; vielmehr wurde mit einem prachtvollen Opfer den Gottheiten der Insel eine großartige Huldigung dargebracht. Alle Welt sollte sehen, daß es dem Perserkönige nicht in den Sinn komme, die hellenischen Nationalgötter ihrer Ehren zu berauben; die alten Feste, welche die beiden Gestade verbanden, sollten mit neuem Glanze wiederhergestellt werden. So bezeichneten die Perser durch zwei wirksame Beispiele der Strenge und der Milde ihren Eintritt in das Cykladenmeer, indem sie zugleich von allen umliegenden Inseln Fahrzeuge, Mannschaft, Geiseln und Proviant mitnahmen. Sie nahmen dann ihre Richtung auf die beiden hochragenden Spitzen des Ocha in Euboia. Karystos, hart am Fuße des Gebirges gelegen, mit seinem durch Felsenriffe geschützten Hafen, mußte mit Gewalt genommen werden, damit die Flotte, ohne Feinde im Rücken zu lassen, in den Euripos einlaufen und ihrem Hauptziele sich nähern könne.

Eretria und Athen standen in Trutz- und Schutzbündnis miteinander. Die Eretrier hatten ihre Schätze den Athenern in Verwahrung gegeben, und die attischen Bürger, welche in Chalkis wohnten, waren mit denen von Eretria vereinigt. Als sich nun aber in der Küstenebene die persische Heeresmacht entfaltete, schien jeder Widerstand im offenen Felde unmöglich. Die attischen Bundesgenossen zogen ab, während sich die Bürger hinter ihre festen Mauern zurückzogen. Sechs Tage lang wurde vergeblich gestürmt und eine Menge von Leichen umringte die tapfere Stadt, als sich ein leichterer Weg der Eroberung zeigte. Die Perser fanden Freunde unter den vornehmen Kreisen der Bürgerschaft. Verrat öffnete die Tore, und so wurde auch die zweite Stadt, deren Züchtigung den Flottenführern aufgegeben war, nach kurzem Aufenthalt in Trümmer verwandelt und ihre Bürgerschaft geknechtet. Warum sollte es nicht auch mit der dritten gelingen, deren Gestade nahe gegenüberlag?

Es war natürlich, daß die Perser sich nach dem nächsten Landungsplatze umsahen und zu nichts weniger Lust hatten, als mit ihren überladenen Fahrzeugen die langgezogenen und klippenreichen Küsten der Halbinsel Attika zu umschiffen. Drüben war die Anfahrt leicht und ohne Gefahr, namentlich für die Ausschiffung der Reiterei. Drüben sah man endlich einmal wieder frische Wiesengründe, wo man die Pferde grasen lassen konnte. Freilich konnte man geltend machen, daß es vernünftiger wäre unmittelbar auf Athen loszugehen, damit die erste Schlacht gleich eine entscheidende sei; indessen dachte wohl niemand an eine Feldschlacht fern von Athen, und alle weiteren Bedenklichkeiten schwanden, als man von Hippias hörte, daß die gegenüberliegende Küstenebene für Benutzung der Reiterei der günstigste Raum in ganz Attika wäre. Von hier könne das Heer an der Seeseite auf bequemen Wegen gegen die Hauptstadt vorrücken; hier komme man mitten in das Gebiet der Diakrier, welche noch aus alter Zeit dem Hause des Peisistratos zugetan seien; hier werde es an Zuzug und Unterstützung aller Art nicht fehlen, während den Athenern die Zufuhr aus Euboia abgeschnitten werde. Diese Erwägungen waren entscheidend; die Perser verließen die rauchende Stätte von Eretria und ruderten auf stillem Fahrwasser in wenig Stunden nach dem jenseitigen Ufer des Kanals hinüber, wo die weite, grüne Ebene von Marathon sich vor ihnen öffnete und sie in ihre kreisrunde Bucht aufnahm.

Land und Küste waren freilich dieselben geblieben, seit Hippias Athen verlassen hatte, aber Athen war inzwischen eine andere Stadt geworden. Es gab keine Paralier und Diakrier mehr, wie der Sohn des Peisistratos wähnte. In den Jahren der Freiheitskämpfe und der heißen Fehden gegen die Mißgunst der Nachbarstaaten waren Stadt und Land zu einem Ganzen verschmolzen, das keinen andern Mittelpunkt hatte als den Markt und das Rathaus von Athen. An Parteien fehlte es nicht, aber der Gedanke an Landesverrat durfte nicht laut werden; denn die Neigungen aller besseren Bürger trafen in einem edlen Patriotismus zusammen. Man wußte vor allem was man n i c h t wollte, keinen Rückschritt, kein Fremdjoch, keine unwürdige Nachgiebigkeit; man war bereit zu Opfern und Anstrengungen, man fühlte, daß es mehr als je auf einheitliches Handeln ankomme, und war deshalb willig den Männern, welche sich im öffentlichen Leben als die Besten erwiesen hatten, volles Vertrauen zu schenken. Zum Glück für Athen fehlte es nicht an solchen Bürgern, welche bei den drohenden Gefahren das Vertrauen der Gemeinde verdienten.

In der letzten Zeit der Tyrannen waren, wie die Alten erzählen, zwei Knaben in Athen nebeneinander aufgewachsen, die Söhne des Lysimachos und des Neokles; beide durch vielversprechende Anlagen frühzeitig ein Gegenstand allgemeiner Aufmerksamkeit, welche sich dadurch noch steigerte, daß man von Jahr zu Jahr eine immer größere Verschiedenheit zwischen ihnen hervortreten sah. Des Lysimachos Sohn war Aristeides. Was ihn auszeichnete, war ein lebendiger Sinn für Ordnung und Recht, ein zartes Gewissen, eine tiefe sittliche Scheu vor allem Gesetzwidrigen, ein angeborener Haß gegen jede Unwahrheit und Unredlichkeit. Er wuchs in die schöne Jugendzeit attischer Volksfreiheit hinein; er nahm als Freund des Kleisthenes schon tätigen Anteil an ihrer Begründung, und niemand hat den Beruf Athens, freie Bewegung der Geister mit gesetzlicher Zucht zu verbinden, tiefer und lebendiger aufgefaßt. Einfach, lauter und offenherzig, wie er war, erwarb er sich frühzeitig, ohne danach zu trachten, Vertrauen und Einfluß; man sah und liebte in ihm das Musterbild eines jungen Atheners, man wußte, daß er nichts für sich, alles für die Vaterstadt wollte.

Themistokles, des Neokles Sohn, war um einige Jahre jünger. Er hatte von Natur ein leidenschaftliches Gemüt, welches eine friedliche und harmonische Entwicklung unmöglich machte; heftig und eigenwillig widerstrebte er jeder Leitung; ungezähmt schossen seine Neigungen auf, man wußte nicht, ob man von ihm mehr fürchten oder hoffen sollte. Von Vaters Seite gehörte er zu dem alt=attischen Stamme der Lykomiden; er war aber nicht vollbürtig, sondern einer fremden, thrakischen oder karischen, Mutter Sohn, und darum durfte er auch nicht in den Ringschulen der Akademie und des Lykeion an den Übungen der Jugend teilnehmen. Dieser Makel der Ge=

burt trug aber nur dazu bei, den Knaben um so trotziger zu machen; er wollte um so mehr persönlicher Auszeichnung alles verdanken. Dazu hatte ihn aber die Natur in seltener Weise befähigt, denn er war an hellem Verstande, an Scharfblick, an rascher und treffender Urteilskraft, an Witz und Geistesgegen= wart allen Altersgenossen überlegen. Schon als Knabe war er über seine Jahre reif und selbstbewußt, früh gewöhnt, auf be= stimmte Ziele alle Kräfte hinzulenken, und wenn die anderen nur spielten, suchte er Gelegenheit, vorkommende Streitpunkte mit dem Ernste eines Sachwalters und Volksredners zu behan= deln. Beim Unterrichte zeigte er wenig Eifer für Poesie und Musik, um so mehr für alle Künste, welche ihm persönlichen Einfluß auf die Mitbürger versprachen. Seiner Überlegenheit bewußt, gewöhnte er sich früh mit keckem Selbstgefühle auf= zutreten und solche Unternehmungen, deren Schwierigkeit alle anderen zurückschreckte, hatten für seinen an Rat und Erfin= dung unerschöpflichen Geist nur einen um so größeren Reiz.

Ein großer Schauplatz war der attischen Jugend geöffnet, mit welcher Aristeides und Themistokles heranwuchsen, ein freies Feld gemeinnütziger Tätigkeit. Denn seit es keine Familien mehr gab, welche ein erbliches Anrecht auf Herr= schaft und politischen Einfluß hatten, mußten aus der Bürger= schaft selbst die Männer hervortreten, deren Athen bedurfte, um seine hohe und schwierige Aufgabe zu lösen, Männer, welche mit überlegenem Verstande die Lage der Dinge erkann= ten und die richtigen Gesichtspunkte der öffentlichen Verwal= tung aufstellten, um im Innern den Ausbau der Verfassung zu vollenden und nach außen die Selbständigkeit und Machtstel= lung der Stadt zu sichern. An Gelegenheit sich auszuzeichnen fehlte es nicht. Das Wort war frei. Jeder Athener konnte in der versammelten Bürgerschaft auftreten, um seine Meinung zur Geltung zu bringen und einen bestimmenden Einfluß zu gewinnen. Indessen war dies, wenigstens für die Dauer, auch den begabtesten und beredtesten Männern unmöglich, wenn sie vereinzelt dastanden. Sie mußten sich also mit anderen verbinden, welche sie für ihre Ideen empfänglich fanden. So bildeten sich Genossenschaften, erst engere, dann weitere Kreise, deren Mitglieder sich verpflichteten, gewisse politische Richtungen zu vertreten, sich dabei nach gemeinsamem Plane zu unterstützen und die Entschlüsse der Bürgerschaft zu leiten. Das waren die politischen Vereine oder Hetärien, deren Wirksamkeit die Geschichte des Staates von nun an wesentlich bestimmte, nachdem die alten Parteien, welche in der Ver= schiedenheit des Wohnortes und der Lebensweise wurzelten, ihre Bedeutung verloren hatten. Aristeides hatte eine natür=

liche Abneigung gegen solche Verbindungen, weil er nach seiner ganzen Eigentümlichkeit zu sehr das Bedürfnis hatte, in jedem Falle rein und frei aus eigenen Beweggründen heraus zu handeln; er fürchtete den Zwiespalt, welcher zwischen den Verbindlichkeiten gegen seine Freunde und der Stimme seines Gewissens entstehen könnte. Themistokles war nicht so ängstlich; ihm war jedes Mittel recht um Macht zu gewinnen. Er lebte für die Partei, deren Losung „Krieg gegen Persien" war, die Partei, welche einst die Unterstützung des Aristagoras durchgesetzt hatte und die es für eine Schmach hielt, daß man Milet im Stiche gelassen habe. Er erkannte aber klarer als alle anderen, daß Athen für die große Rolle, die ihm zugefallen, noch viel zu schwach sei, und daß ihm vor allem zweierlei fehle, Flotte und Hafen.

Nach alter Überlieferung betrachtete man die Bucht des Phaleron, wo das Meer am tiefsten in die Ebene hineingreift, als den natürlichen Hafen des Landes; man konnte ihn von den Stadthöhen bequem überblicken und zu friedlichem Warenverkehre war die weite Reede wohl geeignet. Aber wenn Athen eine Macht werden sollte, welche auch nur das eigene Meer und Uferland beherrschte, so genügte die offene Reede nicht. Man mußte Plätze haben, wo man, vor feindlichem Angriffe sicher, Schiffe bauen und lagern konnte, Hafenplätze, welche sich gegen die Meeresseite abschließen ließen. Themistokles zeigte den Athenern, wie die Natur diesem Bedürfnisse entgegengekommen wäre.

Westlich von Phaleros springt nämlich eine Halbinsel vor, durch angeschwemmtes Sumpfland mit dem Festlande verbunden. Ihren Kern bildet die von allen Seiten steile Höhe Munychia, auf deren flachem Gipfel ein altes Artemisheiligtum stand. Von ihr zieht sich in Form eines großen ausgezackten Blattes das felsige Land in die offene See hinaus und bildet drei natürliche Hafenbuchten, welche nur durch schmale Öffnungen von außen zugänglich sind. Was also die Korinther, Samier, Ägineten mit großer Mühe und vielen Kosten künstlich herzustellen und immer von neuem auszubessern genötigt waren, das hatte den Athenern in ungleich vollkommenerer Weise die Natur zurechtgemacht; eine Gruppe von drei geschlossenen Kriegshäfen am Fuße einer beherrschenden Höhe, welche einen freien Überblick des Meeres gewährte. Die ganze Halbinsel nannte man den Peiraieus.

Themistokles' Verdienst ist es, diese Naturformen, welche allen täglich vor Augen lagen, zuerst entdeckt, das heißt, ihre Bedeutung für Athen erkannt zu haben. Aber dies genügte nicht. Die Halbinsel mußte, wenn der Grund zu einer See=

macht gelegt werden sollte, ummauert werden. Am liebsten hätte Themistokles ganz Athen nach dem Peiraieus, die Akropolis auf die Munychia verlegt, aber da dies unmöglich war, so mußte eine zweite Stadt gegründet, ein See-Athen geschaffen werden. Es war ein ungeheures Unternehmen, aber unerläßlich, wenn Athen eine Seemacht werden sollte.

Nachdem Themistokles seinen Gedanken Eingang bei den Bürgern verschafft hatte, ging er allen Schwierigkeiten zum Trotze an das Werk. Er bewarb sich für Ol. 71, 4 (493) um das Amt des ersten Archonten und benutzte, da ihm das Los günstig war, die amtliche Stellung, seinen Plan zur Ausführung zu bringen. Von Rat und Bürgerschaft wurde auf seinen Antrag die Gründung der Hafenstadt Peiraieus beschlossen. Es war dasselbe Jahr, wo des Themistokles Freund und Parteigenosse, der große Dichter Phrynichos den Athenern den Fall von Milet auf der Bühne vorführte, um seine Mitbürger an das zu erinnern, was sie in feiger Unentschlossenheit verschuldet hätten. Im Laufe desselben Jahres wurden die Vorbereitungen des ungeheuren Werkes gemacht, die Vermessungen vorgenommen, Material herbeigeschafft und die nötigen Arbeitskräfte gewonnen.

Im folgenden Jahre begann der Bau. Es ist durchaus wahrscheinlich, daß damit die Anlage neuer Schiffswerfte und Belebung des Schiffbaues in Verbindung stand; denn wir finden innerhalb der nächsten drei Jahre das attische Geschwader von 50 auf 70 Schiffe angewachsen. Ol. 72, 2 (491) wurde zum Andenken an die Gründung der Hafenstadt ein ehernes Hermesbild am Markte errichtet, um die neue Epoche zu bezeichnen, welche damit auch für Handel und Wandel der Athener begonnen habe. Aber die weitere Ausführung der Beschlüsse, welche dem wichtigen Archontenjahre des Themistokles angehören, wurde durch die Ereignisse unterbrochen, welche mit der neuen Perserrüstung eintraten und alle Gedanken auf die Gefahr des Augenblickes hinwandten.

Auch hierbei war Themistokles von entscheidendem Einfluß auf die Beschlüsse der Bürgerschaft. Er war es, welcher die nationale Fahne aufpflanzte und die Sache, welche zunächst eine rein attische war, zu einer hellenischen Volkssache zu machen suchte. Darum trug er darauf an, daß man den Dolmetscher, welcher die Gesandtschaft des Dareios begleitete, zum Tode verurteilte, weil er die Sprache der Hellenen zu verräterischem Zwecke mißbrauche. Darum betrieb er die Annäherung zwischen Sparta und Athen, und jene Demütigung der Ägineten, welche in dem Augenblicke, da sie mit ihren Schiffen in das feindliche Heerlager übergehen wollten, sich durch ihre Geiseln in Athen gefesselt sahen, ist gewiß als ein Ergebnis seiner schlauen Verhandlungen anzusehen; denn aus der persönlichen Erbitterung, welche die nach Athen gebrachten Geiseln gegen Themistokles hegten, geht zur Genüge hervor, daß er der Hauptanstifter der gegen ihre Vaterstadt gerichteten Anklage gewesen sein muß. Durch ihn und seine Partei ist Athen das Hauptquartier des nationalen Widerstandes geworden, und je weiter die Perser gegen Europa sich ausbreiteten, um so mehr zogen sich aus den bedrohten Plätzen die tapfersten und freiheitsliebendsten Männer nach Athen und dienten dazu, die Hilfskräfte der Stadt zu verstärken.

Unter diesen aber war kein bedeutenderer Mann als Miltiades, der Sohn des Kimon, welcher sich nach dem Falle von Ionien aus dem thrakischen Chersonnese hatte flüchten müssen. Es war für ihn keine leichte Aufgabe, sich in Athen eine Stellung zu gewinnen. Er hatte seine Vaterstadt zur Tyrannenzeit verlassen und also die Jahre ihrer inneren Entwicklung, in denen Aristeides und Themistokles zu Männern gereift waren, nicht miterlebt; bei vorgerückten Jahren war er wie ein Fremder in die umgewandelte Stadt zurückgekehrt. Ungebrochen lebte in ihm der alte Familienstolz der Philaïden; wie ein Fürst war er auf eigenen Kriegsschiffen gekommen, mit eigenen Kriegsleuten, mit reichen Schätzen, als Gemahl einer thrakischen Königstochter. Das zurückhaltende und strenge Wesen eines Mannes, der zwanzig Jahre lang unbedingt zu herrschen gewohnt war, mußte den empfindlichen Sinn der attischen Bürger verletzen. Dazu kam, daß durch Griechen, die im Chersonnes gelebt hatten, mancherlei ruchbar wurde, was große Verstimmung erregte, und wenn er auch bemüht war, sich in die neuen Verhältnisse zu finden und als Bürger unter Bürgern zu leben, so entging er doch seinen Feinden nicht, welche das Geschlecht der Philaïden nicht wieder aufkommen lassen wollten. Nachdem er erst vor den Skythen, und dann vor den Phöniziern nur mit Mühe sein Leben gerettet hatte, kam er nun in der eigenen Heimat in neue Gefahr, indem er von dem Volke wegen seiner Gewaltherrschaft in Thrakien zur Rechenschaft gezogen wurde.

Miltiades schilderte die dortigen Verhältnisse, um sein Verfahren zu rechtfertigen, und machte seine Verdienste um Athen geltend. Er hatte ja die fruchtbare und städtereiche Halbinsel am Hellesponte, wo sein Oheim und sein Bruder eine selbständige Herrschaft besessen hatten, aus einem Familienbesitze zu einem Eigentume des Volkes gemacht. Er hatte von dort zur Zeit des ionischen Aufstandes die große und wichtige Insel der Lemnier für Athen erobert; er konnte darauf hinweisen, wie unter allen Hellenen er zuerst als offener Feind des Dareios aufgetreten sei, und wie er schon an der Donau den Nationalfeind der Hellenen an den Rand des Verderbens gebracht habe. Die Taten des Miltiades sprachen zu laut; das Volk fühlte seinen Wert. Noch zitterte alles, wenn man in Griechenland auch nur den Namen der Perser nannte. Wie sollte man sich jetzt eines Mannes berauben, der ein bewährter Feldherr war, der das Perserheer genau kannte, und dessen ganze Vergangenheit dafür bürgte, daß er niemals an Unterhandlungen weder mit den Pisistratiden noch mit den Persern denken würde! Er wurde freigesprochen; seine Feinde zogen sich zurück, ja sie mußten sehen, daß die Bürgerschaft bei den Feldherrnwahlen für das dritte Jahr von Ol. 72, das mit dem Neumonde nach der Sommersonnenwende am 27. Juli 490 vor Chr. begann, unter den zehn Feldherren der Stadt neben Aristeides Miltiades erwählte.

Kaum hatten die Feldherren ihr Amt angetreten, so kamen schon die attischen Bürger, von Chalkis flüchtend, herüber. Hinter ihnen leuchtete der Feuerschein von Eretria; die Ereignisse drängten. Man schickte einen Staatsboten nach Sparta, um schleunige Hilfssendung zu erwirken, aber man wartete nicht auf die Antwort; denn schon in den ersten Tagen des nächsten Monates (Ende August) beschloß das Volk auf Antrag seiner Feldherren, das Aufgebot der Bürger ausrücken zu lassen. Natürlich konnte die Stadt in solcher Zeit nicht ganz entblößt werden. Es waren also nur 9000 vollgerüstete Bürger, welche den Feldherren folgten; sie waren von ihren Sklaven begleitet, welche ihnen als Schildknappen dienten und als Leichtbewaffnete mitfechten konnten. Ohne einen bestimmten Kriegsplan zogen sie nach der bedrohten Seite des Landes; im Lager selbst mußte das weitere beschlossen und den Umständen gemäß gehandelt werden. Hier gingen aber die Ansichten weit auseinander. Miltiades war ausgerückt, um zu schlagen und ihm schien nichts bedenklicher als ein Rückzug auf die Stadt. Das Heer war in bester Stimmung, die Mannschaft der zehn Stämme von e i n e m Geiste beseelt; nicht so das Stadtvolk, und es war vorauszusehen, daß die Not einer Belagerung in Athen so gut, wie in Eretria, einer verräterischen Partei Gelegenheit geben würde, Einfluß zu gewinnen. Darum war Miltiades für einen Kampf in Marathon. Aber auch im Feldherrnzelte schwankte der Entschluß. Vier Stimmen wären für, fünf gegen Miltiades. Noch fehlte die entscheidende Stimme, die des Polemarchen, das heißt des dritten der neun Archonten, welcher in älterer Zeit der wirkliche Kriegsoberste gewesen war, aber jetzt nur noch eine Stimme im Feldherrnrate neben den erwählten Feldherrn hatte und das Ehrenrecht, den rechten Flügel zu führen, wo einst des Königs Platz gewesen war. Der Polemarch dieses Jahres aber war Kallimachos aus Aphidna, ein tapferer hochherziger Mann. Endlich wurde auch seine Stimme für den Kampf gewonnen, und alle erkannten nun in Miltiades den Mann, der allein den Umständen gewachsen war, so daß auf Antrag des Aristeides die Mitfeldherren ihren Anspruch auf den Anteil am Oberbefehl, welcher täglich zu wechseln pflegte, aufgaben. Nun war Miltiades, der zu gebieten gewohnt war, an seinem Platze; ein kräftiger Wille lenkte das Heer, und je weniger man nach auswärtiger Hilfe ausschaute, um so erfreulicher war die unerwartete Ankunft von 1000 Platäern, welche durch freiwilligen Zuzug in der Stunde der höchsten Gefahr sich ihrer Gemeinschaft mit Athen würdig zeigen wollten.

Miltiades überschaute mit Feldherrnblick die Ebene. Sie war für die Perser bei weitem nicht so günstig, wie es den Anschein hatte. Freilich ist es eine ansehnliche Fläche, die sich gut zwei Stunden lang ohne Unterbrechung von Süden nach Nordost längs des Meeres hinzieht, durch einen Gießbach, der vom pentelischen Gebirge herunterkommt, in zwei Hälften geteilt. Der südliche Teil wird durch die Ausläufer des Brilessos (Pentelikon) begrenzt, die nahe gegen das Meer vorspringen; zwischen Meer und Vorgebirge führt ein breiter Weg gerade gegen Süden nach Athen. Das war der Weg, welchen Hippias die Perser führen wollte. Die andere, von Athen abgelegene Hälfte der Ebene wird von den rauhen Bergzügen der Diakria umgeben, welche bis an die Küste reichen und durch ein langgestrecktes Vorgebirge, Kynosura genannt, die kreisförmige Hafenbucht einschließen. Indessen ist die Breite des Blachfeldes, welche die Perser angelockt hatte, teilweise nur eine scheinbare; denn am Rande derselben, wo die Gewässer keinen Abfluß haben, namentlich im Nordosten, ziehen sich bedeutende Sumpfstrecken hin, deren grüne Oberfläche das Auge täuscht.

Über die Wahl seiner Lagerstätte konnte Miltiades nicht zweifelhaft sein; er mußte die Hauptstraße nach Athen decken. Er stand an den Höhen des pentelischen Gebirges oberhalb des Herakleion, dessen heilige Grenzen er hütete, die ganze Fläche der Länge nach überschauend, jede Bewegung der Feinde überwachend, vor ihren Angriffen durch den rauhen Fuß der Felshöhen und aufgeworfene Schanzen hinlänglich geschützt, und durch nahe Quellen, welche in die Sümpfe beim Herakleion fließen, mit Wasser versorgt. Neun Tage standen sich die Heere ruhig gegenüber; die Athener gewöhnten sich an den

Anblick der Perser, diese wurden in ihrer Ansicht bestärkt, daß die attische Mannschaft nichts als den Küstenpaß decken wollte, und fühlten sich deshalb als Herren der Ebene und Küste vollkommen sicher. Am Morgen des siebzehnten Metageitnion (12. September), als der Oberbefehl der ursprünglichen Reihenfolge gemäß an Miltiades kam, ließ dieser das Heer nach den zehn Stämmen sich aufstellen. Der Stamm der Äantis, welcher Kallimachos angehörte, hatte die erste Stelle, das heißt die Spitze des rechten Flügels, der an der Meeresseite stand; dann folgten die andern neun in einer durch das Los bestimmten Ordnung; am Ende des linken Flügels hielten die Platäer, welche von Kephisia herkommend sich hier angeschlossen hatten. Die Front wurde so weit ausgedehnt, daß sie der Breite der feindlichen Aufstellung gleich war, um der Gefahr der Umzingelung zu entgehen und den Persern die attische Macht möglichst groß erscheinen zu lassen. Miltiades verstärkte die beiden Flügel, um mit diesen vornehmlich den Kampf zu entscheiden, während das Mitteltreffen, zu dem die Leontis und Antiochis gehörten, wahrscheinlich nicht mehr als drei Mann tief aufgestellt war; die Sklaven ersetzten einigermaßen die fehlenden Glieder.

In voller Ruhe waren die Truppen über die Gräben und Verhaue ihrer Lagerstätte vorgerückt, wie es ohne Zweifel schon öfter geschehen war. So wie sie sich aber bis auf 5000 Fuß dem Feinde genähert hatten, gingen sie im Geschwindschritte, welcher sich nach und nach zum Sturmlaufe steigerte, unter hellem Schlachtrufe vorwärts. Die Perser glaubten Wahnsinnige vor sich zu sehen, als sie die Männer von den Höhen herunterstürmen sahen; sie stellten sich rasch in Schlachtordnung, aber ehe sie noch zu einem wirksamen Bogenschusse gelangen konnten, waren die Athener da, mit erhitztem Mute den Nahkampf zu beginnen. Mann gegen Mann in dichtem Handgemenge, wo persönlicher Mut und gymnastische Gewandtheit, wo die Wucht der Schwerbewaffneten, der Stoß der Lanzen und das Schwert entschied. So hatte der geschickte und kühne Angriff die ganze Siegeskraft, welche auf seiten der Athener war, zur Geltung zu bringen gewußt. Dennoch war der Erfolg kein allgemeiner. Das feindliche Mitteltreffen stand; hier waren des Heeres Kerntruppen, die Perser und Saker vereinigt, hier war der Kampf am blutigsten, die Gefahr am größten; ja es wurden die dünnen Reihen der attischen Bürger, in deren Mitte Aristeides und Themistokles fochten, mit der Nachhut der Sklaven von der Übermacht unaufhaltsam zurückgedrängt, von der Küste weit in die Ebene hinein. Inzwischen hatten aber beide Flügel den Feind geworfen, und nachdem sie einerseits

auf dem Wege nach Rhamnus, anderseits nach der Küste sieg=
reich vorgedrungen waren, erteilte Miltiades, der diesen Fall
vorausgesehen und die Leitung des Kampfes vollkommen in
seiner Hand behalten hatte, zur rechten Zeit den Befehl, daß
die Flügel von der Verfolgung umkehren und vereinigt die
Perser des Mitteltreffens im Rücken angreifen sollten. Nun
war die Flucht bald allgemein, und in der Flucht wuchs das
Unheil der Perser; denn ihnen fehlte, wie Miltiades voraus=
gesehen, jeder Rückzugsort, wo sie sich zu neuer Ordnung
hätten sammeln können; sie wurden in die Sümpfe gedrängt
und hier massenweise getötet. Glücklicher waren die, welche
an die Küste gelangten und auf den Landungsbrücken die
Schiffe erreichen konnten. Die in größerer Entfernung ankern-
den hatte man schon während des Handgemenges abfahren
sehen; aber auch die näherliegenden Schiffe waren so schnell
flott gemacht und von den Bogenschützen so nachdrücklich
verteidigt, daß die heranstürmenden Griechen nur sieben
Schiffe am Ufer fassen und erbeuten konnten. In diesem Ufer=
kampfe, welcher halb zu Lande, halb zu Wasser, mit Feuer=
bränden, mit Schwert und Faust geführt wurde, fielen als Vor=
kämpfer die wackersten Männer; unter ihnen Kallimachos, dem
der unsterbliche Ruhm blieb, durch seine Stimme die Losung
zum Kampfe gegeben zu haben, und Kynaigeiros, des Aischylos
Bruder, welcher vom Bord eines Schiffes, das er erklimmen
wollte, mit abgehauener Hand in das Meer zurücksank.

Überblickt man die dürftigen Darstellungen des Kampfes
von Marathon, welche die Alten uns überliefert haben, so be=
fremdet vor allem ein doppelter Umstand. Wo war denn die
Reiterei, fragen war, auf welche von Anbeginn der Rüstung
her die Siegeshoffnung der Perser gebaut war, um derentwillen
in Marathon gelandet war, die allein imstande gewesen wäre,
den ganzen Schlachtplan des Miltiades zu vereiteln? Sie
wird in keinem Berichte erwähnt. Das zweite, was befremdet,
ist die Schnelligkeit, mit welcher die Einschiffung der persi=
schen Truppen erfolgte. Es ist unbegreiflich, wie diese schon
während des Kampfes beginnen und wie sie nach dem Kampfe
so glücklich und unbehindert ausgeführt werden konnte,
wenn nicht die Kriegs= und Transportflotte schon vor der
Schlacht zur Abfahrt vorbereitet gewesen wäre. Darnach
scheint mir wahrscheinlich, daß die Perser vor Ablauf der
neun Tage den Plan aufgegeben hatten, den von Miltiades be=
setzten und verschanzten Küstenpaß zu erzwingen, und daß
am zehnten Tage die Flotte schon bemannt und namentlich
die Reiterei schon an Bord war. Miltiades machte also einen
Angriff, als das Perserheer geteilt und die gefährlichste Waffe

vom Kampfplatze entfernt war; er griff die Truppen an, welche zur Deckung der Einschiffung am Ufer aufgestellt waren. Dann begreift sich auch, warum Miltiades nicht früher und nicht später seinen Angriff ausführte; denn warum sollte er auf den zehnten, als den ursprünglichen Tag seines Oberbefehles gewartet haben, nachdem einmal der Wechsel aufgegeben war?

Die Flotte fuhr an der Küste entlang nach Sunion. Als verabredetes Zeichen soll ein Schild auf dem pentelischen Gebirge aufgesteckt worden sein, um die Perser wissen zu lassen, daß es nun Zeit wäre, sich gegen Athen zu wenden. Es war eine Demonstration der persisch gesinnten Athener, welche nach dem Abzuge der Feldherrn und der kriegerischen Mannschaft freieren Spielraum gefunden hatten. Der wahre Zusammenhang ist nie zutage gekommen. Am meisten haftete an den Alkmäoniden der Vorwurf, daß sie mit dem Landesfeinde ein heimliches Einverständnis unterhalten hätten. Wer aber auch die Urheber des Schildzeichens gewesen sein mögen, schwerlich ist es erst während der Schlacht, die so unerwartet eintrat und so kurz dauerte, und während der Flucht der Perser gegeben, sondern aller Wahrscheinlichkeit nach früher, vor dem entscheidenden Kampfe, und dann dürfen wir wohl in jenem Schildzeichen den Anlaß erkennen, welcher die Perser zur Einschiffung bestimmte. Dann haben die Verräter wider ihren Willen Miltiades zu einem glücklichen Angriffe verholfen.

Den Siegern von Marathon war nach dem heißen Tage keine Ruhe gegönnt. Aristeides, der Mann von zweifelloser Rechtlichkeit, wurde mit den Genossen seines Stammes, der am meisten gelitten hatte, auf dem Schlachtfelde zurückgelassen, um die Beute zu hüten und die Sorge für die Toten zu übernehmen. Die übrigen Truppen wurden nach kurzer Rast zurückgeführt, und am Abende des Schlachttages lagerten sie wieder unweit Athen, nordöstlich von der Stadt, bei dem hochgelegenen Gymnasion Kynosarges. Als die Perser in rascher Fahrt die phalerische Bucht erreicht hatten, sahen sie, wie es Tag wurde, die Helden von Marathon, zu neuem Kampfe bereit, sich gegenüberstehen. Was nun aber die Perser veranlaßte, von jedem Versuche der Landung abzustehen, ist schwer zu enträtseln. Vielleicht lag ein Hauptgrund in der Persönlichkeit des Hippias.

Hippias hatte als hinfälliger Greis den Boden seiner Heimat wieder betreten. Wenn er bis dahin den Gedanken an Wiederherstellung seines Hauses festgehalten hatte, so war ihm nach dem Tage von Marathon jede Hoffnung geschwunden und der Mut gebrochen. Mit der Verzichtleistung des Hippias waren die Instruktionen der Feldherren erloschen; aus eigenen Vollmachten hatten sie keinen Mut zu handeln, um so weniger, da die Partei, auf deren Unterstützung man gerechnet hatte, nach dem marathonischen Kampfe entmutigt war. Unter diesen Umständen läßt es sich erklären, daß die Feldherren auch ohne eine wesentliche Einbuße an Streitkräften erlitten zu haben (die Zahl ihrer Toten wird auf 6400 angegeben), den Beschluß faßten, vor Eintritt der herbstlichen Witterung heimzukehren und sich diesmal mit der Züchtigung von Naxos und Eretria und der Unterwerfung der Cykladen zu begnügen. Die Straße nach Athen war offen; sie konnten zur Vollendung des begonnenen in jedem Frühjahre wiederkehren.

Die Spartaner, welche Zuzug versprochen hatten, sobald der Vollmondstag vorüber wäre, an welchem sie mit ihrer ganzen Bürgergemeinde beim Opfer des Apollon Karneios zugegen sein müßten, kamen den Tag nach der Schlacht in Athen an und fanden nun statt der bedrängten und geängsteten Stadt eine siegesfrohe, von Dank gegen die Götter und edlem Selbstgefühle erwärmte Bürgerschaft. Die Spartaner zogen nach Marathon, bewunderten an Ort und Stelle die Tat der Athener und kehrten heim. Die Anerkennung, welche die Krieger Spartas aussprachen, mag ehrlich und treu gemeint gewesen sein, die Politik Spartas war es nicht. Die alte Eifersucht war durch das neue Bündnis nicht beseitigt; denn wenn die Spartaner aus lauterem und nationalem Gesichtspunkte die Gefahr der Schwesterstadt aufgefaßt hätten, so würden sie das Karneenfest nicht zum Vorwande ihrer Säumnis benutzt haben, so wenig wie sie bei einem Angriffe auf ihr eigenes Land um eines Festes willen die kräftigste Abwehr versäumt haben würden. Es kamen ja auch nur 2000 Bürger und kein König führte sie. Es war die Strafe ihrer Falschheit, daß sie vom größten Ehrentage hellenischer Waffen ausgeschlossen waren und daß die Spartaner den Athenern, die Dorier den Ioniern für alle Zeiten den Ruhm des ersten Persersieges überlassen mußten.

Sowie die Zeit der Not vorüber war, dachten die Athener vor allem daran, ihre Gelübde zu bezahlen und das Andenken ihrer Toten zu ehren. Nach ihren Stämmen geordnet, wurden sie, 192 an der Zahl, bestattet, wo sie fürs Vaterland gefallen waren; auf ihren Grabstätten wurden die Pfeiler aufgerichtet, auf welchen ihre Namen eingeschrieben waren. Ein zweiter Grabhügel deckte die in treuer Bundesgenossenschaft gefallenen Platäer und die Sklaven, welche mitgefochten und durch ihren Opfertod Anspruch auf Bürgerehre erworben hatten. Neben den Gräbern wurde ein Siegesdenkmal errichtet, das erste seiner Art auf griechischem Boden. Die Walstätte wurde ein Heiligtum des Landes und den Gefallenen, gleich Heroen, ein Jahresopfer eingesetzt. Von der reichen Siegesbeute wurde der Zehnte den hilfreichen Gottheiten Athena, Apollon und Artemis geweiht. Auch nach Delphi gelobte man ein Weihgeschenk, und dem Gotte Pan, der dem attischen Staatsboten auf dem Wege nach Sparta erschienen war, wurde zum Dank für die bewährte Freundschaft eine Grotte am Abhange der Burg gewidmet und zugleich ein Jahresfest mit Fackellauf gestiftet. Das große Siegesfest wurde aber achtzehn Tage nach der Schlacht in Agrai am Ilissos gefeiert, an einem Festtage des Artemis, dem sechsten des Monates Boedromion, welcher zugleich dem Apollon heilig war. Führte dieser doch selbst vom Schlachtgeschrei des Angriffes den Namen „Boedromios", und nach dem Vorbilde des siegreichen Gottes hatten die Athener sich im Sturmschritte auf die feindlichen Reihen geworfen.

Miltiades vermochte augenblicklich alles. Er fühlte diese Macht und überschätzte sie. Ihm sollte der Tag von Marathon nur der Anfang einer Reihe glänzender Waffentaten sein; er nahm die unbedingte Feldherrnmacht, welche ihm zuteil geworden war, auch fernerhin in Anspruch, und da er wenig Lust hatte, in offener Volksversammlung über seine Anschläge verhandeln zu lassen, so verlangte er, daß man ihm die Kriegsschiffe und Geldmittel zu freier Verfügung stelle, damit er den frischen Eindruck, den der marathonische Sieg auf die Athener sowohl wie auf ihre Feinde gemacht habe, zu neuen Siegen benutzen könne. Die reichste Beute werde sein Begehren rechtfertigen. Ein solches Geheimtun war freilich dem Geiste des attischen Staatswesens durchaus zuwider. Aber man hatte soeben das Heilsame eines unbedingten Kriegsbefehles erfahren; man hatte zu Miltiades Glück ein blindes Vertrauen; man gab deshalb nach und sah mit den stolzesten Hoffnungen die Flotte von siebzig Schiffen unter seiner Führung in See gehen. Es war, wenn man den tollkühnen Zug nach Sardes nicht in Anschlag bringt, der erste Kriegszug von Hellas aus gegen den Großkönig, und da Miltiades schon an der Donaubrücke die Befreiung Ioniens als das notwendige Ziel hellenischer Kriegführung aufgestellt hatte, so erwartete man, bald von glänzenden Erfolgen zu hören und die Schiffe mit reicher Beute heimkehren zu sehen.

Statt dessen kam die Nachricht, daß die Flotte untätig vor Paros liege. Miltiades wollte nämlich die Verbündeten des Großkönigs brandschatzen und zunächst sollten die reichen Parier dafür büßen, daß sie den Persern eine Triere gestellt und gegen Athen gekämpft hätten; sie sollten sich unterwerfen und eine hohe Kriegssteuer zahlen. Im Vertrauen auf ihre Stadtmauern wagten aber die Parier unerwarteterweiser beides zu verweigern und versetzten Miltiades dadurch in die übelste Lage. Denn er war auf eine Belagerung nicht eingerichtet und konnte sich doch nicht entschließen, unverrichteter Sache abzuziehen. Zeit und Geld wurden vergeudet; er konnte mit seinen Landungen und verwüstenden Streifzügen durch die Insel nichts ausrichten. Endlich griff er in steigender Leidenschaftlichkeit zu abergläubischen Mitteln. Er versuchte, wie in Paros erzählt ward, in das Heiligtum der Demeter, der Schutzgöttin der Insel, sich einzuschleichen, um dort nach Unterweisung einer Tempeldienerin durch heimliches Opfer oder Entführung des Bildes ein Unterpfand des Sieges zu gewinnen. Aber der Anschlag mißlang so sehr, daß er bei der Rückkehr aus dem Tempelhofe durch einen Fehlsprung sich selbst verletzte, und so mußte der hochfahrende Mann nach 26 Tagen die Belagerung aufheben, um krank, ruhmlos, mit leeren Schiffen nach Athen heimzukehren.

Nun erhob sich ein Sturm der Anfeindung wider ihn. Seine alten Gegner, deren Mißgunst durch die unerhörten Siegesehren gesteigert worden war, scharten sich von neuem zusammen. Voran standen mit ihrem Anhange die Alkmäoniden, die nach der marathonischen Schlacht so arg verdächtigt worden waren und nun begierig die Gelegenheit ergriffen, als Vertreter der Volksrechte aufzutreten. Ihr Führer war Xanthippos, der eine Nichte des Kleisthenes, Agariste, zur Frau hatte. Sie fanden die Stimmung der Bürgerschaft in hohem Grade günstig; denn alle Begeisterung für den Sieger von Marathon war in das Gegenteil umgeschlagen; man sah in ihm jetzt nur einen selbstsüchtigen, gewalttätigen Mann, welcher die Gesetze des Staates verachte. Die Erbitterung wuchs, als sich herausstellte, daß Miltiades die ganze unglückliche Unternehmung gegen Paros nur darum unternommen habe, um sich an einem persönlichen Feinde, den er auf der Insel hatte, dem Lysagoras, zu rächen, welcher ihn einst bei den Persern angeschwärzt hatte. Der Gerichtstag kam. Xanthippos klagte wegen Täuschung des Volkes und Mißbrauch des öffentlichen Vertrauens. Die Bürgerschaft saß selbst zu Gericht und ließ Miltiades vor sich bringen. Auf einem Bette wurde er in die Versammlung getragen, selbst unfähig ein Wort zu reden. Aber weder der erschütternde Anblick des kranken Helden, noch die Erinnerung an den Sieg, durch welchen er den Athenern eine ganz neue Stellung in der griechischen Welt verschafft hatte, noch die Reden seiner Freunde, die auch der Erwerbung von Lemnos gedachten, waren imstande, einen günstigen Eindruck hervorzurufen. Er wurde des Verbrechens schuldig befunden, und nun sollte in zweiter Abstimmung die Strafe bestimmt werden. Der Antrag des Klägers lautete auf Tod, und Miltiades würde durch Henkers Hand geendet haben, wenn es nicht dem Ratsherrn, welcher den Vorsitz hatte, durch seinen Einfluß auf die Abstimmung gelungen wäre, das ärgste abzuwenden. Dagegen wurde der Angeklagte zu einer Geldbuße von 50 Talenten (75,000 Taler) verurteilt. Seine Güter in Chersonnes waren nebst einem großen Teile seines Reichtums in die Hände der Perser gefallen. Er war also außerstande die Strafe zu zahlen. So wurde er nach der Strenge der attischen Gesetze als Staatsschuldner behandelt, aller Ehren verlustig erklärt und zur Strafverschärfung in persönliche Haft gebracht. Inzwischen war der Brand zu seiner Wunde getreten, und so starb er, elend an Leib und Seele, und hinterließ seinem Sohne nichts als die Erbschaft einer unerschwinglichen Geldschuld, von deren Erstattung die Herstellung der bürgerlichen Rechte der Familie abhängig war.

Miltiades Ende ist ein greller Mißton in den Feiertagen der ersten Freiheitskämpfe Athens. Um aber nicht ungerecht zu urteilen, muß man bedenken, wie ein trotziger Eigenwille den Athenern mit Recht für den schlimmsten Feind ihres Gemeinwesens galt, in welchem der einzelne nur dem Ganzen dienen sollte. In diesem Sinne Bürger zu sein verstand Miltiades nicht; seine Schuld war unleugbar; dazu kam, daß in seinem Prozesse das Volk zugleich der beleidigte Teil und der Richter war. Eine höhere Instanz war nicht vorhanden, und es gab keinen gesetzlichen Weg, um hier Gnade für Recht ergehen zu lassen.

*

Nachdem der Mann gefallen war, welcher mit den dynastischen Geschlechtern der Vorzeit unmittelbar zusammenhing und selbst Gewaltherr gewesen war, traten nun die Männer in den Vordergrund, welche in Athen die Entwicklung des Verfassungsstaates miterlebt hatten und der neuen Zeit angehörten. Unter ihnen war Xanthippos, der Sohn des Ariphron, der Hauptankläger des Miltiades, welcher Kleisthenes, dem Oheime seiner Frau, als ein Vorkämpfer bürgerlicher Gleichheit und Freiheit nacheiferte. Der einflußreichste Mann der Gemeinde aber war Aristeides; denn nächst dem siegreichen Feldherrn hatten er den größten Anteil an dem Ehrentage von Marathon. Im Jahre nach der Schlacht bekleidete er das Amt des ersten Archonten, ein Amt, welches ihm als ein Zeichen seltener Anerkennung zuteil wurde, indem neben ihm alle Be=

werber zurücktraten. So wurde aus dem Zufalle des Loses die ehrenvollste Wahl. Mit mildem Ernste und unerschütterlichem Gleichmute stand er inmitten der bewegten Menge, die mit vollem Vertrauen auf ihn schaute. Neben ihm drängte sich ungeduldig Themistokles vor, dessen Einfluß durch die letzten Ereignisse zurückgedrängt worden war. Der Ruhm des Miltiades hatte seinen Ehrgeiz gesteigert; er wollte jetzt um jeden Preis sein unterbrochenes Werk fortsetzen und durchführen. Denn die glückliche Abwendung der ersten Kriegsnot hatte ihn in seinen Überzeugungen nicht irre gemacht, und während die Menge im Gefühle glücklicher Errettung schwelgte und nach Marathon pilgerte, um die Siegesdenkmäler aufrichten zu sehen, hatte Themistokles schon die zukünftigen Schlachtfelder im Auge. Er sah, daß die Perser wiederkehren würden, und zwar mit solcher Macht, daß ein Widerstand in offenem Felde unmöglich sein werde. Auch die Ringmauern seien ohne Nutzen, wenn das ganze Gebiet von Feinden überschwemmt wäre. Nur ein Kampfplatz bleibe übrig, das sei das Meer. Zur See könnten die Barbaren immer nur beschränkte Massen in den Kampf führen; hier seien ihre Kerntruppen, die Perser, Meder und Saker, am wenigsten an ihrem Platze; hier seien sie den seegeübten Hellenen gegenüber am meisten im Nachteile. Also eine Flotte müsse da sein, aber nicht bloß zur Küstenverteidigung ausreichend, sondern groß genug, um die ganze Bürgerschaft aufzunehmen. Darum müsse der begonnene Trierenbau in einem ganz anderen Maßstabe wieder aufgenommen werden; eine Flotte von 200 Kriegsschiffen sei nötig, um Athen unüberwindlich zu machen.

Aber woher die Mittel zu so ungeheuren Unternehmungen nehmen? Ein Blick auf das arme Ländchen schien alle Pläne der Art zuschanden zu machen. Aber Themistokles zeigte seinen Mitbürgern von neuem, daß es nur darauf ankomme, die vorhandenen Hilfsmittel richtig zu verwerten, um Großes erreichen zu können.

Der schmale Teil der attischen Halbinsel, der sich am weitesten in das Inselmeer vorschiebt, ist das laurische Bergland. Es sind keine stattlichen Gebirge, wie die, welche den Horizont von Athen umgeben, sondern niedrige Felsrücken, welche in parallelen Zügen zum Meere streichen, unfruchtbar und nur mit dünnen Piniengruppen bekleidet. Diese Hügellandschaft hegte in ihrem Schoße ergiebige Silberadern, welche sich auf einem Raume von anderthalb Quadratmeilen unter der Oberfläche hin erstreckten und sich bis auf die vorliegenden Inseln verzweigten. Die Ausbeute derselben, die in sehr früher Zeit begonnen haben muß, war damals im besten Gange. Man war

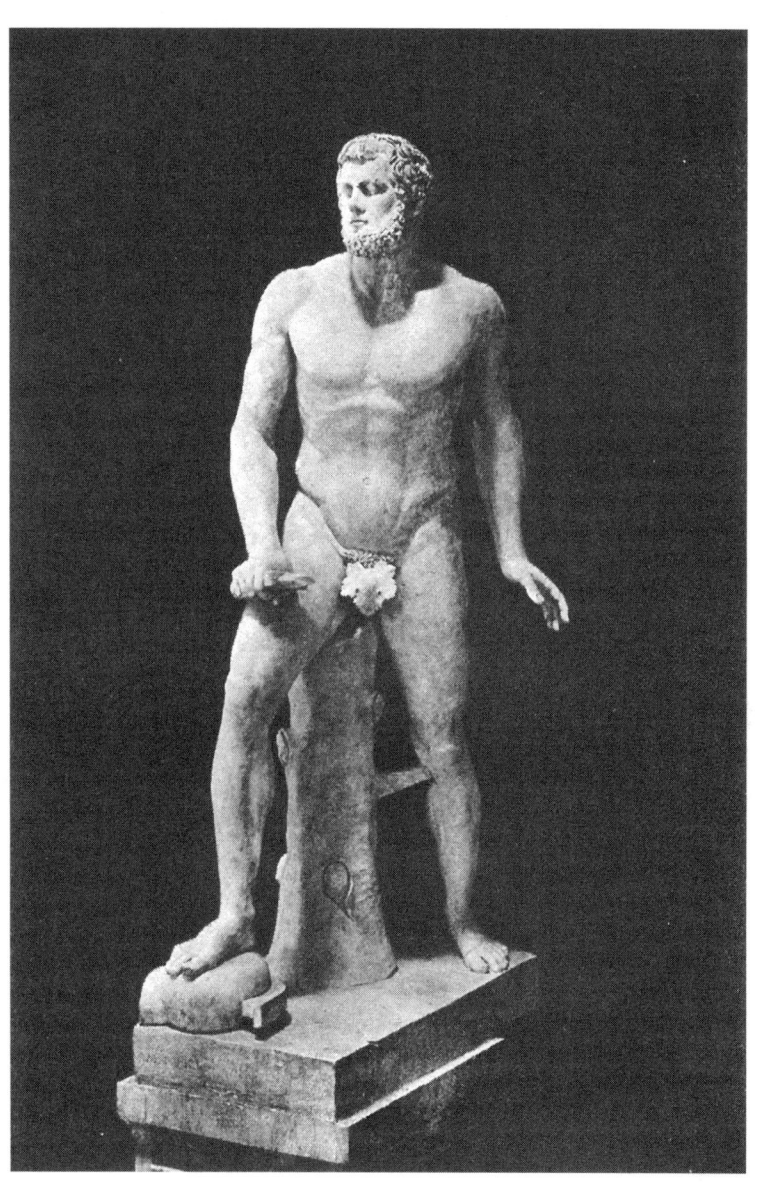

Alkibiades. Rom, Vatikan

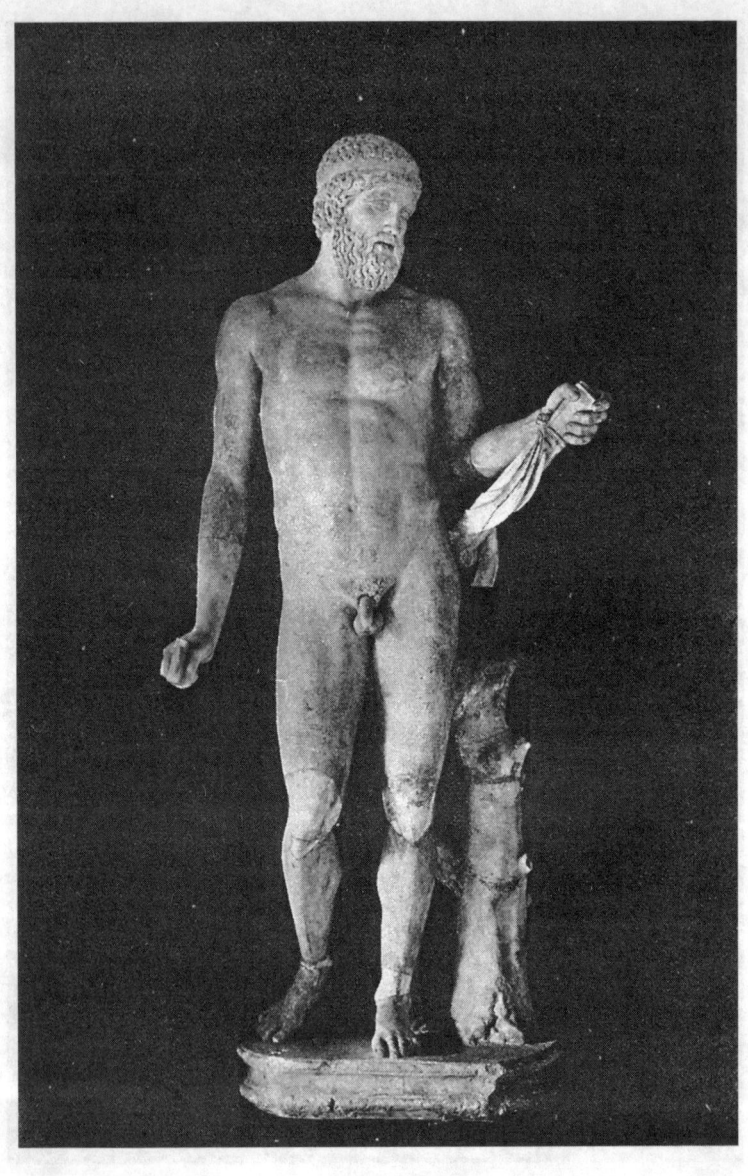

Heroischer König. München, Glyptothek

mit Gruben und Stollen in das Gebirge eingedrungen und wußte durch Wetterzüge die tiefliegenden Gänge, in denen Tausende von Sklaven arbeiteten, mit Luft zu versehen. Der Staat war Eigentümer. Er baute aber nicht selbst, sondern überließ die einzelnen Distrikte oder Gruben für ein entsprechendes Kaufgeld an unternehmende Kapitalisten, welche als Erbpächter den Betrieb übernahmen und von der jährlichen Ausbeute etwa vier Prozent als Abgabe an den Staat zahlten. Die Staatsgüter wurden aber seit dem Sturze der Tyrannen wiederum als Bürgergut betrachtet, und demgemäß hatten die Bürger gerechten Anspruch darauf, daß der Reinertrag der Bergwerke ihnen, als den Eigentümern der Domänen, zugute komme. Dies geschah aber in der Weise, daß, wenn nach Erledigung der jährlichen Staatsbedürfnisse ein ansehnlicherer Barvorrat in den öffentlichen Kassen übrigblieb und keine andere Verwendung für Staatszwecke beantragt war, dieser Überschuß unter die Bürger verteilt wurde.

Als nun gerade jetzt eine bedeutende Summe verteilt werden sollte (so daß zehn Drachmen auf den Kopf kamen), da trat Themistokles auf und stellte den Antrag, daß die Verteilung der Bergwerksgelder durch Volksbeschluß ein für allemal abgeschafft werde. Das sei eine unvernünftige und unverantwortliche Verschleuderung der öffentlichen Mittel, wie sie einem Staate, der von nahen und fernen Feinden umgeben sei, am wenigsten gezieme. Man solle vielmehr alle Überschüsse zum Kriegsfonds machen und das Geld zu nichts anderem verwenden, als zum Baue von Kriegsschiffen; denn wenn man in der bisherigen Weise damit fortfahre, vergingen die kostbarsten Jahre, ohne daß etwas Ordentliches zustande komme.

Um die Bürger geneigt zu machen, ein solches Opfer für das Gemeinwesen zu bringen, durfte er aber nicht sofort mit seinen wirklichen Plänen hervortreten. Denn wenn er jetzt von Herstellung einer Flotte gesprochen hätte, welche der persisch-phönizischen Seemacht gewachsen sein sollte, so wäre er wie ein Irrsinniger verspottet worden. Die große Mehrheit der Bürger war noch nicht gewohnt, andere als die nächstliegenden Tagesfragen ernstlich zu erwägen, und sie war nicht gesonnen, mit Rücksicht auf Kriegsgefahren, welche nur im Kopfe des Themistokles vorhanden waren, so bequemen und in steter Zunahme begriffenen Einkünften, wie die Metallrenten waren, freiwillig zu entsagen.

Zum Glück waren andere Gefahren und Notstände da, welche auch den kurzsichtigsten Leuten deutlich waren und deshalb benutzt werden konnten, um dem Antrage des Themistokles den nötgen Nachdruck zu geben.

Die Ägineten hatten, wie wir wissen ihre Geiseln auf gütlichem Wege nicht zurückerhalten, sie mußten es also auf andere Weise versuchen. Sie bemannten ihre Kaperschiffe und lauerten auf einen guten Fang, wozu die an den attischen Küsten gefeierten Feste die beste Gelegenheit boten. So gelang es ihnen denn auch während des Poseidonfestes in Sunion das heilige Schiff der Athener wegzunehmen und eine Anzahl der vornehmsten Bürger in ihre Gewalt zu bekommen. Dadurch wurde wohl ihr nächster Zweck, die Rückgabe der Geiseln, erreicht. Aber die Fehde selbst war damit nicht geendet; sie entbrannte vielmehr umso heftiger und wurde immer giftiger und blutiger. Denn die Athener knüpften mit der Volkspartei in Aigina ein Einverständnis an, um durch Verrat die Insel zu gewinnen, und gleichzeitig suchten sie ihre schwachen Streitkräfte durch korinthische Unterstützung zu stärken. Die Korinther wollten aber nicht als kriegführende Partei in die Fehde eintreten und vermieteten deshalb 20 Kriegsschiffe den Athenern zu je fünf Drachmen. So eilten die Athener mit 70 Schiffen gegen Aigina, kamen aber dennoch für die verabredete Überrumpelung der Stadt zu spät; zu spät auch, um die Leute ihrer Partei zu retten, welche im Vertrauen auf die rechtzeitige Ankunft der Athener gegen die herrschende Adelspartei sich erhoben und die Altstadt besetzt hatten. Siebenhundert dieser Unglücklichen wurden nun als Verräter zum Tode geschleppt. Dann wurde freilich die Inselflotte geschlagen, aber es gelang den Athenern nicht, sich vor neuen Verlusten zu schützen und sie mußten sich begnügen, diejenigen Ägineten, welche sich aus dem Blutbade gerettet hatten, unter ihnen auch Nikodromos, den Führer der attischen Partei, bei sich aufzunehmen und ihnen bei Sunion einen Wohnsitz zu geben.

Wie die Ereignisse dieser wechselvollen Fehde in die Jahre vor und nach der Schlacht von Marathon zu verteilen sind, läßt sich nicht mit Sicherheit nachweisen. Aber das ist gewiß, daß dieselbe noch fortdauerte, als Themistokles mit seinem Bergwerksgesetze vor die Bürgerschaft trat, und daß er gerade durch Hinweis auf diesen unerträglichen Zustand, auf die Unsicherheit der eigenen Meere und Küsten, auf die Unzulänglichkeit der Kriegsmittel Athens seinen nächsten Nachbarn gegenüber die Bürger vermochte, seinen Antrag anzunehmen und für die Erhöhung der öffentlichen Wehrkraft dem Genuß der Metallrente zu entsagen. Die gehobene Stimmung des Volkes kam ihm zugute; man fühlte, daß eine neue Zeit angebrochen sei, daß Athen eine Großmacht werden müsse und daß dies ohne Opferbereitschaft der Bürger unmöglich sei. Dazu kam, daß erst vor kurzem eine unerwartete Siegesbeute zur

Verteilung gekommen war und daß den ärmeren Leuten durch den Antrag Themistokles mancherlei neue Aussicht auf Verdienst und auf Beutegewinn in Aussicht gestellt wurde.

Die Zustimmung der Bürgerschaft war ein entscheidendes Ereignis: es war die Fortführung dessen, was Themistokles durch den Peiraieusbau begonnen hatte, es war die Grundsteinlegung zur Größe Athens.

Themistokles hatte eine Flotte von 200 Schiffen im Sinne. Doch hat er schwerlich von vornherein diese Absicht ausgesprochen, noch war es bei aller Anstrengung möglich, anders als schrittweise vorzugehen; wahrscheinlich wurde eine größere Anzahl von jährlich herzustellenden Schiffen gesetzlich festgestellt; man übertrug auch wohl den reichsten Bürgern den Bau von Kriegsschiffen, indem man für den Rumpf des Schiffes von Staats wegen ein Talent (1500 Taler) als Vergütung zahlte und dabei auf den Patriotismus der Bürger rechnete. Nachdem an der Küste schon der nötige Schutz gegen feindliche Störungen hergestellt war, konnte unverzüglich Hand ans Werk gelegt werden. Bauholz wurde eingeführt, neue Werften eingerichtet; ein neues Leben erwachte an den stillen Buchten des Peiraieus. Der Wetteifer der Bürger steigerte die allgemeine Tätigkeit und die Armen verschmerzten die erlittene Einbuße um so leichter, wenn sie sahen, daß die Reichen vom Eigenen zusetzten. Gleichzeitig wurde der Bergbau mit neuem Eifer betrieben. Es war jetzt patriotisch, Grubenbesitzer zu sein, seitdem mit dem Silber, das zutage gefördert wurde, die steigende Macht der Vaterstadt unmittelbar verknüpft war.

Wenn man bedenkt, welchen Einfluß auf das ganze Leben diese Beschlüsse und Maßregeln haben mußten, so begreift man wohl, warum nicht alle Bürger damit einverstanden waren. Der massenhafte Trierenbau verlangte auf einmal soviel Arbeitskräfte, daß man mit einheimischem Volke nicht ausreichte. Von allen Seiten strömten also fremde Leute herbei, und von den einheimischen verließen viele des besseren Verdienstes wegen die gewohnte Arbeit. Der Tagelohn stieg, das Leben verteuerte sich, eine allgemeine Unruhe machte sich fühlbar, und viele besonnene Männer schüttelten bedenklich den Kopf, wenn sie die Veränderung ansahen, die mit dem ganzen bürgerlichen Leben vor sich ging. Sie blickten auf Aristeides.

Keiner konnte lebhafter als er das Vaterlandes Größe wünschen, aber er lebte der Überzeugung, daß des Staates Größe auf derselben Grundlage beruhen müsse, auf der er unter dem Schutze der Götter erwachsen sei. Diese Grundlage, an der man nicht ungestraft rütteln werde, sei vor allem anderen die bäuerliche Tüchtigkeit des Volkes und die Liebe zum vaterländischen Boden. Ein Flottenbau, wie ihn Themistokles ins Werk setzen wollte, um im Notfalle den Staat auf die Schiffe zu retten, erschien ihm wie ein Verzagen am Schutze der Landesgötter, wie ein Aufgeben des geheiligten Bodens, wie eine halbe Flucht. Ihn erschreckte das Beispiel der ionischen Städte. Niemals hatten ja die Ionier mehr Schiffe gehabt, als zur Zeit des Kyros, und dennoch waren sie schmählich erlegen oder landesflüchtig geworden. Was war aus den stolzen Flotten von Milet und Chios geworden, was hatten den Thasiern ihre Gelder und ihre Schiffe geholfen, wie hinfällig war die Blüte der samischen Seeherrschaft gewesen! Aristeides fürchtete die einseitige Richtung auf Seeleben und Seekampf in ihrem Einflusse auf die Sitten des Volkes; er fürchtete, daß die Tapferkeit der schwergerüsteten, erbgesessenen Bürger, die sich in Marathon so herrlich bewährt habe, an Achtung und Bedeutung verlieren werde neben der sklavenmäßigen Arbeit der Ruderknechte. Von ihnen werde nun das Heil des Staates abhängen, und bei dem Zuströmen fremder Abenteurer werde der ehrenhafte Kern der Bürgerschaft immer mehr zersetzt und verändert werden. Wenn Athen vorzugsweise Seemacht werden solle, so werde es den Boden unter den Füßen verlieren und in ziel- und maßlose Unternehmungen hineingezogen werden, die mit einer besonnenen Staatshaushaltung und Staatsleitung sich nicht vertrügen.

Dies waren etwa die Gesichtspunkte des Aristeides. Die natürliche Verschiedenheit der beiden Charaktere, die schon in den Knaben sich gezeigt hatte, war nunmehr zum vollen Gegensatze ausgebildet. Es war ein Kampf unvereinbarer Grundsätze, ein Kampf des alten und des jungen Athens, der konservativen Partei und der Partei des Fortschrittes. Aristeides war, ohne es zu beabsichtigen, Führer der besonnenen Bürger geworden. Er zeigte sich auch jetzt ohne Ehrgeiz und Eigennutz. Er bewährte seine reine Vaterlandsliebe, wenn er die eigenen Anträge zurückzog, sobald ihm die öffntlichen Verhandlungen zeigten, daß der Einspruch seiner Gegner begründet war. Aber so gewissenhaft er sich auch von jeder Parteilichkeit fernzuhalten suchte, der Gegensatz wurde immer mehr ein persönlicher. Hielt Aristeides einmal seines Gegners Einfluß für verderblich, so mußte er ihn auf alle Weise zu brechen suchen, und so kam er dazu, auch unbedenklichen und ohne Frage heilsamen Anträgen des Themistokles sich zu widersetzen, während er selbst seine Anträge durch andere Personen vor das Volk bringen ließ, damit nicht sein Name den Widerspruch des andern hervorrufe. Auch in Verwaltungsangelegenheiten soll es zu Reibungen gekommen sein, da Aristeides als Vorsteher der öffentlichen Einkünfte auch die kleinsten Unredlichkeiten der Beamten mit unerbittlicher Strenge rügte; ja, er scheute sich nicht, auch seine Vorgänger im Amte zur Rechenschaft zu ziehen und unter ihnen auch Themistokles.

Die kühne Politik des Themistokles hatte wohl die Mehrzahl der attischen Bürger für sich, und in der Volksversammlung herrschte sein Wort; aber zu einer unbedingten Leitung der Bürgerschaft konnte er es nicht bringen, solange Aristeides ihm gegenüber das Gewicht seines Ansehens in die Waagschale legte, Die Bürger waren zu sehr gewöhnt, auf ihn zu hören und seinen Rat zu beachten. Er war so sehr der Mann des allgemeinen Vertrauens, daß er, wie ihm seine Gegner ärgerlich nachsagten, die öffentlichen Gerichte überflüssig machte, indem er als erwählter Schiedsrichter die Händel seiner Mitbürger durch friedliche Vermittlung beilegte.

So wurde die Bürgerschaft zu einer Zeit, wo die drohendste Gefahr heranrückte und mehr als je auf einiges Handeln alles ankam, nach zwei verschiedenen Seiten hin und her gezogen. Der Zustand wurde unerträglich, und unter dem Einflusse der Themistokleischen Partei verlangte die Bürgerschaft deshalb die Anwendung des Scherbengerichtes, damit endlich durch klaren Volksspruch entschieden werde, welche Partei die herrschende sei. Die Gerüste für die zehn Stämme wurden auf dem Markte aufgeschlagen; eifriger als sonst strömte das Volk aus allen Gauen herbei, und ein unzweifelhaft richtiges Gefühl leitete die Bürger bei der entscheidenden Abstimmung. Sie erkannten in Themistokles den Mann, der allein der Zeit gewachsen sei und allein vollenden könne, was er begonnen habe; sie fühlten die Notwendigkeit, ihm ihr volles Vertrauen zu schenken. Die Verbannung des Aristeides fällt wahrscheinlich in Ol. 74, 1 oder 2 (484 oder 483).

•

Datis und Artaphernes hatten bei ihrer Rückkehr nach Susa gewiß nichts unterlassen, um den Erfolg ihres Zuges als einen immerhin bedeutenden darzustellen. Sie hatten die Flotte im ganzen unversehrt aus den zum ersten Male befahrenen Meeren heimgebracht; sie konnten eine Reihe von Inseln und Städten aufzählen, welche den Achämeniden huldigten; der Trotz der Naxier und Karystier war bestraft, die Bürger von Eretria wurden gefangen vorgeführt; die Insulaner erkannten den Großkönig als Herrn im Archipelagus an und im Vertrauen auf seine Macht hatten die Parier den Athenern siegreich widerstanden. Trotzdem konnte sich Dareios darüber nicht täuschen, daß in der Hauptsache die Unternehmung mißlungen sei, und zwar nicht, wie früher, durch Wind und Wetter, sondern durch die Tapferkeit derselben kleinen Bürgergemeinde, deren Züchtigung sein vorzügliches Augenmerk gewesen, und durch die Kühnheit eines Feldherrn, welcher sein Untertan gewesen und wenige Jahre zuvor nur mit Mühe seiner Rache entgangen war. Er war es also seiner königlichen Ehre schuldig, den Kriegsplan auch nach des Hippias Tode nicht aufzugeben; er durfte die Inselstädte, die seinem Reiche sich angeschlossen hatten, nicht den Eroberungsplänen der Athener preisgeben, und wenn er auch selbst sich hätte beruhigen wollen, so stand ihm Atossa zur Seite und nährte unablässig die Gefühle der Erbitterung und der Rachbegier.

Das Natürlichste und Vernünftigste war, die Mannschaften durch neue Aushebungen zu ergänzen, das gewonnene Seegebiet zu behaupten und von nahen Punkten aus die Kräfte des Feindes zu ermüden, ehe er sich zu einem erfolgreichen Widerstande rüsten konnte. Aber nichts der Art geschieht. Die Perserflotte verschwindet aus dem Ägäischen Meere, es tritt eine vollständige Ruhe ein. Um dies zu erklären, muß man annehmen, daß des Königs Unzufriedenheit nicht nur die Führer des letzten Zuges traf, sondern auch den Kriegsplan, welchen sie vertreten hatten. Der ältere Plan, welcher nur am Ungestüme des Mardonios gescheitert war, kam wieder zu Ehren. Es schien der Achämeniden würdiger, sich nicht mit einem Rachezuge gegen Athen zu begnügen, wobei die Truppenmacht durch die Zahl und Größe der Schiffe beschränkt war; es sollte ein Aufgebot aller Reichskräfte stattfinden, um mit vereinigtem Land- und Seeheere das ganze Westland von Norden nach Süden zu unterwerfen. Indem man diesen Kriegsplan mit ganzem Eifer auffaßte, verschmähte man es, die Erfolge des letzten Zuges zu sichern oder weiter zu verfolgen; man überließ die Hellenen jenseits des Wassers ruhig ihrem Schicksale, indem man fest überzeugt war, daß alle Anstalten, die sie inzwischen treffen könnten, viel zu armselig seien, um den persischen Rüstungen gegenüber in Betracht zu kommen. Alle bitteren Erfahrungen waren vergessen; man schwelgte in vollem Machtgefühle, und doch zeigte sich in diesem Mangel an Konsequenz, in diesem Hin- und Herschwanken zwischen ganz entgegengesetzten Kriegsplänen recht deutlich die Schwäche der persischen Regierung; es war eine Politik, welche sich nur aus dem Streite feindlicher Hofparteien erklärt, von denen eine das Werk der anderen zu zerstören sucht.

Nun wurde ganz Asien in Bewegung gesetzt. Die Kerntruppen aller untertänigen Völker sollten sich zu einer Masse vereinigen, die jeden Widerstand unmöglich machte. Drei Jahre lang wurde gerüstet; von Ionien bis zum Indus erscholl das Waffengetöse. Schon brachen die Truppenmassen auf, um sich in Kleinasien zu vereinigen, und ehe noch Athen einen namhaften Anfang seiner Kriegsflotte gemacht hatte, drohte das asiatische Reichsheer den Hellespont zu überschreiten (Ol. 73, 2; 487). Da wurde zum Glücke das Auge des Königs auf einmal nach einer ganz anderen Seite hingewendet. Denn plötzlich traf die Nachricht in Susa ein, daß Ägypten im Aufstande sei; ein Ereignis, das um so unerwarteter kam, da die Regierung des Dareios das unterworfene Land mit Milde behandelt hatte. Nun wurde also ein Teil der Streitkräfte für diesen Krieg in Anspruch genommen. Aber der Zug gegen Hellas sollte darum nicht ausgesetzt werden; es wurde der doppelte Krieg nur um so eifriger betrieben und Dareios wollte selbst ins Feld ziehen. Dazu bedurfte es aber eines Stellvertreters im Reiche und diese Angelegenheit rief nun im eigenen Palaste einen Streit hervor, welcher dem alternden Könige schweres Leid bereitete und seine kriegerischen Pläne von neuem hinausschob.

Ursache dieser Streitigkeiten war die Doppelehe des Königs. Die Tochter des Gobryas, dem er ja vor allen anderen sein Reich verdankte, hatte ihm den Artobazanes und zwei andere Söhne geboren; von Atossa, der Kyrostochter, hatte er vier, unter denen Xerxes der älteste war. Das medopersische Staatsrecht bestimmte dem erstgeborenen Königssohne die Herrschaft; Atossa aber behauptete, nur ihre Kinder seien aus königlichem Samen, die Kinder erster Ehe hätten keine Berechtigung zum Throne. Es entspann sich ein Kampf für und gegen das unbedingte Ansehen einer Fürstin, welche den Anspruch machte, daß erst durch sie der jüngere Herrscherstamm ebenbürtig geworden sei.

Wie nun endlich nach dem Willen der Atossa die Thronfolge festgestellt war und der Auszug vor sich gehen sollte, da starb der König, 64 Jahre alt, im sechsunddreißigsten Jahre seiner Regierung. Er hatte das Perserreich aus dem tiefsten Sturze wieder aufgerichtet; er hatte die Grenzen desselben bis an den Indus und Jaxartes vorgeschoben; er hatte im Norden bis an den Kaukasus, in Afrika bis an die Syrten und jenseits des Hellesponts bis an den Istrus die Waffen getragen, und war nahe daran, den Pontus zu einem persischen Binnenmeere zu machen. Das also erweiterte Reich hatte derselbe König zuerst als ein großes zusammenhängendes Ganzes geordnet, wie noch kein Reich Asiens vor ihm bestanden hatte; seine Schiffe hatten die fernsten Meere ausgekundschaftet; der Reichtum dreier Weltteile, die Tapferkeit der Kernvölker Asiens, die Seekunde der Phönizier, die Klugheit und Geschicklichkeit der Babylonier, Ägypter und Ionier standen ihm zu Diensten, und dennoch war es ihm nicht vergönnt, des wohlverdienten Ruhmes froh zu werden, er mußte sterben, ehe Ägypten gebändigt und Hellas gezüchtigt war. Ihn quälte bis an das Ende der Unmut über das Mißlingen aller Lieblingspläne, über den schnöden Undank seiner Günstlinge, über den Kampf der Hofparteien und die ungezähmte Herrschsucht seiner Gemahlin. Ein schneidender Widerspruch geht durch sein ganzes Leben hindurch. Denn während er seinem Charakter nach nichts weniger als Eroberer war, sah er sich wider Willen in immer neue, weit aussehende Feldzüge verwickelt und ihm war es vorbehalten, die Griechenkriege, an denen die persische Monarchie zugrunde gehen sollte, zu beginnen, obgleich kein Fürst des Morgenlandes mehr Sinn für hellenische Weisheit und mehr Anerkennung für wahre Menschenbildung gezeigt hat. Er ließ griechische Künstler an seinen Palästen arbeiten und soll selbst Herakleitos, den Philosophen von Ephesos, an seinen Hof geladen haben. Vor allem aber zeugt seine unerschütterliche Anhänglichkeit an Histiaios und Demokedes, seine Großmut gegen den gefangenen Metiochos, den ältesten Sohn des Miltiades, den er mit Haus und Hof beschenkte, seine Milde gegen die Eretrier, die er nach Ardericca im Lande der Kissier verpflanzte, von einer höheren Sinnesart, die unsere volle Achtung in Anspruch nimmt.

Xerxes folgte, der in Purpur Geborene, ein Mann von stattlicher Schönheit und angeborener Würde. Er hatte nicht die Schule durchgemacht, wie sein Vater, der sich selbst den Thron erworben. Er war in der Üppigkeit des Palastlebens groß geworden, und eigene Kriegslust reizte ihn nicht, die Gärten von Susa zu verlassen. Indessen hatte er ein hohes Gefühl von der Würde des Reiches und war nicht gesonnen, derselben etwas zu vergeben. Außerdem trieb ihn die Mutter, welche mehr als je im Palaste herrschte. Ihn trieb der Ehrgeiz einzelner Heerführer, namentlich des Mardonios, welcher den Lieblingsplan seiner Jugend, jenseits des Meeres eine persisch-griechische Satrapie zu gründen, noch keineswegs aufgegeben hatte.

Freilich fehlte es auch jetzt nicht an einer starken Gegenpartei, welche offen und entschieden auftrat. Ihr Führer war Artabanos, des Dareios Bruder, derselbe, welcher schon beim Skythenzuge gewarnt und abgeraten hatte. Er war auch jetzt bei Hofe das Haupt der Besonnenen, welche sich von dem Feldzuge gegen die Griechen nichts Gutes versprachen. Lange schwankte der Großkönig hin und her; die Kriegsbefehle wurden gegeben und wurden widerrufen, aber zuletzt drang doch die Kriegspartei durch, die Partei der Ehrgeizigen, welche das Stillesitzen eine unerträgliche Schmach nannten und den König durch Vorspiegelung eines leichten und glänzenden Erfolges zu gewinnen wußten. Dazu kamen die Anforderungen von Griechenland selbst, das durch bedeutende Persönlichkeiten in Susa vertreten war, durch die Nachkommen des Peisistratos und durch ihren Hofgelehrten Onomakritos, welcher hochtönende Orakelsprüche vorlas, in denen die Überbrückung des Hellesponts und die Großtaten des Königs verkündet waren, durch den vertriebenen König Demaratos, welcher schon bei der Thronstreitigkeit zwischen den Söhnen des Dareios von Einfluß gewesen und die Entscheidung zugunsten des Xerxes mitveranlaßt haben soll, endlich durch Abgesandte der Aleuaden in Thessalien.

Nachdem nun im zweiten Regierungsjahre des Xerxes Ägypten von neuem unterworfen war, wurde sofort mit dem Zuge gegen Hellas Ernst gemacht und die von Dareios begonnene Rüstung in vergrößertem Maßstabe, ja in ganz anderem Sinne wieder aufgenommen. Denn es sollte kein gewöhnlicher Feldzug, es sollte ein Triumphzug, eine Schaustellung der unerschöpflichen Hilfsquellen Asiens sein. Umsonst warnten die Besonneneren und machten darauf aufmerksam, wie nur bis zu einem gewissen Grade mit der Größe des Heeres auch seine Stärke zunehme, wie eine maßlose Ausrüstung am Ende den Erfolg gefährde. Das Maßlose war es gerade, worin sich die Gedanken des Xerxes gefielen; es sollte ein Heer zusammenkommen, wie es die Welt nicht gesehen hatte; auch schweiften seine Pläne weit über Hellas hinaus, und sich selbst als den Schönsten und Edelsten in der Mitte so vieler Tausende zu sehen, das war der größte Reiz für den eitlen Fürsten.

So gingen denn die königlichen Eilboten von Susa nach allen Himmelsgegenden, nach der Donau wie nach dem Indus, nach dem Jaxartes wie nach dem oberen Niltale, die Gestade des Archipelagus, des Pontus, des Arabischen und Persischen Golfes, des Syrischen und des Libyschen Meeres entlang. Die Waffenfabriken und Schiffswerften wurden in Tätigkeit gesetzt, Brücken, Wege und alle inneren Verkehrsmittel hergestellt, in allen Teilen des weiten Reiches wurde Mannschaft ausgehoben. Zwei Jahre lang wurde gerüstet, und im dritten begann eine Völkerwanderung, welche von den Ostgrenzen der Welt her die Stämme der verschiedensten Zungen und Trachten in bunter Menge zusammenführte.

In baumwollenen Röcken, mit Rohrpfeilen bewaffnet, kamen die Anwohner des Indus, und rückten in das Gebiet der iranischen Völker ein. Ganz Iran, im weitesten Sinne des Ländernamens, trat in Waffen. Zuerst der ferne Nordosten, die durch weite Wüstenländer abgetrennten Hinterländer des Reiches. Hier stiegen von den Abhängen des Hindukusch die Baktrier herunter und vereinigten sich im Oxustale mit den Sakern, die jenseits des Jaxartes wohnten, zu einer Heeresmacht unter Hystaspes, dem Sohne des Dareios und der Atossa. Aus den unteren Gebieten des Oxus und Jaxartes, von den Ufern des Aralsees, kamen die Chorasmier und die Sogdier, bei welchen Kyros die äußerste Reichsfestung angelegt hatte.

Die vereinigten Stämme Irans, Turans und Indiens fanden, wie sie die Zagreuspässe herunter kamen, die Stromländer des Tigris und Euphrat in voller Rüstung. An den kunstvollen Erzhelmen und den eisenbeschlagenen Keulen erkannte man die Truppen des alten Ninive. Von Süden kamen in das mesopotamische Land die Hilfsvölker Arabiens, welches, wenn auch nicht zinspflichtig, dennoch dichte Scharen von Bogenschützen aus seinen Wüsten entsendete. Aus dem Palmenlande Afrikas kamen die Äthioper in Pardel- und Löwenfellen, welche Spieße mit Spitzen aus Gazellenhorn schwangen, und vom äußersten Westen die Libyer in Lederwams, mit Holzspeeren, die im Feuer gehärtet waren.

Vom Euphrat stiegen die Heeresmassen nordwestlich hinauf in die felsigen Hochlande Kappadociens. Hier kamen von der einen Seite die Völker Armeniens herzu und die wilden Stämme des Kaukasus, andrerseits die mannigfaltigen Völker Kleinasiens, deren einige, wie die Paphlagonen, Kappadocier und namentlich die Phryger, dem armenischen Heerhaufen an Bewaffnung glichen, während die anderen, westlicheren, vor allem die Lyder, fast ganz wie hellenische Krieger aussahen.

Kritalla in Kappadocien war der Sammelplatz der Truppenmassen. Hier erschien Xerxes selbst, um sich mit den Prinzen des Hauses, seinem Gefolge und seinen auserlesenen Scharen an die Spitze der Truppen zu stellen, und führte den Zug durch Phrygien und Lydien nach Sardes, wo er im Herbste von Ol. 74, 4 (481) die Winterquartiere bezog. Hier befand er sich an der Grenze der griechischen Welt; von hier aus mußte die Größe seiner Rüstung den jenseitigen Völkern bekannt werden, von hier wurden die Boten ausgesendet, welche Unterwerfung forderten. Die Gesamtmasse des asiatischen

Heeres, welches hier vereinigt war, mag man nach dem Berichte des Ktesias auf ungefähr 800,000 Mann schätzen; dazu kam eine Reiterei von 80,000 Pferden aus Persien, Medien, Kissien, Indien, Baktrien und Libyen, eine Menge Kriegswagen teils mit Rossen, teils mit indischen Waldeseln bespannt, endlich auch Kamelreiterei.

Der Rüstung des Landheeres entsprach die Masse der Schiffe. Den Kern der Flotte bildeten die Phönizier und Syrer, dann die Ägypter, Kyprier, die Küstenvölker Kleinasiens von Kilikien bis Äolis, die Anwohner des Pontus und die Insulaner; es waren zusammen über 1200 Trieren oder Dreidecker. Mit den Transportschiffen und kleineren Fahrzeugen kam eine Menge von drei bis viertausend Segeln zusammen, welche bei Kyme und Phokaia sich vereinigte. Jede Triere hatte 150 Ruderer und außer der eigenen Bemannung zu größerer Sicherheit noch ein Kommando von Persern an Bord.

Während dieser Rüstungen und Truppenmärsche auf dem asiatischen Festlande wurden außerhalb desselben dreierlei großartige Maßregeln getroffen. Das erste war die Anlage von Magazinen, welche dem Heere unentbehrlich waren, um ausreichender Verpflegsmittel unterwegs gewiß zu sein. Am nötigsten erschienen solche Vorkehrungen an der thrakischen Küste, wo man am wenigsten auf die Hilfsmittel des Landes und den guten Willen der Bewohner rechnen konnte. Zu diesem Zwecke wurde eine große Zahl von phönizischen und ägyptischen Kauffahrern beordert, massenhafte Vorräte und Mehl und Futter, welche auf königlichem Befehl im Niltale und in Asien zusammengebracht worden waren, nach Thrakien zu schaffen. Die größte Niederlage war in Leuke Akte am Hellesponte; außerdem wurden in Tyrodiza an der Propontis, in der Hebrosmündung bei Doriskos, in der Strymonmündung bei Eïon und in Makedonien (wahrscheinlich am Flusse Axios) ähnliche Magazine angelegt.

Das zweite war, daß man den Hellespont überbrückte, um das Heer trockenen Fußes, mit voller Sicherheit, unabhängig von Wind und Wetter, auf europäischen Boden hinüberzuführen und das jenseitige Land, als ein Vorland Asiens, an den herrschenden Weltteil gleichsam zu fesseln. Nicht bei den Dardanellenschlössern, wo jetzt der gewöhnliche Übergang ist, schlug man die Brücke, sondern weiter aufwärts nach der Propontis, dort, wo die Höhen bei Abydos von dem Gestade bei Sestos nur sieben Stadien entfernt waren (jetzt ist die Breite überall bedeutender), und wo auf beiden Seiten, auch auf dem steileren Rande des europäischen Ufers, Talwege sind, welche dem Truppenmarsche zustatten kamen. Es wurde aber eine doppelte Schiffsbrücke geschlagen, damit um so rascher und ohne Stockung die Heeresmassen hinüber gelangten. Gleichzeitig wurde die Landenge durchstochen, welche die Halbinsel des Athos mit dem Festlande verbindet, um die Flotte vor dem Unglück zu bewahren, welches zwölf Jahre früher dem Mardonios zugestoßen war.

Als die drei großen Arbeiten glücklich vollendet waren und die Nachricht davon in das Hauptquartier gelangte, gab der Großkönig sofort den Befehl, von Sardes aufzubrechen; die größten Schwierigkeiten schienen nun beseitigt zu sein. Aber ehe noch der Marsch begann, kam eine Unglücksbotschaft, welche die frohe Zuversicht zuschanden machte. Eine plötzliche Sturmflut hatte den Hellespont heimgesucht und in wenig Stunden die mit unsäglicher Mühe hergestellten Brücken völlig zerstört. Die Nachricht versetzte den König in eine maßlose Wut; er wollte nichts davon wissen, daß irgend etwas in der Welt imstande sei, sich seinen Plänen zu widersetzen; in jedem Mißlingen sah er eine frevelhafte Auflehnung gegen seine großherrliche Macht, eine Verschuldung, welche mit abschreckender Strafe geahndet werden müsse. Die Baumeister wurden hingerichtet und selbst die Elemente sollten für ihre Widersetzlichkeit büßen. Bei den Hellenen wenigstens ging die allgemeine Rede, daß er den Hellespont habe peitschen, daß er Ketten in ihn habe versenken lassen, zum Zeichen, daß auch er des Großherrn Sklave sei und ihm auch wider Willen dienen müsse; ja, daß er mit frecher Gotteslästerung die heilige Salzflut verflucht habe.

Dann wurde anderen Werkmeistern die Erneuerung der Brücken übertragen. Die Taue, welche man von Ufer zu Ufer gezogen hatte, waren, wie man meinte, zu schwach gewesen. Man flocht nun beide Arten der Taue zusammen, die aus Papyrusbast, welche von den Ägyptern gemacht waren, und die stärkeren Flachsseile, das Werk phönizischer Arbeiter. Durch große Winden, welche auf beiden Ufern aufgestellt waren, spannte man die Taue über die Schiffe hinüber, welche, durch mächtige Anker befestigt, in doppelter Reihe zusammenlagen. Die längere lag aufwärts nach der Propontis zu und bestand aus 360 Schiffen, die untere aus 314. Über die Schiffe aber wurde eine Bretterbahn gelegt und diese durch festgestampfte Erde wie zu einem Landwege gemacht. Endlich wurden an beiden Seiten der Bahn Holzwände aufgerichtet, damit die hinübergehenden Tiere nicht durch den Anblick des Wassers scheu würden. Außerdem hatten beide Brücken einen Durchlaß, so daß wenigstens kleinere Kauffahrer durchfahren konnten; eine Einrichtung, welche um so notwendiger war, da man die Absicht haben mußte, die Brücken längere Zeit bestehen zu lassen.

*

In vielen Beziehungen kann man sagen, daß Griechenland besser als je imstande war, einem feindlichen Angriffe zu widerstehen, denn das Land ist gewiß zu keiner Zeit volk, reicher, das Volk selbst nie kräftiger, tüchtiger und gesünder gewesen, als im Anfange des fünften Jahrhunderts vor Chr. Die außerordentliche Kolonisationstätigkeit der letzten Jahr, hunderte hatte das Mutterland keineswegs geschwächt, son, dern nur Wohlstand und Segen gebracht. Denn das Selbst, gefühl der Nation war dadurch im hohen Grade gewachsen, daß sie sich leiblich und geistig allen andern Völkern über, legen fühlte und nirgends einen ebenbürtigen Gegner gefun, den hatte. Alle Kräfte und Geschicklichkeiten waren ent, wickelt, Mut und Geistesgegenwart durch die Mannigfaltigkeit neuer und schwieriger Aufgaben geübt. Die Verbindung mit den aufblühenden Pflanzstädten hatte den Mittelstand aller Orten gehoben und dem Handel wie dem Gewerbefleiße eine Menge neuer Hilfsquellen geöffnet. Bei dem allgemeinen Wohl, stande war die Auswanderung durch zahlreichen und kräftigen Nachwuchs rasch ersetzt worden; das Mutterland konnte ohne die Kolonien gar nicht bestehen, denn nur durch die Korn, zufuhr aus den Pontusländern, aus Afrika, Sizilien und Italien war es möglich, daß eine so dichte Bevölkerung in den Städten und Landschaften wohnen konnte.

Argolis war die einzige Landschaft, deren Bevölkerung eine große Verminderung erlitten hatte. Nach dem Verluste von 6000 streitbaren Männern im Kriege mit Sparta lag es kraftlos darnieder; sonst war überall Land und Volk in unversehrtem Zustande. Lakonien zählte 8000 Spartaner; jedem Spartaner konnten sieben Heloten beigegeben werden, und außerdem hatte es einen kräftigen und zahlreichen Stand freier Land, bewohner, so daß es, ohne sich von Streitkräften zu entblößen, 50,000 Wehrmänner ins Feld stellen konnte. Arkadien war ein ungemein bevölkertes Land, dessen gesamte Wehrmannschaft man auf etwa 30,000 schätzen kann; für den ganzen Pelopon, nes aber kommt man auf eine Gesamtzahl von ungefähr zwei Millionen Einwohner. Athen hatte nach Herodots unverdäch, tigem Zeugnisse 30,000 Bürger und konnte im Verlaufe des, selben Jahrhunderts, das die Perserkriege eröffnete, ohne die Flottenmannschaft und die Reiter zu rechnen, 13,000 Schwer, bewaffnete und 16,000 Mann Besatzungstruppen stellen. Wie ansehnlich die böotischen Landstädte waren, bezeugt die Kraft des Widerstandes, den sie Theben entgegenstellen konnten. Für die Bevölkerung des Insellandes gibt Naxos einen Maßstab ab und unter den kleineren Inseln Keos, ein Eiland, das auf einem durchaus gebirgigen Areal von kaum zwei Quadratmeilen vier Städte enthielt, jede mit ihrem eigenen Hafen, mit eigener Gesetzgebung und Münze.

Aus dieser Zeit des blühendsten Standes griechischer Bevölkerung stammt jener sorgfältige Anbau, dessen Spuren noch heute den Wanderer in Erstaunen setzen, wenn er sieht, wie einst jedes Plätzchen ausgenutzt, jede Schwierigkeit der Ansiedlung und des Verkehres überwunden, wie alles Land von menschlichem Leben durchdrungen war. Auf Felsklippen, wo jetzt nur Ziegenherden ein notdürftiges Futter finden, trifft man die Überreste wohlummauerter Städte, welche mit Zisternen und Wasserleitungen versorgt waren, während die umliegenden Höhen bis zum Gipfel hinauf in künstlichen Terrassen abgestuft waren, um für Kornbau und Obstzucht Platz zu gewinnen.

Die Zahl der Städte und Einwohner ist aber nicht die Hauptsache, wo es sich um die Widerstandskraft einer Nation handelt; wichtiger ist die Tüchtigkeit des Menschenschlages, der Stadt und Land bewohnt. Die Städte der Griechen waren keine Großstädte, wie die Handels- und Residenzstädte des Morgenlandes; dadurch blieben sie vor vielerlei Übeln bewahrt, welche sich in übervölkerten Städten unvermeidlich erzeugen; es bildeten sich keine so schroffen Gegensätze von arm und reich, von Üppigkeit und Not, deren jede in ihrer Weise die Bevölkerungen entkräftet; die Armut war keine Bettelarmut, die Menge kein Pöbel. Auch das städtische und ländliche Leben traten nicht so schroff auseinander, da die griechische Stadt keinen Gegensatz gegen das Land bildete. Die Verhältnisse blieben einfacher, die Bürgerschaften waren übersichtliche Gemeinden, in denen jeder Abfall von der väterlichen Sitte um so leichter bemerkt und gerügt wurde. Durch gemeinsames Gesetz wurden die Bürgerschaften zusammengehalten, das Gesetz galt aber für den Ausdruck einer lebendigen Willensgemeinschaft, darum war die Unterordnung unter dasselbe keine unfreie; der einzelne fühlte sich als ein Glied des Ganzen, und die Öffentlichkeit des Gemeindelebens war die gesunde und stärkende Luft, in welcher die Bürger aufwuchsen.

Neben der bürgerlichen Gesellschaft bestand eine unfreie Bevölkerung, welche in Handels- und Fabriksstädten wie Korinth und Aigina sehr groß war. Hier muß die Menge der selben bis auf das Zehnfache der freien Einwohner sich belaufen haben. Das Vierfache muß auch in Attika als geringstes Maß angenommen werden.

Man sollte denken, daß eine solche Menge unterdrückter Menschen einem Landesfeinde große Vorteile in die Hand gegeben hätte, namentlich wenn die Sklaven unter den feindlichen Truppen ihre Landsleute fanden, wie dies mit den Phrygern, Syrern und anderen asiatischen Sklaven der Fall war. Indessen finden sich in den Perserkriegen keine Beispiele von Verrat und Überlaufen. Die Sklaven waren mit der Bürgerschaft zu eng verknüpft; es bestand zwischen ihnen und den Familien ein gemütliches Verhältnis, das durch Sitte und Religion gepflegt wurde. Die Sklaven gehörten solchen Stämmen an, welche an geistigen Anlagen den Griechen weit nachstanden und namentlich für bürgerliches Gemeindeleben weder Neigung noch Fähigkeit besaßen. Darum erschien ihre Unterordnung nicht als Unterdrückung; das ganze Verhältnis wurde als ein nach beiden Seiten ersprießliches und naturgemäßes angesehen. Das griechische Bürgertum aber war ohne diese Grundlage gar nicht denkbar.

Die Sklaven versahen alle untergeordneten Hantierungen; sie bestellten den Acker, besorgten Küche und Viehstand; sie dienten ihren Herren als Handwerker und Arbeitsleute und erleichterten ihnen das Leben in allen Beziehungen, ohne daß die Bürger dadurch träge, schlaff und üppig wurden. Vor dieser nachteiligen Einwirkung des Sklaventums wurden die Griechen durch die natürliche Energie ihres Wesens, die Macht der Sitte und das Gesetz bewahrt; denn Müßigang und Geschäftslosigkeit wurde in allen wohlgeordneten Staaten als Verbrechen bestraft. Andrerseits mußten sich die Bürger bei dem Unterschiede von Anlage und Bildung, der ihnen täglich vor Augen trat, als ein bevorzugtes und zur Herrschaft berufenes Volk fühlen; ein Bewußtsein, welches auch im Perserkriege wesentlich dazu beitrug, ihnen eine stolze und mutige Haltung zu geben. Zugleich wurde das griechische Bürgertum dadurch in einer höheren Sphäre gehalten, daß nicht leicht ein Bürger dem anderen Dienstleistungen unwürdiger Art zu erweisen hatte, und daß auch die Ärmeren für allgemeine Angelegenheiten und für geistige Bildung Muße und Neigung sich bewahren konnten. Denn eine freie Lebensstellung und behagliche Muße erschien den Alten als eine unerläßliche Bedingung für die Entwicklung bürgerlicher Tugend.

In den Stadtgemeinden blühten die öffentlichen Ringschulen, und wer sich diesen Übungen entzog, konnte auf Einfluß und Ansehen keinen Anspruch machen. Regelrechte Schule war den jungen Männern zu anderen Natur geworden; sie hatten gelernt die Kraft zu verdoppeln, wenn es galt, und nichts mehr zu scheuen, als den Verdacht der Feigheit. So hatten Friede und Wohlstand in Hellas keine Erschlaffung herbeiführen können, wie in Ionien. Die Palästra hatte die Vorübung zum ernsten Kampfe gewährt, und Dichter, wie Simonides aus Keos und Pindar aus Theben, welche beide um die Zeit des persischen Heerzuges in voller Wirksamkeit standen, bezeugen nicht nur die reich entfaltete Blüte des Festwesens und der ihm gewidmeten Kunst, sondern auch die Heldenkraft, welche in ihren Zeitgenossen lebte, die geistige und körperliche Tüchtigkeit, welche sich in den angesehenen Geschlechtern forterbte, und den hohen Ernst, mit welchem die heiligen Wettkämpfe geübt wurden.

Als weit geschätzte und reich belohnte Meister zogen diese Dichter im Lande umher; sie standen mit ihrer Kunst in der Mitte des ganzen Volkes und wirkten dahin, die vielerlei Gemeinden und Geschlechter geistig miteinander verbunden zu halten. Sie waren darauf angewiesen, in ihren Gesängen die gemeinsamen Überlieferungen der Vorzeit in Erinnerung zu bringen, die gemeinsamen Hellenenfeste zu verherrlichen und den Ruhm der Sieger, welche der ganzen Nation angehörten, zu feiern. In ihnen stellte sich das Hellenentum gleichsam persönlich dar. So finden wir Simonides im Mutterlande wie in den Kolonien als einen einflußreichen Mann, welcher die verschiedensten Kreise miteinander in Verbindung setzt und Zwistigkeiten ausgleicht. Noch bedeutender tritt uns diese vermittelnde Stellung in Pindar entgegen. Ein Thebaner von Geburt und mit ganzem Herzen seiner Vaterstadt angehörig, hatte er dann in Athen bei Lasos die höhere Kunst erlernt; er war eingeweiht in die Mysterien von Eleusis; er weilte mit Vorliebe bei den großen Nationalfesten; er war in Delphi, dem religiösen Mittelpunkte des Landes, wie zu Hause. Schon durch seine Abstammung von den Ägiden, deren weitverzweigtes Geschlecht an der Ordnung des spartanischen Staates, an der Gründung von Thera und Kyrene einen so wichtigen Anteil gehabt hat, war er berufen, von höherem und weiterem Gesichtspunkte aus die hellenischen Angelegenheiten zu betrachten. Wanderlustig, wie seine Vorfahren, zog er umher in den Städten von Hellas und fand seinen Beruf darin, das Bewußtsein der gemeinsamen Nationalität und Sitte in den Bewohnern weitgetrennter Gegenden zu erwecken. „Herrliches Lakedämon", so sang er schon im frühen Jünglingsalter, ehe noch der ionische Aufstand den ganzen Krieg zwischen Persien und Hellas veranlaßt hatte, „herrliches Lake=

dämon, glückseliges Thessalien! Von einem Vater stammend, herrscht hier wie dort das Geschlecht des kampfberühmten Herakles". So benutzt er den Schatz alter Sagen, welche er mit sinnreichem Geiste neu zu beleben und anzuwenden weiß, um Sparta mit den Dynasten Thessaliens, und ebenso Theben, Aigina und die arkadischen Städte zu einer großen Volkseinheit zu verbinden.

Aber abgesehen von dieser idealen Einheit, deren Bewußtsein in den Dichtern des Volkes seinen Ausdruck fand und das Herz edelgesinnter Hellenen erwärmte, war keine nationale Verbindung vorhanden, welche den Angriffen einer despotisch geleiteten Feindesmacht gegenüber irgend eine nachhaltige Widerstandskraft verbürgen konnte. Seit dem letzten Menschenalter war die Macht von Delphi gebrochen; ohne Kampf war die Herrschaft seiner Priester zugrunde gegangen, weil sie nur auf geistigen Mitteln beruhte, die allmählich verbraucht waren; es hatte keine Wahrheit mehr, wenn man Delphi das Zentrum von Griechenland nannte. Inzwischen war auch nichts Neues an die Stelle getreten, sondern in demselben Maße, wie die gemeinsamen Ordnungen alter Zeit sich auflösten, hatten die Einzelstaaten sich immer selbständiger ausgebildet. Jedes Gemeinwesen war dem anderen gegenüber vollständig abgeschlossen, gleichsam ein Hauswesen für sich. Die Bürger des Nachbarstaates waren Fremde, Ausländer; eheliche Verbindungen zwischen Angehörigen verschiedener Staaten rechtlich ungültig, wenn dieselben nicht besondere Verträge über Ehegemeinschaft geschlossen hatten. Dazu kam nun, daß überall nachbarliche Reibungen stattfanden, Streitigkeiten über die Grenzlinien, über die Ausdehnung heiliger Ländereien, über die Aufnahme flüchtiger Sklaven, und nur selten fühlten sich die streitenden Parteien verpflichtet, friedliche Ausgleichung durch schiedsrichterlichen Spruch zu suchen. Ein Bundesgericht von allgemeiner Anerkennung war nirgends vorhanden. Deshalb läßt Herodot, indem er die Beratungen der persischen Fürsten schildert, welche Xerxes vor dem Beginn des Krieges zusammenrief, den Mardonios die Frage tun, wie doch der Perserkönig ein Volk fürchten könne, dessen Staaten, statt durch Herolde und Botschafter ihre Streitigkeiten auszugleichen, wie es Sprachgenossen zieme, in törichter Übereilung zu den Waffen griffen und sich untereinander schwer verletzten?

Die Staaten selbst waren von zweierlei Art. Entweder waren es kleine Gemeinwesen, bäuerliche Kantone, die still und unbemerkt dahinlebten, wie die arkadischen Gaugenossenschaften, einem mächtigen Nachbar folgend, ohne daran zu denken, eigene Politik zu treiben, oder es waren größere, bewegtere, an den Welthändeln teilnehmende Staaten, welche sich in ihren Machtansprüchen feindlich begegneten. So lagen sich vor allem die beiden Hauptstaaten gegenüber. Sparta behauptete noch immer die erste Stelle. Seine Bürger galten für die Ersten der Hellenen an Schönheit und Tüchtigkeit, für die geborenen Führer der anderen, für die Meister der Kriegskunst, die mit wohlberechtigtem Stolze sich den Griechen ionischen Geblütes überlegen fühlen könnten. Und wenn auch die unglückliche und unwürdige Politik, welche Sparta in den letzten zwanzig Jahren befolgt hatte, wenig geeignet war, Vertrauen und Achtung zu erwecken, so waren dennoch die Zeitumstände der Fortdauer seines Ansehens günstig. Denn bei dem allgemeinen Schrecken, welchen die Ausbreitung der Persermacht verursachte, und bei dem steigenden Gefühle allgemeiner Unsicherheit in der griechischen Welt mußte der Peloponnes seiner natürlichen Festigkeit wegen mehr als je für die Burg von Hellas angesehen werden. Spartas Verfassung und der peloponnesische Bund hatten sich doch als das Dauerhafteste von allem, was die Hellenen an Staatseinrichtungen hervorgebracht hatten, bewährt. Sparta war auch in Kleinasien als ein mächtiger und wohlgeordneter Staat angesehen, und als nach dem Falle von Sardes die dortigen Verhältnisse immer unheimlicher wurden, waren viele nach dem Peloponnes ausgewandert, um sich den Folgen einer gewaltsamen Umwälzung zu entziehen. So war Bathykles aus Magnesia mit seiner Kunstschule nach Sparta übersiedelt, und ionische Kaufleute legten damals ihre Gelder in Sparta an, wie Herodot von dem reichen Milesier erzählt, welcher dem Spartaner Glaukos die Hälfte seines Vermögens anvertraute, in Erwägung wie bei ihnen in Ionien alles so schwankend und unsicher sei, und einzig der Peloponnes noch ruhig und sicher erscheine.

Dennoch hatte Sparta weder Mut noch Kraft, die Verhältnisse zu benutzen und bei der zunehmenden Bedrängung der griechischen Welt, als Hauptstadt der Hellenen, ihre gemeinsamen Angelegenheiten zu vertreten. An ehrgeizigen Gelüsten fehlte es nicht. Ehe die Persermacht sich befestigt hatte, wollten die Spartaner ja selbst dem lydischen Könige zu Hilfe kommen; nachher aber hatten sie nicht einmal den Mut, die eigenen Stammesgenossen zu beschützen, und wiesen zweimal die um Hilfe bittenden Ionier zurück. In Griechenland selbst hielten sie mit aller Zähigkeit an ihren Ansprüchen fest, aber sie zehrten von ihrem Kapitale und taten nichts, um neue Ansprüche zu erwerben. Plataiai in ihre Bundesgenossenschaft aufzunehmen hatten sie nicht gewagt, aber das Gesuch der Platäer wie jede andere Gelegenheit benutzt, um unter den Staaten nördlich vom Isthmos Unfrieden zu stiften. Was sie also durch eigene Kraft nicht erreichen konnten, dazu sollte die Schwäche der andern ihnen verhelfen. So wenig hatte Sparta die Fähigkeit und den Willen, die Kräfte des griechischen Volkes zu vereinigen. Wohl war seine Bürgerschaft ein Kriegsheer ohnegleichen, aber es fehlte der belebende Geist; der Staat wußte seine eigenen Mittel nicht zu gebrauchen; träge und schwerfällig bewegte er sich nur in gewohnten Gleisen weiter. Freilich lodert in seinen Herakliden zuweilen noch etwas von achäischem Heldenfeuer auf; es zeigt sich im Königshause noch ein hoher und unternehmender Geist, aber er lehnte sich dann in wilder Selbstsucht gegen den eigenen Staat auf, wie das Beispiel des Kleomenes zeigt, oder er artete in ein zweckloses Abenteuer aus, wie bei Dorieus, dem jüngeren Bruder des Kleomenes, dem die heimatlichen Verhältnisse so unerträglich wurden, daß er in die weite Welt ging und sich erst in Libyen, dann in Sizilien, ein neues Reich erkämpfen wollte.

So wurde die Heldenkraft, welche noch vorhanden war, nutzlos vergeudet, und während die Perser immer näher rückten, dachte Sparta in engherzigster Weise nur an seine Landesinteressen. Es überzog Argos mit verheerendem Kriege, es fuhr fort, jede Entzweiung der anderen Staaten, welche ihm Vorteil versprach, zu begünstigen, und wenn es sich auch zu einer Waffengenossenschaft mit Athen verpflichtet hatte, so war es doch absichtlich bei Marathon zu spät gekommen; denn im Grunde hatte Sparta bei seiner Armut an eigenen Gedanken und Plänen kein anderes Augenmerk, als nur das aufstrebende Athen nicht groß werden zu lassen. Athen aber war durch seine innere Entwicklung wie durch seine äußeren Verhältnisse schon so gestellt, daß es seine Bahn nicht verlassen konnte; es war eine Großmacht geworden; es mußte mit Ehren vorwärts oder mit Schanden rückwärtsgehen.

Außerdem waren feindliche Spannungen aller Art zwischen den einzelnen Staaten vorhanden. Argos lauerte nur auf eine Gelegenheit, um sich an Sparta zu rächen; Aigina und Korinth verfolgten sich mit gegenseitiger Eifersucht, und in einer und derselben Landschaft haderten die kleineren Städte mit den größeren, indem diese sich als Hauptstädte über die anderen erheben wollten, wie Theben über Thespiai und Plataiai. Oft hatten die Kriege zwischen den Staaten auch nur den Charakter eines Wettkampfes und waren gewissermaßen nur eine Ausartung des agonistischen Triebes, welcher den Hellenen von

Natur so tief eingepflanzt war. Die Bürgerschaften der Nach=
barstädte maßen sich miteinander, und die Aufstellung des
Siegeszeichens war es, worauf es ihnen besonders ankam. Da=
her dachten sie auch beim Kampfe nicht daran, möglichst
sichere Stellungen einzunehmen, sondern rückten sich wie zu
einem Zweikampfe auf offenem Felde entgegen, um ihre
Tapferkeit aneinander zu erproben. Indessen trat diese harm=
losere Kampfweise um so mehr zurück, je mehr die politischen
Leidenschaften aufgeregt wurden, welche das Volksleben
immer mehr vergifteten.

Es ging aber durch ganz Griechenland ein schroffer Gegen=
satz der Parteien; denn noch gab es in allen Städten ritter=
liche Geschlechter von altem Ruhme und Reichtum, welche
hoch angesehen waren und den angestammten Beruf zu haben
glaubten, des Volkes Vorstände zu sein und die Bürgerschaf=
ten zu leiten. Überall, wo diese Geschlechter noch am Ruder
waren, haßte man Athen, als den Herd der Demokratie, welche
wie ein böses Gift die Gesundheit des hellenischen Lebens in
immer weiteren Kreisen zerstöre; man konnte es den Athe=
nern nicht vergeben, daß sie sich mit den Ioniern eingelassen
und dadurch alles Unheil angestiftet hätten. Aber auch im
Schoße jeder größeren Stadtgemeinde standen sich die Par=
teien gegenüber, deren Gegensatz um so schroffer hervortrat,
je lebendiger die Bewegung war, welche die Zeit durchdrang.
Die einen folgten der Bewegung mit Begeisterung; die anderen
traten ihr mit Mißtrauen oder offenem Widerspruche ent=
gegen. Deshalb mußte der glänzende Aufschwung, den das
junge Athen genommen hatte, nicht etwa bloß den Spartanern
und Thebanern ein Ärgernis sein, sondern auch allen denen,
welche das Heil der Staaten in der besonnenen Leitung durch
die Mitglieder alter Familien sahen, denen nichts verhaßter
war, als ein Umschwung der Verhältnisse, durch welchen der
große Haufe zur Herrschaft gelange, um in tobenden Markt=
versammlungen über das Schicksal der Staaten zu entscheiden.
In der jungen Welt, welche mit unglaublicher Rührigkeit ihre
Kräfte entfaltete, wollte man nichts mehr von bevorrechteten
Ständen wissen; da sollte alles allen erreichbar sein. Bei die=
sem freien Wetteifer aller Kräfte fühlten aber die alten Fami=
lien ihr ganzes Ansehen bedroht, und ihr Sturz wurde von den
Anhängern der alten Zeit als der Verfall hellenischer Staaten=
ordnung und edler Gesittung betrachtet. Der augenblickliche
Aufschwung erschien ihnen nur wie ein kurzer Rausch.

Nun drohten die Perserkriege. Sollten diese glücklich be=
standen werden, so konnte es nur durch den Aufschwung einer
allgemeinen Begeisterung, das heißt durch eine große Volks=

erhebung gelingen. Das konnte niemand verkennen. Also jeder glückliche Erfolg mußte auch ein Sieg der Volkspartei, ein Fortschritt der Demokratie sein. Deshalb konnten die alten Familien und ihre Anhänger keine Sympathie für die Freiheits=kämpfe haben. Ihnen war schon die Bürgerherrschaft in den ionischen Städten ein Greuel gewesen, und wie sie es gewiß im Herzen den Persern dankten, daß sie dem Unwesen da=selbst ein Ende gemacht hatten, so wollten sie auch jetzt im eigenen Lande lieber die Perser siegreich sehen, als die Demo=kraten. Deshalb waren in ganz Griechenland die Aristokraten medisch gesinnt und leiteten entweder in diesem Sinne den ganzen Staat, wie in Thessalien und Theben, oder machten, wo sie dies nicht vermochten, in heimlichen Umtrieben ihre Richtung geltend, wie in Eretria und Athen. Man suchte sogar zwischen Persern und Griechen allerlei verwandtschaftliche Beziehungen nachzuweisen, um die Hinneigung zu der Sache des Nationalfeindes zu beschönigen. In Argos ließ man es sich gefallen, daß Perseus als der gemeinsame Stammvater der Achämeniden und der Argiver geltend gemacht wurde. Grie=chische Sagengelehrsamkeit war geschäftig, den Phryger Pelops zu benutzen, um ein Herrschaftsrecht der Achämeniden auf das Erbteil der Pelopiden zu beweisen, und ebenso erzählte man dem Datis, daß er als Nachkommen des Medos, des Sohnes der Medea und des Aigeus, Ansprüche auf Attika habe.

Aus den angegebenen Gesichtspunkten war auch das del=phische Orakel weit entfernt, die Nationalsache gegen die Perser zu vertreten; denn die Priesterschaft sah den letzten Überrest ihres Einflusses zugrunde gehen, je mehr die Demo=kratie in den Städten zur Herrschaft kommen würde. Sie war ja das Gegenteil von dem, was in Delphi von jeher als heil=samer Rechtszustand aufgestellt worden war. Darnach be=stimmte sich auch der Standpunkt derjenigen Hellenen, welche mit Delphi nahe verbunden waren und die delphischen Grund=sätze vor dem Volke vertraten. Ein Mann wie Pindar, der, selbst ein Altadeliger, ganz dafür lebte, den Ruhm der alten Geschlechter durch seine Lieder aufzufrischen, „wie der Tau die Pflanzen stärkt und verschönt", welcher in den von Vater auf Sohn forterbenden Tugenden die Bürgschaft für die Er=haltung des Edlen und Schönen sah und der Volksherrschaft ebenso abgeneigt war, wie tyrannischer Gewaltherrschaft, Pindar konnte an der Begeisterung der Freiheitskämpfe keinen Anteil nehmen; er konnte kurz nach der Schlacht von Mara=thon einen Athener feiern, ohne des großen Tages mit einem Worte zu gedenken.

Aber nicht bloß die Aristokraten waren gegen den Krieg

gestimmt. Es gab auch sonst Leute genug in Griechenland, welche zur Unterwerfung rieten und medisch gesinnt waren, Einheimische wie Fremde, namentlich solche, deren Interesse es war, daß ein behaglicher Lebensgenuß und der freie Verkehr zwischen den beiden Seegestaden nicht gestört werde. Darum waren unter den Fremden von besonderem Einflusse die Buhlerinnen, welche aus den ionischen Städten mehr und mehr herüberkamen, die durch ihre geselligen Künste und ihre Verbindungen mit angesehenen Männern Einfluß gewannen und viel Gelegenheit hatten, eine den Persern günstige Friedensstimmung zu verbreiten. Zu ihnen gehörte die schöne Thargelia aus Milet, welche nacheinander in vierzehn Verbindungen gelebt und einen sehr bedeutenden Einfluß auf die politischen Verhältnisse geübt hat. So hatte sie in Thessalien einen der mächtigsten Landesfürsten, Antiochos, einen Verwandten der Aleuaden, zu gewinnen gewußt und behauptete sogar nach dessen Tode eine fürstliche Macht. Sie war die bekannteste Persönlichkeit unter den Frauen, welche im medischen Sinne ihren Einfluß geltend machten.

*

Es war ein wichtiger Tag für Griechenland, als im Herbste von Ol. 74, 4 (481) die Abgeordneten auf dem Isthmus zusammentraten; es war der Anfang eines neuen Staatenvereines unter dem Vorsitze von Sparta. Aber Sparta zeigte sich nach wie vor arm an Rat. Es wurde vorgeschoben statt vorzugehen. Die eigentlich schöpferischen und treibenden Gedanken gingen von Athen aus; unter den Peloponnesiern aber war es ein arkadischer Mann, Cheileos aus Tegea, welcher die Zeit verstand und sich durch seine Persönlichkeit auch in Sparta einen bedeutenden Einfluß zu verschaffen wußte. Themistokles und Cheileos waren vorzugsweise die Gründer des neuen Bundes, in welchem die Ideen der alten Amphiktyonien wieder auflebten. Aber dieser neue Hellenenbund war unabhängig von allen priesterlichen Einflüssen, eine freie Vereinigung aller Staaten, welche entschlossen waren die Unabhängigkeit des Vaterlandes mit Gut und Blut zu verteidigen.

Themistokles bewährte sich auch hier als ein Staatsmann, welcher durchgreifende Tatkraft und kluge Nachgiebigkeit zur rechten Zeit zu verbinden weiß. Denn als es sich um die Leitung des Bundes handelte, veranlaßte Themistokles seine Mitbürger, ihre noch so begründeten Ansprüche einstweilen nicht geltend zu machen. Um Formen sollte in dieser Zeit nicht gehadert werden. Sparta behielt die ungeteilte Hegemonie; in der Tat stand aber Athen n e b e n Sparta und die vom Isthmus ausgehenden Gesandtschaften wurden deshalb aus Mitgliedern beider Staaten gebildet.

Das erste, was auf dem Isthmus beschlossen wurde, war, daß die Abgeordneten sämtlich im Namen ihrer Staaten Beilegung aller inneren Fehden gelobten, um in voller Eintracht den Feinden gegenüberzustehen. Die wichtigste Folge dieser Bestimmung war die Aussöhnung zwischen Athen und Aigina. Das zweite war die Abordnung von Gesandten, welche beauftragt wurden, die noch zweideutigen Staaten und die ferner wohnenden Stammgenossen zur Teilnahme einzuladen; dadurch wollte man Argos den Anschluß erleichtern und die Hilfskräfte der kretischen und sizilischen Städte heranziehen. Das dritte endlich war die Verständigung über den Kriegsplan. Während die Beschlüsse des Bundesrates ausgeführt wurden, blieben die Abgeordneten als ständiger Kriegsrat auf dem Isthmus zusammen. Hier war das Hauptquartier des Volkskernes, das heißt der zur Landesverteidigung entschlossenen Hellenen; hier stärkte und hob sich in anfeuernder Gemeinschaft das Nationalgefühl, und in der drohenden Gefahr wuchs die Liebe zur Freiheit wie der Mut zum Kampfe.

Man ließ sich also nicht von den heimkehrenden Kundschaftern einschüchtern, welche Xerxes im Lager von Sardes hatte umherführen lassen, nicht von der jammernden Pythia, welche statt anzufeuern nur entmutigte; auch nicht durch die ablehnende Antwort der Argiver, welche mit einem Spruche der Pythia ihre falsche Neutralität rechtfertigten, noch auch durch die Gesandtschaften, welche unverrichteter Sache aus Kreta und Sizilien heimkehrten. Man zählte nicht, weder die Feinde noch die Freunde; man stand zusammen in dem Gefühle, daß man nicht anders könne. Man hatte gutes Recht, sich als die Patriotenpartei, als die „Wohlgesinnten" zu bezeichnen.

Wenn aber die Verbündeten nichts taten, als ihre Pflicht, so traf die anderen der Vorwurf, ihre Pflicht zu versäumen. Dies mußte klar ausgesprochen werden. Freiwilliger Anschluß an die Perser sowohl wie jeder Dienst, welchen ein Hellene durch Wort und Tat den Persern erwies, war Hochverrat; der isthmische Bundesrat war das Gericht, welches über Männer, wie Arthmios von Zeleia, der persisches Geld nach Griechenland gebracht hatte, die Acht aussprach. Alle unfrei Gesinnten wurden von den gemeinsamen Festspielen ausgeschlossen; nur durch aufopfernden Patriotismus sollte man die Ehre verdienen, ein voller Hellene zu sein. Ja es wurde unter die Verpflichtungen der Eidgenossen ausdrücklich auch die aufgenommen, die nationalen Götter an ihren Feinden und Verrätern zu rächen, nach glücklicher Abwehr die persisch Gesinnten gemeinschaftlich zu bekriegen und aus der gewonnenen Beute nach altem Volksbrauche dem delphischen Gotte den Zehnten zu weihen. Dieser Ausdruck einer entschlossenen und kühnen Politik war wichtig, weil er die Eidgenossen ermutigte und ihre Blicke über die Not der Gegenwart hinausführte, weil er die schwankenden Städte einschüchterte und zugleich schon jetzt den fruchtbaren Gedanken anregte, daß wie die freiwillig ausbleibenden gezüchtigt, so die mit Gewalt von den Persern geknechteten Städte befreit werden sollten.

So erwuchs in der Zeit der schwersten Bedrängnis, wo man nicht wußte, wie man die nächsten Grenzen decken sollte, die Idee eines großen, erweiterten Vaterlandes, das in neuer Herrlichkeit den Barbaren gegenübertreten sollte. Die griechische Muse fehlte nicht, um ihrerseits die Begeisterung des Volkes zu nähren. Namentlich war es Simonides aus Keos, der einflußreiche Freund des Themistokles, welcher, obwohl schon ein Siebziger, dennoch mit jugendlicher Wärme die große Zeit auffaßte und, nachdem er einst bei Hipparchos und dann bei den Skopaden in Thessalien eine höfische Dichtkunst geübt hatte, nun ein Sänger der Freiheitskriege wurde und das Volk zum Kampfe gegen die Feinde des Vaterlandes begeisterte. Man fühlte, was auf dem Spiele stand und empfand nun den Wert der Güter, deren man sich in Hellas erfreute, um so wärmer. Der alte Gegensatz zwischen Hellenen und Barbaren kam den Griechen in voller Stärke zum Bewußtsein; denn verschiedenartigere Streitkräfte, als die, welche sich jetzt zum Kampfe gegeneinander rüsteten, können nicht gedacht werden. Auf der einen Seite ein König von unbeschränktem Eigenwillen, der mit den Prinzen seines Hauses an der Spitze der Völkermassen Asiens steht, welche blindlings seinem Befehle folgen und, wie Herden, unter Geißelhieben über den Hellespont getrieben werden; auf der anderen Seite eine kleine Gruppe freier Bürgergemeinden, welche erst im letzten Augenblicke zu gemeinsamer Abwehr sich vereinigt hatten; was sie aber vereinigte, war das Gefühl einer sittlichen Verpflichtung, für das Vaterland und seine Götter ihr Leben einzusetzen, und zugleich das Gefühl eines nationalen Stolzes; denn der Gedanke war ihnen unerträglich, sich von Völkern unterjochen zu lassen, die sie als Sklavenvölker verachteten.

Nun kam es vor allem darauf an, daß die verbündeten Hellenen ihre Streitkräfte ordneten und über die Verteidigung des Landes einen Beschluß faßten. Die auf dem Isthmus durch ihre Abgeordneten vertretenen Staaten waren außer Sparta Arkadien, Elis, Korinth, Sikyon, Epidauros, Phlius, Troizen,

Mykenai, Tiryns und Hermione; dann Athen, vielleicht auch Megara, Plataiai und Thespia. Auch Aigina beteiligte sich jetzt an der gemeinsamen Sache. Alle Versuche fernere Teilnehmer heranzuziehen waren mißglückt. Die sechzig Triern der Kerkyräer, deren Zuzug verheißen war, blieben unter nichtigen Vorwänden im westlichen Meere zurück, und die Tyrannen von Syrakus, welche den Eidgenossen die ansehnlichste Verstärkung hätten zuführen können, waren zu stolz, um sich an einem Kriege zu beteiligen, dessen Oberleitung Sparta führte. Auch mußten sie Karthago gegenüber ihre Streitkräfte zusammenhalten. Im Mutterlande selbst hatten Argos und Theben sich vom Bunde ausgeschlossen, Argos mit heimlicher Schadenfreude auf die Demütigung Spartas, Theben auf den Fall Athens lauernd; an beiden Orten waren die der Nationalsache feindlichen Regierungen beflissen, alle entgegengesetzten, nationalen Richtungen niederzuhalten.

Nirgends aber waren die Stimmungen geteilter und die Verhältnisse gespannter, als in Thessalien. Die Aleuaden handelten hier wie im Namen der ganzen Landschaft, aber sie waren nichts weniger als Organe des Volkes; ihre Absicht war vielmehr, mit Hilfe der Perser die volkstümliche Bewegung zu bewältigen, deren sie allein nicht Meister werden konnten. Die freigesinnten Thessalier hatten also das größte und nächste Interesse am Kampfe; sie beschickten den isthmischen Bundesrat, erklärten ihren Beitritt und verlangten Unterstützung zur Verteidigung ihrer Landesgrenzen. Unmöglich konnte man diese Männer abweisen; es erschien außerdem wie eine heilige und amphiktyonische Pflicht, das Tor von Hellas zu verteidigen; auch schien kein Ort geeigneter zu sein, um einer feindlichen Übermacht mit Erfolg entgegentreten zu können, als der Paß von Tempe. Aber der Durchmarsch durch Böotien war bedenklich. Deshalb wurde nun zum ersten Male von der attischen Flotte Gebrauch gemacht. Zehntausend Krieger, die am Isthmus beisammen waren, wurden unter dem Befehle von Euainetos und Themistokles eingeschifft, durch den Euripos nach Südthessalien gebracht und rückten dann, mit den thessalischen Hilfsvölkern verbunden, an ihren Standort im Tempetal.

Allein der freudige Mut, mit welchem das tapfere Heer das Tal besetzte, und die Hoffnung, das freie und einige Hellas wieder bis an das Haupt des Olympos ausdehnen zu können, erhielt sich nicht lange. Man erfuhr, daß im Sommer ein oberer Gebirgspaß gangbar sei, und eine heimliche Botschaft Alexanders von Makedonien benachrichtigte die Feldherrn, daß in diesem Passe schon für den Durchzug der Perser die Vorbereitungen getroffen würden. Die Besetzung von Tempe war also unnütz. Auch erkannte man, daß es den Persern ein Leichtes sein würde, südlich von Tempe Truppen zu landen, welche den Griechen im Rücken stehen würden. Endlich war das ganze Hinterland sehr unsicher. Schon knüpften die mittelgriechischen Staaten Unterhandlungen mit den Persern an, und in Thessalien erhob sich die dynastische Partei immer kecker, je näher die Perser kamen. Unter diesen Umständen wäre es Torheit gewesen, an der fernen Grenze für unzuverlässige Bundesgenossen die hellenischen Kerntruppen nutzlos aufzuopfern. Die Griechen zogen also auf dem Wege, den sie gekommen waren, nach dem Isthmus zurück, und unmittelbar darauf erfolgte der offene Abfall von ganz Thessalien. Dann schickten auch die Gebirgsbewohner, die Perrhäber, die Doloper, Änianen und Magneten, sowie die Malier und phthiotischen Achäer, selbst die zunächst wohnenden Lokrer, Erde und Wasser an den Großkönig, welcher damals noch im südlichen Mazedonien lagerte.

So schwand die Griechenmacht zusammen. Dem ersten Auszuge war ein schneller Rückzug gefolgt; auch den treu Gebliebenen sank der Mut. Um so rastloser wirkte Themistokles, in Athen wie auf dem Isthmus, persönlich wie durch seine Parteigenossen. Zu diesen gehörte Timon in Delphi. Als die Unglücksweissagungen der Pythia die allgemeine Niedergeschlagenheit vermehrten, hielt Timon die Gotteskundschafter, welche verzweifelnd nach Athen heimkehren wollten, zurück und wußte ihnen einen neuen Spruch zu verschaffen, in welchem doch ein Schimmer von Hoffnung sich zeigte. „Wenn alles fällt, so sprach zuletzt die Pythia, so sollen doch die hölzernen Mauern der Kekropiden nicht fallen". Als nun die Gesandten der Athener diesen Spruch heimbrachten, benutzte ihn Themistokles, um seinen Mitbürgern zu zeigen, daß ja auch die Götter offenbar seine Pläne genehmigten, denn die uneinnehmbare Holzburg bedeute nichts anderes als ihre Flotte. Wie er aber auch in der eigenen Vaterstadt fortwährend mit Schwierigkeiten zu kämpfen hatte, beweist der Umstand, daß bei der Feldherrnwahl in dem entscheidenden Kriegsjahre Epikydes, ein Volksredner von feiger Gesinnung, neben Themistokles als Bewerber auftreten konnte, indem er sich ohne Zweifel auf die Partei derer stützte, welche es auch jetzt noch nicht zum äußersten kommen lassen wollten. Hier würde ein Mann, wie Aristeides, im Bewußtsein seine Pflicht getan zu haben, den Ausgang ruhig abgewartet haben, Themistokles, welcher alles auf dem Spiele stehen sah, machte sich kein Gewissen daraus, durch Geld zu bewirken, daß sein Nebenbuhler freiwillig von der Bewerbung zurücktrat.

Im Bundesrate drang nun Themistokles darauf, daß man zum zweiten Male den Feinden entgegenrücke, um ihnen den Eingang in das innere Land zu sperren. Die Wahl des Standortes konnte nicht zweifelhaft sein, denn von Thessalien her führte nur eine Straße am malischen Meerbusen entlang. Die Küste desselben wird aber südlich vom Spercheios durch die Ausläufer des Oitegebirges, namentlich durch die trachinischen Berge und dann durch den Kallidromos, mehr und mehr eingeengt, so daß zuletzt zwischen Berg und Meer nur ein schmaler Fahrweg übrigbleibt. Aus dem Fuße des Kallidromos sprudeln heiße Quellen in großer Fülle hervor, welche mit schwefliger Kruste den Felsboden überzogen haben. Dies ist das sogenannte Warmtor oder Thermopylai; denn wie ein enges Tor führte es aus dem Gebiete der Malier in das der Lokrer und weiter nach Mittelgriechenland hinein.

Diesen Paß konnten die Feinde nicht umgehen, wenn das Landheer in der Nähe der Flotte bleiben wollte. Hart am Passe lag das alte Bundesheiligtum der Demeter, wo die Abgeordneten der Amphiktyonen zweimal des Jahres feierliche Opfer im Namen des ganzen Volkes darbrachten; man hatte also auch eine religiöse Verpflichtung, diese heilige Opferstätte zu verteidigen. Auch konnte kein günstigerer Ort zur Verteidigung gefunden werden; denn links hatte man zur Anlehnung die unwegsamen Abhänge, welche mit Eichen und Tannen dicht verwachsen waren, rechts die Seeküste. Aber auch hier ist kein offenes Meer, sondern eine enge Meerstraße zwischen dem Festlande und Euboia, der Seepaß, welcher zu den südlichen Gewässern führte. Hier also konnte die griechische Flotte, während sie der persischen den Eingang wehrte, zugleich die Flanke des Landheeres decken und eine Landung der Feinde verhindern. Endlich war Thermopylai auch noch durch Mauern befestigt, welche die Phokeer durch die Küstenebene gezogen hatten. Die Phokeer waren nämlich im Kallidromos zu Hause; sie waren gewohnt diese Pässe gegen ihre Erbfeinde, die Thessalier, zu wahren und seit dem offenen Abfalle derselben waren sie eifrig für die nationale Sache. Man durfte diesen Eifer nicht unbenutzt lassen; ließ man Thermopylai offen, so war alles Land nördlich vom Isthmus den Feinden preisgegeben.

Wenn jemals, so war jetzt der Augenblick gekommen, daß die Spartaner sich mit voller Tatkraft an die Spitze von Hellas stellten. Aber sie waren auch jetzt lahm und lässig. Man schickte wohl den Leonidas, welcher nach dem Tode des Dorieus dem Kleomenes als König gefolgt war, nach Thermopylai ab, aber nur mit 300 Spartiaten.

Der Marsch des Leonidas, seine Person, sein kräftiges Auftreten machte den besten Eindruck; die treugebliebenen Lokrer faßten Vertrauen, die Phokeer leisteten Zuzug; man ließ verkünden, dies sei nur der Vortrab des peloponnesischen Heeres. So trat denn wirklich einmal ein lakedämonischer König als Vorkämpfer von Hellas auf, um die heilige Schwelle des Vaterlandes zu verteidigen, von den besten Männern des Volkes umgeben. Er traf umsichtig seine Anordnungen; unten wurde die Vermauerung erneuert; den oberen Gebirgspfad, der durch die sogenannte Anopaia führte, ließ er durch die Phokeer besetzen. So glaubte er den Paß sperren zu können und erwartete, seiner hohen Verantwortlichkeit wohl bewußt, in voller Ruhe die Ankunft der Perser, welche ohne Unfall das reiche Peneiostal durchmessen hatten und nun mit ihrem Vortrabe auf den Höhen des Othrys sichtbar wurden.

Xerxes rückte über den Spercheios gegen den Paß vor und lagerte sich beim alten Trachis, wo der Asopos aus den trachinischen Felsen hervorbricht, die in stattlichem Halbkreise den Südrand des Meerbusens einschließen. Die beiden Lagerstätten waren nur eine Stunde voneinander, zwischen ihnen flossen die Warmquellen. Xerxes wollte kein unnützes Blutvergießen und wartete darauf, daß die Griechen hier, wie in Tempe, abziehen würden. Aber sie blieben und zeigten sich vor ihren Schanzen, indem sie ihre Glieder in gymnastischen Übungen stärkten und ihr langes Haar wie zum Feste schmückten. Am fünften Tage endlich ließ er Truppen vorgehen, um die Männer für ihren Trotz büßen zu lassen. Zwei Tage lang wurde in der kleinen Küstenebene gekämpft von Morgen bis Abend. Wie gegen ein Festungstor, wurden immer von neuem die Meder in den Kampf geschickt, die ersten Glieder von dem nachdrängenden Haufen vorwärtsgeschoben, einem gewissen Tode entgegen; denn sie hatten keinen Schutz gegen die griechischen Lanzen, von denen kein Stoß fehlging, während ihre Geschosse von den ehernen Rüstungen abprallten. Die Truppen wurden wiederholt zurückgedrängt, und Xerxes, der von der Höhe zuschaute, sah das Blut seiner besten Männer in Strömen über den Weg fließen. Hier war mit neuen Massen nichts zu erreichen. Man mußte daran denken, den Paß zu umgehen, und zu diesem Zwecke fehlte es weder an Wegen noch an Wegweisern. Ephialtes, ein Malier, erbot sich zum Führer durch das Hochland, welches oberhalb des Passes sich hinzieht. Von der Asoposschlucht stieg man am Abend durch die Eichenwälder hinan; als es tagte, war man auf der Höhe. Die Stille der Morgenluft begünstigte den Marsch. Die Phokeer schliefen. Erst die Tritte der Feinde schreckten sie auf. Sie waren außerstande, sich auf der Stelle zum Widerstande zu ermannen, und zogen sich auf den Gipfel des Kallidromos zurück, indem sie glaubten, daß es auf sie abgesehen sei. Die Perser aber dachten nicht daran, sich mit ihnen aufzuhalten, und eilten abwärts, um den Spartanern in den Rücken zu fallen.

Diese erfuhren bald, wie es stand. Der Posten war verloren und zwar durch die Schuld der Phokeer, die den Wachdienst vernachlässigt hatten. Noch war Hydarnes oben im Gebirge und der Rücken frei. Aber Leonidas konnte nicht zweifelhaft sein, was er zu tun habe, denn er war ja nicht als Feldherr hergeschickt, um nach eigenem Ermessen, den Umständen gemäß, Krieg zu führen, sondern einfach um den Paß zu hüten. So gerechten Grund er also auch hatte, den Spartanern, die ihn im Stiche gelassen, zu zürnen, so war doch für ihn das Bleiben nur die Erfüllung einer Bürgerpflicht, wie sie dem echten Spartaner zur anderen Natur geworden war. Um unnützes Blutvergießen zu vermeiden, entließ er die anderen Kontingente. Die Thespier und Thebaner blieben; die ersten aus einer einstimmig anerkannten Heldengesinnung, welche ihnen um so höher anzurechnen ist, weil kein äußerliches Pflichtgebot sie an den Ort fesselte, die anderen, wie Herodot bezeugt, von Leonidas zurückgehalten. Er wußte, daß sie, wenn sie diesen Tag überlebten, nur dazu dienen würden, die Reihen der Perser zu verstärken.

Gleich nach dem Abzuge der Genossen war der Rückweg abgeschnitten und von beiden Seiten drängte die zahllose Übermacht heran. Um zehn Uhr vormittags ordnete sich die kleine Schar zum letzten Kampfe. Erst führte sie Leonidas mitten in die Feinde, damit sie ihr Leben so teuer wie möglich verkauften, dann aber, als sie von dem Gefechte matt wurden und ihre Lanzen nach und nach zersplitterten, zogen sie sich auf einen kleinen Hügel zurück, welcher gleich südlich von den Quellen sich einige dreißig Fuß erhebt. Hier sanken sie, einer nach dem andern, in brüderlicher Gemeinschaft unter den Pfeilen der Meder. Ihre Aufopferung war keine vergebliche; sie war den Hellenen ein Vorbild, den Spartanern ein Antrieb zur Rache, den Persern eine Probe hellenischer Tapferkeit, deren Eindruck sich nicht verlöschen ließ. Ihr Grab wurde ein unvergängliches Denkmal heldenmütiger Bürgertugend, welche den sicheren Tod wählt, um Eid und Pflicht nicht zu verletzen; eine Stätte des Ruhmes für Sparta, aber zugleich ein brennender Vorwurf für die Behörden des Staates, welche zwar Bürger zu erziehen, aber die Kraft derselben nicht zum Siege zu verwenden wußten.

Inzwischen hatten auch auf dem Meere die ersten Begegnungen der Perser und Griechen stattgefunden. Die Perserflotte war nämlich elf Tage nach dem Aufbruche des Xerxes aus dem Thermäischen Golfe ausgelaufen, um die Unternehmungen des Landheeres zu unterstützen. Ihr Weg war aber nicht so gefahrlos, wie der Marsch der Truppen durch die schönen Gefilde Thessaliens. Sie mußte an der Klippenküste des Peliongebirges entlang fahren, die dem Nordost offen liegt, und ehe sie in das geschützte Fahrwasser von Euboia einbiegen konnte, wurde sie von den hellespontischen Stürmen hart überfallen. Die kleinen Felsbuchten an der Halbinsel Magnesia konnten einer solchen Masse von Schiffen keinen Schutz gewähren. Nach großem Verluste an Fahrzeugen und Mannschaft kam man endlich um die Südspitze der Halbinsel herum und erreichte am vierten Tage den Eingang des Pagasäischen Meerbusens (Golf von Volo), die Reede von Aphetai, wo man die breite Nordküste Euboias, das von einem Artemisheiligtume, sogenannte Artemision, sich gegenüber sah, und zugleich die ersten griechischen Kriegsschiffe. Es waren 271 Trieren, unter dem Oberbefehle des Spartaners Eurybiades, welche Artemision, als den Vorposten des inneren Griechenlands, und das Fahrwasser des Euripos hüteten.

Mit unendlicher Mühe hatte Themistokles die Euriposflotte zusammengehalten; denn die Schiffsführer schwankten in kläglicher Unentschlossenheit hin und her. Wenn von der thessalischen Küste günstige Nachricht einlief, so wagte man sich keck hinaus, und dann verkroch sich wieder alles im Innern des Meersundes und drängte ängstlich zum Rückzuge. Euboia selbst war zunächst in Gefahr. Die Gemeinden der Insel wendeten sich daher an Themistokles; sie schickten an Geld dreißig Talente, und durch schlaue Verwendung derselben gelang es dem attischen Feldherrn, die Spartaner und Korinther, welche am meisten nach Hause drängten, zum Bleiben zu bewegen. Ja, er benutzte den Eindruck, welchen die Nachrichten von dem Seeunglücke der Perser hervorgebracht hatten, die Flotte zum Auslaufen zu bewegen; sie blieb auch auf ihrem Posten, als ihnen in einer Entfernung von zwei Meilen die Perser gegenüberlagen, und der Mut der Griechen wurde für dies erste Standhalten sofort belohnt, indem ein Geschwader von fünfzehn Schiffen, welche sich vom Sturme verschlagen nach Süden verirrt hatten, ihnen kampflos in die Hände fiel. Die ersten Gefangenen wurden nach dem Isthmus geschickt.

Inzwischen hatte sich die Perserflotte vom Sturme erholt und traf nun ihrem Auftrage gemäß Anstalt, den von den Griechen versperrten Durchgang zwischen Euboia und dem

Festlande, das Fahrwasser des Euripos, die See-Thermopylen Griechenlands, zu erzwingen.

Auch hier war man bedacht, die Übermacht zu Umgehungen zu benutzen. Deshalb wurden 200 Schiffe abgeordnet, welche außen um Euboia herumfahren, den südlichen Ausgang des Meersundes besetzen und so die Griechen im Euripos abfangen sollten. Um dies Vorhaben zu verstecken, wurden die Schiffe beordert, in weitem Bogen um Skiathos herumzusteuern, als wenn sie nach dem Hellesponte wollten. Aber die Griechen wurden von diesen Maßregeln unterrichtet, und da sie eine Gelegenheit zu haben glaubten, mit einer wenig überlegenen Flottenabteilung den Kampf zu versuchen, beschlossen sie, in der nächsten Nacht den Schiffen nach Skiathos nachzugehen. Wie nun aber während des ganzen Tages kein Angriff von Feindesseite erfolgte, da wuchs ihnen auf einmal der Mut, und sie gingen bei Einbruch der Dämmerung unmittelbar auf die Hauptflotte los. Die Perser stießen in See, um das kecke Geschwader zu umringen; aber die griechischen Schiffe verstanden es, sich so geschickt erst in einer Kreisstellung zu konzentrieren und dann plötzlich vorzubrechen, daß sie 30 Fahrzeuge erbeuteten. Lykomedes aus Athen war derjenige, welcher das erste Perserschiff eroberte; ein lemnisches Schiff ging zu den Verbündeten über.

Auch die Götter erwiesen sich den Tapferen günstig; denn eine neue Sturm- und Regennacht folgte, wie sie in dieser Jahreszeit selten ist; die Flotte bei Aphetai geriet in neue Verwirrung; die 200 Schiffe aber, die in das offene Meer hinausgeschickt waren, wurden in derselben Nacht vollständig vernichtet, als sie schon Euboia umfahren wollten. Die Griechen dagegen wurden durch 50 attische Trieren verstärkt und so griff man am folgenden Tage von neuem an, und zwar wieder in einer Spätstunde, weil man keine Schlacht wollte. Man traf diesmal mit den kilikischen Schiffen zusammen und kehrte nach tapferem Kampfe an die Küste von Artemision zurück.

Die Perser fühlten, daß sie nicht zum dritten Male den Griechen den Angriff überlassen dürften. Sie rückten also um die Mittagsstunde vor, im Halbmonde aufgestellt, um die Griechen vor der Küste einzuschließen. Diese Stellung war nicht günstig; denn im Mitteltreffen waren die Schiffe in ihrer Bewegung beengt; sie hinderten und beschädigten sich gegenseitig. Um so leichter konnten die Griechen und namentlich die Athener, die immer voran waren, durch stoßweise ausgeführte Angriffe großen Schaden anrichten. Erst die Nacht endete dies dritte Gefecht, das schon eine Seeschlacht genannt werden konnte. Die Griechen waren nicht besiegt, aber sie hatten große Verluste erlitten. 19 attische Schiffe waren kampfunfähig; fünf andere, die zu kühn vorgegangen, waren von den Ägyptern genommen. Sollte man den Kampf in dieser Weise fortsetzen? Dies konnte auch Themistokles nicht für ratsam halten. Denn für eine entscheidende Seeschlacht hatten die Griechen in diesem offenen Meere doch nicht genug Vorteile auf ihrer Seite. Die drei Kampftage waren aber keine verlorenen. Man hatte Erfahrungen von unschätzbarem Werte gemacht; man hatte die erste Furcht überwunden; man hatte in ernstem Kampfe und mit bestem Erfolge die taktischen Bewegungen ausgeführt, welche man seit Jahren mit allem Fleiße eingeübt hatte; die vaterländische Flotte hatte ihre Bluttaufe bestanden; es waren die ersten Vorspiele hellenischer Seesiege.

Während noch die Flottenführer miteinander Rat pflogen, kam die Trauerkunde von Thermopylai herüber, welche allem Schwanken ein Ende machte. Nun war nicht mehr zu zaudern, die Küsten der Heimat mußten gedeckt werden. Die Korinther voran, die Athener als Nachhut — so zogen die Schiffe den Euripos entlang. Was man von den Herden Euboias mitnehmen konnte, wurde eingeschifft. Von den unglücklichen Einwohnern, welche nun trotz aller Geldopfer ihre Insel preisgegeben sahen, nahm man so viele als möglich auf die Schiffe. Themistokles ließ an den Wasserplätzen der Küste griechische Worte einschreiben, welche die auf der nachfolgenden Perserflotte befindlichen Griechen für die nationale Sache gewinnen und an ihre Pflichten gegen das Mutterland mahnen sollten.

*

Der Fall des Leonidas hatte die weitgreifendsten Folgen. Denn auch der zweite Feldzugsplan war nun mißlungen; die heiligsten Stätten des Landes, Thermopylai und Delphi, waren preisgegeben; die schwankenden sowie die noch treuen Gemeinden in Doris, Phokis, Lokris, Euboia waren verloren und Theben war bereit, das Hauptquartier der Barbaren zu werden. Attika war schutzlos und die Spartaner waren dem Ziele ihrer unredlichen Politik nahe, wenn sie im Grunde nichts sehnlicher wünschten, als daß der Peloponnes nun bald als der einzige Überrest des freien Griechenlandes angesehen werden sollte.

Auf Xerxes machte der Kampf von Thermopylai keinen anderen Eindruck, als daß er nun, seinem Hauptziele so nahe, mit größter Erbitterung seine Truppen vorwärtsschob. Der erlittene Verlust war durch die griechischen Hilfsvölker bald mehr als ersetzt. Die Thessalier freuten sich, an den verhaßten Phokeern Rache nehmen zu können, nachdem diese sich mit

Jünglinge in der Palästra. Krater. Berlin, Staatliche Museen

Amazonenschlacht. Schale. München, Museum antiker Kleinkunst

Hesiod. Neapel, Nationalmuseum

edlem Stolze geweigert hatten, die Vermittlung der Thessalier sich zu erkaufen. Sie flüchteten sich, als das feindliche Heer sich durch die Pässe von Hyampolis und Elateia in das phokische Land ergoß, mit Hab und Gut auf die Felsgipfel und in die Höhlen des Parnassos, während die Perser, von den Thessaliern geführt, das Kephisostal verwüsteten. Eine Heeresabteilung ging nach Delphi. Das Heiligtum wurde nicht zerstört noch geplündert; der Grund der Verschonung lag nach der Erzählung der Priester in dem unmittelbaren Schutze der Götter, welche durch Unwetter und Felsenstürze die Feinde zurückgeschreckt haben sollten. Es ist wahrscheinlich, daß die Priester durch kluge Unterhandlung mit den Feinden ihr Heiligtum zu retten gewußt haben. Die kleinen böotischen Städte wurden im Auftrage des Großkönigs durch Alexander von Mazedonien besetzt. Angst und Schrecken ging vor den Persern her, welche sich nun an den Grenzen von Attika zu einer neuen Masse sammelten.

Die Pässe von Attika zu besetzen, war keine Zeit; auch die Burg halten zu wollen war ein kindischer Gedanke. Es kam also jetzt darauf an, den Rettungsgedanken durchzuführen, welchen Themistokles seit zehn Jahren im Auge gehabt hatte. Die Flotte mußte, wie eine rettende Arche, die Bürgerschaft aufnehmen; Stadt und Land mußte man preisgeben, um den Staat zu retten.

Um solche Maßregeln zu leiten, bedurfte es einer mit außerordentlichen Vollmachten ausgerüsteten Amtsgewalt; denn in Volksversammlungen konnte jetzt nicht beraten und beschlossen werden. Der Areopag wurde mit solcher Amtsgewalt bekleidet. Er verordnete und leitete die Räumung des Landes, die Einschiffung und Verpflegung des Volkes, er gab, damit von den waffenfähigen Einwohnern niemand anderswo sein Heil suchen sollte, allen ärmeren Bürgern, welche die Trieren bestiegen, ein Geldgeschenk von acht Drachmen. Die Priester taten das ihrige, um das Volk in dem Glauben zu stärken, daß es auch außerhalb Athens von seinen Göttern nicht verlassen sei. Die Burgschlange, so verkündeten sie im Einverständnisse mit Themistokles, sei von der Burg verschwunden, Athene selbst mit Erichthonios, dem Unterpfande ihres göttlichen Segens, auf die Schiffe gegangen; getrost könnten also die Bürger ihr folgen.

Aber auch so war es ein Tag des Jammers und Schreckens, als die Athener, mit ihrer beweglichen Habe beladen, dem Strande zuwanderten, als sie Abschied nahmen von Haus und Hof, ungewiß, ob sie jemals die Heimat wiedersehen würden. Ein großer Teil ging nach Salamis, das durch eine Fähre mit

Attika verbunden war; andere nach Aigina, andere nach dem Peloponnes, namentlich nach Troizen. Salamis war jetzt die Akropolis von Attika; hier war der Sitz des Areopags, hier wurde der Beschluß gefaßt, allen Verbannten die Heimkehr zu gestatten. Kein Athener sollte verhindert sein, in dieser Zeit der Vaterstadt seine Treue zu bewähren. Der Beschluß galt vorzugsweise dem Aristeides. Man wollte zeigen, daß jetzt von Parteien im Staate keine Rede sein könne. Auch außerhalb der Stadtgemeinde, in weiteren Kreisen betätigte sich lebhafter als je ein Gefühl der Einheit und Verbrüderung. Die Trözenier nahmen die Alten und die Frauen Athens als Gäste bei sich auf, gewährten allen, die dessen bedurften, auf Staatskosten Unterhalt, gaben den Kindern Erlaubnis sich Feld- und Gartenfrüchte einzusammeln und bezahlten die Lehrer für den Unterricht der Knaben.

Das Meer von Salamis war der nächste Sammelort der Flotte, welche bei Artemision dem Feinde gegenüber gestanden hatte. Hierher steuerten die Athener, um ihre Küste zu beschützen, die Ägineten, um ihrer Insel nahe zu sein, die Peloponnesier, um die Verteidigung der Isthmuspässe zu unterstützen. Inzwischen hatte sich eine neue Flotte auf der Reede von Troizen gesammelt. Auch diese kam nun herbei. Es waren jetzt nach Herodot zusammen 378 Trieren. Die Athener bildeten den Kern derselben; ihrer Schiffe Zahl war so groß, wie die aller übrigen; durch ihr Kontingent war allein eine Schlacht möglich.

Die Perser waren den griechischen Schiffen durch den Euripos nachgefahren und, wie das Landheer in das Gebiet von Attika einrückte, ankerte auch ihre Flotte am Strande von Phaleros; es waren nach allen Verlusten noch über tausend Segel. So lagen sich zum zweiten Male die beiden Flotten gegenüber, und alles kam nun auf die Beschlüsse an, welche in den beiden Hauptquartieren gefaßt wurden.

Am Strande der phalerischen Bucht hielt Xerxes eine feierliche Ratssitzung. Voran saß der König von Sidon, dann der Tyrier, und so weiter nach strenger Rangordnung die Fürsten des Reiches sowie die übrigen Heer- und Flottenführer. Stolz auf seine Macht, die er im Herzen des Feindeslandes glücklich vereinigt hatte, den Fall der Akropolis jeden Augenblick erwartend, brachte der Großkönig den weiteren Kriegsplan zur Verhandlung und ließ den Mardonios im Kreise umhergehen, um die Meinungen einzusammeln. Alle kannten des Königs unbedingtes Siegesbewußtsein, keiner wagte von der Seeschlacht abzuraten. Artemisia allein, die kluge Fürstin von Halikarnass, erklärte freimütig, daß es nur **einen** vernünftigen Kriegsplan gäbe, nämlich zu Lande gegen den Isthmus vorzugehen; dann werde sich sofort ohne Kampf die feindliche Flotte auflösen und jeder Widerstand ein für allemal beseitigt sein. Ihre Meinung war von so überzeugender Wahrheit, daß es schwer ist, sich die Verblendung der Perser zu erklären, welche sich mit ihrer ungelenken Flotte in das ungünstigte Fahrwasser, das für sie im Ägäischen Meere zu finden war, freiwillig hineinbegaben. Aber Xerxes dachte gar nicht an einen Kampf mit der Flotte, sondern nur an ihre Vernichtung, und um sich in eigener Person an dem Anblicke derselben zu weiden, dazu mochte ihm der eng umgrenzte, übersichtliche Schauplatz des Salaminischen Meeres besonders geeignet scheinen.

Salamis ist eine langestreckte, wunderlich ausgezackte Felsinsel; mit ihrer südlichen Hälfte weit in das Meer von Aigina vorgestreckt, während die Nordhälfte sich zwischen die attischen und megarischen Küstenberge so tief hineinschiebt, daß dadurch die Bucht von Eleusis wie ein Binnenmeer abgeschlossen wird. Zwei enge Straßen führen in diese Bucht hinein, die eine längs der megarischen Küste, die andere vom Peiraieus, wo der Zugang durch Vorgebirge, Riffe und Felsinseln bis auf etwa sieben Stadien Breite eingeengt ist. Um so geschützter ist die innere Bucht, eine treffliche Reede von tiefem Fahrwasser. Hier lagen die griechischen Schiffe an dem flachen Strande von Salamis, wo sich den attischen Bergen gegenüber eine halbkreisförmige Bucht in die Insel hereinzieht, unterhalb der Stadt Salamis, welche den Isthmus einnahm, der beide Inselhälften verbindet. Hier mußte der Entschluß gefaßt werden, wo und wie man den Rest des freien Griechenlands verteidigen wolle. Auf entschlossenes, einstimmiges Handeln kam alles an, und doch war der Kriegsrat der Verbündeten niemals uneiniger und unentschlossener.

Keiner war übler daran als Eurybiades, der Oberfeldherr der Verbündeten. Er war ohne alle Instruktionen von Sparta, dabei persönlich schwach und ohne eine selbständige Auffassung der Sachlage. Neben ihm auf der einen Seite Themistokles, dessen überwältigende Größe ihm peinlich war und dessen Drängen ihn ängstigte; auf der anderen Seite Adeimantos von Korinth.

Die Korinther hatten nämlich ihre Stellung zu Athen gänzlich verändert. Vor der Schlacht bei Marathon waren sie die tätigsten Bundesgenossen der Stadt gewesen, weil sie bei ihr ein Gegengewicht gegen Sparta, eine Bürgschaft für die freie Stellung der Mittelstaaten und eine kräftige Mitwirkung zur Demütigung der Ägineten fanden. Wie nun aber Athen innerhalb weniger Jahre unter Themistokles' Leitung zur ersten Seemacht sich aufschwang, da wurde alles anders. Nun war Athen für Korinth der gefährlichste Staat sowie Themistokles der verhaßteste Mann; deshalb war Adeimantos auch sein entschiedenster Gegner und, obwohl er besser als alle anderen die günstigen Aussichten eines salaminischen Seegefechtes erkennen mußte, der Führer der für den Rückzug stimmenden Partei. Die Angst der Peloponnesier, die Kurzsichtigkeit und Engherzigkeit Spartas kamen ihm zu Hilfe. Sie brauchten nur an den Fall eines ungünstigen Seekampfes zu erinnern; dann wären sie alle rettungslos verloren und müßten hier in der schrecklichsten Klemme des sicheren Unterganges gewärtig sein. Schon sei der ganze Heerbann der Peloponnesier, welcher auf die Nachricht vom Falle des Leonidas aufgebrochen war, am Isthmus versammelt und daselbst mit dem Baue der Mauer Tag und Nacht beschäftigt, während eine andere Abteilung den skironischen Paß verschütte. Am Isthmus sei die Pforte des eigentlichen Hellas.

Mitten in die Beratung traf die Botschaft vom Falle der attischen Burg. Die Perser hatten sie erst vom Areshügel mit brennenden Geschossen beworfen und dann auf heimlichem Pfade von der Nordseite erstiegen. Die tapfere Schar, welche die väterlichen Heiligtümer nicht hatte preisgeben wollen, wurde an den Altären und in den Tempeln niedergemacht, mit Feuer und Schwert der ganze Burgraum verwüstet. Es waren Taten eines wilden Fanatismus, wie sie sich der edlere Dareios nicht würde haben zuschulden kommen lassen.

So wenig auch dies unvermeidliche Unglück imstande war, auf den Gang der Ereignisse einen bestimmenden Einfluß auszuüben, so hatte es dennoch eine große Wirkung. Ein Teil der Schiffsführer eilte fort, um sich ohne weiteres zur Abfahrt zu rüsten; die, welche blieben, stimmten mit Korinth. So trennte sich mit Einbruch der Nacht die Versammlung und Themistokles kehrte mißmutig und von vergeblicher Anstrengung ermattet auf sein Schiff zurück. Da trat Mnesiphilos zu ihm, sein väterlicher Freund, ein Mann, welcher im Umgange mit Solon seine politische Einsicht und seine Überzeugung von der großen Zukunft Athens gewonnen hatte. Ein philosophischer Geist und frei von Ehrgeiz, hatte er, wie es scheint, keine hervorragende Stellung im Staate gesucht; aber durch Leitung und Unterricht hatte er einen großen Einfluß auf die Jugend und namentlich auf Themistokles. Er hat die Gedanken Solons von der Entwicklung seiner Vaterstadt lebendig erhalten und ist dadurch ein wichtiges Bindeglied zwischen der älteren und der jüngeren Generation Athens geworden.

Jetzt griff er unmittelbar in den Gang der Ereignisse ein, und zwar in der entscheidenden Stunde. Denn als er nach dem Ergebnisse des Kriegsrates fragte und als er vernahm, daß der Rückzug beschlossen sei, so sprach er zu Themistokles: „Dann wirst du nie mehr um ein Vaterland kämpfen!"

Das Wort zündete in der Seele seines Schülers; die unwiederbringliche Bedeutung des gegenwärtigen Augenblickes trat demselben in neuer Klarheit vor die Seele und ließ ihn nicht ruhen noch zögern; er sprang wieder in das Boot und ließ sich an das Feldherrnschiff der Spartaner rudern. Er hatte jetzt Eurybiades allein vor sich; er machte ihm klar, daß mit dem Rückzuge von Salamis jeder Seekampf aufgegeben werde. Die Ägineten und Megareer würden sowenig wie die Athener sich hinter Salamis zurückziehen. Ob er, der Oberfeldherr, es verantworten könne, das stattliche Schiffsheer, das ihm anvertraut sei, ruhmlos auseinandergehen zu lassen?

Eurybiades läßt von neuem die Feldherren rufen, denen Themistokles in mildester und eindringendster Rede seine Ansicht vorträgt; Megara und Aigina stimmten bei. Um so bitterer tritt Adeimantos auf. Themistokles, sagt er höhnend, dürfe gar nicht mitreden, er sei ein heimatloser Mann, ein Mann ohne Stadt. „Hier ist Athen", entgegnet ihm Themistokles, indem er auf die 200 Trieren hinweist, „auch ohne Stadt und Land mächtiger als ihr übrigen alle". Schonungslos enthüllt er dann die schlechten Gesinnungen Korinths, seine hämische Schadenfreude am Unglücke einer eidgenössischen Stadt, und wendet sich endlich kurz und entschlossen an Eurybiades. Er solle nun wählen zwischen Ehre und Schande. „Wir Athener", schließt er, „gehen nicht nach dem Isthmus zurück. Wollt ihr nicht kämpfen, nun wohl, so gehen wir mit allen Schiffen fort, um in Italien ein neues Athen zu gründen. Ihr aber mögt sehen, wie ihr ohne uns euer Land verteidigen könnt!"

Die feste Haltung des Themistokles verfehlte ihre Wirkung nicht; denn wenn die Athener abfielen, so war jede Widerstandsfähigkeit gebrochen. So kam denn gegen Morgen der neue Beschluß zustande, daß man die Stellung behaupten wolle, und als es tagte, sah man auch schon vom Phaleros her die feindliche Flotte heranrudern, um sich am eleusinischen Strande den Griechen gegenüber zu lagern. Gleichzeitig rückten die persischen Fußvölker, Reiter und Wagen, gegen die Küste vor. Wohin man blickte, war Land und Meer von unabsehbaren Feindesmassen bedeckt, welche sich wie Gewitterwolken um das griechische Häuflein zusammenzogen. Bald war keine Zuflucht, kein Rückzug mehr vorhanden, als die kahlen Felsen der von jammernden Flüchtlingen überfüllten Insel.

Da war wiederum aller Mut dahin. Die Peloponnesier glaubten die Feinde schon auf dem Marsche nach dem Isthmus, sie sahen die verlassene Heimat bedroht und sich selbst nutzlos aufgeopfert, und zwar zugunsten der schon verlorenen Athener. Das Zittern und Zagen ging in Murren und offene Widersetzlichkeit über, und Themistokles sah zuletzt nur noch einen Ausweg: die Griechen mußten gezwungen werden stand= zuhalten. Er entschloß sich deshalb mit dem Perserkönig in Unterhandlungen zu treten. Der Wahrheit gemäß berichtete er ihm, daß die Hellenen zu entfliehen beabsichtigten; er möge aber eine so günstige Gelegenheit, die ganze Flotte einzufan= gen, nicht vorüberlassen, sondern unverzüglich auf beiden Seiten die Ausgänge besetzen. Xerxes ging bereitwillig auf diesen Wink ein. Der westliche Flügel wurde bei Eintritt der Dunkelheit gegen Salamis vorgeschoben, auf der Ostseite das Meer gegen Munychia abgesperrt und Psyttaleia besetzt.

So standen die Dinge, während im Kriegsrate noch immer hin= und hergesprochen wurde, als wenn man noch die Wahl zwischen Kampf und Rückzug hätte, und Themistokles um= sonst auf die Vorbereitung zur Schlacht drang. Da wurde er aus der Beratung herausgerufen; Aristeides stand vor ihm. Er war von Aigina herübergeeilt, um in der Not seiner Stadt nicht fern zu sein; er reichte Themistokles die Hand mit den Worten, daß sie jetzt nur darum streiten dürften, wer der Vaterstadt am meisten Gutes erweisen könne; er berichtete dann, wie er nur mit genauer Not ins Schiffslager gekommen sei, alle Auswege seien besetzt. Er kam also, ohne es zu ahnen, um seinem Gegner zur rechten Stunde die erwünschte Gewißheit zu bringen, daß sein Anschlag gelungen sei, und seine Aussage zu bekräftigen. Hocherfreut führt ihn Themi= stokles in den Feldherrenrat, um hier sein Zeugnis abzulegen. Tenische Überläufer kommen dazu, um die Tatsache der völli= gen Einschließung außer Frage zu stellen; man mußte endlich einsehen, daß man keine Wahl mehr habe.

Die noch übrigen Nachtstunden wurden eilig benutzt, die Schiffe zu ordnen. Die Athener wurden am westlichen Ende den Phöniziern und Kypriern, die Peloponnesier am östlichen den Ioniern gegenüber aufgestellt; in der Mitte hielten die Schiffe von Aigina und Euboia, welche die Kilikier und Pam= phylier zu Gegnern hatten. Zu den Schiffen der Verbündeten kam noch das des Phayllos aus Kroton, das er auf eigene Hand ausgerüstet hatte; außerdem zwei Schiffe aus Tenos und Lemnos, welche die feindlichen Reihen verlassen hatten. Die

Stellung der Flotte war ungemein günstig, weil die Vorsprünge des salaminischen Ufers eine Umzingelung unmöglich machten. So brach der Schlachttag an, der 20. September (19. Boe= dromion); es war ein heiliger Tag für Athen, denn am Abend desselben begann der Iakchostag, an welchem das Bild des Gottes in großem Feierzuge nach Eleusis getragen wurde. Während Themistokles die Seinigen zu dem entscheidenden Kampfe anfeuerte, kam das Schiff mit den heiligen Bildern der Äakiden von Aigina herüber. Kampfmut verbreitete sich in den griechischen Reihen, und als die Perser ihrer Gegner ansichtig wurden, erblickten sie wider Erwarten ein streitfer= tiges Schiffsheer und hörten von Trompetenschall und Kriegs= liedern die Felsen der Insel widerhallen.

Auf beiden Seiten war man zum entschlossensten Kampfe gerüstet, denn der Hellenen einzige Hoffnung war ja die Ver= nichtung des Feindes, und hinter ihnen standen auf den Höhen von Salamis ihre Frauen und Kinder, deren das schrecklichste Sklavenlos wartete, wenn nicht ein voller Sieg gewonnen wurde. Hinter der Perserflotte aber war auf dem Vorsprunge des Berges Aigaleos der silberfüßige Thronsessel des Groß= königs aufgerichtet. Dort saß er inmitten seiner Truppen, von seinen Räten und Schreibern umgeben, nahe genug, die Ge= wässer zu überblicken, auf deren engen Raume sich Hundert= tausende zum Kampfe zusammendrängten, und bereit, unver= züglich reichen Lohn sowie die furchtbarste Strafe zu erteilen. Jeder Schiffsführer glaubte des Königs Auge auf sich gerichtet zu sehen; der Ehrgeiz wurde entflammt, namentlich bei den Ioniern, von denen nur wenige sich absichtlich zurückhielten. Darum machten die Perser auch mit großem Ungestüme den ersten allgemeinen Angriff und die Hellenen wichen gegen Salamis zurück, doch in voller Ordnung, indem die Vorder= teile der Schiffe den Feinden zugekehrt blieben. Dann gingen sie wieder langsam vor; zuerst die Athener und Äginéten.

Wie in den homerischen Schlachten begann der Kampf mit einzelnen Angriffen; kühne Schiffsführer wagten sich vor und zogen die übrigen in das Handgemenge hinein. So wurde all= mählich der Kampf allgemein, und die Vorteile, welche auf seiten der Griechen waren, zeigten sich immer deutlicher. Denn die Barbaren, welche sich ganz auf ihre Masse verließen, kämpften ohne Plan und Ordnung, während die Hellenen, namentlich die Ägineten und Athener, geschwaderweise zu= sammenhielten. Die Barbarenschiffe waren schwimmende Häu= ser, die mit Truppen besetzt waren; den Griechen war das Schiff selbst eine Waffe: mit solcher Schnellkraft wußten sie die Feinde anzulaufen. Ihr Mut wuchs mit jedem Stoße, der ein feindliches Schiff sinken machte, mit jeder glücklichen Streiffahrt, welche die Ruder der Gegner zerbrach. Luft und Meer wurden gegen Mittag unruhiger, die Bedrängnis der Feinde wuchs; in drei Linien aufgestellt, hatten ihre schwerfälligen Fahrzeuge keine freie Bewegung; die beschädigten konnten nicht zurück, um die anderen vorzulassen. Dazu kam, daß die verschiedenen Flottenmannschaften gegeneinander in eifersüchtiger Spannung waren; die Phönizier klagten die Ionier des Verrates an, die einen rannten die anderen über, um sich selbst zu retten. Die Angst der Asiaten war um so größer, da sie im Wasser ihr unvermeidliches Grab vor sich sahen, während den Griechen ihre Gewandtheit im Nahkampfe, im Springen und Schwimmen um so mehr zugute kam, je größer das Gedränge wurde. Ariabignes der Admiral, des Königs Bruder, und andere hervorragende Männer fielen im Kampfe; die Flotte verlor den Zusammenhang und die Schiffe fingen an, um sich dem allgemeinen Untergange zu entziehen, nach dem Phaleros hin zurückzuweichen. Der Westwind begünstigte sie dabei; aber auch auf dem Rückzuge erwartete sie neues Verderben. Denn während die Athener den Fliehenden folgten, kreuzte draußen ein Geschwader von Äginetеn, welche sie von vorne angriffen und ihnen großen Schaden zufügten.

Unter diesen Umständen hatte man keine Zeit, die Truppen aufzunehmen, welche auf Psyttaleia ausgesetzt waren, um hier den Griechen den Ausweg aus der Bucht zu sperren. Aristeides benutzte diese Gelegenheit, um an dem Schlachttage tätigen Anteil zu nehmen. Er sammelte rasch eine Schar gerüsteter Bürger, welche in Salamis dem Seekampfe zusahen, landete mit ihnen auf der Insel, deren niedriges Gestrüpp den zusammengedrängten Feinden keinen Schutz darbot, und so wurde die ganze Mannschaft, eine Abteilung auserlesener Perser, durch das Schwert der Athener niedergemacht. Zwei Stunden nach Sonnenuntergang ging der Mond auf; er begünstigte die letzte Verfolgung und zeigte den Griechen die von den Persern geräumte, von Schiffstrümmern und Leichen dicht bedeckte Walstätte der salaminischen Bucht.

So glänzend und unbestritten der Sieg der Griechen war, so hatte er doch im Grunde keine Entscheidung gebracht. Die feindliche Seemacht war nichts weniger als vernichtet. Im ganzen mochte sie nicht viel mehr als den fünften Teil ihrer Schiffe verloren haben und der Verlust der Griechen war nicht viel geringer. Das Verhältnis der Streitkräfte war nicht wesentlich verändert; die feindliche Landmacht unversehrt. Die Griechen mußten also auf eine Erneuerung des Kampfes gefaßt sein. Aber zum Glücke hatten sie keinen Gegner, welchen eine erlittene Niederlage zu verdoppelter Anstrengung anfeuerte; vielmehr war es die persönliche Feigheit des Großkönigs, welche ihren Sieg vollständig machte. Sein prahlerischer Hochmut, sein auf eitler Verblendung beruhendes Sicherheitsgefühl war zusammengebrochen; er hatte immer nur daran gedacht, Siege zu feiern, aber nicht, sie zu erkämpfen. Nun war alles Vertrauen zu seinen Truppen verschwunden; er fürchtete die Feigheit der einen, die Untreue der anderen, und nachdem er eben noch eine Weltmacht ohne Ziel und Schranken aufzurichten gedacht hatte, faßte ihn plötzlich die Angst um seine eigene Sicherheit. Er erbebte vor dem Gedanken, im Feindeslande eingeschlossen zu werden, und die Furcht vor dem Abbruche der Hellespontosbrücke war so mächtig, daß er zu schleuniger Umkehr fest entschlossen war. Nur wünschte er, soweit es möglich war, die königliche Würde zu wahren.

Hier kam ihm Mardonios entgegen. Dieser hatte nämlich für seine Person alles zu fürchten, wenn sofort die ganze Persermacht nach Asien abgezogen wäre. Dann wäre die Niederlage offen eingestanden worden, und er würde von seinen Gegnern für alle Not des mißlungenen Krieges zur Verantwortung gezogen worden sein. Anderseits hatte er auch jetzt die Pläne seines Ehrgeizes noch keineswegs aufgegeben und hoffte als selbständiger Oberfeldherr seinen Zweck, die Errichtung einer europäisch-griechischen Satrapie, leichter erreichen zu können. Er gab also dem Großkönige den Rat, mit der Eroberung Attikas den jetzigen Feldzug als beendet anzusehen, mit der Flotte und einem Teile der Truppen nach Asien heimzukehren, ihn aber mit dem Kernvolke des Landheeres in Griechenland zurückzulassen, um die Unterwerfung des Festlandes und die Einrichtung der neu gegründeten Satrapie zu vollenden. Auf diese Weise werde die Person des Großkönigs jeder Gefahr entzogen. Um aber den Aufbruch des Königs nicht als eine unmittelbare Folge der salaminischen Schlacht erscheinen zu lassen, beschloß man die Stellung am attischen Ufer zu behaupten und sogar einen Dammweg nach Salamis hinüber aufzuwerfen, als wolle man um jeden Preis die Insel nehmen. Währenddessen wurde alles zum Aufbruche vorbereitet und die Flotte erhielt Befehl nach dem Hellesponte aufzubrechen.

Die Hellenen folgten bis Andros, wo man von neuem Kriegsrat hielt. Themistokles wollte gleich nach dem Hellespont, um die Flotte auf dem Rückzuge anzugreifen und die Schiffsbrücke zu zerstören. Das schien ihm die rechte Benutzung des salaminischen Sieges zu sein; es war im Grunde derselbe Plan, wie ihn Miltiades an der Donaubrücke vertreten hatte, durch Abschneiden der Rückzugslinie den Großkönig mit seinem ganzen Heere im feindlichen Lande zu verderben und sofort die Befreiung Inoniens zu beginnen, welche dann keine Schwierigkeit mehr haben könnte. Das attische Schiffsvolk glühte vor Begierde, an Xerxes die vollste Rache zu nehmen; es drängte daher ungeduldig nach dem Hellesponte. Indessen waren die anderen Feldherren auch jetzt durchaus nicht gesonnen, dem kühnen Fluge der themistokleischen Pläne zu folgen. Sie fanden das Vorhaben tollkühn, das Gelingen bei den großen Hilfsmitteln der nördlichen Landschaften und bei dem Anhange, welchen Xerxes dort hatte, mehr als zweifelhaft; sie mißbilligten überhaupt, daß man das fliehende Heer im Vaterlande zurückhalte und zu einem Kampfe der Verzweiflung zwinge. Themistokles mußte sich fügen; ja er tat nun selbst das Seine, um die Athener, die auch allein vorwärts wollten, zu beruhigen. Man solle sich einstweilen an dem Gottesgerichte genügen lassen, welches über die frevelmütigen Feinde ergangen sei; im Frühjahre wolle man nach dem Hellespont und Ionien. Einstweilen beschränkte man sich darauf, die Inseln zu brandschatzen, welche den Persern gehuldigt hatten. Unter dem Vorwande, die isthmischen Beschlüsse auszuführen, gab Themistokles schon deutlich zu erkennen, daß die Flotte Athens nicht bloß zur Abwehr des Feindes, sondern zur Begründung einer Herrschaft durch ihn geschaffen worden sei.

Inzwischen wurden in Thessalien die feindlichen Truppenmassen geteilt. Mardonios, dem als Stellvertreter des Xerxes das königliche Zelt mit seiner ganzen Einrichtung übergeben wurde, behielt für sich die zehntausend „Unsterblichen", die Kerntruppen der iranischen Kriegsvölker, und aus den übrigen Scharen die erprobtesten Krieger. Mit dem Reste des Heeres zog Xerxes weiter, von Thorax geleitet, in steigender Hast der Brücke zueilend; Artabazos mit fünfzigtausend Mann begleitete ihn bis zum Hellespont. Von Tag zu Tag häufte sich das Ungemach; die schlechte Witterung trat vorzeitig mit Schneesturm und Kälte ein; die thrakischen Ströme waren mit trügerischen Eisdecken überzogen; die Völkerschaften zeigten sich unzuverlässig, da der eingetretene Glückswechsel nicht zu verkennen war. Der Proviant war nicht zur Stelle, die nötigsten Vorkehrungen waren verabsäumt. Hunger und Krankheit rafften Menschen und Tiere hin. So brachte Xerxes nur die kläglichen Trümmer eines aufgelösten Heeres über den Hellespont, dessen Brücken der Sturm zerrissen hatte, und auch jenseits des Sundes starben noch viele infolge des erlittenen Ungemaches.

Der Abzug des Xerxes gab den Hellenen das Recht, ein volles Siegesfest zu feiern. Die erstgenommenen Trieren wurden auf dem Isthmus, auf Sunion und in Salamis geweiht, gemeinsame Weihgeschenke den rettenden Göttern in Olympia und Delphi gelobt und die Preise ausgeteilt. Welche Stimmungen und Gesinnungen sich dabei geltend machten, beweist der Umstand, daß der Feldherrnpreis gar nicht vergeben wurde, obwohl niemals das Verdienst e i n e s Feldherrn unbestrittener hat sein können; aber selbst den zweiten Preis, welcher von allen Führern einstimmig dem Themistokles zuerkannt war, wollte man ihm nicht zusprechen. Auch der Tapferkeitspreis für das Verhalten in der Schlacht wurde den Ägineten gegeben und erst nach ihnen zwei Athenern.

Die arge Mißgunst, welche gegen Themistokles herrschte, wurde in Delphi genährt. Hier verlangte der Gott von den Ägineten, welche auch er dadurch als die eigentlichen Sieger auszeichnen wollte, noch ein besonderes Weihgeschenk, welches in der Vorzelle des Tempels neben dem Mischkruge des Kroisos aufgestellt wurde (es war ein Schiffsmast von Erz mit drei goldenen Sternen), während die Gaben, welche Themistokles von seinem Anteile an der Siegesbeute dem Gotte darbringen wollte, schnöde zurückgewiesen wurden. Um so reicher waren die Ehren, welche ihm in Sparta zuteil wurden. Er wurde zusammen mit Eurybiades öffentlich bekränzt, mit einem prachtvollen Wagen beschenkt und durch die dreihundert Ritter Spartas bis an die Grenze des Landes feierlich geleitet; es waren Ehren, wie sie niemals einem Fremden zuteil geworden waren. So wohltuend dieselben seinem verletzten Ehrgefühle sein mochten, so waren sie nicht geeignet, in Athen einen guten Eindruck zu machen. Wenigstens machte sich gleich nach der salaminischen Schlacht der Einfluß des Aristeides wieder vorzugsweise geltend. Er wurde im Frühjahre mit außerordentlichen Vollmachten zum Oberfeldherrn der attischen Landmacht erwählt, während Xanthippos den Oberbefehl der Flotte erhielt.

•

Man konnte sich in Athen über die noch immer drohende Kriegsgefahr nicht täuschen. Des Feindes Übermacht war noch groß genug; die eingetretene Verminderung war für die Perser selbst im Grunde mehr vorteilhaft als nachteilig, weil sie die Verpflegung und Lenkung erleichterte. Es waren lauter auserlesene Truppen, von dem entschlossenen Willen eines Feldherrn geleitet, welcher Land und Leute genau kannte, und dessen ganze Ehre und öffentliche Stellung von dem Ausgange dieses Feldzuges abhing; sie standen mitten im griechischen Lande, von treuen Bundesgenossen umgeben, welche ihnen allen möglichen Vorschub leisteten. Freilich konnte im Perserheere nicht mehr das alte Vertrauen zum Siege herrschen; dies war durch die letzten Erfahrungen und besonders durch den eiligen Abzug des Großkönigs wesentlich erschüttert; trübe Ahnungen gingen durch das ganze Heervolk; und selbst vornehme Perser, die Führer der Truppen, gestanden offen, daß sie sich wie von einem dunklen Verhängnisse in das Verderben gezogen fühlten; unter den Feldherren selbst waren manche, namentlich Artabazos, nichts weniger als kriegslustig und zuverlässig.

Deshalb trat auch Mardonios von Anfang an mit großer Vorsicht und Milde auf. Es war offenbar nicht seine Absicht, den Ausgang des neuen Feldzuges wiederum von einer Schlacht abhängig zu machen. Darum benutzte er schon die Winterrast in Thessalien, um sich mit den griechischen Staaten und Heiligtümern in Verbindung zu setzen; er suchte bei den Orakeln eine Art Legitimation für seine Pläne zu erhalten; er verabredete mit den Argivern, daß sie durch eine feindliche Unternehmung die Spartaner am Auszuge verhindern sollten. Vor allem aber beschäftigten ihn die Verhandlungen mit Athen. Hier hatte er zum Vermittler den geeignetsten Mann in Alexander von Makedonien, der ein Vasall des Großkönigs und mit den ersten Familien des persischen Reichsadels verschwägert war, zugleich aber ein Herakliede von griechischem Blute, von Jugend auf griechischer Bildung zugewandt, als Hellene anerkannt in Olympia, ein bewährter Freund der griechischen Sache, welcher den Athenern schon so manche Dienste geleistet hatte, daß sie ihn zum Wohltäter und Gastfreunde ihrer Stadt ernannt hatten. Durch ihn ließ Mardonios den Athenern seine versöhnlichen Gesinnungen aussprechen. Alles Geschehene solle vergessen sein; er wolle nicht den Untergang der Stadt; ja er wolle selbst Stadt und Heiligtümer ihnen wieder aufbauen und ihr Land groß machen. Sie sollten nur vom Hellenenbunde abtreten und sich ihm anschließen, ohne ihrer Selbständigkeit verlustig zu gehen.

Man sieht, er hatte, vielleicht auf Anraten der Orakel, den Gedanken, unter persischem Protektorate einen griechischen Staatenbund zu errichten. Er hoffte trotz aller Verfeindung das ionische Athen immer noch leichter zu gewinnen, als das spröde Doriervolk, und sein Endziel war, mit Hilfe der attischen Flotte den Peloponnes zu gewinnen. Der Plan war klug angelegt und die Verlockung für die Athener war groß. Man erwäge nur, wie sie eben von den Inseln und Küsten heimge=

kehrt waren, wie sie ohne Häuser, ohne Ernte in ihrem verwüsteten Lande sich kümmerlich wieder einzurichten beflissen waren und dabei in aller ihrer Not sich von den Spartanern noch mit arger Mißgunst behandelt sahen. In Sparta fühlte man die ganze Bedeutung dieses Augenblickes. Man beeilte sich Gesandte nach Athen zu schicken, welche für den bevorstehenden Krieg die treueste Bundeshilfe und jede mögliche Erleichterung der Kriegsnot versprachen. In ängstlicher Spannung harrten sie auf den Beschluß der attischen Gemeinde, von welchem das Schicksal Griechenlands abhängig war.

In solchen Zeiten war Aristeides an seiner Stelle, um den etwa schwankenden Bürgern klar zu machen, was das Vaterland von ihnen verlange. Nach seinem Vorschlage wurde in der entscheidenden Volksversammlung den lakonischen wie den, von Alexander unterstützten, persischen Gesandten die Antwort erteilt, welche ewig denkwürdig bleiben wird, so lange das Gedächtnis der Geschichte auf Erden fortlebt. Öffentlich erklärten die Athener, daß ihnen ihre Freiheit um keine Schätze der Erde verkäuflich sei; sie seien die Feinde der Perser, der Zerstörer ihrer Heiligtümer, und würden es bleiben, so lange die Sonne ihre Bahn wandele; aber um sich selbst auf das feierlichste an ihr Wort zu binden, ließen sie die Priester des Staates die schwersten Flüche über alle Bürger aussprechen, die dem Hellenenbunde untreu würden.

So wie die Spartaner sich durch das hochherzige Benehmen der Athener von ihrer Angst befreit sahen, waren sie wieder die alten, saumseligen, selbstsüchtigen Bundesgenossen und dachten nicht mehr daran, ihre Versprechungen zu erfüllen. Als daher die attischen Gesandten nach Sparta eilten, um den Aufbruch des Mardonios aus Thessalien zu melden und zu schleuniger Erfüllung der Bundespflichten aufzufordern, wurden sie von den Behörden unter allerlei Vorwänden wochenlang hingehalten. Es konnte niemand daran zweifeln, die Spartaner wollten die neue Demütigung Athens nicht verhindern. Endlich aber ließen sie heimlich bei Nacht ausrücken, um den Athenern, welche mit den Plataern und Megareern zusammen am folgenden Tage auftraten und jede weitere Verhandlung abzubrechen drohten, höhnend zurufen zu können: „warum sie sich so eiferten? der spartanische Heerbann sei ja schon nach dem Isthmus unterwegs".

Sie hatten inzwischen ihren Zweck vollständig erreicht. Als Mardonios, mit den Truppen des Artabazos vereinigt, gegen Süden vorrückte, waren die Ahener, bei dem Ausbleiben aller Bundeshilfe, außerstande, ihre Grenzen zu verteidigen. Nachdem sie neun Monate lang im Besitze ihres Landes gewesen waren, mußten sie dasselbe wiederum räumen und von neuem alle Not der Auswanderung tragen, während man zu Sparta in aller Behaglichkeit das Fest der Hyakinthien feierte. Mardonios ließ um die Mitte des Julius durch Feuerzeichen die zweite Besetzung Athens nach Sardes melden, aber er schonte das Land. Er hoffte noch immer auf eine Sinnesänderung der Athener; er konnte sich nichts anders denken, als daß das verräterische Verhalten Spartas eine günstige Wirkung ausüben müßte. Er schickte darum von Athen aus noch einmal einen Abgeordneten nach Salamis hinüber, den Hellespontier Murychides, und zwar mit so annehmbaren Vorschlägen, daß selbst Lykides — ein attischer Areopagit, wie es scheint — sich für die Annahme derselben erklärte und einen darauf zielenden Antrag an die Bürgerschaft verlangte. Aber kaum war dies Votum in der draußen harrenden Menge bekannt geworden, als das Volk den Unglücklichen umringte und zu Tode steinigte; ja die Weiber zogen in das Haus des Lykides und steinigten seine Frau und seine Kinder. Solchen fanatischen Freiheitsmut erhielt sich die heimatlose Gemeinde; jeder Gedanke an Unterhandlung galt für schnöden Landesverrat.

Als nun Mardonios jede Aussicht auf Versöhnung vereitelt sah, verwüstete er angesichts der geflüchteten Athener schonungslos ihre ganze Landschaft und zog dann, nachdem er eine Streifschar bis Megara hatte vorgehen lassen, über den Bithäron zurück nach Böotien, um in einer für Reiterei günstigen und ihm befreundeten Landschaft die entscheidende Schlacht zu liefern. In dem wiesenreichen Tale des Asopos an der Grenze von Plataiai ließ er ein viereckiges Lager von großer Festigkeit aufrichten. Hier hatte er Theben, wo die größten Vorräte angehäuft waren, im Rücken, die Pässe nach Attika und dem Isthmus nahe vor sich. Mit Ausnahme der Phokeer, welche sich im Parnasse unabhängig hielten und mit kecken Streifzügen in die Ebenen herunterkamen, huldigte ihm das ganze mittlere Griechenland. Am engsten hatte sich Theben angeschlossen. Hier suchten die regierenden Familien mit den persischen Großen möglichst nahe Beziehungen anzuknüpfen; sie legten großen Wert darauf, daß in ihrem Lande das Hauptquartier der persischen Macht sei; der reiche Attaginos lud die fremden Heerführer bei sich zu Gaste. Perser und Thebaner lagerten hier vertraulich nebeneinander; der alte Gegensatz zwischen Hellenen und Barbaren schien verschwunden zu sein und Mardonios mußte sich schon als Satrap in einem dem Perserreiche einverleibten Lande fühlen.

Inzwischen hatten sich die Peloponnesier mit den Athenern

in Eleusis vereinigt. Der gemeinsame Führer war Pausanias, der an Stelle des minderjährigen Pleistarchos, des Sohnes des Leonidas, als Regent den Heeresbefehl hatte; ein Mann von hochstrebendem Sinne, geistvoll und gewandt.

Mardonios säumte nicht die Stärke seines Heeres in vollem Glanze zu zeigen. Er ließ seine ganze Reiterei unter ihrem Obersten Makistios über den Asopos gehen, um die Verbündeten in ihren unteren Stellungen anzugreifen. Die Megareer wurden vorzugsweise bedrängt; sie hielten ruhig stand, meldeten aber dem Oberfeldherrn, daß sie abgelöst werden müßten, wenn sie nicht aufgerieben werden sollten. Pausanias ließ umfragen, welches Kontingent den gefährlichen Posten einnehmen wolle. Alle schwiegen, nur die Athener waren sofort bereit, freiwillig den Vorkampf zu übernehmen. Olympiodoros führte eine Schar von 300 Auserlesenen an den gefährdeten Platz, indem er eine Schar Bogenschützen hinzunahm. Das Glück begünstigte die Tapferen. Denn als die übermütigen und höhnenden Reiterscharen von wohlgezielten Pfeilen empfangen wurden, stürzte das goldgeschirrte Roß des Makistios mit seinem Reiter, und die Leiche desselben blieb nach heftigem Kampfe in den Händen der Griechen; von Schrecken ergriffen, flohen die Feinde in voller Unordnung zurück, und der Kampfmut der Hellenen wurde durch diesen Erfolg nicht wenig gehoben.

Während im Perserlager der gefallene Reiterführer, einer der edelsten des Kriegsheeres, unter wilden Ausbrüchen des Schmerzes beklagt wurde, beschlossen die Verbündeten ihre Stellung zu verändern. Sie zogen westwärts an Hysiai vorüber, in das Stadtgebiet der Platäer, nach der Quelle Gargaphia. Hier hatten sie reichlicheres Wasser; hier hatten sie an Plataiai einen passenden Stützpunkt und vor sich ein breiteres Terrain, in dem sie ihre Fronten gegen Osten aufstellten, von der Gargaphia an, wo Pausanias mit dem rechten Flügel seinen Standort hatte, bis in die Asoposebene hinunter, wo die Athener lagerten. Dem rechten Flügel standen die Perser entgegen, dem linken die griechischen Hilfsvölker der Perser, dem Mitteltreffen der peloponnesischen und euböischen Kontingente die Meder, Baktrer und Inder. Zehn Tage standen sich so die Heere gegenüber. Es wurden von persischer Seite immer neue Versuche gemacht, einzelne Abteilungen der Verbündeten abtrünnig zu machen. Die Freunde des Mardonios in Theben und unter seinen persischen Ratgebern vor allem der weise Artabazos, des Pharnakel Sohn, waren noch immer der Meinung, man müsse durch Geldsendungen die einzelnen Gemeinden dahin bringen, ihre Kontingente zurückzuziehen. Man machte kleine Streifzüge, man schickte Reiterscharen aus, um unter Führung der Thebaner die Proviantkolonnen zu überfallen, die vom Peloponnes her über den Kithairon kamen. Zum Beginne einer Schlacht fehlte der Mut, und Mardonios selbst forschte ängstlich an jedem Morgen nach dem Bescheide der griechischen Zeichenschauer, die in seinem Gefolge waren. Endlich drängten die Umstände. Das Heer der Verbündeten verstärkte sich jeden Tag, die Perser fingen an Mangel zu leiden und Mardonios beschloß nun, von peinlicher Ungeduld erfaßt, trotz der Gegenrede des Artabazos, zum entscheidenden Angriffe über den Asopos zu gehen. Alexander von Makedonien setzte in der Nacht vorher die Athener von dem bevorstehenden Angriffe in Kenntnis.

Diese Nachricht rief im Griechenheere die größte Unruhe hervor. Die Spartaner verlangten, daß die Athener den rechten Flügel einnehmen sollten, weil sie schon früher den Persern gegenübergestanden hätten. Die Athener gaben ohne Widerrede nach; als aber die Feinde eine gleiche Umstellung machten, gingen die Truppen wiederum in ihre alten Stellungen zurück. Die Perser, durch solche Zeichen der Furchtsamkeit und Unentschlossenheit ermutigt, griffen zuversichtlicher an, taten der ganzen Schlachtreihe großen Schaden und verschütteten selbst die Gargaphia. Pausanias hielt es demnach für unmöglich, seine Stellung zu behaupten. Er gab Befehl, mit Einbruch der Nacht noch weiter westwärts zu gehen und zwischen den kleinen Quellbächen, welche sich unterhalb Plataiai zu dem Flüßchen Oëroë vereinigen, seinen Standort zu nehmen, wo reichliches Wasser war und der schlüpfrige Boden gegen die Reiter einigen Schutz versprach. Aber der Befehl wurde nicht befolgt. Er fand unter den Spartanern selbst den heftigsten Widerspruch. Amompharetos blieb mit den Pitanaten bei der Gargaphia, während die Truppen des Mitteltreffens statt eines geordneten Rückzuges an den angewiesenen Platz noch einmal so weit rückwärts flohen und auf diese Weise ganz aus der Schlachtlinie entwichen. Die Athener aber waren ruhig auf ihrem Platze geblieben, um abzuwarten, wie die allgemeine Verwirrung sich lösen werde.

Unter unglücklicheren Umständen ist also wohl niemals ein Schlachttag angebrochen. Alle drei Heerhaufen waren ohne Zusammenhang und zum Teil in sich gespalten. Erst gegen Morgen gelang es Pausanias den rechten Flügel wieder zusammenzubringen. Er war noch auf dem Marsche begriffen, als die Perser heranstürmten. Denn dies war am Ende noch die günstige Folge der Unruhe und Unentschlossenheit der Verbündeten, daß die Perser, als sie am Morgen des Rückzuges ge=

wahr wurden, denselben durchaus als Flucht ansahen und nur rasch verfolgen zu müssen glaubten, damit die Griechen nicht über das Gebirge entkämen. Deshalb erfolgte ein unordentlicher Angriff, an welchem sich nicht die volle Stärke des Heeres beteiligte. Die ganze Wucht des Angriffes warf sich nun auf die Spartaner, und diese hatten, da das Mitteltreffen zurückgewichen war, keinen anderen Zuzug zu erwarten als von den Athenern. Die Athener aber, bereit zum Anschlusse herbeizueilen, wurden durch die Böoter und die anderen medisierenden Griechen (es sollen etwa 50,000 Mann gewesen sein) von Asopos her angegriffen und in einen schweren Kampf verwickelt; also mußten die Spartaner und Tegeaten sich allein helfen. Eine Zeitlang blieben sie in der Verteidigung und ließen sich von den Pfeilen der Perser überschütten, welche mit ihren geflochtenen Schilden einen Zaun um sich gebildet hatten und über denselben wegschossen. So fielen manche Tapfere ohne zum Kampfe gekommen zu sein. Endlich wurden die Zeichen zum Angriffe günstig. Jubelnd vernahmen die erbitterten Krieger den Befehl, mit gestreckter Lanze vorzugehen; die Schildwehr wurde niedergeworfen, die Perser stürzten den Speeren entgegen, Mann gegen Mann fochten sie mit den Griechen in dichtem Handgemenge, und Ströme von Blut flossen um das Heiligtum der Demeter. Zuletzt entschied den Kampf die schwere Rüstung und die ruhige Kühnheit der Spartaner; die Perser wichen, und als Mardonios selbst, durch einen Steinwurf des Aimnestos am Kopfe getroffen, zu Boden sank, da war kein Halt mehr. In verworrener Flucht drängte sich der Feind die schlüpfrigen Abhänge zum Asopos hinunter, um so schnell wie möglich das Lagertor zu gewinnen. Unten standen Massen von Kriegern, welche gar nicht zum Kampfe gekommen waren. Hier stand Artabazos, welcher Xerxes an den Hellespont begleitet hatte, mit 40,000 Mann frischer Truppen. Aber anstatt am Asopos eine neue Schlacht zu beginnen, trat er, so wie er die Flucht wahrnahm, den Rückmarsch nach Norden an; er wollte der Nachricht von der persischen Niederlage und dem Eindrucke derselben voraneilen, um nicht unter dem Abfalle der griechischen Völker zu leiden.

Als die Spartaner das Lager erreichten, waren die Athener noch mitten im heißesten Kampfe. Denn die Böoter fochten unter Führung der thebanischen Aristokraten, deren ganze Zukunft hier auf dem Spiele stand, mit verzweifeltem Mute; es war ein Kampf der heftigsten Parteiwut. Endlich gelang es Aristeides die feindlichen Reihen zu werfen, und vor dem Lagertore der Perser trafen nun die beiden tapferen Heeresflügel zusammen, deren jeder seine eigene Schlacht durchgekämpft hatte. Die Feigheit des Mitteltreffens wurde dadurch gestraft, daß die megarischen und phliasischen Truppen, welche erst auf die Kunde des Sieges wieder zum Vorscheine kamen, von den thebanischen Reitern überfallen und schlimm zugerichtet wurden.

Sowie nun die Athener zu den Spartanern stießen, welche ratlos vor den Lagerwällen standen, wurden die Verschanzungen erstiegen, die Tore geöffnet, und eine blutige Niederlage der in ihren eigenen Wällen zusammengedrängten Perser beschloß den heißen Schlachttag.

Diesmal hatten Athen und Sparta sich beide als die Vorkämpfer von Hellas bewährt. Die Athener hatten zuerst und zuletzt, im Reitergefechte wie im Festungskampfe, den Ausschlag gegeben, sie waren stets bereit gewesen, den gefährlichsten Posten einzunehmen und hatten sich allein unter allen Kontingenten von Anfang bis zu Ende ordentlich gehalten. Die Spartaner dagegen machten auf den Ehrenpreis Anspruch, weil sie dem Kernvolke der Feinde gegenüber den Sieg gewonnen hätten, und die außerordentlichen Anstrengungen, welche sie zu diesem Auszuge gemacht hatten, sowie die bewunderungswürdigen Leistungen einzelner Spartiaten stimmten das Heer der Verbündeten zu ihren Gunsten. Unter diesen Umständen wurde die Freude über den großen Sieg und das Dankgefühl für die wunderbare Rettung des Landes durch den Hader unter den Verbündeten getrübt; die unheilvollsten Zerwürfnisse drohten auszubrechen, wenn Aristeides sich nicht wiederum als den guten Genius der Athener und der Hellenen bewährt hätte; er war es, welcher auch hier den Forderungen einer uneigennützigen Vaterlandsliebe und einer höheren Sittlichkeit Eingang zu verschaffen wußte. Ihm verdankte man es, daß seine ehrgeizigen Amtsgenossen, namentlich Leokrates und Myronides, dem vermittelnden Vorschlage des Kleokritos aus Korinth beistimmten, weder Athen noch Sparta, sondern den Plataern den Ehrenpreis zuzuerkennen. Und gewiß durfte niemand diese Anerkennung der kleinen Bürgergemeinde mißgönnen, welche eine so unerschütterte Hingebung an die Sache der Freiheit bewiesen hatte. Sie hatten in Marathon mitgefochten; sie waren, obwohl des Seewesens unkundig, auf attischen Schiffen bei Artemision gewesen, und jetzt war unter den größten Opfern von ihrer Seite, auf ihrem Boden, unter dem Schutze ihrer Landesheroen, der letzte Kampf ausgekämpft worden.

So war nach blutiger Feldschlacht der fast schwerere Sieg im eigenen Lager gewonnen; in gemeinsamem Einverständnisse wurde die reiche Beute gesammelt und in die den Göttern, den Feldherren und den Streitern gebührenden Anteile gesondert. Zum ersten Male entfaltete sich hier vor den Augen der Griechen die ganze Pracht des üppigen Morgenlandes; es war die Ausrüstung eines königlichen Hofhaltes, die Xerxes seinem Stellvertreter zurückgelassen hatte; ein Harem mit Weibern und Eunuchen, Hofküche, Marstall, kostbare Zelte und Geräte, Massen von gemünztem Golde, Sklaven und Sklavinnen fielen den Siegern in die Hände, und wohl konnte Pausanias über die Torheit der Menschen lachen, die solche Herrlichkeit genießen könnten und dennoch sich aufmachten, um die in Dürftigkeit lebenden Hellenen in ihren Bergkantonen anzugreifen.

Dann folgte die feierliche Bestattung der Gebliebenen und die Entsühnung des Landes, indem von dem Gemeinherde in Delphi neues, reines Opferfeuer geholt wurde. Wichtiger aber waren die Einrichtungen von bleibender Bedeutung.

Die Platäer hatten sich den Athenern ganz in die Arme geworfen. Es wird erzählt, daß sie auf den Vorschlag des Arimnestos beschlossen hätten, ihr Gebiet Attika einzuverleiben, und zwar aus dem Grunde, weil Aristeides von Delphi das Orakel erhalten haben sollte, daß den Athenern nur auf eigenem Gebiete der Sieg gelingen würde. Diese Selbstvernichtung einer freien hellenischen Stadt und die daraus folgende Erweiterung des attischen Territoriums mußte aber Anstoß erregen, und Aristeides konnte nicht wünschen, daß hieran das Friedenswerk, welchem er sich mit ganzer Hingebung widmete, scheiterte. Anderseits durften die treuen Bundesgenossen den Angriffen ihrer unversöhnlichen Nachbarn, der Thebaner, nicht preisgegeben, es mußte für die dauernde Sicherstellung ihrer Stadt Sorge getragen werden. Es war daher ein vortreffliches Auskunftsmittel, daß man einmütig beschloß, das Weichbild der Stadt, als den Schauplatz des glorreichen Sieges, für ein heiliges und unverletzliches Landgebiet zu erklären, dessen Befehdung als ein öffentlicher Friedensbruch, dessen Verteidigung als die religiöse Pflicht aller Hellenen angesehen werden solle.

Es wurde also dies Gebiet ein neuer Mittelpunkt der Hellenen, zu dessen gemeinsamem Schutze gegen jeden Angriff alle Bundesstaaten verpflichtet waren, so daß von einer Beschränkung der Landesverteidigung auf die südliche Halbinsel nicht wieder die Rede sein durfte, und zugleich für die Sicherheit der attischen Landesgrenzen eine neue Bürgschaft gewonnen wurde. Plataiai selbst behielt seine volle Selbständigkeit; die Stadt wurde neu aufgebaut, und vor ihrem Tore ein nationales Heiligtum Zeus' des Befreiers gegründet, an dessen Altare alljährlich das Dank= und Siegesfest erneuert werden sollte, und zwar alle vier Jahre mit besonderen Feier= lichkeiten, mit Wettkämpfen und Preisverteilung. Während sich an diesem Feste alle Bundesstaaten durch Abgeordnete der Gemeinden und Festgesandtschaften beteiligen sollten, er= hielten die Platäer das besondere Ehrenamt, für die Grab= stätten der gefallenen Krieger Sorge zu tragen und ihre Ge= dächtnisfeier jährlich mit Opfern und Gebeten zu begehen. Endlich wurde auch eine neue eidgenössische Wehrverfassung begründet; es wurde beschlossen, daß eine Bundesmacht von 10,000 Mann Fußvolk, 1000 Reitern und 100 Kriegsschiffen stets bereit sein sollte, das Vaterland zu verteidigen. Ohne Zweifel wurden zugleich über die Verteilung der Kriegslasten und über die Leitung der Streitkräfte Bestimmungen getroffen.

Alle diese Einrichtungen, welche die auf dem Isthmus ge= gründete Eidgenossenschaft erneuerten, wurden von den ver= sammelten Kontingenten als einer hellenischen Nationalver= sammlung im Namen des ganzen Volkes beschlossen, und Aristeides war es, welcher als der Mann des allgemeinen Ver= trauens eine solche Einigung möglich machte; auf seinen An= trag wurden jene Beschlüsse gefaßt, welche dem blutigen Siege erst die wahre Weihe und Bedeutung gaben.

Die letzte Tat des versammelten Heeres war der Zug gegen Theben, um der übernommenen Verpflichtung gemäß an dem hartnäckigsten Bundesgenossen des Nationalfeindes die Strafe zu vollziehen. Elf Tage nach der Schlacht rückte Pausanias vor die Stadt und verlangte die Auslieferung der Parteihäupter, welche für die Politik Thebens verantwortlich waren. Erst nach zwanzigtägiger Belagerung wurde die Auslieferung er= zwungen. Attaginos war inzwischen entkommen; Timagenidas aber und die übrigen Führer der Bürgerschaft ließ Pausanias als Landesverräter hinrichten, nachdem er das Bundesheer entlassen hatte.

Durch die Niederlage der Perser ist Griechenland und seine ganze Kultur gerettet worden. Denn es handelte sich hier nicht um einen mehr oder minder rühmlichen Ausgang des Kampfes, um eine höhere oder niedrigere Machtstellung der kämpfenden Parteien; es handelte sich um Vernichtung oder Fortbestehen des griechischen Wesens. Denn mit einer bloßen Anerkennung ihrer Oberherrlichkeit würden sich die Perser nicht begnügt haben, wie die Zerstörung der Heiligtümer beweist, und wenn auch griechische Gemeinden fortbestanden hätten, so würden Perserfreunde als Tyrannen sie beherrscht und jede Freiheit des geistigen Lebens verkümmert haben. Ohne diese Freiheit ist aber kein griechischer Staat, keine griechische Religion, keine griechische Kunst und Wissenschaft, also überhaupt kein Griechentum denkbar. Die Feldzüge der Perser haben also am Ende das Gegenteil von dem hervorgebracht, was sie beabsichtigten. Stolzer als je zuvor, fühlten die Griechen den Gegensatz zwischen sich und den Barbaren; die Idee eines gemeinsamen Vaterlandes war von neuem geweckt, und statt gezüchtigt und gedemütigt zu sein, ist Hellas niemals stärker, einiger und siegbewußter gewesen, als auf dem Schlachtfelde von Plataiai.

Zweites Kapitel

DIE WACHSENDE MACHT ATHENS

Samos und Mykale. — Neubau von Athen. — Themistokles in Sparta. — Die Bundesflotte vor Cypern und Byzanz. — Pausanias. — Kimon. — Verurteilung des Themistokles. — Perikles. — Kimons Tod. — Schlacht von Koroneia. — Perikles rettet Athen. — Der Dreißigjährige Friede.

Während der wechselvollen Kriegsereignisse in Attika und Böotien, welche mit der Schlacht bei Plataiai abschlossen, war schon längst ein anderer Kampfplatz zwischen Hellenen und Persern eröffnet worden. Denn Themistokles hatte gleich nach der Flucht des Xerxes die attischen Schiffe in den Archipelagus geführt; er brannte vor Ungeduld, die Macht, die er geschaffen hatte, sich entfalten zu sehen; nicht bloß ein Schild sollte die Flotte sein, sondern auch eine scharfe Waffe zur Züchtigung und zur Unterwerfung. Darum war er unverzüglich, und zwar auf eigene Gefahr, ohne Mitwissen der anderen Feldherrn, daran gegangen, die kleinen Seestaaten zur Verantwortung zu ziehen, welche den Persern Zuzug geleistet hatten.

Mit herrischem Stolze trat er den Insulanern entgegen und forderte Strafgelder ein. Sie sollten nicht säumen, denn er habe zwei mächtige Gottheiten an Bord, die Überredung und den Zwang; wer der einen nicht folgen wolle, müsse der anderen gehorchen. Andros wagte zu trotzen und wurde belagert, während Paros, Karystos und andere Inselstädte die verlangten Bußgelder ohne Weigerung zahlten, um dem Schicksale der Andrier zu entgehen. Schrecken verbreitete sich in der Inselwelt, für die der Tag von Salamis der Anfang einer neuen Bedrängnis wurde; Themistokles aber kehrte, als der glücklichere Nachfolger des Miltiades, mit reichen Geldladungen nach Athen heim. Die Bürger fühlten, was sie an Macht gewonnen hatten; sie fühlten sich groß und mächtig, obwohl ihre Häuser, Höfe und Mauern in Schutt lagen, obwohl sie den Boden unter ihren Füßen nicht ihr eigen nennen konnten. Statt ängstlich und kleinmütig ihre Kräfte zusammenzuhalten, beschlossen sie, was auch kommen möge, im nächsten Jahre ihre Flotte wieder auszusenden.

Die anderen Staaten wollten Athen nicht allein voran lassen. Mit Anbruch des Frühjahres, da Mardonios noch in Thessalien stand, sammelte sich bei Aigina eine Flotte von 110 Schiffen unter Leotychides und Xanthippos. Kaum waren sie vereinigt, da kamen schon Boten vom jenseitigen Gestade und meldeten, daß die Perserflotte, 300 Segel stark, bei Samos liege, um Ionien in Obacht zu halten; zu gleichem Zwecke sammelte sich ein Landheer bei Mykale und Xerxes selbst stehe in Sardes, um den Ausgang der griechischen Angelegenheiten abzuwarten. Aber trotzdem sei alles in Gärung, in Chios sei die Erhebung schon zustande gekommen. Die Flotte solle sich nur im Ionischen Meere zeigen und die jenseitigen Städte würden sich offen den Griechen anschließen.

Die Flotte ging bis Delos vor. Hier kamen neue Botschaften. Aus Samos selbst, dem Hauptquartiere der feindlichen Macht, erschienen Abgeordnete, welche die Feldherrn beschworen, ihre Insel aus der Herrschaft der Barbaren und des von ihnen eingesetzten Tyrannen zu befreien. Die Athener zogen die schwerfälligen Peloponnesier mit sich fort. Samos wurde in die hellenische Bundesgenossenschaft aufgenommen angesichts der Perserflotte, welche hier von neuem den Griechen gegenüberlag. Sie wagte keinen Widerstand, sondern zog sich trotz einer dreifachen Überzahl an Schiffen nach dem Vorgebirge Mykale zurück, in den Schutz des Landheeres; die Schiffe wurden an das Ufer gezogen und mit starken Verschanzungen umgeben. Man glaubte vollkommen sicher zu sein und von hier aus leicht wieder gewinnen zu können, was man für den Augenblick aufgegeben hatte.

Aber die Griechen waren nicht gesonnen, ihr Werk unvollendet zu lassen. Leotychides, der sich einmal den Antrieben ionischer Lebendigkeit und Tatkraft hingegeben hatte, entschloß sich den Feinden zu folgen. Voll Erstaunen sahen die Perser auf Mykale die Griechen landen, die Truppen sich ausschiffen und allem Pfeilregen zum Trotze gegen das feste Schiffslager vorrücken. Die Athener mit den Korinthern, Sikyoniern und Trözeniern kamen, weil sie kürzeren Zugang hatten, am ehesten zum Handmenge. Sie trieben die Perser zurück und drangen mit ihnen in das Lager ein. Der Abfall der griechischen Hilfsvölker, namentlich der Milesier, welche den Rückzug in das Gebirge decken sollten und statt dessen die zurückweichenden Landtruppen irreleiteten, trug dazu bei, daß die Niederlage der Perser vollständig wurde, obgleich sie mit ausgezeichneter Tapferkeit fochten und alle Vorteile der Übermacht und des Terrains auf ihrer Seite hatten. Die beiden Führer, Tigranes und Mardontes, blieben im Kampfe. Was vom Heere übrig war, rettete sich in elendem Zustande nach Sardes, wo Xerxes Hof hielt und die verheißenen Siegesbotschaften des Mardonios erwartete. Während er sich im Besitze von Griechenland wähnte, sah er sich im eigenen Lande angegriffen und besiegt; seine Macht war so vollständig gebrochen, daß er außerstande war, den offenen Abfall des nahen Küstenlandes zu verhindern. Nach der Sage der Griechen wurde der kühne und glänzende Sieg bei Mykale am Abend desselben Tages gewonnen, da ihre Brüder bei Plataiai kämpften; ja es sollte auf wunderbare Weise ein Gerücht von dem gleichzeitigen Siege sich im Heere verbreitet und dasselbe im heißen Kampfe ermutigt haben.

Die Erfolge, welche die Hellenen gewonnen, kamen ihnen so unerwartet, daß sie ganz unvorbereitet waren und deshalb über ihre eigenen Siege in Verlegenheit gerieten. Was sollte man mit Ionien machen? Sollte man das ganze Land in die hellenische Eidgenossenschaft aufnehmen? Das wäre doch, meinten die Peloponnesier, eine allzu große Verantwortlichkeit; dann müßte immer eine Griechenflotte auf der Wache sein, um die vielen einzelnen Küstenpunkte zu schützen, sobald die Perser mit erstarkten Kräften aus dem Binnenlande wieder vordringen würden. Man solle lieber das Land preisgeben und die Ionier an anderen Orten ansiedeln, und zwar auf Kosten der medisch Gesinnten, also der Argiver, Böoter, Lokrer und Thessalier. So ließe sich ein festes, in sich geschlossenes und starkes Hellas bilden. Die Athener traten für die Stätte auf; sie bestritten den Peloponnesiern jedes Recht, über attische Pflanzorte mitzusprechen und widersetzten sich mit Entschiedenheit solchen Plänen, wodurch den Persern die besten Angriffsplätze gegen Hellas in die Hände gegeben würden. Ionien müsse vielmehr ein Bollwerk gegen die Barbaren sein; hier müsse man Herr sein, um des Meeres und der eigenen Küsten sicher zu sein. Den Athenern kam die Stimmung der Ionier zu Hilfe, welche natürlich von einer gewaltsamen Verpflanzung nichts wissen wollten. So wurden denn zunächst Samos, Lesbos, Chios und eine Reihe anderer Inselstädte in die Bundesgenossenschaft aufgenommen, und nachdem die Hellenen soeben noch ihre eigenen Städte aufgegeben und unter den größten Gefahren um den Boden der engsten Heimat gestritten hatten, war jetzt ein ansehnlicher Teil persischer Untertanen zu ihnen abgefallen; es bildete sich ein neues Hellas, ein griechisches Reich, welches die beiden Seiten des Meeres umspannte.

Die Vorsicht verlangte, daß man vor allem die Übergänge von Asien nach Europa sicherte; denn man glaubte nicht anders, als daß die Hellespontbrücke noch bestehe oder wiederhergestellt sei. Als man diese zerstört fand, drangen die Peloponnesier darauf, den Feldzug zu beschließen, dessen unerwartete Erfolge sie wider Willen mit sich fortgerissen hatten. Die Athener aber erklärten sich entschlossen, trotz der vorgerückten Jahreszeit zu bleiben und das Begonnene nicht unvollendet lassen zu wollen. Sestos, der festeste Waffenplatz am Hellespont, dürfe nicht in den Händen der Feinde bleiben, und zwar müsse man unverzüglich den Angriff wagen, ehe die Stadt sich auf eine Belagerung eingerichtet habe. Sie ließen die Peloponnesier heimfahren und verbanden sich unter Xanthippos Führung zu dem neuen Unternehmen mit den Schiffen der Ionier und Hellesponter.

Sie fanden kräftigeren Widerstand, als sie erwartet hatten. Artayktes, der Vogt des Chersonneses, saß in Sestos mit allen Schätzen, die er angehäuft hatte, und rüstete sich zu verzweifelter Abwehr, indem er hoffte, daß persische Truppen zum Entsatz der wichtigen Festung nicht ausbleiben würden. Der Winter kam und die Athener wurden der ungewohnten Anstrengungen überdrüssig. Aber die Feldherren wußten die Stimmung aufrechtzuerhalten und ihre Verheißungen erfüllten sich bald. Der Hunger trieb die Perser aus der Stadt; an Artayktes, dem Schänder griechischer Heiligtümer, wurde eine furchtbare Strafe vollzogen; der Chersonnes war frei; reiche Beute, darunter auch die in Ägypten geflochtenen Brückenseile, wurde im Triumphe heimgeführt. Die Hauptsache aber war, daß die Athener allein im Felde geblieben waren, daß sie mit den Ioniern sich als eine Seemacht verbrüdert und daß sie nach solchen Erfolgen einen Siegesmut gewonnen hatten, dem nichts mehr zu weit und zu schwierig erschien. Sie sahen in ihrer Stadt schon den Mittelpunkt der griechischen Küstenländer.

Aber wie sah es in diesem Athen aus? Ein Paar Stücke der alten Ringmauer, einige vereinzelte Häuser, wo die persischen Heerführer Quartier gemacht hatten, standen noch; sonst war alles Schutt und Ruine. Nach der Schlacht von Plataiai waren die Einwohner aus Salamis, Trözen, Aigina zurückgekehrt; sie hatten nicht einmal die Flotte und die Mannschaft derselben zur Unterstützung. Man suchte sich zu helfen, um notdürftig durch den Winter zu kommen.

Mit dem Anbruche des Frühjahres wurde nun mit aller Energie der Neubau begonnen. Alles rührte sich in frohem Wetteifer. Geld und Sklaven waren in Fülle vorhanden, Material wurde von allen Seiten herbeigeschafft. Man begreift, wie die Bürger nach der peinlichen Unruhe der Heimatlosigkeit und allem Elend der letzten Jahre darnach verlangen mußten, endlich wieder in eigener Stadt, an eigenem Herde leben zu können! Aber auch jetzt dachte man nicht an die Behaglichkeit häuslicher Einrichtung, sondern vor allem an die Stadt im ganzen und ihre Sicherheit. Themistokles, der Gründer der Hafenstadt, war in dieser Angelegenheit mit Recht der Mann des öffentlichen Vertrauens. Die Bürger Athens nach dem Peiraieus zu verpflanzen, wie er am liebsten getan hätte, war schon aus religiösen Gründen untunlich. Auch konnte man im Drange der Umstände nicht daran denken, die Stadt nach einem neuen und regelmäßigen Plane einzurichten; aber man beschloß, den Umkreis derselben über den alten Mauerring, welcher aus der Zeit der Pisistratiden oder des Kleisthenes herrührte, nach allen Seiten auszudehnen, um für den Fall einer neuen Belagerung dem Landvolke innerhalb der eigenen Hauptstadt eine Zuflucht gewähren zu können. Die Stadtmauer wurde gegen Norden in die Ebene vorgeschoben, im Osten der Tempelbezirk des olympischen Zeus vielleicht erst jetzt in die Stadt hereingezogen; gegen Südwesten aber wurden auf den Felskämmen, welche sich in dieser Richtung langhin erstrecken und seit alten Zeiten dicht bewohnt waren, die Mauerlinien ausgelegt, welche ein großes, nach der Seeseite spitzzulaufendes Vorwerk bilden sollten. Mit unermüdlicher Geisteskraft wirkte Themistokles dahin, daß trotz des augenblicklichen Notstandes und trotz der drängenden Eile nicht bloß für das Bedürfnis der Gegenwart gesorgt werde, sondern gleich ein wesentlich größeres und festeres Athen aus den Trümmern erstehe, damit die Stadt selbst und zugleich die Landschaft instand gesetzt werde, künftigen Kriegsgefahren in voller Selbständigkeit und Widerstandskraft entgegenzutreten.

Aber nicht einmal dies wollte man den Athenern zugestehen, daß sie ungestört ihre Mauern aufführten; denn sowie ihre großartigen Arbeiten bekannt wurden, erwachte in neuer Stärke der Neid und die hämische Mißgunst der Nachbarn. Namentlich waren es die benachbarten Seestaaten, welche in so unglaublich kurzer Zeit überflügelt waren und die mit wahrer Angst die Macht der Athener im Norden und im Osten des

Archipelagus sich festsetzen sahen. Wie sollte ihrer weiteren Ausdehnung gesteuert werden!

Darum beeilten sich die peloponnesischen Staaten, vor allen anderen Aigina und Korinth, Sparta auf die Lage der Dinge aufmerksam zu machen. Die Spartaner sollten sich durch die bisherige Nachgiebigkeit Athens nicht täuschen lassen; es habe nur, so lange es der eigene Vorteil erheische, die vorzügliche Stellung Spartas anerkannt. Bald werde es allen über den Kopf wachsen; es werde dann jeden Schein von Unterordnung aufgeben und die hellenische Bundesverfassung sprengen. Jetzt sei Athen noch wehrlos und außerstande, die Forderungen Spartas zurückzuweisen; so wie es aber seine Mauerwerke vollendet habe, sei es jedem Einflusse Spartas für immer entzogen. Also jetzt müsse man handeln; jetzt habe man noch die Zukunft Griechenlands in Händen.

Die Feinde Athens hatten von ihrem Standpunkte vollkommen recht, und da man in Sparta grundsätzlich gegen Stadtmauern war und sich darüber nicht täuschte, daß eine wohl ummauerte Stadt der peloponnesischen Kriegskunst unbezwinglich sei, so wurde in der Tat beschlossen, den attischen Mauerbau um jeden Preis zu hindern. Da man aber mit den wirklichen Beweggründen nicht gut vor die Öffentlichkeit treten konnte, so machten die Peloponnesier im wohlverstandenen Interesse des Vaterlandes die Ansicht geltend, daß die Halbinsel allein zu erfolgreicher Verteidigung sich eigne und daß man, auf die Erfahrungen der letzten Feldzüge gestützt, darnach ein bestimmtes Verteidigungssystem ein für allemal feststellen und beschließen müsse. Man habe sich überzeugt, daß Mittelgriechenland nicht zu halten gewesen wäre; jeder feste Platz nördlich vom Isthmus würde bei neuen Kriegsgefahren nur ein gefährlicher Stützpunkt der feindlichen Macht sein, wie man es in Theben erlebt habe. Man schämte sich nicht, in vollem Widerspruche mit dem plataischen Beschlusse diese feige Gesinnung offen auszusprechen, ja die Athener selbst aufzufordern, an der Schleifung aller Festungswerke im mittleren Griechenland teilzunehmen. Sparta ließ sich beauftragen, für Ausführung des Beschlusses zu sorgen und zunächst mit ganzem Ernste die Einstellung des Mauerbaues zu verlangen. Athens Feinde hatten einen günstigen Zeitpunkt gewählt. Man hatte keine Mittel des Widerstandes, wenn ein peloponnesisches Heer einrücken sollte, um den Majoritätsbeschluß des Bundesrates durchzusetzen; denn auf ein Treffen im offenen Felde mit der spartanischen Landmacht durfte man es nicht ankommen lassen. Und so war die Stadt Athen, welche das äußerste im Dulden und Handeln für das gemeinsame Vaterland geleistet hatte, jetzt durch den tückischen Anschlag ihrer neidischen Nachbarn in die größte Bedrängnis versetzt; sie war in Gefahr, ihre ganze Selbständigkeit einzubüßen.

Hier konnte nichts helfen als List. Als die Spartaner mit ihrer herrischen Forderung in Athen auftraten, ließ Themistokles die Bauten sofort einstellen und versprach mit scheinbarer Nachgiebigkeit nach Sparta zu kommen, um persönlich das Weitere zu verhandeln. Wie er dort anlangte, ließ er einen Tag nach dem andern hingehen, indem er auf seine Mitgesandten zu warten vorgab, während in Athen nach seiner Anweisung alles, was Hände hatte, Stadt- und Landvolk, Männer und Frauen, Kinder und Sklaven, unablässig an der Ringmauer arbeitete und dazu fertiges Material jeglicher Art, selbst Grabsteine benutzte. So wie nun die Mauer eine solche Höhe gewonnen hatte, daß sie im Notfalle verteidigt werden konnte, reisten die anderen Gesandten nach Sparta ab. Auch jetzt noch stellte Themistokles mit kecker Stirn den ganzen Mauerbau in Abrede, und als darüber viel hin und her gehadert wurde und entgegengesetzte Meldungen eingingen, forderte er endlich die Spartaner auf, zuverlässige Männer nach Athen zu schicken, um nicht nach den Aussagen Reisender zu urteilen, sondern sich selbst vom Stande der Dinge zu überzeugen. Er sei bereit, mit seinen Amtsgenossen als Bürge für die Wahrheit seiner Aussage in Sparta zurückzubleiben.

So geschah es. Die spartanischen Gesandten aber wurden, wie sie in Athen ankamen, verabredetermaßen zurückbehalten, um als Sicherheit für Themistokles zu dienen. Denn so wie dieser von der gelungenen Ausführung seiner Anschläge Kunde hatte, warf er die Maske ab und erklärte frei heraus, die Athener hätten in größter Not, von allen verlassen, zweimal Stadt und Land aufgegeben; so hätten sie auch jetzt auf eigenen Beschluß ihre Stadt ummauert, und das werde für sie wie für ganz Griechenland das beste sein; denn der hellenische Staatenbund beruhe auf dem Grundsatze gleicher Selbständigkeit aller seiner Mitglieder. Die Feinde Athens sahen ihren Anschlag vereitelt und mußten gute Miene machen, so bitter sie auch die Täuschung empfunden. Man tat nun, als wenn man nur einen guten Rat hätte erteilen wollen und am Ende blieb nichts anderes übrig, als daß die beiderseitigen Gesandtschaften ruhig nach Hause zurückkehrten.

Diese ziemlich grob angelegte List hätte unmöglich gelingen können, wenn nicht die Behörden Spartas Themistokles günstig gewesen wären; sie hatten dem Drängen der Bundesgenossen nachgegeben, ohne mit der Ausführung Ernst zu machen.

Themistokles muß noch von seiner letzten Anwesenheit in Sparta her einen bedeutenden Anhang daselbst gehabt haben. Welche Mittel er aber für das Gelingen seines Anschlages angewendet haben mag, sie waren durch die Not der Verhältnisse und die Unredlichkeit der Gegner gerechtfertigt, so daß auch Aristeides kein Bedenken trug, sich an der Gesandtschaft zu beteiligen. Durch den glücklichen Erfolg derselben wurde Themistokles der neue Gründer seiner Vaterstadt, der Hersteller ihrer Unabhängigkeit. Ihre Zukunft war gesichert und fortan ging es auf gebahntem Wege vorwärts, sowohl was die innere Einrichtung der Stadt betrifft als auch ihre äußere Machtentwicklung.

Zwei Jahre nach der platäischen Schlacht waren die Ober- und Unterstadt ummauert. Denn auch der durch die Kriegszeiten unterbrochene Bau der Peiraieusmauern war von neuem in Angriff genommen, die Steinbrüche der Halbinsel lieferten reichliches Material und während die Stadtmauern die deutlichen Spuren des übereilten Aufbaues trugen, wurden die Hafenbauten mit größerer Sorgfalt und mit rücksichtslosem Aufwande ausgeführt. Anderthalb deutsche Meilen lang zogen sich die Mauern um die ganze Halbinsel herum, indem sie dem ausgeschweiften Felsrande derselben folgten und die drei Hafenbuchten einschlossen. An den Mündungen der Häfen erhoben sich je zwei Türme einander gegenüber, und zwar so nahe, daß sie durch Ketten miteinander verbunden werden konnten; das waren die Wassertore des Peiraieus. Die Mauern waren bei einer Dicke von etwa 16 Fuß ohne Mörtel durch und durch aus rechtwinkeligen Werkstücken gebaut und wurden unter Themistokles, der das doppelte Maß beabsichtigt haben soll, auf 30 Fuß Höhe gebracht. Es sollte diese Befestigung, die das kostbarste aller Besitztümer Athens, seine Schiffe, Werften, Schiffshäuser und Seemagazine einschloß, ein Musterbau sein und die Möglichkeit gewähren, trotz der Nähe eifersüchtiger Seestaaten den Peiraieus mit einer geringen Besatzung zu sichern.

Die Schöpfung des Peiraieus war der Stolz des Themistokles; es war nächst der Flotte das zweite Werk, welches Athen als eine Großstadt kennzeichnete. Themistokles tat daher alles, um die junge Stadt zu fördern und die leeren Räume mit nützlichen Einwohnern zu bevölkern. Auf seinen Vorschlag wurde auswärtigen Handwerkern, Technikern und Künstlern der Zuzug erleichtert, indem man wenigstens den ärmeren unter ihnen für eine Zeitlang die Abgaben erließ, welche der Staat von den Schutzverwandten einforderte.

Endlich war man so weit, die platäischen Beschlüsse gemeinschaftlich ausführen und die Befreiung der hellenischen Städte fortsetzen zu können. Die Peloponnesier stellten zu diesem Zwecke zwanzig Schiffe, die Athener dreißig unter Führung des Aristeides und Kimon. Dazu kamen die Schiffe der Ionier in bedeutender Anzahl, so daß es im ganzen etwa hundert Schiffe sein mochten, wie es in den platäischen Beschlüssen bestimmt war. Die gesamte Bundesflotte führte Pausanias; ihre Ausfahrt erfolgte wahrscheinlich im Frühjahr 476 (75, 4), während um dieselbe Zeit der andere König, Leotychides, die Feldzüge in Thessalien fortsetzte, um die Macht der Aleuaden zu brechen, welche bis zuletzt mit dem Landesfeinde gemeinsame Sache gemacht hatten.

Diesmal hatten die Griechen keine Flotte aufzusuchen, die ihnen die Meerherrschaft streitig machte; sie hatten den Vorteil, sich die Kampfplätze auswählen zu können, und die raschen Bewegungen der Flotte beweisen, daß ihren Führern, und namentlich dem Oberfeldherrn selbst, keine Unternehmung, welche Erfolg verhieß, zu kühn und zu weit war. Man begnügte sich nicht damit, daß der Archipelagus frei war; auch der Rückkehr der Barbaren wollte man vorbeugen und ihnen die Land- und Seewege, auf denen sie einst nach Europa vorgedrungen waren, für alle Zukunft versperren. Deshalb faßte man zu gleicher Zeit im Norden den Bosporus und im Süden Kypros ins Auge.

Kypros ist seiner Lage und seiner großen Hilfsmittel wegen den Mächten des Orients, die nach Seeherrschaft im Mittelmeer strebten, zu allen Zeiten ein unentbehrlicher Besitz gewesen. Wenn es den Griechen gelang, hier festen Fuß zu fassen, so gewannen sie nicht nur für ihre eigene Reederei und ihren Handel unschätzbare Vorteile, sondern es war auch die Seeverbindung zwischen Persien und Ägypten unterbrochen, und jede neue Rüstung an der syrisch-phönizischen Küste konnte von hier aus verhindert werden. Die Perser hatten starke Besatzungen in den Inselstädten, und die Fürsten, welche daselbst regierten, suchten aus dynastischem Interesse die den Hellenen günstige Stimmung niederzuhalten. Dennoch gelang es den Verbündeten, in wenig Monaten den größten Teil der Inseln den Persern zu entreißen. Um sie ganz zu befreien, reichten aber die Mittel nicht aus, und man beschloß daher, ehe die Nordwinde des Spätsommers hinderlich würden, nach den pontischen Gewässern zu fahren, um hier die Perser in ihren wichtigsten Besitzungen anzugreifen, während ihre Aufmerksamkeit noch auf das Cyprische Meer gerichtet war.

Durch die Eroberung von Sestos war der Weg über den

Hellespont den Persern versperrt; aber am oberen Sunde war noch Byzanz in ihren Händen mit seinem unvergleichlichen Kriegshafen. Byzanz war fester als Sestos und die Perser waren dieses Platzes so gewiß, daß sie hier nicht nur eine Menge von Schätzen untergebracht hatten, sondern es war auch ein Hauptquartier ihrer Truppen und der Aufenthalt vieler Perser vom höchsten Range. Die Griechen fanden die Besatzung vollkommen unvorbereitet, und ehe die Schätze gerettet werden und die Angehörigen des Großkönigs sich flüchten konnten, wurden die Mauern erstiegen; unermeßliche Beute wurde gewonnen.

Ein solches Glück war zu groß, als daß Pausanias es zu tragen verstanden hätte. Er war ein Mann von maßloser Ruhmbegierde, und das Streben nach unbedingter Herrschermacht, das immer von neuem in dem Stamme der Herakliden zum Vorschein kommt, war die eigentliche Triebfeder seiner Handlungen. Sein Charakter hatte sich offenbart, als er es wagte, auf dem goldenen Dreifuße, welchen die Verbündeten nach dem platäischen Siege in Delphi weihten, sich persönlich als den Besieger der Perser und den Geber des Geschenkes namhaft zu machen; das war eine große Verletzung hellenischer Sitte, und er hatte deshalb die Demütigung erfahren müssen, daß von den Behörden diese Inschrift ausgelöscht und statt ihrer einfach die Namen der Staaten, welche am Kampfe teilgenommen hatten, eingeschrieben wurden. Eigenmächtig hatte er sich auch bei der Verurteilung der thebanischen Volksführer gezeigt und sich überhaupt durch sein ganzes Benehmen viele Feindschaft, und von seiten der Ephoren eine argwöhnische Beaufsichtigung zugezogen. Aber jeder Widerstand, jede Kränkung reizte nur um so mehr sein leidenschaftliches Gemüt. Der Einblick in die Herrlichkeit eines orientalischen Fürstenlebens, wie sie ihm im Perserlager am Asopos zuerst entgegengetreten war, hatte die unreinen Begierden seines Herzens entfacht, und als er nun nach seinen Siegen in Griechenland auch noch als Flottenführer das ganze Meer von Syrien bis zum Pontus siegreich durchzogen hatte, da verlor er jede Mäßigung; da wurde ihm der Gedanke, sich daheim wieder der Kontrolle der Ephoren fügen zu sollen, immer unerträglicher, und er beschloß, um jeden Preis diesen Verhältnissen ein Ende zu machen. Er wollte aber nicht nur in Sparta freier Herr und Gebieter sein, sondern in ganz Hellas. Dazu mußte er die Unterstützung einer außergriechischen Macht haben, und je mehr er sich überzeugen mußte, daß das jetzige Staatensystem unhaltbar wäre, um so weniger machte er sich ein Gewissen daraus, mit dem Landesfeinde ein Einverständnis einzugehen, um seine selbstsüchtigen Zwecke zu erreichen.

Diese Pläne zur Reife zu bringen, war Byzanz der geeignetste Ort. Er zog einen gewissen Gongylos aus Eretria als Vertrauten an sich, machte ihn zum Befehlshaber in der eroberten Stadt und übergab ihm die vornehmen Gefangenen mit dem heimlichen Auftrage, sie unversehrt entkommen zu lassen. So wie dies ausgeführt war, schrieb er an Xerxes, daß er keinen größeren Wunsch habe, als ihn sich zu verpflichten und ihm behilflich zu sein, Griechenland unter seine Botmäßigkeit zu bringen. Der Großkönig erkannte die Rettung seiner Angehörigen auf das dankbarste an und ging voll Eifer auf die Pläne des Pausanias ein. Um die weiteren Unterhandlungen zu führen, wurde Artabazos als Satrap in Mysien eingesetzt, derselbe Feldherr, der bei Plataiai vergeblich von der Schlacht abgemahnt hatte, und dessen Ansicht, daß man die Griechen durch Griechen besiegen müsse, das heißt durch Unterhandlung und Bestechung, seit dem Unglücke des Mardonios erst recht zu Ehren gekommen war, so daß er jetzt des Königs volle Gunst besaß.

Indem Artabazos mit ausgedehnten Vollmachten zum Unterhändler bestimmt wurde, begann ein neuer Angriff auf Griechenlands Selbständigkeit, der mit der gefährlichsten Waffe geführt wurde und die griechischen Angelegenheiten hätten die schlimmste Wendung nehmen können, wenn Pausanias mehr Selbstbeherrschung gehabt hätte, um seine Pläne auszuführen. Als dieser aber die Briefe mit dem königlichen Siegel in seiner Hand hielt und den mächtigsten Herrn der Welt mit sich wie mit seinesgleichen verkehren sah, da verließ ihn jede Besonnenheit. Es war, als ob er schon des Großkönigs Schwiegersohn wäre und sein Statthalter in den europäischen Provinzen. Mit frevelhaftem Leichtsinne trug er seine Absichten zur Schau, prunkte in Kleidung und Mahlzeiten nach persischer Weise, ließ sich auf seinen Umzügen in Thrakien von ägyptischen und medischen Leibwachen begleiten, behandelte seine Krieger mit herrischem Übermute und überließ sich den empörendsten Tyrannenlaunen. Die Folge war, daß sich im Heere eine Unzufriedenheit regte, welche sich zu dem heftigsten Unwillen steigerte, vor allem bei denen, welche für Freiheit und bürgerliche Gleichheit die lebhafteste Empfindung hatten, bei den Ioniern und Athenern.

Die Ionier hatten von Anfang an keine Sympathie für die Spartaner, deren barsches Wesen ihnen ebenso unangenehm war, wie ihre harte und unverständliche Sprache. Sie sahen in den Athenern ihre natürlichen Führer, und der Zug der Stammgenossenschaft, den sie zu ihnen fühlten, wurde durch die Persönlichkeit der attischen Feldherrn nur verstärkt. Denn wie sehr trat nun neben dem unerträglichen Hochmute des Fürsten von Sparta der Charakter des Aristeides hervor, des schlichten Bürgers, der sich immer gleich blieb, milde, ruhig und unparteiisch, nur von den großen Interessen des vaterländischen Kampfes erfüllt! Und neben ihm Kimon, der freigebige, ritterliche Mann, der gegen alle freundlich und leutselig war. Die Liebenswürdigkeit dieser Männer wurde aber um so mehr anerkannt, da sie sich als die bewährten, deren Sachkenntnis und Tatkraft alle Erfolge der Seefeldzüge vorzugsweise verdankt wurden. Bei ihnen suchten also auch jetzt die Ionier Schutz gegen die Unbill des neuen Tyrannen, und die Athener waren klug genug sie nicht abzuweisen, sondern sich mit Rat und Tat ihrer anzunehmen; dazu glaubten sie um so mehr berufen zu sein, da sie die Städte Ioniens als ihre Pflanzstädte ansahen, deren Interessen zu vertreten eine heilige Pflicht Athens sei. Vor allem aber mußten sie dafür sorgen, daß die wankelmütigen Ionier in ihrer Verstimmung nicht von der gemeinsamen Sache abfielen. So entstand eine Spaltung im Griechenheere; es bildeten sich zwei Flotten, eine ionisch-attische und eine spartanisch-peloponnesische, so daß Pausanias nur noch dem Namen nach Oberfeldherr war.

Inzwischen war die Ungebühr und der tyrannische Hochmut des Regenten in Sparta ruchbar geworden. Die Ephoren beriefen ihn also zur Verantwortung heim, und da er noch nicht die Mittel zu einem offenen Widerstande in Händen hatte, so mußte er Folge leisten. Es ging aber auch das peloponnesische Geschwader mit ihm zurück; es ist also wahrscheinlich, daß die Ephoren es im Interesse ihres Staates für ratsam hielten, den ganzen Feldzug gleichzeitig abzubrechen, daß sie demgemäß ihre Anordnungen trafen und die Auflösung der Flotte erwarteten. Diese Maßregel hatte nun aber einen ganz anderen und sehr weitgreifenden Erfolg. Die vorbereitete Spaltung trat offen hervor; die Athener und Ionier blieben infolge ihres Einverständnisses zusammen, und Athen übernahm nach Abzug des Pausanias förmlich die Oberleitung der zurückgebliebenen Schiffe.

Die überraschten Ephoren wollten ihr Versehen wieder gut machen; sie schickten einen Nachfolger des Pausanias mit Schiffen und Mannschaft zur Flotte zurück; aber als derselbe — Dorkis mit Namen — ankam, hatten sich in der Zwischenzeit die Verhältnisse so vollständig geordnet, daß der Übergang der Hegemonie an Athen eine vollendete Tatsache war. Es wäre Aristeides und Kimon auch bei dem besten Willen unmöglich gewesen, die Lage der Dinge zu ändern. Es blieb also Dorkis nichts übrig, als sich entweder der Führung Athens

Athena des Myron (aus der Gruppe „Athena und Marsyas")
Frankfurt a/M., Liebighaus

Theseus entführt Korone. Vase. München, Museum antiker Kleinkunst

unterzuordnen oder zurückzukehren. Er wählte natürlich das letztere.

Die schmähliche Heimkehr des Oberfeldherrn und die unerwarteten Folgen, welche sich daran anschließen, riefen in Sparta eine große Entrüstung hervor. Die Verträge waren gebrochen, die hellenische Bundesordnung war zerstört und das vorörtliche Ansehen Spartas, welches in den letzten Jahren so glänzend erneuert war, auf das gröbste verletzt. Es mußte rasch hergestellt oder für immer aufgegeben werden. Und es fehlte im dorischen Volke nicht an Männern, welche verlangten, daß man mit der peloponnesischen Mannschaft gegen Athen ausrücken solle, um Genugtuung zu fordern und die Herstellung der alten Bundesordnung zu erzwingen. Indessen machte sich bald eine andere Ansicht geltend; es war die Ansicht der älteren und besonneneren Spartaner, deren Wortführer Hetoimaridas war, ein Mitglied des Rates der Alten und ein Heraklide von Abstammung. Er und seine Gesinnungsgenossen waren immer der Meinung gewesen, daß es für ihre Stadt nichts Bedenklicheres gäbe, als die Beteiligung an weit aussehenden Unternehmungen in fernen Gegenden, wo die Bürger, jeder Beobachtung der Behörden entzogen, durch das Zusammensein mit den neuerungssüchtigen Ioniern jeglicher Verführung ausgesetzt wären. Bei der Flottenführung sei für Sparta ungleich mehr zu verlieren als zu gewinnen; denn aller Ruhm und Gewinn sei zu teuer bezahlt, wenn darüber der Staat aus seiner Bahn gerissen und seine Männer verdorben würden. Das Beispiel des Pausanias rede deutlich genug. Die erlittene Kränkung sei die Strafe dafür, daß man den Grundsatz besonnener Mäßigung und Beschränkung verlassen habe. Im Landheere müsse man Spartas Größe sehen, je mehr Athen sich auf die See werfe. Um sich an Athen zu rächen, seien jetzt die Mittel unzureichend. Jeder Versuch gewaltsamer Art werde nur dazu führen, den Bruch der Bundesordnung unheilbar zu machen, während man es durch friedliche Verhandlung erreichen könne, daß Sparta bei seiner Verzichtleistung auf die Führung des Seekrieges von seinem guten Rechte nichts aufgebe.

Die Friedenspartei trug den Sieg davon. Man beruhigte sich wohl auch bei dem Gedanken, daß ein eigentlicher Übergang der Hegemonie von Sparta an Athen nicht stattgefunden habe, sondern daß auf den Wunsch und im Namen Spartas Athen die weitere Kriegführung und die Leitung der ionischen Bundesgenossen übernommen habe.

In Athen hatte man mit großer Spannung der Entwicklung der Krisis abgewartet, und ihre friedliche Lösung, zu welcher

Aristeides und seine Genossen gewiß das ihrige beigetragen hatten, war ein Triumph für die Partei der Besonnenen, deren politisches Ziel kein anderes war, als ohne Bruch mit Sparta die attische Macht zur vollen Entfaltung zu bringen. Was früher durch rücksichtslose Gewalttat hatte erzwungen werden sollen, das war jetzt in ruhiger Entwicklung der Verhältnisse gewissermaßen von selbst zustande gekommen, ohne Frevel und ohne Bürgerkrieg. Ol. 76, 3 (474) kann man nach wahrscheinlichster Rechnung als das erste Jahr betrachten, in welchem Athen die Hegemonie zur See besaß, die wohlverdiente Ehre, welche den Vorkämpfern von Artemision und Salamis, den Rettern der griechischen Unabhängigkeit, zuteil wurde.

Nun aber folgte die schwerere Aufgabe. Es kam nämlich darauf an, dem neuen Bunde eine organische Einrichtung zu geben und aus vielen ungleichartigen und weit zerstreuten Küstenorten eine Seemacht zu bilden, welche imstande wäre allen Eroberungsgelüsten der Perser entgegenzutreten und die weiten Seegebiete zu schützen. Die Sicherheit, mit welcher die Athener diese große Aufgabe anfaßten, beweist, daß sie sich schon lange im stillen auf eine solche Stellung vorbereitet hatten. Und gewiß erkannten schon seit Solons Zeit alle weiterblickenden Staatsmänner den Beruf Athens darin, daß es einmal die Ägäischen Inseln unter seiner Leitung vereinigen müsse. Aber über die Art und Weise, wie Athen herrschen sollte, gingen die Meinungen auseinander. Die einen dachten, wie Miltiades und Themistokles, das Recht des Stärkeren müsse allein entscheiden; nur durch Entwaffnung und Unterwerfung der Inseln könne etwas Dauerhaftes erreicht werden. Eine solche Ansicht mußte aber bei allen Gemäßigten auf entschiedenen Widerspruch stoßen, und Themistokles konnte deshalb seine Gewaltpolitik nicht durchsetzen. Sie wurde vollends unmöglich, als so unerwartet rasch ein freiwilliger Anschluß der asiatischen Städte erfolgte. Diese waren zum Teil groß und volkreich geblieben, wie Ephesos; zum Teil hatten sie sich auch unter persischer Herrschaft von ihrem Verfalle wieder erholt und neubevölkert. Hier konnte also von einer unbedingten Herrschaft Athens nicht die Rede sein. Dazu kam, daß die Spannung mit Sparta mehr als je Vorsicht und Behutsamkeit zur Pflicht machte; man mußte die Fehler, durch welche Sparta seinen Oberbefehl verloren hatte, vermeiden und auf eine mildere Weise die neuen Bundesgenossen mit Athen zu verbinden suchen. Das war die Ansicht, die Aristeides vertrat, und darin bestand das große Glück Athens, daß es in ihm den Mann besaß, welcher durch staatsmännische

Weisheit, durch rüstige Kraft und eine in ganz Griechenland anerkannte Gerechtigkeit dazu geschaffen war, den neuen Bund so zu gründen und zu ordnen, daß einerseits die Rechte der kleineren Staaten geachtet wurden und anderseits eine Verfassung zustande kam, welche dem Waffenbunde Einheit und Kraft, den Athenern aber einen bestimmenden Einfluß verbürgte.

Die volkstümlichste und schonendste Verfassung, welche man einem solchen Bunde geben konnte, war die der Amphiktyonie. Dazu bedurfte es nach griechischem Rechte eines religiösen Mittelpunktes, und dieser konnte kein anderer sein, als Delos, das heilige Eiland in der Mitte der beiden Gestade, das Delphi des Archipelagus, welches schon in vorhomerischen Zeiten der Schauplatz von apollinischen Festen und der wohl gelegene Sammelort der ionischen Stammgenossen von beiden Seiten des Meeres gewesen war. Athen war mit Delos besonders nahe verbunden; Erysichthon der Kekropide sollte die Feier eingesetzt haben, und wie schon Polykrates und Peisistratos ihre auf Seeherrschaft zielenden Pläne an Delos angeknüpft hatten, so wurde Delos jetzt der Mittelpunkt einer neuen Eidgenossenschaft, deren Vertreter sich hier versammelten. Der alte Glanz nationaler Feste sollte sich in erhöhtem Grade erneuern; darum begünstigte auch die dortige Priesterschaft das Beginnen der Athener und die Propheten des delischen Apollon verkündeten ihnen die Seeherrschaft.

Aristeides war der Wortführer Athens unter den Abgeordneten der verbündeten Seestaaten. Er zeigte, wie notwendig es sei, die Beiträge nach festen Sätzen zu regeln, weil man zur Erhaltung einer kampffertigen Kriegsflotte eines Schatzes und eines festen Budgets nicht entbehren könne. Er selbst wurde beauftragt, die Hilfsmittel der einzelnen Staaten genau zu untersuchen und danach die Bundesmatrikel aufzustellen. Die Bundesstaaten übernahmen die Verpflichtung regelmäßiger Beisteuer, und sie fanden sich um so eher darein, da sie auch zum Schutze des Handels gegen Seeräuberei die Notwendigkeit einer stehenden Seemacht erkannten. Auch waren ihnen ja die Abgaben nichts Neues; denn die Spartaner hatten während ihrer kurzen Hegemonie zur See nach Willkür Steuern von ihnen erhoben, und vorher der Großkönig nach der Schatzung, welche Artaphernes als Satrap von Sardes angeordnet hatte. Es waren Beiträge zur Kriegskasse, wie sie Sparta ja auch von den Peloponnesiern forderte; nur daß sie regelmäßig gezahlt werden mußten, weil es sich hier um ein stehendes Heer handelte; es waren endlich von den Gemeinden selbst bewilligte Beiträge, deren Verwendung von den gemeinsamen Beschlüssen der Bundesglieder abhängig war.

Indessen traf eine eigentliche Besteuerung nur die kleineren Städte, welche keine eigenen Kriegsschiffe hatten; ihre Beiträge wurden benutzt, um eine ihrer gesamten Volkszahl entsprechende Flotte zu unterhalten. Die größeren Städte dagegen gaben keinen Tribut, sondern verpflichteten sich, selbst an Mannschaft und Schiffen zu stellen, was ihnen nach dem Ansatze des Aristeides zukam, der sich zu allgemeiner Befriedigung seiner Aufgabe entledigte. Die gemeinsame Kasse, welcher jährlich die ansehnliche Summe von 460 Talenten (690.000 Taler) zufloß, wurde im Heiligtum des Apollon eingerichtet und zu ihrer Verwaltung das neue Amt der Hellenotamien eingesetzt. Der Name bezeichnet schon den amphiktyonischen Charakter des Bundes, der eine national-hellenische Macht sein sollte; den Athenern aber wurde das wichtige Recht zuerkannt, aus ihrer Mitte das Amt zu besetzen. Große und kleine Staaten waren gleich selbständig und hatten gleiches Stimmrecht in den Versammlungen, in denen über Kriegführung, Geldverwendung und andere Bundesangelegenheiten Beschlüsse gefaßt wurden.

Diese Versammlungen waren aber bei der Ausdehnung, welche die Bundesgenossenschaft gewann, so groß und zugleich in ihren Interessen und Anschauungen so geteilt, daß sie zu einem einmütigen Handeln in hohem Grade ungeschickt waren. Dazu kam, daß seit ältester Zeit zwischen den Ionischen Inseln und Städten Eifersucht und Zwietracht herrschten. Um so größer war der Beruf und um so bedeutender der Einfluß Athens, welches, an Macht wie an politischem Blicke allen überlegen, das Direktorium des Bundes führte, die Versammlungen berief und leitete, die Beiträge einforderte, die Kasse verwaltete, die gemeinsamen Interessen nach innen und außen wahrnahm, die Feldherrn stellte und alle kriegerischen Unternehmungen wesentlich bestimmte. Die Macht der Athener wurde ohne ihr Zutun durch die Bundesorte selbst gesteigert, indem diese, als sie die nächste Gefahr beseitigt und die Sicherheit des Meeres wiederhergestellt sahen, der kriegerischen Anstrengungen überdrüssig wurden. Die kleinen Gemeinden zogen es vor, sich durch Geld abzufinden, um in bequemer Ruhe Handel, Landbau und Fischerei treiben zu können, und so geschah es, daß sie auf ihre Kosten die Wehrkraft Athens immer mehr vergrößerten. Sparta und der Peloponnes waren an diesem Aufbau einer neuen hellenischen Macht ganz unbeteiligt; sie blickten nur mit Haß und Scheelsucht auf Athen, welches so überraschend schnell und glücklich das große Werk vollbrachte, die neue Vereinigung der Hellenen an beiden Küsten, welche wider die natürlichen Verhältnisse auseinander gerissen waren.

•

Während in Delos diese wichtigen Einrichtungen getroffen wurden, lagen sich die Streitkräfte der Perser und Griechen im Norden des Meeres feindlich gegenüber. Byzanz blieb, als die Schlüsselburg der nördlichen Seestraßen, ein Hauptquartier der griechischen Schiffe und ein steter Zielpunkt der Perser. Denn diese hatten ihre thrakischen Besitzungen nichts weniger als aufgegeben; es war für sie ein Ehrenpunkt, die Eroberungen des Dareios nicht preiszugeben. Darum waren die beiden tapfersten Männer, welche Xerxes kannte, beauftragt, die thrakischen Besitzungen zu hüten, Maskames in Doriskos und Boges in Eïon. Sie standen mit den Thrakern in Verbindung, welche ihnen Getreide zuführten; sie konnten auch auf Makedonien rechnen; denn die Ausbreitung der neuen griechischen Seemacht in den nördlichen Gewässern und der Anschluß der chalkidischen Städte an den delischen Seebund konnte den makedonischen Fürsten nicht gleichgültig sein. Man suchte also die Verbindungen mit den alten Bundesgenossen in Makedonien und Thessalien zu unterhalten und hoffte immer noch, unter günstigeren Verhältnissen auf dem europäischen Festlande wieder vorgehen zu können.

Auch andere Veranlassungen traten ein, um die Tätigkeit der Athener nach den nördlichen Meeren hinzurichten. Denn es hatten sich auf den Inseln, die das Thrakische Meer im Süden begrenzen, namentlich auf Skyros, pelasgische Stämme von rohen Sitten erhalten, welche das Meer durch Freibeuterei unsicher machten und den Handel an den thessalischen Küsten störten. Die Amphiktyonen in Delphi hatten für einen an thessalischen Kauffahrern verübten Seeraub Schadenersatz verlangt; die Skyrier verweigerten ihn, indem sie der Ohnmacht des delphischen Bundestages spotteten. Nun suchte man Athen zu veranlassen, in dieser Sache etwas zu tun und gegen die Skyrier einzuschreiten. Es kam ein delphischer Spruch nach Athen, man solle der Gebeine des Theseus gedenken, welche im fernen Skyros ruhten und die heiligen Reliquien heimführen. Dies war ein Grund mehr, nachdem die schwierigen Bundesverhältnisse geordnet und die nächsten Gebiete der Bundesgenossenschaft gesichert waren, die erste, größere Unternehmung nach Norden zu richten.

An dem rechten Führer fehlte es nicht. Die Athener fanden ihn in Kimon, dem Sohn des Miltiades, dessen Feldherrngabe und patriotische Gesinnung ihnen von Aristeides auf das wärmste empfohlen wurde. Der erste Unwille gegen den Helden von Marathon hatte einer unbefangeneren Würdigung seiner Verdienste Platz gemacht, und um so mehr freute man sich nun in dem Sohne einen Mann zu finden, der zum Heile der Stadt den Ruhm des erlauchten Stammes der Philaïden erneuerte.

Als der Sohn eines reichen Fürsten und einer thrakischen Fürstentochter, der Hegesipyle, war er in Üppigkeit sorglos aufgewachsen, nach der Weise seiner Vorfahren ritterlichen Übungen ergeben, leichtfertig und vergnügungssüchtig in den Tag hineinlebend; dann hatte er, durch das Ende des Vaters von der Höhe des Glückes plötzlich heruntergestürzt, den Ernst des Lebens im vollsten Maße kennengelernt. Außerstande, die Buße zu zahlen, zu welcher der Vater verurteilt war, mußte er sich nach der Strenge der attischen Schuldgesetze behandelt sehen; er war von allen bürgerlichen Rechten ausgeschlossen und, da er mit seiner Person für die Schuld haftete, vielleicht selbst seiner vollen Freiheit eine Zeitlang beraubt. In stillster Zurückgezogenheit lebte er mit seiner Halbschwester Elpinike zusammen, wie es heißt, in ehelicher Verbindung, was nach den Ansichten der Alten nicht unerlaubt war und in diesem Falle auch darin seine Erklärung findet, daß der drückenden Armut wegen Elpinike keine Gelegenheit zu einer standesgemäßen Verbindung hatte.

Da griff eine seltsame Fügung in das Leben der Geschwister ein. Einer der reichsten Bürger Athens, Kallias, faßte eine leidenschaftliche Liebe zu Elpinike. Er erhielt ihre Hand, er zahlte die 50 Talente und befreite so nicht nur die Geschwister aus Not und Unehre, sondern gab dadurch auch den Sohn des Miltiades der Vaterstadt zurück, deren Dienste er sich nun mit voller Hingebung widmete. Die schwere Schule des Lebens hatte ihn gereift und veredelt. Darum zeigte er sich von aller persönlichen Empfindlichkeit und unedlen Rachbegierde vollkommen frei; auch von den engen Traditionen seines Hauses, das in die Zucht von Rennpferden seinen Stolz gesetzt hatte, wußte er sich frei zu machen. Denn er schloß sich rückhaltlos der Seepolitik des Themistokles an, und in einer Zeit, als die Bürgerschaft noch schwankte und die edlen Geschlechter sich spröde zeigten, sah man ihn auf die Akropolis steigen, um der Stadtgöttin einen Pferdezaum zu weihen, und dann mit dem Schilde zum Hafen hinabgehen, um seinerseits ein Zeugnis dafür abzulegen, daß er die Zeit verstehe und nicht in den Rossen, sondern in den Schiffen die Kraft und die Zukunft Athens erkenne. Bald bewährte er sich auf der Flotte neben

Aristeides als einen geborenen Feldherrn; er trug wesentlich dazu bei, daß der Übergang der Seeführung an Athen sich so leicht und glücklich vollzog, und es war also eine wohlverdiente Anerkennung, daß man die erste, große Unternehmung der attisch-ionischen Flotte ihm anvertraute.

Der Sohn des Miltiades schien gerade für diesen Kriegsschauplatz vorzugsweise berufen zu sein, nämlich auf den thrakischen Küsten und Inseln, wie sein Vater getan hatte, mit Persern und Pelasgerstämmen zu kämpfen. Er fuhr zuerst nach der Strymonmündung, um Eïon den Persern zu entreißen. Der Schwierigkeit seiner Aufgabe wohl bewußt, hatte er mit Thessalien, wo die nationale Partei sich wieder freier regte, Verbindungen angeknüpft; er wurde von Pharsalos aus mit Geld und Truppen unterstützt und war so imstande, Eïon einzuschließen. Aber die Mauern wurden auf das tapferste verteidigt. Er mußte den Sturm aufgeben und warten, bis die Vorräte der vollgedrängten Feste ausgehen würden. Zugleich dämmte er den unteren Lauf des Strymon ab, so daß das Wasser an den Mauern emporstieg und die ungebrannten Lehmsteine aufgeweicht wurden. Als Boges die Mauern stürzen sah, versenkte er seine Schätze und tötete endlich die Seinigen und sich selbst. Ein wüster Trümmerhaufen fiel den Athenern in die Hände (Ol. 77, 3 oder 4; 470/469).

Eine leichtere und dankbarere Aufgabe war die Züchtigung der Skyrer, welche sich unmittelbar an den strymonischen Feldzug anschloß. Denn nichts konnte den Neigungen Kimons mehr entsprechen, als hier das gesamthellenische Interesse zu vertreten und der jungen Flotte den Ruhm zuzueignen, im griechischen Meere Zucht und Ordnung zu schaffen. Er erwies sich zugleich seinen thessalischen Bundesgenossen dankbar, indem er ihre Küsten sicherte, und verschaffte Athen eine wesentliche Erweiterung seiner Macht. Denn die Insel wurde attisches Land, und attische Bürger wurden auf dem Grund und Boden angesiedelt, auf dem die Doloper gehaust hatten. Endlich erhielt diese Kriegstat Kimons dadurch eine besondere Weihe, daß des Theseus Grab dessen Platz als ein schützendes Heroenmal vermutlich geheimgehalten wurde, glücklich ausfindig gemacht und seine Gebeine Ol. 77, 4 (469) unter dem Archon Apsephion feierlich nach Athen gebracht wurden. Die ganze Aufgabe aber, welche Kimon so glücklich löste und dadurch seinen Ruhm fest begründete, kam ihm in jeder Beziehung so erwünscht, daß die Vermutung naheliegt, es sei die doppelte Veranlassung, die zu gelegenster Zeit eintrat, nämlich das delphische Orakel und die Klage der Thessalier, durch gemeinsame Verabredung herbeigeführt, und dann würden wir in Kimon nicht nur den Feldherrn, sondern auch den klug vorschauenden und durch seine Verbindungen weithin wirksamen Staatsmann bewundern müssen.

Das waren die ersten größeren Taten, in denen sich der delische Seebund als eine Macht bewährte, die eine Zukunft habe und schon jetzt imstande sei, den Archipelagus zu beherrschen. Die ganze Fülle ionischer Volkskraft war zum ersten Male unter einer verständigen und tatkräftigen Leitung verbunden. Was konnte einer Flotte widerstehen, die das beste Seevolk der Welt zu gemeinsamer Tätigkeit vereinigte?

Eine Reihe von Jahren blieben die Verhältnisse günstig, so lange die gemeinsame Gefahr dauerte und auf der einen Seite Gunst und Vertrauen, auf der anderen weise Schonung vorwaltete. Indessen traten sehr früh auch die Schwächen der Eidgenossenschaft zutage. Sie lagen in der Unzuverlässigkeit des ionischen Charakters; man spürte die Unlust der Ionier, sich in gemeinsame Ordnungen zu fügen, und diese angeborene Unlust wurde natürlich sehr gesteigert, als man inne wurde, daß es mit der Selbständigkeit der einzelnen Bundesglieder nicht so beschaffen sei, wie man es sich vorgestellt hatte. Athen konnte nicht anders, als mit voller Strenge auf die Erfüllung der Bundespflichten achten und da nun die eigentlichen Vorteile der Verbindung den Athenern zufielen, da sie sich mit der Bundesflotte ganze Inseln und wichtige Küstenstriche eroberten, so erweckte dies Mißstimmung und Mißtrauen unter den Bundesgenossen, welche sich zu Werkzeugen attischer Machtvergrößerung herabgewürdigt sahen.

So mußte die Flotte, ehe noch die ersten zehn Jahre seit Anfang der attischen Hegemonie verlaufen waren, dazu verwandt werden, abtrünnige Städte zur Pflicht zurückzuführen; zuerst Karystos auf Euboia, das auch ohne Unterstützung der anderen euböischen Orte einen nachhaltigen Widerstand leistete, und dann das mächtige Naxos, welches erst durch eine lange Belagerung gedemütigt werden konnte. Mit heimlicher Freude sahen einerseits die Perser, anderseits die Spartaner, wie schnell sich die Kräfte des neuen, mächtigen Bundes in inneren Fehden aufrieben. Aber die nächste Folge dieser Fehden war doch keine andere, als eine neue Vermehrung der attischen Macht. Um ein abschreckendes Beispiel zu geben, wurde nun zum ersten Male eine bundesgenössische Stadt aus der Reihe der selbständigen Inselstaaten ausgestoßen. Durch Auflehnung gegen die Bundesordnung hatten die Naxier ihre Rechte verwirkt; sie wurden aus Mitgliedern zu Untertanen des Bundes und als solche einer härteren Besteuerung und einer strengeren Beaufsichtigung von seiten Athens unterworfen. So gewann der Vorort in der Mitte des Zykladenmeeres eine mächtigere Stellung und hielt durch Furcht und Schrecken den lockeren Bund zusammen.

*

Während die Flotte vor Naxos lag, kreuzte ein Schiff auf der Höhe der Insel. Man sah, wie es sich trotz des Sturmes, der aus Norden wehte, ängstlich von den attischen Schiffen fernhielt und den Hafen vermied. Das Schiff trug den Sieger von Salamis, der als Landesverräter geächtet, von Sparta und Athen verfolgt, auf der Flucht nach Persien begriffen war.

In dem Jahre nach der Schlacht von Plataiai verschwinden die Spuren der öffentlichen Wirksamkeit des Themistokles. Er hatte wohl Recht, wenn er sich einem Baume verglich, unter dessen Schutzdach sich beim Unwetter alles flüchte, der aber mißachtet und aller Beschädigung preisgegeben werde, sobald das Unwetter vorüber sei. Indessen lag die Hauptschuld in ihm selbst. Er war seiner Natur nach eine Persönlichkeit, die bald unentbehrlich, bald unerträglich war; wunderbar begabt, um in schweren Notständen das Vaterland zu retten, aber durchaus ungeeignet, um die gerettete Stadt in ruhigeren Verhältnissen fortzuleiten. Dazu fehlte ihm der Sinn für gesetzliche Ordnung, die Achtung vor den Rechten anderer, die Fügsamkeit widersprechenden Ansichten gegenüber und die Reinheit des Charakters, welche allein imstande ist, ein allgemeines und dauerndes Vertrauen zu erwecken.

Gleich nach dem salaminischen Siege hatte sein herrisches Auftreten im Archipelagus die größte Mißstimmung hervorgerufen. Die allgemeine Erbitterung über seine Gewaltsamkeit, Ungerechtigkeit und Bestechlichkeit tönt uns entgegen aus den Gedichten des Timokreon von Rhodos, welcher die hellenischen Feldherrn zusammenstellt, die im Archipelagus auftraten. „Anderen", sagt er, „mag Pausanias, anderen Xanthippos, anderen Leotychides behagen. Ich preise Aristeides als den besten Mann, der von dem heiligen Athen ausgegangen ist; denn Themistokles ist den Göttern verhaßt, der Lügner, der Ungerechte und Verräter, welche um schmutzigen Geldes willen seinen Gastfreund Timokreon nicht heimgeführt hat in seine Vaterstadt Ialysos."

Themistokles wollte nach keiner Seite hin etwas von Rücksichten wissen; ihm war das behutsame Verfahren, das leise, schonende Auftreten des Aristeides zuwider; er wollte ohne Verzug Athens Allgewalt zur See hergestellt sehen und zu diesem Zwecke war ihm jedes Mittel recht. Soll er doch sogar einen Plan ausgesonnen haben, um die Schiffe der Peloponnesier, wie sie gerade im Pagasäischen Golfe beisammen lagen, zu verbrennen. Es sollte keine andere Seemacht da sein, als die von ihm geschaffene; ihr sollte das Meer gehören. Auch auf dem Festlande wollte er nichts von beschränkenden Bundesformen wissen. Als daher die Spartaner mit Bezug auf die isthmischen Beschlüsse den Vorschlag machten, den alten Amphiktyonenrat in Delphi neu zu organisieren, und zwar in der Weise, daß alle Staaten, die am Perserkriege sich nicht beteiligt hätten, ausgeschlossen würden, so trat Themistokles mit aller Kraft gegen diesen Vorschlag auf. Und zwar mit gutem Grunde. Denn wenn Argos sowie die mittel- und nordgriechischen Stämme ihr Stimmrecht verloren hätten, so würde Sparta, wie es seine Absicht war, mit seinen peloponnesischen Bundesgenossen die unbedingte Stimmenmehrheit für sich gehabt haben. Darum wollte Themistokles lieber den alten Bundestag in seiner schattenhaften Existenz fortbestehen lassen, als daß er, neu eingerichtet, Athen in seiner freien Bewegung hemmte und hinderte.

Die Folge war, daß nun die Spartaner unablässig tätig waren, den Einfluß des Themistokles zu untergraben, was ihnen bei einer in so vielem anstößigen Persönlichkeit nicht schwer fiel und ihnen dadurch vornehmlich erleichtert wurde, daß sein alter Gegner höher, als je zuvor, in der öffentlichen Achtung stand. Denn seitdem Aristeides sich durch sein Reformgesetz als Freund des Volkes bewährt hatte, stand auch die liberale Partei auf seiner Seite, während seine alten Gesinnungsgenossen Gewicht darauf legten, daß der Mann, der zu Hause das größte Vertrauen genoß, zugleich in Sparta wohl angesehen sei. Im ganzen aber hielt die Bürger ein richtiger Takt zurück, sich Themistokles hinzugeben, dessen Politik einen vorzeitigen Bruch mit Sparta und einen Bundesgenossenkrieg hervorgerufen haben würde. Sie fühlten, wieviel auch für einen Staat auf seinen Ruf ankomme, und sahen sich gern von einem Manne geleitet, dessen Grundsatz es war, daß das, was gegen Recht und Sitte verstoße, auch nicht wahrhaft nützlich sein könne. So wurde Themistokles zurückgedrängt und die gewaltigste Kraft, die Athen besaß, zur Untätigkeit verurteilt; er mußte also von seinem Ruhme zehren und darauf bedacht sein, wenigstens seine früheren Taten nicht in Vergessenheit kommen zu lassen.

Dazu fehlte es in Athen und außerhalb nicht an Gelegenheit. Als er unter dem Archontat des Adeimantos im Namen seines Stammes den Festchor für die Dionysosfeier im Frühling 476 (75, 4) auszurüsten hatte, war es sein Freund, der

Dichter Phrynichos, dessen Tragödie er mit ausgezeichnetem Glanze seinen Mitbürgern vorführte. Diese Tragödie ist nach wohlbegründeter Vermutung keine andere, als die „Phönizierinnen", deren Inhalt der Seesieg der Hellenen, die jammervolle Heimkehr des Xerxes, also der Ruhm des Themistokles war. In einem der folgenden Jahre, wahrscheinlich 472 (77, 1), besuchte er die olympischen Spiele, und auch hier wurde ihm die Genugtuung, daß, sowie seine Anwesenheit kund wurde, aller Augen von den Wettkämpfern sich abwendeten und den Helden von Salamis suchten. Aber auch hier trat er schroff und eigenwillig auf. Ihn verdroß die üppige Pracht, welche Hieron, der Tyrann von Syrakus, daselbst entfaltete, und die Huldigungen, die demselben dargebracht wurden. Er verlangte daher von den Behörden, daß sie das Zelt des Tyrannen umreißen und seine Rennpferde von den Kämpfen ausschließen sollten, weil seine Dynastie die Teilnahme an den Perserkriegen verweigert habe.

In Athen baute Themistokles neben seinem Hause ein Heiligtum der Artemis Aristobule, das ist der Göttin des „besten Rats", um auch durch eine religiöse Stiftung die Erinnerung an seine vorschauende Klugheit bei den Bürgern lebendig zu erhalten. Den Athenern aber wurde sein ewiges Selbstrühmen allmählich lästig; es wurde ihnen um so unerträglicher, je mehr die alten Siege von neuem verdunkelt wurden, und der Widerspruch, den es hervorrief, zeigt sich in den Persern des Äschylos, welche 472 (77, 1) auf die Bühne kamen und selbst in der Schlacht bei Salamis die Person des Themistokles zurücktreten ließen. Die Schätzung seiner Verdienste war zu einer Parteifrage geworden. Und gewiß würde man dem großen Manne die Schwäche der Eitelkeit, die Hoffart und den Hang zu prahlerischer Üppigkeit nachgesehen und ihn ruhig in Athen gelassen haben, wenn es ihm möglich gewesen wäre, den vorwiegenden Einfluß anderer Staatsmänner ruhig zu ertragen, und wenn sein persönlicher Einfluß geringer gewesen wäre. Aber er hatte einmal ein nationales Ansehen, wie kein anderer seiner Zeitgenossen, und in Athen noch immer einen Anhang unbedingt ergebener Männer. Darum arbeitete er nicht erfolglos der Politik des Aristeides entgegen, veranlaßte immer neue Unruhe und Gärung, gefährdete durch seine Anträge das gute Einvernehmen mit Sparta, so daß endlich, nicht ohne Mitwirken Spartas, die kimonische Partei (denn Aristeides selbst hielt sich von jeder Beteiligung fern) ein Scherbengericht in Athen veranlaßte, dessen Ergebnis war, daß Themistokles verbannt wurde und Kimon ohne Nebenbuhler an die Spitze der öffentlichen Angelegenheiten trat (471; 77, 2).

Themistokles ging nach Argos, wo der von spartanischem Hasse Verfolgte der besten Aufnahme gewärtig sein konnte, um so mehr, weil er ja noch neuerlich den Ausschluß der Argiver von der Amphiktyonie vereitelt hatte. Aber auch hier hatte der unstete Geist keine Ruhe. Sein Ehrgeiz war durch die erlittenen Kränkungen nur gesteigert und er dürstete danach, an seinen Feinden, namentlich an Sparta, Rache zu nehmen. Dazu fehlte es nicht an Gelegenheit. Denn als er nach dem Peloponnes kam, fand er dort die allgemeine Aufmerksamkeit mit dem Prozesse des Pausanias beschäftigt.

Pausanias nämlich hatte nach der Abberufung von Byzanz seine Pläne keineswegs aufgegeben. Es gelang ihm durch Schlauheit und Bestechung die Beweise seiner Ankläger zu entkräften; vermutlich stellte er seine Verhandlungen mit dem Großkönige als Kriegslisten dar, wodurch er nach themistokleischer Art den Feind habe verderben wollen. Kurz, nach langen Zeugenverhören und Untersuchungen, welche etwa das Jahr 474 (76, 2/3) ausfüllten, wurde er von der Schuld des Hochverrates freigesprochen. Er verlangte völlige Herstellung seiner Würde, um mit früherer Macht nach Byzanz zurückkehren zu können; das konnte er aber nicht durchsetzen; seine Rückkehr hätte offenen Krieg zur Folge gehabt, den man jetzt in Sparta nicht wollte. Er ging aber doch nach Byzanz, nicht als Regent und Feldherr, sondern ohne öffentlichen Auftrag, auf einem hermionischen Schiffe. Er hatte Geldmittel (wahrscheinlich durch die Perser) und warb Truppen in Thrakien; ja es gelang ihm, sich mit diesen in Byzanz festzusetzen, ohne Zweifel in der Absicht, den Platz an die Perser auszuliefern. Aber während er hier auf Unterstützung aus Asien rechnete, kamen die Athener zuvor, welche mit einem Geschwader den Bosporus hüteten. Es kam zu einem Kampfe in Byzanz. Die Athener waren es, die zum zweiten Male im gefährlichsten Augenblicke die wichtige Stadt retteten und Pausanias mit seinen Söldnern zum Abzuge zwangen.

Pausanias ging nach Troas hinüber, wo er in Kolonai seinen festen Sitz nahm, um seine Pläne auf eine andere Weise auszuführen. Während er aber hier auf günstige Gelegenheit wartete (denn als Flüchtling wollte er sich dem Großkönige nicht vorstellen), erreichten ihn die Sendboten der Ephoren, welche ihn wegen der letzten Ereignisse zur Verantwortung zogen. Pausanias folgte. Er muß geglaubt haben, mit persischem Gelde ausgerüstet, nicht nur zum zweiten Male der Verurteilung zu entgehen, sondern auch seine Zwecke in der Heimat besser verfolgen zu können. Und in der Tat wußte Pausanias durchzusetzen, daß er trotz des erneuerten Hochverratsprozesses sich in Sparta vollkommen frei bewegen, seinen Briefwechsel mit dem Artabazos ungehindert fortsetzen, ja sogar in Lakonien Umtriebe machen konnte, welche offenbar keinen anderen Zweck hatten, als mit Hilfe der Heloten, die durch Versprechen bürgerlicher Rechte aufgewiegelt wurden, die lykurgische Verfassung zu stürzen, das Ephorat zu beseitigen und das Königsamt mit größerer Macht zu bekleiden, was sich mit einer nominellen Anerkennung der persischen Oberhoheit wohl vereinigen ließ.

Viele Monate zogen sich die Untersuchungen und die gleichzeitigen Umtriebe des Pausanias hin, bis endlich der Bote, der den letzten und entscheidenden Brief an Artabazos überbringen sollte, seinen Herrn verriet und den Brief den Ephoren einhändigte. Nachdem nun diese, um das Geständnis der Schuld aus dem eigenen Munde des Angeklagten zu erlangen, ihn in einer Unterredung mit seinem Boten im tänarischen Heiligtum des Poseidon belauscht hatten, schritten sie endlich zur Verhaftung. Pausanias flüchtete von der Straße in den Bezirk der Athena „zum ehernen Hause" auf der Burg von Sparta; hier wurde er, da man nicht Hand an ihn legen durfte, eingeschlossen und erst sterbend aus dem Tempelhofe herausgetragen, damit er nicht durch seinen Tod den heiligen Boden verunreinige. Wieviel Zeit vom Anfange des zweiten Prozesses bis zum Ende des Pausanias verflossen sei, wird nirgends mit Bestimmtheit angegeben.

Während der letzten Untersuchungen waren Beweise von einer Mitschuld des Themistokles in die Hände der Ephoren gekommen. Daß Pausanias bei seinen Umwälzungsplänen auf Themistokles hoffte, ist sehr natürlich; er konnte ja bei ihm ein gleiches Mißvergnügen und einen gleichen Haß gegen die Behörden Spartas voraussetzen. Themistokles boten die damaligen Zustände keinen Raum für seinen Ehrgeiz und er war ja selbst schon einmal darauf bedacht gewesen, sich einen Rückhalt am Perserkönige zu schaffen. Daß Pausanias ihm seine Pläne mitteilte, ist gewiß, und immerhin mag er in seinen Briefen an Artabazos die Teilnahme des Themistokles als sicher dargestellt haben, obgleich demselben niemals eine wirkliche Mitschuld an den verbrecherischen Umtrieben des Pausanias hat nachgewiesen werden können. Es ist auch an sich durchaus unwahrscheinlich, daß Themistokles sich bereit erklärt haben sollte, die Intrigen des Spartaners, dessen Charakterschwäche er kannte, ausführen zu helfen. Aber er hatte darum gewußt und geschwiegen. Die Ephoren säumten nicht, die vorliegenden Beweise mit giftigem Eifer auszubeuten, um zugleich von der Schmach, welche der ganze Handel auf Sparta warf, wenigstens einen Teil auf Athen hinüberzuwälzen.

Der verbannte Themistokles wurde in Athen wegen Teilnahme am Hochverrate angeklagt. Die Athener hatten keine Lust auf die Sache einzugehen, und ein edles Gefühl scheint die Bürgerschaft bestimmt zu haben, die Klage abzuweisen. Durch schriftliche Erklärungen unterstützte Themistokles dabei seine Freunde. Aber die Gegner ließen nicht ab. Aufs neue verbanden sich die Spartaner mit den einheimischen Feinden des Verbannten, und Leobotes, ein Alkmäonide, von der kimonischen Partei unterstützt, setzte durch, daß die Klage angenommen wurde. Themistokles wurde, wie es spartanische Arglist ersonnen hatte, aufgefordert, sich wegen Hochverrates am gemeinsamen Vaterland vor einem hellenischen Gerichtshofe in Sparta richten zu lassen. Als er ausblieb, wurde er verurteilt, und seine Verfolgung, als eine hellenische Angelegenheit, von Sparta und Athen zugleich betrieben.

Nun erlebte Hellas das unwürdige Schauspiel, daß der Retter seiner Unabhängigkeit einem gemeinen Verbrecher gleich von Häschern verfolgt, über Land und Meer, von einem Schlupfwinkel zum anderen getrieben wurde. Zu keinem edlen Zwecke haben damals die beiden Städte so einträchtig und so energisch zusammen gehandelt.

Themistokles hatte keine Lust, Hellas zu verlassen; er wollte nichts tun, was die Verleumdungen seiner Feinde bestätigen konnte. Er ging von Argos nach Kerkyra; von hier aufgescheucht, nach Epirus. Es scheint, daß die Verfolger seine Spur verloren; es verbreitete sich die Nachricht, er sei nach Sizilien, während er am Herde des Molotterkönigs Admetos Aufnahme gefunden hatte. Hier glaubte er bleiben zu können und ließ deshalb durch Vermittlung seiner Freunde Frau und Kinder nachkommen. Aber er hatte sich getäuscht. Bald hatten ihn seine unversöhnlichen Feinde auch hier aufgespürt, und nach einer Rast von wenig Monaten mußte er von neuem seine Fluchtreise fortsetzen, da sein edler Gastfreund sich den Forderungen der hellenischen Gesandten, welche seine Auslieferung verlangten, nicht länger entziehen konnte. Nun war diesseits des Hellesponts kein sicherer Platz mehr für ihn zu finden, und damit war jede Hoffnung auf Heimkehr für alle Zeit vernichtet. Auf einsamen Pfaden ließ er sich quer durch das wilde Bergland nach Makedonien hinüberführen und erreichte unerkannt den Hafen von Pydna. Hier nahm ihn ein Schiff auf, das nach Ionien segelfertig war. Der Sturm trieb es in die Nähe der attischen Flotte, die vor Naxos lag. Jede Berührung mit derselben wäre sein Verderben gewesen. Er gab sich seinem Schiffsführer zu erkennen und verlangte von ihm durch Bitten und Drohung, daß er Wind und Wetter zum Trotze sein Fahrzeug fern hielt. So gelangte er endlich nach Ephesos.

Aber auch hier war er nirgends seines Lebens sicher. Griechen wie Perser lauerten ihm auf; der Großkönig hatte einen hohen Preis auf seinen Kopf gesetzt, und in Ionien, wo damals die Zustände derart waren, daß sich die persischen und die griechischen Einflüsse überall kreuzten, sah er sich allerorten von doppelten Gefahren umringt. Unstet irrte er von einem Orte zum anderen, bis er endlich bei seinem Gastfreunde Nikogenes in Mysien Rat und Hilfe fand, um aus diesem elenden Irrsale erlöst zu werden. Es war deutlich, daß er nur in Susa, am Hofe des Königs, sicheren Schutz finden könne. Denn wenn auch von allen Menschen keiner mehr Ursache hatte, ihn zu verwünschen, so wußte er doch auch, daß nirgends seine Dienste höher angeschlagen werden würden und daß es bei den Achämeniden von jeher Brauch gewesen sei, gegen hellenische Flüchtlinge großmütig zu sein. Nikogenes stand in nahen Beziehungen mit dem Perserhofe. Er schaffte ein bedecktes Fuhrwerk an, wie es für den Harem vornehmer Perser benutzt zu werden pflegte, und in solchem Weiberwagen, hinter dichten Vorhängen versteckt, gelangte Themistokles von Aigai über Sardes nach Susa.

Die Zeitumstände waren günstig. Denn der Mut der Perser war durch neues Kriegsunglück tief gebeugt, und der Mangel an Feldherren, die den Athenern gewachsen wären, wurde schmerzlicher als je empfunden.

Nachdem nämlich durch den Tod des Pausanias die Hoffnungen vereitelt waren, welche man an die verräterischen Umtriebe desselben geknüpft hatte, wurde noch einmal gegen Hellas gerüstet. Land- und Seetruppen sammelten sich an der südlichen Küste Kleinasiens, wo die Perser noch am meisten die Herren waren. In Cypern erhoben sich von neuem die persisch gesinnten Dynasten; eine phönizische Flotte war wieder kampffertig. Man wollte wenigstens den Küstensaum wieder unterwerfen, dessen Städte noch immer mit ihrem Tribute in den persischen Steuerlisten aufgezeichnet waren, und die Satrapen waren verpflichtet, die Summen einzuliefern. Man mußte also dem revolutionären Zustande daselbst ein Ende zu machen suchen. Aber ehe die Streitkräfte sich vereinigen konnten, kamen die Athener mit unvergleichlicher Tatkraft jedem Angriffe zuvor. Kimon ging mit 200 Schiffen in See, suchte den Feind auf und fand ihn im Pamphylischen Meere. Die Perserflotte wollte trotz ihrer Übermacht dem

Kampfe ausweichen und zog sich in die Mündung des Eurymedon zurück. Aber Kimon ereilte sie und erzwang eine Seeschlacht. Die zusammengedrängte Flotte wurde völlig geschlagen; die Flottenmannschaft, welche an das Ufer flüchtete und sich mit dem Landheere vereinigte, unverzüglich angegriffen und nach heftigem Widerstande besiegt; das reiche Lager fiel in die Hände der Athener, und ehe noch die heranfahrende Phönizierflotte von der Niederlage Kunde hatte, wurde auch sie auf hohem Meere angegriffen und zerstreut.

Xerxes erlebte diese Schmach seines Reiches noch, war aber ohne Kraft sie zu rächen, ja er empfand sie kaum. Träge und stumpf saß er in seinem Palaste und ließ sich von seiner Gemahlin Amestris, von Eunuchen und Hofbeamten willenlos beherrschen. Er war von Jahr zu Jahr immer tiefer gesunken, und was sich früher noch an edleren Regungen in ihm gezeigt hatte, war in wüsten Ausschweifungen völlig erloschen. Ehe er noch von dem griechischen Feldzuge nach Susa heimgekehrt war, hatte er die Frau seines Bruders Masistes zu verführen gesucht; von ihr abgewiesen, buhlte er mit ihrer und des Masistes Tochter, Artaynte, die er seinem Thronerben Dareios verheiratet hatte. Dadurch wird die Eifersucht der leidenschaftlichen Amestris entflammt, und die schuldlose Frau des Masistes fällt ihrer grausamen Wut zum Opfer. Infolgedessen empört sich Masistes gegen Xerxes und wird in blutigem Kampfe mit seinem ganzen Hause vernichtet. Kurz, alle Greuel von Frevel und Schande häuften sich in den letzten Jahren des Xerxes, und die Griechen konnten darin die gerechte Vergeltung für das Unglück, das er über ihr Vaterland gebracht hatte, erkennen. Am eigenen Hofe machtlos und verachtet, wurde Xerxes endlich von dem Befehlshaber seiner Leibwache, dem Hyrkanier Artabanos, ermordet; auch Dareios, der Thronerbe fiel in dieser Palastrevolution. Sie war vollzogen, als Themistokles nach Susa kam. Er fand Artabanos noch als Anführer der Palasttruppen und ward durch ihn, der seine einflußreiche Stellung eine Zeitlang zu behaupten wußte, dem jungen Großherrn Artaxerxes vorgestellt. Wenige Monate darauf wurden die Frevel des Hyrkaniers und seine Absicht, den ganzen Achämenidenstamm zu vernichten, offenbar und er fiel von der Hand des Artaxerxes 78, 4; 465.

Als Artaxerxes die Regierung übernahm, war infolge der Eurymedonschlacht noch ganz Persien von Schrecken gelähmt; das Heer hielt sich furchtsam im Binnenlande zurück, der attischen Flotte war die Herrschaft über Meer und Küste überlassen und die Tribute der Städte gingen nach Delos. Arta-

Xerxes war ein Jüngling von hochherzigem Sinne; er trat die Erbschaft des verwahrlosten und schmachbedeckten Reiches an, indem er entschlossen war, das Seinige zu tun, um dem Vaterlande wieder aufzuhelfen. Mußte er es nun nicht für ein glückverheißendes Ereignis halten, daß gerade bei seinem Regierungsantritte der größte Seeheld seiner Zeit, den seine undankbaren Landsleute ausgestoßen hatten, nach Susa kam, um seine Dienste anzubieten? Konnte man sich ein besseres Rüstzeug wünschen, um auf dem Ägäischen Meere die Waffen der Achämeniden wieder zu Ehren zu bringen?

Themistokles wußte die Gunst der Verhältnisse und die entgegenkommende Huld des jungen Fürsten wohl zu benutzen. So lange er durch Dolmetscher sich verständigen mußte, konnte er den Einfluß seiner Persönlichkeit nicht zur Geltung bringen. Er bat also um die Erlaubnis, eine Zeitlang in voller Zurückgezogenheit leben zu dürfen, um sich des Landes Sprache und Sitte anzueignen. Wenn er auch schon ein Sechziger war, so besaß er doch noch die geistige Frische, das Gedächtnis und die Gewandtheit eines Jünglings, und so war es möglich, daß er nach Jahresfrist seinen Zweck soweit erreichte, um sich am persischen Hofe mit Freiheit und Sicherheit bewegen zu können. Nun gelang es ihm in Susa, wie einst in Athen, seine Umgebung zu beherrschen; er ward des Königs Tisch- und Jagdgenosse, ein Mann von bestimmendem Einflusse und ehe er noch auf Dank Anspruch hatte, wurde ihm in Ionien durch des Königs Huld eine neue Heimat gegründet. Magnesia am Maiandros, welches jährlich fünfzig Talente (75.000 Taler) einbrachte, wurde ihm als fürstlicher Sitz gegeben; daneben wurden ihm Myus in Karien, Lampsakos und Perkote am Hellesponte und Skepsis in Äolis mit ihren Einkünften überwiesen, indem ihm nach persischer Sitte die verschiedenen Besitzungen zu Brot, Wein, Zukost, Gewand und Lager namentlich angewiesen wurden. Die Städte waren ihrer Lage offenbar zu dem Zwecke ausgesucht, Themistokles einen weitgreifenden Einfluß in den am meisten gefährdeten Grenzgebieten des Reiches zu verschaffen und ihn schon durch sein persönliches Interesse anzuhalten, dieselben nachdrücklich zu verteidigen. Mit solchen Besitzungen und Einkünften ausgestattet, lebte Themistokles geraume Zeit bald in Magnesia selbst, bald im Lande umherreisend, als persischer Satrap, und noch heute haben wir Silbermünzen, die er mit seinem Namen in griechischer Schrift und mit griechischen Münzbildern als Herr von Magnesia hat prägen lassen.

Glücklich und friedlich war freilich trotz alles Glanzes auch jetzt sein Los nicht. Er blieb ein Gegenstand des Mißtrauens und des Neides und setzte durch unvorsichtige Keckheit sein Leben oft in Gefahr. So soll er bei einer Anwesenheit in Sardes den Wunsch geäußert haben, man möge das Erzbild einer Wasserträgerin, das er einst als Wasseraufseher den Athenern errichtet hatte, nach Athen zurückschicken, und dadurch den Zorn des dortigen Satrapen in dem Grade erregt haben, daß er zu den Weibern des Harems seine Zuflucht nehmen mußte, um durch ihre Verwendung den üblen Folgen seiner Unbedachtsamkeit zu entgehen.

Viel mißlicher aber war seine Lage dadurch, daß er Verpflichtungen übernommen hatte, deren Erfüllung ihm schwer, ja unmöglich sein mußte. Freilich scheint man ihn lange mit drängenden Zumutungen von seiten des Königs verschont zu haben, welcher während seiner ersten Regierungsjahre im Innern seines Reiches vollauf zu tun hatte. Aber mußte nicht schon die Lage seiner Städte Themistokles in feindliche Berührung mit Athen und den Bundesgenossen bringen? Werden diese nicht alles getan haben, ihm seine Einkünfte am Maiandros und am Hellespont zu schmälern oder streitig zu machen? Auch wird in der Tat erzählt, daß Kimon gegen die mit Themistokles an die Küste vorrückenden Perser ausgezogen sei, ohne daß eine nähere Bestimmung darüber möglich ist.

Nun aber trat eine neue Verwicklung ein. Die Ägypter fühlten sich durch die Verwirrungen, welche seit Xerxes Tode ununterbrochen im Perserreiche gedauert hatten, ermutigt, ihre Selbständigkeit wieder zu gewinnen; sie trieben die persischen Steuerbeamten zum Lande hinaus und fielen ab. Dadurch wurde das Auge des Großkönigs, der soeben den baktrischen Aufstand bewältigt hatte, wieder nach dem Westen und dem Meere hingewendet, und je mehr hier eine Verbindung zwischen Griechen und Ägyptern zu fürchten war, um so näher lag es, jetzt von Themistokles kräftige Dienstleistungen zu erwarten und zu fordern.

Wie über das ganze abenteuerliche Leben des Themistokles, so waren auch über seine letzten Schicksale schon im Altertume verschiedene Gerüchte verbreitet. Als er, dem Greisenalter nahe, die schwierigste Aufgabe seines Lebens übernehmen und sich mit fremdem Seevolke, auf dessen Tüchtigkeit und Treue er sich nicht verlassen konnte, den Trieren seiner eigenen Vaterstadt und ihrem sieggewohnten Feldherrn gegenüberstellen sollte, starb er plötzlich, und sein Tod trat so rechtzeitig ein, um ihn aus der peinlichsten Lage zu erlösen, daß man sehr allgemein an einen freiwilligen Tod dachte. Indessen stellt Thukydides diesen Gerüchten die bestimmte

Nachricht entgegen, daß er an einer Krankheit gestorben sei, und man kann also nur darüber zweifelhaft sein, ob dieselbe zufällig eingetreten sei, oder ob der innere Zwiespalt zwischen Vaterlandsliebe und persönlicher Verpflichtung, in welchen ihn seine unglückliche Stellung gebracht hatte, und das unerträgliche Bewußtsein davon, daß er aus dieser Verwicklung nicht mit Ehren hervorgehen könne, am Ende seine geistige und leibliche Kraft gebrochen habe.

*

Während so die Gefahren, die den Athenern durch Themistokles erwachsen sollten, von ihnen abgewendet wurden, waren in der Mitte des Seebundes selbst sehr gefährliche Spannungen eingetreten, und zwar unmittelbar nach dem glänzenden Siege am Eurymedon, nach welchem auch die lykischen Städte ostwärts bis Pamphylien dem delischen Bunde einverleibt und alle äußeren Feinde beseitigt waren. Denn auch im Norden des Meeres, wo die Perser den Chersonnes nicht aufgeben wollten und sich deshalb mit den thrakischen Völkerschaften verbunden hatten, gelang es Kimon mit einem kleinen Geschwader die feindliche Macht, die sich hier bilden wollte, zu vernichten und die ganze Halbinsel, welche den Hellespont beherrscht, das Besitztum seiner Ahnen, von neuem für die Athener zu erobern.

Aber dieser wichtige Fortschritt führte auch wieder zu neuen Verwicklungen. Denn indem die Athener sich an den thrakischen Küsten auszubreiten suchten, trat ihnen eine der bedeutendsten aller Bundesinseln entgegen, die Insel Thasos, welche ihre alten Ansprüche auf eigene Seeherrschaft noch immer nicht aufgeben wollte. Darum war ihr die Herrschaft der Athener am Strymon ein Dorn im Auge. Sie mußte früher oder später zu feindlichen Begegnungen führen; denn die Insulaner merkten bald, daß die Athener nicht gesonnen waren, sich mit der Einnahme des Küstenplatzes Eïon zufrieden zu stellen, sondern daß dies nur der Ausgangspunkt für eine allmähliche Eroberung des thrakischen Landes sein sollte.

Unmittelbar nach dem Falle von Eïon ging eine Heeresabteilung am Strymon hinauf, um sich eine Stunde oberhalb der Mündung an den Neunwegen (Enneahodoi) niederzulassen, einem wichtigen Kreuzpunkte des Verkehrs, woselbst schon Aristagoras eine Ansiedlung beabsichtigt hatte. Die Unternehmung mißlang so sehr, daß nur wenige sich retteten.

Die Athener ließen sich aber nicht abschrecken und unternahmen etwa drei Jahre später einen neuen Kriegszug in viel größerem Maßstabe, um den Zugang in das Innere zu erzwingen. Zehntausend wehrhafte Kolonisten, von Staats wegen aufgeboten und durch die Aussicht, im goldreichen Lande Reichtümer zu gewinnen, angelockt, Bürger aus Athen und den Bundesstädten, sammelten sich in Eïon, besetzten glücklich die Neunwege und drangen dann unter Führung des Leagros weiter gegen Norden in das Land der Edoner vor, um in der Nähe der Bergwerke feste Plätze zu gewinnen. Aber die thrakischen Stämme vereinigten sich gegen die fremden Eindringlinge, sie überfielen das Heer bei Drabeskos und brachten ihm eine so blutige Niederlage bei, daß damit für das erste allen Versuchen der Athener, sich im Innern des Strymonlandes festzusetzen, ein Ende gemacht wurde.

Diese Umstände glaubten die Thasier benutzen zu müssen, wenn sie sich die reichen Hilfsquellen des gegenüberliegenden Festlandes erhalten wollten, namentlich die Goldgruben des Pangaion, welche zwischen Eïon und der Gegenküste von Thasos in der Mitte lagen. Gingen ihnen diese verloren, so war damit jede Aussicht der Insulaner auf eigene Seemacht für immer vernichtet. Sie mußten die Zeit benutzen, so lange die Athener mutlos und die Thrakier voll Erbitterung gegen Athen waren. Sie knüpften also mit diesen Verbindungen an und ebenso mit den Makedoniern, denen die Athener gleich unwillkommene Nachbaren waren, und erklärten dann, als ihre Beschwerden in Athen keine Berücksichtigung fanden, offen ihren Abfall vom Bunde. Das geschah bald nach der Schlacht am Eurymedon Ol. 79, 1; 464.

Athen mußte einen schweren Kampf beginnen, um die trotzige Insel, welche sich lange im stillen gerüstet hatte, zu demütigen; es galt zugleich die Herrschaft im Thrakischen Meere und den Besitz der Goldküste. Die Athener nahmen alle ihre Kräfte zusammen, und die Thasier merkten bald, daß sie trotz der heimlichen Unterstützung Makedoniens der Flotte Kimons auf die Dauer nicht widerstehen würden; sie suchten nach anderen Bundesgenossen, sie schickten nach Sparta und hier wurden ihre Gesandten günstig aufgenommen.

In Sparta fühlte man, daß etwas geschehen müsse, um Athen entgegenzutreten. Solche Folgen hatte allerdings niemand von dem Übergange des Flottenbefehls erwartet, und während Athen von Sieg zu Sieg eilte und in jedem Jahre seine Macht erweiterte, war Sparta nicht nur stehengeblieben, sondern in der ganzen Zeit nur rückwärts gegangen. Der Prozeß des Pausanias hatte einen bösen Eindruck gemacht; dazu kam, daß um dieselbe Zeit auch von Leotychides ruchbar wurde, er sei von den Aleuaden bestochen und deshalb so plötzlich aus Thessalien zurückgegangen, das er schon ganz in seiner Hand hatte. Mitten im Lager hatte man den König mit seinem Golde angetroffen. Er flüchtete nach Tegea, sein Haus wurde niedergerissen, sein Andenken verflucht. So häufte sich Schuld auf Schuld in den Familien der Herakliden. Gleichzeitig lockerten sich die peloponnesischen Verhältnisse in bedenklicher Weise; im Binnenlande wie an den Küsten erstarkte die den Spartanern feindliche Partei. Der alte Erbfeind Argos hatte wieder Kräfte gesammelt, um mit neuen Ansprüchen auftreten zu können.

Unter diesen bedrohlichen Verhältnissen mußte Sparta sich aufraffen und nach neuen Verbindungen umsehen, um Ehre und Ansehen wieder herzustellen. Die Verbindung mit Thasos hatte aber viel Lockendes. Denn noch hatten die Thasier die Goldbergwerke in Händen, und Sparta konnte hoffen, hier die Mittel zu gewinnen, um den Athenern auf der See wieder entgegentreten zu können. Wie groß aber die Erbitterung der Spartaner war, geht schon daraus hervor, daß sie auf Anlaß der thasischen Gesandtschaft nicht etwa bloß Vermittlung und Unterstützung versprachen, sondern sogar einen unmittelbaren Angriff auf Athen, um dadurch die Entsetzung der Insel zu erzwingen.

Indessen hatten sie mehr versprochen, als sie halten konnten. Denn ehe sie ans Werk gehen konnten, trat ein ungeheures Naturereignis ein, das alle Vorbereitungen unterbrach; ein Erdbeben von solcher Furchtbarkeit, wie es im Eurotastale noch nie vorgekommen war. Abgründe öffneten sich, Felsen stürzten von den jähen Gipfeln des Taygetos nieder, Wohnungen und Tempel brachen zusammen; es gab kein Sparta mehr, nur einige Häusergruppen waren übriggeblieben. Alle Ordnung löste sich auf; denn einen Staat, wie den spartanischen, hielt ja nur das Band der Furcht zusammen. Die Heloten, immer zum Aufruhre geneigt, waren aber damals gerade besonders aufgeregt, weil sie nach Entdeckung der wühlerischen Umtriebe des Pausanias die grausamsten Verfolgungen hatten erdulden müssen. Man hatte selbst aus dem Heiligtume des Poseidon in Tainaron die Unglücklichen zur Hinrichtung geschleppt, und deshalb erschien das furchtbare Naturereignis wie ein Zorngericht des Erderschütterers Poseidon, wie ein Ruf zu gerechter Rache. Mit den Heloten Lakoniens erhoben sich die Messenier. Thuria, Antheia wurden Sammelplätze des Aufruhrs, und der König Archidamos, des Leotychides Nachfolger, in dessen viertem Regierungsjahre (79, 1; 465/4) dieses Ereignis eintrat, mußte mit der Mannschaft, die er zusammenbringen konnte, eiligst aufbrechen, um die abgefallene Landschaft wieder zu unterwerfen.

Von Unterstützung der Thasier konnte unter solchen Umständen nicht die Rede sein. Sie wehrten sich mit zäher Ausdauer noch bis in das dritte Jahr; dann waren ihre Mittel erschöpft. Alle Schiffe mußte die stolze Insel ausliefern, ihre Mauern niederreißen, die Kriegskosten zahlen, das Festland mit seinen reichen Metallrenten aufgeben und zu regelmäßigem Tribute an Athen sich bequemen. Es war ein glänzender Gewinn für die siegreiche Stadt, ein schreckendes Beispiel für alle schwankenden Bundesgenossen, ein siegreicher Fortschritt in der Beherrschung des Thrakischen Meeres.

Kimon stand nun im vollen Glanze des Ruhms wie kein attischer Feldherr vor ihm, seit 471 fast ununterbrochen der Führer einer siegreichen Flotte, ein steter Mehrer der Bundesmacht. Aber er war mehr als ein gepriesener Feldherr; er genoß in allen öffentlichen Angelegenheiten das größte Ansehen, er war der Liebling des Volkes, vor dessen Augen er sich auf das Glücklichste entwickelt und veredelt hatte. Denn anfänglich hatte er keine besonderen Erwartungen erweckt. Man hatte ihn sogar stumpfsinnig und schwerfällig, plump in seinem Benehmen und junkerhaft gefunden; seine Sitten hatten mancherlei Anstoß gegeben. Aber unter der Zucht schwerer Lebensverhältnisse war aus dem lockeren Jünglinge ein Mann geworden nach dem Herzen des Aristeides, aus dem Sohne des Gewaltherrn und einer thrakischen Königstochter ein echter Bürger Athens, der es auch in feinerer Geistesbildung wenigstens dem Themistokles zuvortat und der in der Volksversammlung das Wort zu führen wußte. Aus rauher Hülle hatte sich ein edler Kern entwickelt, eine gesunde und tüchtige Kraft, welche um so segensreicher wirkte, weil sie den Forderungen der Zeit nicht eigensinnig widerstrebte. Freudig hatte er die angestammten Jugendneigungen aufgegeben und sich der neuen Richtung des attischen Lebens, welcher Themistokles Bahn gebrochen, offen und ehrlich angeschlossen, obgleich er nicht verkennen konnte, daß die neue Zeit dem Ansehen der alten Geschlechter und ihren Interessen sehr ungünstig sein würde. Und niemals ist ein patriotischer Entschluß glänzender belohnt worden.

Die gesunde Natur Kimons bewährte sich darin, daß ihn das Glück nicht verdarb. Er behielt sein freies offenes Wesen, seinen geraden Sinn, der alle Ränke haßte; er war, ohne eine Spur von gemachter Herablassung, der liebenswürdigste Gesellschafter, jedem zugänglich; ein Mann, der in seiner Person die alte und die neue Zeit auf das liebenswürdigste vermittelte.

Vor allem bewahrte er die Tugenden, durch die von jeher das Haus der Kypseliden berühmt war, Freigebigkeit und Gastlichkeit, und zwar ohne eine Absichtlichkeit zu zeigen oder durch Prahlerei zu verletzen. Alles, was er an altem Familiengute wiedergewonnen und durch seinen Anteil an der Siegesbeute sich neu erworben hatte, schien er nicht für sich, sondern für seine Mitbürger gewonnen zu haben. Seine Landgüter, seine Gärten, seine Tafel waren den Wanderern wie den Nachbarn offen. Und welchen Eifer zeigte er für gemeinnützige Werke! Ihm verdankten die Bürger die große Wohltat, daß der Stadtmarkt im Kerameikos mit Hallen umgeben und mit Platanen bepflanzt wurde. Er sorgte dafür, daß die westlichen Vorstädte, welche sich vom Dipylon in die Niederung des Kephisos hinabzogen, mit anmutigen und bedeutungsvollen Anlagen ausgestattet wurden; im äußeren Kerameikos wurden die Grabstätten der im Kampfe gefallenen Bürger angelegt; nach den verschiedenen Schlachtfeldern geordnet, bildeten sie ein großartiges Denkmal attischen Ruhmes. An den Kerameikos stieß die Akademie, deren schattige Spaziergänge Kimon angelegt hatte. Unter herrlichen Volksfesten hatte er die Gebeine des Theseus heimgeführt und so dem Volke von Athen den Heroen gleichsam zurückgegeben, welchen es als den Gründer seiner bürgerlichen Freiheit zu preisen liebte. Er unternahm es endlich, das große Werk, das Themistokles entworfen hatte, weiterzuführen, indem er den Bau der Verbindungsmauern zwischen Athen und dem Peiraieus in Angriff nahm.

Aber wenn Kimon auch noch so vorurteilsfrei sich der neuen Politik anschloß, wenn er auch wesentlich dazu beigetragen hatte, des Themistokles Kriegspläne zur Ausführung zu bringen und dann die von ihm gegründete Seeherrschaft zu verwirklichen, so war er doch weit entfernt, die Auffassung des Themistokles von der Aufgabe Athens zu teilen. Er war der Nachfolger desselben an demselben Werke, aber er wirkte in einem ganz anderen Sinne. Er wollte der neuen Zeit das Gute der alten erhalten, Besonnenheit und Maß, Zucht und ehrbare Sitte. In der Treue gegen die Überlieferungen der Vorzeit stellte er seinen neuerungssüchtigen Mitbürgern Sparta als Beispiel vor Augen; er hielt den Zusammenhang mit diesem Staate für ein heilsames Gegengewicht gegen die Neigung der Athener, sich in unbesonnenen Plänen zu überstürzen. Die Verbindung mit den anderen Staaten sollte nicht bloß, wie Themistokles gewollt hatte, für die Zeit der Not geschlossen sein, um dann wie eine lästige Fessel abgeschüttelt zu werden, sondern sie sollte in zeitgemäßer Umwandlung fortbestehen, so daß Athen dadurch nicht behindert werde, vorwärts und allen voranzugehen. Darum hielt er es für das größte Glück seines Lebens, daß es ihm mit Aristeides gelungen sei, in friedlicher Weise die Hegemonie zur See an Athen zu bringen. Er wollte, daß Athen durch Mäßigung sich das Vertrauen der anderen Staaten erwerbe, moralischen Einfluß gewinne und so die noch bestehenden Spannungen überwinde. Darum verwarf er mit Entschiedenheit jede Politik, welche auf Kosten der anderen Bundesstaaten und durch die Erniedrigung Spartas Athen großmachen wollte. Sein Haus sollte ein echt hellenisches sein, und darum legte er großen Wert darauf, mit den ansehnlichsten Staaten von Hellas in Gastfreundschaft zu stehen und ihre Interessen in Athen zu vertreten. Darum nannte er auch seine Söhne Thessalos, Lakedaimonios und Eleios; ein Zeichen, mit welcher Entschiedenheit und Offenheit er seine Grundsätze vertrat.

Die Spartaner wußten wohl, was ein Mann wie Kimon, den sie schon vor der Schlacht bei Plataiai als Gesandten bei sich gesehen hatten, für sie wert sei; sie benutzten also ihre Verbindungen in Athen, um seinen Einfluß daselbst zu stärken; sie zeigten sich fügsam in allen Verhandlungen, bei denen er tätig war. So hatte er den Themistokles mehr und mehr beiseite geschoben, war an der Seite des Aristeides, dem er sich aus voller Überzeugung anschloß, zum Leiter der auswärtigen Angelegenheiten geworden und als nun sein väterlicher Freund sich von den Staatsgeschäften zurückgezogen hatte und endlich in hochgeehrtem Alter, ungefähr vier Jahre nach Themistokles Verbannung (um 78, 2; 466) gestorben war, da stand Kimon allein an der Spitze des Staates, der Führer derjenigen Partei, die wir die großgriechische nennen können, deren politisches Programm auf folgenden Hauptpunkten beruhte: Krieg gegen den Nationalfeind unter Führung Athens, Aufrechterhaltung des Bündnisses mit Sparta, kräftige Leitung der delischen Amphiktyonie bei möglichster Schonung der verbündeten Staaten.

*

Der Glanz seiner Siege war so groß, daß eine Zeitlang kein Widerspruch laut wurde. Aber er täuschte sich, wenn er glaubte, daß durch die Verbannung seines großen Gegners auch der Einfluß desselben entfernt und beseitigt wäre. Seine Gedanken lebten fort und tauchten mit neuer Kraft in einer jüngeren Generation auf, welche der Meinung war, daß der vielgeschmähten Einseitigkeit themistokleischer Politik die einzig richtige Ansicht von dem Berufe Athens zugrunde liege.

Wer immer auf Sparta Rücksicht nehmen wolle, der könne es nicht ehrlich meinen mit der Größe Athens; das sei eine feige Politik, die zu lauter Halbheit und Schwäche führen müsse, und zwar um so mehr, da man auf Spartas Ehrlichkeit und bundesfreundliche Gesinnung sich niemals verlassen könne. Darum müsse man sich von solchen Rücksichten freimachen; man müsse kühn und entschlossen vorwärts gehen, um im Inneren das Volk von jeder Hemmung frei, nach außen den Staat so stark wie möglich zu machen.

Weil Kimon diese Parteirichtung für verderblich hielt, hatte er an Stelle des Aristeides den Kampf gegen Themistokles aufgenommen; darum hatte er seine Verbannung mit allem Eifer betrieben und darum setzte er den Kampf gegen seine Anhänger fort, welche auch mit dem Verbannten in Verbindung blieben und die häufige Abwesenheit Kimons benutzten, ihre Kräfte zu sammeln. Man hat Kimon zum Vorwurfe gemacht, daß auf seine Veranlassung Epikrates zum Tode verurteilt sei, weil er Themistokles seine Frau und seine Kinder zugeführt habe. Aber wie es sich auch damit verhalten mag, gewiß hat Kimon nicht aus gemeiner Rachsucht gehandelt, sondern wir müssen annehmen, daß mit jenen Freundschaftsdiensten politische Umtriebe verbunden waren, welche sich als staatsgefährlich und verbrecherisch nachweisen ließen. Das freilich ist gewiß, daß es Kimon nicht vergönnt war, wie Aristeides, hoch und frei über den Zeitrichtungen zu stehen, und es wäre ein Wunder, wenn er, seit er einmal in den Parteikampf eingetreten war, dadurch nicht schroffer und einseitiger geworden, wenn er von aller Parteileidenschaft völlig frei geblieben wäre.

Die Gegenpartei hatte alle Vorteile einer Fortschrittspartei für sich, aber es fehlte ihr zunächst durchaus an Männern, welche es irgendwie mit Kimon aufzunehmen imstande waren. Unter ihren Sprechern zeichnete sich durch lebhaften Geist und ungeduldige Kühnheit Ephialtes aus, der Sohn des Sophonides; zu ihr gehörten Demonides von Oia, Lampon, Charinos und andere. Ihre eigentliche Bedeutung aber erhielt die Partei, als Perikles, des Xanthippos Sohn, sich ihr anschloß und durch die Gewalt seines überlegenen Geistes es bald dahin brachte, daß die anderen von ihm sich leiten ließen.

Xanthippos war der Hauptgegner von Kimons Vater gewesen. Aber man würde Perikles Unrecht tun, wenn man glaubte, daß persönliche Verhältnisse und Familienbeziehungen einen bestimmenden Einfluß auf seine Parteistellung gehabt hätten. Perikles hatte sich auf dem Wege eigener Erfahrung seine Ansicht von dem Berufe Athens gebildet. Er fühlte, daß seine Generation berufen sei, nicht bloß in Schlachten zu siegen, sondern auch dauernde Früchte des Sieges einzuernten und Athen die Stellung in Griechenland zu verschaffen, welche nach solchen Taten und Opfern ihm gebührte. So sehr er nun auch die Gesinnungen Kimons und seine hohen Verdienste ehrte, so konnte er doch die Beschränktheit seiner politischen Ansichten und die bedenklichen Folgen einer lakonisierenden Richtung nicht verkennen. So schön der kimonische Wahlspruch auch lautete: „Friede unter den Stammgenossen, Krieg mit den Barbaren", so konnte doch dieser Grundsatz unmöglich ausreichen, um der Politik Athens Ziel und Inhalt zu geben; er hielt sie in Abhängigkeit von äußeren Bedingungen, die man nicht in der Gewalt hatte; er forderte, was unter Umständen unmöglich war; er fesselte die freie Bewegung der Stadt und hinderte sie, ihrem eigenen Genius zu folgen.

Perikles ging auf die Gedanken des Themistokles zurück. Er erkannte, daß Athen, wie es trotz Sparta selbständig geworden sei, so auch trotz Sparta seine volle Größe erlangen müsse. Seine Gedanken von der Zukunft Athens konnten also nur verwirklicht werden, wenn Kimons Einfluß gebrochen wurde, und darum schloß er sich der Partei an, welche diesen Zweck verfolgte. Mit seiner eigenen Person hielt er vorsichtig zurück, um sich nicht vor der Zeit zu verbrauchen; auch hatten nur wenige seiner Parteigenossen eine Vorstellung von dem, was er aus Athen machen wollte. Darin aber waren alle einig, daß es zunächst darauf ankomme, durch vereinte Anstrengung Einfluß zu gewinnen und ihre Partei als die der wahren Volksfreunde geltend zu machen, um so dem glänzenden Waffenruhme, der gewinnenden Persönlichkeit, der einflußreichen Freigebigkeit Kimons mit Erfolg gegenübertreten zu können.

Das Mittel, welches zu diesem Zwecke angewendet wurde, war sehr wirksamer Art. Man benutzte nämlich die Festlust der Menge und den Hang zum Wohlleben, welcher bei den zuströmenden Reichtümern und dem wachsenden Verkehre mit Asien in steter Zunahme war. Die Feste, sagte man, seien doch dazu bestimmt, alt und jung, arm und reich zu erfreuen und alle Standesunterschiede verschwinden zu lassen. Aber wie wenig sei dies der Fall, selbst in Athen, der gepriesenen Stadt bürgerlicher Gleichheit! Nicht einmal an den Festen im dionysischen Theater, wo zu allgemeiner Erhebung und Freude die tragischen Chöre ihre Spiele aufführten, könnten die armen Bürger als Zuschauer teilnehmen, seit die neue Theaterordnung eingeführt sei und an jedem Festtage der Sitzplatz für zwei Obolen verkauft werde! Ob das gerecht und billig sei, die Männer, welche Not und Gefahr mit allen anderen teilten, von den Freudenfesten der Stadt, den Tagen der Ruhe und Erquickung, auszuschließen? Und sind denn, fragte man, unsere Armen in der Tat so mittellos? Haben sie nicht alle ihren Anteil an dem Schatze des Staates, welcher das Eigentum des Volkes ist? Ziemt es sich, hier Geld angehäuft liegen zu lassen, während die Eigentümer desselben sich die edelsten und für alle bestimmten Lebensgenüsse versagen müssen? Es wurde also beantragt, aus den Überschüssen der öffentlichen Kassen den Armen das Eintrittsgeld auszuzahlen, welches am Eingange des neu erbauten Theaters eingefordert wurde. Es floß in die Hand des Theaterbaumeisters, welcher dafür die Verpflichtung hatte, die Örtlichkeiten instand zu halten, und außerdem eine Pachtsumme an den Staat entrichtete. Mittelbar kam also das vom Staate gezahlte Geld wieder in seine Kassen zurück. So wurde die Austeilung der zwei Obolen, die „Diobolie", an den Dionysosfesten eingeführt, und nachdem dies Beispiel gegeben, wurden auch noch für die anderen Feste Geldverteilungen gemacht, damit an denselben keiner aus Armut verhindert sei, sich bei einer reichlicheren Mahlzeit einen guten Tag zu machen; die Armen sollten dabei (das war ein Hauptpunkt) nicht von der Freigebigkeit reicher Bürger abhängig sein, welche sich, wie Kimon, durch ihre offene Tafel Freunde und Anhänger zu gewinnen wüßten.

Nachdem die Reformpartei durch solche Mittel Boden gewonnen hatte, fand sich bald die erste Gelegenheit zu einem offenen Angriff auf Kimon. Man warf ihm vor, gegen die Bundesgenossen der aufständischen Thasier, namentlich gegen Alexander von Makedonien, nicht so energisch vorgegangen zu sein, wie es die Ehre und der Vorteil des Staates verlangt hätten. Er habe Macht und Recht gehabt, dem Könige einen Teil seines Uferlandes zu nehmen, und wenn er dies unterlassen, so seien königliche Geschenke daran Schuld. Die Bürgerschaft war hinlänglich vorbereitet, die Sache eifrig zu ergreifen, und Perikles wurde als öffentlicher Ankläger bestellt, um Kimon wegen Hochverrates vor das Gericht des Volkes zu ziehen. Perikles beschränkte sich bei dieser Gelegenheit auf das Notwendigste. Er sah, daß zum Sturze Kimons die Zeit noch nicht gekommen sei; der Angeklagte erwies seine Unschuld und die Sache schien ohne Folgen zu sein.

Und doch war dies nicht der Fall. Die Parteien hatten zum ersten Male offen einander gegenübergestanden. Der Kampf war eröffnet, und nun war auch Kimon gezwungen, mit seinen Gesinnungsgenossen sich enger zusammenzuschließen, als der hochsinnige und selbstbewußte Mann es bis dahin für nötig erachtet hatte. Er wurde Parteihaupt und wurde dadurch, daß er eine bestimmte Pläne verfolgende Gegenpartei sich gegenüber sah, selbst in eine entschiedenere Stellung und zu einem schärferen Ausdrucke seiner Ansichten gedrängt. Rücksichtsloser pries er nun die gesetzmäßige und verfassungstreue Haltung der Bürger Spartas, eiferte heftiger gegen die allem Herkommen feindlichen Tendenzen des jungen Athens und sprach immer bestimmter seinen Grundsatz aus, daß Athen und Sparta Glieder eines Ganzen seien, ein Doppelgespann, von den Göttern zusammengefügt, in welchem der ruhige Gang des einen, der lebhaftere des anderen Genossen sich zu gegenseitigem Nutzen und Frommen ausgleichen sollten. Politische Parteinamen vergrößerten die Spannung. Wer für Sparta das Wort nahm und spartanische Sitten entweder lobte oder selbst nachahmte, der wurde dadurch ein Feind des Fortschritts, ein Feind der Volksfreiheit; der „Lakonismus" wurde immer offener als ein Verrat an den vaterstädtischen Interessen bezeichnet.

Als sich so die Parteien mit geschärften Waffen gegenüberstanden, trat das Erdbeben ein und infolgedessen die Revolution in Lakonien. Sparta konnte der aufrührerischen Massen, die sich in Ithome festgesetzt hatten, nicht Herr werden und schickte endlich Gesandte nach Athen, um Bundeshilfe in Anspruch zu nehmen; das geschah, wie es scheint, gleich nach Beendigung des Thasischen Krieges (Ol. 79, 3; 462). Da traten nun zum zweiten Male die Parteien einander gegenüber. Ephialtes hatte für seine stürmische Beredsamkeit eine sehr dankbare Aufgabe, wenn er dem Volke vorhielt, welche Torheit es wäre, den Spartanern Hilfe zu schicken, um ihre Despotie im Peloponnes aufrecht zu erhalten! Ob sie das um Athen verdient hätten? Ob sie in den Nöten der Perserkriege nicht immer zu spät gekommen wären? Ihre wahre Gesinnung hätten sie erst neuerdings verraten; denn die den Thasiern gemachten Versprechungen seien kein Geheimnis mehr. Das sei also die bundesfreundliche Gesinnung der Schwesterstadt, und dennoch wolle man nun Truppen aussenden, um dem gehässigsten Feinde aus der Not zu helfen und ihn instand zu setzen, den gutmütigen Athenern bei erster Gelegenheit wieder Schaden und Unbill zuzufügen!

Es macht der attischen Bürgerschaft große Ehre, wenn sie einer Rede, die alle Leidenschaft entflammte, nicht unbedingt Gehör gab, wenn sie am Ende doch dem Kimon zustimmte, welcher verlangte, daß sie auch die gerechte Aufregung bemeistern, jede unwürdige Schadenfreude überwinden und ohne Rücksicht auf eigenen Vorteil den eidgenössischen Verpflichtungen nachkommen sollte. Viertausend Schwerbewaffnete, ein Drittel des bürgerlichen Aufgebotes, rückten unter Kimon über den Isthmus, um Sparta zu retten. Es war ein glänzender Sieg seiner Partei, und Sparta hatte allen Grund, ihm für seine Bemühungen dankbar zu sein. Aber was geschah? Als die vereinigten Truppen vor den steilen Mauern von Ithome lagen und die Belagerung nicht sofort den erwünschten Fortgang hatte, erwachte bei den Behörden Spartas Argwohn und Mißtrauen; sie fühlten (und gewiß nicht ohne Grund), daß bei dem großen Mißbehagen, welches unter den verschiedenen Klassen der lakonischen Bevölkerung herrschte, die Anwesenheit der Athener ihnen gefährlich werden könne; es beunruhigte sie der Gedanke, daß die Athener die Schwächen Spartas zu genau kennenlernen und daß die dorischen Bürger von den freieren Lebens- und Staatsanschauungen ihrer Lagergenossen angesteckt werden möchten. Diese ängstlichen Besorgnisse überwogen jede andere Rücksicht. Die Athener wurden verabschiedet, indem man durch den nichtigen Vorwand, ihrer Hilfe nicht länger zu bedürfen, das auffallende Benehmen zu entschuldigen suchte.

Die Bürgerschaft Athens fühlte sich durch dies schnöde Verfahren auf das tiefste verletzt, die Reformpartei erlangte sofort das Übergewicht und sie versäumte nicht, diese Stimmung zu den folgenreichsten Anträgen zu benutzen. Es wurde beschlossen, den undankbaren Spartanern das Bündnis aufzukündigen und zugleich mit den Feinden Spartas in nähere Beziehungen zu treten: vor allem mit Argos.

Die Argiver hatten sich während einer fast dreißigjährigen Ruhe von dem Kleomenischen Kriege erholt; eine neue Generation war herangewachsen und fühlte sich mutig genug, an eine politische Wiedererhebung ihres Staates mit allem Ernste zu denken. Die städtische Bevölkerung wurde aus den ländlichen Gemeinden verstärkt, und dann wurden die umliegenden Städte achäischer Bevölkerung, welche während der Schwäche von Argos selbständige Mitglieder des hellenischen Bundes geworden waren, so daß sie wie z. B. Mykenai und Tiryns, ihre eigenen Kontingente gegen die Perser gestellt hatten, eine nach der andern mit Krieg überzogen und unterworfen.

Die Anfänge dieser Erhebung von Argos gehören schon den früheren Jahren an und es ist sehr wahrscheinlich, daß Themistokles, der nirgends untätig sein konnte, seine Anwesenheit daselbst benutzte, um die Argiver zu diesen Bestrebungen anzuregen und sie dabei mit Rat und Tat zu unterstützen, und ebenso wahrscheinlich ist es, daß er auch schon eine engere Verbindung zwischen Athen und Argos im Auge hatte. Dann ist die Erbitterung, mit welcher Sparta ihn verfolgte, um so erklärlicher; denn die Erhebung von Argos war der gefährlichste Angriff auf Spartas Hegemonie. Die Ausführung jener Maßregeln aber, namentlich die gewaltsame Annexion der umliegenden Städte erfolgte wahrscheinlich um 463 und 462 (79, 3), als Sparta der inneren Kriege wegen außerstande war, die Fortschritte der argivischen Macht zu hemmen und die Zerstörung von Mykenai und Tiryns zu hindern.

So glücklich aber den Argivern auch der Anfang ihrer politischen Wiedergeburt gelungen war, so bedurften sie doch zu einer sicheren Stellung auswärtiger Bundesgenossenschaft. Wie erwünscht kam ihnen also jetzt der Bruch zwischen Athen und Sparta! Außerdem hatte Argos durch Aufnahme einer zahlreichen ionisch-achäischen Bevölkerung mehr und mehr den Charakter einer dorischen Stadt verloren, es hatte eine freie Gemeindeverfassung eingeführt und war nun um so mehr zu einer nahen Verbindung mit Athen geneigt und geeignet. Ende 461 (79, 4) wurde also der Bund zwischen Athen und Argos geschlossen, der erste Sonderbund, der die politische Einheit des hellenischen Volkes sprengte. Thessalien trat dem Bunde bei und man hoffte, durch die fortschreitende Ausdehnung desselben den alten Staatenbund immer mehr zu entkräften. So triumphierten, nachdem Sparta seine Partei in Athen so unverständig preisgegeben hatte, die Gegner derselben; es war für sie ein unberechenbarer Gewinn, daß nun nicht mehr zu Recht bestehende Verbindlichkeiten gegen Sparta vorgeschützt werden konnten, um Athen in seiner freien Bewegung zu hemmen.

Aber noch immer konnte das junge Athen nicht vorwärts, wie es wollte. In der Volksversammlung und dem Rate der Fünfhundert neigte sich die Mehrzahl wohl immer entschiedener den feurigen Rednern der Reformpartei zu; aber die älteren Bürger, welche von einer noch allgemeineren und unbeschränkteren Beteiligung des Volkes an den öffentlichen Geschäften und von allen darauf bezüglichen Einrichtungen nichts wissen wollten, bildeten noch eine Macht im Staate und sie hatten ihren Stützpunkt im hohen Rate des Areopags, welcher nur solche Bürger in sich vereinigte, die durch höheres Alter, reiche Lebenserfahrung und Besonnenheit vom Einflusse der öffentlichen Meinung unabhängig waren. Hier saßen vorzugsweise Männer aus den oberen Vermögensklassen zusammen und bildeten unter lauter jährlich wechselnden und rechenschaftspflichtigen Behörden die einzige Körperschaft, welche aus lebenslänglichen, unverantwortlichen Mitgliedern bestand und deshalb durchaus geeignet war, mit Festigkeit und Übereinstimmung ihre Ansichten im Staate geltend zu machen.

Sie waren vermöge ihres Oberaufseheramtes berufen, das gesellschaftliche Leben zu überwachen, alte Zucht und Sitte zu wahren und leichtsinniger Neuerungssucht entgegenzutreten. Mächtig durch das Ansehen, welches sie in ganz Hellas genossen, noch mächtiger durch die Ehrfurcht, mit welcher alle Athener von Jugend auf gegen den hohen Rat erfüllt waren, war der Areopag während der Persernot, wo er durch seine Tatkraft und seinen Patriotismus zur Rettung Athens wesentlich beigetragen hatte, noch mehr an Ansehen gestiegen. So stand er wie ein festes Bollwerk allen Versuchen, die solonische Verfassung umzugestalten, gegenüber, und je heftiger die Gegner sich anstrengten, je rücksichtsloser sie vorgingen, um so schroffer und eigensinniger nahm auch der Areopag seine Stellung ein.

Der Areopag war kein Oberhaus, welchem eine schließliche Bestätigung aller Anordnungen der Gesetzgebung verfassungsmäßig vorbehalten war, aber er folgte allen Verhandlungen in Rat und Bürgerschaft, in deren Versammlungen er wahrscheinlich durch einzelne Mitglieder vertreten war, um bei allen Neuerungen, welche ihm bedenklich erschienen, Einsprache zu tun. Diese Einsprache war so gut wie ein Veto, denn für das erste war jedenfalls die Durchführung unstatthaft. In einem Staate, wo sich alles nach ganz bestimmten Normen bewegte, war die Macht des Areopags ohne feste Grenzen und deshalb um so gewaltiger; eine Macht, welche in das Rathaus auf die Pnyx, ja bis an den Herd des Privathauses reichte. Jeder konnte vorgefordert werden, und schon die bloße Verwarnung war ein dauernder Makel. Die Areopagiten bildeten keine geschlossene Zahl, sondern sie nahmen Jahr für Jahr die abgehenden Archonten auf. Indessen ist damit nicht gesagt, daß jeder, welcher den Gesetzen gemäß sein Amt bekleidet hatte, ohne weiteres Mitglied des hohen Rates wurde. Es fand eine Prüfung vor der Aufnahme statt, und diese Prüfung wird auch dazu benutzt worden sein, um solche Archonten zurückzuweisen, deren sittliche und politische Haltung mißliebig war. So erklärt sich, daß der Areopag immer mehr in eine schroffe Parteistellung kam und daß er sich der Bewegung, welche das junge Athen ergriffen hatte, immer mehr entfremdete; so kam es, daß um dieselbe Zeit, da ganz Griechenland in zwei Hälften, in Bund und Gegenbund, zerfallen war, auch Athen in zwei politische Heerlager sich trennte, welche sich mit steigender Erbitterung gegenüberstanden.

Mitten in diese Zeit der höchsten Spannung traf ein Ereignis, welches für kurze Zeit die Aufmerksamkeit nach außen ablenkte.

Ägypten, das immer unruhige Land, war wieder von den Persern abgefallen, und der Libyer Inaros, des Psammetichos Sohn, wollte die Verwirrung des Perserreiches benutzen, um ein selbständiges Pharaonenreich herzustellen. Er reichte aber mit seinen einheimischen Hilfsmitteln nicht aus, als sich die Perser nach Besiegung der anderen Feinde mit ganzer Macht auf Ägypten warfen, und so forderte er die Athener zur Unterstützung auf, indem er ihnen ohne Zweifel mancherlei Handelsvorteile in Aussicht stellte.

Diese Gelegenheit, der Persermacht neuen Abbruch zu tun, durfte man nicht vorüberlassen. Man hatte sonst keine Gelegenheit, die Flotte im Kampfe zu üben. Denn im Umkreise des Archipelagus war die Persermacht gelähmt; sie zeigte sich nirgends und war der Mittel beraubt, eine neue Flotte zu bilden. Die Perser im eigenen Lande anzugreifen, dazu fehlten wiederum den Athenern die Mittel, seit zum Leidwesen der kimonischen Partei der alte Hellenenbund aufgelöst war. Das ägyptische Flußland schien ein geeigneter Boden für neue Unternehmungen zu sein. Ägypten war für das kornarme Attika von höchster Bedeutung; es war zugleich der einzige Teil der persischen Monarchie, wo eine Flottenmacht auch ohne Landheer dauernde und ansehnliche Erfolge erzielen konnte. Ohne den sicheren Besitz Ägyptens war der Großkönig auch in allen Unternehmungen gegen Griechenland gelähmt. Das waren Gründe genug, um auf das Hilfsgesuch des Inaros einzugehen, und es scheint, daß Kimon selbst die Flotte von Kypros, wo sie zweihundert Segel stark lag, nach Ägypten führte; denn trotz der Niederlage, die seine Politik erlitten hatte, war sein persönliches Ansehen noch ungebrochen. Soviel ist gewiß, daß Ephialtes die Abwesenheit des Kimon auf einem auswärtigen Feldzuge benutzte, um bei der Bürgerschaft das lange vorbereitete Gesetz gegen den Areopag einzubringen.

Noch einmal stellte er alle Gründe zusammen, um die Bürger von der Unvereinbarkeit areopagitischer Vollgewalt mit den Grundsätzen der Demokratie zu überzeugen. Es könne nicht geduldet werden, daß ein Kollegium betagter Leute, welche die Zeit und ihre Forderungen nicht verständen, mit eigensinnigem Kastengeiste allen heilsamen und notwendigen Reformen sich widersetze; ein solcher Areopag sei nicht mehr, wie Solon gewollt habe, einer der beiden Anker, welche das bewegte Staatsschiff auf dem Boden der Verfassung hielten, sondern vielmehr ein lästiger Hemmschuh, eine unerträgliche Fessel für die nach freier Bewegung verlangende und dazu vollberechtigte Bürgerschaft; er sei der Sitz einer volksfeindlichen Partei, welche aufgelöst werden müsse, um die volle

Herme des Perikles. Rom, Vatikan

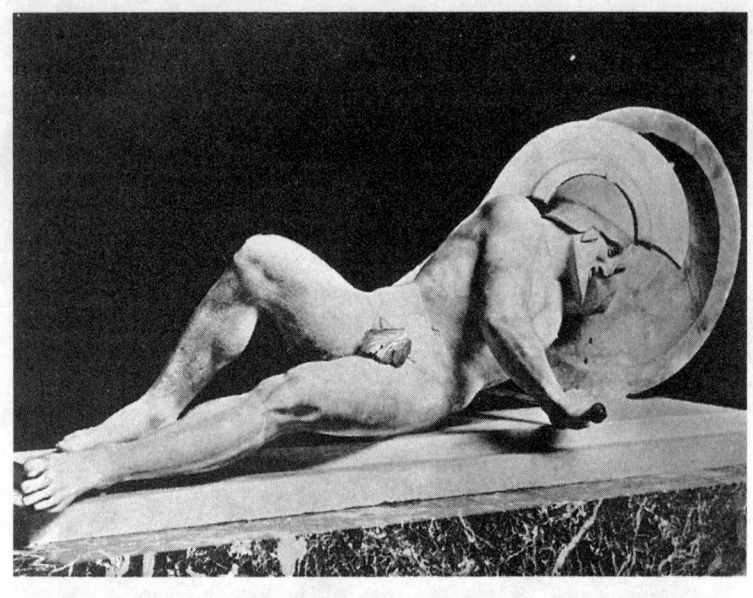

Gefallener Krieger vom Tempel in Ägina. München, Glyptothek

Der sog. Ilissos vom Ostgiebel des Parthenon
London, Britisches Museum

Entfaltung der attischen Macht möglich zu machen. Umsonst eiferten die älteren Familienväter, die sich kein Athen ohne den hohen Rat des Areopags denken konnten und mochten; umsonst warnten die Priester und Seher. Das Gesetz ging durch, welches dem Areopag allen Einfluß auf Politik und Gesetzgebung entzog. Dabei hütete man sich aber, diejenigen Gerechtsame anzutasten, auf welche der Areopag ein durch die Religion geheiligtes und unveräußerliches Anrecht hatte. Darum blieben ihm nach wie vor die Blutgerichte, die Gerichte über frevelhaften Bürgermord. Denn hier konnte die Sühne nur nach geheimnisvollen Satzungen vollzogen werden, die zum Kultus der Erinnyen, der Rächerinnen der Blutschuld, gehörten. Die Areopagiten waren aber seit ältester Zeit die Diener dieser hehren Gottheiten, deren Heiligtum am Areshügel gelegen war, auf dem die Richter saßen. Somit hörte der Areopag auf, ein hoher Rat der attischen Gemeinde, eine Oberaufsichtsbehörde von zensorischer und unbestimmter Machtfülle zu sein; er wurde ein Gerichtshof von bestimmt begrenzter Wirksamkeit.

Diese durchgreifende Reform der Solonischen Gesetzgebung ging am Ende rascher durch als man erwartet hatte. Die konservative Partei sah sich entwaffnet und des wirksamsten Mittels beraubt, um der rücksichtslosen Bewegung der Bürgergemeinde entgegenzutreten. Aber noch war sie nicht entmutigt. Kimon kehrte zurück. Ihm lag der Areopag wegen seiner Geltung in ganz Griechenland vorzugsweise am Herzen. Er war entschlossen zu retten, was noch möglich war; ja er hielt es noch für möglich, den verübten Eingriff in die Ordnung des Staates rückgängig zu machen; denn allerdings konnte die Rechtmäßigkeit einer solchen Verfassungsreform angefochten werden, weil der verfassungsmäßige Einspruch des Areopags unberücksichtigt geblieben war. Er betrachtete die Reform wie eine Revolution und als ihre notwendige Folge den Untergang des Staates; denn was sollte daraus werden, wenn das Volk schrankenlos und allmächtig wäre und berauscht von dem Gefühle alles durchsetzen zu können, den ganzen Staat nach seiner Laune regieren wolle!

So kam es noch nach dem Gesetze des Ephialtes zu einem heftigen Kampfe um den Areopag. Es war ein offener Kampf zweier Parteien, welche beide mächtig und zum Äußersten entschlossen waren. Unter solchen Umständen konnte nur das Scherbengericht helfen, um den Staat aus dem gefährlichsten Zwiespalte zu retten. Die Bürgerschaft, von den Rednern aufgeregt, wandte sich von dem Manne ab, den sie zehn Jahre lang als ihren Helden und Liebling gefeiert hatte, und Kimon wurde verbannt. Allerlei persönliche Gründe, namentlich auch sein früheres Verhältnis zu Elpinike, sollen dabei benutzt worden sein. Die Hauptsache aber war, daß Kimon sich nicht fügen wollte in die neue Ordnung der Dinge, welche die perikleische Partei durch ihren Vorkämpfer Ephialtes durchgesetzt hatte.

Aus den leidenschaftlichen Gärungen und Kämpfen dieser Jahre ging wie ein verklärter Ausdruck der Parteibewegungen die Orestie des Äschylos hervor, welche Ol. 80, 2 (458) zur Aufführung kam. Äschylos gehörte zu den Athenern der älteren Generation, welche, in Ehrfurcht vor dem Areopag aufgewachsen, nur mit Schmerz Zeuge seiner Erniedrigung war. Er bot seine Kunst auf, um den Areopag in der vollen Glorie alter Sage seinen Mitbürgern vor Augen zu stellen, damit er auch bei verminderten Ehren als ein Heiligtum der Stadt erscheine und von weitern Angriffen verschont bleibe. Darum läßt er Orestes auf Apollons Befehl vor den verfolgenden Erinnyen nach Athen flüchten und hier durch Pallas Athene den Gerichtshof versammeln, welcher zwischen dem Gotte der Gnade und den unterirdischen Mächten das strittige Recht schlichte. So können wir diese Tragödie als den versöhnenden Abschluß eines der schwierigsten Verfassungskämpfe, welche Athen durchzumachen hatte, ansehen.

Es war aber kein leichtsinnig begonnener, sondern ein unvermeidlicher. Denn so ehrenwert auch die Beweggründe waren, welche die älteren Athener veranlaßten, sich um den Areopag, wie um ein Bollwerk alter Zucht und Ordnung, zu scharen, so ist doch unverkennbar, daß er der Entwicklung volkstümlicher Verfassung im Wege stand. Erst seit der Reform des Ephialtes konnten die Grundsätze der Demokratie, namentlich die allgemeine Rechenschaftspflicht, vollständig durchgeführt werden. Nun gab es keine Körperschaft mehr im Staate, deren Mitglieder eine lebenslängliche, von der öffentlichen Meinung unabhängige Macht besaßen und in der Ausübung dieser Macht nur ihrem eigenen Gewissen verantwortlich waren. Jetzt erst war die Bürgerschaft von jeder Bevormundung frei und darauf angewiesen, sich selbst zu regieren und in sich das richtige Maß der Bewegung zu finden. Sie hat ihre volle Selbstherrschaft erlangt. Was sie beschließt, ist Gesetz und außer den geschriebenen Gesetzen gibt es keine andere rechtsgültige Norm des öffentlichen Lebens. Der Staat ist jetzt „Rat und Bürgerschaft"; der Rat aber besteht aus jährlich wechselnden Mitgliedern, so daß er keine Partei im Staate werden und keine selbständige Autorität der Volksversammlung gegenüber haben konnte. Denn er war im wesentlichen nur ein Ausschuß derselben zur Besorgung der Verwaltungsgeschäfte, ebenso wie die jährigen Beamten nichts anderes waren als die Diener des Volkswillens.

Wenn aber eine Behörde von solcher Bedeutung und so umfangreicher Tätigkeit, wie sie der Areopag hatte, auf einmal ihres Einflusses beraubt wurde, so mußte zugleich für einen Ersatz gesorgt werden, damit nicht der Staat, jeder zurückhaltenden Kraft beraubt, das Gleichgewicht verliere und sich in vorschneller Entwicklung überstürze. Es mußte für die Stetigkeit des Verfassungslebens, für die Übereinstimmung der älteren und der neuen Gesetze Sorge getragen werden; es mußte eine Kontrolle stattfinden, aber sie sollte nun von der Bürgerschaft selbst ausgehen. Zu diesem Zwecke wurde jährlich aus ihrer Mitte eine Kommission erlost, die sogenannten Gesetzeswächter (Nomophylakes), welche bei allen Rats- und Volksversammlungen auf besonderen Ehrensitzen anwesend waren und die Verpflichtung hatten, die Anträge der Redner zu prüfen und gegen alle staatsgefährlichen oder verfassungswidrigen Beschlüsse Einspruch zu tun. In dieser Weise wurde das Veto der Areopagiten dem Staate erhalten; aber freilich bezog sich diese Kontrolle in der Regel nur auf die Form der Anträge, auf äußerliche Übereinstimmung der Gesetze und Aufrechterhaltung der hergebrachten Ordnung.

Außerdem muß auch für die Beaufsichtigung des öffentlichen Lebens und namentlich des Jugendunterrichts, welche einen so wichtigen Bestandteil der areopagitischen Tätigkeit bildete, ein Ersatz eingetreten sein und es ist wahrscheinlich, daß die Ämter der Sophronisten, welche die Knabenzucht, und der Gynäkonomen, welche die Sitten des weiblichen Geschlechtes zu überwachen hatten, erst um diese Zeit eingerichtet oder jetzt erst selbständige Ämter geworden sind. Die Hauptsache aber war, daß fortan alle Bürger berufen waren, für die Aufrechthaltung der gesetzlichen Ordnung im Staate zu sorgen und jede verfassungswidrige Handlung zu rügen. Um so nötiger war eine allgemeine Kenntnis des bestehenden Rechtes und deshalb wurden die solonischen Gesetztafeln von der Akropolis heruntergebracht und zu größerer Öffentlichkeit in den Hallen am Markte aufgestellt.

Innerhalb der Bürgerschaft wurde das Prinzip der Gleichheit mehr und mehr durchgeführt. Man fuhr fort, in immer ausgedehnterem Maße den öffentlichen Schatz zu benutzen, um die armen Bürger von dem Einflusse, welchen die Freigebigkeit der Reichen ausüben konnte, frei zu machen, sie durch Spenden und Kornverteilungen zu gewinnen und durch Geldentschädigung zu immer allgemeinerer Beteiligung an den öffentlichen Angelegenheiten heranzuziehen. Denn in der Menge der ärmeren Bürger lag die Macht der Bewegungspartei.

Während so im Innern des Staatslebens die Reformpartei dahin arbeitete, die Demokratie im vollen Sinne zur Wahrheit zu machen und der Mehrzahl der Bürger die unbedingte Entscheidung über alle Tagesfragen zu verschaffen, suchte sie nach außen die Macht Athens auf jede Weise zu sichern und zu vergrößern.

Der Delische Bund war auf Rechtsgleichheit gegründet, aber dies Prinzip war nicht durchzuführen. Sollte einmal eine achtunggebietende Seemacht im Archipelagus zustande kommen, so durfte man es nicht von dem guten Willen der einzelnen Mitglieder abhängen lassen, ob sie ihre Verpflichtungen erfüllen wollten, und ebenso untunlich war es, zur Erledigung einzelner Beschwerden und zur Ausgleichung jedes Zwiespalts die Bundesgenossen zu gemeinsamer Beratung zu vereinigen. Das hatte schon Kimon anerkennen müssen, so sehr er sonst bestrebt war, im Sinne des Aristeides die Rechte der kleineren Staaten zu schonen. Athen wurde genötigt, immer eigenmächtiger zu verfahren; die Verhältnisse brachten es so mit sich; denn je mehr Bundesgenossen sich vom eigenen Kriegsdienste zurückzogen und es bequemer fanden, Geld und leere Schiffe zu geben, um so mehr wurde ja die eidgenössische Flotte eine attische; der delische Bundestag wurde immer mehr zu einer bloßen Form. Die Athener verständigten sich mit den mächtigeren Inselstaaten über die wichtigeren Angelegenheiten; den übrigen wurde nur eine Mitteilung über die beschlossenen Maßregeln gemacht und so wurde die vorörtliche Leitung immer mehr zu einer Herrschaft.

Auch hier wollte die perikleische Partei, daß man den Mut habe, die Verhältnisse, wie sie wirklich waren, offen und entschlossen zur Geltung zu bringen. War Athen einmal die einzige Bundesstadt, welche eine eigene Politik verfolgte, ging die Leitung des Krieges und die Beaufsichtigung des Kriegsmaterials von Athen aus, war die Kassenverwaltung in den Händen der Athener, waren es attische Bürger, die mit ihren Schiffen den bedeutendsten Teil und den Kern der Bundesflotte bildeten, die einzigen, welche immer schlagfertig waren, und zugleich diejenigen, welche die Seeherrschaft der Barbaren vernichtet hatten: dann sollte Athen auch wirklich als der Mittelpunkt des von ihm vereinigten Insel- und Küstenreiches erscheinen; dann gehörte auch die Verwaltung desselben und namentlich der Bundesschatz nach Athen. Die Verlegung der Kasse soll schon zu Lebzeiten des Aristeides ein Gegenstand der Verhandlung gewesen sein; das Nützliche einer solchen

Maßregel konnte von attischem Standpunkte aus niemand in Abrede stellen, aber man scheute sich damit vorzugehen. Man fürchtete das Mißliebige dieses Schrittes, den aufregenden Eindruck bei Freund und Feind; denn es war deutlich, daß damit auch der letzte Schein einer gleichberechtigten Eidgenossenschaft aufgehoben und der eidgenössische Beitrag zur Bundeskasse wie ein Tribut an Athen betrachtet werden würde.

Wie bedenklich die Athener in diesem Punkte waren, geht daraus hervor, daß sie auch dann, als sie zu dem entscheidenden Schritte fest entschlossen waren, auf Umwegen ihren Zweck zu erreichen suchten. Die Kassenverlegung sollte nicht als eine eigennützige Maßregel attischer Politik erscheinen; darum wurde dafür gesorgt, daß aus der Mitte der Eidgenossen der Vorschlag ausging. Und zwar waren es die Samier, deren Abgeordnete im eidgenössischen Interesse auf die Unsicherheit von Delos hinwiesen. Das kleine Eiland liege schutzlos in der Mitte des Meeres, gegen Osten sowohl wie gegen Westen. Die Lakedämonier hätten schon im thasischen Kriege deutlich gezeigt, wie gerne sie die erste Gelegenheit benutzten, um die attisch-ionische Seemacht zu zerstören; seit Auflösung des Hellenenbundes sei die allgemeine Unsicherheit in hohem Grade vermehrt; die peloponnesischen Seestaaten umlagerten das Inselmeer wie lauernde Feinde, und unter diesen Umständen könne der Schatz auf Delos nicht mehr so gesichert erscheinen, wie es das Interesse aller Bundesgenossen verlange. Hier müsse immer eine eigene Schutzflotte in der Nähe sein, und dadurch werde man dann wieder in der freien Verfügung über die vorhandenen Sreitkräfte des Bundes gehemmt. Suche man aber einen Platz von unangreifbarer Sicherheit, so werde ein solcher nur innerhalb der Mauern Athens gefunden. Wenn man einmal attischen Behörden den Schatz anvertraut habe, so könne man auch mit demselben Vertrauen Athen zur Schatzkammer und seine Bürger zu Hütern des Schatzes machen.

Bald nach dem offenen Bruche mit Sparta wurden die Geldvorräte, die sich auf 1800 Talente beliefen, aus dem Heiligtume des delischen Apollon nach Athen gebracht und in dem Tempel der Stadt- und Burggöttin niedergelegt. Hierher flossen nun die jährlichen Beiträge der verbündeten Staaten und Athen war jetzt erklärtermaßen die Hauptstadt des Ägäischen Meeres, seine Burggöttin die Schutzgottheit derselben, seine Akropolis das Schatzhaus und der heilige Mittelpunkt des großen Insel- und Küstenreiches.

In dieser Stellung, mit solchen Mitteln ausgerüstet, mußte nun Athen vor allem darauf bedacht sein, in den engeren

Kreisen der griechischen Nachbarstaaten eine festere Stellung zu gewinnen. Denn es war ein seltsamer Widerspruch, daß es mit seiner Flotte bis in die pontischen und phönizischen Gewässer herrschte, aber in dem Meere, welches die attische Küste bespült, sich noch immer durch die Nähe feindlicher Staaten gebunden fühlte. Hier mußte es sich notwendig freie Hand schaffen; es konnte nicht dulden, daß angesichts seiner Kriegshäfen feindliche Seestaaten bestanden, welche nur auf Gelegenheit lauerten, ihm zu schaden. Durch den Bund mit Argos war etwas Neues begonnen, welches einer bedeutenden Entwicklung fähig war; aber es war ein Anfang, der keine Sicherheit und keine Zukunft haben konnte, solange Athen von seinem peloponnesischen Bundesgenossen durch feindliche Städte getrennt und an seinen eigenen Landesgrenzen überall in seiner freien Bewegung gehemmt war. Es war unmöglich, daß der altpeloponnesische Bund und der attisch-argivische Sonderbund friedlich einander gegenüber bestehen konnten; es mußte sich der eine auf Kosten des anderen auszudehnen suchen.

Auch hier war die Lage der Dinge eine für Athen günstige. Denn unverkennbar waren die peloponnesischen Verhältnisse seit dem Prozesse des Pausanias in zunehmender Auflösung begriffen. Argos war schon seit längerer Zeit in Arkadien tätig, um hier die Städte und Gaue gegen Sparta aufzuwiegeln, und dies gelang ihm, wenn auch nicht gleichzeitig, mit den beiden Hauptstädten Arkadiens, Tegea und Mantineia. Die Tegeaten waren mit Sparta in feindlicher Spannung, als Leotychides wegen Hochverrates flüchtig wurde; er fand bei ihnen Aufnahme und Schutz. Zweimal mußten die Spartaner einrücken in Arkadien, um ihr gefährdetes Übergewicht wiederherzustellen; einmal gegen die verbündeten Argiver und Tegeaten, und dann gegen ein Heer der Arkader, die mit Ausnahme der Mantineer sämtlich vereinigt waren und im mänalischen Gebirge bei Dipaia den Spartanern gegenüberstanden. In beiden Feldzügen blieben die Spartaner Sieger, aber die alte Sicherheit des Bundesverhältnisses, die Gewohnheit einer unbedingten Unterordnung, war dahin. Auch die Mantineer hatten sich unter argivischem Einflusse aus zerstreuten Gauorten zu einer festen Stadt zusammengezogen, um Sparta selbständiger und freier gegenüberzutreten. Hätte nicht alter Parteigeist und kantonale Eifersucht die Vereinigung der Kräfte gehindert, so würde es den Spartanern schwer gelungen sein, ihr vorörtliches Ansehen aufrechtzuerhalten. Die von Sparta fernste Landschaft, Achaja, war seit langer Zeit antispartanisch und demokratisch.

Endlich hatte auch Elis, das treueste Bundesland, sich vom lakonischen Einflusse frei zu machen angefangen; es hatten hier Volksbewegungen stattgefunden, welche den Einfluß Spartas gefährdeten. Bis dahin nämlich war die Landschaft von den adeligen Geschlechtern regiert worden, die sich ganz auf Sparta stützten. Sie hatten ihren Sitz in der Stadt Elis am Peneios; das platte Land bestand aus offenen Flecken, Dörfern und Bauernhöfen, deren Bewohner selten zur Stadt kamen und die Geschlechter ruhig regieren ließen. Diese patriarchalischen Verhältnisse waren durch Klugheit des Adels und bei der einförmigen, von Handel und Seeverkehr abgewendeten Lebensart der Bevölkerung jahrhundertelang ungestört erhalten. Aber nun machte sich auch hier der Geist der Zeit geltend; die Landbevölkerung verlangte volle Staatsbürgerrechte; das ganze Land wurde nach seinen örtlichen Bezirken neu gegliedert, und durch Zuzug aus den weitzerstreuten Gemeinden erwuchs die bis dahin kleine Stadt zu einer volkreichen Haupt- und Gesamtstadt der ganzen Landschaft. Das geschah Ol. 74, 2 (471) oder einige Jahre später. Mit dem Sturze der alten Geschlechter, der demokratischen Verfassungsform und dem Aufbaue von Neu-Elis war zugleich der Einfluß Spartas gelähmt, und seiner Macht im Peloponnese eine der wichtigsten Stützen entzogen. Nun kam, um Sparta noch tiefer zu beugen, das Erdbeben (464) und der große Menschenverlust infolge desselben, und dann der Messenische Krieg, welcher zehn Jahre lang den Lakedämoniern die Hände band. Unter diesen Umständen konnte von seiten Spartas nichts geschehen, um der Befestigung und Ausbreitung des attisch-argivischen Sonderbundes entgegenzutreten, und deshalb rüsteten die nordpeloponnesischen Staaten auf eigene Hand gegen Athen, um mit Gewalt zu erreichen, was sie früher durch heimliche Umtriebe und durch Vorschieben Spartas erzielt hatten. Die Hemmung der attischen Macht war die Bedingung ihrer eigenen Existenz, und so bildete sich unter den Mitgliedern der zerrissenen Eidgenossenschaft eine neue kriegerische Staatengruppe.

Die Korinther verbanden sich im stillen mit Aigina und Epidauros und suchten auf Kosten von Megara jenseits des Isthmus ihr Gebiet zu erweitern und feste Stellungen zu gewinnen. Dies erschien ihnen um so wichtiger, da sie die Megareer, welche mit ihrer kleinen Landschaft zwischen den beiden feindlichen Bündnissen in der Mitte lagen, als sehr unzuverlässige Bundesgenossen kannten. Sie waren zwar durch alte Verträge an die dorische Halbinsel gebunden, durch Handels- und Verkehrsverhältnisse aber ganz auf Attika angewiesen; denn der größte Teil der megarischen Bevölkerung lebte davon, daß er den attischen Markt mit Fleisch, Gemüsen und dergleichen versorgte. Eine feindliche Haltung Athens würde also den Wohlstand des ganzen Ländchens gefährdet haben. Dazu kam, daß es an demokratischen Sympathien nicht fehlte, welche durch die Abneigung gegen Korinth gesteigert wurden.

Was die Korinther besorgten, erfolgte schneller als sie erwartet hatten. Die bedrängten Megareer kündigten die Verträge mit Sparta und traten dem Sonderbunde bei. Das war, so klein das Ländchen war, ein folgenreiches Ereignis, nicht bloß des Beispieles wegen, sondern besonders deshalb, weil Megara für die Kriegführung eine so wichtige Lage hatte. Dadurch kamen ja die Pässe der Geraneia, die Aus= und Eingänge der dorischen Halbinsel, in die Hände der Athener; Megara wurde ein Vorwerk von Attika; attische Truppen lagen in seinen Städten, attische Schiffe kreuzten im Korinthischen Meere und hatten hier in Pegai und Aigosthena offene Häfen. Die Athener beeiferten sich, Megara so eng als möglich mit sich zu verbinden, und bauten deshalb unverzüglich zwei Mauerlinien, welche Megara mit seinem acht Stadien entfernten Hafen Nisaia verbanden und beide Plätze den Peloponnesiern uneinnehmbar machten (80, 2; 459).

Diese Erweiterung der feindlichen Macht bis an die Grenzen des Isthmus und in die Gewässer des westlichen Golfs ließ den peloponnesischen Seestädten keine Ruhe mehr. Korinth, Epidauros und Aigina traten den Athenern gegenüber in Waffen; der Krieg war da ohne Kriegserklärung, und Athen trug kein Bedenken, die Herausforderung, welche in den Rüstungen der Gegner deutlich genug ausgesprochen war, anzunehmen. Myronides, ein erprobter Feldherr und Staatsmann, der schon vor neunzehn Jahren als Gesandter mit dem Vater des Perikles in Sparta gewesen war, landete mit einem attischen Geschwader bei Halieis, wo die Grenzen der Epidaurier und Argiver zusammenstießen, und traf hier ein vereinigtes Heer der Korinther, Epidaurier und Ägineten. Myronides kämpfte unglücklich. Einige Monate später trafen die Flotten zusammen bei der Insel Kekryphaleia zwischen Aigina und der Küste von Epidauros. Die Athener siegten, und der Kampf drängte sich jetzt um Aigina zusammen. Unmittelbar vor der Insel erfolgte eine zweite große Seeschlacht. Siebzig feindliche Schiffe fielen den Athenern in die Hände, die nun mit ihrer siegreichen Flotte unverzüglich Aigina umringten.

Die Peloponnesier fühlten, was auf Aigina ankam. 300 Hopliten kamen der Insel zu Hilfe, die Korinther rückten über die Geraneia in Megaris ein, um Aigina zu entsetzen. Es schien unmöglich, daß die Athener, während ihre Flotte im Nillande kämpfte und eine andere vor Aigina lag, noch ein drittes Heer für Megara bereit haben sollten. Aber die Leistungsfähigkeit der Athener war etwas, wovon die Peloponnesier gar keine Vorstellung hatten. Freilich war der ganze Heerbann außer Landes und nichts zu Hause, als was eben zur Verteidigung der Mauern ausreichen konnte. Aber nichtsdestoweniger war man darüber klar, daß man weder Aigina freigeben noch die neuen Bundesgenossen im Stiche lassen dürfe. Myronides rückte mit den Mannschaften, welche das Alter des Felddienstes schon überschritten oder noch nicht erreicht hatten, den Korinthern entgegen. Im ersten Gefechte behauptete er das Feld; als die Feinde zum zweiten Male wiederkehrten, wurden sie mit ungeheurem Verluste geschlagen; Megara war gerettet und die Tatkraft der Athener auf das glänzendste bewährt. Als Zeugen derselben wurden im Kerameikos die Grabsäulen aufgerichtet, welche aus e i n e m Jahre (80, 3; 458/7) die Namen der bei Kypros, in Ägypten, Phönizien, Halieis, Aigina und Megara gefallenen Krieger Athens nannten. Ein Bruchstück dieser denkwürdigen Urkunde ist noch heute erhalten.

Während so aus lange angehäuftem Zündstoffe plözlich der heftigste Krieg in Mittelgriechenland aufgelodert war, entspannen sich auch im Norden neue Verwicklungen. Die Thebaner, welche so tiefe Demütigung erfahren hatten, glaubten die Zeit gekommen, wo das frühere vergessen wäre und sie wieder zu neuer Geltung und Macht gelangen könnten. Ihnen gegenüber erhoben sich die Phokeer, welche durch die Fortschritte der attischen Macht Mut gewannen, um auch in ihrer Nachbarschaft dem dorischen Einflusse entgegenzutreten. Die dorischen Gemeinden hinter dem Parnasse wurden nur durch Sparta gehalten. Nach der Auflösung des hellenischen Bundes und den Unglücksfällen der Spartaner glaubten die Phokeer einen Angriff auf die dorische Vierstadt wagen zu können, um hier ihr Gebiet zu erweitern. Die medische Gesinnung, welche die Städte gezeigt hatten, mochte dazu als Vorwand dienen.

Es war ein Ehrenpunkt für Sparta, seine dorischen Stammgemeinden nicht im Stiche zu lassen. Kräftig raffte es sich auf und vermochte aller Verluste und des fortdauernden Kriegszustandes in Messenien ungeachtet 11,500 Mann eigener und Bundestruppen über den Isthmus zu senden, ehe die Athener ihnen ein Hindernis entgegenstellen konnten; sie zwangen die Phokeer ihre Eroberungen wieder herauszugeben. Wie die

Truppen aber über den Isthmus heimkehren wollten, hatte Athen die Gebirgspässe besetzt, und ebenso war der Korinthische Golf durch feindliche Schiffe unsicher. Es blieb den Lakedämoniern nichts übrig, als nach Böotien zu ziehen, wo Theben ihre Anwesenheit gerne sah; sie rückten in das Asopostal und lagerten im Gebiete von Tanagra unweit der attischen Grenze. Die Athener hatten sich selbst, ohne die Folgen zu übersehen, in eine sehr bedenkliche Lage gebracht. Nachdem sie seit Jahren nur auf die See ihr Auge zu richten sich gewöhnt hatten, sahen sie sich auf einmal im Rücken durch eine sehr gefährliche Landmacht bedroht.

Ihre Bedrängnis steigerte sich, als gleichzeitig im Innern der Stadt böse Anzeichen verräterischer Umtriebe zum Vorschein kamen. Denn seitdem die konservative Partei der verfassungsmäßigen Mittel, welche ihr der Areopag darbot, beraubt war, begannen die Leidenschaftlicheren unter ihren Anhängern auf heimlichem Wege der Intrige der Demokratie entgegenzuarbeiten. Ein erschreckendes Wahrzeichen dieser erhitzten Parteiwut, die kein Mittel scheute, war die Ermordung des Ephialtes. Man fand ihn eines Morgens tot im Bette. Die Anstifter der Tat suchten die Schuld auf Perikles zu wälzen.

Die erbittertsten Feinde der Volksherrschaft schlossen sich enger zusammen und strebten, da sie in der eigenen Stadt machtlos waren, nach auswärtiger Unterstützung; sie verdoppelten ihre Anstrengungen, als der von Kimon begonnene Mauerbau von neuem in Angriff genommen wurde. Denn bis jetzt waren Athen und Peiraieus doch noch zwei Städte. Wenn aber die Verbindungsmauern einmal fertig waren, dann konnte Sparta auch beim besten Willen seiner Partei in Athen nicht mehr helfen; dann war sie von aller auswärtigen Hilfe abgeschnitten. Deshalb hatte sie mit Sparta Verbindungen angeknüpft und durch heimliche Botschaften das peloponnesische Heer veranlaßt, an die Grenzen von Attika zu rücken.

Jetzt galt es also, gleichzeitig gegen innere und äußere Feinde zu streiten, es galt, die Verfassung sowohl wie die Unabhängigkeit des Staates zu verteidigen. Auch handelte es sich nicht bloß um einen einzelnen Angriff und eine vorübergehende Gefahr; denn das Benehmen der Spartaner im böotischen Lande zeigte deutlich, daß sie die Absicht hatten, Theben, das früher von ihnen selbst so tief gedemütigte, jetzt wieder stark zu machen, weil sie im Rücken von Athen einen Staat haben wollten, auf den sie sich verlassen könnten, einen Staat, welcher imstande sei, der Ausdehnung der attischen Macht in Mittelgriechenland einen Damm zu setzen. Diese Absicht konnte aber nicht besser erreicht werden, als wenn man Theben bei der Unterwerfung der anderen böotischen Städte unterstützte. Zu dem Zwecke waren die Peloponnesier tätig gewesen, im ganzen Lande die thebanische, das heißt die oligarchische, Partei zu stärken und Theben selbst mit neuen Festungswerken zu umgeben; es sollte aus einer Landstadt eine Großstadt werden, ein selbständiger Waffenplatz und Stützpunkt der peloponnesischen Politik in Mittelgriechenland.

Die Verhältnisse konnten also für Athen nicht drohender sein. Darum rückte das ganze Bürgerheer aus; mit den Argivern und anderen Verbündeten waren es 14,000 Mann und ein Korps thessalischer Reiterei. In der Niederung des Asopos unterhalb Tanagra trafen die Heere zusammen. Es entspann sich ein schwerer, blutiger Kampf, wo zum ersten Male in geordneter Feldschlacht Athen und Sparta ihre Kräfte aneinander erprobten. Lange schwankte der Erfolg; da gingen mitten im Treffen die Reiter über, vermutlich auf Anstiften der lakonischen Partei. Durch diesen Verrat wurde die Schlacht für Sparta entschieden, wenn auch patriotische Athener sie nie zu den verlorenen Schlachten haben rechnen wollen. Die Spartaner waren aber weit entfernt, die Erwartungen der Oligarchenpartei zu erfüllen. Sowie sie die Isthmuspässe wieder frei wußten, zogen sie im Spätjahre durch Megara ab, indem sie dies Ländchen für seinen Abfall durch Verheerung des Gebietes büßen ließen. Sie waren zufrieden, ihr Ansehen in Mittelgriechenland wiederhergestellt zu haben. Sie rechneten darauf, daß Theben einstweilen stark genug sei, sich gegen seine Nachbarn zu behaupten; für weitere Kriegsunternehmungen gegen Athen sollte Tanagra einen Stützpunkt bilden.

Der Plan war gut, die Verhältnisse lagen günstig. Aber die Spartaner taten alles halb; sie schlossen Waffenstillstand auf vier Monate und räumten das Feld. Die Athener aber waren nicht gesonnen, eine drohende Macht an ihren Landesgrenzen sich festsetzen zu lassen. Ohne die gute Jahreszeit abzuwarten, gingen sie, zwei Monate nach der Schlacht, ehe man in Böotien an Kampf dachte, über den Parnes; Myronides war Feldherr und schlug das thebanische Heer, welches das Asopostal verteidigen sollte, bei Oinophyta. Dieser Tag vernichtete mit e i n e m Schlage alle Pläne Thebens; die Mauern von Tanagra wurden geschleift. Myronides zog von Stadt zu Stadt; überall wurden die alten Regierungen gestürzt und mit Hilfe attischer Parteigänger demokratische Verfassungen eingerichtet. Ganz Böotien wurde gleichsam umgekehrt; die alten Familien flüchteten außer Landes; Theben war ohne alle Macht des Widerstandes. Nach vorübergehender Demütigung war also Athen bald mächtiger als je zuvor; es herrschte bis an die Grenze der Phokeer. Ja, es dehnte seine Waffenmacht auf demselben Feldzuge bis Lokris aus. Die opuntischen Lokrer, welche nördlich von Böotien die fruchtbare Küstenebene am Euripos bewohnten, traten zu Athen über und stellten hundert Geiseln aus den ersten Geschlechtern der Gemeinde, welche bis dahin das Regiment in Opus geführt hatten.

*

Inzwischen neigte sich auch die Widerstandskraft der Ägineten zu Ende. Neun Monate lang hatten sie dem attischen Geschwader, das unter Leokrates Führung vor ihrer Stadt lag, Trotz geboten; vergeblich hatten sie während dieser Zeit nach Sparta, dem sie noch im Messenischen Kriege treuen Beistand geleistet hatten, vergeblich nach ihren peloponnesischen Bundesgenossen ausgeschaut. Nun waren ihre Kräfte zu Ende und die stolze Insel der Äakiden, die von Pindar gefeiert war als die Mutter der Männer, welche in herrlichen Wettkämpfen allen Hellenen voranleuchteten, sie mußte sich vor dem unwiderstehlichen Glücke der Athener beugen; sie mußte ihre Mauern einreißen, ihre Kriegsschiffe ausliefern und zur Tributzahlung sich verpflichten.

Gleichzeitig wurden die Schenkelmauern zwischen Ober- und Unterstadt vollendet. Athen stand unangreifbar da. Das eigene Meer war endlich von allen Feinden frei; zu den weitreichenden Insel- und Küstengebieten, welche es wie sein Reich beherrschte, war eine kontinentale Bundesgenossenschaft hinzuerworben, welche sich von Argos und Megara ununterbrochen bis nach Delphi und nach den Thermopylen hin ausdehnte. Der peloponnesische Bund war aufs tiefste erschüttert und Sparta noch immer durch den messenischen Aufstand gebunden, während die Athener über ihre Streitkräfte frei verfügen konnten.

Der Kampf der Bünde wurde jetzt in neuer Weise fortgesetzt. Zum ersten Male wurde Sparta im eigenen Lande aus seiner Sicherheit aufgeschreckt. Attische Kriegsschiffe, von Tolmides geführt, zeigten sich an der Küste Lakoniens, und was Themistokles vor Jahren gewünscht hatte, um Athens Seemacht zur alleinherrschenden zu machen, wurde nun ausgeführt, als die Schiffswerften von Gytheion in Flammen aufgingen. Tolmides zog, ohne Widerstand zu begegnen, um die ganze Halbinsel herum; vermutlich auch in der Absicht, die Spartaner in der Unterdrückung des messenischen Aufstandes zu hindern und den heldenmütigen Verteidigern von Ithome, die nun schon im zehnten Jahre Sparta trotzten, mittelbar zu Hilfe zu kommen. Indessen waren die Messenier außerstande sich länger zu halten, und, da Sparta unter den gegenwärtigen Umständen um jeden Preis den Krieg zu beendigen wünschen mußte, wurde den Belagerten mit Weib und Kind freier Abzug gestattet. Die Athener nahmen sich ihrer sofort an und wußten diesen letzten Überrest freier Messenier mit großer Klugheit ihren eigenen Plänen dienstbar zu machen. Tolmides hatte nämlich auch im Korinthischen Meere die attische Seemacht zur Geltung gebracht; er hatte die Stadt Chalkis an der ätolischen Küste besetzt; er hatte Sikyon geplündert und an der lokrischen Küste Naupaktos genommen. Diese Hafenstadt, von wo einst die dorischen Eroberer nach der Halbinsel übergesetzt waren, wurde nun den Messeniern übergeben und dadurch zu einem der wichtigsten Waffenplätze gegen Sparta und seine Bundesgenossen.

Rastlos gingen die Athener vorwärts. Auch die unglückliche Wendung, welche in Ägypten eintrat, wo im vierten Kriegsjahre Megabyzos die Aufständischen mit überlegenen Streitkräften angriff, das Jahr darauf die Athener und Ägypter auf der Nilinsel Prosopitis einschloß und daselbst fast völlig vernichtete, entmutigte die Bürgerschaft nicht. Es wurde noch in demselben Jahre ein Zug nach Thessalien unternommen, bei dem nun zum ersten Male unter Athens Führung die böotischen und phokischen Bundestruppen vereinigt waren, um den pharsalischen Dynasten Orestes zurückzuführen, die Macht der thessalischen Aristokratie zu brechen und den Einfluß Athens bis an die Nordgrenzen des griechischen Landes auszudehnen; aber der Zug blieb ohne Erfolg, weil die Verbündeten in der großen Ebene der feindlichen Reiterei nicht gewachsen waren (Ol. 81, 3; 454/3).

Glücklicher war die Flotte, welche in demselben Jahre Perikles führte. Sein Augenmerk war die Befestigung der attischen Herrschaft im Korinthischen Meere, wo Pegai der Kriegshafen Athens geworden war. Von hier aus machte Perikles eine Landung in Sikyon und schlug die Bürger, welche entgegenrückten. Die achäischen Städte wurden in den attischen Bund aufgenommen und die Küsten Akarnaniens beunruhigt.

Nach diesen ungeheuren Anstrengungen, den Land- und Seezügen, welche sich Jahr auf Jahr folgten, trat eine stillere Zeit ein. Auch im Innern des Gemeinwesens war es ruhiger geworden; die Spannung der Parteien hatte nachgelassen. Perikles selbst war seiner Natur nach nichts weniger als ein schroffer Parteimann; er wünschte im eigenen Interesse Kimons Rückkehr. Wenn er es erreichte, sich mit ihm zu vereinigen, so konnte seine Machtstellung dadurch nur an Sicherheit gewinnen; auch lag Perikles viel daran, mit Sparta zu unterhandeln, weil er keinen ununterbrochenen Kriegszustand wollte. Er selbst konnte das nicht; desto besser Kimon, dessen Rückberufung allein schon als ein einlenkender Schritt Sparta gegenüber angesehen werden mußte. Dabei kam ihm zustatten, daß durch die verräterischen Umtriebe vor der tanagräischen Schlacht die konservative Partei sich gespalten hatte. Kimon und seine näheren Genossen verabscheuten eine Parteileidenschaft, welche das patriotische Gemeingefühl soweit verleugnen konnte, um mit den Feinden der Stadt zu unterhandeln. Um deutlich zu zeigen, daß er mit solchen Menschen keine Gemeinschaft habe, hatte Kimon sich bei Tanagra persönlich gestellt und um Erlaubnis gebeten, auch als Verbannter in die Reihen seiner Mitbürger eintreten zu dürfen. Er war nicht zugelassen, aber seine Genossen, hundert an der Zahl, hatten im Handgemenge mit den Spartanern freiwillig den Tod gesucht, um die Reinheit ihrer Gesinnung zu bezeugen. Dadurch hatten die Parteien sich genähert und Perikles selbst beantragte nun beim Volke Kimons Rückberufung, nachdem derselbe beinahe fünf Jahre in der Verbannung gelebt hatte.

Ehe dieser Schritt geschah, hatten die beiden Staatsmänner schon eingehend miteinander verhandelt, wobei Elpinike, die Schwester Kimons, die Vermittlerin gewesen sein soll. Eine Verständigung über die fernere Leitung des Staates war notwendig, wenn derselbe nicht sogleich wieder in zwei feindliche Parteien auseinanderfallen sollte; sie war dadurch erleichtert, daß Kimons Partei in der früheren Weise nicht mehr bestand. Die wesentlichen Punkte des Übereinkommens lassen sich aus dem entnehmen, was nach der Rückkehr Kimons geschah und nicht geschah. Denn wenn Kimon in den inneren Angelegenheiten die Politik des Perikles nicht mehr bekämpfte, so muß er auf diesem Gebiete sich willig gefunden haben, die einmal gemachten Reformen nicht weiter anzufechten. Perikles aber muß sich anheischig gemacht haben, in der auswärtigen Politik Kimons Wünsche zu unterstützen, ihm wieder den Flottenbefehl gegen Persien zu verschaffen und Sparta nicht durch fernere Angriffe zu reizen. Es kann nicht zufällig sein, daß nach Ausgleichung der beiden Staatsmänner die Landungen an der Peloponnesischen Küste sofort unterblieben. Statt dessen sollte die Tätigkeit der Bürger wieder gegen das Ausland gelenkt, es sollte ihre Tapferkeit auf neutralen Gebieten in Übung erhalten, und durch Aussendung von Pflanzbürgern zugleich für die ärmere Stadtbevölkerung und für die Befestigung der Seeherrschaft an wichtigen Punkten gesorgt werden. So führte Perikles selbst eine Flotte nach dem Hellesponte, wo die attischen Bundesgenossen von den Thrakiern unaufhörliche Belästigungen erfuhren. Es ist, als wenn er es aus Aufmerksamkeit gegen Kimon darauf abgesehen hätte, an dem, was dessen Vorfahren gegründet hatten, weiterzubauen, indem er die Schutzmauer des Miltiades erneuerte und durch Ansiedelung von tausend Bürgern die Halbinsel am Hellesponte zu einem attischen Besitze machte. In gleichem Sinne wirkte Tolmides, welcher in Euboia und Naxos attische Bürger ansiedelte.

Während dieser Zeit war Kimon nach dem gemeinsamen Plane tätig, Athen und Sparta wieder in ein rechtliches Verhältnis zueinander zu bringen. Denn seit Auflösung des alten Bundes waren zwei Bündnisse da, die sich feindlich gegenüber lagen; es war ein offener Kriegszustand innerhalb Hellas, der in schreiendem Widerspruche stand mit den amphiktyonischen Satzungen, wie sie noch immer zu Recht bestanden und in Delphi vertreten wurden. Kimon brachte freilich keinen Frieden zustande, wie er und gewiß auch Perikles es wünschte. Denn Sparta konnte sich nicht entschließen, unter so ungünstigen Verhältnissen, wie sie gegenwärtig waren, sich auf längere Zeit die Hände zu binden; auch ließen es die Korinther nicht zu, die sich durch die Fortschritte Athens in ihren Meeren auf eine unerträgliche Weise eingeengt sahen; es kam also nur zu einem Waffenstillstande auf fünf Jahre. Er war aber doch der Anfang einer neuen Rechtsordnung in Hellas, indem die beiden Großstaaten sich mit ihren Bündnissen gegenseitig anerkannten und sich auf dem Wege des Vertrages miteinander verständigten. Wie unsicher die Fundamente dieser neuen Verbindung waren, konnte niemand verkennen, der die feindselige Aufregung der Gemüter in Hellas kannte. Es kam daher Kimon viel darauf an, die Aufmerksamkeit seiner Mitbürger nach außen abzulenken.

Der ägyptische Aufstand war noch immer nicht zu Ende. Nach dem Untergange des Inaros hatte Amyrtaios sich in den Sümpfen des Delta gehalten, und dieser knüpfte nun neue Verbindungen mit Athen an. Es war eine Ehrensache für Athen, den Tod seiner Bürger und die Niederlage der nachgeschickten Flotte zu rächen, das verlorene Kypros wieder zu gewinnen, die nationale Partei in Karien und der Umgegend zu unterstützen, und die persische Waffenmacht im Phönizischen Meere nicht wieder aufkommen zu lassen. Kimon betrieb den Krieg aufs eifrigste und hatte die Genugtuung, sich im Frühjahre Ol. 82, 3 an der Spitze einer Flotte von 200 Schiffen zu sehen, welche er aus dem Peiraieus wieder gegen den Nationalfeind führen durfte. Er fühlte sich endlich wieder an seinem Platze; er stand noch im kräftigsten Mannesalter und sah eine neue Bahn des Ruhmes vor sich aufgeschlossen. Er steuerte nach Cypern. Die feindlichen Geschwader, die ihm entgegenfuhren, wurden zurückgeschlagen; Kition wurde eingeschlossen, um an der Südküste einen festen Waffenplatz gegen Phönizien und Ägypten zu gewinnen. Aber vor Kition erkrankte Kimon und mußte bald erkennen, daß er am Ende seiner Tage stehe. Er bewährte seine Heldennatur, indem er die letzten Tage und Stunden seines Lebens noch für den Ruhm seiner Vaterstadt benutzte. Er befahl, wie uns erzählt wird, seinen Tod zu verheimlichen, damit keine Störung eintrete; nach seinem Befehle verließ man die Stellung bei Kition, suchte und schlug die phönizisch-kilikische Flotte auf der Höhe der Stadt Salamis und besiegte zuletzt noch am Lande die feindlichen Truppen. Dann kehrten die Schiffe nach Athen heim, und der noch im Tode siegreiche Feldherr wurde daselbst bei seinen Ahnen vor dem melitischen Tore bestattet.

Kimon war durch seinen plötzlichen Tod der Schmerz erspart, sich von der Unmöglichkeit einer dauernden Befriedigung seines Vaterlandes zu überzeugen. Denn wenn auch die beiden Hauptstaaten dem Wortlaute der Verträge treu blieben, die Bundesgenossen konnten keine Ruhe halten. Namentlich im Norden waren durch die gewaltsame und rasche Ausbreitung der attischen Macht Verhältnisse hervorgerufen, die durchaus unhaltbar waren. In ganz Böotien herrschte die größte Gärung, indem die demokratischen Regierungen nur mit Mühe sich behaupten konnten; ebenso steigerte sich in Lokris und Euboia der Widerwille gegen die Herrschaft Athens. Anderseits waren die Phokeer durch das ununterbrochene Glück Athens zu neuen und großen Hoffnungen aufgeregt; sie wollten ihr Gebiet abrunden und das, was innerhalb desselben oder an seinen Grenzen ihnen entgegenstand, ihrem Staate einverleiben. So wandten sie sich jetzt gegen Delphi, dessen üppigen Wohlstand sie längst mit eifersüchtigen Augen betrachtet hatten. Da der alte Bundestag, der Delphis Selbständigkeit verbürgte, so gut wie aufgelöst war, hielten sie auch die alten Verträge für erloschen. Sie wollten das reiche Delphi zu einer phokischen Landstadt machen und waren dabei der Genehmigung Athens gewiß, weil die in Delphi regierenden Geschlechter den Athenern feindlich waren. Sparta, zum Schutze des Heiligtumes aufgerufen, ließ ein Heer ausrücken, das Delphi in seiner Unabhängigkeit wieder herstellte.

Die Athener vermieden es den Spartanern zu begegnen; aber, sowie diese abgezogen waren, schritten sie zu Gunsten der Phokeer ein und gaben ihnen die Landeshoheit zurück. Perikles führte den Zug, und nachdem die Spartaner zum Andenken ihres Feldzuges die ihnen verliehenen Ehrenrechte in Delphi auf die linke Seite des ehernen Wolfes hatten einschreiben lassen, der neben dem großen Brandaltare stand, ließen die Athener zum Hohne Spartas für sich dieselbe Inschrift auf die rechte Seite der Erzbildes einschreiben.

Inzwischen steigerte sich die Verwirrung in Böotien. Denn in den Städten, wo seit Jahrhunderten die Geschlechter das Regiment gehabt hatten und nun plötzlich Bürgerversammlungen regieren sollten, die von attisch gesinnten Demagogen geleitet wurden, war ein so heilloser Zustand eingetreten, daß er allmählich unerträglich wurde. Die Mitglieder der vertriebenen Geschlechter sammelten sich deshalb an den Grenzen und verstärkten sich hier durch die unzufriedenen Bürger, welche sich immer zahlreicher ihnen anschlossen; Freischaren bildeten sich, welche in Böotien einfielen und sich in Chaironeia und Orchomenos festsetzten. Die Athener zögerten nicht, ihre Macht in Böotien geltend zu machen; sie schickten sofort ein Heer unter Tolmides aus, nahmen aber doch, durch ihr Glück verwöhnt, die Sache nicht ernst genug.

Tolmides hatte nur 1000 schwerbewaffnete Bürger außer den Bundesgenossen, deren Zuverlässigkeit schwankte. Auch verkannte der Feldherr selbst die Gefahr der Lage und ließ es an der nötigen Vorsicht fehlen. So geschah es, daß ihm zwar die Wiederbesetzung von Chaironeia gelang, aber die hohe Burg von Orchomenos zu zwingen hatte er nicht die Mittel und mußte unbesiegte Feinde im Rücken lassen. Als er dann am Südrande des böotischen Seetales nach Athen zurückging, sorglos wie in Freundesland, da überfielen ihn die Feinde zwischen Koroneia und Haliartos. Nach einem furchtbaren Kampfe erlitten die Athener eine vollständige Niederlage. Tolmides selbst fiel mit vielen der Seinigen; eine große Zahl ward gefangen genommen. Mit einem Schlage war die Macht Athens in Böotien vernichtet, weil sie nirgends Wurzel gefaßt hatte und im Widerspruche mit der ganzen Geschichte des Landes gewaltsam aufgerichtet worden war. Die Athener mußten Frieden schließen, um ihre gefangenen Mitbürger frei zu machen; ja, sie mußten ruhig zusehen, wie aller Orten die attischen Parteigänger mit Schimpf und Schande fortgejagt und die alten Verfassungen wieder eingerichtet wurden. Athen konnte gar nicht daran denken, diese Bewegungen zu unterdrücken; denn mit furchtbarer Schnelligkeit wurden auch die

Nachbarlande, welche sich seiner Herrschaft hatten fügen müssen, von denselben Bewegungen ergriffen.

Dem Beispiele Böotiens folgten die Städte von Euboia, und wie sich Perikles in größter Eile hieher gewandt hatte, um den Aufruhr der Insel zu dämpfen, rief ihn die Nachricht zurück, daß in Megara die attische Besatzung überfallen und getötet sei. Es war nämlich den Korinthern in Verbindung mit ihren beiden, auf Athens Größe besonders eifersüchtigen Nachbarstädten, Epidauros und Sikyon, gelungen, die Megareer zum Abfalle zu bewegen und auf diese Weise Athen wieder vom Korinthischen Meere abzuschneiden. Nur Nisaia blieb noch einstweilen in attischen Händen. All diese Ereignisse erhielten aber dadurch erst ihre volle Bedeutung, daß gleichzeitig der fünfjährige Waffenstillstand mit Sparta abgelaufen war, und wenn die Spartaner schon vorher die gegen Athen ausgebrochenen Bewegungen auf alle Weise begünstigt hatten, so rüsteten sie jetzt unverhohlen, um die im letzten Vertrage gemachten Zugeständnisse wieder zurückzunehmen, und ließen unverzüglich ihren König Pleistoanax mit einem starken Heere in Attika einrücken, dessen Grenzen durch den Abfall von Megara bloßgelegt waren.

So war Athen auf allen Seiten von Aufruhr und Kriegsnot umdrängt. Es kam darauf an, zu retten, was möglich war. Auf den Ausgang einer Schlacht in Attika durfte man es nicht ankommen lassen, ebensowenig auf eine Belagerung, weil während der Zeit Euboia mit den dortigen Bürgerkolonien verlorengegangen wäre. Also blieb nur ein Mittel, durch dessen rasche Anwendung Perikles die Vaterstadt rettete. Er wußte nämlich in kluger Unterhandlung die Unerfahrenheit des Pleistoanax sowie die Geldliebe des Kleandridas, welchen die Ephoren dem jungen Könige als Ratgeber beigegeben hatten, sich zunutze zu machen und bewirkte, daß das peloponnesische Heer, das niemals unter günstigeren Verhältnissen den Boden Attikas betreten hatte, ohne ernstliche Feindseligkeiten wieder abzog und jenseits des Isthmos sich auflöste.

Sowie die Hauptgefahr beseitigt war, eilte Perikles mit 50 Schiffen und 5000 Hopliten nach Euboia zurück; denn von der Behauptung dieser Insel war Athens Wohlstand und Macht unbedingt abhängig. Auch hier erreichte er teils durch Unterhandlung, teils durch Gewalt die raschesten Erfolge. Ja, die Insel wurde noch vollständiger als zuvor in Besitz genommen und noch fester an Attika gekettet, indem die Stadt Histiaia, die sich an einem attischen Schiffe vergriffen hatte, erobert und ihr Grundbesitz an attische Bürger verteilt wurde. Zweitausend Athener siedelten sich mit anderen Euböern in der verödeten Stadt an, welche nun den Namen Oreos erhielt, und so gewann Athen auch an der Nordseite der Insel, in der Nähe des Artemision, am Eingange zum Malischen und Pagasäischen Meerbusen wie zum Euripos, einen festen und wichtigen Stützpunkt seiner Macht. Chalkis blieb bestehen, als bundesgenössische Stadt, nachdem die Adelsfamilien vertrieben waren.

So war durch Perikles' entschlossene Tatkraft auch die zweite Kriegsnot überwunden und das Unentbehrliche gerettet; aber die Gefahr war noch nicht vorüber. Denn in Sparta hatte das Verfahren von Pleistoanax und Kleandridas die höchste Erbitterung hervorgerufen; man wollte das schmählich Versäumte nachholen, um Athen aus seiner Demütigung nicht wieder aufkommen zu lassen. In Athen dagegen war bei allen Besonnenen die Ansicht vorherrschend, daß man vor allem bedacht sein müsse, die erschütterte Macht der Stadt auf ihren wesentlichen Grundlagen von neuem zu befestigen; sie bedürfe also zunächst der Ruhe, wenn sie auch durch schwere Opfer erkauft werden müsse.

Perikles war der entschiedenste Vertreter dieser Ansicht und er versäumte kein Mittel, um auch bei den einflußreichen Bürgern Spartas eine dem Frieden geneigte Stimmung hervorzurufen. Es gelang seinen Bemühungen, einen neuen Waffenstillstand zustande zu bringen; zehn bevollmächtigte Gesandte darunter Ankodides und Kallias, schlossen ihn in Sparta ab. Wie bei dem letzten Waffenstillstande wurde der gegenwärtige Besitzstand von beiden Seiten anerkannt. Aber wie weit war das jetzige Bundesgebiet Athens von dem verschieden, dessen Anerkennung von seiten Spartas Kimon bewirkt hatte! Von Böotien blieb nur Plataiai; alles im Peloponnese Erworbene wurde aufgegeben, namentlich Trözen, wo die Athener eine Besatzung hatten, um die Verbindung mit Argos zu erleichtern und Epidauros in Schach zu halten; dann mußten die Städte Achajas aus der Bundesgenossenschaft wieder entlassen werden, und außerdem, was die Athener am tiefsten schmerzen mußte, Megara; Nisaia sowohl wie Pegai wurden geräumt. Die peloponnesischen Seestädte, Korinth, Epidauros und Sikyon, hatten also die nächsten und größten Vorteile von dem Vertrage. Es wurde von beiden Seiten eine dreißigjährige Waffenruhe gelobt; während dieser Zeit sollten alle vorkommenden Zwistigkeiten auf dem Wege rechtlicher Ausgleichung geschlichtet werden; über Art und Form des einzuschlagenden Rechtsweges wurde aber auch jetzt nichts festgesetzt. Die beiden Bundesgenossenschaften erkannten sich von neuem als zwei Staatengruppen an; jede war ein geschlossenes Ganzes, ein Reich für sich. Es sollte keine derselben auf Kosten der anderen vergrößert werden; innerhalb der eigenen Bundesgenossenschaft hatte der leitende Staat das unbestrittene Recht, jeden Abfall zu strafen. Dadurch sah Athen seine vorörtliche Macht im Archipelagus vollständig anerkannt, und Sparta verpflichtete sich dadurch, keine Klagen von attischen Bundesgenossen anzunehmen.

Auch mit Persien ist um diese Zeit unterhandelt worden und zwar sollen gleich nach Kimons Tode Verträge abgeschlossen worden sein, welche dem Kriege ein Ende machten. Daß man dazu auf beiden Seiten geneigt war, ist nach der damaligen Lage der Dinge sehr begreiflich; Persien hatte ja nicht die geringste Aussicht, seine Herrschaft im Ägäischen Meere wieder herzustellen; jede neue Schlacht trug nur dazu bei, sein Ansehen zu schwächen und seine Truppen mehr zu entmutigen; je mehr es verloren hatte, um so ernster mußte es darauf Bedacht nehmen, den Fortschritten der attischen Bundesgenossenschaft endlich ein Ziel zu setzen, um wenigstens im Zyprischen Meere Herr zu bleiben und die Verbindung der Athener mit den aufständischen Ägyptern zu beseitigen. Aber auch den Athenern mußte daran gelegen sein, auf Grund der gewonnenen Erfolge eine friedliche Vereinbarung zu erreichen. Sie konnten doch nicht ziellos fortkämpfen und in immer neue Unternehmungen sich einlassen. Die Erfahrungen, die man in Ägypten gemacht hatte, mahnten zur Besonnenheit; auch in Zypern hatte man keineswegs die gewünschten Erfolge erlangt. Also war es die Aufgabe einer vernünftigen Politik, das fernere aufzugeben, um des näheren um so sicherer zu sein. Denn auf die Länge mußte es die Kräfte des Staates übersteigen, die ausgedehnten Küstenlinien unausgesetzt gegen die Perser zu beschützen, welche bei einem längeren Kriegszustande sehr im Vorteile waren, indem sie vom Binnenlande aus zu jeder gelegenen Zeit gegen die Küste vorgehen konnten, um aus den attischen Bundesorten die fälligen Tributsummen zu erpressen. Vor allem aber lag es im Interesse des Handels, daß dem Kriegszustande im Archipelagus einmal ein Ende gemacht werde, damit die Schiffe Athens und seiner Bundesgenossen freien Zugang zu allen Häfen des persischen Reiches erlangten.

So wünschenswert aber auch für beide Teile der Friede war, so konnte doch, solange Kimon lebte, kein Friede zustande kommen. Er war mit dem Perserkriege zu sehr verwachsen; er sah darin seine Lebensaufgabe, und daß ihm darin keine Schwierigkeiten gemacht würden, dafür hatte Perikles ihm ohne Zweifel seinen Einfluß zugesagt. Der Tod des Helden be=

freite Perikles von dieser Verbindlichkeit; er konnte nun der eigenen Politik, welche einer ziellosen Fortsetzung des Krieges durchaus entgegen war, unbehindert folgen; es ist daher wahrscheinlich, daß die Flottenführer alsbald die entsprechenden Anweisungen erhielten und daß eine Vereinbarung zwischen den kriegführenden Parteien eintrat. Denn sowie Kimon gestorben war, wird von weiteren Kämpfen nichts gemeldet, Amyrtaios in Ägypten erhält keine Unterstützung mehr, Zypern wird aufgegeben.

Dann erfolgte von Athen aus eine feierliche Gesandtschaft, welche nach Susa ging, um einen dauernden Frieden mit dem Großkönige abzuschließen. Der reiche Kallias führte sie, der Sohn des Hipponikos, der Enkel jenes Kallias, welcher der mutigste Gegner der Pisistratiden gewesen war; er traf, wie Herodot erzählt, am königlichen Hofe mit einer Gesandtschaft der Argiver zusammen, welche ihre alten Verbindungen mit Persien zu erneuern wünschten. Die Reise des Kallias fiel, wie die einzige uns erhaltene Zeitangabe meldet, in dieselbe Zeit, da Pleistoanax den Einfall in Attika unternahm, und gewiß konnte das Friedensbedürfnis niemals größer sein, als damals. Es ist aber auch davon abgesehen sehr wahrscheinlich, daß gleich nach Kimons Tode vorläufige Vereinbarungen mit den persischen Satrapen, mit denen man in Fehde lag, getroffen wurden und daß dann nach eingetretener Waffenruhe Kallias beauftragt ward, auf Grund derselben einen definitiven Friedensschluß mit dem Großkönige selbst zustande zu bringen.

Die Gesandtschaft hatte nicht den erwünschten Erfolg, denn der Großkönig zeigte sich wohl bereit den Argivern in huldvoller Weise dieselbe Freundschaft zuzusichern, wie sie sein Vater Xerxes mit ihnen unterhalten habe, aber keineswegs den Athenern solche Zugeständnisse, wie sie von diesen erwartet wurden, zu machen und die gegenwärtigen Machtverhältnisse als maßgebend und zu Recht bestehend anzuerkennen. Daß Kallias in Erreichung seiner Zwecke unglücklich war, kann man schon daraus schließen, daß Herodot nur mit einem kurzen Worte seine Sendung erwähnt; es erhellt aber noch deutlicher aus dem, was nach seiner Rückkehr erfolgte. Er wurde in Athen peinlich angeklagt, es wurde ihm die Annahme von Geschenken vorgeworfen und Perikles konnte ihn nicht vor einem Hochverratsprozesse schützen. Die Ankläger waren ohne Zweifel die Gegner der perikleischen Politik, denn es war noch immer eine mächtige Partei da, welche jede Gesandtschaft nach Susa verabscheute und den unterbrochenen Kampf rastlos fortgesetzt sehen wollte. Vielleicht war man auch in jener Zeit, da die Existenz des Staates auf dem Spiele stand, weitergegangen, als mit der Ehre Athens verträglich schien; man denke an den früheren Vertrag zur Zeit des Kleisthenes. Gewiß ist, daß der schon hochbetagte Kallias mit Mühe dem Tode entging und zu einer Geldstrafe von fünfzig Talenten verurteilt wurde.

Leider sind alle näheren Umstände dieser merkwürdigen Gesandtschaft unserer Kenntnis entzogen; die gleichzeitigen Geschichtsschreiber geben keine Auskunft, während sich in den folgenden Generationen eine solche Fülle unklarer und widersprechender Überlieferungen an jenen Frieden ansetzte, daß es unmöglich ist, den Kern der Sache zu erkennen. Als nämlich etwa 60 Jahre später die Spartaner ihre Verträge mit Persien abschlossen, wodurch sie Ionien dem Könige preisgaben, da wurden die Verträge Athens wieder hervorgesucht, und die attischen Redner wetteiferten, sie als den höchsten Glanzpunkt der kimonischen Zeit, als den glorreichsten Triumph attischer Politik über Persien darzustellen. Sie redeten sich und anderen ein, daß der Großkönig feierlich gelobt habe, kein bewaffnetes Fahrzeug in das Ägäische Meer zu schicken; und zwar sollten im Norden die kyaneischen Inseln am Eingange des Schwarzen Meeres als Grenze des hellenischen Seegebietes ausgemacht worden sein, im Südmeere aber die „Chelidoneen" oder Schwalbeninseln, welche mit dem Vorsprunge der Solymerberge, dem heutigen Kap Chelidóni, die natürliche Grenze zwischen dem Rhodisch-Lykischen und dem Pamphylischen Meere bilden. In Kleinasien selbst sollte der Großkönig sich verpflichtet haben, bis auf einen Tagemarsch, wie ihn die Reiterei zurücklegt, mit allen Truppen von der Küste fernzubleiben; nach anderen sollte er sogar die Halyslinie als Grenze seines Machtgebietes anerkannt haben. Diese Verträge wurden von den einen nach der Schlacht am Eurymedon, nach den andern nach dem zyprischen Siege angesetzt.

Diesen verworrenen Nachrichten gegenüber ist nun vollkommen klar, daß der sogenannte Kimonische Friede nichts mit Kimon zu tun hat, insoferne die Friedensverhandlungen der Politik Kimons grundsätzlich widersprachen. Ferner ist gewiß, daß, wenn auch vielleicht einzelne Statthalter des Königs im Drange der Not sich bestimmen ließen, schimpfliche Friedensbedingungen einzugehen, der Großkönig selbst sich niemals dazu verstanden hat die Unabhängigkeit der abgefallenen Küstenländer anzuerkennen und auf die Tribute zu verzichten, mit denen sie im persischen Reichsbudget eingeschrieben waren. Ein förmlicher Staatsvertrag zwischen Athen und Persien, wie ihn Perikles ohne Zweifel wünschte, ist überhaupt nicht zustande gekommen. Tatsächlich aber trat nach

Kimons Tode der Zustand ein, daß einerseits Athen seine Kriegsunternehmungen aufgab und anderseits die Perser sich von dem Gebiete der attischen Bundesgenossenschaft fern hielten. Es wurde Friede im Ägäischen Meere; die Machtverhältnisse, wie sie durch Kimons Siege festgestellt waren, wurden stillschweigend anerkannt und ein freier Schiffsverkehr zwischen Europa und Asien war der wichtigste Gewinn, den die Beruhigung des Meeres den Athenern brachte.

So waren unter Perikles Einfluß die auswärtigen Verhältnisse geordnet. Der Perserkrieg war vorläufig beendet und mit Sparta waren feste Verträge geschlossen. Freilich wußte er besser als alle anderen, daß ein dauernder Frieden mit Sparta unmöglich sei, aber er bedurfte einer Reihe von Friedensjahren, um in Athen seine Pläne durchzuführen. Dazu hatte er sich durch die eingetretene Waffenruhe nach außen freie Hand geschafft; dasselbe mußte er auch im Innern tun.

Hier war die kimonische Partei nicht ausgestorben. Sie lebte fort in den vielen Freunden des abgeschiedenen Helden, aber sie war auseinandergefallen, sie fing an sich aufzulösen und unter der Menge zu verlieren. Da wurde sie noch einmal gesammelt und zu einer Macht im Staate vereinigt durch Thukydides, des Melesias Sohn, aus dem vorstädtischen Gaue Alopeke. Er war ein Verwandter Kimons; aber nicht aus persönlichen Rücksichten trat er als Parteiführer auf, sondern aus innerer Überzeugung; denn er glaubte, daß es gegen die maßlose Entwicklung der Demokratie eines Gegengewichtes bedürfe. Darum scharte er die Mitglieder der alten Familien um sich, die Anhänger alter Sitte, welche wie Kimon die lykurgische Bürgerzucht hochschätzten und mit den Peloponnesiern nicht brechen wollten. Thukydides verstand es vortrefflich, die Partei zu organisieren. Er war ein Mann, der in ganz Hellas hoch angesehen war, ein Mann von anerkannter Uneigennützigkeit und treuer Fürsorge für die Gemeinde, der Rede mächtiger als Kimon, und ohne Scheu, wenn es galt, Perikles vor dem Volke gegenüberzutreten. Offen sprach er seinen Schmerz darüber aus, daß Athen seinen guten Namen verloren habe; der Staat, der immer von Freiheit rede, werde wie ein Tyrann gehaßt, wohin seine Macht reiche. Fremdes Gut habe man sich widerrechtlich angeeignet, indem man den Bundesschatz nach Athen gebracht habe, und von den für den Perserkrieg eingezahlten Beiträgen putze man die Stadt auf, wie ein eitles Weib, während man in Susa dem Großkönige den Hof mache.

Mit Kimon hatte Perikles sich zu gemeinsamem Wirken vereinigen können; mit Thukydides war es unmöglich. Dieser war selbst zu sehr Demagoge; er setzte alles daran, seine Grundsätze zur Herrschaft zu bringen, und war nicht imstande, sich einem andern unterzuordnen oder anzubequemen. Wie ein Paar Ringer kämpften die beiden Männer an allen wichtigeren Versammlungstagen miteinander. Die Bürgerschaft hatte zwei Führer, das Staatsschiff zwei Steuerleute, welche gegeneinander arbeiteten. So rieben sich wiederum die besten Kräfte im Parteikampfe auf, bis endlich die aristokratische Partei, als sie vergeblich gegen den gewaltigen Perikles ankämpfte, den Weg einschlug, daß sie ihn als einen der Freiheit gefährlichen Mann verdächtigte und die Anwendung des Scherbengerichtes beantragte. Aber die Waffe verwundete die, welche sie ergriffen hatten. Denn als die Bürgerschaft berufen wurde, ihren Spruch zu tun und dadurch zugleich zwischen den beiden Parteiführern sich zu entscheiden, wurde nicht Perikles, sondern Thukydides verbannt. Einige seiner politischen Freunde verließen gleichzeitig die Stadt, so zum Beispiel der Dichter Ion aus Chios, des Kimon vertrauter Freund. Die anderen, jeder Führung beraubt, verloren sich unter den Bürgern; ihre Partei war vernichtet. Die Bürgerschaft hatte klar und entschieden ihr Vertrauen zu Perikles ausgesprochen; er hatte jetzt nach außen wie nach innen freie Hand. Die Zeit war gekommen, daß er ohne Hindernis seine Pläne verwirklichen konnte.

Drittes Kapitel

DIE FRIEDENSJAHRE

Die attische Bildung. — Die ionischen Naturphilosophen. — Eleaten und Pythagoreer. — Sophistus in Athen. — Perikles Jugend und Bildung. — Perikles als Volksredner und Oberfeldherr. — Aspasia. — Die Politik des Perikles. — Samos und Byzanz besiegt. — Staatsschatz und Handel. — Anfänge der Geschichtsschreibung. — Philosophie und Sophistik. — Literatur, Kunst und Theater in Athen. — Der Parthenon. — Die Wirkungen des attischen Kunstlebens.

Das Leben des Perikles fällt in einen Wendepunkt der hellenischen Bildung, und die außerordentliche Stellung, welche er in Athen eingenommen hat, läßt sich nicht begreifen, wenn man nicht die geistige Bewegung in das Auge faßt, welche sich zu seiner Zeit von Ionien herüber nach Attika verpflanzte und hier allmählich eine vollständige Umwandlung der älteren Sitte und Denkweise zur Folge hatte.

Die attische Bildung hatte seit Solon ihr eigentümliches Gepräge erhalten. Denn eine Verfassung, welche vom Geiste der edelsten Weisheit getragen, auf eine Beteiligung der gesamten Bürgerschaft am öffentlichen Leben berechnet war, mußte schon an und für sich im vollsten Sinne des Wortes eine Schule des Volkes werden. Außerdem war durch sie die Verpflichtung der Eltern und Vormünder, für die Erziehung der Jugend zu sorgen, eine Bürgerpflicht geworden, deren Vernachlässigung vom Areopag gerügt wurde und öffentlichen Makel zur Folge hatte. Indessen war der Kreis der Bildungsmittel nicht wesentlich erweitert worden; man war der alten Weise treu geblieben, bei welcher es nicht darauf abgesehen war, daß die Jugend vielerlei wissenschaftliche Kenntnisse einsammle, sondern daß die angeborenen Kräfte in ihr geweckt und geübt würden, daß sie von früher Morgenstunde an sich gewöhne, Leib und Seele in geordneter Weise zu würdigen Zwecken anzustrengen. Grammatik, Musik und Gymnastik erschöpften den Kreis des Unterrichtes, in welchem die beiden ersten Fächer nahe verbunden waren. Denn wenn der Knabe lesen und schreiben gelernt hatte, so las er die Dichter; er lernte sie vortragen und eignete sich mit den Worten derselben den Reichtum des Inhaltes an. Verstand und Gefühl, Geschmack und Urteil bildeten sich aus, indem er sich in die Gedanken der besten und allgemein anerkannten Meister hineinlebte. Der Vortrag der Dichter führte zum Saitenspiele und zur genauen Kenntnis der verschiedenen Tonweisen. Die Macht der musischen Kunst bewährte sich mit ihrer erhebenden und läuternden Kraft an den Gemütern der Jugend, ohne daß diese die Absichtlichkeit einer moralischen Unterweisung spürte.

So schlicht und einfach diese Geistesbildung war, so ergriff sie doch den ganzen Menschen, und zwar um so tiefer und energischer, weil der jugendliche Geist nicht durch ein buntes Vielerlei zerstreut wurde und sich deshalb um so hingebender mit dem beschäftigen konnte, was ihm an geistiger Nahrung und Bildungsstoffen dargeboten wurde. Und was konnte doch einem attischen Knaben geboten werden! Das große Weltgemälde des homerischen Epos, welches Heldensinn und Tatenlust anregte, die gottesdienstlichen Hymnen mit ihrem reichen Schatze heiliger Tempelsagen, die Lebensweisheit der Gnomiker, welche in kurzen Kernsprüchen dem Bewußtsein der Besten des Volkes Ausdruck zu geben wußten, und dann die ganze Fülle lyrischer Dichtung, der feierliche Ernst eines Alkman, die kühnen Gedanken eines Archilochos, die feurige Leidenschaft und die Anmut der Äolier, und endlich die Elegie in ihrer reichen Mannigfaltigkeit, die ionische sowohl wie die attische, welche in eindringlicher Klarheit alles aussprach, was einem tapfern und tüchtigen Bürger Athens zu wissen und zu können ziemte! So konnte der Knabe, wenn er zum Manne heranreifte, alle Entwicklungsstufen, welche die hellenische Bildung zurückgelegt hatte, alle Weisen nationaler Kunst, wie sie in den verschiedenen Stämmen und Landschaften geübt worden war, das ganze geistige Erbgut seiner Nation sich angeeignet haben. Während die geistige Bildung der Jugend mehr den Eltern überlassen wurde, sorgten die öffentlichen Gymnasien für die körperliche Tüchtigkeit, weil vom Gesichtspunkte des Gemeinwohles kein Erziehungszweck wichtiger erschien, als der, einen gesunden Nachwuchs in kräftigen und schönen, tapferen und gewandten Jünglingen dem Staate zu sichern.

Der Grundsatz, welcher allem Jugendunterrichte zugrunde lag, war das Streben nach einer freien und allgemeinen Bildung. Keine der herkömmlichen Übungen hatte den Zweck, zu bestimmten Verrichtungen und Geschäften des bürgerlichen Lebens vorzubereiten. War nun der Jüngling in Aneignung dessen, was von allen für das beste gehalten wurde, was das Volk an geistigen Schätzen besaß, glücklich herangereift, so galt die Teilnahme am öffentlichen Leben für die höhere Schule der Ausbildung und Bewährung. Was auf der Palästra gelernt war, zeigte der Waffendienst in den Reihen der Wehrmannschaft; Urteil und verständige Rede bewährten sich in den Versammlungen der Bürger; die in den Schulen gelernten Lieder tönten fort bei den geselligen Vereinen. Denn die Leier wanderte umher bei den Gastmälern; sie hielt die Sprüche weiser Dichter in frischem Gedächtnisse und reizte zu neuen Dichtungen. Belehrende Gespräche wurden in den Schattengängen der Ringschule gehalten, und die Freundschaft, deren sittliche Bedeutung kein Volk tiefer erkannt hat, als die Griechen, feuerte die Gemüter an zum Wetteifer in Tugend und Erkenntnis.

*

Inzwischen hatte fern von Attika eine Bewegung der Geister begonnen, welche, von unmerklichen Anfängen anhebend, allmählich eine Macht geworden war, deren Dasein zuerst nur die Auserwählten des Volkes fühlten, bis sie nach und nach das gesamte Volksleben ergriff. Diese Bewegung ging von Ionien aus.

Während die Staaten des diesseitigen Hellas dem größeren Weltverkehre noch ferne standen und ihre Bürger nur für den beschränkten Kreis ihrer Gemeindeangelegenheiten lebten, haben die Ionier zuerst um fernere Dinge sich bekümmert. Von

Natur unstet und ins Weite blickend, sind sie durch die Berührung mit der babylonischen und ägyptischen Kultur angeregt worden, über den Kreis ihrer nächsten bürgerlichen Aufgaben hinauszugehen, durch Wandern, Fragen und eigenes Forschen neue Kenntnisse zu suchen, welche mit dem Staatsleben nichts zu tun haben, und den Gründen der Erscheinungen nachzuspüren. Bei einem Volke, wie die Griechen waren, die sich mit der umgebenden Natur in unbefangener Harmonie vereinigt fühlten, war es ein Schritt von unabsehbaren Folgen, als sich zum ersten Male das Bewußtsein des Menschen der Welt des Erschaffenen gegenüberstellte. Freilich wollte man zunächst nichts anderes, als die natürlichen Dinge sich verständlich machen und dem Bedürfnisse des hellenischen Geistes, der überall Gesetz und Ordnung suchte, genügen; man war bestrebt, der verwirrenden Mannigfaltigkeit der Dinge gegenüber ein allgemeines festzustellen, also von den vielen Stoffen einen als den Urstoff nachzuweisen. Als solchen nannte Thales von Milet das Wasser. So wenig er selbst daran dachte, sich durch solche Lehre mit dem Bewußtsein des Volkes und seiner Naturanschauung in Widerspruch zu setzen, so war dennoch hiezu der entscheidende Anstoß gegeben.

Der forschende Gedanke ging weiter; denn es war nicht schwer, des Thales Urstoff als ungenügend nachzuweisen. Darum trat in derselben Stadt, welcher Thales angehörte, Anaximander auf und lehrte, der Urstoff, den man suche, sei kein sichtbares Element, denn jede räumliche Grenze sei eine Schranke des wahren Seins. Der Dinge Urgrund muß also ein Unbegrenztes, ein Unendliches sein, das von Anfang an war, eine in sich gleichartige, ewige Urmaterie, die aus eigener Kraft sich bewegt. Aus ihr scheiden sich die einzelnen Elemente aus, welche bei der Ausscheidung ihre besondere Natur gewinnen, aber alle dazu bestimmt sind, einmal in ihren Urgrund zurückzukehren, um darin unterzugehen. Dieser Untergang ist gleichsam die Buße für das unberechtigte Sonderdasein, welches die Einzeldinge sich angemaßt haben.

Man erkennt, wieviel kühner der Gedanke Anaximanders fortschritt, wieviel entschlossener er sich ablöste von dem, was die Menschen mit Augen sehen. Den körperlichen Dingen wird schon das wahre Leben abgesprochen. Aber Anaximanders Urstoff war etwas, das nicht deutlich genug gedacht werden konnte und sich zur Erklärung der sichtbaren Welt nicht ausreichend zeigte. Der Milesier Anaximenes behielt daher die Unendlichkeit des Urstoffes bei, dachte sich aber denselben wieder mehr nach Art eines nachweisbaren Elements, und zwar des feinsten und wandelbarsten von allen, der Luft. Aus einem

Luftäther ließ er durch Verdichtung und Verdünnung die verschiedenen Dinge werden. Dadurch führte er die Philosophie wiederum dem Gebiete der Physik näher, und es folgte ihm eine Reihe von Forschern, welche die Prinzipien der ionischen Naturphilosophen auf die Erklärung der Welt anzuwenden und durch physikalische Prozesse die Mannigfaltigkeit zu erklären suchten. Der Reiz der Forschung verbreitete sich von Milet aus über die anderen Städte Ioniens und infolge der politischen Erschütterung von dort nach weit entlegenen Teilen der griechischen Welt. Denn als die Perser gegen die Küste vordrangen und die ganze Kultur Ioniens zu vernichten drohten, wurde dies eine Veranlassung der Auswanderung und der Übersiedlung ionischer Philosophie nach Italien, wo sie von neuem Wurzel schlug. So wurde Elea (Hyele), am Tyrrhenischen Meere von den flüchtenden Phokeern gegründet, ein Sitz der Philosophie, seitdem sich Xenophanes aus Kolophon bei ihnen niedergelassen hatte, um dieselbe Zeit, als Pythagoras aus Samos nach Kroton übersiedelte, beide bei aller Verschiedenheit doch darin übereinstimmend, daß sie neue Wege einschlugen, um die von den milesischen Philosophen angeregten Probleme zu lösen.

Die letzten Ursachen der Dinge können nicht in der Materie liegen; denn die Ordnung der Welt läßt sich aus einem Urstoffe und dessen wechselnden Verwandlungen niemals erklären. Jede Annahme der Art führt von einem Rätsel in ein anderes. Ein Höheres muß zugrunde liegen, etwas von den Sinnen nicht Faßbares. Dies höhere Prinzip fanden die Pythagoreer in der Zahl; denn indem sie im kleinen wie im großen, überall wo gesetzmäßige Bewegung und Ordnung wahrnehmbar ist, in den Tönen der Leier wie in den Bahnen der Himmelskörper, die Zahl als das Regelnde erkannten und in der Zahl den Schlüssel des Verständnisses sahen, so nahmen sie auch in der ganzen Schöpfung, welche sie zuerst als Kosmos auffaßten, eine solche Macht und Herrschaft der Zahl an, betrachteten dieselbe aber nicht nur als das Regulativ, nach welchem die Dinge geordnet wären, sondern als das wahre ihnen zugrunde liegende Wesen. Auch die Eleaten suchten den Urgrund der Dinge außerhalb der sichtbaren Welt. Mit entschlossener Kraft des Geistes setzten sie den veränderlichen Erscheinungen, inmitten derer wir leben, ein unveränderliches, ewiges Sein gegenüber. Nur dieses ist wirklich, alle Vielheit ist nur Schein ohne innere Wesenheit, und das Wissen kann keinen anderen Gegenstand haben, als das eine und in sich gleiche, den letzten Grund der täuschenden Erscheinungswelt. Das war der Ausgangspunkt der Philosophie, welche die Männer aus Phokaia in Italien, in dem fern gelegenen Elea, pflegten. Dieselbe Kühnheit, welche sie zuerst in die insellose Westsee hinausgeführt hatte, bewährten sie als Denker, indem sie den Mut hatten, sich von aller sinnlichen Wahrnehmung loszusagen und in das Gebiet des reinen Gedankens hinauszusteuern.

So groß aber auch der Fortschritt ist, welchen die beiden neuen Richtungen der Philosophie bezeichnen, indem sie mit dem Boden Ioniens auch die im Sinnlichen befangene Anschauungsweise der Ionier verließen, so gelang es doch auf beiden Wegen nicht, für die Erklärung der vorhandenen Dinge eine ausreichende Methode zu finden. Neue Prinzipien der Weltbetrachtung waren aufgestellt, aber die Vermittlung fehlte, und weder aus der pythagoreischen Zahl noch aus dem eleatischen Sein ließ die Welt der Erscheinungen sich begreifen. Darum trat in schroffem Gegensatze zu beiden Anschauungen die ionische Philosophie mit einer neuen Richtung auf.

Es gibt, lehrte sie jetzt, überhaupt kein Sein, weder ein in der Sinnenwelt nachweisbares, denn es erweist sich nirgends als ein zuverlässiges, noch ein übersinnliches, ewiges und in sich gleiches, wie es die Spekulation der Eleaten erfunden hat; das einzige, was wirklich ist und worauf alle Prüfung der Dinge hinführt, ist die Veränderung, die ewige Bewegung, das unaufhörliche Werden. Die ganze Welt ist nichts als ein Ineinander von Gegensätzen, die sich wechselseitig beschränken und aufheben, ein unaufhörlicher Stoffwechsel, ein Sichaustauschen der Dinge untereinander, ein allgemeiner Fluß. Je mehr etwas an diesem Werden Anteil hat, um so mehr Wesenheit hat es; jedes Beharrenwollen ist Willkür und Auflehnung gegen die Weltordnung und wird von Dike, der Gerechtigkeit, gestraft. So lehrte der Ephesier Herakleitos um die Zeit des Königs Dareios, und es ist, als ob seine Lehre vom ewigen Streite in Natur und Menschenwelt und vom Kriege, dem „Vater der Dinge", nur der philosophische Ausdruck für jene wildbewegten Zeiten sei, in denen ein Umschwung aller Staatenverhältnisse eintrat und Völkerkriege von unabsehlicher Bedeutung einer neuen Zeit Bahn brachen. Es war ein wichtiger Fortschritt in der Entwicklung des philosophischen Bewußtseins, als er die letzte Frage desselben in ein neues Gebiet verlegte und in dem Prozesse des Werdens und Vergehens dem Menschengeiste einen überschwenglich reichen und fruchtbaren Gegenstand darbot. Seine außerordentlichen Anschauungen, seine mit dem Rätsel des Werdens ringenden Gedanken fanden in der gewöhnlichen Rede der Hellenen keinen Ausdruck; gleich unverständlichen Orakelsprüchen klang den Ephesiern die Weisheit ihres großen Mitbürgers.

Beruhigung konnte sie nach keiner Seite hin gewähren. Rastlos drängte der Gedanke vorwärts. Die Eleaten fuhren fort, in schroffem Gegensatze zu Heraklit die Idee des reinen Seins schärfer auszubilden und darin den einzigen Ruhepunkt für den forschenden Geist sowie den einzigen Urgrund der Welt nachzuweisen. In Agrigent suchte dagegen Empedokles (um 450 v. Chr.) jenen Gegensatz zu vermitteln. Er nahm ein ewiges Sein an, ohne den Prozeß des Werdens zu verneinen. Was uns aber als Werden und Vergehen erscheine, lehrte er, sei nur ein Zusammengehen und Auseinandergehen von Grundbestandteilen oder Elementen, welche durch zwei Kräfte, durch Liebe und durch Haß, gemischt und wieder getrennt würden. Gleichzeitig machte Leukippos einen ganz verschiedenartigen Versuch, die widersprechenden Lehren vom Sein und Werden zu vermitteln. Er sprach neben dem Seienden auch dem Nichtseienden, der Leere, Wirklichkeit und Wirksamkeit zu; das Seiende sei zwar unvergänglich, aber kein in sich Unterschiedsloses, sondern aus unendlich vielen kleinen Teilen bestehend. Diese erlangen Bewegung im leeren Raume; aus ihrer Verbindung und Trennung erkläre sich der Wechsel der Dinge. Also glaubte er sowohl das eleatische Sein, das der spekulative Gedanke fordere, als auch das herakleitische Werden, auf welches die Erfahrung führte, retten zu können.

Ehe noch diese Lehre der Atomistik sich vollständig ausgebildet hatte, erkannte Anaxagoras in Klazomenai (geb. um Ol. 70, 1; 500) das Ungenügende jeder Vermittlung solcher Art, zugleich aber auch die Unmöglichkeit, den ewigen Widerspruch zwischen Sein und Werden aus den Stoffen und ihrer Natur zu lösen; denn auch die Eleaten hatten ihr Sein von der Natur des Stofflichen ebensowenig abzulösen gewußt wie die Pythagoreer ihre Zahl. In der sichtbaren Welt, sagte Anaxagoras, liegt nicht der letzte Grund weder des Seins noch des Werdens; der Anstoß zu ihrer Gestaltung muß von außen kommen, von einem Wesen, das nicht von Stoffes Art ist, sondern ein in sich lebendiges. Damit ging ein neues Licht im Reiche der Gedanken auf, die Idee eines weltordnenden Geistes, welcher allem Körperlichen klar und bestimmt gegenübergestellt wurde.

Von unscheinbaren und harmlosen Anfängen beginnend, hatte der menschliche Gedanke seinen Weg unaufhaltsam durchmessen. Ein Denker hatte des anderen Lehre verdrängt; nur eines war geblieben, in einem stimmten alle überein; das war das Verwerfen der sinnlichen Wahrnehmung und jedes auf ihr beruhenden Urteils. Heraklit schalt die Sinne „Lügenzeugen" und den Eleaten zerrann die ganze Welt in leeren Schein. Ehe ein Festes gewonnen wurde, fiel das Bestehende in Trümmer. Es bildete sich ein schroffer Gegensatz gegen die gedankenlos hinlebende Menge des Volkes sowie gegen alle herkömmlichen und volkstümlichen Vorstellungen; ein Gegensatz gegen die Dichter des Volkes, die Gesetzgeber des Volkes und gegen seine Götter. Homer und Hesiod galten nicht mehr, kein Ansehen bestand vor der zersetzenden Kraft des Zweifels. Der unbefangene Glaube, die treuherzige Verehrung des Hergebrachten, die Harmonie zwischen Mensch und Natur war dahin.

Nun suchten zwar die Führer der Schulen überall zu festen Zielpunkten vorzudringen und wurden nicht matt im Ringen nach einem endgültigen Abschlusse. Je mehr aber hierin die Ansichten auseinandergingen, um so näher lag die Gefahr, daß viele, die sich an der Forschung beteiligten, aus Schwäche oder Trägheit über den Zweifel nicht hinaus kamen. Sie bespöttelten vornehm die Einfalt derer, welche sich bei den Meinungen des Volkes beruhigten, deren innere Widersprüche aufzudecken keine Kunst mehr war, aber sie gingen selbst nicht ernsthaft daran, die letzte Wahrheit zu suchen. Wozu auch? Wenn ein dauerndes und bestimmtes Sein, wie Heraklit gezeigt hat, nirgends vorhanden ist, so ist jedem d a s Wahrheit, was seine Sinne ihm als solche darstellen; darüber aber läßt sich mit niemand streiten. So kam es, daß sich eine Klasse von Menschen bildete, welche von Systemen und letzten Gründen überhaupt nichts wissen wollten, sondern als Hauptsache die Denkübung selbst und die daraus hervorgehende Gewandtheit und Unabhängigkeit des Geistes betrachteten.

So wird aus der Philosophie eine allgemeine Aufklärung, welche in praktischer und faßlicher Weise benutzt werden soll, alles Bestehende der Prüfung zu unterziehen. Im Lichte dieser Aufklärung wird Staat und Bürgerleben betrachtet; Theorien werden aufgestellt; nach allgemeinen Vernunftgründen wird über Wohnung, Nahrung, Kleidung gehandelt, und Leute, welche nie ein öffentliches Amt bekleidet haben, treten mit großen Reformplänen für die gesamte bürgerliche Ordnung auf. Diese Richtung zeigt sich am deutlichsten in Hippodamos, der um die Zeit, da Athen die Führung der hellenischen Seemacht übernahm, in Milet geboren wurde und alle hier zugängliche Wissenschaft mit solchem Eifer sich aneignete, daß er sich frühzeitig einer umfassenden Natur- und Weltkenntnis rühmen konnte und sich auf jede Weise als einen Mann geltend zu machen suchte, der alles besser verstände als die übrigen Hellenen. Er war von Hause aus Architekt und wollte zunächst in seinem Fache alles nach neuen Grundsätzen reformieren. Der Bau der Häuser und Städte sollte nicht von Laune und

Willkür noch von den Zufälligkeiten des Bodens abhängen, sondern nach allgemeinen Grundsätzen behandelt werden. Daß man aber gerade in Milet zuerst darauf kam, die Stadtgründung als eine Wissenschaft zu behandeln, läßt sich aus der Geschichte der Stadt wohl erklären, und die Vorbilder orientalischer Städte, mit denen die Milesier in Berührung kamen, namentlich Babylon, wirkten ohne Zweifel darauf ein, daß Hippodamos mathematische Regelmäßigkeit der Anlage, geradlinige Straßen und Plätze, rechtwinklig abgeschnittene Stadtquartiere verlangte. Aber er ging viel weiter in seinem doktrinären Eifer. Er wollte eine neue Kleidung einführen, er wollte nach bestimmten Zahlverhältnissen die Bürgerschaften geordnet, die Stände gegliedert, die Gesetze und öffentlichen Angelegenheiten geordnet wissen; alles sollte vernunftgemäß konstruiert werden und dadurch eine allgemeine Geltung erlangen. So bildeten sich politische Theorien, welche grundverschieden waren von der Staatsweisheit der Älteren, welche wie Mnesiphilos, der Erbe solonischer Weisheit, im engsten Anschlusse an die besondere Aufgabe des einzelnen Staates und seine Geschichte in kurzen Sprüchen Grundsätze der Politik aufstellten.

Diese moderne Aufklärung, wie sie in Hippodamos recht deutlich zutage tritt, wurde eine Macht, welche sich mehr und mehr ausbreitete und das Volksleben in seinem innersten Kerne angriff. Am meisten Fortschritte machte sie natürlich in den Gegenden, wo die bürgerlichen Verhältnisse schon gelockert waren, also namentlich in den großen Handelsstädten, und zwar zunächst in Ionien selbst, wo von jeher ein Widerstreben gegen strenge Gesamtordnungen und Neigung zu Neuerungen geherrscht hatte. Unter der Herrschaft der Lyder und der Perser war die Bevölkerung sehr gemischt worden, Hellenen und Barbaren wohnten bunt durcheinander; dadurch wurde das nationale Bewußtsein so getrübt, daß es dem weltbürgerlichen Sinne, welcher mit der philosophischen Aufklärung zugleich sich ausbreitete, keinen Widerstand entgegensetzte. Mit den ionischen Städten standen die Kolonien Italiens und Siziliens im nächsten Handelsverkehre; auch hier war durch ähnliche Verhältnisse der Boden für die neue Bewegung der Geister vorbereitet.

Zwar fehlte es der griechischen Philosophie nicht an Keimen, welche auch für politische Bildung fruchtbar waren. Herakleitos eiferte mit hoher Begeisterung für die Geltung der Gesetze des Staates; Pythagoras suchte die Harmonie, welche er in der Weltordnung anschaute, auch im menschlichen Staate zu verwirklichen; selbst die Eleaten waren nicht so in Spekulation verloren, daß sie nicht, wo es galt, ihren Mitbürgern als tat-

Bronzeherme einer Amazone. Neapel, Nationalmuseum

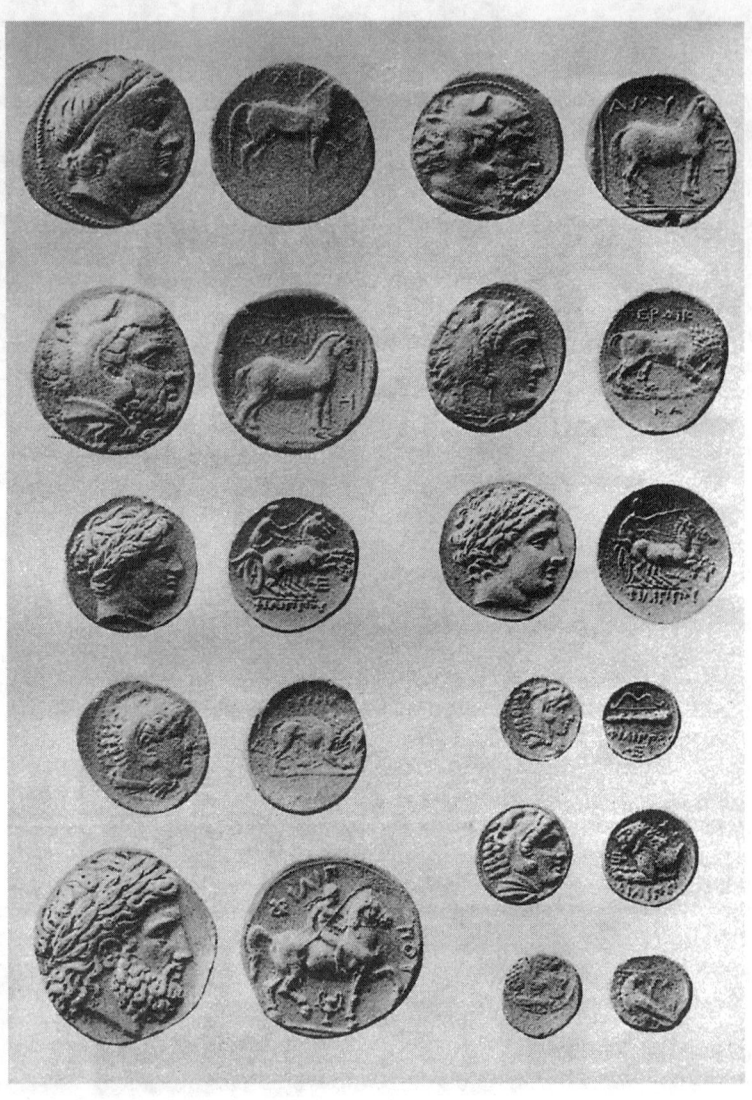

Griechische Münzen aus dem Anfang des 4. Jahrhunderts v. Chr.

kräftige Staatsmänner dienten. Parmenides, der Anhänger des Xenophanes, wurde Gesetzgeber von Elea und neigte sich auf diesem Gebiete den pythagoreischen Grundsätzen zu; Empedokles war der einflußreichste Mann in Agrigent und der Retter der vaterstädtischen Verfassung. Aber solche Wirkungen waren nur einzeln und vorübergehend: die nach philosophischen Grundsätzen geordneten Verfassungen hatten keine Dauer; nur den hervorragendsten Männern war es gegeben, die neue Bildung mit bürgerlicher Tüchtigkeit und Gesinnungstreue zu vereinigen. Die allgemeine und bleibende Wirkung war derart, daß sie die Anhänglichkeit an das Herkommen erschütterte, die Festigkeit der bürgerlichen Ordnungen untergrub und, weil in diesen Glaube und Sitte wurzelten, auch die sittliche Haltung der griechischen Gemeinden gefährdete.

In der Mitte zwischen Ionien und den westlichen Kolonien blieb das europäische Griechenland, welches durch seine staatlichen Angelegenheiten ganz in Anspruch genommen war, von dem Einflusse philosophischer Aufklärung lange Zeit unberührt. Aber die Berührung konnte nicht ausbleiben, am wenigsten in Athen, nachdem es die Aufmerksamkeit der gesamten Griechenwelt erweckt hatte und dadurch aus seiner früheren Beschränkung und Zurückgezogenheit herausgetreten war. Die Anspannung aller körperlichen und geistigen Kräfte, welcher Athen seine Siege verdankte, war so gewaltig gewesen, daß seine Bürger nach Abwendung der Gefahr nicht wieder in das alte Geleis väterlicher Gewohnheiten zurückkehren konnten. Ein ganz neues Selbstbewußtsein war erwacht; es bedurfte neuer Gegenstände, an denen die Kraft sich versuchen konnte, neuer Erwerbungen auch auf dem Gebiete geistiger Bildung.

Diesem Bedürfnisse nach Erweiterung des geistigen Gesichtskreises kamen nun die Zeitverhältnisse in merkwürdiger Weise entgegen. Eine Fülle von Anregungen wartete der Athener; durch Reisende wie durch Schriftverkehr vernahm man die Kunde der neuen Weisheit, die in den fernen Seestädten gereift war, bis endlich die bedeutendsten Persönlichkeiten selbst herüberkamen, vor allen anderen Anaxagoras, der gleich nach den Perserschlachten als ein junger Mann Athen aufsuchte, der erste, der Athen zum Sitze der Philosophie machte. Dann sein Zeitgenosse, Diogenes aus Apollonia in Kreta, welcher die Richtung der ionischen Naturphilosophen festhielt und fortsetzte, nachdem ihr Standpunkt durch spätere Forschungen schon überwunden war. Auch auf die Eleaten übte Athen seine Anziehungskraft aus; Parmenides kam als ein Sechziger zum Feste der Panathenäen (etwa Ol. 81, 3; 454), und mit ihm sein Schüler Zenon, welcher trotz seiner Anhänglichkeit an das stille und philosophischen Studien günstige Elea wiederholt in Athen anwesend war.

Diesen eigentlichen Philosophen, den Gründern und Vertretern philosophischer Schulen, folgte nun die größere Zahl derer, welche von Schulweisheit und Systemen nichts wissen wollten, sondern die Lehren der Philosophen vielmehr dazu benutzten, um die Unmöglichkeit einer für alle gültigen Erkenntnis zu beweisen; Männer, welche die aus vielseitigen Studien erworbene Meisterschaft im Denken und Reden durch Unterricht zu verwerten wußten. Denn während die strengeren Philosophen nur wenige und Auserwählte des Volkes in ihren Kreis zu ziehen vermochten, wendeten jene sich an ein größeres Publikum und machten die Philosophie dem Bedürfnisse einer allgemeinen Bildung dienstbar. Als Lehrer, wie sie Griechenland in dieser Art noch nie gesehen hatte, zogen sie in den größeren Städten umher, lockten die Jünglinge an sich, nicht um sie mit unbrauchbaren Lehrsätzen zu belästigen, sondern um sie mit den Fortschritten der Zeitbildung bekanntzumachen, von Vorurteilen zu befreien, ihren Gesichtskreis aufzuklären und zu erweitern, sie denk- und redefertig zu machen, in Beurteilung der Gemeindeangelegenheiten, in Verwaltung des eigenen Vermögens, in Behandlung der Menschen zu unterweisen, und indem sie zu solchem Zwecke von ihrer Weisheit gleichsam Profession machten und einen eigenen Stand bildeten, benannte man sie mit dem Namen der Sophisten, einem Namen, der ursprünglich durchaus keine tadelnde Nebenbedeutung hatte. Einer der ersten dieser Sophisten war Protagoras aus Abdera, welcher um die Mitte des fünften Jahrhunderts in Sizilien wie in Athen mit großem Beifalle auftrat, indem er lehrte, daß es keine unbedingte Wahrheit gebe, daß alle Gegenstände nur so seien, wie sie dem Wahrnehmenden erschienen; alles hänge also von dem Gesichtspunkte des Anschauenden ab; das Maß der Dinge liege in ihm. So stand der Mensch frei und unabhängig Gott und der Welt gegenüber und es kam nur darauf an, wie weit einer imstande sei, sein persönliches Meinen geltend zu machen.

Merkwürdig ist nun das Verhalten der Athener zu diesen Männern, welche aus West und Ost mit ihrer Weisheit zu ihnen kamen und nicht ohne Grund einen günstigen Boden bei ihnen zu finden erwarteten. Denn was konnte ihnen in dieser Zeit, wo sie sich von dem bisherigen Bildungskreise unbefriedigt fühlten, willkommener sein, als eine Weisheit, die Menschliches und Göttliches aus neuen Gesichtspunkten betrachtete und zugleich eine unmittelbar praktische, für alle Verhältnisse brauchbare sein wollte, eine Weisheit, welche der ionischen Liebe zu freier und unabhängiger Bewegung vollkommen entsprach, indem sie allen lästigen Satzungen gegenüber der Persönlichkeit die höchste Berechtigung einräumte, die Redelust begünstigte und durch den Einfluß, welchen sie ihren Jüngern zu geben versprach, dem Ehrgeize der jungen Athener im höchsten Grade zusagte! Der Geist der Zeit fand in ihr seinen vollkommenen Ausdruck; daher kam es auch, daß an den verschiedensten Orten ohne äußeren Zusammenhang sich dieselbe Richtung geltend machte und überall Anklang und Eingang fand. In Athen war es ja außerdem eine althergebrachte Sitte, auswärtigen Hellenen von geistiger Bedeutung bereitwillig die Tore zu öffnen und ihnen mit aller Gunst entgegenzukommen. Reiche Familien rechneten es sich zur Ehre, die fremden Lehrer bei sich aufzunehmen und ihre Häuser dadurch auszuzeichnen, daß in ihnen die neue Bildung Anerkennung und Pflege erhielt.

*

In dieser Zeit geistiger Bewegung war Perikles aufgewachsen. Sein Vater Xanthippos, welcher an den Küsten Ioniens den ersten Sieg mit attischen Kriegsschiffen erfochten hatte, gehörte zu dem Geschlechte der Buzygen (Stierspanner), die ein heiliges Bild der Athena, das Palladion, zu hüten und uralte, auf die Einführung des Ackerbaues bezügliche Zeremonien zu vollziehen hatten. Xanthippos Gattin war Agariste, des Megakles Schwester, die Nichte des großen Kleisthenes; in ihrer Ehe verband sich das ehrwürdige Eupatridentum Athens mit dem jüngeren Adel der durch ihren Reichtum und glänzenden Anteil an den Verfassungskämpfen ausgezeichneten Alkmäoniden. So war Perikles schon durch die Geburt die reichste Mitgift zuteil geworden, ein Elternhaus, welches durch glorreiche Vergangenheit und neuen Waffenruhm vor allen anderen geeignet war, hohe Gedanken in dem Knaben zu wecken und ihn zu gewöhnen das Wohl der Vaterstadt wie eine persönliche Angelegenheit zu betrachten. Aber nicht bloß für die städtischen Interessen war sein Elternhaus ein Mittelpunkt; die väterliche Familie stand in Gastfreundschaft mit den Königen von Sparta, und die Verbindungen der Alkmäoniden reichten durch die ganze gebildete Welt, so daß in diesem Hause besser als an irgend einem andern Orte, über die Verhältnisse des Orients, über die Beziehungen der griechischen Staaten zueinander, über die Fortschritte in Kunst und Wissenschaft ein Überblick gewonnen werden konnte. Zu diesen vielfachen Anregungen kamen die außerordentlichen Begebenheiten, welche Perikles' Jugendzeit ausfüllten. Als Knabe erlebte er den Brand Athens, die Niederlage der Barbaren, die Wiedergeburt der Vaterstadt; mit der wachsenden Größe Athens wuchs er zum Jünglinge auf, und sein erster Waffendienst ließ ihn an den herrlichsten Siegen Anteil nehmen. Er sah unter der Hoheit Athens ein weites Insel- und Küstenreich sich bilden und erkannte die Aufgabe seiner Vaterstadt, einer solchen Stellung sich würdig zu zeigen.

Zu diesem Ziele mitzuarbeiten war er nicht bloß durch seine Geburt berufen, sondern auch durch die glücklichsten Anlagen. Denn er war von Natur reich begabt, zur Ausdauer in geistigen und körperlichen Anstrengungen vorzüglich geeignet; lebhaft, strebsam und ideenreich wie Themistokles, aber in seinem ganzen Wesen von Jugend an ungleich gesammelter und geordneter. Denn was ihn vor allen andern auszeichnete, war ein unermüdlicher Bildungstrieb, und niemand empfand das Bedürfnis der Zeit nach neuer Erkenntnis lebhafter, als der junge Perikles. So kam es, daß er sich nirgends mit dem Herkömmlichen begnügte, sondern den neuen Forschungen mit allem Eifer nachfragte und, während das Volk sich ängstlich und mißtrauisch von der ionischen Bildung fernhielt, dem neuen Lichte mit freudiger Bewunderung entgegenging.

Er trieb die Musik bei Pythokleides, einem Pythagoreer aus Keos, und dann bei Damon dem Flötenspieler, einem Manne von einflußreichster Persönlichkeit und erfinderischem Geiste, welcher noch mehr als Pythokleides den musikalischen Unterricht benutzte, um von den Versfüßen und Tonweisen auf die Charaktere der Menschen und ihre Behandlung, auf Sitten- und Staatslehre überzugehen, ein Sophist vom ersten Range. So machte Perikles um die Zeit, wo die übrige Jugend ihre Studien abzuschließen pflegte, erst recht den Anfang damit; er suchte begierig den Umgang der hervorragendsten Künstler und Philosophen, er wurde der eifrigste Zuhörer des Zenon und Anaxagoras, im späteren Lebensalter auch des Protagoras. Aber er lernte nicht bloß um zu lernen; er dachte nicht daran, wie Anaxagoras, über seine Studien Welt und Menschen zu vergessen; seine Lebensaufgabe war es nicht, auf dem Gebiete des reinen Gedankens die erwachten Zweifel und die Widersprüche zu lösen. Perikles behielt immer den Staat im Auge, und im öffentlichen Handeln suchte er die Versöhnung der Gegensätze, die ihm zum Bewußtsein gekommen waren. Denn wie er sich selbst durch die gewonnene Bildung gehoben und gestärkt fühlte, so erkannte er in ihr eine Macht, welche zum Heile des Staates verwendet werden müßte. Er blieb auch als Philosoph Staatsmann, und der ganze Ehrgeiz seiner feurigen Natur ging dahin, durch die Mittel geistiger Überlegenheit, welche die Philosophie gewährte, seine Mitbürger zu beherrschen und den Staat zu leiten.

Daß Perikles auf einem ganz anderen Boden stehe als auf dem der gewöhnlichen Zeitbildung, merkte man schon in seiner Haltung. Man sah seinen Gesichtszügen an, daß er mit hohen Gedanken beschäftigt zu sein pflegte; man empfand eine unwillkürliche Ehrfurcht vor dem feierlichen Ernste, der sein ganzes Wesen durchdrang, vor der unerschütterlichen Festigkeit und Bestimmtheit seiner Persönlichkeit. Er hatte bei seinen Philosophen eine Menge von kleinen Interessen, welche die Alltagswelt am meisten in Bewegung setzten, verachten, eine Reihe von Vorurteilen ablegen gelernt und dadurch an Freiheit der Seele gewonnen, sowie an Macht über andere Menschen. Als beim Eintritt einer Sonnenfinsternis das ganze Schiffsvolk verzagte, hielt er einem Steuermanne den Mantel vor die Augen und fragte ihn, warum er sich mehr erschrecke, wenn ein fernerer und größerer Gegenstand ihm das Sonnenlicht verberge. Innerlich der lebendigste Mensch, war er äußerlich ruhig, kalt und immer sich gleich, ohne durch Strenge und rauhes Wesen zu verletzen. Seine volle Überlegenheit offenbarte sich in der Rede. Denn er hatte sich in Zenons Schule gewöhnt, die Dinge von verschiedenen Standpunkten anzusehen und seine Gegner durch unerwartete Einwendungen zu überraschen. Dialektischen Übungen verdankte er die Gewandtheit seines Verstandes und die Macht des Wortes, welcher niemand gleiche Waffen entgegenzusetzen hatte. Seine Beredsamkeit war die reife Frucht philosophischer Durchbildung, der unmittelbare Ausdruck eines der Menge überlegenen Geistes; darum wußte er, wie kein anderer, zu erschrecken, zu ermutigen, zu überreden; schlagende Gleichnisse, deren zwingender Kraft sich niemand entziehen konnte, standen ihm zu Gebote und die ruhige Zuversicht, mit welcher er redete, machte ihn vollends unwiderstehlich.

So mancherlei aber auch dem jungen Perikles zu Gebote stand, was ihn der Bürgerschaft empfahl, der Glanz des Hauses, welcher ihm ohne Mühe einen bedeutenden Anhang verschaffte, die Macht der Persönlichkeit, die Kraft des Wortes und eine hinreißende Anmut der Stimme, so war ihm doch die öffentliche Tätigkeit durch andere Umstände sehr erschwert. Es fehlte ihm die Gabe leicht und unbefangen mit den Leuten des Volkes zu verkehren; es fehlte ihm das leutselige Wesen, durch welches Kimon zu fesseln wußte, der als ein fröhlicher Lebemann seinen Mitbürgern näherstand. Perikles war zu verschieden von der Menge des Volkes; er fühlte, daß die Bürger keine Sonderlinge liebten und dies Gefühl machte ihn befangen. Dazu kam, daß seine Person zu allerlei Mißtrauen Anlaß gab. Man hielt seinen Ernst für Hochmut, seine Zurückhaltung für versteckten Ehrgeiz; man traute dem geborenen Aristokraten keine wahre Liebe für die Sache des Volkes zu; man kannte die Neigung zur Tyrannis als einen erblichen Hang seiner mütterlichen Familie, darum wurde alles, was mit den Alkmäoniden zusammenhing, argwöhnisch von den Bürgern angesehen und in keiner Familie ist das Scherben≠ gericht so oft zur Anwendung gekommen. Megakles, des Klei≠ sthenes Sohn, wurde verbannt und Xanthippos, den Vater des Perikles, soll dasselbe Los getroffen haben. Dazu kam nun noch der besondere Umstand, daß man im Gesichte des Perikles sowie in seiner Art zu reden eine auffallende Ähnlich≠ keit mit Peisistratos entdecken wollte; ein Umstand, der von Gegnern und Neidern nach Kräften benutzt wurde, um die Bürger vor ihm zu warnen.

Weil Perikles fühlte, daß ihm Mißtrauen und Vorurteil ent≠ gegenstehe, zügelte er seinen Ehrgeiz durch die höchste Be≠ sonnenheit, hielt sich lange von allen Staatsangelegenheiten fern und zog es vor, sich im Waffendienste als ein Bürger zu zeigen, der mit dem Geringsten seiner Mitbürger jede Ge≠ fahr und Beschwerde zu teilen bereit sei. Hier ergänzte er seine wissenschaftliche Bildung und gewann die Eigenschaften, durch welche sich die Athener vor allen Griechen auszeichne≠ ten, Geistesgegenwart und tatkräftige Entschlossenheit. Hier lernte er von Kimon, dessen Feldherrngröße er bewunderte, erkannte aber auch die Schwäche seiner Politik, welche Athen trotz aller Siege gebunden hielt und mit einseitigem Parteieifer der Vollendung der Demokratie entgegenarbeitete.

Freilich pflegten die philosophisch Gebildeten der Volksherr≠ schaft nicht günstig zu sein, welche allem Hervorragenden feindlich ist, und niemand hat die Schwächen derselben schär≠ fer gegeißelt als Herakleitos. Perikles selbst war eine durchaus aristokratische Natur und von dem Herrscherrechte höherer Bildung ganz durchdrungen. Indessen war er nichtsweniger als einseitiger Theoretiker. Er erkannte die Demokratie als die einzige Verfassung, welche in Athen auf Dauer rechnen könne; sie war die mit der Geschichte des Staates verwach≠ sene, die dem Zustande der attischen Gesellschaft ent≠ sprechende, in Glück und Not bewährte, die notwendige Ver≠ fassung Athens. Sie war auch die Stärke Athens; denn diese lag bei der Kleinheit des Staates und den schwierigen Auf≠ gaben, die ihm gestellt waren, in der freien und selbständigen Teilnahme aller am Gemeinwesen, das auf die Opferbereit≠ schaft aller rechnen kann, weil es allen gleiche Ehren und gleichen Einfluß in Aussicht stellt. Auch die sittliche Haltung der Bürgerschaft beruhte auf der Demokratie. Denn sie erweiterte das Bewußtsein jedes einzelnen über die Grenzen seiner eigenen Interessen; sie nötigte jeden Bürger, mit seiner Person für das Ganze einzutreten und machte ihm eine feste Überzeugung zur Pflicht; sie forderte ein vernünftiges Gemeindeleben, in welchem nach offenkundigen Gesetzen die Verhältnisse klar und fest geregelt sind; auch gab die Teilnahme aller an den Staatsverhandlungen eine Bürgschaft dafür, daß keine niedrigen und kleinlichen Beweggründe, wie sie wohl in oligarchischen Kreisen die Entscheidung geben, die Entschließungen der Staatsgemeinde leiteten. Eine hinterlistige Politik, welche, wie die der Spartaner, in einer ängstlichen Geheimtuerei ihre Stärke suchte und auf Falschheit ihre Erfolge baute, war in Athen unmöglich.

Wenn nun auch Perikles die Demokratie als die zu Recht bestehende und angemessenste Verfassung anerkannte, so war mit dem Namen und den Formen der Verfassung über die Leitung des Staates noch nichts entschieden. Der Demos ist souverän. Aber niemand konnte mehr als Perikles von der Unfähigkeit des Haufens, selbst zu regieren, überzeugt sein. Jede Volksmasse muß regiert werden, ihre Schritte müssen geleitet werden, ihre Interessen ihr deutlich gemacht werden, wenn nicht das Heil des Staates dem Zufalle und der Unvernunft preisgegeben werden soll. Diese Leitung kann niemals in die Hände einzelner Geschlechter zurückkehren, welche ein erbliches Anrecht auf Vorrang und Einfluß geltend machen wollen.

Die Idee einer solchen Verbindung von Volksherrschaft und Einzelherrschaft, wie sie dem Geiste des Perikles vorschwebte, hatte in seiner Zeit und in seiner Vaterstadt eine besondere Berechtigung. Denn damals war die theoretisch-praktische Bildung, wie sie die Philosophie und Sophistik gewährten, wirklich eine Macht, und zwar eine solche, welche nicht leicht von einzelnen an die Menge übergehen konnte. Und dann war die attische Bürgerschaft, die schon an gewöhnlichen Versammlungstagen bis 5000 Köpfe stark sein mochte, zwar wie jede andere Volksmasse unfähig, aus eigenen Antrieben vernunft- und zweckmäßig zu handeln, aber darin war der attische Demos ohne Frage vor allen Bürgergemeinden ausgezeichnet, daß er durch glückliche Anlage einen sicheren Takt und ein richtiges Urteil in der Wahl seiner Führer hatte und den erwählten Führern zu folgen wußte, wenn sie ihm mit erleuchtetem Sinne sein wahres Interesse darlegten. So haben sich die Athener in den Zeiten der Freiheitskriege unbestritten bewährt; sie haben den rechten Männern zur rechten Zeit ihr volles Vertrauen geschenkt, und dies hingebende Vertrauen war das Unterpfand des Staatsglückes; es hob die Menge, läuterte und vereinigte sie; es lieferte den Beweis, daß in Athen auch die gemeinen Leute kein Pöbel waren. Wenn aber die attische Bürgerschaft in dieser Beziehung die Ausführung der perikleischen Gedanken erleichterte, so kam es darauf an, sie von allen anderweitigen Einflüssen und von aller Bevormundung zu befreien, damit sie sich unbedingt dem Redner hingeben konnte, der ihr Vertrauen besaß; sie mußte die Möglichkeit haben, in voller Zahl und unbehindert an allen öffentlichen Verhandlungen teilzunehmen.

Um dies zu erreichen, wurde Perikles Parteimann und verband sich mit Ephialtes und den übrigen Führern der Bewegung. Aber während die Demagogen gewöhnlichen Schlages nur ein nahes Ziel vor Augen hatten und nur an das Hinwegräumen dachten, hatte Perikles den Plan der neuen Herrschaft entworfen, welche das Gute einer wahren Aristokratie mit dem der Volksherrschaft vereinigen sollte. Perikles verfuhr als Mitglied jener Partei mit der äußersten Vorsicht und Zurückhaltung; er versteckte die Macht, welche er hatte; denn er fürchtete den Ostrazismus, weil eine mehrjährige Entfernung von Athen seinen ganzen Lebensplan vernichtet haben würde. Man verglich ihn deshalb mit dem Staatsschiffe, der Salaminia, welche nur bei ganz besonderen Anlässen sich zu zeigen pflegte. Darum ist es auch so schwierig, sein Verhältnis zur Reformpartei zu beurteilen. Man kann nicht nachweisen, wie viele ihrer Maßregeln er selbst angeregt und gefördert und was er auch gegen seinen Wunsch hat geschehen lassen müssen. Denn auch der bedeutendste Mann gibt von seiner Selbständigkeit auf, wenn er Parteimann wird, und kann im Gutheißen der Mittel, welche zu dem gemeinsamen Ziele führen, nicht so gewissenhaft sein, wie er es sein würde, wenn er allein handelte. Ganz besondere Versuchungen bietet aber natürlich die Verfassung solcher Staaten dar, in denen die verschiedenen Parteien genötigt sind, sich um die Gunst einer Volksversammlung wetteifernd zu bewerben. Denn da werden, um die Billigung einzelner Vorschläge oder ganzer Parteirichtungen zu erlangen, nicht bloß die guten und starken Seiten der Bürgerschaft benutzt, sondern auch ihre Schwächen; auch die niedrigeren Triebe, namentlich den Trieb nach Geld und Lebensgenuß, sucht man zu befriedigen, um Einfluß zu erlangen, und wendet Mittel an, deren Gebrauch schon davon zeugt, daß man diejenigen geringschätzt, bei denen man sie anwendet.

*

Wenn sich Perikles nun fünfzehn Jahre lang an der Spitze des Staates behauptete und eine auf ihre Rechte eifersüchtige Bürgerschaft ohne Gewalt und ohne Verfassungsbruch nach seinem Willen regieren konnte, so kamen ihm dabei die Zeit= verhältnisse insofern zugute, als man in Athen der Zwistig= keiten müde war, welche so lange die Bürgerschaft in unaus= gesetzter Spannung gehalten hatten. In den letzten vierzig Jahren war ein Parteikampf dem anderen gefolgt; man hatte Xanthippos gegen Miltiades, Themistokles gegen Aristeides, Kimon und Ephialtes, Thukydides und Perikles miteinander kämpfen und das Gemeinwesen zwischen den verschiedensten Einflüssen zurückhaltender und vorwärtsdrängender Politik hin und herschwanken gesehen. Der letzte, erbittertste Kampf hatte den Überdruß gesteigert, und als die kimonische Partei entwaffnet war, wünschte die große Mehrzahl der Bürger dem Staate innere Ruhe und gegen außen eine feste, stetige Hal= tung. Diese Stimmung machte sich Perikles zunutze, und darum nannten die Komiker ihn, als er dem olympischen Zeus gleich über der Stadt waltete, den Sohn des Kronos und der Stasis, das heißt der Parteifehde; denn die vorangegangenen Parteifehden hatten ihn groß gemacht.

Die Athener waren schwer zu regieren, weil jeder selbst prüfen und urteilen wollte, wie denn die Demokratie überall nichts von Leuten wissen mag, welche Gehorsam fordern. Dazu kam, daß die Ungleichheit zwischen Beamten und Nicht= beamten durch den raschen Wechsel sich möglichst verrin= gerte, und daß seit Einführung des Loses der Respekt vor den obrigkeitlichen Personen vollends erschüttert worden war. Die Archontenstellen behielten eine gewisse Würde, weil sie un= besoldet blieben und einigen Aufwand verlangten; deshalb hielten sich die Ärmeren von ihnen fern; aber es waren Ehren= posten ohne politischen Einfluß. Je mehr die Regierungsstellen an Bedeutung verloren, um so mehr ging die leitende Macht des Staates in die Hände der Volksredner über; denn ihr Ein= fluß war vom Jahreswechsel und von Rechenschaftspflicht un= abhängig; ihnen gehorchte das Volk, weil sie keinen Gehor= sam verlangten, sondern überzeugen wollten. Wem also die Gemeinde das Vertrauen schenkt, daß er die Interessen des Gemeinwesens am besten zu beurteilen und am klarsten auszusprechen wisse, der herrscht als Vertrauensmann der Bürgerschaft. Diese Stellung vermochte niemand dem Perikles streitig zu machen; denn die Männer, die noch neben ihm in Athen lebten und bei hohem Ansehen verschiedene Ansichten vertraten, wie Myronides und Tolmides und Leokrates, der

Besieger Aiginas, waren tapfere Feldherren, aber außerstande, mit Perikles in Leitung der Bürgerschaft zu wetteifern.

Wenn aber Perikles nur als Privatmann seinen Einfluß hätte ausüben sollen, so wäre er in seiner Wirksamkeit sehr beengt gewesen; dann hätte er immer nur in den von anderen berufenen Volksversammlungen reden können. Er konnte deshalb, wenn er unter Aufrechterhaltung der Verfassung die Regierung des Staates führen wollte, amtlicher Vollmachten nicht entbehren. Es gab aber unter den Ämtern, welche eine besondere Befähigung verlangten und eben darum immer durch Wahl der Gemeinde besetzt wurden, kein wichtigeres als das der Feldhauptmannschaft oder Strategie. Dies Amt war an Bedeutung gestiegen, je mehr die Losämter gesunken waren; es wurde immer wichtiger, je mehr Athen eine auf Waffengewalt gegründete Herrschaft führte, und man blieb dabei, zu diesem Amte vorzugsweise Männer aus angesehenen Familien zu wählen, deren Namen eine gute Vorbedeutung hatten. Die Strategen hatten nicht nur den Oberbefehl der Land- und Seetruppen, sie ernannten und beaufsichtigten auch die Führer der Trieren, welche für den kriegstüchtigen Zustand ihres Schiffes einstehen mußten; sie leiteten die auswärtigen Verhältnisse, nahmen die Anträge fremder Gesandten entgegen, setzten die Bürgerversammlungen an, wo sie die Gesandten einführten, und bereiteten die Angelegenheiten zur Entscheidung vor. Sie hatten eine allgemeine Aufsicht über die Sicherheit der Stadt und waren deshalb befugt, auch Volksversammlungen zu verbieten oder aufzulösen, wenn sie zur Zeit großer Aufregung dem Staate gefährlich werden konnten.

Die lange Kriegsschule, welche Perikles durchgemacht hatte, die seltene Verbindung von Vorsicht und Energie, welche er in jedem Kommando gezeigt hatte, hatten ihm auch in dieser Beziehung das wohlverdiente Vertrauen der Bürgerschaft erworben. Darum wählte sie ihn eine Reihe von Jahren nacheinander zum Feldhauptmann, bekleidete ihn auch als solchen mit außerordentlichen Vollmachten, wodurch die Stellen der anderen neun Feldherren zu bloßen Ehrenämtern wurden, welche man mit Personen besetzte, die ihm genehm waren. Es kam auch vor, daß die zehn Feldherren eines Jahres aus den zehn Stämmen gewählt wurden, Perikles aber außerordentlicherweise aus der gesamten Bürgerschaft hinzugewählt wurde. So fiel während der Zeit seiner Verwaltung der ganze Schwerpunkt des öffentlichen Lebens in dies Amt; als Stratege hat er die wichtigsten Gesetze durchgebracht; als solcher war er der dirigierende Präsident der Republik und der Helm, mit welchem er sich von den Bildhauern darstellen ließ, diente nicht dazu, seinen spitzen Schädel zu verstecken, wie die Komödiendichter spottend sagten, sondern er bezeichnet die diktatorische Macht des Oberfeldherrn als die eigentliche Grundlage seiner Regierungsgewalt.

Ein anderes Staatsamt von höchster Bedeutung, welches durch Wahl besetzt wurde, war das des Finanzvorstehers (Tamias oder Epimeletes der öffentlichen Einkünfte), welcher gegen die Regel der Demokratie allein im Amte stand, vier Jahre in demselben blieb und nach Ablauf derselben von neuem gewählt werden konnte. So sehr erkannte man hier das Erfordernis einer besonderen Kunst und gereifter Erfahrung an. Es war ein Amt des höchsten Vertrauens, ein Amt, nach dessen Verwaltung Aristeides selbst wegen Unterschleifes angeklagt worden war. Nur wer dieses Amt bekleidete, konnte eine vollständige Übersicht der öffentlichen Geldmittel haben; darum war seine Stimme bei allen Unternehmungen des Staates von entscheidender Bedeutung; er hatte selbst die Generalkasse der Verwaltung unter sich und zugleich sämtliche Finanzbeamten zu beaufsichtigen; ohne ihn konnte nichts Erhebliches beschlossen werden, von ihm erwartete man die Vorschläge zur Vermehrung und Verwendung der jährlichen Einkünfte, und wenn er auch in seiner Verwaltung durch andere Beamte, namentlich durch den „Gegenschreiber der Verwaltung kontrolliert war, welcher vom Volke erwählt wurde, um in jeder Prytanie über alle Einnahmen und Ausgaben Buch zu führen, so hatte dennoch ein tüchtiger Staatsmann, als Verwalter dieser obersten Finanzstelle, eine Macht in Händen, wie sie kein anderes der ordentlichen Regierungsämter in Athen verleihen konnte.

Wichtig waren endlich auch die kommissarischen Geschäftsführungen, welche durch Wahl übertragen wurden, um durch geeignete Männer Beschlüsse der Bürgerschaft, deren Ausführung einer sachverständigen und kräftigen Oberleitung bedurfte, ins Werk zu setzen. Dazu gehörten die Ergänzungen der Kriegsbereitschaft an Waffen und Schiffen, die Wiederherstellung und Verstärkung der Befestigungswerke, die Anordnung bürgerlicher Feste und vor allem die öffentlichen Bauten, welche zu Ehren der Götter und zum Schmuck der Stadt unternommen wurden. Die Vorsteher (Epistaten) der öffentlichen Werke erhielten von der Bürgerschaft ihre Vollmacht für die Dauer des Geschäfts und hatten während dieser Zeit eine sehr ausgedehnte Amtsgewalt, indem die Menge der Künstler, Handwerker und Arbeiter, also ein großer Teil der vom Tagelohn lebenden Einwohnerschaft Attikas, unter ihrem persönlichen Einflusse stand; sie verteilten die Arbeit und be=

aufsichtigten die Arbeiter, sie saßen zu Gericht über alle unter ihnen vorkommenden Streitigkeiten, sie hatten bedeutende Summen zu verwenden und erlangten dadurch, wenn sie wiederholt und auf längere Zeit zu großen Bauführungen durch das Vertrauen der Bürgerschaft berufen wurden, einen sehr bedeutenden und weitgreifenden Einfluß.

Perikles war klug genug, immer nur die Hauptsache im Auge zu haben und alles Äußerliche zu vermeiden, was ihn der bürgerlichen Gemeinschaft entfremden und Neid erregen konnte. Er wußte wohl, das seine Macht vom großen Haufen erst dann mit Mißgunst angesehen werden würde, wenn sie mit glänzendem Lebensgenusse verbunden wäre. Darauf Verzicht zu leisten wurde ihm, dem Philosophen, nicht schwer. Er war das Muster eines mäßigen und nüchternen Mannes. Er machte sich zur Regel, an keinem Festgelage Anteil zu nehmen, und kein Athener konnte sich erinnern, Perikles, seit er an der Spitze des Staates stand, mit Freunden beim Weine gesehen zu haben. Niemand kannte ihn anders, als vollkommen ernst und gesammelt, nachdenkend und vielbeschäftigt. Sein ganzes Leben war dem Staatsdienste gewidmet und seine Macht mit soviel Selbstverleugnung und Arbeit verbunden, daß sie der lebenslustigen Menge wahrlich nicht als ein beneidenswerter Vorzug erscheinen konnte. Man sah ihn auch nie vor der Stadt lustwandeln oder an öffentlichen Plätzen sich der Muße freuen. Für ihn gab es nur einen Weg, den man ihn täglich gehen sah, den Weg von seinem Hause nach dem Markte und dem Rathause, dem Sitze der Staatsregierung, wo die laufenden Geschäfte erledigt wurden.

Seine häuslichen Verhältnisse waren nicht glücklich. Er hatte sich (schon vor 83, 2; 451) mit einer Verwandten verheiratet, welche zuvor die Frau des reichen Hipponikos, des Sohnes des Kallias, gewesen war; sie gebar ihm zwei Söhne, Xanthippos und Paralos. Aber die Neigungen der Eheleute paßten nicht zueinander. Der verwöhnten Frau mochte das strenge Wesen des Mannes wenig zusagen, während er durch Aspasia von Milet den Zauber eines auf tiefer Neigung und gegenseitigem Verständnisse beruhenden weiblichen Umganges kennengelernt hatte, welcher ihm das bestehende Verhältnis unerträglich machte. Die Ehe wurde getrennt. Die Frau folgte ihrer Neigung, indem sie eine dritte Verbindung einging, Perikles aber nahm Aspasia zu sich.

Aspasia, die Tochter des Axiochos, war eine Frau nach Art der Thargelia, welche derselben Stadt angehörte und als ihr Vorbild angesehen wurde. Auch sie war keine Dienerin üppiger Freude, wie die gewöhnlichen Buhlerinnen Ioniens, sie wollte nicht nur Genuß verschaffen und genießen, sondern durch Schönheit und Bildung die bedeutendsten Männer der Zeit an sich ziehen und durch die Verbindung mit ihnen Ein= fluß und Macht gewinnen. So kam sie nach Athen, in der Zeit, wo alles Neue und Außerordentliche, wo alles, was eine Er= weiterung des Herkömmlichen, ein Fortschritt, ein neuer Er= werb zu sein schien, mit Freuden aufgenommen wurde. Auch erkannte man bald, daß es keine angelernten Verführungs= künste waren, wodurch sie die Gemüter fesselte; es war eine hohe, reichbegabte Natur, voll Sinn für alles Schöne, harmo= nisch und glücklich entwickelt. Zum ersten Male sah man den Schatz hellenischer Bildung im Besitze eines weiblichen We= sens, von weiblicher Anmut umflossen, und betrachtete voll Erstaunen diese wunderbare Erscheinung. Mit hinreißender Anmut wußte sie sich über Staat, Philosophie und Kunst, über alles, was das Interesse der Gebildetsten in Anspruch nahm, zu unterhalten, so daß die ernstesten Athener, selbst Männer wie Sokrates, sie aufsuchten, um ihrer Rede zuzuhören. Ihre eigentliche Bedeutung für Athen erhielt sie aber an dem Tage, da sie mit Perikles bekannt und ein Verhältnis gegenseitiger Liebe zwischen ihnen begründet wurde; denn die dauernde Lebensgemeinschaft, welche Perikles mit ihr schloß, zeugt da= für, daß es nicht Genußliebe und flüchtige Aufregung war, worauf dies Verhältnis beruhte. Es war ein wirklicher Ehe= bund, welchem nur deshalb die bürgerliche Anerkennung fehlte, weil sie eine Ausländerin war; es war ein Bund der treuesten und zärtlichsten Liebe, der nur durch den Tod ge= löst wurde, die reiche Quelle eines häuslichen Glückes, dessen keiner mehr bedurfte, als der von allen äußeren Zerstreuungen zurückgezogene, unablässig arbeitende Staatsmann.

Gewiß war der Besitz dieser Frau in vielen Beziehungen für Perikles unschätzbar. Nicht nur, daß ihre Gaben die Muße= stunden erfreuten, welche er sich gönnte, und seinen sorgen= vollen Geist erfrischten, sie erhielt ihn auch im Verkehre mit dem täglichen Leben; sie besaß, was ihm fehlte, die leichte und bequeme Art, mit Menschen aller Art umzugehen; sie war von allem, was in der Stadt vorging, unterrichtet; auch das Ferne entging ihrer Aufmerksamkeit nicht und sie soll mit der sizilischen Beredsamkeit, welche sich damals entwickelte, Peri= kles zuerst bekannt gemacht haben. Sie unterstützte ihn durch ihre mannigfaltigen Verbindungen im In- und Auslande, wie durch den Scharfblick weiblicher Klugheit und Menschen= kenntnis. So lebte die geistreichste Frau ihrer Zeit neben dem Manne, der mit überlegenem Geiste die erste Stadt der Helle= nen leitete, ihrem Freunde und Gatten treu ergeben, und so begierig auch die Spötter in Athen alles aufsuchten, was an Perikles Leben auszusetzen war, so ist doch keine Verleumdung imstande gewesen, diesen seltenen Bund zu verunglimpfen und das Andenken desselben zu verunehren.

Mit Verwaltung seines Vermögens sich selbst zu beschäftigen, hatte Perikles keine Zeit. Er verpachtete seine Besitzungen und übergab das Geld seinem erprobten Sklaven Euryalos, der das Maß, welches seinem Herrn das richtige schien, genau kannte und darnach den Hausstand besorgte, der freilich von dem der reichen Familien Athens sehr abstach und dem Geschmacke der heranwachsenden Söhne wenig entsprach. Denn da war kein Überfluß, kein fröhlicher und sorgloser Aufwand, sondern eine so haushälterische Wirtschaft, daß alles bis auf Drachme und Obolus berechnet wurde.

Perikles war überzeugt, daß nur eine vollkommen tadellose Unbescholtenheit und die allerstrengste Uneigennützigkeit einen dauerhaften Einfluß auf die Bürgerschaft möglich mache, indem man den Neidern und Feinden auch nicht die geringste Blöße gebe. Nachdem Themistokles zuerst das Beispiel gegeben hatte, wie man als Staatsmann und Feldherr reich werden könne, war Perikles in dieser Beziehung der Bewunderer und treueste Nachfolger des Aristeides und ging auch in seiner Gewissenhaftigkeit viel weiter als Kimon, indem er jede Gelegenheit, welche das Feldherrenamt zu einer durchaus berechtigten Bereicherung darbot, grundsätzlich verschmähte. Alle Bestechungsversuche, die gemacht wurden, sind erfolglos geblieben. Seine hohe Gesinnung bezeugt, was er dem auch in seinen alten Tagen verliebten Sophokles zurief: Nicht nur die Hände, auch die Augen des Feldherrn müssen enthaltsam sein! Je lebhafter sein eigenes Gefühl namentlich für weibliche Reize war, um so höher ist der Gleichmut zu schätzen, welchen er sich durch eine zur Gewohnheit gewordene Selbstbeherrschung erworben hatte, und nichts machte auf die wetterwendischen Athener einen mächtigeren Eindruck, als die unerschütterliche Ruhe des großen Mannes. So läßt er von einer Volksversammlung, die bis zum Abend gewährt hat, einen Bürger, dem seine Rede mißfallen, scheltend und drohend hinter sich her gehen. Er erwidert kein Wort und befiehlt, da er im Hause angekommen ist, seinem Sklaven, er solle den Mann mit der Fackel begleiten, damit er sich auf dem Rückwege nicht verletze.

Perikles redete weder viel noch häufig. Nichts scheute er mehr als überflüssige Worte, und darum flehte er, so oft er vor das Volk trat, zum Zeus, daß er ihn vor unnützen Worten bewahren möge. Die kurzen Worte prägten sich aber um so tiefer den Bürgern ein. Er dachte zu ernst und zu hoch von seinem Berufe, als daß er sich dazu hergegeben hätte, der Menge nach dem Munde zu reden. Er scheute sich nicht, wenn er die Bürger schlaff und unentschlossen sah, ihnen derbe Wahrheiten und ernsten Tadel auszusprechen. Seine Reden suchten immer den einzelnen Fall an allgemeineres anzuknüpfen, um die Bürger zu belehren und zu erheben; er wies immer von neuem darauf hin, daß kein Einzelglück denkbar sei ohne die Wohlfahrt des Ganzen; er wies ihnen das Anrecht nach, welches er sich auf ihr Vertrauen erworben habe; er entwickelte klar und bündig seine politischen Ansichten, indem er nicht zu überreden, sondern zu überzeugen suchte, und wenn ihn das Gefühl seiner Überlegenheit zu einer Mißachtung des großen Haufens verleiten wollte, so ermahnte er sich zu Geduld und Langmut. Gib acht, Perikles, rief er sich zu, es sind Hellenen, die du beherrschst, es sind Bürger von Athen!

Das Volk gibt sein Urteil nach einfachen Gesichtspunkten. Die Popularität eines Staatsmannes hängt also davon ab, daß seine leitenden Ideen klar und faßlich sind, daß sie dem gesunden Menschenverstande zusagen, das Gemüt ansprechen und durch Erfolge sich bewähren. Die Grundsätze perikleischer Politik waren so einfach, daß alle Bürger sie vollkommen verstehen konnten, und Perikles legte einen besonderen Wert darauf, daß die Athener nicht wie die Lakedämonier in Geheimtuerei ihre Stärke suchten und nicht durch Täuschung und listige Übervorteilung ihre Gegner besiegen wollten.

Nachdem sich Athen allen Versuchen spartanischer Herrschsucht glücklich entzogen hatte, bestand die Einheit Griechenlands nur noch in dem Bunde der beiden Großstaaten. Auch dieser Bund war nach dem dritten Messenischen Kriege zerrissen. Seitdem gab es Bund und Gegenbund. Der Attisch-argivische Gegenbund machte solche Fortschritte, daß es eine zeitlang den Anschein hatte, als wenn Sparta gänzlich zurückgedrängt werden und der neue Bund mit Athen an der Spitze allmählich ganz Hellas umfassen könnte. Diese Pläne wurden bei Koronaia vernichtet. Seitdem standen sich die beiden Hälften Griechenlands mit gesteigerter Eifersucht gegenüber; alle Staaten wurden in diesen Gegensatz hereingezogen, der einen dauernden Frieden unmöglich machte.

Wie Themistokles den Perserkrieg, so sah Perikles den Kampf mit Sparta als unvermeidlich vor sich. Die Friedenszeit, welche bis zum Ausbruche desselben gestattet ist, muß also dazu benutzt werden, daß sich Athen auf den bevorstehenden Kampf vorbereite, und zwar dadurch, daß es seine Kräfte sammelt und organisiert; denn der äußeren Machtausdehnung bedarf es nicht, ja, eine solche ist nur gefährlich, wie die Geschichte der letzten fünfzehn Jahre deutlich genug gelehrt hatte; denn alles Unglück war die Folge übereilter Unternehmungen, deren Ausgang Perikles warnend vorausgesagt hatte.

Vorsicht und Mäßigung ist also die erste Norm der auswärtigen Politik; denn eine Macht, wie die attische, wird durch jeden Unfall, der die Furcht der Bundesgenossen aufhebt, in ihrem Bestehen gefährdet. Eine Kontinentalherrschaft neben der Seeherrschaft ist unmöglich, weil eine dauernde Herrschaft in Böotien und Lokris nur durch militärische Besetzung möglich wäre; dadurch würde Athen aber seine Streitkräfte vollständig zersplittern und sich in unaufhörliche Fehden verwickeln. Athen soll überall kein erobernder Staat sein, der immer in neuen Unternehmungen sein Glück versucht. Diese Pflicht besonnener Selbstbeschränkung hielt Perikles zunächst der alten kimonischen Partei entgegen, welche immer mit Gewalt Krieg gegen Persien haben wollte. Es gab aber auch eine jüngere Partei, welche nach den Siegen Kimons nichts für unmöglich hielt und von glänzenden Feldzügen nach Sizilien, Italien und Karthago träumte. Perikles hielt jeden unnötigen Krieg für unklug und frevelhaft, weil er das Glück des Staates und das Leben der Bürger auf das Spiel setze, Athen soll alle üble Nachrede mit Gleichmut tragen; es soll seine Interessen fest und ruhig vertreten, es soll Sparta in keinem Punkte einen Vorrang zugestehen, wie Perikles selbst deutlich genug gezeigt hatte, selbst aber keinen Feind reizen. Kommt endlich die Stunde der Entscheidung, so soll Athen fest und unüberwindlich dastehen, sein Schild die Mauer, sein Schwert die Flotte sein.

Was die Ummauerung Athens betrifft, so war sie, als Perikles die Leitung des Staates übernahm, noch immer nicht fertig. Denn nachdem man von den Schenkelmauern erst die nördliche gebaut hatte, welche nach der eleusinischen Seite hin die Verbindung zwischen Stadt und Häfen sichern sollte, und dann die phalerische Mauer, blieb zwischen dieser und der Ringmauer des Peiraieus eine Lücke, ein offenes Ufer. Hier konnten die Peloponnesier landen, Truppen aussetzen, zwischen den Schenkelmauern vorrücken und so Athen von seinen Häfen abschneiden. Das Befestigungssystem bedurfte also, um geschlossen zu sein, einer dritten Mauer, welche der nördlichen parallel lief und mit ihr zusammen eine vollkommen sichere Verbindung zwischen Ober- und Unterstadt herstellte. Die Bürgerschaft hatte wenig Lust, zu diesem Werke die Gelder zu bewilligen. Man hatte das Mauerbauen satt; die nördliche Mauer hatte des sumpfigen Terrains wegen unendlich größere Kosten verursacht, als man veranschlagt hatte; man war ärgerlich, eine dritte Mauerlinie bauen zu müssen, wo zwei, richtig angelegt, vollkommen genügt hätten, und Perikles mußte mehrfach die ganze Kraft seiner Beredsamkeit anwenden, um die Bürger von der Notwendigkeit des Baues zu überzeugen. Aber auch nachdem die Mittel bewilligt waren, hatte das Werk nur lahmen Fortgang, wie des Kratinos Spottverse bezeugen:

> er baut schon lange
> Mit seinen Reden emsig dran, das Werk geht doch nicht vorwärts.

Endlich aber wurde die Mauer unter Kallikrates Leitung fertig, einige Jahre nach dem dreißigjährigen Frieden; ein Mauergang von 550 Fuß Breite und einer Meile Länge führte nach dem Tore des Peiraieus, und nun war Athen endlich so fest, wie Themistokles gewollt hatte; es war so gut wie eine Inselstadt, allen Landheeren vollkommen unzugänglich, mit der See in unzerstörbarer Verbindung und dadurch imstande, seine ganzen Streitkräfte mit Ausnahme der nötigen Besatzungstruppen für die Flotte zu verwenden. Athen und Peiraieus waren eine Stadt, und doch hatte jede ihren besonderen Charakter; denn sie bildeten als Land- und Seestadt, als Alt- und Neustadt, einen sehr bestimmten Gegensatz zueinander. Auf dem Boden Athens erhielten sich in den alten Häusern noch immer die Traditionen der alten Geschlechter; im Peiraieus lebte eine bunt zusammengesetzte Bevölkerung von Handel, Industrie und Seefahrt, die mit der älteren Geschichte des Landes wenig Zusammenhang hatte.

Je mehr Perikles dem ehrgeizigen Streben nach Erweiterung der Herrschaft entgegen war, um so größeres Gewicht legte er darauf, daß die gewonnene Macht gewahrt werde. Attika und die Inseln sollten so gut wie ein Staat und ein Land sein; er nahm für Athen eine Art Territorialherrschaft des Inselmeeres in Anspruch; fremden Kriegsschiffen wurde hier sowenig freier Durchzug gestattet, wie fremden Heeren durch das eigene Land. Deshalb stand das Meer fortwährend unter genauester Aufsicht. In vier Tagen konnte ein attisches Geschwader vom Peiraieus aus nach den Gewässern von Rhodus gelangen, in ebenso kurzer Zeit nach dem Pontus. Eine Flotte von sechzig Trieren kreuzte im Archipelagus, um Wache zu halten; sie diente zugleich als ein Übungsgeschwader, welches dadurch, daß Schiffe und Mannschaft regelmäßig wechselten, die ganze Kriegsmacht Athens seetüchtig erhielt. Auf diese Weise wurde Athen in noch höherem Grad als Sparta eine stets schlagfertige Kriegsmacht. Während des Friedens feierte man nicht, sondern die Waffenstillstände wurden gerade am eifrigsten benutzt, das ganze Material der Kriegsmacht durchzumustern, die alten Schiffe auszubessern und neue Trieren zu bauen.

Im Baue selbst wurden immer neue Erfindungen gemacht. Während unter den Schiffen, welche bei Salamis kämpften, noch viele offene sich befanden, und Themistokles seine ganze Aufmerksamkeit darauf richtete. schlanke und leichtbewegliche Fahrzeuge zu bauen, wurden zu Kimons Zeit die Trieren vollständiger, breiter und geräumiger gebaut, um für Schwerbewaffnete mehr Platz zu gewinnen; er verband die getrennten Teile des Verdecks durch Gänge, welche die Bewegung der Krieger erleichterten. Perikles erfand zum Entern feindlicher Schiffe die „eisernen Hände".

Für den Zustand von Flotte und Arsenal war der Rat der Fünfhundert verantwortlich, und das abtretende Kollegium erhielt keinen Ehrenkranz, wenn ihm eine Verabsäumung dieser wichtigsten Aufgabe des Staates vorgeworfen werden konnte. Auf vierhundert Schiffe waren die Kriegshäfen Athens berechnet. Dreihundert war die Normalzahl der Trieren, die fertig auf den Werften lagen und stets bereit waren, ein Heer von 60.000 ins Meer hinauszuführen. Die Bürger, welche als Trierarchen verpflichtet waren, die einzelnen Schiffe zu führen und instand zu halten, waren im voraus bestimmt; das Mobilmachen der Flotte ging rasch vonstatten, und denen, die zuerst ihr Schiff seefertig hatten, wurde eine Belohnung zuteil. Unter der Mannschaft waren viele Schutzgenossen, Freigelassene und Unfreie; ja es beruhte die Ruderkraft, also auch die Siegesstärke der Flotte zu einem sehr bedeutenden Teile auf Sklavenarmen. Aber eine große Zahl freier Athener bildete doch den Kern der Mannschaft, und so behielt das Flottenheer trotz seiner bunten und ungleichen Mischung doch den Charakter eines attischen Bürgerheeres.

Was die Behandlung der Bundesgenossen betrifft, so war Perikles seiner Klugheit wie seinem Gerechtigkeitssinne zufolge gegen jede Überbürdung derselben und jede aufreizende Maßregel. Das beweist schon der Umstand, daß gleich nach seinem Tode die Tributsummen so rasch stiegen. Es war das Verhältnis Athens zu den Bundesgenossen die Hauptstütze seiner ganzen Macht, aber zugleich ein zartes und sehr schwieriges Verhältnis, das die höchste Klugheit und Vorsicht in

Anspruch nahm. Der rechte Volksführer muß darin mehr Takt und Gewissen haben, als die Bürgerschaft im ganzen, er muß ihren übermütigen Herrscherlaunen entgegentreten und dafür sorgen, daß Ungerechtigkeiten der Befehlshaber nicht ungestraft bleiben; eine rücksichtsvolle Gerechtigkeit, die auf Pietät und Vertrauen Anspruch machen kann, soll der Charakter der attischen Seeherrschaft sein.

Anderseits aber vertrat Perikles mit voller Entschiedenheit die Ansicht, daß man mit der scheinbaren Selbständigkeit der Kleinstaaten keine Umstände machen müsse. Es gibt ein Recht des Stärkeren, das in der Politik seine Berechtigung hat, wie schon Aristeides anerkannte, daß öffentliche Verhältnisse nicht nach dem Maßstabe privatrechtlicher Normen zu behandeln wären. Athen hatte ja die Inseln nicht erobert; es war durch die Verhältnisse gezwungen, sich an die Spitze zu stellen, und seit es an der Spitze stand, mußte es entweder mit aller Energie herrschen oder seine ganze Macht selbst in Frage stellen. Es war von lauernden Feinden umgeben, und jeder Abfall der eigenen Bundesgenossen würde ein unmittelbarer Zuwachs der feindlichen Macht werden; denn die kleinen Staaten waren ja unfähig, ein Ganzes für sich zu bilden und eine eigene Politik zu verfolgen. Ein weichliches Nachgeben wäre ein Aufgeben der Vaterstadt, ohne daß den Insulanern daraus Heil erwachsen konnte. Auch im Peloponnesischem Bunde war ja die Selbständigkeit der Bündner trotz alles Rühmens der Spartaner nur eine Redensart, und wenn sich dort mehr Selbständigkeit erhalten hatte, so lag der Grund mehr in der Schwäche Spartas als in seinem guten Willen. Athen verfuhr hierin wenigstens offen und ehrlich, und gerade Perikles war es, der mit ganzer Entschiedenheit den Grundsatz geltend machte, daß Athen keine Verpflichtung habe, den Bündnern Rechenschaft zu geben. Das Geld gehört dem, der es empfängt; der Empfänger ist nur verpflichtet, das vertragsmäßig Festgestellte zu liefern. Ob er dabei übrigbehält oder zusetzt, geht den Zahlenden nichts an. So wurden nun freilich die Beiträge zu Tributen, die Bundesgenossen zu Untertanen, die Inseln und Küstenländer zu Provinzen, und es war nur eine weitere Ausbildung dieses Verhältnisses, wenn auch in den inneren Angelegenheiten den Bundesstaaten die Souveränität entzogen wurde, wenn man ihnen zwar eigene Behörden ließ, aber nur die untere Gerichtsbarkeit, auch die Verfassungen den Interessen Athens gemäß einrichtete und die bürgerlichen Zustände durch besondere Kommissarien fortwährend beaufsichtigte. So war man am Ende doch zu dem gekommen, was Themistokles von Anfang an als das Unvermeidliche und Notwendige erkannt hatte und was er ohne beschönigenden Namen und ohne Rücksichten hatte durchführen wollen.

Indessen war doch das Verhältnis Athens zu den „Städten", wie man kurzweg die bundesgenössischen Orte zu nennen pflegte, nach Größe und Lage derselben verschieden. Die kleineren Inseln, im Gefühle ihrer eigenen Unzulänglichkeit, schlossen sich am leichtesten an Athen als ihre Hauptstadt an, nachdem sie aus Bequemlichkeit auf eigene Kriegsmacht verzichtet hatten oder infolge von Widerstandsversuchen entwaffnet waren. Anders war es bei den größeren Inseln, welche noch eigene Kriegsschiffe hatten. Auch diese mußten vertragsmäßig ihre Kontingente stellen; aber man schonte ihre Souveränitätsrechte, man ließ ihnen ihre Verfassung, man gestattete ihnen auch wohl, wenigstens der Form nach, eine gewisse Beteiligung an den wichtigeren Beschlüssen; man befleißigte sich ihren Eifer anzuerkennen und öffentlich zu ehren, wie dies die Mityläner selbst bezeugten, als sie mit Sparta in Unterhandlung traten. Diese Staaten hatten selbst wieder abhängige Ortschaften und führten mit ihren Nachbarn Kriege, in welche sich Athen erst einmischte, nachdem es von einer der streitenden Parteien angerufen worden war. Das bekannteste Beispiel ist die Fehde zwischen Samos und Milet.

Samos war nach Unterwerfung von Thasos und Aigina unter allen Bundesinseln diejenige, welche am meisten Anspruch auf Selbständigkeit machte. Sie war ja eine Zeitlang die erste Seemacht im Archipelagus gewesen; sie hatte aus jener Zeit noch ihren stattlichen Kriegshafen; ihre Bewohner hatten unter allen Ioniern zur Befreiung der asiatischen Inseln und Küsten am meisten beigetragen; sie waren deshalb auch von Athen mit größter Rücksicht behandelt worden. Ihre Marine war im besten Zustande, die Leitung des Staates in den Händen einer durch Bildung ausgezeichneten Aristokratie, welche die demokratischen Bewegungen niederzuhalten, jede Einmischung Athens abzuwenden und ihre eigenen Herrschaftspläne mit Entschiedenheit festzuhalten suchte.

Es handelte sich nämlich um den Besitz von Priene, welches der Insel gegenüber zwischen dem milesischen Gebiete und dem festländischen Besitze der Samier lag. Im sechsten Jahre des von Perikles begründeten allgemeinen Friedens brach der Krieg aus; die Milesier konnten Priene nicht halten, sie wandten sich nach Athen, wo sie von der demokratischen Partei der Samier unterstützt wurden. Athen verlangte, daß man seiner Entscheidung die Streitsache anheimstellen solle, und als die samische Regierung dies verweigerte, ging Perikles als Feldherr unverweilt mit 40 Schiffen in See, und ohne daß ein erheblicher Widerstand erfolgte, wurde in Samos durch attische Kommissarien eine demokratische Verfassung eingerichtet; zugleich suchte man die neue Ordnung der Dinge dadurch zu sichern, daß man aus dem Kreise der adligen Familien fünfzig Männer und ebensoviel Knaben als Geiseln nach Lemnos in Verwahrsam brachte. Die oligarchische Partei war aber nichts weniger als entmutigt. Ihre aus Samos flüchtigen Führer verschafften sich Zuzug von Pissuthnes, dem Satrapen in Sardes, sie traten mit Byzanz in Verbindung, sie wußten ihre Geiseln zu befreien, die attische Garnison ihrer Insel bei Nacht zu überwältigen und erklärten dann offen ihren Abfall von Athen.

Die Lage war sehr ernst; es war der Anfang eines Bundesgenossenkrieges. Zündstoff war überall vorhanden, die allgemeine Unlust der Bündner, Kriegssteuern zu zahlen, war während der Friedensjahre mehr und mehr gestiegen, die Perser mischten sich ein, die phönizische Flotte war aufgeboten, Sparta wurde zur Unterstützung aufgefordert; an der Spitze der Oligarchen stand Melissos, des Ithagenes Sohn, ein Philosoph aus der Schule des Parmenides, der sich als Feldherr durch Ansehen und Tatkraft auszeichnete, und sie handelten mit solcher Kühnheit, daß sie nach Wiederherstellung ihrer Herrschaft den Krieg auf dem Festlande unverzüglich wieder aufnahmen, ohne Zweifel, um hier eine feste Stellung zu gewinnen und sich mit dem Binnenlande in Verbindung zu setzen. Nur die größte Entschlossenheit konnte das Ansehen Athens retten. Daher erschien Perikles noch vor Eröffnung der Seefahrt Ol. 84, 4 (440) mit sechzig Schiffen vor Samos, schickte sechzehn derselben teils nach dem Karischen Meere, um die Bewegungen der phönizischen Schiffe zu beobachten, die im Frühjahre auslaufen sollten, teils nach Chios und Lesbos, um die Bundesmacht aufzubieten; zu dieser Sendung benutzte er seinen Amtsgenossen Sophokles, welcher im Jahre zuvor mit der Antigone gesiegt hatte. Er selbst schlug mit den übrigen Schiffen die siebzig Segel starke Flotte der Samier, die vom Festlande herankam, und schloß dann, durch neuen Zuzug verstärkt, die Stadt Samos auf der Land- und Seeseite ein.

Da wird die Annäherung der Phönizier gemeldet, und während Perikles mit allen entbehrlichen Schiffen ihnen entgegeneilt, benutzen die Belagerten seine Entfernung, durchbrechen unter Melissos Führung die Blockade und beherrschen vierzehn Tage lang das Meer, so daß sie sich mit Waffen und

Lebensmitteln auf das reichlichste versehen können. Da kehrt Perikles zurück, schlägt den Melissos und erneuert die Blockade. Im Juli kommen neue Feldherren, darunter Thukydides (wahrscheinlich des Melesias Sohn), Hagnon, Phormion u. a., mit neunzig neu gerüsteten Trieren; Perikles wird sein Feldherrnamt außerordentlicherweise verlängert. Unterstützt durch die Belagerungsmaschinen, welche sein trefflicher Ingenieur Artemon erbaut hatte, erreichte er es, daß im neunten Monate nach Ausbruch des zweiten Krieges die Samier sich ergeben mußten. Ihre Trieren wurden ausgeliefert, ihre Mauern geschleift; sie mußten Geiseln stellen, die Kriegskosten zahlen, die Verfassung nach dem Willen der Athener ändern und auf jede Selbständigkeit verzichten.

Dieser Samische Krieg, von beiden Seiten mit bewunderungswürdiger Energie geführt, hatte sehr weitreichende Folgen. Der einzige Staat, der Athen gefährlich werden konnte, war vollständig gedemütigt und Perikles Ansehen durch den kurzen und ruhmvollen Feldzug ungemein befestigt; auch das Mißgeschick der Athener hatte nur seine Unentbehrlichkeit von neuem bewiesen. Byzanz wurde gleichzeitig unterworfen, und jetzt waren Lesbos und Chios die einzigen selbständigen Staaten unter den Bundesgenossen Athens. Alle übrigen waren in gleicher Weise den Athenern untertänig, wenn es auch nicht möglich war, in den Städten des jenseitigen Festlandes, in Karien und Lykien, die Abhängigkeit von Athen, und namentlich den Gerichtszwang, in gleicher Strenge durchzuführen, wie in den nächstgelegenen Inseln.

*

Die Erhebung Athens von der Hauptstadt des Ländchens Attika zu einem regierenden Bundeshaupte der Seestädte mußte auch auf die innere Staatsverwaltung, namentlich auf den ganzen Staatshaushalt einen durchgreifenden Einfluß ausüben. Freilich sollte die Tüchtigkeit der Bürger nach wie vor das Hauptkapital des Staates bleiben; die Athener sollten nicht auf ihren Lorbeeren ruhen, sondern fortfahren, durch Tapferkeit und Kriegsübung die Vorkämpfer der Bundesgenossen zu sein. Aber dies durfte nicht die einzige Grundlage des Staates bleiben. Seit Athen eine Seemacht geworden, war das Geld der Nerv des Staates, und wenn in älteren Zeiten die Finanzverwaltung noch keinen besonderen Zweig der Staatsverwaltung gebildet hatte, so war der Staat jetzt, seitdem er zu größeren Leistungen berufen war, genötigt, alle seine Kräfte zu sammeln und zu organisieren, und die Weisheit seiner Staatsmänner mußte sich jetzt vor allem anderen darin zeigen, daß sie die öffentlichen Hilfsquellen aufzufinden und zu benutzen wußten.

Wie in einem wohlbestellten Hauswesen die Bedürfnisse aus den festen Einkünften eigener Güter bestritten werden, so bestritt auch der Staat seinen Bedarf zunächst aus dem, was ihm aus seinen Besitzungen an Forsten, Triften, Ländereien, Häusern, Bergwerken, Fruchtbäumen usw. zufloß; dazu kamen die Zölle. Beide Arten von Einkünften, welche nicht unmittelbar vom Staate eingezogen, sondern in Pacht gegeben wurden, waren durch die Machterweiterung Athens wesentlich vergrößert worden. Von den Domänen der unterworfenen Staaten waren manche in den unmittelbaren Besitz des attischen Staates übergegangen, wie dies z. B. von thrakischen Bergwerken angenommen werden darf. Ebenso hatten sich mit dem Aufschwunge des Handels die Zolleinnahmen ungemein gehoben, sowohl die Erträge der Ein- und Ausfuhrzölle, welche den Großhändler, als auch die der Marktzölle, welche den Kleinhändler trafen. In gleichem Maße waren diejenigen Einnahmen gestiegen, welche als Kopf- und Gewerbesteuer von den Schutzverwandten einkamen, da dieser Stand seit Themistokles an Zahl und Bedeutung so außerordentlich zugenommen hatte. Endlich waren durch die vermehrten Rechtshändel die Gerichtsgebühren, Geldbußen und Strafgelder, welche einen sehr bedeutenden Teil der öffentlichen Einkünfte bildeten, vervielfältigt worden. Mit diesen Einnahmen konnte der Staat bestehen, ohne die Steuerkraft seiner Bürger unmittelbar in Anspruch zu nehmen, und deshalb blieb Athen von allen finanziellen Verlegenheiten und von allen Klagen über Abgabendruck lange Zeit unberührt. Denn was an indirekten Abgaben von den Handel- und Gewerbetreibenden erlegt wurde, war ja im Grunde nur eine Gegenleistung an den Staat, der den Verkehr schützte und förderte, und konnte von den Betroffenen leicht wieder eingebracht werden.

Indessen wenn die Bürger auch nicht als Steuerzahler den gewöhnlichen Bedarf des Staates herbeizuschaffen hatten, so standen sie dennoch der Vaterstadt, so oft diese zu besonderen Zwecken ihrer bedurfte, mit allem, was sie hatten, zu Diensten. Die Veranlassungen zu besonderem Aufwande lagen aber vorzugsweise in den öffentlichen Festen und in den Kriegsrüstungen. Diese Ausgaben wurden zum großen Teile unmittelbar aus dem Vermögen der reichen Bürger bestritten, welche von ihren Mitbürgern aus den zehn Stämmen ausgewählt wurden und in einer gewissen Reihenfolge die in jedem

Jahre wiederkehrenden, sowie die außerordentlichen Ausgaben, als Staatsleistungen oder Liturgien übernahmen.

Zu den ersteren gehörte die Einübung und der Unterhalt der Chöre, welche in den szenischen und musikalischen Aufführungen miteinander wetteiferten, ferner die Vorbereitung der anderen Wettkämpfe, welche zu Pferde und zu Fuß auf den Rennbahnen und auf den Ringplätzen oder zu Schiffe abgehalten wurden; außerdem die Übernahme von Festgesandtschaften zu auswärtigen Heiligtümern, die Besorgung feierlicher Umzüge, die Speisung der Stammgenossen bei festlichen Veranlassungen usw. Zu den außerordentlichen Liturgien gehörte vor allem die Trierarchie, das heißt die Verpflichtung der Bürger, die dem Staate gehörigen Schiffe in segelfertigen Zustand zu setzen, Mannschaft anzuwerben sowie mancherlei Unkosten und Vorschüsse dabei für den Staat zu übernehmen.

Die Schattenseiten dieser Einrichtungen sind nicht zu verkennen; denn es ist unmöglich, daß auf diese Weise eine gerechte Verteilung der Staatslasten erzielt werde. Durch eine Grenzlinie, die immer etwas Willkürliches behält, wird die ganze Bürgerschaft in zwei Hälften geteilt, in die der Vermögenden und der Unvermögenden. Die einen werden gar nicht in Anspruch genommen und wollen nur vom Staate verdienen; die anderen werden übermäßig angestrengt. Von den Reichen wiederum wußten sich einige den Lasten möglichst zu entziehen, während andere aus Patriotismus oder Eitelkeit ihr Vermögen zugrunde richteten. Denn der Staat rechnet, namentlich bei den Leistungen für das Kriegswesen, auf die opferbereite Gesinnung seiner Bürger, und das Volk gewöhnt sich bei der Ausstattung der Feste immer höhere Ansprüche zu machen. So lange indessen der Wohlstand der Bürger in Blüte stand und der Gemeinsinn lebendig war, hatte der Staat von den Liturgien unzweifelhaft den größten Vorteil. Denn es wurden der Staatskasse sehr bedeutende Abgaben abgenommen und gerade solche, bei denen eine sparsame Einrichtung unstatthaft war. Die öffentlichen Leistungen waren eine Ehrensache und ein Gegenstand des Wetteifers. Auch waren die Liturgien nicht bloß Geldopfer, sondern mit persönlichem Dienste verbunden, welcher Tüchtigkeit und Geschick verlangte und deshalb die Ausbildung der Bürger für alle Seiten des Staatslebens in Krieg und Frieden beförderte. Die Choregen führten in älterer Zeit selbst den Chor, die Trierarchen ihr Schiff; sie hatten zugleich ein Aufsichtsrecht über die von ihnen angestellten Leute und wurden so durch Ehre und Einfluß für ihre Geldopfer entschädigt.

Wenn auch das ganze System der Liturgien erst mit der

Demokratie und Seeherrschaft zugleich seine volle Entwicke lung erhielt, so bestand es doch schon in der früheren Zeit und die Keime desselben finden sich auch in anderen Staaten. Etwas ganz Neues in der attischen und überhaupt in der griechischen Geschichte waren nun aber die Staatseinkünfte, welche aus der Steuer der Bundesgenossen eingingen, insofern sie nicht wie im Peloponnese nach dem Bedürfnisse des Augenblicks ausgeschrieben, sondern regelmäßig Jahr für Jahr eingezahlt wurden, und demnach als feste Summen im Budget verrechnet und im Staatshaushalte verwendet werden konnten.

Der ganze Umkreis der Seeherrschaft war in bestimmte Steuerbezirke eingeteilt, den karischen, ionischen, hellespontischen, thrakischen und den Insel-Bezirk, und die allgemeine Schätzung pflegte von fünf zu fünf Jahren von neuem durchgesehen und festgestellt zu werden. Dabei nahm man nicht die Größe und Volkszahl der einzelnen Staaten zum alleinigen Maßstabe, sondern auch ihre besonderen Hilfsmittel, und daß man hier nicht unparteiisch verfuhr, beweist das Beispiel von Aigina, dessen hohe Besteuerung wie eine jährliche Kontribution angesehen werden kann, welche die noch vorhandenen Steuerkräfte, die letzten Überreste des alten Reichtums, allmählich aufzuzehren bestimmt war. Im ganzen waren die Tributsummen, welche im neunten Monate jedes attischen Jahres eingezahlt wurden, in fortwährender Steigerung begriffen; neue Bundesgenossen traten bei, ältere wurden stärker besteuert; so waren aus 460 Talenten zu Perikles Zeit 600 (900.000 Taler) geworden. Diese Summe konnte in gewöhnlichen Zeiten nicht verbraucht werden und es bildete sich aus dem Überschusse ein Staatsschatz.

Die Idee eines öffentlichen Schatzes ist in Athen so alt wie der Beschluß, eine Seemacht zu bilden; denn eine Flotte ohne Schatz ist undenkbar. Die Silbererze von Laurion waren das Grundkapital des attischen Schatzes; die eigentliche Geschichte desselben beginnt aber erst mit der Überführung der Kasse von Delos. Es wird erzählt, die Gelder seien Perikles übergeben worden, und darnach dürfen wir annehmen, daß er es gewesen ist, welcher nicht nur die Verlegung des Schatzes vorzugsweise betrieben, sondern auch die Verwaltung desselben als eines attischen Staatsschatzes geordnet habe.

Wie bedeutend sein Einfluß in dieser Beziehung gewesen sei, geht schon daraus hervor, daß auf ihn vorzugsweise der Grundsatz zurückgeführt wurde, Athens Machtstellung beruhe auf seinen Einkünften. In früheren Zeiten waren es die Tyrannen gewesen, welche auf Geld ihre Macht stützten, Polykrates sowohl wie Peisistratos und die Gewaltherren Siziliens;

in freien Staaten konnten die Mittel der Tyrannen, Schätze zu sammeln, nicht angewendet werden und darum waren sie außerstande, Größeres zu unternehmen. Athen war der erste griechische Staat, wo die Energie freier Bürger mit der Macht des Geldes verbunden war. Diesen Vorzug im vollen Maße erkannt und ausgebeutet zu haben, ist das Verdienst des Perikles; er sah darin Athens Stärke, namentlich Sparta gegenüber, welches wegen Mangels an öffentlichen Geldern bei aller Tapferkeit seiner Bürger und der Größe seines Bundesheeres in seinen Bewegungen immer gelähmt war und in entscheidenden Zeitpunkten, wo es Geld haben mußte, um handeln zu können, von dem guten Willen seiner Bundesgenossen oder von den Priesterschaften in Delphi und Olympia, welche Geldvorschüsse zu leisten vermochten, abhängig war. Daher kam es, daß Sparta immer nur einzelne Heerzüge unternehmen und nur vorübergehende Ziele verfolgen konnte. Eine unabhängige und feste Politik war nur mit Hilfe eines Schatzes möglich, und darum hielt Perikles es für die wichtigste Aufgabe der Friedensjahre, einen Staatsschatz zu sammeln.

Diesem Aufschwunge kam nun der freie Verkehr zugute, dessen sich Athen erfreute. Es war im Gegensatze zu Sparta eine offene, zugängliche und menschenfreundliche Stadt. Jene Gastlichkeit, die seit alten Zeiten einer der liebenswürdigsten Züge des attischen Nationalcharakters und einer der fruchtbarsten Keime der Größe Athens gewesen ist, war ein Grundsatz des Staatslebens geworden, welchen Themistokles und Perikles mit außerordentlichem Erfolge angewendet haben. Denn seitdem Athen aus seiner bescheidenen Stellung hervorgetreten war, wurde es ein Mittelpunkt der griechischen Welt, und wer sich in seiner Kunst etwas Besonderes zutraute, wußte, daß es keinen besseren Ort gäbe, um Anerkennung und Verdienst zu finden. So wurden aus allen Orten die verschiedensten Industriezweige nach Athen eingeführt, wo durch Wetteifer der Einheimischen und Fremden und den Austausch der neuesten Erfindungen alle Gewerbezweige zu einer noch unerreichten Vollkommenheit gediehen. Sie blieben dort einheimisch, weil keine andere Stadt mit Athen wetteifern konnte. Athen wurde die Bildungsschule für Industrie und Handwerk, der Hauptmarkt für alle höhere Fabrikation, wo die Preise sich bestimmten und der Geschmack sich feststellte. Wer Athen nicht kannte, kannte Griechenland nicht, und wer es kannte, konnte sich an anderen Orten nur schwer gewöhnen.

Es hatte aber die Anziehungskraft der Stadt auch ihre bedenkliche Seite. Die Alten hatten eine natürliche Abneigung gegen übergroße Städte; sie liebten eine mäßige und übersichtliche Bürgerzahl und mußten also dem Zuzuge zu steuern suchen. Auch lag es in dem alten, familienhaften Charakter der Städte tief begründet, daß man nichts mehr scheute, als Vermischung der Bürgerschaft mit fremdem Blute, weil daraus eine Zerrüttung der Familien und der häuslichen Gottesdienste, eine Veränderung der Sitten und Lebensgewohnheiten folgen mußte. Das waren alte, und wie viele meinten, veraltete Gesichtspunkte, aber sie waren keineswegs abgetan und bedeutungslos. Im Gegenteil; denn dort, wo die Bürgerschaft den Staat regiert, kommt um so mehr darauf an, den alten Stamm derselben nicht von fremdem Zuwachse überwuchern zu lassen. Man mußte also, ohne den freien Verkehr und Austausch in nachteiliger Weise zu beschränken, das attische Bürgertum vor Zersetzung und Entartung zu schützen suchen. Das erkannte Perikles in vollem Maße und deshalb ging er in einer Zeit, wo man immer nur vorwärts strebte und alle noch vorhandenen Schranken zu beseitigen suchte, auf die ältere und strengere Gesetzgebung Athens zurück.

Es bestand aber daselbst ein altes Gesetz, nach welchem nur diejenigen auf volles Bürgerrecht Anspruch hatten, welche von Vater- und Mutterseite attische Landeskinder waren; denn nur die zwischen Bürgersohn und Bürgertochter geschlossene Ehe war eine vollgültige. Diese Satzung war nicht in Geltung geblieben.

Denn wenn auch gewisse äußerliche Unterschiede zwischen Vollbürtigen und Halbbürtigen bestanden, so übte man doch, was die wesentlichen Rechte der Bürger betrifft, keine strenge Kontrolle. In der Zeit der Persernot, wo jeder Zuwachs an Kraft willkommen war, war am wenigsten Veranlassung dazu gewesen, und was wäre aus Athen geworden, wenn man alle Halbbürtigen, also auch einen Themistokles und Kimon, von dem Bürgerrechte hätte ausschließen wollen! Anders aber ward es nun in den folgenden Friedenszeiten, als immer mehr fremdes Volk, Männer und Frauen, nach Athen strömte, von den Lustbarkeiten und Festen, wie von dem gewinnreichen Markte der Stadt angelockt.

In diesen Zeiten wurde also eine sorgfältigere Beaufsichtigung des Bürgerrechtes wünschenswert, und Perikles war es, welcher die Strenge der älteren Gesetzgebung wiederherstellte; es war eine der ersten Maßregeln, welche er durchsetzte, nachdem er seinen vollen Einfluß erlangt hatte, und wenn gerade bei dieser Gelegenheit die Kraft und Entschlossenheit seines Verfahrens gerühmt wird, so kann man daraus schließen, welcher Aufregung er begegnen, welchen Hemmungen und Anfeindungen er entgegentreten mußte. Es war eine volksfreundliche

Maßregel, insofern dadurch die echten Bürger von den unberechtigten Teilnehmern an den Vorteilen ihrer Gemeinschaft befreit wurden, es war aber zugleich eine Maßregel in dem Sinne aristokratischer Staatsordnung; denn sie ersetzte die Tätigkeit, welche in älteren Zeiten der Areopag geübt hatte in Beaufsichtigung der Bürgerlisten und Entfernung unnützer, unberechtigter oder gefährlicher Bestandteile.

Das perikleische Gesetz konnte nicht gleich mit rücksichtsloser Strenge durchgeführt werden. Aber der Grundsatz war von neuem festgestellt, und als nun in einem Jahre großer Teuerung (83, 4; 445/4) ein Korngeschenk von 40.000 Scheffeln aus Ägypten einlief, um unter den Bürgern verteilt zu werden, da veranlaßte schon der Eigennutz die Bürgerschaft, die Durchführung des perikleischen Gesetzes nachdrücklich zu unterstützen. Die Anzahl derer, welche an der Spende teilnahmen, war über 14.000. Eine Anzahl von 4760 wurde ausgestoßen. Darunter sind nicht bloß Halbbürtige zu verstehen, sondern Nichtbürger, Fremdlinge aller Art, die sich in die Bürgerlisten eingedrängt hatten. Viele derselben mußten das Land verlassen, andere blieben als Schutzverwandte, noch andere endlich, welche gegen ihren Ausschluß den Rechtsweg eingeschlagen hatten, wurden, wenn sie den Prozeß verloren hatten, als Sklaven verkauft.

Nachdem die Gefahren beseitigt waren, welche dem Staate aus einem unbeschränkten Zuströmen von Fremden erwuchsen, konnte er sich um so unbedenklicher die Vorteile zunutze machen, welche sich daraus für alle Gebiete des öffentlichen Lebens ergaben. Die Blüte der attischen Gewerbe hatte die Folge, daß die Erzeugnisse derselben aller Orten gesucht waren, wie z. B. die attischen Metallarbeiten, Lederwaren, Lampen, Geräte jeglicher Art, namentlich Tongeschirr. Es war einer der größten Jahrmärkte Griechenlands, welcher am zweiten Tage des Anthesterienfestes mit Tonwaren gehalten wurde. Über alle Küsten des Mittelmeeres verbreitete sich diese attische Ware, ja den Nil hinauf bis nach Äthiopien wurde sie durch phönizische Händler vertrieben. So schloß sich an die Industrie ein ungemein vorteilhafter Ausfuhrhandel, der reichliches Geld nach Athen brachte und die Erwerbsquellen seiner Bürger vervielfältigte.

*

Es knüpften sich aber an den reichen Verkehr, dessen sich Athen in den perikleischen Friedensjahren erfreute, noch ganz andere Vorteile als die für Gewerbe und Handel; denn auch die höheren Geistesrichtungen fanden immer mehr ihren

Mittelpunkt in Athen und niemand ist eifriger bedacht gewesen dies zu fördern, als Perikles. Darum lud er selbst solche Männer ein, von denen er sich eine bedeutende Wirkung auf die Belebung wissenschaftlicher Studien und die Förderung einer höheren Geselligkeit versprach. So hat sich auf seine Einladung der Syrakusaner Kephalos nach Athen übergesiedelt, ein begüterter angesehener Mann, dessen Vorfahren in dem Kampfe gegen die Tyrannen seiner Vaterstadt sich ausgezeichnet hatten und in dessen Hause die edelsten Studien mit Liebe gepflegt wurden. Dreißig Jahre lebte er im Peiraieus und war als Mann und Greis das Musterbild eines frommen und weisen Hellenen. Er war dem perikleischen Staate, welchem er als Schutzbürger angehörte, mit ganzer Liebe zugetan, so daß er es sich zur Ehre anrechnete, kostspielige Leistungen für denselben zu übernehmen; sein gastliches Haus war ein Sammelort der geistvollsten Männer.

Aber auch ohne besondere Aufforderung fühlten sich die bedeutenderen Männer der Zeit nach Athen gezogen. Denn je weniger der literarische Verkehr ausgebildet war, um so wichtiger war der persönliche Umgang und der mündliche Austausch der Ideen, namentlich in einer Zeit, wie die damalige war, wo infolge der großen nationalen Begebenheiten die Geister nach allen Seiten hin auf das lebendigste angeregt waren und ein wissenschaftliches Streben sich Bahn brach, welches auf keinem Gebiete bei dem Hergebrachten und Gewöhnlichen sich beruhigen wollte. Wie einst nach Sparta, so wurden jetzt nach Athen alle neuen Entdeckungen gebracht, welche der erfindungsreiche Geist der Hellenen in Kunst und Wissenschaft gemacht hatte. Aber der Unterschied war, daß Athen nicht bloß ein Sammelplatz hervorragender Männer, sondern auch ihre Heimat wurde, und daß die wissenschaftlichen Ideen hier nicht bloß einen Markt fanden, auf dem ihnen Anerkennung und Verbreitung zuteil wurde, sondern auch einen Boden, in dem sie Wurzel schlugen, in dem das Volk von Athen ein aufmerksames, lernbegieriges und lebendig auffassendes Publikum war.

Peisistratos und die Peisistratiden hatten hier vorgearbeitet. Die Schriftensammlung, welche Athen ihnen verdankte, gewährte für literarische und historische Forschung Vorteile, welche an keinem andern Orte zu finden waren. Darum ist es nicht überraschend, wenn wir schon vor der perikleischen Zeit forschende Männer nach Athen wandern sehen. Zu ihnen gehört Pherekydes aus Leros, der in Athen seine zweite Heimat fand; ein Mann, welcher ganz in den Überlieferungen der Vorzeit lebte und darauf ausging, die Masse der Götter- und

Heroensagen zu sichten. Dabei fand er Gelegenheit, die Stammväter derjenigen Geschlechter, die zu seiner Zeit in den Freiheitskämpfen neuen Ruhm gewannen, in seinen Schriften hervorzuheben, und so stieg er aus dem Nebel der heroischen Vorzeit zu den glänzenden Taten der Gegenwart, vom Sohne des homerischen Aias bis zu dem Sieger von Marathon herunter.

Es war natürlich, daß die älteren Geschichtsforscher, denen auch Pherekynes noch in seiner ganzen Weise angehörte, nur die Sagenkreise und Altertümer einzelner Geschlechter, einzelner Städte und Landschaften in das Auge faßten; es waren dies die ionischen Logographen, so genannt, weil sie in ungebundener Rede aufzeichneten, was sie über die Gründung der Städte, über die Sagen der Vorzeit, über Beschaffenheit und Einrichtung verschiedener Länder Bemerkenswertes gesammelt und erforscht hatten. So schrieben schon in der Mitte des sechsten Jahrhunderts Kadmos von Milet und Akusilaos von Argos über die heimatlichen Altertümer.

Viel tiefer und weiter ging die Forschung des Hekataios, welcher zu sehr inmitten einer lebendig bewegten Gegenwart stand, als daß er sich an einem harmlosen Wiedererzählen vorzeitlicher Sagen hätte genügen lassen. Er suchte den Kreis der Länder- und Völkerkunde über alle Küsten der benachbarten Meere auszudehnen, er verbesserte die milesischen Karten und erforschte vor allem die Einrichtungen des ägyptischen Volkes. Es war ein wissenschaftlicher Geist von hoher Kraft und bahnbrechender Wirksamkeit, dem andere Landsleute, wie Charon aus Lampsakos, sich anschlossen. Aber so mannigfaltig und fruchtbar auch die Keime der historischen Forschung waren, welche in Ionien sich entwickelten, so gab doch Ionien selbst keinen Stoff für eigentliche Geschichtsschreibung; es war keine Stadt da, welche mit Ausdauer und Heldenmut große Ziele verfolgte. Noch weniger konnte von einer allgemeinen Volksgeschichte die Rede sein, solange die Hellenen in ihren vielen Stadtgemeinden diesseits und jenseits des Wassers ohne gemeinsame Interessen nebeneinander wohnten. Erst durch die Vereinigung der hellenischen Volkskräfte gegen die Perser unter dem Vortritte eines Staates, wie Athen, konnte der Standpunkt genommen werden, von welchem eine Gesamtgeschichte der Hellenen möglich war und diesen Standpunkt zuerst mit klarem Blick erfaßt zu haben, ist das unsterbliche Verdienst des Herodots von Halikarnaß, welcher dadurch die Sagen- und Länderkunde der Logographen zur Kunst der Geschichtsschreibung erhoben hat.

Schon seine Geburtsstadt war vorzugsweise geeignet, ihm

einen freien und weiten Blick zu eröffnen; denn hier am Rande von Karien, inmitten eines belebten Handelsverkehres, konnte er Barbarentum und Hellenentum, dorisches und ionisches Wesen, bürgerliche Freiheit und Gewaltherrschaft, Landmacht und Seemacht, kurz alle Gegensätze, welche die Welt bewegten, von frühester Jugend an kennenlernen. Halikarnaß war ein Pflanzort von Troizen, einer ionischen Stadt, und wenn auch die Übersiedlung im Namen des dorischen Stammes und eines dorischen Staates erfolgt war und Halikarnaß selbst lange Zeit der dorischen Sechsstadt in Kleinasien angehört hatte, so hatte es dennoch seinen ionischen Charakter bewahrt, und die Inschriften der Stadt bezeugen, daß zu Herodots Zeit ionische Mundart und Schrift daselbst in offiziellem Gebrauche war. So war auch seine Familie eine ionische; sie war eine der angesehensten Bürgerfamilien und auch nach Chios verzweigt. Er wuchs auf in ehrerbietiger Anschauung des Perserreiches, dem seine Vaterstadt, als er geboren wurde (490—480), seit zwei Menschenaltern angehörte. Sie war aber zugleich der Mittelpunkt eines eigenen Staates, welcher die umliegende Küste mit der vorliegenden Inselgruppe Kos, Nisyros und Kalymna vereinigte, der eine kleine Flotte hatte und unter karischen Fürsten, namentlich unter der hochherzigen und staatsklugen Artemisia, zu großem Wohlstande gelangt war. Das hellenische Gemeindeleben in Halikarnaß war aber auch unter der karischen Dynastie kräftig und bewegt genug geblieben, um für den jungen Herodot eine tüchtige Schule politischer Erfahrung zu werden.

Poetische Anregung und Kenntnis der hellenischen Volkssagen und Dichtungen verdankte er seinem Oheim Panyasis, einem Manne, welcher in der Kunde göttlicher Wahrzeichen und Orakelsprüche besonders bewandert und zugleich ein Dichter von selbständiger Geisteskraft war; denn er vermochte das ionische Epos neu zu erwecken, ohne ein matter Nachahmer Homers zu sein; er behandelte mit umfassender Gelehrsamkeit den Sagenkreis des Herakles, welcher mehr als alle anderen Heroen die hellenische und die nicht hellenische Welt miteinander verband. So wurde auch durch ihn Herodot angeleitet, seinen forschenden Blick über das einzelne und örtliche hinaus zu einem weiteren Gesichtskreise zu erheben und die außerordentlichen Tatsachen, welche den jähen Verfall des persischen Weltreiches ankündigten, richteten das Nachdenken des heranwachsenden Jünglings dahin, den Gesetzen nachzuforschen, nach welchen Staaten mächtig werden und wieder zugrunde gehen. Mit altgläubigem Sinne sah er die Götter herrschen über Hellenen und Barbaren und hörte in den Orakeln ihre mahnende Stimme. Den Barbaren sind ihre Wege verborgen, aber dem helleren Auge der Hellenen enthüllten sie sich, und Herodot selbst setzte sein Leben daran, ein vielbewegtes, unstetes Wanderleben, das ihn von Kyrene bis Agbatana, von Elephantine bis zum Kimmerischen Bosporos führte, aber zugleich ein Leben voll innerer Sammlung, um die bunte Mannigfaltigkeit der menschlichen Dinge zu überblicken und den unsichtbaren Zusammenhang in dem Gange ihrer Entwicklung zu erkennen.

Indessen war es Herodot nicht beschieden, nur in sinniger Beschaulichkeit die Welt sich anzuschauen, sondern er ist persönlich in die Kämpfe der Zeit hereingezogen worden. Es kam nämlich nach Artemisia, deren er mit unverkennbarer Hochachtung gedenkt, und ihrem Sohne Pisindelis ihr Enkel Lygdamis zur Regierung in Halikarnaß, und unter diesem Fürsten trat gegen die nationale Bewegung, welche sich seit dem Tage von Mykale in den meisten Griechenstädten der kleinasiatischen Küste gezeigt hatte, eine durch Persien unterstützte Reaktion ein. Die Führer der Volkspartei, darunter Panyasis und Herodot, wurden vertrieben. Sie fanden in Samos eine neue Heimat, wo der junge Mann die griechische Kultur in ihrer höheren Entwicklung kennenlernte, seinen Stil ausbildete, seine politischen Grundsätze befestigte.

Nach einiger Zeit kehrten die Verbannten mit ihrem ganzen Anhang in die Vaterstadt zurück (etwa um 455); sie wurden durch einen feierlichen Vertrag in ihre Grundstücke wieder eingesetzt und durch Zugeständnisse von seiten des Tyrannen eine Ausgleichung der Parteien herbeigeführt, so daß Lygdamis wenigstens einen Teil seiner Gewalt behielt. Dann aber wurde er vertrieben und Halikarnaß trat als freie Stadt dem attischen Seebunde bei; so steht sie seit 83, 2 (447) auf den Listen der Bundesgenossen.

Aber auch nach Befreiung seiner Vaterstadt fühlte sich Herodot in ihr durch Ungunst und Parteigeist verletzt und beengt, und nachdem ihm schon bei seinem Aufenthalte in Samos, dem Bindegliede zwischen Athen und Ionien, die Bedeutung der Stadt aufgegangen war, welche jetzt der Mittelpunkt griechischer Geschichte war, so zog es ihn nun mit unwiderstehlicher Gewalt nach Athen, aus dem Oriente, dessen Kraft gebrochen war, aus Ionien, das unfähig war sich selbst zu helfen, nach der Stadt des Perikles, zu der Bürgerschaft, an welche die Zukunft des ganzen Volkes sich anknüpfte.

Je mehr er als vielgewanderter und vielbelesener Mann imstande war, Länder und Zeiten zu vergleichen, um so deutlicher wurde ihm, daß die Taten der Athener an wahrer

Kopf eines Apollo aus der Zeit des Perikles

Doppelherme des Herodot und Thukydides. Neapel, Nationalmuseum

Größe und folgenreicher Bedeutung alles übertrafen, daß sie der Zeitgeschichte ihr Gepräge gaben. Und wenn er nun das attische Leben nicht in wilder Gärung fand, wie das der ionischen Republiken, sondern bei voller Entfaltung bürgerlicher Freiheit wohlgeordnet und von einem hervorragenden Geiste sicher und ruhig geleitet, so mußte er in diesem den Genius der Zeit erblicken.

Es entwickelte sich aber unter dem Einflusse Athens noch eine dritte Art historischer Beobachtung und Darstellung, das war die eigentliche Zeitgeschichte. Denn während Herodot die Ereignisse darstellt, welche in dem raschen Entwicklungsgange jener Zeit bald zur Vergangenheit geworden waren, und mit einer keuschen Zurückhaltung es vermeidet, seine Zeitgenossen und Freunde näher zu schildern oder den idealen Charakter seines Werkes durch Parteifärbung zu entstellen: gab es andere talentvolle Schriftsteller derselben Zeit, welche auch aus Ionien herüberkamen, mit ionischer Lebendigkeit ins volle Leben der Gegenwart hineingriffen und die Eindrücke aufzeichneten, welche sie von den hervorragendsten Persönlichkeiten des Tages empfingen.

Der ausgezeichnetste unter ihnen ist Ion von Chios, ein echter Ionier, vielseitig, geistreich und gewandt; einer der ersten, der in Versen und in Prosa schrieb, in der Tragödie mit den Meistern Athens den Wettkampf aufnahm und auch die alte Geschichte seiner Heimat darstellte. Sein eigentliches Element aber war die unmittelbare Teilnahme an dem bunt bewegten Leben und der Verkehr mit den bedeutendsten Männern in den verschiedenen Städten Griechenlands. Denn auch in Sparta finden wir ihn, wie er an der königlichen Tafel ein Preislied anstimmt zu Ehren des Königs aus Prokles' Stamme, wahrscheinlich des Archidamos, des Nachfolgers des Leotychides. Am meisten war er aber in Athen einheimisch, und zwar noch vor Herodot.

Eine ähnliche Stellung zur Zeitgeschichte hatte Stesimbrotos, welcher als Bürger von Thasos auch den Ioniern beigezählt werden darf. Er war größtenteils in Athen ansässig bis in die Zeit des Peloponnesischen Krieges, indem er nach Art der Sophisten mit Unterricht beschäftigt war, homerische Studien trieb und das Leben des Themistokles, Thukydides und Perikles darstellte; dabei behandelte er diesen wie Themistokles mit unverkennbarer Mißgunst, während er den Sohn des Melesias und mit ihm Kimon als die Vertreter der alten, guten Zeit verehrte. Bei ihm war also noch mehr als bei Ion die Parteistellung maßgebend, und so verdienstlich es auch von beiden war, daß sie, von der inhaltsreichen Gegenwart angeregt, eine biographische und memoirenartige Zeitgeschichte begründeten, so ist doch dieser Zweig griechischer Geschichtsschreibung von Anfang an durch Parteisucht und Liebhaberei für städtische Klatschgeschichten entstellt worden.

Von allen Richtungen des forschenden Geistes war es die Philosophie, an welcher Perikles den persönlichsten Anteil nahm. Aber er hütete sich wohl vor der Einseitigkeit, in welche die Pythagoreer verfallen waren; er wollte keinerlei Art von Staatsphilosophie, keine Genossenschaft, welche ihren Grundsätzen des Lebens und Denkens einen bestimmenden Einfluß zueignen und eine Aristokratie im Staate bilden wollte. Er huldigte selbst keinem einzelnen System, weil er fühlte, daß sich dies mit dem Berufe des Staatsmannes nicht wohl vereinigen lasse. Er pflegte den Umgang mit Anaxagoras, Zenon, Damon, Protagoras wie seinen höchsten Lebensgenuß und trug das Seinige dazu bei, daß alle seine Mitbürger, welche höhere Geistesbedürfnisse empfanden, Gelegenheit hatten, die neu eröffneten Quellen der Weisheit zu benutzen, ohne sie an verschiedenen und entlegenen Orten aufsuchen zu müssen.

Aber es wurde mehr und Wichtigeres erreicht. Die philosophische Bildung wurde nicht nur den Athenern und dadurch auch den übrigen Hellenen zugänglicher gemacht, sondern die Entwicklung der Erkenntnis selbst wurde in neue Bahnen gelenkt. Die Forschungen traten aus dem örtlichen Zusammenhange der Schule heraus und machten sich von den Beschränkungen derselben frei. Es begegneten sich die verschiedenartigsten Richtungen, um sich gegenseitig zu ergänzen, zu berichtigen und zu fördern; man wurde sich des Gemeinsamen sowie der Gegensätze in der nationalen Bildung bewußt; die ganze Vielseitigkeit des geistigen Volkslebens trat erst in Athen übersichtlich zutage, und dies war nicht das Ergebnis einer künstlichen Veranstaltung oder einer zufälligen Fügung, sondern es war die notwendige Folge der gesamten Volksgeschichte, daß Athen der Sitz der Philosophie, der Herd aller höheren Erkenntnis wurde. Hier trafen die Denker Ioniens, die Schüler des Parmenides und des Empedokles und die Sophisten zusammen; der Trieb nach Erkenntnis erwachte immer kräftiger und immer neue Gegenstände wurden wissenschaftlicher Betrachtung unterzogen.

Freilich geriet der Wissenstrieb auf mancherlei Abwege; das Streben nach Ausbreitung und Verallgemeinerung der Kenntnisse schadete dem Ernste und der Gründlichkeit der Wissenschaft. Die Sophistik ging ja darauf aus, durch allgemeine Geistesbildung, durch formale Denk- und Redeübung die auf gründlicher Kenntnis und Erfahrung beruhenden Fachwissenschaften überflüssig zu machen; sie war der Ausdruck des Zeitgeistes, der alles vernunftgemäß reformieren und in vornehmem Klugheitsdünkel die herkömmlichen Ansichten und Gewohnheiten als altväterlich beseitigen wollte, und führte so notwendig zu einem eitlen und ungründlichen Vielwissen, wie es sich in Hippias von Elis, dem jüngeren Zeitgenossen des Protagoras, am deutlichsten dargestellt hat. Es gab nichts Großes und nichts Kleines, worüber die Sophisten dieser Art nicht ihr fertiges Urteil hatten; die tieferen Lebensfragen der Philosophie traten ganz zurück hinter einer inhaltsleeren und zungenfertigen Scheinweisheit.

Anderseits ist aber nicht zu verkennen, daß in der Sophistik auch viele fruchtbare Keime echter Wissenschaft enthalten waren, deren Entfaltung dem perikleischen Athen zugute kam. So eröffnete Protagoras die sprachwissenschaftlichen Studien, indem er den grammatischen Bau der Sprache, die Formen der Wörter, die Wendungen der Rede theoretisch untersuchte, ihren richtigen Gebrauch lehrte und eine wissenschaftliche Terminologie begründete. Die jüngeren Sophisten, Prodikos von Keos und Hippias, beide auch als Staatsmänner in Athen tätig, setzten diese Studien fort. Prodikos verband Denk- und Redeübung, indem er besonders die genaue Unterscheidung sinnverwandter Wörter lehrte. Solche Studien mußten in weiten Kreisen sehr anregend wirken; sie schärften das Sprachgefühl, trugen zur feineren Ausbildung mündlicher und schriftlicher Rede bei und führten zu eingehenderer Beschäftigung mit älteren Dichterwerken, zu literargeschichtlichen und philologischen Forschungen, wie die Arbeiten des Stesimbrotos über Homer bezeugen. Hippias stellte aber auch auf dem Gebiete der politischen Geschichte ganz neue Gesichtspunkte auf; er begann die Einrichtungen der verschiedenen Staaten miteinander zu vergleichen und legte so den Grund zu einer historisch-kritischen Staatswissenschaft. Wie durch Hippodamos Straßenanlage und Städtebau zu einem Gegenstande der Wissenschaft gemacht worden war, so wurde auch Land- und Gartenwirtschaft theoretisch behandelt; die Erfahrungen der Heilkunde, welche bis dahin in den Heiligtümern des Asklepios ein Geheimnis priesterlicher Geschlechter gewesen waren, wurden veröffentlicht. Der Asklepiade Hippokrates aus Kos, welcher auch zu Perikles' Zeit in Athen anwesend war und Ehrenbürger der Stadt wurde, kann als der Gründer einer medizinischen Literatur angesehen werden. Er war ein Forscher und Lehrer im größten Stile, und auch durch seine sittliche Größe, namentlich seine hohe Uneigennützigkeit, von dem sophistischen Zeitgeiste am weitesten entfernt, obgleich auch er ein Schüler der Sophisten genannt wird.

Unter den Naturwissenschaften war es besonders die Astronomie, welche um diese Zeit in Athen einheimisch wurde. Welche Kenntnisse in diesem Fache sich schon die ionischen Griechen durch eigene Forschung wie durch Benutzung orientalischer Weisheit angeeignet hatten, beweist Thales von Milet. Sein Zeitgenosse Pherekydes war in Syros beschäftigt, die Sonnenwende zu beobachten. Eine Felshöhle der Insel, die unter dem Namen der Sonnenhöhle bei den Alten bekannt war, scheint er dazu benutzt zu haben. An anderen Orten waren es Felsberge, welche dadurch, daß sie den Horizont mit scharfen Linien schneiden, die Beobachtung des nördlichsten und südlichsten Aufgangspunktes der Sonne sehr erleichterten. So diente den Methymnäern auf Lesbos der hohe Lepetymnos, den Einwohnern von Tenedos der Ida; hier machte Kleostratos, dort Matriketas astronomische Forschungen. Athen erwies sich nun auch in dieser Beziehung als ein zur Ausbildung der Wissenschaften von Natur ausgezeichneter Ort. Denn der im Nordosten der Stadt kühn aufsteigende Lykabettos leistete die Dienste des Lepetymnos und Ida in vorzüglichem Grade. Denn man sieht am längsten Tage die Sonne gerade aus dem Winkel aufsteigen, welchen die scharfen Kanten des Lykabettos und die dahinterliegenden Berglinien des Brilessos miteinander bilden. Dieser eigentümliche Vorzug des attischen Landes wurde erkannt und verwertet, als ein gewisser Phaeinos sich als Schutzgenosse in Athen ansiedelte, die in Kleinasien begonnenen Himmelsbeobachtungen dorthin verpflanzte und sich mit Hilfe des Lykabettos eine genauere Kenntnis der Sonnenwende erwarb.

Von allen Zweigen der Literatur ist keiner mehr mit dem Staatsleben verwachsen als die Beredsamkeit. Die Entwicklung derselben war nur unter den Ioniern möglich; denn nur in diesem Stamme war die angeborene Lust zu lebendiger Mitteilung, der Sinn für Fluß, Fülle und Glanz der Rede vorhanden. Auch hat sich in den ionischen Städten ohne Zweifel diejenige Beredsamkeit zuerst entfaltet, welche sich die Aufgabe stellt, die Stimmung der Bürgerschaft und ihre Entschlüsse zu leiten. Ihre wahre Ausbildung erhielt aber die griechische Beredsamkeit erst in Athen. Hier hat sich die öffentliche Rede mit dem Verfassungsleben entwickelt; sie schien so notwendig zu demselben zu gehören, daß man schon den Staat des Theseus als durch sie gegründet sich vorstellte. Die Rede war aber eben deshalb kein Gegenstand einer besonderen Kunst, die vom öffentlichen Leben getrennt zu denken war, sondern der einfache Ausdruck praktischer Erfahrung und staatsmännischer Klugheit; denn man konnte sich damals noch keinen Volksführer denken, welcher nicht zugleich ein in Krieg und Frieden erprobter Staatsmann war und sich durch sein öffentliches Leben ein Anrecht darauf erworben hatte, daß die Bürgerschaft auf sein Wort höre. Je mehr nun die Rede eine Macht wurde, welche das ganze Staatsleben beherrschte, um so mehr wurde die Sprache selbst in Athen auf eine ganz neue Stufe der Entwicklung gehoben; es bildete sich aber nicht etwa eine aus den Redeweisen verschiedener Gegenden zusammenfließende Mischsprache, auch keine Kunstsprache, welche matt und frostig werden muß, sowie sie sich dem Boden des Volkstums entfremdet, sondern es erwuchs in Attika ein neues Idiom, in welchem sich die der hellenischen Sprache innewohnende Kraft erst vollkommen entfaltete, indem sie der Ausdruck der attischen Bildung wurde.

Wenn in der großen Zeit des Perserkrieges, deren Früchte die perikleischen Friedensjahre zur Reife brachten, alle Künste und Wissenschaften das kräftigste Gedeihen fanden, so kann man sich wundern, daß diejenige Kunst, welche sich allen geistigen Bewegungen am engsten anzuschließen pflegt, die lyrische Kunst, nicht in gleichem Maße sich fortentwickelt hat, und daß Freiheitskriege, die so national und gerecht waren und nach schweren Gefahren und Drangsalen so überraschend glücklichen Erfolg hatten, keinen volleren Widerhall in volkstümlichen Liedern gefunden haben. Dies erklärt sich aus verschiedenen Umständen. Die Heimat der äolischen Lyrik stand der Bewegung der Zeit ferner, und jener Schwung, welcher dort ein Jahrhundert vor den Perserkriegen die Gedichte von Alkaios und Sappho hervorgerufen hatte, war ermattet. Die Chorlyrik aber war zu sehr mit den älteren Volkszuständen verwachsen, sie war zu sehr gewöhnt, den reichen und erlauchten Geschlechtern, deren Glanz mehr der Vergangenheit als der Gegenwart angehörte, mit ihrer Kunst zu dienen, als daß sie sich in die neue Zeit recht hineinfinden konnte. Namentlich war der thebanische Sänger mit seiner Vaterstadt, die von den Freiheitskriegen nichts als Schmach und Unglück erntete, und mit Delphi, welches von Anfang an den Freiheitsbestrebungen ungünstig war, so eng verbunden, daß es ihm unmöglich war, mit voller Unbefangenheit die Größe der neuen Zeit zu würdigen, wenn er auch großherzig und frei genug war, der siegreichen Stadt der Athener seine Bewunderung und den Preis seines Liedes nicht zu versagen. Die Thebaner bestraften Pindar, weil er Athen die „Säule von Hellas" genannt hatte; die Athener belohnten ihn dafür, indem sie darin mit Recht einen Triumph der guten Sache erkannten. In Sparta geschah nichts namhaftes für die Feier der Freiheitskriege. Seine Gemeindeverfassung gestattete keine Freiheit geistiger Bewegung; sie gab zu wenig Wohlbehagen und Befriedigung, als daß die Dichtkunst hier einen gedeihlichen Boden hätte finden können. Die Spartaner haben die Lobpreisung ihres Leonidas dem ionischen Dichter Simonides überlassen, welcher mit vollem Rechte nicht Spartas, sondern der Hellenen Ruhm als den „Hausgenossen" der gefallenen Helden von Thermopylai gefeiert hat. Simonides aber, der sich mit ganzer Seele dem siegreichen Athen anschloß, hat in allen Formen der Dichtung, mit allen Mitteln seines reichbegabten Geistes dem Ruhme der Stadt gehuldigt. Mit unerreichter Meisterschaft wußte er in kurzen, bedeutungsreichen Epigrammen auf Denkmälern jeglicher Art die Tatsachen der Freiheitskriege zu verewigen, in Elegien die Gefallenen zu preisen, in schwungvollen Kantaten, welche von Festchören aufgeführt wurden, die Schlachttage von Artemision und Salamis zu feiern. Es war ein Zeitdichter im höchsten Sinne des Wortes. Der Staat tat das Seinige, um die Kunst zu fördern; er gab durch Siegesfeste den Dichtern glänzende Gelegenheit sich zu bewähren und setzte Preise aus für die besten Kunstleistungen. Wie Simonides dem Themistokles, so stand der geistvolle Ion dem Kimon zur Seite und war für dessen Nachruhm tätig. Perikles aber tat aus eigener Neigung wie aus staatsmännischer Rücksicht alles, um die Kunst des Gesanges in Athen zu pflegen. Er führte zu diesem Zwecke die musischen Wettkämpfe bei den Panathenäen ein, um alle Talente zu öffentlichem Wettkampfe aufzurufen. Er war selbst Ordner und Gesetzgeber auf diesem Gebiete und bestimmte mit tiefem Kunstverständnisse die Weise, in welcher die Sänger und Zitherspieler am Feste auftreten sollten. Wenn aber dessenungeachtet auch in dem perikleischen Athen die lyrische Dichtung nicht die Bedeutung gewann, wie man erwarten sollte, und Simonides keine namhafte Nachfolge fand, so liegt der Hauptgrund darin, daß eine andere, mächtigere und reichere Dichtungsart sich entfaltete, in welche die Lyrik aufgenommen wurde, so daß sie als besondere Gattung zurücktrat.

Von allen lyrischen Dichtungsarten hatte nämlich keine eine so ausgezeichnete und erfolgreiche Pflege in Athen gefunden, wie der Dithyrambus, das Preislied auf den frucht- und weinspendenden Gott Dionysos. Lasos von Hermione, der Lehrer Pindars, hatte das Lied, das ursprünglich nur ein Organ des enthusiastischen Naturdienstes war, zu einem kunstmäßigen Chorliede umgebildet und demselben durch kühne und mannigfaltigere Rhythmen sowie durch rauschende Flötenmusik solchen Glanz verliehen, daß er den Ruhm des Arion, als des Erfinders dieser Gattung, verdunkelte. Lasos brachte die neue Kunst aus dem Peloponnes nach Athen, an den Hof der Pisistratiden. Es war eine Zeit, wo alles, was auf den Dionysosdienst sich bezog, besondere Gunst erfuhr; der Dithyrambus wurde an den Staatsfesten eingeführt, die reichen Bürger wetteiferten miteinander in der Ausstattung und Einübung bacchischer Festchöre, welche, fünfzig Personen stark, um den brennenden Altar des Dionysos ihre Kreistänze ausführten, und man scheute keine Kosten, um von den ersten Sangmeistern, wie Pindar und Simonides, neue Lieder für die attischen Dionysien zu erhalten. Simonides konnte sich rühmen, nicht weniger als sechsundfünfzig dithyrambische Siege in Athen gewonnen zu heben. Aber hier blieb die Entwicklung nicht stehen. Der Dithyrambus umfaßte nicht nur die Tonarten und Rhythmen aller früheren Gattungen der Lyrik, sondern er enthielt auch solche Elemente, welche über das Gebiet lyrischer Dichtung hinauszugehen drängten. Denn indem die Festchöre den Gott, den sie verherrlichten, als einen nahen und gegenwärtigen betrachteten und in enthusiastischer Erregung alle Schicksale desselben, seine Verfolgungen wie seine Siege, gleichsam miterlebten, so lag es nahe, diese Begebenheiten, an welche die Lieder anknüpften, nicht bloß als bekannt vorauszusetzen, sondern sie durch Erzählung in das Gedächtnis zu rufen oder durch Darstellung zu veranschaulichen. Die Vorsänger des dithyrambischen Chores unterbrachen die Gesänge durch erzählenden Vortrag; so wurden Epos und Lied verbunden. Der epische Vortrag wurde durch Handlung und Kostüm belebt; man sah den Gott selbst leidend und triumphierend vor sich, der Chorführer übernahm seine Rolle, die Festtänzer verwandelten sich in Satyrn, die Begleiter des Gottes und Genossen seiner Schicksale, und so erwuchs aus der Verbindung der älteren Dichtungsarten eine neue, die reichste und vollkommenste von allen, das Drama.

Ihm kam alles zugute, was an kunstreichen Rhythmen, an mannigfaltigen Tonweisen, an Glanz und Kraft des poetischen Ausdruckes, was in Tanz und Gesang die älteren Meister erfunden hatten; alles war hier vereinigt, belebt durch die Kunst der Mimik, in welcher die ganze Person Organ künstlerischen Vortrages wird, und erwärmt von dem Feuer bacchischer Festlust. Aber der Kreis der Darstellung war ein sehr beschränkter, solange man durch den Kultus auf die Gegenstände der bacchischen Religion angewiesen war. Man ging also einen Schritt weiter, indem man die Schicksale des Dionysos durch andere Gegenstände, die ein lebhaftes Mitgefühl zu erwecken vermochten, ersetzte. So strömte, nachdem die Kunstform erfunden war, eine Fülle von Stoff und fruchtbarem Inhalte zu; der ganze Schatz des homerischen und nachhomerischen Epos wurde aufgeschlossen, die nationalen Heroen wurden in neuer Weise dem Volke vorgeführt, ein weites Feld war der dramatischen Kunst eröffnet. Auch dieser Fortschritt war schon außerhalb Attika gemacht worden; in Sikyon war der Held Adrastos vor der Zeit des Kleisthenes an die Stelle des Dionysos getreten; auch in Korinth hatte vielleicht schon eine ähnliche Erweiterung der dithyrambischen Gattung stattgefunden. Aber nur in Athen sind diese Anfänge des Dramas zu voller Entwicklung gekommen, und wie das Epos das Spiegelbild der heroischen Vorzeit der Hellenen ist, wie nach Absterben des Epos die Lyrik drei Jahrhunderte hindurch den gärenden Entwicklungen des Volkes im Staats- und Religionswesen zur Seite geht, so ist das Drama diejenige Dichtungsart, deren Entfaltung beginnt, sowie Athen der Mittelpunkt der hellenischen Geschichte wird. Aus unscheinbaren Anfängen zur solonischen Zeit entstanden, erwuchs und erstarkte es mit der Größe der Stadt und hat die Geschichte derselben durch alle Stufen ihrer Entwicklung begleitet.

Thespis hatte die attische Tragödie begründet; er hatte den Wechsel von Vortrag und Gesang, das Geschäft des Schauspielers, Kostüm und Bühne vorläufig geordnet. Solon wollte, wie man erzählte, von seiner Kunst nicht viel wissen, weil er die heftige Erregung des Gefühlslebens durch phantastische Darstellung für nachteilig hielt, die Tyrannen aber begünstigten die neue Volkslustbarkeit; ihrer Politik entsprach es, daß auf Kosten der Wohlhabenden die Armen Unterhaltung fanden; die Wettkämpfe tragischer Chöre wurden eingeführt und die Bühne bei der Schwarzpappel am Markte war ein Mittelpunkt attischer Festlust.

Mit der Herstellung der Freiheit gewannen alle bürgerlichen Feste einen höheren Schwung und die Tragödie erhielt durch Pratinas und Choirilos eine festere Kunstform, indem das Satyrdrama, das bis dahin mit ihr zusammenhing, als besondere Gattung sich abtrennte. Pratinas, der aus Phlius nach Athen einwanderte, gab diesem Spiele seine besondere Gestalt; in ihm wurde der ursprüngliche Charakter der bacchischen Lustbarkeit, das Ländlich-bäuerliche, die lustige Genossenschaft der Satyrn mit ihren ausgelassenen Tänzen und derben Späßen beibehalten. So wurden der poetischen Literatur auch diese volkstümlichen Elemente erhalten, ohne daß die Tragödie in ihrer weiteren Entwicklung durch dieselben gestört und gehemmt wurden.

Derjenige Zeitpunkt, da Athen zuerst als Großmacht auftrat, indem es seine Trieren über das Meer sandte, um die Erhebung der Ionier zu unterstützen, war auch für die Geschichte der attischen Tragödie eine Epoche. Um dieselbe Zeit brachen die Holzgerüste zusammen, von denen man die Festspiele des Pratinas, Choirilos, Phrynichos und des jungen Aischylos angeschaut hatte, und das Drama hatte damals schon eine solche Bedeutung in Athen gewonnen, daß man jetzt einen großartigen und kostspieligen Theaterbau unternahm. Innerhalb des großen Bezirkes des Dionysos wurde am Südabhange der Burg eine feste Bühne aufgemauert und der Zuschauerraum mit seinen im Halbkreise aufsteigenden Sitzen in den Felsen der Akropolis hineingebaut, so daß das Publikum zur Linken nach dem Ilissos, zur Rechten nach den Häfen blickte. Gleichzeitig ging der innere Ausbau der Tragödie mit sicherem Schritte vorwärts. Der Stoff wurde immer mannigfaltiger, Tanz und Musik wurden reicher ausgebildet, weibliche Rollen den männlichen hinzugefügt. Dennoch blieb bis zu den Perserkriegen das Lyrische vorherrschend; Phrynichos, der größte Vorgänger des Aischylos, wurde seiner lieblichen Chorlieder wegen noch am meisten bewundert. Mit dem großen Drama des Freiheitskrieges begann auch das Bühnendrama erst seine vollen Lebenskräfte zu entfalten und nirgends zeigte sich deutlicher als hier die neugewonnene Energie, welche das attische Leben nach allen Richtungen hin durchdrang.

Die Bedeutung der Zeit im Gebiete der tragischen Kunst zum Ausdrucke zu bringen war Aischylos berufen, des Euphorion Sohn, aus Eleusis, der Sprößling einer alten Familie, durch welche er mit dem ehrwürdigsten Heiligtume des Landes verbunden war. Darum nennt er sich selbst einen Zögling der Demeter und bezeugt dadurch, daß die ernsten Tempeldienste von Eleusis nicht ohne nachhaltigen Einfluß auf sein Gemüt geblieben sind. Als Knabe sah er die Tyrannis stürzen, die den Familien des alten Landadels besonders verhaßt war; als er in voller Manneskraft stand, kämpfte er, 35 Jahre alt, bei Marathon und auf seinem Grabsteine hat er selbst bezeugt, daß er nicht auf seine Tragödien stolz sei, sondern auf seinen Anteil an jenem Ehrentage, obwohl er hier nur ein Bürger unter Bürgern war, als Dichter aber eine unvergleichliche Stellung vor allen Zeitgenossen einnahm. Denn er war es, der mit schöpferischer Kraft die attische Tragödie begründete, so daß nun alles frühere nur unvollkommenen Versuchen glich.. Er führte den zweiten Schauspieler ein und machte dadurch das

Bühnenspiel zum wirklichen Drama; denn dadurch wurde erst eine lebendige Wechselrede möglich. Der Dialog, zu dem die Athener durch ihre Gesprächslust, durch Redeübung und scharfen Verstand eine besondere Anlage hatten, wurde auf die Bühne übertragen und dadurch ein ganz neues Interesse geweckt. Zugleich wurden Haupt- und Nebenrollen unterschieden, die Chorlieder wurden kürzer, die Handlung trat kräftiger hervor, die Charaktere wurden schärfer ausgeprägt; die Ausstattung der Bühnenrollen wurde ansehnlicher, die Bühne selbst durch Agatharchos, der die Dekorationsmalerei als besonderen Kunstzweig ausbildete, als ein idealer Schauplatz großartiger geschmückt; die Mechanik wurde aufgeboten, um durch künstliche Vorkehrungen Schatten aus der Tiefe zu heben und Götter durch die Luft schweben zu lassen; das ganze Schauspiel gewann zugleich an feierlicher Würde wie an geistigem Gehalt und sittlicher Bedeutung. Während die früheren Dichter noch immer vorzugsweise darauf ausgegangen waren, Stimmungen auszudrücken und zu erwecken, so sollten nun die Sagen des Altertums in vollem und großem Zusammenhange zur Darstellung kommen und zu diesem Zwecke wurde das attische Drama in der Weise organisiert, daß drei Tragödien zu einem Ganzen verbunden wurden, um in ihnen nach einem durchgreifenden Plane die Handlung der mythischen Geschichte in ihren verschiedenen Entwicklungsstufen vollständig zur Anschauung zu bringen und diesen drei Tragödien, welche ebensoviel Akte eines großen Dramas bildeten, folgte als Nachspiel ein Satyrdrama. Nach dem erschütternden Ernste der Tragödie führte es zum Schlusse wieder auf den volkstümlichen Boden der Dionysosfeier, wo bei den kurzweiligen Abenteuern, deren Zeugen und Teilnehmer die Satyren waren, die Gemüter der Zuschauer zu harmloser Festlaune zurückkehrten. Das war das Vierspiel oder die Tetralogie des attischen Dramas, dessen Organisation, wenn auch nicht frei erfunden von Aischylos, doch durch ihn ihre künstlerische Vollendung empfangen hat. Der dithyrambische Chor wurde in Gruppen von 12 (später 15) Personen geteilt, damit so für jeden Teil der Tetralogie ein besonderer Chor vorhanden war, um die Handlung der Bühnenpersonen teilnehmend zu begleiten und die Pausen der Handlung mit Tanz und Gesang auszufüllen.

Die Zeit der Marathonkämpfer war vorüber; die neue, die perikleische Zeit fand in einem jüngeren Geschlechte und auf dem Theater des Dionysos in Sophokles ihren Ausdruck. Er stammte nicht wie Aischylos aus altem Adelsgeschlechte; sein

Vater war ein Waffenschmied, den die Kriegszeiten zu einem wohlhabenden Bürger gemacht hatten. In dem vorstädtischen Gaue Kolonos war er um Ol. 70, 4 (496) geboren und aufgewachsen in der ländlichen Anmut des Kephistostales, unter dem Schatten heiliger Ölbäume, den Zeugen ältester Landesgeschichte, aber zugleich nahe der bewegten Hauptstadt, nahe dem Meere, das er von der Felshöhe seines Kolonos überblickte, von wo er während seiner Knabenzeit die Hafenstadt hatte vor seinen Augen aufwachsen sehen. In der ersten Blüte jugendlicher Schönheit tanzte er als Reigenführer beim salaminischen Siegesfeste; im zwölften Jahre darauf trat er schon als selbständiger Dichter dem großen Aischylos gegenüber, dessen begeisternde Kunst ihn in die gleiche Bahn des dichterischen Ruhmes hereingezogen hatte. Es war ein Tag ungewöhnlicher Aufregung für ganz Athen, als das Volk auf den Ausgang des Wettkampfes zwischen dem aufstrebenden Dichterjüngling und dem bald sechzigjährigen, mit zweifachem Lorbeer geschmückten Aischylos harrte. Es war an demselben Dionysosfeste, als Kimon nach glänzender Beendigung des thrakischen Feldzuges vom Peiraieus heraufkam und in der Orchestra des Theaters sein Dankopfer darbrachte; das Volk war entzückt über die Reliquien des Theseus, die er heimgebracht hatte, und der Archon Apsephion wählte unter froher Zustimmung der versammelten Bürger Kimon und seine Mitfeldherrn, als die würdigsten Vertreter der zehn Stämme, außerordentlicherweise zu Kampfrichtern. Der Erfolg war, daß die Triptolemostrilogie des Sophokles den Preis erhielt.

Sophokles Kunst stand nicht im Widerspruche zu der seines Vorgängers. Er blickte mit Ehrfurcht zu dem Manne hinauf, welcher mit so ursprünglicher Geisteskraft zur Vollendung der tragischen Kunst die Bahn gebrochen hatte. Seiner liebenswürdigen Natur waren Neid und Scheelsucht fremd. Er war aber ein sehr selbständiger Schüler des großen Meisters und seiner ganzen Begabung nach sehr verschieden von ihm. Er war milder, schlichter, ruhiger und, was seinen Geschmack betrifft, dem Pathetischen und Pomphaften abgeneigt. Er mäßigte daher die Kraft der Bühnensprache, wie sie Aischylos eingeführt hatte, und suchte die Charaktere, ohne sie in das Gewöhnliche herabzuziehen, menschlicher darzustellen, so daß die Zuhörer sich ihnen verwandter fühlten. Dies steht in naher Beziehung zu der veränderten Behandlung des tragischen Stoffes. Sophokles erkannte nämlich, daß die Sagen nicht immer von neuem in gleicher Breite dem Volke vorgeführt werden könnten, indem das Interesse daran sich allmählich erschöpfen mußte. Es kam also darauf an, innerhalb der einzelnen Tragödien mehr Leben zu entwickeln, die Charaktere tiefer und schärfer aufzufassen und das psychologische Interesse lebhafter anzuregen. Nachdem also schon Aischylos die Trilogie in der Weise behandelt hatte, daß er sich nicht an den Verlauf einer mythischen Geschichte band, wurde die trilogische Verbindung von Sophokles wenn auch nicht völlig aufgelöst, doch so weit gelockert, daß nun jede einzelne Tragödie ein Ganzes war, das in sich seinen Abschluß hatte und als ein besonderes Kunstwerk beurteilt sein wollte. Dadurch wurde eine größere Freiheit gewonnen; die Motive des einzelnen Stückes wurden eingehender und feiner behandelt und das poetische Gemälde durch das Hervortreten von Nebenfiguren reicher gegliedert. So läßt Sophokles in seiner Darstellung der Orestessage die Tat des Muttermordes und ihren Urheber zurücktreten und gibt dem ganzen vielbesungenen Gegenstande eine wesentlich neue Fassung, indem er Orestes' Schwester Elektra zur Hauptperson macht, in ihrem Gemüte den ganzen Hergang sich spiegeln läßt und dadurch Gelegenheit gewinnt, ein vielbewegtes Seelengemälde, das Bild eines weiblichen Heldenmutes zu schaffen, welchem wieder durch die Darstellung der anders gearteten Schwester ein trefflicher Hintergrund gegeben wird.

Um diese Mittel einer feineren und fortgeschrittenen Kunst zur Geltung zu bringen, führte Sophokles den dritten Schauspieler ein und machte dadurch eine ungleich lebhaftere Handlung sowie eine reichere Schattierung und Gruppierung der Charaktere möglich. Auch war Sophokles der erste, der, obwohl er selbst ein Meister in Gesang und Tanz war, von der eigenen Darstellung der Rollen zurücktrat. Seitdem trennte sich die Tätigkeit des Schauspielers von der des Dichters, und die Kunst des ersteren erhielt eine selbständigere Bedeutung. Dem Chore wurde eine ruhigere Stellung außerhalb der Handlung angewiesen, und das eigentliche Dramatische trat nun bedeutungsvoller als der Kern der Tragödie hervor. Aischylos selbst erkannte den Fortschritt der Kunst an; denn er nahm nicht bloß die äußerlichen Vervollkommnungen der Tragödie an, sondern erhob sich, durch den jüngeren Nebenbuhler gefördert, selbst zu einer reiferen Kunst des Dramas.

Neben der Tragödie hat sich aus gleichem Keime, das heißt aus bacchischen Festlichkeiten, die Komödie entwickelt. Sie ist die leibliche Schwester der Tragödie, aber sie ist länger in ländlicher Ungebundenheit aufgewachsen und viel später in städtische Zucht und Pflege genommen; daher hat sie auch den Charakter ihres Ursprunges treuer bewahrt. Ihr Ursprung liegt nämlich in den Lustbarkeiten der Weinlese, in dem Festjubel der Landleute über den neuen Segen des Jahres, wie er sich in allen Weinländern wiederholt. In schwärmenden Maskenzügen wurde das Lob des freudebringenden Gottes gesungen und daneben in trunkenem Übermute allerlei Spott und Scherz mit denen getrieben, welche dem Zuge begegneten und Anlaß zu Neckerei und Mutwillen darboten; die Tagesgeschichte wurde reichlich ausgebeutet, und wer die lustigsten Einfälle zum besten gab, wurde von einem dankbaren Publikum herzlich belacht und gefeiert. So wurden die Herbstfeste auch in Attika, namentlich in dem Gaue Ikaria begangen, welcher durch seinen Dionysosdienst gleichsam die Pflanzstätte des ganzen Dramas der Athener wurde; denn auch Thespis war ja von dort ausgegangen. Nach Ikaria kam Susarion der Megareer; er brachte aus seiner Heimat den derben Witz der megarischen Posse mit und gab den Ton an, der sich für die nächste Zeit auch in Attika behauptete. Aus seiner Schule stammte Maison, der zur Pisistratidenzeit große Geltung hatte. Der nächste Schritt war, daß die ländliche Schaubühne nach der Hauptstadt verlegt, vom Staate anerkannt und mit öffentlichen Mitteln unterhalten wurde. Das geschah um die Zeit der Perserkriege, und jener kräftige, schwunghafte Sinn, welcher damals das ganze öffentliche Leben der Athener durchdrang, bewährte sich auch hier, indem er die rohe und halbfremde Posse zu einer wohl organisierten, inhaltsreichen und echt attischen Kunstgattung umgestaltete.

Seit das ikarische Spiel auf dem Schauplatze der Tragödie Heimatrecht gewonnen hatte, wurden von den fertigen Formen des tragischen Dramas viele auf die jüngere Gattung übertragen; es wurden auch für sie von Staats wegen öffentliche Wettkämpfe, Preise und Preisgerichte sowie die Choregie als öffentliche Leistung angeordnet; sie erhielt in Beziehung auf die Bühne, auf Dialog, Chor, Schauspielerzahl usw. eine gleichartige Organisation, aber ohne dadurch ihre Eigentümlichkeit einzubüßen. Denn während die Tragödie die Zuschauer in höhere Sphären entrückte und mit allen Kunstmitteln Verhältnisse zur Anschauung zu bringen suchte, welche über das Maß des gewöhnlichen Lebens weit hinausragten, blieb die Komödie mit der Gegenwart und dem Alltagsleben in nächster Verbindung. Sie blieb freier und ungezwungener im Tanze, in Verskunst und Rede, wie in der dichterischen Anlage; sie behielt so sehr den Charakter eines auf den Moment berechneten Gelegenheitsstückes, daß der Dichter den Chor benutzte, um während des Stückes den Zusammenhang desselben vollständig zu unterbrechen und seine persönlichen Angelegenheiten oder brennende Tagesfragen mit dem Publikum in ausführlichen

„Parabasen" zu besprechen. Gedeihen und Ansehen erlangen konnte sie also nur in der vollendeten Demokratie, welche sie durch alle Stadien ihrer Entwicklung begleitet. Von ihrem Ursprung an auf die verkehrten und deshalb lächerlichen Erscheinungen im Menschenleben gerichtet, geißelte sie alle Torheiten, Gebrechen und Schwächen; dazu konnte es ihr bei einem so vielbewegten und durchsichtigen Gemeindeleben, wie das der Athener war, an Stoff niemals fehlen, und ebensowenig fehlte ein witziges, geistreiches, lachlustiges und für jede Anspielung empfängliches Publikum. Aber sie zog auch die Mißbräuche, Entartungen und Widersprüche des öffentlichen Lebens an das Licht. Darin lag der Ernst ihres Berufes; denn ohne den Hintergrund einer ernsten und patriotischen Gesinnung würde ihr Scherz matt, wirkungslos und verächtlich geworden sein. Die Komödiendichter wollten keine leichtsinnigen Volksbelustiger sein, sondern Lehrer und Leiter des Volkes, wie die Tragödiendichter, und das, was sie in der Zeit fieberhafter Bewegung geißelten, war gerade das Neumodische; das Alte stellten sie den Fehlern der Gegenwart gegenüber, sie pflegten das Andenken der Freiheitskrieger und ermunterten, ihrem Beispiele nachzueifern; sie schlossen sich gerne an bedeutende Tagesbegebenheiten an, wie die Thrakerinnen des Kratinos an die Kolonisation im thrakischen Lande anknüpften.

Man begreift, welche Anziehungskraft diese Gattung für geniale Köpfe haben mußte. Hier hatten sie einen unbeengten Schauplatz, ihr Talent zu zeigen; hier waren sie in Erfindung und Behandlung der Fabel an keine Tradition gebunden. Phantasie und Laune hatten volle Freiheit, und das Publikum sah die mit witzig ersonnenen Attributen ausgestatteten Chortänzer als Wolken, Frösche, Vögel vor sich aufziehen; kein guter Einfall, so keck er war, brauchte unterdrückt zu werden. Alle Mittel der Poesie, um durch erhabenen Schwung zu begeistern, durch Anmut zu entzücken, durch Spott und Witz zu unterhalten, durch neue Wörter und Gedanken zu überraschen, standen dem Dichter zu Gebote; unter dem Schutze der Bühnenfreiheit konnte er den Mächtigsten im Staate keck zur Rede stellen, und das zujauchzende Volk erkannte in ihm den Vertreter bürgerlicher Freiheit.

*

In Beziehung auf alle Kunst der Rede und Dichtung, wie auf die Fortschritte der Wissenschaft kann der Staat nur mittelbar einwirken, indem er den Meistern Gelegenheit gibt, für öffentliche Zwecke wirksam zu sein, einzelne Dichter von anerkanntem Rufe besoldet und Preise austeilt, indem er die

Werke eines Herodot dem Volke vortragen läßt, indem er die Feste leitet, an denen die Schauspiele in würdigster Ausstattung aufgeführt werden. Anders ist es mit den bauenden und bildenden Künsten. Diese sind abhängiger von äußeren Umständen; sie bedürfen, um etwas Großes zustande zu bringen, solcher Mittel, wie sie nur der Staat gewähren kann; auch ist hier eine obere Leitung notwendig, um zu gemeinsamen Zwecken alle vorhandenen Kräfte zusammenzufassen, damit sie sich nicht in kleinen Aufgaben zersplittern.

Attika ist seit ältesten Zeiten eine günstige Stätte für die Pflege der schönen Künste gewesen. Seine Bewohner hatten den Sinn für das Schöne, welcher das Volk der Hellenen auszeichnet, in hohem Grade; Landschaft und Atmosphäre trugen dazu bei, ihren Form- und Farbensinn auszubilden, und der Boden lieferte dem betriebsamen Geschlechte unvergleichlichen Stein zum Bauen und Bilden sowie vorzügliche Erde zum Modellieren, zur Töpferei und Tonmalerei. Die Malerei war ursprünglich nichts als eine mit Farben ausgefüllte Umrißzeichnung, und der Athener Eumaros, dessen Name soviel wie Euchier bedeutet, hatte den Ruhm, daß er zuerst durch verschiedene Färbung männliche und weibliche Personen unterschieden haben sollte. Seine Kunst wurde durch Kimon von Kleonai weiter ausgebildet, indem die Umrißzeichnung bewegter wurde und durch Ausführung der Glieder und der Gewandung Mannigfaltigkeit erhielt. Der Kultus gab Veranlassung, größere Wandflächen mit farbigen Darstellungen zu schmücken; die Stiftung von Weihgeschenken, welche das Andenken wichtiger Begebenheiten erhalten sollten, die für plastische Darstellungen nicht geeignet waren, führte zur Anfertigung von Tafelgemälden, welche in den Heiligtümern aufgestellt wurden. So wurde in Samos, Chalkis, Korinth, Paros, Thasos, Rhegion und anderen Orten die Malerei langsam weiter ausgebildet. Ein lebendiger Fortschritt wurde aber erst in Athen erreicht, und zwar verdankte die Stadt auch diesen Ruhm ihrer siegreichen Flotte. Denn als die reiche Insel der Thasier mit Athen den Kampf aufzunehmen wagte, blühte dort die Malerei und zwar vorzüglich in dem Hause des Aglaophon. Einer der kunstbegabten Söhne desselben war Polygnotos, den wir vom Thasischen Kriege an mit Kimon in nächster Beziehung und persönlicher Verbindung finden. Es ist daher in hohem Grade wahrscheinlich, daß auch Kimon es war, welcher Polygnot zur Übersiedlung nach Athen veranlaßt und dadurch seinem Siege eine für das attische Kunstleben unvergängliche Bedeutung verliehen hat. Denn Polygnot begann sofort in Athen eine großartige Tätigkeit zu entfalten. Er schmückte das von Kimon eben vollendete Theseusheiligtum mit seinen Gemälden, ebenso die neue Halle an dem von Kimon bepflanzten Stadtmarkte, welche Peisianax, ein Verwandter (wahrscheinlich Schwager) Kimons, erbaut hatte, dann das Dioskurenheiligtum und das heilige Gemach am Eingange der Burg, welches später unter dem Namen des Gemäldesaales „Pinakothek" bekannt war.

Nun verbreitete sich sein Ruhm über ganz Griechenland. Ihm wurde die Ausschmückung des Tempels, der Athene Areia in Plataiai und die der Lesche oder Gasthalle in Delphi übertragen; er bildete eine Schule in Athen, welcher sich einheimische (wie Mikon und Panainos) und fremde Kunstjünger (wie Dionysios aus Kolophon) anschlossen. Der Einfluß dieser Schule griff auch in den handwerksmäßigen Betrieb der attischen Kunst ein; denn von dieser Zeit an beginnt neben dem älteren Vasenstile mit schwarzen Figuren auf rotem Grunde, der jüngere Stil mit roten Figuren auf schwarzer Fläche, und während der erstere besonders in Korinth geübt worden ist, ist der letztere vorzugsweise attisch und zeigt in jeder Beziehung ein neu erwachtes Kunstleben, schönere Gefäßformen, reichere Erfindung, ausdrucksvollere Gruppierung, und ungeachtet einer nicht überwundenen Härte der Zeichnung doch eine unverkennbare Anmut, die um so wirkungsvoller ist, je mehr sie von einem strengen Ernste getragen wird. Hier erkennt man im attischen Handwerke die Nachwirkung der großen Epoche, die mit Polygnots Auftreten in Athen begann. Niemals hat sich die Gastlichkeit der Athener reicher belohnt; denn zum Dank für das verliehene Bürgerrecht malte er ihnen, ohne Geld zu nehmen, die großen Wandbilder, welche ihre Stadt vor allen anderen auszeichneten, und machte die Malerschule daselbst zur ersten in Hellas. Polygnotos war in seiner Kunst ein durchaus großdenkender, hochsinniger Mann, und nichts lag ihm ferner, als durch Farbenreiz und täuschenden Schein das Auge angenehm zu unterhalten. Alles sinnlich wirkende drängte er zurück, ernst und keusch war seine Kunst; sie wollte nichts, als die künstlerischen Gedanken in einfachster Form zum Ausdruck bringen. Er lebte mit seinem Gemüte in den Überlieferungen der Religion und des Epos und wie Pindar und Aischylos suchte er den Inhalt derselben mit der Gegenwart zu verbinden. Nach Anlage einer aischyleïschen Trilogie stellten die drei Gemälde der Markthalle, welche, wenn auch von verschiedenen Händen, doch ohne Zweifel unter seiner Oberleitung gemacht wurden, — die Amazonenschlacht, die Zerstörung Ilions und der Kampf bei Marathon — die verschiedenen Epochen des großen Kampfes zwischen Asien und Europa dar. In Plataiai malte er die Niederlage der Freier im Hause des Odysseus mit deutlicher Beziehung auf die barbarischen Eindringlinge, welche bei Plataiai ihre Strafe gefunden hatten.

Polygnot ist der Begründer einer Historienmalerei, deren hoher Stil niemals übertroffen worden ist. Das stolze Selbstbewußtsein, das die Zeitgenossen Kimons beseelte, erfüllte alle Werke, die aus seiner Schule hervorgingen, mochten sie epische Stoffe oder Gegenstände der Zeitgeschichte behandeln. Bei den letzten befleißigte man sich der größten Treue. So sah man in der Schlacht von Marathon Miltiades persönlich dargestellt, wie er voranschreitend die Athener zum Angriffe anfeuerte; man sah die Perser, wie sie in die Sümpfe gedrängt wurden, den Kampf bei den Schiffen, den Heldentod des Kalimachos; aber auch hier fehlte die Beziehung auf die unsichtbare Welt nicht, indem die Schatten der Landesheroen emporstiegen, um am Kampfe teilzunehmen.

Mit der Gründung der polygnotischen Schule beginnt die Herrschaft Athens im Gebiete der schönen Künste, denn ihre Einwirkung erstreckte sich auch auf die bildenden Künste. Diese hatten in Griechenland eine ungleich reichere Vergangenheit als die Malerei. Während der Zeit der Tyrannen waren die Werkstätten der attischen Bildner und Bauleute viel beschäftigt gewesen; nach ihrem Sturze wurden Harmodios und Aristogeiton die Gegenstände wetteifernder Darstellung. Ferner war die alte Zunft der Dädaliden unausgesetzt tätig, in Holz, in Marmor und Elfenbein der Religion zu dienen, und die Götterbilder attischer Künstler, wie des Endoios, erfreuten sich eines Ruhmes, der über die Grenzen des Landes weit hinausging. Was sie auszeichnete, war ein strenger feierlicher Stil, religiöser Ernst und ruhige Würde. In dieser Weise arbeiteten die Athener weiter, und alles, was von attischen Bildwerken aus der Zeit bis zu den Perserkriegen durch Beschreibung oder Überreste bekannt ist, zeigt, daß bei großem Fleiße und ernstem Streben nach Naturwahrheit im einzelnen die Darstellung im ganzen trocken und steif, unfrei und unlebendig blieb und lange Zeit einen sehr altertümlichen Charakter behielt.

Regeres Leben herrschte im Peloponnese, wo der Erzguß in voller Blüte stand, und die Kunst an Weihgeschenken und Siegerbildnissen zu freierer und vielseitigerer Entwicklung gelangte. Da waren die Kunstschulen von Sikyon, Aigina und Argos damals die blühendsten der griechischen Welt; in Sikyon die Schule des Kanachos, der um die Zeit der Perserkriege für Milet und für Theben Apollostatuen bildete, in Aigina die altberühmte Schule einheimischer Erzgießer, welche mit dem

Wohlstande und der Macht der Insel immer glänzender sich aufschwang und ihren Höhepunkt in Onatas erreichte. Onatas war ein Meister von hellenischem Ruhme. Er arbeitete einen Apollokoloß für die Pergamener, eine Demeterstatue für die Phigaleer in Arkadien, und zwar war die letztere dadurch ausgezeichnet, daß er sich nicht nach Weise der älteren Künstler mit peinlicher Ängstlichkeit an die geschmacklose Form des alten Glaubens anschloß, sondern sich von der priesterlichen Tradition frei machte und nach eigener Eingebung die Form des Götterbildes veredelte. Seine volle Künstlergröße aber zeigt sich in der Komposition großer historischer Gruppen.

Gleichzeitig mit Onatas und zum Teile gemeinschaftlich mit ihm arbeitete Ageladas, welcher in Argos das Haupt einer berühmten und vielbeschäftigten Kunstschule war. Auch hier war der Erzguß die Hauptsache, und infolge der zahlreichen Weihgeschenke, welche für die Tarentiner, Epidamnier, Messenier usw. hier ausgeführt wurden, in Einzelbildern und Gruppen, Götterbildern und Viergespannen, wurde hier eine Vielseitigkeit und Gewandtheit der Technik wie der Komposition erreicht, welche auch aus entfernteren Orten die strebsamsten Künstler nach Argos zog, um in der Schule des Ageladas sich auszubilden, und die hohe Bedeutung dieses Meisters wird durch keine Tatsache deutlicher bezeugt, als dadurch, daß drei der größten Künstler der Alten Welt, Myron, Polykleitos und Pheidias, aus seiner Lehre hervorgegangen sind.

Myron aus Eleutherai, dem Grenzorte Attikas gegen Böotien, war der älteste unter ihnen. Er brachte attischen Geist mit in die Werkstätte der peloponnesischen Künstler, attische Erfindsamkeit und Energie, welche sich nicht bei den herkömmlichen Motiven beruhigte, sondern nach vielen Seiten neue Wege eröffnete. Das dramatische Leben, wie es sich in der attischen Poesie entfaltete, beseelte auch seine Kunst und führte sie über die gewöhnlichen Siegerbildnisse hinaus. So stellte er Ladas dar, den Sieger im Laufe, wie er mit dem letzten Atemzuge auf der Lippe das Ziel erreichte, und sein Diskoswerfer veranschaulichte in der niedergebeugten Figur die höchste Spannung aller Muskeln, einen lebensvollen, dramatischen Akt, dem man ansah, daß im nächsten Momente eine völlig veränderte Lage aller Glieder folgen müsse. Man sieht die volle Sicherheit der Schule, die er sich in Argos angeeignet hatte, und zugleich den neuen Gebrauch, welchen er von den Mitteln derselben zu machen wußte. Dabei war er nach Anleitung der attischen Werkmeister ein tüchtiger Götterbildner, während zugleich eine gewisse derbe Natürlichkeit, worin wir das böotische Naturell zu erkennen glauben, ihn dahin führte, daß er mit besonderer

Liebhaberei und besonderem Glücke Tiergestalten, wirkliche wie fabelhafte, darstellte und auch Szenen des gewöhnlichen Lebens genreartig bearbeitete.

Die attischen Kunstschulen waren von denen in Thasos, Sikyon, Aigina und Argos übertroffen worden. Aber so sehr diese kleinen Staaten geeignet waren, unter günstigen Umständen eine Zeitlang und in gewissen Richtungen die Entwicklung der schönen Künste wesentlich zu fördern, so konnte doch eine hellenische Kunst nur in einem solchen Staate zur vollen Entfaltung kommen, der selbst ein Mittelpunkt hellenischer Geschichte, ein Sitz der Macht, ein Schauplatz des Ruhms war; denn die Künste folgen dem Siege, und ihre schönste Aufgabe ist es zu allen Zeiten gewesen, große Erfolge, welche menschlicher Klugheit und Tapferkeit gelungen sind, in dauernden Werken zu verewigen. So dachten auch die Tyrannen Griechenlands und stifteten glänzende Weihgeschenke, welche ihr Glück und ihren Reichtum kommenden Geschlechtern bezeugen sollten. Aber an diesen Werken hatte das Volk keinen Anteil, weil jenes Tyrannenglück auf Unterdrückung des Volkes beruhte, und aus selbstsüchtigen Absichten einzelner Machthaber kann keine volkstümliche Kunst erwachsen. Jetzt war alles anders. Eine große nationale Bewegung hatte das ganze Volk ergriffen; ihre Folge, die Besiegung der Perser, war eine Tat des Volkes; ein freier Bürgerstaat hatte an der Spitze der Bewegung gestanden; Reichtum und Macht war ihm zuteil geworden, und seine Bürgerschaft war kunstsinnig genug, um die Errichtung großer Kunstwerke als eine öffentliche Angelegenheit von größter Bedeutung zu betrachten.

So trafen alle Verhältnisse zusammen, um die Politik des Perikles zu begünstigen und sie als eine aus der natürlichen Entwicklung der Dinge mit Notwendigkeit hervorgehende darzustellen. Denn er dachte ja nicht daran, eine prahlerische Schaustellung des attischen Reichtums zu veranlassen; seine Absicht war, daß die hellenische Kunst, welche sich nach und nach alle Stoffe dienstbar gemacht, für alle Formen der Architektur und Plastik die rechten Stilarten gefunden, vom kolossalen Goldelfenbeinbilde bis zum unscheinbarsten Hausgeräte jede Art der Technik durchgebildet, kurz ihre Schule durchgemacht und ihre Lehrzeit vollendet hatte, nun in der Verherrlichung Athens die Aufgabe finden sollte, an der sie ihre volle Kraft bewähre. Themistokles hatte nur die Befestigung Athens im Auge, weil dies die Bedingung seiner Selbständigkeit war. Der freigebige Kimon tat viel, um Athen und seine Vorstädte zu schmücken, und Polygnot war durchaus der Mann, um Kimons Werken eine höhere, künstlerische Weihe zu geben.

Indessen fehlte es denselben an einem größeren Zusammenhange; auch läßt sich kaum verkennen, daß Kimon bei seinen Kunstanlagen mehr die Absicht hatte, beim Volke sich beliebt zu machen und für seinen Familienruhm zu sorgen, als daß er sie als den Teil einer großen staatsmännischen Aufgabe auffaßte. Dies tat Perikles zuerst. Für die Machtstellung Athens, wie er sie anstrebte, war es notwendig, daß die bildende Kunst, welche mehr als alles andere die Hellenen von den Barbaren unterschied, eine attische werde und dazu diene, die zweimal aufgeopferte und zerstörte Stadt mit mustergültigen Denkmälern zu schmücken, zu denen alles, was früher von Griechenhänden geschaffen war, nur als Vorstufe angesehen werden sollte. Wenn Perikles hierin glücklicher war, als in allen seinen übrigen Bestrebungen, so liegt der Grund davon nicht allein in seiner Persönlichkeit, sondern ganz besonders in der Gunst der Umstände, welche ihm zu diesem großen Werke die rechten Männer zuführte, und zwar vor allen anderen den Pheidias.

Pheidias, des Charmides Sohn, war um einige Jahre älter als Sophokles. Er gehörte einer Familie an, in welcher mit dem Dienste der Athene Ergane, der „Werkmeisterin", eine vielseitige Kunstübung erblich war. Er selbst war zuerst Maler, wie sein Bruder Panainos, und wandte sich erst später ausschließlicher der Bildkunst zu, die er in allen ihren Zweigen auf das sorgfältigste studierte. Er ging sehr jung nach dem Peloponnese, wo Ruhe herrschte, während man in Attika um den Boden des Landes stritt, und gewann in der Werkstätte des Ageladas die erste Anschauung von einer großartigen Kunsttätigkeit. Nach seiner Rückkehr war er bald einer der angesehensten Künstler und bei der Ausführung der Denkmäler, welche man den Siegern von Marathon schuldig geblieben war, schon an erster Stelle tätig. Man benutzte dazu auch die aus den späteren Siegen gewonnenen Schätze, weil es den Athenern immer besonders am Herzen lag, das Andenken von Marathon zu feiern. Kimon hatte natürlich ein besonderes Interesse dies Bestreben zu fördern. Denn nachdem der unglückliche Prozeß seines Vaters in Vergessenheit gekommen war, tauchte der verdunkelte Ruhm desselben wieder hell empor und nun wurden die großen Bronzegruppen für Delphi fertig gemacht, die Heroen der attischen Stämme, als Vertreter der Bürgergemeinde, neben ihnen Kodros, Theseus und als dritter wahrscheinlich Philaios, der Sohn des Aias, der Salamis an Athen gebracht hatte, der Stammvater der Philaïden, zu denen Miltiades und Kimon gehörten, endlich Miltiades selbst neben Apollon und Athena. Glänzender konnte das Andenken des Helden nicht gesühnt werden; es war eine überschwengliche Genugtuung. Um dieselbe Zeit ging auch der Koloß der Athena Promachos, der „Vorkämpferin", aus der Werkstätte des Pheidias hervor. So gab schon die kimonische Zeit dem Künstler reichliche Gelegenheit zu bedeutenden Schöpfungen. Aber es waren immer noch einzelne Gelegenheitsarbeiten, auf Bestellung ausgeführt, wie auch in den Werkstätten des Ageladas gearbeitet wurde, nur mit dem großen Unterschiede, daß Pheidias' Arbeiten dem Ruhme des eigenen Landes galten und unter sich einen inneren Zusammenhang hatten. Bei diesen Werken reifte der Genius des Künstlers der Zeit entgegen, wo Perikles die Verwaltung des Staates in seine Hand nahm.

Pheidias war nicht nur der erste Meister der Plastik, reich an Erfindung und beseelt von patriotischem Eifer, sondern er war auch ein denkender Kopf; er hatte vollen Anteil an der Bildung der Zeit, die aber bei ihm so wenig wie bei Aischylos und Sophokles einen Bruch mit der väterlichen Überlieferung veranlaßt hatte. Weil er so auf der Höhe der Zeitbildung stand, war er befähigt, auf die Ideen des Perikles mit vollem Verständnisse einzugehen, wie er anderseits durch seinen weiten, alle Kunstzweige beherrschenden Blick befähigt war, große Unternehmungen mit sicherer Hand zu leiten, weil die andern Künstler die unzweifelhafte Überlegenheit seines Geistes anerkennen mußten. Bei aller Freiheit eines ungehemmten Wetteifers war er der König im Gebiete der Kunst, wie Perikles im Staatsleben; er wußte den übrigen Künstlern die richtige Stellung anzuweisen; herrschend und leitend stand er in ihrer Mitte, ohne ihren Ruhm zu schmälern oder ihren guten Willen zu beeinträchtigen.

Die Kunsttätigkeit beschränkte sich aber nicht auf Athen. Alle Teile von Attika waren verwüstet und die heiligen Stätten mit besonderer Wut von den Barbaren verheert worden. Im ganzen Lande sollten nun endlich die Spuren derselben verschwinden und an Stelle des Zerstörten neue und schönere Bauten sich erheben. Manches war schon in der kimonischen Zeit geschehen, jetzt aber wurde das Begonnene großartiger und planmäßiger durchgeführt; wahrscheinlich gewährte der Staat den einzelnen Heiligtümern zu ihren eigenen Mitteln noch besondere Zuschüsse; der Wetteifer freigebiger Bürger kam dazu, und eine Reihe tüchtiger Baumeister, Iktinos an der Spitze, stand mit Perikles und Pheidias in naher Verbindung. Aus dieser Zeit stammen die Bauten auf Sunion, dem inselartigen Vorgebirge, das mit seinen abschüssigen Felswänden in das Zykladenmeer vorspringt, ein dem Schiffervolke heiliger Platz des Poseidon und zugleich der Athena. Ein passenderer Ort konnte nicht gefunden werden, um den Inseln gegenüber Attika beim ersten Anblicke als das gottesfürchtige, glückliche und kunstliebende Land der Pallas Athena zu bezeichnen. Darum wurde ihr hier ein neuer Tempel aufgerichtet und mit Bildwerken geschmückt; eine stattliche Torhalle führte in den Tempelhof hinauf, wo die Säulen, weithin sichtbar, in heiterer Würde über der Brandung des Meeres schwebten. Der Tempel war der Mittelpunkt eines Festes, das alle vier Jahre mit besonderem Glanze von Staats wegen gefeiert wurde; ein Theater, in die Uferhöhen hineingebaut, nahm das Volk auf, wenn die attischen Trieren hier ihre Wettkämpfe ausführten. Sunion war nicht nur die Mittelstation zwischen Athen und den Inseln, sondern selbst ein volkreicher Ort und die Umgegend wegen der Bergwerke eine der belebtesten von ganz Attika.

Aber auch innerhalb Athens fehlte es nicht ganz an Gelegenheit zu künstlerischen Anlagen, und es war seit Befreiung des Vaterlandes vielerlei geschehen, um die Stadt in einer dem Bedürfnisse und dem Geschmacke der Zeit entsprechenden Weise zu verschönern. Man hatte in den Städten Ioniens mancherlei angenehme und bequeme Einrichtungen kennengelernt, die man nicht versäumte nachzuahmen. Besonders fand man seit den Siegeszügen Kimons großes Wohlgefallen an städtischen Säulengängen, wo die Bürger, ohne den Genuß der frischen Luft einzubüßen, zu allen Tages- und Jahreszeiten behaglich und bequem miteinander verkehren konnten. Kimon wußte, daß er nichts Wirksameres tun könne, um die Gunst des Volkes zu gewinnen, als indem er für den Bau und die künstlerische Ausstattung solcher Markthallen sorgte. Der ganze Kerameikos, der seit der Tyrannenzeit der Mittelpunkt des städtischen Lebens geworden war, erhielt nun eine andere Gestalt. An der Westseite erhoben sich die Marmorhalle des Zeus Eleutherios mit dem Kolosse des Gottes, einem Denkmale der Freiheitskriege, und die Halle des Archon-König oder die Basileios, ein Amtsgebäude, in welchem auch ein Teil der Solonischen Gesetze aufgestellt war. Gegenüber an der Ostseite erhob sich die Peisianaktische Halle, welche durch Kimons Verdienst zur Gemäldehalle oder Poikile wurde. An der Nordseite blieb die Agora durch Hermensäulen begrenzt, aber auch diese wurden zu öffentlichen Denkmälern und zu geschichtlichen Monumenten. So wurde den Siegern am Strymon die Ehre zuerkannt, in jener Hermenreihe drei Marmorhermen aufrichten zu lassen mit metrischen Inschriften, welche sich auf jene Siege bezogen, aber weder Kimons noch eines anderen Name durfte dabei genannt werden. Das gesamte

Volk sollte die volle Ehre haben. Während so der Kerameikos durch seine Einfassung an Würde und Ansehen ungemein gewann, wurde auch der innere Platz auf Kimons Veranstaltung mit Platanen bepflanzt; an Wasserleitungen und Brunnen konnte es dabei nicht fehlen. Unweit des Marktes war das von Kimon gegründete Heiligtum des Theseus, dessen Wände mit Gemälden aus der heroischen Geschichte geschmückt waren.

Auch der südöstliche Stadtteil hatte wesentliche Umgestaltungen erfahren, namentlich durch den Bau des großen Felstheaters unter der Burg; es war eines der stattlichsten Denkmäler Athens und durch seine Größe wohl geeignet, jedem Fremden anschaulich zu machen, wie die Pflege der Künste eine Hauptangelegenheit des attischen Staates sei. Von der Nordseite her führte eine mit geweihten Dreifüßen eingefaßte Straße zum Theater; jeder Dreifuß war das Denkmal eines in den szenischen Wettkämpfen gewonnenen Sieges und als solches durch die Inschrift näher bezeichnet. Das große Heiligtum des Zeus, welches auf der Terrasse am Ilissos von den Tyrannen im großartigsten Stile angelegt worden war, wurde nach dem Kriege ohne Zweifel auch wiederhergestellt und nach einer freilich unsicheren Vermutung war Pheidias in der ersten Zeit seiner künstlerischen Tätigkeit bei der Ausmalung der Tempelzelle beschäftigt. Soviel aber ist gewiß, daß dies Tempelgebäude später liegengelassen wurde. Das demokratische Athen hatte keine Lust, ein Tempelgebäude auszuführen, welches ursprünglich bestimmt gewesen war, ein Prachtdenkmal der Tyrannis zu werden. Dagegen baute Perikles am südöstlichen Fuße der Burg das Odeion, welches von dem benachbarten Theater dadurch unterschieden war, daß es ein gedeckter Raum war, in welchem musikalische Aufführungen vor einem kleineren Publikum stattfanden. Das zeltförmige Dach galt für eine Nachbildung jenes Prachtzeltes, welches König Xerxes einst auf attischem Boden aufgeschlagen hatte. Ja man ging in den beliebten Beziehungen auf die Perserkriege so weit, daß man sich erzählte, zu den Balken des Daches seien die Maste persischer Schiffe verwendet worden. Der Bau dieses Odeums fällt noch vor die Verbannung des Thukydides.

Der wichtigste Schauplatz aber, auf welchem Perikles und Pheidias ihre schöpferische Tätigkeit entfalteten, war die Burg. Hier hatte man freien Raum. Denn in der Zeit nach den Kriegen war die Aufmerksamkeit vorzugsweise der Unterstadt und den Häfen zugewendet worden, und man hatte sich begnügt, das Heiligtum der Burggöttin aus der Zerstörung wieder aufzurichten. Dann begann Kimon, einen Teil der Siegesbeute auf die Burg zu verwenden. Hier war mit dem Palaste der Tyrannen wahrscheinlich auch ein Teil der Befestigungen, welche die Burg zu einer Zwingburg machen sollten, von den Athenern selbst niedergerissen worden. Kimon baute oberhalb des Theaters an der Südseite eine neue Mauer, die den Anblick Athens von der See her ungleich stattlicher machte; damals dachte man sich also die Akropolis noch als eine Festung. Dies änderte sich, als die großen Verbindungsmauern fertig wurden. Da bedurfte Athen keiner inneren Festung mehr und Perikles' Gedanke ging nun dahin, der Akropolis eine andere, eine friedliche Bedeutung zu geben und den Sitz der ältesten Heiligtümer mit allen Mitteln attischer Kunst auf das vollständigste auszustatten.

Die heiligste Stätte der Burg war zu allen Zeiten das Doppelheiligtum des Poseidon und der Athena am Nordrande der Burgfläche, wo die Priester aus dem Hause der Butaden den Dienst der unter einem Dache vereinigten Gottheiten versahen. Die Westhälfte gehörte dem Poseidon-Erechtheus, die Osthälfte der Polias; unter dem Tempelboden waren die Gräber des Erichthonios und Kekrops.

Was zur Ausstattung dieses eigentlichen Landesheiligtums in der perikleischen Zeit geschehen sei, darüber fehlen alle Nachrichten. Die Haupttätigkeit war jedenfalls einem andern Baue zugewendet; das war die glänzende Wiederherstellung des Hekatompedon. Dies Gebäude war nicht das Wohnhaus einer Gottheit und insofern kein eigentlicher Tempel; hier war kein Kultusbild, keine Priesterschaft, kein regelmäßiger Opferdienst und keine ewige Flamme. Aber es war dennoch seiner Form und seinem Namen nach ein Tempelgebäude oder Naos; denn die Formen heiliger Architektur wurden auch auf die Gebäude übertragen, welche im weiteren Sinne zum Gottesdienste gehörten. Denn je reicher und angesehener die Staaten wurden, um so mehr verlangte der Kultus neue und größere Räumlichkeiten, um die vermehrten Schätze der Gottheit und die Geräte, welche zu den Festzügen gehörten, aufzubewahren und für gewisse Feierlichkeiten als Schauplatz zu dienen. Nun kam in Athen ein neuer Zweck, ein rein politischer, hinzu; nämlich die Unterbringung des Staatsschatzes, welchen man der Staatsgöttin heiligte und in ihrem Namen verwalten ließ. Also trafen hier die verschiedensten Gesichtspunkte zusammen, welche Perikles veranlaßten, auf dem höchsten Punkte der Akropolis, an Stelle des alten Hekatompedon, ein neues Schatz- und Festhaus aufzuführen, das dazu dienen sollte, die innige Verschmelzung des Staatlichen und Religiösen, die Frömmigkeit und die Kunstbildung, den Reichtum und die Festpracht, endlich die ganze durch Tapferkeit und Weisheit errungene Herrlichkeit Athens darzustellen.

Nachdem der Plan des großartigen Werkes von Perikles und seinen Freunden entworfen und nach allen Seiten durchdacht war, kostete es große Kämpfe, die Ausführung durchzusetzen. Die kimonische Partei widersetzte sich mit verzweifelter Anstrengung; erst nach ihrer Niederlage wurde Perikles als Vorsteher der öffentlichen Bauten mit den ausgedehntesten Vollmachten versehen, um die Kontrakte mit den Bauführern abzuschließen und das Begonnene ohne Aufenthalt zu Ende zu führen. Denn wahrscheinlich war schon Ol. 83 (um 446) der Anfang des großen Baues gemacht, welcher Ol. 85, 3 (438) vollendet war. Eine kürzere Bauzeit kann schwerlich angenommen werden. Der Baumeister, nach dessen Plane im Einverständnisse mit Perikles und Pheidias das neue Hekatompedon ausgeführt wurde, war Iktinos; Kallikrates, der geschäftskundige Baumeister der südlichen Schenkelmauer, stand ihm zur Seite. Man hatte nicht die Absicht, ein Gebäude zu errichten, das durch kolossale Verhältnisse oder Neuheit des Stiles Bewunderung erregen sollte; man blieb der Überlieferung treu und ging nur um 50 Fuß über die Maße des älteren Baues hinaus. Bei 100 Fuß Breite erstreckte sich das tempelförmige Gebäude 226 Fuß von Osten nach Westen; die Höhe von der untersten Stufe bis zur Spitze des Giebels betrug nur 65 Fuß.

Aus der dorischen Halle, welche das ganze Gebäude umgab, trat man von Osten her in die sechssäulige Vorhalle, welche durch eine hohe Erztüre in den inneren Raum führte, das Hekatompedon im engeren Sinne, welches durch eine doppelte Säulenreihe der Länge nach in drei Schiffe geteilt war; darüber war eine zweite Säulenstellung, welche eine doppelte Galerie bildete und die steinerne Decke trug; diese Decke erstreckte sich aber nicht über die ganze Länge der Cella, sondern ein Teil derselben war offen und ließ ein Oberlicht herein, welches genügend war, um den ganzen Raum zu erleuchten. An diese 100 Fuß tiefe Tempelzelle grenzte das Hinterhaus, der Opisthodomos, ein gleichseitiger Raum mit vier Säulen, welcher in die westliche Vorhalle sich öffnete. Wenn sich aber auch das ganze Gebäude in seiner Einteilung und seiner gesamten Architektur der älteren Bauweise der Hellenen anschloß, so war doch in allen Stücken ein wesentlicher Fortschritt unverkennbar. Denn auch in der Baukunst haben die Athener mit scharfem Verstande sich die Ergebnisse aller früheren Entwicklungsstufen anzueignen und zu einer höheren Einheit zu verbinden gewußt; sie bauten weder dorisch noch ionisch, sondern es war etwas Neues vorhanden, ein attischer Baustil, welcher sich in der Harmonie der Verhältnisse, in der Vollendung der Technik und ganz besonders in der reichen und sinnvollen Ausstattung der Architektur mit plastischen Werken bezeugte. Hier trat nun der Genius des Pheidias in seiner vollen Bedeutung hervor, weil er hier nicht bloß leitete und anordnete, sondern selbst als schaffender Künstler tätig war und eine ganze Welt lebensvoller Gestalten aus seinen Werkstätten hervorgehen ließ. Freilich ist es unmöglich, die mehr als 40 kolossalen Standbilder und die 4000 Quadratfuß von Hoch- und Flachrelief, welche innerhalb einer kurzen Reihe von Jahren für das Hekatompedon ausgeführt wurden, sämtlich als Werke von Pheidias' Hand anzusehen. Indessen tragen doch die Skulpturen bei aller Verschiedenheit im einzelnen das deutliche Gepräge desselben Geistes; man erkennt eine durchgebildete Schule und einen inneren Zusammenhang in den mannigfaltigen Darstellungen, so daß der ordnende Gedanke des Meisters unverkennbar ist, nach dessen Zeichnungen und Anordnungen die einzelnen Werke ausgeführt worden sind.

Die architektonischen Räume, welche mit Bildwerken ausgestattet wurden, waren von dreierlei Art und danach unterschieden sich auch die Bildwerke nach Stil und Ausführung. Der stattlichste Raum war das große Dreieck, welches die nach den Langseiten abfallenden Dachschrägen an der Ost- und der Westfront bilden. Diese Giebelfelder wurden mit kolossalen Bildwerken angefüllt, welche der Räumlichkeit angemessen eine Handlung darstellten, deren Hauptgruppen die Mitte des Dreiecks einnahmen, während nach beiden Seiten hin in abnehmender Größe die näheren und ferneren Teilnehmer und Zeugen der Handlung ihren Platz fanden. Hier mußten die bedeutendsten Tatsachen der einheimischen Athenareligion, welcher das ganze Gebäude gewidmet war, dargestellt werden. Den Giebelraum der Ostseite füllte die Versammlung der olympischen Götter, eingefaßt von den Gottheiten des Tageslichts und der Nacht. In der Mitte der Olympier erscheint Athena, neugeboren, aber vollkommen reif, schön und wehrhaft, neben ihrem Vater Zeus der leuchtende Mittelpunkt der großen Versammlung, zu dem von beiden Seiten mit staunender Bewunderung die Götter und Göttinnen hinschauen. Der Westgiebel dagegen ist durch die Gottheiten attischer Gewässer, welche als liegende Eckfiguren die Darstellung einschließen, als attischer Boden bezeichnet. In der Mitte steht Athena neben Poseidon, jene mit ihrem Gefolge attischer Landesgottheiten, dieser von den Dämonen des Wassers begleitet. Sie haben um Athen miteinander gestritten. Der Kampf ist entschieden, der wildere Gott muß weichen; aber das glückliche Land, das die unsterblichen Götter einander beneiden, hat von beiden Seiten Gaben unvergänglicher Bedeutung empfangen und auch der Streit ist ihm zum Segen geworden. Unter dem Tempeldache erstreckt sich der Architrav, der an beiden Schmalseiten mit goldenen Schildern geschmückt wurde, und darüber der Triglyphenfries; die zwischen den Triglyphenblöcken eingelassenen Metopentafeln wurden sämtlich mit Bildwerk ausgestattet; 92 Tafeln von fast quadratischer Fläche, deren jede eine in sich abgeschlossene Komposition erforderte. Pheidias wählte meist Kampfgruppen, Kämpfe der Gottheiten, namentlich der Athena gegen die Giganten, Kämpfe der Heroen, die als Vorbilder der attischen Jugend in höchster Kraftanstrengung mit den rohen Gewalten kämpfen, welche einem sittlich geordneten Staatsleben widerstreben, wie die der Ehe feindlichen Amazonen und die Kentauren, die Friedenstörer und Frauenräuber, die Feinde des Theseus, des Gründers gesetzlicher Ordnung. Aber auch friedliche Taten waren dargestellt, Stiftungen heiliger Satzungen, auf denen das attische Religionswesen beruhte.

Endlich zog sich innerhalb des Säulenumganges ein Fries entlang, welcher 528 Fuß lang wie ein schmales Band die äußere Zellenwand umfaßte. Für einen solchen Raum konnte keine angemessenere Darstellung ersonnen werden, als die eines figurenreichen Zuges, welcher einen ununterbrochenen Zusammenhang hatte, eines Festzuges, welcher in Beziehung zu dem Gebäude stand. Es konnte also nur der panathenäische Festzug benutzt werden. Doch dachte man nicht daran, eine treue Kopie desselben in Marmor darzustellen. Dadurch würde dem erfindenden Künstler jede Freiheit genommen sein; eine feierliche Eintönigkeit wäre unvermeidlich gewesen und jede Darstellung dieser Art wäre hinter der lebendigen Wirklichkeit als ein mattes Nachbild weit zurückgeblieben. Viel bedeutungsvoller war es, wenn man die Vorbereitung des großen Festzuges darstellte; denn darin zeigte sich der Ernst, mit dem die Athener ihre Staatsfeste begingen. Nun konnten in ungezwungener Weise die Reitergruppen und Viergespanne, die Opferzüge und Musiker, die diensttuenden Personen, welche aus dem Stande der Metöken genommen wurden, die beaufsichtigenden und ordnenden Staatsbeamten dargestellt werden. Es sitzen aber auch die Götter selbst in vertraulicher Nähe unter dem Volke, welches sie mit so ernstem Eifer ehrt.

Freilich wollen die Götter die Formen, unter denen sie vom Volke angebetet werden, nicht verändert wissen und Pheidias konnte nicht daran denken, das alte Holzbild der Athena durch neue Bilder zu verdrängen. Aber es konnten Bilder geschaffen werden, welche keine Gegenstände der Anbetung und keine abergläubisch verehrten Unterpfänder göttlicher Huld sein sollten, wie die alten mißgestalteten Holzbilder, aber doch religiöse Bilder waren, insofern sie das Wesen der Gottheit darstellten und die Gemüter zur Frömmigkeit stimmten; solche Bilder war man der Gottheit schuldig als Weihgeschenke, durch welche die Bürger sich dankbar erzeigten für allen Zuwachs an Glück und Ruhm, den sie unter dem Segen ihrer Schutzgottheit gewonnen hatten. Hier mußten daher alle Mittel der Kunst aufgeboten werden, um in der Gabe die Göttin und in der Göttin die Stadt zu ehren.

So ging aus den Werkstätten des Pheidias zuerst die Athena Promachos hervor, ein Koloß, über 50 Fuß hoch, welcher den Beweis lieferte, daß auch im Erzgusse die attische Schule von keiner anderen mehr übertroffen werde. Er stand auf der Burg unter freiem Himmel, zwischen dem Burgtore und dem alten Athenatempel auf einem mächtigen Fußgestelle; es war die kriegerische Göttin mit Lanze und vorgestrecktem Schilde; die goldene Lanzenspitze und der wehende Helmbusch waren die ersten Wahrzeichen, an denen man, von Sunion heranfahrend, die attische Burg erkannte. Unerschütterliche Würde und stolzer Mut waren in dem Bilde der Göttin ausgeprägt; sie war das Ideal, welchem das Geschlecht der Marathonkämpfer nacheiferte; aus der marathonischen Beute war das Standbild geweiht worden um die Zeit, da Aristeides starb und Perikles anfing Geltung zu erlangen.

Die Promachos war die Göttin des kimonischen Athens, die „Vorkämpferin" von Hellas. In der perikleischen Zeit erweiterte und vertiefte sich die Staatsidee und damit auch die Vorstellung von der Schutzgöttin des Staates. Mit dem Entwurfe des Hekatompedon war gleichzeitig der Plan entstanden, im Innern desselben ein neues Bild der Athena aufzurichten; ein kolossales Prachtwerk, welches bestimmt war, Staunen und Bewunderung zu erwecken und von dem Reichtume der großen Handelsstadt, von der Blüte der Künste und dem religiöspolitischen Sinne, der in den Bürgern lebte, ein volles Zeugnis zu geben. Darum verschmähte man die einfachen Stoffe und wählte die glänzendste aller Gattungen plastischer Darstellung, die Goldelfenbeinarbeit. Werke dieser Art gingen über den engeren Bereich der Plastik weit hinaus. Denn wenn auch dem Bildhauer die Hauptaufgabe blieb, indem er die Idee des Ganzen faßte und in körperliche Formen zu gestalten hatte, so war es doch auch eine architektonische Aufgabe, das feste

Gerüst herzustellen, welches den Holzkern des Kolosses bildete, die vielerlei und vielartigen Teile desselben zweckmäßig und dauerhaft zu verbinden und das Ganze so aufzustellen, daß die umgebenden Räume dazu dienen mußten, die riesigen Verhältnisse des Götterbildes recht zur Anschauung zu bringen, ohne daß ein Mißverhältnis fühlbar wurde. Endlich beruhte der Gesamteindruck des Kunstwerkes auch wesentlich auf der Pracht und Harmonie der Farben. Der milde Glanz der Elfenbeinplatten, welche die nackten Teile der Oberfläche bildeten, wurde durch den Schimmer des Goldes gehoben; die Wahl der bunten Edelsteine für die Augen, die Färbung der Wangen und Haare, die Verteilung von Licht und Schatten in der Anordnung des Gewandes, dies und anderes verlangte den Kunstverstand eines Malers.

Ein solches plastisches, tektonisches und malerisches Kunstwerk war die Athena des Pheidias, welche vorzugsweise als Jungfrau, „Parthenos", aufgefaßt wurde, als die keusche, unnahbare Tochter des Zeus, in welcher des Vaters Weisheit und Denkkraft sich persönlich darstellt. Sie ist die heimatliche Göttin; darum sah man die Burgschlange, das Sinnbild des Einheimischen, zu ihrer Linken sich emporringeln; sie ist die kriegerische Göttin mit Helm, Schild und Speer, und die siegverleihende mit einem Standbilde der Nike auf der ausgestreckten Rechten; aber ruhig und friedlich steht sie da, nicht keck und herausfordernd, sondern mit gesenkter Stirn, still und gesammelt vor sich hinblickend, sich selbst genügend, mit milden und klaren Gesichtszügen; der Helm, unter dem das volle Haar hervorquillt, ist mit den Symbolen von Sphinx und Greifen ausgezeichnet, welche Denkkraft und Scharfblick bedeuten. Diese Athena war also keine allegorische Figur, denen ähnlich, welche man in alten und neuen Zeiten als Personifikationen einer Landschaft oder Stadt darzustellen versucht hat, sondern einer Gottheit Bild, die seit dem Beginn des Staates Schutzgöttin gewesen war; aber dies Gottesbild war mit allen Vorzügen ausgestattet, deren Athen sich bewußt war, mit allen Tugenden, welche den attischen Bürger auszeichnen sollten. Indem es nun Pheidias gelang, in solcher Weise dem Volke seine Götter zur Anschauung zu bringen und hiebei den Besten des Volkes für alle Zeit zu genügen, wurde er ein Gesetzgeber im Gebiete der religiösen Kunst; der Künstler gewann das Ansehen eines Theologen, der die väterliche Religion erweitert und veredelt habe; seine Werke waren wie Offenbarungen des Göttlichen und erlangten eine allgemeine Anerkennung, weil er nicht willkürlich und nach persönlichem Geschmack neuerte, sondern aus dem Volksgeiste heraus und im Einklange mit den Dichtern des Volkes, namentlich mit Homer. Darum waren seine Werke, wiewohl echt attisch, zugleich national; die attische Kunst war auch hier nur die Vollendung aller früheren Stufen und es war die größte Genugtuung für die Bestrebungen des perikleischen Athen, daß seine Künstler auch nach Olympia berufen wurden und daß dort aus attischen Werkstätten das Bild des Zeus hervorging, welches noch prachtvoller ausgestattet war als das der Parthenos und für alle Zeiten als Ideal des hellenischen Zeus bei allen Hellenen mustergültig blieb.

Um die Akropolisbauten auf eine des Staates würdige Weise zur Vollendung zu bringen, bedurfte es zuletzt noch eines neuen Eingangstores, welches den ganzen Burgbezirk als einen heiligen Festraum der Athena bezeichnete. Das war nach dem Odeion und dem Hekatompedos oder Parthenon der dritte große Bau des Perikles: die Torhallen oder Propyläen nebst der Aufgangstreppe. Der Baumeister der Propyläen war Mnesikles. Seine Aufgabe war, das westliche Ende des Burgfelsens, wo derselbe allein zugänglich ist, mit einem Gebäude zu überspannen, welches bestimmt war, den Burgraum an seiner schmalsten Stelle abzuschließen, aber zugleich in feierlicher Weise zu eröffnen. Eine dorische Säulenreihe mit tempelförmigem Giebel empfing den Heraufsteigenden; dann trat man in eine Halle von 50 Fuß Tiefe, deren prachtvolle Marmordecke sechs ionische Säulen trugen. Diese Halle wurde durch eine Quermauer geschlossen, welche mit fünf Gittertoren den Verschluß der Burg bildete. Aus ihnen trat man wieder in eine sechssäulige dorische Halle und durch sie auf den inneren Raum der Burg. Von dem Mittelgebäude der Propyläen, dem eigentlichen Torgange, sprang rechts und links ein Flügel vor, um den Abschluß des Burgfelsens zu vervollständigen; der nördliche umfaßte das von Polygnot ausgemalte Gemach, die Pinakothek. Beide Flügel öffneten sich mit Säulenhallen nach der breiten Freitreppe, welche in gemächlicher Steigung zur Torhalle hinan führte und die Oberstadt mit der Unterstadt verband. Rechts von diesem Aufgange trat die kimonische Mauer mit einer turmartigen Bastion gegen die Treppe vor, aber sonst war alles entfernt, was an die alte Festung erinnerte. Mit gastlichen Säulengängen, welche weithin in die Ebene hinabglänzten, erschloß sich die Akropolis allen, welche die Tempel und Feste der Athener besuchen wollten; sie erhob sich aus der Unterstadt, wie die Krone des Ganzen, wie ein großes Weihgeschenk, mit ihren Kolossen, Tempeln und Hallen, und wie ein Geschmeide glänzte an ihrer Stirnseite der Marmorbau der Propyläen.

Um die Bedeutung dieser Bauten in ihrem ganzen Umfange zu ermessen, darf man die außerordentliche Mannigfaltigkeit der damit in Verbindung stehenden Kunst- und Gewerbetätigkeit nicht außer acht lassen. Schon der Transport des Materials veranlaßte, daß in jener erfindungsreichen Zeit auch die Wissenschaft der Mechanik große Fortschritte machte und auf diesem Gebiete erwarb sich vor allen Zeitgenossen des Perikles Artemon einen Namen. Alle Handarbeiter, welche zu den großen Kunstleistungen in Beziehung standen, die Bau- und Zimmerleute, Bildhauer, Schmiede, Erzgießer, Steinmetzen, Färber, die Goldarbeiter, welche das Metall zum Überzuge des Holzes verarbeiteten, und die Elfenbeinarbeiter, welche den spröden Stoff so geschmeidig zu machen wußten, daß er sich wie eine Haut an den Holzkern anschmiegte, die Maler, Holzschnitzer, Teppichwirker, die Gold- und Silbersticker, die Steinschneider usw., alle hatten ihren Anteil an der glänzenden Entwicklung menschlicher Kunstfertigkeit in Athen, jeder wurde in seinem Berufe gefördert und zu höheren Leistungen befähigt. Die Überreste der attischen Kunst zeigen auf das deutlichste, wie auch das Kunsthandwerk von einem höheren Leben ergriffen wurde; auch in unscheinbaren Terrakotten und Grabreliefs erkennt man trotz der handwerksmäßigen Ausführung den feinen Formsinn, die Klarheit des Vortrages, die Ruhe und Heiterkeit, die geistige Würde, welche die Arbeiten des Pheidias auszeichneten. Seine Werkstätten waren eine Schule des Volkes von umfassender und dauernder Wirkung. Bis dahin waren die künstlerischen Gewerbe in einheimischen Familien gepflegt, welche von Vater auf Sohn die ererbte Kunst fortpflanzten. Diese Art der Kunstpflege finden wir in der Musik und Poesie, wie die Familien des Simonides, Bakchylides, Pindaros, Stesichoros, Sophokles u. a. beweisen, und ebenso in allen bildenden Künsten. Hier hatte der Familienzusammenhang einen besonders wichtigen Einfluß, indem er die sicher und stetig fortschreitende Vervollkommnung der Technik wesentlich unterstützte. Die Zeit des Perikles war aber auch in dieser Beziehung eine rechte Übergangszeit, indem die Schranken jener familienhaften Überlieferung, soweit sie hemmend wirken konnten, damals gebrochen wurden; denn die freieste Konkurrenz wurde nicht nur innerhalb der Bürgerschaft eröffnet, sondern auch von außen kamen die Künstler herbei, um sich an dem Wetteifer des Talents und Fleißes in Athen zu beteiligen. Schon mit Polygnot, dem Thasier, gleichzeitig arbeiteten in Athen Nikanor und Arkesilas, zwei Maler aus Paros, und dann kamen von derselben Insel, welche ihres Marmorreichtums wegen an tüchtigen Bildhauern besonders fruchtbar war, Agorakritos, einer der Lieblingsschüler des Pheidias, Kolotes, welchen der große Meister als einen seiner geschicktesten Mitarbeiter schätzte, Thrasymedes, Lokros, Aristandros, der Vater des berühmten Skopas. Alle fanden in Athen eine neue Heimat und eine ruhmvolle Tätigkeit, und deshalb kann man wohl sagen, daß sich niemals unter günstigeren Bedingungen ein nationales Kunstleben entfaltet hat.

Frei erwachsen in den verschiedensten Orten des Vaterlandes, wurden die Künste der Hellenen hier zum erstenmal zu großartigen Leistungen vereinigt, unter der Pflege des reichsten Staates, unter der Obhut des erleuchtetsten Kenners, der mit unbeschränktem Willen über die Staatsmittel verfügte, unter der Leitung eines überlegenen Geistes, welcher alle Gebiete der bildenden Kunst beherrschte. Im perikleischen Athen war es möglich, daß mit dem wohltätigen Einflusse einer festen Oberleitung ein allgemeiner Wetteifer sich vereinigte, und die vom Staate anbefohlenen Arbeiten mit freiwilligem Enthusiasmus ausgeführt wurden, der sich nicht auf die Künstlerwelt beschränkte. Denn dem rührigen und erwerbslustigen Volke der Athener gefiel die Betriebsamkeit, welche die perikleischen Bauten veranlaßten. Material aller Art mußte herbeigeschafft werden, Metalle, Elfenbein, Edelsteine und fremde Holzarten. Alle Stände waren bei dem öffentlichen Kunstleben beteiligt, von dem Künstler an, der in der Einsamkeit seine Gedanken reift und seine Pläne entwirft, durch alle Klassen der Kaufleute, Gewerbeleute und Handarbeiter bis zu den Bergleuten und Wegebauern, den Wagnern, Seilern und Fuhrleuten, welche dafür zu sorgen haben, die unzähligen Marmorblöcke auf die Höhe der Burg zu fördern. Aller Verdienst geht vom Staate aus, alle werden in seine Zwecke verflochten. Die Kapitalisten sind zufrieden, weil zum Anlegen des Geldes in vorteilhaften Geschäften immer mehr Gelegenheit sich darbietet; sie können für ihre Häuser, ihre Schiffe, ihre Sklaven immer höheren Mietzins erhalten. Die Landleute sind zufrieden, weil die Preise des Bodens und seiner Früchte im Steigen sind. Auch die ganz Unbemittelten werden vom Staate versorgt, und zwar nicht als Stadtarme, sondern als Bürger, welche an den öffentlichen Unternehmungen einen tätigen Anteil nehmen.

Der allgemeine Wohlstand der Bürgerschaft wurde also in solcher Weise gefördert, daß die Menge des Volkes schon deshalb der perikleischen Politik freudig zugestimmt haben würde, wenn sie auch nicht zugleich von dem Gefühle durchdrungen gewesen wäre, daß jene Werke mehr als alles andere zum Ruhme der Vaterstadt beitrugen. Auch die geringsten Dienst-

Niketempel auf der Akropolis. Athen

Parthenon. Athen

Relief von Pharsalos. Paris, Louvre

Zug der Reiter. Relief vom Westfries des Parthenon. Athen

leistungen wurden dadurch geadelt, daß sie zu solchen Zwecken des Gemeinwesens ihren Beitrag gaben. Ein höherer Patriotismus teilte sich den Bürgern mit, wenn sie ihre Vaterstadt vor allen anderen Städten mit den edelsten Kunstwerken ausgestattet sahen; und wenn diese Kunstwerke bei aller Pracht doch eine edle Einfachheit besaßen und durchgängig von erhebenden Gedanken durchdrungen, von Maß und Ordnung erfüllt waren, so konnten sie nicht anders als bildend und läuternd auf die Gemüter derer einwirken, welche Zeugen ihrer allmählichen Vollendung waren und die vollendeten Werke täglich vor Augen hatten. Denn es liegt eine Kraft in ihnen, welche den Menschen über die Enge seiner persönlichen Verhältnisse erhebt und ihn nötigt, von dem Staate, der solches schaffen kann und dem eigenen Bürgerberufe groß und würdig zu denken. Aber auch die, welche nicht mit der Liebe und Bewunderung eines attischen Bürgers den Staat anschauen konnten, auch die Untertanen und die Fremden konnten sich dem Eindrucke der Herrlichkeit Athens nicht entziehen; die einen mußten es leichter finden, einer solchen Stadt zu gehorchen, die andern mußten erkennen, daß alles, was die Hellenen auszeichne, Geistesbildung und edle Kunst, in Athen seine volle Entwicklung gefunden habe, und wer also hiefür Sinn hatte, der mußte Athen als die Hauptstadt Griechenlands und sich in gewissem Sinne selbst als Athener fühlen. Das war es, was Perikles erstrebte; Athen sollte sich würdig zeigen, über Hellenen zu herrschen, und die Verwendung der Mittel zu diesem Zwecke war in der Tat keine Verschwendung; denn sie hat nicht bloß für die Gegenwart Wohlstand und Zufriedenheit verbreitet, sondern es ist in jenen Kunstwerken ein unveräußerlicher Schatz für Athen gewonnen worden, ein Kapital, von dessen Zinsen die Stadt bis in die spätesten Zeiten gezehrt hat, so daß kein Staatsmann materielle Vorteile von dauerhafterer Bedeutung seiner Stadt verschafft hat als Perikles. Er dachte aber auch an den zukünftigen Ruhm der Stadt; er wollte, daß Denkmäler ihrer Größe vorhanden wären, welche ihre Geschichte überlebten, und daß die Akropolis noch in späten Jahrhunderten Zeugnis ablege von dem Zeitalter des Perikles.

An den Propyläen wurde mit steigender Eile gearbeitet von Ol. 85,4 bis 86,4 (437—433 v. Chr.). Man hatte das Gefühl, daß es mit der Friedensruhe bald vorbei wäre, und ehe das Gebäude noch ganz vollendet war, brach der Krieg aus, welcher die Mittel des Staates vollständig in Anspruch nahm.

VIERTES BUCH / DER PELOPONNESISCHE KRIEG

Erstes Kapitel

DER KRIEG BIS ZUM TODE DES PERIKLES

Korinth. — Seeschlacht bei Aktion. — Kriegspläne Spartas. — Überfall von Plataiai. — Beginn des Bürgerkrieges. — Rachezüge der Athener. — Perikles' Seezug. — Verurteilung und Rückberufung des Perikles. — Fall von Potidaia. — Tod des Perikles. — Rückblick auf seine Staatsverwaltung.

In dem Segen der Friedensjahre, welchen die Athener Perikles verdankten, lag zugleich der Keim eines unvermeidlichen Krieges. Die eidgenössischen Gemeinden konnten die Vernichtung ihrer Selbständigkeit nicht verschmerzen; den Megareern und Böotiern war der Glanz Athens ein Ärgernis; ebenso den Peloponnesiern und namentlich den Spartanern, deren Eifersucht ja schon durch den ersten Aufschwung Athens nach Vertreibung der Pisistratiden so heftig gereizt worden war. Mit welchen Augen mußten sie jetzt erst nach Athen hinüberblicken! Indessen ließen sie es bei einem untätigen Grollen bewenden, und so bitter sie es auch empfanden, immer mehr aus ihrer hervorragenden Stellung herausgedrängt zu werden, so gingen doch aus dieser Stimmung keine Entschlüsse hervor. Athen aber vermied es auf das sorgfältigste, irgend einen Anlaß zu Feindseligkeiten zu geben und seit der Zeit, da Perikles die Verwendung der Geldmittel in seiner Hand hatte, soll er sogar eine jährliche Summe von zehn Talenten verwendet haben, um in Sparta der Kriegspartei entgegenzuarbeiten. So unglaublich dies erscheint, so ist doch nicht unwahrscheinlich, daß er in dieser Weise die Schwächen der Gegner benutzte. Er wollte nicht den Frieden erkaufen, aber den Anfang des Krieges in seiner Hand haben; darum mußte er in Sparta Einfluß besitzen, wo die Stimmungen immer hin und her schwankten. Eine unabhängige, feste und tätige Politik hatte unter allen Feinden Athens allein Korinth.

Korinth war eine Handelsstadt, welche ohne Flotte und Kolonien nicht bestehen konnte. Sie mußte auf jeden Staat eifersüchtig sein, der ihr das Meer streitig machte und ihre Seeverbindungen gefährdete. Um Aigina zu demütigen, hatten die Korinther einst Athen unterstützt; um so größer war ihr Ärger, als sie die geringgeschätzten Anfänge der attischen Flotte in wenig Jahren so gewaltig anwachsen sahen, daß sie vollständig überflügelt wurden. Umsonst hatten sie in den Perserkriegen den Siegeslauf Athens zu hemmen gesucht; umsonst gegen den Mauerbau Protest eingelegt; ihre Lage verschlimmerte sich immer mehr. Denn seit der Gründung der attischen Bundesgenossenschaft sahen sie sich nicht nur von allem Ruhme und allen Früchten hellenischer Seesiege ausgeschlossen, sondern ihre eigenen Kolonien, namentlich Potidaia, gingen an Athen verloren, ihr Einfluß im Archipelagus war vernichtet, ihr asiatischer Handel gänzlich zerstört. Als nun vollends Megara und Achaja den Athenern ihre Häfen öffneten und Naupaktos durch die Messenier ein attischer Waffenplatz wurde, da waren sie in ihren eigensten Gewässern nicht mehr die Herren. Auch waren die Messenier durchaus nicht Willens, sich ruhig zu verhalten, sie machten ihre neue Stadt zu einem Kriegshafen und unternahmen gleich nach ihrer Ansiedlung einen Eroberungszug gegen Westen, nach der Achelooslandschaft, welche durch ihre Fruchtbarkeit ausgezeichnet war und wo sie der korinthischen Macht am meisten Abbruch tun konnten. Es war gewiß im Einverständnis mit Athen, wenn sie zum Ziele ihrer Unternehmung Oiniadai wählten, eine durch Mauern und Sümpfe feste Stadt im unteren Acheloostale, welche sich von jeher den Korinthern treu und den Athenern feindlich gezeigt hatte. Sie eroberten die Stadt und hielten sich ein Jahr lang in derselben, bis sie durch ein Heer der umwohnenden Stämme Akarnaniens gezwungen wurden, die Stadt wiederum zu räumen. Gleich darauf erschien eine attische Flotte unter Perikles an der Acheloosmündung; sein Versuch, Oiniadai zu nehmen, mißlang freilich, aber die Korinther sahen sich fortwährend in ihren unentbehrlichsten Kolonialgebieten bedroht; sie waren in einem förmlichen Belagerungszustande.

Durch den dreißigjährigen Frieden erhielten sie endlich freiere Bewegung; sie atmeten wieder auf. Aber sie wußten sehr gut, daß Athen die erste Gelegenheit benutzen würde, im westlichen Meere von neuem Macht zu gewinnen. Dazu kam, daß die Städte Achajas unzuverlässig waren; auch Akarnanien war mißgünstig gegen Korinth, das seine Küsten zu beherrschen suchte, und neigte sich zu den Athenern; die Insel Zakynthos hatte sich dem peloponnesischen Bunde von jeher feindlich erwiesen; Naupaktos lag noch immer wie ein Wachposten am Eingange des Golfs, und man wußte, was man von den unruhigen Messeniern zu erwarten habe, die zu

Lande wie zu Wasser gleich unternehmungslustig, Todfeinde Spartas und seiner Bundesgenossen, den Athenern aber ohne Rückhalt ergeben waren. Es kam also, wie man in Korinth wohl erkannte, alles darauf an, die Küstenstädte und Inseln, welche dem peloponnesischen Interesse treugeblieben waren, an sich zu ziehen und den Zusammenhang mit den Kolonien wiederum herzustellen. Kurz, Korinth war der einzige Staat, welcher mit wachsamem Auge Athen verfolgte und im stillen unausgesetzt tätig war, mit Delphi und Theben sowie mit den argivischen Seestädten in Einverständnis zu bleiben. Es schloß Megara, das 15 Jahre entfremdet gewesen war, so eng wie möglich an sich an, pflegte seine Verbindungen mit Elis und den Ionischen Inseln und suchte sich für alle Fälle an Sparta und dem Peloponnesischen Bunde einen Rückhalt zu sichern. Es konnte keine andere Absicht haben, als durch Vereinigung der vereinzelten Kräfte eine Seemacht zu gründen, welche wenigstens in den westlichen Meeren imstande wäre, der attischen Macht entgegenzutreten; es mußte darauf ausgehen, hier eine Hegemonie zu gewinnen und von den Beziehungen zu seinen westlichen Kolonien und Bundesgenossen alle fremden Einmischungen fernzuhalten. Darum stimmten auch die Korinther im samischen Kriege gegen die Einmischung der Peloponnesier, weil sie den Grundsatz der Nicht-Einmischung, welchen die Athener für sich geltend machten, auch für ihre eigene Politik anerkannt sehen wollten.

Bei dieser Politik fehlte es ihnen nicht an wichtigen Stützpunkten. Dazu gehörte vor allem die volkreiche und kriegerische Stadt der Ambrakioten, welche treu zu Korinth hielt und mit der Insel Leukas (Santa Maura) und Anaktorion zusammen den Ambrakischen Golf (Mb. von Arta) beherrschte. Auch im akarnanischen Lande war außer Anaktorion Oiniadai treu gesinnt, und von den anderen Völkern des Festlandes die Ätoler und Epiroten. Kein Staat aber stand der Politik der Korinther hemmender im Wege als Kerkyra, welches in den Kämpfen mit Epiroten und Illyrien frühzeitig eine große Selbständigkeit gewonnen hatte, so daß es seit Menschengedenken immer mit Trotz den Korinthern gegenüber gestanden hatte. Es hatte sich zuerst unter den Bakchiaden, und dann nach der Blütezeit Perianders zum zweiten Male von Korinth losgerissen; es hatte sich allen Pietätspflichten einer Tochterstadt längst entzogen und war mit einer Flotte von 120 Trieren jeden Augenblick bereit, seine volle Selbständigkeit zu vertreten.

Die Kerkyräer waren in der griechischen Welt wenig beliebt. Sie waren infolge ihres rasch erworbenen Glückes und

Reichtums übermütig und geldstolz; sie waren hart und willkürlich, wenn fremde Schiffe bei ihnen Zuflucht suchten; sie ließen sich selbst wenig in fremden Häfen sehen. Mit egoistischer Handelspolitik hüteten sie argwöhnisch das Seegebiet, in dessen Mittelpunkte sie wohnten, kümmerten sich nicht um nationale Interessen und hielten eine bewaffnete Neutralität für die günstigste Stellung, um ihre glückliche Lage zwischen den griechischen, illyrischen, italischen und sizilischen Küsten ausbeuten zu können. Sowie nun also Korinth mit der Absicht, seine See- und Kolonialherrschaft zu heben, deutlicher hervortrat, war eine Erneuerung der alten Fehde unvermeidlich. Dazu kam, daß mehrere Küstenstädte einst von beiden Staaten gemeinschaftlich gegründet worden waren und die gemischten Bevölkerungen schon zu mancherlei Reibungen geführt hatten. So war es namentlich über die Metropolitanrechte in Leukas zu einem Streite gekommen, welchen Themistokles als erwählter Schiedsrichter zugunsten Kerkyras geschlichtet hatte. Ernstere Verwicklungen konnten nicht ausbleiben; sie kamen schneller, als man erwartete.

Fünfzehn Meilen nördlich vom akrokeraunischen Vorgebirge, das die Grenze des Ionischen und Adriatischen Meeres bildet, lag auf einer vorspringenden Landzunge die Stadt Epidamnos (das spätere Dyrrhachium, jetzt Durazzo), von Kerkyra gegründet um die Zeit, als Periander zur Herrschaft kam. Sie war durch den illyrischen Handel groß und reich geworden, voll von Sklaven und gewerbetreibenden Fremden. Trotzdem hatten sich die Geschlechter im Regiment erhalten und bildeten einen strenge abgeschlossenen Herrenstand, aus dessen Mitte ein Staatsoberhaupt erwählt wurde, welches mit fast königlicher Gewalt die ganze Verwaltung beherrschte. Dieser städtische Erbadel betrieb selbst den Land- und Seehandel, und zwar in Form einer Handelsgesellschaft, welche durch einen Kommissär auf gemeinschaftliche Rechnung den Absatz von Wein, Manufakturen usw. im Binnenlande besorgte. Der Großhandel war also ein Monopol der Geschlechter, die Gewerbe wurden durch öffenliche Sklaven besorgt; die Bürger waren auf Ackerbau, Küstenschiffahrt und Kleinhandel beschränkt und sollten auf diese Weise um so leichter in politischer Unmündigkeit und Abhängigkeit erhalten werden. Diese Verhältnisse erhielten sich lange Zeit und wurden wohl nicht eher erschüttert, als bis die äußere Lage der Stadt durch Anfeindungen der Illyrier gefährdet wurde und deshalb die ganze Gemeinde zu angestrengteren Diensten aufgeboten werden mußte. Die erste Neuerung war die Einsetzung eines größeren

Rates, wodurch die ausschließlichen Regierungsrechte des Herrenstandes aufgehoben wurden. Indessen führten solche vereinzelte Zugeständnisse zu keinem Frieden; die Stadt litt unter einer unhaltbaren Mischung aristokratischer und demokratischer Einrichtungen, und endlich brach ein Aufstand aus, infolge dessen die Adelsgeschlechter aus Epidamnos vertrieben wurden. Sie schlossen sich den Illyriern an, um mit ihrer Hilfe die Vaterstadt wieder zu erobern, und die neu eingerichtete Bürgergemeinde geriet in große Bedrängnis. Sie suchte also auswärtige Hilfe und wendete sich zunächst nach Kerkyra. Hier fand sie aber die Stimmung sehr ungünstig. Denn Kerkyra selbst litt, wie die meisten griechischen Staaten zu dieser Zeit, an Übervölkerung und politischer Gärung; die regierenden Familien, welche eifrig bestrebt waren, den wachsenden Ansprüchen der Gemeinde entgegenzutreten, mißbilligten die Revolution in Epidamnos und die Gesandten gingen auf Geheiß des delphischen Gottes nach Korinth.

Hier war man sofort entschlossen, die Gelegenheit zu ergreifen; denn die Verhältnisse konnten nicht günstiger liegen, um die Hegemonie Korinths im Ionischen Meere wieder aufzurichten. Unter Autorität von Delphi konnte man eine hellenische Bürgergemeinde, die von ihrer Mutterstadt verlassen war, gegen die Barbaren und die mit ihnen verbündeten Parteigänger in Schutz nehmen; zugleich hoffte man in Epidamnos einen festen Punkt von größter Wichtigkeit zu gewinnen, und sagte darum auch nur unter der Bedingung Hilfe zu, daß die Epidamnier korinthische Ansiedler und korinthische Besatzung aufnehmen. Auch schickte man unverzüglich auf dem Landwege ein Heer über Apollonia nach Epidamnos, um die Bürgergemeinde zu stärken und der bedrängten Stadt aufzuhelfen.

Dieser Schritt war die Losung zum Kriege; denn die Kerkyräer waren nicht gesonnen, ihre Pflanzstadt in feindliche Hände übergehen zu lassen. Sie legten sich mit 40 Schiffen vor Epidamnos und drohten mit allen Gewaltmitteln, wenn nicht die neuen Ansiedler unverzüglich entlassen würden. Aber die Stadt verließ sich auf Korinth, welches 30 Kriegsschiffe bemannte und einen Aufruf an alle Einwohner erließ, sich an einer größeren Niederlassung in Epidamnos in Person oder mit Geld zu beteiligen; es bot alle Bundesgenossen auf und verschaffte sich Geldvorschüsse von Theben und Phlius, so daß die Kerkyräer, von dieser Tatkraft überrascht, ernstliche Ausgleichungsversuche machten. Sie waren ihrerseits durchaus abgeneigt, fremde Verbindungen zu suchen, und gingen so weit, selbst Delphi die Entscheidung des Streites anheimgeben zu wollen. Im Weigerungsfalle gaben sie den Korinthern zu verstehen, daß sie Schritte tun würden, mit denen beiden Staaten nicht gedient sein könne.

Korinth war aber nicht mehr einzuschüchtern noch aufzuhalten. Es erklärte den Krieg und ließ eine Flotte von 75 Schiffen an den Küsten hinauf nach Epidamnos fahren. Die Mündung des Ambrakischen Meeres betrachteten die Kerkyräer als die Grenze ihres Territoriums; hier forderten sie also noch einmal Rückkehr der Flotte, gingen aber dann, als ihre Vorstellungen erfolglos blieben, mit allen Schiffen, die sie zu Hause hatten, in See und besiegten die Korinther vollständig. An demselben Tage ergab sich Epidamnos, und nun beherrschten die Kerkyräer das ganze Ionische Meer, so daß bis Elis hinunter die Küsten der feindlichen Bundesgenossen geplündert wurden. Das geschah Ol. 86, 2 (Herbst 435 oder Frühjahr 434).

So war aus dem Bürgerzwiste im Innern einer illyrischen Stadt ein hellenischer Krieg entbrannt, welcher nicht mehr auf ein bestimmtes Gebiet begrenzt werden konnte. Denn keiner der kriegführenden Staaten war gesonnen nachzugeben; keiner von ihnen konnte darauf rechnen, mit seinen gegenwärtigen Mitteln als Sieger aus dem Kriege hervorzugehen. Zwei ganze Jahre gingen hin mit Werbungen, Rüstungen und auswärtigen Verhandlungen; denn die Kerkyräer säumten nicht ihre Drohungen wahrzumachen, und auch die Korinther mußten nun zu ihren ärgsten Feinden Gesandte schicken, um eine Vereinigung derselben mit Kerkyra zu verhindern. So gelangte die Sache der beiden kriegführenden Parteien vor die Bürgerschaft von Athen.

Die Gesandten Kerkyras sprachen sehr offen. Sie wären ihren Grundsätzen zufolge am liebsten von allen Verbindungen ferngeblieben, und nur die Not habe sie in die attische Bürgerversammlung geführt. Wie aber die Dinge jetzt lägen, so lasse sich für Athen gar keine günstigere Lage denken. Für Athen nämlich wäre es ohne Zweifel am besten, wenn es überhaupt keine Flotte gebe außer der attischen; nun sei die zweite Seemacht von Hellas bereit, sich freiwillig anzuschließen, also die größte Machterweiterung biete sich dar ohne jegliche Gefahr. Eine Stärkung der Macht müsse aber jetzt doppelt willkommen sein; denn alle Welt wisse, daß der allgemeine Krieg schon so gut wie ausgebrochen sei. Frage man aber nach dem Rechte, so könne von einer Verletzung desselben keine Rede sein; wenn Athen die Kerkyräer unterstütze. Denn ihr Pietätsverhältnis zu der Mutterstadt sei durch blutige Fehden längst aufgelöst; auch das heiligste Anrecht werde durch Mißbrauch verwirkt. Kerkyra sei vollkommen frei und könne sich anschließen, wem es wolle.

Während so die Kerkyräer ihrer eigenen Politik gemäß den Gesichtspunkt des Vorteils unumwunden in den Vordergrund stellten, verweilten die Korinther um so lieber bei den des Kolonialrechtes. Die treue Gesinnung ihrer übrigen Kolonien bezeuge, daß es ihre Schuld nicht sei, wenn das Verhältnis zu Kerkyra von jeher ein schlechtes gewesen sei. Der unfriedliche Geist der Kerkyräer sei aller Welt bekannt, und ihre in letzter Stunde gemachten Vermittlungsvorschläge seien nicht annehmbar gewesen, da sie inzwischen im Besitze aller Vorteile geblieben wären. Diese Erwägungen konnten für Athen wenig Bedeutung haben, auch die Ansprüche auf Dankbarkeit von seiten Korinths konnten unmöglich Eindruck machen. Wichtiger war die Berufung auf die bestehenden Verträge. Korinth sei als Mitglied der Peloponnesischen Eidgenossenschaft auch mit Athen in Bundesverhältnis; die höchste Spannung der Bundesverhältnisse sei freilich vorhanden, aber noch könne das Schlimmste vermieden und unabsehbares Leid verhütet werden. Auch möge man bedenken, daß auf die Dauer nützlich nur das Gerechte sei.

So warben die beiden Seemächte zweiten Ranges um die Gunst der ersten; die eine verlangte Bündnis, die andere nur Neutralität. Bei einer nur auf ihren Vorteil bedachten Politik konnte die Wahl nicht zweifelhaft sein. Wenn dennoch die Entscheidung schwankte, ja die erste Volksversammlung den Korinthern günstig war, so erkennt man daraus, wie sehr man in Athen Bedenken trug, den entscheidenden Schritt zu tun, mit dem der Friedenszustand zu Ende war. Gewiß hätte man am liebsten die beiden Staaten ihre Sache unter sich ausfechten lassen, wenn man darauf hätte rechnen können, daß beide Teile dabei ihre Kräfte und Geldmittel erschöpfen würden. Aber Korinth schien durch seine Verbindungen und seine Rüstungen augenblicklich im Vorteile zu sein, und der Gedanke war den Athenern unerträglich, daß sich möglicherweise durch Vernichtung der Selbständigkeit Kerkyras eine peloponnesische Seemacht bilden könnte, welche imstande wäre, ihnen die Spitze zu bieten und fürs erste jede Machterweiterung nach Westen zu hemmen. Diese Erwägung war entscheidend, und in der zweiten Versammlung beschloß die Bürgerschaft, zwar nicht die Kerkyräer, wie von diesen beantragt war, förmlich in die attische Bundesgenossenschaft aufzunehmen und mit ihnen gemeinschaftliche Sache gegen Korinth zu machen, aber es wurde doch ein Bündnis zu gegenseitigem Schutze mit ihnen geschlossen, so daß beide Staaten sich verpflichteten, jeden Angriff, welcher auf sie oder ihre Bundesgenossen erfolgen sollte, mit vereinigter Macht abzuwehren. So glaubte man sich in dem ausgebrochenen Kriege möglichst vorteilhaft gestellt zu haben, ohne sich eines Friedensbruches schuldig zu machen. Denn wie vorsichtig man in dieser Beziehung zu Werke ging, erhellt auch daraus, daß man nach Abreise der Gesandten nur zehn Schiffe in das Ionische Meer schickte; auch war es wohl nicht ohne Absicht, daß man an die Spitze dieses Geschwaders Lakedaimonios, den Sohn Kimons, stellte, von dem man erwarten konnte, daß er zu vorschnellen Schritten gegen die Peloponnesier am wenigsten geneigt sein werde.

Indessen das Bündnis war geschlossen, durch welches die Verhältnisse der griechischen Staaten wesentlich verändert wurden, und die Korinther rüsteten nun um so eifriger, um der vergrößerten Gefahr gewachsen zu sein. Endlich hatten sie eine stattliche Kriegsflotte von 150 Trieren beisammen, mit der sie im Frühjahre 432 (Ol. 86, 4) voll Siegesmut ausliefen, um den Feind in seinem Meere aufzusuchen. Diesmal fuhren sie, ohne Widerstand zu finden, vor der Mündung des Ambrakischen Meerbusens vorüber, an der Küste von Epeiros entlang, und schlugen vor dem Eingange des Sundes von Kerkyra bei dem Vorgebirge Cheimerion, wo die Landbevölkerung ihnen Zuzug und mancherlei Vorschub leistete, ein Lager auf, in dessen Schutze die Schiffe lagen. Die Kerkyräer hielten mit 40 Trieren bei den Felsinseln Sybota, welche dem südlichen Ende ihrer Insel gegenüber vor der Küste des Festlandes gelegen sind. In diesem Sunde kam es zur Schlacht, der größten Schlacht, welche bis dahin zwischen griechischen Schiffen geliefert worden war. Die Korinther hatten die kleineren Kontingente ihrer Bundesgenossen ins Mitteltreffen, die Megareer und Ambrakioten auf den rechten Flügel gestellt; sie selbst bildeten mit ihren 90 wohlgeübten Trieren den linken, wo ihnen die Kerkyräer selbst und außer diesen die attischen Schiffe gegenüberstanden, welche strengen Befehl hatten, sich beobachtend zu verhalten und nur eine unmittelbare Gefährdung der Insel kräftig abzuwenden. In dieser Absicht blieben sie den Kerkyräern zur Seite, als Zuschauer des Kampfes, der ihnen ein unerwartetes Schauspiel darbot. Denn die Westgriechen hatten noch ganz die alte, kunstlose Art des Seegefechtes und verstanden nichts von den schnellen Bewegungen der Trieren, wodurch es möglich war ohne Blutvergießen die feindlichen Schiffe zu entwaffnen und lahmzulegen. Schiff drängte sich an Schiff; von Verdeck zu Verdeck fochten, wie in einer Landschlacht, die Hopliten, Bogenschützen und Wurfspießträger gegeneinander, und die Schiffe konnten im wüsten Gedränge gar nicht wieder voneinander loskommen. Endlich wurde der rechte Flügel der Korinther in Masse zum Weichen gebracht und nun von den Kerkyräern unbesonnenerweise bis Cheimerion verfolgt, so daß die siegreichen Schiffe, deren Mannschaften nur die Plünderung des Lagers im Auge hatten, sich ganz vom Schlachtfelde entfernten; hier aber wurden sie um so mehr vermißt, weil der linke Flügel der Korinther inzwischen die entscheidendsten Erfolge gewonnen hatte und diese so energisch verfolgte, daß es am Ende den attischen Schiffen unmöglich wurde, unparteiisch zu bleiben; sie wurden selbst handgemein mit den Korinthern und zogen sich so mit den Kerkyräern vor der Übermacht an die Küste der Insel zurück. Die Korinther, welche sich vollkommen siegreich wähnten, kreuzten im Sunde, suchten in blinder Wut soviel wie möglich an Schiffsvolk zu töten, wobei sie sich im Getümmel auch an eigenen Schiffen vergriffen, und fuhren dann an die Küste des Festlandes zurück, wohin das Landheer der Epiroten nachgerückt war, die schon auf den Fall der stolzen Kerkyra lauerten. Dann gingen die Korinther, nachdem sie ihre Toten und ihre Schiffstrümmer in Sicherheit gebracht hatten, von neuem vor, entschlossen, womöglich noch vor des Tages Ende die Entscheidung herbeizuführen. Zum zweiten Male fuhren beide Flotten mit allen kampffähigen Schiffen gegeneinander an; das Schlachtgeschrei ertönte auf beiden Seiten — da wichen plötzlich die Korinther zurück und gaben den Kampf auf. Der Grund war, daß sie in diesem Augenblick ein Geschwader herankommen sahen, in welchem sie attische Trieren erkannten. Man hatte nämlich bei der Nachricht vom Auszuge der Korinther 20 Schiffe nachgeschickt, da man die Unzulänglichkeit der ersten Sendung schon dem Perikles zum Vorwurf gemacht hatte. Ihr Anblick genügte, um den Korinthern allen Mut zu nehmen. Mitten in der höchsten Gefahr war die Flotte der Kerkyräer gerettet, und am nächsten Morgen zogen diese mit nunmehr dreißig attischen Trieren gegen Sybota vor, um eine neue Schlacht anzubieten. Die Korinther aber wichen jedem Kampfe aus und zogen, da die Athener sich entschieden weigerten einen Angriff auf sie zu machen, unangefochten nach Hause. Die blutige Schlacht war also an sich ohne alle Entscheidung, und beide Parteien glaubten sich berechtigt, Siegeszeichen aufzurichten; aber dennoch hat sie die weitgreifendsten Folgen gehabt. Denn im Sunde von Kerkyra haben attische und peloponnesische Schiffe zuerst miteinander gekämpft; tatsächlich ist der Friede gebrochen und die Wut der Leidenschaften entfesselt. Die

Korinther können es den Athenern nie vergessen, daß sie ihnen den schwererrungenen Sieg aus den Händen entwunden haben, und einem offenen Feinde gegenüber müssen nun auch die Athener entschlossener und rücksichtsloser auftreten.

Nun erfolgten neue Verwicklungen an der entgegengesetzten Seite des hellenischen Festlandes, in Thrakien, wo der Küste Mazedoniens und Thessaliens gegenüber die lange Halbinsel Pallene ins Meer ausläuft. Auf der schmalen Landenge, welche Pallene mit dem thrakischen Kontinente verbindet, lag Potidaia, von zwei Meeren bespült, wie seine Mutterstadt Korinth; eine tapfere Gemeinde, welche gleich nach der salaminischen Schlacht von den Persern abgefallen war, mit Hilfe des Meeres, das ihre Mauern schützte, den Artabazos abgewehrt und dann mit den Korinthern bei Plataiai gekämpft hatte. Sie war dann in die attische Bundesgenossenschaft eingetreten, aber ohne ihr Verhältnis zu Korinth aufzulösen; denn sie erhielt jährlich von dort einen Oberbeamten (Epidemiurgos), welcher Ehren halber an der Spitze der Gemeinde stand. Nach dem Tage von Sybota war eine solche Doppelstellung nicht mehr zu dulden, um so weniger, da der mazedonische König Perdikkas den Athenern feindlich war und die Korinther anreizte, den attischen Interessen entgegenzuarbeiten. An der empfindlichsten Stelle des attischen Machtgebietes drohte Potidaia ein Mittelpunkt feindlicher Bestrebungen zu werden. Also durfte man nicht zaudern. Die Flotte, welche gegen Perdikkas die Küsten des Thrakischen Meeres zu sichern hatte, erhielt sofort den Auftrag, von den Potidäaten Niederreißung ihrer Mauern und Rücksendung der korinthischen Beamten zu verlangen. Die Potidäaten schickten Gesandte nach Athen und nach dem Peloponnes; dort fanden sie kein Gehör, hier wurde ihnen aber sichere Aussicht auf Unterstützung gewährt. Die Folge war ein offener Abfall, dem sich die vielen kleinen Seestädte der Chalkidike und die Bottiäer am Thermäischen Meerbusen (Mb. von Thessalonich) anschlossen; Perdikkas veranlaßte die Chalkidier ihre Hafenplätze, welche einzeln gegen Athen nicht gehalten werden konnten, zu verlassen, um weiter im Binnenlande bei Olynthos, anderthalb Meilen oberhalb Potidaia, eine Gesamtstadt zu gründen. Korinth entwickelte die eifrigste Tätigkeit. Denn 40 Tage nach dem Abfalle von Potidaia traf schon Aristeus, Adaimantos' Sohn, daselbst ein, um die Stadt zu verteidigen, die ihm durch persönliche Beziehungen besonders am Herzen lag. Eine Menge Freiwilliger hatte sich ihm angeschlossen, so daß er ein Heer von 2000 Mann bei sich hatte. Perdikkas endlich führte die Sache der abgefallenen Städte wie seine eigene.

Aber auch die Athener säumten nicht. Sie verstärkten ihre Macht im Mazedonischen Meere auf 70 Schiffe und 3000 Schwerbewaffnete und ließen ihre Truppen trotz der vorgerückten Jahreszeit an der Küste entlang nach dem neuen Kampfplatze vorgehen. Als sie bei der Landenge ankamen, sahen sie die Truppen der Aufständischen daselbst aufgestellt, um den schmalen Eingang zur pallenischen Halbinsel zu verteidigen, das Fußvolk unter Aristeus, die Reiterei unter Perdikkas; hinter sich hatten sie an Olynth einen zweiten feindlichen Waffenplatz, der durch Signale mit Potidaia in Verbindung stand. Dennoch griffen sie an. Der korinthische Flügel war siegreich und trieb seine Gegner gegen Olynth zurück, aber den anderen Flügel schlugen die Athener so vollständig, daß er sich eilig hinter die Mauern von Potidaia flüchtete, und nun sah sich Aristeus mit den seinen von beiden Städten abgeschnitten; denn die Olynthier waren bei dem raschen Glücke der attischen Waffen untätig geblieben. Aristeus schlug sich heldenmütig nach Potidaia durch und erreichte auf schmalem Meerdamme durch die überschlagenden Wellen und durch die Geschosse der Feinde hindurch mit Mühe und Not die Stadttore. Auch die Athener hatten in dem erbitterten Kampfe 150 Mann verloren, darunter ihren Feldherrn Kallias; aber unverzüglich warfen sie einen Wall auf, um Potidaia gegen den Isthmus und Olynth abzusperren, und als neuer Zuzug unter Phormion ankam, zogen sie einen zweiten Querwall gegen Pallene, so daß nun, da die Flotte in zwei Abteilungen beide Meerseiten hütete, die Einschließung vollständig war. Hilfe war nur noch von außen zu hoffen. Aristeus schlüpfte also durch die Wachtschiffe hinaus, um durch Streifzüge den Athenern Abbruch zu tun und die Peloponnesier durch Botschaften in Bewegung zu setzen, während Phormion die bei der Blockade entbehrlichen Schiffe zur Züchtigung der Aufständischen benutzte.

So war schon der zweite, blutige Krieg ausgebrochen, in dem Peloponnesier und Athener miteinander gekämpft hatten. Aber noch immer tat man in Griechenland, als wenn Frieden wäre, und glaubte die attisch-korinthische Fehde als eine Sonderangelegenheit der beiden Staaten betrachten zu können, bei welcher die Verträge fortbestehen könnten; jetzt also hatten die Korinther keine andere Aufgabe, als diesem Scheinfrieden ein Ende zu machen. Sie hatten in zwei Meeren für ihre Kolonialrechte heldenmütig gestritten; jedesmal war der Erfolg ihnen wieder entrissen worden, weil die vereinzelten Kontingente ihrer Bundesgenossen nicht standgehalten hatten. Sie bedurften also gegen die schlagfertige Macht Athens eines kräftigeren Rückhaltes; der ganze peloponnesische Bund mußte aus seiner trägen Ruhe herausgerissen und in die Waffen gerufen werden; die korinthische Sache mußte Bundessache werden, nur ein allgemeiner Krieg konnte Korinth retten.

Also wurde der Winter benutzt, Sparta zu bearbeiten, wo infolge der letzten Ereignisse schon eine große Aufregung herrschte, und das erste, was Sparta tat, die erste Maßregel, mit der es aus seiner schläfrigen Politik sich aufraffte und sich zu einem Schiedsrichter in allgemeinen hellenischen Angelegenheiten aufwarf, zugleich aber auch der erste feindliche Akt gegen Athen war ein öffentlicher Erlaß, in welchem es alle, die wider Athen zu klagen hatten, aufforderte, ihre Beschwerden vorzubringen; man wolle darüber beschließen und die Beschlüsse den Verbündeten zur Annahme vorlegen. Die Verhandlung vor der spartanischen Bürgerschaft erfolgte im November oder Dezember, unmittelbar nach der Einschließung von Potidaia.

Die Hauptbeschwerdeführer waren die Agineten und die Megareer. Jene klagten in heimlichen Botschaften darüber, daß die Athener ihnen die in den Verträgen versprochene Selbständigkeit vorenthielten; die Megareer, daß die Athener gegen sie eine Handelssperre verhängt hätten, welche sie von allen Häfen und Märkten des attischen Herrschaftsgebietes ausschlösse und den Wohlstand ihres Landes vollständig zugrunde richtete. Diese Maßregel ist wahrscheinlich gleich nach der Schlacht bei Sybota von den Athenern ausgegangen, und zwar auf persönliche Veranlassung des Perikles, welcher nach der offenen Parteinahme Megaras für Korinth eine Demütigung und Züchtigung des kleinen Staates für angemessen hielt, der ganz von der Nachbarschaft Athens lebte. Man wollte nicht, daß die, welche gegen Athen gefochten, ohne von ihm gereizt zu sein, Tag für Tag auf dem attischen Markte verkehren und verdienen sollten; man hoffte wohl auch, auf diese Weise den Sturz der Partei herbeiführen zu können, welche jetzt die Politik von Megara leitete und den attischen Interessen im höchsten Grade hinderlich war. Endlich schien es eine Pflicht der Vorsicht zu sein, allen feindlichen Umtrieben und verräterischen Verbindungen hier beizeiten vorzubeugen. Von einer bestimmten Rechtsverletzung konnte aber in beiden Fällen nicht die Rede sein; denn die in älteren Vertragsurkunden vorkommenden Ausdrücke über Selbständigkeit der hellenischen Staaten und über gegenseitige Freiheit des Verkehres waren viel zu allgemeiner Art, als daß den Athenern ein Vertragsbruch nachgewiesen werden konnte.

Darum legten auch die Korinther, die überall das Feuer schürten und sich an dem Tage, da die Beschwerden verhandelt wurden, die letzte Rede vorbehalten hatten, auf die einzelnen Punkte wenig Wert und gingen nur darauf aus, die Lage von Hellas im ganzen so darzustellen, daß Ehre und Pflicht von Sparta ein entschlossenes Vorgehen verlange. Nicht ohne Ironie rühmten sie das wackere Wesen und den braven Sinn der Spartaner, die ruhig ihren Weg gingen und keine Vorstellung davon hätten, wie es in der Welt aussehe. Und doch liege für jeden, der sehen wolle, offen am Tage, daß Athen mit Macht um sich greife und eine immer drohendere Stellung gegen den Peloponnes einnehme. Es sei also lächerlich, da noch in einzelnen Punkten erörtern zu wollen, ob die Athener den Peloponnesiern Schaden zufügten oder nicht. Über den Charakter der Athener müsse man doch endlich im klaren sein. Sie hätten immer etwas Neues vor und gingen bei der Ausführung jedesmal über die ursprünglichen Absichten hinaus. Während die Spartaner nicht aus ihrer Stadt herauszubringen wären, seien die Athener nirgends lieber als auf fremdem Boden. Absicht und Tat, Hoffnung und Besitz sei so gut wie eines; untätige Ruhe haßten sie mehr als alle Mühseligkeiten, und eigneten sich immer neue Hilfmittel des Krieges und Sieges an, während in Sparta alles veraltet sei. Sie seien der Art, daß sie weder selbst Ruhe halten noch andere in Ruhe lassen könnten, und wenn es so fortgehe, gerate unzweifelhaft ganz Hellas unter ihre Herrschaft. Bei dem allen blieben die Spartaner, die berufenen Hüter der Freiheit von Hellas, in vornehmer Ruhe, aber diese Ruhe sei im Grunde nichts als Abstumpfung und Trägheit. „Verharrt ihr, Spartaner", so schlossen sie, „in eurer Zauderpolitik, so löst ihr den Bund auf, dessen Glieder ihr nicht schützt, und zwingt uns, anderweitige Verbindungen zu suchen".

Die Rede der Korinther war ein unumwundenes Tadelvotum gegen die spartanische Bundesleitung in Anwesenheit der Bundesgenossen. So konnten nur die reden, welche dem Bunde unentbehrlich waren und deren geistige Überlegenheit in Überblick der Verhältnisse nicht verkannt werden konnte. Auch hatten sie längst ihren festen Anhang unter den Beamten. Es konnte daher auf die Entscheidung keinen großen Einfluß haben, daß Gesandte von Athen, welche gerade anwesend waren, um Gehör bei der Bürgerschaft baten; es waren Männer, welche in die Grundsätze perikleischer Politik vollständig eingeweiht waren und es jetzt für ihre Pflicht hielten, ein freimütiges und ernstes Wort zu reden. „Macht, die dem Unwürdigen zuteil wird", sagten sie, „mag mit Recht Erbitterung und Neid hervorrufen. Wir aber haben unsere Stellung durch vorkämpfende Tapferkeit in den Perserkriegen uns redlich verdient, und die Hegemonie zur See haben wir übernommen, weil Sparta freiwillig zurückgetreten ist. Sie festzuhalten verlangen Ehre und Sicherheit. Ein solches Festhalten ist aber nicht tunlich ohne Anwendung von Mitteln, welche den kleinen Staaten nicht immer gefallen. Wer aber kann verlangen, daß wir die einzelnen Staaten, wenn sie in übler Stimmung sind, aus purer Gutmütigkeit wieder entlassen, nachdem wir unsere ganze Stadt darauf eingerichtet haben, an der Spitze einer solchen Verbindung zu stehen? Das hieße, uns selbst aufgeben. Unter den Persern klagten die Städte nicht, da sie voller Willkür preisgegeben waren; über die Athener klagen sie, weil sie ihnen gegenüber Ansprüche auf Gleichheit machen. Unsere Mäßigkeit erkennen sie nicht an und beschweren sich nur über die Einbuße an freier Selbstbestimmung, die unvermeidlich ist bei jeder Hegemonie, und euch würde ganz dasselbe Los treffen, wenn ihr die Seeherrschaft festgehalten hättet. Dies alles sagen wir nicht, um uns hier zu verantworten, denn ihr seid unsere Richter nicht, sondern nur um den Unkundigen Aufklärung zu geben und um euch zu warnen, ehe ihr durch Bruch der Verträge uns zwingt, um unsere ganze Existenz gegen euch zu kämpfen."

Nun traten alle Fremden ab; die Bürgerschaft blieb mit ihren Beamten allein. Wenn jetzt der beantragte Beschluß abgelehnt wurde, so war die ganze Sache abgetan und kam gar nicht vor die Bundesgenossen. Aber die Gemüter waren so erhitzt und die Ephoren so sehr im Interesse Korinths, daß eine eigentliche Friedenspartei sich gar nicht geltend machen konnte. Auch die, welche Frieden wollten, warnten nur vor übereilten Beschlüssen, verlangten vorläufige Unterhandlung und wiesen auf die Unzulänglichkeit der Rüstungen hin. Ihr Sprecher war der alte König Archidamos. Als Gastfreund des Perikles mußte er vorsichtig sein; aber freimütig und unbeirrt durch die herrschende Stimmung verteidigte er dennoch die bisherige Politik Spartas und forderte dringend auf, sich wohl zu besinnen, ehe man vorzeitig einen Krieg beginne, dessen Ende gar nicht abzusehen sei. Die ernsten Königsworte blieben nicht ohne Wirkung. Aber um so hastiger sprang nun der Ephore Sthenelaïdas auf, schalt in stürmischer Rede jeden Aufschub des gerechten Krieges eine unverantwortliche Saumseligkeit und ergriff dann die ungewöhnliche Maßregel, daß er bei der Abstimmung, die sonst nur durch Zuruf erfolgte, die

Bürgerschaft in zwei Haufen auseinandertreten ließ, um sie zu einer entschlosseneren Kundgebung zu zwingen. Dadurch wurden manche der Besonneneren eingeschüchtert, und eine ansehnliche Mehrzahl erklärte sich dafür, daß die Verträge von seiten der Athener gebrochen wären.

So kam in Sparta der Beschluß zustande, der über das Schicksal Griechenlands entscheiden sollte, unter dem Einflusse einer leidenschaftlichen Partei und einer aufgeregten Tagesstimmung. Seit dem zweiten Perserkriege hatte Sparta so gut wie nichts getan. Es hatte keine Besitzungen oder Bundesgenossen gewonnen, keine neuen Hilfsquellen eröffnet, keine Verbesserung seiner staatlichen Einrichtungen getroffen; es war nur rückwärts gegangen, denn es hatte durch Erdbeben, Aufstände und Kriege an Volksmenge eingebüßt, und noch mehr hatte es an nationalem Ansehen verloren durch die Politik, welche es seit mehreren Menschenaltern befolgte. Wenn man an den Zug des Anchimolios, an die beiden Feldzüge des Kleomenes, an die Schmach des Pausanias, an den Verlust der Hegemonie, an den dritten Messenischen Krieg, an die erfolglose Schlacht bei Tanagra, an die schimpfliche Rückkehr des Pleistoanax, an die unterbliebene Unterstützung der Thasier, der Ägineten, der Samier denkt, so begreift man, daß der Rückblick auf eine solche Vergangenheit eine leidenschaftliche Erbitterung bei allen denen hervorrufen mußte, welchen die Ehre des Staates am Herzen lag. Nun sollte auf einmal alles wieder gut gemacht werden; nun wurde geltend gemacht, daß Sparta niemals auf seine Vorrechte verzichtet, daß es sich grundsätzlich nichts vergeben habe. Wie bei dem Übergange der Hegemonie zur See an Athen, so habe es auch in den späteren Traktaten immer nur die gegenwärtigen Verhältnisse vorläufig anerkannt. Nun sollte nach älterem Staatsrechte Sparta auf einmal wieder die alleinige Großmacht in Hellas sein, die oberste Instanz in allen griechischen Angelegenheiten. Weil Sparta es längst verlernt hatte, eine vernünftige und feste Politik zu verfolgen, zeigte es sich jetzt durchaus haltungslos, und ging, von Korinth aufgehetzt, aus seiner furchtsamen, berechnenden und den Schein des Rechtes ängstlich hütenden Stellung urplötzlich in eine hastige Kriegslust über, welche kein Maß hielt, keine Vernunft annahm, kein Recht achtete. Denn eine unverantwortliche Übereilung war es doch, daß man an eine Prüfung der Rechtsfragen, wie die Verträge sie verlangten, gar nicht dachte. Ja, schon in der Fragestellung der Ephoren, „ob Athen den Peloponnesiern Schaden zufüge und die Verträge gebrochen habe", lag eine absichtliche Unklarheit. Denn das Erstere konnte allerdings niemand in Abrede stellen, wenn man an Potidaia, Epidamnos, Kerkyra und Megara dachte, aber das Zweite ließ sich n i c h t erweisen. Denn niemand konnte aus den Verträgen Athen das Recht streitig machen, seine abgefallenen Bundesorte zu züchtigen, und ebensowenig war das Bündnis mit Kerkyra etwas Vertragswidriges, da ja die Insel kein vom peloponnesischen Bunde abgefallener Staat war.

Während also die den Athenern vorgeworfenen Rechtsverletzungen durchaus unerweislich waren, brach man in Sparta offenbar das Recht der Verträge, indem man sich erlaubte, einem verbündeten Staate einen Vertragsbruch Schuld zu geben und dies als Tatsache öffentlich hinzustellen, ohne zuvor eine Verständigung darüber mit ihm versucht zu haben. Aber man wollte keine Verständigung; die Kriegspartei trieb vorwärts und drängte zu Maßregeln, welche jedes Einlenken unmöglich machten. Und wenn man nach den Gründen forscht, welche jetzt gerade einen so unerhörten Kriegseifer hervorriefen, so war die Verbindung zwischen Athen und Kerkyra gewiß die Hauptursache. Denn dies war ein Ereignis, welches denen keine Ruhe ließ, die Athen haßten, die Sparta als das einzig rechtmäßige Haupt von Hellas betrachteten und die ganze Entfaltung der attischen Macht nur wie eine ordnungswidrige Unterbrechung der griechischen Geschichte ansahen. Wenn Athen und Kerkyra die korinthische Seemacht vernichteten, so war für die peloponnesischen Küsten kein Schutz mehr vorhanden und gar keine Aussicht, das übermütige Athen jemals zu demütigen. Kerkyra war aber zugleich die Schwelle des Sizilischen Meeres, und je mehr sich nach dieser Seite der Einfluß Athens ausdehnte, um so mehr wurden die Verbindungen mit den dorischen Kolonien jenseits des Meeres gefährdet und der Peloponnes durch die anwachsende Macht Athens immer mehr von allen Seiten umstellt. Diese Besorgnisse waren die eigentliche Triebfeder der Kriegspartei, und diese hatte in der Hauptsache gewonnen, als die spartanische Bürgerschaft sich durch ihren Beschluß gebunden hatte und nun die Bundesgenossen auf einen nahen Termin einberufen wurden, um auf allgemeiner Tagsatzung einen Gesamtbeschluß wegen des Krieges zu fassen.

Die korinthischen Gesandten reisten inzwischen von Stadt zu Stadt, um die peloponnesischen Bürgergemeinden günstig zu stimmen, und die Rede, welche sie in der Versammlung der Abgeordneten hielten, zeigt deutlich genug, daß sie noch immer mit einer großen Abneigung gegen den Krieg zu kämpfen hatten, namentlich bei den Binnenländischen, die nicht einsehen wollten, warum sie für die überseeischen Kolonien in das Feld rücken sollten. Die Korinther suchten ihnen also zu beweisen, daß die zunehmende Macht Athens auch ihre Interessen gefährde, indem der Wohlstand der Gebirgsbewohner auf dem Austausche zwischen Oberland und Küste beruhe, und dieser vorteilhafte Austausch werde gestört werden, wenn die Athener im Peloponnesischen Meere Gewalt gewönnen. So sprachen die Korinther im Interesse ihrer Stadt als des ersten Handelsplatzes und Ausfuhrortes der Halbinsel. In vollem Widerspruche mit der Politik des Perikles schilderten sie Athen als unersättlich in Eroberungen; es gäbe also keinen gerechteren und keinen notwendigeren Krieg, als wenn man die einen der Hellenen aus der Knechtschaft befreie, die anderen vor Knechtschaft bewahre. Zugleich suchten sie die Besorgnisse wegen eines glücklichen Ausganges zu beseitigen, indem sie auf die unsicheren Grundlagen der attischen Macht hinwiesen, die auf Geld beruhe und deshalb auch durch Geld gestürzt werden könne. Geldmittel könne man sich aber durch Anleihe aus den Tempelschätzen von Delphi und Olympia verschaffen und durch höhere Löhnung den Athenern ihre Matrosen abwendig machen; Abfall der Bundesgenossen werde die attische Macht vollends erschüttern, während die ihrige nicht auf Mietlingen, sondern auf dem freien Willen einheimischer Krieger beruhe; es komme also nur auf Opferbereitschaft und einmütiges Handeln an, um in dem unvermeidlichen Kampfe des herrlichsten Sieges gewiß zu sein. Inzwischen hatten die Spartaner auch vom delphischen Orakel eine entschiedene Erklärung zugunsten der peloponnesischen Sache erlangt, ein Erfolg, der in Beziehung auf die öffentliche Meinung nicht bedeutungslos war, und so kam es dazu, daß durch die Verbindung Spartas und Korinths auf der peloponnesischen Tagsatzung die Mehrheit der Stimmen für den Krieg gewonnen wurde. Dieser Abstimmung folgte unmittelbar der Beschluß, eine allgemeine Rüstung vorzunehmen, und sowie die Abgeordneten in ihre Gaue heimkehrten, war es im ganzen Peloponnes mit der Ruhe vorbei. Die Städte, groß und klein, wurden zu Waffenplätzen; die Hirten und Bauern wurden einberufen und eingeübt. Die Korinther taten das mögliche, um die Rüstungen zu fördern, denn sie waren in steigender Angst um Potidaia.

Nachdem der spartanische Antrag auf Kriegsbereitschaft zum Bundesbeschlusse erhoben worden war, begann Sparta als Vorort des Bundes die Verhandlungen mit Athen. Daß denselben keine ernstliche Friedensabsicht zugrunde lag, geht schon daraus hervor, daß sie begonnen wurden, als der Krieg beschlossen war; die Verhandlungen hatten also keinen anderen Zweck, als daß man für den Beginn der Feindseligkeiten scheinbare Veranlassungen herbeiführen wollte. Man wollte Athen, das vollkommen ruhig seine Stellung behauptete, reizen; man suchte Händel, ohne doch unmittelbar den Ausbruch des Krieges zu wollen; denn Sparta wollte Zeit gewinnen, um zu rüsten. Darum schickte man Gesandte hin und her, brachte Forderungen und Beschwerden vor, welche unter sich und mit den früheren Klagepunkten zum Teile in gar keinem Zusammenhange standen; nur das eine war allen gemeinsam, daß Sparta den Athenern wieder mit Ansprüchen auf vorörtliche Rechte entgegentrat, wie sie ihm selbst gegen die peloponnesischen Staaten nicht zustanden, mit Ansprüchen, die auf jeden Fall längst verjährt und durch spätere Verträge vollständig aufgehoben waren.

So schickten sie zuerst Gesandte und ließen darüber Beschwerde erheben, daß in Athen das heilige Recht verletzt und die Stadt eine schuldbefleckte sei, weil man das Geschlecht der Alkmäoniden in der Gemeinde dulde, welches an schutzflehenden Bürgern gefrevelt habe. Als nämlich Athen einst in der Gewalt des Königs Kleomenes war, hatte dieser die Alkmäoniden vertrieben; daran knüpfte man an und verlangte von neuem die Ausweisung, indem man sich den Anschein gab, als habe man für die Aufrechterhaltung des heiligen Rechtes in ganz Hellas zu sorgen. Dieser religiöse Eifer stand aber den Spartanern sehr übel an, da sie selbst gegen die Schützlinge des Poseidon viel ärger gefrevelt hatten, während die Blutschuld der Alkmäoniden eine längst gesühnte war. Es lag aber der anmaßenden Forderung Spartas eine persönliche Absicht zugrunde, welche nicht schwer zu erkennen war. Der Mann, auf dem die Macht Athens vorzugsweise beruhte, war ja von mütterlicher Seite ein Alkmäonide, und die glühendsten Bewunderer des Perikles konnten seiner Größe kein glänzenderes Zeugnis ausstellen, als es die Spartaner taten, indem sie ihre ersten Anträge gegen ihn richteten und so zu erkennen gaben, daß sie Athen nicht fürchteten, wenn Perikles vom Staatsruder entfernt wäre. Zugleich lag in der Forderung die tückische Nebenabsicht, die Feinde des großen Staatsmannes aufzuregen und ihnen Gelegenheit zu geben, denselben als den Friedensstörer anzugreifen.

Nachdem diese Forderung durch die Gegenforderung erledigt war, daß Sparta zuvor die im eigenen Lande begangenen Frevel sühnen solle, kamen neue Staatsboten und verlangten, daß man die Blockade von Potidaia aufheben, Aigina freigeben und den Megareern den Verkehr wieder gestatten solle. Wenn man den letzten Punkt in dem Grade betonte, daß man davon die ganze Kriegsfrage abhängig machte, so war der Grund wiederum kein anderer, als Perikles zu stürzen. Denn die Aufhebung des „megarischen Volksbeschlusses" wäre eine Niederlage seiner Politik gewesen, und es sollte ein gehässiges Licht auf ihn werfen, daß um eine so geringfügige Angelegenheit ganz Hellas in Bürgerkrieg entbrennen sollte. Auch diese Forderungen wies man ganz einfach zurück, indem man das Verfahren gegen Megara durch die von dorther erfolgten Gebietsverletzungen rechtfertigte. Endlich kam eine Gesandtschaft, welche sich als die letzte ankündigte; drei angesehene Männer übergaben das Ultimatum Spartas. Nach einem versöhnlichen Eingange, in dem von ernster Friedensliebe die Rede war, wurde unumwunden verlangt, Athen solle seinen Bundesgenossen die Selbständigkeit zurückgeben. Das war die Forderung, für welche die Spartaner unter den Hellenen am meisten Anklang zu finden hofften, die Forderung, welche als die uneigennützigste und großherzigste erscheinen mußte; darum wählten sie diese in der letzten Stunde als Kriegslosung.

Nun rückte also die Entscheidung unabweislich heran; die Bürgerschaft wurde berufen; in voller Versammlung sollten die streitenden Ansichten noch einmal zur Sprache kommen, damit die Lage der Dinge allen Athenern zu klarem Bewußtsein gebracht werde. Gewiß wußte man das Glück des Friedens zu schätzen in Athen, welches im vollsten Genusse seiner Segnungen stand; man fühlte wohl, daß man zunächst nur verlieren könne; ferner war alles, was gegen Perikles war, für den Frieden; denn seine Macht konnte nur steigen, wenn die Zeit der Bedrängnis und Gefahr eine einheitliche Staatsleitung mehr als je nötig machte. Darum waren die Stimmen in der Bürgerschaft geteilt, und auch die Friedenspartei stellte ihre Redner, die wenigstens dafür sich aussprachen, daß man wohl den megarischen Volksbeschluß preisgeben könne, um die Schrecknisse des Bürgerkrieges zu vermeiden, und daß man auf diese Grundlage hin noch einmal eine Verständigung zu erreichen versuchen solle. Zuletzt trat Perikles vor die Bürgerschaft.

Er wisse wohl, sprach er, den Ernst der Lage zu würdigen, und leichtsinnig dürfe man nicht einen Krieg beschließen, dessen Wechselfälle außer aller menschlichen Berechnung lägen. Aber man solle doch nicht wähnen, daß es sich um einzelne Verordnungen handle. „Haben wir", sagte er, „in einem Punkte nachgegeben, so kommt eine andere Forderung, eine gleich ungerechte, aber härtere, und wir haben unser gutes Recht aufgegeben. Und warum sollen wir uns fügen? Aus

Furcht oder Schwäche? Wozu haben wir denn unseren Schatz, unsere Flotte, unsere Mauern? Einen verächtlichen Gegner haben die Peloponnesier sicherlich nicht, und sie haben niemals dazu getaugt, langwierige und überseeische Kriege zu führen. Ihre Kriegssteuern, zu den einzelnen Feldzügen erhoben, können nicht lange vorhalten; ihre ganze Bundesverfassung ist durchaus mangelhaft und zu kräftigem Handeln ungeeignet. Von den vielen Mitgliedern glauben die einzelnen, daß es auf sie nicht gerade ankomme, und so geht das ganze lahm; alles Kriegsglück hängt aber von der raschen Benutzung des Augenblicks ab. Das Meer ist unser, das bedeutet in Hellas viel, und wenn die Korinther es ihren Bundesgenossen als eine leichte Sache vorspiegeln, uns auf dem Meere die Spitze zu bieten, so hat das bei den Peloponnesiern, die meistens Landbauern und Viehzüchter sind, gute Weile; denn so nebenbei läßt sich keine Seemacht herrichten. Euer Land können sie verwüsten; ihr bedürft desselben nicht; ja, es ist nur ein Hindernis eurer völligen Sicherheit, und, wenn ihr mir folgtet, so legtet ihr selbst eure Felder wüste, um ihnen zu zeigen, daß ihr um Äcker und Höfe eure Freiheit nicht hingebt. Darum ist eure Waffe, die Kriegsflotte, den Feinden viel gefährlicher, als ihr Landheer euch. Denn was ihnen das wichtigste ist, ihr Grundbesitz, ist euren Angriffen bloßgestellt, während sie nur das für uns Unwichtige erreichen können. Ist aber eure Lage eine so günstige, was soll es denn frommen, einen unvermeidlichen Krieg kleinmütig hinauszuschieben? Denn es handelt sich darum, ob wir uns gutwillig unterwerfen, oder zur Erhaltung unserer Selbständigkeit den Gefahren des Krieges mutig entgegengehen wollen. Also erklären wir noch einmal, daß wir bereit sind, in allen Streitpunkten uns einer schiedsrichterlichen Entscheidung nach dem Wortlaute der Verträge zu unterwerfen. Befehlen lassen wir uns nicht; wir stellen, wie es zwischen gleichberechtigten Staaten üblich ist, eine Forderung gegen die andere. Wollen die Lakedämonier ihre Grenz- und Hafensperre aufheben, so wollen wir die Megareer bei uns zulassen. Wir wollen auch von unseren Bundesgenossen allen denen, welche zur Zeit des dreißigjährigen Friedens selbständig waren, die Selbständigkeit zurückgeben, aber dann soll auch im Peloponnese kein Staat angehalten werden, sich den in Sparta geltenden Grundsätzen anzubequemen. Dies sei unsere Antwort. Wir fangen keinen Krieg an, werden aber jeden, der uns angreift, zurückweisen; denn unsere Losung darf keine andere sein, als daß wir die Macht des Staates, den unsere Väter groß gemacht haben, unseren Nachkommen unvermindert übergeben."

Der Weisheit und Überzeugungskraft dieser Rede konnte keiner widersprechen. Punkt für Punkt wurde die Antwort beschlossen, wie Perikles sie in Vorschlag gebracht hatte; es war eine endgültige Antwort; aller weitere Gesandtschaftsverkehr zwischen Sparta und Athen wurde nach Perikles Willen abgebrochen. Der bürgerliche Verkehr ging noch eine Weile fort, aber nur mit ängstlicher Vorsicht. Die Verträge galten für aufgehoben; es gab kein Bundesrecht mehr in Hellas.

Die Spartaner hatten von den vielen Hin- und Hersendungen allerdings den Vorteil, daß sie ihre Rüstungen in Muße hatten vollenden können, und man könnte fragen, warum doch die Athener, die lange gerüstet waren, ihrem Gegner diesen Vorteil überließen, warum sie nicht früher auf entschiedene Erklärungen drangen und, wenn der Krieg unvermeidlich war, rascher vorgingen? Perikles legte das größte Gewicht darauf, daß das Recht offenkundig auf Seite der Athener wäre. Ganz Hellas sollte Zeuge sein, daß sie, die immer als die Neuerer und Unruhestifter verschrien wurden, bis zuletzt an den Verträgen festhielten; sie wollten die Angegriffenen sein, wenn auch Kriegsvorteile dabei verloren würden. Und zwar war dies kein pedantischer Eigensinn, sondern die wirksamste und klügste Politik, wie der Erfolg zeigte. Denn wenn dem gewaltigen Aufschwunge, welchen Sparta genommen hatte, um alles Versäumte nachzuholen, um an die glorreichste Zeit seiner älteren Geschichte wieder anzuknüpfen und wie damals die Gewaltherren, so jetzt den Gewaltstaat zu stürzen, der mit tyrannischer Obmacht so viele hellenische Gemeinden niederhalte, wenn diesem energischen Aufschwunge die spätere Kriegführung sehr wenig entsprach und von den großartigen Projekten nichts zustande kam, so lag ein Hauptgrund in dem klugen Verhalten des Perikles. Hätte man sich in Athen zu vorschnellen Äußerungen der Erbitterung und feindseligen Maßregeln hinreißen lassen, so würde man dadurch der Kriegspartei in Sparta den größten Vorschub geleistet haben, welche nichts mehr verdroß als die leidenschaftslose Haltung der Athener und ihr ruhiges Beharren auf dem Rechtsboden der Verträge. Dadurch schob man dem Gegner die Schuld des Friedensbruches zu, und die Partei der Bedächtigen, die immer in Sparta sehr groß war, mit König Archidamos an ihrer Spitze, der den heißblütigen Ephoren gegenüber die Einhaltung des vertragsmäßigen Rechtsweges verlangt hatte, konnte sich nicht darüber beruhigen, daß der Krieg von spartanischer Seite ein ungerechter war. Dadurch wurde der Eifer in Ausführung der Kriegspläne von Anfang an gelähmt. Es fehlte der Mut eines guten Gewissens.

Die Lakedämonier, von denen der Angriff ausging, mußten sich allerdings längst einen Kriegsplan gemacht haben. Sie hatten dabei die Wahl, ob sie mit ihren vorhandenen Kriegsmitteln und ihrer herkömmlichen Kriegsführung auszukommen gedächten oder ob sie ganz neue Wege versuchen wollten. Das letztere war die Ansicht der Korinther, welche allein unter allen Peloponnesiern von der Macht Athens einen Begriff hatten. Sie wußten, daß Athen nur zur See mit Erfolg bekämpft werden könne; darum müsse man, selbst auf die Gefahr hin, anfangs Niederlagen zu erleiden, zur See den Athenern entgegentreten; denn nur so sei man imstande, die Bundesgenossen zum Abfalle zu ermutigen und den Athenern die Geldzuflüsse sowohl wie die Lebensmittel abzuschneiden. Allmählich werde sich schon eine Flotte bilden, welche imstande sei, ihnen die Spitze zu bieten. Zu diesem Zwecke müsse man alles in Bewegung setzen, die Tempelschätze in Anspruch nehmen und keine Hilfe verschmähen. Hatte doch in Sparta selbst König Archidamos es unumwunden ausgesprochen, daß man, um einen Staat wie Athen zu zwingen, sich nicht scheuen dürfe, auch bei den Persern Unterstützung zu suchen, was freilich mit dem nationalen Programme Spartas und den politischen Grundsätzen eines dorischen Staates in seltsamem Widerspruche stand. Vor allem aber mußte man die Bundesgenossenschaft zu erweitern und über die Grenzen auszudehnen suchen, welche dieselbe seit den letzten Traktaten, das heißt seit dem dreißigjährigen Friedensschlusse hatte. Man suchte die Beziehungen alter Stammverwandtschaft zu erneuern, die überseeischen Pflanzorte an den Peloponnes heranzuziehen; man schloß Verträge mit den Städten in Sizilien und Großgriechenland, bestimmte die Subsidien und Bundeskontingente, man glaubte auf 200 Schiffe von dort zählen zu können und berechnete schon die gesamte Seemacht der Peloponnesier auf 500 Kriegsschiffe.

Eine zweite Angriffsweise, von der man sich Erfolg versprechen konnte, war die Anlage eines festen Platzes in Attika, von wo aus man den Feind unausgesetzt bedrängen, die flüchtigen Sklaven an sich ziehen und mit der Partei der Unzufriedenen in der Hauptstadt in Verkehr treten konnte. Diese Kriegführung war den Doriern nicht fremd; denn so hatten ihre Vorfahren selbst die älteren Staaten der Halbinsel überwunden. Allein auch zu solchen Unternehmungen zeigten sich die Lakedämonier nicht entschlossen genug, und da auch die Verträge mit den überseeischen Bundesgenossen nicht verwirklicht wurden, so kamen die Spartaner nach dem hastigen Auflodern des ersten Kriegseifers, nach ihren ausgedehnten Rüstungen und hochfliegenden Machtplänen doch am Ende dahin zurück, sich vorzugsweise auf ihre eigene Landmacht zu verlassen, indem sie sich dem Glauben hingaben, durch jährliche Sommerfeldzüge die Widerstandskraft Athens überwinden zu können. Man konnte sich nicht vorstellen, daß die Athener ihre Jahresernten gleichgültig preisgeben und ruhig innerhalb ihrer Mauern sich halten würden; wenn sie aber zur Abwehr auszögen, rechnete man darauf, sie zu schlagen, und hoffte, daß eine Niederlage der Athener im eigenen Lande den Abfall der Bundesgenossen zur unausbleiblichen Folge haben werde.

Auf der anderen Seite hatte Perikles die Verhältnisse mit klarem Blicke erwogen; ihm lag nichts ferner als dünkelhafte Überschätzung der eigenen Macht, und gewiß sah er die Lage Athens ernster an, als er in seinen Reden zu erkennen gab, weil es ihm hier vor allem darauf ankommen mußte, die Bürger mit Mut und Selbstvertrauen zu erfüllen. Trotz aller Saumseligkeit und trotz der augenfälligen Mängel seiner Bundesverfassung war Sparta dennoch ein gewaltiger Feind. Der ganze Peloponnes stand zu ihm mit Ausnahme von Argos und Achaja, und auch von achäischen Städten hielt sich Pallene, die Nachbarstadt Sikyons, mit ihren tapferen Bürgern zu Sparta. Die Spartaner wurden noch immer in ganz Griechenland als Helden angesehen, auf denen der Geist des Leonidas ruhte, und der Name der Peloponnesier galt nach alter Gewohnheit als ein Ehrenname. Außerhalb der Halbinsel waren die Böotier die unversöhnlichen Feinde Athens. Bei ihrer niedrigeren Bildungsstufe und trägeren Geistesanlage wurden sie von den Athenern gering geschätzt und bespöttelt; aber es war ein derber Volksschlag von großer Tatkraft und soldatischer Tüchtigkeit; ein Volk, das seine Geschichte erst beginnen wollte, nachdem es in den Perserkriegen nur Unglück und Unehre eingeerntet hatte. Zu diesem Zwecke suchte Theben die Kräfte des Landes zu vereinigen, und die kühnen Pläne der dortigen Oligarchen fanden in der allgemeinen Erbitterung, welche wegen Plataiai, wegen der attischen Besetzung von Oropos und von Euboia und wegen der früheren Eroberungsversuche Athens in der ganzen Landschaft herrschte, kräftige Unterstützung, namentlich in den Städten Tanagra, Orchomenos, Kopai u. a., in denen ein strenges Adelsregiment sich erhalten hatte. Freilich hatten die Böotier keine gemeinsame Heeresordnung, aber die Kontingente der einzelnen

Städte waren im geschlossenen Reihenkampfe ausgezeichnet; in den Gymnasien wurde eine hohe Ausbildung des Körpers erzielt, und die edlen Familien stellten auserwählte Kriegerscharen, in denen zwei und zwei, durch Freundschaft verbunden, unzertrennlich zusammen kämpften. Diese Böotier waren, ebenso wie die opuntischen Lokrer, bei denen die Erinnerung der attischen Gewaltherrschaft noch nachwirkte, von Anfang entschlossen, die Sache der Peloponnesier zu der ihrigen zu machen. Durch sie war Attika im Rücken bedroht, und nicht nur Attika, sondern auch Euboia; sie waren außerdem imstande, durch Reiterei die spartanische Heeresmacht zu ergänzen. Auch Phokis hielt sich trotz seiner Feindschaft mit Delphi zu den Peloponnesiern, wahrscheinlich aus Haß gegen Thessalien, das mit Athen verbündet war. Endlich fehlte es auch zu einer Seemacht den Peloponnesiern nicht an dem nötigen Material, da Korinth mit seinen Kolonien Ambrakia und Leukas, ferner Megara, Sikyon, Pallene, Elis, Epidauros, Trözen, Hermione Schiffe und Seevolk stellen konnten; die Spartaner selbst richteten ihre Schiffswerften in Gytheion wieder ein und begannen von neuem Kriegsschiffe zu bauen, nachdem sie seit dem Verrate des Pausanias auf alle Seeherrschaft verzichtet und nach den Grundsätzen des Hetoimaridas von jeder Einmischung in die überseeischen Angelegenheiten sich ferngehalten hatten.

Ihre eigentliche Stärke lag aber in der Übermacht des Landheeres. Denn der Peloponnes war im ganzen volkreicher als je zuvor, und konnte trotz der Neutralität von Argos und Achaja mit Einschluß der Hilfstruppen 60.000 Schwerbewaffnete ausrücken lassen. Daneben hatten die Peloponnesier den Vorteil, daß ein Hauptstaat ihres Bundes, das mächtige und vor allen anderen tätige Korinth, unmittelbar am Tore der Halbinsel lag, als ein auserwählter Waffenplatz, und daß sie die Pässe des Festlandes in ihrer Gewalt hatten. Die allergrößte Gefahr für Athen lag aber darin, daß es nicht nur von offenen Feinden auf allen Seiten umgeben, sondern im eigenen Lager von Verrat und Untreue überall bedroht war. Die peloponnesischen Staaten hatten keinen anderen Mittelpunkt als Sparta; sie waren von Natur darauf angewiesen, in Glück und Unglück zusammenzuhalten, sie waren durch eine lange Geschichte, durch gemeinsame Interessen, durch Sitte und Stammverwandtschaft unauflöslich untereinander verbunden. Athens Bundesgenossen dagegen lauerten nur auf Gelegenheit, das lästige Joch abzuschütteln; zu freier Selbständigkeit unfähig, wollten sie dennoch dem Starken nicht gehorchen. Sie konnten als Hellenen den Verlust der Unabhängigkeit nicht verschmerzen, und ihre Erbitterung war durch böswillige Aufregung zu einer fieberhaften Hitze gestiegen. Während die einen sich losmachen wollten, glaubten die anderen in letzter Stunde ihre bedrohte Selbständigkeit sichern zu müssen. Eine gerechte und billige Beurteilung der Verhältnisse war nirgends zu hören. Was Athen zum Ruhme des griechischen Namens getan hatte im Kriege und im Frieden, daran dachte niemand; alle Anerkennung und Dankbarkeit war in Haß umgeschlagen; der Glanz der Hauptstadt, welcher die Unlust des Gehorchens mildern sollte, war nur ein Gegenstand des Ärgers, und je unklarer und launenhafter der allgemeine Widerwille war, um so schwerer war er zu bekämpfen. Alte Abneigung der Dorier gegen die Ionier, Haß der Aristokraten gegen die Volksherrschaft, Neid der Armut gegen den Reichtum, Mißgunst geistiger Beschränktheit gegen hervorragende Bildung und glänzende Verdienste — alle diese Triebe wirkten zusammen. Darin also lag Spartas größte Macht, daß ihm die allgemeine Stimmung der Hellenen in solchem Grade zugute kam. Man wünschte ihm den Sieg. Jeder Erfolg seiner Waffen, jeder Unfall der Athener mußte ihm neue Bundesgenossen zuführen von seiten derer, welche sich von offener Parteinahme noch ängstlich zurückhielten. Überall war das leichtbewegte Volk von der törichten Hoffnung erfüllt, Sparta werde allen Hellenen eine neue glückliche Zeit der Freiheit zurückbringen. Dabei war die Menge der Hellenen über Sparta in völliger Täuschung; man kannte es gar nicht, man wußte nicht, wie der lykurgische Staat immer mehr zu einer selbstsüchtigen Aristokratie geworden war, in welcher engherzige Familieninteressen maßgebend waren; man sah nicht oder wollte nicht sehen, daß Sparta in seinem Kreise ebenso despotisch verfuhr, wie Athen, daß es nach seinem Nutzen allein die Bundesverhältnisse regelte und die freie Entwicklung des Verfassungslebens hemmte. Es hatte ihm nur an Mut und Geist gefehlt, um eine Herrschaft, wie Athen, herzustellen. Aber der Umstand, daß die Spartaner sich keine Tribute zahlen ließen, genügte, um sie als Vertreter der Freiheit gegen den Despotismus Athens anzusehen. Diese Täuschung wurde nun zu ihrem Nutzen auf das wirksamste ausgebeutet. Es sollte gar nicht von einem Kriege die Rede sein, in welchem sich zwei Mächte gleichberechtigt gegenüberstehen, sondern Spartas Sache, sagte man, sei Volkssache, die heilige Sache des Rechtes; Athen sei die revolutionäre Macht, welche das hellenische Recht umgestoßen habe. Also konnte Sparta es wie eine Pflicht betrachten, daß man seine Sache fördere; wer sie hinderte, beging ein nationales Verbrechen und trug eine Mitschuld an der Vernichtung der Volksrechte. Nicht Sparta, sondern Hellas, von Sparta geführt, kriegte gegen Athen. So stellte man also ganz ähnliche Gegensätze auf, wie zur Zeit der Freiheitskriege; es gab wieder eine nationale oder Patriotenpartei und eine entgegenstehende. Aber die Stellungen hatten sich umgekehrt. Die damaligen Führer der Nationalen waren jetzt die „Verräter", und diejenigen Staaten, welche griechischen Boden den Barbaren preisgegeben hatten, standen nun auf seiten der „Befreier", als Vertreter des hellenischen Rechtes, ohne ihre Überzeugungen verändert zu haben. Denn überall, wo Adelsfamilien sich noch eine Macht bewahrt hatten, in Megara, in Böotien, in Thessalien usw., schlossen sich diese auf das engste an Sparta an, weil sie Athen als den Herd der Demokratie haßten, und so hatten die Peloponnesier ebensowohl den unklaren Freiheitsschwindel unterdrückter Bürgergemeinden, wie den Ehrgeiz und die Herrschsucht der Aristokraten zu ihren Bundesgenossen.

Dessenungeachtet war es Perikles vollkommen klar, daß Athen den Frieden nicht durch feige Zugeständnisse erkaufen dürfe. Denn, wenn die Stadt nicht freiwillig von ihrer Höhe herabsteigen wollte, so war der Krieg unvermeidlich, und es war keine Aussicht, daß Athen an Hilfsmitteln und Wehrkraft gewinnen sollte. Dreihundert schnellrudernde Trieren waren kriegsbereit, genügend, um in verschiedenen Geschwadern die Seezufuhr zu decken, die Bundesgenossen in Obacht zu halten und die feindlichen Küsten zu beunruhigen. Transportschiffe und Hilfsboote waren in entsprechender Zahl vorhanden. 1200 Reiter und 29.000 Mann Fußvolk waren schlagfertig, 16.000 zum Besatzungsdienste, 13.000 zum Felddienste. Das Heer war kriegsgewohnt und in bestem Zustande; auch die Flottenmacht beruhte nicht, wie die Korinther es darzustellen liebten, auf feilen Söldlingen, sondern Bürger führten die Trieren und verteidigten den Bord jedes Schiffes wie ein Stück ihres vaterländischen Bodens. Auch die Schutzbürger, welche den Dienst teilten, waren zuverlässig und mit den Interessen des Staates verwachsen. Athen hatte eine Menge von Bürgern, welche zu selbständigen Kommandos vollkommen befähigt waren, während Sparta gar keine Gelegenheit gehabt hatte, Feldherren zu bilden. Die Finanzen des Staates waren in musterhafter Ordnung und noch in der letzten Zeit war Perikles mit Rücksicht auf den bevorstehenden Krieg bestrebt gewesen, die Geldkräfte des Landes immer völliger zur Verfügung des Staates zu stellen. Von den Überschüssen der Tribute waren nach dem Baue der Propyläen u. a. Prachtwerke und nach den Ausgaben für die Belagerung von Potidaia noch

6000 Talente (9 Mill. Taler) im Schatze. Dabei war noch nicht in Anschlag gebracht, was an Weihgeschenken auf der Burg vorhanden war, wie namentlich der Goldmantel der Parthenos mit einem Werte von 400 Silbertalenten. Dazu kamen nun die jährlichen Einkünfte, aus den Domänen, Zöllen, Steuern usw. mindestens 400 Talente, die in Athen selbst aufgebracht wurden, und dann die 600 Talente Tribut, die von den Städten eingingen; zusammen also 1000 Talente (1,500.000 Taler). Für Kriegsvorräte aller Art war gesorgt; die Zeughäuser waren mit Waffen, Geschossen und Maschinen angefüllt; die Flotte nach Unterwerfung von Samos gefürchteter als je zuvor. Sie war in allen Teilen des Meeres, in allen Sunden und Häfen zu Hause; sie war schon durch den Bau und die Ausrüstung der Schiffe, sowie durch die Übung des Seevolkes auch bei gleicher Zahl allen anderen Geschwadern weit überlegen. Das Herrschaftsgebiet umfaßte weit über 300, zum Teil sehr ansehnliche Städte, deren viele mit anderen kleineren Ortschaften, die in den Listen nicht genannt werden, zusammenzahlten, so daß die Gesamtsumme der von Athen abhängigen Städte noch zwei= bis dreimal größer gewesen sein mag. In diesem weiten Gebiete wurden, wenn es das Bedürfnis forderte, auch See= und Landtruppen ausgehoben. Als selbständige Bundes= genossen hatte Athen außer den treuen Chiern und den Les= biern jetzt noch Kerkyra und Zakynthos; mit den Akarnanen stand es in freundlichen Beziehungen, ebenso mit Kephallenia, so daß die Athener auch des Ionischen Meeres sicher waren und im Westen sehr wichtige Waffenplätze gegen den Peloponnes in Händen hatten. Im Norden endlich hatten sie die alte Bundesgenossenschaft mit den Thessaliern erneuert, welche sie mit Reiterei unterstützen konnten. Wenn nun diese Fülle von Hilfsmitteln durch das einmütige Vertrauen einer patriotischen Bürgerschaft der Weisheit eines Staatsmannes und Feldherrn, wie Perikles war, anvertraut wurde, so konnte man in der Tat auch einem furchtbaren Feinde gegenüber der Zukunft ruhig entgegengehen. Mit einem kleinen Heere durften die Peloponnesier nicht kommen, mit einem großen aber konnten sie nicht lange in Attika sich halten, wenn Herden und Mundvorrat in Sicherheit gebracht waren. Athen war darauf eingerichtet, eine Zeitlang seine Landschaft entbehren zu können. An eine Belagerung war nicht zu denken, da die Peloponnesier außerstande waren, die Zufuhr abzuschneiden. Die Grenzen waren durch Festungen gesichert, welche das Landvolk aufnehmen konnten. Perikles hatte seine Friedens= werke und seine Kriegsrüstungen vollendet; durch Aufschub konnte nur verloren werden. Denn erstens konnte keine gün=

stigere Gelegenheit, einen gerechten Verteidigungskrieg zu führen, eintreten; dann war jedes Zeichen von Furcht schon eine Niederlage und eine Ermutigung der Feinde. Endlich fehlte es auch nicht an Anzeichen, die ein längeres Warten bedenklich erscheinen ließen, selbst wenn auch ohne Verletzung der Ehre Athens ein Aufschub des Krieges hätte erreicht werden können. Denn das durfte und mußte Perikles sich sagen, daß der Erfolg des Krieges zum großen Teile davon abhing, wie weit die Bürgerschaft ihm ihr volles Vertrauen erhielt, und wie weit er die Körper- und Geisteskraft behauptete, um sie nach seinem Willen lenken zu können.

Was den ersteren Punkt betrifft, so war der Widerspruch gegen Perikles niemals ganz beseitigt, sondern nur zurückgedrängt worden. Die Grundeigentümer sahen sich durch die einseitige Bevorzugung der See- und Handelsinteressen verletzt, die alte Partei der Aristokraten war unversöhnlich geblieben und ebensowenig konnten die eifrigen Freunde der Demokratie zufrieden sein mit einem Manne, welcher die Grundsätze derselben tatsächlich aufhob. Die einen hofften in der Stille, daß mit dem Sturze des Perikles auch das demokratische System, auf welches er seine Macht gebaut hatte, fallen, die anderen, daß es dann erst recht zur Wahrheit werden würde. Wenn nun beide Parteien zu ihrem nächsten Zwecke sich verbanden, so mußte dies von bedenklichen Folgen sein. Noch stand Perikles in unerschüttertem Ansehen; seine erfolgreiche Tätigkeit nach innen und außen, die entschlossene und klare Folgerichtigkeit seiner Politik war über jeden Angriff erhaben. Lebhafte Anerkennung fehlte ihm nicht; selbst neue Ehren, die noch keinem Bürger zuteil geworden, wie der von Staats wegen zuerkannte Olivenkranz, schmückten sein Haupt; es war der Siegesdank für den im Dienste der Staatsgöttin ruhmreichen Staatsmann, den Helden des Friedens.

Aber derselbe Mann wurde auch verkannt, verleumdet und verspottet. Die eigenen Söhne machten sich über seine Beschäftigung mit sophistischen Denkübungen lustig; sein Stolz verletzte, sein Ansehen war den Bürgern lästig. Je weniger man ihm offen entgegenzutreten wagte, um so mehr wurde an seinen Maßregeln getadelt, und die lautersten Absichten wurden schändlich mißdeutet. So z. B. in der kerkyräischen Angelegenheit; da wurde über die Flotte von 10 Schiffen gespottet und dann die Erklärung dieser „halben Maßregel" darin gesucht, daß sie bloß darauf angelegt sei, dem Lakedaimonios einen Streich zu spielen und ihn selbst mit seiner lakedämonisch gesinnten Partei auf arglistige Weise in Mißachtung zu bringen. Perikles konnte man persönlich nichts anhaben, aber schlimm war es, daß seine Umgebung nicht immer von der besten Art war. Er war in dem Grade der erste in Athen, daß Männer von selbständigem Charakter nicht immer bereit waren, die Organe seiner Tätigkeit zu sein. Um so mehr drängten sich Leute von untergeordneter Art an ihn heran, um mit Verzicht auf selbständige Tätigkeit allerlei persönliche Vorteile für sich zu erreichen. Einer von diesen war Metiochos oder Metichos, ein Rhetor und Architekt, der auch das Feldherrnamt mit Perikles geteilt hat und gegen das Grundgesetz der Demokratie mehrere, wenn auch kleinere, doch einflußreiche Ämter zugleich bekleidete; weshalb man auf den Gassen die Spottverse absingen hörte:

Metichos ist Truppenführer, Wegebauherr Metichos,
Metichos sorgt fürs Gebäck und Metichos für Korn und Mehl,
Metichos ist allerorten, Metichos wird's übel gehn!

Zu diesem Anhange des Perikles gehörte Charinos, welcher den megarischen Volksbeschluß abfaßte, und Menippos, dessen sich Perikles mehrmals als seines Unterfeldherrn bediente. In noch üblerem Rufe stand der reiche und üppige Pyrilampes, der sich ein Vogelhaus eingerichtet hatte, welches zu den Sehenswürdigkeiten von Athen gehörte und am ersten jedes Monats Einheimischen wie Fremden gezeigt wurde. Besonders viel tat er sich auf seine Pfauen zugute, die damals in Griechenland noch ganz unbekannt waren, und er lieferte davon, wie man sich erzählte, dem Perikles, welcher sie als Liebesgeschenke für seine Buhlerinnen verwende. Solche Stadtgeschichten griff die Komödie auf, der nichts willkommener war, um die Lachlust der Athener zu befriedigen, als wenn sie ihnen den erhabenen Olympier vorführen konnte, wie er auf den Wegen menschlicher Schwäche wandelte. Darum würzten sie ihre Stücke mit offeneren oder versteckteren Anspielungen auf den Geflügelhof des Pyrilampes, und auf die Frau des Menippos, die ihrem Manne zur Feldherrnwürde verholfen haben sollte, sowie auf andere schöne Athenerinnen, von denen das Gerede ging, daß sie in des Meisters Pheidias Werkstätten gesehen und dort gelegentlich mit dem kunstsinnigen Staatsoberhaupte bekannt würden. Einen „Fürsten der Satyrn" nannte Hermippos den Perikles mit Hinblick auf die unwürdigen und unselbständigen Menschen, welche ihn umgaben; der Spottname der „neuen Pisistratiden" war ebenfalls eine Erfindung der Komödie, durch die sie den Anhang des Perikles mit den Hofleuten eines Tyrannen verglich. Auch der kimonisch gesinnte Kratinos schonte seiner nicht. Wie arg und zügellos die Spöttereien wurden, läßt sich daraus abnehmen, daß im Interesse der öffentlichen Ordnung eine Einschränkung der Bühnenfreiheit notwendig erschien, welche gewiß nicht anders, als nach dem Willen des Perikles erfolgt ist. Denn schon um die Zeit des Samischen Krieges ist ein Volksbeschluß durchgegangen, durch welchen den Komödienschreibern verboten wurde, einzelne Personen, durch ihren Namen oder ihre Porträtmaske gezeichnet, dem Gelächter preiszugeben; ein Gesetz, welches unter dem Namen des Antimachos veröffentlicht wurde, aber nur drei Jahre in Geltung blieb, bis Ol. 85, 4 (437). Viel ernsterer Art als diese Reibungen mit dem Publikum und der Bühne waren die Angriffe auf seine Politik, welche von den alten und neuen Feinden derselben ausgingen. Die alten Anklagen wurden wieder laut: Vergeudung des Staatsgutes, Begünstigung der Freigeisterei und anderer verderblicher Richtungen, welche dem väterlichen Herkommen widersprächen. Zunächst aber wendeten sich diese Angriffe nicht unmittelbar gegen Perikles, sondern gegen diejenigen Personen, welche als die hervorragendsten und ihm zunächst stehenden Vertreter jener Richtungen angesehen wurden, gegen Pheidias, Anaxagoras und Aspasia.

Pheidias war nach Vollendung des Parthenons der anerkannt erste Meister der bildenden Kunst unter den Hellenen, und es war ein Triumph der perikleischen Politik, daß Athen nun als die hohe Schule hellenischer Kunst angesehen wurde; auf diesem geistigen Gebiete war die Hegemonie Athens so unbestritten, daß aller Rangstreit beseitigt war und auch auswärtige Staaten, welche sonst den Athenern keinerlei Vorrang gönnten, sich dorthin wandten, um sich instand zu setzen, etwas den Ansprüchen der Zeit Entsprechendes in heiliger Architektur und Bildkunst auszuführen. Auf dem Gebiete der Kunst fand unverkennbar eine gewisse Aussöhnung der gespannten und feindseligen Stimmungen statt. So half Pheidias selbst dem Megareer Theokosmos bei seinem Zeusbilde, und seine Schüler arbeiteten im Peloponnes und Böotien, Thrasymedes für die Epidaurier, Agorakritos für Koroneia, Kolotes für Kyllene. Attische Künstler wurden nach Delphi gerufen, um das Heiligtum Apollons mit Giebelgruppen zu schmücken, und die Behörden von Elis, welche für das peloponnesische Bundesheiligtum zu sorgen hatten, beriefen Pheidias, welcher mit seinem Bruder Panainos, mit Kolotes, Paionios, Alkamenes und einer ganzen Kolonie attischer Künstler nach Olympia übersiedelte, um hier die größte Aufgabe zu übernehmen, welche der Plastik gestellt werden konnte, eine Aufgabe, welche ihm mit unbedingtem Vertrauen und großartiger Freigebigkeit vertragsmäßig übergeben wurde. Sie war derjenigen, welche er soeben in Athen vollendet hatte, nahe verwandt. Denn wie im Parthenon, so sollte nun im Heiligtume des olympischen Zeus mit allen Mitteln der Kunst, mit Gold und Edelsteinen, mit Elfenbein, Ebenholz und glänzendem Farbenschmuck ein Bild des Gottes ausgeführt werden, nicht zur Anbetung (denn Zeus wurde bildlos daselbst verehrt), sondern als ein Schau- und Prachtbild, als ein Weihgeschenk an die Gottheit, das noch ungleich prächtiger wurde als das Bild der Athena Parthenos. Es war ein Sitzbild des Zeus, welches Pheidias schuf, ein Bild von kolossaler Größe, dem auch das mächtige Gotteshaus als eine zu enge Behausung erschien. In seinem Haupte wußte er Macht und Gnade, Hoheit und Milde zu vereinigen; die Locken waren die des homerischen Zeus, deren Bewegung den Olymp erzittern machte. Das goldene Gewand, das die unteren Teile bedeckte, ließ die gewaltige Brust frei; auf der Hand trug er das Bild der Siegesgöttin, wie die Parthenos. Denn auch er war hier nicht nur selbst als ein bekränzter Sieger gedacht, der alle Feinde niedergeworfen, sondern auch als der Siegverleiher, weil vor seinem Angesichte und in seinem Namen die olympischen Olivenkränze, die höchsten Preise hellenischer Tüchtigkeit, ausgeteilt wurden.

Angehörige des Pheidias blieben in Elis und wurden daselbst mit dem erblichen Ehrenamte bekleidet, das Bildwerk des Zeus fortdauernd in gutem Zustande zu erhalten; er selbst kehrte mit unvergleichlichem Künstlerruhme gekrönt, nach Athen zurück. Hier fand er einen bedenklichen Umschlag der öffentlichen Stimmung. Perikles hatte nämlich nach Vollendung der Propyläen, wie es scheint, einen Gesamtbericht und eine vollständige Abrechnung über die Gebäude auf der Burg vorzulegen, und diese Gelegenheit hatten sich seine Feinde zu einem tückischen Angriffe ausersehen. Ein untergeordneter Künstler, Menon mit Namen, wurde veranlaßt, sich an den Marktaltären niederzusetzen, wie diejenigen zu tun pflegten, welche sich in den Schutz der Gemeinde begaben, um ohne Gefahr gegen mächtige Personen im Staate eine Anklage erheben zu können. Ihm wurde Schutz versprochen, und nun beschuldigte er Pheidias, bei dem Goldmantel der Parthenos von dem ihm übergebenen Golde für sich zurückbehalten zu haben. Die Intrige war schlecht angelegt, denn der Goldmantel war auf Perikles Rat absichtlich so eingerichtet, daß er abgenommen werden konnte; er wurde gewogen und vollgewichtig gefunden.

Die feindliche Partei ließ sich aber nicht entmutigen. Eine

Jüngling mit Pferd. Relief vom Westfries des Parthenon. Athen

Sitzende Götter vom Ostfries des Parthenon. Athen, Akropolismuseum

Reiter vom Nordfries des Parthenon. London, Britisches Museum

zweite Anklage wurde erhoben, eine Anklage wegen Gottlosigkeit. Man entdeckte nämlich in der Amazonenschlacht am Schilde der Parthenos zwei Figuren, welche die Züge des Perikles und Pheidias trugen. Sich selbst hatte der Künstler als einen kahlköpfigen Alten dargestellt, der mit zwei Händen einen Felsblock hob, Perikles aber in der edlen Gestalt eines Speerwerfers, und zwar so, daß er mit der eigenen Hand die Mitte des Gesichtes verdeckte; aber auch so erschien die Ähnlichkeit unverkennbar. Darin wurde eine die Heiligkeit des Tempels verletzende Selbstsucht erkannt; die Bürgerschaft verlangte persönliche Haft, ein Zeichen, daß man dem Gegenstande der Anklage den Charakter staatsgefährlicher Umtriebe zu geben wußte, und während der lügnerische Angeber als ein Wohltäter der Stadt mit Privilegien belohnt und als Märtyrer der Freiheit den Feldherren der Stadt, also auch dem Perikles, zu besonderem Schutze anbefohlen wurde, wanderte Pheidias, der den Ruhm seiner Vaterstadt mit glänzenderem und unbestrittenerem Erfolge als irgend einer seiner Zeitgenossen begründet hatte, als Verbrecher in das Gefängnis. Hier starb er, ehe die Untersuchung zu Ende geführt war, von Alter und Gram gebeugt. Auch jetzt ruhte die giftige Mißgunst nicht, sondern sprengte das Gerücht aus, Perikles selbst habe seinen Freund aus dem Wege räumen lassen, um die weitere Untersuchung zu verhindern und schlimmen Enthüllungen vorzubeugen.

Der zweite Angriff traf Anaxagoras, der lange Jahre ruhig in Athen gelebt hatte, eingezogen und unbescholten, ohne Ehrgeiz, ganz seinen philosophischen und mathematischen Studien hingegeben, nicht einmal beflissen, eine Schule zu gründen. Aber er war der vertrauteste Freund des Perikles, und diesen konnte man nicht schmerzlicher kränken, als indem man seinen Anaxagoras verfolgte. Zu diesem Zwecke verbanden sich Männer der verschiedensten Parteifarbe, ehrliche Anhänger väterlicher Religion und Sitte, die einem Kimon und Thukydides in ihren Gesinnungen folgten, und anderseits die Vorkämpfer der unbeschränkten Volksherrschaft, wie Kleon, denen es nur darum zu tun war, die Autorität des Perikles zu stürzen. Das Organ des religiösen Fanatismus war Diopeithes, ein Priester und Volksredner von leidenschaftlichem Temperament, der mit dem verstellten Wahnsinne eines Gottbegeisterten die Augen der Menge auf sich zog, Orakelsprüche mit gellender Stimme vortrug und das Volk aufregte. Er setzte den Beschluß durch, daß alle diejenigen, welche die Landesreligion verleugneten und über die göttlichen Dinge philosophierten, als Staatsverbrecher belangt werden sollten. Nun hatte man die Waffe in Händen gegen die philosophischen Freunde des Perikles. Damon wurde verbannt, und Anaxagoras in einen peinlichen Prozeß verwickelt, so daß Perikles die Unmöglichkeit erkennen mußte, die Freisprechung des Angeklagten durchzusetzen. Er bekannte sich in voller Treue zu ihm, aber er mußte sich glücklich schätzen, daß er sein Leben zu retten vermochte; er mußte ihm selbst anraten, Athen zu verlassen, und mit tiefem Schmerze sah er den greisen Philosophen nach Lampsakos auswandern. Durch diesen Erfolg ermutigt, rückte die feindliche Partei kecker gegen Perikles vor und richtete den nächsten Angriff gegen seine Hausgenossin, gegen Aspasia, welche auf der komischen Bühne als die Hera des olympischen Zeus, als die neue Omphale oder Deïaneira, die den gewaltigen Herakles gebändigt habe, häufig verspottet worden war. Jetzt wurde aus dem Scherze Ernst. Der Komödienschreiber Hermippos wurde zum öffentlichen Ankläger und rief die stolze Milesierin zur Verantwortung vor die Geschworenen wegen Gottlosigkeit und wegen ihrer Versündigung gegen Ehrbarkeit und Sitte, indem er sie beschuldigte, daß sie freigeborene Frauen zu schändlichem Gewerbe in ihr Haus locke. Hier konnte Perikles nicht nachgeben. Sein ganzes Ansehen legte er in die Waagschale; er wollte mit ihr stehen oder fallen. Er trat als ihr Sachwalter vor das Volk, aber er war nicht mehr der stolze, siegesbewußte, ruhige Staatsmann, sondern mit Tränen beschwor er die Richter, ihm eine solche Kränkung zu ersparen, und so erlangte er die Freisprechung seiner Freundin von der peinlichen Anklage, welche aus Feindschaft wider ihn erhoben war und deshalb als Parteifrage behandelt wurde.

Endlich wurde unmittelbar gegen Perikles vorgegangen und auf Antrag des Drakontides beschlossen, daß er angehalten werden solle, vollständige Rechnung über die Staatsgelder, welche durch seine Hand gegangen wären, bei den Prytanen einzureichen, und daß über seine Schuld oder Unschuld in feierlicher Weise auf der Burg am Altare der Athena gerichtet werden solle. Dies Verfahren wurde indessen auf Hagnons Antrag wieder umgeändert, und zwar dahin, daß die Sache vor einem Gerichtshofe von 1500 Geschworenen entschieden werden sollte; ihrem Ermessen wurde es dabei anheimgegeben, ob die Sache als ein Prozeß wegen Unterschleifes oder wegen Bestechung oder im allgemeinen wegen Beeinträchtigung des Staatswohles behandelt werden sollte.

Wenn auch diesmal der Angriff der Feinde mißlang, so beweisen doch diese Tatsachen zur Genüge, wie unheimlich und bedenklich Perikles' Stellung geworden war, seitdem die kon-

servative Partei der alten Aristokraten mit der neuen Demo≠
kratenpartei, die sich während der Friedensjahre gebildet
hatte, gemeinschaftliche Sache gegen ihn machte und priester≠
licher Fanatismus die Erbitterung unablässig zu steigern
suchte. Diese Bestrebungen blieben nicht ohne Erfolg in der
Bürgerschaft; denn bei aller seiner Klugheit hatte Perikles es
doch nicht vermeiden können, daß seine ganze Stellung im
Staate und namentlich auch sein Leben mit den Künstlern,
Philosophen und den ionischen Frauen an das Wesen der
Tyrannis lebhaft erinnerte und deshalb vielfältigen Anstoß
gab. Diese Kämpfe, welche Perikles für sich und seine Freunde
zu bestehen hatte, fallen in das 87, 1/2 (431), also in dieselbe
Zeit, da die Lakedämonier ihre Gesandtschaften schickten, und
wir können nicht bezweifeln, daß man in Sparta von der
großen Veränderung, die in der Stimmung der Bürgerschaft
vorgegangen war, wohl unterrichtet war, und daß man wahr≠
scheinlich nicht ohne Mitwirkung der aristokratischen Partei
in Athen die Forderung auf Ausweisung der Alkmäoniden
stellte. Perikles selbst ging aus allen persönlichen Anfeindun≠
gen siegreich hervor, aber er konnte sich die Schwierigkeiten
seiner Stellung nicht verhehlen. Denn die Parteien der Gegner
hatten ihre Macht erprobt und konnten sich jeder Zeit zu
neuen Angriffen vereinigen. Darum war er auch in Beziehung
auf seine eigene Person der Meinung, daß der einmal unver≠
meidliche Krieg nicht zu besserer Zeit ausbrechen könne; er
konnte erwarten, daß gemeinsame Gefahr die Aufmerksamkeit
von den inneren Angelegenheiten ablenken, die Stärke seiner
Gegner unschädlich machen, den Gemeinsinn stärken und
seine Unentbehrlichkeit den Athenern deutlich machen werde.
So ungerecht also auch die Anschuldigung der Komödien≠
dichter war, die den ganzen Krieg auf Rechnung des Perikles
schoben, welcher, um sich aus seinen Verlegenheiten zu be≠
freien, „den megarischen Volksbeschluß wie einen Funken in
das mit Brennstoff angefüllte Hellas hineingeschleudert habe":
so ist doch der Zusammenhang des Krieges mit den erwähnten
Staatsprozessen nicht zu leugnen; denn diese haben nicht nur
die Feinde des Perikles in Sparta ermutigt, sondern auch ihn
selbst entschlossener gemacht, den Krieg anzunehmen. Die
schwüle Atmosphäre konnte nicht besser, als durch einen ge≠
rechten Krieg gereinigt werden, wenn Perikles auch keinen
Augenblick verkennen konnte, daß der Krieg selbst ihm per≠
sönlich wieder neue Gefahren bereiten würde. Denn er sah,
wie seine Reden beweisen, mit voller Klarheit voraus, daß
jedes unerwartete Unglück im Kriege seinen Sturz veranlassen
könne; er kannte die Unbeständigkeit und Ungeduld der

Athener, er wußte, daß er sein Kriegssystem, das allein sichere, nicht durchführen könne, ohne den Bürgern die größten Opfer aufzulegen. Sie mußten Selbstüberwindung genug haben, um mit Gleichmut den Feinden ihre Äcker preiszugeben; denn nur so konnte es erreicht werden, daß die Peloponnesier sich in vergeblichen Anstrengungen erschöpften und endlich zum Frieden gezwungen sähen. Um diesen Kriegsplan durchzuführen, bedurfte es eines Mannes von unerschütterlicher Ruhe und bewährtem Ansehen, eines Staatsmannes und Feldherrn, welcher ohne Widerspruch der erste unter seinen Mitbürgern war. Perikles wußte, daß das Gelingen an seine Person geknüpft sei; darum mußte er, und zwar nicht aus Selbstsucht, sondern aus der edelsten Vaterlandsliebe wünschen, daß der Krieg beginnen möchte, solange er noch die volle Kraft hatte Athen zu leiten.

*

So lagen sich die beiden Staaten kriegsbereit und kriegsentschlossen gegenüber, ohne daß es zum Angriffe kam. Athen wollte grundsätzlich nur abwehrend verfahren, Sparta scheute sich vor dem entscheidenden Schritte. Im ganzen Volke aber harrte man mit ängstlicher Spannung der Dinge, welche die nächste Zukunft bringen sollte, die einen ungeduldig vorwärtsdringend, die anderen von trüben Ahnungen erfüllt. Denn die junge Mannschaft, welche diesseits und jenseits des Isthmus kräftig und zahlreich war, im Frieden herangewachsen und unbekannt mit den Schrecken eines Bürgerkrieges, hatte ein unbestimmtes Verlangen nach Veränderung eines Zustandes, welcher ihr unerträglich war, ein Verlangen nach endlicher Entscheidung, welche ihr Gelegenheit gebe, ihre Kräfte zu erproben und Taten zu verrichten. Ihr schien es besser, daß der Gegensatz der Parteien im offenen Felde durchgefochten werde, als daß er noch länger wie ein schleichendes Gift am Leben des Volkes zehre. Die Erfahreneren und Bedächtigeren aber erwogen wohl die unabsehlichen Folgen, die das erste blutige Zusammentreffen der beiden Großstaaten nach sich ziehen müßte, und ihre bangen Erwartungen fanden Ausdruck und Bestätigung in den düsteren Orakelsprüchen, welche im Munde des Volkes umgingen; böse Vorzeichen aller Arten wurden gesucht und gefunden, schreckende Naturereignisse traten ein, namentlich ein Erdbeben auf Delos, das erste nach genauer Erkundigung, welches die heilige Insel betroffen hatte, die man unerschütterlich im Meeresgrunde befestigt dachte.

Da erfolgte der Ausbruch des Krieges auf eine durchaus unerwartete Weise, weder von Sparta, noch von Athen, sondern von Theben. Theben stand an der Spitze eines Bundes von zehn Städten und strebte voll Ehrgeiz nach größerer Herrschaft. Der einflußreichste Mann daselbst, der Führer der oligarchischen Regierung, war Eurymachos, des Leontiadas Sohn, ein geschworener Feind der perikleischen Politik. Er wollte seine Vaterstadt zur Hauptstadt von ganz Böotien erheben und sah sich darin durch nichts so gehemmt, wie durch Plataiai. Die platäische Mark war durch die Verträge als ein heiliges Gebiet anerkannt; Plataiai war mit Athen auf das engste verbunden und wurde demokratisch regiert; es trennte zugleich die Thebaner von dem peloponnesischen Bundesgebiete, das jenseits des Kithäron anfing, und war ihnen in jeder Beziehung ein Dorn im Auge. Denn seit den Freiheitskriegen ruhte ein besonderer Glanz auf dem Namen der Platäer; sie hatten mit Sparta und Athen die ehrenvollsten Familienverbindungen, und wenn auch die nationalen Einrichtungen, welche Aristeides gegründet hatte, namentlich die eidgenössischen Versammlungen in Plataiai, niemals ins Leben getreten waren, so hatten doch die Bürger der Stadt von ihrem Anteile an der Siegesbeute herrliche Tempel und Weihgeschenke gestiftet; Pheidias und Polygnot hatten ihr Heiligtum der Kriegsgöttin Athena ausgeschmückt, und die Feste Zeus des Befreiers, sowie die jährlichen Totenfeste zum Andenken der gefallenen Helden erhielten den Ruhm der Stadt frisch und lebendig, deren Bürger auch nach den Freiheitskriegen immer an der Seite der Athener gewesen waren, wo es galt etwas Ruhmwürdiges auszuführen.

Das waren Gründe genug, dem Neide und Hasse der Thebaner immer neue Nahrung zu geben. Solange die beiden Großstaaten zusammenhielten, glaubte man an keine Veränderung der Territorialverhältnisse denken zu können. Jetzt aber schien die Gelegenheit günstig, um die verhaßte Nachbarstadt zu überwältigen. Wenn die anderen Verträge gelöst waren, warum sollten die platäischen noch geachtet werden? Je früher der Angriff ausgeführt wurde, um so mehr Aussicht auf Erfolg hatte man, und war der Handstreich einmal gelungen, so konnte man der Billigung Spartas gewiß sein, welches für seine Kriegführung keinen größeren Vorteil gewinnen konnte, als wenn es an den attischen Grenzen einen befreundeten Waffenplatz hatte, wie es einst schon Tanagra dazu bestimmt hatte.

Also knüpfte Eurymachos mit oligarchischen Parteigängern in Plataiai ein Einverständnis an, rüstete in aller Stille ein

Heer und schickte eines Abends (es war im Anfang April, kurz vor Neumond) 300 Schwerbewaffnete nach Plataiai voraus, welchen durch verräterische Hand die Tore geöffnet wurden, und ehe noch die Bürger, die sich nach einem öffentlichen Feste friedlich zur Ruhe gelegt hatten, von dem schändlichen Friedensbruche etwas ahnten, standen die feindlichen Truppen auf ihrem Markte. Als die Thebaner sich nun im Besitze der Stadt wähnten, wünschten sie ihrer schlechten Sache einen besseren Anstrich zu geben; sie weigerten sich also, dem Wunsche der Verräter zu willfahren und die Häupter der Demokratie zu ergreifen, versuchten vielmehr den Weg der Überredung und hofften von den erschreckten Bürgern sofort eine Erklärung zu erlangen, daß sie sich dem böotischen Städtebunde unter Thebens Hegemonie anschließen wollten. Dann würde, wie sie hofften, bei ihrer geringen Truppenmacht der Anschluß der Stadt als ein freiwilliger erscheinen, und man konnte dann die Sache so darstellen, als wenn die Platäer nur auf eine Gelegenheit gewartet hätten, sich von der unnatürlichen Verbindung mit Athen loszumachen. Und wirklich begann man schon mit den eingedrungenen Feinden zu unterhandeln. Aber während der Unterhandlung merkte man erst, wie unbedeutend die Macht der Thebaner sei, und entschloß sich nun rasch zum Kampfe. Die Bürger durchbrachen die Wände ihrer Häuser, um sich heimlich zu gemeinsamem Angriffe zu vereinigen, und während die Thebaner ihres Erfolges vollkommen gewiß waren, sahen sie, die die ganze Nacht in strömendem Regen gestanden hatten, sich gegen Tagesanbruch plötzlich mit solcher Erbitterung überfallen, daß sie nach hartnäckigem Widerstande ihr Heil in der Flucht suchen mußten. Dabei begann aber erst recht ihre Not; denn sie verirrten sich in den engen und schmutzigen Gassen, welche noch dazu mit Karren gesperrt waren, sie wurden in der Stadt umhergejagt, in der sie eingeschlossen waren, denn auch das Tor, durch welches sie hereingekommen waren, das einzige offene, war in aller Eile von einem Platäer verriegelt worden. Die Mehrzahl der Unglücklichen wurde getötet; wenige retteten sich von den Stadtmauern hinab, 180 mußten sich auf Gnade und Ungnade ergeben. Dies alles war geschehen, ehe das thebanische Heer herankam, das durch den angeschwollenen Asopos aufgehalten war. Die Thebaner suchten nun im platäischen Gebirge Gefangene zu machen, um sie zur Auslösung ihrer Landsleute zu benutzen, zogen sich aber dann zurück, nachdem, wie sie behaupteten, die Rückgabe der Gefangenen ihnen eidlich zugesagt worden war. Währenddessen beeilten sich die Platäer, alles, was auf dem Felde war, in die Stadt zu retten, und, wie das geschehen war, töteten sie sämtliche Thebaner, die in ihrer Gewalt waren. Der Bote, welchen Perikles schickte, um sie von voreiligen Schritten auf das dringendste abzumahnen, kam zu spät. Das Schreckliche war geschehen. Die Plataer leugneten ihrerseits, ein unbedingt bindendes und eidliches Versprechen gegeben zu haben; es ist möglich, daß eine ruhige Übereinkunft nicht zustande gekommen war. Auf jeden Fall war aber diese Tat ebenso unmenschlich, wie unweise; denn die lebenden Thebaner wären für Plataiai und seine Verbündeten ein unschätzbarer Besitz gewesen, während ihr Tod nur die Folge hatte, daß jeder Gedanke an Versöhnung für immer beseitigt war. Mit Verrat und Mord hat in jener schauerlichen Nacht der Krieg in Griechenland begonnen. Der Anfang zeigte jedem Einsichtigen, was von dem Verlaufe desselben zu erwarten wäre.

Sowie die böotischen Ereignisse in Sparta kund wurden, gingen die Boten aus, um das peloponnesische Heer und das der übrigen Bundesgenossen, zwei Drittel der vollen Heeresstärke, nach dem Isthmus zu entbieten. Hier übernahm Archidamos den Oberbefehl der Truppen; es war das ansehnlichste Heer, das jemals zusammengekommen war, um über die Landenge vorzugehen. Archidamos blieb seinem Charakter treu. Er ging nicht darauf aus, den Kriegsmut zu entflammen, vielmehr tat er alles, um die hochgehenden Hoffnungen seiner Truppen herabzustimmen; denn er verhehlte seine Überzeugung von der gefährlichen Macht des Gegners auch jetzt nicht und verleugnete nicht die Unlust, welche er noch immer empfand, den Feldzug wirklich zu beginnen. Erst als Melesippos, den er als letzten Friedensboten nach Athen entsandt hatte, vor den Toren der Stadt abgewiesen war, rückte er langsam durch Megaris vor.

Jetzt kam das von Perikles entworfene Verteidigungssystem zum ersten Male zur Anwendung, und damit trat er selbst, als Feldhauptmann der Stadt, mit seinen Amtsgenossen, welche nur die Werkzeuge seiner Absichten waren, kraftvoller und unumschränkter als je an die Spitze der öffentlichen Angelegenheiten; es bedurfte außerordentlicher Maßregeln, deren energische Durchführung keinem anderen möglich gewesen wäre. Die Bundesgenossen wurden aufgeboten, hundert Schiffe im Peiraieus segelfertig gemacht, die festen Plätze des Landes in Kriegsbereitschaft gesetzt, die Truppen im Waffendienst geübt, namentlich die Reiterei, die mit den Thessaliern zusammen im freien Felde verwendet werden sollte. Die Bürgerreiterei war auf zehn Geschwader von je hundert Mann vermehrt worden; sie wurde jährlich aus den vornehmsten und reichsten Familien ausgehoben und war die einzige stehende Landtruppe der Athener; es war die Blüte der Jugend, der Schmuck und Stolz der Stadt, auf welchen Perikles großen Wert legte. Zugleich erging der Befehl an das Landvolk, mit Frauen und Kindern eine sichere Zuflucht aufzusuchen. Wie zur Zeit der Persernot flüchtete alles von Haus und Hof; aber diesmal nicht auf die Inseln und die jenseitigen Küsten, sondern für die große Mehrzahl war Athen selbst wie eine rettende Insel, und in dichten Zügen drängten sich viele Tage lang die Landleute, mit ihren Habseligkeiten beladen, in die Stadttore und die engen Gassen herein, während die Herden über das Meer gebracht wurden, meistens nach Euboia. Es war ein schweres Opfer für die Grundbesitzer, von ihren wohlgepflegten Gütern, Höfen, Feldern und Weinbergen Abschied zu nehmen; sie schieden zugleich von ihren Heiligtümern und Grabstätten und von allen ihren glücklichen Lebensgewohnheiten; es war ein bitteres und demütigendes Gefühl, dies alles ohne Kampf preisgeben zu müssen. Innerhalb der Stadtmauern wurde nach Möglichkeit Raum geschafft und die Gastfreundschaft erleichterte, wie sie konnte. Aber die Not drängte, auch heilige Räume, wie gemeine, zu benutzen, und warnenden Orakeln zum Trotze wurde auch das sogenannte Pelasgikon unter der Burg zu Wohnplätzen benutzt. Wohlhabende Landleute mußten sich mit ihrem Gesinde in den Türmen der Ringmauer einnisten; zwischen den drei Hafenmauern, und wo sonst leerer Platz war, wurden Zelte, Hütten und Lagerstätten notdürftig eingerichtet. Perikles wußte, daß Archidamos noch immer auf seinen Sturz hoffe. Die letzte Sendung war nur darauf berechnet gewesen, der Gegenpartei in Athen noch einmal Gelegenheit zu geben, sich zu rühren. Eine neue List war zu befürchten. Archidamos konnte auf den Gedanken kommen, Perikles, seines Gastfreundes Güter zu schonen, um auf diese Weise Mißtrauen zu erregen; Perikles erklärte deshalb, daß seine Güter, wenn der Feind sie verschone, Eigentum des Volkes sein sollten. In der Stadt selbst sorgte er für Handhabung der strengsten Ordnung; alle Bürgerversammlungen waren untersagt; ehe der Feind sich gezeigt hatte, war Athen im Belagerungszustande. Es durfte jetzt nur ein Wille herrschen; denn die Feinde im eigenen Lager, welche jede Not, jede Verlegenheit, jede Verletzung alter Sitte ausbeuteten, um Perikles zu schaden, waren gefährlicher als der äußere Feind, mit dem sie dasselbe Ziel verfolgten. Soviel auch Perikles in seinem vielbewegten Leben an Not und Gefahr durchgemacht hatte, jetzt begann doch seine schwierigste Aufgabe.

Die vorbereitenden Maßregeln wurden ihm durch die Langsamkeit des feindlichen Feldherrn erleichtert, dessen Verfahren sich daraus erklärt, daß er zunächst im Einverständnisse mit den Thebanern handelte. Denn während diese das Gebiet von Plataiai verwüsteten, rückten die Peloponnesier an der anderen Seite des Kithairon entlang und griffen Oinoe an, die attische Grenzfestung, welche am Fuße des Gebirges lag bei den Quellen des Kephisosbaches, der nach Eleusis hinunterfließt. Die Spartaner folgten auch hier älterer Tradition. Denn schon zur Zeit des Königs Kleomenes war mit den Böotiern ein Angriff auf Oinoe verabredet, weil dieser Platz an dem Wege nach Theben lag und also zur Verbindung mit dem Peloponnes ebensowohl gelegen war wie zur Beherrschung der eleusinischen Ebene. Indessen bewährten sich die perikleischen Vorkehrungen; der Platz hielt sich trotz der angestrengtesten Bemühungen des Archidamos, so daß dieser die ganze Sache aufgab und die Truppen aus dem Gebirge in die Ebene hinabführte, wo die Junisonne inzwischen das Getreide gereift hatte. Es waren elf Wochen seit dem Überfalle von Plataiai vergangen, als sich die Truppen beutegierig über die wohlgepflegten Fluren ergossen. Das feste Eleusis blieb ungefährdet. Dann rückte man gegen Athen selbst vor, aber nicht auf der geraden Straße durch die Schlucht des Pythion, sondern weiter nördlich durch die breitere Einsattelung, welche den Aigaleos vom Parnes trennt und nach dem oberen Teile der athenischen Ebene führt, wo Acharnai der Hauptort war. Dies war der bevölkertste Gau von Attika, ein Gau, der 3000 Schwerbewaffnete stellen konnte und sich durch einen derben, kräftigen Menschenschlag auszeichnete; es waren Kohlenbrenner, die am Parnesgebirge ihr Geschäft trieben, und Weinbauern. Hier rechnete nun Archidamos mit Bestimmtheit auf eine bedeutende Wirkung seiner Kriegführung. Denn jetzt konnte man von den Mauern der Stadt die Wachtfeuer der Truppen sehen, welche in den Feldern und Weinbergen lagerten, und die kriegstüchtigsten Einwohner mußten ruhig zusehen, wie ihre Häuser und Hofgebäude in Flammen aufgingen. Freilich war der Schaden nicht so groß, wie man es sich nach dem Maßstabe neuerer Zeiten vorstellt. Selbst die Stadthäuser waren ja meist nur von Lehm, und alle Privatwohnungen sparsam eingerichtet. Aber der Frieden hatte doch den Luxus gefördert, und es waren an vielen Orten geschmackvolle Villen und behagliche Landsitze entstanden, so daß Archidamos in dem Erfolge seiner Maßregeln sich nicht getäuscht sah. Die Bürger murrten und lärmten; besonders die Grundbesitzer, welche ohnehin die schweren Kriegslasten zu tragen hatten und nun ihren Ruin vor Augen sahen. Hätte Perikles eine Versammlung auf der Pnyx gestattet, es wäre zu den unbesonnensten Beschlüssen gekommen. Statt dessen sah man nun auf den Straßen und Plätzen das Volk sich zusammenrotten, um auf Perikles zu schmähen, den Urheber des Elends, den Feigen, den Verräter. Das sei, hieß es, doch das Übermaß von Tyrannei, daß einer die Macht habe, das ganze Volk in den Mauern einzusperren und den Bürgern selbst das Recht zu nehmen, ihre eigenen Äcker zu verteidigen! Eine Probe dieser Schmähungen ist in dem Bruchstücke einer Komödie des Hermippos erhalten: „Du Satyrn-Fürst, so willst du denn nie aufheben den Speer, du vermaßest doch sonst mit gewaltigem Wort dich als Kriegsfeldherrn, wo ist dein Mut nun geblieben? Du knirschest vor Wut, wenn einer am Stein sein Messer sich schärft, seit Kleon, der Wilde, dich zauste". Kleon, der Lederfabrikant, Simmias, Lakratidas und andere beuteten die Gelegenheit aus, um sich als Stimmführer der Unzufriedenen eine Bedeutung zu verschaffen. Perikles ließ nur die Reiterei hinaus, und es war gewiß ein Grund neuer Verstimmung, daß nur dieser aristokratischen Truppe die Ehre zuteil wurde, sich mit den Feinden messen und in glücklichen Gefechten die nächsten Fluren um die Stadt beschützen zu können. Gleichzeitig bemannte Perikles eine stattliche Flotte von 100 Schiffen mit den besten Truppen, aber er selbst blieb daheim auf dem schwierigeren Posten, wo ihn niemand ersetzen konnte. Fest und sicher hielt er das Steuer des Staates in der Hand; ruhig stand er über der gärenden Menge.

Um dieselbe Zeit, als die Flotte vom Peiraieus auslief, verließ Archidamos das attische Gebiet, nachdem sein Heer vier bis fünf Wochen lang den ganzen Norden der Landschaft bis Euboia hin verwüstet hatte; wie ein Heuschreckenschwarm zog es wieder ab, nachdem die Fluren abgeweidet waren. Wahrscheinlich wirkte darauf auch der Anblick der Flotte, die man nach dem Peloponnes steuern sah, weil die Truppen ihrer schutzlosen Dörfer und Familien in der Heimat gedachten.

Der Rest der guten Jahreszeit gehörte den Athenern. Ihre Flotte ging um den Peloponnes herum und griff Methone (Modon) an, einen wichtigen Hafenplatz auf der Südspitze der messenischen Halbinsel, der Inselgruppe der Oinussen gegenüber. Der Angriff mißlang durch die Geistesgegenwart des Brasidas, der sich rasch in den bedrohten Ort hineinwarf. Die Athener, welche sich mit 50 kerkyräischen Schiffen vereinigt hatten, zogen an der Westküste des Peloponneses entlang, wo die reichen Grundbesitzer von Elis für die Verwüstungen des attischen Landes büßen mußten. Dann nahmen sie zwei korinthische Plätze an der Küste von Akarnanien und erlangten den freiwilligen Beitritt der Insel Kephallenia, welche mit ihren vier Städten der attischen Bundesgenossenschaft sich anschloß. Gleichzeitig war ein Geschwader von 30 Schiffen durch den Kanal von Eubio gegen Norden gegangen, um die Lokrer zu züchtigen. Zwei ihrer Städte wurden zerstört, ihre Küsten gebrandschatzt und auf der kleinen Insel Atalante Verschanzungen aufgeworfen, welche attische Besatzung erhielten, um die Lokrer in Obacht zu halten. Endlich wurde beschlossen, die Ägineten sämtlich von ihrer Insel zu vertreiben; sie hatten durch heimliche Angebereien vor allem dazu beigetragen, den Peloponnes gegen Athen aufzuhetzen; Perikles bedurfte außerdem einer neuen Landanweisung zur Beruhigung der Bürgerschaft, und endlich erschien ihm aus militärischen Rücksichten nichts notwendiger, als sich der Insel zu versichern, welche, auf halbem Wege nach dem Peloponnes gelegen, als Flottenstation den Athenern ebenso nützlich als gefährlich werden konnte. Darum wurden die Grundstücke unverzüglich an attische Bürger ausgetan und die alten Ägineten mit Weib und Kind an die peloponnesischen Küsten ausgesetzt.

Nächst den Ägineten waren die Megareer, als Ankläger Athens, am meisten verhaßt. Zu ihrer Züchtigung rückte Perikles selbst als Feldhauptmann aus mit 10,000 schwerbewaffneten Bürgern, 3000 Schutzbürgern in gleicher Rüstung und einem großen Haufen Leichtbewaffneter. Ihm war die Gelegenheit willkommen, das attische Landheer in voller Stärke ins Feld zu führen und zugleich der Welt zu zeigen, wie übel diejenigen beraten seien, welche sich auf Spartas Schutz verließen. Die peloponnesischen Kontingente waren längst in ihre Städte und Dörfer heimgekehrt, und auch die Korinther sahen ruhig zu, wie man ihr Nachbarland so gründlich verwüstete, daß bis an die Mauern der Stadt alle Gartenpflanzungen vernichtet wurden. Ja es erfolgte um diese Zeit auf Antrag des Charinos (denn Perikles selbst hielt sich gerne von allen gehässigeren Maßregeln persönlich fern) ein neuer „megarischer Volksbeschluß", in welchem den Megareern auf ewige Zeiten unversöhnliche Fehde angekündigt und über jeden auf attischem Boden Betroffenen Todesstrafe verhängt, den attischen Feldherren aber im Amtseide die Verpflichtung auferlegt wurde, jährlich zweimal einen Einfall in Megaris zu machen. Es war zugleich die Strafe für die Tötung des Herolds Anthemokritos, welcher in öffentlichem Auftrage zu den Megareern geschickt und von diesen erschlagen worden war; es war endlich wohl auch eine strategische Maßregel, um durch vollständige Verwüstung des Grenzlandes den Peloponnesiern die künftigen Feldzüge zu erschweren.

In ähnlicher Absicht wurden auch andere Maßregeln getroffen. Eine sorgfältige Bewachung des ganzen Landes wurde angeordnet und bis auf Salamis ausgedehnt, um von hier jede Bewegung an der Megarischen Küste beobachten und nach dem Peiraieus durch Signale melden zu können; es wurde beschlossen, die alten Trieren nicht wie sonst beiseite zu schieben, sondern zu Transportschiffen umzubauen, um wirksamere Angriffe auf Feindesland machen zu können; es wurde verordnet, daß zum Schutze des Landes die hundert besten Trieren mit ihren zugewiesenen Trierarchen stets bereit bleiben sollten, um für den Fall eines Seeangriffes Athen und Attika zu verteidigen; und zu gleichem Zwecke wurden 1000 Talente als Reservefonds niedergelegt, mit der Bestimmung, daß Todesstrafe darauf stehe, wenn jemand das Volk bereden wolle, diese Schatzabteilung zu einem anderen Zwecke anzugreifen. So wollte Perikles erreichen, daß auch über die Zeit seiner Macht und seines Lebens hinaus die Republik sich selbst gleichsam Gewalt antue, um sich vor leichtsinnigen Schritten zu hüten. Endlich war man auch in diplomatischen Verhandlungen tätig und benutzte dazu die entlegeneren Städte der Bundesgenossen, welche mit ausländischen Reichen in Beziehungen standen. Besonders nützlich erwies sich Abdera an der Südseite von Thrakien, wo ein reicher Bürger Namens Nymphodoros lebte, der seine Schwester an Sitalkes, den König der Odrysen, verheiratet hatte. Dieser Thrakerkönig hatte sein Reich bis gegen die Seeküste vorgeschoben und strebte danach, durch hellenische Verbindungen seine Macht und seinen Einfluß zu vergrößern. Den Athenern war aber jede Stärkung ihrer Macht in dieser Gegend doppelt wichtig, weil Potidaia noch immer ihrer Belagerung trotzte und die Städte der Chalkidike im Aufstande verharrten. Nymphodoros wurde zum Gastfreunde (Proxenos) Athens ernannt und es gelang ihm in der Tat, den mächtigen Thrakerkönig zum Bundesgenossen der Stadt zu machen; er vermittelte zugleich eine Versöhnung mit Perdikkas, dem Therma (das spätere Thessalonike) zurückgegeben wurde, und so gewann Athen auf einmal freie Hand in seinem wichtigsten Kolonial=lande und konnte einer baldigen Beendigung der gefährlich=sten aller bisher entbrannten Fehden entgegensehen.

Als das erste Kriegsjahr zu Ende ging, war die Stimmung der Peloponnesier eine sehr gedrückte. Auf ihnen lastete die Verantwortlichkeit für den Beginn des unseligen Bürgerkrieges, dessen Spuren dem Boden des Vaterlandes schon tief eingeprägt waren; ihre Absichten auf den Sturz des Perikles waren mißlungen, ihre ganze Kriegführung erwies sich als unzulänglich. Die Unnahbarkeit der feindlichen Stadt, ihre Beherrschung des Meeres, die Energie ihrer Politik hatte sich von neuem bewährt. Der Peloponnes war durch den Beitritt von Kephallenia den attischen Angriffen noch mehr bloßgestellt; die Korinther mußten in Thrakien alle ihre Hoffnungen aufgeben, und wenn sie auch mit ihren Schiffen an der Küste Akarnaniens nach Entfernung der Athener einige Vorteile gewonnen hatten, so waren sie doch im ganzen in ihren Erwartungen bitter getäuscht. Perikles dagegen wurde nach allen Anfechtungen die Genugtuung zu teil, daß ihm, als dem bewährten Staatsmanne, das Ehrenamt übertragen wurde, bei der feierlichen Bestattung der im ersten Kriegsjahre gefallenen Bürger im Namen des Staates die Leichenrede zu halten. Es war der Gefallenen nur eine kleine Anzahl. Um so eher konnte Perikles von dem gewöhnlichen Gange solcher Reden abweichen und von den Toten, welche der Staat schon durch das Leichenbegängnis und die Sorge für die Hinterbliebenen ehrte, auf die Gemeinschaft der Lebenden übergehen und den Staat selbst schildern, für welchen die Bürger freudig in den Tod gegangen wären. Und es ist in der Tat eines der großartigsten Schauspiele, wenn wir uns die attische Bürgerschaft in voller Zahl an den Gräbern des Kerameikos um Perikles vereinigt denken, der von hohem Gerüst zu ihnen redete. Noch hatten sie im frischen Gedächtnis die unsägliche Not des Krieges; rings um sie her lagen die veröden Felder und ausgebrannten Höfe; ein gleicher Notstand war in wenigen Monaten von neuem vorauszusehen, und während dieser Zeit, die allen empfindliche Verluste brachte, mußten sie nicht nur auf jede Annehmlichkeit des Lebens, sondern auch auf den Genuß ihrer teuersten Rechte und Freiheiten Verzicht leisten. Und dennoch hören sie mit Begeisterung auf die Rede des Perikles, welcher ihnen die Herrlichkeit ihrer Stadt vor Augen stellt, die ein Vorbild aller Hellenen sei. Mit edler Unbefangenheit rühmt er ihre Verfassung, die zwar im vollen Sinne eine volksherrschaftliche sei, indem sie das Wohl des ganzen Volkes bezwecke und allen Bürgern gleiche Rechte gewähre, aber eben dadurch geeignet sei, die Besten unter ihnen in die ersten Stellen des Staates gelangen zu lassen. Er preist die hohen geistigen Genüsse, welche die Stadt darbiete, die freie Liebe der Bürger zur

Tugend und Weisheit, ihre allgemeine Teilnahme am Wohle des Staates, die edle Gastlichkeit derselben, die Mäßigkeit und Tüchtigkeit, welche der Friede und die Liebe zum Schönen nicht erschlafft habe, so daß die Stadt der Athener unter allen Umständen ein Gegenstand gerechter Bewunderung für Mit- und Nachwelt sein werde.

So stellte Perikles den Bürgern die Beschaffenheit ihres Staates vor Augen und schilderte ihnen das Volk von Athen, wie es sein sollte. Ihr besseres Selbst hielt er ihnen vor; um sie zu stärken und über sich selbst zu erheben, um sie zur Selbstverleugnung, zur Standhaftigkeit und zu besonnener Tapferkeit zu erwecken. Mit neuem Lebensmute kehrten sie von den Gräbern heim und gingen in guter Zuversicht den weiteren Schickungen entgegen. Ja, als zum zweitenmal Archidamos in Attika einrückte, hatten sie sich schon besser in das Unvermeidliche gefunden. Die im vorigen Jahre verwüsteten Felder waren nicht wieder bebaut worden und so mußten die Spartaner durch die besten Fluren rasch hindurchziehen, um in den östlichen Strichen der Landschaft bis Kap Sunion hinunter Unterhalt zu finden. Man gewann immer mehr Vertrauen zu dem System des Perikles und lernte verschmerzen, was im vorigen Jahre noch unerträglich schien.

*

Da brach ein neues Unglück ein, eine außerhalb aller menschlichen Berechnung liegende Not.

Man hatte schon längere Zeit von bösen Krankheiten gehört, welche in Ägypten und den asiatischen Satrapien wüteten und bis nach Lemnos vorgedrungen waren. Auch im Westen, in Sizilien und Italien, waren um dieselbe Zeit furchtbare Sterbejahre und die Ursache lag, wie man später nachzuweisen glaubte, in einer Reihe feuchter Winter, in denen sich viel Wasser auf und unter der Erdoberfläche angesammelt habe. Dadurch sei die Luft verpestet und die Landesfrucht verdorben worden. Auch die jährlichen Nordwinde, die Etesien, welche die Atmosphäre reinigen, seien ausgeblieben. So soll um jene Zeit, als der Krieg ausbrach, der die gesellschaftliche Ordnung der griechischen Welt auflöste, auch die natürliche Ordnung gestört worden sein; eine Ansicht, die damals weit verbreitet war; denn man glaubte, daß niemals soviel schreckliche Naturereignisse eingetreten sein, wie seit Anfang des Krieges.

Attika, sonst durch Gesundheit und frische Luft vor allen Landschaften ausgezeichnet, erfuhr nun zum erstenmal die

Gefahren, denen ein belebter Seeplatz ausgesetzt ist. Denn kaum war die Schiffahrt eröffnet, so zeigten sich schon die ersten, ängstigenden Sterbefälle. Sie kamen an manchen Punkten Griechenlands vor, aber sie blieben dort einzeln und verschwanden wieder. In Attika aber fand die Krankheit einen vorbereiteten Boden, auf dem sie sich in unerhörter Weise ausbreitete. Die ganze Bevölkerung hatte sich soeben wieder in die Mauern geflüchtet. Eine Menge von Menschen war zusammengedrängt, die aus allen Gewohnheiten herausgerissen waren, die in Sorge, Aufregung und vielfacher Kümmernis lebten, im Freien schliefen und für Bewegung, gute Nahrung und Reinlichkeit nicht gehörig sorgen konnten. Im Peiraieus, der besonders vollgedrängt war, waren die Wasserwerke noch unvollendet; es gab nur Zisternenwasser und nun kam die Sommerhitze dazu. So geschah es, daß bald in der Ober- und Unterstadt die Epidemie zur vollen Herrschaft kam; alle anderen Krankheiten verschwanden, alle Stände ohne Unterschied von Alter und Geschlecht wurden ergriffen und überall waren die Krankheitserscheinungen dieselben. Es war ein typhöses Fieber, ganz ähnlich den Fiebern, welche als Folge von Kriegsnot in Lagern und Städten auftreten. Das Leiden trat plötzlich mit Kopfhitze und Entzündung der Augen ein. Dann wurden die inneren Organe ergriffen, Zunge und Mundhöhle schwollen an, ein schmerzhafter Husten kam dazu, galliges Erbrechen und ein anhaltendes, qualvolles Würgen. Auf der Haut zeigte sich ein Ausschlag von Bläschen und Geschwüren. Von außen fühlte man dem Körper keine Hitze an, aber die innere Glut war so groß, daß die Kranken alle Kleider von sich warfen und einzelne sich wie Wahnsinnige in die Brunnen stürzten. An dieser inneren Hitze gingen die meisten zugrunde nach 7 oder 9 Tagen, ohne daß äußerlich ihr Körper verfiel. Andere überdauerten den ersten Anfall und starben dann infolge von Durchfall und Entkräftigung. Noch andere kamen wohl mit dem Leben davon, aber es blieb eine Geistesschwäche zurück oder sie überlebten die Krankheit nur nach Verlust einzelner Gliedmaßen.

Die Wissenschaft war nicht müßig. Hippokrates selbst erforschte die Krankheit; er hatte auch, wenigstens im späteren Verlaufe derselben, den Athenern seine Erfahrungen zugute kommen lassen, indem er namentlich durch Feuer die Atmosphäre zu reinigen suchte, worauf ihn die Beobachtung, daß die Schmiede am seltensten ergriffen wurden, geführt haben soll. Zunächst aber waren alle Heilmittel, die man bei Priestern und Ärzten suchte, vollkommen wirkungslos. In dumpfer Verzweiflung ließ man das Übel walten. Die Ansteckung war so groß, daß Freunde und Verwandte ihre Kranken im Stiche ließen und daß auch die den Griechen so heilige Sitte des Begräbnisses verabsäumt wurde. Scharenweise sah man Sterbende und Tote um die Brunnen herumliegen, wo sie die letzte Erquickung gesucht hatten; heilige Plätze wurden zum erstenmal durch Leichen verunreinigt. Während andere Notstände das Volk zu vereinigen pflegen, löste diese Not die Bande der Familie wie die bürgerlichen Bande. Man wurde gleichgültig gegen Gesetz und Ordnung, stumpf gegen Ehre und Pflicht; man grollte Göttern und Menschen. Nach Verschiedenheit der Gemütsart gaben die einen sich einem finsteren Mißmute hin und sahen sich den Strafen unversöhnlicher Mächte preisgegeben, während die anderen in ungezügelter Frechheit allen schlechten Trieben sich hingaben und in maßlosem Genusse Betäubung und Zerstreuung suchten.

Die Lage der Athener war in der Tat furchtbar. Während man sonst bei jeder Krankheit zuerst durch Veränderung der Luft und Flucht ins Gebirge sich zu helfen suchte, so sah man sich nun bei der steigenden Hitze innerhalb der Mauern eingesperrt; die Landschaft durchzogen die Peloponnesier, um den letzten Rest des ländlichen Wohlstandes zu vernichten, während im Innern der schlimmere Feind wütete, dem die Menschen wie wehrlose Schlachtopfer rettungslos erlagen. Aller Verkehr stockte, die Preise der Lebensmittel stiegen; die Armen litten doppelte Not, während den Reichen all ihr Geld und Gut nichts half.

Der Parteiwut war kein Mittel zu schlecht, um es nicht zum Sturze eines verhaßten Gegners anzuwenden; auch die gegenwärtige Not wurde zur Waffe gegen Perikles. Die spartanische Partei beutete den Aberglauben der Menge aus und wies in der Pest die Hand des Apollon nach, der sich durch sein Orakel nicht vergeblich zum Bundesgenossen Spartas erklärt habe; er helfe der guten Sache, darum sei auch der ganze Peloponnes von der Seuche verschont geblieben. Es möge doch mit der alten Alkmäonidenschuld, die auf dem ersten Manne des Staates liege, nicht so leicht zu nehmen sein. Und wo auch eine solche Auffassung keinen Eingang fand, da hieß es doch, die Pest sei die Folge des Krieges, der Krieg aber die Schuld des Perikles. Also derselbe Mann, sagte man, der die Bürger um alle ihre Freiheiten gebracht hat, der hochtönende Reden zum Preise der Demokratie hält, während er sie nur zu einer verfassungswidrigen Selbstherrschaft benutzt, er ist auch der Urheber der gegenwärtigen Not und ihm mag es ganz recht sein, wenn durch Pest und Kriegsnot die Bürgerschaft aufgerieben wird, damit er um so vollständiger seine ehrgeizigen

Pläne erreichen könne. Die Gegner des Perikles benutzten die Zeit, da er selbst als Feldherr mit einer Flotte von 150 Trieren nach Epidauros abging. Epidauros widerstand, aber die ganze Küste von Argolis, soweit es im Bunde mit Sparta war, die reichen Landschaften von Trözen und Hermione wurden wüst gelegt und Prasiai genommen, um als fester Platz an der lakonischen Grenze den Athenern zu dienen. Als die Flotte heimkehrte, waren die Peloponnesier schon wieder abgezogen, nachdem sie 40 Tage lang im Lande gewesen waren. Die Angst hatte sie am Ende fortgetrieben, als sie von der immer steigenden Sterblichkeit hörten und den Qualm der Scheiterhaufen über der unglücklichen Stadt liegen sahen. Den Befehl der Flotte übernahmen die beiden Mitfeldherren des Perikles, Hagnon und Kleopompos; er selbst blieb in der Stadt zurück, wo nun die schwierigste Aufgabe seiner wartete.

Er fand die Lage der Dinge ganz verändert; die Umtriebe seiner Gegner waren nur zu erfolgreich gewesen, er hatte das Volk nicht mehr in seiner Hand. Aus verstecktem Grolle war offener Widerspruch geworden; ja, man hatte seinen Befehlen zum Trotze Bürgerversammlungen abgehalten und die Partei seiner Widersacher, welche jetzt Frieden um jeden Preis erstrebte, hatte es durchgesetzt, daß Gesandte nach Sparta gesendet wurden, um zu unterhandeln. In Sparta wußte man diesen Zeitpunkt nicht zu benutzen; wahrscheinlich hielt man Perikles schon für gestürzt, Athen für verloren und kannte kein Maß in seinen Forderungen; kurz, die Verhandlungen zogen sich in die Länge, und nun wendete sich der volle Verdruß in offenen Angriffen gegen Perikles. Er mußte eine Versammlung berufen, um sich und seine Politik zu verteidigen. Er tat es, aber nicht in schmeichelnder oder nachgiebiger Art, sondern stolzer und fester, strenger und selbstbewußter als je zuvor, trat er ihnen gegenüber. Niemals hat er seine Überlegenheit und seinen persönlichen Beruf, der erste zu sein, so einfach und würdig, so frei von aller falschen Bescheidenheit seinen Mitbürgern dargelegt, als in der Stunde der höchsten Gefahr; sie sollten fühlen, daß sie ihn schmähten und verkannten, weil sie seiner nicht mehr würdig waren. „Was habt ihr mir vorzuwerfen?" rief er ihnen zu. „Ich bin derselbe geblieben, ihr seid die Schwankenden; nicht den Mutigen trifft der Tadel, sondern den Kleinmütigen und Kurzsichtigen. Ist der Beschluß des Krieges ein Fehler, so habt ihr gleiche Schuld, wie ich; ihr durftet aber nicht anders handeln. Torheit und Verblendung ist es, einen glücklichen Frieden leichtsinnig zu brechen; aber eine Herrschaft, wie die eurige, freiwillig aufzugeben, ist nicht nur schimpflich, sondern es ist auch unmöglich, ohne euch den größten Gefahren auszusetzen. Warum verzagt ihr? Euch gehört das Meer; alle Küsten und Häfen sind euer; es steht nur bei euch, wenn ihr wollt, eure Herrschaft noch weiter auszudehnen; denn kein König, kein Volk der Erde wagt euren Trieren entgegenzutreten. Und ihr härmt euch um eure Gütchen und Wirtschaftsgebäude? Wohl ist zu der Kriegsnot, auf die wir gefaßt sein mußten, eine unerwartete getreten und hat eure Standhaftigkeit auf eine schwere Probe gestellt. Euren Schmerz ehre ich, aber euer Kleinmut ist nicht gerechtfertigt, und keine Not darf euch so weit beugen, daß ihr mit Schanden preisgebt, was eure Väter mit Ehren errungen haben; viel mehr gilt es, in dem Gedanken an das blühende Gemeinwesen das häusliche Elend standhaft zu tragen; laßt ihr jenes verfallen, so ist ja doch auch für den einzelnen ein glücklicher Zustand undenkbar."

Noch einmal gelang es Perikles, durch seine gewaltige Rede die gesunkene und ihm entfremdete Bürgerschaft zu sich empor zu heben. Sie beschloß alle Unterhandlungen abzubrechen und den Krieg nach seinem Plane mutig fortzusetzen; wahrscheinlich wurde er um diese Zeit auch von neuem zum Oberfeldherrn des kommenden Jahres ernannt. Indessen ruhten seine Feinde nicht und setzten alles daran, daß die Aufregung der Gemüter, die sie hervorgerufen hatten, nicht wirkungslos vorübergehe. Der geringe Erfolg der Seezüge war ihnen günstig; von Potidaia kehrte die Flotte, welche Perikles seinen Mitfeldherrn übergeben hatte, in trübseligem Zustande nach Athen zurück; anstatt den Fall der Stadt endlich herbeizuführen, hatte sie den Belagerungstruppen nur das Unheil der Seuche mitgebracht; von 4000 Kriegern war in wenig Wochen über ein Viertel hingerafft worden. Als nun Perikles am Ende seines Amtsjahres seinen Rechenschaftsbericht abzulegen hatte, eine Verpflichtung, welche bei ihm in der Regel eine bloße Förmlichkeit zu sein pflegte, so machten seine Feinde, unter denen Kleon, Simmias und Lakratidas genannt werden, einen neuen Rechenschaftsprozeß gegen ihn anhängig. Es wurden ihm Nachlässigkeiten in der Verwaltung von Staatsgeldern vorgeworfen; die Dreißiger fanden die Rechnungsbelege nicht in voller Ordnung, und so wurde unter ihrem Vorsitze ein Geschworenengericht berufen, von welchem Perikles schuldig befunden wurde. Infolgedessen wurde seine Ernennung zum Feldherrn wieder aufgehoben, andere Feldherrn wurden ernannt und Perikles war seit vielen Jahren zum ersten Male wieder ein einfacher Bürger, von aller Macht entkleidet, ja noch dazu Schuldner des Staates; denn er war zu einer schweren Geldbuße verurteilt. Er zog sich ganz in das Privatleben zurück. Aber hier wartete seiner neues Herzeleid; denn es sollte ihm, dem betagten Manne, welcher sein ganzes Leben rastlos dem öffentlichen Besten gewidmet hatte, nicht vergönnt sein, bei den Seinen oder im engsten Kreise von treuen Genossen für die wankelmütige Gesinnung der Menge Trost und Entschädigung zu finden. Die Seuche räumte fürchterlich in seiner nächsten Umgebung auf. Sein älterer Sohn starb, ohne daß eine Versöhnung mit ihm eingetreten war; seine ihm nahe verbundene Schwester wurde ihm entrissen; dann eine Reihe von Männern, welche die Werkzeuge seiner Tätigkeit waren und die Vertrauten seiner Verwaltung. Ein wehmütiges Gefühl der Vereinsamung überkam den schwergeprüften Mann; aber er blieb unerschüttert und kräftig, ruhig und voll Gleichmut; seine Feinde konnten keine schwache Stunde ihm nachweisen. Da ergriff die Seuche auch seinen jüngeren Sohn, den er mit einem, Athens Seeherrschaft andeutenden, Heroennamen Paralos genannt hatte, und als er ihm den Totenkranz um die Schläfen legte, da brach das Vaterherz, und zum ersten Male sahen die Athener den hohen Mann von der Wucht des Schmerzes überwältigt und laut jammernd über das Unglück seines Hauses.

Inzwischen suchten die neuen Feldherrn den Staat zu lenken, aber es ging nicht; sie waren planlos, unentschlossen und ohnmächtig. Je öfter sie vor das Volk traten, um so mehr wurde dasselbe des Unterschiedes inne, welcher zwischen ihnen und Perikles bestand; es hatte sich daran gewöhnt, von einem kräftigen Willen gelenkt zu werden, und so geschah es, daß das Murren wider Perikles in Sehnsucht nach ihm sich verwandelte. Man fühlte sich verlassen und verwaist, und der erste Trost, welcher dem tiefgebeugten Manne von seinen Freunden gebracht werden konnte, war die Meldung von der Umstimmung der Bürger, von ihrer Reue, ihrem Verlangen nach ihm. Er hielt sich eine Zeitlang scheu von der Öffentlichkeit zurück; aber immer dringender wurde die Stimme der Bürger; das Schiff des Staates schwankte ohne sichere Leitung, und endlich ließ sich der greise Staatsmann noch einmal bewegen, das Steuer zu ergreifen. Die vollständigste Ehrenerklärung wurde ihm zuteil und die Oberfeldherrnwürde mit ausgedehnten Vollmachten von neuem in seine Hand gegeben. Milde und ernst trat er wieder vor das Volk, ohne Groll und Schadenfreude oder unedle Rachsucht; vielmehr zeigte er sich geneigt, den Wankelmut der Menge nachsichtig zu entschuldigen. Als Unterpfand des wiedergekehrten Vertrauens verlangte er die Annahme eines Antrages, durch welchen sein eigenes Gesetz, daß nur die Kinder aus rechtmäßiger Bürgerehe als Bürgersöhne gelten sollten, aufgehoben wurde. Man wußte wohl, daß er dabei zunächst an sein Haus dachte und für einen Sohn von Aspasia die Anerkennung wünschte; denn das Aussterben des Hauses war für einen Hellenen das schwerste Unglück, welches ihn treffen konnte. Indessen ist wohl anzunehmen, daß Perikles nach den Verheerungen der Pest überhaupt eine Umänderung und Milderung jenes Gesetzes für angemessen hielt.

Ihm kam zugute, daß die Erbitterung gegen Sparta durch einen unerwarteten Zwischenfall neue Nahrung erhalten hatte. Gegen Ende des Sommers wurde nämlich eine peloponnesische Gesandtschaft nach Persien geschickt, um durch Vermittlung des Pharnakes, des Satrapen in Kleinasien, den Großkönig zu tätiger Unterstützung der peloponnesischen Sache zu veranlassen. An der Spitze der Gesandtschaft stand Aristeus, der dieselbe gewiß vor allen anderen betrieben hatte, besonders um Potidaia zu retten; denn die Korinther selbst waren durch Phormion dergestalt eingesperrt, daß ihre Schiffe nicht ausnoch einfahren konnten. Außerdem gingen drei Spartaner und ein Tegeate von Amts wegen mit. Unterwegs wollte man Sitalkes, der nach dem Großkönige der mächtigste Barbarenfürst war, den Athenern abwendig machen, aber statt dessen wußten die Athener durch ihren Ehrenbürger Sadokos, des Sitalkes Sohn, es durchzusetzen, daß die Gesandtschaft, wie sie im Begriffe war über den Hellespont zu fahren, ergriffen und den Athenern ausgeliefert wurde. Als sie nach Athen gebracht wurden, war die Wut des Volkes nicht zu zügeln, und namentlich war der Haß gegen Aristeus, den gefährlichsten aller Peloponnesier, den Anstifter des Abfalles von Potidaia, Schuld daran, daß man sie am nämlichen Tage unverhörter Sache hinrichten ließ. Obgleich diese Maßregel durch die landesverräterischen Absichten der Gesandtschaft und noch mehr durch eine Reihe ähnlicher Gewalttaten von seiten Spartas entschuldigt werden konnte, so kann man doch kaum glauben, daß sie nach wiederhergestelltem Ansehen des Perikles erfolgt sei. Jetzt aber schienen alle Friedensaussichten auf immer vernichtet zu sein, und um so leichter konnten die Anhänger des Perikles durchdringen, welche den Krieg mit aller Energie fortgesetzt wissen wollten. Im folgenden Winter mußte nun endlich auch Potidaia sich ergeben. Der Mut der tapferen Bürger war durch die äußerste Hungersnot gebrochen, nachdem sie sich über zwei Jahre lang gehalten hatten; auch die Belagerer befanden sich bei der rauhen Jahreszeit in einem so üblen Zustande, daß sie den Bürgern, um nur zum Ziele zu kommen, zum Ärger der Athener freien Abzug bewilligten. Die Stadt wurde von attischen Ansiedlern neu bevölkert. Es war ein großer Gewinn, aber ein schwer erkaufter. Die Möglichkeit eines erfolgreichen Widerstandes war den Bundesgenossen gezeigt worden und viele solcher Belagerungen konnten auch die attischen Finanzen nicht ertragen.

Im Frühlinge des dritten Kriegsjahres zeigten die Peloponnesier keine Lust, das verödete und verpestete Attika von neuem heimzusuchen, sondern sie rückten unter Archidamos vor Plataiai, während um dieselbe Zeit eine attische Flotte nach Thrakien ging, wo die Stämme oberhalb Potidaia noch immer in Aufstand waren und namentlich Olynthos ein gefährlicher Waffenplatz geblieben war. Unweit Olynthos lag Spartolos, vor dessen Mauern es zu einem Kampfe kam, in dem die Athener einen bedeutenden Verlust erlitten.

Ein dritter Kriegsschauplatz war Akarnanien, eine Landschaft, welche beiden Parteien ein günstiges und wichtiges Terrain für ihre Politik zu sein schien, ein Land von großer Fruchtbarkeit, mit vielen festen Plätzen, aber ohne entwickeltes Städteleben, ohne festen Zusammenhang und gemeinsame Oberleitung. Es bildete eine Gruppe von selbständigen Gemeinden, welche in ihren Sympathien zwischen Sparta und Athen geteilt waren, wenn auch die Mehrheit attisch gesinnt war. Der Anstoß zum Kriege ging hier von Ambrakia aus, der unternehmendsten unter allen korinthischen Tochterstädten, welche die Lage der Dinge für günstig hielt, um das Nachbarland der Akarnanen sich zu unterwerfen. Zu diesem Zweck verbanden sich die Ambrakioten mit den Völkerschaften von Epirus und zogen mit einem gewaltigen Heere das Acheloostal hinab gegen Stratos, die Hauptstadt der Akarnanen, während verabredetermaßen auch die Peloponnesier zu Lande und zur See die Unternehmung unterstützten; denn man hoffte nicht nur Akarnanien von Athen losreißen, sondern auch die Inseln Kephallenia und Zakynthos, ja selbst Naupaktos nehmen und den Korinthischen Meerbusen wieder frei machen zu können. Deshalb hatten sich tausend Schwerbewaffnete aus Sparta unter dem Admirale Knemos mit den Ambrakioten zum Angriffe auf Stratos vereinigt. Aber derselbe mißlang wegen des Mangels an Leitung und der unvernünftigen Beutelust der nordischen Bundesgenossen vollkommen, obgleich Phormion sich außerstande sah, der bedrängten Stadt zu Hilfe zu kommen, denn eine korinthisch-sikyonische Flotte von 37 Schiffen war im Anzuge und suchte heimlich über den Golf zu fahren. Dies vereitelte nicht nur der kluge und wachsame Phormion, sondern er griff unvermutet die feindliche Flotte auf hoher See mit solcher Überlegenheit seemännischer Taktik an, daß er ohne eigenen Verlust die fast doppelte Zahl der feindlichen Schiffe in Verwirrung brachte, zwölf Trieren nahm und eine Menge Gefangener fortführte. Es war der glänzendste Sieg, der Athen in diesem Kriege zuteil geworden war.

Phormion konnte sich aber keines dauernden Erfolges desselben freuen, denn die Lakedämonier, voll Entrüstung über die zwiefache Vereitelung ihrer Pläne, brachten in kurzer Zeit eine neue Flotte von 77 Schiffen zusammen, und die von Phormion dringend erbetene Verstärkung von 20 Trieren blieb aus, weil man durch falsche Vorspiegelungen sich verleiten ließ, sie erst nach Kreta zu schicken, um Kydonia zu nehmen, ein Unternehmen, welches ganz mißlang; dazu kam, daß die Nordwinde das Geschwader hinderten und so die kostbarste Zeit verloren wurde. Denn inzwischen war Phormion in der bedenklichsten Lage, weil die feindliche Flotte nicht nur beinahe um das Vierfache überlegen war, sondern diesmal auch von klugen Führern geleitet wurde. Denn Knemos hatte Brasidas zur Seite, welcher die Überzahl sehr geschickt zu benutzen wußte, indem er, um ein Gefecht auf hoher See zu vermeiden, durch einen verstellten Angriff auf Naupaktos die attischen Trieren in die Lage brachte, daß sie hart am Ufer, wo sie keine freie Bewegung hatten, plötzlich überfallen und neun von ihnen abgeschnitten wurden, während die übrigen elf nach Naupaktos entkamen. Indessen wurden die eingeschlossenen Trieren zum Teil noch gerettet durch den wunderbaren Mut der Messenier, die zu Lande den Athenern folgten und trotz der schweren Rüstung in das Wasser stiegen, die Schiffe erkletterten und sie verteidigten. Die entkommenen Schiffe aber machten vom Hafen aus gegen ihre Verfolger einen neuen entschlossenen Angriff und begannen ein so glückliches Gefecht, daß sie nicht nur die verfolgende Abteilung der feindlichen Flotte vollständig in die Flucht schlugen, sondern auch ihre eigenen Schiffe wieder befreiten, mehrere der feindlichen nahmen und die ganze peloponnesische Flotte zwangen, sich in ihren Hafen Panormos zurückzuziehen. Bald nachher kam auch das verspätete Geschwader aus Kreta an und, wie nun die Sommerzeit zu Ende ging, waren alle Unternehmungen der Peloponnesier zu Lande wie zu Wasser vollständig vereitelt, die Siegeskraft der attischen Schiffe in bewunderungswürdiger Weise bewährt, und trotz aller Anstrengungen der Feinde der Korinthische Golf sicherer als je zuvor in der Herrschaft der Athener.

An allen diesen Kämpfen in den östlichen und westlichen Gewässern hatte Perikles keinen persönlichen Anteil. Auch in Athen selbst war er nicht mehr der alte. Die verkehrte Unternehmung gegen Kydonia beweist, daß Dinge geschehen konnten, welche seiner Art den Staat zu leiten durchaus zuwiderliefen. Zu einer perikleischen Staatsleistung gehörte eine volle Gesundheit des Leibes und der Seele; aber seine Kraft war gebrochen und der Kern seines Lebens angegriffen. Noch immer wütete die Krankheit in Athen, und nachdem sie sein Haus und seinen Freundeskreis verödet hatte, ergriff sie auch ihn, aber nicht auf einmal, sondern wie ein heimliches Gift zehrte sie langsam an seinem Marke und warf ihn endlich auf das Krankenbett. Auch die hohe Kraft des Willens war gebrochen, und um den Freunden zu zeigen, was aus dem großen Perikles geworden sei, wies er sie auf das Amulett hin, welches abergläubische Frauen ihm als Schutzmittel umgehängt hatten. Da lag er, von den Besten seiner Mitbürger umgeben, welche sich mit trostlosen Blicken fragten, was aus Athen ohne Perikles werden solle, und während sie ihn schon bewußtlos glaubten und wie zu seinem Andenken von den herrlichen Taten und Werken des Mannes redeten, da erhob er sich noch einmal und fragte sie, warum sie doch das Beste verschwiegen, nämlich daß um seinetwillen kein Athener ein Trauerkleid angelegt habe! Also nicht seinen hohen Geist, nicht die Herrscherkraft seines Wortes, nicht sein Feldherrnglück hielt er für das Beste an sich, sondern seine Mäßigung, seine Selbstbeherrschung und vorsichtige Besonnenheit; er konnte sich das Zeugnis geben, daß auch die giftigsten Anfeindungen ihn niemals verleitet hatten, sich in Zornaufwallung an seinen Feinden zu rächen.

Zwei Jahre und sechs Monate hatte der Krieg gedauert, als Perikles starb. Er wurde im äußeren Kerameikos bestattet, rechts von der Heerstraße, die zu den Häfen führte, nahe bei dem großen Friedhofe der für das Vaterland gefallenen Athener. Sein Bild blieb der Nachwelt in trefflichen Darstellungen erhalten; die vorzüglichste war von der Hand des Kresilas, welcher daran seine Kunst bewährte, einen edlen Mann wahrheitsgetreu darzustellen und doch die geistige Persönlichkeit noch deutlicher auszudrücken, als die Körperformen selbst es vermocht hatten. Die Tiefe des sittlichen Ernstes, der unerschütterliche Mut des Staatsmannes und Feldherrn, die königliche Ruhe des Weisen tritt uns auch in der erhaltenen Nachbildung unverkennbar entgegen; die überlegene Denkkraft zeigt sich in Auge und Stirn, während man den zartgeformten Lippen die Anmut der Rede anzusehen glaubt, welche ihnen einst entflossen ist.

Niemand wird von Perikles behaupten können, daß er ganz neue Gesichtspunkte attischer Staatsverwaltung aufgestellt habe; denn er war nicht, wie andere geniale Staatsmänner, ein

Neuerer, welcher der Volksentwicklung andere Bahnen vorzeichnen wollte; er knüpfte vielmehr in allen wesentlichen Punkten an die ältere Geschichte der Stadt an, und sein ganzes Streben ging ja nur dahin, Athens Größe auf den gegebenen Grundlagen zu erhalten, zu befestigen und in würdigster Weise darzustellen. Der freie Bürgerstaat war durch die Solonische Gesetzgebung gegründet, und wenn Perikles das Seine tat, um die Bürgerschaft immer mehr von dem Einflusse bevorzugter Stände zu befreien und den Anteil aller Staatsbürger an den öffentlichen Angelegenheiten zu fördern, so trat er nur in die Fußstapfen von Solon und Kleisthenes, denen die Republik ihre eigentümliche Verfassung verdankte. Wenn er aber von der Ansicht ausging, daß sich auf dem Meere entscheiden müsse, welcher Staat der herrschende in Griechenland sein werde, und von den Athenern verlangte, daß sie ihr Land preisgeben und ihre Stadt wie eine Insel verteidigen sollten, so waren dies ja die Gedanken des Themistokles, dessen Scharfblick zuerst die wahren Grundlagen der attischen Macht erkannt hatte. Aber wie sehr unterschied er sich von ihm in der Wahl der Mittel und in der Vielseitigkeit seiner Politik! Denn in der sittlichen Auffassung seines Berufes war er der treueste Nachfolger des Aristeides, und der große Geschichtschreiber seiner Zeit, welcher zugleich der strengste und wahrhaftigste Sittenrichter ist, hat ihn von jedem Vorwurfe des Eigennutzes freisprechen können. Dann aber suchte er die wahre Größe Athens nicht in den Mauern und Schiffswerften, sondern in der hervorragenden Geistesbildung seiner Mitbürger, und wenn er deshalb alle höheren Richtungen edler Bildung in Athen einbürgerte und hierin seiner Vaterstadt einen unbestrittenen Vorrang sicherte, so waren das ja schon die Gedanken Solons gewesen, welche dann die Pisistratiden mit ruhmwürdigem Eifer verfolgt hatten. Auch von anderen Staaten nahm er auf, was nachahmungswürdig war, wie er z. B. in der Gründung überseeischer Städte korinthische Staatsklugheit sich zum Muster nahm. Kurz, Perikles Bedeutung besteht recht eigentlich darin, daß er alle großen und fruchtbaren Ideen früherer Zeiten in sich vereinigte, aber geläutert, geordnet und in großartigem Zusammenhange; und die Größe Athens, für welche er bis an sein Ende gestrebt hat, ohne sich weder durch Glück noch durch Unglück irremachen zu lassen, sie war nicht eine von ihm ersonnene, sie war kein aus philosophischen Theorien gebildetes Ideal, sondern das Ziel, welches die Vergangenheit forderte, ein Ziel, das Athen erreichen mußte, wenn es nicht sich selbst und seinem geschichtlichen Berufe untreu werden wollte. Wer will behaupten, daß er vollkommen selbstlos seine Lebensaufgabe erfüllt hat? Aber kein niedriges Begehren, kein Streben nach Geld und Wohlleben, hat seine öffentliche Tätigkeit befleckt, und inmitten einer von Parteien zerrissenen Bürgerschaft hat er sich nie zum Mißbrauche der Gewalt hinreißen lassen. Wenn er aber Herrschaft erstrebte, so war es die tadelloseste und berechtigste; denn wer an Kraft des Geistes und richtigem Urteile seinen Mitbürgern so überlegen ist, wie Perikles es war, der hat in der Tat nicht bloß das Recht, sondern auch die Pflicht, die verliehenen Fürstengaben zur Leitung seiner Mitbürger anzuwenden. Es war seine Pflicht zu herrschen, solange er es ohne Verfassungsbruch tun konnte, und seine Herrschaft beruhte nicht darauf, daß die Bürger sich vor ihm erniedrigen, sondern daß sie sich zu ihm erhoben und durch ihn immer auf die höchsten Lebensziele hingeleitet wurden. Er konnte hoffen, daß die Athener, je mehr seine Politik in der gefährlichsten Zeit sich bewährte, um so williger ihm sich hingeben würden; den sie mußten die Notwendigkeit einer einheitlichen Leitung der Geschäfte erkennen. Athen war der Mittelpunkt eines Reiches geworden. Die Regierung eines solchen Herrschaftsgebietes konnte nicht ohne die größten Nachteile und Gefahren einer Bürgerversammlung überlassen werden, welche in ihrer Gesamtheit unfähig war, die verwickelten Verhältnisse richtig zu beurteilen. Nachdem also das Schwierigste gelungen war, nämlich die Vereinigung einer Fülle hellenischer Volkskraft in einem Gesamtstaate, in welchem selbst die alten Unterschiede der Stämme sich ausglichen, so konnte dies Resultat nur auf außerordentlichem Wege den Athenern erhalten werden, und zwar nur dadurch, daß, vom Vertrauen der Bürgerschaft getragen, ein kräftiger Wille Stadt und Staat lenkte. Aber, fragt man, wie sollte sich ein solches Regiment auf die Dauer erhalten, wie sollte es nach Perikles Tode von einem andern übernommen werden können? Gewiß hat Perikles dies jahrelang vorbedacht, und unter den Vertrauten, welche um ihn standen, bis die Seuche ihn vereinsamte, waren gewiß Männer, welche ihm geeignet schienen sein Werk fortzusetzen. Aber auch wenn er in keiner Weise darauf rechnen konnte, daß die Größe Athens eine dauerhafte sein würde, durfte dies ihn abhalten, an die Verwirklichung des vorgesteckten Zieles seine volle Kraft zu setzen? Um so mehr galt es, mit entschlossener Tatkraft die Gegenwart zu benutzen, welche so niemals wiederkehren konnte. Er wußte, daß die wahre Größe einer Zeit nicht von der Dauer derselben abhängig sei; er wußte, daß es ein ewiger Besitz seiner Stadt und seines Volkes sein würde, wenn das höchste Ideal einer hellenischen Gemeinschaft in Athen verwirklicht würde. Sein Streben war ein hohes Wagen, aber zugleich von der höchsten Besonnenheit getragen, und darum ist sein Lebenswerk, so wehmütig auch sein Ende war, von einem unvergänglichen Erfolge gekrönt worden. Denn das Andenken der Nachwelt, auf welches er seine Mitbürger hinwies, ist ihm und seinem Athen in vollem Maße zuteil geworden, und für den Geschichtschreiber gibt es keine dankbarere Aufgabe, als den Spuren, welche jener große Geist der Geschichte seines Volkes eingedrückt hat, mit Bewunderung nachzugehen.

BILDERVERZEICHNIS

Farbtafel

Ruinen des Jupitertempels in Athen. Nach einem Gemälde
von L. Dupré. Lithographie von C. Motte . . . . . . Titelbild

                                                    Zu Seite

1. Herme des Homer. Rom, Vatikan 16
2. Apotheose des Homer. London, Britisches Museum 17
3. Penelope. Rom, Vatikan 32
4. Verwundete Amazone. Wien, Kunsthistorisches Museum . . . 33
5. Helios auf dem Viergespann. Metope aus Selinunt. Palermo,
    Museo Nazionale 48
6. Herakles mit den Kekropen. Metope aus Selinunt. Palermo,
    Museo Nazionale 49
7. Tempel des Castor und Pollux. Girgenti 64
8. Zeus und Hera. Metope aus Selinunt. Palermo, Museo Nazionale 65
9. Löwentor in Mykenai 80
10. Kopf von einem phönizischen Sarg. Griechisch-archaische Arbeit.
     Berlin, Staatliche Museen 81
11. Artemis. Neapel, Nationalmuseum 112
12.–17. Goldschmuck aus Mykenai. Athen, Nationalmuseum . . 113
18. Kentaur raubt eine Frau. Vom Zeustempel in Olympia . . . 144
19. Weiblicher Kopf vom Zeustempel in Olympia 145
20. Überreste des Heraion. Olympia 176
21. Athena. Detail einer Metope vom Zeustempel in Olympia . . 177
22. Athena des Antiochos. Rom, Thermenmuseum 208
23.–24. Oinomaos und Sterope. Figuren vom Zeustempel in Olympia 209
25. Segesta. Tempel (oben) 240
26. Solunt. Gymnasium (unten) 240

747

Zu Seite

27. Gruppe des Menelaos. Rom, Thermenmuseum 241
28. Tyrannenmörder Aristogeiton. Neapel, Nationalmuseum . . . 272
29. Tyrannenmörder Harmodios. Neapel, Nationalmuseum 273
30. Tempel der Juno Lacinia. Girgenti (oben) 304
31. Tempel der Concordia. Girgenti (unten) 304
32. Kriegerköpfe. Berlin, Staatliche Museen 305
33. Wagenlenker. Delphi, Museum 336
34.—35. Viergespann und Kampf von zwei Kriegern. Wien, Kunst=
historisches Museum 337
36. Amphora. Kampf des Herakles mit Acheloos. London, Britisches
Museum (oben) 368
37. Krieger vom Tempel in Ägina. München, Glyptothek (unten) 368
38. Überreste des Hera=Tempels in Olympia (oben) 369
39. Tempel der Aphaia. Ägina (unten) 369
40. Athena vom Tempel in Ägina. München, Glyptothek 432
41. Krieger vom Tempel in Ägina. München, Glyptothek 433
42. Krieger vom Tempel in Ägina. Paris, Louvre 464
43. Liegende Amazone. Neapel, Nationalmuseum (oben) 465
44. Liegender Perser. Neapel, Nationalmuseum (Mitte) 465
45. Verwundeter vom Tempel in Ägina. München, Glyptothek (unten) 465
46. Alkibiades. Rom, Vatikan 496
47. Heroischer König. München, Glyptothek 497
48. Jünglinge in der Palästra. Krater. Berlin, Staatliche Museen (oben) 528
49. Amazonenschlacht. Schale. München, Museum antiker Klein=
kunst (unten) 528
50. Hesiod. Neapel, Nationalmuseum 529
51. Athena des Myron (aus der Gruppe „Athena und Marsyas").
Frankfurt a/M., Liebighaus 560
52. Theseus entführt Korone. Vase. München, Museum antiker
Kleinkunst 561
53. Herme des Perikles. Rom, Vatikan 592
54. Gefallener Krieger vom Tempel in Ägina. München, Glypto=
thek (oben) 593
55. Der sog. Ilissos vom Ostgiebel des Parthenon. London, Britisches
Museum (unten) 593
56. Bronzeherme einer Amazone. Neapel, Nationalmuseum . . . 624
57.—78. Griechische Münzen aus dem Anfang des 4. Jahrhunderts
v. Chr. 625

	Zu Seite

79. Kopf eines Apollo aus der Zeit des Perikles 656
80. Doppelherme des Herodot und Thukydides. Neapel, Nationalmuseum 657
81. Niketempel auf der Akropolis. Athen (oben) 688
82. Parthenon. Athen (unten) 688
83. Relief von Pharsalos. Paris, Louvre (oben) 689
84. Zug der Reiter. Relief vom Westfries des Parthenon. Athen (unten) 689
85. Jüngling mit Pferd. Relief vom Westfries des Parthenon. Athen 720
86. Sitzende Götter vom Ostfries des Parthenon. Athen, Akropolis (oben) 721
87. Reiter vom Nordfries des Parthenon. London, Britisches Museum (unten) 721